吐魯番俗字典

黄征

趙紅／著

上海古籍出版社

本書出版得到下列資助：

國家哲學社會科學基金項目“吐魯番出土文書俗字典”
南京師範大學文學院“漢語言文字學”學科經費

吐鲁番俗字典

黄征

吐峪溝石窟外景

柏孜克里克石窟外景

柏孜克里克石窟一隅

高昌古城

則不名修行道者舍利

他利以此目諦是人當是

廣國土襄　　　　　　惡癡人行於

獄三　考　是名　　八為　悩法何謂八為

思畜生是大不安著得人身常生導地獄　　焚燒縣癌飛馪

郥處是大不安設得人身生於中　　　　　聲旨嗒啞

名為大不安法雖生中國是之人　　　　布為襄獻

愧是亦名為大不安法愛外道法好死論議

身口意業諸佛墮聖尚不能救是亦

人求佛得道須臾便不

永佛道者八不安法舍利

中得大永

《佛説華手經 · 毀壞品第二六》

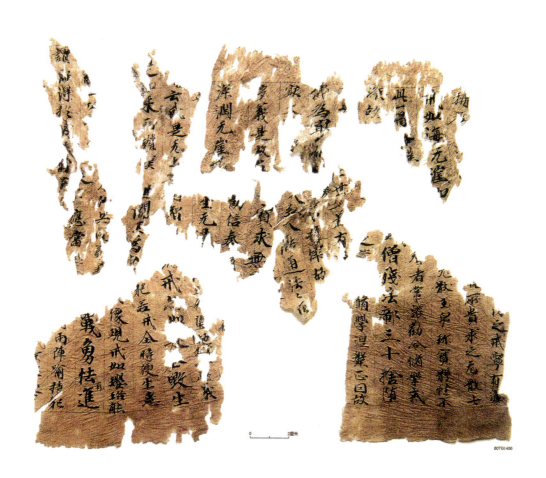

《四分律比丘尼戒本》

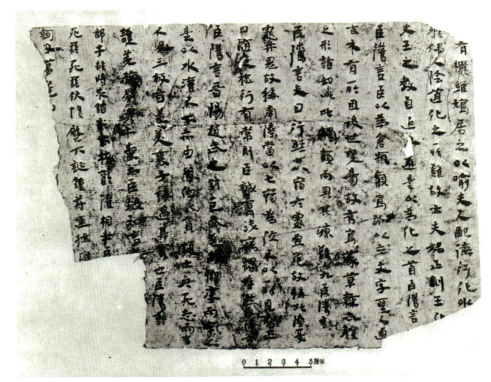

《西涼建初四年秀才對策文》

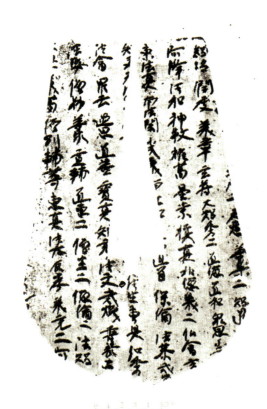

《高昌僧義遷等僧尼得贈財物疏》

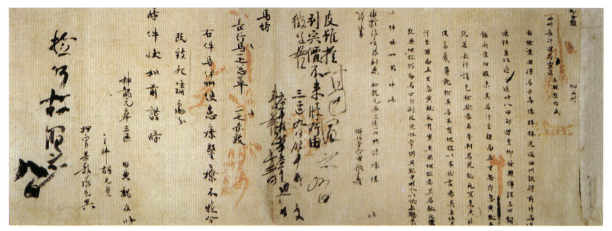

《唐神龍元年（705）西州都督府兵曹處分長行死馬案卷》

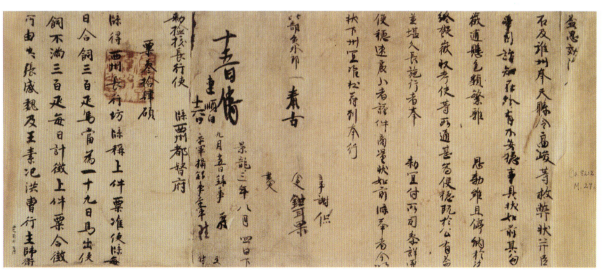

《唐景龍三年（709）尚書省比部符及檢校長行使牒》

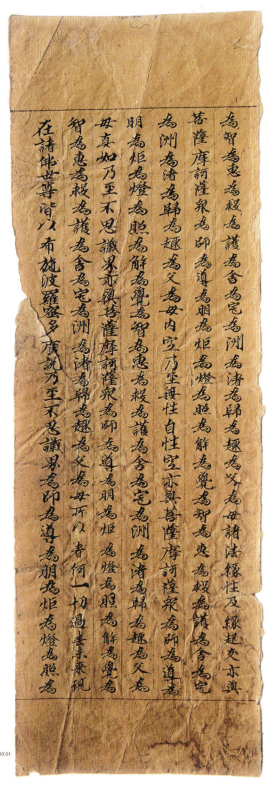

《大般若波羅蜜多經》

序　言

董志翹

　　記得十年前，榮新江教授曾經説過：“在 20 世紀初葉以來的‘敦煌學’研究中，一直包含着學者們對於吐魯番出土文獻和文物的研究。‘敦煌吐魯番’往往成爲一個拆不開的雙胞胎姊妹，被作爲書名、刊名、會議名、學會名等等，反復映入我們的眼簾。這是和敦煌吐魯番研究的対象有着相當多的重合相關的，也是和吐魯番出土文獻和文物陸續增多有關。進入 21 世紀，‘吐魯番學’正沿着‘敦煌學’的成功道路快速前行……可以説‘吐魯番學’已經悄然從‘敦煌學’的後臺走到前臺，正在展現自己的真實面貌。然而‘吐魯番學’畢竟比‘敦煌學’起步要晚，還有很多事情要做。”①

　　誠如其言，“敦煌學”研究與“吐魯番學”研究，兩者既有相同、相似的一面，但相對於“敦煌學”研究，“吐魯番學”確實起步要晚。不過，“吐魯番學”起步略晚也有其一定的原因。

　　就文獻出土的時地而言，“敦煌出土文獻”於 1900 年 7 月 12 日（清光緒二十六年六月十六日）被發現於敦煌莫高窟中，它幾乎是在一地同時被發現，後來才散佚流失到各國各地的。而“吐魯番文獻”，既有先後發現自吐魯番地區的佛寺、石窟、古城之廢墟者，更有不少是先後挖掘自各處墓葬者（直到目前，還有不少遺址未經發掘，隨着時間的推進，還不斷會有新的發現），所以文獻來源更爲複雜。

　　從文獻代表的年代而言，敦煌和吐魯番出土文獻的時代雖然大多集中在中古時期（西晉至北宋），但敦煌出土文獻主要以吐蕃到歸義軍統治時期的居多，吐魯番出土文獻的跨度要較敦煌文獻長得多，最早的是出土於吐峪溝寺廟遺址的《諸佛要集經》殘卷，上有題記“（西晉）元康六年（296 年）三月十八日寫已”，現藏於日本。最晚直到元代。

　　從文獻涉及的內容而言，據並非十分精確的統計，現散藏於世界各地的敦煌寫本總數約計五萬多號，而佛教文獻就佔了總數的 80％以上（他類文獻僅佔 20％左右）。而吐魯番出土文獻則包含了前涼、西涼、北涼、高昌王國和唐代等不同時期的各類官府往來文書、官私經濟文書以及儒釋道典籍等。其中社會經濟類品種多，數量較大，涉及籍賬制度、土地制度、賦役制度、契約制度以及寺院經濟、社會生活等多個方面的內容。宗教類中以佛教和道教文書爲主，也有一些景教、摩尼教的文書。內容比敦煌出土文獻更爲

---

① 　榮新江撰《期盼“吐魯番學”與“敦煌學”比翼齊飛》，《中國史研究》2009 年第 3 期。

繁雜。

從文獻的文本而言，敦煌出土文獻大多爲寫本文獻，而吐魯番文獻除了寫本文獻，後期的也有不少刻本文獻。加之吐魯番文獻只有少量較爲完整，而大多數出土於墓葬，剝離於墓主之遺體，不少文獻原本就是剪裁以後第二次利用，故其殘破程度遠遠甚於敦煌文獻。

以上種種因素都給吐魯番出土文獻的搜集、整理帶來巨大的困難。正因爲此，隨着"敦煌學"的興起，隨着印刷技術的提高，通過國內學者及出版機構的努力，先後出版了《英藏敦煌文獻》《俄藏敦煌文獻》《法藏敦煌西域文獻》《國家圖書館藏敦煌遺書》等大型圖錄，極大地推動了"敦煌學"的研究。而"吐魯番出土文獻"的搜集整理工作相應滯後。除國外刊佈的少數吐魯番文獻以外，國內目前可見到的比較集中的材料僅爲唐長孺先生等整理編集的《吐魯番出土文獻》(1—4 册)①(其中收錄的僅爲 1959 年到 1975 年新疆考古工作者在吐魯番阿斯塔那和哈拉和卓發掘所得文獻)；柳洪亮著《新出吐魯番文書及其研究》②(其中收錄的是 1979—1986 年間吐魯番出土的文獻)；北京大學中國古代史研究中心、新疆維吾爾自治區吐魯番學研究院、中國人民大學國學院西域歷史語言研究所合編的《新獲吐魯番出土文獻》③(其中收錄的是 1997—2006 年間吐魯番出土的文獻)。迄今尚未有一部比較全面搜集整理的《吐魯番出土文獻合集》④。

再加上，早期的吐魯番文獻研究隊伍，主要在歷史學界，語言文字學界介入者不多。這一狀況給吐魯番出土文獻的科學整理與系統研究帶來較大的負面影響。因爲"讀書必先識字"，要利用吐魯番出土文獻進行研究，首先必須對文獻進行準確的識讀。而吐魯番文獻中俗字、別字、錯字、借字連篇，書寫方法各異，語言雅俗間雜，語境殘缺不全。這些都給準確釋讀造成極大障礙。所以著名的歷史學、吐魯番學家朱雷先生深有感歎："由語言文字學入文獻學，其文獻學可信"；"由文獻學入史學，其史學可信"；"由考據學入詞典學，其詞典學可信。"⑤

不過，"吐魯番學"研究起步稍晚，也未必全然是一椿壞事，因爲我們可以從"敦煌學"研究中吸取經驗和教訓，儘量少走彎路，使研究一開始可以沿着正確的道路前進。比如：對於敦煌出土文獻中的方俗語詞，蔣禮鴻先生著有《敦煌變文字義通釋》，對於敦煌出土文獻中的俗字別字，黃征教授著有《敦煌俗字典》，兩書既是對前人敦煌文獻方俗語詞、俗字別字研究的集大成者，同時也是幫助大家進一步準確釋讀敦煌文獻的有力工具。有鑒於此，現在"吐魯番"學研究中，王啟濤教授的《吐魯番出土文獻詞典》⑥、趙紅教授的

---

① 唐長孺等編集《吐魯番出土文獻》(1—4)北京：文物出版社，1992—1996 年。
② 柳洪亮著《新出吐魯番文書及其研究》，烏魯木齊：新疆人民出版社，1997 年。
③ 北京大學中國古代史研究中心、新疆維吾爾自治區吐魯番學研究院、中國人民大學國學院西域歷史語言研究所合編《新獲吐魯番出土文獻》，北京：中華書局，2008 年。
④ 令人欣喜的是：西南民族大學王啟濤教授正在主持國家社科基金重大項目"吐魯番文獻合集、校注、語言研究及語料庫建設"(17ZD314)，現已出版《吐魯番文獻合集》(儒家經典卷)，成都：巴蜀書社，2017 年。
⑤ 朱雷撰《求其真義，集其大成》，《光明日報》2014 年 5 月 6 日。
⑥ 王啟濤著《吐魯番出土文獻詞典》，成都：巴蜀書社，2012 年。

《吐魯番俗字典》也相繼問世。

　　現在置於各位面前的《吐魯番俗字典》，是趙紅教授所主持的國家社科基金項目《吐魯番文書俗字典》(08BYY041)的結項成果，結項後又加上多年修訂、補充、打磨，是“板凳甘坐十年冷”的精心之作。

　　作爲工具書，《吐魯番俗字典》是一項基礎性研究。翻閱書稿，我感到該書有如下特點：

　　一、收集材料全面：一個世紀以來，已經刊佈的吐魯番文獻幾乎全在收錄之列，如：唐長孺《吐魯番出土文獻》(1—4)、《日本甯樂美術館藏吐魯番文獻》、《新出吐魯番文獻及其研究》、《斯坦因第三次中亞考古所獲漢文文獻(非佛經部分)》(1、2)、《吐魯番柏孜克里克石窟出土漢文佛教典籍》(上、下)等圖版。除此之外，近年來新的考古發掘報告、新的文獻圖版和研究成果不斷推出，這些也都在收錄之列。

　　二、選擇材料謹嚴：吐魯番出土文獻出於墓葬和寺廟、洞窟遺址，與敦煌文獻出於藏經洞不同，文獻原件殘破、字跡漫漶、污損情況嚴重，因此擇選適用文獻是研究工作的第一步。作者在窮盡性收集材料的前提下，參照文書紀年題記，吸收文書綴合、斷代方面已成定論的研究成果，剔除了過於殘破、字跡模糊不清的部分，編製了編年目錄。爲了保證所選字形完全體現原貌，作者未採用簡便的模擬手寫方式，而是依照目錄，逐件掃描文獻圖版，把紙質文本轉換爲電子文件。用製圖軟件去除圖版中與字形無關的雜色、污漬，切取所選單字，製作成清晰的單字圖片。

　　三、編寫體例精當：全書各字頭按音序排列，每一字頭以規範楷書字形出現，並以現代漢語拼音標注該字讀音。其下列出該字的若干俗別字形(圖片)，對應各個俗別字形，摘錄字形所在的相應文句，爲使用者、研究者提供可資參考的語境。更值得稱道的是：作者考慮到《吐魯番俗字典》是爲相關專業領域的研究者服務，不是普通的工具書，與通常意義的字典有一定的區別。若字字釋義，則篇幅過大，且無必要。因此只在某些需要說明或者考證的字形之後，增加按語，作必要的說明與考證。如：

　　72TAM151：59.61《高昌某年郡上馬帳》：“郡上馬，丁穀寺瓜(騧)馬，田地公寺駼馬，東許寺赤馬……”按：駼，原件作“**余**”，“駼”省文。文獻未見“余馬”，“駼”當爲陶駼的省稱。在 69TAM142《高昌高寧馬賬》中有“ ⬚ 駼馬壹匹，趙寅相赤 ⬚ ”，字形恰作“駼”。唐耕耦《吐魯番出土文書》均依字形錄作“余馬”。

　　75TKM91：15(a)《器物賬》：“裘三領，狐皮冒一枚，靴一□，氍氈一領， 紩 㲲一□。”按：紩，原件作“**鈇**”。考之字書，《原本玉篇殘卷》：“紩，《爾雅》：‘紩紩也。’郭璞曰：‘今人亦呼縫紩衣爾。’……紩，索也。古文爲鈇，字在金部。”《集韻》：“鈇，索也。或從金。”《集韻》：“紩，《說文》：‘縫也。’或從金。”可知“紩”有“繩索”和“用針綫縫綴”之義。“㲲”同“氈”，毛織品。再從上下文意分析，前文“氍氈”爲整張大塊的粗毛製品，“紩㲲”分述於後，必有別於上文一整張毛織品氍氈，應爲小塊連綴而成的毛織品。又，前文所列均爲大件衣物，緊隨其後一個收納縫衣針的小物件，邏輯不通。故而釋作“鐵㲲”，不妥。另，鈇爲俗“鐵”字。《字彙》：“鈇，同鐵。今俗爲鐵字，非。”

　　這樣，一方面避免了字字釋義所造成的篇幅冗長之弊，一方面又增強了字典的學術性。

　　四、檢索手段多樣：全書不僅編製了《漢語拼音音序索引》，還編製了《字形筆畫索引》與原來《碑別字新編》等工具書不同，《碑別字新編》的《字形筆畫索引》是以規範字形字頭筆劃排列，而俗別字大多不知其確切音義，故無法到相應的字頭下查得。而《吐魯番俗字典》的《字形筆畫索引》正借鑒了《敦煌俗字典》的做法，是根據所收錄的所有俗別字的字形筆畫做成的索引，使不知俗別字音義者能通過數筆畫而查得該字在書中的位置，故極便使用，爲使用者提供了更廣闊的使用空間和便利。

　　總之，《吐魯番俗字典》是一部學術性和應用性兼備的工具書。該書的出版，將會對吐魯番文獻的釋讀、整理，進而對"吐魯番學"的研究起到巨大的推動作用。

　　現在書已出版，我希望趙紅教授再接再厲、與時俱進，不斷將吐魯番俗字研究的新材料、新成果增補、充實其中，使其更加完善。

　　是爲序！

己亥秋月

於石頭城下、秦淮河畔

目　　録

凡　例

　　一、本字典字形採自目前國内已經公開發行的吐魯番文獻圖版，包括唐長孺主編《吐魯番出土文書》全四册、榮新江主編《新獲吐魯番出土文獻》上下册、武漢大學與吐魯番研究院主編的《吐魯番柏孜克里克石窟出土佛教典籍》上下册、沙知、吴芳思主編《斯坦因第三次中亞考古所獲漢文文獻(非佛經部分)》一、二册。

　　二、爲了盡可能全面反映吐魯番文獻漢字書寫情況，除了部分文獻過於殘破、髒污漫漶、字跡模糊不清者放棄不收外，其餘均在收録範圍。

　　三、採集文獻字形，隸楷行草，各體兼收，不拘正俗。爲免於篇幅過大，各異體字書寫完全一致、字形與正字接近者，只保留其一二，餘者篩除。藉此在有限的篇幅内，使各種字形均得以展現。武周新字是漢字史上的特殊現象，手寫情況複雜，因此儘量全部收録，以反映武周新字在實際流通領域的原貌。單字之外，也收録合文，如"令狐"。另有上下勾連，無法分割，與合文相類者，也收録其中，如"寿"(老小)"𢎥"(小男)。

　　四、各條組成包括字頭、注音、異體字原形、引證文句、簡略按語及必要增加的内容。

　　五、爲了便於使用者覆核，同時也爲了提高本字典的客觀性和權威性，引證文句全部附以文獻編號和題名。然而吐魯番文獻情況複雜，"缺幾本大賬"(陳國燦)，國内收藏的吐魯番文獻目前没有綜合編目。因此本字典引證文句的編號完全迻録該文獻出版物編號。如67TAM91：4(b)《唐劉顯志等家口給糧一月帳(一)》、80TBI：337a《大毗盧遮那成佛神變加持經(卷四)密印品第九》、72TAM179：16/1(b)，16/2(b)《唐寫〈尚書〉孔氏傳〈禹貢〉、〈甘誓〉殘卷》、64TAM5：81，82《唐李賀子上阿郎、阿婆書三》、72TAM151：59.61《高昌某年郡上馬帳》，未敢擅加改動。榮新江主編《新獲吐魯番出土文獻》中有些文獻進行了綴合，本字典僅將幾個殘片用"＋"號連接，其他保持原貌。例如2004TBM203：30－4d＋2004TBM203：30－4a＋2004TBM203：30－4b《高昌寫本急就篇》，表示原件是由2004TBM203：30－4d，2004TBM203：30－4a和2004TBM203：30－4b三個碎片綴合的。凡此種種，呈現在引證文句中略顯繁瑣，但爲了避免旁生枝節，引起歧義，只能失之贅冗。

　　六、《漢語大字典》收字雖多，但有很多字頭並非正字，因此本字典以《説文解字》及《新附》爲準，參之以字書韻書，確立正字字頭。根據需要，酌加按語，釐清字形間關係。如"華""花"二字，《説文》有"華"而無"花"，而《廣韻》則言："花，'華'俗，今通用。"故以"華"爲字頭，"花"列其下，加按語説明，不分列字頭。再如"靴""鞾"二字，《玉篇》言二者

同,《説文》無"靴"字,而《説文》新附字有"鞾",因此以"鞾"爲字頭,"靴"列其下,加按語説明,並不分列字頭。

七、借音字不屬於異體字,故併入所借字字頭之下,酌加按語説明。

八、同一字形,但字音不同者,按字音分列字頭。如"青蓮華"之"華 huā"、"年華"之"華 huá","正月"之"正 zhēng","里正"、"正確"之"正 zhèng"等,均各分立字頭。

九、避諱字屬於漢語特殊用字現象,也是異體字的一種,因此歸入相應正字,不單立字頭。

十、各異體字形以規範正字的接近度爲序,依次排列。

十一、正文各字頭依中文拼音順序排列,同音字依筆畫多少依次排列,筆畫數相同者,依"一、丨、丿、丶、乛"的順序排列。

十二、吐魯番文獻殘破,多有無法摘録完整文句者,句前殘用"▭▭▭"表示,句後殘用"▭▭▭"表示。句中殘缺字用"□"表示,缺幾個用幾個"□",不能確定殘缺字數者,用"▭▭▭▭"表示。補奪字、衍字用"[　]",借音字、訛誤字用"(　)"表示,酌加按語説明。

十三、吐魯番文獻中俗字、訛誤字、借音字甚多,爲了閲讀順暢,引證文句中徑改爲正字,其中少見的俗字則加按語説明。訛誤字、借音字則以括號加正字注明。無法識讀的疑難字,引例中迻録原字形並加按語説明。

十四、爲免於繁瑣,正文中不一一標注徵引、參考文獻,在此一併致謝!

音序檢字表

C 部

M 部

Y 部

A　部

阿　ā

80TBI：656a《佛説灌頂摩尼羅亶大神咒經》卷八："佛告阿難，我今又舉是八大菩薩□□□"

75TKM91：16（b）《北涼緣禾五年翟阿富券草》："緣禾五年六月十一日，翟阿富從阿皆。"

75TKM91：25《兵曹條往守白芳人名文書》一："嚴興、張敀，□□、王阿連、韓阿福、張寶□、嚴乘。"

72TAM151：59,61《高昌某年郡上馬帳》："將阿婆奴赤馬，侍郎歡岳青馬。"

72TAM151：59,61《高昌某年郡上馬帳》："寧遠阿都黃赤馬。"

72TAM151：56《高昌買馱、入練、遠行馬、郡上馬等人名籍》："伏波衆悦、明威桑苟、□□阿□、鞏司馬、侍郎佛濟□□□"

按：佛，原件寫作"仏"。

72TAM151：15《高昌義和二年（615）都官下始昌縣司馬主者符爲遣弓師侯尾相等詣府事》："侯阿伯。"

72TAM151：62《高昌義和二年（615）參軍慶岳等條列高昌馬鞍轅帳》："將阿伯下同□□懷壹具。"

72TAM151：55《高昌田相祐等名籍》："田思祐、陽阿周、趙劉集、李忠兒。"

67TAM78：22（b），21（b）《唐吳相□等名籍（一）》："□□□劉阿尊，□□□□□□伯，傅延□□□"

75TKM90：20（a）《高昌主簿張縮等傳供帳》："赤違三枚，付隗已隆，與阿祝至火下。"

73TAM206：42/7－2《高昌義和五年（618）善海等役作名籍》："曹阿伯兒，張慶□□□"

64TAM4：29（a）《唐咸亨四年左憧憙生前功德及隨身錢物疏》："婢阿迦、婢□香、婢多不脛、婢解、奴雙得、婢尾香。"

按：奴雙得，原件書作"奴㝺得"。

73TAM206：42/1《唐蘇致德等馬帳》："□□□阿定等二人馬□疋，赤敦（驐）七歲。"

73TAM206：42/9－8《唐課錢帳歷（三〇）》："阿王十五；高婆卅；趙五卅一，入十五。"

72TAM151：102,103《高昌作頭張慶祐等偷丁谷寺物平錢帳》："張慶祐子作頭，道人□□，高昌解阿善兒二人作□。"

73TAM206：42/9－14（a）《唐課錢帳歷（二八）》："阿楊十五、王

婆十五。"

64TAM29：24《唐垂拱元年（685）康義羅施等請過所案卷（四）》："保人庭伊,百姓康 阿 了 □□。"

āi

哀 āi

66TAM44：30/4《唐殘發願文二》："□□ 哀 乞弘願便先亡□□。"

67TAM363：8/1（a）之五《唐景龍四年（710）卜天壽抄孔氏本鄭氏注〈論語〉》："我之對成 哀 公之意□□。"

67TAM363：8/1（a）之二《唐景龍四年（710）卜天壽抄孔氏本鄭氏注〈論語〉》："大公（功）之哭,三曲而 哀 （偯）。"

67TAM363：8/1（a）之六《唐景龍四年（710）卜天壽抄孔氏本鄭氏注〈論語〉》："居上不寬,爲禮不敬,臨喪不 哀 ,吾何以觀□□。"

67TAM363：8/1（a）之二《唐景龍四年（710）卜天壽抄孔氏本鄭氏注〈論語〉》："喪失於簡略,不如 哀 徽（戚）。"

ài

艾 ài

64TAM22：16《翟蔥等應募入幢名籍》："趙朱、帛弘持、范生、左

艾 幢入募。"

按：艾,艾蒿,从艸,乂聲。此字變乂爲又,聲符已失。此字形敦煌寫本亦見,或變乂作叉,或作义。

愛 ài

80TBI：079a《道藏〈通玄真經〉（卷三）〈九守篇〉殘片》："□□由識之矣,故聖人 愛 而□□。"

2006TSYIM4：3-18《北涼愛紀辭》："□□奴往□□曹宿, 愛 取細袴□□。"

75TKM90：20（a）《高昌主簿張綰等傳供帳》："□□出赤違一枚,付 愛 宗,與烏胡慎。"

75TKM90：20（a）《高昌主簿張綰等傳供帳》："□□半斤,付雙 愛 ,供淶。"

礙 ài

66TAM44：30/5《唐寫佛經疏釋殘卷一》："□□ 礙 示空（灾）名應責於六善□□。"

按：㝵,同"礙"。《說文》："得,古文省彳。""得""㝵",一字異體。東漢後見"㝵"用同"礙"。如楊君《石門頌》以"㝵"爲礙。北齊《劉碑造像銘》："化流無㝵,光曜十方。"《資治通鑑·陳宣帝太建十四年》："九月,丙午,設無㝵大會於太極殿。"胡三省注："㝵,與礙同,釋氏書也。"《集韻·代韻》："《說文》：'止也。'《南史》引《浮屠書》作'㝵'。"

原件"空"旁注"灾"字。

ān

安　ān

75TKM99：9（b）《高昌延昌二十二年（582）康長受從道人孟忠邊歲出券》："倩書道人法慈、侯三 安 。"

65TAM346：1《唐乾封二年（667）郭耄醜勳告（一）》："東臺：右威衛渭源府果毅都尉朱小 安 等，並志懷壯果，業苞戎藝。"

　　按：顏元孫《干祿字書》將異體字分作正、通、俗三類，"安安，上通下正"，此字即顏元孫所謂之通字。

72TAM230：74《武周天授二年（691）安昌城知水李申相辯辭》："安 昌城知水李申相年六十七。"

72TAM188：11《唐開元三年（715）交河縣安樂城萬壽果母姜辭》："開元三年八月日交河縣 安 樂 ▢ 。"

2004TAM398：6-1《唐某年二月西州高昌縣更簿全貌》："▢ 安 西張相憧一更。"

75TKM96：18，23《北涼玄始十二年（423）兵曹牒爲補代差佃守代事》："▢▢ 安 明一人補。"

72TAM150：37《唐氾正家書》："兄氾正千萬問訊宋果毅并兒女等盡得平 安 。"

64TAM5：77《唐李賀子上阿郎、阿婆書二（一）》："賀子、鼠兒並得平 安 ，千萬再拜阿郎、阿婆。"

67TAM363：8/1（a）之六《唐景龍四年（710）卜天壽抄孔氏本鄭氏注〈論語〉》："仁者 安 仁，智者 ▢ 。"

66TAM61：22（b）《唐西州高昌縣上安西都護府牒稿爲録上訊問曹禄山訴李紹謹兩造辯辭事（三）》："且同是京師人，是 安 西司馬女夫，不得名字。"

66TAM61：24（b）《唐西州高昌縣上安西都護府牒稿爲録上訊問曹禄山訴李紹謹兩造辯辭事（六）》："從 安 西來。"

75TKM91：11/3《西涼建初四年（408）秀才對策文》："内足則有餘，有餘則 安 ，所謂不嚴而治。"

67TAM78：51/3《唐西州高昌縣安西鄉某人佃田契》："▢ 五月▢▢日 安 西 ▢ 。"

72TAM151：96（a）《高昌安樂等城負臧錢人入錢帳》："▢ 安 樂負臧錢入九十六文 ▢ 。"

72TAM151：59，61《高昌某年郡上馬帳》："永 安 公主寺赤馬。"
72TAM151：59，61《高昌某年郡上馬帳》："寧遠阿都黃赤馬，常侍安春留（騮）馬。"

60TAM327：05/1《唐永徽六年（655）趙羊德隨葬衣物疏》："▢ 得 安 ，即（急）々如律令！"

　　按：原件"即"後用重文符號。

鞍　ān

64TAM29：44《唐咸亨三年（672）新婦爲阿公録在生功德疏》："鞍 轡一具施法。"

64TAM29：116（a）《唐趙醜禿等辭爲堪當鞍轡事》："▢ 時主簿勘當，唯得馬，不出 鞍 轡。"

諳　ān

72TAM230：66《武周天授二年（691）安昌合城老人等牒爲勘問主簿職田虛實事》：“當城渠長必是細諳知地，勳官灼然可委。”

按：地，原件爲武周新字。

岸　àn

73TAM221：62(b)《唐永徽三年（652）賢德失馬陪徵牒》：“即依禄（録），牒岸（案）頭府，謹問文達領得以不？”

2006TAM607：2－4《唐神龍元年（705）六月後西州前庭府牒上州勾所爲當府官馬破除、見在事》：“久視元年三月給果毅陰嗣業乘往名岸趁賊，没落不迴。”

àn

案　àn

80TBI：316《妙法蓮華經（卷二）譬喻品第三》：“□□若以几案從□□。”

72TAM151：95《高昌延和八年七月至延和九年六月錢糧帳》：“依案，從己巳□七月一日至庚午歲六月廿九□□伍佰肆文半，□□兜（斗）□□。”

72TAM194：27(a)《唐盜物計贓科罪牒》：“□案諳決訖，放。”

2004TBM207：1－14《唐儀鳳某年（676—679）西州牒爲考課事》：“詔具録功過奏聞，表本附案。”

2004TBM207：1－4《唐儀鳳三年（678）九月西州功曹牒爲檢報乖僻批正文案事》：“大素自考後以來，諸司所有乖僻處分隨案，並捉得略良胡數人及財物等。”

72TAM188：89(a)《唐上李大使牒爲三姓首領納馬酬價事》：“□□右檢案内去十一月十六□得上件□□。”

64TAM29：99《武周請車牛人運載馬草踏文書》：“□□稱撿案内冬季草踏未□□。”

64TAM29：99《武周請車牛人運載馬草踏文書》：“□□州狀□□依案内□□。”

72TAM151：62《高昌義和二年（615）參軍慶岳等條列高昌馬鞍轡帳》：“都合馬案（鞍）□貳拾貳具。”

73TAM206：42/3－1《唐咸亨三至五年（672—674）文官俸案文書（二）》：“文官俸案。”

73TAM206：42/5《唐高昌縣勘申應入考人狀》：“依檢案内令注□前者，今以狀□□。”

73TAM507：033(a)《唐佐馬貞濟殘牒》：“□□牒檢案連如前謹牒。”

2004TBM207：1－4《唐儀鳳三年（678）九月西州功曹牒爲檢報乖僻批正文案事》：“牒至，諸有何乖僻批正文案報者。”

72TAM150：48《唐邵相歡等雜器物帳》：“左守懷案一。”

73TAM214：151,150《唐西州下高昌等縣牒爲和糴事》：“□□執案諳裁，裁訖。”

áng

靸　áng

64TAM29：44《唐咸亨三年（672）新婦爲阿公録在生功德疏》："兩色綾接靸一。"

按：靸，《説文》："靸，靸角，鞮屬。从革，及聲。"朱駿聲《説文通訓定聲》："蘇俗謂之木屐。"《玉篇》："靸，絲履也。鞮屬。"此處"靸"當爲絲履。

64TAM29：44《唐咸亨三年（672）新婦爲阿公録在生功德疏》："墨緑紬綾襪一量，錦靸。"

ǎo

襖　ǎo

75TKM96：15《龍興某年宋泮妻翟氏隨葬衣物疏》："故緋襖一領。"

2004TAM408：17《令狐阿婢隨葬衣物疏》："故絳繒襖一領。"

64TAM29：44《唐咸亨三年（672）新婦爲阿公録在生功德疏》："紫紬綾襖子一，錦褾。"

鏊　ào

72TAM150：46《唐翟建折等雜器物帳》："康婆德打鏊一，曹不之擬打鏊一。"

按：鏉，"鏊"之位移俗字。鏊，《廣韻》音五到切。烙餅的平底鍋，一曰燒器。《玉篇》："鏊，餅鏊也。"《集韻》："鏊，燒器。"

72TAM150：49《唐□尾尾等雜器物帳》："□尾尾大鏊一。"

B 部

bā

八 bā

72TAM151：102,103《高昌作頭張慶祐等偷丁谷寺物平錢帳》："平錢 八 文。"

64TKM1：28（a）,31（a）,37/2（a）《唐西州某鄉戶口帳（一）》："二百六十 八 人 □"

75TKM96：29（b）《北涼真興六年（424）出麥賬》："真興六年四月十 八 日,麥所都合出麥十八斛。"

73TAM206：42/10－6《唐質庫帳歷》："三月 八 日□付了。"

73TAM507：012/12－1《唐潘突厥等甲仗帳》："皮甲 八 領,鐵甲一□[領]。"

捌 bā

64TAM5：63《唐殘戶籍一（三）》："□ 進,年叁拾 捌 歲。"

按：捌,《説文》新附字,此爲數詞,"八"的大寫。依《正字通》言："捌,官府文書紀數借爲七八字。或曰秦法凡數目字文單者,取茂密字易之,一作壹,二作貳是也。按秦諸碑,惟一、二、三改易,四以下仍用本文,捌字徐氏始收附。今之十字並改者,非秦之舊也。"

72TAM226：5（a）《唐伊吾軍上西庭支度使牒爲申報應納北庭糧米事》："叁阡陸伯肆拾陸碩 捌 斗叁勝（升）伍合納軍倉訖。"

按：斗,原件作"斳"。

72TAM151：95《高昌延和八年七月至延和九年六月錢糧帳》："□拾 捌 文□究（九）拾肆文半。"

2006TAM607：2－4《唐神龍元年（705）六月後西州前庭府牒上州勾所爲當府官馬破除、見在事》："合當府元置官馬總 捌 拾疋。"

73TAM206：42/10－5/10－17《唐質庫帳歷》："正月十九日取 捌 拾文。"

67TAM78：29（a）《唐貞觀十四（640）西州高昌縣李石住等戶手實（二）》："地一段肆畞 捌 十步,城西二□"

按：捌,俗書將"扌"混作"扌"。下文同。

72TAM151：95《高昌延和八年七月至延和九年六月錢糧帳》："□逋錢柒遷（千）,麥伍斛 捌 昇（升）。"

67TAM363：8/2（a）之一《唐景龍四年（710）卜天壽抄〈十二月新三臺詞〉及諸五言詩》："捌 月。"

60TAM317：30/6（a），30/10（a）《唐趙蔭子博牛契》："□壹頭牛捌歲。"

bá

拔　bá

73TAM509：8/2（b）《唐西州道俗合作梯蹬及鐘記》："觀主張駕鶴亂葳參玄，韶年入道，真元湛寂，抱一無虧，建造鴻鐘，救拔黎庶。"

按：拔，俗作"抆"。敦煌文獻也多見。

75TKM91：16（a）《祠吏翟某呈爲食麥事》："都合拾玖斛拔（捌）斗四升，請紀識。"

75TKM91：17《奴婢月廩麥賬》："都合柒斛拔（捌）斗，請紀識。"

跋　bá

72TAM151：13《高昌義和三年（616）氾馬兒夏田券》："義和三年丙子歲潤（閏）五月十九日，氾馬兒從無艮跋子邊夏舊壤（業）部田叁畝。"

66TAM61：31/1（a），31/3（a），31/4（a）《唐郭阿安等白丁名籍（四）》："趙移跋□□□□，單身。"

bà

罷　bà

73TAM509：8/2（b）《唐西州道俗合作梯蹬及鐘記》："聞聲者九

幽罷對，息嚮者六府停酸。"

霸　bà

59TAM305：14/2《倉曹屬爲買八緵布事》："倉曹樊霸、梁斌前屬催奸吏買八縱（緵）布四匹。"

按：霸，《干祿字書》："覇霸，上通下正。"敦煌文獻 S.388《正名要録》："霸覇，右字形雖別，音義是同。古而典者居上，今而要者居下。""霸"即古而典者，"覇"即今而要者。《玉篇》《龍龕手鏡》："覇，俗。"

bái

白　bái

72TAM151：6《高昌重光元年（620）氾法濟隨葬衣物疏》："白綾褶袴一具。"

72TAM226：51《唐西州都督府上支度營田使牒爲具報當州諸鎮戍營田畝數事》："□白水鎮兵叁拾□營田陸頃。"

73TAM507：013/2－1《唐殘辯辭》："□訪括白□"

69TAM232：3（b）《唐蠅芝等直上欠麨粟帳》："白居兜□□義達種秋粟，右同前據□□□上件地去年秋是前件人佃種，畝別收子兩碩以上者，件勘如前。"

2006TZJ1：080，2006TZJ1：078《麴氏高昌斛斗帳》："小麥二白（百）卅斛。"

按：原件"百"皆書作"白"。

72TAM226：49《唐殘判》："連意[白]。"

73TAM206：42/9－18《唐課錢帳歷（二五）》："田十一[白]布一端，價三百文，交付百五十王車家。"

72TAM188：81（b）《唐徵馬送州付營檢領狀》："連薄仁[白]。"

72TAM188：73（a）之一《唐上西州都督府牒爲徵馬付營檢領事一》："連薄仁[白]。"

72TAM188：72（a）（b）《唐神龍三年（707）主帥康某牒》："[　　]附簿仁[白]，一日[　　]"

72TAM188：71《唐神龍三年（707）和湯牒爲被問買馬事（一）》："[　　]附簿仁[白]，一日[　　]"

bǎi

[百]　bǎi

64TAM29：44《唐咸亨三年（672）新婦爲阿公録在生功德疏》："衆布施大像、常住[百]師，并請洛通法師出罪懺悔。"

80TBI：087《金光明經（卷三）除病品第一五》："[　　]有無量[百]千諸衆[　　]"

67TAM363：8/2（a）之一《唐景龍四年（710）卜天壽抄〈十二月新三臺詞〉及諸五言詩》："日落西山夏（下），潢（黃）河東海流，□□不滿[百]，恒作［方］萬年優（慢）。"

按：原件"方"字旁有"卜"删字符號。

80TBI：132《佛説天地八陽神咒經》："[　　]鳥鳴[百]怪諸惡鬼[　　]"

64TAM29：44之六《唐咸亨三年（672）新婦爲阿公録在生功德疏》："又已前將園中渠上一□木布施[百]尺彌勒。"

73TAM206：42/9－30《唐課錢帳歷（二）》："蘇敬[百]五十六、曹大六十、郭二[百]廿。"

73TAM206：42/9－13《唐課錢帳歷》："廿日付[百]卅文[　　]"

73TAM206：109/13－6，42/9－26《唐課錢帳歷》："蘇敬[百]廿入，□楊十五[　　]"

73TAM206：42/9－27《唐課錢帳歷》："用二[百]文付□奴將與博士。"

73TAM206：42/9－18《唐課錢帳歷（二五）》："田十一白布一端，價三[百]文，交付百五十王車家。"

73TAM206：42/9－18《唐課錢帳歷（二五）》："田十一白布一端，價三[百]文，交付[百]五十王車家。"

73TAM206：42/9－17（a）《唐課錢帳歷（二六）》："張二取二[百]五十文。"

73TAM206：42/9－17（a）《唐課錢帳歷（二六）》："取二[百]文付阿居上。"

[佰]　bǎi

72TAM151：95《高昌延和八年七月至延和九年六月錢糧帳》："依案，從己巳□七月一日至庚午歲六月廿九

□□伍佰肆文半,□□兜(斗)□□"

柏　bǎi

67TAM363：8/1(a)之五《唐景龍四年(710)卜天壽抄孔氏本鄭氏注〈論語〉》："□[殷]仁(人)以柏,周仁(人)以㮚,曰：使人戰慄也。"

按：栢,柏之俗字,置換聲符"白"爲"百"。周人以㮚,原卷作"㮚",爲"栗"之增旁俗字。

bài

拜　bài

60TAM332：6/1-1(a),6/1-2(a),6/1-3(a)《唐寫本〈五土解〉》："車來就南坐,主人再拜,酌酒行觴。"按：觴,原件作"醠"。

73TAM222：54/4(b),54/5(b)《唐寫〈禮記〉鄭氏注〈檀弓〉下殘卷》："□拜則□"

67TAM78：27《唐殘書牘》："□未亦通再拜張郎及□"

73TAM222：54/4(b),54/5(b)《唐寫〈禮記〉鄭氏注〈檀弓〉下殘卷》："□不拜□"

敗　bài

80TBI：162《妙法蓮華經(卷二)譬喻品第三》："□根腐敗,梁棟傾危。"

2006TSYIM4：2-2《古寫本〈詩經〉》："□隧,貪人敗類。"

按：敗,字形也見於《碑別字新編》引《齊高叡修寺碑》。

bān

班　bān

73TAM524：32/1-1《高昌永平元年(549)十二月十九日祀部班示爲知祀人上名及謫罰事》："故先班示,咸使聞知。"

斑　bān

73TAM193：15(b)《唐天寶某載(749—756)行館器物帳》："破斑繰食單伍條。"

66TAM59：4/2-5(b),4/2-4(b)《殘文書一》："□諾斑,朝□。"

bǎn

板　bǎn

73TAM215：017/7《唐殘書牘四》："□所送板甚如□"

75TKM88：1(a)《西涼建初二年功曹書佐左謙奏爲以散翟定□補西部平水事》："請奉令具刺板題授,奏諾紀職(識)奉行。"

bàn

半　bàn

75TKM99：6（b）《義熙五年道人弘度舉錦券》：“道人弘度從翟紹遠舉西向白地錦半張。”

75TKM89：1－2《高昌章和十一年（541）都官下柳婆、無半、盈城、始昌四縣司馬主者符爲檢校失奴事》：“柳婆、無半、盈城、始昌四縣司馬主者中郎崇信傳　令刺彼縣翟忠義失奴一人。”

64TAM4：39《唐乾封元年（666）鄭海石舉銀錢契》：“月別生利錢壹文半。”

2006TZJ1：085，2006TZJ1：088《麹氏高昌斛斗帳》：“□□斗九升半，大麥八斗，穈粟六百五十五斛三斗。”

按：穈，原件書作“床”。

2006TZJ1：085，2006TZJ1：088《麹氏高昌斛斗帳》：“□□麥三百一斛八斗半。”

2006TZJ1：085，2006TZJ1：088《麹氏高昌斛斗帳》：“小麥七百卅一斛六斗三升半。”

2006TZJ1：085，2006TZJ1：088《麹氏高昌斛斗帳》：“□□百一十一斛八斗二升半。”

2006TZJ1：085，2006TZJ1：088《麹氏高昌斛斗帳》：“大麥廿五斛七斗半，穈粟□□”

按：穈，原件書作“床”。

67TAM92：46（a），45（a），50/2（a），50/1（a），44（a），49（a）《高昌某歲諸寺官絹捎本》：“□□半，追遠寺絹三半。”

67TAM92：46（a），45（a），50/2（a），50/1（a），44（a），49（a）《高昌某歲諸寺官絹捎本》：“□□綿半，孔寺絹半、綿半。”

67TAM84：20《高昌條列出臧錢文數殘奏》：“□□半文。”

67TAM84：20《高昌條列出臧錢文數殘奏》：“張阿苟出臧錢五十半文。”

64TKM1：38/1（a）《唐西州殘手實（一）》：“□□田□□半。”

伴　bàn

66TAM61：23（b），27/2（b），27/1（b）《唐西州高昌縣上安西都護府牒稿爲録上訊問曹禄山訴李紹謹兩造辯辭事（二）》：“問禄山得款；李謹當時共兄同伴，向弓月□□”

66TAM61：22（b）《唐西州高昌縣上安西都護府牒稿爲録上訊問曹禄山訴李紹謹兩造辯辭事（三）》：“既不與胡同伴，實不知是何□□”

bāng

邦　bāng

67TAM363：8/1（a）之五《唐景龍四年（710）卜天壽抄孔氏本鄭氏注〈論語〉》：“邦君爲兩君之好，有反□□”

67TAM363：8/1（a）之八《唐景龍四年（710）卜天壽抄孔氏本鄭

氏注〈論語〉》:"□有道不廢,邦無道勉(免)於形(刑)戮。"

64TAM19：33,56,57《唐寫本鄭氏注〈論語〉公冶長篇》:"至於他邦,則□"

64TAM19：34,58,59《唐寫本鄭氏注〈論語〉公冶長篇》:"道則智邦無□"

75TKM91：11/3《西涼建初四年(408)秀才對策文》:"故曰:刑於寡妻,以御乎家邦。"

64TAM4：42《唐龍朔元年(661)左憧憙夏菜園契》"□錢邦拾(捌)文。"

按:"捌"爲原件修訂。

bàng

蚌　bàng

72TAM230：36《古寫本木玄虛〈海賦〉》:"□綾羅被光於螺蚌之節繁□□"

按,蜯,《玉篇》《廣韻》《集韻》皆曰"同'蚌'"。《字彙》:"蜯,俗蚌字。"《文選·張衡〈南都賦〉》:"巨蜯函珠。"李善注:"蜯與蚌同。"

bāo

苞　bāo

65TAM346：1《唐乾封二年(667)郭耄醜勳告(一)》:"東臺:右威衛渭源府果毅都尉朱小安等,並志懷壯果,業苞戎藝。"

bǎo

保　bǎo

72TAM150：30,31《唐諸府衛士配官馬、駞殘文書二》:"李保達"

72TAM151：96(a)《高昌安樂等城負臧錢人入錢帳》:"嚴保守入錢八十四□"

67TAM78：30《唐貞觀十四年(640)西州高昌縣李石住等戶手實(四)》:"□東□里塔,南麴保悦,西王□"

59TAM301：17《唐貞觀末年關門隨葬衣物疏》:"□叵□□不保□"

64TAM4：53《唐麟德二年(665)張海歡、白懷洛貸銀錢契》:"若張身東西没洛(落)者,一仰妻兒及收後保人替償。"

64TAM29：108(a),108(b)《唐垂拱元年(685)康義羅施等請過所案卷(二)》:"□等,並請責保,被□"

72TAM151：59,61《高昌某年郡上馬帳》:"鞏傀保黃馬。"
按:傀,原件書作"懷"。

72TAM151：59,61《高昌某年郡上馬帳》:"范阿保黃馬。"

72TAM151：62《高昌義和二年(615)參軍慶岳等條列高昌馬鞍轡帳》:"□保謙下□延虎壹具,虎牙

□□壹具□”

亽仿保佴浮

亭□人：衛余 保 。”

72TAM151：54《高昌洿林等行馬入亭馬人名籍》：“洿林行馬入

72TAM228：14《唐保人石杯娑等殘契》：“□□ 保 人石□娑□肆拾□”

2006TSYIM4：3-4《北涼高昌郡高寧縣差役文書（二）》：“□□高昌、田地相承 保 ，無失脱，失脱軍□”

2006TSYIM4：3-7背面《北涼義和三年（433）文書爲保辜事（六）》：“□□ 保 辜□”

64TAM4：33《唐總章三年（670）左憧憙夏菜園契》：“ 保 人，男，君洛。”

飽　bǎo

飽飽

2004TBM115：10《古寫本〈千字文〉》：“且（具）饍□飯，適口充腸，飽飫亨宰，飢厭糟糠。”

67TAM363：8/1（a）之七《唐景龍四年（710）卜天壽抄孔氏本鄭氏注〈論語〉》：“言台（君）子渴道，無有醉 飽 之心，死而後已。”

寶　bǎo

寶

80TBI：210《慈悲道場懺法（卷三）解怨結之餘》：“□□三 寶 一毫之善□□”

　　按：此字手寫習見。《干禄字書》“寶寶，上通下正。”“寶”字本从宀、从王、从貝，缶聲，義爲“珍”，而“珍”與“珎”字形相

似，聲符盡失。“寶”作“寶”自隸碑開始即有訛變。《漢隸字源》引《廣漢長王君石路碑》及《隸辨》引《韓敕碑》“寶”即作“寶”。敦煌文獻也多見，正字“寶”反倒較少。

寶寶寶寶寶寶寶寶

65TAM42：62，85《唐西州高昌縣授田簿（一〇）》：“右給畦 寶 住充分，同觀□□”

80TBI：097《請觀世音菩薩消伏毒害陀羅尼咒經（卷一）》：“□□人入海採 寶 空山曠□□”

64TAM29：44《唐咸亨三年（672）新婦爲阿公録在生功德疏》：“右件物今二月廿一日對衆布施三 寶 ，亦願知。”

64TAM29：44之六《唐咸亨三年（672）新婦爲阿公録在生功德疏》：“往前於楊法師房内造一廳并堂宇，供養玄覺寺常住三 寶 。”

73TAM193：11（a）《武周郭智與人書》：“爲 寶 月下牒。”

73TAM206：42/9-27《唐課錢帳歷》：“簫二六十，金 寶 十五。”

73TAM206：42/9-30《唐課錢帳歷（二）》：“高 寶 十五。”

bào

抱　bào

抱抱

72TAM228：31，228：35，228：32，228：36《唐天寶三載（744）交河郡蒲昌縣上郡户曹牒爲録申徵送郡官白直課錢事（五）～（八）》：“□□佐刀 抱 瓊□□”

72TAM230：69《武周天授二年（691）李申相辯辭》：“□□相符

抱者,但申相從知水□□"

65TKM341：22,23,24（a）《唐景龍三年(709)南郊赦文》："□□人,其有抱德□□"

豹　bào

75TKM91：36（a）《高寧縣上言》："高寧縣言：謹案華豹部隤明當□□"

2004TBM203：30－4d＋2004TBM203：30－4a＋2004TBM203：30－4b《高昌寫本〈急就篇〉》："豹首落莫□□"

報　bào

80TBI：126《別譯雜阿含經（卷一二）》："知是魔王,説偈報言。"

73TAM206：42/1《唐事目歷》："事爲報大陽津橋木救事。"

67TAM91：29(a),30(a)《唐貞觀十七年(643)何射門陀案卷爲來豐患病致死》："□□人至□□□即報。"

66TAM44：30/3《唐殘發願文一》："□□可虛然無報,謹於今時□□"

64TAM5：81,82《唐李賀子上阿郎、阿婆書三》："□□後有使人來□□報來,并更□□"

64TAM29：111/8(a)《唐市司上戶曹狀爲報米估事》："狀上戶曹爲報米估事。"

72TAM187：194（a）《唐高昌縣史王浚牒爲徵納王羅雲等欠稅錢事》："□□報□□"

72TAM230：46/1(a)《唐儀鳳三年(678)尚書戶部支配諸州庸調及折造雜練色數處分事條啟（一）》："擬報諸蕃等物,并依色數送□。"

2004TBM207：1-14《唐儀鳳某年（676—679）西州牒爲考課事》："其李恒讓付諸司檢報,餘後判,諮。"

2004TBM207：1-4《唐儀鳳三年(678)九月西州功曹牒爲檢報乖僻批正文案事》："依檢,□乖僻批正文可報。"

2004TBM207：1-4《唐儀鳳三年(678)九月西州功曹牒爲檢報乖僻批正文案事》："牒至,諸有何乖僻批正文案報者。"

暴　bào

72TAM151：74(a)《古寫本〈晉陽秋〉殘卷》："暴□□竟以□諸大臣,司空、中書監杜□□"

bēi

杯　bēi

73TAM222：55(a)《唐寫〈千字文〉殘卷》："□□讌,接杯舉□□"

按：盃,同"杯"。《干禄字書》："盃杯,上通下正。"《廣韻》："盃"爲"杯"的俗字。《漢書·項籍傳》："必欲烹乃翁,幸分我一盃羹。"

卑　bēi

80TBI：148《請觀世音菩薩消伏毒害陀羅尼咒經（卷一）》："□耶，（莫作鬼也）卑離陀（云餓鬼也）。"

　　按：括號內爲原正文下注小字。

2006TSYIM4：2－2《古寫本〈詩經〉》："□用其良，覆卑我悖。"

　　按：卑，今《詩經·桑柔》作"俾"。缺字作"匪"。

2006TSYIM4：2－3＋2006TSYIM4：2－4《古寫本〈詩經〉》："昊天上帝，寧卑我遯。"

　　按：卑，今《詩經·雲漢》作"俾"。

悲　bēi

67TAM78：27《唐殘書牘》："□惟增悲結，謹言疏不俱，□。"

67TAM363：7/3《唐殘書牘》："於之悲老母居堂實□。"

běi

北　běi

65TAM346：1《唐乾封二年（667）郭羝醜勳告（一）》："或北折淳維，或南梟徵側，功勳久著，賞册宜隆。"

72TAM230：48/1《唐西州請北館坊採車材文書（一）》："□望請北館坊採車材，具與赤亭坊貯備□。"

69TKM39：9/6（a）《唐貞觀年間（640—649）西州高昌縣手實一》："□十步世業，菜，城北一里。"

65TAM42：64《唐西州高昌縣授田簿（一二）》："一段二畝部田，城北二里北部渠，東渠，西荒，南道□。"

64TAM29：44之六《唐咸亨三年（672）新婦爲阿公錄在生功德疏》："向堀門裏北畔新塔廳上佛堂中東壁上，泥素（塑）彌勒上生變，並菩薩、侍者、天神等一捕（鋪）。"

71TAM188：85《唐西州都督府牒爲便錢酬北庭軍事事》："□北庭大賊下逐大海路，差索君才□。"

60TAM332：9/1－1《唐祭五方神文殘片一》：："□付北方神，速攝囚，主人再□。"

68TAM103：18/5（a）《唐貞觀某年西州高昌縣范延伯等户家口田畝籍（三）》："城北一里杜□。"

72TAM151：59,61《高昌某年郡上馬帳》："北劉都寺瓜（騧）馬。"

72TAM151：99,100《高昌合計馬額帳（一）》："伍塔寺、北□□、趙寺法瑜。"

72TAM151：56《高昌買駝、入練、遠行馬、郡上馬等人名籍》："范寺思惠、□寺、武衛寺、北許寺、史令寺、氾都寺。"

68TAM103：18/9（a）《唐貞觀某年西州某鄉殘手實》："□地一段一畝半，城北□。"

73TAM206：42/10－6《唐質庫帳歷》："□北曲住□。"

北 儿

73TAM206：42/10－12《唐質庫帳歷》："□□北曲住年□□"

2004TAM398：13a＋2004TAM398：13b《唐西州高昌縣趙度洛等授田簿》："南渠，北馮多武。"

bèi

孛　bèi

孛

73TAM206：42/10－7《唐質庫帳歷》："孛山頭西壁上。"

背　bèi

背

2006TSYIM4：2－2《古寫本〈詩經〉》："諒曰不可，覆背善詈。"

悖　bèi

悖

2006TSYIM4：2－2《古寫本〈詩經〉》："□用其良，覆卑我悖。"

按：卑，今本作"俾"。

倍　bèi

倍

75TKM99：9(b)《高昌延昌二十二年(582)康長受從道人孟忠邊歲出券》："悔者一倍(賠)二，入不悔者。"

倍

72TAM230：61《唐通感等辯辭爲徵納逋懸事》："通感等元不下款伏倍，百姓自□逋懸。"

倍

72TAM151：104《高昌延和十二年(613)某人從張相憙等三人邊雇人歲作券》："□□倍(賠)十。"

倍

67TAM363：8/1(a)之二《唐景龍四年(710)卜天壽抄孔氏本鄭氏注〈論語〉》："今倍(陪)臣而舞天子八佾之□"

按：舞，原件書作"儛"。

倍

67TAM363：8/1(a)之二《唐景龍四年(710)卜天壽抄孔氏本鄭氏注〈論語〉》："倍(陪)臣而祭太山，非禮。"

被　bèi

被

80TBI：011－3《大乘瑜伽金剛性海曼殊室利千臂千鉢大教王經(卷六)》："□□怕怖則被天魔□□"

被

59TAM305：8《缺名隨葬衣物疏》："白絓被一領。"

被

72TAM151：68《〈千字文〉習字殘卷(一)》："□□白駒食場化被□□"

被

72TAM187：197《武周追當番職掌人文書(一)》："□□右被□"

被

72TAM230：95(a)《唐西州高昌縣牒爲鹽州和信鎮副孫承恩人馬到此給草踏事》："□□柳中縣被州牒：得交河縣牒。"

被

73TAM509：8/6《唐書牘稿》："後日令宜德送柴萄在羅外，常須破一人看守，影向被盜將。"

被

72TAM151：70《〈千字文〉習字殘卷(二)》："□□食□化被□□"

被

67TAM91：27(a)《唐貞觀十七年(643)何射門陀案卷爲來豐患病致死》"門陀辯：被問□□知委先不與□□"

被

60TAM325：14/4－1，14/4－2《唐西州某府主帥陰海牒爲六駄

馬死事》："營司：進洛前件馬比來在群牧放，被木刺破。"

64TAM29：89（a），89（b）《唐永淳元年（682）坊正趙思藝牒爲勘當失盜事》："并不覺被人盜將，亦不敢加誣比鄰。"

73TAM509：19/2《武周天山府下張父師團帖爲新兵造幕事一》："被瀚海軍牒，準□□"

2006TAM607：4b《唐神龍二年（706）七月西州史某牒爲長安三年（703）七至十二月軍糧破除、見在事》："右被倉曹十二月五日牒給檢校長行使主□索□□米五斗四升。"

65TAM341：77－1（背面）《唐辯辭爲李藝義佃田事》："被康宗隨段租卻，不識佃人□□"

65TAM341：77－1（背面）《唐辯辭爲李藝義佃田事》："亦被租與□□"

72TAM151：102，103《高昌作頭張慶祐等偷丁谷寺物平錢帳》："□疊被一，平錢八文。"

73TAM206：42/10－7《唐質庫帳歷》："□□故緋絁被表□□"

67TAM78：16（a）《唐貞觀十四年（640）西州高昌縣李石住等戶手實（一）》："□□牒被責當戶手實，具注如前。"

67TAM78：29（a）《唐貞觀十四年（640）西州高昌縣李石住等戶手實（二）》："牒被責當戶手實□□"

75TKM96：44（b）《兵曹屬爲補代馬子郭氏生事》："屬稱馬子郭氏生久被重病不□□"

75TKM91：28（b）《北涼義和某年員崇辭爲眼痛請免屯守事》："□□被敕當□他屯。"

64TAM29：108（a），108（b）《唐垂拱元年（685）康義羅施等請過所案卷（二）》："□□被問所請過所，有何公文？"

64TAM29：107《唐垂拱元年（685）康義羅施等請過所案卷（三）》："若後不依今款，求受依法罪，被問依實謹□〔辯〕。"

備　bèi

73TAM222：54/7（b），54/8（b），54/9（b）《唐寫〈禮記〉鄭氏注〈檀弓〉下殘卷》："喪道矣備□□"

按：俻，"備"俗。此即顏元孫《干禄字書》："俻俻備：上俗，中通，下正。"

72TAM151：74（a）《古寫本〈晉陽秋〉殘卷》："更擇良妃，備列六宮。"

按：此字漢碑即有見。《隸辨》引《無極山碑》》"備"即作"俻"。

72TAM209：91（a）《唐貞觀十七年（643）符爲娶妻妾事（二）》："錄事張文備。"

73TAM222：50《唐玄駏殘文書》："内備令使足。"

72TAM188：82（a）《唐神龍二年（706）主帥渾小弟上西州都督府狀爲處分馬䭾料事》："□□新備得上件馬，今月一日到營，其䭾料未□□"

75TKM91：24《下二部督郵、縣主者符》："軍之具□，令備辦。"

72TAM150：36《唐羊珍等殘名籍》："□□史文備。"

輩　bèi

2006TAM607：2-4＋2006TAM607：2-5＋2006TAM607：2-4《唐神龍元年（705）六月後西州前庭府牒上州勾所爲當府官馬破除、見在事》："白苟輩馬恩敦（驄）。"

66TAM61：28（a），31/2（a）《唐田豐洛等點身丁中名籍》："范昌輩，十八。"

bēn

賁　bēn

73TAM519：19/2-1《高昌延壽十七年（640）屯田下交河郡、南平郡及永安等縣符爲遣麴文玉等勘青苗事》："虎賁將軍□□校郎張□□□"

按：賁，《廣韻》音"博昆切"，"勇也"。清朱駿聲《説文通訓定聲》："賁，假借爲奔。"《書·牧誓序》："武王戎車三百兩，虎賁三百人。"孔穎達疏："若虎之賁走逐獸，言其猛也。"

běn

本　běn

60TAM317：30/7《唐某人買奴契》："□□名者，仰本主自□□"

67TAM363：8/1（a）之二《唐景龍四年（710）卜天壽抄孔氏本鄭氏注〈論語〉》："林放問禮之本。"

按：夲，"本"俗。《廣韻》"本"俗作"夲"。

66TAM59：4/6《北涼神璽三年（399）倉曹貸糧文書》："□□拾斛，秋熟還等斛，督入本□□"

66TAM59：4/7（a）《殘辭》："□□水聽棄馬頭堆本田，於馬□□□"

按：棄，原件作"寶"。

80TBI：488《四分戒本疏（卷一）》："若本上品心受所發無作心增上故，戒亦上品。"

2004TBM207：1-14《唐儀鳳某年（676—679）西州牒爲考課事》："詔具録功過奏聞，表本附案。"

73TAM210：136/12-2《唐西州都督府諸司廳、倉、庫等配役名籍（二）》："□塞子，銅匠。以上並配本司。"

60TAM317：30/6（a），30/10（a）《唐趙蔭子博牛契》："□□内不食水草，任還本□□"

崩　bēng

73TAM215：017/6-1,017/6-2《唐殘書牘三》："□□舉目崩傷，不□□"

bī

逼　bī

80TBI：316《妙法蓮華經（卷二）譬喻品第三》："火來逼身，苦痛

▭”

75TKM96：29(a)，33(a)《北涼真興某年道人德受辭》：“所逼▭”

73TAM509：8/6《唐書牘稿》：“粟未上場，菜未入瓮，官羊相逼，寸步不得東西。”

bí

鼻　bí

80TBI：016《四分戒本疏（卷一）》：“▭上至非想，下至阿鼻，可煞不可煞，可誑▭”

64TAM29：25《唐垂拱元年（685）康義羅施等請過所案卷（四）》：“▭康紇槎，男射鼻，男浮你了。”

65TAM42：90(a)，91(a)《唐令狐鼠鼻等差科簿（一）》：“武騎尉令狐鼠鼻，廿七；兄智達，年卌二，外侍。”

bǐ

比　bǐ

60TAM325：14/4－1，14/4－2《唐西州某府主帥陰海牒爲六馱馬死事》：“營司：進洛前件馬，比來在群牧放，被木刺破。”

67TAM363：8/1(a)之七《唐景龍四年（710）卜天壽抄孔氏本鄭氏注〈論語〉》：“▭適也，無慕（莫）也，義之與比。”

66TAM61：25《唐西州高昌縣上安西都護府牒稿爲録上訊問曹禄山訴李紹謹兩造辯辭事（八）》：“舉炎延練是實不虚，比爲不識禄▭”

67TAM363：7/3《唐殘書牘》：“在生死久不知聞，比來▭”

80TBI：308b《十誦比丘波羅提木叉戒本》：“▭德當爲諸比丘▭”

彼　bǐ

80TBI：337a《大毗盧遮那成佛神變加持經（卷四）密印品第九》：“是行惠印，彼真言▭”

72TAM151：15《高昌義和二年（615）都官下始昌縣司馬主者符爲遣弓師侯尾相等詣府事》：“敕始昌縣司馬主者，彼縣今須弓師侯□□、□元相二人，符到，作具、糧□自隨。”

按：敕，原件書作“勑”。

80TBI：022《增壹阿含經（卷五〇）大愛道般涅槃品第五二》：“如來遊彼國界。”“彼童子手執寶▭”

80TBI：052《妙法蓮華經（卷二）譬喻品第三》：“彼長者無虚妄之咎。”

73TAM193：38(a)《武周智通擬判爲康隨風詐病避軍役等事》：“兩家皆成矯妄，彼此並合入軍。”

73TAM193：38(a)《武周智通擬判爲康隨風詐病避軍役等事》：“彼二人罪非輕小。”

彼

80TBI：119《四分律比丘戒本》："□□彼比丘諫是□□"

彼

80TBI：051《四分律（卷四七）滅諍犍度第一六之一》："□□一比丘亦如上彼諍比□□"

彼

80TBI：051《四分律（卷四七）滅諍犍度第一六之一》："□□衛。衆僧如法滅諍，彼□□"

彼

80TBI：046a《阿毗曇八犍度論（卷一二）智犍度之四修智跋渠之餘》："□□智亦如是，道智彼道智。□□"

彼

80TBI：697a《增壹阿含經（卷一六）高幢品第二四之三》："彼云何□□"

彼

80TBI：442a《阿毗曇八犍度論（卷一）智跋渠第二》："□□使彼使□□"

鄙　bǐ

鄙

67TAM363：8/1（a）之七《唐景龍四年（710）卜天壽抄孔氏本鄭氏注〈論語〉》："是近會鄙而遠謙讓故。"

bì

必　bì

必

64TAM19：65《唐顯慶某年（656—661）殘牒》："□□正，安必百家，並令得所，一無忿犯。"

按：忿，原件書作"愻"。

必

67TAM363：8/1（a）之六《唐景龍四年（710）卜天壽抄孔氏本鄭氏注〈論語〉》："告（造）次必於是，顛沛必於是。"

必

80TBI：750a《妙法蓮華經（卷二）譬喻品第三》："□□必憂悔如此種種。羊□□"

必

64TAM19：33,56,57《唐寫本鄭氏注〈論語〉公冶長篇》："舊令尹之政，必以告新令尹。"

必

73TAM222：56/1,56/2《唐殘判籍（二）》："理在必然，但舊□□"

必

67TAM363：8/1（a）之二《唐景龍四年（710）卜天壽抄孔氏本鄭氏注〈論語〉》："君子無所争，必□□""父母在，不遠遊，遊必有[方]。"

按："有"後奪一"方"字。

畢　bì

畢

66TAM61：16（b）《唐西州高昌縣上安西都護府牒稿爲録上訊問曹禄山訴李紹謹兩造辯辭事（七）》："□□延爲共畢娑□□"

畢

75TKM99：6（a）《北涼承平八年（450）翟紹遠買婢券》："賈則畢，人即付。"

畢

60TAM317：30/7《唐某人買奴契》："□□練即畢，人即付。"

閉　bì

閇

65TAM341：27《唐開元八年（720）具注曆》："十二日癸巳水閇没。"

按：閇，"閉"俗。《干禄字書》："閇閉：上俗下正。"《玉篇》《龍龕手鏡》《廣韻》《集韻》等均以爲"閉"之俗字。

2006TSYIM4：3 - 25 背面《北涼殘文書》："□□ 閉 獄 □□"

婢　bì

67TAM78：26《唐貞觀十四年（640）西州高昌縣李石住等戶手實（六）》："女黑 婢 年伍。"

67TAM78：26《唐貞觀十四年（640）西州高昌縣李石住等戶手實（六）》："丁 婢。"

69TKM39：9/2（a），9/3（a）《唐貞觀某年男世達戶籍》" 婢 多欖年肆拾陸。"

75TKM99：6（a）《北涼承平八年（450）翟紹遠買婢券》："翟紹遠從石阿奴買 婢 壹人。"

64TAM5：78（a）《唐李賀子上阿郎、阿婆書一（二）》："兩个兒，一个將一个奴 婢 來。"

64TAM5：78（a）《唐李賀子上阿郎、阿婆書一（二）》："賀子自買得 婢。"

72TAM188：58/1《唐開元四年（716）玄覺寺婢三勝除附牒（一）》："□□ 婢 三勝 □□""□□牒前件 婢 昨日 □□"

2004TAM408：17《令狐阿婢隨葬衣物疏》："右尊鍾妻令狐阿 婢 隨身雜衣物凡種。"

69TKM39：9/7（a）《唐西州高昌縣□慶友等戶家口田畝帳簿（一）》：" 婢 戊香年卅。"

73TAM206：42/11 - 1～42/11 - 6《唐勘問婢死虛實對案錄狀（一）～（六）》："□□上件 婢 去□月內

□□"

73TAM193：11（a）《武周郭智與人書》："待高昌縣牒到，然後追 婢。"

73TAM193：11（a）《武周郭智與人書》："恐漏情狀， 婢 聞即生藏避。"

賍　bì

65TAM39：20《前涼升平十一年王念賣駝券》："升平十一年四月十五日，王念以茲駝賣與朱越，還得嘉駝，不相 賍 移。"

按：賍，《説文》："遂予也。"段玉裁注："輾轉予人曰遂予。"清末孫錦標《南通方言疏證》："今凡以物與人者，淮西、淮南、吳、越皆言賍。"

弼　bì

72TAM151：74（a）《古寫本〈晉陽秋〉殘卷》："丹書之制而 弼 違□□"

辟　bì

65TAM42：40《唐缺名隨葬衣物疏》："若欲覓海西 辟（壁），若欲求海東頭。"

64TAM15：6《唐唐幢海隨葬衣物疏》："若欲求海東頭，若欲覓海西 辟（壁）。"

碧　bì

碧
碧
碧
碧

59TAM305：8《缺名隨葬衣物疏》："紫 碧 裙一立。"

75TKM96：15《龍興某年宋泮妻翟氏隨葬衣物疏》："故緋 碧 紺縜結髮六枚。"

75TKM99：7《建平六年張世容隨葬衣物疏》："故 碧 襦一領。"

73TAM206：42/10－13,42/10－3《唐質庫帳歷》："故檀 碧 小□□。"

2004TAM408：17《令狐阿婢隨葬衣物疏》："故紫 碧 裙一領。"

蔽　bì

蔽

80TBI：117《妙法蓮華經（卷三）藥草喻品第五》："□□日光掩 蔽 ，地上□□。"

弊　bì

弊
弊
弊

67TAM363：8/1（a）之五《唐景龍四年（710）卜天壽抄孔氏本鄭氏注〈論語〉》："□□於門樹，屏以 弊 （蔽）之。"

67TAM363：8/1（a）一一《唐景龍四年（710）卜天壽抄孔氏本鄭氏注〈論語〉》："□□馬，衣輕裘，與朋友 弊 （敝）之而無憾。"

80TBI：130《十住毗婆沙論（卷五）聖者龍樹造易行品第九》："□□花。超出佛，真流離明佛。 弊 曰□□。"

按："離"，《中華大藏經》和《大正新修大藏經》作"璃"。"弊"，《中華大藏經》和《大正新修大藏經》作"蔽"。

壁　bì

壁

64TAM29：44之六《唐咸亨三年（672）新婦爲阿公錄在生功德疏》："向堀門裏北畔新塔廳上佛堂中東 壁 上泥素（塑）彌勒上生變，並菩薩、侍者、天神等一捕（鋪）。"

壁

72TAM151：6《高昌重光元年（620）氾法濟隨葬衣物疏》："若欲求海東頭，若欲覓海西 壁 。"

避　bì

避

73TAM193：38（a）《武周智通擬判爲康隨風詐病避軍役等事》："名霑簡點之色，而乃 避 其軍役。"

臂　bì

臂

73TAM193：38（a）《武周智通擬判爲康隨風詐病避軍役等事》："於是妄作患由， 臂 肘蹉跌，遂非真病，攣拳手腕，□是詐爲（偽）。"

臂

64TAM29：44《唐咸亨三年（672）新婦爲阿公錄在生功德疏》："帛綢綾半 臂 一腰。"

biān

鞭　biān

鞭

59TAM305：14/1《前秦建元二十年（384）韓盆辭爲自期召弟應見事》："建元廿年三月廿三日，韓盆自期二日召弟到應見，違違受馬 鞭 一百。"

按：盆，原件書作"瓮"。

邊　biān

80TBI：175《妙法蓮華經（卷二）譬喻品第三》："□□量無 邊 智□。"

67TAM78：46《唐西州高昌縣寧戒（戒）鄉鄧明□夏田契》："□□夏新興瑣 邊 □□"

按：《吐魯番出土文書》第二册録作"寧戒鄉"，原件實作"戒"，應爲"戎"之誤。

73TAM509：8/6《唐書牘稿》："昨日索隱兒去，附乾元錢一千，還七娘子申屠 邊 錢。"

72TAM151：104《高昌延和十二年（613）某人從張相憙等三人邊雇人歲作券》："□□相憙三人 邊 雇佛奴□□"

按：佛，原件書作"仏"。

72TAM151：13《高昌義和三年（616）氾馬兒夏田券》："義和三年丙子歲潤（閏）五月十九日，氾馬兒從無艮跛子 邊 夏舊壒（業）部田叁畝。"

73TAM504：21/1－21/3《高昌奴得等負麥、粟、疊帳（一）～（三）》："□□奴得負參軍索謙、焦歡伯二人 邊 官舉價小麥叁□□陸兜（斗）。"

67TAM91：27（a）《唐貞觀十七年（643）何射門陀案卷爲來豐患病致死》："□□忽收取看養在此 邊 處，并不閑（嫌）官□□"

66TAM61：23（b），27/2（b），27/1（b）《唐西州高昌縣上安西都護府牒稿爲録上訊問曹禄山訴李紹謹兩造辯辭事（二）》："兄 邊 取練訖，分明付兄與李三同□□"

67TAM74：1/2《唐某人於張悦仁等邊夏田殘契》："□□人 邊 夏左部々田，人□□"

按：原件"部"後用重文符號。

64TAM4：42《唐龍朔元年（661）左憧憙夏菜園契》"崇化鄉人左憧憙於同鄉人大女吕玉粘（菈）邊 夏張渠菜園肆拾步壹園。"

64TAM4：34《唐龍朔元年（661）龍惠奴舉練契》："安西鄉人龍惠奴於崇化鄉人右憧憙 邊 舉取練叁拾疋。"

64TAM4：40《唐乾封三年（668）張善憙舉錢契》："武城鄉人張善憙於崇化鄉人左憧憙 邊 舉取銀錢貳拾文。"

64TAM4：33《唐總章三年（670）左憧憙夏菜園契》："左憧憙於張善憙 邊 夏取張渠菜園壹所。"

biàn

弁　biàn

80TBI：488《四分戒本疏（卷一）》："餘五定隨，次 弁 同異。"

按："弁"，《中華大藏經》和《大正新修大藏經》作"辨"。

80TBI：488《四分戒本疏（卷一）》："斯 弁 明先後發。"

按：此句《中華大藏經》和《大正新修大藏經》作"斯次辨明先後發"。

80TBI：488《四分戒本疏（卷一）》："對五篇 弁 此憂（優）劣者，若就根條初勝乃至五劣。"

按：弁，《中華大藏經》和《大正新修大

藏經》作"辨"。

便　biàn

80TBI：138《增壹阿含經（卷五〇）大愛道般涅槃品第五二》："童子 便 作是念。"

80TBI：716a《妙法蓮華經（卷二）譬喻品第三》："世尊，雖以方 便 ，所化眾生□□。"

80TBI：310《四分戒本疏（卷一）》："□□ 方 便 是戒體，三謂□□。"

　按：據《大正藏》，"便"是衍文。

66TAM44：30/4《唐殘發願文二》："□□ 哀乞弘願 便 先亡□□。"

66TAM61：17（b）《唐西州高昌縣上安西都護府牒稿爲錄上訊問曹禄山訴李紹謹兩造辯辭事（一）》："□□禾，妻不 便 水土，又地下濕，遂□□。"

72TAM188：84《唐便錢酬馬價文書》："□□ 前後 便 錢總玖拾□□""□□十六貫文 便 將還李□□。"

73TAM206：42/9－27《唐課錢帳歷》："張三 便 二百文。"

73TAM206：42/9－14（a）《唐課錢帳歷（二八）》："十六日 便 卅六（付）悔紗纐□□"

　按：括號內爲原文旁注小字。

73TAM206：42/9－13《唐課錢帳歷》："□□師 便 八百□□"

73TAM206：42/9－6（a）《唐課錢帳歷》："總 便 孟八郎二千五百□□"

遍　biàn

80TBI：132《佛説天地八陽神咒經》："□□此經三 遍 是諸惡鬼□"

72TAM201：33《唐咸亨五年（674）兒爲阿婆録在生及亡没所修功德牒》："延僧設供誦《大波若》一十 遍 。"

64TAM29：44《唐咸亨三年（672）新婦爲阿公録在生功德疏（三）》："讀《涅槃經》，計欠兩 遍 半百卷。"

　按：涅槃，原件書作"槃涅"，旁用勾乙符號，今改。

64TAM29：44之七《唐咸亨三年（672）新婦爲阿公録在生功德疏》："又今日請一僧就門禮一千五百佛名一 遍 。"

辨　biàn

73TAM507：013/3《唐上元三年（676）某人辯辭爲買鞍馬事》："□□謹 辨 （辯）。"

73TAM221：55（a）《唐貞觀廿二年（648）安西都護府乘敕下交河縣符爲處分三衛犯私罪納課違番事》："□□須解官推勘 辨 定□□"

64TAM29：25《唐垂拱元年（685）康義羅施等請過所案卷（四）》："阿了 辨 （辯）：被問得上件人等牒稱□□"

66TAM59：4/9（b）《□願殘辭》："□□ 不看 辨 ，須（頭）年三□□"

75TKM91：24《下二部督郵、縣主者符》："軍之具□，令備 辨 （辦）。"

66TAM61：24（a）《唐麟德二年（665）知事辯辭爲張玄逸失盜事》："知是 辨 （辯）：問陌（驀）牆入盜張玄逸之物，今見安□□"

64TAM29：107《唐垂拱元年（685）康義羅施等請過所案卷（三）》："□□等 辯 ：被問得上件人等辭□□"

73TAM221：62（a）-2《唐永徽三年（652）士貞辯》："有到去之庭，有何經求，並仰——具 辨 （辯）。"

73TAM221：62（a）-2《唐永徽三年（652）士貞辯》："被問依實謹 辨 （辯）。"

66TAM61：23（a），27/1（a），27/2（a）《唐麟德二年（665）婢春香辯辭爲張玄逸失盜事》："春香等 辨 （辯）：被問所盜張逸之物夜□更共何人同盜。"

73TAM206：42/11-1～42/11-6《唐勘問婢死虛實對案録狀（一）～（六）》："檢樹等 辨 （辯）被□□"

辯　biàn

72TAM209：87《唐貞觀年間西州高昌縣勘問梁延臺、雷隴貴婚娶糾紛案卷（二）》："隴 辯 ：被問娶阿趙□□"

72TAM209：88《唐貞觀年間西州高昌縣勘問梁延臺、雷隴貴婚娶糾紛案卷（一）》："前 辯 所問，只遣：辯 □□"

變　biàn

64TAM29：44 之六《唐咸亨三年（672）新婦爲阿公録在生功德疏》："向堀門裏北畔新塔廳上佛堂中東壁上，泥素（塑）彌勒上生 變 ，並菩薩、侍者、天神等一捕（鋪）。"

64TAM29：44 之六《唐咸亨三年（672）新婦爲阿公録在生功德疏》："昨更於生絹畫兩捕（鋪）釋迦牟尼 變 ，并侍者、諸天。"

biāo

驃　biāo

72TAM150：30,31《唐諸府衛士配官馬、駄殘文書二》："魯法義馬赤 驃 。"

2006TAM607：2-4＋2006TAM607：2-5＋2006TAM607：2-4《唐神龍元年（705）六月後西州前庭府牒上州勾所爲當府官馬破除、見在事》："周文護馬 驃 敦（驐）。"

72TAM151：58《高昌義和二年（615）七月馬帳（一）》："追世寺 驃 馬。"

按：驃，《龍龕手鏡》："驃俗，驃正。"北魏《司馬元興墓誌銘》有"驃府"，北魏《元略墓誌》有"驃騎"。

72TAM151：59,61《高昌某年郡上馬帳》："將趙軌 驃 馬……合六十七匹。"

72TAM151：59,61《高昌某年郡上馬帳》："張阿宗 驃 馬，焦長史赤馬，校郎延護留（駵）馬，合六十七匹。"

biǎo

表　biǎo

73TAM206：42/10 - 7《唐質庫帳歷》：“故緋絁被 表 □□”

73TAM206：42/9 - 8《唐課錢帳歷（三〇）》：“李 表 十五。”

73TAM191：17（a）《唐永隆元年（680）軍團牒爲記注所屬衛士征鎮樣人及勳官籤符諸色事（一三）》：“十月廿五日録事張文 表 受。”

2004TBM207：1 - 14《唐儀鳳某年（676—679）西州牒爲考課事》：“詔具録功過奏聞, 表 本附案。”

72TAM150：29《唐諸府衛士配官馬、馱殘文書一》：“□□ 文 表 馬赤。”

73TAM206：109/13 - 6, 42/9 - 26《唐課錢帳歷》：“高四□□, 李 表 □□”

73TAM206：42/9 - 27《唐課錢帳歷》：“□□ 高四卅, 李 表 □□, 趙 □□□”

謀　biǎo

75TKM96：28《掬子等取麥賬》：“阿 謀 取麥一斛八斗。”

褾　biǎo

64TAM29：44《唐咸亨三年（672）新婦爲阿公録在生功德疏》：“紫紬綾襖子一, 錦 褾 。”

按：褾,《廣韻》：“褾, 袖端。”

bié

別　bié

72TAM179：16/4（b）, 16/5（b）, 16/6（b）, 16/7（b）《唐寫〈尚書〉孔氏傳〈禹貢〉、〈甘誓〉殘卷》：“内方至於大 別 。”

73TAM222：56/3（a）, 56/4（a）《唐殘判籍（三）（四）》：“別 牒縣且停□□”64TAM37：21《唐□□二年曹忠敏田契》：“段内更有 別 人追理地子, 並不干佃地人之事。”

72TAM188：73（a）之一《唐上西州都督府牒爲徵馬付營檢領事一》：“別 牒營檢領訖, 仍取領附諸方。”

80TBI：489《四分戒本疏（卷一）》：“若以自作隨行對受分 別 , 方有寬狹。”

2004TBM207：1 - 7《唐調露二年（680）七月東都尚書吏部符爲申州縣闕員事》：“□□ 勘責 別 □□”

72TAM230：84/1 ～ 84/5《唐儀鳳三年（678）尚書省户部支配諸州庸調及折造雜練色數處分事條啟（三）～（七）》：“□□官入國等各 別 爲項帳, 其輕稅人具□□”

69TAM232：3（b）《唐蠅芝等直上欠麴粟帳》：“白居兜□□義達種秋粟, 右同前據□□□上件地去年秋是前件人佃種, 畝 別 收子兩碩以上者, 件勘

如前。"

68TAM108：19(a)之三《唐開元三年(715)西州營典李道上隴西縣牒爲通當營請馬料姓名事》："右火別六頭,頭 別 付麰壹勝(升)半。"

按：麰,原件作"床"。

60TAM332：9/1－1《唐祭五方神文殘片一》：："□莫使犯人,生死路 別 ,不得相親。"

64TAM4：34《唐龍朔元年(661)龍惠奴舉練契》："月 別 生利練肆疋。"

64TAM4：53《唐麟德二年(665)張海歡、白懷洛貸銀錢契》："如違限不償錢,月 別 拾錢後生利錢壹文入左。"

60TAM330：26/1《唐總章元年(668)趙惡仁佃田契》："□佃食,年 別 畝與□"

64TAM4：40《唐乾封三年(668)張善憙舉錢契》："月 別 生利銀錢貳文。"

75TKM91：20(a)《兵曹行罰幢校文書》："□兵責破列□□定遣 別 案推□□諾奉行。"

67TAM91：31(b),32(b)《唐缺名家口給糧三月帳》："別給□一人丁妻, 別 給□"

71TAM188：85《唐西州都督府牒爲便錢酬北庭軍事事》："□牒 別 項爲便錢酬羅阿□"

68TAM108：18(a)之二《唐開元三年(715)西州營牒爲通當營請馬料姓名事二》："□右火 別 六頭,頭 別 付□"

bīn

斌 bīn

59TAM305：14/2《倉曹屬爲買八縰布事》："倉曹樊霸、梁 斌 前屬催奸吏買八縱(縰)布四匹。"

72TAM151：59,61《高昌某年郡上馬帳》："侍侍僧愍赤馬,麴顯 斌 赤馬。"

賓 bīn

64TAM19：32(a),54(a),55(a)《唐寫本鄭氏注〈論語〉公冶長篇》："□立於朝可使與 賓 客不□"

按：賓,《説文解字》："从貝,丏聲。"隸變後演變作"賓"。《西狹頌》："遠人賓服。"武威漢簡作"賓",進一步訛變,宀下即作"尸"。此字形敦煌文獻也習見。

73TAM222：54/10(b),54/11(b),54/12(b)《唐寫〈禮記〉鄭氏注〈檀弓〉下殘卷》："□賓爲 賓 焉□"

59TAM304：7/3《唐雜器物車輛殘帳(三)》："□車兩乘納 賓 □"

67TAM363：8/1(a)之九《唐景龍四年(710)卜天壽抄孔氏本鄭氏注〈論語〉》："赤也! 束帶於朝,可使與 賓 容(客)言,不知其仁也。"

72TAM194：27(a)《唐盜物計贓科罪牒》："其錢徵到,分付來 賓 取領□陪(賠)贓牒徵送諮。"

68TAM108：19(a)之二《唐開元三年(715)西州營典李道上隴西縣牒爲通當營請馬料姓名事》："火長馬嘉寶，火內人時毛郎。"

68TAM108：18(a)之二《唐開元三年(715)西州營牒爲通當營請馬料姓名事二》："火長馬嘉寶，火內人□□。"

bīng

冰　bīng

60TAM332：9/1－1《唐祭五方神文殘片一》："□神玄冥難惡處，飛驚千里憎(層)冰固。"

67TAM78：47/44(a)《唐令狐婆元等十一家買柴供冰抄》："冰井上□□。"

64TAM19：39(a)，42(a)，43(a)《唐永徽二年(651)牒爲徵索送冰井芳銀錢事》："□□文歡去年十二月知冰井芳，里正成壴□□。"

72TAM230：36《古寫本木玄虛〈海賦〉》："□□〔繁采〕楊(揚)華，萬色隱鮮。陽冰□□。"

兵　bīng

72TAM151：52《高昌通人史延明等名籍》："□堂趙師得、相(廂)上張□□□、兵人宋保得。"

73TAM191：32(a)《唐史衛智爲軍團點兵事》："□□簡點兵尫弱，疾□□。"

73TAM193：38(a)《武周智通擬判爲康隨風詐病避軍役等事》："奉敕伊、西二州，占募强兵五百，官賜未期至日，私家借便資裝。"

2004TBM207：1－2《唐儀鳳某年(676—679)殘牒》："□□兵曹參軍裴元□□。"

73TAM501：109/11－5(a)，109/10(a)《唐五團通當番兵姓名牒》："□□番兵總七十九人□□。"

72TAM187：198《武周諸戍上兵文書(二)》："諸戍上兵□□。"

73TAM193：15(a)《唐天寶某載(751—756)文書事目歷》："六日，兵袁昌運牒爲患請藥□□。"

71TAM188：85《唐西州都督府牒爲便錢酬北庭軍事事》："□□頭得兵曹恭軍程□等牒稱□□。"

75TKM96：31(a)《兵曹屬爲以王明代張賞入員事》："李兵曹：今以王明代張賞入員，屬至□□。"

67TAM78：37《唐西州蒲昌縣赤亭烽帖爲鎮兵糧事》："□□赤亭鎮兵十□□。"

66TAM59：4/2－4(a)，4/2－5(a)《北涼玄始十二年(423)失官馬賣賠文書一》："□□馬一匹付兵□王冬□□。"

75TKM96：18,23《北涼玄始十二年(423)兵曹牒爲補代差佃守代事》："差四騎付張欑□、道□□、兵曹掾張龍，史張□白。"

75TKM96：44(b)《兵曹屬爲補代馬子郭氏生事》："兵曹掾李禄史□□。"

75TKM96：45（a）《兵曹屬爲補代馬子郭氏生文書》："李 兵 曹馬子郭氏□□"

75TKM91：28（a）《兵曹行罰兵士張宗受等文書》："兵 曹掾□預史左法彊校趙震解如右。"

73TAM519：19/2－2《高昌麴季悦等三人辭爲請授官階事》："兵 馬下。"

按："兵馬下"三字書於正文"已來"右旁。

2006TAM607：2－4《唐景龍三年（709）後西州勾所勾糧帳》："一斗二升粟，州倉景二年秋季剩給 兵驢料。"

bǐng

丙　bǐng

72TAM151：94《高昌義和三年（616）張相憙夏靡田券》："□□和三年 丙 子歲四月廿□□□相憙從左祐子□□"

72TAM151：13《高昌義和三年（616）氾馬兒夏田券》："義和三年 丙 子歲潤（閏）五月十九日，氾馬兒從無艮跋子邊夏舊壌（業）部田叁畝。"

秉　bǐng

64TAM27：21《唐寫本〈論語〉鄭氏注〈雍也〉殘卷》："□□粟五 秉。"

稟　bǐng

75TKM98：28/1《某人啟爲失耕事》："□□約敕 稟 □□"

75TKM91：17《奴婢月廩麥賬》："奴子虎生一人，日給 稟 麥二升，合□□陸斗。"

鞞　bǐng

80TBI：035《請觀世音菩薩消伏毒害陀羅尼三昧儀經明正意第二》："□□般荼梨輪 鞞 帝□□"

bìng

并　bìng

73TAM507：012/1《唐某人申狀爲欠練、駝、馬事》："□□匐息 并 史石奴家奴□□"

72TAM230：84/6《唐儀鳳三年（678）尚書省户部支配諸州庸調及折造雜練色數處分事條啟（八）》："□□在 并 來年□□"

2004TBM207：1－10f《唐文書殘片》："□□同申 并 □□"

72TAM230：84/1～84/5《唐儀鳳三年（678）尚書省户部支配諸州庸調及折造雜練色數處分事條啟（三）～（七）》："□□ 并 應配兩京□□"

64TAM29：113《唐□伏威牒爲請勘問前送帛練使男事》："□伏威曹主 并 家口向城東園内就涼。"

64TAM36：9《唐高昌縣史成忠帖爲催送田參軍地子并數（麩）事》："帖至，仰即送地子 并 數，限帖到當日納了。"

73TAM208：24，28，30《唐典高信貞申報供使人食料帳歷牒（四）》："首領 并 ☐☐☐"

66TAM61：23(b)，27/2(b)，27/1(b)《唐西州高昌縣上安西都護府牒稿爲録上訊問曹禄山訴李紹謹兩造辯辭事（二）》："并 共曹果毅及曹二，并外生（甥）居者去 ☐☐☐"

2004TBM207：1－4《唐儀鳳三年（678）九月西州功曹牒爲檢報乖僻批正文案事》："大素自考後以來，諸司所有乖僻處分隨案，并 捉得略良胡數人及財物等。"

66TAM61：23(b)，27/2(b)，27/1(b)《唐西州高昌縣上安西都護府牒稿爲録上訊問曹禄山訴李紹謹兩造辯辭事（二）》："并共曹果毅及曹二，并 外生（甥）居者去 ☐☐☐"

64TAM19：48《唐上元三年（676）西州都督府上尚書都省狀爲勘放還流人貫屬事（一）》："☐☐☐解 并 目上尚書省，都省。"

64TAM29：44《唐咸亨三年（672）新婦爲阿公録在生功德疏》："衆布施大像、常住百師，并 請洛通法師出罪懺悔。"

64TAM29：44之六《唐咸亨三年（672）新婦爲阿公録在生功德疏》："昨更於生絹畫兩捕（鋪）釋迦牟尼變，并 侍者、諸天。"

64TAM4：6《唐總章元年（668）西州高昌縣左憧憙辭爲租佃葡萄園事》："恐屯桃人 并 比鄰不委 ☐☐☐"

並 bìng

67TB：1－2－1《大乘瑜伽金剛性海曼殊室利千臂千鉢大教王經（卷六）》："☐☐☐梨 並 不得取喫其食，與不 ☐☐☐"

按：喫其食，《大正藏》作"食其食"。

72TAM226：83/1～83/3《唐開元十一年（723）狀上北庭都護所屬諸守捉斷田頃畝牒》："☐☐☐俱六守捉 並 廳 ☐☐☐"

按：廳，原件書作"床"。

67TAM78：33《唐某年九月府史張道龕領受馬踏抄》："☐☐☐踏料帖☐條 並 ☐☐☐"

73TAM507：013/1《唐某人申狀爲注籍事》："☐☐☐無注家口 並 在 ☐☐☐"

72TAM230：46/1(a)《唐儀鳳三年（678）尚書省户部支配諸州庸調及折造雜練色數處分事條啟（一）》："單於大☐護府諸驛賜物，於朔州給，並 請準往例相知給付。"

2004TBM207：1－4《唐儀鳳三年（678）九月西州功曹牒爲檢報乖僻批正文案事》："官☐之日，並 皆不通，請檢附狀者。"

64TAM5：78(a)《唐李賀子上阿郎、阿婆書一（二）》："次問訊合家大小、千萬、並 通兩兄弟。"

67TAM78：48/3《唐殘帖》："☐☐☐行人 並 ☐☐☐"

73TAM507：014/1《唐隊正陰某等領甲仗器物抄（一）》："甲柒領 並 皮 ☐☐☐"

64TAM4：34《唐龍朔元年（661）龍惠奴舉練契》："如憧憙須［須］練之日，並須依時酬還。"

　　按：此句衍一"須"字。

64TAM4：40《唐乾封三年（668）張善憙舉錢契》："到左須錢之日，張並須本利酬還。"

72TAM209：88《唐貞觀年間西州高昌縣勘問梁延臺、雷隴貴婚娶糾紛案卷（一）》："並已領訖，尋即婚了者。"

64TAM29：17（a），95（a）《唐垂拱元年（685）康義羅施等請過所案卷（一）》："但羅施等並從西來。"

72TAM230：46/1（a）《唐儀鳳三年（678）尚書省戶部支配諸州庸調及折造雜練色數處分事條啟（一）》："▢秦、涼二府者，其絹並令練▢。"

73TAM507：033（a）《唐佐馬貞濬殘牒》："並勒鄉追送。"

73TAM210：136/12－2《唐西州都督府諸司廳、倉、庫等配役名籍（二）》："▢塞子，銅匠。以上並配本司。"

72TAM230：46/1（a）《唐儀鳳三年（678）尚書省戶部支配諸州庸調及折造雜練色數處分事條啟（一）》："擬報諸蕃等物，並依色數送▢。"

73TAM206：42/9－16《唐課錢帳歷（八）》："以前並勾勘上歷訖。"

病　bìng

75TKM96：44（a）《兵曹注錄承直、補馬子等事抄目》："▢▢郭氏生由來長病不任▢▢"

65TAM40：29《唐某人賃舍契》："其病患有生死並得。"

73TAM193：38（a）《武周智通擬判爲康隨風詐病避軍役等事》："於是妄作患由，臂肘蹉跌，遂非真病，攣拳手腕，▢是詐爲（僞）。"

65TAM341：27《唐開元八年（720）具注曆》："歲位療病修宅，吉。"

73TAM191：32（a）《唐史衛智爲軍團點兵事》："▢▢病等諸色，不有▢▢"

80TBI：087《金光明經（卷三）除病品第一五》："▢▢知醫方救諸病苦方便巧智四大增▢▢"

bō

波　bō

80TBI：692a《大法炬陀羅尼經（卷一〇）六度品第二四之一》："▢▢波羅蜜最爲▢▢"

80TBI：517－1《優波離問佛經》："▢▢波逸提。不犯者，不諫而捨、狂、先作。"

80TBI：126《別譯雜阿含經（卷一二）》："▢▢時波旬而作是念▢▢"

80TBI：020《四分律比丘尼戒本》："▢▢已說百七十九波逸提▢▢"

　　按："百七十九"，《中華大藏經》和《大正新修大藏經》作"一百七十八"。

波

72TAM151：56《高昌買駝、入練、遠行馬、郡上馬等人名籍》："□伏 波 衆悅、明威桑苟、□□阿□、鞏司馬、侍郎佛濟□□"

波

72TAM201：33《唐咸亨五年（674）兒爲阿婆録在生及亡没所修功德牒》："延僧設供誦《大 波 若》一十遍。"

波

72TAM201：33《唐咸亨五年（674）兒爲阿婆録在生及亡没所修功德牒》："延法師曇真往南平講《金光明經》一遍，《法華》兩遍，《金光 波 若》一遍。"

波

72TAM226：85/1～85/3《唐伊吾軍諸烽鋪受貯糧食斛斗數文書一》："□叁碩玖尅貳勝伍合豆， 波 色多烽。"

般 bō

般

64TAM29：44 之六《唐咸亨三年（672）新婦爲阿公録在生功德疏》："注子（字）《金剛 般 若經》一部，對《法輪經》一部。"

按：剛，原件作"剾"。

般

80TBI：131《高昌國高崇息乾茂等寫經題記》："《金剛 般 若》一部。"

按：剛，原件作"剾"。

鉢 bō

鉢

64TAM29：17（a），95（a）《唐垂拱元年（685）康義羅施等請過所案卷（一）》："□□ 鉢 年六十。"

鉢

73TAM501：109/8－4《唐張義海等征鎮及諸色人等名籍

（四）》："□□果毅沙 鉢 那仗身□□"

播 bō

播

72TAM151：74（a）《古寫本〈晉陽秋〉殘卷》："□之多端， 播 群形於□□，惟鷦□之微蟲，亦□□"

按：今本《晉書·張華傳》、《鷦鷯賦》作："何造化之多端，播群形於萬類；惟鷦鷯之微禽，亦攝生而受氣。"

播

65TAM341：30/1（a）《唐小德辯辭爲被蕃捉去逃回事》："□□草澤宿，至三日明，即發入突 播 山□□"

嶓 bō

嶓

72TAM179：16/4（b），16/5（b），16/6（b），16/7（b）《唐寫〈尚書〉孔氏傳〈禹貢〉、〈甘誓〉殘卷》："道 嶓 冢至於荆山，内方至於大別。"

撥 bō

撥

2006TSYIM4：2－2《古寫本〈詩經〉》："宣王承厲王之烈，□□ 撥 亂之志，遇災而懼，側身脩行，欲□去之。"

按：今本《詩·雲漢》序作："宣王承厲王之烈，内有撥亂之志，遇災而懼，側身脩行，欲銷去之。"

bó

伯 bó

伯

64TAM15：29/2《高昌延壽十四年康保謙買園券》："若有先悔者，罰銀錢壹 伯 (百)文。"

按：伯，佰也，借音字。朱駿聲《説文通訓定聲》："伯，假借爲佰。"《管子·輕重乙》："物之輕重相什而相伯。"《漢書·食貨志上》："亡農夫之苦，有千伯之得。"顔師古注："千謂千錢，伯謂百錢也。今俗猶謂百錢爲一伯。"

伯

67TAM78：22(b)，21(b)《唐吳相□等名籍(一)》："□□劉阿尊，□□□□□□伯，傅延□□"

伯

72TAM150：42《唐白夜默等雜器物帳》："王慶 伯 槃一，竹都柱□□，杜海柱木碗四。"

伯

72TAM150：42《唐白夜默等雜器物帳》："杜海柱木碗四、盞子七，支叀 伯 木碗十、□□八。"

伯

73TAM206：42/10－5/10－17《唐質庫帳歷》："□□月十九日取壹 伯 (佰)伍□□"

伯

73TAM206：42/10～5/10－17《唐質庫帳歷》："正月十九日取壹 伯 (佰)□□"

伯

64TAM4：33《唐總章三年(670)左憧憙夏菜園契》："祖(租)殊(輸) 伯 (佰)役，仰園主。"

川

73TAM206：42/10－20《唐質庫帳歷》："□□壹 伯 (佰)文□□"

帛 bó

帛

66TAM59：2《北涼缺名隨葬衣物疏》："帛 絹衫一枚。"

帛

66TAM62：5《北涼緣禾五年隨葬衣物疏》："帛 縺(練)根(褌)一枚。"

帛

75TKM91：26《建□某年兵曹下高昌、橫截、田地三縣符爲發騎守海事》："隴杜福、帛 午、任□三人乘所配馬。"

帛

64TAM22：16《翟蒽等應募入幢名籍》："趙朱、帛 弘持、范生、左艾幢入募。"

帛

72TAM178：8《唐袁大壽等資裝簿》："帛 衫一□□"

勃 bó

勃

80TBI：337a《大毗盧遮那成佛神變加持經(卷四)密印品第九》："□□多 勃 馱喃一壤弩嗢婆(二合)嚕(二)莎□□"

按：括號内爲原正文下注小字。

博 bó

博

72TAM151：74(a)《古寫本〈晉陽秋〉殘卷》："華 博 學洽聞，圖籍無不貫練。"

博

65TAM341：78(背面)《唐辯辭爲李藝義佃田事》："欲得出嫁，不加修理，專行搆架，博 換已經四年。"

按：架，原件書作"搇"。

駮 bó

駮

73TAM509：8/5(a)《唐西州天山縣申西州户曹狀爲狀無塲請往北庭請兄禄事》："前安西流外張无塲，奴胡子年廿五，馬壹疋，駮 草(騲)肆歲，驢貳頭，並青黄父各陸歲。"

72TAM151：59,61《高昌某年郡上馬帳》："小威遠 駮 馬……合六十七匹。"

65TAM40：24,25《唐某官府馬帳》："李才行馬一疋, 駮 敦（驐）八歲。"

薄　bó

75TKM96：29（a）,33（a）《北涼真興某年道人德受辭》："素自貧 薄 ,豈可自活。"

73TAM524：28《高昌建昌三年（557）令狐孝忠隨葬衣物疏》："今 薄 明（命）棄（早）終。"

67TAM363：8/1（a）之七《唐景龍四年（710）卜天壽抄孔氏本鄭氏注〈論語〉》："仁過 薄 則不仁也。"

67TAM363：8/1（a）之七《唐景龍四年（710）卜天壽抄孔氏本鄭氏注〈論語〉》："言世俗 薄 此二者。"

75TKM91：26《建□某年兵曹下高昌、橫截、田地三縣符爲發騎守海事》："兵曹□趙苕,史 薄 興□□"

按：薄,《吐魯番出土文書》第一册錄作"蕫"。

75TKM99：17《某家失火燒損財物表》："蠶種十 薄 （箔）。"

2004TAM396：14《唐開元七年（719）洪奕家書》："今葉（業） 薄 ,種果無因。"

欂　bó

65TAM39：20《前涼升平十一年王念賣駝券》："時人 欂 顯豐,書

bǒ

跛　bǒ

72TAM228：14《唐保人石杯娑等殘契》："□□康護 跛 □□"

bū

逋　bū

72TAM230：61《唐通感等辯辭爲徵納逋懸事》："□□案内具有 逋 懸未納斛斗。"

59TAM305：14/1《前秦建元二十年（384）韓盆辭爲自期召弟應見事》："建元廿年三月廿三日,韓盆自期二日召弟到應見, 逋 違受馬鞭一百。"

按：盆,原件書作"瓮"。

75TKM91：20（a）《兵曹行罰幢校文書》："□□兵責破列□□定 逋 別案推□□諸奉行。"

72TAM151：95《高昌延和八年七月至延和九年六月錢糧帳》："□□ 逋 錢柒遷（千）柒。"

60TAM332：9/3－1《唐龍朔二年（662）逋納名籍（一）》："龍朔二年 逋 。"

72TAM151：52《高昌逋人史延明等名籍》："九日 逋 人：史延明、北聽□竺伯子、曲尺寶惡奴,王慶濟。"

券李道伯共□□"

上，泥素（塑）彌勒上生變，並菩薩、侍者、天神等一[捕]（鋪）。"

72TAM151：52《高昌逋人史延明等名籍》："□□四日[逋]人：孟慶嵩、王歡岳。"

73TAM524：32/1-2《高昌永平元年(549)十二月廿九日祀部班示爲明正一日知祀人上名及謫罰事》："若[逋]不宿者，司馬人謫酒二斛。"

72TAM230：49《武周天授二年(691)總納諸色逋懸及屯收義納糧帳》："五百九石三斗六升諸色[逋]懸。"

73TAM222：55(a)《唐寫〈千字文〉殘卷》："□□盜，[捕]獲□□"

64TAM29：44之六《唐咸亨三年(672)新婦爲阿公録在生功德疏》："昨更於生絹畫兩[捕]（鋪）釋迦牟尼變，并侍者、諸天。"

bǔ

[卜]　bǔ

72TAM151：58《高昌義和二年(615)七月馬帳(一)》："義和二年乙亥歲七月十六日，范寺思惠赤馬，[卜]寺赤馬，武衛寺赤馬……"

72TAM151：97《高昌某年衛延紹等馬帳》："[卜]寺馬□□□統寺馬□□"

72TAM151：99，100《高昌合計馬額帳(一)》："惠[卜]寺、追拙□□軌巖馬□□"

67TAM363：7/1《唐儀鳳二年(677)西州高昌縣寧昌鄉卜老師辭爲訴男及男妻不養贍事》："儀鳳二年四月日寧昌鄉人[卜]老師辭。"

[捕]　bǔ

64TAM29：44之六《唐咸亨三年(672)新婦爲阿公録在生功德疏》："向堀門裏北畔新塔廳上佛堂中東壁

[補]　bǔ

75TKM96：18，23《北涼玄始十二年(423)兵曹牒爲補代差佃守代事》："□□□安明一人[補]。"

65TAM346：2《唐上元二年(675)府曹孝通牒爲文峻賜勳事》："敕授文峻等[補]經廿年已上有實。"

64TAM19：67《唐狀自書殘文書四》："□□一年，[補]任寧大鄉昌邑□□"

75TKM96：18，23《北涼玄始十二年(423)兵曹牒爲補代差佃守代事》："□□稱卒□屬以彊[補]隤。"

75TKM96：45(a)《兵曹屬爲補代馬子郭氏生文書》："□□[補]代。"

75TKM96：44(a)《兵曹注録承直、補馬子等事抄目》："□□王弘顯代生[補]馬子事。"

75TKM96：31(b)《高昌郡功曹下田地縣符爲以孫孜補孝廉事》："今以孫孜[補]孝廉。"

65TAM346：2《唐上元二年(675)府曹孝通牒爲文峻賜勳事》："□□三年[補]左右，□□今年□□"

bù

不　bù

2002TJI：001《道行般若經（卷八）强弱品第二四》："□□無索不可得也。"

2006TSYIM4：2－3＋2006TSYIM4：2－4《古寫本〈詩經〉》："群公先正，則不我聞。"

65TAM39：20《前涼升平十一年王念賣駝券》："升平十一年四月十五日，王念以茲駝賣與朱越，還得嘉駝，不相貶移。"

72TAM188：71《唐神龍三年（707）和湯牒爲被問買馬事（一）》："□□得以不者，但前件練依□□□"

80TBI：027《阿毗曇八犍度論（卷三）思跋渠首第八》："□□恚所纏，長夜不□□□"

64TAM4：39《唐乾封元年（666）鄭海石舉銀錢契》："公私債負停徵，此物不在停限。"

80TBI：192《現在十方千五百佛名並雜佛同號》："□□有不可說□□□"

66TAM61：16（b）《唐西州高昌縣上安西都護府牒稿爲録上訊問曹禄山訴李紹謹兩造辯辭事（七）》："□□兄前後不同行，紹謹亦□□□"

67TAM78：45（b）《唐殘文書一》："□□□不可，柳遣□□□"

59TAM301：17《唐貞觀末年關門隨葬衣物疏》："□□道終不謝□□□"

59TAM301：17《唐貞觀末年關門隨葬衣物疏》："□□□宜□□不保□□□"

66TAM61：16（b）《唐西州高昌縣上安西都護府牒稿爲録上訊問曹禄山訴李紹謹兩造辯辭事（七）》："向已西去，在不今不知，見在何處者□□□"

73TAM507：013/3《唐上元三年（676）某人辯辭爲買鞍馬事》："□□妄款不實，□伏聽□□□"

64TAM4：40《唐乾封三年（668）張善憙舉錢契》："若延引不還，聽左拽取張家財雜物平爲本錢直（值）。"

64TAM4：33《唐總章三年（670）左憧憙夏菜園契》："若到佃時不得者，壹罰貳入左。"

64TAM4：41《唐總章三年（670）張善憙舉錢契》："前却不還，任掣家資平爲錢直（值）。"

64TAM4：41《唐總章三年（670）張善憙舉錢契》："身東西不在，仰收後代還。"

67TAM363：7/2《唐儀鳳二年（677）西州高昌縣寧昌鄉某人舉銀錢契》："身東西不在，壹仰妻兒收後者。"

66TAM61：17（b）《唐西州高昌縣上安西都護府牒稿爲録上訊問曹禄山訴李紹謹兩造辯辭事（一）》"□□禾，妻不便水土，又地下濕，遂□□□"

布　bù

72TAM151：51《高昌臿子中布帛雜物名條疏》："布手巾二。"

59TAM305：14/2《倉曹屬爲買八緤布事》："倉曹樊霸、梁斌前屬催奸吏買八縱（緤）布四匹。"

67TAM84：20《高昌條列出臧錢文數殘奏》："布□□"

75TKM96：15《龍興某年宋泮妻翟氏隨葬衣物疏》："故布小褌一立。"

66TAM44：11/6《唐疊布袋帳歷》："疊布袋貳佰柒拾口□□"

64TAM29：44《唐咸亨三年（672）新婦爲阿公録在生功德疏》："阿公患日將綿一屯布施孟禪師。""右件物今二月廿一日對衆布施三寶,亦願知。"

64TAM29：44《唐咸亨三年（672）新婦爲阿公録在生功德疏》："馬一疋布施佛。"

64TAM29：44《唐咸亨三年（672）新婦爲阿公録在生功德疏》："帛布衫一領。"

73TAM206：42/9－18《唐課錢帳歷（二五）》："田十一白布一端,價三百文,交付百五十王車家。"

73TAM206：109/13－6,42/9－26《唐課錢帳歷》："賈二入資布七尺五寸。"

73TAM206：42/9－13《唐課錢帳歷》："□□孟老皂絲布九十文。"

73TAM206：42/10－13,42/10－3《唐質庫帳歷》："故白布裙一。"

73TAM206：42/10－14,42/10－9《唐質庫帳歷》："故白布衫一。"

73TAM206：42/10～5/10－17《唐質庫帳歷》："極碎白布衫一。"

73TAM206：42/10－1,42/10－15《唐質庫帳歷》："故黃布衫一。"

步　bù

67TAM74：1/4,1/5《唐某人於□□子邊夏田契》："□□田貳畝六拾步,合□□"

80TBI：076《十方千五百佛名經》："□□智步佛海幢□□"

60TAM332：6/3《唐犯土禁忌文》："行虎步,復汝故主□□"

73TAM509：8/6《唐書牘稿》："粟未上場,菜未入瓮,官羊相逼,寸步不得東西。"

64TAM5：63《唐殘戶籍一（三）》："□□冊步,居□□"

69TKM39：9/8（a）《唐西州高昌縣□慶友等戶家口田畝帳簿（二）》："□□畝半八十步常田。"

69TKM39：9/9（a）,9/5（a）,9/1（a）《唐貞觀年間（640—649）西州高昌縣手實二》："五□畝一百七十步未受。"

73TAM191：74（a）《唐軍府名籍》："□一人從次等進入步射。"

67TAM78：29（a）《唐貞觀十四（640）西州高昌縣李石住等戶手實（二）》："地一段肆畝八十步城西二□□""□□桃二畝□拾步□□"

73TAM221：40《唐某城宗孝崇等量剩田畝牒》："一段冊步,宗孝崇□□"

64TAM36：9《唐高昌縣史成忠帖爲催送田參軍地子并戴（戴）事》："一段三畝卅步樊渠。"

怖　bù

怖

80TBI：316《妙法蓮華經（卷二）譬喻品第三》："□□ 怖，火來逼身，苦痛□□。"

怖

80TBI：641a《妙法蓮華經（卷二）譬喻品第三》："□□其宅如是，其可 怖 畏□□。"

怖

80TBI：069－2《十方千五百佛名經》："□□眾 怖 畏，佛□□。"

怖

60TAM332：9/1－1《唐祭五方神文殘片一》："□□獸白虎□□□□振怒，赤娥若烏，玄螯無所犯，此諸神死鬼 怖 。"

部　bù

部

65TAM42：62，85《唐西州高昌縣授田簿（一〇）》："左憙相移戶 部 田九畝。"

部

75TKM96：43（a）《中部督郵殘文書》："中 部 督郵高□□□。"

部

75TKM91：29（a）《北涼義和某年兵曹行罰部隤五人文書》："解稱：部□□雙等五人由來長□，不逐 部 伍，求分處。"

部

75TKM91：24《下二部督郵、縣主者符》："二部督郵□縣主者：前 部 □□。"

部

75TKM99：6（a）《北涼承平八年（450）翟紹遠買婢券》："不了，部 （賠）還本價。"

部

59TAM301：15/4－4（a）《高昌民部殘奏行文書》："民 部 主薄（簿）張□□。"

部

59TAM301：15/4－4（a）《高昌民部殘奏行文書》："民 部 吏徐□□。"

部

72TAM201：33《唐咸亨五年（674）兒爲阿婆錄在生及亡没所修功德牒》："寫《涅槃經》一 部 。"

部

72TAM151：13《高昌義和三年（616）氾馬兒夏田券》："義和三年丙子歲潤（閏）五月十九日，氾馬兒從無艮跋子邊夏舊塂（墢）部 田叁畝。"

部

73TAM206：42/3－2《唐咸亨三至五年（672—674）文官俸案文書（一）》："右頭起咸亨三年七月八日兵 部 牒崔獻尾盡咸四年二月五□。"

部

73TAM206：42/3－1《唐咸亨三至五年（672—674）文官俸案文書（二）》："□□四年十二月十五日吏 部 關康國安尾盡□□。"

部

64TAM29：44之六《唐咸亨三年（672）新婦爲阿公錄在生功德疏》："注子（字）《金剛般若經》一部，對《法輪經》一 部 。"

按：剛，原件作"剄"。

簿　bù

薄

75TKM96：18，23《北涼玄始十二年（423）兵曹牒爲補代差佃守代事》："□□紀，請如解注 薄 （簿）。"

按："薄"爲簽名，故原件其字前空格。

簿

59TAM305：14/2《倉曹屬爲買八緵布事》："主 簿 ，謙。"

簿

75TKM96：18，23《北涼玄始十二年（423）兵曹牒爲補代差佃守代事》："主 簿 。"

簿

75TKM96：31（a）《兵曹屬爲以王明代張賞入員事》："主 簿 ，泮。"

簿

72TAM151：59，61《高昌某年郡上馬帳》："主 簿 歡悦瓜（騧）馬。"

75TKM90：20（a）《高昌主簿張
縮等傳供帳》：" ⬚ 出行緤卌正
疋，主 簿 張縮傳令，與道人曇訓。"

60TAM332：6/1－1（a），6/1－2
（a），6/1－3（a）《唐寫本〈五土
解〉》："□主 簿 赤五（伍）伯赤從徒開赤門
出赤 ⬚ "

64TAM29：44《唐咸亨三年
（672）新婦爲阿公録在生功德
疏》："謹録此 簿 ，分强分踈。"

2004TAM395：1－1《唐某年二
月西州高昌縣更簿全貌》：
" ⬚ 二月十三日夜更 簿 ⬚ "

2004TAM398：3－3＋2004TAM398：
3－2《唐某年二月西州高昌縣更
簿全貌》："□月十六日更 簿 。"

2004TBM207：1－10a《唐某年西
州晚牙到簿（五）》：" ⬚ 晚牙
到 簿 ⬚ "

2006TSYIM4：3－11《北涼高昌
郡高寧縣差役文書（九）》：
" ⬚ 主 簿 ⬚ "

73TAM206：42/2《唐光宅元年
（684）史李秀牒爲高宗山陵賜物

請裁事》："主 簿 判丞顧。"

59TAM301：15/4－4（a）《高昌
民部殘奏行文書》："民部主 簿
張 ⬚ "

72TAM188：71《唐神龍三年
（707）和湯牒爲被問買馬事
（一）》：" ⬚ 附 簿 仁白，一日 ⬚ "

72TAM188：73（a）之一《唐上西
州都督府牒爲徵馬付營檢領事
一》："連 簿 仁白。"

72TAM188：72（a）（b）《唐神龍
三年（707）主帥康某牒》：" ⬚
附簿仁白，一日 ⬚ "

72TAM188：79《唐神龍三年
（707）和湯牒爲被問買馬事
（二）》：" ⬚ 撿案 簿 仁白，一日 ⬚ "

72TAM188：81（b）《唐徵馬送州
付營檢領狀》："連 簿 仁白。"

72TAM188：82（a）《唐神龍二年
（706）主帥渾小弟上西州都督府
狀爲處分馬踏料事》："連 簿 仁白。"

72TAM188：76《唐神龍三年
（707）殘牒》："連 簿 仁白。"

C 部

cái

才 cái

才 67TAM376：01(a)《唐開耀二年(682)寧戎驛長康才藝牒爲請處分欠番驛丁事》："才藝從去年正月一日，至其年七月以前，每番各欠五人，於州陳訴。"

才 75TKM91：11/6《西涼建初四年(408)秀才對策文》："才非時求，錯影華林，歡懼相半。"

才 73TAM193：28《武周證聖元年(695)五月西州高昌縣崇福寺轉經歷(二)》："□□寺主□智才□□"

才 73TAM206：42/10－1，42/10－15《唐質庫帳歷》："支才正月十八日□□"

才 67TAM363：8/2(a)之一《唐景龍四年(710)卜天壽抄〈十二月新三臺詞〉及諸五言詩》："高門出己子，好木出良才，交□學敏(問)去，三公河(何)處來。"

按：《唐景龍四年(710)卜天壽抄孔氏本鄭氏注〈論語〉》同是學童卜天壽所抄，其中也將"問"寫作"敏"。"敏"與"問"一聲之轉，似是當地方言。

才 73TAM206：42/1《唐蘇致德等馬帳》："安才子等二人馬一疋，□□五歲。"

才 71TAM188：85《唐西州都督府牒爲便錢酬北庭軍事事》："□□北庭大賊下逐大海路，差索君才□□"

材 cái

材 72TAM230：48/1《唐西州請北館坊採車材文書(一)》："□□望請北館坊採車材，具與赤亭坊貯備□□"

材 73TAM221：55(a)《唐貞觀廿二年(648)安西都護府乘敕下交河縣符爲處分三衛犯私罪納課違番事》："故立考第，量能進敍，有勞必錄，庶不遺材。"

財 cái

財 75TKM99：9(b)《高昌延昌二十二年(582)康長受從道人孟忠邊歲出券》："若過期不償，聽捉家財平爲麥直(值)。"

財 73TAM222：56/3(a)，56/4(a)《唐殘判籍(三)(四)》："奉判劫財傷□□"

72TAM171：12(a),17(a),15(a),16(a),13(a),14(a)《高昌延壽十四年(637)兵部差人看客館客使文書》："□付康善 財 ，用看塢者來射卑□"

80TBI：109《妙法蓮華經（卷二）信解品第四》："□出内 財 産，注記□"

64TAM4：29(a)《唐咸亨四年左憧憙生前功德及隨身錢物疏》："校收取錢 財 及練、五穀、麥、粟等斗斛收。"

按：斗，原件作"斯"。

72TAM209：88《唐貞觀年間西州高昌縣勘問梁延臺、雷隴貴婚娶糾紛案卷（一）》："得何 財 娉，仰具□"

67TAM363：7/2《唐儀鳳二年(677)西州高昌縣寧昌鄉某人舉銀錢契》："若延引不還，任搜家 財 雜物及口分□□平充錢。"

2004TBM207：1－4《唐儀鳳三年(678)九月西州功曹牒爲檢報乖僻批正文案事》："大素自考後以來，諸司所有乖僻處分隨案，并捉得略良胡數人及 財 物等。"

64TAM4：40《唐乾封三年(668)張善憙舉錢契》："若延引不還，聽左搜取張家 財 雜物平爲本錢直（值）。"

裁　cái

67TAM363：8/1(a)－一《唐景龍四年(710)卜天壽抄孔氏本鄭氏注〈論語〉》："吾不智（知）所 裁 之。"

按："所"後脱"以"字。

72TAM188：11《唐開元三年(715)交河縣安樂城萬壽果母姜辭》："□不用小法，請 裁 辭。"

73TAM519：19/2－2《高昌麴季悦等三人辭爲請授官階事》："請 裁 ，謹辭。"

73TAM206：42/2《唐光宅元年(684)史李秀牒爲高宗山陵賜物請裁事》："請 裁 ，謹牒。"

73TAM206：42/5《唐高昌縣勘申應入考人狀》："未申牒舉請 裁 者。"

73TAM214：151,150《唐西州下高昌等縣牒爲和糴事》："□執案諮裁， 裁 訖。"

64TAM19：34,58,59《唐寫本鄭氏注〈論語〉公冶長篇》："吾黨之小子狂簡，斐然成章，不知所以 裁 之。"

73TAM509：8/5(a)《唐西州天山縣申西州户曹狀爲狀無塲請往北庭請兄禄事》："具狀録申州户曹聽 裁 者。"

cǎi

採　cǎi

72TAM230：48/1《唐西州請北館坊採車材文書（一）》："□望請北館坊 採 車材，具與赤亭坊貯備□"

cài

菜　cài

69TKM39：9/6(a)《唐貞觀年間(640—649)西州高昌縣手實一》："□十步世業， 菜 ，城北一里。"

左column

73TAM509：8/6《唐書牘稿》："粟未上場，菜未入瓮，官羊相逼，寸步不得東西。"

72TAM230：69《武周天授二年（691）李申相辯辭》："□逃死、户絶田、陶、菜等地如後□"
按：地，原件爲武周新字。

73TAM208：23,27《唐典高信貞申報供使人食料帳歷牒（二）》："雜菜叁分，韭貳拾分。"

64TAM4：42《唐龍朔元年（661）左憧憙夏菜園契》："崇化鄉人左憧憙於同鄉人大女吕玉妶（莚）邊夏張渠菜園肆拾步壹園。"

64TAM4：40《唐乾封三年（668）張善憙舉錢契》："若延引不與左錢者，將中渠菜園半畝，與作錢質，要須得好菜處。"

65TAM40：35《唐某人佃菜園殘契》："要經貳年佃食，租殊（輸）伯役，壹仰菜園主承了。"

64TAM4：33《唐總章三年（670）左憧憙夏菜園契》："左憧憙於張善憙邊夏取張渠菜園壹所。"

蔡　cài

67TAM363：8/1（a）一〇《唐景龍四年（710）卜天壽抄孔氏本鄭氏注〈論語〉》："臧文仲居蔡，山節□〔藻〕梲，何如其智也？"
按：缺字據今本《論語·公孫長》補。

7TKM91：18（b）《建平五年祠□馬受屬》："宋奉國，□康生，蔡宗，宋□彊，馬定明等，在□□役。"

75TKM91：3/1（a），3/2（a）《蔡暉等家口籍》："蔡暉四口。"

cān

參　cān

2004TBM207：1-5b《唐西州事目歷》："□参軍，素□"
按：厺，當爲"參"俗書。"參"，《説文》："从晶，㐱聲。"小篆作"𠫓"，或體省作"𠫔"。隸變後，"曑"變作"杲"，《隸辨》云："从参之字，諸碑或變作尒。"而上部構件或作方口，或作尖口，並行不悖。如同是睡虎地簡，既有"杲"，也有"杲"，漢代《衡方碑》作"杲"、《曹全碑》有"杲"字，武威簡作"杲"、武威醫簡作"杲"，馬王堆帛書作"杲"。故"杲"爲古字遺存，而非俗寫訛變。"參"字變化過程大致可以推爲"曑"隸變後作"杲"，俗書作"厺"，或作"厺"，又省寫作"厺"，或作"厺"。此字敦煌文獻習見。如S.388《正名要録》："今又巨細参詳，取時用合宜者。""參"作"杲"。S.238《金真玉光八景飛經》："参駕緑軿，携率五岳。""參"作"杲"。

72TAM151：59,61《高昌某年郡上馬帳》："参軍由天瓜（騧）馬……合六十七匹。"

73TAM504：21/1～21/3《高昌奴得等負麥、粟、疊帳（一）～（三）》："□奴得負参軍索謙、焦歡伯二人邊官舉價小麥叁□□陸兜（斗）。"
按：此字當爲"厺"減省草寫，同"參"。《廣韻》："參，俗作厺。"

73TAM509：8/2（b）《唐西州道俗合作梯蹬及鐘記》："觀主張駕

鶴亂歲 參 玄，韶年入道，真元湛寂，抱一無虧，建造鴻鐘，救拔黎庶。"

72TAM216：012/5《唐天寶元年（742）殘辯辭》："□□ 參 □□"

2004TBM207：1-4《唐儀鳳三年（678）九月西州功曹牒爲檢報乖僻批正文案事》："□□ 參 軍敬大素。"

2004TBM207：1-6《唐儀鳳三年（678）九月西州録事參軍牒》："録事 參 □□"

2004TBM207：1-2《唐儀鳳某年（676—679）殘牒》："□□ 兵曹 參 軍裴元□□"

72TAM151：54《高昌涔林等行馬入亭馬人名籍》："次鹽城行□入亭馬人：主簿辛謙、 參 軍元祐、主簿男子。"

65TAM346：2《唐上元二年（675）府曹孝通牒爲文峻賜勳事》：" 參 軍判兵曹李讓。"

64TAM29：90(a)(b)《唐垂拱元年（685）西州都督府法曹高昌縣符爲掩劫賊張爽等事》："法曹 參 軍。"

72TAM230：81(a)《武周録事司殘文書》："□□ 散大夫行録事 參 軍□□"

2004TBM207：1-12a《唐上元三年（676）西州法曹牒功曹爲倉曹參軍張元利去年負犯事》："倉曹 參 軍張元利。"

73TAM507：013/5(b)，013/6《唐調露二年（680）某人行旅公驗》：" 參 軍判□□"

cán

殘　cán

80TBI：486《四分律比丘尼戒本》："□□ 僧 殘 法鄣（障）三十捨墮。"

65TAM341：26(b)《唐殘擬判》："□□之風乙恣凶 殘 □□"

64TKM1：37/1《唐西州某鄉户口帳（二）》："□□當鄉 殘 疾一

66TAM62：6/2《翟彊辭爲貸麥被扡牛事》：" 殘 負麥一斛五斗，比爾當方宜索償。"

75TKM91：33(a)，34(a)《兵曹下八幢符爲屯兵值夜守水事》：" 殘 校將一人，將殘兵，值苟（狗）還守。"

慙　cán

80TBI：126《別譯雜阿含經（卷一二）》："憂愁悔恨， 慚 愧還宮。"

按：慙，《説文》："慙，媿也。从心，斬聲。"與"慚"同，《集韻》或書作"慚"。

蠶　cán

64TAM22：17《請奉符救尉推覓逃亡文書》："姪 蠶 得前亡□□"

按：此即"蠶"之俗字。以省略符號替代複雜部件，使字形簡化，敦煌文獻亦常見。如P.2444(13-10)《洞淵神咒經·斬鬼品》第七："生人今合門疾病，仕宦不遷，宅中虛耗，口舌妄起，觸物不吉，連遭刑獄，因徒來久，田蠶不得，萬願不果。"P.2444(13-6)《洞淵神咒經·斬鬼品》第七："各各伺人之處，取人男女，疾病厄急，口舌，官事，水火，田不收，子孫暴死，六畜

不盛。"兩例句中"亖"字原卷寫作"垂""垂"。

75TKM99：17《某家失火燒損財物表》："亖種十簿（箔）。"

càn

粲　càn

72TAM151：74（a）《古寫本〈晉陽秋〉殘卷》："之浚兄虞女 粲 爲□"

按：粲，精米。段注云：稻米"八斗而春爲六斗大半斗則曰粲"。"稻米至於粲，皆精之至矣"。構件"歺"混作"夕"，碑刻亦見，如晉《辟雍碑》陰"粲"作"粲"，西晉《三國志》寫本書作"粲"，字均同此。

cāng

倉　cāng

59TAM305：14/2《倉曹屬爲買八緵布事》："倉 曹樊霸、梁斌前屬催奸吏買八縱（緵）布四匹。"

75TKM91：11/4《西涼建初四年（408）秀才對策文》："臣聞 倉 頡爲黃帝大夫，觀鳥□□□□字。"

75TKM91：11/6《西涼建初四年（408）秀才對策文》："臣以爲 倉 頡觀鳥跡以立文字，聖人通玄，示（亦）有所因。"

73TAM206：42/10－13，42/10－3《唐質庫帳歷》："八月十六日贖了物付 倉 □仁□"

73TAM210：136/12－3《唐西州都督府諸司廳、倉、庫等配役名籍（三）》："魏海伯，以上 倉 子。"

73TAM193：15（a）《唐天寶某載（751—756）文書事目歷》："□天山軍牒爲 倉 曹□□微天十考事，付□"

2006TAM607：4b《唐神龍二年（706）七月西州史某牒爲長安三年（703）十二月軍糧破除、見在事》："右被 倉 曹十二月五日牒給檢校長行使主□索□□米五斗四升。"

2004TBM207：1－12a《唐上元三年（676）西州法曹牒功曹爲倉曹參軍張元利去年負犯事》："倉 曹參軍張元利。"

2004TBM207：1－1《唐儀鳳三年（678）西州法曹牒功曹爲檢李恒讓去年功過事》："□恒讓去年攝判 倉 曹□□"

cáng

藏　cáng

67TAM84：20《高昌條列出藏錢文數殘奏》："□所 藏 綾十三□"

67TAM84：20《高昌條列出藏錢文數殘奏》："□作從，藏 龍遮之捹提婆錦三匹。"

66TAM59：4/2－5（b），4/2－4（b）《殘文書一》："□内 藏 吏樊□"

72TAM151：95《高昌延和八年七月至延和九年六月錢糧帳》：

“粟貳兜（斗）□□藏政錢貳拾伍文半，中□，□□在 藏 ，案除□額在民□□□”

73TAM191：119（a）《唐永隆元年（680）軍團牒爲記注所屬衛士征鎮樣人及勳官籤符諸色事（一）》：“王勝 藏 ，年卅一。”

72TAM151：74（a）《古寫本〈晉陽秋〉殘卷》：“於柵 藏 ，好屬文而無□□之才，其鵰□□□”

73TAM193：38（a）《武周智通擬判爲康隨風詐病避軍役等事》：“憑虛 藏 帛萬餘，既相知於百里。”

cāo

操　cāo

72TAM151：74（a）《古寫本〈晉陽秋〉殘卷》：“□志好學，不持□ 操 。”

按：“不持”後缺字疑“節”，《後漢書·劉焉傳》李賢注引《益郡耆舊傳》有“不持節操”語。

2004TAM395：4－6＋2004TAM398：4－1＋2004TAM395：2《唐西州高昌縣李操領錢抄》：“□□□已上計銀錢叁□□□□，□ 操 領□□□”

cáo

曹　cáo

59TAM305：14/2《倉曹屬爲買八緵布事》：“倉 曹 樊霸、梁斌前屬催奸吏買八緵（緩）布四匹。”

75TKM96：31（a）《兵曹屬爲以王明代張賞入員事》：“李兵 曹 ：今以王明代張賞入員，屬至□□□”

2006TSYIM4：3－37《北涼義和三年（433）文書爲保辜事（八）》：“□□户 曹 李興□□□”

2006TSYIM4：3－20《北涼高昌郡某縣賊曹闞禄白爲翟紏失盜事》：“□□□賊 曹 闞禄白：翟紏□□□”

2006TSYIM4：3－10 背面《北涼官文書尾》：“功 曹 史，行水。”

75TKM96：46《兵曹白爲胡愍生永除□佃役事文書》：“□□□兵 曹 ：胡愍生□□□”

75TKM96：18，23《北涼玄始十二年（423）兵曹牒爲補代差佃守代事》：“大塢隤左得等四人訴辭稱爲 曹 所差，知守塢雨道。”

75TKM96：45（a）《兵曹屬爲補代馬子郭氏生文書》：“李兵 曹 馬子郭氏□□□”

75TKM91：28（a）《兵曹行罰兵士張宗受等文書》：“兵 曹 掾□預史左法疆校趙震解如右。”

64TAM5：60/4，57，48，60/5，91，89《唐諸户丁口配田簿（甲件）（二）》：“户主 曹 玖子，年七十八。”

64TAM29：113《唐□伏威牒爲請勘問前送帛練使男事》：“□伏威 曹 主并家口向城東園內就涼。”

按：此即“曹”，隸變後“曹”多書作“曺”。《武榮碑》“郡曹史主簿”、《孔龢碑》“大常祠曹掾”，“曹”均作“曺”。《正字通》謂：“曺，俗作曹。”此字敦煌寫本也多見。構字部件爲“曹”者俗寫也多作“曺”。

67TAM376：03(a)《唐西州高昌縣諸鄉里正上直暨不到人名籍》："曹感，賈提，嚴似。"

73TAM193：15(a)《唐天寶某載（751—756）文書事目歷》："天山軍牒爲倉曹□□微天十考事，付□□。"

71TAM188：85《唐西州都督府牒爲便錢酬北庭軍事事》："□□頭得兵曹恭軍程□等牒稱□□。"

2004TBM207：1-2《唐儀鳳某年（676—679）殘牒》："□□兵曹參軍裴元□□。"

73TAM210：136/5《唐貞觀二十三年（649）安西都護府戶曹關爲車腳價練事》："中縣人曹太□□。"

67TAM78：29(b)《唐吳相□等名籍（二）》："□□曹□延，□明海□□。"

75TKM96：29(a)，33(a)《北涼真興某年道人德受辭》："戶曹張萬。"

73TAM206：42/5《唐高昌縣勘申應入考人狀》："送曹司依例支配，應入考者令早裝束。"

73TAM206：42/9-27《唐課錢帳歷》："□□曹大九十六，□敬百廿□□。"

66TAM61：23(b)，27/2(b)，27/1(b)《唐西州高昌縣上安西都護府牒稿爲録上訊問曹禄山訴李紹謹兩造辯辭事（二）》："并共曹果毅及曹二，并外生（甥）居者去□□。"

66TAM61：16(b)《唐西州高昌縣上安西都護府牒稿爲録上訊問曹禄山訴李紹謹兩造辯辭事（七）》："付練之日，有曹畢娑及曹果

□□""其曹果毅及曹二留住弓月城，其李三□□。"

2004TAM395：4-7＋2004TAM398：4-2《武周天授三年（692）戶籍稿》："堂姊曹貞年貳拾伍歲，丁婦。"

64TAM4：41《唐總章三年（670）張善熹舉錢契》："知見人，曹感。"

73TAM193：11(a)《武周郭智與人書》："叁、伍使在此，曹司頻索。"

禕　cáo

75TKM99：17《某家失火燒損財物表》："緟禕一領。"

按：禕，《説文》："帴也。从衣，曹聲。"禕，古時又稱繞領，即披肩，較圍巾寬大，披在肩上的飾衣。

75TKM99：17《某家失火燒損財物表》："練禕一領。"

cǎo

草　cǎo

72TAM179：18/5《文書殘片》："草。"

73TAM509：8/19《唐某人與十郎書牘》："來日忽忽，不獲辭奉，夏中毒熱，伏惟十郎清吉，緣鐘草草。"

72TAM151：70《〈千字文〉習字殘卷（二）》："□□草木，賴□□"

75TKM91：11/6《西涼建初四年（408）秀才對策文》："後世變易，故有鳥篆、草隸六體之形。"

草　72TAM188：78(a)《唐健兒部玄
巗、吳護隆等辭爲乘馬死失另備
馬呈印事》："□□巗馬一疋，驪 草 (驔)
六歲印 去 □□"

　　按：草，"驔"省文，雌馬。隆、去 爲未
識字，逐錄原字形。

草　65TAM341：27《唐開元八年(720)
具注曆》："歲位斬 草 祭祀，吉。"

草　2006TAM607：2-4＋2006TAM607：
2-5＋2006TAM607：2-4《唐神龍
元年(705)六月後西州前庭府牒上州勾所爲
當府官馬破除、見在事》："牛洛子馬恩 草 。"

草　73TAM509：8/5(a)《唐西州天
山縣申西州户曹狀爲狀無場請
往北庭請兄祿事》："前安西流外張无場，
奴胡子年廿五，馬壹疋，駁 草 (驔)肆歲，
驢貳頭，並青黄父各陸歲。"

草　72TAM230：95(a)《唐西州高昌
縣牒爲鹽州和信鎮副孫承恩人
馬到此給草蹋事》："依檢到此，已準狀，牒
至，給 草 蹋者。"

草　73TAM509：8/6《唐書牘稿》：
"自合往慰，直爲諸事 草 草。"

草　72TAM230：53(a)《唐西州高昌
縣牒爲將孫承恩馬疋草蹋事》：
"□□官供 草 蹋，仍牒天山縣準□□□"

草　67TAM78：42《唐某年二月府史
張道寵領受馬料抄》："□□承
使馬料□ 草 頭數□□□"

草　64TAM29：99《武周請車牛人運
載馬草蹋文書》："□□稱撿案
內冬季 草 蹋未□□□"

草　72TAM230：53(a)《唐西州高昌
縣牒爲將孫承恩馬疋草蹋事》：
"□□乘私馬給 草 蹋遞者□□□"

草　60TAM317：30/6(a)，30/10(a)
《唐趙蔭子博牛契》："□□內不
食水 草 ，任還本□□□"

草　72TAM151：6《高昌重光元年(620)
氾法濟隨葬衣物疏》："玉豚一雙，
雞鳴一具，白綾褶袴一具，鞢 草 (鞨)□□□"

　　按：草，當爲"鞨"少寫最末一筆的形
誤字。"鞨"又"鞬"省文。《集韻》："鞬，鞢
鞬，皮也。"64TAM29：44《唐咸亨三年新
婦爲阿公錄在生功德疏》："鞢鞬靴一量並
氈。"恰爲其證。

草　67TAM78：43《唐東塞殘文書》：
"□□將人 草 內人□□□"

草　67TAM78：34《唐西州蒲昌縣下
赤亭烽帖爲覓失駝駒事》："其
□□取 草 澤□□□"

草　73TAM206：42/1《唐蘇致德等
馬帳》："樊仕遷等二人馬一疋，
赤 草 (驔)五歲。"

cè

册　cè

册　65TAM346：1《唐乾封二年
(667)郭耄醜勳告(一)》："或北
折淳維，或南梟徵側，功勳久著，賞 册
宜隆。"

側　cè

側　67TAM363：8/2(a)之二《唐景
龍四年(710)卜天壽抄〈十二月
新三臺詞〉及諸五言詩》："他道 側 書易，
我道側書□。"

64TAM19：41/1《唐殘文書二》："□□轉側□□"

2006TSYIM4：2－2《古寫本〈詩經〉》："宣王承厲王之烈,□□撥亂之志,遇災而懼,側身修行,欲□去之。"

　　按：今本《詩·雲漢》序作："宣王承厲王之烈,内有撥亂之志,遇災而懼,側身修行,欲銷去之。"

策　cè

75TKM91：11/5《西涼建初四年（408）秀才對策文》："仰緣神策,冒陳所聞。"

64TAM27：22《唐寫本〈論語〉鄭氏注〈雍也〉殘卷》："□□入門,策其馬,曰:'非敢後,馬□□'"

廁　cè

73TAM524：32/2－2《高昌永平二年（550）十二月卅日祀部班示爲知祀人上名及謫罰事》："諫議軋茂、參軍忠穆、明威世和、主簿處順、將廁奴、吏孝受、右六人知祀□□。"

踖　cè

72TAM230：95(a)《唐西州高昌縣牒爲鹽州和信鎮副孫承恩人馬到此給草踖事》："依檢到此,已準狀,牒至,給草踖者。"

　　按：踖,碾碎的豆子。《玉篇》:"踖,磨豆也。"

72TAM188：82(a)《唐神龍二年（706）主帥渾小弟上西州都督府狀爲處分馬踖料事》："□□新備得上件馬,今月一日到營,其踖料未□□"

2006TAM607：2－4《唐景龍三年（709）後西州勾所勾糧帳》："五斗青踖。"

67TAM78：33《唐某年九月府史張道寵領受馬踖抄》："□□踖料帖□條並□□"

64TAM29：99《武周請車牛人運載馬草踖文書》："□□稱撿案内冬季草踖未□□"

72TAM188：66《唐與倉曹關爲新印馬踖料事》："爲日城等營新印馬踖料,準式并牒營檢領事。"

2006TAM607：2－4《唐景龍三年（709）後西州勾所勾糧帳》："五斗青稞踖,神龍三年秋季重徵。"

72TAM230：53(a)《唐西州高昌縣牒爲將孫承恩馬疋草踖事》："□□乘私馬給草踖遞者□□"

céng

曾　céng

67TAM363：8/1(a)之二《唐景龍四年（710）卜天壽抄孔氏本鄭氏注〈論語〉》："嗚呼!曾謂太山不如□□"

80TBI：158《妙法蓮華經（卷二）譬喻品第三》："□□從昔來,數聞世尊説,未曾聞如□□"

72TAM201：33《唐咸亨五年（674）兒爲阿婆録在生及亡没所修功德牒》："自省已來,口誦餘經,未曾避（懈）廢。"

64TAM29：91(b)《唐殘詩》："何 曾 有臭蘭。"

chā

叉　chā

80TBI：097《請觀世音菩薩消伏毒害陀羅尼咒經(卷一)》："⬜ 蝮蠍,夜 叉 羅刹拘槃 ⬜"

80TBI：641a《妙法蓮華經(卷二)譬喻品第三》："毒蛇蚖蝮,及諸夜 叉,鳩盤荼鬼,野干狐狗,鵰鷲鵄梟,百族之屬。"

2004TAM408：17《令狐阿婢隨葬衣物疏》："故鍮瑄 叉(釵)一枚。"

2004TAM408：17《令狐阿婢隨葬衣物疏》："故銀 叉(釵)六枚。"

差　chā

73TAM222：56/5,56/6《唐殘判籍(五)(六)(七)》："⬜ 差 ⬜"

2006TSYIM4：3－21《北涼高昌郡高寧縣差役文書(一七)》："⬜ 前 差 ⬜"

按：𦬊,《干禄字書》"𦬊差,上俗下正。"此字也見於魏《元欽墓誌》。

64TAM5：81,82《唐李賀子上阿郎、阿婆書三》："⬜ 氣差未 差 在,次蘇隆伯(張住海) ⬜"

按：括號中"張住海"原件爲"蘇隆伯"旁注小字。

chá

查　chá

72TAM226：64(a),69(a)《唐開元某年伊吾軍典王元琮牒爲申報當軍諸烽鋪墾田畝數事》："⬜ 阿 查 勒種粟壹 ⬜"

槎　chá

64TAM29：25《唐垂拱元年(685)康義羅施等請過所案卷(四)》："⬜ 康紇 槎,男射鼻,男浮你了。"

察　chá

67TB：1－2－2《大乘瑜伽金剛性海曼殊室利千臂千鉢大教王經(卷六)》："⬜ 寶焰妙光三昧,得觀 察 諸 ⬜"

80TBI：126《別譯雜阿含經(卷一二)》："⬜ 觀 察,知是魔王説偈。"

chà

刹　chà

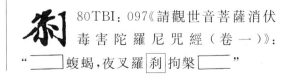

80TBI：097《請觀世音菩薩消伏毒害陀羅尼咒經(卷一)》："⬜ 蝮蠍,夜叉羅 刹 拘槃 ⬜"

chāi

艾　chāi

72TAM233：15/1《相辭爲共公乘艾與杜慶毯事》："艾 即賣毯六張，共來到南門前，見杜慶。"

按："艾"即"公乘艾"，人名。原件共出現四次，均書同此。

差　chāi

72TAM230：73(a)，71(a)《武周天授二年(691)知水人康進感等牒尾及西州倉曹下天山縣追送唐建進妻兒鄰保牒》："令捉 差 人領送。"

71TAM188：85《唐西州都督府牒爲便錢酬北庭軍事事》："□□北庭大賊下逐大海路，差 索君才□□"

75TKM96：18,23《北涼玄始十二年(423)兵曹牒爲補代差佃守代事》："□□被符省縣桑佃，差 看可者□□"

75TKM96：18,23《北涼玄始十二年(423)兵曹牒爲補代差佃守代事》："大塢隤左得等四人訴辭稱爲曹所 差，知守塢雨道。"

73TAM191：104(a)《唐永隆二年(681)衛士索天住辭爲兄被高昌縣點充差行事(一)》："□□差 兵先取軍人□□"

釵　chāi

75TKM99：7《建平六年張世容隨葬衣物疏》："故 釵 一枚。"

59TAM305：8《缺名隨葬衣物疏》："鍮鉅(鉅) 釵 一雙。"

72TAM151：56《高昌買駞、入練、遠行馬、郡上馬等人名籍》："次傳：脱□□慶 釵。"

按：《正字通》："釵，俗作釵。"敦煌文獻也多見。下文同。

75TKM96：15《龍興某年宋泮妻翟氏隨葬衣物疏》："故銀 釵 二枚。"

73TAM206：42/10－7《唐質庫帳歷》："□□南紡 釵 □□"

73TAM206：42/10－21《唐質庫帳歷》："□□南紡 釵。"

73TAM206：42/10－13,42/10－3《唐質庫帳歷》："坊 釵。"

73TAM206：42/10－10《唐質庫帳歷》："南坊住 釵。"

chái

柴　chái

67TAM78：47/44(a)《唐令狐婆元等十一家買柴供冰抄》："□□柴 壹車□□"

73TAM208：23,27《唐典高信貞申報供使人食料帳歷牒(二)》："□□肆分，用荊 柴 捌分。"

73TAM208：23,27《唐典高信貞申報供使人食料帳歷牒(二)》："□□韋 柴 叁拾分。"

73TAM191：61/1《唐□璟殘狀》："□□三五車 柴 來□□□□□車牛亦將來□□"

chān

幨 chān

72TAM151：59,61《高昌某年郡上馬帳》："水 幨 寺青馬。"

按：帴，同"幨"，帷幔。考之《集韻》："幨，或作帴。"《玉篇》曰："幨，帷也。亦作襜、袩。"朱駿聲《説文通訓定聲》認爲："襜，假借作幨。"俗寫多見"巾"與"衤"相互混用不分者,《玉篇》所言,當爲俗書。

chán

禪 chán

80TBI：692a《大法炬陀羅尼經(卷一〇)六度品第二四之一》："□梨耶波羅蜜 禪 □□"

80TBI：103《妙法蓮華經(卷二)譬喻品第三》："□□覺、道、禪 定、解□□"

按：此爲"禪"之俗字。《説文》小篆作"禪"。上部構件作方口爲正,俗寫變爲尖口。

2006TAM607：2-4＋2006TAM607：2-5＋2006TAM607：2-4《唐神龍元年(705)六月後西州前庭府牒上州勾所爲當府官馬破除、見在事》："康 禪 師馬留(騮)敦(驐)。"

73TAM206：109/13-6,42/9-26《唐課錢帳歷》："禪 師六十。"

73TAM206：42/9-27《唐課錢帳歷》："郭二□廿,常二六十,孟 禪 六十。"

72TAM201：33《唐咸亨五年(674)兒爲阿婆録在生及亡没所修功德牒》："敬道 禪 師邊受戒。"

64TAM29：44《唐咸亨三年(672)新婦爲阿公録在生功德疏》："阿公患日將綿一屯布施孟 禪 師。"

73TAM206：42/9-8《唐課錢帳歷(三〇)》："孟 禪 六十,總六;劉八百廿。"

73TAM524：32/2-2《高昌永平二年(550)十二月卅日祀部班示爲知祀人上名及謫罰事》："□郎師奴、參軍忠順、將 禪 奴□□"

73TAM206：42/9-30《唐課錢帳歷(二)》："孟 禪 六十、孟宗六十。"

纏 chán

80TBI：219《金剛經疏》："□□是小 纏 大惑□□"

80TBI：752a《阿毗達磨大毗婆沙論(卷九二)結蘊第二中十門納息第四之二二》："□□ 纏 如前□□"

80TBI：027《阿毗曇八犍度論(卷三)思跋渠首第八》："□□恚所 纏 打他□□"

80TBI：027《阿毗曇八犍度論(卷三)思跋渠首第八》："□□恚所 纏 ,長夜不□□"

chǎn

産　chǎn

80TBI：109《妙法蓮華經（卷二）信解品第四》："□□出内財産，注記□□。"

67TAM363：8/1（a）一〇《唐景龍四年（710）卜天壽抄孔氏本鄭氏注〈論語〉》："子謂子産：'有君子□□'"

64TAM29：44《唐咸亨三年（672）新婦爲阿公録在生功德疏》："在生産業、田園、宅舍、妻子、男女奴婢等物，並是虚花，皆無真實。"

諂　chǎn

67TAM363：8/1（a）《唐景龍四年（710）卜天壽抄孔氏本鄭氏注〈論語〉》："□□而祭之者是諂。"

按：此句傳世本作"非其鬼而祭之，諂也。"

80TBI：130《十住毗婆沙論（卷五）聖者龍樹造易行品第九》："□□勇健佛離諂□□"

chàn

懺　chàn

64TAM29：44《唐咸亨三年（672）新婦爲阿公録在生功德疏》："衆布施大像、常住百師，并請洛通法師出罪懺悔。"

64TAM29：44《唐咸亨三年（672）新婦爲阿公録在生功德疏（三）》："僧兩時懺悔，并屈三僧使經聲□□。"

chāng

昌　chāng

72TAM230：74《武周天授二年（691）安昌城知水李申相辯辭》："安昌城知水李申相年六十七。"

73TAM222：57/1（b）《唐殘文書》："□□日蒲昌□□"

67TAM78：48/1《唐西州蒲昌縣糧帖一》："□□昌縣□□"

67TAM78：41《唐西州蒲昌縣糧帖二》："□□浦昌縣。"

猖　chāng

73TAM193：38（a）《武周智通擬判爲康隨風詐病避軍役等事》："又，斬啜猖狂，蟻居玄塞。"

cháng

長　cháng

67TAM363：8/1（a）之六《唐景龍四年（710）卜天壽抄孔氏本鄭氏注〈論語〉》："不仁者不可以久處約，不可長處樂。"

長

75TKM96：44（a）《兵曹注録承直、補馬子等事抄目》："□□郭氏生由來 長 病不任□□。"

73TAM206：42/3 - 1《唐咸亨三至五年（672—674）文官俸案文書（二）》："□□四日 長 上朱伏獲□□。"

73TAM507：012/12 - 2《唐隊正陰某等領甲仗器物抄（二）》："□□正牛 長 卿領□□。"

60TAM327：05/1《唐永徽六年（655）趙羊德隨葬衣物疏》："□□金鈿 長 刀一具。"

64TAM29：44《唐咸亨三年（672）新婦爲阿公録在生功德疏》："生絁 長 袖一腰。"

萇　cháng

67TAM363：8/1（a）之八《唐景龍四年（710）卜天壽抄孔氏本鄭氏注〈論語〉》："《論語·公冶 萇 》第五。"

67TAM363：8/1（a）之八《唐景龍四年（710）卜天壽抄孔氏本鄭氏注〈論語〉》："子謂公冶 萇 ：'可妻也，雖在縲絏（紲）之中，非其罪。'"

常　cháng

80TBI：069 - 2《十方千五百佛名經》："□□ 常 精進佛□□。"

69TKM39：9/6（a）《唐貞觀年間（640—649）西州高昌縣手實一》："□□世葉（業） 常 田。"

64TAM19：36《唐咸亨五年（674）王文歡訴酒泉城人張尾仁貸錢不還辭》："□□來去 常 日空歸。"

73TAM509：8/6《唐書牘稿》："後日令宜德送柴萄在羅外， 常 湏（須）破一人看守，影向被盜將。"

72TAM188：68《唐辯辭爲種田事》："□□欠口分 常 田三畝半，蒙給□□。"

72TAM151：59,61《高昌某年郡上馬帳》："寧遠阿都黃赤馬， 常 侍安春留（騮）馬。"

72TAM151：13《高昌義和三年（616）氾馬兒夏田券》："靡使干（乾）淨好，若不干（乾）淨□，聽向風 常 取。"

按：靡，原件書作"床"。

65TAM341：77 - 1（背面）《唐辯辭爲李藝義佃田事》："口分 常 田二畝在□□。"

67TAM363：7/4《唐儀鳳年間（676—679）西州蒲昌縣竹海住佃田契》："□□汝（如）不淨好，聽向風 常 取。"

棖　cháng

67TAM363：8/1（a）之九《唐景龍四年（710）卜天壽抄孔氏本鄭氏注〈論語〉》："或對曰：'申 棖 也。'"

67TAM363：8/1（a）之九《唐景龍四年（710）卜天壽抄孔氏本鄭氏注〈論語〉》："申 棖 蓋孔子弟子申繥也。"

腸　cháng

2004TBM115：10《古寫本〈千字文〉》："且（具）饍□飯，適口充 腸 ，飽飫享宰，飢厭糟糠。"

裳 cháng

63TAM1：11《西涼建初十四年(418)韓渠妻隨葬衣物疏》："韓渠□□命早終，謹條隨身衣裳雜物如右。"

66TAM62：5《北涼緣禾五年隨葬衣物疏》："緣禾五年六月廿三日謹條衣裳物在右，而無名者，急急如律令。"

嘗 cháng

72TAM151：74(a)《古寫本〈晉陽秋〉殘卷》："華博學洽聞，圖籍無不貫練。世□嘗問漢▭"

償 cháng

64TAM4：34《唐龍朔元年(661)龍惠奴舉練契》："若身東西無，仰妻兒收後者償。"

64TAM4：53《唐麟德二年(665)張海歡、白懷洛貸銀錢契》："如違限不償錢，月別拾錢後生利錢壹文入左。"

75TKM99：6(b)《義熙五年道人弘度舉錦券》："要到十月卅日還償錦半張，即交與錦生布八縱(緵)一匹。"

66TAM62：6/2《翟彊辭爲貧麥被撦牛事》："殘負麥一斛五斗，比爾當方宜索償。"

chǎng

場 chǎng

67TB：1－2－1《大乘瑜伽金剛性海曼殊室利千臂千鉢大教王經(卷六)》："▭供養食入道場人衆僧等▭"

72TAM151：68《〈千字文〉習字殘卷(一)》："▭白駒食場，化被▭"

73TAM509：8/6《唐書牘稿》："粟未上場，菜未入瓮，官羊相逼，寸步不得東西。"

65TAM341：25，26(a)《唐景龍三年(709)南郊赦文》："▭緣壇場道路▭"

73TAM206：42/10－13，42/10－3《唐質庫帳歷》："南坊西場年十▭"

chàng

瑒 chàng

73TAM509：8/5(a)《唐西州天山縣申西州户曹狀爲狀無瑒請往北庭請兄禄事》："右得上件流外張无瑒牒稱。"

73TAM509：8/5(a)《唐西州天山縣申西州户曹狀爲狀無瑒請往北庭請兄禄事》："前安西流外張无瑒，奴胡子年廿五，馬壹疋，駮草(騲)肆歲，驢貳頭，並青黄父各陸歲。"

暘 chàng

60TAM332：6/4－1《唐犯諸鬼禁忌文(一)》："▭是暘生▭"

chāo

抄　chāo

75TKM98：28/1《某人啟爲失耕事》："□□抄不息，日□□"

64TAM29：44 之六《唐咸亨三年（672）新婦爲阿公録在生功德疏》："又已前家中抄寫《涅槃經》一部，注子（字）《法華經》一部。"

67TAM363：8/2（a）之一《唐景龍四年（710）卜天壽抄〈十二月新三臺詞〉及諸五言詩》："了抄。"

65TAM341：30/1（a）《唐小德辯辭爲被蕃捉去逃回事》："其抄小德等來□可有二百騎，行至小嶺谷內，即逢。"

超　chāo

67TB：1-2-3《大乘瑜伽金剛性海曼殊室利千臂千鉢大教王經（卷六）》："□□今速超□□"

75TKM91：16（a）《祠吏翟某呈爲食麥事》："超度一人。"

cháo

朝　cháo

72TAM151：74（a）《古寫本〈晉陽秋〉殘卷》："遷□□令加散騎□□，在朝忠肅謀□□"

67TAM363：8/1（a）之九《唐景龍四年（710）卜天壽抄孔氏本鄭氏注〈論語〉》："赤也！束帶於朝，可使與賓容（客）言，不知其仁也。"

64TKM1：28（a），31（a），37/2（a）《唐西州某鄉戶口帳（一）》："□□鄉□朝□□"

榢　cháo

75TKM91：11/6《西涼建初四年（408）秀才對策文》："有榢（巢），維鳩居之，以喻夫人配德行化外□□。"

chǎo

敜　chǎo

2006TAM607：2-4 背面＋2006TAM607：2-5 背面《唐景龍三年（709）後西州勾所勾糧帳》："五石九斗三升敜。"

chē

車　chē

67TAM363：8/1（a）《唐景龍四年（710）卜天壽抄孔氏本鄭氏注〈論語〉》："大車無輗，小車無□□"

73TAM507：014/3《高昌延壽七年（630）十月某人入九月劑刺薪條記》："庚寅歲九月劑刺薪壹車。"

73TAM501：109/8－1《唐張義海等征鎮及諸色人等名籍（一）》：“曹玄恪、車知德。”

73TAM509：8/6《唐書牘稿》：“氈一合，車去日附送么么收。”

72TAM230：48/1《唐西州請北館坊採車材文書（一）》：“□□望請北館坊採車材，具與赤亭坊貯備□□”

73TAM507：014/6《高昌延壽七年（630）十二月張明憙入十月劑刺薪條記》：“□□庚寅歲十月□□薪壹車，□軍和洛□□”

73TAM206：42/9－18《唐課錢帳歷（二五）》：“田十一白布一端，價三百文，交付百五十王車家。”

64TAM29：96《武周西州下某縣至柳中運官麩文書》：“□□運載，即於州陳請車牛□□”

65TAM42：40《唐缺名隨葬衣物疏》：“車牛奴婢拾具。”

掣　chè

64TAM4：38《唐顯慶五年（660）張利富舉錢契》：“若延引不還，聽掣家資雜物平爲錢直（值）。”

64TAM4：41《唐總章三年（670）張善憙舉錢契》：“前却不還，任掣家資平爲錢直（值）。”

徹　chè

67TAM363：8/1（a）之二《唐景龍四年（710）卜天壽抄孔氏本鄭氏注〈論語〉》：“□□《雍》徹。”

chēn

瞋　chēn

80TBI：156b《大智度論（卷二）初品中婆伽婆釋論第四》：“□□瞋恚惡蟲□□”

chén

臣　chén

75TKM91：11/5《西涼建初四年（408）秀才對策文》：“臣隮誠惶誠恐，頓首死罪死罪。”

72TAM188：67《唐錄事司值日簿》：“錄事司：十二月十三日，將軍行酒董臣、氾嵩；十六日，王詮、郎琳，玄。”

73TAM193：38（a）《武周智通擬判爲康隨風詐病避軍役等事》：“虛無事上之意，令乖臣子之心。”

按：恧，即武周新字“臣”。《新唐書》、《資治通鑒》胡三省注、《集韻》、《宣和書譜》均錄。《論語·泰伯》《釋文》：“恧，植鄰反，古臣字，本今（今本）作臣。”段注“臣”字曾指出：“陸時武后字未出也。武后‘坴、恧’二字見《戰國策》，六朝俗字也。”清桑�直《字觸補》卷六：“一恧（忠）爲臣，其義淺鄙，當因艸書臣作‘亙’，與‘一忠’相似，俗生附會成之。陸德明著書在隋季，已有此字，蓋出六朝人妄作。”拙著《敦煌寫本漢字論考》曾將其考爲武后自創，非。

辰　chén

72TAM151：6《高昌重光元年（620）氾法濟隨葬衣物疏》："重光元年庚辰歲二月下旬，佛弟子某甲敬移五道大神。"

按：某，原件書作"厶"。

67TAM92：46（a），45（a），50/2（a），50/1（a），44（a），49（a）《高昌某歲諸寺官絹捎本》："□□絹半綿半，張辰師寺□□。"

67TAM376：01（a）《唐開耀二年（682）寧戎驛長康才藝牒爲請處分欠番驛丁事》："左辰歡。"

67TAM363：8/2（a）之一《唐景龍四年（710）卜天壽抄〈十二月新三臺詞〉及諸五言詩》："項託柒歲知事，甘羅十二想（相）秦，□無良妻解夢，馮唐寧得忠辰（臣）。"

65TAM341：27《唐開元八年（720）具注曆》："十一日壬辰收。"

按：據六十甲子納音法，"收"上應脱一"水"字。

72TAM150：40《唐康某等雜器物帳》："目辰相床一張。"

60TAM332：6/3《唐犯土禁忌文》："戒犯辰巳午未土，戒犯□□。"

67TAM91：26（b），24（b）《唐憙伯等家口給糧一月帳》"李辰相，三人。"

73TAM507：012/16-1《高昌延壽九年（632）正月劑刺薪殘條記》："□□壬辰歲正月□□。"

2004TAM398：13a＋2004TAM398：13b《唐西州高昌縣趙度洛等授田

簿》："田辰海年廿八，二畝。"

沉　chén

65TAM341：22，23，24（a）《唐景龍三年（709）南郊赦文》："□□有沉晦影高□□。"

陳　chén

64TAM29：96《武周西州下某縣至柳中運官馱文書》："□□運載，即於州陳請車牛□□。"

66TAM61：23（b），27/2（b），27/1（b）《唐西州高昌縣上安西都護府牒稿爲録上訊問曹禄山訴李紹謹兩造辯辭事（二）》："所以陳訴，更無□□。"

72TAM178：4《唐開元二十八年（740）土右營下建忠趙伍那牒爲訪捉配交河兵張式玄事一》："□□軍陳辭：前件□□是三千軍□□。"

67TAM363：8/1（a）一一《唐景龍四年（710）卜天壽抄孔氏本鄭氏注〈論語〉》："子在陳，[及]曰□□。"

按："及"爲衍字。

65TAM42：10，73《唐永徽元年（650）嚴慈仁牒爲轉租田畝請給公文事》："謹以牒陳，請裁。"

75TKM91：28（a）《兵曹行罰兵士張宗受等文書》："馮□、毛興、陳俛、王階隗□□□□孔章平、孫澹、李□等十八人□□轉入諸軍。"

72TAM188：56《唐開元某年奴小德除籍牒》："□□除籍，謹以牒陳□□。"

晨　chén

66TAM59：4/7（a）《殘啟》："▢候五日去晨▢"

塵　chén

73TAM222：56/5，56/6《唐殘判籍（五）（六）》："▢深懼飛塵而▢"

chèn

趁　chèn

72TAM188：78(a)《唐健兒鄯玄嶷、吳護陰等辭爲乘馬死失另備馬呈印事》："▢嶷等先差趁賊，乘馬死失▢"

按：赸，"趁"之俗。《集韻》："趁，或从尔。"《隸辨》云："从参之字，諸碑或變作尔。"《玉篇》："赸，趁之俗。"

2006TAM607：2－4《唐神龍元年（705）六月後西州前庭府牒上州勾所爲當府官馬破除、見在事》："卅疋，久視元年三月給果毅陰嗣業乘往名岸趁賊，没落不迴。"

67TAM78：43《唐東塞殘文書》："▢趁，但是馬▢"

chēng

冉　chēng

67TAM91：24（a），26（a）《唐錄事郭德殘文書》："永再▢"

按：冉，《説文》："並舉也。"後作"稱"，徐灝箋："冉、稱，古今字。"

稱　chēng

80TBI：097《請觀世音菩薩消伏毒害陀羅尼咒經（卷一）》："▢稱觀世音菩薩名▢"

66TAM59：4/2－1（a），4/2－2（a），4/2－3(a)《北涼玄始十二年（423）失官馬責賠文書二》："稱▢▢付馬使▢"

75TKM96：18，23《北涼玄始十二年（423）兵曹牒爲補代差佃守代事》："▢稱卒▢屬以彊補隴一身不▢"

75TKM96：18，23《北涼玄始十二年（423）兵曹牒爲補代差佃守代事》："▢稱：李蒙子近白芳▢，求具▢"

73TAM509：8/19《唐某人與十郎書牘》："附送行官，追即稱老。"

2004TBM207：1－12a《唐上元三年（676）西州法曹牒功曹爲倉曹參軍張元利去年負犯事》："▢牒得牒稱，請檢上件上元二年考後已來，▢何勾留負犯者。""▢▢依問，山海稱郎將何寳▢"

2004TBM207：1－4《唐儀鳳三年（678）九月西州功曹牒爲檢報乖僻批正文案事》："▢得牒稱，得上件人牒稱。"

73TAM210：136/4－1《唐總計練殘文書（一）》："書省▢

七日牒 [稱] 奉 [□]"

72TAM209：87《唐貞觀年間西州高昌縣勘問梁延臺、雷隴貴婚娶糾紛案卷（二）》："下款，浪 [稱] 是婦，準如 [□]""[□] 款 [稱] 妻，二狀從何爲 [□]"

64TAM29：25《唐垂拱元年(685)康義羅施等請過所案卷（四）》："阿了辯：被問得上件人等牒 [稱][□]"

71TAM188：85《唐西州都督府牒爲便錢酬北庭軍事事》："[□] 頭得兵曹恭軍程□等牒 [稱][□]"

[樏]　chēng

72TAM226：65《唐北庭諸烽斸田畝數文書》："[□] [樏] 林烽糜，伍畝[□]"

[鐺]　chēng

72TAM150：46《唐翟建折等雜器物帳》："翟建折 [鐺] 一口。"

chéng

[成]　chéng

73TAM507：013/4-1,4-2《唐曆》："[□] 九日丁卯火 [成][□]"

75TKM91：11/3《西涼建初四年(408)秀才對策文》："首王者 [成] 功，列於《雅》《頌》。"

80TBI：132《佛説天地八陽神咒經》："受(壽)終之後並得 [成] 佛。"

80TBI：021《四分律（卷八）三十捨墮法之三》："未成金，易 [成] 銀。"

72TAM150：39《唐僧浄眼家書》："兩個姊及惠 [成] 訊[□]"

64TAM19：34,58,59《唐寫本鄭氏注〈論語〉公冶長篇》："吾黨之小子狂簡，斐然 [成] 章，不知所以裁之。"

64TAM29：44《唐咸亨三年(672)新婦爲阿公録在生功德疏（三）》："阿公昨日發心造冊九尺神幡，昨始造 [成]，初七齋日慶度。"

64TAM29：44之六《唐咸亨三年(672)新婦爲阿公録在生功德疏》："至其月十八日，計 [成] 佛一萬二千五百冊佛。""至冊九日，擬 [成] 冊九軀佛。"

73TAM215：017/7《唐殘書牘四》："[□] 木料 [成] 去後[□]"

65TAM341：27《唐開元八年(720)具注曆》："十日辛卯未 [成]。"

按：未，據六十甲子納音法，應爲"木"字之誤。

64TAM36：9《唐高昌縣史成忠帖爲催送田參軍地子并數(數)事》："六月五日史 [成] 忠帖。"

[丞]　chéng

72TAM216：012/1《唐某縣供使破用帳》："[□] 馬中 [丞] 過日[□]"

73TAM206：42/2《唐光宅元年(684)史李秀牒爲高宗山陵賜物請裁事》："主簿判 [丞] 顧。"

73TAM206：42/5《唐高昌縣勘申應入考人狀》："給事郎行 [丞]，元泰。"

65TAM40：21《唐下鎮將康懷義牒（三）》："□緣解中丞追問□"

呈　chéng

75TKM91：18(a)《北涼玄始十一年(422)馬受條呈爲出酒事》："玄始十一年十一月五日酒□馬受條呈。"

承　chéng

2006TSYIM4：2－2《古寫本〈詩經〉》："宣王承屬王之烈，□□撥亂之志，遇災而懼，側身脩行，欲□去之。"

64TKM3：51,52《前涼王宗上太守啟》："節轉涼奉承。"

73TAM509：8/2(b)《唐西州道俗合作梯蹬及鐘記》："衙官將軍趙獻璋、張承暉、王休昇等，溢氣雄圖，懷奇妙略，行資孝悌，文翰芳猷。"

按：圖，原件作"啚"。

75TKM96：38《買奴殘文書》："□買奴一人，字承使。"

75TKM96：44(a)《兵曹注録承直、補馬子等事抄目》："□演、張彊白承直事。"

2006TSYIM4：3－40《北涼高昌郡高寧縣差役文書（二五）》："承前□"

67TAM78：42《唐某年二月府史張道龕領受馬料抄》："□承使馬料□草頭數□"

73TAM509：8/6《唐書牘稿》："前者使到，承違和。"

73TAM222：56/3(a)，56/4(a)《唐殘判籍（三）（四）》："承復如何得□"

72TAM151：104《高昌延和十二年(613)某人從張相憙等三人邊雇人歲作券》："□亡失作具，六畜□仰相兒承了。"

72TAM151：15《高昌義和二年(615)都官下始昌縣司馬主者符爲遣弓師侯尾相等詣府事》："期此月九日來□□，不得違失，承旨奉行。"

65TAM40：20《唐下鎮將康懷義牒（二）》："□防劫抄兼祇承使命□"

73TAM507：012/3《唐殘書牘》："□用心承□"

66TAM61：25《唐西州高昌縣上安西都護府牒稿爲録上訊問曹禄山訴李紹謹兩造辯辭事（八）》："□不在阿兄邊，承聞李紹謹於□"

64TAM15：29/1《高昌康保謙雇劉祀海券》："□劉祀海承了，二主□"

城　chéng

72TAM150：30,31《唐諸府衛士配官馬、馱殘文書二》："秦城府鉗□"

65TAM42：64《唐西州高昌縣授田簿（一二）》："一段二畝部田，城北二里北部渠，東渠，西荒，南道□"

66TAM61：17(b)《唐西州高昌縣上安西都護府牒稿爲録上訊問曹禄山訴李紹謹兩造辯辭事（一）》：

"□□在弓月 城 有京師漢名□□"

66TAM61：16（b）《唐西州高昌
縣上安西都護府牒稿爲録上訊
問曹禄山訴李紹謹兩造辯辭事（七）》："共
畢娑相打,□捉將向 城 是實。"

64TAM29：113《唐□伏威牒爲
請勘問前送帛練使男事》："□伏
威曹主并家口向 城 東園内就涼。"

73TAM509：8/19《唐某人與十
郎書牘》："當城置城主四、城 局
兩人,坊正、里正、橫催等在城有卅餘人,
十羊九牧。"

64TAM4：40《唐乾封三年（668）
張善憙舉錢契》："武 城 鄉人張
善憙於崇化鄉左幢憙邊舉取銀錢貳
拾文。"

72TAM230：75,76《武周天授二
年（691）康進感辯辭》："□□注
檢校主薄（簿）高禎城南、城 北見□□"

72TAM230：75,76《武周天授二
年（691）康進感辯辭》："□□注
檢校主薄（簿）高禎 城 南、城北見□□"

72TAM230：66《武周天授二年
（691）安昌合城老人等牒爲勘問
主簿職田虛實事》："問合 城 老人、城主、
渠長、知田人等,主薄（簿）去年實種幾畝
麥,建進所注虛實,連署狀通者。"

按：年,原件爲武周新字。

69TAM232：3（b）《唐蠅芝等直
上欠麨粟帳》："□□右同前得
城 狀稱：上件人是麴大志家人,請便
追者。"

72TAM151：74（a）《古寫本〈晉
陽秋〉殘卷》："子惟 城 其大赦天
下□□"

68TAM103：18/9（a）《唐貞觀某
年西州某鄉殘手實》："□□地
一段一畝半,城 北□□"

68TAM103：18/5（a）《唐貞觀某
年西州高昌縣范延伯等戶家口
田畝籍（三）》："城 北一里杜□□"

68TAM103：18/5（a）《唐貞觀某
年西州高昌縣范延伯等戶家口
田畝籍（三）》："城 東一里東渠□□"

68TAM103：18/5（a）《唐貞觀某
年西州高昌縣范延伯等戶家口
田畝籍（三）》："城 西三里榆樹渠□□"

69TKM39：9/9（a）,9/5（a）,9/1
（a）《唐貞觀年間（640—649）西州
高昌縣手實二》："城 東一里十□谷渠,東
曹寺西渠,南渠□□"

72TAM230：69《武周天授二年
（691）李申相辯辭》："□□〔主〕
薄（簿）高禎元來安昌 城 不□□"

73TAM206：42/8－1《高昌威神
城作子名籍》："威神 城 作子名
□□"

73TAM507：012/18《高昌張明
憙入延壽十四年（637）三月鹽城
劑物條記》："□□鹽 城 丁酉歲三月
□□"

59TAM301：14/2－1（a）《唐西
州高昌縣趙某雇人契》："若來到
武 城 過□□"

72TAM151：96（a）《高昌安樂等
城負臧錢人入錢帳》："□□ 城
負臧錢人：道人□□□□七十八文。"

72TAM151：54《高昌洿林等行
馬入亭馬人名籍》：次鹽 城 行□
入亭馬人：主簿辛謙、參軍元祐、主簿
男子。"

城 73TAM507：012/14《高昌張明
意入延壽十五年（638）三月鹽城
劑丁正錢條記》："▢▢ 城 戊戌歲三月，
劑丁正 ▢▢ "

喫 72TAM151：74（a）《古寫本〈晉
陽秋〉殘卷》："等持▢▢后於金
▢ 城 ，收趙粲、賈午，午女 ▢▢ "

城 69TKM39：9/8（a）《唐西州高昌
縣▢慶友等户家口田畝帳簿
（二）》："▢▢ 畝部田，城 東里東渠，西
渠，南馮貞，北 ▢▢ "

城 69TKM39：9/8（a）《唐西州高昌
縣▢慶友等户家口田畝帳簿
（二）》："▢▢ 畝常田，城 東二里北渠。"

乘　chéng

乘 67TAM363：8/1（a）之九《唐景
龍四年（710）卜天壽抄孔氏本鄭
氏注〈論語〉》："道 [不] 行，乘 垺（桴）[浮]
於海；從我者，其由與？"

按：此句奪"不""浮"兩字。"垺"爲
"桴"字訛寫。

乘 72TAM188：78（a）《唐健兒郜玄
巍、吳護隆等辭爲乘馬死失另備
馬呈印事》："▢▢ 巍等先差趁賊，乘 馬
死失 ▢▢ "

乘 2006TAM607：2 - 4《唐神龍元
年（705）六月後西州前庭府牒上
州勾所爲當府官馬破除、見在事》："久視
元年三月給果▢陰嗣業 乘 往名岸趁賊，
沒落不迴。"

程　chéng

程 72TAM230：46/2（b）《唐儀鳳三
年（678）尚書省户部支配諸州庸
調及折造雜練色數處分事條啟（二）》：
"▢▢ 非所管路 程 稍近，遣與桂府及欽
州相知，準防人須糧支配使充。"

程 73TAM206：42/10 - 25《唐質庫
帳歷》："▢▢ 程 ▢▢ "

程 72TAM151：52《高昌通人史延明
等名籍》："北聽幹 程 阿慶、▢▢
祐、白保祐、令狐伯兒、▢▢▢、王保謙。"

程 71TAM188：85《唐西州都督府
牒爲便錢酬北庭軍事事》：
"▢▢ 頭得兵曹恭軍 程 ▢等牒稱 ▢▢ "

誠　chéng

誠 75TKM96：29（a），33（a）《北涼
真興某年道人德受辭》："思▢之
誠 事。"

誠 73TAM206：42/3 - 2《唐咸亨三
至五年（672—674）文官俸案文
書（一）》："王義 誠 。"

chěng

騁　chěng

騁 80TBI：079a《道藏〈通玄真經〉
（卷三）〈九守篇〉殘片》："▢▢
[精] 神馳 騁 而不守。禍福之 ▢▢ "

chī

喫　chī

喫　67TB：1-2-1《大乘瑜伽金剛性海曼殊室利千臂千鉢大教王經（卷六）》："□梨並不得取 喫 其食，與不□"

　　按：喫，《説文》新附字，俗作"嚙"，《龍龕手鏡》："嚙"，"喫"的俗字。喫其食，《大正藏》作"食其食"。

chí

池　chí

池　67TAM363：8/2（a）之一《唐景龍四年（710）卜天壽抄〈十二月新三臺詞〉及諸五言詩》："寫書今日了，先生莫鹹（嫌） 池 （遲），明朝是賈（假）日，早放學生歸。"

　　按：鹹，原作"醎"。

池　72TAM150：29《唐諸府衛士配官馬、馱殘文書一》："大 池 府寶仲□"

池　72TAM150：30,31《唐諸府衛士配官馬、馱殘文書二》："大 池 府寶仲方□赤。"

持　chí

持　72TAM151：74（a）《古寫本〈晉陽秋〉殘卷》："等 持 □□后於金□城收趙粲、賈午、午女□"

持持　63TAM1：19《某人上主將殘辭》："□還穀稞 持 得□"

持　80TBI：506-2《囉嚩拏説救療小兒疾病經（卷一）》："□天明加 持 如上曼□"

持　80TBI：088《金光明經（卷三）除病品第一五》："善女天！諦聆！諦聆！善 持 □"

　　按：諦聆，《大正藏》作"諦聽！諦聽！"

持　80TBI：102《佛説灌頂拔除過罪生死得度經（卷一二）》："□受 持 讀□"

持　72TAM151：6《高昌重光元年（620）氾法濟隨葬衣物疏》："持佛五戒，專修十善。"

匙　chí

匙　72TAM150：44《唐史歡智等雜器物帳》："史歡智銅 匙 、張延憙槃一。"

匙匙　72TAM150：45《唐曹摩羅等雜器物帳》："□曹摩羅銅 匙 。"

72TAM150：47《唐牛懷願等雜器物帳》："嚴白舉銅 匙 一。"

馳　chí

馳　80TBI：079a《道藏〈通玄真經〉（卷三）〈九守篇〉殘片》："□［精］神 馳 騁而不守。禍福之□"

墀　chí

墀　80TBI：148《請觀世音菩薩消伏毒害陀羅尼咒經（卷一）》："跡 墀 。"

　　按：跡，《大正藏》作"跱"。

遲　chí

73TAM509：19/2《武周天山府下張父師團帖爲新兵造幕事一》："□□申大數，不得遲晚□□。"

chǐ

尺　chǐ

75TKM91：11/4《西涼建初四年(408)秀才對策文》："臣愚，謂爲水深九尺，城高五丈。"

65TAM39：21－2《前涼升平十四年(360)殘券》："□□地壘四尺□□。"

73TAM206：42/10－5/10－17《唐質庫帳歷》："故白練七尺五寸。"

64TAM29：44《唐咸亨三年(672)新婦爲阿公録在生功德疏(三)》："阿公昨日發心造冊九尺神幡，昨始造成，初七齋日慶度。"

72TAM151：51《高昌白子中布帛雜物名條疏》："□□碎紫四尺。"

72TAM151：51《高昌白子中布帛雜物名條疏》："右(又)四尺，非(緋)綾二尺五，右(又)半福(幅)，滿非(緋)□□，黃練衫一。"

72TAM151：51《高昌白子中布帛雜物名條疏》："紫棗尺一。"

72TAM151：52《高昌通人史延明等名籍》："曲尺符元□、良□祐。"

73TAM206：42/10－1，42/10－15《唐質庫帳歷》："□□一丈四

尺□□。"

侈　chǐ

67TAM363：8/1(a)之一〇《唐景龍四年(710)卜天壽抄孔氏本鄭氏注〈論語〉》："文仲奢侈如是。"

恥　chǐ

64TAM19：34,58,59《唐寫本鄭氏注〈論語〉公冶長篇》："子曰：'巧言、□色、足恭，□丘明恥之，丘亦恥之。'"

67TAM363：8/1(a)《唐景龍四年(710)卜天壽抄孔氏本鄭氏注〈論語〉》："巧言、令色、足恭，左丘明恥之，丘亦恥□[之]。"

67TAM363：8/1(a)之二《唐景龍四年(710)卜天壽抄孔氏本鄭氏注〈論語〉》："故丘恥之，君子心爭，小人力爭。"

67TAM363：8/1(a)之七《唐景龍四年(710)卜天壽抄孔氏本鄭氏注〈論語〉》："恥惡衣惡食者，則耕嫁之情多。"

67TAM363：8/1(a)之八《唐景龍四年(710)卜天壽抄孔氏本鄭氏注〈論語〉》："故(古)者言之不出，恥躬之不逮也。"

chì

赤　chì

67TAM363：8/1（a）之九《唐景龍四年（710）卜天壽抄孔氏本鄭氏注〈論語〉》："赤也！何如？"

72TAM230：48/1《唐西州請北館坊採車材文書（一）》："□望請北館坊採車材，具與赤亭坊貯備□。"

67TAM78：42《唐某年二月府史張道龕領受馬料抄》："赤亭烽□馮懷守□。"

73TAM193：31《唐殘陰陽書》："□家有赤畜忌之忌□。"

72TAM150：30,31《唐諸府衛士配官馬、馱殘文書二》："大池府竇仲方□赤。"

67TAM78：38《唐西州蒲昌縣下赤亭烽帖二》："赤亭烽。"

75TKM90：20（a）《高昌主簿張縮等傳供帳》："赤違一枚，與禿地提勤無根。"

按：勤，原件書作"懃"。

72TAM151：58《高昌義和二年（615）七月馬帳（一）》："義和二年乙亥歲七月十六日，范寺思惠赤馬，卜寺赤馬，武衛寺赤馬。"

72TAM151：59,61《高昌某年郡上馬帳》："郡上馬：丁谷寺瓜（騧）馬，田地公寺餘馬，東許寺赤馬，韓統寺青馬。"

72TAM151：59,61《高昌某年郡上馬帳》："將阿婆奴赤馬，侍郎歡岳青馬。"

72TAM151：59,61《高昌某年郡上馬帳》："西主寺赤馬。"

72TAM151：59,61《高昌某年郡上馬帳》："諫議令護白馬，馬郎中赤馬，明威滿瓜（騧）馬，振武長史赤馬。"

72TAM151：59,61《高昌某年郡上馬帳》："弘光寺赤馬。"

72TAM151：59,61《高昌某年郡上馬帳》："明威慶武赤馬。"

敕　chì

75TKM96：18,23《北涼玄始十二年（423）兵曹牒爲補代差佃守代事》："信如所訴，請如事敕。"

按：勅，同"敕"。陸德明釋《易·噬嗑》："先王以明罰勅法"句謂："勅，此俗字也。《字林》作'敕'。"

73TAM507：013/1《唐某人申狀爲注籍事》："□且敕□。"

73TAM210：136/4－1《唐總計練殘文書（一）》："敕守刺史□□□奏伊州三衛□。"

75TKM98：28/1《某人啟爲失耕事》："□約敕稟□。"

65TAM346：2《唐上元二年（675）府曹孝通牒爲文峻賜勳事》："敕鎮滿十年，賜勳兩轉，付錄事司檢文峻等並。"

72TAM226：5（a）《唐伊吾軍上西庭支度使牒爲申報應納北庭糧米事》："敕伊吾軍牒上西庭支度使。"

75TKM91：28（b）《北涼義和某年員崇辭爲眼痛請免屯守事》："□被敕當□他屯。"

73TAM206：42/1《唐事目歷》："事爲報大陽津橋木敕事。"

65TAM346：2《唐上元二年（675）府曹孝通牒爲文峻賜勳

事》：" 敕 雖復未獲，據省給告身並銜。"

75TKM91：40《兵曹條次往守海人名文書》：" 敕 抵詣田地縣下召受辭。"

64TAM22：17《請奉符敕尉推覓逋亡文書》："請奉符 敕 尉部□□。"

72TAM151：15《高昌義和二年（615）都官下始昌縣司馬主者符爲遣弓師侯尾相等詣府事》：" 敕 始昌縣司馬主者，彼縣今須弓師侯□□、□元相二人，符到，作具、糧□自隨。"

熾　chì

80TBI：019《增壹阿含經（卷五〇）大愛道般涅槃品第五二》："人民 熾 盛，不可稱計。"

chōng

充　chōng

64TAM5：39《唐李賀子上阿郎、阿婆書二（二）》："老阿兄 充 不成容子□□。"

65TAM42：56《唐西州高昌縣授田簿（六）》："□□曹破褥 充 分，同觀□□。"

73TAM509：8/5（a）《唐西州天山縣申西州戶曹狀爲狀無塲請往北庭請兄禄事》："兄旡價任北庭乾坑成主，被呂將軍奏 充 四鎮要籍驅使，其禄及地子合於本任請授。"

65TAM341：25，26（a）《唐景龍三年（709）南郊赦文》："□□起

家 充 者，入□□。"

2004TBM115：10《古寫本〈千字文〉》："且（具）膳□飯，適口 充 腸，飽飫享宰，飢厭糟糠。"

65TAM42：56《唐西州高昌縣授田簿（六）》："右給曹破褥 充 分，同□□。"

5TAM42：83《唐西州高昌縣授田簿（二七）》："□□申相 充 分。"

64TAM4：53《唐麟德二年（665）張海歡、白懷洛貸銀錢契》："任左牽挐張家物雜物口分田、桃用 充 錢直（值）取。"

67TAM376：01（a）《唐開耀二年（682）寧戎驛長康才藝牒爲請處分欠番驛丁事》："符下配 充 驛丁填數，準計人別三番合上。"

憧　chōng

64TAM4：40《唐乾封三年（668）張善憙舉錢契》："武城鄉人張善憙於崇化鄉人左 憧 憙邊舉取銀錢貳拾文。"

2006TZJ1：087，2006TZJ1：077《麴氏高昌張廷懷等納斛斗帳》：" 憧 海師陸兜（斗）究（九）昇（升）。"

TAMX2：01《□歡下等名籍》："□□守憙，田海 憧 □□。"

64TAM4：29（a）《唐咸亨四年左憧憙生前功德及隨身錢物疏》：" 憧 憙身在之日，十年已前造壹佛，貳陪（菩）薩。"

64TAM4：29（a）《唐咸亨四年左憧憙生前功德及隨身錢物疏》：

"憧憙身在之日告佛。"

64TAM4：34《唐龍朔元年（661）龍惠奴舉練契》："安西鄉人龍惠奴於崇化鄉人右憧憙邊舉取練叁拾疋。"

64TAM4：34《唐龍朔元年（661）龍惠奴舉練契》："如憧憙須〔須〕練之日，並須依時酬還。"

按：此句當衍一"須"字。

64TAM4：33《唐總章三年（670）左憧憙夏菜園契》："左憧憙於張善憙邊夏取張渠菜園壹所。"

67TAM78：49/3，49/4《唐王幢憙佃田殘契》："□□王憧憙半畝□□"

衝 chōng

65TAM42：48（a）《古寫本〈鍼法〉殘片》："男子陰端寒上衝□□"

65TAM40：20《唐下鎮將康懷義牒（二）》："□□野，職掌要衝押兵遊□□□"

按：職，原件書作"軄"。

2006TAM607：2－4《唐神龍元年（705）六月後西州前庭府牒上州勾所爲當府官馬破除、見在事》："神龍元年六月給當府折衝馬神禄趁賊致死，申州未報。"

chóng

重 chóng

80TBI：325《妙法蓮華經（卷二）譬喻品第三》："□□天子欲重宣□□"

73TAM507：014/9－2《高昌張明憙入劑刺薪條記》："若重消出，更不承□□"

2006TAM607：2－4《唐景龍三年（709）後西州勾所勾糧帳》："一十九石五斗六升，支度、覆囚使重徵，被牒放免。"

崇 chóng

72TAM230：36《古寫本木玄虛〈海賦〉》："□□庭，則有崇島巨□□"

73TAM222：56/1，56/2《唐殘判籍（二）》："如崇顯普明□□"

2004TAM398：6－1《唐某年二月西州高昌縣更簿全貌》："□□□崇化□□"

73TAM524：32/2－2《高昌永平二年（550）十二月卅日祀部班示爲知祀人上名及謫罰事》："倉部司馬、中郎忠賢、參軍崇宗、將興老、主□□義、吏元勝，右六人知祀西門。"

75TKM89：1－2《高昌章和十一年（541）都官下柳婆、無半、盈城、始昌四縣司馬主者符爲檢校失奴事》："柳婆、無半、盈城、始昌四縣司馬主者中郎崇信傳令刺彼縣翟忠義失奴一人。"

64TAM4：42《唐龍朔元年（661）左憧憙夏菜園契》："崇化鄉人左憧憙於同鄉人大女呂玉玤（玨）邊夏張渠菜園肆拾步壹園。"

64TAM4：40《唐乾封三年（668）張善憙舉錢契》："武城鄉人張善憙於 崇 化鄉左憧憙邊舉取銀錢貳拾文。"

64TAM19：64/3《唐狀自書殘文書二》："□□補任 崇 化鄉。"

73TAM221：40《唐某城宗孝崇等量剩田畝牒》："一段卌步，宗孝 崇 □□。"

2004TBM113：6－1＋2004TBM113：6－1（背面）《唐龍朔二年（622）正月西州高昌縣思恩寺僧籍》："崇 道，年三拾伍歲。"

68TAM108：19（a）之三《唐開元三年（715）西州營典李道上隴西縣牒爲通當營請馬料姓名事》："火長毛 崇 業，火內人張言。"

64TAM15：19《唐西州高昌縣弘寶寺賊膊錢名》："法 崇 入真匠。"

72TAM151：57《高昌買駄、入練、遠行馬、郡上馬等人名籍》："□□寺、將□ 崇 、張司馬、鞏□□、田衆□□□"

按：將，原件作"将"。

64TAM4：34《唐龍朔元年（661）龍惠奴舉練契》："安西鄉人龍惠奴於 崇 化鄉人右憧憙邊舉取練叁拾疋。"

64TAM4：37《唐總章三年（670）白懷洛舉錢契》："順義鄉白懷洛於 崇 化鄉左憧憙邊舉取銀錢拾文。"

蟲　chóng

2006TSYIM4：2－2《古寫本〈詩經〉》："如彼飛 蟲 ，時亦弋獲。"

80TBI：156b《大智度論（卷二）初品中婆伽婆釋論第四》："□□瞋恚惡 蟲 □□□"

按：虫，《干祿字書》："虫蟲：上俗下正。"

80TBI：641a《妙法蓮華經（卷二）譬喻品第三》："告喻諸子，說衆患難，惡鬼毒 蟲 ，災火□□□"

72TAM151：96（a）《高昌安樂等城負臧錢人入錢帳》："蘇 蟲 兒入錢廿一。"

80TBI：455－15《請觀世音菩薩消伏毒害陀羅尼咒經（卷一）》："□□毒 蟲 □□□"

72TAM151：13《高昌義和三年（616）氾馬兒夏田券》："風 蟲 賊破，隨大已列（例）。"

chōu

抽　chōu

73TAM509：8/6《唐書牘稿》："後信還，已 抽 減。"

73TAM206：109/13－6,42/9－26《唐課錢帳歷》："□□廿二日 抽 □□□"

73TAM206：109/13－6,42/9－26《唐課錢帳歷》："又付五百文帖 抽 廿三文□□□"

73TAM206：42/9－6（a）《唐課錢帳歷》："王老取一千文起□□日 抽 上。"

chóu

仇　chóu

68TAM108：19(a)之二《唐開元三年(715)西州營典李道上隴西縣牒爲通當營請馬料姓名事》："火長 仇 小隱，火内人何項。"

紬　chóu

64TAM29：44《唐咸亨三年(672)新婦爲阿公録在生功德疏》："墨緑 紬 綾裙一腰。"

酬　chóu

80TBI：488《四分戒本疏(卷一)》："或容犯罪，或終至羅漢更無增減，以其 酬 本一品心故。"

2006TAM607：2－4《唐神龍元年(705)六月後西州前庭府牒上州勾所爲當府官馬破除、見在事》："卌疋，前後諸軍借將及没賊不迴，合官 酬 替。"

73TAM214：151,150《唐西州下高昌等縣牒爲和糴事》："各注 酬 練壹拾貳疋。"

64TAM4：34《唐龍朔元年(661)龍惠奴舉練契》："如懂悪須[須]練之日，並須依時 酬 還。"

按：此句當衍一"須"字。

64TAM4：36《麟德二年(665)趙醜胡貸練契》："到過其月不還，月别依鄉法 酬 生利。"

64TAM4：40《唐乾封三年(668)張善憙舉錢契》："到左須錢之日，張並須本利 酬 還。"

71TAM188：85《唐西州都督府牒爲便錢酬北庭軍事事》："□□牒别項爲便錢 酬 羅阿□□"

愁　chóu

80TBI：505－2《中阿含經(卷四四)根本分别品鸚鵡經第九》："□憂感 愁 卧?"

80TBI：641a《妙法蓮華經(卷二)譬喻品第三》："是時長者，而作是念，諸子如此，益我 愁 惱。"

64TAM5：39《唐李賀子上阿郎、阿婆書二(二)》："願阿郎、阿婆、阿兄知，更莫 愁 鼠兒。"

2004TAM396：14《唐開元七年(719)洪奕家書》："洪奕今身役苦，終不辭，唯 愁 老彼。"

綢　chóu

64TAM29：44《唐咸亨三年(672)新婦爲阿公録在生功德疏》："黄 綢 綿袍一領。"

64TAM29：44《唐咸亨三年(672)新婦爲阿公録在生功德疏》："帛 綢 綾半臂一腰。"

chǒu

醜　chǒu

80TBI：224《大智度論(卷七四)釋燈柱品第五七》："□□ 醜 、多少、大小、是非等□□"

65TAM42：62,85《唐西州高昌縣授田簿(一〇)》："□□部田，城西五里白渠，東渠，西令狐 醜 仁，南高

⿰ "

醜
65TAM346：1《唐乾封二年（667）郭毫醜勳告（一）》："西州募人郭毫 醜 。"

睷
64TAM29：116（a）《唐趙醜禿等辭爲堪當鞍轡事》："□ 醜 禿等鞍轡。"

䤈
2004TAM395：4－2＋2004TAM395：4－4《唐垂拱二年西州高昌縣徵錢名籍全貌》："田洛堆，范 醜 奴。"

按：堆，原件書作"塠"。

chòu

臭 chòu

㚟
64TAM29：91（b）《唐殘詩》："何曾有 臭 蘭。"

按：《干祿字書》："㚟臭：上俗下正。"

chū

出 chū

𢁕
80TBI：513《中阿含經（卷一九）長壽王品梵天請佛經第七》："□ 說 出 要 □ 。"

𢁕
67TAM84：20《高昌條列出藏錢文數殘奏》："□ 商胡握廣延 出 藏錢一百五十 □ 。"

出
67TAM363：8/2（a）之一《唐景龍四年（710）卜天壽抄〈十二月新三臺詞〉及諸五言詩》："高門 出 己子，好木出良才，交□學敏（問）去，三公河

（何）處來。"

按：《唐景龍四年（710）卜天壽抄孔氏本鄭氏注〈論語〉》同是學童卜天壽所抄，其多將"問"寫作"敏"。"問"與"敏"一聲之轉。

出
72TAM230：84/6《唐儀鳳三年（678）尚書省户部支配諸州庸調及折造雜練色數處分事條啟（八）》："□ 符仰 出 物 □ 。"

出
65TAM341：30/1（a）《唐小德辯辭爲被蕃捉去逃回事》："但小德今月二日牽車城東塠地，其日齋時，賊從東北面齊 出 ，遂捉小德並牛。"

按：堆，原件書作"塠"。

出
65TAM341：78（背面）《唐辯辭爲李藝義佃田事》："欲得 出 嫁，不加修理，專行搆架，博換已經四年。"

按：架，原件書作"㯼"。

大
64TAM4：34《唐龍朔元年（661）龍惠奴舉練契》："其利若 出 月不還，月別罰練壹疋入左。"

出
75TKM96：29（b）《北涼真興六年（424）出麥賬》："真興六年四月十八日，麥所都合 出 麥十八斛。"

按：出，俗寫筆法小異，作兩山，《正字通》："俗从兩山，非。"

出
67TAM363：8/1（a）之八《唐景龍四年（710）卜天壽抄孔氏本鄭氏注〈論語〉》："故（古）者言之不 出 ，恥躬之不逮也。"

出
75TKM99：9（b）《高昌延昌二十二年（582）康長受從道人孟忠邊歲出券》："歲 出 價，要得糜麥伍拾斛。"

按：糜，原件書作"床"。

出
64TAM29：44《唐咸亨三年（672）新婦爲阿公録在生功德疏》："出 離三界，求勝（升）上界。"

75TKM91：18（a）《北涼玄始十一年（422）馬受條呈爲出酒事》："次 出 酒□斛，付孫善，供帳内 ____"

初　chū

80TBI：488《四分戒本疏（卷一）》："對五篇弁此憂（優）劣者，若就根條 初 勝乃至五劣。"

按：弁，《中華大藏經》和《大正新修大藏經》作"辨"。

80TBI：052《妙法蓮華經（卷二）譬喻品第三》："____ 妄 初 説三乘引導衆 ____"

按：俗寫偏旁"礻"與"衤"混用不分。或一點，或兩點，抑或無點，充分説明了俗寫自由隨意的現象。

64TAM29：44《唐咸亨三年（672）新婦爲阿公録在生功德疏（三）》："阿公昨日發心造冊九尺神幡，昨始造成， 初 七齋日慶度。"

72TAM151：74（a）《古寫本〈晉陽秋〉殘卷》："____ 多□□□ 初 ，秀等 ____"

80TBI：488《四分戒本疏（卷一）》："以作戒爲 初 念故，名無作爲第二念。"

64TAM29：44《唐咸亨三年（672）新婦爲阿公録在生功德疏（三）》："昨從 初 七後還屈二僧轉讀，經聲不絶，亦二時燃燈懺悔。"

63TAM1：11《西涼建初十四年（418）韓渠妻隨葬衣物疏》："建 初 十四年八月廿九日，高昌郡高縣都鄉孝敬里 ____ 。"

按：初，《説文》從衣從刀。俗書刀頭加一撇，敦煌文獻多見，碑刻也見，魏《張猛龍碑》"初"即作"初"。

66TAM61：16（b）《唐西州高昌縣上安西都護牒稿爲録上訊問曹禄山訴李紹謹兩造辯辭事（七）》："其禄山 初 ____ "

2006TZJ1：085，2006TZJ1：088《麴氏高昌斛斗帳》："十二月 初 ____ "

按：此爲"初"俗寫，敦煌文獻也習見。初，《説文》從衣從刀，此字形從示從勺。祔，另有正字。《説文》："祔，夏祭也。從示，勺聲。"祔，祭祀名，夏、商兩代春祭稱祔，周代夏祭稱祔。"初"俗字與正字"祔"構成了一對同形字，字形全同而音義皆殊。

2006TZJ1：080，2006TZJ1：078《麴氏高昌斛斗帳》："小麥三百五十九斛。十月 初 ，小麥五百九十七□。"

2006TZJ1：080，2006TZJ1：078《麴氏高昌斛斗帳》："____ 百六十三斛一斗，大麥 ____ 初 ，小麥二百卅斛。"

chú

除　chú

75TKM96：46《兵曹白爲胡愍生永除□佃役事文書》："____ 永 除 □佃役已白 ____ "

80TBI：049a《十方千五百佛名經》："____ 衆生亦能滅 除 二____ "

按：除，《説文》："除，殿陛也。從阜，余聲。"此字以"余"作"佘"，聲符已失。不

獨手書有，《曹全碑》作"除"，也見於魏《閭伯昇墓誌》。

2006TAM607：4a《唐神龍三年（707）正月西州高昌縣開覺寺手實》："五人雜破 除 。"

72TAM151：95《高昌延和八年七月至延和九年六月錢糧帳》："□□次依案 除 錢貳□□拾伍□□□，麥壹兜（斗）。"

73TAM221：55（a）《唐貞觀廿二年（648）安西都護府乘敕下交河縣符爲處分三衛犯私罪納課違番事》："□□今以後，三衛犯私罪應 除 免官。"

72TAM188：56《唐開元某年奴小德除籍牒》："□□ 除 籍，謹以牒陳□□。"

72TAM230：46/1（a）《唐儀鳳三年（678）尚書省戶部支配諸州庸調及折造雜練色數處分事條啓（一）》："其交州都督府報蕃物，於當府折□□□用，所有破 除 、見在，每年申度□□部。"

60TAM330：14/1－1（b）《唐某鄉戶口帳（四）》："□□廿二死 除 。"

73TAM206：42/9－13《唐課錢帳歷》："總折 除 外，餘有一千廿六文。"

73TAM507：013/4－1，4－2《唐曆》："□□ 除 吉□□□"

廚　chú

64TAM29：89（a），89（b）《唐永淳元年（682）坊正趙思藝牒爲勘當失盜事》："又問，僧香口云：其銅錢、耳璫（璫）等在 廚 下。"

按：厨，"廚"俗字。《廣韻》："廚，俗作'厨'。"《說文通訓定聲》："廚，俗字誤作'厨'。"今簡化字正字。

chǔ

處　chǔ

75TKM90：20（a）《高昌主簿張縮等傳供帳》："□□張縮傳令，出疏勒錦一張，與 處 論無根。"

67TAM363：8/1（a）之六《唐景龍四年（710）卜天壽抄孔氏本鄭氏注〈論語〉》："不仁者不可以久 處 約，不可長 處 樂。"

72TAM188：79《唐神龍三年（707）和湯牒爲被問買馬事（二）》："□□馬請準例 處 分，謹牒。"

67TAM376：01（a）《唐開耀二年（682）寧戎驛長康才藝牒爲請處分欠番驛丁事》："其人等準兩番上訖，欠一番未上，請追 處 分。"

66TAM62：6/1《翟彊辭爲共治葡萄園事》二："爲分 處 □□□水火□□□□"

75TKM91：11/6《西涼建初四年（408）秀才對策文》："夏 處 井鬼，故稱南陸。"

75TKM91：29（a）《北涼義和某年兵曹行罰部隤五人文書》："解稱：部□□雙等五人由來長□，不逐部伍，求分 處 。"

67TAM78：36《唐西州蒲昌縣下赤亭烽帖一》："□□ 處 分料□□□"

73TAM507：012/9《唐殘牒》："□□奉長官 處 分□□"

73TAM210：136/15《唐典傳守珪殘牒》："□□伏聽 處 分者，謹錄牒上，謹牒。"

楚　chǔ

73TAM193：38(a)《武周智通擬判爲康隨風詐病避軍役等事》："齊 楚 之失，失在□□兩家。"

80TBI：219《金剛經疏》："□□之以 楚 毒也□□"

chù

畜　chù

60TAM332：6/4－1《唐犯諸鬼禁忌文(一)》："六 畜 鬼 □□"

72TAM228：9《唐年某往京兆府過所》："□□將前件人、畜 路由關津不練，謹連□□"

72TAM151：104《高昌延和十二年(613)某人從張相憙等三人邊雇人歲作券》："□□亡失作具，六 畜 □□仰相兒承了。"

73TAM509：8/5(a)《唐西州天山縣申西州户曹狀爲狀無場請往北庭請兄禄事》："責問上者，得里正張仁彦，保頭高義感等狀稱：前件人所將奴 畜 ，並是當家家生奴畜亦不是誆誘影他等色。""今四鎮封牒到，欲將前件人 畜 往北庭請禄，恐所在不練行由，請處分者。"

處　chù

80TBI：049a《十方千五百佛名經》："所生之 處 得普光三昧。"

80TBI：088《金光明經(卷三)除病品第一五》："□□於所住 處 捨五□□"

80TBI：316《妙法蓮華經(卷二)譬喻品第三》："□□戲 處 ，或當墮落。"

80TBI：029a《修行道地經(卷六)學地品第二五》："□□貧富，貴賤，安 處 □□"

64TKM3：50《前涼殘券》："□□此 處 亦有。"

66TAM61：16(b)《唐西州高昌縣上安西都護府牒稿爲録上訊問曹禄山訴李紹謹兩造辯辭事(七)》："向已西去，在不今不知，見在何 處 者□□"

64TAM29：44之七《唐咸亨三年(672)新婦爲阿公録在生功德疏》："以前中間阿公更有修功德 處 。"

73TAM222：57/1(b)《唐殘文書》："□□填 處 己□□"

68TAM108：19(a)之三《唐開元三年(715)西州營典李道上隴西縣牒爲通當營請馬料姓名事》："火長孔 處 忠，火內人楊琛。"

75TKM96：38《買奴殘文書》："□□其日欲將至住 處 □□"

73TAM507：013/3《唐上元三年(676)某人辯辭爲買鞍馬事》："□□隆 處 買馬□□"

67TAM91：27(a)《唐貞觀十七年(643)何射門陀案卷爲來豐患

病致死》"□□忽收取看養在此邊 處，并不閑（嫌）官 □□ "

震
處 60TAM332：9/1－1《唐祭五方神文殘片一》："其某甲死鬼無繫

屬 處 ，故書名字□□方神，願爲禁攝，莫史（使）犯人，速攝因。"

度
64TAM4：40《唐乾封三年（668）張善憙舉錢契》："若延引不與左錢者，將中渠菜園半畝，與作錢質，要須得好菜 處 。"

chuān

川　chuān

川
72TAM179：16/1（b），16/2（b）《唐寫〈尚書〉孔氏傳〈禹貢〉、〈甘誓〉殘卷》："百 川 之經此衆山，禹皆治之。"

川
2006TSYIM4：2－3＋2006TSYIM4：2－4《古寫本〈詩經〉》："旱既大甚，□□山川。"

按：缺字今本《詩・雲漢》作"滌滌"。

川
72TAM179：16/1（b），16/2（b）《唐寫〈尚書〉孔氏傳〈禹貢〉、〈甘誓〉殘卷》："更理說所治山 川 首尾。"

川
65TAM341：22，23，24（a）《唐景龍三年（709）南郊赦文》："□□山大 川 ，并令州□□"

川
2004TAM408：17《令狐阿婢隨葬衣物疏》："故銀 川 （釧）六枚。"

穿　chuān

穿
67TAM363：8/1（a）《唐景龍四年（710）卜天壽抄孔氏本鄭氏注

〈論語〉》："� 穿 轅□□"

chuán

船　chuán

舩
72TAM230：46/2（b）《唐儀鳳三年（678）尚書省戶部支配諸州庸調及折造雜練色數處分事條啓（二）》："□□宜候春水得通 船 之後，然□□"

按：舩，同"船"。《廣韻》："舩，同'船'。"舩，另有船舷義，玄應《一切經音義》引《埤蒼》："舩，舷也。"音扶嚴反。

船
80TBI：488《四分戒本疏（卷一）》："是六事無作，［在］如塔寺橋 船 等，事在時念々發無作等。"

按："在"當爲衍字，《中華大藏經》和《大正新修大藏經》無"在"字。原件"念"後爲重文符號。

橼　chuán

橼
75TKM99：17《某家失火燒損財物表》："橼 七十枚。"

傳　chuán

傳
67TAM84：20《高昌條列出藏錢文數殘奏》："□□次 傳 □□"

傳 
73TAM509：8/2（b）《唐西州道俗合作梯蹬及鐘記》："清風入百姓之懷，令譽 傳 耆舊之口。"

傳
72TAM151：56《高昌買駝、入練、遠行馬、郡上馬等人名籍》：

"次 傳 ：脱□□慶釵。"

傳　72TAM151：15《高昌義和二年（615）都官下始昌縣司馬主者符爲遣弓師侯尾相等詣府事》："令！吴善憙 傳 。"

傳　72TAM151：101《高昌傳錢買鑼鐵、調鐵供用帳》："□□ 一日，虎□懷明 傳 ：錢肆□，□買□鐵肆斤，付孟慶慶，供 □□ "

chuàn

串　chuàn

串　69TKM39：9/8(a)《唐西州高昌縣□慶友等户家口田畝帳簿（二）》："□□ 顯德年六十九，妻田年□□六，男 串 子年廿九，男 □□ "

串　64TAM5：90，92《唐諸户丁口配田簿（甲件）（三）》："户主 串 願祐 □□ "

串　64TAM5：52，55，60/1，60/10《唐諸户丁口配田簿（丙件）（九）》："串 願佑，二畝。"

chuāng

窻　chuāng

窻　64TAM29：113《唐□伏威牒爲請勘問前送帛練使男事》："午時，有上件人於水 窻 下窺頭看□□遣人借問。"

按：窻，同"窗"。《廣韻》："窻，《説文》作'窗'。窻，俗。"《正字通》："窻，俗窗字。"

chuáng

床　chuáng

牀　73TAM222：54/10(b)，54/11(b)，54/12(b)《唐寫〈禮記〉鄭氏注〈檀弓〉下殘卷》："□□ 姜據其 床 □□ "

床　72TAM150：40《唐康某等雜器物帳》："史祐相 床 一□。"

按：床，同"牀"。《玉篇》："床，俗牀字。"俗字多末筆加點，部件"木"變"术"。

床　72TAM150：40《唐康某等雜器物帳》："張阿尾 床 一張。"

床　72TAM150：40《唐康某等雜器物帳》："魏相惠 床 一張。"

幢　chuáng

幢　64TAM22：16《翟蒠等應募入幢名籍》："趙朱、帛弘持、范生、左艾 幢 入募。"

幢　67TB：1-2-2《大乘瑜伽金剛性海曼殊室利千臂千鉢大教王經（卷六）》："□□ 迅金剛 幢 三 □□ "

幢　80TBI：076《十方千五百佛名經》："□□ 智步佛海 幢 □□ "

chuī

吹　chuī

吹　80TBI：510《慈悲道場懺法（卷三）顯果報第一》："□□ 巧風

吹 ⬚"

chuí

垂 chuí

64TAM29：90（a）（b）《唐垂拱元年（685）西州都督府法曹高昌縣符爲掩劫賊張爽等事》："垂拱元年十二月十八日⬚"

75TKM98：28/1《某人啟爲失耕事》："⬚今垂下種⬚"

按：此字同"垂"，敦煌文獻多見，也見於碑刻魏《皇甫驎墓誌》。从垂之字也多作此形。

80TBI：247《妙法蓮華經（卷二）譬喻品第三》："⬚垂給與，長者⬚"

64TAM29：107《唐垂拱元年（685）康義羅施等請過所案卷（三）》："垂拱元年四月日。"

64TAM29：25《唐垂拱元年（685）康義羅施等請過所案卷（四）》："垂拱元年四月日。"

捶 chuí

80TBI：027《阿毗曇八犍度論（卷三）思跋渠首第八》："⬚執其人捶打縛殺⬚"

chūn

春 chūn

75TKM91：21《馮淵上主將啟爲馬死不能更買事》："馮淵啟：⬚⬚右具⬚馬，去春中惡死。"

66TAM62：6/2《翟彊辭爲貧麥被扺牛事》："春從人⬚奴，奴佛流⬚二斛。"

66TAM62：6/1《翟彊辭爲共治葡萄園事》二："去春爲出責棵⬚"

73TAM193：15（b）《唐天寶某載（749—756）行館器物帳》："已上物天八春夏覆剩附。"

65TAM42：10，73《唐永徽元年（650）嚴慈仁牒爲轉租田畝請給公文事》："今春三月，糧食交無，逐（遂）將此田租與安橫延。"

2006TAM607：2－4《唐景龍三年（709）後西州勾所勾糧帳》："妄加給還兵，景二年春季，徵蘇仁。"

69TKM39：9/2（a），9/3（a）《唐貞觀某年男世達戶籍》"婢春香⬚肆拾陸。"

66TAM61：23（a），27/1（a），27/2（a）《唐麟德二年（665）婢春香辯辭爲張玄逸失盜事》："春香等辯：被問所盜張逸之物，徂（夜）⬚更共何人同盜。"

chún

純 chún

67TAM363：8/1（a）之五《唐景龍四年（710）卜天壽抄孔氏本鄭氏注〈論語〉》："從之，純如，繹如⬚"

淳　chún

65TAM346：1《唐乾封二年（667）郭耄醜勳告（一）》："或北折 淳 維，或南梟徵側，功勳久著，賞册宜隆。"

啜　chùo

73TAM193：38（a）《武周智通擬判爲康隨風詐病避軍役等事》："又，斬 啜 猖狂，蟻居玄塞。"

cí

兹　cí

66TAM61：17（b）《唐西州高昌縣上安西都護府牒稿爲録上訊問曹禄山訴李紹謹兩造辯辭事（一）》："其李三兩箇相共從弓月城向龜兹，不達到龜 兹 。"

73TAM501：109/106（a），109/106（b）《唐高宗某年西州高昌縣左君定等征鎮及諸色人等名籍》："四人救援龜 兹 未還。"

瓷　cí

75TKM91：15（a）《器物賬》："瓷 兩枚。"

按：瓬，同"瓷"。"瓷"爲《説文新附》字，《改併四聲篇海・玉部》引《類篇》："瓬，音瓷。"《字彙・玉部》："瓬，同'瓷'。"

慈　cí

72TAM179：18/8，18/9《武周學生令狐慈敏習字（一）（二）》"三月十七日令狐 慈 敏放（倣）書。"

75TKM88：1（b）《北涼承平五年（447）道人法安、弟阿奴舉錦券》："道人法安、弟阿奴從翟□遣舉高昌所作黄地丘 慈 錦一張。"

67TAM363：8/1（a）《唐景龍四年（710）卜天壽抄孔氏本鄭氏注〈論語〉》："子曰：'臨之以莊，則敬；孝 慈 ，則中；舉□□□'"

按：中，傳世本作"忠"。

75TKM99：6（a）《北涼承平八年（450）翟紹遠買婢券》："交與丘 慈 錦三張半。"

66TAM61：33（b）《唐田緒歡等課役名籍（三）》："趙 慈 隆。"

2004TAM395：1－1《唐某年二月西州高昌縣更簿全貌》："□□ 慈 。"

65TAM42：10，73《唐永徽元年（650）嚴慈仁牒爲轉租田畝請給公文事》："慈 仁家貧，先來乏短，一身獨立。"

72TAM151：99，100《高昌合計馬額帳（一）》："□□寺弘 慈 嚴寺、氾都寺、□□□寺懷儒、左衛寺。"

60TAM332：9/2（a）《唐龍朔元年（661）左慈隆等種糜畝數帳》："左 慈 隆四畝，高、住仁二畝。"

60TAM317：30/6（a），30/10（a）《唐趙蔭子博牛契》："□□人趙 慈 恩。"

辭　cí

辞（草書）72TAM178：5《唐開元二十八年（740）土右營下建忠趙伍那牒爲訪捉配交河兵張式玄事二》："□□阿□□□□辭，前件□□是三□□"

按：辞，同"辭"，《正字通》："俗辭字。"今爲"辭"的簡化字，正字。部件"辛"俗寫或加一橫畫，甚或添加兩橫畫。

辝（草書）66TAM62：6/3(b)《翟彊辭爲征行逋亡事》："□□不受枉謹辝辭。"

辞（草書）2006TSYIM4：3-1《北涼義和三年（433）二月十五日張未興辭》："□辭：去正月廿五日，李洿□□□"

辞（草書）72TAM178：4《唐開元二十八年（740）土右營下建忠趙伍那牒爲訪捉配交河兵張式玄事一》："□□軍陳辭：前件□□是三千軍□□"

辞（草書）72TAM188：78(a)《唐健兒鄲玄巖、吳護陰等辭爲乘馬死失另備馬呈印事》："□□備前件馬得請呈印謹辝。"

辞（草書）67TAM363：7/1《唐儀鳳二年（677）西州高昌縣寧昌鄉卜老師辭爲訴男及男妻不養贍事》："儀鳳二年四月日寧昌鄉人卜老師辭。"

辞（草書）2006TSYIM4：3-11背面《北涼義和三年（433）文書爲保辜事（三）》："□□辭召□□"

辞（草書）2006TSYIM4：3-16背面《北涼義和三年（433）文書爲保辜事（二）》："□□二辭各□一□□"

辞（草書）2006TSYIM4：3-18《北涼愛紀辭》："□□愛紀列辭稱：去秋共□□"

辞（草書）2006TSYIM4：3-19a＋2006TSYIM4：3-19a《北涼某年九月十六日某人辭》："□□閉獄責實辭，須知復白，事□□"

辞（草書）2006TSYIM4：3-18《北涼愛紀辭》："□□録超等責辭，校案須□□"

辞（草書）66TAM59：4/9(a)《殘辭》："□□謹辭。"

辞（草書）72TAM188：11《唐開元三年（715）交河縣安樂城萬壽果母姜辭》："□□不用小法，請裁辭。"

按：辝，同"辭"，字形來源悠久，可以追溯到金文。《說文》籀文"辭"从台。部件"辛"俗寫或加一橫畫，甚或添加兩橫畫。

辞（草書）66TAM59：4/2-4(a)，4/2-5(a)《北涼玄始十二年（423）失官馬賣賠文書一》："□□頡前列辭□□"

辞（草書）2004TAM396：14《唐開元七年（719）洪奕家書》："洪奕今身役苦，終不辭，唯愁老彼。"

辞（草書）66TAM61：17(b)《唐西州高昌縣上安西都護府牒稿爲録上訊問曹禄山訴李紹謹兩造辯辭事（一）》"□□上件人辭稱向西州長史□□"

按：同"辭"。字形傳承歷史悠久，可以追溯到金文。《說文》："䛐，不受也。从辛，从受。受辛宜辤之。"部件"辛"俗寫或加一橫畫，甚或添加兩橫畫。

辞（草書）64TAM29：107《唐垂拱元年（685）康義羅施等請過所案卷（三）》："□□等辯：被問得上件人等辭□□"

60TAM325：14/1－1，14/1－2
《唐西州高昌縣武城鄉范慈□辭
爲訴君子奪地營種事》："□□三年正月日
武城鄉范慈□|辭|。"

cǐ

|此|　cǐ

72TAM228：9《唐年某往京兆府
過所》："準狀勘責同|此|已□□，
幸依□□。"

80TBI：088《金光明經（卷三）除
病品第一五》："□□得聞|此|三
大菩薩□□□"

64TKM3：50《前涼殘券》：
"□□|此|處亦有。"

64TAM4：39《唐乾封元年（666）
鄭海石舉銀錢契》："公私債負停
徵，|此|物不在停限。"

64TAM29：44《唐咸亨三年
（672）新婦爲阿公録在生功德
疏》："願將|此|文□前頭分雪，須覓生天净
佛國土，不得求人間果報。"

64TAM29：44《唐咸亨三年
（672）新婦爲阿公録在生功德
疏》："謹録|此|簿，分强分踈。"

73TAM215：017/7《唐殘書牘
四》："□□毒熱，未委何如，即
|此|□□。"

72TAM230：67《武周天授二年
（691）唐建進辯辭》："據|此|，明
知告皆是實，未知前款因何拒諱？"

72TAM230：10《武周牒尾殘
判》："□□同上敏張|此|禁

□□"

72TAM230：95（a）《唐西州高昌
縣牒爲鹽州和信鎮副孫承恩人
馬到此給草踏事》："依檢到|此|□準式訖
牒上者，牒縣準式者，縣已準式訖，牒至準
式謹牒。"

2004TBM207：1－3《唐調露二年
（680）七月東都尚書吏部符爲申
州縣闕員事》："□□州官，|此|色内雖有
已申者，今狀更須具言。"

75TKM91：11/4《西涼建初四年
（408）秀才對策文》："《春秋》之
所以書|此|者，美襄子之恩可感，譏智伯之
無德。"

72TAM151：15《高昌義和二年
（615）都官下始昌縣司馬主者符
爲遣弓師侯尾相等詣府事》："期|此|月九
日來□□，不得違失，承旨奉行。"

73TAM507：012/3《唐殘書牘》：
"□□往|此|囑咐□□□"

67TAM91：29（a），30（a）《唐貞
觀十七年（643）何射門陀案卷爲
來豐患病致死》："|此|宜問□□□"

73TAM509：8/2（b）《唐西州道
俗合作梯蹬及鐘記》："俱沐|此|
恩，咸登樂道。"

cì

|次|　cì

64TAM29：44《唐咸亨三年
（672）新婦爲阿公録在生功德
疏》："昨因行|次|到塔中，見門扇後阿公手
記處。"

75TKM91：18（a）《北涼玄始十一年（422）馬受條呈爲出酒事》："次出酒□斛，付孫善，供賬内□□□"

72TAM179：16/1（b），16/2（b）《唐寫〈尚書〉孔氏傳〈禹貢〉、〈甘誓〉殘卷》："□裔之山已可居，三苗之族大有次敍，美禹之功。"

80TBI：482《大方等陀羅尼經夢行分（卷三）》："□□□次善男子我欲□□□"

80TBI：029a《修行道地經（卷六）學地品第二五》："分別其義次弟章句。"

80TBI：046a《阿毗曇八犍度論（卷一二）智犍度之四修智跋渠之餘》："盡智道智，次第、增上，□□□"

75TKM91：25《兵曹條往守白芳人名文書》一："□□□次往領攝。"

73TAM507：013/7《唐史宋端殘文書》："□□□相海次□□□"

64TAM5：39《唐李賀子上阿郎、阿婆書二（二）》："次問訊張法師、阿團□。"

2004TAM395：1-1《唐某年二月西州高昌縣更簿全貌》："□□□更次交付懷歡□□□"

2006TSYIM4：3-11《北涼高昌郡高寧縣差役文書（九）》："□□□候次，逮右□□□"

72TAM151：95《高昌延和八年七月至延和九年六月錢糧帳》："□□□次依案除錢貳□□拾伍□□□□，麥壹兜（斗）。"

72TAM151：56《高昌買馱、入練、遠行馬、郡上馬等人名籍》："次傳：脱□□慶釼。"

72TAM151：56《高昌買馱、入練、遠行馬、郡上馬等人名籍》："次買馱人□□□□孟□□□"

72TAM151：56《高昌買馱、入練、遠行馬、郡上馬等人名籍》："□□□次入陳（練）人□□□□□遵。"

72TAM151：56《高昌買馱、入練、遠行馬、郡上馬等人名籍》："次郡上馬：丁谷寺、□□□寺、追世寺、東許□、韓統寺、氾延□□□"

72TAM151：54《高昌涭林等行馬入亭馬人名籍》："次鹽城行□入亭馬人：主簿辛謙、參軍元祐、主簿男子。"

64TAM5：78（a）《唐李賀子上阿郎、阿婆書一（二）》："次問訊合家大小、千萬、並通兩兄弟。"

73TAM193：11（a）《武周郭智與人書》："次有□豈不附送。"

刺　cì

64TAM22：18《縣兵曹刺爲點閱兵人事》："催同刺十五人具弓箭。"

按：刾，同"刺"。字或來自於隸書，《隸辨》曰"（束）碑變爲夾"，並引《魏上尊號奏領揚州刺史碑》"刺"作"刾"。刺，睡虎地簡、武威簡、《池陽令張君殘碑》、《武梁祠畫像題字》、《趙寬碑》均作"刾"。敦煌文獻也習見。

75TKM88：1（a）《西涼建初二年功曹書佐左謙奏爲以散翟定□補西部平水事》："請奉令具刾板題授，奏諾紀職（識）奉行。"

73TAM507：014/3《高昌延壽七年（630）十月某人入九月劑刺薪條記》："庚寅歲九月劑 刺 薪壹車。"

73TAM507：014/9－1《高昌延壽七年（630）十二月張明憙入十月劑刺薪條記》："＿＿＿歲六月劑 刺 ＿＿＿"

73TAM507：014/9－1《高昌延壽七年（630）十二月張明憙入十月劑刺薪條記》："＿＿＿歲六月劑 刺 ＿＿＿"

75TKM89：1－2《高昌章和十一年（541）都官下柳婆、無半、盈城、始昌四縣司馬主者符爲檢校失奴事》："刺 彼縣翟忠義失奴一人。"

73TAM210：136/4－1《唐總計練殘文書（一）》："敕守 刺 史 ＿＿＿奏伊州三衛＿＿＿"

60TAM325：14/4－1，14/4－2《唐西州某府主帥陰海牒爲六駄馬死事》："營司：進洛前件馬比來在群牧放，被木 刺 破。"

72TAM188：91《唐殘牒》："＿＿＿大使正議大夫行甘州 刺 史李＿＿＿"

賜　cì

66TAM59：4/7（a）《殘辭》："＿＿＿訖額 賜。"

67TAM363：8/1（a）一〇《唐景龍四年（710）卜天壽抄孔氏本鄭氏注〈論語〉》："賜 也！非爾所及＿＿＿"

65TAM341：22，23，24（a）《唐景龍三年（709）南郊赦文》："＿＿＿五品 賜 物六＿＿＿"

75TKM91：18（a）《北涼玄始十一年（422）馬受條呈爲出酒事》："十一月四日，□酒三斗， 賜 屠兒＿＿＿"

73TAM206：42/2《唐光宅元年（684）史李秀牒爲高宗山陵賜物請裁事》："＿＿＿山陵者，始給 賜 物。"

67TAM363：8/1（a）之九《唐景龍四年（710）卜天壽抄孔氏本鄭氏注〈論語〉》："對曰：' 賜 也，何敢望回？'"

65TAM346：2《唐上元二年（675）府曹孝通牒爲文峻賜勳事》："敕鎮滿十年， 賜 勳兩轉，付録事司檢文峻等並經十年已上檢。"

73TAM193：38（a）《武周智通擬判爲康隨風詐病避軍役等事》："奉敕伊、西二州，占募强兵五百，官 賜 未期至日，私家借便資裝。"

65TAM341：25，26（a）《唐景龍三年（709）南郊赦文》："＿＿＿陪位人 賜 勳一＿＿＿"

cōng

恖　cōng

72TAM150：29《唐諸府衛士配官馬、駄殘文書一》："馮法馬 恖。"

按：恖，同"恩"，"驄"字省減。"驄"同"驄"。《説文》："驄，馬青白雜毛也。"

2006TAM607：2－4＋2006TAM607：2－5＋2006TAM607：2－4《唐神龍元年（705）六月後西州前庭府牒上州勾所爲當府官馬破除、見在事》："牛洛子馬

恖草（騂）。"

2006TAM607：2－4＋2006TAM607：2－5＋2006TAM607：2－4《唐神龍元年(705)六月後西州前庭府牒上州勾所爲當府官馬破除、見在事》："孟感通馬恖敦（驐）。"

蔥　cōng

64TAM22：16《翟蔥等應募入幢名籍》："翟蔥、索盧早、索忠……幢入募。"

按：蔥，同"蔥"。《玉篇》："蔥，同'蔥'，俗。"《説文》："蔥，菜也。"《集韻》："蔥，古作蔥。"

75TKM99：9(b)《高昌延昌二十二年(582)康長受從道人孟忠邊歲出券》："倩書道人法蔥、侯三安。"

按：蔥，《吐魯番出土文書》録作"慈"。

73TAM509：8/19《唐某人與十郎書牘》："來日蔥蔥（匆匆），不獲辭奉，夏中毒熱，伏惟十郎清吉，緣鐘草草。"

72TAM150：40《唐康某等雜器物帳》："負蔥訓床一張。"

按：蔥，《吐魯番出土文書》録作"总"。

蓯　cōng

2006TAM607：2－4《唐景龍三年(709)後西州勾所勾糧帳》："一石七斗，蓯蓉戍主馬藝重徵。"

聰　cōng

80TBI：053《四分律比丘尼戒本》："□聰明人能遠離諸惡

□"

cóng

從　cóng

80TBI：505－2《中阿含經（卷四四）根本分別品鸚鵡經第九》："□汝從呧至吠。"

67TAM84：20《高昌條列出臧錢文數殘奏》："□作從，臧龍遮之捄提婆錦三匹。"

80TBI：435《修行道地經（卷五）數息品第二三》："□何如從江河□"

64TAM29：44之七《唐咸亨三年(672)新婦爲阿公録在生功德疏》："又更爲阿公從身亡日，日畫佛一軀。"

67TAM363：8/1(a)之九《唐景龍四年(710)卜天壽抄孔氏本鄭氏注〈論語〉》："道［不］行，乘桴（桴）［浮］於海，從我者，其由與?"

按：此句奪"不""浮"兩字。"垺"爲"桴"字訛寫。

80TBI：316《妙法蓮華經（卷二）譬喻品第三》："□若以几案從□"

72TAM230：69《武周天授二年(691)李申相辯辭》："□相符抱者，但申相從知水□"

75TKM91：16(b)《北涼緣禾五年翟阿富券草》："緣禾五年六月十一日，翟阿富從阿皆。"

従　72TAM201：33《唐咸亨五年（674）兒爲阿婆録在生及亡没所修功德牒》："右告阿婆 從 亡已後，延僧誦隨願往生，至今經聲不絶。"

從　67TAM376：01（a）《唐開耀二年（682）寧戎驛長康才藝牒爲請處分欠番驛丁事》："才藝 從 去年正月一日，至其年七月以前，每番各欠五人，於州陳訴。"

従　72TAM188：86（a）（b）《唐西州都督府牒爲請留送東官馬填充團結欠馬事》："□□ 得爲 從 □□"

従　59TAM301：15/4 - 1，15/4 - 2《唐貞觀十七年（643）西州高昌縣趙懷滿夏田契》："貞觀十七年正月三日，趙懷滿 從 □□"

從　64TAM5：97（b），102（b），67（b）《唐總章元年（668）里正牒爲申報□相户内欠田及丁男數事》："□□□ 從 收□訖，配給湏（須）□□"

従　64TAM4：43《唐乾封元年（666）左憧憙夏田契》："其田 從 乾封二年中壹年佃食。"

従　66TAM61：24（b）《唐西州高昌縣上安西都護府牒稿爲録上訊問曹禄山訴李紹謹兩造辯辭事（六）》：" 從 安西來。"

従　67TAM363：7/1《唐儀鳳二年（677）西州高昌縣寧昌鄉卜老師辭爲訴男及男妻不養贍事》：" 從 娶已來，經今一十□□"

从　2006TZJ1：080，2006TZJ1：078《麴氏高昌斛斗帳》："案 從 □□"

従　64TAM29：108（a），108（b）《唐垂拱元年（685）康義羅施等請過所案卷（二）》："□□ 審，但篤潘等並 從

従西來。"

従　72TAM151：95《高昌延和八年七月至延和九年六月錢糧帳》："依案， 從 己巳□七月一日至庚午歲六月廿九□□□ 伍佰肆文半，□□ 兜（斗）□□"

従　73TAM210：136/4 - 1《唐總計練殘文書（一）》："旨依奏者，得行 從 兵□□"

従　72TAM151：94《高昌義和三年（616）張相憙夏爛田券》："□□和三年丙子歲四月廿□□□ 相憙 從 左祐子□□"

従　72TAM151：102，103《高昌作頭張慶祐等偷丁谷寺物平錢帳》："□張慶祐子作頭，田地□□□ 從 ，二人合偷丁谷寺□□奴絁二匹半。"

　　按：谷，原件書作"塔"。

従　73TAM507：013/3《唐上元三年（676）某人辯辭爲買鞍馬事》："□□□ 從 □□"

従　60TAM332：6/1 - 1（a），6/1 - 2（a），6/1 - 3（a）《唐寫本〈五土解〉》："□主薄（簿）赤五（伍）伯赤 從 徒開赤門出赤□□"

投　64TAM4：34《唐龍朔元年（661）龍惠奴舉練契》："人有正法，人 從 私契。"

cuán

欑 cuán

欑　75TKM96：18，23《北涼玄始十二年（423）兵曹牒爲補代差佃守代事》："當上幢日，差四騎付張 欑 □、道

□□、兵曹掾張龍,史張□白。"

　按:橫,同"欑"。《玉篇》:"欑,木叢也。"《字彙》:"橫,俗欑字。"

cuī

衰　cuī

67TAM363:8/1(a)之二《唐景龍四年(710)卜天壽抄孔氏本鄭氏注〈論語〉》:"斬 衰 之哭,若往而不返□。"

崔　cuī

73TAM206:42/3-2《唐咸亨三至五年(672—674)文官俸案文書(一)》:"右頭起咸亨三年七月八日兵部牒 崔 獻尾盡咸四年二月五□。"

73TAM206:42/10-5/10-17《唐質庫帳歷》:"崔 基正月十九日取壹伯□。"

67TAM363:8/1(a)一〇《唐景龍四年(710)卜天壽抄孔氏本鄭氏注〈論語〉》:"至一邦,則又曰:'[猶]吾大夫 崔 子。'違之。"

67TAM363:8/1(a)一〇《唐景龍四年(710)卜天壽抄孔氏本鄭氏注〈論語〉》:"崔 子弒齊,陳□。"

催　cuī

59TAM305:14/2《倉曹屬爲買八緶布事》:"倉曹樊霸、梁斌前屬 催 奸吏買八縱(緶)布四匹。"

59TAM305:14/2《倉曹屬爲買八緶布事》:"屬至,亟 催 買會廿六日。"

75TKM91:40《兵曹條次往守海人名文書》:"明廿五日 催 遣。"

73TAM509:8/19《唐某人與十郎書牘》:"當城置城主四、城局兩人,坊正、里正、橫 催 等在城有卅餘人,十羊九牧。"

摧　cuī

2006TSYIM4:2-3+2006TSYIM4:2-4《古寫本〈詩經〉》:"□相畏,先祖于 摧 。"

cūn

村　cūn

65TAM341:22,23,24(a)《唐景龍三年(709)南郊赦文》:"□於 村 坊驪□。"

cún

存　cún

64TAM29:44《唐咸亨三年(672)新婦爲阿公錄在生功德疏》:"阿公生 存 在日功德,審思量記錄。"

59TAM303:01《高昌缺名隨葬衣物疏》:"此人 存 水中定。"

73TAM509:8/26(b)《唐唐昌觀申當觀長生牛羊數狀》:"當觀先

無群牧,三、五年諸家布施及贖(續)生,零落雜合,存得上件數。"

65TAM341:25,26(a)《唐景龍三年(709)南郊赦文》:"□□縣存恤勸課□□。"

72TAM201:33《唐咸亨五年(674)兒爲阿婆録在生及亡没所修功德牒》:"右阿婆生存及亡没所修功德件録條。"

cǔn

忖　cǔn

65TAM40:36《唐殘辭》:"□□今忖思東西經紀無處可得。"

cùn

寸　cùn

75TKM88:1(b)《北涼承平五年(447)道人法安、弟阿奴舉錦券》:"綿經綿緯,長九五寸,廣四尺五寸。"

73TAM507:012/1《唐某人申狀爲欠練、駞、馬事》:"□□六十匹,寸尺不還。"

73TAM509:8/6《唐書牘稿》:"粟未上場,菜未入瓮,官羊相逼,寸步不得東西。"

73TAM206:42/10-5/10-17《唐質庫帳歷》:"故白練七尺五寸。"

cuō

攝　cuō

2006TAM607:2-2《唐神龍二年(706)七月西州史某牒爲長安三年(703)七至十二月軍糧破除、見在事》:"三千九百七十七石九斗五升一合一勺一攝見在。"

蹉　cuō

73TAM193:38(a)《武周智通擬判爲康隨風詐病避軍役等事》:"於是妄作患由,臂肘蹉跌,遂非真病,攣拳手腕,□是詐爲(僞)。"

cuò

厝　cuò

67TAM363:8/1(a)之四《唐景龍四年(710)卜天壽抄孔氏本鄭氏注〈論語〉》:"入太厝(廟),每事問也。"

按:厝,磨刀石,《説文》:"厲石也。"與文意不合。校之傳世本,爲"庿"字訛誤。庿,《説文》:"廟,尊先祖皃也。庿,古文。"《儀禮·示冠禮》:"士冠禮,筮於庿門。"

措　cuò

67TAM363:8/1(a)《唐景龍四年(710)卜天壽抄孔氏本鄭氏注

〈論語〉》：“孔子對曰：‘舉直 措 諸枉，則
□，’”

　　按：措，校之傳世本爲“錯”。

錯　cuò

75TKM91：11/6《西涼建初四年
（408）秀才對策文》：“才非時求，
錯影華林，歡懼相半。”

D 部

dá

達 dá

67TB：1－2－3《大乘瑜伽金剛性海曼殊室利千臂千鉢大教王經（卷六）》："□□處速達□□"

72TAM187：181《唐垂拱三年（687）帳後西州交河縣親侍、廢疾等簿帳（三）》："男行達，白丁，親侍，三年依舊侍□□"

72TAM188：86(a)(b)《唐西州都督府牒爲請留送東官馬填充團結欠馬事》："□□恐不達，前健兒官□□"

72TAM150：46《唐翟建折等雜器物帳》："□□子箱，索永達酒兌（瓮）□□"

按：兌，原件書作"兑"。

80TBI：035《請觀世音菩薩消伏毒害陀羅尼三昧儀經明正意第二》："□□無佛陀南無達□□"

2006TAM607：2－2背面《唐景龍三年（709）後西州勾所勾糧帳》："二石二斗四合，給陰達中館供。"

67TAM376：03(a)《唐西州高昌縣諸鄉里正上直暨不到人名籍》："康達、令狐信、樊度、氾惠、直仁。"

73TAM222：49《唐高昌縣上西州都督府兵曹殘文書》："達，謹上。"

72TAM188：89(a)《唐上李大使牒爲三姓首領納馬酬價事》："□□三姓首領胡禄達干馬九疋□□"

64TAM27：21唐寫本《論語》鄭氏注〈雍也〉殘卷》："賜也！達"

69TAM232：3(b)《唐蠅芝等直上欠麨粟帳》："白居兜□□義達種秋粟，右同前據□□□上件地去年秋是前件人佃種，畝別收子兩碩以上者，件勘如前。"

72TAM201：25/1《唐咸亨三年（672）西州都督府下軍團符》："史索達。"

69TKM39：9/2(a)，9/3(a)《唐貞觀某年男世達戶籍》"男世達，年□□。"

64TAM4：37《唐總章三年（670）白懷洛舉錢契》："知見人，索文達。"

66TAM61：17(b)《唐西州高昌縣上安西都護府牒稿爲録上訊問曹禄山訴李紹謹兩造辯辭事（一）》："其李三兩箇相共從弓月城向龜兹，不達到龜兹。"

2006TSYIM4：3－17a《北涼某年九月十六日某縣廷掾案爲檢校絹事》："□□往録移達，煩攝離□□"

答　dá

80TBI：493a－1《中阿含經（卷五）捨梨子相應品智經第三》："□是答所以者□"

按：荅，同"答"。《廣韻》："答，當也。亦作荅。"《隸辨》："《廣韻》'答'亦作'荅'，非也。《説文》無答字。《爾雅·釋言》：'俞、畣，然也。'《釋文》云：'畣，古荅字。'後人乃借荅爲畣，從竹者俗。"引《楊君石門頌》即作"荅"。然今本《爾雅》"畣"爲"畣"之形訛，黃丕烈《隸釋刊誤》、黃侃《説文段注小箋》、楊樹達《詛楚文跋》、王大隆《庚辰叢編本〈楚辭音〉跋》、聞一多《敦煌舊鈔〈楚辭音〉殘卷跋附校勘記》各有説，皆是也。"畣"字見於包山楚簡、望山楚簡、信陽楚簡、郭店楚簡、上博楚簡（二、四）。蔣斧印本《唐韻殘卷》："畣，《説文》云：'對。'字正作"畣"。"荅"另有"小豆"義。《五經文字》："荅，此荅本小豆之一名，對荅之荅本作畣。經典及人間行此荅已久，故不可改。"由此可以推知，"畣"爲"畣"形訛，爲應答字，其後爲"荅"所替代，而"答"則爲俗字，今日之簡化字，正字。敦煌文獻多見"荅"而少見"答"。

80TBI：488《四分戒本疏（卷一）》："問：'懸未有□□隨行受有何用？'答：'若無其受隨不成，隨以共成一治故。'"

80TBI：016《四分戒本疏（卷一）》："答：'境雖過去非非過去等，以斯義□□'"

66TAM44：30/1，30/10《唐寫〈唯識論注〉殘卷二》："□无□□答曰六識□□"

72TAM209：88《唐貞觀年間西州高昌縣勘問梁延臺、雷隴貴婚娶糾紛案卷（一）》："答得款稱：□"

72TAM209：88《唐貞觀年間西州高昌縣勘問梁延臺、雷隴貴婚娶糾紛案卷（一）》："以直答，今既更同乞從□"

64TAM29：107《唐垂拱元年（685）康義羅施等請過所案卷（三）》："仰答者！謹審：但那你等保知不是壓良等色。"

72TAM230：67《武周天授二年（691）唐建進辯辭》："仰更隱審一一具答，不得準前曲相府（符）會。"

67TAM78：21（a），22（a）《唐貞觀十四（640）西州高昌縣李石住等戶手實（五）》："男阿答奮，年□"

60TAM327：05/1《唐永徽六年（655）趙羊德隨葬衣物疏》："時見李正答示□。"

72TAM188：74（a）《唐被問領馬事牒》："仰答領得以不者，但小□"

dǎ

打　dǎ

72TAM150：46《唐翟建折等雜器物帳》："康婆德打鏨一，曹不之擬打鏨一。"

80TBI：027《阿毗曇八犍度論（卷三）思跋渠首第八》："□恚所纏打。"

66TAM61：16（b）《唐西州高昌縣上安西都護府牒稿爲録上訊

問曹禄山訴李紹謹兩造辯辭事（七）》：
"□□相打，遂即□□"

打

73TAM215：017/2《唐殘書牘
一》："□□打還丁□□"

dà

大　dà

大

72TAM150：30,31《唐諸府衛士
配官馬、馱殘文書二》："大侯府
馮法静馬恩。"

大

73TAM206：42/10－1,42/10－
15《唐質庫帳歷》："西門大巷年
五十。"

犬

67TAM363：8/1（a）之九《唐景
龍四年（710）卜天壽抄孔氏本鄭
氏注〈論語〉》："千室之足（邑）謂公侯大
都之成，佰乘之家謂□。"

按：俗寫常常末筆加一點、或一橫、
抑或一豎。此字加一筆類"犬"字。

大

72TAM230：81（a）《武周録事司
殘文書》："□□散大夫行録事
參軍□□"

大

2004TAM395：4－2＋2004TAM395：
4－4《唐垂拱二年西州高昌縣徵
錢名籍全貌》："大女何尾端。"

dài

代　dài

代

75TKM96：18,23《北涼玄始十
二年（423）兵曹牒爲補代差佃守

代事》："□□明□代媚入外軍。"

代

67TAM363：8/1（a）之四《唐景龍四
年（710）卜天壽抄孔氏本鄭氏注
〈論語〉》："周監於二代，郁郁乎文哉也！"

代

75TKM96：45（a）《兵曹屬爲補代馬
子郭氏生文書》："□□補代。"

代

64TAM4：41《唐總章三年（670）
張善憙舉錢契》："身東西不在，
仰收後代還。"

代

64TAM29：25《唐垂拱元年
（685）康義羅施等請過所案卷
（四）》："冒名假代等色以不者？"

殆　dài

殆

73TAM222：54/7（b），54/8（b），
54/9（b）《唐寫〈禮記〉鄭氏注〈檀
弓〉下殘卷》："殆於用□□"

待　dài

待

2004TBM203：30－2《高昌寫本
〈急就篇〉》："□□奈桃待露霜，
棗杏瓜棣□飴餳。"

待

73TAM507：012/3《唐殘書牘》：
"□□且帶偷（鍮）石腰帶，待
□□"

待

73TAM222：1（b）《唐中軍左虞
侯帖爲處分解射人事》："帖至，
仰營所有解射人立即具録姓名通送，待
擬簡定。"

待

73TAM222：1（b）《唐中軍左虞侯
帖爲處分解射人事》："火急立待！"

待

73TAM193：11（a）《武周郭智與
人書》："待高昌縣牒到，然後
追婢。"

怠　dài

80TBI：693a《瑜伽師地論（卷四〇）一五菩薩地》：“□□惰者，有懈怠□□。”

帶　dài

72TAM151：6《高昌重光元年（620）氾法濟隨葬衣物疏》：“銅完弓箭一具，刀帶一具。”

73TAM507：012/3《唐殘書牘》：“□□且帶偷（鍮）石腰帶，待□□。”

65TAM42：40《唐缺名隨葬衣物疏》：“白銀刀帶一具。”

袋　dài

66TAM44：11/9《唐毛袋帳歷》：“七日，毛袋貳拾伍付，次□□。”

按：袋，從衣，代聲。俗寫改上下結構爲包孕式，形符置於聲符之中。此字敦煌文獻也見。

73TAM507：014/1《唐隊正陰某等領甲仗器物抄（一）》：“甲玖領□□面袋二，鹽袋二。”

66TAM44：11/6《唐疊布袋帳歷》：“疊布袋貳佰柒拾□□。”

逮　dài

67TAM363：8/1（a）之八《唐景龍四年（710）卜天壽抄孔氏本鄭氏注〈論語〉》：“故（古）者言之不出，恥躬之不逮也。”

按：逮，俗“逮”字。《龍龕手鏡》：“逮俗”，“逮正”。“逮”作“逮”手寫常見，碑刻文獻也有，如隋《伍道進墓誌》。逮，另有正字，爲謹慎、行步謹慎的意思。《説文》：“逮，行謹逮逮也。從辵，录聲。”與俗“逮”字形成一對同形字，字形全同而音義皆殊。《集韻·代韻》亦收此字，待戴切，“逮，及也。古作逮”。

2006TSYIM4：3－11《北涼高昌郡高寧縣差役文書（九）》：“□□候次，逮右□□。”

2006TSYIM4：3－4《北涼高昌郡高寧縣差役文書（二）》：“右二家户候次，逮三日爲更□□。”

貸　dài

66TAM59：4/6《北涼神璽三年（399）倉曹貸糧文書》：“□□主者趙恭、孫殷，今貸梁石□□。”

64TAM4：53《唐麟德二年（665）張海歡、白懷洛貸銀錢契》：“同日白懷洛貸取銀錢貳拾肆文，還日、別部依上券同。”

64TAM4：53《唐麟德二年（665）張海歡、白懷洛貸銀錢契》：“貸錢人張海歡。”

64TAM4：36《麟德二年（665）趙醜胡貸練契》：“西域道征人趙醜胡於同行人左憧憙邊貸取帛練叁疋。”

dān

丹　dān

72TAM151：74（a）《古寫本〈晉陽秋〉殘卷》："丹書之制而弼違▢"

耽　dān

80TBI：035《請觀世音菩薩消伏毒害陀羅尼三昧儀經明正意第二》："▢耽婆膩阿婆熙▢"

80TBI：641a《妙法蓮華經（卷二）譬喻品第三》："今此舍宅，無一可樂，而諸子等，耽婳（湎）嬉戲。"

按：躭，"耽"的俗字。《玉篇》："躭，俗耽也。"

2004TBM115：10《古寫本〈千字文〉》："耽讀翫市，□〔寓〕目囊箱，易輶攸畏，屬耳垣牆。"

單　dān

80TBI：095a《百論（卷下）破常品第九》："▢出欝單越人以爲東▢"

73TAM193：15（b）《唐天寶某載（749—756）行館器物帳》："破縵緋眠單伍條。"

64TAM29：44《唐咸亨三年（672）新婦爲阿公録在生功德疏》："帛練單袴一腰。"

73TAM206：42/10－12《唐質庫帳歷》："青絁單裙一。"

73TAM206：42/10－21《唐質庫帳歷》："▢絹單裙一▢"

73TAM206：42/10－13，42/10－3《唐質庫帳歷》："皂絁破單襆裏。"

擔　dān

72TAM188：89（a）《唐上李大使牒爲三姓首領納馬酬價事》："▢三姓首領都擔薩屈馬六疋。"

扰　dǎn

64TAM29：44《唐咸亨三年（672）新婦爲阿公録在生功德疏》："扰（沉）香霸（把）刀一。"

按：扰，當爲"沈"之誤字，"沈"俗作"沉"。

石　dàn

72TAM230：49《武周天授二年（691）總納諸色逋懸及屯收義納糧帳》："卅石米。"

72TAM230：49《武周天授二年（691）總納諸色逋懸及屯收義納糧帳》："四百七十七石粟。"

旦　dàn

64TAM29：44《唐咸亨三年（672）新婦爲阿公録在生功德疏》："旦暮二時懺悔。"

但　dàn

73TAM222：56/1，56/2《唐殘判籍（二）》："理在必然，但舊

67TAM78：43《唐東塞殘文書》："□趁，但是馬□□"

64TAM29：17（a），95（a）《唐垂拱元年（685）康義羅施等請過所案卷（一）》："但羅施等並從西來。"

64TAM29：25《唐垂拱元年（685）康義羅施等請過所案卷（四）》："謹審：但了□□"

誕　dàn

75TKM91：11/6《西涼建初四年（408）秀才對策文》："伏惟殿下，誕鐘符運，拯濟□□"

憚　dàn

73TAM509：8/2（b）《唐西州道俗合作梯蹬及鐘記》："當觀道士張真……索名等仰憑四輩，共結良緣，不憚劬勞，作斯梯蹬。"

澹　dàn

2006TSYIM4：2－3＋2006TSYIM4：2－4《古寫本〈詩經〉》："澹（瞻）仰昊天，曷惠其寧。"

按：澹，《新獲吐魯番出土文獻》錄作"瞻"。依原件字形看，當爲"澹"，"瞻"之誤字。

dāng

當　dāng

72TAM226：51《唐西州都督府上支度營田使牒爲具報當州諸鎮戍營田畝數事》："□□合當州諸鎮戍營田，總以拾□頃陸拾□□"

80TBI：011－2《大乘瑜伽金剛性海曼殊室利千臂千鉢大教王經（卷六）》："□□常當節□□"

2006TAM607：4a《唐神龍三年（707）正月西州高昌縣開覺寺手實》："合當寺新舊總管僧總廿人。"

65TAM341：25，26（a）《唐景龍三年（709）南郊赦文》："□□署見當上番□□"

75TKM96：18，23《北涼玄始十二年（423）兵曹牒爲補代差佃守代事》："信如所訴，請如事敕，當上幢日。"

2006TAM607：4a《唐神龍三年（707）正月西州高昌縣開覺寺手實》："牒被責令，通當寺手實，僧數、年名、部曲。"

2004TAM398：3－3＋2004TAM398：3－2《唐某年二月西州高昌縣更簿全貌》："□□緣今日夜當直（值）里正及□□"

66TAM62：6/2《翟彊辭爲貧麥被拙牛事》："殘負麥一斛五斗，比爾當方宜索償。"

75TKM98：28/1《某人啟爲失耕事》："□□自當留□□"

73TAM210：136/2－1，136/2－2《唐安西都護府運糧殘文書》"□□勘當□□"

73TAM221：40《唐某城宗孝崇等量剩田畝牒》："牒被責當城量乘(剩)□□"

72TAM230：67《武周天授二年(691)唐建進辯辭》："如涉虚誣，付審已後不合更執，既經再審確，請一依元狀勘當。"

68TAM103：18/9(a)《唐貞觀某年西州某鄉殘手實》："□□牒：被責當户手實□□"

66TAM61：16(b)《唐西州高昌縣上安西都護府牒稿爲録上訊問曹禄山訴李紹謹兩造辯辭事(七)》："又問紹謹得款：當於炎□□"

73TAM509：8/26(b)《唐唐昌觀申當觀長生牛羊數狀》："當觀長生羊大小總二百卅八口□□"

67TAM91：19(b)《唐張赤頭等家口給糧三月帳》："右計當三月粟一十石二斗。"

73TAM507：012/3《唐殘書牘》："□□極當憶歡□□"

73TAM222：49《唐高昌縣上西州都督府兵曹殘文書》："前件人合當□□"

67TAM78：29(a)《唐貞觀十四(640)西州高昌縣李石住等户手實(二)》："牒被責當户手實□□"

73TAM206：42/9－30《唐課錢帳歷(二)》："以上計當。"

64TAM4：33《唐總章三年(670)左憧憙夏菜園契》："渠破水滴，仰佃田人當。"

dǎng

黨 dǎng

67TAM363：8/1(a)《唐景龍四年(710)卜天壽抄孔氏本鄭氏注〈論語〉》："吾黨之小子狂簡，斐然□□"

72TAM151：74(a)《古寫本〈晉陽秋〉殘卷》："德□凶黨，復教内立□□"

67TAM363：8/1(a)之七《唐景龍四年(710)卜天壽抄孔氏本鄭氏注〈論語〉》："□□也，各於其黨。"

dàng

宕 dàng

65TAM42：74《唐西州高昌縣授田簿(一九)》："城北二里石宕渠。"

dāo

刀 dāo

72TAM151：6《高昌重光元年(620)氾法濟隨葬衣物疏》："銅完弓箭一具，刀帶一具。"

65TAM42：40《唐缺名隨葬衣物疏》："白銀刀帶一具。"64TAM29：44《唐咸亨三年(672)新婦爲阿公録在生

功德疏》：“扰（沉）香霸（把）刀一，韀鞁靴一量并氈。”

刀　65TAM341：78（背面）《唐辯辭爲李藝義佃田事》：“是阿刀婦人不存家計。”

dǎo

倒　dǎo

倒　64TAM29：44《唐咸亨三年（672）新婦爲阿公録在生功德疏》：“直爲生死道殊，恐阿公心有顛倒，既臨終受戒，功德復多。”

導　dǎo

導　80TBI：241《增壹阿含經（卷一六）力品第三八之二》：“□□中終無二導師□□。”

導　80TBI：052《妙法蓮華經（卷二）譬喻品第三》：“□□妄初説三乘引導衆□□。”

按：此字同“導”，《隸辨》：“《説文》作導，從寸，道聲。諸碑皆變從木。”引《衡方碑》“導”即同此字，從木。

藁　2004TBM203：30－4e＋2004TBM203：30－4f《高昌寫本〈急就篇〉》：“□□導讚拜稱妾□□。”

禱　dǎo

禱　67TAM363：8/1（a）之三《唐景龍四年（710）卜天壽抄孔氏本鄭氏注〈論語〉》：“獲罪於天，無所禱。”

dào

到　dào

到　75TKM99：6（b）《義熙五年道人弘度舉錦券》：“要到十月卅日還償錦半張，即交與錦布八縱（緵）一匹。”

到　72TAM194：27（a）《唐盜物計贓科罪牒》：“其錢徵到，分付來賓取領□陪（賠）贓牒徵送諮。”

到　75TKM96：31（b）《高昌郡功曹下田地縣符爲以孫孜補孝廉事》：“今以孫孜補孝廉，符到□□。”

到　72TAM151：94《高昌義和三年（616）張相憙夏麜田券》：“□□部田壹畞，到十月内□□麜依官斛兜（斗）中取。”

按：麜，原件書作“床”。

列　73TAM215：017/7《唐殘書牘四》：“□□居吕延奉到得□□。”

到　59TAM301：14/2－1（a）《唐西州高昌縣趙某雇人契》：“若來到武城過□□。”

到　73TAM222：1（b）《唐中軍左虞侯帖爲處分解射人事》：“仍準人數差解射主帥押領，限今日午時到者。”

到　64TAM4：39《唐乾封元年（666）鄭海石舉銀錢契》：“到左須錢之日嗦（索），即須還。”

到　67TAM376：03（a）《唐西州高昌縣諸鄉里正上直暨不到人名籍》：“撿不到人過。”

到　73TAM222：57/1（b）《唐殘文書》：“□□到□□。”

到 64TAM4：36《麟德二年（665）趙醜胡貸練契》："其練迴還 到 西州拾日内，還練使了。"

刮 73TAM193：11（a）《武周郭智與人書》："待高昌縣牒 到 ，然後追婢。"

到 64TAM4：36《麟德二年（665）趙醜胡貸練契》：" 到 過其月不還，月別依鄉法酬生利。"

到 64TAM4：40《唐乾封三年（668）張善憙舉錢契》：" 到 月滿，張即須送利。"

到 64TAM4：40《唐乾封三年（668）張善憙舉錢契》：" 到 左須錢之日，張並須本利酬還。"

利 73TAM509：19/14《武周天山府符爲追校尉已下並團》："□□日到府，如後 到 者□□。"

到 64TAM4：33《唐總章三年（670）左憧憙夏菜園契》："若 到 佃時不得者，壹罰貳入左。"

到 2004TBM207：1－10a《唐某年西州晚牙到簿（五）》："□□晚牙 到 薄（簿）□□。"

到 2004TBM207：1－5c《唐某年西州晚牙到簿（一）》："□□晚牙 到 □□。"

到 2006TSYIM4：3－17a《北涼某年九月十六日某縣廷掾案爲檢校絹事》："今檢校，一無 到 者，今遣□□。"

倒　dào

倒 80TBI：132《佛説天地八陽神咒經》："□□衆生信邪 倒 見□□。"

道　dào

道 73TAM222：54/4（b），54/5（b）《唐寫〈禮記〉鄭氏注〈檀弓〉下殘卷》："□之 道 也。"

道 67TB：1－2－1《大乘瑜伽金剛性海曼殊室利千臂千鉢大教王經（卷六）》："□□供養食入 道 場人衆僧等□。"

道 80TBI：489《四分戒本疏（卷一）》："□□具於二種，以 道 無作寬長故爾。"

道 75TKM96：18，23《北涼玄始十二年（423）兵曹牒爲補代差佃守代事》："當上幢日，差四騎付張欑□、 道 □□、兵曹掾張龍，史張□白。"

道 75TKM91：11/6《西涼建初四年（408）秀才對策文》："外□□體，婦人陰 道 ，化之所難，故云夫婦正則王化。"

道 72TAM151：102，103《高昌作頭張慶祐等偷丁谷寺物平錢帳》："張慶祐子作頭， 道 人□□，高昌解阿善兒二人作□。"

道 66TAM61：16（b）《唐西州高昌縣上安西都護府牒稿爲録上訊問曹禄山訴李紹謹兩造辯辭事（七）》："□□禄山浪相構架，遂不 道 名□□。"

道 64TAM29：44《唐咸亨三年（672）新婦爲阿公録在生功德疏》："直爲生死 道 殊，恐阿公心有顛倒，既臨終受戒，功德復多。"

道 73TAM507：012/5《唐殘辭》："□□辨司馬口問，約已 道 訖，計□□。"

73TAM507：012/3《唐殘書牘》："□作書來問道。"

69TKM39：9/7（a）《唐西州高昌縣□慶友等户家口田畝帳簿（一）》："南道，北潘悦。"

67TAM78：42《唐某年二月府史張道龕領受馬料抄》："□條二月廿一日□史張道□。"

64TKM1：51《唐西州張慶貞等勘田簿（一）》："□道卅三，□田二□。"

64TAM15：17《唐貞觀十四年閏十月西州高昌縣弘寶寺賊臈錢名》："法□道防、惠儒。"

59TAM301：15/4－3《唐西州高昌縣趙懷願買舍券》："南共趙懷滿分垣，西詣道，北詣道。"

68TAM108：19（a）之二《唐開元三年（715）西州營典李道上隴西縣牒爲通當營請馬料姓名事》："火長李玄明，火内人李道。"

盜　dào

75TKM99：6（a）《北涼承平八年（450）翟紹遠買婢券》："若後有何（呵）盜刦（認）名，仰本主了。"

73TAM509：8/6《唐書牘稿》："後日令宜德送柒萄在羅外，常湏（須）破一人看守，影向被盜將。"

64TAM29：89（a），89（b）《唐永淳元年（682）坊正趙思藝牒爲勘當失盜事》："并不覺被人盜將，亦不敢加誣比鄰。"

64TAM15：29/2《高昌延壽十四年康保謙買園券》："若有人河

（呵）盜認伝者，一仰本□。"

60TAM317：30/6（a），30/10（a）《唐趙蔭子博牛契》："□後有人寒盜識□。"

64TAM4：35（a）《唐瀵舍告死者左憧憙書爲左憧憙家失銀錢事（一）》："盜（道）瀵舍盜錢。"

64TAM29：89（a），89（b）《唐永淳元年（682）坊正趙思藝牒爲勘當失盜事》："比鄰全無盜物蹤跡。"

66TAM61：23（a），27/1（a），27/2（a）《唐麟德二年（665）婢春香辯辭爲張玄逸失盜事》："共何人同盜，其物今見□答□。"

dé

得　dé

73TAM208：12《唐人習字》："不得與師書耳但衛不能拔賞隨。"

80TBI：016《四分戒本疏（卷一）》："戒防未非，毗尼殄已起，何故得□。"

67TB：1－2－1《大乘瑜伽金剛性海曼殊室利千臂千鉢大教王經（卷六）》："□梨並不得取喫其食，與不□。"

按：喫其食，《大正藏》作"食其食"。

80TBI：279《大方等陀羅尼經護戒分（卷四）》："□尼典得□。"

67TAM363：8/1（a）之八《唐景龍四年（710）卜天壽抄孔氏本鄭氏注〈論語〉》："得（德）不孤，必有鄰。"

80TBI：049a《十方千五百佛名經》："所生之處 得 普光三昧。"

80TBI：310《四分戒本疏（卷一）》："□□明一時 得 ，若依此□□"

2006TSYIM4：3－20《北涼高昌郡某縣賊曹闞禄白爲翟絭失盜事》："□□王相興、宋 得 成偷紵□□"

73TAM215：017/7《唐殘書牘四》："□□居吕延奉到 得 □□"

73TAM509：19/2《武周天山府下張父師團帖爲新兵造幕事一》："□□申大數，不 得 遲□□"

65TAM39：20《前涼升平十一年王念賣駝券》："王念以兹駝賣與朱越，還 得 嘉駝，不相賍移。"

59TAM305：14/2《倉曹屬爲買八緤布事》："倉曹樊霸、梁斌前屬催奸吏買八縱（緤）布四匹，竟未 得 。"

66TAM59：4/10《趙廣等名籍》："張買得、張相奴、胡康 得 。

75TKM96：18，23《北涼玄始十二年（423）兵曹牒爲補代差佃守代事》："大塢隤左 得 等四人訴辭稱爲曹所差。"

72TAM150：37《唐氾正家書》："兄氾正千萬問訊宋果毅并兒女等盡 得 平安。"

64TAM29：44《唐咸亨三年（672）新婦爲阿公録在生功德疏》："願將此文□前頭分雪，須覓生田净佛國土，不 得 求人間果報。"

73TAM509：8/6《唐書牘稿》："粟未上場，菜未入瓮，官羊相逼，寸步不 得 東西。"

72TAM230：67《武周天授二年（691）唐建進辯辭》："仰更隱審一一具答，不 得 準前曲相府（符）會。"

72TAM188：86（a）（b）《唐西州都督府牒爲請留送東官馬填充團結欠馬事》："所市 得 馬欲送向東，中間稍瘦，□堪總去。"

71TAM188：85《唐西州都督府牒爲便錢酬北庭軍事事》："□□頭 得 兵曹恭軍程□等牒稱□□"

2006TZJ1：080，2006TZJ1：078《麴氏高昌斛斗帳》："□□計 得 小麥六千升半。"

65TAM341：78（背面）《唐辯辭爲李藝義佃田事》："欲 得 出嫁，不加修理，專行搆架，博換已經四年。"

按：架，原件書作"探"。

2004TBM207：1－4《唐儀鳳三年（678）九月西州功曹牒爲檢報乖僻批正文案事》："大素自考後以來，諸司所有乖僻處分隨案，並捉 得 略良胡數人及財物等。"

75TKM96：21《僧□淵班爲懸募追捕逃奴事》：" 得 者，募毯十張。"

75TKM91：18（b）《建平五年祠□馬受屬》："張軒 得 ，范□□，宋奉國，□康生，蔡宗，宋□彊，馬定明等，在□□役。"

64TAM22：17《請奉符敕尉推覓逃亡文書》："姪鹽 得 前亡□□"

66TAM44：30/2《唐寫佛經疏釋殘卷二》："□□無出世無漏相違不 得 相生□□"

2004TAM398：13a＋2004TAM398：13b《唐西州高昌縣趙度洛等授田簿》："已上 得 賈海仁田十一畝半八十步。"

TAMX2：03《□知德等名籍》："□□趙善 得 ，趙漢□□"

65TAM341：30/1（a）《唐小德辯辭爲被蕃捉去逃回事》："□□投得維磨戍烽，其賊見在小嶺□□□德少解蕃語，聽賊語，明□擬發向駝嶺逐草。"

72TAM151：95《高昌延和八年七月至延和九年六月錢糧帳》："□午歲六月廿九日，得□□"

73TAM519：19/2-2《高昌麴季悦等三人辭爲請授官階事》："□□即得異姓上品官上坐，若得内官者□□"

66TAM61：16（b）《唐西州高昌縣上安西都護府牒稿爲録上訊問曹禄山訴李紹謹兩造辯辭事（七）》："又問紹謹得款：當於炎□□"

73TAM504：21/1-21/3《高昌奴得等負麥、粟、疊帳（一）～（三）》："□□奴得負參軍索謙、焦歡伯二人邊官舉價小麥叄□□陸兜（斗）。"

67TAM363：7/4《唐儀鳳年間（676—679）西州蒲昌縣竹海住佃田契》："到種田之日，竹不得田佃者，準前□□"

67TAM78：34《唐西州蒲昌縣下赤亭烽帖爲覓失駝駒事》："得。如□不得，科烽□□"

67TAM78：34《唐西州蒲昌縣下赤亭烽帖爲覓失駝駒事》："如□不得，科烽□□"

64TAM29：25《唐垂拱元年(685)康義羅施等請過所案卷(四)》："阿了辯：被問得上件人等牒稱□□"

67TAM78：20（b）《唐李悦得子等户主名籍》："□□得子，户主龍歡祐。"

64TAM5：78（a）《唐李賀子上阿郎、阿婆書一（二）》："賀子自買得婢。"

64TAM5：39《唐李賀子上阿郎、阿婆書二（二）》："□□盡給婦，高昌有婦人，不得婦。"

67TAM78：34《唐西州蒲昌縣下赤亭烽帖爲覓失駝駒事》："右件□得尚藥使□□"

64TAM4：33《唐總章三年(670)左憧憙夏菜園契》："若到佃時不得者，壹罰貳入左。"

64TAM29：17（a），95（a）《唐垂拱元年(685)康義羅施等請過所案卷（一）》："欲向東興易，爲在西無人遮得。"

德　dé

80TBI：069-2《十方千五百佛名經》："□□德佛□□"

80TBI：132《佛説天地八陽神咒經》："□□力足讀經功德"

80TBI：087《金光明經（卷三）除病品第一五》："□□勝端正第一，形色微妙，威德具足，受□□"

75TKM91：11/6《西涼建初四年(408)秀才對策文》："□□有巢、維鳩居之，以喻夫人配德行化外□□"

72TAM171：19（a），9（a），8（a），11（a）《高昌延壽十四年(637)兵部差人往青陽門等處上現文書》："□□祐保，右陸人，用玄德門外上現五日。"

69TKM39：9/8（a）《唐西州高昌縣□慶友等户家口田畝帳簿（二）》："顯德年六十九，妻田年□□六，男串子年廿九。"

德　72TAM151：74（a）《古寫本〈晉陽秋〉殘卷》："德□凶黨，復教內立□□"

德　73TAM509：8/6《唐書牘稿》："後日令宜德送柴葍在羅外，常湏（須）破一人看守，影向被盜將。"

德　72TAM188：56《唐開元某年奴小德除籍牒》："□□奴小德□□"

德　72TAM151：94《高昌義和三年（616）張相憙夏麋田券》："倩書翟懷□□□□德□□"

德　65TAM341：30/1（a）《唐小德辯辭爲被蕃捉去逃回事》："其抄小德等來□可有二百騎，行至小嶺谷內，即逢。"

德　2004TAM395：4－2＋2004TAM395：4－3《唐垂拱二年西州高昌縣徵錢名籍全貌》："□□支德，范智□□"

德　73TAM193：28《武周證聖元年（695）五月西州高昌縣崇福寺轉經歷（二）》："□□僧玄静，僧德□□"

德　65TAM341：30/1（a）《唐小德辯辭爲被蕃捉去逃回事》："□□投得維磨戍烽，其賊見在小嶺□□小德少解蕃語，聽賊語，明□擬發向駞嶺逐草。"

德　72TAM150：42《唐白夜默等雜器物帳》："盞子五，魏養德木碗十，嚴伯仁木碗十。"

德　72TAM150：44《唐史歡智等雜器物帳》："魏海德槃一。"

德　64TAM5：60/8，53《唐諸戶丁口配田簿（丙件）（八）》："弟歡德，年卅二，二畝。"

德　73TAM206：42/9－18《唐課錢帳歷（二五）》："曹大卅、漢德□□"

德　"十五。"

德　73TAM507：012/14《高昌張明憙入延壽十五年（638）三月鹽城劑丁正錢條記》："□□德爲張明憙。"

德　67TAM78：36《唐西州蒲昌縣下赤亭烽帖一》："□□德帖□"

德　TAMX2：03《□知德等名籍》："□□德，趙慶□□"

德　65TAM42：71/1《唐西州高昌縣授田簿（一八）》："□□明明，西竹園德□□"

德　60TAM332：9/2（b）《唐麟德二年（665）里正趙某殘牒》："麟德二年四月。"

德　73TAM206：42/9－27《唐課錢帳歷》："□□高□卅，趙五□□，漢德□□"

德　67TAM92：46（a），45（a），50/2（a），50/1（a），44（a），49（a）《高昌某歲諸寺官絹捎本》："□□妙德寺絹二。"

德　73TAM206：42/1《唐蘇致德等馬帳》："張憙德等二人馬一疋。"

德　65TAM341：30/1（a）《唐小德辯辭爲被蕃捉去逃回事》："但小德今月二日牽車城東堆地，其日齋時，賊從東北面齊出，遂捉小德並牛。"

　　按：堆，原件書作"埋"。

德　73TAM206：42/1《唐蘇致德等馬帳》："索德師等二人馬一疋，□敦（驗）五歲。"

德　72TAM150：48《唐邵相歡等雜器物帳》："□□案德食單。"

dēng

登　dēng

73TAM509：8/2（b）《唐西州道俗合作梯蹬及鐘記》："俱沐此恩，咸登樂道。"

72TAM228：31，228：35，228：32，228：36《唐天寶三載（744）交河郡蒲昌縣上郡戶曹牒爲録申徵送郡官白直課錢事（五）～（八）》："□□登仕郎行主□□"

燈　dēng

80TBI：005-2《大乘瑜伽金剛性海曼殊室利千臂千鉢大教王經（卷六）》："□□最勝燈光焰照三昧。"

64TAM29：44《唐咸亨三年（672）新婦爲阿公録在生功德疏（三）》："昨從初七後還屈二僧轉讀，經聲不絕，亦二時燃燈懺悔。"

děng

等　děng

80TBI：750a《妙法蓮華經（卷二）譬喻品第三》："汝等所可玩好□□"

66TAM61：22（b）《唐西州高昌縣上安西都護府牒稿爲録上訊問曹禄山訴李紹謹兩造辯辭事（三）》："□□者等，從安西李三同□□"

65TAM346：1《唐乾封二年（667）郭毡醜勳告（一）》："右威衛渭源府果毅都尉朱小安等，並志懷壯果，業苞戎藝。"

80TBI：669a《大方廣華嚴十惡品經》："□□縱廣正等，其中力□□"

2002TJI：004《妙法蓮華經經卷三化城喻品第七》："□□我等今敬禮。"

73TAM509：8/2（b）《唐西州道俗合作梯蹬及鐘記》："尉衛綜、阮玉等寮彩咸斯水鏡，群司仰其朱繩。"

72TAM230：84/1～84/5《唐儀鳳三年（678）尚書省戶部支配諸州庸調及折造雜練色數處分事條啟（三）～（七）》："□□官入國等各別爲項帳，其輕稅人具□□"

80TBI：201《佛説觀藥王藥上二菩薩經》："□□等往昔行□□"

80TBI：279《大方等陀羅尼經護戒分（卷四）》："□□如是等□□"

80TBI：659a《阿毗達磨藏顯宗論（卷一七）辯緣起品第四之六》："□□極成色等自相，於和集位，現量所得，假由分□□"

80TBI：016《四分戒本疏（卷一）》："三世諸佛戒不齊等，以其諸□□"

按：齊，原件書作"斉"字。

2004TAM396：14（1）《唐開元七年（719）四月某日鎮人蓋嘉順辭爲郝伏憙負錢事》："日鎮人蓋嘉順辭，同

鎮下 等 人郝伏意負錢壹仟文。"

80TBI：046a《阿毗曇八犍度論（卷一二）智犍度之四修智跋渠之餘》："□□智、因、次第、緣、增上。 等 智，次第、緣□□。"

67TAM376：01(a)《唐開耀二年（682）寧戎驛長康才藝牒爲請處分欠番驛丁事》："其人 等 準兩番上訖，欠一番未上，請追處分。"

64TAM29：44 之六《唐咸亨三年（672）新婦爲阿公録在生功德疏》："向堀門裏北畔新塔廳上佛堂中東壁上，泥素（塑）彌勒上生變，並菩薩、侍者、天神 等 一捕（鋪）。"

64TAM29：17(a)，95(a)《唐垂拱元年（685）康義羅施等請過所案卷（一）》："但羅施 等 並從西來。"

72TAM230：69《武周天授二年（691）李申相辯辭》："□□逃死、戶絶田、陶、菜 等 地如後□□。"

按：地，原件書作"坔"，武周新字。

72TAM230：66《武周天授二年（691）安昌合城老人等牒爲勘問主簿職田虛實事》："問合城老人、城主、渠長、知田人 等 ，主薄（簿）去年實種幾畝麥，建進所注虛實，連署狀通者。"

按：年，原件爲武周新字。

72TAM230：66《武周天授二年（691）安昌合城老人等牒爲勘問主簿職田虛實事》："謹審：但合城老人 等 ，去年主薄（簿）高禎元不於安昌種田，建進所注並是虛妄，如後不依□□。"

按：年，原件爲武周新字。

72TAM194：27(a)《唐盜物計贓科罪牒》："□□一疋杖六十，一疋加一 等 。"

65TAM341：22，23，24(a)《唐景龍三年（709）南郊赦文》："□□ 等 ，並外文武□□。"

72TAM230：46/1(a)《唐儀鳳三年（678）尚書省户部支配諸州庸調及折造雜練色數處分事條啟（一）》："擬報諸蕃 等 物，并依色數送□。"

2004TBM207：1-4《唐儀鳳三年（678）九月西州功曹牒爲檢報乖僻批正文案事》："大素自考後以來，諸司所有乖僻處分隨案，並捉得略良胡數人及財物 等 。"

65TAM341：30/1(a)《唐小德辯辭爲被蕃捉去逃回事》："其抄小德 等 來□可有二百騎，行至小嶺谷内，即逢。"

65TAM341：25，26(a)《唐景龍三年（709）南郊赦文》："□□師 等 遞加關□□。"

66TAM59：4/6《北涼神璽三年（399）倉曹貸糧文書》："秋熟還 等 斛，督入本□□。"

75TKM91：18(a)《北涼玄始十一年（422）馬受條呈爲出酒事》："□□隮騎，箱□ 等 。"

75TKM91：28(a)《兵曹行罰兵士張宗受等文書》："孔章平、孫澹、李□ 等 十八人□□轉入諸軍。"

73TAM210：136/12-4《唐西州都督府諸司廳、倉、庫等配役名籍（四）》："右件人 等 並門夫。"

64TAM29：25《唐垂拱元年（685）康義羅施等請過所案卷（四）》："阿了辯：被問得上件人 等 牒稱□□""家口入京，其人 等 不是壓良□□。"

64TAM4：35(a)《唐瀵舍告死者左憧憙書爲左憧憙家失銀錢事(一)》："家里大小曹主及奴是 等 及鎧相有人盜錢者,兄子好驗校分明索取。"

60TAM330：14/1 - 3(a)《唐趙須張等貌定簿二》："兄隆年卅六,殘疾,丁癃,次 等 。"

64TAM29：107《唐垂拱元年(685)康義羅施等請過所案卷(三)》："請將家口入京,其人等不是壓良、誑誘、寒盜 等 色以不?""謹審:但那你 等 保知不是壓良等色。"

73TAM519：19/2 - 2《高昌麴季悅等三人辭爲請授官階事》："▢▢季悅、麴相岳三人 等 ▢▢▢"

73TAM206：42/1《唐事目歷》："▢▢文館高座褥 等 ▢▢▢"

73TAM206：42/11 - 1～42/11 - 6《唐勘問婢死虛實對案錄狀(一)～(六)》："檢樹 等 辨被 ▢▢▢"

73TAM206：42/9 - 17(a)《唐課錢帳歷(二六)》："無 等 取二千文。"

73TAM507：012/3《唐殘書牘》："▢▢鎮準汝 等 ▢▢▢"

66TAM61：23(a),27/1(a),27/2(a)《唐麟德二年(665)婢春香辯辭爲張玄逸失盜事》："春香 等 辯:被問所盜張逸之物宜(夜)□更共何人同盜。"

66TAM61：23(a),27/1(a),27/2(a)《唐麟德二年(665)婢春香辯辭爲張玄逸失盜事》："審:但春香 等 身是突厥 ▢▢▢"

72TAM188：66《唐與倉曹關爲新印馬齒料事》："爲日城 等 營

新印馬齒料,準式并牒營檢領事。"

73TAM206：42/1《唐蘇致德等馬帳》："張憙德 等 二人馬一疋。"

73TAM214：154《唐史隆達殘抄》："右件人 等 各計當貳疋貳丈 ▢▢▢"

dèng

鄧　dèng

73TAM206：42/9 - 8《唐課錢帳歷(三○)》："鄧 嫂十五;阿王十五。"

按:嫂,原件書作"娿",俗字。

67TAM78：22(b),21(b)《唐吳相□等名籍(一)》："鄧 禿子,曹子□□□□□□□龍▢▢▢"

73TAM501：109/8 - 4《唐張義海等征鎮及諸色人等名籍(四)》："鄧 憧定。"

67TAM78：46《唐西州高昌縣寧戒(戎)鄉鄧明□夏田契》："寧戒(戎)鄉人 鄧 明 ▢▢▢"

73TAM206：42/9 - 27《唐課錢帳歷》："鄧 嫂十五,阿王十五。"

蹬　dèng

73TAM509：8/2(b)《唐西州道俗合作梯蹬及鐘記》："當觀道士張真……索名等仰憑四輩,共結良緣,不憚劬勞,作斯梯 蹬 。"

dí

狄　dí

72TAM179：16/1（b），16/2（b）《唐寫〈尚書〉孔氏傳〈禹貢〉、〈甘誓〉殘卷》："羌、髳之屬皆就次叙，美禹之功及戎 狄 也。"

67TAM363：8/1（a）之二《唐景龍四年（710）卜天壽抄孔氏本鄭氏注〈論語〉》："夷 狄 之有君不如諸夏之亡（亡）。"

的　dí

66TAM61：23（b），27/2（b），27/1（b）《唐西州高昌縣上安西都護府牒稿爲録上訊問曹禄山訴李紹謹兩造辯辭事（二）》："▢▢胡輩處指 的 同舉練▢▢。"

66TAM61：26（b）《唐西州高昌縣上安西都護府牒稿爲録上訊問曹禄山訴李紹謹兩造辯辭事（四）》："▢▢捉將來，又有誰 的 知漢及▢▢。"

笛　dí

TAMX2：06《張倫豐等名籍》："▢▢ 笛 ▢▢。"

敵　dí

80TBI：488《四分戒本疏（卷一）》："譬如一楯能捍衆 敵 ，爲

破斯義，故立此受隨二法並作無作。"

糴　dí

73TAM214：148（a）《唐和糴青稞帳（一）》："▢▢ 拾文，錢壹文， 糴 得青科（稞）一斗。"

按：籴，同"糴"。《廣韻》："市穀米。籴，俗。"今爲"糴"的簡化字。

2006TAM607：2－4《唐景龍三年（709）後西州勾所勾糧帳》："準前勾徵，高昌縣和 糴 欠。"

dǐ

氏　dǐ

75TKM96：44（a）《兵曹注録承直、補馬子等事抄目》："▢▢ 氏 生由來長病不任▢▢。"

按："氏"及從"氏"之字，實際運用中或從"氏"或從"互"，並行不悖。這種現象早在隸書時代初期就已經存在，例如同一個"柢"字，在《睡虎地簡》中有"柢""柢"兩個字形。"砥"字在《劉熊碑》中作"砥"，在《衡方碑》中作"砥"，在《郭有道碑》中作"砥"；"詆"字在東漢《石門頌》作"詆"；"邸"字，在《居延漢簡》中作"邸"，在《漢印》中作"邸"，《吳浩宋買地券》中作"邸"，《山陽邸鐙》中作"邸"；"祇"字在《晉祀后土殘碑》作"祇"，西晉《裴祇墓誌》作"祇"，晉《辟雍碑陰》作"祇"。

抵　dǐ

顙。'"段注:"駿,馬之良材者。"

dì

地 dì

75TKM88:1(b)《北涼承平五年（447）道人法安、弟阿奴舉錦券》:"道人法安、弟阿奴從翟□遣舉高昌所作黃地丘慈錦一張。"

67TAM78:29(a)《唐貞觀十四（640）西州高昌縣李石住等戶手實（二）》:"□□地一段肆畝八十步,城西二□□"

59TAM305:8《缺名隨葬衣物疏》:"絳地絲鞋（履）一量。"

72TAM151:59,61《高昌某年郡上馬帳》:"郡上馬:丁谷寺瓜（騧）馬,田地公寺余（驗）馬,東許寺赤馬。"

2006TAM607:4a《唐神龍三年（707）正月西州高昌縣開覺寺手實》:"一段二畝永業薄田,城西六十里南平城,東寧方,西翟征,南渠,北部田,右件地,藉（籍）後給充僧分。"

64TAM37:21《唐□□二年曹忠敏田契》:"段內更有別人追理地子,並不干佃地人之事。"

72TAM230:75,76《武周天授二年（691）康進感辯辭》:"□□又無田地傾（頃）畝,地段、四至人名,無憑□□"

按:例字即"地","坔"字下土加一點。"土"作"圡",俗寫習見。《新唐書》、《資治通鑑》胡三省注、《集韻》、《宣和書譜》均錄

75TKM91:40《兵曹條次往守海人名文書》:"敕抵詣田地縣下召受辭。"

呧 dǐ

80TBI:505-2《中阿含經（卷四四）根本分別品鸚鵡經第九》:"汝從呧至吠。是□□"

底 dǐ

64TAM29:44之六《唐咸亨三年（672）新婦爲阿公録在生功德疏》:"開相起咸亨三年四月十五日,遣家人祀德向冢間掘底作佛。"

65TAM341:21《唐典焦玄素牒爲麥、粟帳事》:"□□四月上磑底雇近□□"

柢 dǐ

67TAM363:8/1(a)之九《唐景龍四年（710）卜天壽抄孔氏本鄭氏注〈論語〉》:"竹木浮之於水上,大曰柢（椻）,小曰浮（桴）。"

按:柢,"椻"字訛寫。

馰 dǐ

73TAM524:34(a)《高昌章和五年（535）取牛羊供祀帳》:"次三月十一日取胡未馰羊一口,供祀風伯。"

按:馰,白色額頭的馬,駿馬。《廣韻》音都歷切。《説文》:"馰,馬白額也。从馬,的省聲。一曰駿也。《易》曰:'爲的

"坒"。《集韻・至韻》《類篇・土部》："地，唐武后作坒。"《玉篇・土部》："坒，迪利切，古地字。"《四聲篇海・土部》："坒，迪利切，古地字。"段玉裁注"臣"字謂："陸時武后字未出也。武后'坒、忠'二字見《戰國策》，六朝俗字也。"

李 73TAM509：19/15（a）《武周天山府下張父師團帖爲勘問右果毅闕職地子事》："□□勘責上件 地 子所 □□"

坒 72TAM230：67《武周天授二年（691）唐建進辯辭》："被問，建進若告主簿營種還公，逃死戶絕田 地 。"

坒 72TAM230：69《武周天授二年（691）李申相辯辭》："□□逃死、戶絕田、陶、菜等 地 如後 □□"

坒 72TAM230：75,76《武周天授二年（691）康進感辯辭》："□□種 地 ，請檢驗即知。"

坒 72TAM230：66《武周天授二年（691）安昌合城老人等牒爲勘問主簿職田虛實事》："當城渠長，必是細諳知 地 ，勳官灼然可委。"

坒 67TAM363：8/1（a）之九《唐景龍四年（710）卜天壽抄孔氏本鄭氏注〈論語〉》："□□地 之廣輪，此皆舉其所容之大。"

按：坒，當爲武周新字"坒"之訛寫。"上水下土"訛爲"坐"，"坐"俗寫習見作"坐"，故"坒"訛作"坒"。

弟 dì

弟 72TAM151：74（a）《古寫本〈晉陽秋〉殘卷》："韓壽 弟 散騎侍 □□"

弟 69TKM39：9/8（a）《唐西州高昌縣□慶友等戶家口田畝帳簿（二）》："□□西海年廿六，母賈年卅四，弟 始 □□"

弟 65TAM42：10,73《唐永徽元年（650）嚴慈仁牒爲轉租田畝請給公文事》："一身獨立，更無 弟 兄。"

弟 59TAM305：14/1《前秦建元二十年（384）韓盆辭爲自期召弟應見事》："韓盆自期二日召 弟 到應見，違達受馬鞭一百。"

按：盆，原件書作"瓫"。

弟 72TAM151：6《高昌重光元年（620）氾法濟隨葬衣物疏》："重光元年庚辰歲二月下旬，佛 弟 子某甲敬移五道大神。"

按：佛，原件書作"仏"。某，原件書作"厶"。

弟 72TAM151：62《高昌義和二年（615）參軍慶岳等條列高昌馬鞍轡帳》："將佛□下白 弟 □□"

弟 64TAM5：85《唐諸戶丁口配田簿（甲件）（二）》："弟 歡德，年卅二。"

弟 64TAM5：78（a）《唐李賀子上阿郎、阿婆書一（二）》："次問訊合家大小、千萬、並通兩兄 弟 。"

弟 66TAM61：25《唐西州高昌縣上安西都護府牒稿爲錄上訊問曹禄山訴李紹謹兩造辯辭事（八）》："知是曹炎延 弟 ，不可以拒諱，今既 □□"

弟 2004TAM395：4－7＋2004TAM398：4－2《武周天授三年（692）戶籍稿》："弟 伏行年伍歲，小男。"

的 dì

67TAM91：27（a）《唐貞觀十七年（643）何射門陀案卷爲來豐患病致死》："□爲營飯食,恒爾看□□豐雖非[的]（嫡）親。"

帝 dì

60TAM332：6/1－1（a）,6/1－2（a）,6/1－3（a）《唐寫本〈五土解〉》："□□[帝],土公駕黑□□黑龍□□"

60TAM332：9/1－1《唐祭五方神文殘片一》："□□西方白[帝],白□□"

2006TSYIM4：2－3＋2006TSYIM4：2－4《古寫本〈詩經〉》："昊天上[帝],寧卑（俾）我遯。"

第 dì

72TAM179：16/1（b）,16/2（b）《唐寫〈尚書〉孔氏傳〈禹貢〉、〈甘誓〉殘卷》："田第一,賦[第]六,人功少也。"

67TAM363：8/1（a）之八《唐景龍四年（710）卜天壽抄孔氏本鄭氏注〈論語〉》："《論語·公冶長》[第]五。"

68TAM108：20（a）之二《唐開元三年（715）西州營牒爲通當營請馬料姓名事一》："[第]三隊火長仇阿七,火內人武千。"

72TAM179：16/4（b）,16/5（b）,16/6（b）,16/7（b）《唐寫〈尚書〉孔氏傳〈禹貢〉、〈甘誓〉殘卷》："尚書日斷[第]二。"

按：斷,原件書作"断"。

80TBI：488《四分戒本疏（卷一）》："以作戒爲初念故,名無作爲[第]二念。"

80TBI：489《四分戒本疏（卷一）》："[第]六受是根□□"

80TBI：046a《阿毗曇八犍度論（卷一二）智犍度之四修智跋渠之餘》："□□上。無因盡智道智,次[第]、增上,□□"

80TBI：046a《阿毗曇八犍度論（卷一二）智犍度之四修智跋渠之餘》："□□智因、次[第]、緣、增上。無因知他人心智,因、次[第]、□□"

68TAM108：18（a）之二《唐開元三年（715）西州營牒爲通當營請馬料姓名事二》："[第]八隊火長魯令嵩,火內□□"

遞 dì

73TAM222：56/3（a）,56/4（a）《唐殘判籍（三）（四）》："大功以下[遞]減□□"

72TAM230：95（a）《唐西州高昌縣牒爲鹽州和信鎮副孫承恩人馬到此給草諎事》："得司兵□得天山已西牒,[遞]□□件使人馬者,依檢到此,已準狀。"

65TAM341：25,26（a）《唐景龍三年（709）南郊赦文》："□□師等[遞]加關□□"

72TAM230：46/2（b）《唐儀鳳三年（678）尚書省戶部支配諸州庸調及折造雜練色數處分事條啟（二）》："□□糧外受納,[遞]送入東都。"

褅 dì

67TAM363：8/1（a）之三《唐景龍四年（710）卜天壽抄孔氏本鄭氏注〈論語〉》："[禘] 自溉（既）灌 [　]。"

　　按：溉，當爲"既"，涉下增旁訛誤。

[諦]　dì

80TBI：011－3《大乘瑜伽金剛性海曼殊室利千臂千鉢大教王經（卷六）》："[　] 當 [諦] 觀觀照三 [　]。"

80TBI：088《金光明經（卷三）除病品第一五》："善女天！[諦] 聆！[諦] 聆！"

80TBI：716a《妙法蓮華經（卷二）譬喻品第三》："得未曾有，佛説苦 [諦] [　]。"

80TBI：717a《妙法蓮華經（卷二）譬喻品第三》："[　] 説於苦 [諦] [　]。"

diān

[顛]　diān

67TAM363：8/1（a）之六《唐景龍四年（710）卜天壽抄孔氏本鄭氏注〈論語〉》："告（造）次必於是，[顛] 沛必於是。"

64TAM29：44《唐咸亨三年（672）新婦爲阿公録在生功德疏》："直爲生死道殊，恐阿公心有 [顛] 倒，既臨終受戒，功德復多。"

diǎn

[典]　diǎn

72TAM188：91《唐殘牒》："十二月九日 [典] 紀 [　]。"

72TAM151：56《高昌買馱、入練、遠行馬、郡上馬等人名籍》："[　][典] 寺、麴元□、張子回、竺□宣、曹□、左調和。"

64TAM15：17《唐貞觀十四年閏十月西州高昌縣弘寶寺賊臕錢名》："[典] 信。"

72TAM150：40《唐康某等雜器物帳》："翟懷願床，張達 [典] 床。"

73TAM210：136/16《唐奴某殘辯辭》："[　] 郎 [典] 教翻辯 [　]。"

73TAM208：23，27《唐典高信貞申報供使人食料帳歷牒（二）》："三月廿日 [典] 高信貞牒。"

72TAM178：4《唐開元二十八年（740）土右營下建忠趙伍那牒爲訪捉配交河兵張式玄事一》："[　] 開元廿八年五月四日 [典] [　]。"

72TAM230：46/1（a）《唐儀鳳三年（678）尚書省户部支配諸州庸調及折造雜練色數處分事條啟（一）》："[　] 情願輸綿絹絁者聽，不得官人，州縣公廨 [典] 及 [　]。"

2004TAM398：3－3＋2004TAM398：3－2《唐某年二月西州高昌縣更簿全貌》："[典] 獄令狐胡卓□□。"

典 2006TAM607：2－4《唐景龍三年（709）後西州勾所勾糧帳》："一石三斗八升，準前勾徵健兒，典安進。"

典 2006TAM607：2－2背面《唐景龍三年（709）後西州勾所勾糧帳》："七斗八升青稞，徵典劉德。"

點　diǎn

點 73TAM191：32（a）《唐史衛智爲軍團點兵事》："□□簡點兵尫弱，疾□□。"

diàn

佃　diàn

佃 64TAM4：42《唐龍朔元年（661）左憧憙夏菜園契》"要逕伍年，佃食年伍。"

佃 75TKM96：18，23《北涼玄始十二年（423）兵曹牒爲補代差佃守代事》："□□范晟□佃，請以外軍張成代晟。"

坫　diàn

坫 67TAM363：8/1（a）之五《唐景龍四年（710）卜天壽抄孔氏本鄭氏注〈論語〉》："外屏諸侯，內屏返坫。"

按：今本《論語·八佾》鄭注作"反坫"。

奠　diàn

奠 73TAM222：54/4（b），54/5（b）《唐寫〈禮記〉鄭氏注〈檀弓〉下殘卷》："□□奠以素□□。"

電　diàn

電 80TBI：117《妙法蓮華經（卷三）藥草喻品第五》："□□惠雲含潤，電光□□。"

按："惠"，《中華大藏經》和《大正新修大藏經》作"慧"。

殿　diàn

殿 72TAM151：59，61《高昌某年郡上馬帳》："殿中紹珍白馬……合六十七匹。"

殿 73TAM524：32/1－1《高昌永平元年（549）十二月十九日祀部班示爲知祀人上名及謫罰事》："諸上名者，今十九日暮悉詣殿裏宿。"

diāo

彫　diāo

彫 67TAM363：8/1（a）之八《唐景龍四年（710）卜天壽抄孔氏本鄭氏注〈論語〉》："子使桼彫□□。"

彫 67TAM363：8/1（a）之九《唐景龍四年（710）卜天壽抄孔氏本鄭氏注〈論語〉》："彫，尅（刻）而畫之。"

按：尅，通"刻"。

彫 67TAM363：8/1（a）之九《唐景龍四年（710）卜天壽抄孔氏本鄭

氏注〈論語〉》："朽木不可 彫 ，糞土 □□□ 。"

diào

弔　diào

73TAM222：54/7（b），54/8（b），54/9（b）《唐寫〈禮記〉鄭氏注〈檀弓〉下殘卷》："□□ 而 弔 □□。"

調　diào

72TAM230：46/1（a）《唐儀鳳三年（678）尚書省户部支配諸州庸調及折造雜練色數處分事條啟（一）》："□□ 諸州庸 調 先是布鄉兼絲綿者，有 □□。"

64TAM29：110/1～110/6，120（a）《唐處分庸調及折估等殘文書（一）～（七）》："折庸 調 多少及沽價高 □□。"

64TAM29：110/1～110/6，120（a）《唐處分庸調及折估等殘文書（一）～（七）》："段者若配諸州庸 調 ，每 □□。"

diē

跌　diē

73TAM193：38（a）《武周智通擬判爲康隨風詐病避軍役等事》："於是妄作患由，臂肘蹉 跌 ，遂非真病，攣拳手腕，□是詐爲（僞）。"

dié

峄　dié

72TAM230：36《古寫本木玄虚〈海賦〉》："□□□ 峄 囓孤□□，洪波指太□□□。"

按：今本《海賦》作："爾其水府之内，極深之庭，則有崇島巨鼇，峄岷孤亭，擘洪波，指太清。""囓"即"齧"，"岷"之音轉。

牒　dié

66TAM44：11/3（a）《唐殘牒爲市木修繕廢寺事》："□□ 牒 ，竊見上件寺舍 □□□。"

75TKM96：18，23《北涼玄始十二年（423）兵曹牒爲補代差佃守代事》："牒 事在右，事諸注簿。"

67TAM78：30《唐貞觀十四（640）西州高昌縣李石住等户手實（四）》："□□□ 牒 □□。"

72TAM226：51《唐西州都督府上支度營田使牒爲具報當州諸鎮戍營田畝數事》："□□ 牒 ，被牒稱 □□□。"

72TAM188：73（a）之一《唐上西州都督府牒爲徵馬付營檢領事一》："别 牒 營檢領訖，仍取領附諸方。"

72TAM226：87/1，87/2《唐納職守捉屯種文書》："□□ 納職守□使 牒 稱：□鋪□□。"

按：職，原件書作"軄"。

2004TBM207：1-12a《唐上元三年(676)西州法曹牒功曹爲倉曹參軍張元利去年負犯事》："□□牒得牒稱，請檢上件上元二年考後已來，□何勾留負犯者。"

73TAM509：8/5(a)《唐西州天山縣申西州戶曹狀爲狀無瑒請往北庭請兄祿事》："右得上件流外張無瑒牒稱：兄無價任北庭乾坑戍主，被吕將軍奏充四鎮要籍驅使，其祿及地子合於本任請授。"

73TAM509：8/5(a)《唐西州天山縣申西州戶曹狀爲狀無瑒請往北庭請兄祿事》："今四鎮封牒到，欲將前件人畜往北庭請祿，恐所在不練行由，請處分者。"

2004TBM207：1-1《唐儀鳳三年(678)西州法曹牒功曹爲檢李恒讓去年功過事》："□□牒功曹。"

72TAM226：60《唐支度營田使下管内軍州牒》："□□牒準旨，諸軍州所須□□□"

72TAM188：56《唐開元某年奴小德除籍牒》："□□牒上件奴，今月廿□□"

72TAM188：89(a)《唐上李大使牒爲三姓首領納馬酬價事》："□□牒請納馬，依狀檢到前官□□□"

66TAM61：17(b)《唐西州高昌縣上安西都護府牒稿爲錄上訊問曹祿山訴李紹謹兩造辯辭事(一)》："高昌縣牒上安西都護府。"

73TAM222：56/3(a)，56/4(a)《唐殘判籍(三)(四)》："別牒縣且停□□□"

72TAM230：48/2《唐西州請北館坊採車材文書(二)》："□□□具數牒赤亭□□□"

72TAM226：53,54《唐開元十年(722)伊吾軍上支度營田使留後司牒爲烽鋪營田不濟事》："當牒上支度使訖。"

72TAM226：5(a)《唐伊吾軍上西庭支度使牒爲申報應納北庭糧米事》："敕伊吾軍牒上西庭支度使。"

65TAM341：77-1(背面)《唐辯辭爲李藝義佃田事》："□□□牒訪問，始知前件地是康宗段内□□□"

73TAM507：033(a)《唐佐馬貞瀋殘牒》："□□□牒檢案連如前謹牒。"

73TAM507：033(a)《唐佐馬貞瀋殘牒》："□□□牒檢案連如前謹牒。"

67TAM78：16(a)《唐貞觀十四(640)西州高昌縣李石住等戶手實(一)》："□□牒被責當戶手實，具注如前。"

67TAM78：29(a)《唐貞觀十四(640)西州高昌縣李石住等戶手實(二)》："牒被責當戶手實□□□"

65TAM346：2《唐上元二年(675)府曹孝通牒爲文峻賜勳事》："上元二年八月十五日府曹孝通牒。"

73TAM206：42/3-2《唐咸亨三至五年(672—674)文官俸案文書(一)》："右頭起咸亨三年七月八日兵部牒崔獻尾盡咸亨四年二月五□。"

73TAM206：42/2《唐光宅元年(684)史李秀牒爲高宗山陵賜物

請裁事》：“前未判申，事恐疎略，謹以<u>牒</u>舉。”

73TAM206：42/2《唐光宅元年（684）史李秀牒爲高宗山陵賜物請裁事》：“光宅元年十月廿日史李秀<u>牒</u>。”

67TAM91：19（a）《唐貞觀十九年（645）安西都護府下軍府牒爲速報應請賜物見行兵姓名事》：“☐☐☐宜速上，故<u>牒</u>。”

64TAM5：97（b），102（b），67（b）《唐總章元年（668）里正牒爲申報☐相户内欠田及丁男數事》：“☐☐☐依實謹<u>牒</u>。”

73TAM509：8/27《唐城南營小水田家牒稿爲舉老人董思舉檢校取水事》：“<u>牒</u>件如前，謹牒。”

73TAM509：8/27《唐城南營小水田家牒稿爲舉老人董思舉檢校取水事》：“牒件如前，謹<u>牒</u>。”

73TAM509：19/2《武周天山府下張父師團帖爲新兵造幕事一》：“被瀚海軍<u>牒</u>，準☐☐☐”

72TAM188：58/1《唐開元四年（716）玄覺寺婢三勝除附牒（一）》：“☐☐☐除附，謹<u>牒</u>。”

72TAM188：58/1《唐開元四年（716）玄覺寺婢三勝除附牒（一）》：“☐☐☐<u>牒</u>前件婢昨日☐☐☐”

72TAM194：12/1，12/12《唐☐☐五年佐麴和牒》：“☐☐☐五年五月 日佐麴和<u>牒</u>☐☐☐”
按：句中空格移録原件。

2004TAM398：3−3＋2004TAM398：3−2《唐某年二月西州高昌縣更簿全貌》：“☐☐☐謹<u>牒</u>。”

2006TAM607：4b《唐神龍二年（706）七月西州史某牒爲長安三年（703）七至十二月軍糧破除、見在事》：“右被倉曹十二月一日<u>牒</u>給伊洲鎮兵雷忠恪充十日糧，典宋祚，官準前。”

64TAM29：25《唐垂拱元年（685）康義羅施等請過所案卷（四）》：“阿了辯：被問得上件人等<u>牒</u>稱☐☐☐”

73TAM206：42/2《唐光宅元年（684）史李秀牒爲高宗山陵賜物請裁事》：“請裁，謹<u>牒</u>。”

73TAM206：42/5《唐高昌縣勘申應入考人狀》：“未申<u>牒</u>舉請裁者。”

72TAM178：4《唐開元二十八年（740）土右營下建忠趙伍那牒爲訪捉配交河兵張式玄事一》：“☐☐☐訪捉，以得爲限者，<u>牒</u>至準狀，故牒☐☐☐”

67TAM78：48/3《唐殘帖》：“☐☐☐迎<u>牒</u>至☐☐☐”

68TAM103：18/9（a）《唐貞觀某年西州某鄉殘手實》：“謹<u>牒</u>。”

73TAM222：1（b）《唐中軍左虞候帖爲處分解射人事》：“謹<u>牒</u>。”

72TAM188：73（a）之一《唐上西州都督府牒爲徵馬付營檢領事一》：“謹<u>牒</u>。”

71TAM188：85《唐西州都督府牒爲便錢酬北庭軍事事》：“☐☐☐頭得兵曹恭軍程☐等<u>牒</u>稱☐☐☐”

73TAM193：11（a）《武周郭智與人書》：“智力不周，始判<u>牒</u>追人。”

73TAM193：11（a）《武周郭智與人書》：“待高昌縣<u>牒</u>到，然後追婢。”

73TAM193：15(a)《唐天寶某載（751—756）文書事目歷》："□□天山軍 [牒] 爲倉曹□□微天十考事，付□□"

72TAM230：65(a)《武周史孫行感殘牒》："牒未檢問，更有事至，謹 [牒]。"

72TAM230：65(a)《武周史孫行感殘牒》：" [牒] 未檢問，更有事至，謹牒。"

72TAM230：56,57《武周天授二年（691）里正張安感殘牒》：" [牒] 件狀如前□□"

72TAM188：81(b)《唐徵馬送州付營檢領狀》："謹 [牒]。"

72TAM188：79《唐神龍三年（707）和湯牒爲被問買馬事（二）》："□馬請準例處分，謹 [牒]。"

2004TBM207：1-4《唐儀鳳三年（678）九月西州功曹牒爲檢報乖僻批正文案事》：" [牒] 至任判，謹牒。"

72TAM188：3(a)《唐神龍二年（706）殘牒》："謹 [牒]。"

72TAM230：95(a)《唐西州高昌縣牒爲鹽州和信鎮副孫承恩人馬到此給草蒨事》："依檢到此□準式訖牒上者， [牒] 縣準式者，縣已準式訖， [牒] 至準式謹牒。"

72TAM230：95(a)《唐西州高昌縣牒爲鹽州和信鎮副孫承恩人馬到此給草蒨事》："依檢到此□準式訖 [牒] 上者，牒縣準式者，縣已準式訖，牒至準式謹牒。"

72TAM230：95(a)《唐西州高昌縣牒爲鹽州和信鎮副孫承恩人馬到此給草蒨事》："已準狀， [牒] 至，給草蒨者。"

72TAM230：53(a)《唐西州高昌縣牒爲將孫承恩馬乏草蒨事》："□□官供草蒨，仍 [牒] 天山縣準□□"

72TAM226：71(a)《唐伊吾軍典張瓊牒爲申報斸田斛斗數事（四）》："□□日典張瓊 [牒] □□"

68TAM108：19(a)之三《唐開元三年(715)西州營典李道上隴西縣牒爲通當營請馬料姓名事》："開元三年四月廿日典李道 [牒]，給訖記，廿五日。"

68TAM108：19(a)之三《唐開元三年(715)西州營典李道上隴西縣牒爲通當營請馬料姓名事》："牒件通隴西縣請料姓名謹 [牒]。"

疊　dié

73TAM193：15(b)《唐天寶某載（749—756）行館器物帳》："破 [疊] 子肆拾牧（枚）。"

按：疊，盛菜肴、調味品的小盤子，後作"碟"。傳世文獻《北史·祖瑩傳附祖珽》："（祖珽）曾至膠州刺史司馬世雲家飲酒，遂藏銅疊兩面。"唐段成式《酉陽雜俎》："初食鱠數疊，忽似哽咯出一骨珠子，大如黑豆，乃實於茶甌中，以疊覆之。"用同此，可以爲證。

73TAM193：15(b)《唐天寶某載（749—756）行館器物帳》："破 [疊] 子肆拾牧（枚）。"

按：疊子，即碟子。陶土或瓷土燒製，故俗書置換爲"土"。

72TAM151：102,103《高昌作頭張慶祐等偷丁谷寺物平錢帳》："□□人張慶祐作頭，獨偷□□□六縱（緵） [疊] 五匹。"

72TAM151：102，103《高昌作頭張慶祐等偷丁谷寺物平錢帳》："柴縱（縱）疊三匹。"

60TAM311：13《缺名隨葬衣物疏》："疊千疋。"

66TAM44：11/6《唐疊布袋帳歷》："九月二日，疊布袋叁□□□"

72TAM151：51《高昌白子中布帛雜物名條疏》："紫棗尺一，支疊囊（囊）子二。"

60TAM327：05/1《唐永徽六年（655）趙羊德隨葬衣物疏》："白練祢一具，細疊□□□"

按：祢，未識字，迻録原件字形。

dīng

丁　dīng

64TKM1：28（a），31（a），37/2（a）《唐西州某鄉户口帳（一）》："□當鄉白丁衞士三百卌五人。"

64TKM1：28（a），31（a），37/2（a）《唐西州某鄉户口帳（一）》："四人侍丁。"

72TAM151：58《高昌義和二年（615）七月馬帳（一）》："義和二年乙亥歲七月十六日，范寺思惠赤馬，卜寺赤馬，武衞寺赤馬，丁谷寺□馬。"

72TAM151：59，61《高昌某年郡上馬帳》："郡上馬：丁谷寺瓜（騧）馬，田地公寺余（駼）馬，東許寺赤馬。"

73TAM507：012/19《高昌延壽十一年（634）二月張明憙入劑丁正錢條記》："□□劑丁正錢陸文，□軍

孟□□□"67TAM78：17（b），18（b），19（b），28（b）《唐貞觀某年孫承等户家口籍》："□□丁男□□□"

73TAM507：012/15《高昌張明憙入延壽十六（639）三月鹽城劑丁錢條記》："□□己亥歲三月劑丁□□□"

dǐng

頂　dǐng

80TBI：040b《妙法蓮華經（卷二）譬喻品第三》："若有聞者，隨喜頂受，當知是□□□"

68TAM108：20（a）之二《唐開元三年（715）西州營牒爲通當營請馬料姓名事一》："火長仇小隱，火内人劉洪頂；火長郭守一，火内人張賓。"

按：頂，《吐魯番出土文書》録作"項"。

68TAM108：19（a）之二《唐開元三年（715）西州營典李道上隴西縣牒爲通當營請馬料姓名事》："火長仇小隱，火内人何頂。"

按：頂，《吐魯番出土文書》録作"項"。

dìng

定　dìng

80TBI：224《大智度論（卷七四）釋燈柱品第五七》："□□□［是實］相法我，［我］所定相□□□"

80TBI：095a《百論（卷下）破常品第九》："□□相故復次不定□故此□□。"

2006TAM607：2－4＋2006TAM607：2－5＋2006TAM607：2－4《唐神龍元年（705）六月後西州前庭府牒上州勾所爲當府官馬破除、見在事》："令狐定德、馬留（騮）敦（驐）。"

66TAM59：4/1（b）《北涼玄始十二年（423）翟定辭爲雇人耕縻事》："玄始十二年□月廿二日，翟定辭：昨廿一日顧（雇）王里、安兒、堅彊耕縻到申時得大絹□定。"

按：縻，原件書作"床"。

69TAM137：1/4－2《唐張祐相等殘名籍》："趙定滿，張豐得。"

65TAM42：56《唐西州高昌縣授田簿（六）》："右給郭定武充分，同觀□□。"

67TAM376：01（a）《唐開耀二年（682）寧戎驛長康才藝牒爲請處分欠番驛丁事》："□□禿雙，龍定□，趙願洛。"

72TAM216：012/3－1《武周擬判》："□□定軸之□□。"

72TAM230：53（b）《唐館驛文書事目（二）》："□□鞏定方私馬料事。"

72TAM188：73（a）之一《唐上西州都督府牒爲徵馬付營檢領事一》："依判定毋示，廿六日。"

72TAM188：75（a）《唐上西州都督府牒爲徵馬付營檢領事二》："□□依判定毋示，一日□□。"

65TAM42：40《唐缺名隨葬衣物疏》："張堅故、李定杜。"

73TAM222：1（b）《唐中軍左虞侯帖爲處分解射人事》："帖至，仰營所有解射人立即具録姓名通送，待擬簡定。"

72TAM151：6《高昌重光元年（620）氾法濟隨葬衣物疏》："倩書李定杜。"

73TAM206：42/1《唐蘇致德等馬帳》："□□阿定等二人馬□疋，赤敦（驐）七歲。"

75TKM91：18（b）《建平五年祠□馬受屬》："宋奉國，□康生，蔡宗，宋□彊，馬定明等，在□□役。"

73TAM221：62（b）《唐永徽三年（652）賢德失馬陪徵牒》："今狀雖稱付主領訖，官人見領時，此定言注來了。"

64TAM15：6《唐唐幢海隨葬衣物疏》："時見張堅固，倩書李定□□。"

73TAM501：109/8－4《唐張義海等征鎮及諸色人等名籍（四）》："鄧憧定。"

72TAM188：82（a）《唐神龍二年（706）主帥渾小弟上西州都督府狀爲處分馬蹭料事》："付司定母□□□□。"

66TAM61：28（a），31/2（a）《唐田豐洛等點身丁中名籍》："張定洛。"

dōng

冬　dōng

69TAM137：1/1，1/3《唐西州高昌縣張鱸仁夏田契》："□□邊夏冬渠□□。"

64TAM29：99《武周請車牛人運載馬草踏文書》："□□稱撿案內冬季草踏未□□"

2006TAM607：2‒4《唐景龍三年（709）後西州勾所勾糧帳》："八斗六升青稞，四斗二升粟，四升米，準前冬季勾徵，典氾同。"

東　dōng

64TKM1：38/1（a）《唐西州殘手實（一）》："東渠田□□"
64TKM1：50《唐西州高昌縣順義等鄉勘田簿（三）》："田阿父師田東渠，西大女田裵暉，南張海子，北范明歡，合田四畝半。"
64TAM29：113《唐□伏威牒爲請勘問前送帛練使男事》："□伏威曹主并家口向城東園內就涼。"

72TAM188：86（a）（b）《唐西州都督府牒爲請留送東官馬填充團結欠馬事》："□□舉者，所市得馬欲送向東，中間稍瘦，□堪總去。"

75TKM99：9（b）《高昌延昌二十二年（582）康長受從道人孟忠邊歲出券》："若長受身東西毛，仰婦兒上（償）。"
按：毛，猶言無，不在。

67TAM363：8/2（a）之一《唐景龍四年（710）卜天壽抄〈十二月新三臺詞〉及諸五言詩》："日落西山夏（下），潢（黃）河東海流，□□不滿百，恒作[方]萬年優（慢）。"
按：原件"方"字旁有"卜"刪字符號。

64TAM4：41《唐總章三年（670）張善憙舉錢契》："身東西不在，仰收後代還。"

73TAM507：012/17《高昌延壽十五年（638）十二月張明憙入劑丁東都殘條記》："□□三月劑丁東□□"
按：東，《吐魯番出土文書》録作"柬"。

73TAM206：42/10‒5/10‒17《唐質庫帳歷》："東頭柒家故緋羅領巾一。"

73TAM206：42/10‒5/10‒17《唐質庫帳歷》："□□東頭住年廿□□"

73TAM206：42/10‒6《唐質庫帳歷》："東頭住年六十。"

73TAM509：8/6《唐書牘稿》："粟未上場，菜未入瓮，官羊相逼，寸步不得東西。"
按：东，與今簡化字相同。

dǒng

董　dǒng

72TAM188：67《唐録事司值日簿》："録事司：十二月十三日，將軍行酒董臣、氾嵩；十六日，王詮、郎琳，玄。"

75TKM96：18，23《北涼玄始十二年（423）兵曹牒爲補代差佃守代事》："箭工董祖□身死，請□□"

72TAM151：99，100《高昌合計馬額帳（一）》："□□麴善亮、田裵歡、董伯珍、王□□、匡買得、聖儀寺弘□□"

72TAM178：8《唐袁大壽等資裝簿》："□□董青水□□"

67TAM92：46（a），45（a），50/2（a），50/1（a），44（a），49（a）《高昌某歲諸寺官絹捎本》："□□郭苟始絹一、綿一；董令寺□□"

69TKM39：9/6（a）《唐貞觀年間（640—649）西州高昌縣手實一》："□□東董悦護西渠。"

dòng

動　dòng

80TBI：331a－2《修行道地經（卷六）學地品第二五》："□□地動星損□□" 80TBI：079a《道藏〈通玄真經〉（卷三）〈九守篇〉殘片》："□□五藏動搖而□□"

73TAM222：56/3（a），56/4（a）《唐殘判籍（三）（四）》："由動獄與物□□"

73TAM509：8/19《唐某人與十郎書牘》："必須遥動，追取必不得。"

棟　dòng

80TBI：162《妙法蓮華經（卷二）譬喻品第三》："□□根腐敗，梁棟傾危。"

dōu

兜　dōu

72TAM151：95《高昌延和八年七月至延和九年六月錢糧帳》："□□并合額得藏錢壹□□麥□□□兜（斗）□□。"

72TAM151：95《高昌延和八年七月至延和九年六月錢糧帳》："苟嗇□兜（斗），糜粟貳究（九）□□"

按：糜，原件書作"床"。

72TAM151：95《高昌延和八年七月至延和九年六月錢糧帳》："依案，從己巳□□七月一日至庚午歲六月廿九□□□伍佰肆文半，□□兜（斗）□□"

72TAM151：95《高昌延和八年七月至延和九年六月錢糧帳》："麥壹兜（斗），粟貳兜（斗）□□藏政錢貳拾伍文半，中□，□□在藏，案除□額在民□□"

72TAM151：94《高昌義和三年（616）張相憙夏糜田券》："□□部田壹畝，到十月內□□□糜依官斛兜（斗）中取。"

72TAM151：94《高昌義和三年（616）張相憙夏糜田券》："□□邊夏宣威忠□□□罰部兜□□"

72TAM151：13《高昌義和三年（616）氾馬兒夏田券》："□□內上糜使畢，依官斛兜（斗）中取。"

按：糜，原件書作"床"。

2006TZJ1：087，2006TZJ1：077《麴氏高昌張廷懷等納斛斗帳》："□□成𢃼壹斛究（九）兜（斗）究（九）昇（升），憧海師陸兜（斗）究（九）昇（升）。"

按：𢃼，未識字，迻録原件字形。

2006TZJ1：087，2006TZJ1：077《麴氏高昌張廷懷等納斛斗帳》："□□昇，張善祐究（九）兜（斗）。"

2006TZJ1：087，2006TZJ1：077《麴氏高昌張廷懷等納斛斗帳》："□□叁兜（斗），左師壹斛，善富□□"

都　dōu

80TBI：095a《百論（卷下）破常品第九》："▢方相因一天下説非爲 都 説▢。"

dǒu

斗　dǒu

63TAM1：15《劉普條呈爲得麥事》："合得麥七十斛九 斗 五升，下迄麥一斛，倍爲二斛。"

75TKM96：28《掬子等取麥賬》："▢歲四月▢▢掬子取麥一斛二 斗 。"

75TKM96：28《掬子等取麥賬》："阿誺取麥一斛八 斗 。"

67TAM91：4（b）《唐劉顯志等家口給糧一月帳》："四石二 斗 。"

72TAM150：42《唐白夜默等雜器物帳》："翟默 斗 瓮子一，賈▢▢大盆一。"

73TAM214：149（a），147（a）《唐和糴青稞帳（二）》："▢▢練一疋，糴得青科（稞）一石三 斗 。"

按：糴，原件書作"粜"。

75TKM99：9（b）《高昌延昌二十二年（582）康長受從道人孟忠邊歲出券》："平 斗 中取，使净好。"

67TAM91：30（b），29（b）《唐蘇海願等家口給糧三月帳》："右當▢▢一 斗 。"

72TAM230：49《武周天授二年（691）總納諸色逋懸及屯收義納糧帳》："二石三 斗 六升青稞。"

72TAM230：61《唐通感等辯辭爲徵納逋懸事》："▢▢案内具有逋懸未納斛 斗 。"

2006TZJ1：085，2006TZJ1：088《麴氏高昌斛斗帳》："▢小麥六百五十二斛九 斗 八升，縻粟柒伯（百）六十九斛一斗▢。"

按：縻，原件書作"床"。

2006TZJ1：085，2006TZJ1：088《麴氏高昌斛斗帳》："縻粟▢百七十六斛五 斗 。"

2006TZJ1：085，2006TZJ1：088《麴氏高昌斛斗帳》："小麥五百卅七斛四 斗 三升半▢。"

2006TZJ1：085，2006TZJ1：088《麴氏高昌斛斗帳》："小麥一千三百▢十▢斛四 斗 二升半。"

2006TZJ1：085，2006TZJ1：088《麴氏高昌斛斗帳》："▢麥三百一斛八 斗 半。"

2006TZJ1：085，2006TZJ1：088《麴氏高昌斛斗帳》："小麥七百卅一斛六 斗 三升半。"

2006TZJ1：085，2006TZJ1：088《麴氏高昌斛斗帳》："大麥廿五斛七 斗 半，縻粟▢。"

按：縻，原件書作"床"。

2006TZJ1：085，2006TZJ1：088《麴氏高昌斛斗帳》："▢▢百一十一斛八 斗 二升半。"

2006TZJ1：080，2006TZJ1：078《麴氏高昌斛斗帳》："▢麥一百七十▢▢斗三升，大麥一百卅八斛五 斗 七升▢。"

72TAM230：49《武周天授二年（691）總納諸色逋懸及屯收義納糧帳》：“五百九石三斗六升諸色逋懸。”

64TAM36：9《唐高昌縣史成忠帖爲催送田參軍地子并麩（麨）事》：“畝別麥、粟各一石三斗□。”

64TAM36：9《唐高昌縣史成忠帖爲催送田參軍地子并麩（麨）事》：“畝別麥、粟各一石一斗四升。”

72TAM226：5（a）《唐伊吾軍上西庭支度使牒爲申報應納北庭糧米事》：“叁阡陸伯肆拾陸碩捌斗叁勝（升）伍合納軍倉訖。”

按：䦧，當爲“斞”訛變字。敦煌、吐魯番手寫文獻多見“斗”手寫類“斤”者，故“斞”訛變作“䦧”。斞，俗“斗”字。《玉篇》：“斗，丁口切，量器也，十升曰斗。斞，俗文。”《廣韻》：“斗，十升也，有柄象形，石經作斗。當口切，斞，俗。”《漢語大字典》：䦧同“鬥”，爭鬥。並引《銀雀山漢墓竹簡・孫臏兵法・勢備》：“喜而合，怒而䦧，天之道也，不可止也。”又舉《龍龕手鏡》音丁侯反，然義未詳。《漢語大字典》當補此音義。

72TAM226：5（a）《唐伊吾軍上西庭支度使牒爲申報應納北庭糧米事》：“軍州前後檢納得，肆拾叁碩壹斗陸勝（升）伍合，前後欠不納。”

72TAM230：49《武周天授二年（691）總納諸色逋懸及屯收義糧帳》：“□授二年臘月廿日以前總納諸色逋懸及屯收義糧，總叁阡柒伯捌拾陸碩貳斗壹勝（升）。”

67TAM78：48/1《唐西州蒲昌縣糧帖一》：“□麋陸斗陸□。”

67TAM78：49/1《唐食粟殘賬》：“□八碩五斗四□。”

67TAM78：49/1《唐食粟殘賬》：“□五斗肆勝（升）□。”

66TAM44：11/1《唐貞觀十八年（644）鎮兵董君生等牒爲給抄及送納等事》：“□肆斗。”

dòu

豆　dòu

72TAM226：55《唐伊吾軍諸烽鋪營種豆糜文書》：“□合豆，柳頭烽。”

72TAM226：85/1～85/3《唐伊吾軍諸烽鋪受貯糧食斛斗數文書一》：“□叁碩玖斗貳勝（升）伍合豆，波色多烽。”

按：斗，原件書作“斞”。

67TAM78：20（b）《唐李悅得子等戶主名籍》：“□翟黃豆□。”

竇　dòu

72TAM150：30,31《唐諸府衛士配官馬、馱殘文書二》：“大池府竇仲方□赤。”

72TAM150：29《唐諸府衛士配官馬、馱殘文書一》：“大池府竇仲□。”

dū

都　dū

都

63TAM1：15《劉普條呈爲得麥事》："都合麥五百卅斛八斗。"

65TAM346：1《唐乾封二年（667）郭毫醜勳告（一）》："東臺：右威衛渭源府果毅都尉朱小安等，並志懷壯果，業苞戎藝。"

73TAM222：56/1,56/2《唐殘判籍（一）》："都督兄弟□□□"

67TAM363：8/1（a）之九《唐景龍四年（710）卜天壽抄孔氏本鄭氏注〈論語〉》："千室之足（邑）謂公侯大都之成，百乘之家謂□。"

63TAM1：11《西涼建初十四年（418）韓渠妻隨葬衣物疏》："建初十四年八月廿九日，高昌郡高縣都鄉孝敬里□□□。"

72TAM230：73（a），71（a）《武周天授二年（691）知水人康進感等牒尾及西州倉曹下天山縣追送唐建進妻兒鄴保牒》："唐建進，右件人前後準都督判。"

75TKM96：29（b）《北涼真興六年（424）出麥賬》："真興六年四月十八日，麥所都合出麥十八斛□□□"

72TAM151：59,61《高昌某年郡上馬帳》："寧遠阿都黃赤馬。"

72TAM151：99,100《高昌合計馬額帳（一）》："□□□弘慈巖寺、汜都寺、□□□寺懷儒、左衛寺、史令□□□"

72TAM151：62《高昌義和二年（615）參軍慶岳等條列高昌馬鞍轡帳》："都合馬案（鞍）□貳拾貳具。"

72TAM150：42《唐白夜默等雜器物帳》："王慶伯槃一，竹都柱□□，杜海柱木碗四。"

69TKM39：9/7（a）《唐西州高昌縣□慶友等户家口田畝帳簿（一）》：

"□□奴秋識年□□□都真年十一。"

72TAM151：15《高昌義和二年（615）都官下始昌縣司馬主者符爲遣弓師侯尾相等詣府事》："淩江將軍兼都官□□洪信"

73TAM193：11（a）《武周郭智與人書》："都督已判交河典兩人各廿。"

73TAM193：11（a）《武周郭智與人書》："都督自喚兩司對問。"

督　　dū

72TAM230：48/2《唐西州請北館坊採車材文書（二）》："□□□都督判毋□□□"

72TAM226：51《唐西州都督府上支度營田使牒爲具報當州諸鎮戍營田畝數事》："□□□西州都督府□□□牒上敕□□□"

73TAM222：56/1,56/2《唐殘判籍（一）》："都督兄弟□□□"

72TAM230：46/1（a）《唐儀鳳三年（678）尚書省户部支配諸州庸調及折造雜練色數處分事條啟（一）》："其交州都督府報蕃物，於當府折□□□用，所有破除、見在，每年申度□□部。"

66TAM59：4/6《北涼神璽三年（399）倉曹貸糧文書》："□□□拾斛，秋熟還等斛，督入本□□□"

66TAM59：4/2－4（a），4/2－5（a）《北涼玄始十二年（423）失官馬賣賠文書一》："□□□樊照、李宗督入□□□"

75TKM91：24《下二部督郵、縣主者符》："二部督郵□縣主者：

前部□□"

73TAM222：49《唐高昌縣上西
州都督府兵曹殘文書》："都 督
府兵曹□今月廿二日□□□"

73TAM193：11(a)《武周郭智與
人書》："都 督 自喚兩司對問。"

dú

毒 dú

80TBI：219《金剛經疏》："□□
之以楚 毒 也□□□"

73TAM215：017/7《唐殘書牘
四》："□□ 毒 熱，未委何如，即
此□□□"

80TBI：641a《妙法蓮華經（卷二）
譬喻品第三》："告喻諸子，説衆
患難，惡鬼 毒 蟲□□□"

獨 dú

80TBI：759a《中阿含經（卷四五）
心品心經第一》："□□ 教在遠
離 獨 □□□""□□ 離 獨 住心無□□□"

80TBI：471《妙法蓮華經（卷二）
譬喻品第三》："□□ 令有人 獨
□□□"

72TAM151：102,103《高昌作頭
張慶祐等偷丁谷寺物平錢帳》：
"□□ 人張慶祐作頭， 獨 偷□□□六縱
（縵）疊五匹。"

65TAM42：10,73《唐永徽元年
（650）嚴慈仁牒爲轉租田畝請給公
文事》："牒，慈仁家貧，先來乏短，一身 獨 立。"

72TAM178：5《唐開元二十八年
（740）土右營下建忠趙伍那牒爲訪
捉配交河兵張式玄事二》："阿毛孤 獨 一身。"

2004TBM115：10《古寫本〈千字
文〉》："遊鵾 獨 運，淩（凌）摩降
（絳）霄。"

73TAM221：62(a)-1《唐永徽三
年（652）士海辭爲所給田被里正
杜琴護獨自耕種事》："琴護 獨 自耕種將
去，不與士海一步，謹以諮陳訖。"

　按：耕，原件書作"耕"。

讀 dú

67TAM363：8/2(a)之二《唐景
龍四年（710）卜天壽抄〈十二月
新三臺詞〉及諸五言詩》："側書還側 讀 ，
還須側眼□。"

80TBI：132《佛説天地八陽神咒
經》："□□ 讀 誦，如法修行。"

2004TBM115：10《古寫本〈千字
文〉》："耽 讀 翫市，□［寓］目囊
箱，易輶攸畏，屬耳垣牆。"

64TAM29：44《唐咸亨三年
（672）新婦爲阿公録在生功德
疏》："阿公每 讀 經思義，應審知之。"

64TAM29：44之七《唐咸亨三年
（672）新婦爲阿公録在生功德
疏》："又昨阿公亡後即常屈三僧轉 讀 ，供
養不絶。"

dǔ

睹 dǔ

覩 73TAM507：013/1《唐某人申狀爲注籍事》："□之理，睹在目□"

篤　dǔ

蔦 60TAM325：14/3－1（a），14/3－2（a），14/6－1（a），14/6－2（a）《唐龍朔三年（663）西州高昌縣下寧昌鄉符爲當鄉白丁侯□隆充侍事》："□辭稱去永徽二年兒（貌）入篤疾。"

按：俗書"竹""艸"做偏旁，混用不分，"竹"頭筆畫略多，俗寫多換用"艸"頭。

蔦 60TAM330：14/1－4（b）《唐某鄉戶口帳（一）》："戶五四，篤疾男。"

蔦 64TAM29：108（a），108（b）《唐垂拱元年（685）康義羅施等請過所案卷（二）》："□篤潘年卅五。"

dù

杜　dù

杜 68TAM103：18/5（a）《唐貞觀某年西州高昌縣范延伯等戶家口田畝籍（三）》："城北一里，杜□"

按：俗書"土"上往往加點，如此不加點者反倒罕見。《干祿字書》："土土：上通下正。"《隸辨·衡方碑》："玉家於平陸。"顧藹吉注："土本無點，諸碑士或作土，加點以別之。"下文皆爲"土"上加點。

杜 75TKM91：26《建□某年兵曹下高昌、橫截、田地三縣符爲發騎守海事》："隴杜福、帛午、任□三人乘所配馬。"

杜 72TAM151：74（a）《古寫本〈晉陽秋〉殘卷》："書僕□□鏉公裝□尚書解結黃門侍郎杜□""暴□□竟以□諸大臣，司空中書監杜□"

按：僕，原件書作"僕"。

杜 72TAM233：15/1《相辭爲共公乘艾與杜慶毯事》："艾即賣毯六張，共來到南門前，見杜慶。"

杜 73TAM507：012/6（b），012/8（b）《唐西州高昌縣□婆祝等名籍（一）（二）》："大女杜祀足。"

杜 72TAM150：42《唐白夜默等雜器物帳》："郭洛護槃一，杜隆□"

杜 65TAM42：40《唐缺名隨葬衣物疏》："張堅故、李定杜。"

杜 68TAM108：20（a）之二《唐開元三年（715）西州營牒爲通當營請馬料姓名事一》："火長王大敏，火內人杜君意。"

杜 64TAM36：9《唐高昌縣史成忠帖爲催送田參軍地子并數（數）事》："高昌縣：一段九畝杜渠。"

杜 72TAM151：6《高昌重光元年（620）氾法濟隨葬衣物疏》："倩書李定杜。"

杜 73TAM221：62（a）－1《唐永徽三年（652）士海辭爲所給田被里正杜琴護獨自耕種事》："今始聞田共同城人里正杜琴護連風（封）。"

按：耕，原件書作"耕"。

杜 67TAM78：48/1《唐西州蒲昌縣糧帖一》："□佐杜□"

杜 67TAM78：41《唐西州蒲昌縣糧帖二》："佐杜氾□"

妒 dù

72TAM151：74（a）《古寫本〈晉陽秋〉殘卷》："且賈妃雖 妒 婦□"

72TAM151：74（a）《古寫本〈晉陽秋〉殘卷》："勸獎 妒 □構煞□□"

度 dù

72TAM230：84/1～84/5《唐儀鳳三年（678）尚書省戶部支配諸州庸調及折造雜練色數處分事條啟（三）～（七）》："□□申到支 度 金部□□"

75TKM91：16（a）《祠吏翟某呈爲食麥事》："超 度 一人。"

73TAM193：15（b）《唐天寶某載（749—756）行館器物帳》："已上物天四載支 度 使檢。"

72TAM226：60《唐支度營田使下管内軍州牒》："□□支 度 營田使□□"

2002TJI：001《道行般若經（卷八）強弱品第二四》："□□化 度 十方□□"

2004TAM398：13a＋2004TAM398：13b《唐西州高昌縣趙度洛等授田簿》："趙 度 洛年卅三，二畝。"

2006TAM607：2－4《唐景龍三年（709）後西州勾所勾糧帳》："一十九石五斗六升，支 度 、覆囚使重徵，被牒放免。"

2004TBM113：6－1＋2004TBM113：6－1（背面）《唐龍朔二年（622）正月西州高昌縣思恩寺僧籍》："高昌縣寧昌

鄉正道里，户主張延相男，爲延壽十四年四月十五日 度 ，計至今廿五年。"

按：爲，《新獲吐魯番出土文獻》録作"僞"。

2004TBM113：6－1＋2004TBM113：6－1（背面）《唐龍朔二年（622）正月西州高昌縣思恩寺僧籍》："高昌縣寧泰鄉仁義里，户絶，俗姓張，爲延昌卌一年正月十五日 度 。"

72TAM226：69《唐支度營田使殘文書》："支 度 營田使。"

66TAM61：17（b）《唐西州高昌縣上安西都護府牒稿爲録上訊問曹禄山訴李紹謹兩造辯辭事（一）》："別有百疋絹價財物及漢鞍衣裳調 度 。"

72TAM209：88《唐貞觀年間西州高昌縣勘問梁延臺、雷隴貴婚娶糾紛案卷（一）》："□□媒 度 物，即應□□"

67TAM363：8/1（a）《唐景龍四年（710）卜天壽抄孔氏本鄭氏注〈論語〉》："其制 度 變迹不可知。"

72TAM230：84/1～84/5《唐儀鳳三年（678）尚書省戶部支配諸州庸調及折造雜練色數處分事條啟（三）～（七）》："□□申 度 支共□□"

72TAM226：53,54《唐開元十年（722）伊吾軍上支度營田使留後司牒爲烽鋪營田不濟事》："當牒上支 度 使訖。"

duān

端 duān

端 80TBI：087《金光明經（卷三）除病品第一五》："端正第一，形色微妙，威德具足。"

諯 80TBI：019《增壹阿含經（卷五〇）大愛道般涅槃品第五二》："時有居士婦，亦復端政（正）▢▢。"

端 2004TAM395：4－2＋2004TAM395：4－4《唐垂拱二年西州高昌縣徵錢名籍全貌》："大女何尾端。"

端 2004TAM395：4－2＋2004TAM395：4－3《唐垂拱二年西州高昌縣徵錢名籍全貌》："竹尾端。"

端 73TAM206：42/9－18《唐課錢帳歷（二五）》："田十一白布一端，價三百文，交付百五十王車家。"

duǎn

短　duǎn

短 65TAM42：10,73《唐永徽元年（650）嚴慈仁牒爲轉租田畝請給公文事》："牒，慈仁家貧，先來乏短，一身獨立。"

duàn

段　duàn

段 72TAM230：75,76《武周天授二年（691）康進感辯辭》："▢▢又無田地傾（頃）畝，地段、四至人名，無憑▢▢。"

按：地，原件爲武周新字。

段 65TAM341：77－1（背面）《唐辯辭爲李藝義佃田事》："▢▢牒訪問，始知前件地是康宗段内。"

段 64TAM15：6《唐唐幢海隨葬衣物疏》："雜色物一萬段。"

段 64TAM15.6《唐唐幢海隨葬衣物疏》："白練一千段。"

段 72TAM151：6《高昌重光元年（620）氾法濟隨葬衣物疏》："銅完弓箭一具，刀帶一具，欽被具，綾練各萬段。"

段 72TAM151：14《高昌義和元年（614）高懷孺物名條疏》："緋練柒▢；▢練壹段。"

段 72TAM151：14《高昌義和元年（614）高懷孺物名條疏》："白練叁拾段；紫綾壹領，黃練裹；黃▢▢，白練裹。"

段 64TAM29：110/1～110/6,120（a）《唐處分庸調及折估等殘文書（一）～（七）》："段者若配諸州庸調，每▢▢。"

段 64TAM37：21《唐▢▢二年曹忠敏田契》："段内更有別人追理地子，並不干佃地人之事。"

段 65TAM341：77－1（背面）《唐辯辭爲李藝義佃田事》："被康宗隨段租卻，不識佃人▢▢。"

段 67TAM78：29（a）《唐貞觀十四（640）西州高昌縣李石住等户手實（二）》："地一段肆畝八十步城西二▢▢。"

段 65TAM42：54《唐西州高昌縣授田簿（一）》："一段一畝部田，城南五里白地▢▢。"

段 65TAM42：59《唐西州高昌縣授田簿（九）》："一段四畝常田，城

東廿里酒泉辛渠 □ ”

以人 73TAM221：40《唐某城宗孝崇等量剩田畝牒》：“一 段 卌步，宗孝崇 □ ”

肶人 73TAM221：40《唐某城宗孝崇等量剩田畝牒》：“一 段 七十六步，康 □ ”

田 64TAM36：9《唐高昌縣史成忠帖爲催送田參軍地子并㲲（毹）事》：“高昌縣：一 段 九畝杜渠。”

叚 64TAM36：9《唐高昌縣史成忠帖爲催送田參軍地子并㲲（毹）事》：“一 段 一十二畝樊渠。”

田 68TAM108：19（a）之二《唐開元三年（715）西州營典李道上隴西縣牒爲通當營請馬料姓名事》：“火長師神意，火內人 段 結。”

斷　duàn

斷 80TBI：752a《阿毗達磨大毗婆沙論（卷九二）結蕴第二中十門納息第四之二二》：“ □ 界修所 斷 無 □ ”

按：断，俗“斷”字。顏元孫《干禄字書》：“断，俗。”《集韻》：“斷，俗作断，非是。”爲今簡化字，正字。

斷 60TAM325：14/4-1，14/4-2《唐西州某府主帥陰海牒爲六駄馬死事》：“□ 後腳舫（筋） 斷 ，將就此醫療。”

斷 80TBI：488《四分戒本疏（卷一）》：“總 斷 一切惡意。”

斷 80TBI：088《金光明經（卷三）除病品第一五》：“ □ 斷 我疑網 □ ”

斷 2006TSYIM4：3-5 背面《北涼義和三年（433）文書爲保辜事（七）》：“ □ 主者召蒲校 斷 □ ”

斷 73TAM215：017/7《唐殘書牘四》：“ □ 早已 斷 手，今 □ ”

斲 64TAM27：21《唐寫本〈論語〉鄭氏注〈雍也〉殘卷》：“ □ 謂果敢强 斷 決 □ ”

按：斲，《龍龕手鏡》“料”之俗寫。此句爲“由也果，於從政乎何有？”之注文，“料”於文意不合，故此處“斲”當爲“斷”之形訛。

料 59TAM303：01《高昌缺名隨葬衣物疏》：“時見張定 斷 。”

按：《吐魯番出土文書》録作“杜”。

duī

堆　duī

坉 69TKM39：9/2（a），9/3（a）《唐貞觀某年男世達户籍》“奴豐 堆 年拾肆。”

按：坉，同“堆”。敦煌文獻 S.388《正名要録》謂與“堆”字“字形雖别，音義是同”。又謂“堆，古而典者”，“坉，今而要者”。寫本中習見不鮮，傳世文獻也有。晋郭璞注《爾雅》曰：“今江東呼水中沙堆爲潬。”陸德明《釋文》：“堆，又作坉。”《三國志·魏志·武帝紀》：“紹連營稍前，依沙坉爲屯。”《龍龕手鏡》：“坉俗，堆正。”

坉 67TAM74：1/3《唐顯慶三年（658）趙知德上車牛道價抄》：“顯慶三年九月六日張甘 堆 領。”

堆　66TAM61：31/1（a），31/3（a），31/4（a）《唐郭阿安等白丁名籍（四）》："張西 堆 ，□一，白丁，單身。"

塸　65TAM341：30/1（a）《唐小德辯辭爲被蕃捉去逃回事》："但小德今月二日牽車城東 堆 地，其日齋時，賊從東北面齊出，遂捉小德並牛。"

堆　2004TAM395：4－2＋2004TAM395：4－3《唐垂拱二年西州高昌縣徵錢名籍全貌》："范 堆 子。"

塸　2004TAM395：4－2＋2004TAM395：4－4《唐垂拱二年西州高昌縣徵錢名籍全貌》："田洛 堆 ，范醜奴。"

duì

兌　duì

兊　73TAM507：012/12－2《唐隊正陰某等領甲仗器物抄（二）》："▢付隊副牛 兌 。"

按：兊，同"兌"。《五經文字》："兌兊，大外反。上説文，下經典相承隸省。"《字彙》："兊，俗兌字。"

彶　duì

彶　72TAM171：12（a），17（a），15（a），16（a），13（a），14（a）《高昌延壽十四年（637）兵部差人看客館客使文書》："▢令狐資彌胡、付王善祐子，用看尸不還 彶 旱▢"

隊　duì

陕　66TAM44：11/6《唐疊布袋帳歷》：" 隊 正姚世通領。"

隊　73TAM191：17（a）《唐永隆元年（680）軍團牒爲記注所屬衛士征鎮樣人及勳官籤符諸色事（一三）》：" 隊 副，衛海珍。"

隊　73TAM191：17（a）《唐永隆元年（680）軍團牒爲記注所屬衛士征鎮樣人及勳官籤符諸色事（一三）》：" 隊 副，白相。"

隊　68TAM108：20（a）之二《唐開元三年（715）西州營牒爲通當營請馬料姓名事一》："第三 隊 火長仇阿七，火內人武千。"

隊　68TAM108：18（a）之二《唐開元三年（715）西州營牒爲通當營請馬料姓名事二》："第八 隊 火長魯令嵩。"

對　duì

對　80TBI：497－21《中阿含經（卷一八）長壽王品天經第二》："▢所答 對 ▢"

對　80TBI：489《四分戒本疏（卷一）》："二總別，三亦懸 對 ，四亦根條。"

按：總，原件書作"惣"。

對　67TAM363：8/1（a）之九《唐景龍四年（710）卜天壽抄孔氏本鄭氏注〈論語〉》：" 對 曰：'賜也，何敢望回？'"

對　67TAM363：8/1（a）之九《唐景龍四年（710）卜天壽抄孔氏本鄭氏注〈論語〉》："或 對 曰：'申根也。'"

對　67TAM363：8/1（a）《唐景龍四年（710）卜天壽抄孔氏本鄭氏注

〈論語〉》："孔子 [對] 曰：'舉直錯諸枉，則 [□]'"

80TBI：488《四分戒本疏（卷一）》：" [對] 五篇弁此憂（優）劣者，若就根條初勝乃至五劣。"

按：弁，《中華大藏經》和《大正新修大藏經》作"辨"。

80TBI：488《四分戒本疏（卷一）》："第三懸 [對] 受中無作懸有防非。""隨中無作 [對] 事防非。"

64TAM29：44 之六《唐咸亨三年（672）新婦爲阿公錄在生功德疏》："注子（字）《金剛般若經》一部， [對] 《法輪經》一部。"

按：剛，原件作"剾"。

73TAM222：54/7(b)，54/8(b)，54/9(b)《唐寫〈禮記〉鄭氏注〈檀弓〉下殘卷》：" [□] [對] 當爲雲 [□] "

73TAM193：11(a)《武周郭智與人書》："都督自喚兩司 [對] 問。"

dūn

敦　dūn

65TAM40：24，25《唐某官府馬帳》："李才行馬一疋，駿 [敦] （驋）八歲。"

按：敦，"驋"省文。騸馬。

72TAM188：79《唐神龍三年（707）和湯牒爲被問買馬事（二）》：" [□] 馬一疋，騾 [敦] （驋）七歲。"

2006TAM607：2-4＋2006TAM607：2-5＋2006TAM607：2-4《唐神龍元年(705)六月後西州前庭府牒上州勾所爲當府官馬破除、見在事》："闞嘉慶馬赤 [敦] （驋）。"

2006TAM607：2-5《唐景龍三年（709）後西州勾所勾糧帳》："張小石馬烏 [敦] （驋）。"

73TAM206：42/1《唐蘇致德等馬帳》："安末奴等二人馬一疋， [□][□][敦] （驋）五歲。"

73TAM206：42/1《唐蘇致德等馬帳》：" [□] 阿定等二人馬 [□] 疋，赤 [敦] （驋）七歲。"

73TAM206：42/1《唐蘇致德等馬帳》："索德師等二人馬一疋， [□][敦] （驋）五歲。"

dùn

頓　dùn

72TAM209：87《唐貞觀年間西州高昌縣勘問梁延臺、雷隴貴婚娶糾紛案卷（二）》：" [□] 口掛言，今日因何 [頓] 諱？"

80TBI：488《四分戒本疏（卷一）》："隨行無作次第漸成不可 [頓] 起，故名爲別。"

80TBI：488《四分戒本疏（卷一）》："於生非生數 [頓] 得律儀，故稱爲總。"

按：總，原件書作"惣"。

遯　dùn

2006TSYIM4：2-3＋2006TSYIM4：2-4《古寫本〈詩經〉》："昊天上帝，寧卑（俾）我 [遯] 。"

duō

多　duō

73TAM222：56/1,56/2《唐殘判籍(二)》："減數,又傷 多 ▢。"

67TAM363：8/2(a)之二《唐景龍四年(710)卜天壽抄〈十二月新三臺詞〉及諸五言詩》："學問非今日,維須跡年 多。"

64TAM29：110/1～110/6,120(a)《唐處分庸調及折估等殘文書(一)～(七)》："折庸調 多 少及沽價高▢。"

64TAM29：110/1～110/6,120(a)《唐處分庸調及折估等殘文書(一)～(七)》："具顯折納 多 少、沽價高下、申司▢。"

80TBI：224《大智度論(卷七四)釋燈柱品第五七》："▢醜、多 少、大小、是非等▢。"

71TAM188：85《唐西州都督府牒爲便錢酬北庭軍事事》："▢遂取突騎施首領 多 亥烏▢。"

64TAM29：24《唐垂拱元年(685)康義羅施等請過所案卷(四)》："吐火羅磨色 多 ▢。"

64TAM29：44《唐咸亨三年(672)新婦爲阿公録在生功德疏》："直爲生死道殊,恐阿公心有顛倒,既臨終受戒,功德復 多。"

64TAM29：17(a),95(a)《唐垂拱元年(685)康義羅施等請過所案卷(一)》："▢色 多,年卅五。"

69TKM39：9/2(a),9/3(a)《唐貞觀某年男世達戶籍》："婢 多 欖,年肆拾陸。"

60TAM327：05/1《唐永徽六年(655)趙羊德隨葬衣物疏》："▢五麥具夫 多 萬々九千▢。"

按：多,《吐魯番出土文書》録作"乡"。又,萬,原件作"万",後用重文符號。

72TAM151：55《高昌田相祐等名籍》："田相祐、趙天願、賈時祐、張懷洛、田 多 套。"

72TAM151：55《高昌田相祐等名籍》："楊保相、劉祐兒、劉漢伯、張慶▢、趙 多 保。"

duó

鐸　duó

67TAM363：8/1(a)之六《唐景龍四年(710)卜天壽抄孔氏本鄭氏注〈論語〉》："▢爲木 鐸。"

67TAM363：8/1(a)之六《唐景龍四年(710)卜天壽抄孔氏本鄭氏注〈論語〉》："木 鐸,杝(施)政教時所振。"

duǒ

埵　duǒ

80TBI：035《請觀世音菩薩消伏毒害陀羅尼三昧儀經明正意第二》："▢菩薩菩提薩 埵 摩▢。"

縋　duǒ

75TKM99：17《某家失火燒損財物表》：“縋褶一領。”

75TKM99：17《某家失火燒損財物表》：“縋襠一領。”

75TKM99：17《某家失火燒損財物表》：“縋袴一立。”

duò

惰　duò

80TBI：693a《瑜伽師地論（卷四○）一五菩薩地》：“□□惰者，有懈怠□□。”

墮　duò

80TBI：316《妙法蓮華經（卷二）譬喻品第三》：“□□戲處，或當墮落，爲□□。”

80TBI：259《妙法蓮華經（卷二）譬喻品第三》：“□□折墮落，牆□□。”

E 部

é

俄 é

俄 72TAM151：74（a）《古寫本〈晉陽秋〉殘卷》："□過猶 俄 翼，尚何□於□蔚，翳薈蒙籠是□□"

按："俄"是"戢"誤寫。今張華《鷦鷯賦》："鷹鸇過猶戢翼，尚何懼於罿罻！翳薈蒙籠，是焉游集。"

娥 é

娥 60TAM332：9/1－1《唐祭五方神文殘片一》："□□獸白虎□□□□振怒，赤 娥 若鳥，玄螯無所犯，此諸神死鬼怖。"

頟 額 é

頟 72TAM151：95《高昌延和八年七月至延和九年六月錢糧帳》："□□并合 額 得臧錢壹□□□麥□□□兜（斗）□□。"

按：頟，同"額"。《方言》："頟，顡也。"《說文·頁部》："頟，顙也。"徐鉉等注："今俗作額。"

頌 額 é

頌 72TAM151：95《高昌延和八年七月至延和九年六月錢糧帳》："案除□ 額 在民□□"

額 72TAM151：74（a）《古寫本〈晉陽秋〉殘卷》：" 額 功臣後寡其二子□□"

è

厄 è

厄 80TBI：656a《佛說灌頂摩尼羅亶大神咒經（卷八）》："救諸 厄 人，若爲□□"

厄 80TBI：121《佛說灌頂拔除過罪生死得度經（卷一二）》："□□ 厄 之難不爲諸□□"

惡 è

惡 73TAM222：54/7（b），54/8（b），54/9（b）《唐寫〈禮記〉鄭氏注〈檀弓〉下殘卷》："□□ 惡 之也。"

惡 80TBI：510《慈悲道場懺法（卷三）顯果報第一》："□□ 興 惡 逆心屠□□"

按：惡，俗"惡"字。《干祿字書》："惡惡，上俗下正。"下文同。

80TBI：016《四分戒本疏（卷一）》："□之恶皆作斷意，方□發戒。"

80TBI：016《四分戒本疏（卷一）》："□如來，就根本□言不過有身口七恶，三因緣□□"

60TAM330：26/1《唐總章元年（668）趙惡仁佃田契》："總章元年拾月拾八日，武城鄉人趙惡仁於□□"

67TAM363：8/1(a)《唐景龍四年（710）卜天壽抄孔氏本鄭氏注〈論語〉》："伯夷、叔齊不念舊惡，怨是用希。"

80TBI：132《佛說天地八陽神咒經》："□鳥鳴百怪諸惡□□"

按：怪，原件書作"恠"。

75TKM91：21《馮淵上主將啟爲馬死不能更買事》："馮淵啟：□□右具□馬，去春中惡死。"

80TBI：156b《大智度論（卷二）初品中婆伽婆釋論第四》："□□瞋恚惡蟲□□"

TAMX2：02《□延亮等名籍》："劉春海，趙惡人。"

66TAM61：33(b)《唐田緒歡等課役名籍（三）》："范惡奴。"

按：依字形看似"悪"，武周新字"臣"即作"悪"，與此字同形。然73TAM191：61/1《唐□璟殘狀》："□□牒，未知好惡，□□去必各□□"此句中"好惡"字即作"去"。且吐魯番文獻中不乏以"奴"、以"惡奴"爲名者。除了本例，還有"趙惡奴""馮惡奴"等。故此處當爲"惡"，而非武周新字"悪"。

餓　è

80TBI：641a《妙法蓮華經（卷二）譬喻品第三》："□□諸餓鬼"

65TAM42：10,73《唐永徽元年（650）嚴慈仁牒爲轉租田畝請給公文事》："田既出賃，前人從索公文，既無力自耕，不可停田受餓。"

按：耕，原件書作"耕"。

齶　è

80TBI：131《高昌國高崇息乾茂等寫經題記》："□□高崇息乾茂文煥乾秀文遷文楷文腭文□□"

按：腭，《龍龕手鏡》："腭，正作齶。"

ēn

恩　ēn

66TAM59：4/2-4(a)，4/2-5(a)《北涼玄始十二年（423）失官馬賣賠文書一》："□□陪（賠）馬即責恩辭。"

75TKM91：11/4《西涼建初四年（408）秀才對策文》："《春秋》之所以書此者，美襄子之恩可感，譏智伯之無德。"

63TAM1：20/1，20/2《某人上主將殘辭》："□□人玄恩彊□□"

73TAM507：013/4-1，4-2《唐曆》："□□歲位天恩往亡結婚□□"

66TAM61：31/1(a)，31/3(a)，31/4(a)《唐郭阿安等白丁名籍（四）》："田恩□□"

《兵曹行罰幢校文書》：“□□預史毛恩白：幢□□興、周次皆應專在□□□承望。”

ér

而　ér

73TAM222：54/7(b)，54/8(b)，54/9(b)《唐寫〈禮記〉鄭氏注〈檀弓〉下殘卷》：“□□而弔□□”“□而用生者□□”

72TAM151：74(a)《古寫本〈晉陽秋〉殘卷》：“□□閽而不周，吾不明之□□”“丹書之制而弼違□□”

73TAM507：013/1《唐某人申狀爲注籍事》：“□□貫而請□深乖□□”

2004TBM207：1－10e《唐文書殘片》：“□□而以爲今□□”

兒　ér

80TBI：506－2《囉嚩拏説救療小兒疾病經（卷一）》：“□□燒熏小兒復用□□”

75TKM90：20(a)《高昌主簿張綰等傳供帳》：“□□疋，付得錢，與吳兒折胡真。”

按：兒，同“兒”，俗字。《干禄字書》：“兒兒，上俗下正。”此字形首見於《碑別字新編》所引魏《元茂墓誌》，《字彙》《正字通》《宋元以來俗字譜》皆云：“兒，俗作兒。”敦煌文獻亦常見。

75TKM91：18(a)《北涼玄始十一年（422）馬受條呈爲出酒事》：“十一月四日，□酒三斗，賜屠兒□□”

75TKM99：9(b)《高昌延昌二十二年（582）康長受從道人孟忠邊歲出券》：“若長受身東西毛，仰婦兒上（償）。”

72TAM151：15《高昌義和二年（615）都官下始昌縣司馬主者符爲遣弓師侯尾相等詣府事》：“工相兒。”

72TAM150：37《唐氾正家書》：“兄氾正千萬問訊宋果毅并兒女等盡得平安。”

72TAM151：96(a)《高昌安樂等城負藏錢人入錢帳》：“□□買兒作春□□□□馮相受入錢十□□”

72TAM151：96(a)《高昌安樂等城負藏錢人入錢帳》：“蘇蟲兒入錢廿一□□”

72TAM151：104《高昌延和十二年（613）某人從張相熹等三人邊雇人歲作券》：“□□相兒共家中大小人行將作□□”

按：將，原件書作“将”。

72TAM151：104《高昌延和十二年（613）某人從張相熹等三人邊雇人歲作券》：“□□若相兒身獨□□”

72TAM151：13《高昌義和三年（616）氾馬兒夏田券》：“義和三年丙子歲潤（閏）五月十九日，氾馬兒從無艮跋子邊夏舊壍（塹）部田叁畝。”

72TAM188：78(a)《唐健兒部玄巋、吳護隆等辭爲乘馬死失另備馬呈印事》：“□□十一月日健兒部玄巋、吳護隆等辭□□”

2006TAM607：2－4《唐景龍三年（709）後西州勾所勾糧帳》："一石三斗八升，準前勾徵健 兒 ，典安進。"

64TAM5：77《唐李賀子上阿郎、阿婆書二（一）》："賀子鼠 兒 ，並得平安，千萬再拜阿郎、阿婆。"

64TAM4：34《唐龍朔元年（661）龍惠奴舉練契》："若身東西無，仰妻 兒 收後者償。"

72TAM151：52《高昌通人史延明等名籍》："□□□宋客 兒 子、陽保相、張□□□"

72TAM151：55《高昌田相祐等名籍》："田思祐、陽阿周、趙劉集、李忠 兒 。"

64TAM5：78（a）《唐李賀子上阿郎、阿婆書一（二）》："兩個 兒 ，一个將一个奴婢來。"

64TAM4：36《麟德二年（665）趙醜胡貸練契》："若身東西不在，一仰妻 兒 還償本練。"

72TAM151：55《高昌田相祐等名籍》："楊保相、劉祐 兒 、劉漢伯、張慶□。"

72TAM151：59,61《高昌某年郡上馬帳》："竺惠 兒 黃馬。"

72TAM151：59,61《高昌某年郡上馬帳》："康永 兒 留（騮）馬。"

64TAM4：40《唐乾封三年（668）張善憙舉錢契》："身東西不在，一仰妻 兒 保人上錢使了。"

ěr

耳　ěr

73TAM208：12《唐人習字》："不得與師書 耳 但衛不能拔賞隨。"

80TBI：500a－1《中阿含經（卷二二）穢品經第一》："□□□護由眼 耳 所知法，彼□□□"

2004TBM115：10《古寫本〈千字文〉》："耽讀翫市，□［寓］目囊箱，易輶攸畏，屬 耳 垣牆。"

75TKM98：28/1《某人啟爲失耕事》："□□□急 耳 ，左翊□□□"

爾　ěr

64TAM19：34,58,59《唐寫本鄭氏注〈論語〉公冶長篇》："子曰：'盍各言 爾 志？'"

2006TSYIM4：2－2《古寫本〈詩經〉》："嗟 爾 朋友，予豈不□□□"

80TBI：088《金光明經（卷三）除病品第一五》："爾 時有佛出現於世。"

　　按：尔，敦煌文獻 S.388《正名要錄》謂："爾尔，字形雖別，音義是同。""爾"，"古而典者"；"尔"，"今而要者"。

67TAM363：8/1（a）《唐景龍四年（710）卜天壽抄孔氏本鄭氏注〈論語〉》："盍各言 爾 志？"

80TBI：087《金光明經（卷三）除病品第一五》："爾 時，流水長者家中後生一子。"

80TBI：489《四分戒本疏（卷一）》："□□□具於二種，以道無作寬長故 爾 。"

80TBI：498－12《中阿含經（卷五）捨梨子相應品智經第三》："爾 時世尊告曰□□□"

按：尒，《玉篇》："爾，亦作尒。"

67TAM363：8/1（a）一〇《唐景龍四年（710）卜天壽抄孔氏本鄭氏注〈論語〉》："賜也，非 爾 所及 ▢▢。"

èr

二　èr

67TAM84：20《高昌條列出臧錢文數殘奏》："紅錦 二 匹。"

59TAM305：14/1《前秦建元二十年（384）韓盆辭爲自期召弟應見事》："建元廿年三月廿三日，韓盆自期 二 日召弟到應見，遍違受馬鞭一百。"

按：盆，原件書作"瓮"。

72TAM151：6《高昌重光元年（620）氾法濟隨葬衣物疏》："銅完弓箭一具，刀帶一具，欽被具，綾練各萬段，被錦 二 百張。"

66TAM61：24（a）《唐麟德二年（665）知事辯辭爲張玄逸失盜事》："更問。 弍 示。"

按：弍，同"二"。《説文》："弍"，"二"的古文。

貳　èr

64TAM4：29（a）《唐咸亨四年左憧憙生前功德及隨身錢物疏》："憧憙身在之日，十年已前造壹佛， 貳 陪（菩）薩。"

73TAM193：15（b）《唐天寶某載（749—756）行館器物帳》："破羹碗 貳 拾牧（枚）。"

64TAM15：29/2《高昌延壽十四年康保謙買園券》："▢▢ 與買價銀錢 貳 拾。"

73TAM509：8/5（a）《唐西州天山縣申西州戶曹狀爲狀無瑒請往北庭請兄禄事》："前安西流外張无瑒，奴胡子年廿五，馬壹疋，駮草（騲）肆歲，驢 貳 頭，並青黄父各陸歲。"

63TAM1：18《罰毯文書》："▢▢ 毯 貳 拾貳張入官，民 ▢▢"

75TKM91：16（a）《祠吏翟某呈爲食麥事》："□ 食麥拾久（玖）斛 貳 斗。"

67TAM78：31《唐貞觀十四（640）西州高昌縣李石住等戶手實（七）》："▢▢ 拾 貳 ▢▢"

66TAM44：11/6《唐疊布袋帳歷》："疊布袋 貳 佰柒拾 ▢▢"

64TAM4：40《唐乾封三年（668）張善憙舉錢契》："武城鄉人張善憙於崇化鄉人左憧憙邊舉取銀錢 貳 拾文。"

64TAM4：40《唐乾封三年（668）張善憙舉錢契》："月別生利銀錢 貳 文。"

64TAM19：36《唐咸亨五年（674）王文歡訴酒泉城人張尾仁貸錢不還辭》："▢▢ 銀錢 貳 拾文，準鄉法和立私契。"

64TAM4：33《唐總章三年（670）左憧憙夏菜園契》："若到佃時不得者，壹罰 貳 入左。"

72TAM151：95《高昌延和八年七月至延和九年六月錢糧帳》："糜粟 貳 斛究（九） ▢▢"

72TAM151：95《高昌延和八年七月至延和九年六月錢糧帳》："□□并合額得藏錢壹□□□麥□□□兜(斗)□□，糜粟貳斛究(九)斗。"

72TAM151：95《高昌延和八年七月至延和九年六月錢糧帳》："藏政錢貳拾伍文半，中□，□□在藏，案除□額在民□□□"

72TAM151：62《高昌義和二年(615)參軍慶岳等條列高昌馬鞍韉帳》："都合馬案(鞍)□貳拾貳具。"

72TAM151：102，103《高昌作頭張慶祐等偷丁谷寺物平錢帳》：

"小麥拾貳□□。"

72TAM151：101《高昌傳錢買钁鐵、調鐵供用帳》："傳：錢貳文，用買钁鐵貳斤，付□□□"

2004TAM395：4－7＋2004TAM398：4－2《武周天授三年(692)户籍稿》："堂姊曹貞年貳拾伍歲，丁婦。"

73TAM221：3《唐武周典齊九思牒爲録印事目事》："貳道勘印方泰示。"

73TAM193：11(a)《武周郭智與人書》："見待須存此意勿失，貳拾日，郭智訊。"

F 部

fā

發 fā

65TAM341：22,23,24（a）《唐景龍三年（709）南郊赦文》："□□□□未 發 覺已結□□□□"

80TBI410《四分戒本疏（卷一）》："□□□□過未不 發 □□□□"

按：發，俗"發"字。《干禄字書》："發發，上俗下正。"而俗寫多見上部構件"业"又簡作"业"。下文多例同此。

80TBI：088《金光明經（卷三）除病品第一五》："□□□□ 發 心誓願因緣，是□□□□"

80TBI：488《四分戒本疏（卷一）》："五隨業無作，如隨戒無作及處中隨作葉（業）發 者。"

80TBI：488《四分戒本疏（卷一）》："第二總别受中無作 發 心。"

按：總，原件書作"惣"。

72TAM151：74（a）《古寫本〈晉陽秋〉殘卷》："震 發，與朕協勢，群□□□□"

65TAM341：30/1（a）《唐小德辯辭爲被蕃捉去逃回事》："□□□□至夜在葦東食人定後，即 發 向□□□□"

67TAM363：8/1（a）之九《唐景龍四年（710）卜天壽抄孔氏本鄭氏注〈論語〉》："孔子疾世，故 發 此言。"

67TAM363：8/1（a）之九《唐景龍四年（710）卜天壽抄孔氏本鄭氏注〈論語〉》："□□□故 發 此言。"

66TAM61：16（b）《唐西州高昌縣上安西都護府牒稿爲録上訊問曹禄山訴李紹謹兩造辯辭事（七）》："問紹謹得款：□弓月城欲 發 來日□□□□"

64TAM29：44《唐咸亨三年（672）新婦爲阿公録在生功德疏》："發 心行道。"

64TAM29：44《唐咸亨三年（672）新婦爲阿公録在生功德疏》："假使在中蔭中，須 發 上心。"

fá

筏 fá

80TBI：504-2《增阿含經（卷三八）馬血天子問八政品第四三》："□□□不捨此 筏，持用自隨□□□□"

罰 fá

75TKM91：28（a）《兵曹行罰兵士張宗受等文書》："各 罰 髡

（髡）□二百。”

69TAM137：1/2，1/4－1《唐某人夏南渠田券》：“不得返悔，悔者壹罰二，入不悔者。”

73TAM509：8/27《唐城南營小水田家牒稿爲舉老人董思舉檢校取水事》：“如有不依次第取水用者，請罰車牛一道遠使。”

64TAM15：29/2《高昌延壽十四年康保謙買園券》：“若有先悔者，罰銀錢壹伯（佰）文。”

64TAM4：42《唐龍朔元年（661）左憧憙夏菜園契》：：“一罰三分。”

fǎ

法 fǎ

80TBI：082《大方等陀羅尼經初分（卷一）》：“□□廣通一切法者入於□□”

按：“法者入於”，《中華大藏經》和《大正新修大藏經》作“云何究竟入於”。

64TAM19：36《唐咸亨五年（674）王文歡訴酒泉城人張尾仁貸錢不還辭》：“□□銀錢貳拾文，準鄉法和立私契。”

72TAM188：11《唐開元三年（715）交河縣安樂城萬壽果母姜辭》：“□□不用小法，請裁辭。”

80TBI：051《四分律（卷四七）滅諍犍度第一六之一》：“□□法持律□□”

80TBI：088《金光明經（卷三）除病品第一五》：“既聞法已，於是經□□”

72TAM150：30，31《唐諸府衛士配官馬、駄殘文書二》：“大侯府馮法静馬恩。”

按：恩，原件書作“怣”。

72TAM150：30，31《唐諸府衛士配官馬、駄殘文書二》：“魯法義馬赤驃。”

64TAM29：44之六《唐咸亨三年（672）新婦爲阿公録在生功德疏》：“又已前家中抄寫《涅槃經》一部，注子（字）《法華經》一部。”

64TAM15：19《唐西州高昌縣弘寶寺賊臕錢名》：“法崇入真匠。”

64TAM4：36《麟德二年（665）趙醜胡貸練契》：“到過其月不還，月別依鄉法酬生利。”

73TAM519：19/2－2《高昌麴季悅等三人辭爲請授官階事》：“□□官，加是麴王族姓，依舊法時，若□□”

72TAM201：33《唐咸亨五年（674）兒爲阿婆録在生及亡没所修功德牒》：“文軌法師邊講《法華》一部。”

2004TBM113：6－1＋2004TBM113：6－1（背面）《唐龍朔二年（622）正月西州高昌縣思恩寺僧籍》：“誦《法華》五卷。”

64TAM29：107《唐垂拱元年（685）康義羅施等請過所案卷（三）》：“若後不依今款，求受依法罪，被問依實謹□[辯]。”

75TKM99：9(b)《高昌延昌二十二年（582）康長受從道人孟忠邊

歲出券》：“倩書道人 法 慈、侯三安。”

67TAM78：29(b)《唐吳相□等名籍(二)》：“馮阿相子，賈 法 相。”

72TAM201：33《唐咸亨五年(674)兒爲阿婆録在生及亡没所修功德牒》：“延 法 師曇真往南平講《金光明經》一遍。”

64TAM29：25《唐垂拱元年(685)康義羅施等請過所案卷(四)》：“求受依 法 罪，被問依實謹□〔辯〕。”

64TAM15：17《唐貞觀十四年閏十月西州高昌縣弘寶寺賊臕錢名》：“ 法 □、道防、惠儒。”

72TAM151：59,61《高昌某年郡上馬帳》：“趙寺 法 瑜赤馬。”

69TKM39：9/9(a)，9/5(a)，9/1(a)《唐貞觀年間(640—649)西州高昌縣手實二》：“□妄，依 法 受罪。”

72TAM151：57《高昌買駞、入練、遠行馬、郡上馬等人名籍》：“趙寺 法 瑜、威遠孟悦、員寺。”

64TAM4：34《唐龍朔元年(661)龍惠奴舉練契》：“人有正 法 ，人從私契。”

fà

髮　fà

59TAM305：8《缺名隨葬衣物疏》：“絳結 髮 兩枚。”

63TAM2：1《北涼緣禾六年翟萬隨葬衣物疏》：“故路（緑）緋結 髮 兩枚。”

72TAM151：69《〈千字文〉習字殘卷》：“□□ 髮 四大五常□□□”

2004TAM408：17《令狐阿婢隨葬衣物疏》：“故紺綪結 髮 一枚。”

2004TAM408：17《令狐阿婢隨葬衣物疏》：“故練絳結 髮 三枚。”2004TAM408：17《令狐阿婢隨葬衣物疏》：“故落（緑）綪結 髮 一枚。”

fān

番　fān

67TAM376：01(a)《唐開耀二年(682)寧戎驛長康才藝牒爲請處分欠番驛丁事》：“其人等準兩番上訖，欠一 番 未上，請追處分。”

72TAM178：4《唐開元二十八年(740)土右營下建忠趙伍那牒爲訪捉配交河兵張式玄事一》：“□□兄更有 番 役，浪有□□□”

72TAM178：4《唐開元二十八年(740)土右營下建忠趙伍那牒爲訪捉配交河兵張式玄事一》：“□□三月 番 上，今妹阿□□”

67TAM376：01(a)《唐開耀二年(682)寧戎驛長康才藝牒爲請處分欠番驛丁事》：“牒：才藝從去年正月一日，至其年七月以前，每 番 各欠五人，於州陳訴。”

67TAM376：01(a)《唐開耀二年(682)寧戎驛長康才藝牒爲請處分欠番驛丁事》：“其人等準兩 番 上訖，欠一番未上，請追處分。”

67TAM376：01(a)《唐開耀二年(682)寧戎驛長康才藝牒爲請處分欠番驛丁事》：“符下配充驛丁填數，準

計人別三[番]合上。"

73TAM501：109/11－2《武周番上殘文書》："□□[番]到一日隨解送□。"

[幡]　fān

80TBI：367《佛説灌頂拔除過罪生死得度經（卷一二）》："□□懸雜色[幡]□。"

64TAM29：44《唐咸亨三年（672）新婦爲阿公録在生功德疏（三）》："阿公昨日發心造冊九尺神[幡]，昨始造成，初七齋日慶度。"

[翻]　fān

72TAM151：74（a）《古寫本〈晉陽秋〉殘卷》："□□[翻]（翲）之陋體，無玄□□自□，毛弗施於器用，□。"

按：今張華《鷦鷯賦》："育翮翲之陋體，無玄黄以自貴，毛無施於器用，肉不登乎俎味。"故"翻"似爲"翲"之形訛。

73TAM210：136/16《唐奴某殘辯辭》："□□郎典教[翻]辯□。"

按：翻，《玉篇》："翻，亦作翻。"《干祿字書》："翻翻，上通下正。"

fán

[凡]　fán

72TAM179：16/4（b），16/5（b），16/6（b），16/7（b）《唐寫〈尚書〉孔氏傳〈禹貢〉、〈甘誓〉殘卷》："[凡]五服相距方五千里。"

80TBI：073《大般涅槃經集解（卷五四）》："□□以故一切[凡]夫□。"

2004TAM408：17《令狐阿婢隨葬衣物疏》："右尊鍾妻令狐阿婢隨身雜衣物[凡]種。"

[梵]　fán

80TBI：019《增壹阿含經（卷五〇）大愛道般涅槃品第五二》："童子名曰[梵]天，顏貌端政（正），世之希有。"

[蕃]　fán

72TAM188：79《唐神龍三年（707）和湯牒爲被問買馬事（二）》："□□[蕃]中將前件馬至此□。"

72TAM230：46/1（a）《唐儀鳳三年（678）尚書省户部支配諸州庸調及折造雜練色數處分事條啟（一）》："其交州都督府報[蕃]物，於當府折用，所有破除、見在，每年申度□□部。"

72TAM230：46/1（a）《唐儀鳳三年（678）尚書省户部支配諸州庸調及折造雜練色數處分事條啟（一）》："擬報諸[蕃]等物，并依色數送□。"

[樊]　fán

59TAM305：14/2《倉曹屬爲買八縵布事》："倉曹[樊]霸、梁斌前屬催奸吏買八縱（縵）布四匹。"

64TAM5：47，59，61/2《唐諸户丁口配田簿（丙件）（四）》："[樊]

阿悥,年五十七,二畝。"

67TAM376：03(a)《唐西州高昌縣諸鄉里正上直暨不到人名籍》："康達、令狐信、樊度、氾惠、直仁。"

66TAM59：4/2－1(a),4/2－2(a),4/2－3(a)《北涼玄始十二年(423)失官馬責賠文書二》："□□帛吏樊照□□。"

fǎn

返　fǎn

72TAM151：104《高昌延和十二年(613)某人從張相悥等三人邊雇人歲作券》："□□□四主和同立□□□□後,各不得返海(悔)。"

按：返悔,義爲"翻悔、後悔",《吐魯番出土文書》錄作"返(反)悔",以"反"字正之,不必。此用法吐魯番文獻中多見,《漢語大詞典》以《紅樓夢》和現代文學作品爲例,甚晚。

64TKM3：51,52《前涼王宗上太守啟》："明府體萬□□還返不□。"

63TAM1：25《文書殘片》："□□□返□□。"

72TAM151：13《高昌義和三年(616)氾馬兒夏田券》："各不得返悔,悔者一罰二,入不悔者。"

69TAM137：1/2,1/4－1《唐某人夏南渠田券》："不得返悔,悔者壹罰二,入不悔者。"

75TKM99：6(a)《北涼承平八年(450)翟紹遠買婢券》："券成之後,各不得返悔。"

按：此字當爲"返"的增旁俗字,因後字"悔"有"忄",並且"返悔"本就與"心思"有關,增加偏旁強調之,俗寫常見這種現象,故此爲"返"之俗字。另,忁,《集韻》："忁,悔也。"但"忁悔"字較少見。

fàn

犯　fàn

73TAM222：54/4(b),54/5(b)《唐寫〈禮記〉鄭氏注〈檀弓〉下殘卷》："□□犯曰孺□□。"

72TAM151：104《高昌延和十二年(613)某人從張相悥等三人邊雇人歲作券》："□□者,亡失作具,犯人苗□□不知。"

60TAM332：9/1－1《唐祭五方神文殘片一》："□□獸白虎□□□□振怒,赤娥若烏,玄蚤無所犯。"

60TAM332：9/1－1《唐祭五方神文殘片一》："其某甲死鬼無繫屬處,故書名字□□方神,願爲禁攝,莫史(使)犯人,速攝囚。"

60TAM332：9/1－1《唐祭五方神文殘片一》：："□□莫使犯人,生死路別,不得相親。"

60TAM332：9/1－2,9/1－3《唐祭五方神文殘片二(一)》："□□犯此諸神死□□。"

氾　fàn

59TAM301：15/4－1,15/4－2《唐貞觀十七年(643)西州高昌

縣趙懷滿夏田契》:"倩書[氾]延守。"

72TAM151：59,61《高昌某年郡上馬帳》:"[氾]延憙青馬。"

72TAM151：56《高昌買駄、入練、遠行馬、郡上馬等人名籍》:"次郡上馬:丁谷寺、□□□寺、追世寺、東許□、韓統寺、[氾]延□"

72TAM151：13《高昌義和三年(616)氾馬兒夏田券》:"[氾]馬兒從無艮跛子邊夏舊壔(業)部田叄畞。"

73TAM507：012/21《高昌延壽九年(632)八月張明憙入官貸捉大麥子條記》:"□翟,[氾]延明八月七□"

67TAM376：01(a)《唐開耀二年(682)寧戎驛長康才藝牒爲請處分欠番驛丁事》:"[氾]朱渠。"

[范] fàn

75TKM96：18,23《北涼玄始十二年(423)兵曹牒爲補代差佃守代事》:"□[范]晟□佃,請以外軍張成代晟。"

65TAM42：86《唐西州高昌縣授田簿(二九)》:"□渠東[范]海,西劉六,南道□"

72TAM151：74(a)《古寫本〈晉陽秋〉殘卷》:"華,字茂先,[范]陽□"

69TAM137：1/1,1/3《唐西州高昌縣張驢仁夏田契》:"[范]青奴。"

72TAM151：57《高昌買駄、入練、遠行馬、郡上馬等人名籍》:"□聖□寺、[范]願祐□"

2004TAM395：4-2+2004TAM395：4-3《唐垂拱二年西州高昌縣徵錢名籍全貌》:"□支德,[范]智□"

2004TAM395：4-2+2004TAM395：4-3《唐垂拱二年西州高昌縣徵錢名籍全貌》:"范思約,[范]隆貞。"

2004TAM395：4-2+2004TAM395：4-4《唐垂拱二年西州高昌縣徵錢名籍全貌》:"[范]苟子。"

66TAM61：28(a),31/2(a)《唐田豐洛等點身丁中名籍》:"[范]昌輦,十八。"

60TAM332：9/3-1《唐龍朔二年(662)逋納名籍(一)》:"[范]明洛一畞。"

TAMX2：03《□知德等名籍》:"□[范]□"

2004TAM395：4-2+2004TAM395：4-3《唐垂拱二年西州高昌縣徵錢名籍全貌》:"[范]隆海。"

[販] fàn

2004TBM203：30-3b+2004TBM203：30-1《高昌寫本〈急就篇〉》:"□賣買[販]肆便□"

[飯] fàn

60TAM332：6/7《唐祭諸鬼文(四)》:"□麥[飯]韮□生餅熟□"

2004TBM115：10《古寫本〈千字文〉》:"且(具)饍□[飯],適口充腸,飽飫享宰,飢厭糟糠。"

範　fàn

73TAM193：28《武周證聖元年（695）五月西州高昌縣崇福寺轉經歷（二）》：“僧玄式，僧玄範。”

fāng

方　fāng

72TAM226：51《唐西州都督府上支度營田使牒爲具報當州諸鎮戍營田畝數事》：“□□方亭戍□□”

2006TAM607：2－4《唐景龍三年（709）後西州勾所勾糧帳》：“方亭戍主翟壽重徵。”

72TAM230：53（b）《唐館驛文書事目（二）》：“□□鞏定方私馬料事。”

80TBI：495b－2《瑜伽集要焰口施食儀》：“□□方，盡虛空界，一切尊法□□”

芳　fāng

75TKM91：17《奴婢月稟麥賬》：“奴文德、婢芳容二人，日日稟麥五升，合給麥叁斛。”

73TAM509：8/2（b）《唐西州道俗合作梯蹬及鐘記》：“衙官將軍趙獻璋、張承暉、王休昇等，溢氣雄圖，懷奇妙略，行資孝悌，文翰芳猷。”

按：圖，原件作“罍”。

fáng

防　fáng

80TBI：239《金剛經疏》：“□□昇。爲防退□□”

64TAM15：17《唐貞觀十四年閏十月西州高昌縣弘寶寺賊膳錢名》：“法□、道防、惠儒。”

80TBI：488《四分戒本疏（卷一）》：“第三懸對受中無作懸有防非。”

房　fáng

65TAM40：28《唐杜定歡賃舍契》：“中上下房伍口。”

64TAM29：44之六《唐咸亨三年（672）新婦爲阿公錄在生功德疏》：“往前於楊法師房內造一廳并堂宇，供養玄覺寺常住三寶。”

fǎng

仿　fǎng

73TAM206：42/10－22《唐質庫帳歷》：“□□仿住□□”

73TAM206：42/10－5/10－17《唐質庫帳歷》：“□□南仿住年廿三□□”

73TAM206：42/10－13，42/10－3《唐質庫帳歷》：“南仿釵。”

坊　fǎng

73TAM509：8/19《唐某人與十郎書牘》："當城置城主四、城局兩人，坊正、里正、横催等在城有卌餘人，十羊九牧。"

67TAM91：28（a）《唐貞觀十七年（643）何射門陀案卷爲來豐患病致死》："看并問坊正，來豐□□□"

72TAM230：55（b）《唐館驛文書事目（一）》："□□廿六日伊坊狀請□□"

73TAM206：42/10－13,42/10－3《唐質庫帳歷》："南坊西場年十□□"

72TAM230：55（b）《唐館驛文書事目（一）》："□□廿七日伊坊狀請□□"

紡　fǎng

2004TBM115：10《古寫本〈千字文〉》："妾御績紡，侍巾惟（帷）□。"

73TAM206：42/10－7《唐質庫帳歷》："□□南紡釵□□"

73TAM206：42/10－21《唐質庫帳歷》："□□南紡釵。"

訪　fǎng

72TAM178：4《唐開元二十八年（740）土右營下建忠趙伍那牒爲訪捉配交河兵張式玄事一》："□□訪捉，以得爲限者，牒至準狀，故牒□□"

72TAM230：73（a）,71（a）《武周天授二年（691）知水人康進感等牒尾及西州倉曹下天山縣追送唐建進妻兒鄰保牒》："追訪建進不獲。"

65TAM341：77－1（背面）《唐辯辭爲李藝義佃田事》："□□牒訪問，始知前件地是康宗段内。"

64TAM29：89（a）,89（b）《唐永淳元年（682）坊正趙思藝牒爲勘當失盜事》："請給公驗，更自訪覓者。"

fàng

放　fàng

72TAM179：18/8,18/9《武周學生令狐慈敏習字（一）（二）》"三月十七日令狐慈敏放（做）書。"

67TAM363：8/2（a）之一《唐景龍四年（710）卜天壽抄〈十二月新三臺詞〉及諸五言詩》："寫書今日了，先生莫鹹（嫌）池（遲），明朝是賈（假）日，早放學生歸。"

按：鹹，原件作"醎"。

65TAM341：22,23,24（a）《唐景龍三年（709）南郊赦文》："□□以上者，放選□□"

fēi

非　fēi

67TAM363：8/2（a）之二《唐景龍四年（710）卜天壽抄〈十二月

新三臺詞〉及諸五言詩》："學問 非 今日，
維須跡年多。"

75TKM91：11/6《西涼建初四年
（408）秀才對策文》："才 非 時
求，錯影華林，歡懼相半。"

75TKM91：11/5《西涼建初四年
（408）秀才對策文》："臣以疏陋，
才 非 翹類。"

66TAM44：30/1，30/10《唐寫
〈唯識論注〉殘卷二》："□ 而
論 非 三性攝通以 □"

72TAM151：51《高昌白子中布
帛雜物名條疏》："□ 須一，右
（又）四尺，非（緋）綾二尺五，右（又）半福
（幅），滿 非（緋）□□，黃練衫一 □"

67TAM91：28（a）《唐貞觀十七
年（643）何射門陀案卷爲來豐患
病致死》："致令 非 理 □"

妃　fēi

72TAM151：74（a）《古寫本〈晉
陽秋〉殘卷》："更擇良 妃，備列
六宮。"

67TAM78：20（b）《唐李悅得子
等戶主名籍》："寡妻張慶 妃
□"

64TKM1：42，47《唐西州左照妃
等勘田簿（一）》："（左）照 妃 田
二畝。"

66TAM59：4/1（a）《古寫本〈毛
詩關雎序〉》："《關雎》，后 妃 之
德也，風之始□，□以風天下而正夫
婦也。"

73TAM507：014/1《唐隊正陰某
等領甲仗器物抄（一）》："□"

伏佐 妃 □"

飛　fēi

60TAM332：9/1－1《唐祭五方
神文殘片一》：："□神玄□，難惡
處，飛 驚千里憎（層）冰固。"

緋　fēi

73TAM193：15（b）《唐天寶某載
（749—756）行館器物帳》："破縵
緋 眠單伍條。"

75TKM96：15《龍興某年宋洋妻
翟氏隨葬衣物疏》："故 緋 碧紺
綪結髮六枚。"

63TAM2：1《北涼緣禾六年翟萬
隨葬衣物疏》："故路（綠）緋 結
髮兩枚。"

75TKM99：7《建平六年張世容
隨葬衣物疏》："故 緋 結髮
一枚。"

72TAM151：14《高昌義和元年
（614）高懷孺物名條疏》："緋 練
柒□；□練壹段。"

64TAM29：44《唐咸亨三年
（672）新婦爲阿公錄在生功德
疏》："緋 羅帔子一領。"

66TAM59：2《北涼缺名隨葬衣
物疏》："緋 襦一枚。"

73TAM206：42/10－5/10－17
《唐質庫帳歷》："東頭柒家 緋 羅
領巾一。"

73TAM206：42/10－13，42/10－
3《唐質庫帳歷》："故 緋 小綾袂
裙一。"

fěi

匪 fěi

73TAM193：38(a)《武周智通擬判爲康隨風詐病避軍役等事》："此□知，匪獨一人之□。"

斐 fěi

64TAM19：34,58,59《唐寫本鄭氏注〈論語〉公冶長篇》："吾黨之小子狂簡，斐然成章，不知所以裁之。"

67TAM363：8/1(a)《唐景龍四年(710)卜天壽抄孔氏本鄭氏注〈論語〉》："吾黨之小子狂簡，斐然□□"

fèi

吠 fèi

80TBI：505－2《中阿含經(卷四四)根本分別品鸚鵡經第九》："□□汝從呱至吠。"

費 fèi

72TAM188：86(a)(b)《唐西州都督府牒爲請留送東官馬填充團結欠馬事》："□□健兒馬，一則省費踏料，二乃馬□□"

廢 fèi

67TAM363：8/1(a)之八《唐景龍四年(710)卜天壽抄孔氏本鄭氏注〈論語〉》："□□有道，不廢；邦無道，勉(免)於形(刑)戮。"

72TAM187：180(a)《唐垂拱三年(687)帳後西州交河縣親侍、廢疾等簿帳(五)》："□□都合新舊廢疾廿二人在□□"

66TAM44：11/3(a)《唐殘牒爲市木修繕廢寺事》："廢寺□□"

60TAM330：14/1－3(b)《唐某鄉户口帳(二)》："□□廢疾。"

fēn

分 fēn

80TBI：095a《百論(卷下)破常品第九》："□□則諸方有邊，有邊故有分，有□□"

80TBI：097《請觀世音菩薩消伏毒害陀羅尼呪經(卷一)》："□□分散意經七七日，時□□"

80TBI：488《四分戒本疏(卷一)》："若自分勝進五勝乃至初劣。"

80TBI：035《請觀世音菩薩消伏毒害陀羅尼三昧儀經明正意第二》："□□樓休樓分荼□□"

75TKM91：29(a)《北涼義和某年兵曹行罰部隊五人文書》："解稱：部□□雙等五人由來長□，不逐部伍，求分處。"

80TBI：489《四分戒本疏(卷一)》："若以自作隨行對受分"

別,方有寬狹。"

2006TSYIM4：3-1《北涼義和三年(433)二月十五日張未興辭》："□□從官 分 處。"

64TAM29：44《唐咸亨三年(672)新婦爲阿公録在生功德疏》："願將此文□前頭 分 雪,須覓生天净佛國土,不得求人間果報。"

按：覓,原件作"覍"。

68TAM103：18/5(a)《唐貞觀某年西州高昌縣范延伯等户家口田畝籍(三)》："□□畝,口 分 。"

66TAM61：23(b),27/2(b),27/1(b)《唐西州高昌縣上安西都護府牒稿爲録上訊問曹禄山訴李紹謹兩造辯辭事(二)》："兄邊取練訖, 分 明付兄與李三同□□"

64TAM29：126(a)《唐西州都督府殘文書》：" 分 明給付不得。"

2004TBM207：1-4《唐儀鳳三年(678)九月西州功曹牒爲檢報乖僻批正文案事》："大素自考後以來,諸司所有乖僻處 分 隨案,並捉得略良胡數人及財物等。"

73TAM206：42/9-27《唐課錢帳歷》："許過寒食五日内 分 付了。"

73TAM208：23,27《唐典高信貞申報供使人食料帳歷牒(二)》："□□肆分,用荆柴捌 分 。"

65TAM42：63《唐西州高昌縣授田簿(二)》："右給得康烏破門陀部田叁畝郭知德充 分 ,同觀亮。"

65TAM42：56《唐西州高昌縣授田簿(六)》："□□曹破褥充 分 ,同觀□□"

73TAM221：62(a)-1《唐永徽三年(652)士海辭爲所給田被里正杜琴護獨自耕種事》："口 分 常□□"

65TAM341：77-1(背面)《唐辯辭爲李藝義佃田事》："口 分 常田二畝在□□"

64TAM4：33《唐總章三年(670)左憧憙夏菜園契》："在白赤舉北 分 墙。"

64TAM4：37《唐總章三年(670)白懷洛舉錢契》："仍將口 分 蒲桃用作錢質。"

fěn

粉　fěn

2004TAM408：17《令狐阿婢隨葬衣物疏》："故紅 粉 纍(囊)三枚。"

fèn

奮　fèn

67TAM78：21(a),22(a)《唐貞觀十四(640)西州高昌縣李石住等户手實(五)》："男阿答 奮 ,年□□"

糞　fèn

67TAM363：8/1(a)之九《唐景龍四年(710)卜天壽抄孔氏本鄭氏注〈論語〉》："朽木不可彫, 糞 土□□"

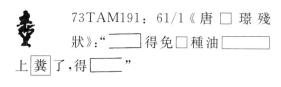

73TAM191：61/1《唐□璟殘狀》："□□得免□種油□上糞了,得□□"

潠　fèn

64TAM4：35(a)《唐潠舍告死者左憧憙書爲左憧憙家失銀錢事(一)》："盜(道)潠舍盜錢。"

64TAM4：35(a)《唐潠舍告死者左憧憙書爲左憧憙家失銀錢事(一)》："其潠舍不得兄子錢。"

fēng

封　fēng

65TAM346：1《唐乾封二年(667)郭毛醜勳告(二)》："乾封二年三月十五日制可。"

64TAM4：40《唐乾封三年(668)張善憙舉錢契》："乾封三年三月三日。"

64TAM4：35(a)《唐潠舍告死者左憧憙書爲左憧憙家失銀錢事(一)》："乾封二年臘月十一日。"

按：臘,原件書作"臈"。

73TAM193：11(a)《武周郭智與人書》："其牒判印記署封卻送,直與文智。"

2004TBM207：1-10f《唐文書殘片》："□□亦同封送□□"

風　fēng

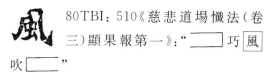

80TBI：510《慈悲道場懺法(卷三)顯果報第一》："□□巧風吹□□"

75TKM91：11/3《西涼建初四年(408)秀才對策文》："諸侯曰風。"

59TAM301：15/4-1,15/4-2《唐貞觀十七年(643)西州高昌縣趙懷滿夏田契》："使干(乾)净好;若不好,聽向風常取。"

按：聽,原件書作"聰"。

72TAM151：94《高昌義和三年(616)張相憙夏靡田券》："風破水旱,隨大□□"

73TAM221：62(a)-1《唐永徽三年(652)士海辭爲所給田被里正杜琴護獨自耕種事》："今始聞田共同城人里正杜琴護連風(封)。"

65TAM341：26(b)《唐殘擬判》："□□之風乙恣凶殘□□"

67TAM363：7/4《唐儀鳳年間(676—679)西州蒲昌縣竹海住佃田契》："□□汝(如)不净好,聽向風常取。"

烽　fēng

72TAM226：53,54《唐開元十年(722)伊吾軍上支度營田使留後司牒爲烽鋪營田不濟事》："兩人又屬警固,近烽不敢不營,里數既遥,營種不濟,狀上者。"

72TAM226：55《唐伊吾軍諸烽鋪營種豆靡文書》："□□合豆,柳頭烽。"

72TAM226：53,54《唐開元十年（722）伊吾軍上支度營田使留後司牒爲烽鋪營田不濟事》："□□屬警固，復奉使牒，烽鋪子不許□□"

65TAM341：30/1（a）《唐小德辯辭爲被蕃捉去逃回事》："□□投得維磨戍烽，其賊見在小嶺□□小德少解蕃語，聽賊語，明□擬發向駞嶺逐草。"

67TAM78：38《唐西州蒲昌縣下赤亭烽帖二》："□□赤亭烽□□"

67TAM78：42《唐某年二月府史張道龕領受馬料抄》："□□赤亭烽□馮懷守□□"

67TAM78：33《唐某年九月府史張道龕領受馬踏抄》："□□亭烽帥□懷守烽□□"

67TAM78：47/2《唐某年月廿五日府史張道龕領馬料抄》："□□烽所給□□"

67TAM78：34《唐西州蒲昌縣下赤亭烽帖爲覓失駞駒事》："烽子□頭散覓，必□□"

67TAM78：34《唐西州蒲昌縣下赤亭烽帖爲覓失駞駒事》："得。如□不得，科烽□□"

豐　fēng

72TAM151：52《高昌逼人史延明等名籍》："□□北許寺豐得。"

65TAM39：20《前涼升平十一年王念賣駞券》："時人樗顯豐，書券李道伯共□□"

66TAM61：29（a）《唐闞洛□等點身丁中名籍》："田豐洛五十九，男。"

69TKM39：9/2（a），9/3（a）《唐貞觀某年男世達戶籍》"奴豐富，年拾歲。"

féng

逢　féng

72TAM150：38《唐某人九月廿一日書牘》："逢彼處師奉□□"

66TAM61：24（b）《唐西州高昌縣上安西都護府牒稿爲録上訊問曹禄山訴李紹謹兩造辯辭事（六）》："□□逢紹謹，若有胡共相逐，即合知見。"

65TAM341：30/1（a）《唐小德辯辭爲被蕃捉去逃回事》："其抄小德等來□可有二百騎，行至小嶺谷內，即逢。"

馮　féng

67TAM363：8/2（a）之一《唐景龍四年（710）卜天壽抄〈十二月新三臺詞〉及諸五言詩》："項託柒歲知事，甘羅十二想（相）秦，□無良妻解夢，馮唐寧得忠辰（臣）。"

73TAM215：017/5-1《唐馮懷盛等夫役名籍（一）》："馮懷盛。"

72TAM151：96（a）《高昌安樂等城負臧錢人入錢帳》："□□買兒作春□□□□馮相受入錢十□□"

72TAM151：59,61《高昌某年郡上馬帳》："馮明老留（驅）馬。"

72TAM151：99,100《高昌合計馬額帳（一）》："左調和馮明"

72TAM151：62《高昌義和二年（615）參軍慶岳等條列高昌馬鞍韉帳》："將阿婆奴下自□□□□□下馮衆□□"

72TAM150：30,31《唐諸府衛士配官馬、駄殘文書二》："大侯府馮法静馬恩。"

按：恩，原件書作"忩"。

67TAM78：42《唐某年二月府史張道龕領受馬料抄》："□□赤亭烽□馮懷守□□"

72TAM150：29《唐諸府衛士配官馬、駄殘文書一》："馮法馬恩。"

66TAM61：28（a），31/2（a）《唐田豐洛等點身丁中名籍》："馮慶住，廿。"

fèng

奉　fèng

67TAM84：22《高昌都官殘奏二》："□□列入官臧錢文數列別如右記識奏諾奉□□"

67TAM91：29（a），30（a）《唐貞觀十七年（643）何射門陀案卷爲來豐患病致死》："因患至此，奉前。"

72TAM151：15《高昌義和二年（615）都官下始昌縣司馬主者符爲遣弓師侯尾相等詣府事》："期此月九日

來□□，不得違失，承旨奉行。"

75TKM91：20（a）《兵曹行罰幢校文書》："□□兵責破列□□定遣別案推□□諸奉行。"

俸　fèng

73TAM206：42/3‑1《唐咸亨三至五年（672—674）文官俸案文書（二）》："文官俸案。"

鳳　fèng

72TAM151：68《〈千字文〉習字殘卷（一）》："鳴鳳在樹，白駒食□，化被草木。"

67TAM363：7/1《唐儀鳳二年（677）西州高昌縣寧昌鄉卜老師辭爲訴男及男妻不養贍事》："儀鳳二年四月日寧昌鄉人卜老師辭。"

2006TSYIM4：3‑11背面《北涼義和三年（433）文書爲保辜事（三）》："□□鳳遣□□"

2004TBM207：1‑4《唐儀鳳三年（678）九月西州功曹牒爲檢報乖僻批正文案事》："儀鳳三年九月日□□"

75TKM103：1《唐某人自書歷官狀》："至儀鳳二年差從□□"

fó

佛　fó

80TBI：213《請觀世音菩薩消伏毒害陀羅尼咒經（卷一）》：

"□十億諸佛□□"

64TAM29：44《唐咸亨三年（672）新婦爲阿公録在生功德疏》："願將此文□前頭分雪，須覓生田净佛國土，不得求人間果報。"

75TKM96：29（b）《北涼真興六年（424）出麥賬》："□佛菩薩□"

2004TBM113：6-1＋2004TBM113：6-1（背面）《唐龍朔二年（622）正月西州高昌縣思恩寺僧籍》："《法華》五卷，《藥師》一卷，《佛名》一卷。"

73TAM215：017/7《唐殘書牘四》："□平善，佛花等既□"

按：仏，同"佛"。《金石文字辨異》引隋《李淵爲子祈疾疏》："蒙仏恩力。"案："仏即佛。"又引唐《潘智眼墓誌》："曾祖仏壽。"《正字通》謂"仏，古文佛"。

72TAM151：6《高昌重光元年（620）氾法濟隨葬衣物疏》："持佛五戒，專修十善。"

72TAM151：104《高昌延和十二年（613）某人從張相憙等三人邊雇人歲作券》："□相憙三人邊雇佛奴□"

fū

夫　fū

66TAM59：4/1（a）《古寫本〈毛詩關雎序〉》："《關雎》，后妃之德也，風之始□，□以風天下而正夫婦也。"

75TKM91：11/6《西涼建初四年（408年）秀才對策文》："□有巢、維鳩居之，以喻夫人配德行化外□□"

72TAM230：81（a）《武周録事司殘文書》："□散大夫行録事參軍□"

按：參，原件書作"糸"。

坿　fū

67TAM363：8/1（a）之九《唐景龍四年（710）卜天壽抄孔氏本鄭氏注〈論語〉》："道[不]行，乘坿（桴）[浮]於海；從我者，其由與？"

按：此句奪"不""浮"兩字。"坿"爲"桴"字訛寫。

鈇　fū

2004TBM203：30-4e＋2004TBM203：30-4f《高昌寫本〈急就篇〉》："□鈇錐鑽釜□"

麩　fū

2006TAM607：2-2《唐神龍二年（706）七月西州史某牒爲長安三年（703）七至十二月軍糧破除、見在事》："五斗麩。"

fú

弗　fú

80TBI：316《妙法蓮華經（卷二）譬喻品第三》："舍利弗是長者

作□□"

80TBI：052《妙法蓮華經（卷二）譬喻品第三》："舍利 弗 以是因緣□□"

67TAM363：8/1（a）之九《唐景龍四年（710）卜天壽抄孔氏本鄭氏注〈論語〉》："吾與汝 弗 如也。"

伏　fú

65TAM341：27《唐開元八年（720）具注曆》："大署（暑），六月中 伏 追凯至。"

按：追，《吐魯番出土文書》録作"退"。"凯"爲未識字。

67TAM78：27《唐殘書牘》："□□起居勝常，伏 願寢□□□"

72TAM151：56《高昌買馱、入練、遠行馬、郡上馬等人名籍》："□□ 伏 波衆悦、明威桑苟、□□阿□、鞏司馬、侍郎佛濟□□□"

按：佛，原件寫作"仏"。

72TAM209：88《唐貞觀年間西州高昌縣勘問梁延臺、雷隴貴婚娶糾紛案卷（一）》："臺母既款 伏 嫁女與□□"

72TAM230：61《唐通感等辯辭爲徵納逋懸事》："通感等元不下款 伏 倍，百姓自□逋懸。"

2004TAM396：14《唐開元七年（719）洪奕家書》："伏願侵（寢）善（膳）安和，伏 惟萬福。"

2004TAM396：14《唐開元七年（719）洪奕家書》："伏 願侵（寢）善（膳）安和，伏惟萬福。"

2004TAM396：14（1）《唐開元七年（719）四月某日鎮人蓋嘉順辭爲郝伏憙負錢事》："日鎮人蓋嘉順辭，同鎮下等人郝 伏 憙負錢壹仟文。"

73TAM507：014/1《唐隊正陰某等領甲仗器物抄（一）》："□□□ 伏 佐妃□□□"

拂　fú

64TAM29：24《唐垂拱元年（685）康義羅施等請過所案卷（四）》："吐火羅 拂 延，年卅，奴突蜜□□"

64TAM29：91（b）《唐殘詩》"□□燈鏡 拂 還看。"

服　fú

72TAM179：16/4（b），16/5（b），16/6（b），16/7（b）《唐寫〈尚書〉孔氏傳〈禹貢〉、〈甘誓〉殘卷》："五百里充（荒）服 。"

73TAM222：54/4（b），54/5（b）《唐寫〈禮記〉鄭氏注〈檀弓〉下殘卷》："□□憂 服 之中□□□"

65TAM42：90（a），91（a）《唐令狐鼠鼻等差科簿（一）》："武騎尉石 服 屯，年卌五；男賀婆，年十九，中男。"

浮　fú

67TAM363：8/1（a）之九《唐景龍四年（710）卜天壽抄孔氏本鄭氏注〈論語〉》："竹木 浮 之於水上，大曰柢（栿），小曰浮（桴）。"

按：柢，"栻"字訛寫。

75TKM96：21《僧□淵班爲懸募追捕逃奴事》："浮游不出也，去九□。"

64TAM29：25《唐垂拱元年（685）康義羅施等請過所案卷（四）》："□康紇槎，男射鼻，男浮你了。"

66TAM61：23(a)，27/1(a)，27/2(a)《唐麟德二年（665）婢春香辯辭爲張玄逸失盜事》："譯語人翟浮知□。"

符　fú

72TAM151：52《高昌逋人史延明等名籍》："曲尺符元□、良□祐。"

2004TBM207：1-3《唐調露二年（680）七月東都尚書吏部符爲申州縣闕員事》："□官某乙籤符久到，身□。"

2004TBM207：1-7《唐調露二年（680）七月東都尚書吏部符爲申州縣闕員事》："今以狀下州，宜依狀速申，符到□。"

75TKM96：31(b)《高昌郡功曹下田地縣符爲以孫孜補孝廉事》："今以孫孜補孝廉，符到□。"

75TKM91：11/6《西涼建初四年（408）秀才對策文》："伏惟殿下，誕鐘符運，拯濟□。"

73TAM519：19/2-1《高昌延壽十七年（640）屯田下交河郡、南平郡及永安等縣符爲遣麴文玉等勘青苗事》："青苗去，符到奉□。"

72TAM151：15《高昌義和二年（615）都官下始昌縣司馬主者符爲遣弓師侯尾相等詣府事》："敕始昌縣司馬主者，彼縣今須弓師侯□□、□元相二人，符到，作具、糧□自隨。"

65TAM42：83《唐西州高昌縣授田簿（二七）》："東張守相，西符海伯。"

匐　fú

73TAM507：012/1《唐某人申狀爲欠練、駝、馬事》："□匐息并史石奴家奴□。"

鳧　fú

65TAM341：26(b)《唐殘擬判》："□鳧美□。"

福　fú

75TKM91：26《建□某年兵曹下高昌、橫截、田地三縣符爲發騎守海事》："隤杜福、帛午、任□三人乘所配馬。"

73TAM222：56/1，56/2《唐殘判籍（一）》："奉判昭福寺□。"

80TBI：019《增壹阿含經（卷五〇）大愛道般涅槃品第五二》："尸佛者衆相具足，是一切人良祐福田。"

75TKM91：25《兵曹條往守白芳人名文書》一："王阿連、韓阿福、張寶□、嚴乘。"

72TAM150：30，31《唐諸府衛士配官馬、駄殘文書二》："張萬福

馬□白。"

蹼　fú

73TAM206：42/10－13,42/10－3《唐質庫帳歷》："皂絁破單 蹼裏。"

fǔ

斧　fǔ

75TKM91：24《下二部督郵、縣主者符》："賣鑼五十口,斤 斧 五十口。"

府　fǔ

65TAM346：1《唐乾封二年(667)郭耄醜勳告(一)》："東臺：右威衛渭源 府 果毅都尉朱小安等,並志懷壯果,業苞戎藝。"

72TAM201：25/1《唐咸亨三年(672)西州都督府下軍團符》："家資車、牛、馬等并武貞父,同送向 府 者。"

67TAM91：25(a),34/1(a)《唐安西都護府下高昌縣殘文書》："□□都護 府 。"

72TAM188：91《唐殘牒》："□□判官涼 府 録事梁名遠□□□"

64TAM29：90(a)(b)《唐垂拱元年(685)西州都督府法曹高昌縣符爲掩劫賊張爽等事》："府 宋闓。"

72TAM187：202《武周府張超殘牒》："□□五□ 府 □□□"

73TAM509：19/2《武周天山府下張父師團帖爲新兵造幕事一》："西州諸 府 ,兵幕迴日却□□□"

72TAM230：67《武周天授二年(691)唐建進辯辭》："仰更隱審□□具答,不得準前曲相 府 (符)會。"

72TAM230：69《武周天授二年(691)李申相辯辭》："□□相 府 (符)抱者,但申相從知水□□□"

73TAM509：19/14《武周天山府符爲追校尉已下並團》："□□日到 府 ,如後到者□□□"

64TAM4：44《唐龍朔元年(661)左憧憙買奴契》："柳中縣五道鄉蒲昌 府 衛士張慶住邊買奴壹人。"

73TAM221：62(b)《唐永徽三年(652)賢德失馬陪徵牒》："即依禄(録),牒岸頭 府 ,謹問文達領得以不?"

73TAM222：57/1(b)《唐殘文書》："□□□ 府 連□□□"

72TAM228：13《唐開元二十一年(733)殘文書》："□□□ 府 □□□"

佛　fǔ

75TKM91：28(a)《兵曹行罰兵士張宗受等文書》："馮□、毛興、陳 佛 、王階、隗□□□□孔章平、孫澹、李□等十八人□□轉入諸軍。"

　　按：澹,原件書作"澹"。

釜　fǔ

2004TBM203：30－4e＋2004TBM203：30－4f《高昌寫本〈急就篇〉》："□□鈇錐鑽 釜 □□□"

64TAM27：21《唐寫本〈論語〉鄭氏注〈雍也〉殘卷》：" ☐ 與之 釜 ☐ "

腐 fǔ

腐 80TBI：162《妙法蓮華經（卷二）譬喻品第三》：" ☐ 根 腐 敗，梁棟傾危。"

腐 73TAM509：8/6《唐書牘稿》："須肉可看，乳 腐 難求。"

fù

父 fù

父 64TAM4：33《唐總章三年（670）左憧憙夏菜園契》："知見人，王 父 師。"

父 66TAM44：11/5《唐貞觀十九年（645）牒爲鎮人馬匹事》：" ☐ 疋赤 父 ☐ "

父 73TAM222：54/4（b），54/5（b）《唐寫〈禮記〉鄭氏注〈檀弓〉下殘卷》：" ☐ 父 也 ☐ "

父 64TAM5：54,58《唐諸戶丁口配田簿（丙件）（六）》：" ☐ 阿 父 師子，年卅一，二畝。"

父 73TAM509：19/2《武周天山府下張父師團帖爲新兵造幕事一》：" ☐ 尉張 父 團主者 ☐ "

付 fù

付 67TAM78：36《唐西州蒲昌縣下赤亭烽帖一》：" ☐ 於彼給 付 ☐ "

付 72TAM230：67《武周天授二年（691）唐建進辯辭》："如涉虛誣， 付 審已後不合更執，既經再審確，請一依元狀勘當。"

甘 72TAM230：72《武周天授二年（691）史孫行感殘牒》：" 付 司傑示。"

甘 2004TBM207：1－14《唐儀鳳某年（676—679）西州牒爲考課事》："其李恒讓 付 諸司檢報，餘後判，諮。"

付 73TAM193：15（a）《唐天寶某載（751—756）文書事目歷》："天山軍牒爲倉曹 ☐☐ 微天十考事， 付 ☐ "

付 73TAM206：42/9－9（a）＋73TAM206：42/9－9（b）《唐課錢帳歷》：" ☐ 付 ☐ "

付 73TAM206：42/9－13《唐課錢帳歷》："廿日 付 百卅文 ☐ "

付 73TAM206：42/10－20《唐質庫帳歷》：" ☐ 昌子西 付 ☐ "

付 73TAM206：109/13－6，42/9－26《唐課錢帳歷》："又 付 五百文帖抽廿三文 ☐ "

付 73TAM206：42/9－27《唐課錢帳歷》："許過寒食五日內分 付 了。"

付 73TAM206：42/10－5/10－17《唐質庫帳歷》："七□十八□□ 付 了。"

 73TAM206：42/10－6《唐質庫帳歷》："三月八日□ 付 了。"

75TKM96：18,23《北涼玄始十二年(423)兵曹牒爲補代差佃守代事》："當上幢日,差四騎付張欑□、道□□、兵曹掾張龍,史張□白。"

75TKM91：18(a)《北涼玄始十一年(422)馬受條呈爲出酒事》："次出酒□斛,付孫善,供帳内□□"

66TAM61：23(b),27/2(b),27/1(b)《唐西州高昌縣上安西都護府牒稿爲録上訊問曹禄山訴李紹謹兩造辯辭事(二)》："兄邊取練訖,分明付兄與李三同□□"

72TAM151：101《高昌傳錢買鑼鐵、調鐵供用帳》："次傳：錢叁文,用買鑼鐵叁斤,付張懷悦□□"

73TAM206：42/10－6《唐質庫帳歷》："四月十一日贖付了。"

73TAM206：42/10－14,42/10－9《唐質庫帳歷》："□□付了。"

附 fù

73TAM509：8/19《唐某人與十郎書牘》："附送行官,追即稱老。"

67TAM363：8/2(a)之一《唐景龍四年(710)卜天壽抄〈十二月新三臺詞〉及諸五言詩》："年首初春□,改故迎新李(季),玄附靈求學,樹夏(下)乃逢珍。"

73TAM509：8/6《唐書牘稿》："昨日索隱兒去,附乾元錢一千,還七娘子申屠邊錢。"

73TAM193：11(a)《武周郭智與人書》："今附牒送公爲入司判牒高昌縣追張山海,不須追婢。"

73TAM193：11(a)《武周郭智與人書》："次有□豈不附送。"

72TAM188：75(a)《唐上西州都督府牒爲徵馬付營檢領事二》："□□仍取領附諸敬□□,一日□□"

72TAM188：73(a)之一《唐上西州都督府牒爲徵馬付營檢領事一》："別牒營檢領訖,仍取領附諸方。"

2004TBM207：1－14《唐儀鳳某年(676—679)西州牒爲考課事》："詔具録功過奏聞,表本附案。"

2004TBM207：1－4《唐儀鳳三年(678)九月西州功曹牒爲檢報乖僻批正文案事》："官□之日,並皆不通,請檢附狀者。"

73TAM193：15(b)《唐天寶某載(749—756)行館器物帳》："已上物天八春夏覆剩附。"

64TAM29：102《唐緑葉辯辭爲附籍事》："□□鄉附,被問依實□□"

赴 fù

75TKM98：28/1《某人啟爲失耕事》："□□來見赴援□□"

72TAM230：73(a),71(a)《武周天授二年(691)知水人康進感等牒尾及西州倉曹下天山縣追送唐建進妻兒鄰保牒》："令追建進妻兒及建進鄰保赴州。"

65TAM40：21《唐下鎮將康懷義牒(三)》："□□所由事了,具合赴任,不得□□"

負 fù

75TKM96：21《僧□淵班爲懸募追捕逃奴事》："受募,不負言

誓也。"

72TAM151：96（a）《高昌安樂等城負臧錢人入錢帳》："□□寧負臧錢人：作人□□□□六文，作人秋富人□□"

72TAM151：96（a）《高昌安樂等城負臧錢人入錢帳》："□□安樂負臧錢□入九十六文□□"

72TAM151：96（a）《高昌安樂等城負臧錢人入錢帳》："□□城負臧錢人：道人□□□□七十八文。"

73TAM504：21/1－21/3《高昌奴得等負麥、粟、疊帳（一）～（三）》："□□奴得負參軍索謙、焦歡伯二人邊官舉價小麥叁□□陸兜（斗）。"

64TAM4：39《唐乾封元年（666）鄭海石舉銀錢契》："公私債負停徵，此物不在停限。"

2004TAM396：14（1）《唐開元七年（719）四月某日鎮人蓋嘉順辭爲郝伏憙負錢事》："日鎮人蓋嘉順辭，同鎮下等人郝伏憙負錢壹仟文。"

65TAM341：78（背面）《唐辯辭爲李藝義佃田事》："今來披訴，苟求多少，欲繼他宗，恣意負心。"

2004TBM207：1－12a《唐上元三年（676）西州法曹牒功曹爲倉曹參軍張元利去年負犯事》："請檢上件上元二年考後已來，□何勾留負犯者。"

副　fù

63TAM1：17《劉普條呈爲綿絲事》："请副內紀識。"

63TAM1：15《劉普條呈爲得麥事》："請副內紀識。"

72TAM188：91《唐殘牒》："副使檢校甘州司馬綦使□□"

婦　fù

64TAM5：39《唐李賀子上阿郎、阿婆書二（二）》："□□盡給婦，高昌有婦人，不得婦。"

66TAM59：4/1（a）《古寫本〈毛詩關雎序〉》："《關雎》，后妃之德也，風之始□，□以風天下而正夫婦也。"

75TKM96：38《買奴殘文書》："□□云欲還見婦，因爾□□"

64TAM5：39《唐李賀子上阿郎、阿婆書二（二）》："□□盡給婦，高昌有婦人，不得婦。"

80TBI：019《增壹阿含經（卷五〇）大愛道般涅槃品第五二》："時有居士婦，亦復端政（正）□□"

73TAM222：54/10（b），54/11（b），54/12（b）《唐寫〈禮記〉鄭氏注〈檀弓〉下殘卷》："□□鄉，婦人東□□"

75TKM96：21《僧□淵班爲懸募追捕逃奴事》："還奴婦□隗參軍□□"

75TKM91：11/3《西涼建初四年（408）秀才對策文》："三帝之亡，禍生妃婦。"

75TKM91：11/6《西涼建初四年（408）秀才對策文》："外□□體，婦人陰道，化之所難，故云夫婦正則王化。"

73TAM206：42/9－27《唐課錢帳歷》："付張二婦一千文。"

64TAM29：44《唐咸亨三年（672）新婦爲阿公録在生功德疏》："右件上物新 婦 爲阿公布施。"

65TAM341：78（背面）《唐辯辭爲李藝義佃田事》："是阿刀 婦 人不存家計。"

64TKM1：28（a），31（a），37/2（a）《唐西州某鄉户口帳（一）》："二百□十八 婦 女。"

73TAM206：42/9－27《唐課錢帳歷》："王六六十，金山十五，李老 婦 十五。"

2004TAM395：4－7＋2004TAM398：4－2《武周天授三年（692）户籍稿》："堂姊曹貞年貳拾伍歲，丁 婦 。"

傅 fù

2006TAM607：2－5《唐景龍三年（709）後西州勾所勾糧帳》："傅 安師馬烏敦（驐）。"

67TAM78：22（b），21（b）《唐吳相□等名籍（一）》："□□ 劉阿尊，□□□□□伯，傅 延 □□。"

復 fù

80TBI：507－1《囉嚩拏説救療小兒疾病經（卷一）》："燃燈八盞，復 □□。"

73TAM222：56/3（a），56/4（a）《唐殘判籍（三）（四）》："承 復 如何得 □□。"

72TAM226：53，54《唐開元十年（722）伊吾軍上支度營田使留後司牒爲烽鋪營田不濟事》："□□屬警固，

復 奉使牒，烽鋪子不許 □□。"

72TAM151：74（a）《古寫本〈晉陽秋〉殘卷》："德□凶黨，復 教内立 □□。"

80TBI：669a《大方廣華嚴十惡品經》："□□亦 復 如是。"

80TBI：316《妙法蓮華經（卷二）譬喻品第三》："有一門而 復 狹小。"

80TBI：087《金光明經（卷三）除病品第一五》："爾時，流水長者家中復生一子。"

73TAM222：56/1，56/2《唐殘判籍（二）》："年尊，復 因 □□。"

64TAM29：44《唐咸亨三年（672）新婦爲阿公録在生功德疏》："直爲生死道殊，恐阿公心有顛倒，既臨終受戒，功德 復 多。"

67TAM363：8/1（a）之九《唐景龍四年（710）卜天壽抄孔氏本鄭氏注〈論語〉》："復 問赤仁。""武伯 復 敏（問）冉仁乎。"

富 fù

67TAM84：20《高昌條列出臟錢文數殘奏》："作人秋 富 二□□。"

72TAM230：46/1（a）《唐儀鳳三年（678）尚書省户部支配諸州庸調及折造雜練色數處分事條啟（一）》："□□富 彊之家偹勾代輸。"

80TBI：029a《修行道地經（卷六）學地品第二五》："□□貧 富 貴賤安處 □□。"

2006TSYIM4：3－10《北涼高昌郡高寧縣差役文書（八）》："李沙富、李德——右▭"

2006TSYIM4：3－4背面《北涼文書爲偷盜事》："▭乘用，富意開語▭"

75TKM91：16(b)《北涼緣禾五年翟阿富券草》："緣禾五年六月十一日，翟阿富從阿皆。"

72TAM151：96(a)《高昌安樂等城負臧錢人入錢帳》："▭寧負臧錢人：作人□□□□六文，作人秋富入▭"

69TKM39：9/2(a)，9/3(a)《唐貞觀某年男世達户籍》"奴豐富，年拾歲。"

64TAM15：19《唐西州高昌縣弘寶寺賊臓錢名》："▭令富。"

複　fù

64TAM29：44《唐咸亨三年(672)新婦爲阿公録在生功德疏》："紫黄羅間陌複一腰。"

賦　fù

67TAM363：8/1(a)之九《唐景龍四年(710)卜天壽抄孔氏本鄭氏注〈論語〉》："▭治其賦，不知其仁也。"

72TAM179：16/1(b)，16/2(b)《唐寫〈尚書〉孔氏傳〈禹貢〉、〈甘誓〉殘卷》："田第一，賦第六，人功少也。"

67TAM363：8/1(a)之九《唐景龍四年(710)卜天壽抄孔氏本鄭氏注〈論語〉》："軍賦可史(使)治之者言其才，任▭"

蝮　fù

80TBI：097《請觀世音菩薩消伏毒害陀羅尼咒經(卷一)》："▭蝮蝎夜叉、羅刹拘槃▭"

縛　fù

80TBI：027《阿毗曇八犍度論(卷三)思跋渠首第八》："執其人，捶打縛殺。"

80TBI：041《阿毗達磨大毗婆沙論(卷九二)結藴第二中十門納息第四之二二》："▭繫二縛所▭眠隨增一▭"

覆　fù

80TBI：038《優波離問佛經》："▭都不覆不障▭"

按：障，原件書作"鄣"。

80TBI：730a《百論序》："▭陶練覆疏▭"

80TBI：109《妙法蓮華經(卷二)信解品第四》："▭覆自念言，我若▭"

80TBI：517－1《優波離問佛經》："▭復住，一切覆不障、一▭"

按：障，原件書作"鄣"。

59TAM305：8《缺名隨葬衣物疏》："絓覆面一枚。"

59TAM305：17《缺名隨葬衣物疏二》："帛練（練）覆面一枚。"

73TAM193：15(b)《唐天寶某載（749—756）行館器物帳》："已上物天八春夏覆剩附。"

2004TAM408：17《令狐阿婢隨葬衣物疏》："故練覆面二枚。"

2006TAM607：2－2背面《唐景龍三年（709）後西州勾所勾糧帳》："☐☐覆囚☐☐"

2006TSYIM4：2－2《古寫本〈詩經〉》："□用其良，覆卑我悖。"

2006TSYIM4：2－2《古寫本〈詩經〉》："諒曰不可，覆背善詈。"

G 部

gǎi

改 gǎi

改 67TAM363：8/2(a)之一《唐景龍四年(710)卜天壽抄〈十二月新三臺詞〉及諸五言詩》："年首初春□,改故迎新李(季),玄附靈求學,樹夏(下)乃逢珍。"

改 67TAM363：8/1(a)之九《唐景龍四年(710)卜天壽抄孔氏本鄭氏注〈論語〉》："於予予(與)改是也。"

改 72TAM150：38《唐某人九月廿一日書牘》："府改任州職,在此□□。"

乃 73TAM507：012/5《唐殘辭》："□□與改官正□□。"

gài

蓋 gài

蓋 72TAM151：69《〈千字文〉習字殘卷》："□□蓋此身□□。"

按：盖,俗"蓋"字。《説文》:"蓋,苫也。从艸,盍聲。"邵瑛《群經正字》:"今經典多作蓋。"《正字通》:"盖,俗蓋字。"今爲

"蓋"的簡化字,正字。

蓋 73TAM222：54/10（b）,54/11（b）,54/12(b)《唐寫〈禮記〉鄭氏注〈檀弓〉下殘卷》:"蓋□有才□□。"

蓋 66TAM44：30/4《唐殘發願文二》:"□□幡錦蓋曜日,騰馬空□□。"

溉 gài

溉 73TAM210：136/11《唐勳官某訴辭爲水破渠路事》:"□□上口先溉。"

溉 67TAM363：8/1（a）之三《唐景龍四年(710)卜天壽抄孔氏本鄭氏注〈論語〉》:"禘自溉(既)灌□□。"

按：溉,當爲"既",涉下增旁訛誤。

gān

干 gān

干 72TAM151：94《高昌義和三年(616)張相憙夏靡田券》:"□□干(乾)净好,若净好,聽□□。"

按：干,《説文》:"犯也。"通"乾"。《釋名·釋飲食》:"干飯,飯而暴乾之也。"畢沅疏證:"干與乾音同得相假借。"《莊子·

田子方》："老聃新沐，方將被髮而乾。"陸德明釋文："而干，本或作乾。"朱駿聲《説文通訓定聲》："干，假借爲乾。"今爲"乾濕"字之簡化字，正字。

72TAM151：13《高昌義和三年（616）氾馬兒夏田券》："賃使干（乾）净好，若不干（乾）净□，聽向風常取。"

按：賃，原件書作"床"。

60TAM330：26/1《唐總章元年（668）趙惡仁佃田契》："□□依高昌斛□□□史（使）干（乾）静（净）□□。"

65TAM42：48（a）《古寫本〈鍼法〉殘片》："唾血振寒咽干（乾）太□□。"

甘　gān

67TAM363：8/2（a）之一《唐景龍四年（710）卜天壽抄〈十二月新三臺詞〉及諸五言詩》："項託柒歲知事，甘羅十二想（相）秦，□無良妻解夢，馮唐寧得忠辰（臣）。"

72TAM188：91《唐殘牒》："□□大使正議大夫行甘州刺史李□□。"

72TAM179：16/4（b），16/5（b），16/6（b），16/7（b）《唐寫〈尚書〉孔氏傳〈禹貢〉、〈甘誓〉殘卷》："启與又（有）扈奔（戰）於甘之垫作《甘誓》。"

按：《説文》："甘，美也。从口含一。"《偏類碑別字》引《魏齊郡王元祐墓誌》"甘"字即同此形。

72TAM179：16/4（b），16/5（b），16/6（b），16/7（b）《唐寫〈尚書〉孔氏傳〈禹貢〉、〈甘誓〉殘卷》："啓與又（有）扈奔（戰）於甘之垫作《甘誓》。"

玕　gān

72TAM179：16/1（b），16/2（b）《唐寫〈尚書〉孔氏傳〈禹貢〉、〈甘誓〉殘卷》："匀（厥）貢惟球、玲（琳）、琅玕。"

乾　gān

73TAM210：136/11《唐勳官某訴辭爲水破渠路事》："□□乾不收，當日水□□檢具知。"

gǎn

敢　gǎn

67TAM363：8/1（a）之九《唐景龍四年（710）卜天壽抄孔氏本鄭氏注〈論語〉》："對曰：'賜也，何敢望回？'"

64TAM19：32（a），54（a），55（a）《唐寫本鄭氏注〈論語〉公冶長篇》："對曰：'賜也，何敢望回？'"

73TAM507：012/1《唐某人申狀爲欠練、駞、馬事》："□□不敢將來拔婚□□。"

73TAM222：54/7（b），54/8（b），54/9（b）《唐寫〈禮記〉鄭氏注〈檀弓〉下殘卷》："□□善敢□□。"

65TAM341：22，23，24（a）《唐景龍三年（709）南郊赦文》："□□敢以赦前□□。"

感　gǎn

73TAM509：8/5（a）《唐西州天山縣申西州户曹狀爲狀無場請往北庭請兄禄事》："如後有人糺（糾）告，稱是詃誘等色，義 感 等連保，各求受重罪者。"

73TAM222：57/3《唐殘名籍二》："□□孝 感 、安玄□□。"

73TAM206：109/13－6，42/9－26《唐課錢帳歷》："王 感 六十，欠六。"

67TAM376：03（a）《唐西州高昌縣諸鄉里正上直暨不到人名籍》："曹 感 ，賈提。"

72TAM230：69《武周天授二年（691）李申相辯辭》："□□□令款求受重罪，被問依實謹辯。感□□。"

2004TBM207：1－5d《唐某年西州晚牙到簿（二）》："□□孫 感 。"

gàn

干　gàn

80TBI：641a《妙法蓮華經（卷二）譬喻品第三》："毒蛇蚖蝮，及諸夜叉，鳩盤荼鬼，野 干 狐狗，鵰鷲鵄梟，百族之屬。"

按：干，野獸。唐玄應《一切經音義》卷二四："野干，梵言'悉伽羅'。形色青黄，如狗群行，夜鳴，聲如狼也。字有作'射干'。"

紺　gàn

75TKM96：15《龍興某年宋泮妻翟氏隨葬衣物疏》："故 紺 綪尖

2004TAM408：17《令狐阿婢隨葬衣物疏》："故 紺 綪延一枚。"

2004TAM408：17《令狐阿婢隨葬衣物疏》："故 紺 綪結髮一枚。"

59TAM305：8《缺名隨葬衣物疏》："紺 綪尖一枚。"

75TKM99：7《建平六年張世容隨葬衣物疏》："故紺 綪結髮一枚。"

66TAM62：5《北涼緣禾五年隨葬衣物疏》："黄 紺 裙一枚。"

榦　gàn

72TAM151：52《高昌逎人史延明等名籍》："北聽 榦 程阿慶、□□祐、白保祐、令狐伯兒、□□□、王保謙。"

按：榦，同"幹"。《説文》："榦，築牆耑木也。"《北海相景君銘》作" "，《武榮碑》作" "。

72TAM209：88《唐貞觀年間西州高昌縣勘問梁延臺、雷隴貴婚娶糾紛案卷（一）》："嫁女與張 榦 作妾。"

gāng

剛　gāng

67TB：1－2－2《大乘瑜伽金剛性海曼殊室利千臂千鉢大教王經（卷六）》："□□迅金 剛 幢三□□。"

80TBI：131《高昌國高崇息乾茂等寫經題記》："《金 剛 般若》一部。"

按：劚，俗“剛”字。《字彙》：“劚，
同剛。”

剛

73TAM206：42/10－14,42/10－
9《唐質庫帳歷》：“何山 剛 正月
十九日取壹伯(百)文。”

64TAM29：44 之六《唐咸亨三年
(672)新婦爲阿公録在生功德
疏》：“注子(字)《金 剛 般若經》一部。”

67TAM363：8/1(a)之九《唐景
龍四年(710)卜天壽抄孔氏本鄭
氏注〈論語〉》：“ 剛 謂强志不屈。”

67TAM363：8/1(a)之九《唐景
龍四年(710)卜天壽抄孔氏本鄭
氏注〈論語〉》：“□ 未見 剛 者。”

67TAM363：8/1(a)一〇《唐景
龍四年(710)卜天壽抄孔氏本鄭
氏注〈論語〉》：“□ 慾，焉得 剛 ？”

綱　gāng

72TAM230：46/2(b)《唐儀鳳三
年(678)尚書省戶部支配諸州庸
調及折造雜練色數處分事條啟(二)》：“庸
調送納楊府轉運 □□ 綱 典部領，
以還。”

60TAM332：9/1－1《唐祭五方
神文殘片一》：“敢告北方黑帝，
紒(協) 綱 紀,恒山之神獸玄武。”

按：綱，俗“綱”字。《字彙補》：“綱,紀
綱也，又繩也。”“紒”疑爲“協”訛誤。受下
文“綱紀”影響而類化。涉下類化現象手
寫常見。

65TAM40：28《唐杜定歡賃舍
契》：“歡從證聖寺三 綱 僧練伯
邊賃取裏舍中上下房五口。”

2006TAM607：4a《唐神龍三年
(707)正月西州高昌縣開覺寺手

實》：“若後虛妄,連署 綱 維,請依法受罪,
謹牒。”

gāo

高　gāo

72TAM150：37《唐氾正家書》：
“ 高 正盡得平安。”

72TAM230：69《武周天授二年
(691)李申相辯辭》：“□□［主］
薄(簿) 高 禎元來安昌城不□□”

64TAM5：39《唐李賀子上阿郎、
阿婆書二(二)》：“□□ 盡給婦，
高 昌有婦人,不得婦。”

75TKM91：3/1(a),3/,2(a)《蔡
暉等家口籍》：“ 高 凌四口。”

59TAM301：15/4－1,15/4－2《唐
貞觀十七年(643)西州高昌縣趙懷
滿夏田契》：“□□ 依 高 昌斛斗中取。”

72TAM151：56《高昌買馱、入
練、遠行馬、郡上馬等人名籍》：
“□□行馬： 高 憙伯□□”

73TAM214：151,150《唐西州下
高昌等縣牒爲和糴事》：“準狀下
高 昌等□□”

73TAM193：11(a)《武周郭智與
人書》：“待 高 昌縣牒到,然後
追婢。”

73TAM206：42/9－30《唐課錢
帳歷(二)》：“ 高 四姑十五。”

73TAM206：42/1《唐事目歷》：
“□□文館 高 座褥等□□”

73TAM206：42/9－27《唐課錢
帳歷》：“ 高 □卅,趙五□□,漢

德□□"

67TAM363：7/4《唐儀鳳年間
（676—679）西州蒲昌縣竹海住
佃田契》："□□□年拾月壹日，高昌縣寧
昌鄉人卜老□□"

gào

告　gào

67TAM363：8/1（a）之四《唐景
龍四年（710）卜天壽抄孔氏本鄭
氏注〈論語〉》："子貢欲去告朔之餼羊。"

73TAM222：56/3（a），56/4（a）
《唐殘判籍（三）（四）》："經卅日
不告者□□"

60TAM332：9/1－1《唐祭五方
神文殘片一》："敢告北方黑帝，
緢（協）綱紀，恒山之神獸玄武。"

　　按：綱，原件作"經"。

72TAM201：33《唐咸亨五年
（674）兒爲阿婆録在生及亡没所
修功德牒》："右告阿婆從亡已後，延僧誦
隨願往生，至今經聲不絕。"

2004TAM395：1－2《唐某年二
月西州高昌縣更簿全貌》：
"□□依注告知□文白。"

2004TAM398：3－3＋2004TAM398：
3－2《唐某年二月西州高昌縣更
簿全貌》："依注告知洛白。"

gē

割　gē

64TAM29：24《唐垂拱元年
（685）康義羅施等請過所案卷
（四）》："奴割邏吉，驢三頭。"

73TAM222：56/1，56/2《唐殘判
籍（一）》："即遣均割□□"

gé

格　gé

65TAM341：25，26（a）《唐景龍
三年（709）南郊赦文》："□□準
格處分□□"

gè

个　gè

68TAM103：18/2－2（b），18/
11－3（b）《高昌衛寺明藏等納錢
帳（二）》："□□伍个，孫寺僧□□"

64TAM5：78（a）《唐李賀子上阿
郎、阿婆書一（二）》："兩个兒，
一个將一个奴婢來。"

64TAM5：39《唐李賀子上阿郎、
阿婆書二（二）》："不得書，兩个
兒不□□"

各　gè

72TAM226：53，54《唐開元十年
（722）伊吾軍上支度營田使留後
司牒爲烽鋪營田不濟事》："□□功，各
漸斸種前件畝數如前者。"

69TAM137：1/2,1/4－1《唐某人夏南渠田券》："各自署名爲信。"

72TAM151：104《高昌延和十二年(613)某人從張相熹等三人邊雇人歲作券》："□□□四主和同立□□□□後,各不得返海(悔),悔者□□□"

73TAM193：28《武周證聖元年(695)五月西州高昌縣崇福寺轉經歷(二)》："□□同業,人各轉大□□□"

66TAM44：30/5《唐寫佛經疏釋殘卷一》："□□各名應解□□□"

箇 gè

65TAM341：21《唐典焦玄素牒爲麥、粟帳事》："□□十二箇月計當課麥□□□"

gěi

給 gěi

72TAM228：9《唐年某往京兆府過所》："□□請改給過所者。準狀勘責同此已□□,幸依□□□"

64TAM29：126(a)《唐西州都督府殘文書》："分明給付不得。"

65TAM42：67《唐西州高昌縣授田簿(一五)》："右給蘇願歡充□□□"

68TAM108：19(a)之三《唐開元三年(715)西州營典李道上隴西縣牒爲通當營請馬料姓名事》："開元三年四月廿日典李道牒,給訖記,廿五日。"

65TAM42：54《唐西州高昌縣授田簿(一)》："右給得史阿伯仁部田六畝穆石石充□□□"

64TAM5：39《唐李賀子上阿郎、阿婆書二(二)》："□□盡給婦,高昌有婦人,不得婦。"

68TAM108：19(a)之三《唐開元三年(715)西州營典李道上隴西縣牒爲通當營請馬料姓名事》："右疋別付麋伍勝(升),給一日料。"

按：麋,原件書作"床"。

65TAM42：56《唐西州高昌縣授田簿(六)》："右給郭定武充分,同觀□□□"

72TAM230：46/1(a)《唐儀鳳三年(678)尚書省户部支配諸州庸調及折造雜練色數處分事條啟(一)》："單於大□護府諸驛賜物,於朔州給,並請準往例相知給付。"

gēn

根 gēn

72TAM151：6《高昌重光元年(620)氾法濟隨葬衣物疏》："諸(朱)衣籠管(冠)一具,腳躡(糜)具,穴根(跟)里(履)具,手□□□"

80TBI：088《金光明經(卷三)除病品第一五》："□□緣有妙善根。"

73TAM221：5《唐貞觀廿二年(648)庭州人米巡職辭爲請給公驗事》："巡職庭州根民,任往西州市易,"

所在烽塞勘放。”

根　80TBI：488《四分戒本疏（卷一）》：“對五篇弁此憂（優）劣者，若就 根 條初勝乃至五劣。”

　　按：弁，《中華大藏經》和《大正新修大藏經》作“辨”。

根　75TKM90：20（a）《高昌主簿張縮等傳供帳》：“赤違一枚，與秃地提勤無 根 。”

　　按：勤，原件書作“懃”。

根　75TKM90：20（a）《高昌主簿張縮等傳供帳》：“▢▢ 張縮傳令，出疏勒錦一張，與處論無 根 。”

根　66TAM62：5《北涼緣禾五年隨葬衣物疏》：“帛縺（練） 根 （褌）一枚。”

gèn

艮　gèn

艮　72TAM151：13《高昌義和三年（616）氾馬兒夏田券》：“義和三年丙子歲潤（閏）五月十九日，氾馬兒從無 艮 跋子邊夏舊壄（業）部田叁畝。”

gēng

更　gēng

更　80TBI：224《大智度論（卷七四）釋燈柱品第五七》：“▢▢ 界染故名‘無染’[染]， 更 不織煩惱 ▢▢ ”

　　按：無，《中華大藏經》和《大正新修大藏

經》作“不”。“染染”，應衍一“染”字，《中華大藏經》和《大正新修大藏經》作“染”。

更　67TAM78：30《唐貞觀十四（640）西州高昌縣李石住等戶手實（四）》：“▢▢ 具注如前， 更 ▢▢ ”

更　64TAM29：44之六《唐咸亨三年（672）新婦爲阿公錄在生功德疏》：“昨 更 於生絹畫兩捕（鋪）釋迦牟尼變，并侍者、諸天。”

更　72TAM230：67《武周天授二年（691）唐建進辯辭》：“如涉虛誣，付審已後不合 更 執，既經再審確，請一依元狀勘當。”

更　2004TAM395：1－1《唐某年二月西州高昌縣更簿全貌》：“二月十三日夜 更 簿。”

更　2004TAM395：1－1《唐某年二月西州高昌縣更簿全貌》：“▢▢ 更 次交付懷歡 ▢▢ ”

庚　gēng

庚　73TAM507：014/3《高昌延壽七年（630）十月某人入九月剗刺薪條記》：“ 庚 寅歲九月剗刺薪壹車。”

庚　65TAM341：27《唐開元八年（720）具注曆》：“九日 庚 寅木危。”

庚　72TAM151：6《高昌重光元年（620）氾法濟隨葬衣物疏》：“重光元年 庚 辰歲二月下旬，佛弟子某甲敬移五道大神。”

　　按：某，原件書作“厶”。

庚　73TAM524：32/2－2《高昌永平二年（550）十二月卅日祀部班示爲知祀人上名及謫罰事》：“▢▢▢▢ 庚 午歲十二月卅日祀部。”

耕　gēng

67TAM363：8/1（a）之七《唐景龍四年（710）卜天壽抄孔氏本鄭氏注〈論語〉》："恥惡衣惡食者，則 耕 嫁之情多。"

按：耕，當爲"耕"形訛。耕，俗"耕"字。考之《説文》："耕，犁也。从耒，丼聲。"《隸辨》言"碑變從井，井即丼。"引《費鳳別碑》字作"耕"。漢碑多見"耒"字上不出頭作"禾"者。"禾""禾"形近易混。由此推論，隸變致"耒"混作"禾"，"禾"又混作"禾"。"丼"與"井"形近易混，《干禄字書》："耕耕，上俗下正。"俗寫"耕"从禾从井者也多見，《玉篇殘卷》"食"字條引鄭玄曰："不食謂不耕墾也。"英藏敦煌本S.6176《箋注本切韻》："畉，耕地。"蔣斧印本《唐韻殘卷》"穬"字條引《字林》："耕也。"又"釋，耕兒也。"天津藝術博物館藏敦煌本《文選·與陳伯之書》："陳勝少時耕于隴上，謂同耕人曰：鷰雀安知鳴（鴻）鵠之志哉？"唐宣宗《朱萱墓誌》："耕之以夷，居之以聚。"字都从禾从井不誤。

另，《龍龕手鏡》收"耕"，音"北萌反"。無釋義。

73TAM524：34（a）《高昌章和五年（535）取牛羊供祀帳》："章和五年乙卯歲正月□日，取嚴天奴羊一口供始 耕 。"

73TAM221：62（a）-1《唐永徽三年（652）士海辭爲所給田被里正杜琴護獨自耕種事》："其地，琴護獨自 耕 種將去，不與士海一步，謹以諮陳訖。"

72TAM151：13《高昌義和三年（616）氾馬兒夏田券》："祖（租）殊（輸）伯（佰）役，仰田主了；渠破水㴛，仰 耕 田人了。"

72TAM151：94《高昌義和三年（616）張相憙夏麋田券》："□殊（輸）佰役，仰田主了；渠□□㴛，仰 耕 田人了。"

64TAM15：23《唐貞觀十四年張某夏田契》："□與 耕 田人。"

羹　gēng

73TAM193：15（b）《唐天寶某載（749—756）行館器物帳》："破 羹 碗貳拾牧（枚）。"

按：碗，原件作"椀"。

gèng

更　gèng

65TAM42：10，73《唐永徽元年（650）嚴慈仁牒爲轉租田畝請給公文事》："一身獨立， 更 無弟兄。"

66TAM61：24（a）《唐麟德二年（665）知事辯辭爲張玄逸失盜事》：" 更 問。二示。"

按：二，原件書作"式"。

72TAM230：65（a）《武周史孫行感殘牒》："牒未檢問， 更 有事至，謹牒。"

gōng

工　gōng

75TKM96：18,23《北涼玄始十二年(423)兵曹牒爲補代差佃守代事》："箭 工 董祖□身死,請 □ 。"

72TAM151：15《高昌義和二年(615)都官下始昌縣司馬主者符爲遣弓師侯尾相等詣府事》："□ 工 相兒。"

弓　gōng

73TAM208：23,27《唐典高信貞申報供使人食料帳歷牒(二)》："□ 請賜處月 弓 賴俟斤等 □ 。"

66TAM61：17(b)《唐西州高昌縣上安西都護府牒稿爲録上訊問曹禄山訴李紹謹兩造辯辭事(一)》："□ 在 弓 月城舉取二百七十五疋絹,向龜 □ 。"

64TAM15：6《唐唐幢海隨葬衣物疏》："胡禄 弓 箭一具。"

72TAM151：15《高昌義和二年(615)都官下始昌縣司馬主者符爲遣弓師侯尾相等詣府事》："敕始昌縣司馬主者,彼縣今須 弓 師侯□□、□元相二人,符到,作具、糧□自隨。"

66TAM61：23(b),27/2(b),27/1(b)《唐西州高昌縣上安西都護府牒稿爲録上訊問曹禄山訴李紹謹兩造辯辭事(二)》："問禄山得款；李謹當時共兄同伴,向 弓 月 □ 。"

公　gōng

60TAM332：6/1-1(a),6/1-2(a),6/1-3(a)《唐寫本〈五土解〉》："謹啟西方白帝土 公 駕白車乘白龍白公(功)曹白 □ 。"

65TAM42：10,73《唐永徽元年(650)嚴慈仁牒爲轉租田畝請給公文事》："田既出賃,前人從索 公 文,既無力自耕,不可停田受餓。"

按：耕,原件書作"耕"。

72TAM151：74(a)《古寫本〈晉陽秋〉殘卷》："書僕□□鑣 公 裴□尚書解結黃門侍郎杜 □ 。"

按：僕,原件書作"僕"。

73TAM221：37,65《唐西州高昌縣勘職田、公廟田牒》："府 公 廟田在縣先 □ 。"

72TAM230：67《武周天授二年(691)唐建進辯辭》："被問,建進若告主簿營種還 公 ,逃死户絶田地。"

按：地,原件書作"埊",爲武周新字。

72TAM151：59,61《高昌某年郡上馬帳》："永安 公 主寺赤馬。"

功　gōng

75TKM91：11/3《西涼建初四年(408)秀才對策文》："首王成 功 ,列於《雅》《頌》。"

72TAM226：53,54《唐開元十年(722)伊吾軍上支度營田使留後司牒爲烽鋪營田不濟事》："□ 功 ,各漸斸種前件畝數如前者。"

按：功,俗"功"字。《干禄字書》："功功,上俗下正。"

80TBI：132《佛説天地八陽神咒經》："□ 身强力足,讀經 功 德 □ 。"

73TAM206：42/9-14(a)《唐課錢帳歷(二八)》："□ 功 德十

五、趙二六十。"

2004TBM207：1－14《唐儀鳳某年（676—679）西州牒爲考課事》："詔具録 功 過奏聞，表本附案。"

2006TSYIM4：3－10背面《北涼官文書尾》："功 曹史，行水。"

73TAM210：136/12－6《唐西州都督府諸司廳、倉、庫等配役名籍（六）》："功 曹庫。"

65TAM346：1《唐乾封二年（667）郭耄醜勳告（一）》："或北折淳維，或南梟徵側，功 勳久著，賞册宜隆。"

72TAM201：33《唐咸亨五年（674）兒爲阿婆録在生及亡没所修功德牒》："右阿婆生存及亡没所修 功 德件録條。"

宫　gōng

72TAM151：74（a）《古寫本〈晉陽秋〉殘卷》："更擇良妃，備列六 宫。"

按：備，原件書作"俻"。

恭　gōng

67TAM363：8/1（a）《唐景龍四年（710）卜天壽抄孔氏本鄭氏注〈論語〉》："巧言、令色、足 恭，左丘明恥之，丘亦恥□［之］。"

80TBI：040b《妙法蓮華經（卷二）譬喻品第三》："□□見過去佛，恭 敬供養。"

2006TAM607：2－4＋2006TAM607：2－5＋2006TAM607：2－4《唐神

龍元年（705）六月後西州前庭府牒上州勾所爲當府官馬破除、見在事》："徐善 恭 馬瓜（騧）敦（驐）。"

64TAM19：34,58,59《唐寫本鄭氏注〈論語〉公冶長篇》："子曰：'巧言、□色、足 恭，□丘明恥之，丘亦恥之。'"

67TAM363：8/1（a）《唐景龍四年（710）卜天壽抄孔氏本鄭氏注〈論語〉》："□□肆焉：其行己也 恭，其士（事）上也敬，其養仁（人）也惠，□□"

68TAM108：20（a）之一《唐開元三年（715）西州營牒爲通當營請馬料姓名事一》："火長賈思 恭，火內人元獎。"

71TAM188：85《唐西州都督府牒爲便錢酬北庭軍事事》："□□頭得兵曹 恭 軍程□等牒稱□□"

72TAM171：19（a），9（a），8（a），11（a）《高昌延壽十四年（637）兵部差人往青陽門等處上現文書》："武 恭 □□"

66TAM59：4/6《北涼神璽三年（399）倉曹貸糧文書》："□□主者趙 恭、孫殷，今貸梁石□□"

67TAM91：29（a），30（a）《唐貞觀十七年（643）何射門陀案卷爲來豐患病致死》："□□節義坊正鞠伯 恭。"

躬　gōng

67TAM363：8/1（a）之八《唐景龍四年（710）卜天壽抄孔氏本鄭氏注〈論語〉》："故（古）者言之不出，恥 躬 之不逮也。"

gǒng

拱　gǒng

64TAM29：107《唐垂拱元年（685）康義羅施等請過所案卷（三）》："垂拱元年四月日。"

　　按：句中空格爲原件所有。下同。

64TAM29：25《唐垂拱元年（685）康義羅施等請過所案卷（四）》："垂拱元年四月日。"

64TAM29：17（a），95（a）《唐垂拱元年（685）康義羅施等請過所案卷（一）》："垂拱元年四月日。"

鞏　gǒng

67TAM84：23《高昌都官殘奏一》："□□司馬鞏。"

72TAM151：59，61《高昌某年郡上馬帳》："鞏傀保黄馬。"

　　按：傀，原件書作"傸"。

72TAM151：56《高昌買駄、入練、遠行馬、郡上馬等人名籍》："□□伏波衆悦、明威桑苟、□□阿□、鞏司馬、侍郎佛濟□□""□□辛明護、史淩江、校尉相明、□□保悦、麴阿住、鞏□□"

67TAM376：03（a）《唐西州高昌縣諸鄉里正上直暨不到人名籍》："西：鞏才，馬才，曹儉，巫直，仁。"

gòng

共　gòng

80TBI：019《增壹阿含經（卷五〇）大愛道般涅槃品第五二》："□□人皆共觀看時□□"

66TAM61：23（b），27/2（b），27/1（b）《唐西州高昌縣上安西都護府牒稿爲録上訊問曹禄山訴李紹謹兩造辯辭事（二）》："并共曹果毅及曹二，并外生（甥）居者去□□"

73TAM221：62（a）-1《唐永徽三年（652）士海辭爲所給田被里正杜琴護獨自耕種事》："今始聞田共同城人里正杜琴護連風（封）。"

2002TJI：002《佛説仁王般若波羅蜜經（卷下）散華品第六》："□□佛共坐□□"

66TAM61：23（b），27/2（b），27/1（b）《唐西州高昌縣上安西都護府牒稿爲録上訊問曹禄山訴李紹謹兩造辯辭事（二）》："問禄山得款；李謹當時共兄同伴，向弓月□□"

供　gòng

67TB：1-2-1《大乘瑜伽金剛性海曼殊室利千臂千鉢大教王經（卷六）》："□□供養食入道場人衆僧等。"

75TKM91：18（a）《北涼玄始十一年（422）馬受條呈爲出酒事》："次出酒□斛，付孫善，供帳内□□"

72TAM230：53（a）《唐西州高昌縣牒爲將孫承恩馬疋草踏事》："□官供草踏，仍牒天山縣準□□。"

72TAM201：33《唐咸亨五年（674）兒爲阿婆録在生及亡没所修功德牒》："延僧設供誦《大波若》一十遍。"

貢　gòng

貢　72TAM179：16/1（b），16/2（b）《唐寫〈尚書〉孔氏傳〈禹貢〉、〈甘誓〉殘卷》："匀（厥）貢惟球、玲（琳）、琅玕。"

貢　67TAM363：8/1（a）之九《唐景龍四年（710）卜天壽抄孔氏本鄭氏注〈論語〉》："□子貢曰：'汝與回也，熟（孰）愈？'"

gōu

勾　gōu

勾　72TAM230：46/1（a）《唐儀鳳三年（678）尚書省户部支配諸州庸調及折造雜練色數處分事條啓（一）》："□□富彊之家儻勾代輸。"

勾　72TAM230：46/1（a）《唐儀鳳三年（678）尚書省户部支配諸州庸調及折造雜練色數處分事條啓（一）》："□□並不得儻勾受雇爲□□。"

勾　2006TAM607：2－2《唐神龍二年（706）七月西州史某牒爲長安三年（703）七至十二月軍糧破除、見在事》："三石七斗七升九合青稞，州司勾。"

徵，索行等。"

勾　2006TAM607：2－4《唐景龍三年（709）後西州勾所勾糧帳》："準前勾徵，長運車坊馬羌。"

勾　65TAM341：22，23，24（a）《唐景龍三年（709）南郊赦文》："□龍二年□前諸色勾徵，並宜□□。"

勾　73TAM206：42/9－16《唐課錢帳歷（八）》："以前並勾勘上歷訖。"

勾　73TAM193：11（a）《武周郭智與人書》："緣爲録事司勾。"

鈎　gōu

鈎　73TAM221：55（a）《唐貞觀廿二年（648）安西都護府乘敕下交河縣符爲處分三衛犯私罪納課違番事》："敕旨有蔭及承別恩者，方霑宿衛，鈎陳近侍，親□非輕。"

gǒu

苟　gǒu

苟　67TAM363：8/1（a）之六《唐景龍四年（710）卜天壽抄孔氏本鄭氏注〈論語〉》："苟志於仁矣，無惡。"

苟　65TAM42：40《唐缺名隨葬衣物疏》："駝馬驢羊雞苟（狗）一千。"

苟　67TAM92：46（a），45（a），50/2（a），50/1（a），44（a），49（a）《高昌某歲諸寺官絹捎本》："郭苟始絹一、綿一。"

苟　67TAM84：20《高昌條列出臧錢文數殘奏》："□□苟作從，藏

龍遮□□"

【符】75TKM91：33（a），34（a）《兵曹下八幢符爲屯兵值夜守水事》："殘校將一人，將殘兵，值 苟 （狗）還守。"

72TAM151：56《高昌買駄、入練、遠行馬、郡上馬等人名籍》："□□伏波衆悅、明威桑 苟 、□□阿□、鞏司馬、侍郎佛濟□□"

按：佛，原件書作"仏"。

65TAM341：78（背面）《唐辯辭爲李藝義佃田事》："今來披訴，苟 求多少，欲纚他宗，恣意負心。"

2006TAM607：2－4＋2006TAM607：2－5＋2006TAM607：2－4《唐神龍元年（705）六月後西州前庭府牒上州勾所爲當府官馬破除、見在事》："白 苟 輩馬恩敦（驐）。"

按：恩，原件書作"忩"。

73TAM206：42/10－12《唐質庫帳歷》："苟 家□小王村年冊。"

65TAM42：64《唐西州高昌縣授田簿（一二）》："右給竹 苟 仁充分，同觀□□"

2004TAM395：4－2＋2004TAM395：4－4《唐垂拱二年西州高昌縣徵錢名籍全貌》："范 苟 子。"

2004TAM395：4－2＋2004TAM395：4－3《唐垂拱二年西州高昌縣徵錢名籍全貌》："□□ 苟 始，趙申行。"

狗　gǒu

75TKM91：25《兵曹條往守白芳人名文書》一："左 狗 萬、毛相、張□明、道人道□。"

gòu

垢　gòu

80TBI：500a－1《中阿含經（卷二二）穢品經第一》："□□ 來無 垢 淨潔彼□□"

80TBI：041《阿毗達磨大毗婆沙論（卷九二）結蘊第二中十門納息第四之二二》："□□ 縛三隨眠隨增一 垢 所染□□"

構　gòu

72TAM151：74（a）《古寫本〈晉陽秋〉殘卷》："勸獎姤□ 構 煞□□"

搆　gòu

66TAM61：16（b）《唐西州高昌縣上安西都護府牒稿爲録上訊問曹禄山訴李紹謹兩造辯辭事（七）》："□□禄山浪相 搆 架，遂不道名□□"

按：搆架，捏造、誣枉義。而"構架"則謂支梁架木、結構建築義。兩者字音相同，字形相近。此處文句雖殘，依文題及文意可以推論，非謂建築，而是曹禄山和李紹謹的糾紛。且俗書常常"木""扌"混同，故此字當爲"搆"之俗字，而非"構"。下文恰爲佐證。

65TAM341：78（背面）《唐辯辭爲李藝義佃田事》："欲得出嫁，不加修理，專行 搆 架，博換已經四年。"

按：架，原件書作"探"。

媾　gòu

媾　72TAM209：87《唐貞觀年間西州高昌縣勘問梁延臺、雷隴貴婚娶糾紛案卷（二）》："虞侯府史楊玉□妻，雷媒 媾 娶□"

gū

沽　gū

沽　64TAM29：110/1～110/6，120（a）《唐處分庸調及折估等殘文書（一）～（七）》："折庸調多少及 沽 價高□"

沽　73TAM214：148（a）《唐和糴青稞帳（一）》："綿壹屯準次 沽 直銀錢伍文。"

孤　gū

孤　67TAM363：8/1（a）之八《唐景龍四年（710）卜天壽抄孔氏本鄭氏注〈論語〉》："得（德）不 孤 ，必有鄰。"

孤　73TAM507：012/1《唐某人申狀爲欠練、駝、馬事》："□□使 孤 賢舒奴匄□□"

孤　72TAM178：5《唐開元二十八年（740）土右營下建忠趙伍那牒爲訪捉配交河兵張式玄事二》："阿毛 孤 獨一身。"

辜　gū

辜　2006TSYIM4：2－2《古寫本〈詩經〉》："王曰於乎，何 辜 今之人！"

按：辜，俗。《龍龕手鏡》："辜，罪也。正作辜。"

辜　2006TSYIM4：3－5背面《北涼義和三年（433）文書爲保辜事（七）》："□□保 辜 三□□"

辜　2006TSYIM4：3－7背面《北涼義和三年（433）文書爲保辜事（六）》："□□保 辜 □□"

gǔ

古　gǔ

古　67TAM363：8/1（a）之四《唐景龍四年（710）卜天壽抄孔氏本鄭氏注〈論語〉》："射不主皮，爲力不同科， 古 之道。"

谷　gǔ

谷　65TAM341：30/1（a）《唐小德辯辭爲被蕃捉去逃回事》："其抄小德等來□可有二百騎，行至小嶺 谷 內，即逢。"

谷　72TAM151：58《高昌義和二年（615）七月馬帳（一）》："義和二年乙亥歲七月十六日，范寺思惠赤馬，卜寺赤馬，武衛寺赤馬，丁 谷 寺□馬……"

谷　69TKM39：9/9（a），9/5（a），9/1（a）《唐貞觀年間（640—649）西州高昌縣手實二》："城東□□土門 谷 渠東李舉西渠南□□"

谷　60TAM327：05/1《唐永徽六年（655）趙羊德隨葬衣物疏》："□□長故。時見李正 谷 答示□。"

谷　72TAM151：59，61《高昌某年郡上馬帳》："郡上馬：丁 谷 寺瓜

（騧）馬，田地公寺余（餘）馬，東許寺赤馬……"

 72TAM151：56《高昌買駅、入練、遠行馬、郡上馬等人名籍》："次郡上馬：丁 谷 寺、□□□寺、追世寺、東許□、韓統寺、氾延 □ "

 72TAM151：102，103《高昌作頭張慶祐等偷丁谷寺物平錢帳》："三人合偷丁 谷 寺□□。"

　　按：丁谷寺爲地名，吐魯番出土文獻多見，均書作"丁谷寺"，故"垎"當爲"谷"之增旁俗字。下同。

 72TAM151：102，103《高昌作頭張慶祐等偷丁谷寺物平錢帳》："□張慶祐子作頭，田地 □□□□ 從，二人合偷丁 谷 寺□□奴絁二匹半。"

穀　gǔ

 72TAM151：6《高昌重光元年（620）氾法濟隨葬衣物疏》："細錦萬匹，石灰一斛，五 穀 具。"

 75TKM91：11/5《西涼建初四年（408）秀才對策文》："神農種 穀 ，軒轅造制。"

 2006TSYIM4：2－2《古寫本〈詩經〉》："維此良人，作爲式 穀 。"

 63TAM1：19《某人上主將殘辭》："□□□ 還 穀 櫃持得□□□ "

 65TAM42：40《唐缺名隨葬衣物疏》："五 穀 具。"

gù

固　gù

 72TAM226：53，54《唐開元十年（722）伊吾軍上支度營田使留後司牒爲烽鋪營田不濟事》：" □□□ 屬警 固 ，復奉使牒，烽鋪子不許 □□□ "

 67TAM376：02（b）《唐欠田簿（一）》："張文 固 ，五十六，勳官，户頭欠常田三畝，部田五畝。"

 64TAM15：19《唐西州高昌縣弘寶寺賊臕錢名》："延 固 。"

 59TAM303：01《高昌缺名隨葬衣物疏》："倩書李堅 固 。"

故　gù

 73TAM222：54/7（b），54/8（b），54/9（b）《唐寫〈禮記〉鄭氏注〈檀弓〉下殘卷》："□ 故 至於 □□□ "

 72TAM226：85/1～85/3《唐伊吾軍諸烽鋪受貯糧食斛斗數文書一》："壹碩貳斛陸勝（升）麼， 故 亭烽。"

 72TAM150：40《唐康某等雜器物帳》："竹 故 匲床一張。"

 66TAM44：30/1，30/10《唐寫〈唯識論注〉殘卷二》：" □□□ 何 故 六識通於三性何 □□□ "

 2004TAM408：17《令狐阿婢隨葬衣物疏》：" 故 絳絓結髮一枚。"

 73TAM206：42/10－1，42/10－15《唐質庫帳歷》：" 故 黃布衫一。"

 66TAM44：30/5《唐寫佛經疏釋殘卷一》：" □□□ 故 以無 □□□ "

雇　gù

 72TAM230：46/1（a）《唐儀鳳三年（678）尚書省户部支配諸州庸

調及折造雜練色數處分事條啟（一）》：
"□□並不得儌勾受 雇 爲□□。"

64TAM15：29/1《高昌康保謙雇
劉祀海券》："□□三日，康保謙
雇 劉祀海用□□。"

72TAM151：104《高昌延和十二
年（613）某人從張相憙等三人邊
雇人歲作券》："□□與 雇 價銀錢貳□□
□□即□□□入作。"

顧　gù

73TAM206：42/2《唐光宅元年
（684）史李秀牒爲高宗山陵賜物
請裁事》："主簿判丞 顧 。"

guā

瓜　guā

72TAM151：59,61《高昌某年郡上
馬帳》："郡上馬：丁谷寺 瓜
（騧）馬。"

按：瓜，即"騧"之俗省，亦是借音字。
瓜馬，即"騧馬"。詳見下文。

2004TBM203：30－2《高昌寫本
〈急就篇〉》："□□柰桃待露霜，
棗杏 瓜 棣□飴餳。"

72TAM151：59,61《高昌某年郡
上馬帳》："麴顯斌赤馬，大張寺
瓜 留（騧騮）□。""中郎顯仁 瓜 （騧）馬。"

72TAM151：59,61《高昌某年郡
上馬帳》："明威傀滿 瓜
（騧）馬。"

按：傀，原件書作"儯"。

63TAM1：17《劉普條呈爲綿絲
事》："楊 瓜 生絲一斤。"

72TAM150：29《唐諸府衛士配
官馬、馱殘文書一》："□□達
馬 瓜 。"

按：爪，爲"瓜"之省訛。

騧　guā

72TAM188：74（a）《唐被問領馬
事牒》："□□元新市馬壹疋，
騧 敦（驐）六歲□□。"

按：馼，同"騧"。《說文》："騧，黃馬黑
喙。從馬，咼聲。"《集韻》："騧，黃馬黑喙。
或作馼。"S.388《正名要錄》："騧馼，右字形
雖別，音義是同。古而典者居上，今而要者
居下。"《宋書·明帝紀》"（明帝）多忌諱，言
語文書，有禍敗凶喪及疑似之言應回避者，
數百千品，有犯必加罪戮。改'騧'爲馬邊
瓜，亦以'騧'字似'禍'字故也。"

guǎ

寡　guǎ

72TAM151：74（a）《古寫本〈晉
陽秋〉殘卷》："額功臣後 寡 其二
子□□。"

75TKM91：11/3《西涼建初四年
（408）秀才對策文》："故曰：刑於
寡 妻，以御乎家邦。"

69TKM39：9/1（b），9/5（b），9/9
（b）《唐永徽二年（651）後某鄉戶
口帳（草）（一）》"丁 寡 。"

67TAM78：20（b）《唐李悅得子
等戶主名籍》："□□ 寡 妻張慶

妃□□"

guà

卦　guà

75TKM91：11/4《西涼建初四年（408）秀才對策文》："猶文王□□八卦,孔子之著《繫辭》,秦始之作草書。"

掛　guà

72TAM209：87《唐貞觀年間西州高昌縣勘問梁延臺、雷隴貴婚娶糾紛案卷（二）》："□□掛言,今日因何頓諱?"

guāi

乖　guāi

73TAM222：56/3（a）,56/4（a）《唐殘判籍（三）（四）》："若乖於日新□□"

73TAM507：013/1《唐某人申狀爲注籍事》："□□貫而請□深乖□□"

2004TBM207：1-4《唐儀鳳三年（678）九月西州功曹牒爲檢報乖僻批正文案事》："大素自考後以來,諸司所有乖僻處分隨案,並捉得略良胡數人及財物等。"

2004TBM207：1-4《唐儀鳳三年（678）九月西州功曹牒爲檢報乖

僻批正文案事》："牒至,諸有何乖僻批正文案報者。"

2004TBM207：1-4《唐儀鳳三年（678）九月西州功曹牒爲檢報乖僻批正文案事》："依檢,□乖僻批正文可報。"

73TAM193：38（a）《武周智通擬判爲康隨風詐病避軍役等事》："虛無事上之意,令乖臣子之心。"

guài

怪　guài

80TBI：132《佛説天地八陽神咒經》："□□鳥鳴百怪諸惡鬼□□"

按：恠,同"怪"。《玉篇》《干禄字書》《龍龕手鑒》皆謂:"恠,俗。"

guān

官　guān

73TAM222：56/1,56/2《唐殘判籍（二）》："官奏恐不諧□□"

65TAM42：90（a）,91（a）《唐令狐鼠鼻等差科簿（一）》："八人勳官。"

63TAM1：18《罰毯文書》："□□毯貳拾貳張入官,民□□"

73TAM519：19/2-2《高昌麴季悦等三人辭爲請授官階事》：

"□即得異姓上品官上坐，若得内官者□"

72TAM230：66《武周天授二年（691）安昌合城老人等牒爲勘問主簿職田虛實事》："當城渠長，必是細諳知地，勳官灼然可委。"

按：地，原件爲武周新字。

72TAM171：12（a），17（a），15（a），16（a），13（a），14（a）《高昌延壽十四年（637）兵部差人看客館客使文書》："□蘇弩胡鹿大官、公主時健大官。"

2006TSYIM4：3-17a《北涼某年九月十六日某縣延掾案爲檢校絹事》："□將詣官同一□□不縮縱□"

73TAM507：012/21《高昌延壽九年（632）八月張明憙入官貸捉大麥子條記》："壬辰歲官貸捉大麥子張明□伍斛□"

73TAM504：21/1-21/3《高昌奴得等負麥、粟、氎帳（一）～（三）》："□奴得負參軍索謙、焦歡伯二人邊官舉價小麥叁□□陸兜（斗）。"

72TAM151：96（b）《高昌殘帳》："□十一月卅日官□"

72TAM230：58/1（a）～58/4（a）《武周天授二年（691）追送唐建進家口等牒尾判》："□縱不在，家口應住安昌，別牒天山縣，仰準長官處分，即領送。"

73TAM507：012/9《唐殘牒》："□奉長官處分□"

72TAM151：15《高昌義和二年（615）都官下始昌縣司馬主者符爲遣弓師侯尾相等詣府事》："凌江將軍兼

都官□□洪信□"

59TAM305：14/2《倉曹屬爲買八縷布事》："屬官付。"

73TAM221：62（b）《唐永徽三年（652）賢德失馬陪徵牒》："今狀雖稱付主領訖，官人見領時，此定言注來了。"

68TAM108：19（a）之三《唐開元三年（715）西州營典李道上隴西縣牒爲通當營請馬料姓名事》："押官乘騎官馬兩疋。"

2004TBM207：1-4《唐儀鳳三年（678）九月西州功曹牒爲檢報乖僻批正文案事》："官□之日，並皆不通，請檢附狀者。"

棺　guān

63TAM2：1《北涼緣禾六年翟萬隨葬衣物疏》："故黃桑棺一口。"

關　guān

72TAM230：46/1（a）《唐儀鳳三年（678）尚書省户部支配諸州庸調及折造雜練色數處分事條啓（一）》："□訖，具申比部及金部，比部勾訖，關□"

按：開，"關"之俗字。《干禄字書》："開關，上俗下正。"閞，另有正字。

72TAM228：9《唐年某往京兆府過所》："□將前件人、畜路由關津不練，謹連□"

75TKM96：17《北涼真興七年（425）宋泮妻隗儀容隨葬衣物疏》："辛（幸）關津河梁不得留難如

律令。”

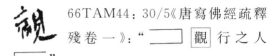

關 75TKM91：11/5《西涼建初四年（408）秀才對策文》："夫 關 雎之鳥，摯（鷙）而有別。"

閗 73TAM206：42/3 - 1《唐咸亨三至五年（672—674）文官俸案文書(二)》："□□四年十二月十五日吏部 關 康國安尾盡 □□"

按：閗，同"關"。《玉篇·門部》《篇海·宮室類·門部》均謂"閗"爲"關"的俗字。

閗 64TAM19：40《唐顯慶五年（660）殘關文》："□□件狀如前，今以狀 關 □□"

閗 72TAM188：66《唐與倉曹關爲新印馬齒料事》："□□倉曹：關 爲日城等營新印馬齒料，準式并牒營檢領事。"

觀 guān

觀 73TAM206：42/10 - 8《唐質庫帳歷》："觀 音寺後曲年十三。"

觀 80TBI：097《請觀世音菩薩消伏毒害陀羅尼咒經（卷一）》："□□稱 觀 世音菩薩名 □□"

觀 73TAM221：39《唐貞觀十八年（644）殘文書》："貞 觀 十八年十一月廿二日。"

觀 67TAM91：19(a)《唐貞觀十九年（645）安西都護府下軍府牒爲速報應請賜物見行兵姓名事》："貞 觀 十九年八月廿一□□"

觀 72TAM201：33《唐咸亨五年（674）兒爲阿婆録在生及亡没所修功德牒》："《觀 世音經》一卷。"

觀 66TAM44：30/5《唐寫佛經疏釋殘卷一》："□□ 觀 行之人"

觀 66TAM44：11/5《唐貞觀十九年（645）牒爲鎮人馬匹事》："貞 觀 十九年□月 □□"

觀 66TAM44：11/2《唐貞觀二十二年（648）文書（草）爲耕田人左文通減麥事》："貞 觀 廿二年五月三日 □□"

觀 73TAM509：8/26(b)《唐唐昌觀申當觀長生牛羊數狀》："當 觀 長生羊大小總二百卅八口 □□"

guǎn

管 guǎn

管 72TAM151：6《高昌重光元年（620）氾法濟隨葬衣物疏》："諸（朱）衣籠 管（冠）一具。"

管 2006TAM607：4a《唐神龍三年（707）正月西州高昌縣開覺寺手實》："合當寺新舊總 管 僧總廿人。"

管 72TAM178：4《唐開元二十八年（740）土右營下建忠趙伍那牒爲訪捉配交河兵張式玄事一》："□□總管 王 □□"

管 72TAM230：46/2(b)《唐儀鳳三年（678）尚書省户部支配諸州庸調及折造雜練色數處分事條啟（二）》："□□非所 管 路程稍近，遣與桂府及欽州相知，準防人須糧支配使充。"

館 guǎn

2006TAM607：2－2背面《唐景龍三年（709）後西州勾所勾糧帳》："二石六斗米，中 館 妄破，蘇仁折納。"

2006TAM607：2－2背面《唐景龍三年（709）後西州勾所勾糧帳》："二石二斗四合，給陰達中 館 供。"

guàn

冠 guàn

60TAM332：6/3《唐犯土禁忌文》：" 破塢土，戒犯園 冠 慕土，戒犯 。"

2006TSYIM4：2－2《古寫本〈詩經〉》："民之未戾，職盜爲 冠 （寇）。"

　按：原件"冠"旁改作"寇"。職，原件書作"戠"。

72TAM151：56《高昌買駞、入練、遠行馬、郡上馬等人名籍》："永隆寺、常侍□□、張相受、□□、 冠 軍、侍郎□洛。"

73TAM206：42/7－2《高昌義和五年（618）善海等役作名籍》：" 冠 、隗明願、侯 。"

貫 guàn

67TAM363：8/1（a）之七《唐景龍四年（710）卜天壽抄孔氏本鄭氏注〈論語〉》："參乎！吾道壹以 貫 之哉。"

72TAM151：74（a）《古寫本〈晉陽秋〉殘卷》："華博學洽聞，圖籍無不 貫 練。"

72TAM188：84《唐便錢酬馬價文書》：" 廿一 貫 便將酬馬價 。"

灌 guàn

67TAM363：8/1（a）之三《唐景龍四年（710）卜天壽抄孔氏本鄭氏注〈論語〉》："禘自既（既） 灌 。"

75TKM91：11/6《西涼建初四年（408）秀才對策文》："武爲政卿，厚而牢之，是以水 灌 不下。"

guāng

光 guāng

80TBI：005－2《大乘瑜伽金剛性海曼殊室利千臂千鉢大教王經（卷六）》：" 燈 光 焰 。"

80TBI：117《妙法蓮華經（卷三）藥草喻品第五》：" 日 光 掩蔽，地上 。"

64TKM1：33（b），34（b），32（b），36（b）《唐西州高沙彌等戶家口籍》："男建德年四歲，女 光 英，年五歲。"

64TAM29：44《唐咸亨三年（672）新婦爲阿公録在生功德疏》："請爲諸天轉讀《今（金）光明經》，亦請知。"

72TAM151：6《高昌重光元年（620）氾法濟隨葬衣物疏》："重 光 元年庚辰歲二月下旬，佛弟子某甲敬移五道大神。"

　按：佛，原件書作"仏"；某，書作"厶"。

72TAM151：59,61《高昌某年郡上馬帳》："弘 光 寺赤馬。"

73TAM206：42/2《唐光宅元年（684）史李秀牒爲高宗山陵賜物請裁事》："光 宅元年十月廿日史李秀牒。"

guǎng

廣　guǎng

80TBI：669a《大方廣華嚴十惡品經》："□ 縱 廣 正等，其中力□。"

67TAM363：8/1（a）之九《唐景龍四年（710）卜天壽抄孔氏本鄭氏注〈論語〉》："□ 坐（地）之 廣 輪，此皆舉其所容之大。"

按：坐，當爲武周新字"坔"之訛寫。

75TKM88：1（b）《北涼承平五年（447）道人法安、弟阿奴舉錦券》："綿經綿緯，長九五寸，廣 四尺五寸。"

66TAM59：4/10《趙廣等名籍》："□ 趙 廣 、趙世、員通、孫萬、范秉、范雪、范小□。"

67TAM84：20《高昌條列出臧錢文數殘奏》："□ 商胡握 廣 延出臧錢一百五十□。"

guī

圭　guī

72TAM179：16/4（b），16/5（b），16/6（b），16/7（b）《唐寫〈尚書〉孔氏傳〈禹貢〉、〈甘誓〉殘卷》："禹錫玄圭，告厥成功。"

2006TSYIM4：2－2《古寫本〈詩經〉》："圭 璧既□。"

珪　guī

73TAM210：136/15《唐典傅守珪殘牒》："□ 日典傅守珪 牒。"

按：珪，同"圭"。《説文》："珪，古文圭从玉。"

73TAM509：8/6《唐書牘稿》："又婚事 珪 枝到，具委如何取辦。"

規　guī

65TAM42：60（a）《唐西州高昌縣授田簿（一一）》："□ 西令狐醜仁，南高 規 北渠。"

按：規，同"規"。《干禄字書》："規，'規'俗。"《五經文字》："規，'規'訛。"

傀　guī

72TAM151：59,61《高昌某年郡上馬帳》："明威 傀 滿瓜（騧）馬。"

按：儚，同"傀"。《廣韻》："傀，儚亦同。"《集韻》："傀，或作儚。"

72TAM151：59,61《高昌某年郡上馬帳》："鞏 傀 保黃馬。"

歸　guī

80TBI：495b－2《瑜伽集要焰口施食儀》："□ 歸 依十方，盡

虚空[　　]”

80TBI：495b－2《瑜伽集要焰口施食儀》：“[　　]南無[歸]依十方盡[　　]”

80TBI：495b－2《瑜伽集要焰口施食儀》：“[　　]界一切諸佛南無[歸]依十[　　]”

80TBI：407《彌沙塞羯摩本》：“[　　]今盡形受[歸]依[　　]”

73TAM222：54/7(b)，54/8(b)，54/9(b)《唐寫〈禮記〉鄭氏注〈檀弓〉下殘卷》：“[　　][歸][　　]”

2004TBM203：30－4e＋2004TBM203：30－4f《高昌寫本〈急就篇〉》：“[　　]去俗[歸]義[　　]”

66TAM61：23(b)，27/2(b)，27/1(b)《唐西州高昌縣上安西都護府牒稿爲録上訊問曹禄山訴李紹謹兩造辯辭事(二)》：“[　　]有所[歸]，請乞禁身，與謹對當[　　]”

69TKM39：9/8(a)《唐西州高昌縣□慶友等户家口田畝帳簿(二)》：“[　　]里潢渠，東趙[歸]，西道[　　]”

64TAM19：36《唐咸亨五年(674)王文歡訴酒泉城人張尾仁貸錢不還辭》：“[　　]來去常日空[歸]。”

67TAM363：8/2(a)之一《唐景龍四年(710)卜天壽抄〈十二月新三臺詞〉及諸五言詩》：“寫書今日了，先生莫鹹(嫌)池(遲)，明朝是賈(假)日，早放學生[歸]。”

按：鹹，原件作“醎”。

72TAM150：29《唐諸府衛士配官馬、馱殘文書一》：“[歸]政府[　　]”

guǐ

軌 guǐ

64TAM15：17《唐貞觀十四年閏十月西州高昌縣弘寶寺賊臓錢名》：“延[軌]。”

72TAM150：32《唐諸府衛士配官馬、馱殘文書三》：“□□府吴弘[軌]馬騟。”

按：軌，《干禄字書》：“軌軌，上通下正。”

72TAM201：33《唐咸亨五年(674)兒爲阿婆録在生及亡没所修功德牒》：“文[軌]法師邊講《法華》一部。”

72TAM151：59，61《高昌某年郡上馬帳》：“將趙[軌]驃馬……合六十七匹。”

按：驃，原件書作“驃”。

72TAM151：99，100《高昌合計馬額帳(一)》：“惠卜寺、追批[　　][軌]騘馬[　　]”

64TAM4：40《唐乾封三年(668)張善憙舉錢契》：“知見人，張[軌]端。”

癸 guǐ

73TAM507：013/4－1，4－2《唐曆》：“[　　]廿五□[癸][　　]”

鬼 guǐ

80TBI：148《請觀世音菩薩消伏毒害陀羅尼咒經(卷一)》：

"▢▢耶(莫作 鬼 也),卑離陀(云餓鬼也)。"

按：括號內爲原正文下注小字。

75TKM91：11/6《西涼建初四年（408）秀才對策文》："夏處井 鬼,故稱南陸。"

80TBI：132《佛説天地八陽神咒經》："▢▢此經三遍是諸惡 鬼 ▢"

60TAM332：6/5,6/8《唐祭諸鬼文（一）》："▢▢上▢▢鬼是陰,其某死 鬼 死▢▢"

guì

桂 guì

72TAM230：46/2(b)《唐儀鳳三年（678）尚書省户部支配諸州庸調及折造雜練色數處分事條啟（二）》："▢▢非所管路程稍近,遣與 桂 府及欽州相知,準防人須糧支配使充。"

貴 guì

72TAM150：40《唐康某等雜器物帳》："麴 貴 哲床一張。"

72TAM150：44《唐史歡智等雜器物帳》："魏朱 貴 檠一。"

72TAM209：87《唐貞觀年間西州高昌縣勘問梁延臺、雷隴貴婚娶糾紛案卷(二)》："雷隴 貴 年冊▢▢"

67TAM363：8/1(a)之六《唐景龍四年（710）卜天壽抄孔氏本鄭氏注〈論語〉》："不仁之仁(人)久居貧困則將攌竊,久居不 貴 則將驕逸。"

guō

郭 guō

72TAM150：30,31《唐諸府衛士配官馬、馱殘文書二》："郭 伏奴馬▢。"

63TAM2：1《北涼緣禾六年翟萬隨葬衣物疏》："故銅機 郭 一具。"

2006TAM607：2－4＋2006TAM607：2－5＋2006TAM607：2－4《唐神龍元年（705）六月後西州前庭府牒上州勾所爲當府官馬破除、見在事》："郭 石鼠馬留父。"

75TKM96：17《北涼真興七年（425）宋泮妻隗儀容隨葬衣物疏》："故弩枹(機) 郭 一具。"

65TAM346：1《唐乾封二年（667）郭耄醜勳告（三）》："告護軍 郭 耄醜奉。"

67TAM92：46(a),45(a),50/2(a),50/1(a),44(a),49(a)《高昌某歲諸寺官絹捎本》："郭 苟始絹一、綿一。"

72TAM150：42《唐白夜默等雜器物帳》："郭 洛護檠一,杜隆▢▢"

鍋 guō

73TAM214：166《唐軍府領物牒（一）》："各給銅 鍋 壹口。"

guó

國 guó

67TB：1-2-2《大乘瑜伽金剛性海曼殊室利千臂千鉢大教王經（卷六）》："▢▢諸佛國土出恒河▢▢。"

按："恒河"，《中華大藏經》和《大正新修大藏經》作"殑伽"。

80TBI：022《增壹阿含經（卷五〇）大愛道般涅槃品第五二》："▢▢如來遊彼國界▢▢。"

64TAM29：44《唐咸亨三年（672）新婦爲阿公録在生功德疏》："願將此文▢前頭分雪，須覓生田净佛國土，不得求人間果報。"

67TAM363：8/1（a）之九《唐景龍四年（710）卜天壽抄孔氏本鄭氏注〈論語〉》："由也！仟乘之國▢▢。"

guǒ

果 guǒ

72TAM150：37《唐氾正家書》："兄氾正千萬問訊宋果毅并兒女等盡得平安。"

80TBI：095a《百論（卷下）破常品第九》："▢▢有果如見芽等▢。"

60TAM325：14/1-1,14/1-2《唐西州高昌縣武城鄉范慈▢辭爲訴君子奪地營種事》："▢城追軍子

過果。"

66TAM61：23（b）,27/2（b）,27/1（b）《唐西州高昌縣上安西都護府牒稿爲録上訊問曹禄山訴李紹謹兩造辯辭事（二）》："其曹果毅及曹二留住弓月城,其李三▢▢。"

73TAM501：109/11-1《唐某團番上兵士殘文書》："令狐▢▢員外果毅▢▢。"

2004TAM396：14《唐開元七年（719）洪奕家書》："今葉（業）薄,種果無因。"

guò

過 guò

72TAM179：18/8,18/9《武周學生令狐慈敏習字（一）（二）》："過。"

73TAM509：8/19《唐某人與十郎書牘》："昨何副使巡作,縮頭不出,及使過,皆即漏吼。"

72TAM228：9《唐年某往京兆府過所》："▢▢請改給過所者。"

2002TJI：004《妙法蓮華經經卷三化城喻品第七》："▢▢劫,空過無有佛。"80TBI：016《四分戒本疏（卷一）》："答：境雖過去非非過去等,以斯義▢▢。"

80TBI：016《四分戒本疏（卷一）》："▢▢第四發戒多少,諸戒雖衆不過二種,謂作▢▢""▢▢如來,就根本▢言不過有身口七惡,三因緣▢▢。"

過　80TBI：040b《妙法蓮華經（卷二）譬喻品第三》："☐☐見 過去佛，恭敬供養☐☐☐。"

過　2004TBM207：1－14《唐儀鳳某年（676—679）西州牒爲考課事》："詔具録功 過 奏聞，表本附案。"

過　73TAM210：136/11《唐勳官某訴辭爲水破渠路事》："桃内 過 乘開，渠破牆倒，重溉先盛，桃水滿逸（溢）☐☐。"

過　67TAM363：8/1（a）之七《唐景龍四年（710）卜天壽抄孔氏本鄭氏注〈論語〉》："觀 過，斯知仁矣。"

過　75TKM91：11/5《西涼建初四年（408）秀才對策文》："臣以疏陋，才非翹類，洪澤濤奬，謬忝 過 分。"

過　75TKM99：6（b）《義熙五年道人弘度舉錦券》："若 過 其（期）不償，一月生布壹丈。"

過　59TAM301：14/2－1（a）《唐西州高昌縣趙某雇人契》："若來到武城 過 ☐☐。"

過　73TAM206：42/9－27《唐課錢帳歷》："許過寒食五日内分付了。"

過　64TAM4：36《麟德二年（665）趙醜胡貸練契》："到 過 其月不還，月別依鄉法酬生利。"

過　64TAM29：17（a），95（a）《唐垂拱元年（685）康義羅施等請過所案卷（一）》："☐☐☐被問所請 過 所，有何來文。"

過　73TAM193：11（a）《武周郭智與人書》："昨沙陀☐ 過 ☐☐了見勘當，更勾會計賬。"

過　73TAM507：033（a）《唐佐馬貞濬殘牒》："知 過 白。"

過　60TAM325：14/1－1，14/1－2《唐西州高昌縣武城鄉范慈☐辭爲訴君子奪地營種事》："☐城追軍子 過 果。"

過　2004TAM395：4－2＋2004TAM395：4－3《唐垂拱二年西州高昌縣徵錢名籍全貌》："☐☐☐☐謝 過 隆海，赵祀君☐☐。"

H　部

hǎi

海　hǎi

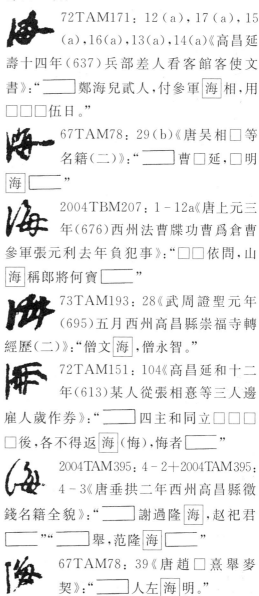

67TAM363：8/1（a）之九《唐景龍四年（710）卜天壽抄孔氏本鄭氏注〈論語〉》："道［不］行，乘桴（桴）［浮］於 海；從我者，其由與?"

按：此句奪"不""浮"兩字。"桴"爲"桴"字訛寫。

80TBI：076《十方千五百佛名經》："□□智步佛 海 幢□□"

2004TAM398：3-3＋2004TAM398：3-2《唐某年二月西州高昌縣更簿全貌》："□□嚴六仁，巡外囚；和寅 海，總巡□□"

按："外囚"原件作"囚外"，旁有勾乙符號，今據改。

73TAM501：109/8-1《唐張義海等征鎮及諸色人等名籍（一）》："張義 海。"

72TAM151：6《高昌重光元年（620）氾法濟隨葬衣物疏》："若欲求 海 東頭，若欲覓海西壁。"

TAMX2：01《□歡下等名籍》："□□師，趙 海 □□"

65TAM42：64《唐西州高昌縣授田簿（一二）》："康申 海 住移户部田二畝。"

72TAM171：12（a），17（a），15（a），16（a），13（a），14（a）《高昌延壽十四年（637）兵部差人看客館客使文書》："□□鄭海兒貳人，付參軍 海 相，用□□□伍日。"

67TAM78：29（b）《唐吴相□等名籍（二）》："□□曹□延，□明 海 □□"

2004TBM207：1-12a《唐上元三年（676）西州法曹牒功曹爲倉曹參軍張元利去年負犯事》："□□依問，山 海 稱郎將何寶□□"

73TAM193：28《武周證聖元年（695）五月西州高昌縣崇福寺轉經歷（二）》："僧文 海，僧永智。"

72TAM151：104《高昌延和十二年（613）某人從張相憙等三人邊雇人歲作券》："□□四主和同立□□□□後，各不得返 海（悔），悔者□□"

2004TAM395：4-2＋2004TAM395：4-3《唐垂拱二年西州高昌縣徵錢名籍全貌》："□□謝過隆 海，赵祀君□□""□□舉，范隆 海 □□"

67TAM78：39《唐趙□熹舉麥契》："□□人左 海 明。"

64TAM15：19《唐西州高昌縣弘寶寺賊賸錢名》：" 海 惠。"

TAMX2：01《□歡下等名籍》："□□守熹，田海懂□□。"

67TAM78：22（b），21（b）《唐吳相□等名籍（一）》："□□願□□□□匠，令狐海悦□□。"

71TAM188：85《唐西州都督府牒爲便錢酬北庭軍事事》："□□北庭大賊下逐大海路，差索君才□□。"

72TAM179：16/4（b），16/5（b），16/6（b），16/7（b）《唐寫〈尚書〉孔氏傳〈禹貢〉、〈甘誓〉殘卷》："東漸於海。"

按：栔，同"海"。《集韻》《玉篇》《龍龕手鏡》均謂同"海"。《敦煌俗字典》："隸古定字。"《説文》："海，从水，每聲。""栔"將聲符位移，音義不變。

hài

亥　hài

73TAM507：012/15《高昌張明熹入延壽十六（639）三月鹽城劑丁錢條記》："□□己亥歲三月劑丁□□。"

72TAM151：62《高昌義和二年（615）參軍慶岳等條列高昌馬鞍鞴帳》："義和二年乙亥歲十二月九日□□慶岳主□□。"

72TAM151：15《高昌義和二年（615）都官下始昌縣司馬主者符爲遣弓師侯尾相等詣府事》："□□乙亥歲十月日起。"

73TAM191：124（a）《唐永隆元年（680）軍團牒爲記注所屬衛士征鎮樣人及勳官籤符諸色事（六）》："田海亥，年冊。"

害　hài

80TBI：027《阿毗曇八犍度論（卷三）思跋渠首第八》："□□害，云何自害？答□□。"

按：此字同"害"，爲小篆隸變遺存。害，《説文》小篆作"害"，睡虎地簡作"害"，《孔彪碑》作"害"。漢《桐柏廟碑》《武榮碑》《史晨碑》"害"均同此字。《隸辨》云："《説文》害从丰，碑省作土。"引爲證。

80TBI：316《妙法蓮華經（卷二）譬喻品第三》："□□燒害，作是念已，如所思□□。"

80TBI：027《阿毗曇八犍度論（卷三）思跋渠首第八》："□□害，云何自害？答□□。"

80TBI：641a《妙法蓮華經（卷二）譬喻品第三》："長者聞已，驚人□□，方宜救濟，令無燒害。"

hán

含　hán

80TBI：656a《佛説灌頂摩尼羅亶大神咒經（卷八）》："第四拘樓秦佛，第五拘那含牟尼□□。"

80TBI：117《妙法蓮華經（卷三）藥草喻品第五》："□□惠雲含"

潤，電光▢▢。"

按："惠"，《中華大藏經》和《大正新修大藏經》作"慧"。

75TKM91：3/1（a），3/，2（a）《蔡暉等家口籍》："閤含三口。"

函　hán

73TAM206：42/5《唐高昌縣勘申應入考人狀》："今年函使縣▢。"

73TAM206：42/5《唐高昌縣勘申應入考人狀》："入考函使準狀下高昌縣。"

66TAM61：24（b）《唐西州高昌縣上安西都護府牒稿爲錄上訊問曹祿山訴李紹謹兩造辯辭事（六）》："敕函向玉河軍。"

寒　hán

寒

80TBI：507－1《囉嚩拏孯說救療小兒疾病經（卷一）》："▢▢疼痛寒熱▢▢。"

寒

65TAM42：48（a）《古寫本〈鍼法〉殘片》："唾血振寒咽干（乾）太▢▢。"

寒

60TAM317：30/6（a），30/10（a）《唐趙蔭子博牛契》："▢▢後有人寒盜識▢▢。"

壽

73TAM206：42/9－27《唐課錢帳歷》："許過寒食五日內分付了。"

韓　hán

59TAM305：14/1《前秦建元二十年（384）韓盆辭爲自期召弟應

見事》："建元廿年三月廿三日，韓盆自期二日召弟到應見，逎違受馬鞭一百。"

按：盆，原件書作"瓫"。

韓

73TAM501：109/8－1《唐張義海等征鎮及諸色人等名籍（一）》："氾隆貞、韓▢▢。"

辪

64TAM29：24《唐垂拱元年（685）康義羅施等請過所案卷（四）》："保人庭州，百姓韓小兒。"

韓

72TAM151：58《高昌義和二年（615）七月馬帳（一）》："韓▢寺青馬。"

韓

72TAM151：56《高昌買駄、入練、遠行馬、郡上馬等人名籍》："次郡上馬：丁谷寺、▢▢▢寺、追世寺、東許▢、韓統寺。"

韓

72TAM151：96（a）《高昌安樂等城負藏錢人入錢帳》："韓相忠入錢卅文。"

辪

73TAM191：17（a）《唐永隆元年（680）軍團牒爲記注所屬衛士征鎮樣人及勳官籤符諸色事（一三）》："隊正，韓真住。"

乑

72TAM151：59，61《高昌某年郡上馬帳》："韓統寺青馬。"

hàn

汗　hàn

汗

73TAM206：42/10－7《唐質庫帳歷》："白練汗衫一。"

汙

64TAM29：44《唐咸亨三年（672）新婦爲阿公錄在生功德疏》："帛練汗衫一領。"

旱　hàn

2006TSYIM4：2－3＋2006TSYIM4：2－4《古寫本〈詩經〉》：“旱既大甚，則不可沮。”2006TSYIM4：2－3＋2006TSYIM4：2－4《古寫本〈詩經〉》：“旱既大甚，□□[滌滌]山川。”

72TAM151：94《高昌義和三年（616）張相憙夏靡田券》：“風破水旱，隨大□□”

72TAM171：12（a），17（a），15（a），16（a），13（a），14（a）《高昌延壽十四年（637）兵部差人看客館客使文書》：“□□真朱人貪旱大官、好延祐臘振摩珂賴使金穆□□”

按：臘，原件書作“臈”。

捍　hàn

80TBI：488《四分戒本疏（卷一）》：“譬如一楯能捍衆敵，爲破斯義，故立此受隨二法並作無作。”

漢　hàn

72TAM179：16/4（b），16/5（b），16/6（b），16/7（b）《唐寫〈尚書〉孔氏傳〈禹貢〉、〈甘誓〉殘卷》：“内方、大別二山名，在荆州，漢所徑也。”

按：此字同“漢”。漢，《説文》小篆作“𤁉”，可以看出右上部構件類“廿”。在隸變後多省作“卝”，流沙簡作“漢”，居延簡作“𤃈”，《尹宙碑》作“漢”，由“卝”進一步訛變作“艸”即“卝”，如《史晨碑》《韓敕碑》《衡方碑》等。這種訛變在手書更是比比皆是，有的索性把“卝”置於整字之上，如下文之例。

2006TSYIM4：2－2《古寫本〈詩經〉》：“倬彼雲漢，昭回於天。”

2006TSYIM4：2－3＋2006TSYIM4：2－4《古寫本〈詩經〉》：“雲漢八章□□”

72TAM171：12（a），17（a），15（a），16（a），13（a），14（a）《高昌延壽十四年（637）兵部差人看客館客使文書》：“次良朱識，付畦亥生，用看漢客張小□□”

80TBI：488《四分戒本疏（卷一）》：“或容犯罪，或終至羅漢更無增減。”

66TAM61：17（b）《唐西州高昌縣上安西都護府牒稿爲録上訊問曹禄山訴李紹謹兩造辯辭事（一）》：“其李三是漢，有氣力語□。”

64TAM29：108（a），108（b）《唐垂拱元年（685）康義羅施等請過所案卷（二）》：“□□漢官府，所以更不請□□”

2004TBM207：1－7《唐調露二年（680）七月東都尚書吏部符爲申州縣闕員事》：“□□置漢官，並具於闕色狀言，擬憑勘□□”

65TAM42：84《唐西州高昌縣授田簿（二八）》：“□□東渠，西康海伯，南張漢得□□”

72TAM151：55《高昌田相祐等名籍》：“楊保相、劉祐兒、劉漢伯、張慶□。”

TAMX2：03《□知德等名籍》：“□□趙善得，趙漢□□”

73TAM206：42/10 - 2《唐質庫帳歷》："□□ 漢 子敕也。"

翰　hàn

73TAM509：8/2（b）《唐西州道俗合作梯蹬及鐘記》："衙官將軍趙獻璋、張承暉、王休昇等，溢氣雄圖，懷奇妙略，行資孝悌，文 翰 芳猷。"

按：按：圖，原件作"啚"。等，作"㝵"。

憾　hàn

67TAM363：8/1（a）一一《唐景龍四年（710）卜天壽抄孔氏本鄭氏注〈論語〉》："□□ 馬，衣輕裘，與朋友弊（敝）之而無 憾 。"

háng

行　háng

72TAM179：16/1（b），16/2（b）《唐寫〈尚書〉孔氏傳〈禹貢〉、〈甘誓〉殘卷》："王屋、太 行 、恒山至於碣石。"

háo

毫　háo

80TBI：210《慈悲道場懺法（卷三）解怨結之餘》："□□ 三寶一 毫 之善□□"

豪　háo

2004TAM408：17《令狐阿婢隨葬衣物疏》："故兔 豪 （毫）百五十束。"

73TAM222：1（b）《唐中軍左虞侯帖爲處分解射人事》："五月四日典徐 豪 帖。"

hǎo

好　hǎo

64TAM5：40《唐李賀子上阿郎、阿婆書一（一）》："□□子，鼠仁兩個家裏平安 好 在。"

72TAM151：94《高昌義和三年（616）張相憙夏麋田券》："□□干（乾）净 好 ，若净 好 ，聽□□"

72TAM151：13《高昌義和三年（616）氾馬兒夏田券》："麋使干（乾）净 好 ，若不干（乾）净□，聽向風常取。"

按：麋，原件書作"床"。

郝　hǎo

2004TAM396：14（1）《唐開元七年（719）四月某日鎮人蓋嘉順辭爲郝伏憙負錢事》："日鎮人蓋嘉順辭，同鎮下等人 郝 伏憙負錢壹仟文。"

hào

號　hào

号　80TBI：241《增壹阿含經（卷三十二）力品第三八之二》："□□界無二尊 號 所 □□"

按：號，《説文》："號，痛聲也。从口，在丂上。"小篆作"号"。段注曰："凡唬號字古作號"，"今字則號行而號廢矣"。《廣韻》音胡到切，"亦作號"。又，《集韻》音乎刀切。今爲"號"之簡化字，正字。

号　80TBI：069－1《現在十方千五百佛名並雜佛同號》：" 號 普功德佛。"

号　80TBI：069－1《現在十方千五百佛名並雜佛同號》："□□同 號 金剛等佛 □□"

号　80TBI：063《佛説灌頂隨願往生十方净土經（卷一一）》："佛 號 日不捨 □□"

好　hào

好　72TAM151：74（a）《古寫本〈晉陽秋〉殘卷》："志 好 學，不持□[節]操。"

好　67TAM363：8/1（a）之七《唐景龍四年（710）卜天壽抄孔氏本鄭氏注〈論語〉》："我未見 好 仁者，惡不仁者。"

hē

訶　hē

訶　80TBI：337a《大毗盧遮那成佛神變加持經（卷四）密印品第九》："□□莎 訶 同前青蓮華印而 □□"

訶　80TBI：656a《佛説灌頂摩尼羅亶大神咒經（卷八）》："□□深彌菩薩摩 訶 薩、和和菩薩 □□"

hé

禾　hé

禾　75TKM91：16（b）《北涼緣禾五年翟阿富券草》："緣 禾 五年六月十一日，翟阿富從阿皆。"

禾　66TAM62：5《北涼緣禾五年隨葬衣物疏》："緣 禾 五年六月廿三日，謹條衣裳物在右。"

合　hé

合　75TKM96：29（b）《北涼真興六年（424）出麥賬》："真興六年四月十八日，麥所都 合 出麥十八斛 □□"

合　68TAM103：18/9（a）《唐貞觀某年西州某鄉殘手實》："□□ 合 受田八十畝。"

合　2004TBM207：1－6《唐儀鳳三年（678）九月西州録事參軍牒》："不 合 隱漏 □□"

合　64TKM1：44，43，46《唐西州趙相熹等勘田簿》：" 合 田四畝二步。"

合　67TAM91：31（b），32（b）《唐缺名家口給糧三月帳》："二升五 合 。"

合　72TAM230：66《武周天授二年（691）安昌合城老人等牒爲勘問主簿職田虚實事》："問 合 城老人、城主、渠長、知田人等，主薄（簿）去年實種幾畝

麥，建進所注虛實，連署狀通者。"

　　按：年，原件爲武周新字。

68TAM103：18/9（a）《唐貞觀某年西州某鄉殘手實》："□□ 合 注，求受重罪。"

2006TAM607：2－2《唐神龍二年（706）七月西州史某牒爲長安三年（703）七至十二月軍糧破除、見在事》："卌九石一斗八升五 合 六勺米，麹孫等。"

何　hé

73TAM222：56/3（a），56/4（a）《唐殘判籍（三）（四）》："承復如 何 得□□"

80TBI：132《佛説天地八陽神咒經》："□□力故獲如斯福 何 □□"

64TAM29：25《唐垂拱元年（685）康義羅施等請過所案卷（四）》："□□ 何 胡數刺，作人曹延那。"

64TAM29：91（b）《唐殘詩》：" 何 曾有臭蘭。"

2004TBM207：1－4《唐儀鳳三年（678）九月西州功曹牒爲檢報乖僻批正文案事》："牒至，諸有 何 乖僻批正文案報者。"

73TAM215：017/6－1，017/6－2《唐殘書牘三》："□□奈 何 □□"

64TAM29：108（a），108（b）《唐垂拱元年（685）康義羅施等請過所案卷（二）》："□□被問所請過所，有 何 公文？"

2004TBM207：1－12a《唐上元三年（676）西州法曹牒功曹爲倉曹參軍張元利去年負犯事》："□□依問，山

海稱郎將 何 寶□□"

68TAM108：19（a）之二《唐開元三年（715）西州營典李道上隴西縣牒爲通當營請馬料姓名事》："火長仇小隱，火内人 何 項。"

64TAM29：17（a），95（a）《唐垂拱元年（685）康義羅施等請過所案卷（一）》："□□被問所請過所，有 何 來文。"

2004TAM395：4－2＋2004TAM395：4－4《唐垂拱二年西州高昌縣徵錢名籍全貌》："大女 何 尾端。"

和　hé

80TBI：656a《佛説灌頂摩尼羅亶大神咒經（卷八）》："□□深彌菩薩摩訶薩、 和 和菩薩、□□"

72TAM151：104《高昌延和十二年（613）某人從張相憙等三人邊雇人歲作券》："□□四主 和 同立□□□□後，各不得返海（悔），悔者□□"

73TAM222：16《武周證聖元年（695）殘牒》："府高 和 彌□□"

64TAM4：39《唐乾封元年（666）鄭海石舉銀錢契》："官有政法，人從私契，兩 和 立契，畫指爲信。"

64TAM4：34《唐龍朔元年（661）龍惠奴舉練契》："兩 和 立契，獲（畫）指爲證。"

　　按："獲""畫"同音相借。

河　hé

72TAM179：16/1（b），16/2（b）《唐寫〈尚書〉孔氏傳〈禹貢〉、〈甘誓〉殘

卷》："□□[浮於]積石，至於竜門、西[河]，帎(會)於渭汭。"73TAM215：017/2《唐殘書牘一》："□□數載在交[河]郡□□。"

67TAM363：8/2(a)之一《唐景龍四年(710)卜天壽抄〈十二月新三臺詞〉及諸五言詩》："高門出己子，好木出良才，交□學敏(問)去，三公[河](何)處來。"

按：阿斯塔那三六三號墓文書《唐景龍四年(710)卜天壽抄孔氏本鄭氏注〈論語〉》同是學童卜天壽所抄，其多將"問"寫作"敏"。"問"與"敏"一聲之轉，似是當地方言。

67TB：1-2-2《大乘瑜伽金剛性海曼殊室利千臂千鉢大教王經(卷六)》："□□諸佛國土出恒[河]□□。"

按："恒河"，《中華大藏經》和《大正新修大藏經》作"殑伽"。

66TAM61：24(b)《唐西州高昌縣上安西都護府牒稿爲錄上訊問曹禄山訴李紹謹兩造辯辭事(六)》："救函向玉[河]軍。"

[紇]　hé

64TAM29：25《唐垂拱元年(685)康義羅施等請過所案卷(四)》："□□康[紇]槎，男射鼻，男浮你了。"

[盍]　hé

67TAM363：8/1(a)一一《唐景龍四年(710)卜天壽抄孔氏本鄭氏注〈論語〉》："[盍]各言爾志？"

[荷]　hé

72TAM150：40《唐康某等雜器物帳》："康阿[荷]床一張。"

72TAM179：17/1～17/4《文書殘片》："[荷]。"

73TAM193：15(b)《唐天寶某載(749—756)行館器物帳》："[荷]葉盤子陸面。"

hè

[賀]　hè

64TAM5：77《唐李賀子上阿郎、阿婆書二(一)》："[賀]子鼠兒，並得平安，千萬再拜阿郎、阿婆。"

64TAM5：78(a)《唐李賀子上阿郎、阿婆書一(二)》："[賀]子自買得婢。"

64TAM5：78(a)《唐李賀子上阿郎、阿婆書一(二)》："[賀]子、鼠仁千萬隨書再拜。"

[赫]　hè

2006TSYIM4：2-3＋2006TSYIM4：2-4《古寫本〈詩經〉》："[赫]赫怓怓，云我無所。"

hēi

[黑]　hēi

67TAM78：26《唐貞觀十四(640)西州高昌縣李石住等户手實(六)》："女，[黑]婢，年伍。"

59TAM301：15/4-1，15/4-2《唐□□保夏田契》："□□田主

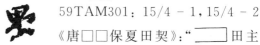

趙 黑 子 □

72TAM151：59，61《高昌某年郡上馬帳》：“員寺 黑 馬。”

hèn

恨　hèn

恨 80TBI：126《別譯雜阿含經（卷一二）》：“□ 愁悔 恨，慙愧還宮 □”

hēng

亨　hēng

亨 64TAM19：36《唐咸亨五年（674）王文歡訴酒泉城人張尾仁貸錢不還辭》：“□ 件人去咸 亨 四年正月内立契，□”

亨 64TAM4：29（a）《唐咸亨四年左憧憙生前功德及隨身錢物疏》：“咸 亨 四年四月廿九日付曹主左□。”

亨 72TAM201：25/1《唐咸亨三年（672）西州都督府下軍團符》：“咸 亨 三年五月廿二日。”

héng

恒　héng

恒 67TB：1-2-2《大乘瑜伽金剛性海曼殊室利千臂千鉢大教王經（卷六）》：“□ 諸佛國土出 恒 河 □”

按：“恒河”，《中華大藏經》和《大正新修大藏經》作“殑伽”。

恒 72TAM179：16/1（b），16/2（b）《唐寫〈尚書〉孔氏傳〈禹貢〉、〈甘誓〉殘卷》：“王屋、太行、恒 山至於碣石。”

恒 80TBI：506-2《囉嚩拏説救療小兒疾病經（卷一）》：“□ 恒 賴（二合）路 □”

按：括號内爲原正文下注小字。

恒 67TAM363：8/2（a）之一《唐景龍四年（710）卜天壽抄〈十二月新三臺詞〉及諸五言詩》：“日落西山夏（下），潢（黄）河東海流，□□不滿百，恒 作［方］萬年優（慢）。”

按：原件“方”字旁有“卜”删字符號。

恒 2004TBM207：1-14《唐儀鳳某年（676—679）西州牒爲考課事》：“其李 恒 讓付諸司檢報，餘後判，諮。”

橫　héng

橫 2006TSYIM4：3-11背面《北涼義和三年（433）文書爲保辜事（三）》：“□ 獨 橫 蒲 □”

橫 73TAM510：03《唐庭州西海縣橫管狀爲七德寺僧妄理人事》：“西海縣 橫 管狀上：本縣百姓故竹伯良妻竹慈心 □”

橫 64TAM22：20（a）《橫截縣被符責取鹿角文書》：“橫 截縣言：被符劉崇、令狐受各有鹿角一頭。”

hóng

弘　hóng

72TAM150：32《唐諸府衛士配官馬、馱殘文書三》："□□府吳弘軌馬驕。"

73TAM221：57（a），58（a），58（b）《唐貞觀廿二年（648）安西都護府乘敕下交河縣符爲處分三衛犯私罪納課違番事》："付司，景弘示。"

64TAM22：16《翟蔥等應募入幢名籍》："趙朱、帛弘持、范生、左艾幢入募。"

75TKM91：3/1（a），3/，2（a）《蔡暉等家口籍》："田弘受三口。"

72TAM151：74（a）《古寫本〈晉陽秋〉殘卷》："書劉弘典臺事程□。"

按：《干禄字書》："弘弘，上俗下正。"《孔龢碑》《史晨碑》《曹全碑》均作"弘"。

66TAM59：4/4－4《北涼翟定殘文書一》："□□廿二日井弘爲翟定入□□。"

72TAM151：99，100《高昌合計馬額帳（一）》："麴善亮、田衆歡、董伯珍、王□□、匡買得、聖儀寺弘□□"，"□寺弘慈巖寺、氾都寺、□□□寺懷儒、左衛寺。"

75TKM99：6（b）《義熙五年道人弘度舉錦券》："道人弘度從翟紹遠舉西向白地錦半張。"

73TAM504：21/1－21/3《高昌奴得等負麥、粟、疊帳（一）～

（三）》："次負弘磨寺左師疊首卅斤。"

72TAM151：55《高昌田相祐等名籍》："張懷洛、田多套、牛弘勖。"

按：勖，原件作"勗"，俗字。

73TAM221：61（b）《唐永徽元年（650）安西都護府乘敕下交河縣符》："敕行下訖記景弘示。"

洪　hóng

72TAM151：15《高昌義和二年（615）都官下始昌縣司馬主者符爲遣弓師侯尾相等詣府事》："淩江將軍兼都官□□洪信。"

2004TAM396：14《唐開元七年（719）洪奕家書》："洪奕今身役苦，終不辭，唯愁老彼。"

紅　hóng

67TAM84：20《高昌條列出臧錢文數殘奏》："紅錦二匹。"

2004TAM408：17《令狐阿婢隨葬衣物疏》："故紅粉囊（囊）三枚。"

鴻　hóng

75TKM91：20（a）《兵曹行罰幢校文書》："典軍主簿鴻。"

hóu

侯　hóu

75TKM91：11/3《西涼建初四年（408）秀才對策文》："諸侯曰

風。"

73TAM206：42/7－2《高昌義和五年（618）善海等役作名籍》："□□陳明願，侯□□"

75TKM99：9(b)《高昌延昌二十二年（582）康長受從道人孟忠邊歲出券》："倩書道人法慈、侯三安。"

72TAM151：15《高昌義和二年（615）都官下始昌縣司馬主者符爲遣弓師侯尾相等詣府事》："敕始昌縣司馬主者，彼縣今須弓師侯□□、□元相二人，符到，作具、糧□自隨。"

69TKM39：9/8(a)《唐西州高昌縣□慶友等戶家口田畝帳簿（二）》："□□年冊二，妻侯年□□"

69TKM39：9/7(a)《唐西州高昌縣□慶友等戶家口田畝帳簿（一）》："城北一里東侯明，西魏舉，南康僧。"

75TKM96：37《倉吏侯遑啟》："□□倉吏侯遑□□"

72TAM150：30,31《唐諸府衛士配官馬、馱殘文書二》："大侯府馮法静馬恩。"

按：恩，原件書作"念"。

72TAM209：87《唐貞觀年間西州高昌縣勘問梁延臺、雷隴貴婚娶糾紛案卷（二）》："虞侯府史楊玉□妻，雷媒媾娶□□"

hòu

后　hòu

75TKM91：11/3《西涼建初四年（408）秀才對策文》："以后妃之

美，貫乎《風》。"

厚　hòu

75TKM90：20(a)《高昌主簿張縮等傳供帳》："毯六張半，付索寅義，買厚絹，供淶（漆）□□"

候　hòu

2006TSYIM4：3－21《北涼高昌郡高寧縣差役文書（一七）》："□□賊曹闞禄白，謹條次候右差□□"

後　hòu

80TBI：659a《阿毗達磨藏顯宗論（卷一七）辯緣起品第四之六》："□□然後於中辯色聲等極微差別。"

80TBI：132《佛説天地八陽神咒經》："受（壽）終之後並得成佛。"

72TAM226：5(a)《唐伊吾軍上西庭支度使牒爲申報應納北庭糧米事》："軍州前後檢納得，肆拾叁碩壹斗陸勝（升）伍合，前後欠不納。"

64TAM29：44之七《唐咸亨三年（672）新婦爲阿公録在生功德疏》："又昨阿公亡後即常屈三僧轉讀，供養不絶。"

66TAM61：16(b)《唐西州高昌縣上安西都護府牒稿爲録上訊問曹禄山訴李紹謹兩造辯辭事（七）》："□□兄前後不同行，紹謹亦□□"

後　2006TAM607：4a《唐神龍三年（707）正月西州高昌縣開覺寺手實》：“若後虛妄,連署綱維,請依法受罪,謹牒。”

後　2004TBM207：1－14《唐儀鳳某年（676—679）西州牒爲考課事》：“其李恒讓付諸司檢報,餘後判,諮。”

後　60TAM317：30/6（a）,30/10（a）《唐趙蔭子博牛契》：“□□後有人寒盜識□□”

後後　73TAM193：11（a）《武周郭智與人書》：“待高昌縣牒到,然後追婢。”68TAM103：20/1（a）《唐西州某鄉戶口帳（草）》：“□□實,後若□□”

後　64TAM4：53《唐麟德二年（665）張海歡、白懷洛貸銀錢契》：“如違限不償錢,月別拾錢後生利錢壹文入左。”

後　64TAM4：53《唐麟德二年（665）張海歡、白懷洛貸銀錢契》：“若張身東西沒洛（落）者,一仰妻兒及收後保人替償。”

後　72TAM230：66《武周天授二年（691）安昌合城老人等牒爲勘問主簿職田虛實事》：“謹審：但合城老人等,去年主薄（簿）高禎元不於安昌種田,建進所注並是虛妄,如後不依□□”
　　按：年,原件爲武周新字。

後　73TAM507：012/5《唐殘辭》：“□□即未□,奏後□□”

後　2004TBM207：1－12a《唐上元三年（676）西州法曹牒功曹爲倉曹參軍張元利去年負犯事》：“請檢上件上元二年考後已來,□何勾留負犯者。”

後　80TBI：019《增壹阿含經（卷五〇）大愛道般涅槃品第五二》：“□□比丘衆前後圍繞而爲説法時佛名號流布□□”

後　67TAM363：7/2《唐儀鳳二年（677）西州高昌縣寧昌鄉某人舉銀錢契》：“身東西不在,壹仰妻兒收後者。”

後　65TAM341：30/1（a）《唐小德辯辭爲被蕃捉去逃回事》：“□□至夜在葦東食人定後,即發向□□”

後　72TAM151：104《高昌延和十二年（613）某人從張相憙等三人邊雇人歲作券》：“□□四主和同立□□□□後,各不得返海（悔）,悔者□□”

後　72TAM230：67《武周天授二年（691）唐建進辯辭》：“如涉虛誣,付審已後不合更執,既經再審確,請一依元狀勘當。”

後　72TAM188：84《唐便錢酬馬價文書》：“□□前後便錢總玖拾□□”

後　73TAM215：017/7《唐殘書牘四》：“□□木料成去後□□”

後　73TAM509：19/14《武周天山府符爲追校尉已下並團》：“□□日到府,如後到者□□”

後　64TAM4：34《唐龍朔元年（661）龍惠奴舉練契》：“若身東西無,仰妻兒收後者償。”

後　64TAM15：29/2《高昌延壽十四年康保謙買園券》：“□□拾錢後生錢□□”

hū

 乎　hū

乎　67TAM363：8/1（a）《唐景龍四年（710）卜天壽抄孔氏本鄭氏注〈論語〉》："《書》云：'孝乎唯孝，友於□□。'"

乎　67TAM363：8/1（a）之三《唐景龍四年（710）卜天壽抄孔氏本鄭氏注〈論語〉》："禮後乎？"

乎　67TAM363：8/1（a）之四《唐景龍四年（710）卜天壽抄孔氏本鄭氏注〈論語〉》："周監於二代，郁郁乎文哉也！"

乎　75TKM91：11/3《西涼建初四年（408）秀才對策文》："刑於寡妻，以御乎家邦。"

乎　67TAM363：8/1（a）之六《唐景龍四年（710）卜天壽抄孔氏本鄭氏注〈論語〉》："□□乎？告（造）次必於是，顛沛必於是。"

乎　67TAM363：8/1（a）之六《唐景龍四年（710）卜天壽抄孔氏本鄭氏注〈論語〉》："言不憂道德之喪亡乎。"

呼　hū

呼　80TBI：035《請觀世音菩薩消伏毒害陀羅尼三昧儀經明正意第二》："□□多經他陀呼膩□□。"

呼　67TAM363：8/1（a）之二《唐景龍四年（710）卜天壽抄孔氏本鄭氏注〈論語〉》："嗚呼！曾謂太山不如□□。"

呼　67TAM376：01（a）《唐開耀二年（682）寧戎驛長康才藝牒爲請處分欠番驛丁事》："令狐呼末。"

忽　hū

忽　73TAM206：42/11-1～42/11-6《唐勘問婢死虛實對案録狀（一）～（六）》："□□中間忽□自有□□。"

忽　72TAM150：42《唐白夜默等雜器物帳》："竹忽□銅盆一。"

忽　59TAM301：17《唐貞觀末年關門隨葬衣物疏》："□□米米忽然命□□。"

惚　hū

惚　80TBI：082《大方等陀羅尼經初分（卷一）》："□□惚者受地獄苦，終無□□。"

按："惚"，《中華大藏經》和《大正新修大藏經》作"當"。

hú

狐　hú

狐　75TKM96：39《都鄉嗇夫被符徵發役作文書二》："□□令狐玩□□。"

狐　2006TAM607：2-4＋2006TAM607：2-5＋2006TAM607：2-4《唐神龍元年（705）六月後西州前庭府牒上州勾所爲當府官馬破除、見在事》："令狐定德馬留（騮）敦（驐）。"

狐　69TKM39：9/4（a）《唐貞觀二十一年（647）帳後□苟户籍》："妻令狐年叁拾柒。"

狐　65TAM42：90（a），91（a）《唐令狐鼠鼻等差科簿（一）》："武騎尉令狐鼠鼻，廿七；兄智達，年卅二，外侍。"

狐 (图)
64TAM5：60/4，57，48，60/5，91，89《唐諸户丁口配田簿（甲件）(二)》："户主令<u>狐</u>延海，年五十。"

72TAM179：18/8，18/9《武周學生令狐慈敏習字（一）(二)》"三月十七日令<u>狐</u>慈敏放（做）書。"

73TAM501：109/7（a），109/7（b）《唐高宗某年西州高昌縣賈致奴等征鎮及諸色人等名籍》："白<u>狐</u>易奴。"

2004TAM408：17《令狐阿婢隨葬衣物疏》："右尊鍾妻令<u>狐</u>阿婢隨身雜衣物凡種。"

75TKM91：15（a）《器物賬》："<u>狐</u>皮冒（帽）一枚。"

72TAM151：52《高昌逋人史延明等名籍》："北聽幹程□□、□□、白保祐、令<u>狐</u>伯兒、□□□、王保謙。"

67TAM78：22（b），21（b）《唐吳相□等名籍（一）》："□□願□□□□匠，令<u>狐</u>海悦□□。"

72TAM151：56《高昌買駅、入練、遠行馬、郡上馬等人名籍》："虎牙僧寔、虎牙師得、令<u>狐</u>□□、明□□救□□。"

按：寔，原件書作"宲"。

73TAM507：014/6《高昌延壽七年（630）十二月張明憙入十月劑刺薪條記》："令<u>狐</u>懷憙十二月□九日□□。"

胡　hú

67TAM84：20《高昌條列出藏錢文數殘奏》："商<u>胡</u>握廣延出藏錢一百五十□□。"

66TAM61：22（b）《唐西州高昌縣上安西都護府牒稿爲録上訊問曹禄山訴李紹謹兩造辯辭事（三）》："弓月城不取胡練，亦不期共<u>胡</u>相隨□□。""既不與<u>胡</u>同伴，實不知是何□□。"

73TAM206：42/9－18《唐課錢帳歷（二五）》："馬老卅六、<u>胡</u>賢石卅五。"

2004TBM207：1－4《唐儀鳳三年（678）九月西州功曹牒爲檢報乖僻批正文案事》："大素自考後以來，諸司所有乖僻處分隨案，並捉得略良<u>胡</u>數人及財物等。"

斛　hú

75TKM91：16（a）《祠吏翟某呈爲食麥事》："□食麥拾久（玖）<u>斛</u>貳斗。"

75TKM96：28《掬子等取麥賬》："□歲四月□□掬子取麥一<u>斛</u>二斗。"

63TAM1：14《西涼建初十一年（415）張仙入貸麇文書》："建初十一年二月廿四日，張仙入貸麇六<u>斛</u>。"

按：麇，原件書作"床"。

66TAM59：4/6《北涼神璽三年（399）倉曹貸糧文書》："□□拾<u>斛</u>，秋熟還等斛，督入本□□。"

72TAM230：61《唐通感等辯辭爲徵納逋懸事》："□□案內具有逋懸未納<u>斛</u>斗。"

按：斞，同"斛"。《集韻》："斛，或作斞。"

2006TZJ1：087，2006TZJ1：077《麴氏高昌張廷懷等納斛斗帳》："□□叁兜（斗），左師壹 斛 ，善富□□"

72TAM151：95《高昌延和八年七月至延和九年六月錢糧帳》："麋粟貳 斛 究（九）□□"

按：麋，原件書作"床"。

73TAM504：21/1 - 21/3《高昌奴得等負麥、粟、疊帳（一）～（三）》："□□小麥拾肆 斛 ，次負弘磨寺左師疊首卅斤。"

64TAM15：29/1《高昌康保謙雇劉祀海券》："□□銀錢柒文，糧一 斛 肆□□"

72TAM151：94《高昌義和三年（616）張相憙夏麋田券》："□□部田壹畝，到十月內□□□麋依官 斛 兜（斗）中取。"

按：麋，原件書作"床"。

59TAM301：17《唐貞觀末年闕門隨葬衣物疏》："□□十萬 斛 。"

64TAM4：33《唐總章三年（670）左憧憙夏菜園契》："其園叁年中與夏價大麥拾陸 斛 。"

64TAM4：33《唐總章三年（670）左憧憙夏菜園契》："其園叁年中與夏價大麥拾陸斛，秋拾陸 斛 。"

59TAM301：15/4 - 1，15/4 - 2《唐貞觀十七年（643）西州高昌縣趙懷滿夏田契》："□□依高昌 斛 斗中取。"

按：冄，爲"斛"草書楷化所致。

72TAM151：6《高昌重光元年（620）氾法濟隨葬衣物疏》："細錦萬匹，石灰一 斛 ，五穀具。"

按：《吐魯番出土文書》錄作"九"，誤。

73TAM524：32/1 - 2《高昌永平元年（549）十二月廿九日祀部班示爲明正一日知祀人上名及謫罰事》："若迺不宿者，司馬人謫酒二 斛 。"

瑚　hú

67TAM363：8/1（a）之八《唐景龍四年（710）卜天壽抄孔氏本鄭氏注〈論語〉》："曰： 瑚 璉。"

hǔ

虎　hǔ

63TAM1：11《西涼建初十四年（418）韓渠妻隨葬衣物疏》："時見：左清（青）龍，右白 虎 ，□□□後玄武。"

67TAM84：12/1(a)《高昌延昌十四年（574）殘奏一》：" 虎 □□"

75TKM91：17《奴婢月廩麥賬》："奴子 虎 生一人，日給稟麥二升，合□□陸斗。"

72TAM151：101《高昌傳錢買鑷鐵、調鐵供用帳》："□□一日， 虎 □懷明傳：錢肆□，□買□鐵肆斤，付孟慶慶，供□□□"

72TAM151：56《高昌買駄、入練、遠行馬、郡上馬等人名籍》："□□孝瑜、 虎 牙僧寔、虎牙師得、令狐□□、明□□救□□"

按：寔，原件書作"寔"。下同。

72TAM151：56《高昌買駄、入練、遠行馬、郡上馬等人名籍》："□□孝瑜、虎牙僧寔、 虎 牙師得、令狐

□□、明□□救□□”

72TAM151：62《高昌義和二年（615）參軍慶岳等條列高昌馬鞍鞲帳》：“□□保謙下□延虎壹具，虎牙□□壹具□□”

60TAM332：6/3《唐犯土禁忌文》：“行虎步，復汝故主□□”

73TAM519：19/2－1《高昌延壽十七年（640）屯田下交河郡、南平郡及永安等縣符爲遣麴文玉等勘青苗事》：“虎賁將軍□□校郎張□□”

hù

户　hù

75TKM96：29（a），33（a）《北涼真興某年道人德受辭》：“户曹張萬。”

69TAM232：3（b）《唐蠅芝等直上欠麪粟帳》：“依檢大志貫高昌縣，絶户田四畝。”

互　hù

66TAM44：11/3（a）《唐殘牒爲市木修繕廢寺事》：“墻（牆）宇，旦互□□又□□”

扈　hù

72TAM179：16/4（b），16/5（b），16/6（b），16/7（b）《唐寫〈尚書〉孔氏傳〈禹貢〉、〈甘誓〉殘卷》：“启與又（有）扈莘（戰）於甘之埜作《甘誓》。”

護　hù

65TAM346：1《唐乾封二年（667）郭耄醜勳告（三）》：“告護軍郭耄醜奉。”

75TKM99：6（a）《北涼承平八年（450）翟紹遠買婢券》：“倩書道護。”

75TKM91：11/6《西涼建初四年（408）秀才對策文》：“護羌校尉秀才糞土臣張弘□□”

72TAM188：78（a）《唐健兒部玄嶷、吳護陰等辭爲乘馬死失另備馬呈印事》：“□□十一月日健兒部玄嶷、吳護陰等辭□□”

60TAM330：14/1－1（a）《唐梁安相等名籍（二）》：“孟護德。”

75TKM96：29（b）《北涼真興六年（424）出麥賬》：“佛護一斛八斗。”

72TAM151：56《高昌買馱、入練、遠行馬、郡上馬等人名籍》：“□□辛明護、史淩江、校尉相明、□□保悦、麴阿住。”

64TAM5：54，58《唐諸户丁口配田簿（丙件）（六）》：“□□護，年廿七，二畝。”

69TAM137：1/8《唐張嘿子等欠箭文書》：“□□雙護欠箭肆隻。”

72TAM151：59，61《高昌某年郡上馬帳》：“諫議令護白馬。”

72TAM151：59，61《高昌某年郡上馬帳》：“校郎延護留（騮）馬，合六十七匹。”

TAMX2：03《□知德等名籍》："□□都護□□"

72TAM150：40《唐康某等雜器物帳》："陰武仕床一張、腳張隆護。"

2004TAM395：4-2＋2004TAM395：4-3《唐垂拱二年西州高昌縣徵錢名籍全貌》："翟護仁。"

72TAM150：42《唐白夜默等雜器物帳》："郭洛護槃一，杜隆護□□"

72TAM228：14《唐保人石杯娑等殘契》："□□康護跛□□"

huā

華 花　huā

80TBI：337a《大毗盧遮那成佛神變加持經（卷四）密印品第九》："□□莎訶同前青蓮華印而□□"

75TKM96：17《北涼真興七年（425）宋泮妻隗儀容隨葬衣物疏》："故華緋裙一立。"

按：華，《説文・華部》："華，榮也。"《詩・桃夭》："桃之夭夭，灼灼其華。"按：華即花，花朵。《吐魯番出土文書》錄作"華（花）"，不必。

75TKM96：18《龍興某年宋泮妻翟氏隨葬衣物疏》："□□名須桃券華□□雞子。"

65TAM42：60（a）《唐西州高昌縣授田簿（一一）》："□□胡麻井渠，東張花，西左延海，南荒，北荒□□"

按："花"，《廣韻》："花，'華'俗，今通用。"

80TBI：130《十住毗婆沙論（卷五）聖者龍樹造易行品第九》："□□衆花佛開智惠持雜寶佛□□"

按：《中華大藏經》和《大正新修大藏經》作"華"。

64TAM29：44《唐咸亨三年（672）新婦爲阿公録在生功德疏》："在生產業、田園、宅舍、妻子、男女奴婢等物，並是虛花，皆無真實。"

73TAM215：017/7《唐殘書牘四》："□□平善，佛花等既□□"

2004TBM113：6-3《唐西州某縣何花辭爲男女放良事》："縣司：何花前件男女，並是前士曹張善和體□□"

huá

華　huá

64TAM29：44之六《唐咸亨三年（672）新婦爲阿公録在生功德疏》："又已前家中抄寫《涅槃經》一部，注子（字）《法華經》一部。"

72TAM151：74（a）《古寫本〈晉陽秋〉殘卷》："華，字茂先，范陽□□"

72TAM151：74（a）《古寫本〈晉陽秋〉殘卷》："華博學洽聞，圖籍無不貫練。"

72TAM179：16/1（b），16/2（b）《唐寫〈尚書〉孔氏傳〈禹貢〉、〈甘

誓〉殘卷》：“西頃、朱圍、鳥鼠至於太 華 。”

華 2004TBM113：6－1＋2004TBM113：6－1（背面）《唐龍朔二年（622）正月西州高昌縣思恩寺僧籍》：“誦《法 華 》五卷。”

華 2004TBM113：6－1＋2004TBM113：6－1（背面）《唐龍朔二年（622）正月西州高昌縣思恩寺僧籍》：“《法 華 》五卷，《藥師》一卷，《佛名》一卷。”

huà

化　huà

化 80TBI：716a《妙法蓮華經（卷二）譬喻品第三》：“雖以方便，所 化 眾生□□”66TAM59：4/1（a）《古寫本〈毛詩關雎序〉》：“風以動之，教以 化 之。”

仏 64TAM4：42《唐龍朔元年（661）左憧憙夏菜園契》“崇 化 鄉人左憧憙於同鄉人大女呂玉妵（薶）邊夏張渠菜園肆拾步壹園。”

化 64TAM4：40《唐乾封三年（668）張善憙舉錢契》：“武城鄉人張善憙於崇 化 鄉左憧憙邊舉取銀錢貳拾文。”

化 64TAM4：34《唐龍朔元年（661）龍惠奴舉練契》：“安西鄉人龍惠奴於崇 化 鄉人右憧憙邊舉取練叁拾疋。”

畫　huà

畫 67TAM78：39《唐趙□憙舉麥契》：“□□可，畫 指爲信。”

按：原件“指爲信”三字殘去左半。

畫 64TAM29：44 之六《唐咸亨三年（672）新婦爲阿公錄在生功德

疏》：“昨更於生絹 畫 兩捕釋迦牟尼變，并侍者、諸天。”

徊　huái

佪 73TAM222：55（a）《唐寫〈千字文〉殘卷》：“□□庄，徘 徊 □。”

懷　huái

懷 73TAM509：8/2（b）《唐西州道俗合作梯蹬及鐘記》：“衙官將軍趙獻璋、張承暉、王休昇等，溢氣雄圖，懷 奇妙略，行資孝悌，文翰芳猷。”

按：圖，原件作“昷”。等，作“寺”。

懷 73TAM509：8/2（b）《唐西州道俗合作梯蹬及鐘記》：“清風入百姓之 懷 ，令譽傳耆舊之口。”

懷 2006TAM607：2－4＋2006TAM607：2－5＋2006TAM607：2－4《唐神龍元年（705）六月後西州前庭府牒上州勾所爲當府官馬破除、見在事》：“和 懷 恪馬恩敦（驐）。”

按：恩，原件書作“㤅”。

懷 66TAM62：5《北涼緣禾五年隨葬衣物疏》：“懷 右（袖）囊。”

懷 67TAM78：33《唐某年九月府史張道龕領受馬踏抄》：“□□亭烽帥□ 懷 守烽□□”

懷 67TAM78：47/1《唐某年十月府史張道龕領受馬踏抄》：“□□赤亭烽□□ 懷 守□□”

懷 67TAM78：42《唐某年二月府史張道龕領受馬料抄》：“□□赤亭烽□馮 懷 守□□”

59TAM305：8《缺名隨葬衣物疏》："懷袖囊一枚。"

75TKM96：17《北涼真興七年（425）宋泮妻隗儀容隨葬衣物疏》："故懷袖囊各一枚。"

63TAM2：1《北涼緣禾六年翟萬隨葬衣物疏》："故懷袖、踦臼囊各一枚。"

72TAM151：14《高昌義和元年（614）高懷孺物名條疏》："□和元年甲戌歲十一月十九日高懷孺物名。"

72TAM151：56《高昌買駄、入練、遠行馬、郡上馬等人名籍》："馬郎中、明威懷滿、振武、侍郎僧□。"

65TAM42：59《唐西州高昌縣授田簿（九）》："右給康懷住充□□。"

73TAM507：014/6《高昌延壽七年（630）十二月張明憙入十月剗刺薪條記》："□□令狐懷憙十二月□九日。"

72TAM151：94《高昌義和三年（616）張相憙夏靡田券》："倩書翟懷□□□□德□□。"

64TKM1：48《唐西州高昌縣順義等鄉勘田簿（一）》："嚴懷保田□□，西嚴侯□□。"

72TAM151：99,100《高昌合計馬額帳（一）》："汜都寺、□□□寺懷儒、左衛寺。"

72TAM151：101《高昌傳錢買鑸鐵、調鐵供用帳》："□□一日，虎□懷明傳：錢肆□，□買□鐵肆斤，付孟慶慶。"

2006TZJ1：087，2006TZJ1：077《麴氏高昌張廷懷等納斛斗帳》："麴懷悅壹斛壹兜（斗）。"

64TAM4：53《唐麟德二年（665）張海歡、白懷洛貸銀錢契》："同日白懷洛貸取銀錢貳拾肆文，還日、別部依上券同。"

72TAM150：40《唐康某等雜器物帳》："翟懷願床，張達典床。"

73TAM215：017/5－1《唐馮懷盛等夫役名籍（一）》："馮懷盛。"

72TAM150：48《唐邵相歡等雜器物帳》："左守懷案一。"

huān

歡　huān

80TBI：238《過去現在因果經（卷一）》："□□歡喜讚□□。"

65TAM42：67《唐西州高昌縣授田簿（一五）》："右給蘇願歡充□□。"

64TAM4：53《唐麟德二年（665）張海歡、白懷洛貸銀錢契》："保人張歡相。"

72TAM150：38《唐某人九月廿一日書牘》："歡憘，本因還問□□。"

73TAM507：012/12－1《唐潘突厥等甲仗帳》："□□善歡下鐵甲六，皮甲七領。"

72TAM151：59,61《高昌某年郡上馬帳》："侍郎歡岳青馬。"

歡

《唐貞觀十七年（643）西州高昌
縣趙懷滿夏田契》："田主張 歡 仁。"

狱

72TAM151：59,61《高昌某年郡
上馬帳》："田衆 歡 馬。"

狱

72TAM150：40《唐康某等雜器
物帳》："張 歡 海床一張。"

欷

72TAM150：44《唐史歡智等雜
器物帳》："史 歡 智銅匙、張延憙
槃一。"

欷

73TAM222：1（b）《唐中軍左虞
侯帖爲處分解射人事》："總管左
金吾衛郎將韓 歡 。"

驩　huān

驎

65TAM341：22,23,24（a）《唐景
龍三年（709）南郊赦文》："▢▢▢
於村坊 驩 ▢▢"

huán

還　huán

遝

75TKM98：28/1《某人啓爲失耕
事》："▢▢ 還 也奴招 ▢▢"

還

72TAM230：67《武周天授二年
（691）唐建進辯辭》："被問，建進
若告主簿營種 還 公，逃死户絶田地。"

　按：地，原件作"坒"，爲武周新字。

還

80TBI：126《別譯雜阿含經（卷
一二）》："▢▢ 愁悔恨，慙愧 還
宮 ▢▢"

還

75TKM99：6（a）《北涼承平八年
（450）翟紹遠買婢券》："不了，部

（賠） 還 本價。"

還

64TAM19：36《唐咸亨五年
（674）王文歡訴酒泉城人張尾仁
貸錢不還辭》："▢▢ 索，延引不 還 。"

還

64TAM19：48《唐上元三年
（676）西州都督府上尚書都省狀
爲勘放還流人貫屬事（一）》："▢▢ 放還
流人貫屬具狀上事。"

還

66TAM59：4/6《北涼神璽三年
（399）倉曹貸糧文書》："▢▢ 拾
斛，秋熟 還 等斛，督入本 ▢▢"

遝

67TAM363：8/2（a）之二《唐景
龍四年（710）卜天壽抄〈十二月
新三臺詞〉及諸五言詩》："側書 還 側讀，
還須側眼▢。"

還

73TAM215：017/2《唐殘書牘
一》："▢▢ 打 還 丁 ▢▢"

還

64TAM29：91（b）《唐殘詩》：
"▢▢ 燈鏡拂 還 看。"

還

75TKM99：9（b）《高昌延昌二十
二年（582）康長受從道人孟忠邊
歲出券》："康長受從道人孟忠邊歲出，到
十一月卅日 還 入正作。"

還

72TAM151：104《高昌延和十二年
（613）某人從張相憙等三人邊雇人
歲作券》："▢▢ 到頭壹日 還 上 ▢▢"

還

64TAM4：34《唐龍朔元年（661）
龍惠奴舉練契》："如憧憙須［須］
練之日，並須依時酬 還 。"

　按：此句當衍一"須"字。

還

72TAM188：84《唐便錢酬馬價
文書》："▢▢ 十六貫文便將 還
李 ▢▢"

還

66TAM61：22（b）《唐西州高昌
縣上安西都護府牒稿爲録上訊
問曹禄山訴李紹謹兩造辯辭事（三）》："取

絹訖還領，兄却 還 安西。

64TAM4：40《唐乾封三年（668）張善憙舉錢契》："若延引不 還，聽左拽取張家財雜物平爲本錢直（值）。"

67TAM363：7/2《唐儀鳳二年（677）西州高昌縣寧昌鄉某人舉銀錢契》："□本具 還。"

64TAM4：38《唐顯慶五年（660）張利富舉錢契》："到左還須錢之日，張即須子本俱 還。"

64TAM4：36《麟德二年（665）趙醜胡貸練契》："其練迴 還 到西州拾日内，還練使了。"

64TAM4：36《麟德二年（665）趙醜胡貸練契》："到過其月不 還，月別依鄉法酬生利。"

64TAM4：36《麟德二年（665）趙醜胡貸練契》："若身東西不在，一仰妻兒 還 償本練。"

65TAM39：20《前涼升平十一年王念賣駝券》："升平十一年四月十五日，王念以兹駝賣與朱越，還 得嘉駝，不相賍移。"

64TAM4：41《唐總章三年（670）張善憙舉錢契》："若左須錢之日，張即子本具 還。"

64TAM4：41《唐總章三年（670）張善憙舉錢契》："前却不 還，任掣家資平爲錢直（值）。"

64TAM4：41《唐總章三年（670）張善憙舉錢契》："身東西不在，仰收後代 還。"

環　huán

2004TAM408：17《令狐阿婢隨葬衣物疏》："故銀 環 九指。"

huàn

患　huàn

80TBI：641a《妙法蓮華經（卷二）譬喻品第三》："□□告喻諸子，説衆 患 難，惡鬼毒蟲，灾火□□。"

65TAM40：29《唐某人賃舍契》："其病 患 有生死並得。"

64TAM29：44《唐咸亨三年（672）新婦爲阿公録在生功德疏》："阿公 患 日將綿一屯布施孟禪師。"

唤　huàn

73TAM193：11(a)《武周郭智與人書》："都督自 唤 兩司對問。"

换　huàn

65TAM341：78（背面）《唐辯辭爲李藝義佃田事》："欲得出嫁，不加修理，專行搆架，博 换 已經四年。"

　按：架，原件書作"探"。

焕　huàn

80TBI：131《高昌國高崇息乾茂等寫經題記》："□□高崇息、乾茂、文 焕、乾秀、文遷、文楷、文腭（齶）、文□□。"

huāng

巟　huāng

72TAM179：16/4（b），16/5（b），16/6（b），16/7（b）《唐寫〈尚書〉孔氏傳〈禹貢〉、〈甘誓〉殘卷》："五百里 巟 服。"

按：《説文》："巟，水廣也。从川，亡聲。"段玉裁注曰："凡此等假荒爲巟也。荒行而巟廢矣。"

荒　huāng

69TKM39：9/6(a)《唐貞觀年間（640—649）西州高昌縣手實一》："□□東 荒，西荒，南□□"

65TAM42：60(a)《唐西州高昌縣授田簿（一一）》："□□胡麻井渠，東張花，西左延海，南 荒，北荒□"

65TAM42：64《唐西州高昌縣授田簿（一二）》："東渠，西 荒，南道□□"

67TAM363：8/2(a) 之二《唐景龍四年（710）卜天壽抄〈十二月新三臺詞〉及諸五言詩》："天地玄黃，宇宙洪 荒。"

2006TAM607：4a《唐神龍三年（707）正月西州高昌縣開覺寺手實》："□□里南平城，東 荒，西寧方，南渠，北渠。"

65TAM42：63《唐西州高昌縣授田簿（二）》："□□城西五里白渠，東 荒，西渠，南道，北張仁。"

65TAM42：58《唐西州高昌縣授田簿（八）》："□□五里神石渠，東 荒，西渠，南張□□"

73TAM215：017/6－1，017/6－2《唐殘書牘三》："□□氣咽 荒 迷□□"

huáng

皇　huáng

2004TAM396：14《唐開元七年（719）洪奕家書》："比不奉海（誨），夙夜 皇（惶）悚，惟增戀結。"

黃　huáng

59TAM305：8《缺名隨葬衣物疏》：" 黃 手絲二兩。"

75TKM88：1(b)《北涼承平五年（447）道人法安、弟阿奴舉錦券》："道人法安、弟阿奴從翟□遺舉高昌所作 黃 地丘慈錦一張。"

73TAM509：8/5(a)《唐西州天山縣申西州户曹狀爲狀無瑒請往北庭請兄禄事》："前安西流外張无瑒，奴胡子年廿五，馬壹疋，駮草（騲）肆歲，驢貳頭，並青 黃 父各陸歲。"

73TAM221：62(a)－2《唐永徽三年（652）士貞辯》："士貞當向田内去，部是 黃 昏時□□"

64TAM29：44《唐咸亨三年（672）新婦爲阿公録在生功德疏》：" 黃 綢綿袍一領。"

67TAM78：20(b)《唐李悦得子等户主名籍》："□□翟 黃 豆□□"

72TAM151：59,61《高昌某年郡上馬帳》："麴伯養 黃 ［馬］，康師子白馬。"

按："黃"後當脱一"馬"字。

72TAM151：59,61《高昌某年郡上馬帳》："范阿保 黄 馬。"

73TAM206：42/10-1,42/10-15《唐質庫帳歷》："故 黄 布衫一。"

煌 huáng

2004TBM115：10《古寫本〈千字文〉》："□□□[紈扇圓]絜,銀燭瑋(煒)煌。"

潢 huáng

67TAM363：8/2(a)之一《唐景龍四年(710)卜天壽抄〈十二月新三臺詞〉及諸五言詩》："日落西山夏(下),潢(黄)河東海流,□□不滿百,恒作[方]萬年優(慢)。"

　　按：原件"方"字旁有"卜"删字符號。

69TKM39：9/8(a)《唐西州高昌縣□慶友等戶家口田畝帳簿(二)》："□□里 潢 渠,東趙歸,西道□□"

huī

灰 huī

65TAM42：40《唐缺名隨葬衣物疏》："石 灰 三斛。"

72TAM151：6《高昌重光元年(620)氾法濟隨葬衣物疏》："細錦萬匹,石 灰 一斛,五穀具。"

　　按：《干禄字書》："灰灰,上俗下正。"

暉 huī

75TKM91：3/1(a),3/,2(a)《蔡暉等家口籍》："蔡 暉 四口。"

67TAM78：20(b)《唐李悦得子等戶主名籍》："□□張臺 暉,戶主索□□"

72TAM216：012/5《唐天寶元年(742)殘辯辭》："□□ 連 暉 □□"

徽 huī

73TAM221：59(a),60(a)《唐永徽元年(650)安西都護府乘敕下交河縣符》："永 徽 元年二月四日下。"

64TAM19：39(a),42(a),43(a)《唐永徽二年(651)牒爲徵索送冰井芳銀錢事》："□□間即欲 徽 (徵)索分付□□"

73TAM221：61(a)《唐永徽元年(650)安西都護府乘敕下交河縣符》："永 徽 元年二月□□"

huí

回 huí

2006TSYIM4：2-2《古寫本〈詩經〉》："倬彼雲漢,昭 回 於天。"

67TAM363：8/1(a)《唐景龍四年(710)卜天壽抄孔氏本鄭氏注〈論語〉》："軏 回 軏端以節之車。"64TAM27：22《唐寫本〈論語〉鄭氏注〈雍也〉殘卷》："□□其憂,回

也不□□”

67TAM363：8/1(a)之九《唐景龍四年（710）卜天壽抄孔氏本鄭氏注〈論語〉》：“對曰：‘賜也，何敢望 回 ？’”

迴　huí

2006TAM607：2－4《唐神龍元年(705)六月後西州前庭府牒上州勾所爲當府官馬破除、見在事》：“卅疋，前後諸軍借將及没賊不 迴 ，合官酬替。”“三疋，長安四年六月給論（輸）臺聲援兵隨北庭討擊軍不 迴 。”

65TAM341：25，26（a）《唐景龍三年（709）南郊赦文》：“□□ 迴 授基（期）親，當□□□”

73TAM509：8/6《唐書牘稿》：“緣患腰， 迴 轉不得，見每熨，後日可減。”

72TAM178：5《唐開元二十八年（740）土右營下建忠趙伍那牒爲訪捉配交河兵張式玄事二》：“□□□ 迴 ，死活不□□□”

68TAM103：18/11－1《唐貞觀某年西州高昌縣范延伯等户家口田畝籍（五）》：“□□□ 東毛海相、西傳□□、□孟 迴 □□□”

huǐ

悔　huǐ

80TBI：750a《妙法蓮華經（卷二）譬喻品第三》：“□□必憂 悔 如此種種。羊□□□”

65TAM39：20《前涼升平十一年王念賣駝券》：“若還 悔 者，罰毯十張供獻。”67TAM363：8/1(a)之九《唐景龍四年（710）卜天壽抄孔氏本鄭氏注〈論語〉》：“無所取材之，爲前既言，難中 悔 之故，絶之以此□□□”

72TAM151：13《高昌義和三年（616）氾馬兒夏田券》：“悔者一罰二，入不 悔 者。”

63TAM1：25《文書殘片》：“□□□ 悔 □□□”

75TKM99：9(b)《高昌延昌二十二年（582）康長受從道人孟忠邊歲出券》：“悔者一倍（賠）二，入不 悔 者。”

69TAM137：1/2，1/4－1《唐某人夏南渠田券》：“不得反悔，悔者壹罰二，入不 悔 者。”

毀　huǐ

80TBI：486《四分律比丘尼戒本》：“□□戒□□□□ 毀 生□□□”

按：今本《四分律比丘戒本》作：“説戒亦如是，全毀生憂喜。”

huì

恚　huì

80TBI：156b《大智度論（卷二）初品中婆伽婆釋論第四》：“□□瞋 恚 惡蟲□□□”

惠　huì

80TBI：117《妙法蓮華經（卷三）藥草喻品第五》："□□ 惠 雲含潤，電光□□"

按：惠，《中華大藏經》和《大正新修大藏經》作"慧"。

72TAM151：59,61《高昌某年郡上馬帳》："竺 惠 兒黃馬。"

72TAM150：40《唐康某等雜器物帳》："魏相 惠 床一張。"

72TAM150：40《唐康某等雜器物帳》："令狐 惠 信床一。"

72TAM151：99,100《高昌合計馬額帳（一）》："□□ 歡岳、中郎師苟、□□□□阿婆奴、□□伯、竺 惠 □□"

64TAM4：34《唐龍朔元年（661）龍惠奴舉練契》："安西鄉人龍 惠 奴於崇化鄉人右憧憙邊舉取練叁拾疋。"

64TAM15：17《唐貞觀十四年閏十月西州高昌縣弘寶寺賊賍錢名》："法□、道防、惠 儒。"

67TAM376：03(a)《唐西州高昌縣諸鄉里正上直暨不到人名籍》："氾 惠 ，直仁。"

64TAM4：34《唐龍朔元年（661）龍惠奴舉練契》："舉練人龍 惠 奴。"

會　huì

59TAM305：14/2《倉曹屬爲買八綎布事》："屬至，亟催買 會 廿六日。"

64TAM15：19《唐西州高昌縣弘寶寺賊賍錢名》："曇 會 。"

72TAM179：16/1(b)，16/2(b)《唐寫〈尚書〉孔氏傳〈禹貢〉、〈甘誓〉殘卷》："□□〔浮於〕積石，至於竜門、西河，會 於渭汭。"

按：旹，同"會"。《集韻》："會，古作旹。"《汗簡》卷上說同，且《汗簡》卷上又引《字指》"繪"作"𦈎"，亦其類。

誨　huì

80TBI：641a《妙法蓮華經（卷二）譬喻品第三》："□□ 子無知，雖聞父 誨 ，猶故樂著，嬉戲不已。"

慧　huì

80TBI：659a《阿毗達磨藏顯宗論（卷一七）辯緣起品第四之六》："□□ 假極微，令 慧 尋思極生喜故，此微即極，□□"

80TBI：005－5《大乘瑜伽金剛性海曼殊室利千臂千鉢大教王經（卷六）》："□□大明 慧 菩薩摩□□"

80TBI：179《妙法蓮華經（卷三）藥草喻品第五》："智 慧 深遠。"

諱　huì

72TAM209：87《唐貞觀年間西州高昌縣勘問梁延臺、雷隴貴婚娶糾紛案卷（二）》："□□口掛言，今日因何頓 諱 ？"

72TAM230：67《武周天授二年（691）唐建進辯辭》："據此，明知告皆是實，未知前款因何拒 諱 ？"

穢　huì

80TBI：500a-1《中阿含經（卷二二）穢品經第一》："▢▢内無 穢，我内實無此穢 ▢▢"

hūn

婚 hūn

73TAM507：013/4-1，4-2《唐曆》："▢▢歲位天恩往亡結 婚 ▢▢"

73TAM509：8/6《唐書牘稿》："又 婚 事珪枝到，具委如何取辦。"

hún

渾 hún

67TAM78：27《唐殘書牘》："▢▢訊寺女 渾 ▢▢"

72TAM188：82(a)《唐神龍二年（706）主帥渾小弟上西州都督府狀爲處分馬齰料事》："神龍二年二月日主帥 渾 小弟 ▢▢"

魂 hún

73TAM222：54/4(b)，54/5(b)《唐寫〈禮記〉鄭氏注〈檀弓〉下殘卷》："謂招 魂 且 ▢▢"

huó

活 huó

64TAM19：71/1《唐殘文書一（一）》："百姓 活 命要籍田▢ ▢▢"

72TAM178：5《唐開元二十八年（740）土右營下建忠趙伍那牒爲訪捉配交河兵張式玄事二》："▢▢迴，死 活不 ▢▢"

huǒ

火 huǒ

80TBI：162《妙法蓮華經（卷二）譬喻品第三》："長者見是大 火 ▢▢"

75TKM90：20(a)《高昌主簿張縮等傳供帳》："▢▢行繰三疋，赤違三枚，付隗已隆，與阿祝至 火 下。"

68TAM108：18(a)之二《唐開元三年（715）西州營牒爲通當營請馬料姓名事二》："火 長齊漢子，火内人王 ▢▢"

按：齊，原件作"斉"。

68TAM108：19(a)之三《唐開元三年（715）西州營典李道上隴西縣牒爲通當營請馬料姓名事》："火長鄒忠節，火 内人□結。""火 長孔處忠，火内人楊琛。"

68TAM108：18(a)之二《唐開元三年（715）西州營牒爲通當營請馬料姓名事二》："火 長毛崇業，火内人 ▢▢"

64TAM29：24《唐垂拱元年（685）康義羅施等請過所案卷（四）》："吐 火 羅磨色多 ▢▢"

大　73TAM507：013/4－1,4－2《唐曆》："▢▢景寅火危▢▢"

huò

或　huò

戈　80TBI：112a《阿毗曇八犍度論（卷一三）智犍度智相應跋渠第五之一》："▢▢在前答曰或▢▢"

武　65TAM346：1《唐乾封二年（667）郭毛醜勳告（一）》："或北折淳維，或南梟徵側，功勳久著，賞冊宜隆。"

或　67TAM363：8/1（a）之四《唐景龍四年（710）卜天壽抄孔氏本鄭氏注〈論語〉》："或曰：熟▢▢"

或　67TAM363：8/1（a）之九《唐景龍四年（710）卜天壽抄孔氏本鄭氏注〈論語〉》："或對曰：'申棖也。'"

貨　huò

貨　73TAM509：8/19《唐某人與十郎書牘》："其竹楷所有申文狀，並不肯署名，因便語▢▢追入州，縱不見官府，他自用貨。"

禍　huò

禍　80TBI：079a《道藏〈通玄真經〉（卷三）〈九守篇〉殘片》："▢▢[精]神馳騁而不守。禍福之▢▢"

禍　75TKM91：11/3《西涼建初四年（408）秀才對策文》："臣聞三后

之興，實由內主；三帝之亡，禍生妃婦。"

惑　huò

惑　80TBI：040b《妙法蓮華經（卷二）譬喻品第三》："淺識聞之，迷惑不解。"

獲　huò

獲　2004TBM207：1－12a《唐上元三年（676）西州法曹牒功曹爲倉曹參軍張元利去年負犯事》："依檢上件人案，是前府史孟▢▢▢檢覓不獲。"

獲　73TAM509：8/19《唐某人與十郎書牘》："來日忿忿，不獲辭奉，夏中毒熱，伏惟十郎清吉，緣鐘草草。"

　　按：忿忿，原件書作"忩忩"。

獲　64TAM29：90（a）（b）《唐垂拱元年（685）西州都督府法曹高昌縣符爲掩劫賊張爽等事》："仰子（仔）細括訪獲因▢▢"

獲　67TAM363：8/1（a）之三《唐景龍四年（710）卜天壽抄孔氏本鄭氏注〈論語〉》："獲罪於天，無所禱。"

獲　67TAM74：1/9《唐某人佃田殘契》："▢▢獲指爲▢。"

獲　64TAM4：37《唐總章三年（670）白懷洛舉錢契》："兩和立契，獲指爲驗。"

　　按："獲"以音同，爲"畫"借音字。上例同此。

J　部

jī

几　jī

80TBI：316《妙法蓮華經（卷二）譬喻品第三》："若以 几 案從□□"

飢　jī

2004TBM115：10《古寫本〈千字文〉》："且（具）饍□飯，適口充腸，飽飫享宰， 飢 厭糟糠。"

唧　jī

73TAM509：8/19《唐某人與十郎書牘》："昨縣家令竹真楷□□終日共麴五啾 唧 。"

基　jī

73TAM222：1（b）《唐中軍左虞侯帖爲處分解射人事》："依判 基示 。"

65TAM341：25，26（a）《唐景龍三年（709）南郊赦文》："□□迴

授 基 （期）親，當□□"

璣　jī

73TAM222：55（a）《唐寫〈千字文〉殘卷》："□□曜（曜），旋（璿）璣□□"

按：曜，"曜"之俗。"目""日"混用，俗寫常見。旋，"琁"之借字。《説文》："璿，或作'琁'。"《集韻》："璿，《説文》：'美玉也。'或作琁、璇。"今本作"曦暉朗曜，璇璣懸斡"。

2004TBM207：1-9《唐某年西州晚牙到簿（四）》："□□張 璣 。"

2004TBM207：1-5d《唐某年西州晚牙到簿（二）》："□□張 璣 。"

機　jī

63TAM2：1《北涼緣禾六年翟萬隨葬衣物疏》："故銅 機 郭一具。"

積　jī

75TKM96：37《倉吏侯暹啟》："所致生年始冊六七，久患□，積 有年歲。"

72TAM150：39《唐僧净眼家書》："違離 積 載，思莫□□"

擊　jī

擊　2006TAM607：2－4《唐神龍元年（705）六月後西州前庭府牒上州勾所爲當府官馬破除、見在事》："三疋，長安四年六月給論（輪）臺聲援兵隨北庭討 擊 軍不迴。"

雞　jī

雞　75TKM96：15《龍興某年宋泮妻翟氏隨葬衣物疏》："故 雞 鳴枕一枚。"

鷄　TAMX2：01《□歡下等名籍》："□□ 鷄 索□□"

雞　65TAM42：40《唐缺名隨葬衣物疏》："駝馬驢羊 雞 苟（狗）一千。"

鷄　65TAM42：40《唐缺名隨葬衣物疏》：" 雞 鳴審（枕）一枚，玉團一雙，腳靡（縻）一具。"

譏　jī

譏　75TKM91：11/4《西涼建初四年（408）秀才對策文》："《春秋》之所以書此者，美襄子之恩可感， 譏 智伯之無德。"

譏　67TAM363：8/1（a）之七《唐景龍四年（710）卜天壽抄孔氏本鄭氏注〈論語〉》："士士（事）父母 譏 諫。"

齎　jī

賷　72TAM233：15/1《相辭爲共公乘艾與杜慶毯事》："艾即 賷 毯六張，共來到南門前，見杜慶。"

按：賷，同"齎"。《集韻·齊聲》："齎或作賷。"

賷　75TKM91：24《下二部督郵、縣主者符》：" 賷 鑼五十口，斤斧五十口。"

jí

及　jí

及　64TAM29：110/1～110/6，120（a）《唐處分庸調及折估等殘文書（一）～（七）》："折庸調多少 及 沽價高□□"

及　72TAM230：46/2（b）《唐儀鳳三年（678）尚書省户部支配諸州庸調及折造雜練色數處分事條啓（二）》："非所管路程稍近，遣與桂府 及 欽州相知，準防人須糧支配使充。"

及　64TAM4：35（a）《唐漢舍告死者左憧憙書爲左憧憙家失銀錢事（一）》："家里大小曹主及奴是等 及 鎧相有人盜錢者，兄子好驗校分明索取。"

及　72TAM230：46/1（a）《唐儀鳳三年（678）尚書省户部支配諸州庸調及折造雜練色數處分事條啓（一）》："具申比部 及 金部，比部勾訖，閞（關）□□"

及　64TAM4：39《唐乾封元年（666）鄭海石舉銀錢契》："若鄭身東西不在，一仰妻兒 及 收後保人替償。"

及　73TAM509：8/19《唐某人與十郎書牘》："昨何副使巡作，縮頭不出， 及 使過，皆即漏吼。"

及　73TAM509：8/6《唐書牘稿》："即去，請無責 及 。"

73TAM509：8/26(b)《唐唐昌觀申當觀長生牛羊數狀》："□牒：當觀先無群牧，三、五年諸家布施及贖(續)生，零落雜合，存得上件數。"

吉 jí

65TAM341：27《唐開元八年(720)具注曆》："歲位療病修宅，吉。"65TAM341：27《唐開元八年(720)具注曆》："歲位斬草祭祀，吉。"

64TAM29：24《唐垂拱元年(685)康義羅施等請過所案卷(四)》："奴割邏吉，驢三頭。"

急 jí

59TAM305：14/2《倉曹屬爲買八綩布事》："竟未得，今日盡，急須。"

66TAM62：5《北涼緣禾五年隨葬衣物疏》："急急如律令。"

72TAM151：6《高昌重光元年(620)氾法濟隨葬衣物疏》："急急如律令。"

級 jí

65TAM341：25，26(a)《唐景龍三年(709)南郊赦文》："□級勳先有郡□"

65TAM341：25，26(a)《唐景龍三年(709)南郊赦文》："□賜勳一級已□"

65TAM341：22，23，24(a)《唐景龍三年(709)南郊赦文》："□"

官失級量□"

疾 jí

67TAM363：8/1(a)之九《唐景龍四年(710)卜天壽抄孔氏本鄭氏注〈論語〉》："孔子疾世，故發此言。"

67TAM363：8/1(a)之二《唐景龍四年(710)卜天壽抄孔氏本鄭氏注〈論語〉》："□者疾時仁失□"

72TAM187：180(a)《唐垂拱三年(687)帳後西州交河縣親侍、廢疾等簿帳(五)》："□都合新舊廢疾廿二人在□"

73TAM191：32(a)《唐史衛智爲軍團點兵事》："□簡點兵尪弱，疾□"

69TKM39：9/1(b)，9/5(b)，9/9(b)《唐永徽二年(651)後某鄉戶口帳(草)(一)》："疾妻。"

72TAM187：180(a)《唐垂拱三年(687)帳後西州交河縣親侍、廢疾等簿帳(五)》："□入□疾□"

64TKM1：37/1《唐西州某鄉戶口帳(二)》："□當鄉殘疾一□"

60TAM330：14/1-4(b)《唐某鄉戶口帳(一)》："戶五四，篤疾男。"

極 jí

80TBI：659a《阿毗達磨藏顯宗論(卷一七)辯緣起品第四之六》："□假極微，令慧尋思極生喜故，此微即極□"

65TAM42：48（a）《古寫本〈鍼法〉殘片》："丈夫失精中 極 □"

80TBI：659a《阿毗達磨藏顯宗論（卷一七）辯緣起品第四之六》："□ 極 成色等自相,於和集位,現量所得,假由分 □□"

64TAM29：113《唐□伏威牒爲請勘問前送帛練使男事》：" 極 無上下,請勘當。"

73TAM206：42/10－5/10－17《唐質庫帳歷》：" 極 碎白布衫一。"

2006TSYIM4：2－2《古寫本〈詩經〉》："民之罔 極 ,職涼善背。"

按：職,原件書作"軄"。

73TAM507：012/3《唐殘書牘》："□□ 極 當憶歡 □□"

集　jí

65TAM341：22,23,24（a）《唐景龍三年（709）南郊赦文》："□□考使并 集 岳 □□"

72TAM151：55《高昌田相祐等名籍》："田思祐、陽阿周、趙劉 集 、李忠兒。"

60TAM317：30/6（a）,30/10（a）《唐趙蔭子博牛契》："□□ 集 日,別立市勸（券）。"

藉　jí

73TAM509：8/5（a）《唐西州天山縣申西州戶曹狀爲狀無場請往北庭請兄禄事》："兄旡價任北庭乾坑戍主,被吕將軍奏充四鎮要 藉 （籍）驅使,其禄及地子合於本任請授。"

64TAM19：71/1《唐殘文書一（一）》："百姓活命要 藉 （籍）田 □□"

69TKM39：9/6（a）《唐貞觀年間（640—649）西州高昌縣手實一》："□□ 藉 （籍）田柒拾玖畝一百二□□。"

72TAM151：74（a）《古寫本〈晉陽秋〉殘卷》："華博學洽聞,圖 藉 （籍）無不貫練。"

66TAM61：29（a）《唐闞洛□等點身丁中名籍》："翟永 藉 。"

籍　jí

2006TAM607：4a《唐神龍三年（707）正月西州高昌縣開覺寺手實》："一段二畝永業薄田,城西六十里南平城,東甯方,西翟征,南渠,北部田,右件地, 籍 後給充僧分。"

jǐ

己　jǐ

73TAM524：32/1－1《高昌永平元年（549）十二月十九日祀部班示爲知祀人上名及謫罰事》："虎牙訓 己 。"

72TAM151：95《高昌延和八年七月至延和九年六月錢糧帳》："依案,從 己 巳歲七月一日至庚午歲六月廿九 □□□ 伍佰肆文半,□□兜（斗）□□"

73TAM507：012/15《高昌張明憙入延壽十六（639）三月鹽城劑

丁錢條記》："□已亥歲三月剤丁□"

80TBI：316《妙法蓮華經(卷二)譬喻品第三》："□畏之事，此舍已燒，宜時□"

給　jǐ

67TAM363：8/1(a)之八《唐景龍四年(710)卜天壽抄孔氏本鄭氏注〈論語〉》：御仁(人)以口給，屬(屢)憎於仁(人)。

72TAM230：95(a)《唐西州高昌縣牒爲鹽州和信鎮副孫承恩人馬到此給草踖事》："已準狀，牒至，給草踖者。"

73TAM206：42/2《唐光宅元年(684)史李秀牒爲高宗山陵賜物請裁事》："□山陵者，始給賜物。"

67TAM91：28(a)《唐貞觀十七年(643)何射門陀案卷爲來豐患病致死》："若爲肯好供給□"

72TAM230：53(a)《唐西州高昌縣牒爲將孫承恩馬疋草踖事》："□乘私馬給草踖遞者□"

67TAM78：36《唐西州蒲昌縣下赤亭烽帖一》："□於彼給付□"

67TAM78：37《唐西州蒲昌縣赤亭烽帖爲鎮兵糧事》："□依數給訖，上□"

幾　jǐ

73TAM222：54/4(b)，54/5(b)《唐寫〈禮記〉鄭氏注〈檀弓〉下殘卷》："幾其精□"

72TAM230：68《武周天授二年(691)郭文智辯辭》："□言幾段々當□"

按："段"後原件爲重文符號。

72TAM230：66《武周天授二年(691)安昌合城老人等牒爲勘問主簿職田虚實事》："問合城老人、城主、渠長、知田人等，主薄(簿)去年實種幾畝麥，建進所注虚實，連署狀通者。"

按：年，原件爲武周新字。

jì

旡　jì

72TAM179：16/1(b)，16/2(b)《唐寫〈尚書〉孔氏傳〈禹貢〉、〈甘誓〉殘卷》："三危旡宅，三苗丕敍。"

按：旡，今作"既"。

伎　jì

80TBI：087《金光明經(卷三)除病品第一五》："種種伎藝，書疏算計，無不□"

即　jì

72TAM179：16/1(b)，16/2(b)《唐寫〈尚書〉孔氏傳〈禹貢〉、〈甘誓〉殘卷》："織皮、昆侖、析支、渠搜，西戎即敍。"

按：織，原件書作"叕"。析，作"斦"。

80TBI：097《請觀世音菩薩消伏毒害陀羅尼咒經(卷一)》："并誦

此咒[即]得[□]"

72TAM230：75,76《武周天授二年(691)康進感辯辭》："[□][□]種地,請檢驗[即]知。"

按：地,原件爲武周新字。

72TAM151：74(a)《古寫本〈晉陽秋〉殘卷》："從軍掌書疏表檄,大祖□之,還[即]正[□]"

66TAM59：4/2－4(a),4/2－5(a)《北涼玄始十二年(423)失官馬賣賠文書一》："[□]陪(賠)馬[即]責恩辭。"

59TAM301：15/4－3《唐西州高昌縣趙懷願買舍券》："[□]天,下至皇(黃)泉,舍中伏藏、役使,[即]日盡隨舍行。"

60TAM327：05/1《唐永徽六年(655)趙羊德隨葬衣物疏》："□得安,[即](急)即(急)如律令！"

72TAM151：104《高昌延和十二年(613)某人從張相憙等三人邊雇人歲作券》："[□]與雇價銀錢貳□□□□[即]□□□入作。"

73TAM215：017/7《唐殘書牘四》："[□]毒熱,未委何如,[即]此[□]"

60TAM317：30/7《唐某人買奴契》："[□]練[即]畢,人即付。"

60TAM317：30/7《唐某人買奴契》："[□]練即畢,人[即]付。"

73TAM519：19/2－2《高昌麴季悅等三人辭爲請授官階事》："[□][即]得異姓上品官上坐,若得內官者[□]"

73TAM507：012/5《唐殘辭》："[□][即]未□,奏後[□]"

73TAM507：012/3《唐殘書牘》："[□]賢信,[即]欲作銀腰帶[□]"

64TAM4：38《唐顯慶五年(660)張利富舉錢契》："到左還須錢之日,張[即]須子本俱還。"

64TAM4：37《唐總章三年(670)白懷洛舉錢契》："到月滿日,白[即]須送利。"

66TAM61：22(b)《唐西州高昌縣上安西都護府牒稿爲錄上訊問曹祿山訴李紹謹兩造辯辭事(三)》："[即]在弓月城住,取兄練二百七十五疋[□]"

忌 jì

73TAM193：31《唐殘陰陽書》："[□]有赤畜[忌]之忌[□]"

季 jì

67TAM363：8/1(a)《唐景龍四年(710)卜天壽抄孔氏本鄭氏注〈論語〉》："[季]康子敏(問)：'使民敬、中(忠)以勸,如之何？'"

按：敏、中,傳世本作"問""忠"。"敏""問"音轉。

67TAM363：8/1(a)《唐景龍四年(710)卜天壽抄孔氏本鄭氏注〈論語〉》："顏回、[季]路侍。"

73TAM519：19/2－2《高昌麴季悅等三人辭爲請授官階事》："[季]悅、麴相岳三人等[□]"

計 jì

計　80TBI：087《金光明經（卷三）除病品第一五》：“種種伎藝，書疏算計，無不□□”64TAM29：44之六《唐咸亨三年（672）新婦爲阿公録在生功德疏》：“至其月十八日，計成佛一萬二千五百卅佛。”

計　2004TBM113：6－1＋2004TBM113：6－1（背面）《唐龍朔二年（622）正月西州高昌縣思恩寺僧籍》：“高昌縣寧昌鄉正道里，户主張延相男，爲延壽十四年四月十五日度，計至今廿五年。”

　　按：爲，《新獲吐魯番出土文獻》録作“偽”。

計　72TAM230：58/1（a）～58/4（a）《武周天授二年（691）追送唐建進家口等牒尾判》：“唐進經州告事，計其不合東西，頻下縣追，縣司狀□□□”

計　73TAM206：42/9－9（a）（b）《唐課錢帳歷》：“以上計當。”

計廿計　73TAM206：42/9－30《唐課錢帳歷（二）》：“以上計當。”2004TAM395：4－6＋2004TAM398：4－1＋2004TAM395：2《唐西州高昌縣李操領錢抄》：“□□已上計銀錢叁□□□，□操領□□□”

計　65TAM341：78（背面）《唐辯辭爲李藝義佃田事》：“是阿刀婦人不存家計。”

既　jì

既　67TAM363：8/1（a）之五《唐景龍四年（710）卜天壽抄孔氏本鄭氏注〈論語〉》：“遂事不諫，既往不咎。”

既　80TBI：219《金剛經疏》：“□□執而生我執，既無□□□”

既　2006TSYIM4：2－3＋2006TSYIM4：2－4《古寫本〈詩經〉》：“旱既大甚，則不可沮。”“旱既大甚，□□〔滌滌〕山川。”

既　65TAM42：10，73《唐永徽元年（650）嚴慈仁牒爲轉租田畝請給公文事》：“田既出賃，前人從索公文，既無力自耕，不可停田受餓。”66TAM61：16（b）《唐西州高昌縣上安西都護府牒稿爲録上訊問曹禄山訴李紹謹兩造辯辭事（七）》：“紹謹既不知□□□”

既　72TAM230：67《武周天授二年（691）唐建進辯辭》：“如涉虚誣，付審已後不合更執，既經再審確，請一依元狀勘當。”

既　66TAM61：23（b），27/2（b），27/1（b）《唐西州高昌縣上安西都護府牒稿爲録上訊問曹禄山訴李紹謹兩造辯辭事（二）》：“李三見到，唯兄不來，既是□□□安西，兄不至安西。”

既　66TAM61：22（b）《唐西州高昌縣上安西都護府牒稿爲録上訊問曹禄山訴李紹謹兩造辯辭事（三）》：“其胡既告謹不□□□”

既　67TAM91：29（a），30（a）《唐貞觀十七年（643）何射門陀案卷爲來豐患病致死》：“既爲改更物更□□□□知此。”

既　72TAM151：74（a）《古寫本〈千字文〉殘卷》：“聞□任楊□□作姦□懸，既□□□”

紀　jì

紀　63TAM1：15《劉普條呈爲得麥事》：“請副内紀識。”

紀　75TKM96：18，23《北涼玄始十二年（423）兵曹牒爲補代差佃守

代事》："□求 紀 識請如解紀識。"

75TKM88：1（a）《西涼建初二年功曹書佐左謙奏爲以散翟定□補西部平水事》："請奉令具刺板題授，奏諾 紀 職（識）奉行。"

65TAM40：36《唐殘辭》："□□今忖思東西經 紀 無處可得。"

記　jì

67TAM84：21（a）《高昌條列入官藏錢文數殘奏》："□□列入官藏錢文數列別如右 記 識奏諾奉□□"

80TBI：488《四分戒本疏（卷一）》："其心雖在惡無 記 中，本所作業，不名漏失。"

67TAM91：27（a）《唐貞觀十七年（643）何射門陀案卷爲來豐患病致死》"□見師爲療，又更不陳文 記 。"

73TAM221：61（b）《唐永徽元年（650）安西都護府乘敕下交河縣符》："敕行下訖 記 景弘示。"

64TAM29：44《唐咸亨三年（672）新婦爲阿公録在生功德疏》："阿公生存在日功德，審思量 記 録。"

66TAM61：16（b）《唐西州高昌縣上安西都護府牒稿爲録上訊問曹禄山訴李紹謹兩造辯辭事（七）》："□□道不 記 名字。"

68TAM108：19（a）之三《唐開元三年（715）西州營典李道上隴西縣牒爲通當營請馬料姓名事》："開元三年四月廿日典李道牒，給訖 記 ，廿五日。"

寂　jì

73TAM509：8/2（b）《唐西州道俗合作梯蹬及鐘記》："觀主張駕鶴亂歲參玄，韶年入道，真元湛 寂 ，抱一無虧，建造鴻鐘，救拔黎庶。"

按：宋，同"寂"。《龍龕手鏡》："宋，同'寂'。"敦煌文獻 S.388《正名要録》："家宋，右字形雖別，音義是同。古而典者居上，今而要者居下。"此字即其今而要者。

80TBI：116《妙法蓮華經（卷二）譬喻品第三》："□獨善 寂 深知□"

按：家，同"寂"。《玉篇》："宋，無聲也。寂，家，並同上。"S.388《正名要録》："家宋，右字形雖別，音義是同。古而典者居上，今而要者居下。"此字即其古而典者。

偈　jì

80TBI：730a《百論序》："□偈後□"

2002TJI：004《妙法蓮華經經卷三化城喻品第七》："□偈頌曰□"80TBI：126《別譯雜阿含經（卷一二）》："□觀察，知是魔王，説 偈 報言。"

祭　jì

67TAM363：8/1（a）《唐景龍四年（710）卜天壽抄孔氏本鄭氏注〈論語〉》："□而 祭 之者是諂。"

按：此句傳世本作"非其鬼而祭之，諂也。"

鼻　jì

72TAM179：16/4（b），16/5（b），16/6（b），16/7（b）《唐寫〈尚書〉孔氏傳〈禹貢〉、〈甘誓〉殘卷》："東漸於海，西被於流沙，朔南㫷聲教訖於四海。"

按：㫷，與、及，後作"暨"。《廣韻》音其冀切。《說文》："㫷，眾詞與也。"《史記》："淮夷蠙珠㫷魚。"司馬貞《索隱》："㫷，古'暨'字。"《漢書》："東漸於海，西被於流沙，朔、南㫷，聲教訖於四海。"顏師古注："北方、南方皆及，聲教盡於四海也。"原件文中多處使用年代更遠的古字，蓋因其爲時人抄寫古書，或因原書如此，或因書寫者崇古所致。今本《尚書》"㫷"作"暨"。

跡　jì

67TAM363：8/2（a）之二《唐景龍四年（710）卜天壽抄〈十二月新三臺詞〉及諸五言詩》："學問非今日，維須跡年多。"

80TBI：148《請觀世音菩薩消伏毒害陀羅尼咒經（卷一）》："跡墀。"

稷　jì

67TAM363：8/1（a）之八《唐景龍四年（710）卜天壽抄孔氏本鄭氏注〈論語〉》："瑚璉，桑稷之□□"

60TAM332：6/3《唐犯土禁忌文》："戒□□祀社稷土。"

冀　jì

72TAM179：16/1（b），16/2（b）《唐寫〈尚書〉孔氏傳〈禹貢〉、〈甘誓〉殘卷》："此三山在冀州南河之北。"

髻　jì

80TBI：784a–5《大乘瑜伽金剛性海曼殊室利千臂千鉢大教王經（卷六）》："□□髻菩薩摩□□"

劑　jì

72TAM151：62《高昌義和二年（615）參軍慶岳等條列高昌馬鞍轡帳》："高昌馬案（鞍）鳶（轡）壹劑。"

73TAM507：014/3《高昌延壽七年（630）十月某人入九月劑刺薪條記》："庚寅歲九月劑刺薪壹車。"

73TAM507：012/17《高昌延壽十五年（638）十二月張明憙入劑丁東都殘條記》："三月劑丁束□□"

73TAM507：014/9–1《高昌延壽七年（630）十二月張明憙入十月劑刺薪條記》："□□歲六月劑刺□□"

73TAM507：012/15《高昌張明憙入延壽十六（639）三月鹽城劑丁錢條記》："己亥歲三月劑丁□□"

73TAM507：012/14《高昌張明憙入延壽十五年（638）三月鹽城劑丁正錢條記》："□□城戌戌歲三月，劑丁正□□"

濟　jì

80TBI：641a《妙法蓮華經（卷二）譬喻品第三》："長者聞已，驚人□□，方宜救濟，令無燒害□□"

73TAM507：013/1《唐某人申狀爲注籍事》："□□[濟]時□□"

72TAM151：52《高昌逋人史延明等名籍》："九日逋人：史延明、北聽□竺伯子、曲尺寶惡奴，王慶[濟]。"

72TAM151：56《高昌買駄、入練、遠行馬、郡上馬等人名籍》："□□伏波衆悦、明威桑苟、□□阿□、鞏司馬、侍郎佛[濟]□□"

按：佛，原件書作"仏"。

[績]　jì

2004TBM115：10《古寫本〈千字文〉》："妾御[績]紡，侍巾惟(帷)□。"

[繼]　jì

65TAM341：78（背面）《唐辯辭爲李藝義佃田事》："今來披訴，苟求多少，欲[繼]他宗，恣意負心。"

[羈]　jì

2004TBM207：1－7《唐調露二年（680）七月東都尚書吏部符爲申州縣闕員事》："其[羈]縻及蕃州等，並請所管勘□□"

jiā

[加]　jiā

72TAM194：27（a）《唐盜物計贓科罪牒》："一疋杖六十，一疋[加]一等。"

66TAM44：30/3《唐殘發願文一》："□□實，請求[加]□□"

65TAM346：1《唐乾封二年（667）郭毫醜勳告（一）》："颮海道：沙澤陣、纈嶺陣、東熊陸嶺陣並颮第一勳，各[加]三轉，總玖轉。"

[迦]　jiā

80TBI：669a《大方廣華嚴十惡品經》："爾時，世尊告[迦]葉菩□□"

65TAM42：59《唐西州高昌縣授田簿（九）》："右給康[迦]衛充分□□"

64TAM29：44之六《唐咸亨三年（672）新婦爲阿公錄在生功德疏》："昨更於生絹畫兩捕釋[迦]牟尼變，并侍者、諸天。"

64TAM4：29(a)《唐咸亨四年左憧憙生前功德及隨身錢物疏》："婢阿[迦]、婢□香、婢多不脛、婢解、奴雙得、婢尾香。"

按：雙，原件書作"覉"。

[枷]　jiā

72TAM151：74（a）《古寫本〈晉陽秋〉殘卷》："於[枷]藏，好屬文而無□□之才，其鶊□□"

72TAM150：48《唐邵相歡等雜器物帳》："□□[枷]一，支憙伯案[枷]一。"

[家]　jiā

家　65TAM42：10,73《唐永徽元年（650）嚴慈仁牒爲轉租田畝請給公文事》："牒，慈仁 家 貧，先來乏短，一身獨立。"

家　67TAM363：8/1（a）之九《唐景龍四年（710）卜天壽抄孔氏本鄭氏注〈論語〉》："求也！仟室之邑，百乘之 家，可史（使）爲之 ☐☐。" 64TAM29：113《唐☐伏威牒爲請勘問前送帛練使男事》："☐伏威曹主并 家 口向城東園内就涼。"

家　67TAM91：30（b），29（b）《唐蘇海願等家口給糧三月帳》："户主魚白師 家 口四人。"

家　64TAM29：107《唐垂拱元年（685）康義羅施等請過所案卷（三）》："請將 家 口入京，其人等不是壓良、詃誘、寒盜等色以不？"

家　72TAM230：75,76《武周天授二年（691）康進感辯辭》："借問並稱是自 家 職田 ☐☐。"

家　64TAM4：40《唐乾封三年（668）張善憙舉錢契》："若延引不還，聽左拽取張 家 財雜物平爲本錢直（值）。"

家　73TAM507：013/1《唐某人申狀爲注籍事》："無注 家 口並在 ☐☐。"

家　64TAM29：25《唐垂拱元年（685）康義羅施等請過所案卷（四）》："家 口入京，其人等不是壓良 ☐☐。"

家　73TAM206：42/10 - 5/10 - 17《唐質庫帳歷》："東頭柒 家 故緋羅領巾一。"

家　65TAM341：78（背面）《唐辯辭爲李藝義佃田事》："是阿刀婦人不☐ 家 計。"

家　72TAM201：25/1《唐咸亨三年（672）西州都督府下軍團符》："家 資車、牛、馬等并武貞父，同送向府者。"

家　73TAM193：31《唐殘陰陽書》："家 有赤畜忌之忌 ☐☐。"

家　64TAM29：113《唐☐伏威牒爲請勘問前送帛練使男事》："我 家 ☐☐。"

家　73TAM206：42/10 - 20《唐質庫帳歷》："曲蓋 家 。"

家　73TAM206：42/9 - 18《唐課錢帳歷（二五）》："田十一白布一端，價三百文，交付百五十王車 家 。"

家　73TAM507：012/1《唐某人申狀爲欠練、駝、馬事》："☐☐ 匈息并史石奴 家 奴 ☐☐。"

家　64TAM4：41《唐總章三年（670）張善憙舉錢契》："前却不還，任掣 家 資平爲錢直（值）。"

家　67TAM363：7/2《唐儀鳳二年（677）西州高昌縣寧昌鄉某人舉銀錢契》："若延引不還，任拽 家 財雜物及口分☐☐平充錢。"

家　66TAM61：23（a），27/1（a），27/2（a）《唐麟德二年（665）婢春香辯辭爲張玄逸失盜事》："更老患，當夜並在 家 宿，實 ☐☐。"

袷　jiā

袷　2004TBM203：30 - 2《高昌寫本〈急就篇〉》："☐☐☐☐☐ 袷 ☐☐。"

袷　63TAM2：1《北涼緣禾六年翟萬隨葬衣物疏》："故帛絹 袷 一枚。"

袷 袄
73TAM206：42/10－2《唐質庫帳歷》："故紫小綾 袷 帔子一。"

袄
64TAM29：44《唐咸亨三年（672）新婦爲阿公録在生功德疏》："帛練 袄 袴一腰。"

按：袄，同"袷"。《玉篇·衣部》："袄，同'袷'。"

袄
64TAM29：44《唐咸亨三年（672）新婦爲阿公録在生功德疏》："紫綾 袄 裙一腰，緑綾 袄 帔子二領。"

袄
64TAM29：44《唐咸亨三年（672）新婦爲阿公録在生功德疏》："肉色 袄 袴衫子一領。"

按：肉，原件書作"宍"。

袄
73TAM206：42/10－13，42/10－3《唐質庫帳歷》："故緋小綾 袄 裙一。"

袄
64TAM29：44《唐咸亨三年（672）新婦爲阿公録在生功德疏》："阿公 袄 綾袴一腰，布施二行道 ☐。"

嘉　jiā

嘉
2004TAM396：14（1）《唐開元七年（719）四月某日鎮人蓋嘉順辭爲郝伏憙負錢事》："府司前件人去三月内，於 嘉 順便上件錢。"

嘉
65TAM39：20《前涼升平十一年王念賣駝券》："升平十一年四月十五日，王念以兹駝賣與朱越，還得 嘉 駝，不相賍移。"

嘉
68TAM108：19（a）之二《唐開元三年（715）西州營典李道上隴西縣牒爲通當營請馬料姓名事》："火長馬 嘉 賓，火内人時毛郎。"

嘉
68TAM108：18（a）之二《唐開元三年（715）西州營牒爲通當營請馬料姓名事二》："火長馬 嘉 賓，火内人 ☐。"

jiǎ

甲　jiǎ

甲
67TAM84：12/1（a）《高昌延昌十四年（574）殘奏一》："☐ 四年 甲 午。"

甲
60TAM332：9/1－1《唐祭五方神文殘片一》："其某 甲 死鬼 ☐。"

甲
73TAM507：014/1《唐隊正陰某等領甲仗器物抄（一）》："甲 肆領二皮，二錢。"

甲
73TAM507：014/1《唐隊正陰某等領甲仗器物抄（一）》："甲 柒領並皮 ☐。"

假　jiǎ

假
2006TSYIM4：2－3＋2006TSYIM4：2－4《古寫本〈詩經〉》："大夫君子，昭 假 靡贏。"

假
73TAM221：55（a）《唐貞觀廿二年（648）安西都護府乘敕下交河縣符爲處分三衛犯私罪納課違番事》："☐ 之徒，情乖奉上，假 託事故，方便解免。"

假
64TAM29：25《唐垂拱元年（685）康義羅施等請過所案卷（四）》："不是壓良、假 代等色，若後不 ☐。"

64TAM29：44《唐咸亨三年
（672）新婦爲阿公録在生功德
疏》："假使在中蔭中，須發上心。"

64TAM29：25《唐垂拱元年
（685）康義羅施等請過所案卷
（四）》："冒名假代等色以不者？"

賈　jiǎ

67TAM363：8/2（a）之一《唐景
龍四年（710）卜天壽抄〈十二月
新三臺詞〉及諸五言詩》："寫書今日了，先
生莫鹹（嫌）池（遲），明朝是賈（假）日，早
放學生歸。"

按：鹹，原件作"醎"。

69TKM39：9/8（a）《唐西州高昌
縣□慶友等户家口田畝帳簿
（二）》："母賈年卅四。"

72TAM151：55《高昌田相祐等名
籍》："田相祐、趙天願、賈時祐。"

67TAM78：29（b）《唐吳相□等名
籍（二）》："馮阿相子，賈法相。"

64TKM1：49，59《唐西州高昌縣
順義等鄉勘田簿（二）》："賈延
伯田□□，北渠，合田□□半。"

72TAM151：59，61《高昌某年郡
上馬帳》："賈阿□□馬。"

72TAM150：42《唐白夜默等雜
器物帳》："翟默斗瓮子一，賈
□□大盆一。"

73TAM206：42/9－27《唐課錢
帳歷》："趙二六十，賈二□□"

73TAM206：109/13－6，42/9－
26《唐課錢帳歷》："賈二入資布
七尺五寸。"

jià

架　jià

66TAM61：16（b）《唐西州高昌
縣上安西都護府牒稿爲録上訊
問曹禄山訴李紹謹兩造辯辭事（七）》：
"□□禄山浪相搆架，遂不道名□□"

65TAM341：78（背面）《唐辯辭
爲李藝義佃田事》："欲得出嫁，
不加修理，專行搆架，博换已經四年。"

按：探，應爲"架"涉上類化，增加"扌"
旁而成。《漢語大字典》："同'架'"。搆
架，爲"捏造、弄虛作假"義，唐陳子昂文
《申宗人冤獄書》有："今乃遭誣罔之罪，被
搆架之詞。"唐拾得《詩》之一有："不唯賢
與愚，箇箇心搆架"，上文也即此例。《漢
語大字典》釋作"構建；架設"，僅以蔣光慈
文《鴨綠江上》用例爲證。此例恰可補充
其古代漢語釋義用例之缺。

賈　jià

75TKM99：6（a）《北涼承平八年
（450）翟紹遠買婢券》："賈則
畢，人即付。"

按：賈，又作"價格、價值"解。《小爾
雅》："賈，價也。"《集韻》："賈，售直也。或
從人。"段注："賈，凡賣者之所得，買者之
所出，皆曰賈。俗又別其字作價，別其音
入禡韻，古無是也。"《吐魯番出土文書》録
作"賈（價）"，以"賈"爲"價"之借字，不必。

63TAM1：13（b）《殘文書三》：
"□□賈得□□"

嫁　jià

67TAM363：8/1（a）之七《唐景龍四年（710）卜天壽抄孔氏本鄭氏注〈論語〉》："恥惡衣惡食者，則耕 嫁 之情多。"

按：耕，原件書作"耕"。

72TAM209：88《唐貞觀年間西州高昌縣勘問梁延臺、雷隴貴婚娶糾紛案卷（一）》："嫁 女與張幹作妾。"

65TAM341：78（背面）《唐辯辭爲李藝義佃田事》："欲得出 嫁，不加修理，專行搆架，博換已經四年。"

按：架，原件書作"㨾"。

價　jià

75TKM99：9（b）《高昌延昌二十二年（582）康長受從道人孟忠邊歲出券》："歲出 價，要得糜麥伍拾斛。"

按：糜，原件書作"床"。

72TAM151：104《高昌延和十二年（613）某人從張相憙等三人邊雇人歲作券》："□□與雇 價 銀錢貳□□□□即□□□入作。"

72TAM151：13《高昌義和三年（616）氾馬兒夏田券》："畝與夏 價 糜伍□□"

73TAM509：8/5（a）《唐西州天山縣申西州戶曹狀爲狀無場請往北庭請兄祿事》："右得上件流外張旡場牒稱：兄旡 價 任北庭乾坑成主，被吕將軍奏充四鎮要籍驅使，其祿及地子合於本任請授。"

73TAM504：21/1 - 21/3《高昌奴得等負麥、粟、疊帳（一）~

（三）》："□□奴得負參軍索謙、焦歡伯二人邊官舉 價 小麥叁□□陸兜（斗）。"

73TAM206：42/9 - 18《唐課錢帳歷（二五）》："田十一白布一端，價 三百文，交付百五十王車家。"

64TAM29：110/1 ～ 110/6，120（a）《唐處分庸調及折估等殘文書（一）～（七）》："折庸調多少及沽 價 高□。"

64TAM4：33《唐總章三年（670）左憧憙夏菜園契》："其園叁年中與夏 價 大麥拾陸斛。"

駕　jià

2006TAM607：2 - 4＋2006TAM607：2 - 5 背面《唐景龍三年（709）後西州勾所勾糧帳》："一斗六升青稞，張大 駕 納交河縣。"

60TAM332：6/1 - 1（a），6/1 - 2（a），6/1 - 3（a）《唐寫本〈五土解〉》："謹啟西方白帝，土公 駕 白車乘白龍白公（功）曹白□□"

jiān

尖　jiān

59TAM305：8《缺名隨葬衣物疏》："紺綈 尖 一枚。"

66TAM62：5《北涼緣禾五年隨葬衣物疏》："清（綪）尖 一枚。"

75TKM99：7《建平六年張世容隨葬衣物疏》："故綪 尖 一頭。"

奸　jiān

59TAM305：14/2《倉曹屬爲買八緻布事》："倉曹樊霸、梁斌前屬催 奸 吏買八縱（緻）布四匹。"

按：奸，同"姦""奸"。《玉篇·女部》："姦，姦邪也。奸，同上，俗。"

75TKM91：11/3《西涼建初四年（408）秀才對策文》："外飾則悕慕，悕慕則生不足，生不足則 奸 興。"

72TAM151：74（a）《古寫本〈晉陽秋〉殘卷》："聞□任楊□□作 奸 □懋，既 □。"

堅　jiān

64TAM15：6《唐幢海隨葬衣物疏》："時見張 堅 固，倩書李定 □。"

59TAM303：01《高昌缺名隨葬衣物疏》："倩書李 堅 固。"

66TAM61：17（b）《唐西州高昌縣上安西都護府牒稿爲録上訊問曹禄山訴李紹謹兩造辯辭事（一）》"堅 二。"

兼　jiān

2006TSYIM4：3－40《北涼高昌郡高寧縣差役文書（二五）》："□ 兼 主簿 □。"

72TAM151：15《高昌義和二年（615）都官下始昌縣司馬主者符爲遣弓師侯尾相等詣府事》："凌江將軍 兼 都官□□洪信。"

59TAM301：15/4－4（a）《高昌民部殘奏行文書》："鷹陽（楊）將軍 兼 民部 □"

65TAM40：20《唐下鎮將康懷義牒（二）》："□ 防劫抄 兼 祇承使命 □"

按：劫，原件書作"刼"。

間　jiān

80TBI：064《佛説灌頂拔除過罪生死得度經（卷一二）》："□ 又信世 間 妖孽 □"

80TBI：022《增壹阿含經（卷五〇）大愛道般涅槃品第五二》："世 間 解、無上士、道法 □"

80TBI：060b《道藏〈通玄真經〉（卷三）〈九守篇〉殘片》："□ 之 間 何足見也，故其出彌 □"

64TAM29：44《唐咸亨三年（672）新婦爲阿公録在生功德疏》："願將此文□前頭分雪，須覓生田净佛國土，不得求人 間 果報。"

箋　jiān

73TAM222：55（a）《唐寫〈千字文〉殘卷》："□ 惶，牋 牒簡 □"

按：牋，同"箋"。《玉篇》："牋，表也。亦作箋。"《集韻》："箋，或作牋。"

監　jiān

2004TBM207：1－5a《唐上元三年（676）六月後西州殘文書》：

“▢▢司止 監 其隱截▢▢”

監　72TAM151：74（a）《古寫本〈晉陽秋〉殘卷》：“暴□□竟以□諸大臣，司空中書 監 杜▢▢”

藍　67TAM363：8/1（a）之四《唐景龍四年（710）卜天壽抄孔氏本鄭氏注〈論語〉》：“周 監 於二代，郁郁乎文哉也！”

監　64TAM29：110/1～110/6，120（a）《唐處分庸調及折估等殘文書（一）～（七）》：“委秦府官司斟量，便將貯納諸使 監 ，請人至日，官司▢▢”

監　64TAM29：110/1～110/6，120（a）《唐處分庸調及折估等殘文書（一）～（七）》：“□相推致令銅有當 監 分付配送▢▢”

監　64TAM29：110/1～110/6，120（a）《唐處分庸調及折估等殘文書（一）～（七）》：“▢▢收僕寺，每年預牒 監 使堪當▢▢”

縑　jiān

縑　2004TBM203：30－4d＋2004TBM203：30－4a＋2004TBM203：30－4b《高昌寫本〈急就篇〉》：“▢▢絡 縑 練▢▢”

jiǎn

詃　jiǎn

詃　73TAM509：8/5（a）《唐西州天山縣申西州户曹狀爲狀無塲請往北庭請兄禄事》：“並是當家家生奴畜，亦不是 詃 誘影他等色。”

詃　73TAM509：8/5（a）《唐西州天山縣申西州户曹狀爲狀無塲請往北庭請兄禄事》：“如後有人糺（糾）告，稱是 詃 誘等色，義感等連保各求受重罪者。”

詃　64TAM29：107《唐垂拱元年（685）康義羅施等請過所案卷（三）》：“請將家口入京，其人等不是壓良、詃 誘、寒盗等色以不？”

減　jiǎn

減　66TAM44：11/2《唐貞觀二十二年（648）文書（草）爲耕田人左文通減麥事》：“四畝上 減 麥叁▢▢”

減　80TBI：488《四分戒本疏（卷一）》：“或容犯罪，或終至羅漢更無增 減 。”

減　73TAM509：8/6《唐書牘稿》：“後信還，已抽 減 。”

減　73TAM509：8/6《唐書牘稿》：“緣患腰，迴轉不得，見每熨，後日可 減 。”

減　67TAM91：19（a）《唐貞觀十九年（645）安西都護府下軍府牒爲速報應請賜物見行兵姓名事》：“加 減 未知定數，去▢▢”

減　65TAM341：25，26（a）《唐景龍三年（709）南郊赦文》：“▢▢分 減 一，其大▢▢”

減　73TAM191：32（a）《唐史衛智爲軍團點兵事》：“▢▢加 減 、隱没、遺漏▢▢”

儉　jiǎn

67TAM363：8/1（a）之五《唐景龍四年（710）卜天壽抄孔氏本鄭氏注〈論語〉》："▢是非爲 儉 。"

67TAM363：8/1（a）之二《唐景龍四年（710）卜天壽抄孔氏本鄭氏注〈論語〉》："禮，與其奢也，寧 儉 。"

67TAM363：8/1（a）之五《唐景龍四年（710）卜天壽抄孔氏本鄭氏注〈論語〉》："▢不攝，焉德 檢 乎？"

檢　jiǎn

75TKM96：18,23《北涼玄始十二年（423）兵曹牒爲補代差佃守代事》："今經一月，不得休下，求爲更 檢 。"

2004TBM207：1－12a《唐上元三年（676）西州法曹牒功曹爲倉曹參軍張元利去年負犯事》："依 檢 上件人案，是前府史孟▢▢▢檢覓不獲。"

73TAM193：36《唐西州都督府殘牒》："▢　檢 案廣支白▢"

65TAM341：22,23,24（a）《唐景龍三年（709）南郊赦文》："▢ 檢 校，裹行內▢"

2004TBM207：1－12a《唐上元三年（676）西州法曹牒功曹爲倉曹參軍張元利去年負犯事》："請 檢 上件上元二年考後已來，▢何勾留負犯者。"

2004TBM207：1－8d《唐文書殘片》："▢ 檢 至▢"

73TAM206：42/5《唐高昌縣勘申應入考人狀》："▢者，縣已準狀付司戶 檢 。"

66TAM59：4/2－4（a），4/2－5（a）《北涼玄始十二年（423）失官

馬賣賠文書一》："▢亡馬。 檢 恩給▢"

65TAM346：2《唐上元二年（675）府曹孝通牒爲文峻賜勳事》："敕鎮滿十年，賜勳兩轉，付錄事司 檢 文峻等並經十年已上檢。"

65TAM346：2《唐上元二年（675）府曹孝通牒爲文峻賜勳事》：" 檢 敕雖復未獲，據省給告身並銜。"

73TAM507：033（a）《唐佐馬貞瀋殘牒》："▢牒 檢 案連如前謹牒。"

64TAM5：81,82《唐李賀子上阿郎、阿婆書三》："▢時 檢 校取，若▢"

2006TSYIM4：3－17a《北涼某年九月十六日某縣廷掾案爲檢校絹事》："▢今 檢 校，一無到者，今遣▢"

72TAM230：73（a），71（a）《武周天授二年（691）知水人康進感等牒尾及西州倉曹下天山縣追送唐建進妻兒鄰保牒》：" 檢 今未申，奉都督處分，令追建進妻兒及建進鄰保赴州。"

72TAM230：75,76《武周天授二年（691）康進感辯辭》："▢注 檢 校主薄（簿）高禎城南、城北見▢""▢種地，請 檢 驗即知。"

按：地，原件爲武周新字。

73TAM206：42/5《唐高昌縣勘申應入考人狀》："依 檢 案內令注▢前者，今以狀▢"

72TAM226：57《唐檢勘伊吾軍廚田頃畝數文書》："▢依 檢 與前報數同，典張瓊檢。"

72TAM230：62(a)《唐西州高昌縣史張才牒爲逃走衛士送庸緤價錢事(二)》："□緤價錢，檢既並到□。"

73TAM206：42/11-1～42/11-6《唐勘問婢死虛實對案録狀(一)～(六)》："檢樹等辨(辯)被□。"

72TAM188：89(a)《唐上李大使牒爲三姓首領納馬酬價事》："右檢案内去十一月十六□得上件□。"

67TAM91：28(a)《唐貞觀十七年(643)何射門陀案卷爲來豐患病致死》："患，若爲檢校，不□。"

67TAM376：03(a)《唐西州高昌縣諸鄉里正上直暨不到人名籍》："檢不到人過。"

2004TBM207：1-14《唐儀鳳某年(676—679)西州牒爲考課事》："其李恒讓付諸司檢報，餘後判，諮。"

2004TBM207：1-14《唐儀鳳某年(676—679)西州牒爲考課事》："仍檢。"

2004TBM207：1-4《唐儀鳳三年(678)九月西州功曹牒爲檢報乖僻批正文案事》："官□之日，並皆不通，請檢附狀者。"

2004TBM207：1-4《唐儀鳳三年(678)九月西州功曹牒爲檢報乖僻批正文案事》："依檢，□乖僻批正文可報。"

72TAM230：68《武周天授二年(691)郭文智辯辭》："審答，擬憑檢□。"

69TAM232：3(b)《唐蠅芝等直上欠麵粟帳》："依檢大志貫高昌縣，絶户田四畝。""□檢如前。"

67TAM78：36《唐西州蒲昌縣下赤亭烽帖一》："□檢校丞□。"

按：撿，此爲"檢"俗。

簡　jiǎn

72TAM179：16/4(b)，16/5(b)，16/6(b)，16/7(b)《唐寫〈尚書〉孔氏傳〈禹貢〉、〈甘誓〉殘卷》："□法三百里而差簡也。"

65TAM341：25，26(a)《唐景龍三年(709)南郊赦文》："□年勞簡日優□。"

73TAM193：38(a)《武周智通擬判爲康隨風詐病避軍役等事》："名霑簡點之色，而乃避其軍役。"

73TAM222：1(b)《唐中軍左虞侯帖爲處分解射人事》："帖至，仰營所有解射人立即具録姓名通送，待擬簡定。"

73TAM191：32(a)《唐史衛智爲軍團點兵事》："□簡點兵尫弱，疾□。"

73TAM222：55(a)《唐寫〈千字文〉殘卷》："□惶，牋牒簡□。"

67TAM363：8/1(a)——《唐景龍四年(710)卜天壽抄孔氏本鄭氏注〈論語〉》："吾黨之小子狂簡，斐然□。"

67TAM363：8/1(a)之二《唐景龍四年(710)卜天壽抄孔氏本鄭氏注〈論語〉》："喪失於簡略，不如展(哀)徵(戚)。"

按：蕑，此爲"簡"俗。俗書"艹"與

"竹"混用不分,且因手寫簡便多書作
"艹"。"蕑"另有蘭草、蓮子義,《廣韻》:
"蕑,蘭也。"古閑切。

蕑 67TAM363:8/2(a)之二《唐景
龍四年(710)卜天壽抄〈十二月
新三臺詞〉及諸五言詩》:"簡玄覺寺路地
坐捌月利□。""學問非今日,維須跡年多,
看阿簡水萬合始城河。"

按:後一例句爲五言詩,應奪一字。

蕑 64TAM19:34,58,59《唐寫本鄭
氏注〈論語〉公冶長篇》:"吾黨之
小子狂簡,斐然成章,不知所以裁之。"

jiàn

件 jiàn

件 64TKM1:28(b),31(b),37/2
(b)《唐何好忍等匠人名籍》:"右
件人木匠。"66TAM44:11/3(a)《唐殘牒
爲市木修繕廢寺事》:"□□牒,竊見上
件寺舍□□"

件 73TAM206:42/11-1~42/11-
6《唐勘問婢死虛實對案録狀
(一)~(六)》:"上件婢去□月内□□"

件 73TAM206:42/2《唐光宅元年
(684)史李秀牒爲高宗山陵賜物
請裁事》:"□□件西京官人□□"

件 67TAM78:41《唐西州蒲昌縣糧
帖二》:"右件麇□□"

按:麇,原件書作"床"。

件 67TAM78:34《唐西州蒲昌縣下
赤亭烽帖爲覓失駝駒事》:"右
件□得尚藥使□□"

件 69TAM232:3(b)《唐蠅芝等直
上欠麴粟帳》:"右同前得城狀
稱:上件人是麴大志家人,請便追者。"

件 65TAM341:77-1背面《唐辯辭
爲李藝義佃田事》:"□□牒訪
問,始知前件地是康宗段内。"

件 66TAM44:11/5《唐貞觀十九年
(645)牒爲鎮人馬匹事》:"上件
馬□□"

見 jiàn

見 80TBI:162《妙法蓮華經(卷二)
譬喻品第三》:"長者見是
大火。"

見 72TAM230:46/1(a)《唐儀鳳三
年(678)尚書省户部支配諸州庸
調及折造雜練色數處分事條啟(一)》:"其
交州都督府報蓄物,於當府□□□□用,
所有破除,見在,每年申度□□部。"

見 75TKM91:24《下二部督郵、縣
主者符》:"討符到□見入軍之
人,人□□"

見 2006TSYIM4:3-16背面《北涼
義和三年(433)文書爲保辜事
(二)》:"□□辭:瓚見蒲單□□"

按:"瓚"字原件寫在字行間。

見 72TAM151:6《高昌重光元年
(620)氾法濟隨葬衣物疏》:"時
見,張堅固。"

見 72TAM151:104《高昌延和十二
年(613)某人從張相熹等三人邊
雇人歲作券》:"時見,□善伯。"

見 64TAM4:35(a)《唐灘舍告死者
左憧憙書爲左憧憙家失銀錢事
(一)》:"里鎧有人取者,放令灘舍知見。"

75TKM98：28/1《某人啟爲失耕事》："來 見 赴援 ⬚ "

75TKM96：38《買奴殘文書》："⬚ 云欲還 見 婦，因爾 ⬚ "

60TAM325：14/2-1(a)，14/2-2(a)《唐龍朔三年(663)西州高昌縣下寧戎鄉符爲當鄉次男侯子隆充侍及上烽事》："今 見 闕侍人某，寧戎鄉侯子隆，身充次男，⬚ "

59TAM305：14/1《前秦建元二十年(384)韓盆辭爲自期召弟應見事》："建元廿年三月廿三日，韓盆自期二日召弟到應 見 ，遘違受馬鞭一百。"

按：盆，原件書作"瓫"。

64TAM15：6《唐唐幢海隨葬衣物疏》："時 見 張堅固。"

72TAM150：38《唐某人九月廿一日書牘》："見 稍難。"

73TAM507：012/3《唐殘書牘》："⬚ 腰帶，汝聞視 見 君 ⬚ "

64TAM4：34《唐龍朔元年(661)龍惠奴舉練契》："知 見 人魏。"

建 jiàn

66TAM44：11/7《唐房長氾士隆申報人名牒》："張鷹子，張 建 珍。"

72TAM230：66《武周天授二年(691)安昌合城老人等牒爲勘問主簿職田虛實事》："問合城老人、城主、渠長、知田人等，主薄(簿)去年實種幾畝麥，建 進所注虛實，連署狀通者。"

按：年，原件爲武周新字。

59TAM305：14/1《前秦建元二十年(384)韓盆辭爲自期召弟應見事》："建 元廿年三月廿三日，韓盆自期二日召弟到應見，遘違受馬鞭一百。"

按：盆，原件書作"瓫"。

72TAM230：66《武周天授二年(691)安昌合城老人等牒爲勘問主簿職田虛實事》："謹審：但合城老人等，去年主薄(簿)高禎元不於安昌種田，建 進所注並是虛妄。"

按：年，原件爲武周新字。

72TAM230：70《武周天授二年(691)勘問唐建進牒尾判》："⬚ 建 進 ⬚ "

63TAM1：14《西涼建初十一年(415)張仙入貸糜文書》："建 初十一年二月廿四日，張仙入貸糜六斛。"

72TAM151：56《高昌買駄、入練、遠行馬、郡上馬等人名籍》："建 武蘇司馬、麴郎延武。"

按：蘇，原件書作"蘓"。

72TAM151：56《高昌買駄、入練、遠行馬、郡上馬等人名籍》："⬚ 政明寺、建 武、和長史、西主寺、□郎歡岳、諫 ⬚ "

72TAM150：46《唐翟建折等雜器物帳》："⬚ 木碗四，翟 建 折鐺一口。"

66TAM61：28(a)，31/2(a)《唐田豐洛等點身丁中名籍》："張末 建 ，廿一。"

72TAM151：59，61《高昌某年郡上馬帳》："建 武留(騮)馬。"

間 jiàn

64TAM29：44《唐咸亨三年(672)新婦爲阿公錄在生功德疏》："紫黃羅 間 陌複一腰。"

健　jiàn

2006TAM607：2－4《唐景龍三年（709）後西州勾所勾糧帳》："一石三斗八升，準前勾徵 健 兒，典安進。"

72TAM188：86（a）（b）《唐西州都督府牒爲請留送東官馬填充團結欠馬事》："□恐不達，前 健 兒官□"

楗　jiàn

63TAM1：19《某人上主將殘辭》："□還穀 楗 持得□"

80TBI：130《十住毗婆沙論（卷五）聖者龍樹造易行品第九》："□勇 楗 佛離諂□"

僭　jiàn

67TAM363：8/1（a）之五《唐景龍四年（710）卜天壽抄孔氏本鄭氏注〈論語〉》："今管仲奢 僭 爲之，是不知禮也。"

67TAM363：8/1（a）之二《唐景龍四年（710）卜天壽抄孔氏本鄭氏注〈論語〉》："□初 僭 用天子之禮樂。"

漸　jiàn

80TBI：488《四分戒本疏（卷一）》："隨行無作次第 漸 成不可頓起，故名爲別。"

72TAM179：16/4（b），16/5（b），16/6（b），16/7（b）《唐寫〈尚書〉孔氏傳〈禹貢〉、〈甘誓〉殘卷》："東 漸 於海，西被於流沙。"

72TAM151：74（a）《古寫本〈晉陽秋〉殘卷》："□權 漸 □"

80TBI：659a《阿毗達磨藏顯宗論（卷一七）辯緣起品第四之六》："□析比量所知，謂聚色中以慧 漸 析，至□"

73TAM222：54/7（b），54/8（b），54/9（b）《唐寫〈禮記〉鄭氏注〈檀弓〉下殘卷》："□ 漸 幾 □ 用人，其曰□"

賤　jiàn

80TBI：029a《修行道地經（卷六）學地品第二五》："貧富貴 賤 安處□"

67TAM363：8/1（a）之八《唐景龍四年（710）卜天壽抄孔氏本鄭氏注〈論語〉》："子謂子 賤：'君子哉若仁！'"

劍　jiàn

73TAM507：014/2（b）《唐某人領軍器抄》："□二張有 劍 無鐏。"

按："㓻"爲"釼"之增旁俗字，"釼"爲俗"劍"字。《集韻·驗韻》："劍，或从刀。俗作釼。"蔣斧印本《唐韻殘卷》有："鏌，鏌鋣，釼名。"又"鍔，釼端與鍔"。又"鋏，長鋏釼"。敦研185《佛說辯意長者子經》有："吾爲王者，以鐵釼車轢斷其頭。"字皆作此形。

73TAM507：014/2（b）《唐某人領軍器抄》："一張有 劍 並折。"

73TAM507：014/2（b）《唐某人領軍器抄》："□□二張有鐏無 劍 。"

箭　jiàn

75TKM96：18，23《北涼玄始十二年（423）兵曹牒爲補代差佃守代事》："箭 工董祖□身死，請□□□"

65TAM42：40《唐缺名隨葬衣物疏》："胡禄弓 箭 一具。"

64TAM15：6《唐唐幢海隨葬衣物疏》："胡禄弓 箭 一具。"

73TAM222：1（b）《唐中軍左虞侯帖爲處分解射人事》："并弓 箭 自隨。"

諫　jiàn

80TBI：119《四分律比丘戒本》："彼比丘 諫 是□□□"

72TAM151：60《高昌義和二年（615）七月馬帳（二）》："諫 □□□□畔馬，侍郎□□□"

67TAM363：8/1（a）之五《唐景龍四年（710）卜天壽抄孔氏本鄭氏注〈論語〉》："□□不説，遂事不 諫 ，既往不咎。"

72TAM151：59，61《高昌某年郡上馬帳》："諫 議令護白馬。"

薦　jiàn

73TAM222：54/7（b），54/8（b），54/9（b）《唐寫〈禮記〉鄭氏注〈檀弓〉下殘卷》："□□ 薦 成□□□"

2006TSYIM4：2－2《古寫本〈詩經〉》："天降喪亂，饑饉 薦 臻。"

jiāng

江　jiāng

80TBI：435《修行道地經（卷五）數息品第二三》："何如從 江 河"

2006TAM607：2－4＋2006TAM607：2－5＋2006TAM607：2－4《唐神龍元年（705）六月後西州前庭府牒上州勾所爲當府官馬破除、見在事》："江 安洛馬留（騮）敦（𩡧）。"

73TAM501：109/8－1《唐張義海等征鎮及諸色人等名籍（一）》："江 定洛。"

72TAM151：60《高昌義和二年（615）七月馬帳（二）》："麴凌 江 赤□馬。"

72TAM151：15《高昌義和二年（615）都官下始昌縣司馬主者符爲遣弓師侯尾相等詣府事》："凌 江 將軍兼都官□□洪信。"

72TAM151：56《高昌買馱、入練、遠行馬、郡上馬等人名籍》："史凌 江 。"

姜　jiāng

72TAM188：11《唐開元三年（715）交河縣安樂城萬壽果母姜

辭》："阿 姜 女尼普敬。"

64TKM1：28（b），31（b），37/2（b）《唐何好忍等匠人名籍》："□ 姜 □"

將 jiāng

60TAM325：14/4－1，14/4－2《唐西州某府主帥陰海牒爲六馱馬死事》："□ 後腳勂（筋）斷， 將 就此醫療。"

按：斷，原件書作"断"。

2006TAM607：2－4《唐神龍元年（705）六月後西州前庭府牒上州勾所爲當府官馬破除、見在事》："卌疋，前後諸軍借 將 及没賊不迴，合官酬替。"

2006TSYIM4：3－17a《北涼某年九月十六日某縣廷掾案爲檢校絹事》："□ 將 詣官同一□□不縟縱□"

72TAM230：53（a）《唐西州高昌縣牒爲將孫承恩馬疋草蹹事》："□馬兩疋者，子 將 孫承恩□"

66TAM61：16（b）《唐西州高昌縣上安西都護府牒稿爲録上訊問曹禄山訴李紹謹兩造辯辭事（七）》："共畢娑相打，□捉 將 向城是實。"

72TAM188：74（a）《唐被問領馬事牒》："上件馬有實，欲 將 □"

73TAM206：42/9－27《唐課錢帳歷》："用二百文付□奴 將 與博士。"

64TAM5：81，82《唐李賀子上阿郎、阿婆書三》："□ 將 勝麻四兩□"

67TAM78：43《唐東塞殘文書》："□ 將 人草内人□"

64TAM4：40《唐乾封三年（668）張善憙舉錢契》："若延引不與左錢者， 將 中渠菜園半畝，與作錢質，要須得好菜處。"

72TAM151：59，61《高昌某年郡上馬帳》："將 智勇赤馬。"" 將 延興下左涉沴□具。"" □ 將 智勇下□"

按：沴，原件書作"泋"。

72TAM151：62《高昌義和二年（615）參軍慶岳等條列高昌馬鞍轡帳》：" 將 阿婆奴下自□□□□□下馮衆□"

73TAM507：012/15《高昌張明憙入延壽十六（639）三月鹽城劑丁錢條記》：" 將 孟主簿□"

72TAM188：79《唐神龍三年（707）和湯牒爲被問買馬事（二）》："□蕃中 將 前件馬至此□"

64TAM4：37《唐總章三年（670）白懷洛舉錢契》："仍 將 口分蒲桃用作錢質。"

漿 jiāng

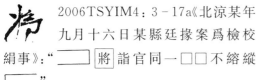

2006TAM607：2－2《唐神龍二年（706）七月西州史某牒爲長安三年（703）七至十二月軍糧破除、見在事》："前交河主簿王義曆元年職陶 漿 價，張素。"

2004TBM207：1－5a《唐上元三年（676）六月後西州殘文書》："□ 漿 造酒，好□"

按：漿造，原件爲"造漿"，旁注勾乙符號。

jiǎng

獎 jiǎng

75TKM91：11/5《西涼建初四年（408）秀才對策文》："臣以疏陋，才非翹類，洪澤濤 獎 ，謬忝過分。"

72TAM151：74（a）《古寫本〈晉陽秋〉殘卷》："勸 獎 妬□構煞□。"

68TAM108：20（a）之一《唐開元三年（715）西州營牒爲通當營請馬料姓名事一》："火長賈思恭，火内人元 獎 。"

按：獎，同"獎"。《玉篇》："獎，助也。"《類篇》"獎，助也。今文作獎。"

講 jiǎng

72TAM201：33《唐咸亨五年（674）兒爲阿婆録在生及亡没所修功德牒》："延法師曇真往南平 講 《金光明經》一遍。"

jiàng

匠 jiàng

67TAM78：22（b），21（b）《唐吳相□等名籍（一）》："□□願□□□□ 匠 ，令狐海悦□□。"

64TKM1：28（b），31（b），37/2（b）《唐何好忍等匠人名籍》："□人縫 匠 。"

64TAM15：19《唐西州高昌縣弘寶寺賊臏錢名》："弘真入真 匠 。"

66TAM44：11/1《唐貞觀十八年（644）鎮兵董君生等牒爲給抄及送納等事》："□ 匠 頭康始延。"

2004TBM207：1－5a《唐上元三年（676）六月後西州殘文書》："□ 酒 匠 □。"

降 jiàng

80TBI：656a《佛説灌頂摩尼羅亶大神咒經（卷八）》："□ 薩羅 降 竭菩薩。"

2004TBM115：10《古寫本〈千字文〉》："遊鵾獨運，凌（凌）摩 降（絳）霄。"

2006TSYIM4：2－2《古寫本〈詩經〉》："天 降 喪亂，饑饉薦臻。"

80TBI：488《四分戒本疏（卷一）》："故隨無作有斯階 降 。"

將 jiàng

66TAM44：11/9《唐毛袋帳歷》："毛袋九，姜 將 軍□麵□。"

72TAM188：67《唐録事司值日簿》："十二月十三日， 將 軍行酒董臣、氾嵩；十六日，王詮、郎琳，玄。"

2004TBM207：1－12a《唐上元三年（676）西州法曹牒功曹爲倉曹參軍張元利去年負犯事》："□□依問，山海稱郎 將 何寶□。"

72TAM151：15《高昌義和二年（615）都官下始昌縣司馬主者符

爲遣弓師侯尾相等詣府事》："凌江 將 軍
兼都官□□洪信。"

59TAM301：15/4－4(a)《高昌
民部殘奏行文書》："鷹陽（楊）
將 軍兼民部□□"

72TAM151：59,61《高昌某年郡
上馬帳》：" 將 阿婆奴赤馬，侍郎
歡岳青馬。"

75TKM91：33(a)，34(a)《兵曹
下八幢符爲屯兵值夜守水事》：
"殘校 將 一人，將殘兵，值苟（狗）還守。"

64TAM5：78(a)《唐李賀子上阿
郎、阿婆書一（二）》："兩个兒，一
个 將 一个奴婢來。"

絳　jiàng

75TKM96：15《龍興某年宋泮妻
翟氏隨葬衣物疏》："故 絳 絓袴
一立。"

2004TAM408：17《令狐阿婢隨葬
衣物疏》："故練 絳 結髮三枚。""故
絳 絓結髮一枚。""故 絳 絓袴一領。"

59TAM305：8《缺名隨葬衣物
疏》：" 絳 結髮兩枚。"

jiāo

交　jiāo

75TKM99：6(a)《北涼承平八年
（450）翟紹遠買婢券》：" 交 與丘
慈錦三張半。"73TAM222：56/5,56/6《唐
殘判籍（五）（六）》："□□風牛 交 雜彌
□□"

72TAM188：11《唐開元三年（715）
交河縣安樂城萬壽果母姜辭》："開
元三年八月日 交 河縣安樂□□□"

67TAM363：8/2(a)之一《唐景
龍四年（710）卜天壽抄〈十二月
新三臺詞〉及諸五言詩》："高門出己子，好
木出良才， 交 □學敏（問）去，三公河（何）
處來。"

按：阿斯塔那三六三號墓文書《唐景
龍四年（710）卜天壽抄孔氏本鄭氏注〈論
語〉同是學童卜天壽所抄，其多將"問"寫
作"敏"，"問""敏"聲轉。

2004TBM113：6－4《唐咸亨元年
（670）五月二是二日西州高昌縣
寧大鄉白歡信雇人契》："□歡信 交 用錢
三文，故（雇）同鄉人□□□"

73TAM215：017/2《唐殘書牘一》：
"□□數載在 交 河郡□□"

72TAM230：46/2(b)《唐儀鳳三
年（678）尚書省戶部支配諸州庸
調及折造雜練色數處分事條啟（二）》：
"一、 交 州□□□"

73TAM206：42/9－18《唐課錢
帳歷（二五）》："田十一白布一
端，價三百文， 交 付百五十王車家。"

73TAM193：11(a)《武周郭智與人
書》："都督已判 交 河典兩人各廿。"

2004TAM395：1－1《唐某年二
月西州高昌縣更簿全貌》："更次
交 付懷歡□□□"

72TAM230：54(a)《唐開元九年
（721）里正記雷思彥租取康全致
等田畝帳》："雷思彥 交 用麥貳□□□"

焦　jiāo

厔 72TAM151：59,61《高昌某年郡上馬帳》：" 焦 長史赤馬，校郎延護留（騮）馬，合六十七匹。"

尫 73TAM504：21/1－21/3《高昌奴得等負麥、粟、疊帳（一）～（三）》："□□奴得負參軍索謙、焦 歡伯二人邊官舉價小麥參□□陸兜（斗）。"

憍　jiāo

憍 80TBI：656a《佛説灌頂摩尼羅亶大神咒經（卷八）》：" 憍 日兜菩薩那□。"

鷦　jiāo

鷦 72TAM151：74（a）《古寫本〈晉陽秋〉殘卷》："好屬文而無□□之才，其 鷦 □。"

jiǎo

角　jiǎo

角 64TAM27：21《唐寫本〈論語〉鄭氏注〈雍也〉殘卷》："驛且 角 ，雖欲勿用，山□。"

皎　jiǎo

恔 80TBI：488《四分戒本疏（卷一）》："行成 皎 潔。"

絞　jiǎo

佼 67TAM91：2　一《唐缺名隨葬衣物疏》：" 絞 衫壹□。"

腳　jiǎo

腳 60TAM325：14/4－1，14/4－2《唐西州某府主帥陰海牒爲六馱馬死事》："□後 腳 觔（筋）斷，將就此醫療。"

按：斷，原件書作"断"。

腳 59TAM305：8《缺名隨葬衣物疏》："手 腳 爪囊各一枚。"

脿 72TAM151：6《高昌重光元年（620）氾法濟隨葬衣物疏》："諸（朱）衣籠管（冠）一具， 腳 躡（屧）具。"

腌 2004TBM207：1-3《唐調露二年（680）七月東都尚書吏部符爲申州縣闕員事》："□□人縣官□準州官 腳 □。"

脚 72TAM151：102,103《高昌作頭張慶祐等偷丁谷寺物平錢帳》："羊肉三 腳 ，平錢二文。"

脿 73TAM210：136/5《唐貞觀二十三年（649）安西都護府户曹關爲車腳價練事》："□□車 腳 □。"

脿 59TAM301：17《唐貞觀末年關門隨葬衣物疏》："□□一量， 腳 鞡一量。"

矯　jiǎo

矯 67TAM363：8/1（a）之二《唐景龍四年（710）卜天壽抄孔氏本鄭氏注〈論語〉》："爲時襄（專）乱（亂）以 矯 ，仁心亡無也。"

矯 73TAM193：38(a)《武周智通擬判爲康隨風詐病避軍役等事》："兩家皆成 矯 妄，彼此並合入軍。"

jiào

校　*jiào*

校 65TAM341：22,23,24(a)《唐景龍三年(709)南郊赦文》："□□檢 校 ，裏行内□□"

校 80TBI：475《妙法蓮華經(卷二)譬喻品第三》："□□莊 校 巖(嚴)飾，周□□"

校 64TAM4：35(a)《唐瀵舍告死者左憧憙書爲左憧憙家失銀錢事(一)》："家里大小曹主及奴是等及鎧相有人盜錢者，兄子好驗 校 分明索取。"

校 73TAM519：19/2-1《高昌延壽十七年(640)屯田下交河郡、南平郡及永安等縣符爲遣麴文玉等勘青苗事》："虎賁將軍□□ 校 郎張□□"

校 64TAM4：46/1《唐支用錢練帳一》："□□三將去五疋， 校 尉買去二疋。"

校 72TAM151：59,61《高昌某年郡上馬帳》：" 校 郎延護留(騮)馬，合六十七匹。"

校 72TAM151：56《高昌買駄、入練、遠行馬、郡上馬等人名籍》："□□辛明護、史淩江、 校 尉相明、□□保悦、麴阿住、鞏□□"

校 2006TSYIM4：3-17a《北涼某年九月十六日某縣廷掾案爲檢校絹事》："□□今檢 校 ，一無到者，今遣

□□"

校 72TAM230：75,76《武周天授二年(691)康進感辯辭》："□□注檢 校 主薄(簿)高禎城南、城北見□□"

校 65TAM40：22《唐下鎮將康懷義牒(四)》："□□闕人檢 校 ，謹以□□"

校 67TAM91：28(a)《唐貞觀十七年(643)何射門陀案卷爲來豐患病致死》："患，若爲檢 校 ，不□□"

校 67TAM78：36《唐西州蒲昌縣下赤亭烽帖一》："□□擮(檢) 校 丞□□"

教　*jiào*

教 63TAM1：20/1,20/2《某人上主將殘辭》："節下以有恩 教 還□□"

教 80TBI：489《四分戒本疏(卷一)》："若隨中 教 人等□□"

教 72TAM179：16/4(b),16/5(b),16/6(b),16/7(b)《唐寫〈尚書〉孔氏傳〈禹貢〉、〈甘誓〉殘卷》："流移言政 教 隨其風俗。"

教 72TAM179：16/4(b),16/5(b),16/6(b),16/7(b)《唐寫〈尚書〉孔氏傳〈禹貢〉、〈甘誓〉殘卷》："朔南暨聲 教 訖於四海。"

教 75TKM91：11/6《西涼建初四年(408)秀才對策文》："文王之 教 ，自近及遠，是以爲化之首。"

教 66TAM62：6/3(b)《翟彊辭爲征行逋亡事》："□□乞賜 教 。"

教 72TAM151：74(a)《古寫本〈晉陽秋〉殘卷》："德□凶黨，復 教 内立□□"

jiē

皆　jiē

75TKM91：16（b）《北涼緣禾五年翟阿富券草》："緣禾五年六月十一日，翟阿富從阿 皆 。"

80TBI：049a《十方千五百佛名經》："諸佛 皆 住其前。"

80TBI：102《佛説灌頂拔除過罪生死得度經（卷一二）》："□ 此 皆 光□。"

73TAM509：8/19《唐某人與十郎書牘》："昨何副使巡作，縮頭不出，及使過， 皆 即漏吼。"

80TBI：163《妙法蓮華經（卷二）譬喻品第三》："□ 衆生， 皆 是□。"

65TAM42：40《唐缺名隨葬衣物疏》："佛第（弟）子某，脩十善，持佛五 皆 （戒）。"

按：某，原件書作"厶"。

2004TBM207：1－4《唐儀鳳三年（678）九月西州功曹牒爲檢報乖僻批正文案事》："官□之日，並 皆 不通，請檢附狀者。"

接　jiē

72TAM179：16/1（b），16/2（b）《唐寫〈尚書〉孔氏傳〈禹貢〉、〈甘誓〉殘卷》："此二山連延東北， 接 碣石而入倉海。"

80TBI：097《請觀世音菩薩消伏毒害陀羅尼呪經（卷一）》："□ 大

力鬼神王像 接 還□。"

64TAM29：44《唐咸亨三年（672）新婦爲阿公録在生功德疏》："兩色綾 接 觮一。"

73TAM222：55（a））《唐寫〈千字文〉殘卷》："□ 讌， 接 盃舉□。"

階　jiē

73TAM519：19/2－2《高昌麴季悅等三人辭爲請授官階事》："□ 依舊 階 品與官。"73TAM519：19/2－2《高昌麴季悅等三人辭爲請授官階事》："□ 悕忘（望）舊 階 。"

80TBI：488《四分戒本疏（卷一）》："故隨無作有斯 階 降。"

75TKM91：28（a）《兵曹行罰兵士張宗受等文書》："王 階 、隗□孔章平、孫澹、李□等十八人□□轉入諸軍。"

按：澹，原件書作"澹"。

街　jiē

80TBI：019《增壹阿含經（卷五〇）大愛道般涅槃品第五二》："□ 而行諸 街 巷中，時有居士婦，亦復端政（正）。"

嗟　jiē

2006TSYIM4：2－2《古寫本〈詩經〉》：" 嗟 爾朋友，予豈不□。"

jié

劫　jié

80TBI：088《金光明經（卷三）除病品第一五》：“□□祇劫。爾時有佛出現於世。”

按：劫，《説文》小篆作“劫”，從去從力。而“力”與“刀”字形相近，手書容易混淆。又，從“刀”字更能表達挾制、刧迫義。“刀”“刃”字形、字義均相近，故又有從去從刃者。考之字書，《干祿字書》：“刧劫，並上通下正。”《五經文字》：“又從刀者，俱爲劫脅之劫；其從刀者，本是或體，今經典並從力。”《隸釋》：“《説文》從力從去。人欲去以力脅止曰劫；或曰以力止去曰劫。變隸從刀因變从刂。”

80TBI：163《妙法蓮華經（卷二）譬喻品第三》：“□□累劫□。”

65TAM40：20《唐下鎮將康懷義牒（二）》：“□□防劫抄兼祇承使命□□。”

按：刧，同“劫”。《洪武正韻》：“劫，亦作刧。”

73TAM222：56/3（a），56/4（a）《唐殘判籍（三）（四）》：“奉判劫財傷□□。”

絜　jié

2004TBM115：10《古寫本〈千字文〉》：“□□□［紈扇圓］絜，銀燭瑋（煒）煌。”

傑　jié

72TAM230：73（a），71（a）《武周天授二年（691）知水人康進感等牒尾及西州倉曹下天山縣追送唐建進妻兒鄰保牒》：“付司傑示。”

72TAM230：72《武周天授二年（691）史孫行感殘牒》：“付司傑示。”

結　jié

75TKM96：15《龍興某年宋泮妻翟氏隨葬衣物疏》：“故緋碧紺綪結髮六枚。”

2004TAM408：17《令狐阿婢隨葬衣物疏》：“故練絳結髮三枚。”“絳結髮兩枚。”“故絳絓結髮一枚。”

66TAM59：2《北涼缺名隨葬衣物疏》：“彭清（綪）結髮一枚。”

67TAM78：27《唐殘書牘》：“惟增悲結，謹言疏不俱□□。”

73TAM507：013/4－1，4－2《唐曆》：“□□歲位天恩往亡結婚□□。”

73TAM509：8/2（b）《唐西州道俗合作梯蹬及鐘記》：“當觀道士張真……索名等仰憑四輩，共結良緣，不憚劬勞，作斯梯蹬。”

68TAM108：19（a）之三《唐開元三年（715）西州營典李道上隴西縣牒爲通當營請馬料姓名事》：“火長鄒忠節，火內人□結。”

68TAM108：19（a）之二《唐開元三年（715）西州營典李道上隴西

縣牒爲通當營請馬料姓名事》："火長師神意，火內人段 結 。"

詰　jié

73TAM193：38(a)《武周智通擬判爲康隨風詐病避軍役等事》："詰 問其人。"

楬　jié

72TAM230：36《古寫本木玄虛〈海賦〉》："□□ 楬 （竭）盤石，棲百靈。陽□□飄而南□□"

碣　jié

72TAM179：16/1(b)，16/2(b)《唐寫〈尚書〉孔氏傳〈禹貢〉、〈甘誓〉殘卷》："王屋、太行、恒山至於 碣 石。"

72TAM179：16/1(b)，16/2(b)《唐寫〈尚書〉孔氏傳〈禹貢〉、〈甘誓〉殘卷》："此二山連延東北，接 碣 石而入倉海。"

節　jié

64TKM3：51，52《前涼王宗上太守啟》："節 轉涼奉承。"

63TAM1：20/1，20/2《某人上主將殘辭》："節 下以有恩教還□□"

73TAM208：23，27《唐典高信貞申報供使人食料帳歷牒（二）》："□□驢腳壹 節 ，用錢叄文伍分。"

67TAM363：8/1(a)《唐景龍四年（710）卜天壽抄孔氏本鄭氏注

〈論語〉》："轘回轘端以 節 之車。"

73TAM210：136/4－1《唐總計練殘文書（一）》："首領次□□□□請準 節 □□"

68TAM108：19(a)之三《唐開元三年（715）西州營典李道上隴西縣牒爲通當營請馬料姓名事》："火長鄒忠 節 ，火內人□結。"

截　jié

2004TBM207：1－5a《唐上元三年（676）六月後西州殘文書》："□□司止監其隱 截 □□"

64TAM22：20(a)《橫截縣被符責取鹿角文書》："橫 截 縣言：被符劉崇、令狐受各有鹿角一頭。"

頡　jié

75TKM91：11/4《西涼建初四年（408）秀才對策文》："臣聞倉 頡 爲黃帝大夫，觀鳥□□□□字。"

75TKM91：11/6《西涼建初四年（408）秀才對策文》："臣以爲倉 頡 觀鳥跡以立文字，聖人通玄，示（亦）有所因。"

66TAM59：4/2－4(a)，4/2－5(a)《北涼玄始十二年（423）失官馬賣賠文書一》："□□ 頡 前列辭□□"

64TAM29：24《唐垂拱元年（685）康義羅施等請過所案卷（四）》："婢 頡 婢□□"

66TAM59：4/2－4(a)，4/2－5(a)《北涼玄始十二年（423）失官馬賣賠文書一》："□□償 頡 。唯知□。"

鞊　jié

72TAM151：6《高昌重光元年（620）氾法濟隨葬衣物疏》："玉豚一雙，雞鳴一具，白綾褶袴一具， 鞊 草（莫） □ "

按：草，"莫"形誤，"莫"又"鞬"省文。

騔　jié

67TAM78：47/44(a)《唐令狐婆元等十一家買柴供冰抄》：" □ 騔 子 □ "

按：騔，《吐魯番出土文書》録作"騔"。

竭　jié

80TBI：656a《佛説灌頂摩尼羅亶大神咒經（卷八）》：" □ 薩羅降 竭 菩薩。"

潔　jié

80TBI：500a-1《中阿含經（卷二二）穢品經第一》：" □ 便極净 潔 。賢者！如 □ "

80TBI：500a-1《中阿含經（卷二二）穢品經第一》：" □ 來，無垢净 潔 ，彼 □ "

80TBI：488《四分戒本疏（卷一）》："行成皎 潔 。"

羯　jié

80TBI：148《請觀世音菩薩消伏毒害陀羅尼咒經（卷一）》：" □ 婆耶 □ 羯 多薩婆 □ "

80TBI：488《四分戒本疏（卷一）》："唯 羯 磨竟所有無□〔作〕是兹戒體。"

按：缺字依今本補。

jiě

解　jiě

80TBI：005-3《大乘瑜伽金剛性海曼殊室利千臂千鉢大教王經（卷六）》："令得 解 脱。"

80TBI：489《四分戒本疏（卷一）》："作此 解 者然須約以爲三。"

80TBI：040a《妙法蓮華經（卷二）譬喻品第三》：" □ 名得 解 脱，是人於何 □ "

64TAM19：48《唐上元三年（676）西州都督府上尚書都省狀爲勘放還流人貫屬事（一）》：" □ 解 並目上尚書省，都省。"

80TBI：103《妙法蓮華經（卷二）譬喻品第三》：" □ 覺、道、禪定、 解 □ "

80TBI：455-15《請觀世音菩薩消伏毒害陀羅尼咒經（卷一）》：" □ 解 脱 □ "

80TBI：489《四分戒本疏（卷一）》：" □ 解 受隨義一，第三弁發戒緣者。"

73TAM221：55(a)《唐貞觀廿二年(648)安西都護府承敕下交河縣符爲處分三衞犯私罪納課違番事》："□□須解官推勘辨定□□□"

80TBI：022《增壹阿含經(卷五〇)大愛道般涅槃品第五二》："□□至真、等正覺、明行足、善逝、世間解、無上士、道法□□□"

75TKM91：28(a)《兵曹行罰兵士張宗受等文書》："兵曹掾□預史左法彊□□□□□校趙震解如右。"

75TKM91：29(a)《北涼義和某年兵曹行罰部隤五人文書》："解稱：部□□雙等五人由來長□，不逐部伍，求分處。"

75TKM96：18,23《北涼玄始十二年(423)兵曹牒爲補代差佃守代事》："□□□紀,請如解注,簿。"

65TAM341：30/1(a)《唐小德辯辭爲被蕃捉去逃回事》："□□□自解手走上山,經三日上山□□□"

2004TBM207：1-3《唐調露二年(680)七月東都尚書吏部符爲申州縣闕員事》："□□□某官某乙□□□解由。"

jiè

介　jiè

73TAM193：38(a)《武周智通擬判爲康隨風詐病避軍役等事》："康隨風一介庸人。"

戒　jiè

80TBI：486《四分律比丘尼戒本》："□□之戒寧有□□□"

80TBI：310《四分戒本疏(卷一)》："□□方[便]是戒體。三謂□□□" 80TBI：016《四分戒本疏(卷一)》："□□第四發戒多少,諸戒雖衆不過二種,謂作□□□"

按：體,原件書作"躰"。"便"是衍文。

67TAM78：46《唐西州高昌縣寧戎戒(戎)鄉鄧明□夏田契》："□□寧戒(戎)鄉人鄧明□□□"。

按：《吐魯番出土文書》第二册録作"寧戎鄉",原件實作"戒",應爲"戎"之誤。

80TBI：488《四分戒本疏(卷一)》："戒亦上品。"

80TBI：669a《大方廣華嚴十惡品經》："□□□及出家等受我戒者□□□"

80TBI：488《四分戒本疏(卷一)》："唯羯磨竟所有無□[作]是兹戒體。"

按：體,原件書作"躰"。缺字依今本補。

80TBI：053《四分律比丘尼戒本》："□□□說是戒經□□□"

80TBI：020《四分律比丘尼戒本》："□□□說戒經來,若有□□□"

60TAM332：6/3《唐犯土禁忌文》："謹啟某甲戒范(犯)太歲上土,太歲下土。"

60TAM332：6/3《唐犯土禁忌文》："戒范(犯)成攝四鎮土。"

60TAM332：6/3《唐犯土禁忌文》："戒犯辰巳午未土,戒犯□□□"

60TAM332：6/3《唐犯土禁忌文》："□犯平高就下土，戒犯干（乾）土隰（濕）土，諸土悉解。"

64TAM29：44《唐咸亨三年（672）新婦爲阿公録在生功德疏》："直爲生死道殊，恐阿公心有顛倒，既臨終受戒，功德復多。"

玠 jiè

59TAM305：14/2《倉曹屬爲買八緵布事》："統軍，玠。"

疥 jiè

73TAM524：32/1-1《高昌永平元年（549）十二月十九日祀部班示爲知祀人上名及謫罰事》："若有癰癃瘍疥之疾，不得遇祀。"

界 jiè

72TAM226：65《唐北庭諸烽隴田畝數文書》："□耶勒守捉界耶勒烽□。"

80TBI：377b《四分律刪繁補闕行事鈔卷上之二結界方法篇第六》："□界相，若先在戒壇□。"

64TAM29：44《唐咸亨三年（672）新婦爲阿公録在生功德疏》："出離三界，求勝（昇）上界。"

80TBI：046a《阿毗曇八犍度論（卷一二）智犍度之四修智跋渠之餘》："諸結在慾界繫，彼□。"

80TBI：022《增壹阿含經（卷五○）大愛道般涅槃品第五二》："爾時世界名槃頭摩□。"

80TBI：752a《阿毗達磨大毗婆沙論（卷九二）結蘊第二中十門納息第四之二二》："□界修所斷無□。"

72TAM179：16/1（b），16/2（b）《唐寫〈尚書〉孔氏傳〈禹貢〉、〈甘誓〉殘卷》："龍門山，在河東之西界。"

借 jiè

72TAM230：75，76《武周天授二年（691）康進感辯辭》："借問並稱是自家職田□。"

73TAM193：38（a）《武周智通擬判爲康隨風詐病避軍役等事》："奉敕伊、西二州，占募强兵五百，官賜未期至日，私家借便資裝。"

2006TAM607：2-4《唐神龍元年（705）六月後西州前庭府牒上州勾所爲當府官馬破除、見在事》："冊定，前後諸軍借將及没賊不迴，合官酬替。"

64TAM29：113《唐□伏威牒爲請勘問前送帛練使男事》："午時，有上件人於水窗下窺頭看□□遣人借問。"

64TAM29：92《唐申州法曹殘牒》："依判借示。"

jīn

巾 jīn

64TAM29：44《唐咸亨三年（672）新婦爲阿公録在生功德

疏》:"絲巾子一枚。"

2004TBM115:10《古寫本〈千字文〉》:"妾御績紡,侍巾惟(帷)□。"

72TAM151:51《高昌白子中布帛雜物名條疏》:"布手巾二。"

73TAM206:42/10 - 5/10 - 17《唐質庫帳歷》:"東頭柒家緋羅領巾一。"

73TAM206:42/10 - 10《唐質庫帳歷》:"故白小綾領巾一。"

斤 jīn

63TAM1:17《劉普條呈爲綿絲事》:"楊瓜生絲一斤。"

72TAM151:101《高昌傳錢買鑺鐵、調鐵供用帳》:"次傳:錢叁文,用買鑺鐵叁斤,付張懷悦□□"

75TKM91:24《下二部督郵、縣主者符》:"責鑺五十口,斤斧五十口。"

72TAM151:101《高昌傳錢買鑺鐵、調鐵供用帳》:"虎□懷明傳:錢肆□,□買□鐵肆斤,付孟慶慶。"

59TAM303:01《高昌缺名隨葬衣物疏》:"乱(亂)絲千斤。"

今 jīn

67TAM363:8/2(a)之一《唐景龍四年(710)卜天壽抄〈十二月新三臺詞〉及諸五言詩》:"寫書今日了,先生莫鹹(嫌)池(遲),明朝是賈(假)日,早放學生歸。"

按:鹹,原件作"醶"。

59TAM305:14/2《倉曹屬爲買八綫布事》:"今日盡。"

73TAM519:19/2 - 2《高昌麴季悦等三人辭爲請授官階事》:"今蒙□□"

72TAM151:15《高昌義和二年(615)都官下始昌縣司馬主者符爲遣弓師侯尾相等詣府事》:"敕始昌縣司馬主者,彼縣今須弓師侯□□、□元相二人,符到,作具、糧□自隨。"

75TKM96:31(a)《兵曹屬爲以王明代張賞入員事》:"李兵曹:今以王明代張賞入員,屬至□□□"

64TAM29:44《唐咸亨三年(672)新婦爲阿公録在生功德疏》:"請爲諸天轉讀《今(金)光明經》,亦請知。"

66TAM44:30/3《唐殘發願文一》:"□□可虛然無報,謹於今時□□"

73TAM519:19/2 - 1《高昌延壽十七年(640)屯田下交河郡、南平郡及永安等縣符爲遣麴文玉等勘青苗事》:"昌縣、郡縣□□□□:□□□今□□□"

64TAM29:44《唐咸亨三年(672)新婦爲阿公録在生功德疏》:"右件物今二月廿一日對衆布施三寶,亦願知。"

65TAM42:10,73《唐永徽元年(650)嚴慈仁牒爲轉租田畝請給公文事》:"今春三月,糧食交無,逐(遂)將此田租與安橫延。"

73TAM206:42/5《唐高昌縣勘申應入考人狀》:"今年函使縣□□"

75TKM98:28/1《某人啟爲失耕事》:"□□今垂下種□□□"

今

　　73TAM507：012/9《唐殘牒》：
65TAM341：78（背面）《唐辯辭
爲李藝義佃田事》："今來披訴,苟求多
少,欲繼他宗,恣意負心。"

今

　　66TAM59：4/6《北涼神璽三年
（399）倉曹貸糧文書》："□□主
者趙恭、孫殷,今貸梁石□□"

仐

　　72TAM216：012/3－1《武周擬
判》："□□今日□□"

今

　　72TAM188：71《唐神龍三年
（707）和湯牒爲被問買馬事（一）》：
"今付上件練充馬壹疋直（值）□□"

仐

　　2004TBM207：1－10e《唐文書殘
片》："□□而以爲今□□"

金　jīn

金

　　80TBI：067《金光明經（卷二）》：
"《金光明經》堅□□"

金

　　64TAM29：44之六《唐咸亨三年
（672）新婦爲阿公録在生功德
疏》："注子（字）《金剛般若經》一部。"
　　按：剛,原件作"剄"。

金金金

　　65TAM42：40《唐缺名隨葬衣物
疏》："金錢一千文。"
　　60TAM311：13《缺名隨葬衣物
疏》："黃金三斤。"
　　73TAM206：42/10－13,42/10－
3《唐質庫帳歷》："曹阿金正月
十九日取壹□□"

金金

　　73TAM206：109/13－6,42/9－
26《唐課錢帳歷》："金山十五。"
　　73TAM206：109/13－6,42/9－
26《唐課錢帳歷》："金寶十五,
王老□□"

金金

　　73TAM206：42/9－27《唐課錢
帳歷》："簫二六十,金寶十五。"
　　73TAM206：42/9－8《唐課錢帳
歷（三〇）》："金山十五；李憙
□□"

全

　　60TAM311：13（a）《缺名隨葬衣
物疏》："金鈴三千。"

津　jīn

津津津

　　75TKM96：17《北涼真興七年
（425）宋泮妻隗儀容隨葬衣物
疏》："辛（幸）關津河梁不得留難如律令。"
　　72TAM228：9《唐年某往京兆府
過所》："□□將前件人、畜路由
關津不練,謹連□□"
　　73TAM206：42/1《唐事目歷》：
"事爲報大陽津橋木救事。"

jǐn

錦　jǐn

錦

　　72TAM230：36《古寫本木玄虛
〈海賦〉》："□□質雲錦散文於
沙宄之□□"
　　按：《文選·海賦》："若乃雲錦散文於
沙汭之際,綾羅被光於螺蚌之節。"李善注：
"毛萇《詩傳》曰：'芮。崖也。'芮與汭通。"
寫本"質"疑"若"誤,"宄"是"內"形誤。

錦

　　75TKM99：6（a）《北涼承平八年
（450）翟紹遠買婢券》："交與丘
慈錦三張半。"

錦

　　60TAM311：13《缺名隨葬衣物
疏》："錦百長（丈）。"

錦 75TKM99：6(b)《義熙五年道人弘度舉錦券》："要到十月卅日還償錦半張，即交與錦生布八縱（緵）一匹。"

錦 72TAM151：6《高昌重光元年(620)氾法濟隨葬衣物疏》："刀帶一具，欽被具，綾練各萬段，被錦二百張。"

錦 72TAM151：6《高昌重光元年(620)氾法濟隨葬衣物疏》："細錦萬匹，石灰一斛，五穀具。"

錦 72TAM151：51《高昌臼子中布帛雜物名條疏》："□布手巾二，飲水馬錦鎮（枕）二。"

錦 64TAM29：44《唐咸亨三年(672)新婦爲阿公録在生功德疏》："紫紬綾襖子一，錦褾。"

錦 75TKM90：20(a)《高昌主簿張縮等傳供帳》："□張縮傳令，出疏勒錦一張，與處論無根。"

謹 jǐn

謹 73TAM206：42/2《唐光宅元年(684)史李秀牒爲高宗山陵賜物請裁事》："前未判申，事恐疏略，謹以牒舉。"

謹 63TAM1：22《文書殘片》："□謹□"

謹 72TAM188：78(a)《唐健兒郡玄嶷、吳護陸等辭爲乘馬死失另備馬呈印事》："□備前件馬得請呈印謹辭。"

謹 73TAM210：136/15《唐典傅守珪殘牒》："□伏聽處分者，謹録牒上，謹牒。"

謹 2006TSYIM4：3-21《北涼高昌郡高寧縣差役文書（一七）》："□賊曹闞禄白，謹條次候右差□"

謹 72TAM188：56《唐開元某年奴小德除籍牒》："□除籍，謹以牒陳□"

謹 66TAM62：5《北涼緣禾五年隨葬衣物疏》："緣禾五年六月廿三日，謹條衣裳物在右。"

謹 66TAM44：11/5《唐貞觀十九年(645)牒爲鎮人馬匹事》："□實，謹牒。"

謹 66TAM62：6/3(b)《翟彊辭爲征行逋亡事》："□不受枉謹辭。"

謹 67TAM78：27《唐殘書牘》："□惟增悲結，謹言疏不俱。"

謹 64TAM19：65《唐顯慶某年(656—661)殘牒》："如前謹牒。"

謹 64TAM29：25《唐垂拱元年(685)康義羅施等請過所案卷(四)》："冒名假代等色以不者？謹審：但了□"

謹 64TAM29：25《唐垂拱元年(685)康義羅施等請過所案卷(四)》："求受依法罪，被問依實謹□[辯]。"

謹 75TKM91：40《兵曹條次往守海人名文書》："謹條次往海守人名在右。"

謹 73TAM206：42/2《唐光宅元年(684)史李秀牒爲高宗山陵賜物請裁事》："請裁，謹牒。"

謹 73TAM507：033(a)《唐佐馬貞潘殘牒》："□牒檢案連如前

謹牒。"

64TAM29：44《唐咸亨三年（672）新婦爲阿公録在生功德疏》："謹録此簿，分强分疎。"

72TAM188：3（a）《唐神龍二年（706）殘牒》："謹牒。"

66TAM61：22（b）《唐西州高昌縣上安西都護府牒稿爲録上訊問曹禄山訴李紹謹兩造辯辭事（三）》："依追李紹謹至，問得款：前□□"

66TAM61：22（b）《唐西州高昌縣上安西都護府牒稿爲録上訊問曹禄山訴李紹謹兩造辯辭事（三）》："其胡既告謹不□□"

66TAM61：16（b）《唐西州高昌縣上安西都護府牒稿爲録上訊問曹禄山訴李紹謹兩造辯辭事（七）》："□□禄山前告紹謹元不執□□"

72TAM188：73（a）之一《唐上西州都督府牒爲徵馬付營檢領事一》："謹牒。"

72TAM188：71《唐神龍三年（707）和湯牒爲被問買馬事（一）》："□□被問依實謹牒。"

64TAM4：6《唐總章元年（668）西州高昌縣左憧憙辭爲租佃葡萄園事》："公驗，謹辭。"

66TAM61：23（b），27/2（b），27/1（b）《唐西州高昌縣上安西都護府牒稿爲録上訊問曹禄山訴李紹謹兩造辯辭事（二）》："□□有所歸，請乞禁身，與謹對當□□"

72TAM188：58/1《唐開元四年（716）玄覺寺婢三勝除附牒（一）》："□□除附，謹牒。"

73TAM221：62（b）《唐永徽三年（652）賢德失馬陪徵牒》："即依禄（録），牒岸頭府，謹問文達領得以不？"

2004TAM398：3－3＋2004TAM398：3－2《唐某年二月西州高昌縣更簿全貌》："□□謹牒。"

2004TBM207：1－4《唐儀鳳三年（678）九月西州功曹牒爲檢報乖僻批正文案事》："牒至任判，謹牒。"

72TAM188：81（b）《唐徵馬送州付營檢領狀》："謹牒。"

72TAM188：79《唐神龍三年（707）和湯牒爲被問買馬事（二）》："□□馬請準例處分，謹牒。"

73TAM509：8/27《唐城南營小水田家牒稿爲舉老人董思舉檢校取水事》："牒件如前，謹牒。"

72TAM230：65（a）《武周史孫行感殘牒》："牒未檢問，更有事至，謹牒。"

饉　jǐn

2006TSYIM4：2－2《古寫本〈詩經〉》："天降喪亂，饑饉薦臻。"

jìn

近　jìn

72TAM226：53，54《唐開元十年（722）伊吾軍上支度營田使留後司牒爲烽鋪營田不濟事》："曹判：近烽者，即勒營種，去地遠者，不可施功。"

72TAM230：46/2（b）《唐儀鳳三年（678）尚書省户部支配諸州庸

調及折造雜練色數處分事條啟（二）》：
"□□非所管路程稍 近，遣與桂府及欽
州相知，準防人須糧支配使充。"

80TBI：259《妙法蓮華經（卷二）
譬喻品第三》："其人 近 出未久
□□。"

75TKM96：37《倉吏侯暹啟》：
"致使□□莫莫 近 □□。"

75TKM91：11/6《西涼建初四年
（408）秀才對策文》："文王之教，
自 近 及遠，是以爲化之首。"

進　jìn

80TBI：213《請觀世音菩薩消伏
毒害陀羅尼咒經（卷一）》：
"□□精 進 。"

2004TBM207：1－5a《唐上元三
年（676）六月後西州殘文書》：
"□□月 進 酒，將酒 □□。"

60TAM325：14/4－1，14/4－2
《唐西州某府主帥陰海牒爲六駄
馬死事》："進 洛六駄先在群放 □□。"

72TAM230：66《武周天授二年
（691）安昌合城老人等牒爲勘問
主簿職田虛實事》："問合城老人、城主、渠
長、知田人等，主薄（簿）去年實種幾畝麥，
建 進 所注虛實，連署狀通者。"

按：年，原件爲武周新字。

72TAM230：58/1（a）～58/4（a）
《武周天授二年（691）追送唐建
進家口等牒尾判》："□□唐 進 經州告
事，計其不合東西，頻下縣追，縣司狀
□□。"

72TAM230：73（a），71（a）《武周
天授二年（691）知水人康進感等

牒尾及西州倉曹下天山縣追送唐建進妻
兒鄰保牒》："追訪建 進 不獲。"

64TAM37：21《唐□□二年曹忠
敏田契》："□□二年九月八日，
曹忠敏於知天朱 進 明處祖取蕁思廉等上
件地。"

按：此句《吐魯番出土文書》漏錄"祖"
字。等，原件作"蕁"。

72TAM230：75，76《武周天授二
年（691）康進感辯辭》："康 進 感
年卅九。"

按：年，原件爲武周新字。

72TAM230：66《武周天授二年
（691）安昌合城老人等牒爲勘問
主簿職田虛實事》："謹審：但合城老人等，
去年主薄（簿）高禎元不於安昌種田，建
進 所注並是虛妄，如後不依 □□。"

按：年，原件爲武周新字。

66TAM61：28（a），31/2（a）《唐
田豐洛等點身丁中名籍》："范
進 貞，廿。"

靳　jìn

2004TAM395：4－2＋2004TAM395：
4－3《唐垂拱二年西州高昌縣徵
錢名籍全貌》："靳 才適。"

禁　jìn

60TAM332：9/1－1《唐祭五方
神文殘片一》："其某甲死鬼無繫
屬處，故書名字□□方神，願爲 禁 攝，莫
史（使）犯人，速攝囚。"

60TAM332：9/1－2，9/1－3《唐
祭五方神文殘片二（一）》：

"☐☐ 禁攝，莫 ☐☐☐☐人，再拜酌酒，行 ☐☐☐"

66TAM61：23(b)，27/2(b)，27/1(b)《唐西州高昌縣上安西都護府牒稿爲録上訊問曹禄山訴李紹謹兩造辯辭事(二)》："☐☐有所歸，請乞 禁 身，與謹對當 ☐☐☐"

72TAM230：10《武周牒尾殘判》："☐☐同上敏張此 禁 ☐☐"

2004TBM207：1-12a《唐上元三年(676)西州法曹牒功曹爲倉曹參軍張元利去年負犯事》："☐☐司録奏 禁 身，至三年 ☐☐☐"

盡 jìn

80TBI：126《別譯雜阿含經(卷一二)》："得於 盡 滅，安住無漏法。"

67TAM363：8/1(a)之六《唐景龍四年(710)卜天壽抄孔氏本鄭氏注〈論語〉》："韶盡美矣，又 盡 善。"

80TBI：495b-2《瑜伽集要焰口施食儀》："☐☐方，盡 虚空界，一切尊法☐☐☐"

80TBI：495b-2《瑜伽集要焰口施食儀》："歸依十方，盡 虚空☐☐☐"

80TBI：407《彌沙塞羯摩本》："今 盡 形受歸依☐☐☐"

59TAM305：14/2《倉曹屬爲買八緵布事》："今日 盡。"

72TAM150：37《唐氾正家書》："兄氾正千萬問訊宋果毅并兒女等 盡 得平安。"

73TAM519：19/2-2《高昌麴季悦等三人辭爲請授官階事》："☐☐已來，至今 盡 是白民。"

64TAM5：39《唐李賀子上阿郎、阿婆書二(二)》："張將舍 盡 平安在，張岳隆死。"

72TAM230：10《武周牒尾殘判》："☐☐仍 盡 時發遣☐☐☐"

jīng

京 jīng

66TAM61：17(b)《唐西州高昌縣上安西都護府牒稿爲録上訊問曹禄山訴李紹謹兩造辯辭事(一)》："☐☐在弓月城有 京 師漢名☐☐☐"

按：京，《説文》《三體石經》作"𣊄"，《隸辨》引《韓敕碑》載有此字。《干禄字書》："京京，上通下正。"《九經文字》"京"下注："作京訛。"

64TAM29：25《唐垂拱元年(685)康義羅施等請過所案卷(四)》："家口入 京，其人等不是壓良☐☐☐"

66TAM61：22(b)《唐西州高昌縣上安西都護府牒稿爲録上訊問曹禄山訴李紹謹兩造辯辭事(三)》："且同是 京 師人，是安西司馬女夫，不得名字。"

66TAM61：23(b)，27/2(b)，27/1(b)《唐西州高昌縣上安西都護府牒稿爲録上訊問曹禄山訴李紹謹兩造辯辭事(二)》："客 京 師，有家口在。"

荆　jīng

荆　72TAM179：16/4（b），16/5（b），16/6（b），16/7（b）《唐寫〈尚書〉孔氏傳〈禹貢〉、〈甘誓〉殘卷》："道嶓冢至於 荆 山，内方至於大别。"

荆　72TAM179：16/1（b），16/2（b）《唐寫〈尚書〉孔氏傳〈禹貢〉、〈甘誓〉殘卷》："道岍及岐，至於 荆 山。"

荆　73TAM208：23，27《唐典高信貞申報供使人食料帳歷牒（二）》："□□肆分，用 荆 柴捌分。"

按：荆，《吐魯番出土文書》録作"莿"。

經　jīng

經　80TBI：132《佛説天地八陽神咒經》："此 經 三遍是諸惡鬼□□"

經　80TBI：132《佛説天地八陽神咒經》："讀 經 功德□□"

經　80TBI：097《請觀世音菩薩消伏毒害陀羅尼咒經（卷一）》："□□分散意 經 七七日，時□□"

經　80TBI：088《金光明經（卷三）除病品第一五》："既聞法已於是 經 □□"

經　75TKM96：18，23《北涼玄始十二年（423）兵曹牒爲補代差佃守代事》："今 經 一月，不得休下，求爲更檢。"

經　66TAM62：6/2《翟彊辭爲貧麥被抴牛事》："經 四日□，願賜教付曹。"

經　75TKM88：1（b）《北涼承平五年（447）道人法安、弟阿奴擧錦券》："綿 經 綿緯，長九五寸，廣四尺五寸。"

經　73TAM222：56/3（a），56/4（a）《唐殘判籍（三）（四）》："經 卅日不告者□□"

經　80TBI：035《請觀世音菩薩消伏毒害陀羅尼三昧儀經明正意第二》："□□多 經 他陀呼膩□□"

經　65TAM346：2《唐上元二年（675）府曹孝通牒爲文峻賜勳事》："敕鎮滿十年，賜勳兩轉，付録事司檢文峻等並 經 十年已上檢。"

經　64TAM29：44《唐咸亨三年（672）新婦爲阿公録在生功德疏》："請爲諸天轉讀《今（金）光明 經 》，亦請知。"

經　64TAM29：44《唐咸亨三年（672）新婦爲阿公録在生功德疏》："阿公每讀 經 思義，應審知之。"

經　65TAM341：30/1（a）《唐小德辯辭爲被蕃捉去逃回事》："自解手走上山，經 三日上山□□"

經　65TAM341：78（背面）《唐辯辭爲李藝義佃田事》："欲得出嫁，不加修理，專行搆捵（架），博換已 經 四年。"

經　72TAM201：33《唐咸亨五年（674）兒爲阿婆録在生及亡没所修功德牒》："寫《涅槃 經 》一部。"

經　66TAM61：23（b），27/2（b），27/1（b）《唐西州高昌縣上安西都護府牒稿爲録上訊問曹禄山訴李紹謹兩造辯辭事（二）》："别兄已來，經 四年□□"

經　72TAM230：67《武周天授二年（691）唐建進辯辭》："如涉虚誣，

付審已後不合更執，既 經 再審確，請一依
元狀勘當。"

72TAM201：33《唐咸亨五年
（674）兒爲阿婆録在生及亡没所
修功德牒》："自省己（已）來，口誦餘 經，
未曾邂（懈）廢。"

72TAM230：58/1（a）～58/4（a）
《武周天授二年（691）追送唐建
進家口等牒尾判》："□□唐進 經 州告
事，計其不合東西，頻下縣追。"

精 jīng

80TBI：497－21《中阿含經（卷一
八）長壽王品天經第二》："□□
行 精 □□□"

80TBI：060b《道藏〈通玄真經〉
（卷三）〈九守篇〉殘片》："□□
少，以言 精 神之不可使外□□□"

80TBI：103《妙法蓮華經（卷二）
譬喻品第三》："□□□ 勤 精 進，
欲速出三□□"

按：勤，原件書作"懃"。

65TAM42：48（a）《古寫本〈鍼
法〉殘片》："男子 精 溢脛酸，不
能□□"

80TBI：455－15《請觀世音菩薩
消伏毒害陀羅尼咒經（卷一）》：
"□□□ 精 氣者□□"

驚 jīng

80TBI：316《妙法蓮華經（卷二）
譬喻品第三》："□□□ 不肯信受
不 驚 不畏了□□"

80TBI：641a《妙法蓮華經（卷二）
譬喻品第三》："長者聞已，驚 入
□□〔火宅〕，方宜救濟，令無燒害。"

60TAM332：9/1－1《唐祭五方
神文殘片一》："□神玄冥難惡
處，飛 驚 千里憎（層）冰固。"

jǐng

井 jǐng

75TKM91：11/6《西涼建初四年
（408）秀才對策文》："夏處 井
鬼，故稱南陸。"

65TAM42：60（a）《唐西州高昌
縣授田簿（一一）》："□□□胡麻
井 渠，東張花，西左延海，南荒，北荒。"

景 jǐng

73TAM507：013/4－1，4－2《唐曆》：
"□□□八日 景 寅火危□□□"

67TAM363：8/2（a）之二《唐景
龍四年（710）卜天壽抄〈十二月
新三臺詞〉及諸五言詩》："景 龍四年
五月。"

73TAM507：013/4－1，4－2《唐
曆》："□□□八□ 景 □□□"

2006TAM607：2－4《唐景龍三
年（709）後西州勾所勾糧帳》：
"妄加給還兵，景 二年春季，徵蘇仁。"

67TAM363：8/1（a）之一一《唐
景龍四年（710）卜天壽抄孔氏本
鄭氏注〈論語〉》："景 龍四年三月一日。"

璟　jǐng

73TAM191：61/1《唐□璟殘狀》："□□璟狀。"

警　jǐng

72TAM226：53,54《唐開元十年（722）伊吾軍上支度營田使留後司牒爲烽鋪營田不濟事》："□□屬警固，復奉使牒，烽鋪子不許□□。"

72TAM226：53,54《唐開元十年（722）伊吾軍上支度營田使留後司牒爲烽鋪營田不濟事》："兩人又屬警固，近烽不敢不營，里數既遙，營種不濟，狀上者。"

jìng

徑　jìng

72TAM179：16/4（b），16/5（b），16/6（b），16/7（b）《唐寫〈尚書〉孔氏傳〈禹貢〉、〈甘誓〉殘卷》："漾出潘冢在梁州徑。"

72TAM179：16/4（b），16/5（b），16/6（b），16/7（b）《唐寫〈尚書〉孔氏傳〈禹貢〉、〈甘誓〉殘卷》："内方、大別，二山名，在荆州，漢所徑也。"

64TAM27：22《唐寫本〈論語〉鄭氏注〈雍也〉殘卷》："□□不由徑，非公事，未□□。"

逕　jìng

64TAM4：29（a）《唐咸亨四年左憧憙生前功德及隨身錢物疏》："逕叁年，說《汗蘭貪逕》《盂蘭盆經》），左郎身自□。"

64TAM15：23《唐貞觀十四年張某夏田契》："□□要逕（經）丑歲一年用種。"

64TAM4：42《唐龍朔元年（661）左憧憙夏菜園契》："要逕伍年，佃食年伍。"

2004TAM396：14《唐開元七年（719）洪奕家書》："啟：違逕（經）二哉（載），思暮（慕）無寧。"

脛　jìng

65TAM42：48（a）《古寫本〈鍼法〉殘片》："男子精溢脛酸，不能□□。"

竟　jìng

59TAM305：14/2《倉曹屬爲買八緩布事》："倉曹樊霸、梁斌前屬催奸吏買八縱（緩）布四匹，竟未得。"

2006TSYIM4：3-1《北涼義和三年（433）二月十五日張未興辭》："□□興信取了，事未竟□□。"

72TAM151：74（a）《古寫本〈晉陽秋〉殘卷》："暴□□竟以□諸大臣，司空中書監杜□□。"

净　jìng

80TBI：500a-1《中阿含經（卷二二）穢品經第一》："□□來無垢

淨 潔彼 □ ”

75TKM99：9（b）《高昌延昌二十二年（582）康長受從道人孟忠邊歲出券》："平斗中取，使 淨 好。"

64TAM29：44《唐咸亨三年（672）新婦爲阿公録在生功德疏》："願將此文□前頭分雪，須覓生田 淨 佛國土，不得求人間果報。"

72TAM151：94《高昌義和三年（616）張相憙夏糜田券》："□□ 干（乾）淨 好，若淨好，聽 □□ ”

64TAM4：35（a）《唐瀵舍告死者左憧憙書爲左憧憙家失銀錢事（一）》："瀵舍心下得清 淨 意。"

59TAM301：15/4－1，15/4－2《唐貞觀十七年（643）西州高昌縣趙懷滿夏田契》："使干（乾）淨 好；若不好，聽向風索取。"

　　按：聽，原件書作"聽"。

72TAM151：94《高昌義和三年（616）張相憙夏糜田券》："□□ 干（乾）淨好，若 淨 好，聽 □□ ”

72TAM151：13《高昌義和三年（616）氾馬兒夏田券》："糜使干（乾）淨 好，若不干（乾）淨□，聽向風常取。"

彰　jìng

66TAM59：2《北涼缺名隨葬衣物疏》："彰 清（綪）結髮一枚。"

敬　jìng

2002TJI：004《妙法蓮華經經卷三化城喻品第七》："我等今敬禮。"

73TAM222：54/4（b），54/5（b）《唐寫〈禮記〉鄭氏注〈檀弓〉下殘卷》："□□齊 敬 之心也 □□ ”

67TAM363：8/1（a）《唐景龍四年（710）卜天壽抄孔氏本鄭氏注〈論語〉》："季康子敏（問）：'使民 敬 、中（忠）以勸，如之何？'”

　　按：敏、中，傳世本作"問、忠"。此件是學童卜天壽所抄，其多將"問"寫作"敏"。

67TAM363：8/1（a）《唐景龍四年（710）卜天壽抄孔氏本鄭氏注〈論語〉》："子曰：'臨之以莊，則 敬 ；孝慈，則中；舉 □□ ”

　　按：中，傳世本作"忠"。

67TAM363：8/1（a）之六《唐景龍四年（710）卜天壽抄孔氏本鄭氏注〈論語〉》："居上不寬，爲禮不 敬 ，臨喪不哀，吾何以觀 □□ ”

72TAM188：11《唐開元三年（715）交河縣安樂城萬壽果母姜辭》："阿姜女尼普 敬 ，□□山人年卅三。"

2002TJI：003《妙法蓮華經卷四提婆達多品第一二》："頭面 敬 禮二□〔世〕尊足。"

73TAM206：42/10－14，42/10－9《唐質庫帳歷》："王玄 敬 正月十九日取壹佰伍拾文。"

73TAM524：32/1－2《高昌永平元年（549）十二月廿九日祀部班示爲明正一日知祀人上名及讁罰事》："明正一日，當 敬 祀諸神。"

72TAM201：33《唐咸亨五年（674）兒爲阿婆録在生及亡没所修功德牒》："敬 道禪師邊受戒。"

2004TBM207：1-4《唐儀鳳三年（678）九月西州功曹牒爲檢報乖僻批正文案事》："□□參軍 敬 大素。"

2006TSYIM4：3-17a《北涼某年九月十六日某縣廷掾案爲檢校絹事》："□□縣廷掾 敬 案貴□□"

72TAM151：6《高昌重光元年（620）氾法濟隨葬衣物疏》："重光元年庚辰歲二月下旬，佛弟子某甲 敬 移五道大神。"

　　按：佛，某，原件書分別作"仏""厶"。

73TAM206：109/13-6，42/9-26《唐課錢帳歷》："蘇 敬 百廿入，□楊十五。"

73TAM206：42/9-27《唐課錢帳歷》："曹大九十六，□ 敬 百廿。"

73TAM206：42/9-27《唐課錢帳歷》："張祥六十、蘇本卅六、蘇 敬 百廿。"

73TAM206：42/9-27《唐課錢帳歷》："蘇 敬 入十九日課二百卅□□"

73TAM206：42/9-27《唐課錢帳歷》："蘇 敬 入帖趙五廿了。"

73TAM206：42/9-8《唐課錢帳歷（三〇）》："蘇本九十六；蘇 敬 百廿。"

73TAM206：42/9-30《唐課錢帳歷（二）》："張祥六十、蘇本九十六、蘇 敬 百五十六。"

68TAM108：20(a)之二《唐開元三年（715）西州營牒爲通當營請馬料姓名事一》："火長張明珪，火內人田 敬 。"

72TAM188：75(a)《唐上西州都督府牒爲徵馬付營檢領事二》：

"□□仍取領附諮 敬 □□，一日 □□"

竫 jìng

68TAM108：20(a)之二《唐開元三年（715）西州營牒爲通當營請馬料姓名事一》："火長張奉珪，火內人王 竫 。"

境 jìng

80TBI：016《四分戒本疏（卷一）》："□□來之 境 亦生惡心故，須普緣總作□□"

　　按：總，原件書作"惣"。

80TBI：011-3《大乘瑜伽金剛性海曼殊室利千臂千鉢大教王經（卷六）》："□□夢 境 界，及現眼□□"

73TAM222：56/1,56/2《唐殘判籍（一）》："中州守 境 臨□□"

80TBI：016《四分戒本疏（卷一）》："答： 境 雖過去非非過去等，以斯義□□"

静 jìng

72TAM150：30,31《唐諸府衛士配官馬、馱殘文書二》："大侯府馮法 静 馬恩。"

　　按：恩，原件書作"悫"。

67TAM363：8/2(a)之一《唐景龍四年（710）卜天壽抄〈十二月新三臺詞〉及諸五言詩》：" 静 慮寺。"

60TAM330：26/1《唐總章元年（668）趙惡仁佃田契》："□□依高昌斛□□□□史（使）干（乾） 静 （净）

　□"

鏡　jìng

2004TAM408：17《令狐阿婢隨葬衣物疏》："故銅鏡一枚。"

64TAM29：91（b）《唐殘詩》："□燈鏡拂還看。"

競　jìng

2006TSYIM4：2 - 2《古寫本〈詩經〉》："民之回遹，職競用力。"

　按：競，爲"競"之俗字。職，原件書作"職"。

jiōng

駉　jiōng

75TKM91：43《北涼義和三年（433）兵曹李禄白草》："長史駉。"

jiū

究　jiū

80TBI：068《大方等陀羅尼經初分（卷一）》："□通有神通者究□"

67TAM363：8/1（a）之八《唐景龍四年（710）卜天壽抄孔氏本鄭氏注〈論語〉》："吾於士進之道未能信者，未能究習也。"

72TAM151：95《高昌延和八年七月至延和九年六月錢糧帳》："□并合額得藏錢壹□□□兜（斗）□□，糜粟貳斛究（九）斗。"

72TAM151：95《高昌延和八年七月至延和九年六月錢糧帳》："□拾捌文□□究（九）拾肆文半。"

2006TZJ1：087，2006TZJ1：077《麴氏高昌張廷懷等納斛斗帳》："□成抨壹斛究（九）兜（斗）究（九）昇（升），憧海師陸兜（斗）究（九）昇（升）。"

　按：抨，未識字，按原件迻録。

66TAM62：5《北涼緣禾五年隨葬衣物疏》："合究囊一枚。"

2006TZJ1：087，2006TZJ1：077《麴氏高昌張廷懷等納斛斗帳》："張善祐究（九）兜（斗）。"

咎　jiū

67TAM363：8/1（a）之五《唐景龍四年（710）卜天壽抄孔氏本鄭氏注〈論語〉》："□不説，遂事不諫，既往不咎。"

糾　jiū

73TAM509：8/5（a）《唐西州天山縣申西州户曹狀爲狀無場請往北庭請兄禄事》："如後有人糾告，稱是詃誘等色，義感等連保各求受重罪者。"

　按：糺，同"糾"。《集韻》："糾，《説文》：'繩三合也。'或作糺。"

啾　jiū

73TAM509：8/19《唐某人與十郎書牘》："昨縣家令竹真楷□□終日共麴五啾唧。"

鳩　jiū

鳩　80TBI：641a《妙法蓮華經（卷二）譬喻品第三》："毒蛇蚖蝮,及諸夜叉,鳩盤荼鬼,野干狐狗,鵰鷲鵄梟,百族之屬。"

鳭　75TKM91：11/6《西涼建初四年（408）秀才對策文》："□□有巢,維鳩居之,以喻夫人配德行化外□□。"

jiǔ

九　jiǔ

九　73TAM206：42/10－5/10－17《唐質庫帳歷》："正月十九日取捌拾文。"

九　64TKM1：28（a）,31（a）,37/2（a）《唐西州某鄉戶口帳（一）》："一百□□九男夫。"

九　64TKM3：51,52《前涼王宗上太守啟》："九月三日,宗□恐死罪。"

九　63TAM1：15《劉普條呈爲得麥事》："合得麥七十斛九斗五升,下迖麥一斛,倍爲二斛。"

九　72TAM151：95《高昌延和八年七月至延和九年六月錢糧帳》："依案,從己巳□七月一日至庚午歲六月廿九□□□□伍佰肆文半,□□兜

（斗）□□□"

72TAM188：91《唐殘牒》："十二月九日典紀□□"

73TAM206：42/10－4《唐質庫帳歷》："楊娘正月十九日取壹□□"

久　jiǔ

久　75TKM96：37《倉吏侯暹啟》："所致生年始卅六七,久患□,積有年歲。"

久　75TKM91：16（a）《祠吏翟某呈爲食麥事》："□食麥拾久（玖）斛貳斗。"

久　80TBI：057《增壹阿含經（卷五〇）大愛道般涅槃品第五二》："過去久遠□□"

久　2004TBM207：1－3《唐調露二年（680）七月東都尚書吏部符爲申州縣關員事》："某乙籤符久到,身□□"

久　72TAM150：38《唐某人九月廿一日書牘》："別久,昨知相憶,徭役有限。"

久　72TAM230：46/2（b）《唐儀鳳三年（678）尚書省戶部支配諸州庸調及折造雜練色數處分事條啟（二）》："約準一年須數,先以庸物支留,然後折□米粟,無米粟處任取□□以堪久貯之物。"

久　67TAM363：8/1（a）之五《唐景龍四年（710）卜天壽抄孔氏本鄭氏注〈論語〉》："天下無道久矣。"

久　67TAM363：7/3《唐殘書牘》："在生死久不知聞比來□□"

玖　jiǔ

玖　72TAM226：66（a）《唐伊吾軍典張瓊牒爲申報斸田斛斗數事（一）》：“□□□得子貳拾 玖 碩玖斗伍勝（升）肆合□□□”

　　按：斗，原件作“斦”。

玖　72TAM216：012/7《唐奴宜保等殘籍帳》：“□□□保，年 玖 歲。”

玖　65TAM346：1《唐乾封二年（667）郭牟醜勳告（一）》：“颲海道：沙澤陣、纈嶺陣、東熊陸嶺陣並颲第一勳，各加三轉，總 玖 轉。”

玖　67TAM363：7/2《唐儀鳳二年（677）西州高昌縣寧昌鄉某人舉銀錢契》：“儀鳳貳年 玖 月伍日，寧昌鄉人□□□”

玖　64TAM29：97《武周寧戎驛馬及馬草踣文書》：“□□□當數 玖 拾陸□□□”

玖　72TAM228：9《唐年某往京兆府過所》：“□□□頭 玖 歲□□□”

韭　jiǔ

韭　60TAM332：6/7《唐祭諸鬼文（四）》：“□□□麥飯韭□生餅熟□□□”

韭　73TAM208：23,27《唐典高信貞申報供使人食料帳歷牒（二）》：“雜菜叁分，韭 貳拾分。”

酒　jiǔ

酒　80TBI：669a《大方廣華嚴十惡品經》：“□□□聲語，比丘 酒 家者，□□□”

酒　65TAM42：81,82《唐西州高昌縣授田簿（二六）》：“城東廿里 酒 泉瑣渠，東楊保救，西竹□□□”

酒　64TAM19：36《唐咸亨五年（674）王文歡訴酒泉城人張尾仁貸錢不還辭》：“酒 泉去州□□□”

酒　80TBI：669a《大方廣華嚴十惡品經》：“强勸比丘 酒 者，墮□□□”

酒　72TAM188：67《唐録事司值日簿》：“録事司：十二月十三日，將軍行 酒 董臣、氾嵩；十六日，王詮、郎琳，玄。”

酒　75TKM91：18（a）《北涼玄始十一年（422）馬受條呈爲出酒事》：“次出 酒 □斛，付孫善，供帳内□□□”

酒　73TAM524：32/1－1《高昌永平元年（549）十二月十九日祀部班示爲知祀人上名及謫罰事》：“自下諸人，人謫 酒 一斛，罰杖六十。”

酒　69TAM137：1/6－2《唐酒人殘牒》：“酒 人□□□”

酒　64TAM19：45,46《唐咸亨四年（673）張尾仁舉錢契》：“□亨四年正月貳拾伍日，酒 泉城人張尾。”

jiù

救　jiù

救　73TAM509：8/2（b）《唐西州道俗合作梯蹬及鐘記》：“觀主張駕鶴亂葳參玄，韶年入道，真元湛寂，抱一無虧，建造鴻鐘，救 拔黎庶。”

救　80TBI：035《請觀世音菩薩消伏毒害陀羅尼三昧儀經明正意第二》：“□□□愍我 救 護苦惱，亦救□□□”

救 67TAM363：8/1（a）之二《唐景龍四年（710）卜天壽抄孔氏本鄭氏注〈論語〉》："☐☐謂冉有曰：'汝不能救與?'"

救 80TBI：087《金光明經（卷三）除病品第一五》："☐☐知醫方救諸病苦。"

就　jiù

龍 60TAM325：14/4 - 1，14/4 - 2《唐西州某府主帥陰海牒爲六馱馬死事》："☐後腳觔（筋）斷，將就此醫療。"

就 80TBI：489《四分戒本疏（卷一）》："此就一心自作爲言。"

就 80TBI：016《四分戒本疏（卷一）》："☐☐如來，就根本☐言不過有身口七惡。三因緣☐☐☐"

就 2006TSYIM4：3 - 10背面《北涼官文書尾》："主簿，就。"

就 80TBI：128《阿毗達磨大毗婆沙論（卷九二）結蘊第二中十門納息第四之二二》："☐☐☐成就眼☐☐☐"

就 80TBI：752a《阿毗達磨大毗婆沙論（卷九二）結蘊第二中十門納息第四之二二》："☐☐所纏不成就耳☐"

就 80TBI：488《四分戒本疏（卷一）》："對五篇弁此憂（優）劣者，若就根條初勝乃至五劣。"

按：弁，《中華大藏經》和《大正新修大藏經》作"辨"。

就 64TAM29：113《唐☐伏威牒爲請勘問前送帛練使男事》："☐伏威曹主并家口向城東園内就涼。"

就 60TAM332：6/1 - 1（a），6/1 - 2（a），6/1 - 3（a）《唐寫本〈五土解〉》："車來就南坐，主人再拜，酌酒行觴。"

就 60TAM332：6/3《唐犯土禁忌文》："☐☐犯平高就下土，戒犯干（乾）土隰（濕）土，諸土悉解。"

就 66TAM44：11/3（a）《唐殘牒爲市木修繕廢寺事》："無式，仍即就中☐☐☐壞☐☐"

舅　jiù

舅 73TAM206：42/9 - 30《唐課錢帳歷（二）》："舅母十五。"

僦　jiù

僦 72TAM230：46/1（a）《唐儀鳳三年（678）尚書省户部支配諸州庸調及折造雜練色數處分事條啓（一）》："☐☐☐並不得僦勾受雇爲☐☐☐"

僦 72TAM230：46/1（a）《唐儀鳳三年（678）尚書省户部支配諸州庸調及折造雜練色數處分事條啓（一）》："諸州庸調先是布鄉兼絲綿者，有☐☐情願輸綿絹絁者聽，不得官人，州縣公廨典及富彊之家僦勾代輸。"

舊　jiù

舊 72TAM228：30/1 ～ 30/4《唐天寶三載（744）交河郡蒲昌縣上郡户曹牒爲録申徵送郡官白直課錢事（一）～（四）》："☐☐肆阡（千）☐佰柒拾文舊☐☐"

73TAM222：56/10（a）《唐殘判籍（一〇）》："□來舊安碾磑□。"

72TAM151：13《高昌義和三年（616）氾馬兒夏田券》："義和三年丙子歲潤（閏）五月十九日，氾馬兒從無艮跛子邊夏舊壕（業）部田叁畝。"

68TAM103：20/4《唐貞觀十八年（644）西州某鄉戶口帳》："□二百八十□，舊□。"

68TAM103：20/1（a）《唐西州某鄉戶口帳（草）》："合當鄉新舊口二千六十四□。"

67TAM363：8/1（a）——《唐景龍四年（710）卜天壽抄孔氏本鄭氏注〈論語〉》："伯夷、叔齊不念舊惡，怨是用希。"

73TAM519：19/2－2《高昌麴季悅等三人辭爲請授官階事》："□官，加是麴王族姓，依舊法時，若□。"

73TAM519：19/2－2《高昌麴季悅等三人辭爲請授官階事》："悕忘（望）舊階。"

73TAM519：19/2－2《高昌麴季悅等三人辭爲請授官階事》："依舊階品與官。"

2006TAM607：4a《唐神龍三年（707）正月西州高昌縣開覺寺手實》："合當寺新舊總管僧總廿人。"

66TAM44：11/6《唐疊布袋帳歷》："八月卅日，付懷舊府□。"

2004TBM115：10《古寫本〈千字文〉》："親戚故舊，老少異糧。"

64TAM37：21《唐□□二年曹忠敏田契》："□高渠部田一段廿九畝，内壹拾陸畝舊主王祐□。"

鷲　jiù

80TBI：259《妙法蓮華經（卷二）譬喻品第三》："□鵰鷲諸鳥鳩□。"

2002TJI：003《妙法蓮華經（卷四）提婆達多品第一二》："自然踊出，住虛空中，詣靈鷲□。"

jū

拘　jū

80TBI：656a《佛説灌頂摩尼羅亶大神咒經（卷八）》："第四拘樓秦佛。""第五拘那含牟尼□。"

80TBI：097《請觀世音菩薩消伏毒害陀羅尼咒經（卷一）》："□蝮蝎，夜叉羅刹拘槃□。"

居　jū

73TAM215：017/7《唐殘書牘四》："□居呂延奉到得□。"

80TBI：019《增壹阿含經（卷五〇）大愛道般涅槃品第五二》："行諸街巷中時，有居士婦亦復端政（正）□。"

75TKM91：11/6《西涼建初四年（408）秀才對策文》："□有巢、維鳩居之，以喻夫人配德行化外□□。"

67TAM363：7/3《唐殘書牘》：
“於之悲老母 居 堂實 ▢”

64TAM5：63《唐殘戶籍一
（三）》：“▢ 冊步，居 ▢”

69TAM232：3（b）《唐蠅芝等直
上欠麨粟帳》：“白 居 兜▢▢義
達種秋粟，右同前據▢▢▢上件地去年秋
是前件人佃種，歛別收子兩碩以上者，件
勘如前。”

72TAM150：48《唐邵相歡等雜
器物帳》：“▢ 案柳一，魏黃頭
居 ▢”

73TAM206：42/9－17（a）《唐課
錢帳歷（二六）》：“▢ 大取二
百文付阿 居 上。”

雎　jū

75TKM91：11/5《西涼建初四年
（408）秀才對策文》：“夫關 雎 之
鳥，摰（鷙）而有別。”

駒　jū

72TAM151：68《〈千字文〉習字
殘卷（一）》：“鳴鳳在樹，白 駒 食
▢[場]，化被草木。”

jú

臼　jú

63TAM2：1《北涼緣禾六年翟萬
隨葬衣物疏》：“故懷袖、蹹 臼 囊
各一枚。”

按：臼，《玉篇》：“同匊。”“鞠”省文。

局　jú

80TBI：489《四分戒本疏（卷
一）》：“隨是作俱，等 局 善性中，
所以言狹。”

80TBI：489《四分戒本疏（卷
一）》：“若 局 善性俱狹，受隨同
善性故。”

73TAM509：8/19《唐某人與十
郎書牘》：“當城置城主四、城 局
兩人，坊正、里正、橫催等在城有冊餘人，
十羊九牧。”

按：顏元孫《干禄字書》：“局局局：上
俗，中通，下正。”

80TBI：488《四分戒本疏（卷
一）》：“▢ 唯 局 形俱。”

jǔ

舉　jǔ

80TBI：656a《佛說灌頂摩尼羅亶
大神咒經（卷八）》：“我今又 舉
是八大菩薩 ▢”

75TKM99：6（b）《義熙五年道人
弘度舉錦券》：“道人弘度從翟紹
遠 舉 西向白地錦半張。”

73TAM222：56/3（a），56/4（a）
《唐殘判籍（三）（四）》：“舉 辭務
▢”

67TAM363：8/1（a）之九《唐景
龍四年（710）卜天壽抄孔氏本鄭
氏注〈論語〉》：“▢ 坒（地）之廣輪，此皆

舉其所容之大。”

　　按：坕，當爲武周新字“坖”之訛寫。

73TAM504：21/1－21/3《高昌奴得等負麥、粟、疊帳（一）～（三）》：“□□奴得負參軍索謙、焦歡伯二人邊官舉價小麥叁□□陸兜（斗）。”

64TAM19：45，46《唐咸亨四年（673）張尾仁舉錢契》：“於高昌縣王文歡邊舉取銀錢貳□□□。”

67TAM363：8/1（a）一〇《唐景龍四年（710）卜天壽抄孔氏本鄭氏注〈論語〉》：“子文舉子玉以自代，爲晉師所敗。”

73TAM206：42/2《唐光宅元年（684）史李秀牒爲高宗山陵賜物請裁事》：“前未判申，事恐疏略，謹以牒舉。”

64TAM4：40《唐乾封三年（668）張善憙舉錢契》：“武城鄉人張善憙於崇化鄉人左憧憙邊舉取銀錢貳拾文。”

2004TAM395：4－2＋2004TAM395：4－3《唐垂拱二年西州高昌縣徵錢名籍全貌》：“□皆舉，范隆海□□□。”

73TAM206：42/5《唐高昌縣勘申應入考人狀》：“未申牒舉請裁者。”

64TAM4：34《唐龍朔元年（661）龍惠奴舉練契》：“舉練人龍惠奴。”

64TAM4：34《唐龍朔元年（661）龍惠奴舉練契》：“安西鄉人龍惠奴於崇化鄉人右憧憙邊舉取練叁拾疋。”

67TAM363：7/2《唐儀鳳二年（677）西州高昌縣寧昌鄉某人舉銀錢契》：“縣人竹住海邊舉取銀錢捌□□□。”

66TAM61：23（b），27/2（b），27/1（b）《唐西州高昌縣上安西都護府牒稿爲録上訊問曹禄山訴李紹謹兩造辯辭事（二）》：“□□胡輦處指的同舉練□□□。”

69TKM39：9/7（a）《唐西州高昌縣□慶友等户家口田畝帳簿（一）》：“□□菜，城北一里東侯明，西魏舉，南康僧，北□□□。”

69TKM39：9/4（a）《唐貞觀二十一年（647）帳後□苟户籍》：“男白舉，年肆歲。”

72TAM150：47《唐牛懷願等雜器物帳》：“嚴白舉銅匙一。”

64TAM4：33《唐總章三年（670）左憧憙夏菜園契》：“在白赤舉北分墙。”

64TAM4：38《唐顯慶五年（660）張利富舉錢契》：“天山縣南平鄉人於高昌縣崇化鄉人左憧憙邊舉取銀錢拾文。”

64TKM1：48《唐西州高昌縣順義等鄉勘田簿（一）》：“□□□舉（渠）田四畝，東至，西張□伯。”

64TAM4：41《唐總章三年（670）張善憙舉錢契》：“武城鄉張善憙於左憧憙邊舉取銀錢肆拾文。”

jù

句　jù

2006TSYIM4：2－2《古寫本〈詩經〉》：“《桑柔》十六章，其八章章

八句,八章章六 句 。"

2006TSYIM4：2-2《古寫本〈詩經〉》："《桑柔》十六章,其八章章八 句 ,八章章六句。"

拒　jù

72TAM230：67《武周天授二年(691)唐建進辯辭》："據此,明知告皆是實,未知前款因何 拒 諱?"

具　jù

80TBI：019《增壹阿含經(卷五〇)大愛道般涅槃品第五二》："尸佛者衆相 具 足,是一切人良祐福田。"

59TAM305：14/1《前秦建元二十年(384)韓盆辭爲自期召弟應見事》："期 具 。"

75TKM96：18,23《北涼玄始十二年(423)兵曹牒爲補代差佃守代事》："李蒙子近白芳□,求 具 ▭ 。"

80TBI：107《四分律(卷三五)受戒犍度之五》："佛言是受 具 。"

80TBI：087《金光明經(卷三)除病品第一五》："形色微妙,威德 具 足。"

2004TBM207：1-14《唐儀鳳某年(676—679)西州牒爲考課事》："詔 具 録功過奏聞,表本附案。"

75TKM96：43(a)《中部督郵殘文書》："稱身 具 私袍 ▭ 。"

72TAM151：6《高昌重光元年(620)氾法濟隨葬衣物疏》："諸(朱)衣籠管(冠)一 具 。"

72TAM151：6《高昌重光元年(620)氾法濟隨葬衣物疏》："細錦萬匹,石灰一斛,五穀 具 。"

72TAM151：15《高昌義和二年(615)都官下始昌縣司馬主者符爲遣弓師侯尾相等詣府事》："符到,作 具 、糧□自隨。"

72TAM151：51《高昌白子中布帛雜物名條疏》："▭ 纙一 具 ,清(青)練三尺。"

67TAM78：30《唐貞觀十四(640)西州高昌縣李石住等户手實(四)》："具 注如前。"

72TAM151：62《高昌義和二年(615)參軍慶岳等條列高昌馬鞍韉帳》："▭ 保謙下□延虎壹 具 。"

72TAM151：104《高昌延和十二年(613)某人從張相憙等三人邊雇人歲作券》："亡失作 具 。"

72TAM230：84/1～84/5《唐儀鳳三年(678)尚書省户部支配諸州庸調及折造雜練色數處分事條啟(三)～(七)》："▭ 官入國等各別爲項帳,其輕税人 具 ▭ 。"

60TAM327：05/1《唐永徽六年(655)趙羊德隨葬衣物疏》："白練襦一 具 ,細疊 ▭ 。"

64TAM4：41《唐總章三年(670)張善憙舉錢契》："若左須錢之日,張即子本 具 還。"

67TAM91：2《唐缺名隨葬衣物疏》"壹 具 ,繡衫壹具。"

59TAM301：17《唐貞觀末年關門隨葬衣物疏》："▭ 韉一 具 。"

俱　jù

俱

80TBI：442a《阿毗曇八犍度論（卷一）智跋渠第二》："□□使俱諸使□□"

80TBI：038《優波離問佛經》："□□俱作狂先作□□"

80TBI：488《四分戒本疏（卷一）》："前二時中位是能俱所攝。"

80TBI：488《四分戒本疏（卷一）》："持行無作從修行發非形俱，故目之爲[短]□□"

67TAM78：27《唐殘書牘》："惟增悲結，謹言疏不俱。"

80TBI：488《四分戒本疏（卷一）》："無作有二，一是作俱，二是形俱。"

祖　jù

73TAM222：54/4（b），54/5（b）《唐寫〈禮記〉鄭氏注〈檀弓〉下殘卷》："□□祖（祖）□□"
　　按：祖，"袓"之訛字。

距　jù

72TAM179：16/4（b），16/5（b），16/6（b），16/7（b）《唐寫〈尚書〉孔氏傳〈禹貢〉、〈甘誓〉殘卷》："凡五服相距方五千里。"

聚　jù

80TBI：659a《阿毗達磨藏顯宗論（卷一七）辯緣起品第四之六》："謂聚色中以慧漸析至□□"

據　jù

80TBI：488《四分戒本疏（卷一）》："其心雖在惡無記中，本所作業，不名漏失。據□□"

73TAM222：54/10（b），54/11（b），54/12（b）《唐寫〈禮記〉鄭氏注〈檀弓〉下殘卷》："□□姜據其床□□"

65TAM346：2《唐上元二年（675）府曹孝通牒爲文峻賜勳事》："敕雖復未獲，據省給告身並銜。"

懼　jù

2006TSYIM4：2–2《古寫本〈詩經〉》："宣王承厲王之烈，□□撥亂之志，遇災而懼，側身脩行，欲□去之。"

67TAM363：8/1（a）之八《唐景龍四年（710）卜天壽抄孔氏本鄭氏注〈論語〉》："父母之年，□□□則以懼。"

juān

絹　juān

2006TSYIM4：3–17a《北涼某年九月十六日某縣廷掾案爲檢校絹事》："□□取官倉獻爲絹。"

63TAM1：11《西涼建初十四年（418）韓渠妻隨葬衣物疏》："故絹小褌一立。"

66TAM59：2《北涼缺名隨葬衣物疏》："帛 絹 衫一枚。"

75TKM90：20（a）《高昌主簿張綰等傳供帳》："毯六張半，付索寅義，買厚 絹 ，供㳠（漆） ☐"

72TAM230：46/1（a）《唐儀鳳三年（678）尚書省戶部支配諸州庸調及折造雜練色數處分事條啟（一）》："☐秦、涼二府者，其 絹 并令練☐"

66TAM61：17（b）《唐西州高昌縣上安西都護府牒稿爲錄上訊問曹禄山訴李紹謹兩造辯辭事（一）》："別有百疋 絹 價財物及漢鞍衣裳調度。"

75TKM96：17《北涼真興七年（425）宋泮妻隗儀容隨葬衣物疏》："故白 絹 褌一立。"

64TAM29：44 之六《唐咸亨三年（672）新婦爲阿公録在生功德疏》："昨更於生 絹 畫兩捕釋迦牟尼變，并侍者、諸天。"

2004TAM408：17《令狐阿婢隨葬衣物疏》："故 絹 衫一領。"

72TAM151：51《高昌白子中布帛雜物名條疏》：" 絹 一尺。"

60TAM311：13《缺名隨葬衣物疏》："疋 絹 二百。"

73TAM206：42/10 - 6《唐質庫帳歷》："故破白 絹 衫子一。"

juàn

卷　juàn

72TAM151：13《高昌義和三年（616）氾馬兒夏田券》："二主和同立 卷 （券）。"

65TAM42：10,73《唐永徽元年（650）嚴慈仁牒爲轉租田畝請給公文事》："立 卷 （券）六年，作練八疋。"

64TAM29：44《唐咸亨三年（672）新婦爲阿公録在生功德疏（三）》："讀《涅槃經》，計欠兩遍半百 卷 。"

按：涅槃，原件書作"槃涅"，旁用勾乙符號，今改。

64TAM29：44 之六《唐咸亨三年（672）新婦爲阿公録在生功德疏》："更於後寫《法華經》一部，《般若經》一袟十 卷 。"

2004TBM113：6 - 1＋2004TBM113：6 - 1（背面）《唐龍朔二年（622）正月西州高昌縣思恩寺僧籍》："《法華》五 卷 ，《藥師》一卷，《佛名》一卷。"

64TAM29：44《唐咸亨三年（672）新婦爲阿公録在生功德疏（三）》："昨初十日屈典坐張禪讀半遍廿 卷 了。"

惓　juàn

67TAM363：8/1（a）之七《唐景龍四年（710）卜天壽抄孔氏本鄭氏注〈論語〉》：" 惓 未有力皮極也。"

眷　juàn

80TBI：109《妙法蓮華經（卷二）信解品第四》："☐ 眷 屬圍遶☐"

72TAM209：87《唐貞觀年間西州高昌縣勘問梁延臺、雷隴貴婚

娶糾紛案卷(二)》：“更無親 眷 ，其絹無人領受。”

jué

决　jué

73TAM222：50《唐玄馳殘文書》：“内備令使足，如更重前，特宜倍 决 。”

　按：備，原件書作“偹”。

72TAM194：27(a)《唐盜物計贓科罪牒》：“□案諮 决 訖，放。”

72TAM187：200《武周諸戍上兵文書(一)》：“□□ 决 杖□□”

崛　jué

80TBI：669a《大方廣華嚴十惡品經》：“□□ 崛 魔羅飲酒醉□”

厥　jué

73TAM507：012/12－1《唐潘突厥等甲仗帳》：“□□潘突 厥 。”

　按：原件爲“厥突”，旁注“✓”勾乙符。

72TAM179：16/1(b)，16/2(b)《唐寫〈尚書〉孔氏傳〈禹貢〉、〈甘誓〉殘卷》：“ 厥 土惟黄壤， 厥 田惟上上。”

　按：土，原件書作“圡”。

72TAM179：16/1(b)，16/2(b)《唐寫〈尚書〉孔氏傳〈禹貢〉、〈甘誓〉殘卷》：“ 厥 貢惟球、玲、琅玕。”

絶　jué

67TAM363：8/1(a)之九《唐景龍四年(710)卜天壽抄孔氏本鄭氏注〈論語〉》：“無所取材之，爲前既言，難中悔之，故 絶 之以此□。”

72TAM230：67《武周天授二年(691)唐建進辯辭》：“被問，建進若告主簿營種還公，逃死户 絶 田地。”

　按：地，原件爲武周新字。

72TAM230：69《武周天授二年(691)李申相辯辭》：“逃死、户 絶 田、陶、菜等地如後。”

　按：地，原件爲武周新字。

2004TBM113：6－1＋2004TBM113：6－1(背面)《唐龍朔二年(622)正月西州高昌縣思恩寺僧籍》：“高昌縣寧泰鄉仁義里，户 絶 ，俗姓張，爲延昌冊一年正月十五日度。”

72TAM230：70《武周天授二年(691)勘問唐建進牒尾判》：“□□死 絶 等□□”

64TAM29：44之六《唐咸亨三年(672)新婦爲阿公録在生功德疏》：“施物兩丈，恒常不 絶 。”

爵　jué

67TAM363：8/1(a)之五《唐景龍四年(710)卜天壽抄孔氏本鄭氏注〈論語〉》：“返 爵 之砧，在兩□□”

覺　jué

67TAM363：8/2(a)之二《唐景龍四年(710)卜天壽抄〈十二月

新三臺詞〉及諸五言詩》："學開 覺 寺學。"

80TBI：053《四分律比丘尼戒本》："□□著等正 覺 説是戒經□□。"

67TAM363：8/2（a）之一《唐景龍四年（710）卜天壽抄〈十二月新三臺詞〉及諸五言詩》："玄 覺 寺。"

2006TAM607：4a《唐神龍三年（707）正月西州高昌縣開覺寺手實》："開 覺 寺。"

65TAM341：22，23，24（a）《唐景龍三年（709）南郊赦文》："未發 覺 已結□□□。"

72TAM188：57《唐開元四年（716）玄覺寺婢三勝除附牒（二）》："玄 覺 寺。"

2004TBM113：6-1＋2004TBM113：6-1（背面）《唐龍朔二年（622）正月西州高昌縣思恩寺僧籍》："僧顯 覺 ，年柒拾壹歳。"

64TAM29：89（a），89（b）《唐永淳元年（682）坊正趙思藝牒爲勘當失盜事》："并不 覺 被人盜將，亦不敢加誣比鄰。"

65TAM42：58《唐西州高昌縣授田簿（八）》："城南五里白地渠，東王 覺 ，西趙子。"

64TAM15：19《唐西州高昌縣弘寶寺賊臕錢名》："善信，太 覺 。"

64TAM15：17《唐貞觀十四年閏十月西州高昌縣弘寶寺賊臕錢名》："峻 覺 。"

64TAM15：19《唐西州高昌縣弘寶寺賊臕錢名》："□□ 覺 。"

鑺　jué

75TKM91：24《下二部督郵、縣主者符》："賣 鑺 五十口，斤斧五十口。"

72TAM151：102，103《高昌作頭張慶祐等偷丁谷寺物平錢帳》："大 鑺 二口。"

72TAM151：101《高昌傳錢買鑺鐵、調鐵供用帳》："次傳：錢叁文，用買 鑺 鐵叁斤，付張懷悦□□。"

72TAM151：101《高昌傳錢買鑺鐵、調鐵供用帳》："傳：錢貳文，用買 鑺 鐵貳斤，付□□。"

jūn

均　jūn

80TBI：488《四分戒本疏（卷一）》："第一受中無作義 均 一品。"

73TAM222：56/1，56/2《唐殘判籍（一）》："即遣 均 割□□。"

君　jūn

67TAM363：8/1（a）之五《唐景龍四年（710）卜天壽抄孔氏本鄭氏注〈論語〉》："邦 君 爲兩君之好，有反□□。"

60TAM332：6/1-1（a），6/1-2（a），6/1-3（a）《唐寫本〈五土解〉》："蓋堂々 君 在下□□□□後下願

軍（君）頓馬□"

　　按："堂"後用重文符號。

67TAM376：02（a）《唐開耀二年（682）寧戎驛長康才藝牒爲請追勘違番不到驛丁事》："張小君，已上第一番。"

73TAM507：012/3《唐殘書牘》："汝聞視見君□"

64TAM4：33《唐總章三年（670）左憧憙夏菜園契》："保人，男，君洛。"

64TAM4：41《唐總章三年（670）張善憙舉錢契》："保人，男，君洛。"

72TAM151：57《高昌買馱、入練、遠行馬、郡上馬等人名籍》："楊太伯，寧遠阿都寅，常侍安君。"

　　按：《吐魯番出土文書》錄作"居"。

72TAM151：59,61《高昌某年郡上馬帳》："寧遠阿都寅赤馬，常侍安君留（騮）馬。"

　　按：《吐魯番出土文書》錄作"居"，存疑。

軍　jūn

59TAM305：14/2《倉曹屬爲買八緵布事》："統軍，玢；主簿，謙。"

65TAM346：1《唐乾封二年（667）郭毫醜勳告（一）》："右可護軍。"

65TAM346：2《唐上元二年（675）府曹孝通牒爲文峻賜勳事》："參軍判兵曹李讓。"

2006TAM607：2-4《唐神龍元年（705）六月後西州前庭府牒上州勾所爲當府官馬破除、見在事》："三疋，長安四年六月給論（輪）臺聲援兵隨北庭討擊軍不迴。"

67TAM363：8/1（a）之九《唐景龍四年（710）卜天壽抄孔氏本鄭氏注〈論語〉》："軍賦可史（使）治之者言其才，任□"

65TAM346：1《唐乾封二年（667）郭毫醜勳告（三）》："告護軍郭苴醜奉。"

66TAM61：24（b）《唐西州高昌縣上安西都護府牒稿爲錄上訊問曹祿山訴李紹謹兩造辯辭事（六）》："敕函向玉河軍。"

72TAM188：67《唐錄事司值日簿》："錄事司：十二月十三日，將軍行酒董臣、氾嵩；十六日，王詮、郎琳，玄。"

75TKM96：18,23《北涼玄始十二年（423）兵曹牒爲補代差佃守代事》："□范晟□佃，請以外軍張成代晟。"

75TKM96：18,23《北涼玄始十二年（423）兵曹牒爲補代差佃守代事》："□明□代媚入外軍。"

75TKM96：18,23《北涼玄始十二年（423）兵曹牒爲補代差佃守代事》："請如事脱，以外軍□"

75TKM91：24《下二部督郵、縣主者符》："討符到□見入軍之人，人□"

73TAM193：15（a）《唐天寶某載（751—756）文書事目歷》："天山軍牒爲倉曹康慎微天十考事付□"

2004TBM207：1－5b《唐西州事目歷》："▢▢參軍，素▢▢"

2004TBM207：1－14《唐儀鳳某年（676—679）西州牒爲考課事》："軍準。"

72TAM171：12(a)，17(a)，15(a)，16(a)，13(a)，14(a)《高昌延壽十四年（637）兵部差人看客館客使文書》："▢▢鄭海兒貳人，付參軍海相，用▢▢▢伍日。"

72TAM151：15《高昌義和二年（615）都官下始昌縣司馬主者符爲遣弓師侯尾相等詣府事》："淩江將軍兼都官▢▢洪信"

73TAM504：21/1－21/3《高昌奴得等負麥、粟、疊帳（一）～（三）》："▢▢奴得負參軍索謙、焦歡伯二人邊官舉價小麥叁▢▢陸兜（斗）。"

73TAM507：014/6《高昌延壽七年（630）十二月張明憙入十月剗刺薪條記》："▢▢庚寅歲十月▢▢薪壹車，▢軍和洛▢▢"

72TAM151：54《高昌泞林等行馬入亭馬人名籍》："次鹽城行▢入亭馬人：主簿辛謙、參軍元祐、主簿男子。"

73TAM507：012/19《高昌延壽十一年（634）二月張明憙入剗丁正錢條記》："▢▢丁正錢陸文，▢軍孟▢▢"

2004TBM207：1－2《唐儀鳳某年（676—679）殘牒》："▢▢兵曹參軍裴元▢▢"

71TAM188：85《唐西州都督府牒爲便錢酬北庭軍事事》："▢▢頭得兵曹恭軍程▢等牒稱▢▢"

60TAM325：14/1－1，14/1－2《唐西州高昌縣武城鄉范慈▢辭

爲訴君子奪地營種事》："▢城追軍子過果。"

2004TBM207：1－4《唐儀鳳三年（678）九月西州功曹牒爲檢報乖僻批正文案事》："▢▢參軍敬大素。"

jùn

俊　jùn

73TAM191：123(a)《唐永隆元年（680）軍團牒爲記注所屬衛士征鎮樣人及勳官籤符諸色事（五）》："杜隆傛。年卅二。"

按：傛，同"俊"。《龍龕手鏡》："俊，或作傛。"

2004TBM107：3－1《唐牒殘片》："▢▢錄事糊傛受。"

訇　jùn

73TAM507：012/1《唐某人申狀爲欠練、駝、馬事》："▢▢使孤賢舒奴訇▢▢"

按：訇，大聲，《説文》："訇，駭言聲。"於文意不通。訇，欺，同"詢"。《集韻》音"九竣切"，"詢，《博雅》：'欺也。'或作'訇'。"

郡　jùn

72TAM151：59，61《高昌某年郡上馬帳》："郡上馬：丁谷寺瓜（騧）馬，田地公寺余（騟）馬。"

72TAM228：31，228：35，228：32，228：36《唐天寶三載（744）交

河郡蒲昌縣上郡户曹牒爲録申徵送郡官白直課錢事（五）～（八）》：“▢▢申郡功曹▢▢”

73TAM215：017/2《唐殘書牘一》：“▢▢數載在交河郡▢▢”

峻　jùn

66TAM44：11/3（a）《唐殘牒爲市木修繕廢寺事》：“外院高峻。”

72TAM150：42《唐白夜默等雜器物帳》：“趙令峻銅盆一。”

67TAM376：02（b）《唐欠田簿（一）》：“高峻端，卅五，衛士，户頭欠常田二畝，部田三畝。”

65TAM346：2《唐上元二年（675）府曹孝通牒爲文峻賜勳事》：“敕授文峻等補經廿年已上有實。”

65TAM346：2《唐上元二年（675）府曹孝通牒爲文峻賜勳

事》：“敕鎮滿十年，賜勳兩轉，付録事司檢文峻等並經十年已上檢。”

64TAM15：17《唐貞觀十四年閏十月西州高昌縣弘寶寺賊臕錢名》：“峻覺。”

駿　jùn

2006TAM607：2－4＋2006TAM607：2－5＋2006TAM607：2－4《唐神龍元年（705）六月後西州前庭府牒上州勾所爲當府官馬破除、見在事》：“麴和駿馬赤父。”

濬　jùn

73TAM507：033（a）《唐佐馬貞濬殘牒》：“正月廿七日佐馬貞濬▢▢”

K 部

kāi

開 kāi

72TAM188：11《唐開元三年（715）交河縣安樂城萬壽果母姜辭》："開元三年八月日交河縣安樂□□□"

64TAM29：44 之六《唐咸亨三年（672）新婦爲阿公録在生功德疏》："開相起咸亨三年四月十五日，遣家人祀德向冢間堀底作佛。"

72TAM178：4《唐開元二十八年（740）土右營下建忠趙伍那牒爲訪捉配交河兵張式玄事一》："開元廿八年五月四日典□□□"

72TAM226：74《唐開元十年（722）殘狀》："開元十年□□□"

60TAM332：6/1－1（a），6/1－2（a），6/1－36/2－1（b）（a）《唐寫本〈五土解〉》："曹青主薄（簿）□伍□□從徒開青門出□□□"

72TAM188：56《唐開元某年奴小德除籍牒》："□□開元□□□"

73TAM507：013/4－1，4－2《唐曆》："廿一日己巳木開□□□"

67TAM376：01（a）《唐開耀二年（682）寧戎驛長康才藝牒爲請處分欠番驛丁事》："開耀二年二月日寧戎驛長康才藝牒。"

72TAM230：54（a）《唐開元九年（721）里正記雷思彦租取康全致等田畝帳》："開元九年正月十日里正李□□□"

kǎi

楷 kǎi

80TBI：131《高昌國高崇息乾茂等寫經題記》："□□高崇息、乾茂、文焕、乾秀、文遷、文楷、文腭（齶）、文□□□"

鎧 kǎi

64TAM4：35（a）《唐漢舍告死者左憧憙書爲左憧憙家失銀錢事（一）》："里鎧有人取者，放令漢舍知見。"

64TAM4：35（a）《唐漢舍告死者左憧憙書爲左憧憙家失銀錢事（一）》："家里大小曹主及奴是等及鎧相有人盗錢者，兒子好驗校分明索取。"

kān

看 kān

73TAM509：8/6《唐書牘稿》："後日令宜德送柒萄在羅外，常湏（須）破一人 看 守，影向被盜將。"

勘　kān

73TAM206：42/5《唐高昌縣勘申應入考人狀》："速 勘 申□□。"

2004TBM207：1-7《唐調露二年（680）七月東都尚書吏部符爲申州縣闕員事》："□□置漢官，並具於闕色狀言，擬憑 勘 □□。"

73TAM507：012/9《唐殘牒》："□□損，更遣 勘 □□。"

67TAM91：19（a）《唐貞觀十九年（645）安西都護府下軍府牒爲速報應請賜物見行兵姓名事》："□□審 勘 見行兵，應請賜物。"

64TAM29：89（a），89（b）《唐永淳元年（682）坊正趙思藝牒爲勘當失盜事》："右奉判付坊正趙藝專爲 勘 當者，準狀就僧香家内撿。"

73TAM206：42/9-27《唐課錢帳歷》："巳（已）上 勘 訖。"73TAM206：42/9-1（b）《唐課錢帳歷》："已上 勘 同。"73TAM206：42/9-16《唐課錢帳歷》："以前並勾 勘 上歷訖。"

69TAM232：3（b）《唐蠅芝等直上欠麨粟帳》："右同前據□□□上件地去年秋是前件人佃種，歆別收子兩碩以上者，件 勘 如前。"

堪　kān

72TAM230：46/2（b）《唐儀鳳三年（678）尚書省户部支配諸州庸調及折造雜練色數處分事條啟（二）》："先以庸物支留，然後折□米粟，無米粟處任取□□以 堪 久貯之物。"

龕　kān

67TAM78：33《唐某年九月府史張道龕領受馬踏抄》："□□道 龕 □抄下□□。"

kǎn

坎　kǎn

72TAM171：12（a），17（a），15（a），16（a），13（a），14（a）《高昌延壽十四年（637）兵部差人看客館客使文書》："次廿日，康□□□、白 坎 子貳人，付寧僧護，用□珂寒□□。"

按：埳，同"坎"。《玉篇》："埳，陷也，與坎同。"《說文》收"坎"無"埳"。又《集韻·陷韻》："陷，或从土。"

kàn

看　kàn

75TKM96：18，23《北涼玄始十二年（423）兵曹牒爲補代差佃守代事》："□□被符省縣桑佃，差 看 可者廿人知。"

72TAM171：12（a），17（a），15（a），16（a），13（a），14（a）《高昌延壽十四年（637）兵部差人看客館客使文書》：

"▢善財用,看塢耆來射卑▢"

66TAM59：4/9（b）《□願殘辭》："▢不看辨,須（頭）年三▢"

67TAM363：8/2（a）之二《唐景龍四年（710）卜天壽抄〈十二月新三臺詞〉及諸五言詩》："學問非今日,維須跡年多,看阡簡水萬合始城河。"

按：疑脫一字。

64TAM29：44《唐咸亨三年（672）新婦爲阿公録在生功德疏》："覓好生處,不得心有戀看,致洛（落）下道。"

64TAM29：91（b）《唐殘詩》："▢燈鏡拂還看。"

闞　kàn

75TKM96：18,23《北涼玄始十二年（423）兵曹牒爲補代差佃守代事》："▢以闞相平等叚可任佃,以游民闞▢"

2006TSYIM4：3-28《北涼高昌郡高寧縣差役文書（二一）》："▢曹闞禄白▢"

2006TSYIM4：3-21《北涼高昌郡高寧縣差役文書（一七）》："▢賊曹闞禄白,謹條次候右差▢"

2006TSYIM4：3-20《北涼高昌郡某縣賊曹闞禄白爲翟紾失盜事》："▢賊曹闞禄白：翟紾▢"

72TAM178：7《唐趙竺都等名籍》："▢闞□順▢"

kāng

康　kāng

67TAM363：8/1（a）《唐景龍四年（710）卜天壽抄孔氏本鄭氏注〈論語〉》："季康子敏（問）：'使民敬、中（忠）以勸,如之何？'"

按：敏、中,傳世本作"問""忠"。

75TKM99：9（b）《高昌延昌二十二年（582）康長受從道人孟忠邊歲出券》："康長受從道人孟忠邊歲出,到十一月卅日還入正作。"

72TAM150：40《唐康某等雜器物帳》："康那你延床一張。"

按：那,原件書作"郍"。

73TAM507：012/6（b）,012/8（b）《唐西州高昌縣□婆祝等名籍（一）（二）》："白善行,康申住。""大女康申香。"

73TAM524：34（a）《高昌章和五年（535）取牛羊供祀帳》："次三月廿四日,康祈羊一口,供祀丁谷天。"

75TKM91：18（b）《建平五年祠□馬受屬》："張軒得,范□□,宋奉國,□康生,蔡宗,宋□彊,馬定明等,在□□役。"

65TAM40：23《唐下鎮將康懷義牒（一）》："▢鎮將康懷義。"

72TAM151：59,61《高昌某年郡上馬帳》："康師子白馬。"

72TAM151：57《高昌買馱、入練、遠行馬、郡上馬等人名籍》："康師子、嚴馬寺、康寺。"

65TAM341：77-1（背面）《唐辯辭爲李藝義佃田事》："被康宗隨段租卻,不識佃人▢"

64TAM15：31,32/4,30,32/1,28/1,28/2《高昌延壽十二至十五年康謙入驛馬粟及諸色錢賣條記》："▢十一月十日康保▢"

康　67TAM78：20（b）《唐李悦得子等户主名籍》："□□阿伯，户主 康 破延□□"

泰　64TAM15：31，32/4，30，32/1，28/1，28/2《高昌延壽十二至十五年康謙入驛馬粟及諸色錢賣條記》："正月四日 康 保謙入□□"

康　65TAM341：77－1（背面）《唐辯辭爲李藝義佃田事》："□□牒訪問，始知前件地是 康 宗段内。"

康　66TAM61：34（b），31/1（b），31/3（b），31/4（b）《唐田緒歡等課役名籍（四）》：" 康 守海。"

康　64TAM29：24《唐垂拱元年（685）康義羅施等請過所案卷（四）》："保人庭伊，百姓 康 阿了□□"

康　72TAM228：14《唐保人石杯娑等殘契》："□□ 康 護跛□□"

康　72TAM230：75，76《武周天授二年（691）康進感辯辭》：" 康 進感年卅九。"

按：年，原件爲武周新字。

李　72TAM230：54（a）《唐開元九年（721）里正記雷思彦租取康全致等田畝帳》："□□租取 康 全致口分部田□□"

糠　kāng

糠　2004TBM115：10《古寫本〈千字文〉》："且（具）饍□飯，適口充腸，飽飫享宰，飢厭糟 糠 。"

kàng

抗　kàng

抗　72TAM179：18/6《文書殘片》：" 抗 。"

kǎo

考　kǎo

考　2004TBM207：1－3《唐調露二年（680）七月東都尚書吏部符爲申州縣闕員事》："□□［一］干人 考 滿，其中有行使計年合滿，考雖未校，更無別狀，即同考滿色通，仍具言行使所由。"

考　65TAM341：25，26（a）《唐景龍三年（709）南郊赦文》："□□上 考 ，齋郎□□"

考　73TAM206：42/5《唐高昌縣勘申應入考人狀》："入 考 函使準狀下高昌縣。"

考　73TAM221：55（a）《唐貞觀廿二年（648）安西都護府乘敕下交河縣符爲處分三衛犯私罪納課違番事》："故立 考 第，量能進敍，有勞必録，庶不遺材。"

考　2004TBM207：1－3《唐調露二年（680）七月東都尚書吏部符爲申州縣闕員事》："□□［一］干人考滿，其中有行使計年合滿，考雖未校，更無別狀，即同 考 滿色通，仍具言行使所由。"

考　73TAM206：42/5《唐高昌縣勘申應入考人狀》："送曹司依例支配，入 考 者令早裝束。"

考　67TAM363：8/1（a）《唐景龍四年（710）卜天壽抄孔氏本鄭氏注〈論語〉》："非其祖 考 而祭之。"

考　2004TBM207：1－12a《唐上元三年（676）西州法曹牒功曹爲倉曹

參軍張元利去年負犯事》："請檢上件上元二年[考]後已來，□何勾留負犯者。"

72TAM151：54《高昌涽林等行馬入亭馬人名籍》："白[考]（芳）行馬入亭□□□□翟祐相。"

kē

[珂] kē

72TAM171：12（a），17（a），15（a），16（a），13（a），14（a）《高昌延壽十四年（637）兵部差人看客館客使文書》："□□真朱人貪旱大官、好延祐臘振摩[珂]賴使金穆□□。"

按：臘，原件書作"臈"。

[科] kē

67TAM363：8/1（a）之四《唐景龍四年（710）卜天壽抄孔氏本鄭氏注〈論語〉》："射不主皮，爲力不同[科]，古之道。"

73TAM214：148（b）《唐汜貞感付綿、練當青稞帳（一）》："計當青[科]（稞）伍碩貳□□。"

67TAM78：34《唐西州蒲昌縣下赤亭烽帖爲覓失駝駒事》："得如□不得，[科]烽□□。"

73TAM214：148（a）《唐和糴青稞帳（一）》："□□拾文，錢壹文，籴（糴）得青[科]（稞）一斗。"

[疴] kē

64TAM29：103《唐殘牒爲申患牒事》："□□[疴]疢，藥□□。"

按：疴，同"痾"。《說文》："疴，病也。"徐灝注箋："痾與疴同。"《廣雅》："痾，病也。"王念孫疏證："痾，與疴同。"

[稞] kē

2006TAM607：2－2《唐神龍二年（706）七月西州史某牒爲長安三年（703）七至十二月軍糧破除、見在事》："三石七斗七升九合青[稞]，州司勾徵，索行等。"

72TAM230：49《武周天授二年（691）總納諸色逋懸及屯收義納糧帳》："二石三升六斗青[稞]。"

2006TAM607：2－2《唐神龍二年（706）七月西州史某牒爲長安三年（703）七至十二月軍糧破除、見在事》："七十石九斗二升一合九勺青[稞]。"

2006TAM607：2－4《唐景龍三年（709）後西州勾所勾糧帳》："八斗六升青[稞]，四斗二升粟，四升米，準前冬季勾徵，典氾同。"

2006TAM607：2－4（背面）＋2006TAM607：2－5（背面）《唐景龍三年（709）後西州勾所勾糧帳》："一斗六升青[稞]，張大駕納交□□。"

2006TAM607：2－4《唐景龍三年（709）後西州勾所勾糧帳》："五斗青[稞]蹋，神龍三年秋季重徵。"

[顆] kē

73TAM206：42/10－5/10－17《唐質庫帳歷》："細細末珠四條，

約有四百 顆 。"

kě

可　kě

可

73TAM222：56/3（a）,56/4（a）《唐殘判籍（三）》："業豈 可 頓□。"

可

80TBI：498－3《佛説長阿含經（卷五）第一分典尊經第三》："□□ 可 大開庫藏□□"

可

65TAM346：1《唐乾封二年（667）郭毫醜勳告（二）》："乾封二年三月十五日制 可 。"

可

75TKM96：18,23《北涼玄始十二年（423）兵曹牒爲補代差佃守代事》："□□以闞相平等殷 可 任佃,以游民闞□□"

可

65TAM346：1《唐乾封二年（667）郭毫醜勳告（一）》："右 可 護軍。"

可

75TKM91：11/4《西涼建初四年（408）秀才對策文》："《春秋》之所以書此者,美襄子之恩 可 感,譏智伯之無德。"

可

64TAM29：24《唐垂拱元年（685）康義羅施等請過所案卷（四）》："婢 可 、婢支,驢三頭,馬一匹。"

可

72TAM230：66《武周天授二年（691）安昌合城老人等牒爲勘問主簿職田虛實事》："當城渠長,必是細諳知地,勳官灼然 可 委。"

　按：地,原件爲武周新字。

2004TBM207：1－4《唐儀鳳三年（678）九月西州功曹牒爲檢報乖

僻批正文案事》："依檢,□乖僻批正文 可 報。"

芎

67TAM78：45（b）《唐殘文書一》："□□不 可 ,柳遣□□"

渴　kě

渴

67TAM363：8/1（a）之七《唐景龍四年（710）卜天壽抄孔氏本鄭氏注〈論語〉》："言召子 渴 道,無有醉飽之心,死而後已。"

kè

克　kè

克

2006TSYIM4：2－2《古寫本〈詩經〉》："爲民不利,□云不 克 。"

剋　kè

剋

67TAM363：8/1（a）之九《唐景龍四年（710）卜天壽抄孔氏本鄭氏注〈論語〉》："彫, 剋 （刻）而畫之。"

　按：剋,同"剋"。剋,通"刻"。

恪　kè

恪

73TAM501：109/8－1《唐張義海等征鎮及諸色人等名籍（一）》："曹玄 恪 、車知德。"

恪

2006TAM607：2－4＋2006TAM607：2－5＋2006TAM607：2－4《唐神龍元年（705）六月後西州前庭府牒上州勾所爲當府官馬破除、見在事》："和懷 恪 馬

恩敦（歎）。”

　　按：恩，原件書作“忩”。

客　kè

72TAM171：12（a），17（a），15（a），16（a），13（a），14（a）《高昌延壽十四年（637）兵部差人看客館客使文書》：“次良朱識，付畦亥生，用看漢 客 張小□。”

72TAM178：4《唐開元二十八年（740）上右營下建忠趙伍那牒爲訪捉配交河兵張式玄事一》：“□ 客 作庸（傭）力，日求升合養姓命，請乞□。”

64TKM1：49，59《唐西州高昌縣順義等鄉勘田簿（二）》：“毛 客 南高文會，北趙歡相，合□。”

72TAM188：79《唐神龍三年（707）和湯牒爲被問買馬事（二）》：“神龍三年二月日領 客 使別奏和□。”

72TAM151：52《高昌逋人史延明等名籍》：“宋 客 兒子、陽保相、張□。”

73TAM210：136/16《唐奴某殘辯辭》：“□爲阿主大 客 ，乍聞人□。”

66TAM61：23（b），27/2（b），27/1（b）《唐西州高昌縣上安西都護府牒稿爲録上訊問曹禄山訴李紹謹兩造辯辭事（二）》：“客 京師，有家口在。”

課　kè

65TAM341：25，26（a）《唐景龍三年（709）南郊赦文》：“□縣

存恤勸 課 □。”

73TAM206：42/9 - 6（a）《唐課錢帳歷》：“□ 課 □。”

73TAM206：42/9 - 6（b）《唐課錢帳歷》：“□ 課 千□□廿

73TAM206：42/9 - 27《唐課錢帳歷》：“蘇敬入十九，日 課 二百

60TAM330：14/1 - 2（b）《唐某鄉户口帳（三）》：“□五 課 。”

kěn

肯　kěn

80TBI：316《妙法蓮華經（卷二）譬喻品第三》：“不 肯 信受，不驚不畏。”

73TAM509：8/19《唐某人與十郎書牘》：“其竹楷所有申文狀，並不 肯 署名，因便語□□追入州，縱不見官府，他自用貨。”

67TAM91：27（a）《唐貞觀十七年（643）何射門陀案卷爲來豐患病致死》“若爲 肯 好 □ 仍顯是□。”

67TAM91：28（a）《唐貞觀十七年（643）何射門陀案卷爲來豐患病致死》：“□ 親，若爲 肯 好供給□。”

68TAM103：18/10《唐西州高昌縣崇化鄉張雛子户殘籍》：“□妻 肯 年□。”

kēng

坑　kēng

坑　73TAM509：8/5（a）《唐西州天山縣申西州户曹狀爲狀無瑒請往北庭請兄禄事》："兄旡價任北庭乾 坑 戍主，被吕將軍奏充四鎮要籍驅使，其禄及地子合於本任請授。"

坑　72TAM226：65《唐北庭諸烽斸田畝數文書》："▢▢乾 坑 烽，伍畝▢▢"

坺　73TAM509：8/27《唐城南營小水田家牒稿爲舉老人董思舉檢校取水事》："右件人等所營小水田，皆用當城四面豪（壕） 坑 内水，中間亦有口分，亦有私種者。"

按：等，原件書作"荨"。

kōng

空　kōng

空　80TBI：697a《增壹阿含經（卷一六）高幢品第二四之三》："▢▢悉 空 虚是▢▢"

空　80TBI：073《大般涅槃經集解（卷五四）》："▢▢ 空 無常見無常空▢▢"

空　67TAM363：8/1（a）之九《唐景龍四年（710）卜天壽抄孔氏本鄭氏注〈論語〉》："▢▢ 空 問之賦。"

空　64TAM19：36《唐咸亨五年（674）王文歡訴酒泉城人張尾仁貸錢不還辭》："▢▢來去常日 空 歸。"

空　66TAM44：30/5《唐寫佛經疏釋殘卷一》："▢▢ 礙示 空 （灾）名應責於六善▢▢"

按：原件"空"旁注"灾"字。礙，書作"尋"。

空　2002TJI：003《妙法蓮華經卷四提婆達多品第一二》："▢▢宮自然踊出，住虚 空 中，詣靈鷲▢▢"

空　66TAM44：11/7《唐房長汜士隆申報人名牒》："▢▢ 司 空 靈文。"

空　72TAM151：74（a）《古寫本〈晉陽秋〉殘卷》："▢▢林指曰："在此。""司 空 曰：▢▢"

kǒng

孔　kǒng

孔　67TAM363：8/1（a）《唐景龍四年（710）卜天壽抄孔氏本鄭氏注〈論語〉》："或謂 孔 子曰：'子奚不爲▢▢'"

孔　73TAM222：54/7（b），54/8（b），54/9（b）《唐寫〈禮記〉鄭氏注〈檀弓〉下殘卷》：" 孔 子謂▢▢"

孔　75TKM91：11/4《西涼建初四年（408）秀才對策文》："猶文王□□八卦， 孔 子之著《繫辭》，秦始之作草書。"

孔　64TAM22：16《翟蒽等應募入幢名籍》："李進、尚臘生、 孔 受。"

按：臘，原件書作"臘"。

2006TSYIM4：3 - 14《北凉高昌郡高寧縣差役文書（一 二）》："□ 孔 明□"

67TAM92：46（a），45（a），50/2（a），50/1（a），44（a），49（a）《高昌某歲諸寺官絹揹本》："□ 綿半，孔 寺絹半、綿半。"

68TAM108：19（a）之三《唐開元三年（715）西州營典李道上隴西縣牒爲通當營請馬料姓名事》："火長 孔 處忠，火內人楊琛。"

恐　kǒng

73TAM509：8/5（a）《唐西州天山縣申西州户曹狀爲狀無瑒請往北庭請兄禄事》："今四鎮封牒到，欲將前件人畜往北庭請禄，恐 所在不練行由，請處分者。"

64TAM4：6《唐總章元年（668）西州高昌縣左憧憙辭爲租佃葡萄園事》："恐 屯桃人并比鄰不委□"

67TAM363：8/1（a）一〇《唐景龍四年（710）卜天壽抄孔氏本鄭氏注〈論語〉》："□ 朱（未）之能行，唯 恐 有聞。"

72TAM188：86（a）（b）《唐西州都督府牒爲請留送東官馬填充團結欠馬事》："□ 恐 不達，前健兒官□"

64TKM3：51，52《前涼王宗上太守啟》："九月三日，宗 □ 恐 死罪。"

73TAM193：11（a）《武周郭智與人書》："恐 漏情狀，婢聞即生藏避。"

kǒu

口　kǒu

73TAM509：8/2（b）《唐西州道俗合作梯蹬及鐘記》："清風入百姓之懷，令譽傳耆舊之 口。"

73TAM507：013/1《唐某人申狀爲注籍事》："□ 無注家 口 並在□"

72TAM151：102，103《高昌作頭張慶祐等偷丁谷寺物平錢帳》："大鑷二 口。"

73TAM215：017/2《唐殘書牘一》："□ 刀四 口 □"

kū

枯　kū

66TAM62：6/1《翟彊辭爲共治葡萄園事》二："一 枯 花□ 有□"

哭　kū

73TAM222：54/10（b），54/11（b），54/12（b）《唐寫〈禮記〉鄭氏注〈檀弓〉下殘卷》："□ 夜 哭。孔子曰□"

67TAM363：8/1（a）之二《唐景龍四年（710）卜天壽抄孔氏本鄭氏注〈論語〉》："□ 之 哭，若往而返。"

"斬衰之 哭 ，若往而不返 ☐ "

堀　kū

64TAM29：44 之六《唐咸亨三年（672）新婦爲阿公録在生功德疏》："於後更向 堀 門裏北畔新塔廳上佛堂中東壁上，泥素（塑）彌勒上生變，並菩薩、侍者、天神等一捕（鋪）。"

64TAM29：44 之六《唐咸亨三年（672）新婦爲阿公録在生功德疏》："開相起咸亨三年四月十五日，遣家人祀德向冢間 堀 底作佛。"

kǔ

苦　kǔ

2002TJI：001《道行般若經（卷八）强弱品第二四》：" ☐ 勤 苦 難也。"

80TBI：082《大方等陀羅尼經初分（卷一）》：" ☐ 苦 終無是事復次善 ☐ "

80TBI：669a《大方廣華嚴十惡品經》：" ☐ 爲 苦 ☐ "

80TBI：132《佛説天地八陽神咒經》：" ☐ 種惡痊受其痛 苦 ☐ "

67TAM363：8/2（a）之一《唐景龍四年（710）卜天壽抄〈十二月新三臺詞〉及諸五言詩》："伯（百）鳥頭林［息］宿，各各覓高支（枝），□更分散去 苦 落不想（相）知。"

按：原件"息"字旁有"卜"删字符號。

80TBI：082《大方等陀羅尼經初分（卷一）》：" ☐ 惚者受地獄 苦 ，終無 ☐ "

按："惚"，《中華大藏經》和《大正新修大藏經》作"當"。

80TBI：046a《阿毗曇八犍度論（卷一二）智犍度之四修智跋渠之餘》：" ☐ 苦 智因、次第、增上、無緣。"

80TBI：087《金光明經（卷三）除病品第一五》：" ☐ 知醫方救諸病 苦 ，方便巧智四大增 ☐ "

80TBI：163《妙法蓮華經（卷二）譬喻品第三》：" ☐ 説 苦 諦 ☐ "

kù

庫　kù

73TAM214：153《唐殘帳（一）》："依撿， 庫 内無剩。"

袴　kù

2004TAM408：17《令狐阿婢隨葬衣物疏》："故絳絟 袴 一領。"

按：袴，套褲。《方言》卷四："袴，齊魯之間謂之襪，或謂之襱，關西謂之袴。"郝懿行《證俗文》卷二言："袴與褌别，古人先着褌而後施袴於外。"

72TAM151：6《高昌重光元年（620）氾法濟隨葬衣物疏》："玉豚一雙，雞鳴一具，白綾褶 袴 一具。"

64TAM29：44《唐咸亨三年（672）新婦爲阿公録在生功德

疏》：“帛練單 袴 一腰。”

63TAM2：1《北涼緣禾六年翟萬隨葬衣物疏》：“故帛練 袴 一立。”

59TAM305：8《缺名隨葬衣物疏》：“縹絓 袴 一立。”

64TAM29：44《唐咸亨三年(672)新婦爲阿公録在生功德疏》：“阿公袂綾 袴 一腰，布施二行道 □□ ”

75TKM96：15《龍興某年宋泮妻翟氏隨葬衣物疏》：“故絳絓 袴 一立。”

72TAM178：8《唐袁大壽等資裝簿》：“ □□ 黄衫 袴 □□ ”

kuā

絓　kuā

75TKM96：15《龍興某年宋泮妻翟氏隨葬衣物疏》：“故 絓 大褌一立。”

59TAM305：8《缺名隨葬衣物疏》：“ 絓 覆面一枚。”

2004TAM408：17《令狐阿婢隨葬衣物疏》：“故絳 絓 袴一領。”

2004TAM408：17《令狐阿婢隨葬衣物疏》：“故帛 絓 小褌一枚。”

2004TAM408：17《令狐阿婢隨葬衣物疏》：“故帛 絓 大褌一。”

2004TAM408：17《令狐阿婢隨葬衣物疏》：“故 絓 幈一領。”“故絳 絓 結髮一枚。”“故着體 絓 衫一枚。”“故緤(練) 絓 二丈。”

59TAM305：8《缺名隨葬衣物疏》：“白 絓 褌一立。”

誇　kuā

73TAM509：8/19《唐某人與十郎書牘》：“□湏(須)定伊 誇 ，緣希隱名出換 □□ ”

kuài

快　kuài

80TBI：103《妙法蓮華經(卷二)譬喻品第三》：“ □□ 隱 快 樂 □□ ”

會　kuài

2004TBM207：1–7《唐調露二年(680)七月東都尚書吏部符爲申州縣闕員事》：“ □□ 申計 會 ，今既選 □□ ”

64TAM36：9《唐高昌縣史成忠帖爲催送田參軍地子并麨(麩)事》：“計 會 如遲，所由當杖。”

kuān

寬　kuān

80TBI：489《四分戒本疏(卷一)》：“犯行中，亦有不犯行，此即受隨俱 寬 。”“ □□ 作同異，同義有五，謂名體義， 寬 狹長 □□ ”

寬　80TBI：489《四分戒本疏（卷一）》："若以自作隨行對受分別，方有 寬 狹。"

寬　67TAM363：8/1（a）之六《唐景龍四年（710）卜天壽抄孔氏本鄭氏注〈論語〉》："居上不 寬 ，爲禮不敬，臨喪不哀，吾何以觀 ⬜⬜ "

kuǎn

款　kuǎn

款　66TAM62：6/3（a）《翟彊殘啟》："⬜爲 款 見言云：彊共 款 ⬜⬜⬜⬜兵賕物⬜不見申理。"

報　66TAM62：6/3（b）《翟彊辭爲征行逋亡事》："付曹召 款 并枉⬜⬜檢⬜⬜ "

款　66TAM61：23（b），27/2（b），27/1（b）《唐西州高昌縣上安西都護府牒稿爲録上訊問曹禄山訴李紹謹兩造辯辭事（二）》："又問禄山得 款 ：別兄已來，經四年 ⬜⬜ "

款　73TAM507：013/3《唐上元三年（676）某人辯辭爲買鞍馬事》："⬜⬜妄 款 不實，⬜伏聽 ⬜⬜ "

款　66TAM61：16（b）《唐西州高昌縣上安西都護府牒稿爲録上訊問曹禄山訴李紹謹兩造辯辭事（七）》："又問紹謹得 款 ：當於炎 ⬜⬜ "

款　72TAM209：88《唐貞觀年間西州高昌縣勘問梁延臺、雷隴貴婚娶糾紛案卷（一）》："答得 款 稱： ⬜⬜ "

款　66TAM61：22（b）《唐西州高昌縣上安西都護府牒稿爲録上訊問曹禄山訴李紹謹兩造辯辭事（三）》："又問紹謹得 款 ：向弓月城去時，從安 ⬜⬜ "

款　72TAM230：67《武周天授二年（691）唐建進辯辭》："據此，明知告皆是實，未知前 款 因何拒諱？"

款　64TAM29：107《唐垂拱元年（685）康義羅施等請過所案卷（三）》："若後不依今 款 ，求受依法罪，被問依實謹⬜［辯］。"

款　72TAM230：69《武周天授二年（691）李申相辯辭》：" ⬜⬜ 今 款 求受重罪，被問依實謹辯。"

kuāng

匡　kuāng

匡　72TAM151：99，100《高昌合計馬額帳（一）》："麴善亮、田衆歡、董伯珍、王⬜⬜、 匡 買得。"

匡　2006TAM607：2－4＋2006TAM607：2－5＋2006TAM607：2－4《唐神龍元年（705）六月後西州前庭府牒上州勾所爲當府官馬破除、見在事》：" 匡 德師馬紫敦（驐）。"

匡　67TAM78：22（b），21（b）《唐吳相⬜等名籍（一）》：" 匡 阿相。"

kuáng

狂　kuáng

狂　64TAM19：34，58，59《唐寫本鄭氏注〈論語〉公冶長篇》："吾黨之

小子　狂　簡，斐然成章，不知所以裁之。"

67TAM363：8/1（a）之一一《唐景龍四年（710）卜天壽抄孔氏本鄭氏注〈論語〉》："吾黨之小子　狂　簡，斐然□。"

80TBI：517－1《優波離問佛經》："□波逸提。不犯者，不諫而捨、　狂　、先作。"

80TBI：038《優波離問佛經》："□俱作　狂　先作□。"

誑　kuáng

80TBI：016《四分戒本疏（卷一）》："上至非想，下至阿鼻，可煞不可煞，可　誑　□。"

kuàng

壙　kuàng

73TAM222：54/7（b），54/8（b），54/9（b）《唐寫〈禮記〉鄭氏注〈檀弓〉下殘卷》："□於　壙　□。"

kuī

窺　kuī

64TAM29：113《唐□伏威牒爲請勘問前送帛練使男事》："午時，有上件人於水窗下　窺　頭看□□遣人借問。"

愧　kuì

80TBI：126《別譯雜阿含經（卷二）》："□愁悔恨，慙　愧　還宮□。"

kūn

昆　kūn

72TAM179：16/1（b），16/2（b）《唐寫〈尚書〉孔氏傳〈禹貢〉、〈甘誓〉殘卷》："織皮、　昆　侖、析支、渠搜，西戎即敍。"

按：織，原件書作"䄇"。析，書作"㭊"。

崑　kūn

65TAM42：90（a），91（a）《唐令狐鼠鼻等差科簿（一）》："二人　崑　丘道徵給復。"

73TAM501：109/106（a），109/106（b）《唐高宗某年西州高昌縣左君定等征鎮及諸色人等名籍》："□人　崑　丘道行：史德義、康善生、支隆德、翟胡。"

幝　kūn

63TAM2：1《北涼緣禾六年翟萬隨葬衣物疏》："故帛練小　褌　一立。"

按：褌，同"幝"。《說文》："幝，幒也。褌，或从衣。"段注曰："今之套褲，古之袴也；今之滿襠褲，古之褌也。"

59TAM305：8《缺名隨葬衣物疏》："白絓 褌 一立。"

2004TAM408：17《令狐阿婢隨葬衣物疏》："故帛絓大 褌 一。"

2004TAM408：17《令狐阿婢隨葬衣物疏》："故帛絓小 褌 一枚。"

64TAM29：44《唐咸亨三年（672）新婦爲阿公録在生功德疏》："帛練 褌 一腰。"

75TKM96：17《北涼真興七年（425）宋泮妻隗儀容隨葬衣物疏》："故白絹小 褌 一立。"

75TKM96：15《龍興某年宋泮妻翟氏隨葬衣物疏》："故布小 褌 一立。"

髡　kūn

75TKM91：29（a）《北涼義和某年兵曹行罰部隊五人文書》："□□慢乏兵事，宜□□□，各罰 髡 ，鞭二百，□□餘者。"

75TKM91：28（a）《兵曹行罰兵士張宗受等文書》："各罰 髡 □二百。"

鵾　kūn

2004TBM115：10《古寫本〈千字文〉》："遊 鵾 獨運，凌（凌）摩降（絳）霄。"

kuò

括　kuò

73TAM507：013/2－1《唐殘辯辭》："□□訪 括 白□□。"

64TAM29：90（a）（b）《唐垂拱元年（685）西州都督府法曹高昌縣符爲掩劫賊張爽等事》："仰子（仔）細 括 訪獲因□□"

L 部

lá

剌 lá

剌　64TAM29：25《唐垂拱元年（685）康義羅施等請過所案卷（四）》："□□何胡數剌，作人曹延那。"

là

臘 là

臘　64TAM22：16《翟蔥等應募入幢名籍》："李進、尚臘生、孔受……幢入募。"

按：臘，祭臘、臘月之俗字。《干禄字書》："臘蠟，上祭臘，下蜜。俗字從葛，非也。"《晏子春秋》："景公令兵搏治，當臘，冰月之間而寒，民多凍餧，而功不成。"孫星衍注："臘，當爲臘。"此字敦煌文獻也常見。

臘　72TAM171：12（a），17（a），15（a），16（a），13（a），14（a）《高昌延壽十四年（637）兵部差人看客館客使文書》："□□真朱人貪旱大官、好延祐臘振摩珂賴使金穆□□"

臘　64TAM4：35（a）《唐瀵舍告死者左憧憙書爲左憧憙家失銀錢事（一）》："乾封二年臘月十一日。"

lái

來 lái

來　67TB：1－2－1《大乘瑜伽金剛性海曼殊室利千臂千鉢大教王經（卷六）》："□□是時，釋迦如來告曼殊室□□"

按：來，與今簡化字同，爲今之正字。來，徐灝《說文》注箋："本爲麥名。""古來麥字只作來，假借爲行來之來，後爲借意所專，別作麳、秾，而來之本義廢矣。"漢《禮器碑》、武威簡作"來"。手書"來"多同此形。

來　72TAM230：84/6《唐儀鳳三年（678）尚書省户部支配諸州庸調及折造雜練色數處分事條啟（八）》："□□在并來年□□"64TAM15：29/1《高昌康保謙雇劉祀海券》："□□錢伍文作滿來□□"

來　80TBI：022《增壹阿含經（卷五〇）大愛道般涅槃品第五二》："如來遊彼國界□□"72TAM201：33《唐咸亨五年（674）兒爲阿婆録在生及亡

没所修功德牒》：“自省己（已）來，口誦餘經，未曾避（懈）廢。”65TAM42：10,73《唐永徽元年（650）嚴慈仁牒爲轉租田畝請給公文事》：“牒，慈仁家貧，先來乏短，一身獨立。”

73TAM222：56/10（a）《唐殘判籍（一〇）》：“□來舊安碾磑□”

80TBI：016《四分戒本疏（卷一）》：“□如來，就根本□言不過有身口七惡，三因緣□”73TAM519：19/2－2《高昌麴季悦等三人辭爲請授官階事》：“□已來，至今盡是白民。”73TAM507：012/3《唐殘書牘》：“□作書來問道。”

75TKM98：28/1《某人啟爲失耕事》：“□來見赴援□”

64TAM5：78（a）《唐李賀子上阿郎、阿婆書一（二）》：“兩个兒，一个將一个奴婢來。”

72TAM233：15/1《相辭爲共公乘艾與杜慶毯事》：“艾即賣毯六張，共來到南門前，見杜慶。”

80TBI：247《妙法蓮華經（卷二）譬喻品第三》：“□子出來，當以三□”

72TAM151：15《高昌義和二年（615）都官下始昌縣司馬主者符爲遣弓師侯尾相等詣府事》：“期此月九日來□□，不得違失，承旨奉行。”

73TAM507：012/1《唐某人申狀爲欠練、駞、馬事》：“□不敢將來拔婚□”

64TAM37：21《唐□□二年曹忠敏田契》：“每畝交用小麥壹斗，租取上件地來年佃種。”

按：斗，原件作“斥”。

72TAM187：201《武周追當番職掌人文書（二）》：“□掌追來者。不可更合□”

65TAM341：78（背面）《唐辯辭爲李藝義佃田事》：“今來披訴，苟求多少，欲繼他宗，恣意負心。”

72TAM194：27（a）《唐盗物計贓科罪牒》：“其錢徵到，分付來賓取領□陪（賠）贓牒徵送諮。”

66TAM61：23（b），27/2（b），27/1（b）《唐西州高昌縣上安西都護府牒稿爲録上訊問曹禄山訴李紹謹兩造辯辭事（二）》：“李三見到，唯兄不來。”

64TAM5：78（a）《唐李賀子上阿郎、阿婆書一（二）》：“更□賀子將來，唯共鼠仁將來。”

69TKM39：9/9（a），9/5（a），9/1（a）《唐貞觀年間（640—649）西州高昌縣手實二》：“□□通當户來年手實，具注如前，並皆依實。”

64TAM5：78（a）《唐李賀子上阿郎、阿婆書一（二）》：“更□賀子將來，唯共鼠仁將來。”

72TAM230：69《武周天授二年（691）李申相辯辭》：“□[主]薄（簿）高禎元來安昌城不□”

66TAM61：22（b）《唐西州高昌縣上安西都護府牒稿爲録上訊問曹禄山訴李紹謹兩造辯辭事（三）》：“□姓名，來日更無人同伴。”

2004TAM398：13a＋2004TAM398：13b《唐西州高昌縣趙度洛等授田簿》：“趙來德年十一，一畝。”

淶　lái

75TKM90：20（a）《高昌主簿張
縮等傳供帳》："□□半斤，付雙
愛，供□涞（漆）。"

按：涞，疑爲"漆"俗訛，據字形録作"涞"。

lài

賴　lài

80TBI：506－2《囉嚩孥説救療小
兒疾病經（卷一）》："□□恒賴
（二合）路□□"

按：括號内爲原正文下注小字。

72TAM151：68《〈千字文〉習字
殘卷（一）》："賴□萬方。"

按：賴，同"賴"。《干禄字書》："頼、
賴，上通下正。"《五經文字》："作'頼'，
訛。"手書常見"束"作"來"者，如下文。

72TAM151：70《〈千字文〉習字殘
卷（二）》："□□草木，賴□□"

72TAM151：69《〈千字文〉習字
殘卷》："□□賴及萬□□"

73TAM208：23，27《唐典高信貞
申報供使人食料帳歷牒（二）》：
"□□請賜處月弓賴俟斤等□□"

72TAM171：12（a），17（a），15
（a），16（a），13（a），14（a）《高昌延
壽十四年（637）兵部差人看客館客使文
書》："□□真朱人貪旱大官、好延祐臘振
摩珂賴使金穆□□"

lán

蘭　lán

80TBI：247《妙法蓮華經（卷二）
譬喻品第三》："□□匝蘭楯
□"

75TKM91：33（a），34（a）《兵曹
下八幢符爲屯兵值夜守水事》：
"司馬蘭。"

64TAM29：91（b）《唐殘詩》："何
曾有臭蘭。"

lǎn

攬　lǎn

60TAM330：14/1－1（a）《唐梁
安相等名籍（二）》："張攬達。"

欖　lǎn

69TKM39：9/2（a），9/3（a）《唐
貞觀某年男世達戶籍》"婢多欖
年肆拾陸。"

láng

郎　láng

73TAM524：32/2－2《高昌永平
二年（550）十二月卅日祀部班示
爲知祀人上名及謫罰事》："□郎師奴、參
軍忠順、將禪奴□□"

72TAM151：74（a）《古寫本〈晉
陽秋〉殘卷》："以其子妻之，欽數
□□□佐著郎。"

72TAM188：67《唐録事司值日
簿》："録事司：十二月十三日，將

軍行酒董臣、氾嵩；十六日，王詮、郎琳，
玄。"2004TBM207：1－12a《唐上元三年
（676）西州法曹牒功曹爲倉曹參軍張元利
去年負犯事》："□□依問，山海稱郎將何
□□。"72TAM151：59,61《高昌某年郡
上馬帳》："馬郎中赤馬。"

郎

72TAM151：59,61《高昌某年郡
上馬帳》："校郎延護留（騮）馬，
合六十七匹。"

73TAM519：19/2－1《高昌延壽
十七年（640）屯田下交河郡、南
平郡及永安等縣符爲遣麴文玉等勘青苗
事》："虎賁將軍□□校郎張□□。"

64TAM5：77《唐李賀子上阿郎、
阿婆書二（一）》："賀子、鼠兒，並
得平安，千萬再拜阿郎、阿婆。"

72TAM151：60《高昌義和二年
（615）七月馬帳（二）》："侍郎
□□。"

67TAM78：27《唐殘書牘》：
"□□未亦通再拜張郎及
□□。"

73TAM206：42/9－6（a）《唐課
錢帳歷》："總便孟八郎二千五
百□□。"

73TAM206：42/9－17（a）《唐課
錢帳歷（二六）》："四郎入綾一
疋（上）。"

按：括號内爲原文旁注字。

狼　láng

73TAM222：56/5,56/6《唐殘判
籍（五）（六）》："□□義，狼心
未必□□。"

琅　láng

72TAM179：16/1（b），16/2（b）
《唐寫〈尚書〉孔氏傳〈禹貢〉、〈甘
誓〉殘卷》："匀（厥）貢惟球、玲、琅玕。"

lǎng

朗　lǎng

66TAM59：4/6《北涼神璽三年
（399）倉曹貸糧文書》："神靈三
年五月七日起倉□，□薄沆，録事朗，板
白□□。"

72TAM151：97《高昌某年衛延
紹等馬帳》："□□左桃和（花）
馬，□□法朗□□□員寺□，□□天
馬□□。"

72TAM151：99,100《高昌合計
馬額帳（一）》："□□張寺法
朗、伍塔寺、北□□、趙寺法瑜、威遠孟
□□。"

làng

浪　làng

72TAM230：46/1（a）《唐儀鳳三
年（678）尚書省户部支配諸州庸
調及折造雜練色數處分事條啓（一）》：
"□□如其不須，不得浪有請受□□。"

73TAM507：013/2－1《唐殘辯
辭》："□□逃浪行，因□□。"

66TAM61：16（b）《唐西州高昌縣上安西都護府牒稿爲録上訊問曹禄山訴李紹謹兩造辯辭事（七）》："▢禄山 浪 相構架，遂不道名▢"72TAM178：4《唐開元二十八年（740）土右營下建忠趙伍那牒爲訪捉配交河兵張式玄事一》："▢兄更有番役， 浪 有▢"

láo

勞　láo

67TAM363：8/1（a）之八《唐景龍四年（710）卜天壽抄孔氏本鄭氏注〈論語〉》："▢而無違， 勞 而無怨。"67TAM363：8/1（a）一一《唐景龍四年（710）卜天壽抄孔氏本鄭氏注〈論語〉》："顏回曰：'願無伐□，無施 勞 。'"

73TAM509：8/2（b）《唐西州道俗合作梯蹬及鐘記》："當觀道士張真……索名等仰憑四輩，共結良緣，不憚劬 勞 ，作斯梯蹬。"

65TAM341：25，26（a）《唐景龍三年（709）南郊赦文》："▢年 勞 簡日優▢"

65TAM341：26（b）《唐殘擬判》："▢ 勞 之用王乙跡參▢"73TAM221：55（a）《唐貞觀廿二年（648）安西都護府乘敕下交河縣符爲處分三衛犯私罪納課違番事》："故立考第，量能進敍，有 勞 必録，庶不遺材。"

73TAM221：3《唐武周典齊九思牒爲録印事目事》："敕慰 勞 使，請印事。"

lǎo

老　lǎo

72TAM150：38《唐某人九月廿一日書牘》："□拜 老 婆、張姊。"2004TAM396：14《唐開元七年（719）洪奕家書》："洪奕今身役苦，終不辭，唯愁 老 彼。"

73TAM206：42/9－13《唐課錢帳歷》："▢孟 老 皂絲布九十文。"

72TAM230：66《武周天授二年（691）安昌合城老人等牒爲勘問主簿職田虛實事》："問合城 老 人、城主、渠長、知田人等，主薄（簿）去年實種幾畝麥，建進所注虛實，連署狀通者。"

按：年，原件爲武周新字。

67TAM363：8/1（a）一一《唐景龍四年（710）卜天壽抄孔氏本鄭氏注〈論語〉》：" 老 者安之，朋友信之，少者懷之。"

65TAM42：105（b）《唐永徽元年（650）後某鄉戶口帳（草）（一五）》："口二 老 寡被▢"

67TAM363：7/3《唐殘書牘》："於之悲 老 母居堂實▢"

64TAM5：64（b），70/1（b）《唐趙惡奴等戶內丁口課役文書（三）》："陰安奴，父 老 ，一弟白丁從行。"

67TAM363：8/1（a）之八《唐景龍四年（710）卜天壽抄孔氏本鄭氏注〈論語〉》："見其壽考則喜，見其衰 老 則懼。"

67TAM78：31《唐貞觀十四(640)西州高昌縣李石住等戶手實(七)》："□□老妻□□"

67TAM363：7/1《唐儀鳳二年(677)西州高昌縣寧昌鄉卜老師辭爲訴男及男妻不養瞻事》："儀鳳二年四月日寧昌鄉人卜老師辭。"

73TAM509：8/19《唐某人與十郎書牘》："附送行官，追即稱老。"

73TAM206：42/9-18《唐課錢帳歷(二五)》："馬老卅六、胡賢石冊五。"

73TAM206：109/13-6，42/9-26《唐課錢帳歷》："李老婦十五。"

73TAM206：42/9-6(a)《唐課錢帳歷》："王老取一千文起□□日抽上。"

67TAM78：22(b)，21(b)《唐吳相□等名籍(一)》："□□老□□□彌□□□□仁□"

67TAM78：31《唐貞觀十四(640)西州高昌縣李石住等戶手實(七)》："□□老男□□"

72TAM230：66《武周天授二年(691)安昌合城老人等牒爲勘問主簿職田虛實事》："謹審：但合城老人等，去年主薄(簿)高禎元不於安昌種田，建進所注並是虛妄。"

按：年，原件爲武周新字。

lè

芳　lè

64TAM19：39(a)，42(a)，43(a)《唐永徽二年(651)牒爲徵索送冰井芳銀錢事》："□□文歡去年十二月知冰井芳，里正成熹□□"

75TKM96：18,23《北涼玄始十二年(423)兵曹牒爲補代差佃守代事》："李蒙子近白芳□，求具□□"

勒　lè

64TAM29：44之六《唐咸亨三年(672)新婦爲阿公錄在生功德疏》："向堀門裏北畔新塔廳上佛堂中東壁上，泥素(塑)彌勒上生變，並菩薩、侍者、天神等一捕(鋪)。"

75TKM99：17《某家失火燒損財物表》："案(鞍)勒弓箭一具。"

72TAM226：65《唐北庭諸烽釐田畝數文書》："□□耶勒守捉界耶勒烽□□"

64TAM29：44之六《唐咸亨三年(672)新婦爲阿公錄在生功德疏》："又已前將園中渠上一□木布施百尺彌勒。"

66TAM61：26(b)《唐西州高昌縣上安西都護府牒稿爲錄上訊問曹祿山訴李紹謹兩造辯辭事(四)》："□□典馬磨勒逃及致死。"

75TKM90：20(a)《高昌主簿張綰等傳供帳》："□□張綰傳令，出疏勒錦一張，與處論無根。"

75TKM103：1《唐某人自書歷官狀》："從果毅薛逖入疏勒，經餘三年以上。"

73TAM507：033(a)《唐佐馬貞瀋殘牒》："并勒鄉追送。"

樂　lè

80TBI：641a《妙法蓮華經（卷二）譬喻品第三》："□□子無知，雖聞父誨，猶故樂著，嬉戲不已。"

80TBI：103《妙法蓮華經（卷二）譬喻品第三》："□□隱快樂□。"

72TAM188：11《唐開元三年（715）交河縣安樂城萬壽果母姜辭》："開元三年八月日交河縣安樂□。"

80TBI：304《一切經音義（卷五七）佛滅度後金棺葬送經》："□之樂也□。"

67TAM363：8/1（a）之六《唐景龍四年（710）卜天壽抄孔氏本鄭氏注〈論語〉》："不仁者不可以久處約，不可以長處樂。"

72TAM151：96（a）《高昌安樂等城負臧錢人入錢帳》："□安樂負臧錢□入九十六文□。"

73TAM509：8/2（b）《唐西州道俗合作梯蹬及鐘記》："俱沐此恩，咸登樂道。"

léi

雷　léi

72TAM230：54（a）《唐開元九年（721）里正記雷思彥租取康全致等田畝帳》："□雷思彥交用麥貳□。"

72TAM209：87《唐貞觀年間西州高昌縣勘問梁延臺、雷隴貴婚娶糾紛案卷（二）》："虞侯府史楊玉□妻，雷媒媾娶□。"

72TAM209：87《唐貞觀年間西州高昌縣勘問梁延臺、雷隴貴婚娶糾紛案卷（二）》："雷隴貴年冊□。"

繆　léi

67TAM363：8/1（a）之八《唐景龍四年（710）卜天壽抄孔氏本鄭氏注〈論語〉》："雖在繆紲（縲）之中，非其罪。"

按：繆，古時專為捆綁犯人的大繩子。《玉篇》："繆，縲紲。"《廣韻》："纍，索也。亦作縲。"《集韻》："縲，大索。"

蠃　léi

80TBI：507-1《囉嚩努說救療小兒疾病經（卷一）》："□蠃弱不思飲食□。"

lěi

壘　lěi

65TAM39：21-2《前涼升平十四年殘券》："□地壘四尺□。"

lèi

類　lèi

80TBI：041《阿毗達磨大毗婆沙論（卷九二）結蘊第二中十門納息第四之二二》："□道類智□未離無色染□。"

73TAM222：56/1,56/2《唐殘判籍(二)》："全非流 類 □"

按：《隸辨》引《高彪碑》曰："類，碑復變犬從豕。"

75TKM91：11/4《西涼建初四年(408)秀才對策文》："後聖推 類 增廣，爲左右形聲。"

2006TSYIM4：2-2《古寫本〈詩經〉》："□ 隧，貪人敗 類。"

按：類，《隸辨》引《白石神君碑》曰："類，《說文》從犬，碑變從分。"

léng

棱　léng

73TAM193：15(b)《唐天寶某載(749—756)行館器物帳》："破大 棱 碗陸 □"

按：稜，同"棱"。《玉篇》："稜，俗棱字。"《集韻》："棱，或作楞，俗作稜。"俗寫部件"夌"多作"麦"。

73TAM193：15(b)《唐天寶某載(749—756)行館器物帳》："小 棱 碗 □"

冷　lěng

73TAM509：8/6《唐書牘稿》："秋末漸 冷，惟所履清勝。"

lí

梨　lí

80TBI：210《慈悲道場懺法(卷三)解怨結之餘》："□ 闍 梨 不相捨□"

67TB：1-2-1《大乘瑜伽金剛性海曼殊室利千臂千鉢大教王經(卷六)》："□ 梨 並不得取喫其食，與不□"

按：喫其食，《大正藏》作"食其食"。

66TAM44：30/1,30/10《唐寫〈唯識論注〉殘卷二》："□ 阿 梨 識耶 □"

67TAM78：21(a),22(a)《唐貞觀十四(640)西州高昌縣李石住等戶手實(五)》："□ 梨 □"

黎　lí

73TAM509：8/2(b)《唐西州道俗合作梯蹬及鐘記》："觀主張駕鶴亂歲參玄，齠年入道，真元湛寂，抱一無虧，建造鴻鐘，救拔 黎 庶。"

釐　lí

2004TBM207：1-12a《唐上元三年(676)西州法曹牒功曹爲倉曹參軍張元利去年負犯事》："□ 當判元利 釐 □"

離　lí

80TBI：148《請觀世音菩薩消伏毒害陀羅尼咒經(卷一)》："□ 耶(莫作鬼也)，卑 離 陀(云餓鬼也)。"

按：括號內爲原正文下注小字。

離

80TBI：759a《中阿含經（卷四五）心品心經第一》：“□教在遠離獨□”

離

80TBI：082《大方等陀羅尼經初分（卷一）》：“善男子，婆者言離□”

離

80TBI：130《十住毗婆沙論（卷五）聖者龍樹造易行品第九》：“超出佛，真流離明佛。”

按：“離”，《中華大藏經》和《大正新修大藏經》作“璃”。

離

64TAM29：44《唐咸亨三年（672）新婦爲阿公錄在生功德疏》：“出離三界，求勝（昇）上界。”72TAM150：39《唐僧净眼家書》：“違離積載，思莫□”

刂

李　刂

李

72TAM150：30,31《唐諸府衛士配官馬、駄殘文書二》：“李保達□”

李

2006TSYIM4：3－12背面《北涼戍守文書》：“□李蒲一幢知守曹□”

李

2006TSYIM4：3－1《北涼義和三年（433）二月十五日張未興辭》：“去正月廿五日，李泧□”

李

66TAM59：4/2－4（a），4/2－5（a）《北涼玄始十二年（423）失官馬賣賠文書一》：“□李頡，馬□”75TKM96：18,23《北涼玄始十二年（423）兵曹牒爲補代差佃守

代事》：“以李子彊□祖子外□”

李

75TKM96：45（a）《兵曹屬爲補代馬子郭氏生文書》：“李兵曹馬子郭氏□”

李

59TAM303：01《高昌缺名隨葬衣物疏》：“倩書李堅固。”

李

72TAM151：55《高昌田相祐等名籍》：“田思祐、陽阿周、趙劉集、李忠兒。”66TAM61：17（b）《唐西州高昌縣上安西都護府牒稿爲録上訊問曹禄山訴李紹謹兩造辯辭事（一）》：“其李三兩箇相共從弓月城向龜兹，不達到龜兹。”

李

2004TBM207：1－14《唐儀鳳某年（676—679）西州牒爲考課事》：“其李恒讓付諸司檢報，餘後判，諮。”

李

67TAM78：30《唐貞觀十四（640）西州高昌縣李石住等户手實（四）》：“□東李善守，南官，西道□”72TAM151：6《高昌重光元年（620）氾法濟隨葬衣物疏》：“倩書李定杜。”

李

73TAM206：42/9－27《唐課錢帳歷》：“高一十五，李藏十五。”73TAM193：15（a）《唐天寶某載（751—756）文書事目歷》：“兵李惟貴狀，爲患請莫茱萸等藥。”

李

73TAM206：42/2《唐光宅元年（684）史李秀牒爲高宗山陵賜物請裁事》：“光宅元年十月廿日史李秀牒。”

李

68TAM108：19（a）之三《唐開元三年（715）西州營典李道上隴西縣牒爲通當營請馬料姓名事》：“開元三年四月廿日典李道牒，給訖記，廿五日。”

68TAM108：19（a）之二《唐開元三年（715）西州營典李道上隴西縣牒爲通當營請馬料姓名事》："火長 李 玄明，火內人李道。"

李 68TAM108：19(a)之二《唐開元三年（715）西州營典李道上隴西縣牒爲通當營請馬料姓名事》："火長李玄明，火內人 李 道。"

里

里 67TAM78：30《唐貞觀十四（640）西州高昌縣李石住等戶手實》："□□東□ 里 塔，南麴保悦，西王□□"

里 64TAM5：40《唐李賀子上阿郎、阿婆書一（一）》："手 里 （裏）更無物作信，共阿郎、阿婆作信。"

里 72TAM226：53,54《唐開元十年（722）伊吾軍上支度營田使留後司牒爲烽鋪營田不濟事》："兩人又屬營固，近烽不敢不營， 里 數既遥，營種不濟，狀上者。"

里 72TAM151：6《高昌重光元年（620）氾法濟隨葬衣物疏》："諸（朱）衣籠管（冠）一具，腳躡（屩）具，穴根（跟） 里 （履）具，手□□"

理

理 64TAM37：21《唐□□二年曹忠敏田契》："段內更有別人追 理 地子，並不干佃地人之事。"

理 75TKM91：11/3《西涼建初四年（408）秀才對策文》："奸興則以法治之，猶有不 理 ，遠真性故也。"

裏

裏 65TAM341：22,23,24（a）《唐景龍三年（709）南郊赦文》："□□檢校， 裏 行內□□□"

裏 72TAM151：14《高昌義和元年（614）高懷孺物名條疏》："紫綾壹領，黃練 裏 ；黃□□，白練 裏 ；支絁裙壹，無腰。"

裏 73TAM524：32/1-1《高昌永平元年（549）十二月十九日祀部班示爲知祀人上名及謫罰事》："諸上名者，今十九日暮悉詣殿 裏 宿。"

裏 64TAM29：44之六《唐咸亨三年（672）新婦爲阿公録在生功德疏》："向堀門 裏 北畔新塔廳上佛堂中東壁上，泥素（塑）彌勒上生變，並菩薩、侍者、天神等一捕（鋪）。"

東 72TAM151：14《高昌義和元年（614）高懷孺物名條疏》："紫綾壹領，黃練 裏 ；黃□□，白練 裏 ；支絁裙壹，無腰。"

禮

禮 2006TAM607：2-4＋2006TAM607：2-5＋2006TAM607：2-4《唐神龍元年（705）六月後西州前庭府牒上州勾所爲當府官馬破除、見在事》："李懷 禮 馬瓜敦（騧騻）。"

禮 73TAM221：56(a)《唐貞觀廿二年（648）安西都護府承敕下交河縣符爲處分三衛犯私罪納課違番事》："兵部員外郎 禮 令史。"

禮 2004TBM207：1-12a《唐上元三年（676）西州法曹牒功曹爲倉曹

參軍張元利去年負犯事》："貞[禮]知去上元二年十月内,爲[□□]"

73TAM222：54/4(b),54/5(b)《唐寫〈禮記〉鄭氏注〈檀弓〉下殘卷》："[□]祀之[禮]主人[□□]"

按：礼同"禮"。《集韻》："禮,古作礼。"今爲"禮"的簡化字,正字。

67TAM363：8/1(a)之二《唐景龍四年(710)卜天壽抄孔氏本鄭氏注〈論語〉》："林放問[禮]之本。"

67TAM363：8/1(a)《唐景龍四年(710)卜天壽抄孔氏本鄭氏注〈論語〉》："[□□]因於殷[禮],所損益可知。"

73TAM215：017/1-3《唐張惟遷等配役名籍(三)》："[□□]思[禮]。"

64TAM29：44之七《唐咸亨三年(672)新婦爲阿公録在生功德疏》："又今日請一僧就門[禮]一千五百佛名一遍。"

力　lì

73TAM191：119(a)《唐永隆元年(680)軍團牒爲記注所屬衛士征鎮樣人及勳官籤符諸色事(一)》："趙[力]相,年卅五。"

67TAM363：8/1(a)之七《唐景龍四年(710)卜天壽抄孔氏本鄭氏注〈論語〉》："有能一日用其[力]於仁意(矣)乎?"

68TAM108：19(a)之二《唐開元三年(715)西州營典李道上隴西縣牒爲通當營請馬料姓名事》："第六隊火長周神[力],火内人王榮。"

立　lì

80TBI：641a《妙法蓮華經(卷二)譬喻品第三》："[□□]是時宅主在門外[立][□□]"

64TAM19：36《唐咸亨五年(674)王文歡訴酒泉城人張尾仁貸錢不還辭》："[□□]銀錢貳拾文,準鄉法和[立]私契。"

75TKM96：15《龍興某年宋泮妻翟氏隨葬衣物疏》："故布裙[立]。"

72TAM151：104《高昌延和十二年(613)某人從張相憙等三人邊雇人歲作券》："[□□]四主和同[立][□□□□]後,各不得返海(悔)。"

64TAM4：34《唐龍朔元年(661)龍惠奴舉練契》："兩和[立]契,獲指爲證。"

按："獲""畫"同音相借。

吏　lì

59TAM305：14/2《倉曹屬爲買八緤布事》："倉曹樊霸、梁斌前屬催奸[吏]買八縱(緤)布四匹。"

66TAM59：4/2-1(a),4/2-2(a),4/2-3(a)《北涼玄始十二年(423)失官馬責賠文書二》："[□□]帛[吏]樊照[□□]"

72TAM151：59,61《高昌某年郡上馬帳》："和長[吏]洛馬,西主寺赤馬,將阿婆奴赤馬,侍郎歡岳青馬。"

利　lì

80TBI：052《妙法蓮華經（卷二）譬喻品第三》："舍利弗以是因緣□□"

72TAM216：012/3－2《唐殘文書》："□□後利直□□"

80TBI：455－7《妙法蓮華經（卷二）譬喻品第三》："□□若有利根□□"

73TAM501：109/8－4《唐張義海等征鎮及諸色人等名籍（四）》："竹闍利。"64TAM4：34《唐龍朔元年（661）龍惠奴舉練契》："其利若出月不還，月別罰練壹疋入左。"

67TAM363：7/4《唐儀鳳年間（676—679）西州蒲昌縣竹海住佃田契》："□□法生利。"

67TAM363：7/2《唐儀鳳二年（677）西州高昌縣寧昌鄉某人舉銀錢契》："□錢壹文，月滿即須送利。"

64TAM4：39《唐乾封元年（666）鄭海石舉銀錢契》："月別生利錢壹文半。"

64TAM4：36《麟德二年（665）趙醜胡貸練契》："到過其月不還，月別依鄉法酬生利。"

64TAM4：40《唐乾封三年（668）張善憙舉錢契》："月別生利銀錢貳文。"

64TAM4：40《唐乾封三年（668）張善憙舉錢契》："到左須錢之日，張並須本利酬還。""到月滿，張即須送利。"

例　lì

73TAM206：42/5《唐高昌縣勘申應入考人狀》："送曹司依例支配，應入考者令早裝束。"

72TAM188：79《唐神龍三年（707）和湯牒爲被問買馬事（二）》："□□馬請準例處分，謹牒。"

沴　lì

72TAM151：62《高昌義和二年（615）參軍慶岳等條列高昌馬鞍韉帳》："將延興下左涉沴□具。"

按：沭，同"沴"。

72TAM151：62《高昌義和二年（615）參軍慶岳等條列高昌馬鞍韉帳》："將伯□下左涉沴壹具。"

戾　lì

2006TSYIM4：2－2《古寫本〈詩經〉》："民之未戾，職盜爲寇（寇）。"

按：原件寫作"冠"，旁改作"寇"。職，原件書作"䏞"。

栗　lì

67TAM363：8/1（a）之五《唐景龍四年（710）卜天壽抄孔氏本鄭氏注〈論語〉》："□□仁（人）以柏，周仁（人）以㮚，曰：使人戰慄也。"

按：㮚，"栗"之俗。原件前殘。傳世文獻原句爲："夏後氏以松，殷人以柏，周人以栗，曰：使民戰慄。"句式相同，語義相

近,前句"松""柏"皆從木,受此影響,"栗"類化,增加了"木"旁。因此"槤",於此當爲"栗"之類化增旁俗字。考"槤",《偏類碑別字》引《唐趙勛墓誌》爲"標"之異體。字形雖同,字義甚遠,故非"標"字。

慄　lì

67TAM363:8/1(a)之五《唐景龍四年(710)卜天壽抄孔氏本鄭氏注〈論語〉》:"宰我言:史(使)仁(人)戰[慄],媚耳,非其[　]""[　]仁(人)以柏,周仁(人)以標,曰:使人戰[慄]也。"

厲　lì

2006TSYIM4:2-2《古寫本〈詩經〉》:"宣王承[厲]王之烈,□□撥亂之志,遇災而懼,側身脩行,欲□去之。"

歷　lì

73TAM206:42/9-16《唐課錢帳歷(八)》:"以前並勾勘上[歷]訖。"

73TAM193:11(a)《武周郭智與人書》:"猶自兩頭急索文[歷]。"

隸　lì

75TKM91:11/6《西涼建初四年(408)秀才對策文》:"後世變易,故有鳥篆、草[隸]六體之形。"

麗　lì

75TKM91:11/3《西涼建初四年(408)秀才對策文》:"後世華[麗]矯情外飾。"

66TAM44:11/3(a)《唐殘牒爲市木修繕廢寺事》:"[　]殊妙華[麗],至於[　]"

lián

連　lián

72TAM228:9《唐年某往京兆府過所》:"[　]將前件人、畜路由關津不練,謹[連][　]"

2006TAM607:4a《唐神龍三年(707)正月西州高昌縣開覺寺手實》:"若後虛妄,[連]署綱維,請依法受罪,謹牒。"

73TAM191:32(a)《唐史衞智爲軍團點兵事》:"牒檢案[連]如前,謹牒。"

64TAM29:17(a),95(a)《唐垂拱元年(685)康義羅施等請過所案卷(一)》:"[連]亨白。"

72TAM188:61,63《唐申報崇寶寺某人身死牒》:"[　]牒檢案[連]如[　]"

73TAM509:8/5(a)《唐西州天山縣申西州户曹狀爲狀無場請往北庭請兄禄事》:"如後有人糺(糾)告,稱是詃誘等色,義感等[連]保各求受重罪者。"

72TAM150:41(a)《唐貞觀十九年(645)里正趙延洛等牒》:"[連]仁彩示。"

72TAM188：68《唐辯辭爲種田事》："□□實謹 連 給得□□"

72TAM216：012/5《唐天寶元年（742）殘辯辭》："□□ 連 暉□"

73TAM507：033（a）《唐佐馬貞瀋殘牒》："□□牒檢案 連 如前謹牒。"

73TAM221：62（a）-1《唐永徽三年（652）士海辭爲所給田被里正杜琴護獨自耕種事》："今始聞田共同城人里正杜琴護 連 風（封）。"

72TAM188：73（a）之一《唐上西州都督府牒爲徵馬付營檢領事一》："連 簿仁白。"

72TAM188：82（a）《唐神龍二年（706）主帥渾小弟上西州都督府狀爲處分馬踏料事》："連 簿仁白。"

72TAM188：81（b）《唐徵馬送州付營檢領狀》："連 簿仁白。"

72TAM188：76《唐神龍三年（707）殘牒》："連 簿仁白。"

蓮　lián

80TBI：337a《大毗盧遮那成佛神變加持經（卷四）密印品第九》："□□莎訶同前青 蓮 華印而□□"

廉　lián

65TAM42：48（a）《古寫本〈鍼法〉殘片》："腎（胸）內 廉 痛溺難□□"

75TKM96：31（b）《高昌郡功曹下田地縣符爲以孫孜補孝廉事》："今以孫孜補孝 廉 。"

64TAM37：21《唐□□二年曹忠敏田契》："□□二年九月八日，曹忠敏於知天朱進明處祖取蕁思 廉 等上件地。"

　　按：此句《吐魯番出土文書》漏錄"祖"字，據改。等，原件作"芽"。

憐　lián

80TBI：316《妙法蓮華經（卷二）譬喻品第三》："□□父雖 憐 愍，善言誘喻□□"

縺　lián

75TKM99：7《建平六年張世容隨葬衣物疏》："故 縺 覆面一枚。"

59TAM305：8《缺名隨葬衣物疏》："紫縺（練）枕一枚。"

2004TAM408：17《令狐阿婢隨葬衣物疏》："故 縺 （練）絓二丈。"

66TAM62：5《北涼緣禾五年隨葬衣物疏》："帛 縺 （練）根（褌）一枚。"

璉　liǎn

67TAM363：8/1（a）之八《唐景龍四年（710）卜天壽抄孔氏本鄭氏注〈論語〉》："曰：瑚 璉 。"

liàn

練　liàn

80TBI：730a《百論序》："□□陶 練 覆疏□□。"

72TAM228：9《唐年某往京兆府過所》："□□將前件人、畜路由關津不 練，謹連□□。"

73TAM509：8/5（a）《唐西州天山縣申西州户曹狀爲狀無瑒請往北庭請兄禄事》："今四鎮封牒到，欲將前件人畜往北庭請禄，恐所在不 練 行由，請處分者。"

72TAM151：6《高昌重光元年（620）氾法濟隨葬衣物疏》："銅完弓箭一具，刀帶一具，欽被具，綾 練 各萬段。"

72TAM151：14《高昌義和元年（614）高懷孺物名條疏》："緋 練 柒□；□練壹段。"

72TAM151：74（a）《古寫本〈晉陽秋〉殘卷》："華博學洽聞，圖籍無不貫 練。"

2004TAM408：17《令狐阿婢隨葬衣物疏》："故 練 覆面二枚。"

2004TAM408：17《令狐阿婢隨葬衣物疏》："故 練 絳結髮三枚。"

60TAM327：05/1《唐永徽六年（655）趙羊德隨葬衣物疏》："□□白 練 袾一具，細疊□□。"

72TAM230：46/1（a）《唐儀鳳三年（678）尚書省户部支配諸州庸調及折造雜練色數處分事條啟（一）》："□□秦、涼二府者，其絹并令 練 □□。"

72TAM151：14《高昌義和元年（614）高懷孺物名條疏》："□ 練 壹段；白練叁拾段。"

72TAM151：14《高昌義和元年（614）高懷孺物名條疏》："紫綾壹領，黃 練 裏；黃□□，白練裏；支絁裙壹，無腰。"

64TAM15.6《唐唐幢海隨葬衣物疏》："白 練 一千段。"

72TAM151：14《高昌義和元年（614）高懷孺物名條疏》："紫綾壹領，黃練裏；黃 □□，白 練 裏；支絁裙壹，無腰。"

73TAM214：151，150《唐西州下高昌等縣牒爲和糴事》："各注酬 練 壹拾貳疋。"

73TAM206：42/10－7《唐質庫帳歷》："白 練 汗衫一。"

72TAM188：71《唐神龍三年（707）和湯牒爲被問買馬事（一）》："□□問今付上件 練 充馬壹疋直□□。"

73TAM206：42/10－5/10－17《唐質庫帳歷》："故白 練 七尺五寸。"

64TAM4：34《唐龍朔元年（661）龍惠奴舉練契》："安西鄉人龍惠奴於崇化鄉人右憧憙邊舉取 練 叁拾疋。"

64TAM4：34《唐龍朔元年（661）龍惠奴舉練契》："月別生利 練 肆疋。"

64TAM4：34《唐龍朔元年（661）龍惠奴舉練契》："如憧憙須［須］ 練 之日，並須依時酬還。"

按："如憧憙須須 練 之日"句當衍一"須"字。

64TAM4：36《麟德二年（665）趙醜胡貸練契》："其 練 迴還到西州拾日内，還練使了。"

60TAM317：30/8《唐某人雇人送練契》："送練壹道。"

72TAM151：56《高昌買駞、入練、遠行馬、郡上馬等人名籍》："□次入練人□□□□□遵。"

66TAM61：23(b)，27/2(b)，27/1(b)《唐西州高昌縣上安西都護府牒稿爲録上訊問曹禄山訴李紹謹兩造辯辭事(二)》："兄邊取練訖，分明付兄與李三同□□"

鍊　liàn

73TAM509：8/2(b)《唐西州道俗合作梯蹬及鐘記》："道門威儀氾栖霞、鍊師陰景陽等道體清虛，逍遥物外。"

戀　liàn

64TAM29：44《唐咸亨三年(672)新婦爲阿公録在生功德疏》："覓好生處，不得心有戀看，致洛(落)下道。"

liáng

良　liáng

72TAM151：74(a)《古寫本〈晉陽秋〉殘卷》："更擇良妃，俻(備)列六宮。"

73TAM509：8/2(b)《唐西州道俗合作梯蹬及鐘記》："當觀道士張真……索名等仰憑四輩，共結良緣，不憚劬勞，作斯梯蹬。"

64TAM29：107《唐垂拱元年(685)康義羅施等請過所案卷(三)》："仰答者！謹審：但那你等保知不是壓良等色。"

64TAM29：25《唐垂拱元年(685)康義羅施等請過所案卷(四)》："不是壓良、假代等色，若後不□□"

67TAM363：8/2(a)之一《唐景龍四年(710)卜天壽抄〈十二月新三臺詞〉及諸五言詩》："高門出己子，好木出良才，交□學敏(問)去，三公河(何)處來。"

按：阿斯塔那三六三號墓文書《唐景龍四年(710)卜天壽抄孔氏本鄭氏注〈論語〉同是學童卜天壽所抄，其多將"問"寫作"敏"。兩字一聲之轉，似是方言。

2006TSYIM4：2－2《古寫本〈詩經〉》："維此良人，作爲式穀。"

64TAM29：107《唐垂拱元年(685)康義羅施等請過所案卷(三)》："請將家口入京，其人等不是壓良、詃誘、寒盗等色以不？"

67TAM78：20(b)《唐李悦得子等户主名籍》："□□妻良師女，户主索牛□□"

2004TBM207：1－4《唐儀鳳三年(678)九月西州功曹牒爲檢報乖僻批正文案事》："大素自考後以來，諸司所有乖僻處分隨案，並捉得略良胡數人及財物等。"

涼　liáng

64TKM3：51，52《前涼王宗上太守啟》："節轉涼奉承。"

75TKM91：11/5《西涼建初四年(408)秀才對策文》："涼州秀才糞土臣馬隲稽首。"

64TAM29：113《唐□伏威牒爲請勘問前送帛練使男事》："□伏

威曹主并家口向城東園内就 涼 。"

2006TSYIM4：2－2《古寫本〈詩
經〉》："民之罔極，職 涼 善背。"

　　按：職，原件書作"軄"。

72TAM188：91《唐殘牒》："□□
判官 涼 府録事梁名遠 □□ "

梁　liáng

80TBI：162《妙法蓮華經（卷二）
譬喻品第三》："□□□根腐敗 梁
棟傾危 □□□ "

59TAM305：14/2《倉曹屬爲買
八緵布事》："倉曹樊霸、 梁 斌前
屬催奸吏買八縱（緵）布四匹。"

66TAM59：4/6《北涼神璽三年
（399）倉曹貸糧文書》："□□主
者趙恭、孫殷，今貸 梁 石 □□ "

75TKM99：17《某家失火燒損財
物表》：" 梁 二枚。"

72TAM179：16/4（b），16/5（b），16/
6（b），16/7（b）《唐寫〈尚書〉孔氏傳
〈禹貢〉、〈甘誓〉殘卷》："漾出潘冢在 梁 州。"

75TKM96：17《北涼真興七年
（425）宋泮妻隗儀容隨葬衣物
疏》："辛（幸）關津河 梁 不得留難如律令。"

72TAM188：91《唐殘牒》："□□
判官涼府録事 梁 名遠 □□ "

72TAM179：16/1（b），16/2（b）
《唐寫〈尚書〉孔氏傳〈禹貢〉、〈甘
誓〉殘卷》："逾於河，此謂 梁 □□ "

量　liáng

64TAM29：110/1～110/6，120
（a）《唐處分庸調及折估等殘文

書（一）～（七）》："委秦府官司斟 量 ，便將
貯納諸使監，請人至日，官司 □□ "

64TAM29：44《唐咸亨三年
（672）新婦爲阿公録在生功德
疏》："阿公生存在日功德，審思 量 記録。"

64TAM29：99《武周請車牛人運
載馬草踏文書》："□□ 商 量 者
□□ "

73TAM221：40《唐某城宗孝崇
等量剩田畝牒》："牒被責當城
量 乘（剩） □□ "

糧　liáng

73TAM222：55（a）《唐寫〈千字
文〉殘卷》："□□ 糧 ，妾御績
□□ "

　　按：粮，同"糧"。《説文》："糧，穀也。
從米，量聲。""糧"作"粮"可上溯至漢代。
漢《禮器碑》《韓敕碑》《白石神君碑》、西陲
簡均作"粮"。《干禄字書》："粮糧，並上通
下正。"《玉篇》："食用米曰糧。粮，同上。"
《墨子・魯問》："攻其鄰家，殺其人民，取其
狗豕食粮衣裘。"畢沅校："粮，糧字俗寫。"敦
煌寫本也常見，今爲"糧"的簡化字，正字。

73TAM210：136/2－1，136/2－2
《唐安西都護府運糧殘文書》
"□□ 運 糧 至死者 □□ "

65TAM42：10，73《唐永徽元年
（650）嚴慈仁牒爲轉租田畝請給
公文事》："今春三月， 糧 食交無，逐（遂）
將此田租與安横延。"

73TAM215：017/4－1《唐殘書
牘二》："□□ 取 糧 去，皆云須
得八郎手帖。"

64TAM15：29/1《高昌康保謙雇劉祀海券》："□□銀錢柒文，糧一斛肆□□。"

72TAM230：49《武周天授二年（691）總納諸色逋懸及屯收義納糧帳》："□□授二年臘月廿日以前總納諸色逋懸及屯收義納糧總叁阡柒伯捌拾陸碩貳斗壹勝（升）。"

72TAM230：46/2（b）《唐儀鳳三年（678）尚書省戶部支配諸州庸調及折造雜練色數處分事條啟（二）》："□□非所管路程稍近，遣與桂府及欽州相知，準防人須糧支配使充。"

72TAM230：46/2（b）《唐儀鳳三年（678）尚書省戶部支配諸州庸調及折造雜練色數處分事條啟（二）》："□□糧外受納，遞送入東都。"

72TAM151：15《高昌義和二年（615）都官下始昌縣司馬主者符爲遣弓師侯尾相等詣府事》："敕始昌縣司馬主者，彼縣今須弓師侯□□、□元相二人，符到，作具、糧□自隨。"

67TAM78：41《唐西州蒲昌縣糧帖二》："糧帖□□。"

liǎng

兩　liǎng

80TBI：669a《大方廣華嚴十惡品經》："□□其兩膝強勸比丘□。"

73TAM193：38（a）《武周智通擬判爲康隨風詐病避軍役等事》："齊楚之失，失在□□兩家。"

67TAM363：8/1（a）之五《唐景龍四年（710）卜天壽抄孔氏本鄭氏注〈論語〉》："邦君爲兩君之好，有反□□。"

73TAM509：8/27《唐城南營小水田家牒稿爲舉老人董思舉檢校取水事》："只如家有三人、兩人者。"

80TBI：489《四分戒本疏（卷一）》："第五有□者受中無作通三體唯善，隨無作者體非□□□□□兩。"

按：體，原件書作"躰"。

68TAM108：19（a）之三《唐開元三年（715）西州營典李道上隴西縣牒爲通當營請馬料姓名事》："押官乘騎官馬兩疋。"

68TAM108：18（a）之二《唐開元三年（715）西州營牒爲通當營請馬料姓名事二》："□□押官乘騎官馬兩疋傔□□。"

69TAM232：3（b）《唐蠅芝等直上欠麫粟帳》："白居兜□□義達種秋粟，右同前據□□□上件地去年秋是前件人佃種，歖別收子兩碩以上者，件勘如前。"

64TAM37：21《唐□□二年曹忠敏田契》："兩共平章，獲指爲記。"

按："獲""畫"同音相借。

73TAM193：11（a）《武周郭智與人書》："都督自喚兩司對問。"

2004TAM408：17《令狐阿婢隨葬衣物疏》："故兩當一領。"

按：此字即"兩"，不僅手書常見，碑刻也有，《金石文字辨異》引漢《李翕郙閣頌》"兩"即同此。

2004TAM408：17《令狐阿婢隨葬衣物疏》："故手中黃絲三

两。"

　　按：絲，原件書作"糸"。

liàng

亮　liàng

　　72TAM150：41（a）《唐貞觀十九年（645）里正趙延洛等牒》："趙武 亮 一斤。"

　　72TAM151：59，61《高昌某年郡上馬帳》："麴善 亮 留（騮）馬，中郎顯仁瓜（騧）馬。"

　　72TAM151：57《高昌買駞、入練、遠行馬、郡上馬等人名籍》："麴善 亮 、中郎顯仁。"

　　TAMX2：02《□延亮等名籍》："□□延 亮 □□"

　　72TAM151：99，100《高昌合計馬額帳（一）》："麴善 亮 、田衆歡、董伯珍、王□□、匡買得。"

　　2004TBM107：3-1《唐牒殘片》："□□ 亮 付戶。"

量　liàng

　　80TBI：049a《十方千五百佛名經》："□□ 無 量 衆生□□"

　　80TBI：087《金光明經（卷三）除病品第一五》："□□有無 量 百千諸衆□□"

　　73TAM206：42/10-4《唐質庫帳歷》："故□履一 量 。"

　　按：量，用同"緉"。《字彙補·里部》："量，與緉同，雙履也。"

　　59TAM305：8《缺名隨葬衣物疏》："絳地絲鞾（履）一 量 。"

　　按：量，同"量"。《金石文字辨異》引漢《李翕郙閣頌》作"量"。《字彙補》："量，與量同。"

　　75TKM96：15《龍興某年宋泮妻翟氏隨葬衣物疏》："故絲鞾（履）一 量 。"

　　59TAM301：17《唐貞觀末年闕門隨葬衣物疏》："□□一 量 。"

　　67TAM91：2《唐缺名隨葬衣物疏》"腳米壹 量 。"

諒　liàng

　　2006TSYIM4：2-2《古寫本〈詩經〉》：" 諒 曰不可，覆背善詈。"

liáo

寮　liáo

　　73TAM509：8/2（b）《唐西州道俗合作梯蹬及鐘記》："□□薄（簿）馬瓊、尉衛綜、阮玉等 寮 彩咸斯水鏡，群司仰其朱繩。"

療　liáo

　　60TAM325：14/4-1，14/4-2《唐西州某府主帥陰海牒爲六駞馬死事》："□後腳觔（筋）斷，將就此醫 療 。"

　　按：斷，原件書作"断"。

　　65TAM341：27《唐開元八年（720）具注曆》："歲位 療 病修

宅,吉。"

liǎo

了　liǎo

73TAM206:42/10-12《唐質庫帳歷》:"矙付主 了 。"

73TAM206:42/9-8《唐課錢帳歷(三〇)》:"籬二六十, 了 ;張師卅五;張二卅;張三冊五,欠七。"

73TAM221:62(b)《唐永徽三年(652)賢德失馬陪徵牒》:"今狀雖稱付主領訖,官人見領時,此定言注來 了 。"

67TAM363:8/2(a)之一《唐景龍四年(710)卜天壽抄〈十二月新三臺詞〉及諸五言詩》:"寫書今日 了 ,先生莫鹹(嫌)池(遲),明朝是賈(假)日,早放學生歸。"

按:鹹,原件作"醎"。

66TAM62:6/4《翟彊辭爲共治葡萄園事》一:"□殘少多,用 了 外責(債)□□。"

75TKM91:28(b)《北涼義和某年員崇辭爲眼痛請免屯守事》:"□□不 了 ,加復眼痛。"

64TAM15:29/1《高昌康保謙雇劉祀海券》:"劉祀海承 了 ,二主□□。"

72TAM151:94《高昌義和三年(616)張相憙夏靡田券》:"□□殊(輸)佰役,仰田主了;渠□□謫,仰耕田人 了 。"

按:耕,原件書作"耕"。

69TAM137:1/2,1/4-1《唐某人夏南渠田券》:"□□亭上使 了 。"

73TAM206:42/10-14,42/10-9《唐質庫帳歷》:"付 了 。"

liào

料　liào

73TAM208:26,31/1《唐典高信貞申報供使人食料帳歷牒(一)》:"今日 料 如前,謹□。"

73TAM208:24,28,30《唐典高信貞申報供使人食料帳歷牒(四)》:"□件 料 供□□。"

73TAM215:017/7《唐殘書牘四》:"□□木 料 成去後□□。"

72TAM230:53(b)《唐館驛文書事目(二)》:"□□璋、鄧茂林等馬 料 事。"

68TAM108:19(a)之三《唐開元三年(715)西州營典李道上隴西縣牒爲通當營請馬料姓名事》:"右疋別付糜伍勝(升),給一日 料 。"

72TAM188:82(a)《唐神龍二年(706)主帥渾小弟上西州都督府狀爲處分馬䭾料事》:"□□新備得上件馬,今月一日到營,其䭾 料 未□□。"

68TAM108:19(a)之三《唐開元三年(715)西州營典李道上隴西縣牒爲通當營請馬料姓名事》:"牒件通隴西縣請 料 姓名謹牒。"

72TAM230:46/2(b)《唐儀鳳三年(678)尚書省戶部支配諸州庸調及折造雜練色數處分事條啟(二)》:"□□ 料 請委□府便配以南。"

67TAM78：42《唐某年二月府史張道龕領受馬料抄》："□□承使馬料□草頭數□□。"

67TAM78：33《唐某年九月府史張道龕領受馬蹄抄》："□□蹄料帖□條並□□。"

67TAM78：36《唐西州蒲昌縣下赤亭烽帖一》："□□處分料□□。"

2006TAM607：2－4《唐景龍三年（709）後西州勾所勾糧帳》："一斗二升粟，州倉景二年秋季剩給兵驢料。"

liè

列　liè

66TAM59：4/2－4（a），4/2－5（a）《北涼玄始十二年（423）失官馬賣賠文書一》："□□頷前列辭□□。"

72TAM151：13《高昌義和三年（616）氾馬兒夏田券》："風蟲賊破，隨大已列（例）。"

75TKM91：11/3《西涼建初四年（408）秀才對策文》："首王成功，列於《雅》《頌》。"

劣　liè

80TBI：488《四分戒本疏（卷一）》："對五篇弁此憂（優）劣者，若就根條初勝乃至五劣。"

按：弁，《中華大藏經》和《大正新修大藏經》作"辨"。下文同此。

80TBI：488《四分戒本疏（卷一）》："對五篇弁此憂（優）劣者，若就根條初勝乃至五劣。"

80TBI：488《四分戒本疏（卷一）》："言義均一品，隨中無作多品不定故有優劣。"

80TBI：488《四分戒本疏（卷一）》："若自分勝進五勝乃至初劣。"

80TBI：488《四分戒本疏（卷一）》："異受隨無作隨中無作乃有優劣。"

按："異受隨無作"五字，《中華大藏經》和《大正新修大藏經》無。

獵　liè

75TKM91：34（b），33（b）《建□年按賞配生馬賬》："煎蘇獵亡馬鞍薦（韉），至今不得。"

lín

玲　lín

72TAM179：16/1（b），16/2（b）《唐寫〈尚書〉孔氏傳〈禹貢〉、〈甘誓〉殘卷》："乌（厥）貢惟球、玲、琅玗。"

按：今本玲作"琳"。

林　lín

72TAM151：54《高昌汧林等行馬入亭馬人名籍》："汧林行馬入亭□人：衛余保。"

67TAM363：8/1（a）之二《唐景龍四年（710）卜天壽抄孔氏本鄭氏注〈論語〉》："林放問禮之本。"

林

72TAM230：53(b)《唐館驛文書事目(二)》："□瑋、鄧茂 林 等馬料事。"

琳　lín

72TAM188：67《唐録事司值日簿》："録事司：十二月十三日,將(將)軍行酒董臣、氾嵩;十六日,王詮、郎 琳 ,玄。"

鄰　lín

67TAM363：8/1(a)之八《唐景龍四年(710)卜天壽抄孔氏本鄭氏注〈論語〉》："得(德)不孤,必有 鄰 。"

67TAM363：8/1(a)一一《唐景龍四年(710)卜天壽抄孔氏本鄭氏注〈論語〉》："或乞諸其 鄰 而與之。"

64TAM4：6《唐總章元年(668)西州高昌縣左憧憙辭爲租佃葡萄園事》："恐屯桃人并比 鄰 不委□"

64TAM29：89(a),89(b)《唐永淳元年(682)坊正趙思藝牒爲勘當失盜事》："比 鄰 全無盜物踪跡。"

64TAM29：89(a),89(b)《唐永淳元年(682)坊正趙思藝牒爲勘當失盜事》："并不覺被人盜將,亦不敢加誣比 鄰 。"

臨　lín

67TAM363：8/1(a)《唐景龍四年(710)卜天壽抄孔氏本鄭氏注〈論語〉》："子曰:'臨 之以莊,則敬;孝慈,則中;舉□'"

按：中,傳世本作"忠"。

67TAM363：8/1(a)之六《唐景龍四年(710)卜天壽抄孔氏本鄭氏注〈論語〉》："居上不寬,爲禮不敬,臨 喪不哀,吾何以觀□"

72TAM179：18/3《文書殘片》："臨 。"

73TAM221：56(a)《唐貞觀廿二年(648)安西都護府乘敕下交河縣符爲處分三衛犯私罪納課違番事》："太中大夫守黃門侍郎 臨 。"

64TAM29：44《唐咸亨三年(672)新婦爲阿公録在生功德疏》："直爲生死道殊,恐阿公心有顛倒,既 臨 終受戒,功德復多。"

麟　lín

60TAM332：9/2(b)《唐麟德二年(665)里正趙某殘牒》："麟 德二年四月。"

líng

陵　líng

73TAM206：42/2《唐光宅元年(684)史李秀牒爲高宗山陵賜物請裁事》："□山 陵 者,始給賜物。"

聆　líng

80TBI：088《金光明經(卷三)除病品第一五》："□善女天!諦 聆 !諦 聆 !善持□"

翎　líng

翎　80TBI：001a《晉寫本東漢荀悦撰〈前漢紀〉〈前漢孝武皇帝紀〉殘卷》："□□休密 翎 侯二曰雙□□"

翎　80TBI：001a《晉寫本東漢荀悦撰〈前漢紀〉〈前漢孝武皇帝紀〉殘卷》："四曰朕頓 翎 侯。"

淩　líng

淩　2004TBM115：10《古寫本〈千字文〉》："遊鵾獨運， 淩 （凌）摩降（絳）霄。"

淩　75TKM91：18（a）《北涼玄始十一年（422）馬受條呈爲出酒事》："□□五斗，供 淩 □□"

淩　75TKM91：3/1（a），3/，2（a）《蔡暉等家口籍》："高 淩 四口。"

淩　72TAM151：60《高昌義和二年（615）七月馬帳（二）》："麴 淩 江赤□馬，□□江黃馬，蘇司馬騅馬，諫□□□□畔馬，侍郎□□□□"

淩　72TAM151：56《高昌買馱、入練、遠行馬、郡上馬等人名籍》："辛明護、史 淩 江、校尉相明、□□保悦、麴阿住。"

淩　72TAM151：15《高昌義和二年（615）都官下始昌縣司馬主者符爲遣弓師侯尾相等詣府事》：" 淩 江將軍兼都官□□洪信。"

鈴　líng

鈴　60TAM311：13（a）《缺名隨葬衣物疏》："金 鈴 三千。"

鈴　60TAM311：13《缺名隨葬衣物疏》："銀 鈴 三百。"

綾　líng

綾　72TAM151：6《高昌重光元年（620）氾法濟隨葬衣物疏》："玉豚一雙，雞鳴一具，白 綾 褶袴一具。"

綾　67TAM84：20《高昌條列出藏錢文數殘奏》："□□所藏 綾 十三□□"

綾　72TAM151：6《高昌重光元年（620）氾法濟隨葬衣物疏》："銅完弓箭一具，刀帶一具，欽被具， 綾 練各萬段。"

綾　64TAM29：44《唐咸亨三年（672）新婦爲阿公録在生功德疏》："阿公袂 綾 袴一腰，布施二行道□□"

綾　65TAM42：40《唐缺名隨葬衣物疏》："白 綾 褶袴拾具。"

綾　72TAM151：14《高昌義和元年（614）高懷孺物名條疏》："紫 綾 壹領，黃練裏；黃□□，白練裏。"

綾　72TAM151：51《高昌白子中布帛雜物名條疏》："右（又）四尺，非（緋） 綾 二尺五，右（又）半福（幅），滿非（緋）□□。"

綾　73TAM206：42/10－2《唐質庫帳歷》："故紫小 綾 祫帔子一。"

73TAM206：42/10－2《唐質庫帳歷》："小 綾 衫子一。"

綾　73TAM206：42/10－13，42/10－3《唐質庫帳歷》："故緋小 綾 袂裙一。"

靈　líng

靈　72TAM230：46/1（a）《唐儀鳳三年（678）尚書省户部支配諸州庸調及折造雜練色數處分事條啟（一）》："其安北都護府諸驛賜物，於 靈 州都督府給。"

靈　72TAM230：46/1（a）《唐儀鳳三年（678）尚書省户部支配諸州庸調及折造雜練色數處分事條啟（一）》："□已數於 靈 州。"

靈　2002TJI：003《妙法蓮華經卷四提婆達多品第一二》："□宮自然踊出，住虛空中，詣 靈 鷲□"

lǐng

領　lǐng

領領　75TKM91：15（a）《器物賬》："裘三 領 。"

　75TKM91：3/1（b），3/2（b）《北涼缺名隨葬衣物疏》："褶一 領 。"

領　59TAM305：8《缺名隨葬衣物疏》："白絓被一 領 。"

領預　75TKM91：25《兵曹條往守白芳人名文書一》："□次往 領 攝。"

領　72TAM151：14《高昌義和元年（614）高懷孺物名條疏》："白練叁拾段；紫綾壹 領 ，黃練裹；黃□□，白練裹。"

領　73TAM206：42/10－5/10－17《唐質庫帳歷》："東頭柒家緋羅

領 巾一。"

領　64TAM4：29（a）《唐咸亨四年左憧憙生前功德及隨身錢物疏》："憧憙收 領 。"

領　64TAM29：44《唐咸亨三年（672）新婦爲阿公録在生功德疏》："黃綢綿袍一 領 。"

領　72TAM188：75（a）《唐上西州都督府牒爲徵馬付營檢領事二》："□仍取 領 附諮敬□□，一日□"

領　2004TAM408：17《令狐阿婢隨葬衣物疏》："故絳絓袴一 領 。"

73TAM222：1（b）《唐中軍左虞侯帖爲處分解射人事》："仍準人數差解射主帥押 領 ，限今日午時到者。"

領　64TAM29：44《唐咸亨三年（672）新婦爲阿公録在生功德疏》："穽（肉）色袂袴衫子一 領 。"

領　73TAM206：42/10－10《唐質庫帳歷》："故白小綾 領 巾一。"

領　73TAM210：136/4－1《唐總計練殘文書（一）》："首 領 次□請準節□"

領　72TAM188：73（a）之一《唐上西州都督府牒爲徵馬付營檢領事一》："別牒營檢領訖，仍取 領 附諮方。"

領　72TAM188：79《唐神龍三年（707）和湯牒爲被問買馬事（二）》："□神龍三年二月 日 領 客使別奏和□"

領　73TAM507：012/12－1《唐潘突厥等甲仗帳》："□隆下皮甲八 領 ，鐵甲一□。"

領　64TAM29：44《唐咸亨三年（672）新婦爲阿公録在生功德疏》："黃布衫一 領 。"

2004TAM395：4－6＋2004TAM398：4－1＋2004TAM395：2《唐西州高昌縣李操領錢抄》："已上計銀錢叁□□□□，□操 領 □□□"

66TAM44：11/6《唐疊布袋帳歷》："隊正姚世通 領 。"

72TAM230：58/1(a)～58/4(a)《武周天授二年（691）追送唐建進家口等牒尾判》："仰準長官處分，即 領 送。"

66TAM61：22(b)《唐西州高昌縣上安西都護府牒稿爲録上訊問曹禄山訴李紹謹兩造辯辭事（三）》："取絹訖還 領 ，兄却還安西。"

71TAM188：85《唐西州都督府牒爲便錢酬北庭軍事事》："□□遂取突騎施首 領 多亥烏□□"
72TAM188：89(a)《唐上李大使牒爲三姓首領納馬酬價事》："三姓首 領 胡禄達干馬九疋。"

72TAM188：74(a)《唐被問領馬事牒》："仰答 領 得以不者，但小□□"

73TAM507：014/1《唐隊正陰某等領甲仗器物抄（一）》："甲肆 領 二皮，二錢。"

73TAM507：014/1《唐隊正陰某等領甲仗器物抄（一）》："□□陸 領 並皮□□"

73TAM208：24，28，30《唐典高信貞申報供使人食料帳歷牒（四）》："首 領 並□□"

67TAM78：47/2《唐某年月廿五日府史張道龕領馬料抄》："□□ 領 □□"

嶺　lǐng

65TAM346：1《唐乾封二年（667）郭耄醜勳告（一）》："颮海道：沙澤陣、纈 嶺 陣、東熊陸 嶺 陣並颮第一勳，各加三轉，總玖轉。"

65TAM341：30/1(a)《唐小德辯辭爲被蕃捉去逃回事》："小德少解蕃語，聽賊語，明□擬發向駝 嶺 逐草。"

65TAM341：30/1(a)《唐小德辯辭爲被蕃捉去逃回事》："其抄小德等來□可有二百騎，行至小 嶺 谷内，即逢。"

lìng

令　lìng

64TAM4：35(a)《唐瀵舍告死者左憧憙書爲左憧憙家失銀錢事（一）》："里鎧有人取者，放 令 瀵舍知見。"

75TKM88：1(a)《西涼建初二年功曹書佐左謙奏爲以散翟定□補西部平水事》："請奉 令 具刺板題授，奏諸紀職（識）奉行。"

80TBI：005－3《大乘瑜伽金剛性海曼殊室利千臂千鉢大教王經（卷六）》："□□體性 令 得解脱殊特□□"

72TAM151：52《高昌通人史延明等名籍》："北聽幹程□□、□□□、白保祐、 令 狐伯兒、□□□、王保謙。"

2002TJI：001《道行般若經（卷八）强弱品第二四》："□□度

令得泥洹。"

75TKM96：39《都鄉嗇夫被符徵發役作文書二》："令狐玩。"

72TAM151：59,61《高昌某年郡上馬帳》："諫議令護白馬。"

72TAM230：46/1（a）《唐儀鳳三年（678）尚書省户部支配諸州庸調及折造雜練色數處分事條啓（一）》："秦、涼二府者，其絹并令練□□□"

63TAM1：11《西涼建初十四年（418）韓渠妻隨葬衣物疏》："急急如律令。"

66TAM62：5《北涼緣禾五年隨葬衣物疏》："急急如律令。"

65TAM42：90（a），91（a）《唐令狐鼠鼻等差科簿（一）》："武騎尉令狐鼠鼻，廿七；兄智達，年卌二，外侍。"

67TAM78：22（b），21（b）《唐吴相□等名籍（一）》："令狐海悦。"

67TAM91：28（a）《唐貞觀十七年（643）何射門陀案卷爲來豐患病致死》："致令非理□□"

2004TBM207：1－11g《唐調露二年（680）七月東都尚書吏部符爲申州縣闕員事》："□□書令史□□"

73TAM206：42/5《唐高昌縣勘申應入考人狀》："送曹司依例支配，入考者令早裝束。"

60TAM327：05/1《唐永徽六年（655）趙羊德隨葬衣物疏》："□得安，即（急）々（急）如律令！"

按：原件"即"後用重文符號。

73TAM507：014/6《高昌延壽七年（630）十二月張明憙入十月劑刺薪條記》："□□令狐懷憙十二月□"

九日。"

64TAM1：49,59《唐西州高昌縣順義等鄉勘田簿（二）》："大女令狐太女田，東□□□□□延遠，南衛峻貞□□"

令狐　lìng hú

72TAM150：46《唐翟建折等雜器物帳》："□□解延箱一，令狐隆仁箸十。"

按：令狐，合體字。箸，原件書"楮"。

liú

留　liú

75TKM98：28/1《某人啓爲失耕事》："□□自當留□□"

2004TBM207：1－12a《唐上元三年（676）西州法曹牒功曹爲倉曹參軍張元利去年負犯事》："請檢上件上元二年考後已來，□何勾留負犯者。"

72TAM151：59,61《高昌某年郡上馬帳》："建武留（騮）馬。"

72TAM151：59,61《高昌某年郡上馬帳》："衛延紹留（騮）馬。"

72TAM226：53,54《唐開元十年（722）伊吾軍上支度營田使留後司牒爲烽鋪營田不濟事》："至開元十年閏五月廿四日，被支度營田使留後司五月十八□牒。"

2006TAM607：2－4＋2006TAM607：2－5＋2006TAM607：2－4《唐神龍元年（705）六月後西州前庭府牒上州勾

所爲當府官馬破除、見在事》：「令狐定德馬留敦（驑驖）。」

72TAM216：012/3－2《唐殘文書》：「□合留自□」

72TAM230：46/2（b）《唐儀鳳三年（678）尚書省户部支配諸州庸調及折造雜練色數處分事條啟（二）》：「約準一年須數，先以庸物支留，然後折□米粟。」

72TAM151：59,61《高昌某年郡上馬帳》：「侍侍僧愻赤馬，麴顯斌赤馬，大張寺瓜留（驑）馬。」

72TAM151：6《高昌重光元年（620）氾法濟隨葬衣物疏》：「宜向（享）遐齡，任意聽過，不得奄歇留亭（停）。」

72TAM151：59,61《高昌某年郡上馬帳》：「麴善亮留（驑）□[馬]，中郎顯仁瓜（騧）馬。」

72TAM188：86（a）（b）《唐西州都督府牒爲請留送東官馬填充團結欠馬事》：「且留此住，須䒷飼供，既破官倉，恐成費損。」

66TAM61：23（b），27/2（b），27/1（b）《唐西州高昌縣上安西都護府牒稿爲録上訊問曹祿山訴李紹謹兩造辯辭事（二）》：「其曹果毅及曹二留住弓月城，其李三□」

流　liú

72TAM179：16/4（b），16/5（b），16/6（b），16/7（b）《唐寫〈尚書孔氏傳〈禹貢〉、〈甘誓〉殘卷》：「二百里流。」

80TBI：019《增壹阿含經（卷五〇）大愛道班涅槃品第五二》：「□比丘衆前後圍繞而爲説法時佛名號流布□」

72TAM151：74（a）《古寫本〈晉陽秋〉殘卷（四）》：「華畫地成圖，□對如流，雖張□世□」72TAM151：74（a）《古寫本〈晉陽秋〉殘卷》：「之吳太□叩頭流□」

66TAM62：6/2《翟彊辭爲貸麥被扯牛事》：「奴佛流二斛，夏□償麥三斛。」

64TAM19：48《唐上元三年（676）西州都督府上尚書都省狀爲勘放還流人貫屬事（一）》：「□放還流人貫屬具狀上事。」

67TAM363：8/2（a）之一《唐景龍四年（710）卜天壽抄〈十二月新三臺詞〉及諸五言詩》：「日落西山夏（下），潢（黃）河東海流，□□不滿百，恒作[方]萬年優（慢）。」

按：原件"方"字旁有"卜"删字符號。

73TAM509：8/5（a）《唐西州天山縣申西州户曹狀爲狀無場請往北庭請兄禄事》：「前安西流外張旡場，奴胡子年廿五，馬壹疋，駮草（騅）肆歲，驢貳頭，並青黃父各陸歲。」

80TBI：087《金光明經（卷三）除病品第一五》：「爾時，流水長者家中後生一子。」

73TAM222：56/1,56/2《唐殘判籍（二）》：「全非流類□」

80TBI：130《十住毗婆沙論（卷五）聖者龍樹造易行品第九》：「超出佛，真流離明佛。」

按：離，《中華大藏經》和《大正新修大藏經》作"璃"。

劉　liú

2004TBM203：30-4d＋2004TBM203：30-4a＋2004TBM203：30-4b《高昌寫本〈急就篇〉》："▢ 劉 若 ▢"

63TAM1：15《劉普條呈爲得麥事》："五月十日 劉 普條呈。"

73TAM191：119（a）《唐永隆元年（680）軍團牒爲記注所屬衛士征鎮樣人及勳官籤符諸色事（一）》："劉 戶舉，年廿六。"

64TAM15：29/1《高昌康保謙雇劉祀海券》："三日，康保謙雇 劉 祀海用▢"

72TAM151：74（a）《古寫本〈晉陽秋〉殘卷》："書 劉 弘典臺事程 ▢"

60TAM330：14/1-1（a）《唐梁安相等名籍（二）》："劉 阿父師。"

66TAM61：24（b）《唐西州高昌縣上安西都護府牒稿爲録上訊問曹禄山訴李紹謹兩造辯辭事（六）》："▢ 使向 劉 監簫鄉軍使人問有胡 ▢"

66TAM61：24（b）《唐西州高昌縣上安西都護府牒稿爲録上訊問曹禄山訴李紹謹兩造辯辭事（六）》："敕二人爲向 劉 監軍▢"

72TAM151：55《高昌田相祐等名籍》："楊保相、劉 祐兒、劉漢伯、張慶▢。"

2006TAM607：2-2背面《唐景龍三年（709）後西州勾所勾糧帳》："七斗八升青稞，徵典 劉 德。"

72TAM151：59,61《高昌某年郡上馬帳》："北 劉 都寺瓜（騧）馬。"

67TAM78：22（b），21（b）《唐吳相□等名籍（一）》："▢ 劉 阿尊，□□□□□伯，傅延▢"

TAMX2：02《□延亮等名籍》："劉 春海，趙惡人。"

67TAM91：4（b）《唐劉顯志等家口給糧一月帳》："劉 顯志 □人。"

73TAM206：42/9-8《唐課錢帳歷（三〇）》："劉 八百廿；趙 ▢"

73TAM206：42/9-27《唐課錢帳歷》："劉 八□廿，趙嫂六十。"

73TAM206：42/9-30《唐課錢帳歷（二）》："劉 八百廿。"

騮　liú

72TAM188：78（a）《唐健兒部玄嶷、吳護陸等辭爲乘馬死失另備馬呈印事》："▢ 嶷馬一疋，騮 草（騲）六歲印▢"

72TAM150：29《唐諸府衛士配官馬、駄殘文書一》："▢ 伏奴馬 騮。"

liǔ

柳　liǔ

72TAM226：51《唐西州都督府上支度營田使牒爲具報當州諸鎮戍營田畝數事》："[柳]谷鎮兵肆拾人，□□□肆頃；酸棗戍□□□"

72TAM226：55《唐伊吾軍諸烽鋪營種豆糜文書》："□□合豆，[柳]頭烽。"

2006TAM607：2－4背面＋2006TAM607：2－5背面《唐景龍三年（709）後西州勾所勾糧帳》："九石七斗粟，王素納[柳]中縣。"

67TAM78：37《唐西州蒲昌縣赤亭烽帖爲鎮兵糧事》："□□令[柳]大□□"

73TAM210：136/5《唐貞觀二十三年（649）安西都護府戶曹關爲車脚價練事》："□練壹疋肆□□□判下[柳]中□□"

72TAM230：55(b)《唐館驛文書事目（一）》："□□同日[柳]中□□"

72TAM230：55(b)《唐館驛文書事目（一）》："□□同日[柳]中縣牒使□□"

liù

[六]　liù

72TAM151：95《高昌延和八年七月至延和九年六月錢糧帳》："依案，從己巳□七月一日至庚午歲[六]月廿九□□□□伍佰肆文半。"

72TAM151：102，103《高昌作頭張慶祐等偷丁谷寺物平錢帳》：

"□□人張慶祐作頭，獨偷□□□[六]縱（緃）疊五匹。"

按：疊，原件書作"疊"。

75TKM96：37《倉吏侯暹啟》："所致生年始冊[六]七，久患□，積有年歲。"

[陸]　liù

73TAM193：15(b)《唐天寶某載（749—756）行館器物帳》："荷葉盤子[陸]□□"

75TKM91：16(a)《祠吏翟某呈爲食麥事》："□食麥八升，合[陸]斗四升。"

72TAM216：012/7《唐奴宜保等殘籍帳》："□□奴惠命，年[陸]□□"

73TAM507：012/19《高昌延壽十一年（634）二月張明憙入劑丁正錢條記》："□□丁正錢[陸]文，□軍孟□□"

73TAM507：012/19《高昌延壽十一年（634）二月張明憙入劑丁正錢條記》："□□正錢[陸]文，□軍孟仕□□"

2006TZJ1：087，2006TZJ1：077《麴氏高昌張廷懷等納斛斗帳》："憧海師[陸]兜（斗）究（九）昇（升）。"

73TAM206：42/10－16《唐質庫帳歷》："□□正月卅日取[陸]□□"

67TAM78：48/1《唐西州蒲昌縣糧帖一》："□□糜[陸]斗陸□□"

64TAM4：44《唐龍朔元年（661）左憧憙買奴契》："高昌縣崇化鄉

人前庭府衛士左憧憙交用水練 陸 疋，錢五文。"

64TAM4：33《唐總章三年（670）左憧憙夏菜園契》："其園叁年中與夏價大麥拾 陸 斛。"

64TAM4：33《唐總章三年（670）左憧憙夏菜園契》："其園叁年中與夏價大麥拾陸斛，秋拾 陸 斛。"

73TAM507：014/1《唐隊正陰某等領甲仗器物抄（一）》："□□ 陸 領並皮□□"

lóng

竜　lóng

72TAM179：16/1（b），16/2（b）《唐寫〈尚書〉孔氏傳〈禹貢〉、〈甘誓〉殘卷》："□□浮於積石，至於 竜 門、西河，㑹（會）於渭汭。"

隆　lóng

64TKM1：33（a）《唐貞觀十四年氾歡□賃舍契》："下底舍□ 隆 □"

72TAM151：56《高昌買駄、入練、遠行馬、郡上馬等人名籍》："永 隆 寺、常侍□□、張相受、□□、冠軍、侍郎□洛。"

TAMX2：06《張倫豐等名籍》："張護 隆 ，趙□□"

72TAM171：19（a），9（a），8（a），11（a）《高昌延壽十四年（637）兵部差人往青陽門等處上現文書》："□□

次馮 隆 兒、大宋客兒子。"

73TAM507：012/12-1《唐潘突厥等甲仗帳》："□□ 隆 下皮甲八領，鐵甲一領。"

64TAM4：34《唐龍朔元年（661）龍惠奴舉練契》："保人男 隆 緒。"

TAMX2：03《□知德等名籍》："□□西 隆 □□"

72TAM150：40《唐康某等雜器物帳》："曹 隆 信床一張。"

2004TAM395：4-2＋2004TAM395：4-3《唐垂拱二年西州高昌縣徵錢名籍全貌》："范思約，范 隆 貞。"

2004TAM395：4-2＋2004TAM395：4-3《唐垂拱二年西州高昌縣徵錢名籍全貌》："嚴延 隆 。"

60TAM332：9/2（a）《唐龍朔元年（661）左慈隆等種糜畝數帳》："左慈 隆 四畝，高、住仁二畝。"

64TAM4：41《唐總章三年（670）張善憙舉錢契》："知見人，高 隆 歡。"

2004TAM395：4-2＋2004TAM395：4-3《唐垂拱二年西州高昌縣徵錢名籍全貌》："謝過 隆 海，赵祀君。"

2004TAM395：4-2＋2004TAM395：4-3《唐垂拱二年西州高昌縣徵錢名籍全貌》："□□舉，范 隆 海。""趙武 隆 。"

66TAM61：28（a），31/2（a）《唐田豐洛等點身丁中名籍》："范 隆 海，十九。"

66TAM61：29（a）《唐闞洛□等點身丁中名籍》："張 隆 子。"

龍　lóng

67TAM84：20《高昌條列出藏錢文數殘奏》："□苟作從，藏□"

67TAM84：20《高昌條列出藏錢文數殘奏》："□作從，藏龍遮之捼提婆錦三匹。"

2006TAM607：2-4《唐神龍元年（705）六月後西州前庭府牒上州勾所爲當府官馬破除、見在事》："一疋，神龍元年六月給當府折衝馬神禄趁賊致死，申州未報。"

75TKM96：18,23《北涼玄始十二年（423）兵曹牒爲補代差佃守代事》："張欑□、道□□、兵曹掾張龍，史張□白。"

66TAM61：34(b),31/1(b),31/3(b),31/4(b)《唐田緒歡等課役名籍（四）》："龍海保。"

73TAM519：19/2-1《高昌延壽十七年（640）屯田下交河郡、南平郡及永安等縣符爲遣麴文玉等勘青苗事》："令敕交河郡、南□□、□□□、□樂縣、洿林縣、龍□□、安昌□□"

67TAM78：20(b)《唐李悦得子等戶主名籍》："□得子，戶主龍歡祐。"

67TAM363：8/2(a)之二《唐景龍四年（710）卜天壽抄〈十二月新三臺詞〉及諸五言詩》："景龍四年五月。"

72TAM188：82(a)《唐神龍二年（706）主帥渾小弟上西州都督府狀爲處分馬踏料事》："神龍二年二月日主帥渾小弟□□"

72TAM188：76《唐神龍三年（707）殘牒》："神龍三年正月廿九日主帥□□"

64TAM4：34《唐龍朔元年（661）龍惠奴舉練契》："唐龍朔元年八月廿三日。"

67TAM91：33(b)《唐龍海相等家口給糧三月帳》："戶主龍海相家口□□"

64TAM4：34《唐龍朔元年（661）龍惠奴舉練契》："安西鄉人龍惠奴於崇化鄉人右憧憙邊舉取練叁拾疋。"

67TAM78：22(b),21(b)《唐吳相□等名籍（一）》："鄧禿子，曹子□□□□□□□龍□□"

64TAM4：42《唐龍朔元年（661）左憧憙夏菜園契》："龍朔元年九月十四日。"

72TAM150：42《唐白夜默等雜器物帳》："白夜默槃一，龍歡槃□"

67TAM363：8/1(a)——《唐景龍四年（710）卜天壽抄孔氏本鄭氏注〈論語〉》："景龍四年三月一日。"

2006TAM607：2-4《唐景龍三年（709）後西州勾所勾糧帳》："五斗青稞踏，神龍三年秋季重徵。"

籠　lóng

72TAM151：6《高昌重光元年（620）氾法濟隨葬衣物疏》："諸（朱）衣籠管（冠）一具。"

lǒng

隴　lǒng

72TAM226：53,54《唐開元十年（722）伊吾軍上支度營田使留後司牒爲烽鋪營田不濟事》："□隱没 壟 畝，求受重□"

72TAM209：87《唐貞觀年間西州高昌縣勘問梁延臺、雷隴貴婚娶糾紛案卷（二）》："雷 隴 貴年冊□"

72TAM209：87《唐貞觀年間西州高昌縣勘問梁延臺、雷隴貴婚娶糾紛案卷（二）》："隴 辯：被問娶阿趙□"

72TAM209：87《唐貞觀年間西州高昌縣勘問梁延臺、雷隴貴婚娶糾紛案卷（二）》："隴 時用絹五疋將充娉財，然趙□"

lóu

樓　lóu

80TBI：656a《佛説灌頂摩尼羅亶大神咒經（卷八）》："第四拘 樓 秦佛。"

lòu

陋　lòu

72TAM151：74（a）《古寫本〈晉陽秋〉殘卷》："□翻之 陋 體，無玄□□自□，毛弗施於器用□"

按：今本張華《鷦鷯賦》作："育翮翾翥之陋體，無玄黃以自貴，毛無施於器用，肉不登乎俎味。"

漏　lòu

80TBI：126《別譯雜阿含經（卷一二）》："得於盡滅，安住無 漏 法。"

66TAM44：30/2《唐寫佛經疏釋殘卷二》："無出世無 漏，相違不得相生。"

80TBI：488《四分戒本疏（卷一）》："其心雖在惡無記中，本所作業，不名 漏 失。"

66TAM44：30/2《唐寫佛經疏釋殘卷二》："出世唯漏無 漏 相違善性。"

64TAM29：103《唐殘牒爲申患牒事》："□濟其贏，今清 漏 □"

73TAM191：32(a)《唐史衛智爲軍團點兵事》："□加減、隱没、遺 漏 □"

73TAM509：8/27《唐城南營小水田家牒稿爲舉老人董思舉檢校取水事》："即無 漏 併長安穩，請處分。"

73TAM193：11(a)《武周郭智與人書》："恐 漏 情狀，婢聞即生藏避。"

2004TBM207：1－6《唐儀鳳三年（678）九月西州録事參軍牒》："不合隱 漏 □"

lú

盧　lú

64TAM22：16《翟蒽等應募入幢名籍》："翟悆、索 盧 早、索忠。"

2006TSYIM4：3－19b 背面《北涼高昌郡高寧縣差役文書（一六）》："盧温，索 盧 軍，張善奴。"

lǔ

魯　lǔ

64TAM27：21《唐寫本〈論語〉鄭氏注〈雍也〉殘卷》："□□子仕 魯 六斗四升，曰□□。"

67TAM363：8/1（a）之五《唐景龍四年（710）卜天壽抄孔氏本鄭氏注〈論語〉》："子語 魯 太師樂。"

67TAM363：8/1（a）之二《唐景龍四年（710）卜天壽抄孔氏本鄭氏注〈論語〉》："□□廿用 魯 禮樂祭□□。"

72TAM150：30，31《唐諸府衛士配官馬、駄殘文書二》："魯 法義馬赤驃。"

72TAM228：14《唐保人石杯娑等殘契》："□□祖 魯 □□。"

lù

陸　lù

75TKM91：11/6《西涼建初四年（408）秀才對策文》："夏處井鬼，故稱南 陸。"

鹿　lù

64TAM22：20（a）《橫截縣被符責取鹿角文書》："橫截縣言：被符劉崇、令狐受各有 鹿 角一頭。"

80TBI：116《妙法蓮華經（卷二）譬喻品第三》："□□子爲求 鹿 □□。"

72TAM171：12（a），17（a），15（a），16（a），13（a），14（a）《高昌延壽十四年（637）兵部差人看客館客使文書》："□□蘇弩胡 鹿 大官、公主時健大官、□□。"

72TAM151：52《高昌逼人史延明等名籍》："鹿 門趙善□、諸善憙、宋□祐。"

禄　lù

2006TSYIM4：3－21《北涼高昌郡高寧縣差役文書（一七）》："□□賊曹闞 禄 白，謹條次候右差□□。"

64TAM15：6《唐唐幢海隨葬衣物疏》："胡 禄 弓箭一具。"

73TAM509：8/5（a）《唐西州天山縣申西州户曹狀爲狀無塲請往北庭請兄禄事》："天山縣，爲申張无塲請往北庭請兄 禄 具上事。"

73TAM509：8/5（a）《唐西州天山縣申西州户曹狀爲狀無塲請往北庭請兄禄事》："今四鎮封牒到，欲將前件人畜往北庭請 禄，恐所在不練行由，請處分者。"

2006TAM607：2－4《唐神龍元年（705）六月後西州前庭府牒上州勾所爲當府官馬破除、見在事》："一疋，神龍元年六月給當府折衝馬神 禄 趁賊致死，申州未報。"

禄　2006TAM607：2-4背面 + 2006TAM607：2-5背面《唐景龍三年(709)後西州勾所勾糧帳》："五石三斗粟，王什住 禄 納天山縣。"

禄　2006TSYIM4：3-28《北涼高昌郡高寧縣差役文書(二一)》："□□曹闞 禄 白□□"

禄　64TAM15：17《唐貞觀十四年閏十月西州高昌縣弘寶寺賊臕錢名》："典 禄。"

禄　66TAM61：16(b)《唐西州高昌縣上安西都護府牒稿爲録上訊問曹禄山訴李紹謹兩造辯辭事(七)》："其 禄 山初□□"

禄　72TAM188：89(a)《唐上李大使牒爲三姓首領納馬酬價事》："三姓首領胡 禄 達干馬九疋。"

禄　66TAM61：17(b)《唐西州高昌縣上安西都護府牒稿爲録上訊問曹禄山訴李紹謹兩造辯辭事(一)》："曹 禄 山年卅。"

禄　2006TSYIM4：3-20《北涼高昌郡某縣賊曹闞禄白爲翟紾失盜事》："賊曹闞 禄 白：翟紾□□"

禄　73TAM221：62(b)《唐永徽三年(652)賢德失馬陪徵牒》："即依 禄 (録)，牒岸頭府，謹問文達領得以不？"

路　lù

路　67TAM363：8/1(a)之九《唐景龍四年(710)卜天壽抄孔氏本鄭氏注〈論語〉》："子 路 文(聞)之喜。"

路　73TAM210：136/11《唐勳官某訴辭爲水破渠路事》："不修渠取水，數以下口人，水破渠 路，小□□"

路　60TAM332：9/1-1《唐祭五方神文殘片一》："生死 路 別，不得相親。"

路　63TAM2：1《北涼緣禾六年翟萬隨葬衣物疏》："故 路 (綠)緋結髮兩枚。"

路　72TAM230：46/2(b)《唐儀鳳三年(678)尚書省戶部支配諸州庸調及折造雜練色數處分事條啟(二)》："□□非所管 路 程稍近，遣與桂府及欽州相知，準防人須糧支配使充。"

路　71TAM188：85《唐西州都督府牒爲便錢酬北庭軍事事》："□□北庭大賊下逐大海 路，差索君才□□"

路　64TAM29：44《唐咸亨三年(672)新婦爲阿公録在生功德疏》："若得生 路，託夢令知。"

戮　lù

戮　67TAM363：8/1(a)之八《唐景龍四年(710)卜天壽抄孔氏本鄭氏注〈論語〉》："□□有道不廢，邦無道勉(免)於形(刑) 戮。"

録　lù

録　65TAM346：2《唐上元二年(675)府曹孝通牒爲文峻賜勳事》："敕鎮滿十年，賜勳兩轉，付 録 事司檢文峻等並並經十年已上檢。"

録　66TAM59：4/6《北涼神璽三年(399)倉曹貸糧文書》："神璽三年五月七日起倉□，□薄沇，録 事朗，板白□□"

72TAM194：12/1，12/12《唐□□五年佐麴和牒》："□□不同，準狀 録 申州請□□□"

65TAM341：25，26（a）《唐景龍三年（709）南郊赦文》："□□□録名聞奏壇□□□"

2004TBM207：1－12a《唐上元三年（676）西州法曹牒功曹爲倉曹參軍張元利去年負犯事》："□□司 録 奏禁身，至三年□□□"

64TAM37：21《唐□□二年曹忠敏田契》："謹 録 契白如前。"

72TAM188：67《唐録事司值日簿》："録事司：十二月十三日，將軍行酒董臣、氾嵩；十六日，王詮、郎琳、玄。"

64TAM29：44《唐咸亨三年（672）新婦爲阿公録在生功德疏》："阿公生存在日功德，審思量記 録 。"

64TAM29：44之六《唐咸亨三年（672）新婦爲阿公録在生功德疏》："亦請記 録 。"

73TAM222：57/1（a）《唐殘名籍一》："□□□録今月□□□"

73TAM191：17（a）《唐永隆元年（680）軍團牒爲記注所屬衛士征鎮樣人及勳官籤符諸色事（一三）》："十月廿五日 録 事張文表。"

73TAM206：42/2《唐光宅元年（684）史李秀牒爲高宗山陵賜物請裁事》："十月廿四日 録 事神都。"

2004TBM207：1－14《唐儀鳳某年（676—679）西州牒爲考課事》："詔具 録 功過奏聞，表本附案。"

72TAM201：33《唐咸亨五年（674）兒爲阿婆録在生及亡没所修功德牒》："右阿婆生存及亡没所修功德

件 録 條。"

2004TBM207：1－6《唐儀鳳三年（678）九月西州録事參軍牒》："録 事參□□□"

2006TSYIM4：3－17a《北涼某年九月十六日某縣廷掾案爲檢校絹事》："□□□往 録 移達，煩攝離□□□"

72TAM188：79《唐神龍三年（707）和湯牒爲被問買馬事（二）》："□□□録事攝録事恭軍□□□"

鏕　lù

72TAM151：74（a）《古寫本〈晉陽秋〉殘卷》："書僕□□鏕公裴□尚書解結黃門侍郎杜□□□"

按：鏕，《吐魯番出土文書》録作"鹿"。僕，原件書作"僕"。

露　lù

2004TBM203：30－2《高昌寫本〈急就篇〉》："□□柰桃待 露 霜，棗杏瓜棣□飴餳。"

73TAM507：013/5，013/6《唐調露二年（680）某人行旅公驗》："調 露 二年□□□"

lú

驢　lú

73TAM509：8/5（a）《唐西州天山縣申西州户曹狀爲狀無塲請往北庭請兄禄事》："前安西流外張无塲，

奴胡子年廿五,馬壹疋,駁草(騲)肆歲,
[驢]貳頭,並青黃父各陸歲。"

[驢] 69TAM137：1/1,1/3《唐西州高昌縣張驢仁夏田契》："□□入張[驢]仁,若□□"

[驢] 65TAM42：40《唐缺名隨葬衣物疏》："駝馬[驢]羊雞苟一千。"

[驢] 64TAM29：25《唐垂拱元年(685)康義羅施等請過所案卷(四)》："駝二頭,[驢]五頭。"

[驢] 64TAM29：24《唐垂拱元年(685)康義羅施等請過所案卷(四)》："奴割邏吉,[驢]三頭。"

[驢] 64TAM29：25《唐垂拱元年(685)康義羅施等請過所案卷(四)》："[驢]三頭。"

[驢] 64TAM29：24《唐垂拱元年(685)康義羅施等請過所案卷(四)》："婢可、婢支、[驢]三頭,馬一匹。"

[驢] 2006TAM607：2-4《唐景龍三年(709)後西州勾所勾糧帳》："一斗二升粟,州倉景二年秋季剩給兵[驢]料。"

lǚ

吕　lǚ

[吕] 75TKM91：3/1(a),3/,2(a)《蔡暉等家口籍》："[吕]阿隆一口。"

[吕] 73TAM509：8/5(a)《唐西州天山縣申西州戶曹狀爲狀無場請往北庭請兄祿事》："兄旡價任北庭乾坑戍主,被[吕]將軍奏充四鎮要籍驅使,其祿及地子合於本任請授。"

[吕] 73TAM215：017/7《唐殘書牘四》："□□居[吕]延奉到得□□"

[吕] 64TAM4：42《唐龍朔元年(661)左憧憙夏菜園契》"崇化鄉人左憧憙於同鄉人大女[吕]玉娙(蕤)邊夏張渠菜園肆拾步壹園。"

[吕] 68TAM108：20(a)之二《唐開元三年(715)西州營牒爲通當營請馬料姓名事一》："第六隊火長周神力,火內人[吕]忧复。"

侣　lǚ

[侣] 80TBI：693a《瑜伽師地論(卷四〇)一五菩薩地》："□□樂好合徒[侣]□□"

旅　lǚ

[旅] 65TAM42：102(a),104(a)《唐永徽元年(650)後某鄉戶口帳(草)(二)》"□三[旅]帥。"

[旅] 73TAM191：17(a)《唐永隆元年(680)軍團牒爲記注所屬衛士征鎮樣人及勳官籤符諸色事(一三)》："[旅]帥,裴通遠。"

[旅] 72TAM230：66《武周天授二年(691)安昌合城老人等牒爲勘問主簿職田虛實事》："行[旅]之徒,亦應具悉。"

履　lǚ

[履] 2004TBM203：302-4c《高昌寫本〈急就篇〉》："□□緣,[履]舃□□"

73TAM206：42/10 - 4《唐質庫帳歷》："故□履一量。"

59TAM305：8《缺名隨葬衣物疏》："絳地絲靴（履）一量。"

縷　lǚ

75TKM99：17《某家失火燒損財物表》："布縷八斤。"

lǜ

律　lǜ

80TBI：756a - 3《中阿含經（卷八）未曾有法品薄拘羅經第三》："□□正法律□□"

80TBI：488《四分戒本疏（卷一）》："於生非生數頓得律儀，故稱爲惣。"

按：總，原件書作"惣"。

73TAM222：56/3（a），56/4（a）《唐殘判籍（三）（四）》："律云祖父母□□"

73TAM222：56/3（a），56/4（a）《唐殘判籍（三）（四）》："隱狀據律本□□"

72TAM151：6《高昌重光元年（620）氾法濟隨葬衣物疏》："急々如律令。"

按：原件"即"後用重文符號。下文同。

63TAM1：11《西涼建初十四年（418）韓渠妻隨葬衣物疏》："急々如律令。"

66TAM62：5《北涼緣禾五年隨葬衣物疏》："急々如律令。"

60TAM327：05/1《唐永徽六年（655）趙羊德隨葬衣物疏》："□得安，即（急）々（急）如律令！"

緑　lǜ

64TAM29：44《唐咸亨三年（672）新婦爲阿公録在生功德疏》："墨緑紬綾裙一腰。"

72TAM151：51《高昌臼子中布帛雜物名條疏》："紫棗尺一，支疊囊（囊）子二，緑三尺。"

64TAM29：102《唐緑葉辯辭爲附籍事》："□□ □緑葉令□"

64TAM29：44《唐咸亨三年（672）新婦爲阿公録在生功德疏》："謹緑（録）此簿，分强分疎。"

73TAM206：42/10 - 20《唐質庫帳歷》："故緵緑裙□□"

慮　lǜ

67TAM363：8/2（a）之一《唐景龍四年（710）卜天壽抄〈十二月新三臺詞〉及諸五言詩》："静慮寺。"

luàn

亂　luàn

2006TSYIM4：2 - 2《古寫本〈詩經〉》："宣王承厲王之烈，□□

[内有]撥 亂 之志,遇災而懼,側身脩行,欲□[銷]去之。"

2006TSYIM4：2－2《古寫本〈詩經〉》："天降喪 亂,饑饉薦臻。"

59TAM303：01《高昌缺名隨葬衣物疏》:" 亂 絲千斤。"

按：絲,原件書作"糸"。

72TAM151：74（a）《古寫本〈晉陽秋〉殘卷》:"□□ 亂 謀□□前雍□□"

luè

略 luè

73TAM206：42/2《唐光宅元年（684）史李秀牒爲高宗山陵賜物請裁事》:"前未判申,事恐疎 略,謹以牒舉。"

2004TBM207：1－4《唐儀鳳三年（678）九月西州功曹牒爲檢報乖僻批正文案事》:"大素自考後以來,諸司所有乖僻處分隨案,並捉得 略 良胡數人及財物等。"

67TAM363：8/1（a）之二《唐景龍四年（710）卜天壽抄孔氏本鄭氏注〈論語〉》:"喪失於簡 略,不如衷（哀）徵（戚）。"

lún

侖 lún

72TAM179：16/1（b）,16/2（b）《唐寫〈尚書〉孔氏傳〈禹貢〉、〈甘誓〉殘卷》:"穀（織）皮、昆 侖、斫（析）支、渠搜,西戎即敍。"

倫 lún

72TAM151：74（a）《古寫本〈晉陽秋〉殘卷》:"軍事□等直系□ 倫（淪）陷,系□□"

73TAM222：55（a）《唐寫〈千字文〉殘卷》:"□□ 倫 紙,□巧□□"

論 lún

67TAM363：8/1（a）之六《唐景龍四年（710）卜天壽抄孔氏本鄭氏注〈論語〉》:"《 論 語·里仁》第四。"

67TAM363：8/1（a）之八《唐景龍四年（710）卜天壽抄孔氏本鄭氏注〈論語〉》:"《 論 語·公治萇》第五。"

輪 lún

67TAM363：8/1（a）之九《唐景龍四年（710）卜天壽抄孔氏本鄭氏注〈論語〉》:"□□坖（地）之廣 輪,此皆舉其所容之大。"

按：坖,當爲武周新字"埊"之訛寫。

lùn

論 lùn

73TAM222：56/1,56/2《唐殘判籍（二）》："☐論☐餘判☐☐"

80TBI：016《四分戒本疏（卷一）》："故多☐論☐云,於一切衆生數非衆生數而發☐☐"

75TKM90：20（a）《高昌主簿張綰等傳供帳》："張綰傳令,出疏勒錦一張,與處☐論☐無根。"

72TAM150：39《唐僧净眼家書》："☐論☐,今因諸法師還☐☐"

64TAM29：44 之六《唐咸亨三年（672）新婦爲阿公録在生功德疏》："注子（字）《金剛般若經》一部,對《法☐論☐經》一部。"

　　按：剛,原件作"剅"。

2006TAM607：2 - 4《唐神龍元年（705）六月後西州前庭府牒上州勾所爲當府官馬破除、見在事》："三疋,長安四年六月給☐論☐（輪）臺聲援兵隨北庭討擊軍不迴。"

66TAM44：30/1,30/10《唐寫〈唯識論注〉殘卷二》："☐☐而☐論☐非三性攝通以☐☐"

luó

☐螺☐　luó

72TAM230：36《古寫本木玄虛〈海賦〉》："☐☐綾羅被光於☐螺☐蜯（蚌）之節。繁☐☐☐"

☐羅☐　luó

80TBI：507 - 2《囉嚩拏説救療小兒疾病經（卷一）》："☐☐曼拏☐羅☐中☐☐"

80TBI：669a《大方廣華嚴十惡品經》："☐☐崛魔☐羅☐飲酒醉☐☐"

80TBI：692a《大法炬陀羅尼經（卷一〇）六度品第二四之一》："☐☐梨耶波☐羅☐蜜禪☐☐"

80TBI：692a《大法炬陀羅尼經（卷一〇）六度品第二四之一》："☐☐謂檀那波☐羅☐☐"

80TBI：215《金光明經（卷三）鬼神品第一三》："☐☐那☐羅☐延等"

80TBI：088《金光明經（卷三）除病品第一五》："當成阿耨多☐羅☐"

80TBI：475《妙法蓮華經（卷二）譬喻品第三》："真珠☐羅☐網,張☐☐"

64TAM29：44《唐咸亨三年（672）新婦爲阿公録在生功德疏》："☐羅☐襆頭一枚。"

64TAM29：44《唐咸亨三年（672）新婦爲阿公録在生功德疏》："紫黃☐羅☐間陌複一腰。"

64TAM29：44《唐咸亨三年（672）新婦爲阿公録在生功德疏》："緋☐羅☐帔子一領。"

73TAM206：42/10 - 5/10 - 17《唐質庫帳歷》："東頭柒家緋☐羅☐領巾一。"

72TAM150：45《唐曹摩羅等雜器物帳》："☐☐曹摩☐羅☐銅匙。"

64TAM29：17（a）,95（a）《唐垂拱元年（685）康義羅施等請過所

案卷（一）》："但 羅 施等並從西來。"

64TAM29：24《唐垂拱元年
（685）康義羅施等請過所案卷
（四）》："康尾義 羅 施，年卅；作人曹伏磨
□。"

71TAM188：85《唐西州都督府
牒爲便錢酬北庭軍事事》：
"□牒別項爲便錢酬 羅 阿□。"

80TBI：488《四分戒本疏（卷
一）》："或容犯罪，或終至 羅 漢
更無增減。"

64TAM29：17（a），95（a）《唐垂
拱元年（685）康義羅施等請過所
案卷（一）》："□義 羅 施年卅。"

邏　luó

64TAM29：24《唐垂拱元年
（685）康義羅施等請過所案卷
（四）》："奴割 邏 吉，驢三頭。"

luò

洛　luò

60TAM325：14/4－1，14/4－2
《唐西州某府主帥陰海牒爲六馱
馬死事》："進 洛 六馱先在群放□。"

2004TBM113：6－3：《唐西州某
縣何花辤爲男女放良事》：
"□男 洛 洛 □。"

60TAM325：14/4－1，14/4－2
《唐西州某府主帥陰海牒爲六馱
馬死事》："營司：進 洛 前件馬比來在群
牧放，被木刺破。"

72TAM150：40《唐康某等雜器
物帳》："郭 洛 子床一張。"

2004TAM398：13a＋2004TAM398：
13b《唐西州高昌縣趙度洛等授
田簿》："趙度 洛 年卅三，二畝。"

72TAM151：59，61《高昌某年郡
上馬帳》："和長史 洛 馬，西主寺
赤馬，將阿婆奴赤馬，侍郎歡岳青馬。"

72TAM151：59，61《高昌某年郡
上馬帳》："范願祐 洛 馬。"

72TAM151：56《高昌買駄、入
練、遠行馬、郡上馬等人名籍》：
"永隆寺、常侍□□、張相受、□□、冠軍、
侍郎□ 洛 。"

72TAM151：55《高昌田相祐等
名籍》："田相祐、趙天願、賈時
祐、張懷 洛 。"

TAMX2：01《□歡下等名籍》：
"張 洛 子。"

72TAM150：42《唐白夜默等雜
器物帳》："郭 洛 護槃一，杜隆
□。"

64TAM4：53《唐麟德二年（665）
張海歡、白懷洛貸銀錢契》："若
張身東西没 洛 （落）者，一仰妻兒及收後
保人替償。"

64TAM36：9《唐高昌縣史成忠帖
爲催送田參軍地子并斁（麩）事》：
"□二畝趙 洛 胡、二畝令狐貞信。"

72TAM150：40《唐康某等雜器
物帳》："白憙 洛 床一張。"

TAMX2：06《張倫豐等名籍》：
"□ 洛 □。"

64TAM29：44《唐咸亨三年
（672）新婦爲阿公録在生功德
疏》："覓好生處，不得心有戀看，致 洛

（落）下道。”

73TAM507：014/6《高昌延壽七
年（630）十二月張明憙入十月劑
刺薪條記》：“庚寅歲十月□□薪壹車，□
軍和 洛 □□□”

73TAM507：014/4,014/5《高昌
張明憙入延壽七年（630）七月劑
刺薪條記》：“參軍和 洛 、主簿趙□□□”

2004TAM398：3－3＋2004TAM398：
3－2《唐某年二月西州高昌縣更
簿全貌》：“依注告知 洛 白。”

64TAM4：33《唐總章三年（670）
左憧憙夏菜園契》：“保人，男，
君 洛 。”

66TAM61：30《唐郭阿安等白丁
名籍（一）》：“令狐 洛 堆，廿六，
白丁。”

按：堆，原件書作“塠”。

66TAM61：31/1（a）,31/3（a）,
31/4（a）《唐郭阿安等白丁名籍
（四）》：“張幼 洛 ，廿□，白丁，單身。”

66TAM61：28（a）,31/2（a）《唐
田豐洛等點身丁中名籍》：“張
定 洛 。”

64TAM4：41《唐總章三年（670）
張善憙舉錢契》：“保人，男，
君 洛 。”

66TAM61：29(a)《唐闞洛□等點身
丁中名籍》：“田豐 洛 五十九，男。”

珞 luò

80TBI：486《四分律比丘尼戒本》：
“□□像現戒如瓔 珞 能□□□”

落 luò

67TAM363：8/2（a）之一《唐景
龍四年（710）卜天壽抄〈十二月
新三臺詞〉及諸五言詩》：“伯（百）鳥頭林
［息］宿，各各覓高支（枝），□更分散去，苦
落 不想（相）知。”

按：原件“息”字旁有“卜”删字符號。

2004TBM203：30－4d＋2004TBM203：
30－4a＋2004TBM203：30－4b
《高昌寫本〈急就篇〉》：“□□獨樂。豹首
落 莫□□□”

67TAM363：8/2（a）之一《唐景
龍四年（710）卜天壽抄〈十二月
新三臺詞〉及諸五言詩》：“日 落 西山夏
（下），潢（黃）河東海流，□□不滿百，恒作
［方］萬年優（慢）。”

按：原件“方”字旁有“卜”删字符號。

80TBI：316《妙法蓮華經（卷二）
譬喻品第三》：“□□戲處，或當
墮 落 ，為□□□”

80TBI：259《妙法蓮華經（卷二）
譬喻品第三》：“□□折墮 落 ，
牆□□□”

2006TAM607：2－4《唐神龍元
年（705）六月後西州前庭府牒上
州勾所為當府官馬破除、見在事》：“卅疋，
久視元年三月給果□陰嗣業乘往名岸趁
賊，没 落 不迴。”

2004TAM408：17《令狐阿婢隨
葬衣物疏》：“故 落 （綠）綪結髮
一枚。”

67TAM92：46（a）,45（a）,50/2
（a）,50/1（a）,44（a）,49（a）《高昌
某歲諸寺官絹捐本》：“□□五綿五，和子
落 寺絹一。”

69TAM137：1/4－2《唐張祐相
等殘名籍》：“□□奴，闞 落 堆，

劉□"

64TAM29：91（b）《唐殘詩》：
"落弦□"

絡　luò

2004TBM203：30－4d＋2004TBM203：
30－4a＋2004TBM203：30－4b

《高昌寫本〈急就篇〉》："□絡縑練
□"

駱　luò

73TAM208：26,31/1《唐典高信
貞申報供使人食料帳歷牒
（一）》："典一人，烏駱子一人。"

M 部

má

麻 má

 67TAM363：8/1（a）之二《唐景龍四年（710）卜天壽抄孔氏本鄭氏注〈論語〉》："小公（功）思（緦）麻，哀容▢。"

麻 72TAM230：46/2（b）《唐儀鳳三年（678）尚書省戶部支配諸州庸調及折造雜練色數處分事條啟（二）》："諸州調麻納兩京數，內六分取一分，司送者不在折酬之限。"

麻 73TAM206：42/10 - 16《唐質庫帳歷》："粗麻鞋二▢。"

麻 64TAM5：81,82《唐李賀子上阿郎、阿婆書三》："將勝麻四兩，▢▢時檢校取，若▢▢。"

mǎ

馬 mǎ

馬 59TAM305：14/1《前秦建元二十年（384）韓盆辭爲自期召弟應見事》："建元廿年三月廿三日，韓盆自期二日召弟到應見，逋違受馬鞭一百。"

按：盆，原件書作"瓮"。

馬 67TAM363：8/1（a）——《唐景龍四年（710）卜天壽抄孔氏本鄭氏注〈論語〉》："▢▢馬，衣輕裘，與朋友弊（敝）之而無憾。"

馬 72TAM230：95（a）《唐西州高昌縣牒爲鹽州和信鎮副孫承恩人馬到此給草踏事》："得司兵▢得天山已西牒，遞▢▢件使人馬者，依檢到此，已準狀。"

馬 68TAM108：19（a）之三《唐開元三年（715）西州營典李道上隴西縣牒爲通當營嘗請馬料姓名事》："押官乘騎官馬兩疋。"

馬 72TAM188：74（a）《唐被問領馬事牒》："▢▢元新市馬壹疋，瓳（騍）敦（騝）六歲▢▢。"

馬 72TAM188：74（a）《唐被問領馬事牒》："上件馬有實，欲將▢▢。"

馬 75TKM91：18（a）《北涼玄始十一年（422）馬受條呈爲出酒事》："玄始十一年十一月五日酒▢馬受條呈。"

馬 75TKM91：18（b）《建平五年祠▢馬受屬》："宋奉國，▢康生，蔡宗，宋▢彊，馬定明等，在▢▢役。"

馬 72TAM150：32《唐諸府衛士配官馬、馱殘文書三》："▢▢府吳弘軌馬輸。"

73TAM519：19/2－2《高昌麴季悦等三人辭爲請授官階事》："□到司 馬 前頭訴已。"

72TAM151：102，103《高昌作頭張慶祐等偷丁谷寺物平錢帳》：" 馬 付一頭。"

72TAM151：58《高昌義和二年（615）七月馬帳（一）》："義和二年乙亥歲七月十六日，范寺思惠赤馬，卜寺赤 馬 。"

72TAM151：59，61《高昌某年郡上馬帳》："和長史洛 馬 ，西主寺赤馬，將阿婆奴赤馬，侍郎歡岳青馬。"

72TAM151：59，61《高昌某年郡上馬帳》："馬郎中赤 馬 。"

72TAM151：59，61《高昌某年郡上馬帳》："明威慶武赤 馬 。"

72TAM151：13《高昌義和三年（616）氾馬兒夏田券》："義和三年丙子歲潤（閏）五月十九日，氾 馬 兒從無艮跛子邊夏舊壤（業）部田叁畝。"

72TAM151：54《高昌洿林等行馬入亭馬人名籍》："洿林行 馬 入亭□人：衛余保。"

73TAM206：109/13－6，42/9－26《唐課錢帳歷》："□孟□□□，馬 嗣□□□"

73TAM206：42/9－27《唐課錢帳歷》：" 馬 嗣十五，田姨廿六，二□□"

73TAM206：42/9－18《唐課錢帳歷（二五）》：" 馬 老卅六、胡賢石卌五。"

67TAM78：42《唐某年二月府史張道巂領受馬料抄》："□承使 馬 料□草頭數□□"

72TAM230：53（b）《唐館驛文書事目（二）》："□璋、鄧茂林等 馬 料事。"

67TAM78：43《唐東塞殘文書》："□趁，但是 馬 □□"

72TAM188：89（a）《唐上李大使牒爲三姓首領納馬酬價事》："□三姓首領都擔薩屈 馬 六疋。"

72TAM188：66《唐與倉曹關爲新印馬蹗料事》："爲日城等營新印 馬 蹗料，準式并牒營檢領事。"

72TAM188：71《唐神龍三年（707）和湯牒爲被問買馬事（一）》："□問今付上件練充 馬 壹疋直□□"

66TAM44：11/5《唐貞觀十九年（645）牒爲鎮人馬匹事》："□上件 馬 □□"

67TAM78：22（b），21（b）《唐吳相□等名籍（一）》："□□ 馬 元尊□□"

mái

埋　mái

66TAM62：6/1《翟彊辭爲共治葡萄園事》二："□□爲 埋 。去春爲出責楳□□"

mǎi

買　mǎi

買

59TAM305：14/2《倉曹屬爲買八緵布事》："倉曹樊霸、梁斌前屬催奸吏 買 八縱（緵）布四匹。"

買

75TKM99：6(a)《北涼承平八年（450）翟紹遠買婢券》："翟紹遠從石阿奴 買 婢壹人。"64TAM15：29/2《高昌延壽十四年康保謙買園券》：" 買 與 買 價銀錢貳拾。"73TAM507：013/3《唐上元三年（676）某人辯辭爲買鞍馬事》：" 買 隆處 買 馬 買 "

買

64TAM4：46/1《唐支用錢練帳一》：" 買 三將去五疋，校尉 買 去二疋。"

買

75TKM90：20(a)《高昌主簿張縮等傳供帳》："阿錢條用毯六張， 買 沽纘。"

買

72TAM151：99，100《高昌合計馬額帳（一）》："麴善亮、田衆歡、董伯珍、王□□、匡 買 得、聖儀寺弘 買 "

買

72TAM151：101《高昌傳錢買钁鐵、調鐵供用帳》："次傳：錢□叁文，用 買 钁鐵叁斤，付張懷悦。"

買

72TAM151：56《高昌買馱、入練、遠行馬、郡上馬等人名籍》："次 買 馱人□□□□孟 買 "

買

72TAM151：101《高昌傳錢買钁鐵、調鐵供用帳》："虎□懷明傳：錢肆□，□ 買 □鐵肆斤，付孟慶慶。"

買

72TAM151：101《高昌傳錢買钁鐵、調鐵供用帳》："傳：錢貳文，用 買 钁鐵貳斤。"

買

72TAM209：87《唐貞觀年間西州高昌縣勘問梁延臺、雷隴貴婚娶糾紛案卷（二）》："於時賣絹得錢，趙自迴 買 衣物。"

買

64TAM5：78(a)《唐李賀子上阿郎、阿婆書一（二）》："賀子自 買 得婢。"

mài

麥 mài

麦

63TAM1：15《劉普條呈爲得麥事》："都合 麥 五百卅斛八斗。"

麦

75TKM99：9(b)《高昌延昌二十二年（582）康長受從道人孟忠邊歲出券》："歲出價，要得麼 麥 伍拾斛。"

按：原件中"麥"均同此。

麦

66TAM44：11/2《唐貞觀二十二年（648）文書（草）爲耕田人左文通減麥事》："四畝上減 麥 叁 麥 "

麦

72TAM230：66《武周天授二年（691）安昌合城老人等牒爲勘問主簿職田虛實事》："問合城老人、城主、渠長、知田人等，主薄（簿）去年實種幾畝 麥 ，建進所注虛實，連署狀通者。"

按：年，原件爲武周新字。

麦

2006TZJ1：085，2006TZJ1：088《麴氏高昌斛斗帳》："小 麥 五百卅七斛四斗三升半 麥 ""二月初，大 麥 三斗 麥 "

麦

2006TZJ1：085，2006TZJ1：088《麴氏高昌斛斗帳》："小 麥 一千五百八十三斛一斗半升。"

麦

2006TZJ1：080，2006TZJ1：078《麴氏高昌斛斗帳》："小 麥 二百卅斛。"

麦

75TKM96：29(b)《北涼真興六年（424）出麥賬》："真興六年四

月十八日，麥所都合出麥十八斛。"

72TAM151：102，103《高昌作頭
張慶祐等偷丁谷寺物平錢帳》：
"小麥拾貳□□。"

66TAM62：6/2《翟彊辭爲貧麥
被拙牛事》："奴佛流□二斛，夏
□償麥三斛。"

75TKM91：16（a）《祠吏翟某呈
爲食麥事》："□食麥拾久（玖）
斛貳斗。"

73TAM504：21/1－21/3《高昌
奴得等負麥、粟、疊帳（一）～
（三）》："□□奴得負參軍索謙、焦歡伯二
人邊官舉價小麥叄□□陸兜（斗）。"
72TAM151：95《高昌延和八年七月至延
和九年六月錢糧帳》："麥壹兜（斗），粟貳
兜（斗）。"

73TAM507：012/21《高昌延壽
九年（632）八月張明憙入官貸捉
大麥子條記》："壬辰歲官貸捉大麥子張
明□伍斛□□"

63TAM1：15《劉普條呈爲得麥
事》："合得麥七十斛九斗五升，
下迯麥一斛，倍爲二斛。"

75TKM96：29（b）《北涼真興六
年（424）出麥賬》："女至母取麥
二斛。""真興六年四月十八日，麥所都合
出麥十八斛。"

75TKM96：28《掬子等取麥賬》：
"阿諫取麥一斛八斗。"

75TKM96：28《掬子等取麥賬》：
"相生取麥二斛。"

67TAM78：39《唐趙□熹舉麥
契》："□□舉麥人□□"
72TAM151：95《高昌延和八年七月至延
和九年六月錢糧帳》："麥伍斛捌昇

（升）。"

2006TZJ1：080，2006TZJ1：078
《麴氏高昌斛斗帳》："小麥七百
九斛五斗□□"

2006TZJ1：085，2006TZJ1：088
《麴氏高昌斛斗帳》："大麥卌九
斛九斗。"

2006TZJ1：080，2006TZJ1：078
《麴氏高昌斛斗帳》："大麥二百
七十七斛六斗。"

2006TZJ1：080，2006TZJ1：078
《麴氏高昌斛斗帳》："小麥九
□□"

64TAM4：33《唐總章三年（670）
左憧憙夏菜園契》："其園叄年中
與夏價大麥拾陸斛。"

賣　mài

65TAM39：20《前涼升平十一年
王念賣駝券》："升平十一年四月
十五日，王念以兹駝賣與朱越，還得嘉
駝，不相賕移。"

72TAM209：87《唐貞觀年間西
州高昌縣勘問梁延臺、雷隴貴婚
娶糾紛案卷（二）》："於時賣絹得錢，趙自
迴買衣物。"

mán

蠻　mán

72TAM179：16/4（b），16/5（b），
16/6（b），16/7（b）《唐寫〈尚書〉
孔氏傳〈禹貢〉、〈甘誓〉殘卷》："三百

里 蠻 。”

mǎn

滿　mǎn

滿 67TAM363：8/2（a）之一《唐景龍四年（710）卜天壽抄〈十二月新三臺詞〉及諸五言詩》：“日落西山夏（下），潢（黃）河東海流，□□不 滿 百，恒作［方］萬年優（慢）。”

按：原件“方”字旁有“卜”刪字符號。

滿 65TAM341：22,23,24（a）《唐景龍三年（709）南郊赦文》：“已 滿 十年者□□”

滿 2004TBM207：1-3《唐調露二年（680）七月東都尚書吏部符爲申州縣闕員事》：“官某乙 滿 ，若續前任滿，即注云：續前任合滿。”

滿 2004TBM207：1-3《唐調露二年（680）七月東都尚書吏部符爲申州縣闕員事》：“□□［一］干人考滿，其中有行使計年合滿，考雖未校，更無別狀，即同考 滿 色通，仍具言行使所由。”

滿 2004TBM207：1-3《唐調露二年（680）七月東都尚書吏部符爲申州縣闕員事》：“□□［一］干人考 滿 ，其中有行使計年合滿，考雖未校，更無別狀。”

滿 65TAM346：2《唐上元二年（675）府曹孝通牒爲文峻賜勳事》：“敕鎮 滿 十年，賜勳兩轉，付録事司檢文峻等並經十年已上檢。”

滿 67TAM363：7/2《唐儀鳳二年（677）西州高昌縣寧昌鄉某人舉

銀錢契》：“□錢壹文，月 滿 即須送利。”

滿 64TAM4：40《唐乾封三年（668）張善憙舉錢契》：“到月 滿 ，張即須送利。”

滿 2004TBM207：1-3《唐調露二年（680）七月東都尚書吏部符爲申州縣闕員事》：“官某乙滿，若續前任 滿 ，即注云：續前任合滿。”

滿 64TAM15：29/1《高昌康保謙雇劉祀海券》：“□□錢貳文，錢伍文作 滿 來□□”

滿 59TAM301：15/4-1,15/4-2《唐貞觀十七年（643）西州高昌縣趙懷滿夏田契》：“耕田人趙懷 滿 。”

滿 72TAM151：104《高昌延和十二年（613）某人從張相憙等三人邊雇人歲作券》：“□□作壹日，到年 滿 頭，□□□上壹日。”

滿 72TAM151：56《高昌買駄、入練、遠行馬、郡上馬等人名籍》：“馬郎中、明威懷 滿 、振武、侍郎僧□。”

滿 64TAM4：42《唐龍朔元年（661）左憧憙夏菜園契》：“□□依□□□園□ 滿 ，一罰三分。”

滿 72TAM151：59,61《高昌某年郡上馬帳》：“明威傀 滿 瓜（騧）馬。”

按：傀，原件書作“儬”。

滿 65TAM42：66《唐西州高昌縣授田簿（一四）》：“白 滿 闔移戶常部田拾畝。”

滿 69TAM137：1/4-2《唐張祐相等殘名籍》：“趙定 滿 。”

滿 2004TAM395：4-2+2004TAM395：4-4《唐垂拱二年西州高昌縣徵錢名籍全貌》：“趙定 滿 。”

TAMX2：01《□歡下等名籍》：
"趙滿海。"

màn

曼　màn

67TB：1-2-1《大乘瑜伽金剛性
海曼殊室利千臂千鉢大教王經（卷
六）》："是時釋迦如來告曼殊室□□□"

73TAM222：56/5,56/6《唐殘判
籍（五）》："□□□曼□□"

漫　màn

67TAM363：8/1（a）之九《唐景
龍四年（710）卜天壽抄孔氏本鄭
氏注〈論語〉》："汙（圬），漫也。"

máng

盲　máng

67TAM78：29（b）《唐吳相□等
名籍（二）》："□□索盲奴。"

60TAM332：9/3-1《唐龍朔二
年（662）迪納名籍（一）》："趙盲
鼠一畝。"

máo

毛　máo

75TKM91：20（a）《兵曹行罰幢
校文書》："預史毛恩白：幢□□
興周次皆應專在□□□承望。"

75TKM99：9（b）《高昌延昌二十二
年（582）康長受從道人孟忠邊歲出
券》："若長受身東西毛，仰婦兒上（償）。"

　按：毛，猶言無，不在。

72TAM151：74（a）《古寫本〈晉
陽秋〉殘卷》："□翻之陋體，無玄
□□自□，毛弗施於器用，□□□"

　按：張華《鷦鷯賦》作："育翮翻之陋
體，無玄黃以自貴，毛無施於器用，肉不登
乎俎味。"

髦　máo

72TAM179：16/1（b），16/2（b）
《唐寫〈尚書〉孔氏傳〈禹貢〉、〈甘
誓〉殘卷》："羌髦之屬皆就次敍，美禹之
功及戎狄也。"

mǎo

卯　mǎo

73TAM524：34（a）《高昌章和五
年（535）取牛羊供祀帳》："章和
五年乙卯歲正月□日，取嚴天奴羊一口
供始耕。"

65TAM341：27《唐開元八年（720）
具注曆》："十日辛卯未（木）成。"

　按：未，據六十甲子納音法，應爲"木"
字之誤。

60TAM327：05/1《唐永徽六年
（655）趙羊德隨葬衣物疏》："永

徽六年丁[卯]歲十二月十日，趙羊[□]。"

茂　mào

80TBI：131《高昌國高崇息乾茂等寫經題記》："[□]高崇息、乾[茂]、文煥、乾秀、文遷、文楷、文腭（齶）、文[□]。"

73TAM221：56（a）《唐貞觀廿二年（648）安西都護府乘敕下交河縣符爲處分三衛犯私罪納課違番事》："朝散大夫守給事中[茂]將主[□]。"

72TAM230：79《武周天授二年（691）殘文書》："[□]更問[茂]示[□]。"

mào

冒　mào

75TKM91：15（a）《器物賬》："狐皮[冒]（帽）一枚。"

75TKM91：11/5《西涼建初四年（408）秀才對策文》："仰緣神策，[冒]陳所聞。"

耄　mào

65TAM346：1《唐乾封二年（667）郭[耄]醜勳告（三）》："告護軍郭[耄]醜奉。"

按：𦮃，此字疑爲"𦭲"字部件位移。《龍龕手鏡·白部》："𦭲"俗，"𦮃"正。

65TAM346：1《唐乾封二年（667）郭[耄]醜勳告（一）》："西州募人郭[耄]醜。"

méi

枚　méi

59TAM305：8《缺名隨葬衣物疏》："手腳爪囊各一[枚]。"

66TAM59：2《北涼缺名隨葬衣物疏》："帛小根（褌）一[枚]。"

66TAM62：5《北涼緣禾五年隨葬衣物疏》："清（綪）尖一[枚]。"

72TAM150：42《唐白夜默等雜器物帳》："史尾尾銅盆二[枚]。"

64TAM29：44《唐咸亨三年（672）新婦爲阿公録在生功德疏》："絲巾子一[枚]。"

2004TAM408：17《令狐阿婢隨葬衣物疏》："故紺綪延一[枚]。"

2004TAM408：17《令狐阿婢隨葬衣物疏》："故著體絓衫一[枚]。"

梅　méi

67TAM363：8/2（a）之一《唐景龍四年（710）卜天壽抄〈十二月新三臺詞〉及諸五言詩》："遥望[梅]林，青條吐葉。"

73TAM206：42/9 - 18《唐課錢帳歷（二五）》："[□]姊卅、孫婆卅六、[梅]大卅。"

媒　méi

72TAM209：87《唐貞觀年間西州高昌縣勘問梁延臺、雷隴貴婚

娶糾紛案卷（二）》：“虞侯府史楊玉□妻雷，媒媾娶□□”

穈　méi

72TAM226：85/1～85/3《唐伊吾軍諸烽鋪受貯糧食斛斗數文書一》：“壹碩貳斛陸勝（升）穈，故亭烽。”

按：床，當爲穈之俗省。《説文》：“穈，穄也。从黍，麻聲。”《龍龕手鏡》：“穈俗，穈正。美爲反。穄別名也。”《集韻》音忙皮切。《集韻·支韻》：“穈，或从禾。”穈，俗作“穈”，又作“床”。穈，黍的一個變種，子實不黏，可供食用。“穈”《集韻·脂韻》：“穈，赤苗曰穈。”音謨奔切，又旻悲切。

67TAM78：35《唐西州蒲昌縣糧帖三》：“穈拾□□”

67TAM78：35《唐西州蒲昌縣糧帖三》：“穈□□”

72TAM226：65《唐北庭諸烽斸田畝數文書》：“□□樫林烽穈，伍畝□□”

72TAM226：83/1～83/3《唐開元十一年（723）狀上北庭都護所屬諸守捉斸田頃畝牒》：“□□俱六守捉並穈□□”

72TAM226：55《唐伊吾軍諸烽鋪營種豆穈文書》：“□□貳勝（升）穈，明烽。”

68TAM108：19（a）之三《唐開元三年（715）西州營典李道上隴西縣牒爲通當營請馬料姓名事》：“右火別六頭，頭別付穈壹勝半。”

2006TAM607：2－2《唐神龍二年（706）七月西州史某牒爲長安三年（703）七至十二月軍糧破除、見在事》：“五十五石二斗穈。”

64TAM15：23《唐貞觀十四年（640）張某夏田契》：“□□種穈，與伍斛；種□□”

67TAM78：41《唐西州蒲昌縣糧帖二》：“右件穈□□”

67TAM78：41《唐西州蒲昌縣糧帖二》：“穈柒碩□□”

67TAM78：48/1《唐西州蒲昌縣糧帖一》：“□□穈陸斗陸□□”

按：斗，原件作“斱”。

2006TZJ1：085，2006 TZJ1：088《麴氏高昌斛斗帳》：“□□四斛一斗七升半，穈粟□百七十六斛五斗。”

75TKM99：9（b）《高昌延昌二十二年（582）康長受從道人孟忠邊歲出券》：“歲出價，要得穈麥伍拾斛。”

2006TZJ1：085，2006 TZJ1：088《麴氏高昌斛斗帳》：“穈粟五百六十五斛九斗□□”

2006TZJ1：085，2006 TZJ1：088《麴氏高昌斛斗帳》：“穈粟柒伯（百）六十九斛一斗□□”

2006TZJ1：085，2006 TZJ1：088《麴氏高昌斛斗帳》：“穈粟二百五十七斛二斗四□□”

2006TZJ1：085，2006 TZJ1：088《麴氏高昌斛斗帳》：“穈粟三百一十□□”

72TAM151：95《高昌延和八年七月至延和九年六月錢糧帳》：“穈粟貳斛究（九）□□”

按：斛，原件寫作“斱”。

厚 2006TZJ1：085,2006 TZJ1：088《麴氏高昌斛斗帳》："[麇]粟六百一十七斛八斗□□"

孝 2006TZJ1：085,2006 TZJ1：088《麴氏高昌斛斗帳》："□□升,[麇]粟二百廿九斛九斗□□"

康 72TAM151：94《高昌義和三年（616）張相憙夏麇田券》："□□部田壹畝,到十月內□□□□□[麇]依官斛兜（斗）中取。"

庫 72TAM151：13《高昌義和三年（616）氾馬兒夏田券》："畝與夏價[麇]伍□□"

庫 72TAM151：13《高昌義和三年（616）氾馬兒夏田券》："□□內上[麇]使畢,依官斛兜（斗）中取。"

按：斛,原件寫作"斝"。

měi

每　měi

每 72TAM228：30/1～30/4《唐天寶三載（744）交河郡蒲昌縣上郡户曹牒爲録申徵送郡官白直課錢事（一）～（四）》："□□白直課錢[每]月合徵□□"

每 72TAM230：46/1(a)《唐儀鳳三年（678）尚書省户部支配諸州庸調及折造雜練色數處分事條啟（一）》："其交州都督府報蕃物,於當府折□□□用,所有破除、見在、[每]年申度□□部。"

坖 73TAM509：8/6《唐書牘稿》："緣患腰,迴轉不得,見[每]熨,後日可减。"

每 64TAM37：21《唐□□二年曹忠敏田契》："[每]畝交用小麥壹斗,租取上件地來年佃種。"64TAM29：44之六《唐咸亨三年（672）新婦爲阿公録在生功德疏》："[每]年趙法師請百僧七日設供。""[每]年常助施兩僧供。"

按：斗,原件作"斱"。

毎 64TAM29：110/1～110/6,120（a）《唐處分庸調及折估等殘文書（一）～（七）》："□□收僕寺,[每]年預牒監使堪當□□"

美　měi

美 75TKM91：11/6《西涼建初四年（408）秀才對策文》："而言不没三板者,蓋[美]襄子,稱過其實也。"

義 2006TSYIM4：2-2《古寫本〈詩經〉》："《雲漢》,仍叔[美]宣王也。"

美 73TAM222：54/4（b）,54/5（b）《唐寫〈禮記〉鄭氏注〈檀弓〉下殘卷》："□□道用[美]焉爾□□"

美 67TAM363：8/1（a）之六《唐景龍四年（710）卜天壽抄孔氏本鄭氏注〈論語〉》："里仁爲政[美]也。"

義 67TAM363：8/1（a）之六《唐景龍四年（710）卜天壽抄孔氏本鄭氏注〈論語〉》："韶盡[美]矣,又盡善。"

mèi

妹　mèi

妹 73TAM507：012/3《唐殘書牘》："□□汝母二箇[妹]□□"

72TAM178：4《唐開元二十八年（740）土右營下建忠趙伍那牒爲訪捉配交河兵張式玄事一》："□□□三月番上，今妹阿□□"

昧　mèi

80TBI：784a－5《大乘瑜伽金剛性海曼殊室利千臂千鉢大教王經（卷六）》："□□照三昧得□□"

80TBI：049a《十方千五百佛名經》："□□者所生之處得普光三昧□□"

80TBI：697a《增壹阿含經（卷一六）高幢品第二四之三》："□□三昧，彼云何□□"

媚　mèi

75TKM96：18,23《北涼玄始十二年（423）兵曹牒爲補代差佃守代事》："□□明□代媚入外軍。"

67TAM363：8/1（a）之三《唐景龍四年（710）卜天壽抄孔氏本鄭氏注〈論語〉》："寧媚於竈，何謂也?"

mén

門　mén

80TBI：053《四分律比丘尼戒本》："□□出家惱他人不名爲沙門□□"

67TAM84：21（a）《高昌條列入官藏錢文數殘奏》："門下校□

陰□□"

80TBI：641a《妙法蓮華經（卷二）譬喻品第三》："是時宅主，在門外立□□"

67TAM363：8/1（a）之五《唐景龍四年（710）卜天壽抄孔氏本鄭氏注〈論語〉》："□□亦樹塞門。"

67TB：1－2－2《大乘瑜伽金剛性海曼殊室利千臂千鉢大教王經（卷六）》："□□脱門三者□□"72TAM171：19（a），9（a），8（a），11（a）《高昌延壽十四年（637）兵部差人往青陽門等處上現文書》："□□祐保，右陸人，用玄德門外上現五日。"

72TAM151：52《高昌逋人史延明等名籍》："鹿門趙□□、諸善憙、宋□祐。"73TAM519：19/2－1《高昌延壽十七年（640）屯田下交河郡、南平郡及永安等縣符爲遣麴文玉等勘青苗事》："威遠將軍門□□"

64TAM29：44之六《唐咸亨三年（672）新婦爲阿公録在生功德疏》："向堀門裏北畔新塔廳上佛堂中東壁上，泥素（塑）彌勒上生變，並菩薩、侍者、天神等一捕（鋪）。"

73TAM215：017/2《唐殘書牘一》："□□宅内造門□□"

67TAM363：8/2（a）之一《唐景龍四年（710）卜天壽抄〈十二月新三臺詞〉及諸五言詩》："高門出己子，好木出良才，交□學敏（問）去，三公河（何）處來。"

　按：阿斯塔那三六三號墓文書《唐景龍四年（710）卜天壽抄孔氏本鄭氏注〈論語〉》同是學童卜天壽所抄，其多將"問"寫作"敏"。兩字一聲之轉，似是方言。

60TAM332：6/1－1（a），6/1－2（a），6/1－3（a）《唐寫本〈五土解〉》："□主薄（簿）赤五（伍）伯赤從徒開赤 門 出赤 □□ "

65TAM42：68《唐西州高昌縣授田簿（三）》："□□ 康烏破 門 陀部田二畝 □□ "

60TAM332：6/1－1（a），6/1－2（a），6/1－3（a）《唐寫本〈五土解〉》："曹青主薄（簿）□伍□□從徒開青 門 出 □□ "

72TAM216：012/3－1《武周擬判》："□□ 訴公 門 ，述 □□ "

按：與今簡化字同。

64TAM29：89（a），89（b）《唐永淳元年（682）坊正趙思藝牒爲勘當失盜事》："帔子在一無 門 房内坎上。"

69TKM39：9/9（a），9/5（a），9/1（a）《唐貞觀年間（640—649）西州高昌縣手實二》："城東□□土 門 谷渠東李舉西渠南 □□ "

73TAM206：42/10－14，42/10－9《唐質庫帳歷》："□□ 延興 門 外夜上 □□ "

73TAM206：42/10－1，42/10－15《唐質庫帳歷》："西 門 大巷年五十。"

蒙 méng

75TKM96：18，23《北涼玄始十二年（423）兵曹牒爲補代差佃守代事》："李 蒙 子近白芳□，求具 □□ "

73TAM519：19/2－2《高昌麴季悦等三人辭爲請授官階事》："今 蒙 □□ "

66TAM61：17（b）《唐西州高昌縣上安西都護府牒稿爲録上訊問曹禄山訴李紹謹兩造辯辭事（一）》："臣鏗言：蒙 恩得 □□ "

73TAM221：62（a）－1《唐永徽三年（652）士海辭爲所給田被里正杜琴護獨自耕種事》："士海 蒙 給田，已 □□ 貳載未得田地。"

72TAM188：68《唐辯辭爲種田事》："□□ 欠口分常田三畝半，蒙 給 □□ "

2004TBM113：6－3：《唐西州某縣何花辭爲男女放良事》："師在日，並 蒙 給文書，放從良。"

蝱 méng

80TBI：156b《大智度論（卷二）初品中婆伽婆釋論第四》："□□ 諸蚊 蝱 牛遥見煙則來趣 □□ "

按：蝱，《玉篇》："俗作蝱。"武威醫簡作"蝱"、流沙簡作"蝱"，字形均同此。《説文》："蝱，齧人飛蟲。从蚰，亡聲。"《集韻》："虻"同"蝱"。

měng

猛 měng

60TAM332：6/5，6/8《唐祭諸鬼文（一）》："□□ □目 猛 氣 □□ "

mèng

孟　mèng

盂 75TKM99：9（b）《高昌延昌二十二年（582）康長受從道人孟忠邊歲出券》："康長受從道人 孟 忠邊歲出，到十一月卅日還入正作。"

孟 72TAM151：99，100《高昌合計馬額帳（一）》："張寺法朗、伍塔寺、北□□、趙寺法瑜、威遠 孟 □□"

孟 72TAM151：52《高昌递人史延明等名籍》："四日递人： 孟 慶嵩、王歡岳。"

孟 2006TAM607：2－4＋2006TAM607：2－5＋2006TAM607：2－4《唐神龍元年（705）六月後西州前庭府牒上州勾所爲當府官馬破除、見在事》："闕 孟 慶馬赤敦（驐）。"

孟 2004TBM207：1－12a《唐上元三年（676）西州法曹牒功曹爲倉曹參軍張元利去年負犯事》："依檢上件人案，是前府史 孟 □□□檢覓不獲。"

孟 64TAM29：44《唐咸亨三年（672）新婦爲阿公録在生功德疏》："阿公患日將綿一屯布施 孟 禪師。"

孟 64TAM15：19《唐西州高昌縣弘寶寺賊臕錢名》：" 孟 勋。"

孟 72TAM151：97《高昌某年衛延紹等馬帳》："威遠 孟 悦馬□□□主寺□。"

孟 73TAM507：012/18《高昌張明憙入延壽十四年（637）三月鹽城劑物條記》："□□ 孟 仕□□"

孟 73TAM206：42/9－18《唐課錢帳歷（二五）》：" 孟 大十五、高年十五。"

孟 73TAM206：42/9－17（a）《唐課錢帳歷（二六）》：" 孟 五人百卌三文。"

孟 73TAM206：42/9－13《唐課錢帳歷》：" 孟 老皂絲布九十文。"

馬 73TAM206：42/9－6（a）《唐課錢帳歷》："總便 孟 八郎二千五百□"

孟 72TAM151：59，61《高昌某年郡上馬帳》："威 □［遠］ 孟 悦留（騮）馬。"

西 72TAM151：57《高昌買馱、入練、遠行馬、郡上馬等人名籍》："趙寺法瑜、威遠 孟 悦、員寺。"

孟 72TAM151：101《高昌傳錢買鑼鐵、調鐵供用帳》："虎□懷明傳：錢肆□、□買□鐵肆斤，付 孟 慶慶，供□□"

孟 73TAM206：109/13－6，42/9－26《唐課錢帳歷》："□□ 孟 □□□，馬嗣□□"

重 73TAM507：012/19《高昌延壽十一年（634）二月張明憙入劑丁正錢條記》："□□正錢陸文，□軍 孟 仕□"

孟 73TAM507：012/15《高昌張明憙入延壽十六（639）三月鹽城劑丁錢條記》："將 孟 主簿□□"

重 73TAM507：012/19《高昌延壽十一年（634）二月張明憙入劑丁正錢條記》："□□丁正錢陸文，□軍 孟 □□"

夢　mèng

64TAM29：44《唐咸亨三年（672）新婦爲阿公録在生功德疏》："若得生路,託夢令知。"

67TAM363：8/2（a）之一《唐景龍四年（710）卜天壽抄〈十二月新三臺詞〉及諸五言詩》："項託柒歲知事,甘羅十二想（相）秦,□無良妻解夢,馮唐寧得忠辰（臣）。"

mí

迷　mí

80TBI：040b《妙法蓮華經（卷二）譬喻品第三》："淺識聞之,迷惑不解。"

73TAM215：017/6 - 1,017/6 - 2《唐殘書牘三》："□□氣咽荒迷□□"

縻　mí

2004TBM207：1 - 7《唐調露二年（680）七月東都尚書吏部符爲申州縣闕員事》："□□其羈縻及蕃州等,並請所管勘□□□"

72TAM151：6《高昌重光元年（620）氾法濟隨葬衣物疏》："諸（朱）衣籠管（冠）一具,腳縻一具。"

按：躧,《廣韻·紙韻》："行皃。""縻",《説文》："牛轡。"泛指繩索。

彌　mí

80TBI：060b《道藏〈通玄真經〉（卷三）〈九守篇〉殘片》："□□"

之閒（間）何足見也？故其出彌□□"

80TBI：656a《佛説灌頂摩尼羅亶大神咒經（卷八）》："□□深彌菩薩摩訶薩、和和菩薩、□□"

按：弥,同"彌"。《集韻》："或作弥。"今爲其簡化字,正字。

73TAM222：56/5,56/6《唐殘判籍（五）（六）（六）》："□□風牛交雜彌□□"

67TAM78：22（b）,21（b）《唐吳相□等名籍（一）》："□□老□□□彌□□□□仁□□"

73TAM524：32/1 - 2《高昌永平元年（549）十二月廿九日祀部班示爲明正一日知祀人上名及讁罰事》："□□參軍忠順、主簿孟□、主簿孝和、吏阿彌胡,右六人知祀南□。"

64TAM29：44之六《唐咸亨三年（672）新婦爲阿公録在生功德疏》："向堀門裏北畔新塔廳上佛堂中東壁上,泥素（塑）彌勒上生變,並菩薩、侍者、天神等一捕（鋪）。"

64TKM1：33（b）,34（b）,32（b）,36（b）《唐西州高沙彌等户家口籍》："户主高沙彌年卅七□□"

64TAM29：44《唐咸亨三年（672）新婦爲阿公録在生功德疏》："阿公發心將家中七斛大百師一口施彌勒佛,玄覺寺常住。"

64TAM29：44之六《唐咸亨三年（672）新婦爲阿公録在生功德疏》："又已前將園中渠上一□木布施百尺彌勒。"

72TAM151：56《高昌買駞、入練、遠行馬、郡上馬等人名籍》："馬郎中、明威阿彌□□□□康□□將伯

仴　72TAM171：12（a），17（a），15（a），16（a），13（a），14（a）《高昌延壽十四年（637）兵部差人看客館客使文書》：“令狐資 彌 胡、付王善祐子，用看尸不還役旱 ⎡ 。”

休　72TAM151：62《高昌義和二年（615）參軍慶岳等條列高昌馬鞍轡帳》：“將延興下左涉 彌 □具。”

休　72TAM151：62《高昌義和二年（615）參軍慶岳等條列高昌馬鞍轡帳》：“將伯□下左涉 彌 壹具。”

珌　64TAM5：60/4，57，48，60/5，91，89《唐諸戶丁口配田簿（甲件）（二）》：“□主馮資 彌 ，年五十一。”

靡　mí

靡　65TAM42：40《唐缺名隨葬衣物疏》：“雞鳴審（枕）一枚，玉團一雙，腳 靡 （縻）一具。”

按：雙，原件書作“霎”。

靡　2006TSYIM4：2–3＋2006TSYIM4：2–4《古寫本〈詩經〉》：“大夫君子，昭假 靡 贏。”

按：今《詩經·雲漢》“靡”作“無”，《廣韻》音文彼切。

mǐ

米　mǐ

米　67TAM78：16（b）《唐吳相□等名籍（三）》：“□□陰 米 □□。”

米　67TAM91：2—《唐缺名隨葬衣物疏》：“腳 米 （縻）壹量。”

未　72TAM230：49《武周天授二年（691）總納諸色逋懸及屯收義納糧帳》：“卅石 米 。”

米　73TAM208：24，28，30《唐典高信貞申報供使人食料帳歷牒（四）》：“米 肆勝（升）⎡ 。”

mì

覓　mì

覔　64TAM29：44《唐咸亨三年（672）新婦爲阿公録在生功德疏》：“願將此文□前頭分雪，須 覓 生田天佛國土，不得求人間果報。”

覓　67TAM363：8/2（a）之一《唐景龍四年（710）卜天壽抄〈十二月新三臺詞〉及諸五言詩》：“伯（百）鳥頭林 ⎡息 宿，各各 覓 高支（枝），□更分散去，苦落不想（相）知。”

按：覓，“覔”俗，以不見會意。敦煌文獻 S.388《正名要録》：“覓覔，右正行者楷，腳注訛俗。”另，原件“息”字旁有“卜”删字符號。

覓　2004TBM207：1–12a《唐上元三年（676）西州法曹牒功曹爲倉曹參軍張元利去年負犯事》：“依檢上件人案，是前府史孟□□□檢 覓 不獲。”

覓　72TAM151：6《高昌重光元年（620）氾法濟隨葬衣物疏》：“若欲求海東頭，若欲 覓 海西壁。”

覔　65TAM42：40《唐缺名隨葬衣物疏》：“若欲 覓 海西辟（壁），若欲求海東頭。”

覔　67TAM91：28（a）《唐貞觀十七年（643）何射門陀案卷爲來豐患

病致死》："不 覓 醫治，仍顯是 ☐"

64TAM29：44《唐咸亨三年
（672）新婦爲阿公録在生功德
疏》："覓 好生處，不得心有戀看，致洛
（落）下道。"

64TAM15：6《唐唐幢海隨葬衣
物疏》："若欲求海東頭，若欲 覓
海西辟。"

64TAM29：89（a），89（b）《唐永
淳元年（682）坊正趙思藝牒爲勘
當失盜事》："請給公驗，更自訪 覓 者。"

67TAM78：34《唐西州蒲昌縣下
赤亭烽帖爲覓失駝駒事》："烽子
☐頭散 覓，必 ☐"

密　mì

80TBI：005－2《大乘瑜伽金剛性
海曼殊室利千臂千鉢大教王經
（卷六）》："☐口 密印 ☐"

80TBI：001a《晉寫本東漢荀
悦撰〈前漢紀〉〈前漢孝武皇帝
紀〉殘卷》："☐休 密 翎侯二日雙
☐"

75TKM103：1《唐某人自書歷官
狀》："至儀鳳二年差從 ☐☐
行護 密 ☐"

蜜　mì

80TBI：692a《大法炬陀羅尼經
（卷一〇）六度品第二四之一》：
"☐梨耶波羅 蜜 禪 ☐"

64TAM29：24《唐垂拱元年（685）康
義羅施等請過所案卷（四）》："吐火
羅拂延，年卅；奴突 蜜 ☐"

mián

眠　mián

73TAM193：15（b）《唐天寶某載
（749—756）行館器物帳》："破縵
緋 眠 單伍條。"

80TBI：041《阿毗達磨大毗婆沙
論（卷九二）結蘊第二中十門納
息第四之二二》："☐縛三隨 眠 隨增一
垢所染 ☐"

80TBI：041《阿毗達磨大毗婆沙
論（卷九二）結蘊第二中十門納
息第四之二二》："☐繫二縛所
☐ 眠 隨增一 ☐"

綿　mián

75TKM88：1（b）《北涼承平五年
（447）道人法安、弟阿奴舉錦
券》："綿 經 綿 緯，長九五寸，廣四尺
五寸。"

64TAM22：20（a）《横截縣被符責取
鹿角文書》："輸 綿 袍一領。"

60TAM311：13《缺名隨葬衣物
疏》："綿 一斤。"

67TAM92：46（a），45（a），50/2（a），
50/1（a），44（a），49（a）《高昌某歲諸
寺官絹捎本》："孟常☐寺絹一、綿 一。"

64TAM29：44《唐咸亨三年
（672）新婦爲阿公録在生功德
疏》："黃綢 綿 袍一領。"

64TAM29：44《唐咸亨三年
（672）新婦爲阿公録在生功德

疏》：“阿公患日將 綿 一屯布施孟禪師。”

72TAM230：46/1（a）《唐儀鳳三年（678）尚書省户部支配諸州庸調及折造雜練色數處分事條啟（一）》：“□□情願輸 綿 絹絁者聽，不得官人，州縣公廨典及□□□”

miǎn

免　miǎn

73TAM222：56/7（a），56/8（a）《唐殘判籍（七）（八）》：“□□□ 當 免 □□”

73TAM191：61/1《唐□璟殘狀》：“□□□得 免 □種油□□□上糞了，得□□□”

勉　miǎn

67TAM363：8/1（a）之八《唐景龍四年（710）卜天壽抄孔氏本鄭氏注〈論語〉》：“□□□有道不廢，邦無道 勉 （免）於形（刑）戮。”

72TAM151：74（a）《古寫本〈晉陽秋〉殘卷》：“争阿意苟 勉 ，何以□□□”

娩　miǎn

80TBI：641a《妙法蓮華經（卷二）譬喻品第三》：“今此舍宅，無一可樂，而諸子等，躭 娩 （湎）嬉戲。”

miàn

面　miàn

73TAM222：54/4（b），54/5（b）《唐寫〈禮記〉鄭氏注〈檀弓〉下殘卷》：“禮復□升屋北 面 也。”

59TAM305：17《缺名隨葬衣物疏二》：“帛縺（練）覆 面 一枚。”

59TAM305：8《缺名隨葬衣物疏》：“絓覆 面 一枚。”

按：面，《吐魯番出土文書》録作“靣”（唐長孺第一册，第 3 頁），不必。

2004TAM408：17《令狐阿婢隨葬衣物疏》：“故練覆 面 二枚。”

73TAM507：014/1《唐隊正陰某等領甲仗器物抄（一）》：“甲玖領 面 袋二、鹽袋二。”

麪　miàn

2006TAM607：2－4 背面＋2006TAM607：2－5 背面《唐景龍三年（709）後西州勾所勾糧帳》：“一石六斗七合 麪 。”

按：麪，與“麪”同。《説文》：“麪，麥末也。从麥，丏聲。”《廣韻》：“麪，麪，上同。”《集韻》：“麪，或从面。”《正字通》：“麪，俗麪字。”

2006TAM607：2－2《唐神龍二年（706）七月西州史某牒爲長安三年（703）七至十二月軍糧破除、見在事》：“五石二斗九升小麥 麪 。”

miáo

苗 miáo

72TAM179：16/1（b），16/2（b）《唐寫〈尚書〉孔氏傳〈禹貢〉、〈甘誓〉殘卷》：“三危无（既）宅，三 苗 丕敍。”

72TAM151：104《高昌延和十二年（613）某人從張相憙等三人邊雇人歲作券》：“□□者，亡失作具，犯人 苗 □□□不知。”

miào

妙 miào

80TBI：120《佛説灌頂拔除過罪生死得度經（卷一二）》：“□□歲 妙 色廣大功德巍□□”

66TAM44：11/3（a）《唐殘牒爲市木修繕廢寺事》：“□□殊 妙 華麗，至於□□”

73TAM509：8/2（b）《唐西州道俗合作梯蹬及鐘記》：“衙官將軍趙獻璋、張承暉、王休昇等，溢氣雄圖，懷奇 妙 略，行資孝悌，文翰芳猷。”

按：圖，原件作“啚”。等，作“苇”。

67TAM92：46（a），45（a），50/2（a），50/1（a），44（a），49（a）《高昌某歲諸寺官絹捎本》：“□□ 妙 德寺絹二。”

73TAM191：120（a）《唐永隆元年（680）軍團牒爲記注所屬衛士征鎮樣人及勳官籖符諸色事（二）》：“康

妙 達，年卅四。”

64TAM29：44《唐咸亨三年（672）新婦爲阿公録在生功德疏（三）》：“昨初十日屈典坐張禪讀半遍廿卷了，并請轉讀《 妙 法蓮華經》一部。”

廟 miào

73TAM222：56/3（a），56/4（a）《唐殘判籍（三）》：“立 廟 堂□□”

67TAM363：8/1（a）之二《唐景龍四年（710）卜天壽抄孔氏本鄭氏注〈論語〉》：“□□家 廟 。”

按：庿，《説文》：“廟，古文庿。”

miè

滅 miè

80TBI：126《別譯雜阿含經（卷一二）》：“□□得於盡 滅 ，安住無漏法。□□”

80TBI：049a《十方千五百佛名經》：“衆生亦能 滅 除二□□”

80TBI：046a《阿毗曇八犍度論（卷一二）智犍度之四修智跋渠之餘》：“□□繫，彼結非法智 滅 。云何結在欲界繫，□□”

按：“何結邲”，《中華大藏經》和《大正新修大藏經》作“何結在欲”。

80TBI：041《阿毗達磨大毗婆沙論（卷九二）結蘊第二中十門納息第四之二二》：“□□根 滅 者亦□□”

80TBI：046a《阿毗曇八犍度論（卷一二）智犍度之四修智跋渠

之餘》："▢▢繫忍滅亦餘言智滅亦不滅是結謂郤▢▢"

80TBI：046a《阿毗曇八犍度論（卷一二）智犍度之四修智跋渠之餘》："▢▢繫忍滅亦餘言智滅亦不滅是結謂郤▢▢"

按："智"後之"滅"原件爲旁補小字。

80TBI：046a《阿毗曇八犍度論（卷一二）智犍度之四修智跋渠之餘》："▢▢是謂結法智滅此▢▢"

mín

民　mín

75TKM96：17《北涼真興七年（425）宋泮妻隗儀容隨葬衣物疏》："鄉延壽里民宋泮故妻隗儀容▢▢"

80TBI：019《增壹阿含經（卷五〇）大愛道般涅槃品第五二》："人民熾盛，不可稱計。"

75TKM96：18，23《北涼玄始十二年（423）兵曹牒爲補代差佃守代事》："▢▢以闞相平等殷可任佃，以游民闞▢▢"

75TKM99：6(a)《北涼承平八年（450）翟紹遠買婢券》："民有私要，要行二主，各自署名爲信。"

75TKM99：9(b)《高昌延昌二十二年（582）康長受從道人孟忠邊歲出券》："民有私要，各自署名爲信。"

59TAM301：15/4-4(a)《高昌民部殘奏行文書》："鷹陽（楊）將軍兼民部▢▢"

72TAM151：95《高昌延和八年七月至延和九年六月錢糧帳》："粟貳兜（斗）▢▢藏政錢貳拾伍文半，中▢，▢▢在藏，案除▢額在民▢▢"

73TAM221：5《唐貞觀廿二年（648）庭州人米巡職辭爲請給公驗事》："巡職庭州根民，任往西州市易，所在烽塞勘放。"

73TAM519：19/2-2《高昌麴季悅等三人辭爲請授官階事》："▢▢已來，至今盡是白民。"

72TAM151：104《高昌延和十二年（613）某人從張相憙等三人邊雇人歲作券》："▢▢民有私要，要行▢▢▢自署名爲信。"

72TAM151：13《高昌義和三年（616）氾馬兒夏田券》："民有私要，要▢▢▢，自署名爲信。"

岷　mín

72TAM179：16/4(b)，16/5(b)，16/6(b)，16/7(b)《唐寫〈尚書〉孔氏傳〈禹貢〉、〈甘誓〉殘卷》："岷山之易至於貞山。"

按：嵋，同"岷"。《玉篇》："嵋，同岷。"貞，今本作"衡"。"衡"聲符"行"脫落，進而訛誤作"貞"。"易"今本作"陽"。

mǐn

敏　mǐn

67TAM363：8/1(a)之八《唐景龍四年（710）卜天壽抄孔氏本鄭

氏注〈論語〉》：“君子訥於言而⬚敏⬚於行。”

67TAM363：8/1（a）一〇《唐景龍四年（710）卜天壽抄孔氏本鄭氏注〈論語〉》：“⬚敏⬚而好學。”

68TAM108：20（a）之二《唐開元三年（715）西州營牒爲通當營請馬料姓名事一》：“火長王大⬚敏⬚，火內人杜君意；火長張奉珪，火內人王竫。”

67TAM363：8/1（a）之九《唐景龍四年（710）卜天壽抄孔氏本鄭氏注〈論語〉》：“武伯復⬚敏⬚（問）冉仁乎。”

按：阿斯塔那三六三號墓出土《唐景龍四年卜天壽抄孔氏本鄭氏注〈論語〉》爲學童所抄，其中多將“問”寫作“敏”。“問”與“敏”一聲之轉，疑爲當地方言。

67TAM363：8/1（a）《唐景龍四年（710）卜天壽抄孔氏本鄭氏注〈論語〉》：“季康子⬚敏⬚（問）：‘使民敬、中（忠）以勸，如之何？’”

67TAM363：8/1（a）之九《唐景龍四年（710）卜天壽抄孔氏本鄭氏注〈論語〉》：“⬚⬚武伯⬚敏⬚（問）：‘子路仁乎？’”

67TAM363：8/2（a）之一《唐景龍四年（710）卜天壽抄〈十二月新三臺詞〉及諸五言詩》：“高門出己子，好木出良才，交□學⬚敏⬚（問）去，三公河（何）處來。”

72TAM179：18/8，18/9《武周學生令狐慈敏習字（一）（二）》“三月十七日令狐慈⬚敏⬚放（倣）書。”

2004TAM395：4－2＋2004TAM395：4－3《唐垂拱二年西州高昌縣徵錢名籍全貌》：“⬚⬚⬚敏⬚行，范思約，范隆貞⬚⬚”

64TAM37：21《唐□□二年曹忠敏田契》：“如到種田之日不得地

佃者，一仰朱明知當，不干曹⬚敏⬚事。”

閔　mǐn

64TAM27：21《唐寫本〈論語〉鄭氏注〈雍也〉殘卷》：“⬚⬚季氏□⬚閔⬚⬚⬚”

慜　mǐn

80TBI：316《妙法蓮華經（卷二）譬喻品第三》：“⬚⬚父雖憐⬚慜⬚，善言誘喻⬚⬚”

72TAM151：59，61《高昌某年郡上馬帳》：“侍僧⬚慜⬚赤馬。”

75TKM90：20（a）《高昌主簿張縮等傳供帳》：“⬚⬚出行緤五疋，付左首興與若⬚慜⬚提勤。”

按：勤，原件書作“懃”。

míng

名　míng

73TAM193：38（a）《武周智通擬判爲康隨風詐病避軍役等事》：“⬚名⬚霑簡點之色，而乃避其軍役。”

75TKM96：46《兵曹白爲胡慜生永除□佃役事文書》：“諾，⬚名⬚。”

按：“諾”後原件爲空格。

80TBI：019《增壹阿含經（卷五〇）大愛道班涅槃品第五二》：“童子⬚名⬚曰梵天，顏貌端政（正），世之希有。”

67TB：1－2－2《大乘瑜伽金剛性海曼殊室利千臂千鉢大教王經（卷六）》："四者 名 一切願海音 □□。"

64TAM29：25《唐垂拱元年（685）康義羅施等請過所案卷（四）》："冒 名 假代等色以不者？"

73TAM206：42/8－1《高昌威神城作子名籍》："□□ 神城作子 名 □□。"

72TAM151：14《高昌義和元年（614）高懷孺物名條疏》："□□ 和元年甲戌歲十一月十九日高懷孺物 名 。"

73TAM206：42/8－2《高昌城作子名籍》："□□ 作子 名 □□。"

72TAM151：13《高昌義和三年（616）氾馬兒夏田券》："自署 名 爲信。"

66TAM62：5《北涼緣禾五年隨葬衣物疏》："緣禾五年六月廿三日謹條衣裳物在右，而無 名 者。"

2004TBM207：1－3《唐調露二年（680）七月東都尚書吏部符爲申州縣闕員事》："其四考已上，久無替人，亦仰於 名 下具言。"

69TAM137：1/2，1/4－1《唐某人夏南渠田券》："各自署 名 爲信。"

75TKM99：6(a)《北涼承平八年（450）翟紹遠買婢券》："若後有何（呵）盜仞（認） 名 ，仰本主了。"

按：佲，此句中應爲"名"之增旁俗字。佲，另有正字，同"酩"。下文同。

64TAM15：29/2《高昌延壽十四年康保謙買園券》："若有人河（呵）盜認 名 者，一仰本 □□。"

明　míng

75TKM96：18，23《北涼玄始十二年（423）兵曹牒爲補代差佃守代事》："□□ □安 明 一人補。"

75TKM96：18，23《北涼玄始十二年（423）兵曹牒爲補代差佃守代事》："□□ 明 □代媚入外軍。"

67TAM78：50/1《唐殘文書》一："左 明 海。"

64TAM29：126(a)《唐西州都督府殘文書》："分 明 給付不得。"

73TAM206：42/7－2《高昌義和五年（618）善海等役作名籍》："隗 明 願，侯 □□"

67TAM78：39《唐趙□熹舉麥契》："□□ 人左海 明 。"

73TAM507：012/15《高昌張明熹入延壽十六（639）三月鹽城劑丁錢條記》："□月十五日張 明 熹□。"

80TBI：310《四分戒本疏（卷一）》："□□ 明 一時得若依此 □□"

67TAM78：29(b)《唐吳相□等名籍（二）》："曹□延，□ 明 海。"

72TAM230：67《武周天授二年（691）唐建進辯辭》："據此，明 知告皆是實，未知前款因何拒諱？"

64TAM15：19《唐西州高昌縣弘寶寺賊贓錢名》："陰□□ 明 入惠□。"

72TAM151：59，61《高昌某年郡上馬帳》："明 威傀滿瓜（騧）馬。"

按：傀，原件書作"儴"。

72TAM151：59，61《高昌某年郡上馬帳》："張寺法 明 白馬……

合六十七匹。"

73TAM507：014/6《高昌延壽七年（630）十二月張明憙入十月劑刺薪條記》："張 明 憙。"

68TAM108：19(a)之二《唐開元三年（715）西州營典李道上隴西縣牒爲通當營請馬料姓名事》："火長李玄 明，火内人李道。"

72TAM151：52《高昌逋人史延明等名籍》："九日逋人：史延 明、北聽□竺伯子、曲尺寶惡奴，王慶濟。"

66TAM61：23(b)，27/2(b)，27/1(b)《唐西州高昌縣上安西都護府牒稿爲録上訊問曹禄山訴李紹謹兩造辯辭事（二）》："兄邊取練訖分 明，付兄與李三同 □ 。"

72TAM151：56《高昌買駄、入練、遠行馬、郡上馬等人名籍》："伏波衆悦、 明 威桑苟、□□阿□、鞏司馬。"

72TAM151：56《高昌買駄、入練、遠行馬、郡上馬等人名籍》："辛明護、史凌江、校尉相 明、□□保悦、麴阿住。"

72TAM151：59，61《高昌某年郡上馬帳》："政 明 寺青馬。"

72TAM151：56《高昌買駄、入練、遠行馬、郡上馬等人名籍》："馬郎中、 明 威阿彌□□□□康□□將伯 □ 。"

73TAM507：012/21《高昌延壽九年（632）八月張明憙入官貸捉大麥子條記》："氾延 明 八月七 □ 。"

72TAM151：59，61《高昌某年郡上馬帳》："明 威慶武赤馬。"

鳴 míng

72TAM151：68《〈千字文〉習字殘卷（一）》："鳴 鳳在樹，白駒食□［場］，化被草□［木］。"

80TBI：132《佛説天地八陽神咒經》："□ 鳥 鳴 百怪諸惡鬼□ 。"

按：怪，原件書作"恠"。

72TAM151：6《高昌重光元年（620）氾法濟隨葬衣物疏》："玉豚一雙，雞 鳴 一具。"

65TAM42：40《唐缺名隨葬衣物疏》："雞 鳴 審（枕）一枚，玉團一雙，腳靡（縻）一具。"

按：雙，原件書作"霍"。

mìng

命 mìng

80TBI：063《佛説灌頂隨願往生十方净土經（卷一一）》："□ 若人 命 終願生 □ 。"

75TKM91：11/5《西涼建初四年（408）秀才對策文》："伏惟殿下應期 命 世，紹蹤前聖。"

64TAM19：71/1《唐殘文書一（一）》："百姓活 命 要籍田□ 。"

2006TSYIM4：2－3＋2006TSYIM4：2－4《古寫本〈詩經〉》："大 命 近止，無棄爾成。"

59TAM301：17《唐貞觀末年關門隨葬衣物疏》："▢▢未未忽然命▢▢"

miù

謬 miù

75TKM91：11/5《西涼建初四年（408）秀才對策文》："臣以疏陋，才非翹類，洪澤濤獎，謬忝過分。"

mó

摩 mó

80TBI：005－5《大乘瑜伽金剛性海曼殊室利千臂千鉢大教王經（卷六）》："大明慧菩薩摩▢▢"67TB：1－2－2《大乘瑜伽金剛性海曼殊室利千臂千鉢大教王經（卷六）》："▢▢摩地聖慧▢▢"80TBI：011－1《大乘瑜伽金剛性海曼殊室利千臂千鉢大教王經（卷六）》："▢▢光明三摩地入於殊▢▢"

2004TBM115：10《古寫本〈千字文〉》："遊鵾獨運，淩（凌）摩降（絳）霄。"

72TAM171：12（a），17（a），15（a），16（a），13（a），14（a）《高昌延壽十四年（637）兵部差人看客館客使文書》："真朱人貪旱大官、好延祐臘振摩珂賴使金穆▢▢"

按：臘，原件書作"臈"。

69TKM39：9/4（a）《唐貞觀二十一年（647）帳後▢苟户籍》"奴摩崛▢▢伍。"

72TAM150：45《唐曹摩羅等雜器物帳》："▢▢曹摩羅銅匙。"

磨 mó

80TBI：488《四分戒本疏（卷一）》："唯羯磨竟所有無▢是兹戒體。"

按：體，原件書作"躰"。

64TAM29：24《唐垂拱元年（685）康義羅施等請過所案卷（四）》："康尾義羅施，年卅；作人曹伏磨▢▢"

64TAM29：24《唐垂拱元年（685）康義羅施等請過所案卷（四）》："吐火羅磨色多▢▢"

73TAM504：21/1－21/3《高昌奴得等負麥、粟、疊帳（一）～（三）》："次負弘磨寺左師疊首卅斤。"

嚩 mó

80TBI：507－3《佛説大摩裏支菩薩經（卷一）》："▢▢娑嚩（二合引）▢▢"

按：括號内爲下注小字。

80TBI：337a《大毗盧遮那成佛神變加持經（卷四）密印品第九》："▢▢多勃馱喃一壞弩嗢婆（二合）嚩（二）莎▢▢"

按：括號中字原件爲小字。

魔 mó

魔
魔

80TBI：669a《大方廣華嚴十惡品經》："☐☐崛 魔 羅飲酒醉☐☐"

80TBI：126《別譯雜阿含經（卷一二）》："知是 魔 王，説偈報言。"

mò

末　mò

末

64TAM27：22《唐寫本〈論語〉鄭氏注〈雍也〉殘卷》："［曰］自牖執其［首］手，曰：' 末 之命☐☐"

按：原件衍"曰""首"二字。"末"，傳世本作"亡"。

末

2006TZJ1：085，2006TZJ1：088《麴氏高昌斛斗帳》：" 末 ，小麥八百五☐☐"

末

2006TZJ1：080，2006TZJ1：078《麴氏高昌斛斗帳》：" 末 ，小麥七百九斛五斗☐☐"

末

73TAM206：42/10－5/10－17《唐質庫帳歷》："細細 末 珠四條，約有四百顆。"

末

67TAM376：01（a）《唐開耀二年（682）寧戎驛長康才藝牒爲請處分欠番驛丁事》："令狐呼 末 。"

没　mò

没

65TAM341：27《唐開元八年（720）具注曆》："十二日癸巳水閉 没 。"

按：閉，原件爲"閇"，俗寫。

没

72TAM201：33《唐咸亨五年（674）兒爲阿婆録在生及亡没所修功德牒》："右阿婆生存及亡 没 所修功德件録條。"

没

73TAM191：32（a）《唐史衛智爲軍團點兵事》："☐☐加减、隱 没 、遺漏☐☐"

没

2006TAM607：2－4《唐神龍元年（705）六月後西州前庭府牒上州勾所爲當府官馬破除、見在事》："卌疋，前後諸軍借將及 没 賊不迴，合官酬替。"

没

64TAM4：53《唐麟德二年（665）張海歡、白懷洛貸銀錢契》："若張身東西 没 洛（落）者，一仰妻兒及收後保人替償。"

陌　mò

陌

64TAM29：44《唐咸亨三年（672）新婦爲阿公録在生功德疏》："紫黄羅間 陌 複一腰。"

莫　mò

莫

72TAM151：97《高昌某年衛延紹等馬帳》："☐☐長史馬，☐☐☐☐ 莫 馬☐☐"

莫

80TBI：011－3《大乘瑜伽金剛性海曼殊室利千臂千鉢大教王經（卷六）》："☐☐唯心示變， 莫 ☐☐"

莫

80TBI：148《請觀世音菩薩消伏毒害陀羅尼咒經（卷一）》："☐☐耶，（ 莫 作鬼也。）卑離陀，（云餓鬼也。）"

按：括號内爲原正文下注小字。

莫

67TAM363：8/1（a）之七《唐景龍四年（710）卜天壽抄孔氏本鄭

氏注〈論語〉》："不患 莫 己知,求 ☐☐。"

67TAM363：8/2（a）之一《唐景龍四年（710）卜天壽抄〈十二月新三臺詞〉及諸五言詩》："寫書今日了,先生 莫 鹹（嫌）池（遲）,明朝是賈（假）日,早放學生歸。"

按：鹹,原作"醎"。

64TAM29：24《唐垂拱元年（685）康義羅施等請過所案卷（四）》："奴 莫 賀咄 ☐☐。"

64TAM29：25《唐垂拱元年（685）康義羅施等請過所案卷（四）》："作人曹野那,作人安 莫 定。"

67TAM78：26《唐貞觀十四（640）西州高昌縣李石住等戶手實（六）》："女端 莫 年壹。"

64TAM5：39《唐李賀子上阿郎、阿婆書二（二）》："願阿郎、阿婆、阿兄知,更 莫 愁鼠兒。"

麽 mò

80TBI：337a《大毗盧遮那成佛神變加持經（卷四）密印品第九》："彼真言曰："南 麽 三曼多 ☐☐。"

墨 mò

64TAM29：44《唐咸亨三年（672）新婦爲阿公錄在生功德疏》："墨 綠紬綾裙一腰。"

默 mò

67TAM363：8/1（a）之八《唐景龍四年（710）卜天壽抄孔氏本鄭

氏注〈論語〉》："縲絏（紲）微 默 之屬。"

67TAM376：02（a）《唐開耀二年（682）寧戎驛長康才藝牒爲請追勘違番不到驛丁事》："康 默 仁。"

73TAM501：109/7（a）,109/7（b）《唐高宗某年西州高昌縣賈致奴等征鎮及諸色人等名籍》："王 默 婢。"

72TAM150：42《唐白夜默等雜器物帳》："白夜 默 槃一,龍歡槃 ☐☐。"

2002TJI：001背面《十誦比丘羯磨》："☐☐ 僧已 默 然故 ☐☐。"

按：嘿,同"默"。《玉篇》："嘿,與默同。"《集韻》："嘿,靜也。通作默。"

67TAM376：02（b）《唐欠田簿（一）》："弟建 默 ,卌九,府史,欠常田四畝,部田六畝。"

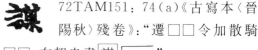

牟 móu

80TBI：656a《佛說灌頂摩尼羅亶大神咒經（卷八）》："第四拘樓秦佛,第五拘那含 牟 尼 ☐☐。"

64TAM29：44之六《唐咸亨三年（672）新婦爲阿公錄在生功德疏》："昨更於生絹畫兩捕（鋪）釋迦 牟 尼變,并侍者、諸天。"

謀 móu

72TAM151：74（a）《古寫本〈晉陽秋〉殘卷》："遷☐☐☐令加散騎☐☐,在朝忠肅 謀 ☐☐。"

mǒu

某　mǒu

60TAM332：9/1－1《唐祭五方神文殘片一》：："其 某 甲死鬼□"

60TAM332：6/3《唐犯土禁忌文》："謹啟 某 甲戒范（犯）太歲上土，太歲下土。"

60TAM332：6/5，6/8《唐祭諸鬼文（一）》："其 某 死鬼死□□"

2004TBM207：1－3《唐調露二年（680）七月東都尚書吏部符爲申州縣闕員事》："官 某 乙滿若續前任滿，即注云：續前任合滿。"

2004TBM207：1－3《唐調露二年（680）七月東都尚書吏部符爲申州縣闕員事》：" 某 乙憂、死。"

60TAM332：9/1－1《唐祭五方神文殘片一》："其 某 甲死鬼無繫屬處，故書名字□□方神，願爲禁攝，莫史（使）犯人，速攝囚。"

2004TBM207：1－3《唐調露二年（680）七月東都尚書吏部符爲申州縣闕員事》："□□ 某 官 某 乙□□解由。"

72TAM151：6《高昌重光元年（620）氾法濟隨葬衣物疏》："重光元年庚辰歲二月下旬，佛弟子 某 甲敬移五道大神。"

按：ム，同"某"。《玉篇》："ム，ム甲也。"宋陸游《老學庵筆記》卷六："今人書某爲ム，皆以爲俗從簡便，其實古'某'字也。"《字彙》："ム，與某同。"敦煌文獻亦多見"某"俗寫作"ム"者。

73TAM509：8/6《唐書牘稿》："甎一合，車去日附送 某 某收。"

按：此字爲"某"之俗字，爲"ム"增筆。

mǔ

母　mǔ

72TAM151：74（a）《古寫本〈晉陽秋〉殘卷》：" 母 子形□言色，武帝□□"

67TAM363：8/1（a）之八《唐景龍四年（710）卜天壽抄孔氏本鄭氏注〈論語〉》："父 母 在，不遠遊，遊必有［方］。"

按："有"後奪一"方"字。

72TAM188：11《唐開元三年（715）交河縣安樂城萬壽果母姜辭》："□□城百姓萬壽果 母 姜辭：縣司□□"

75TKM96：29（b）《北涼真興六年（424）出麥賬》："女至 母 取麥二斛。"

69TKM39：9/8（a）《唐西州高昌縣□慶友等户家口田畝帳簿（二）》："□□酉海年廿六， 母 賈年卅四，弟始□□"

73TAM507：012/3《唐殘書牘》："汝 母 二箇妹□□"

畝　mǔ

64TAM37：21《唐□□二年曹忠敏田契》："高渠部田一段廿九[畝]，内壹拾陸畝舊主王祐□□"

64TAM37：21《唐□□二年曹忠敏田契》："每[畝]交用小麥壹斗，租取上件地來年佃種。"

按：斗，原件作"㪷"。

72TAM226：53,54《唐開元十年（722）伊吾軍上支度營田使留後司牒爲烽鋪營田不濟事》："□□隱没壙[畝]，求受重□□"

59TAM301：15/4－1,15/4－2《唐貞觀十七年（643）西州高昌縣趙懷滿夏田契》："□□步張菌富貳[畝]，田壹畝，與夏價小麥貳（貳）□□"

72TAM230：75,76《武周天授二年（691）康進感辯辭》："□□又無田地傾（頃）[畝]，地段、四至人名，無憑□□"

按：地，原件爲武周新字。

67TAM78：29（a）《唐貞觀十四（640）西州高昌縣李石住等戶手實（二）》："地一段肆[畝]八十步城西二□□"

64TKM1：42,47《唐西州左照妃等勘田簿（一）》："合田二[畝]。"

64TKM1：42,47《唐西州左照妃等勘田簿（一）》："左照妃田二[畝]。"

60TAM330：26/1《唐總章元年（668）趙惡仁佃田契》："□□佃食，年別[畝]與□□"

67TAM78：29（a）《唐貞觀十四（640）西州高昌縣李石住等戶手實（二）》："合受田八十[畝]。"

72TAM151：94《高昌義和三年（616）張相憙夏麼田券》："□□部田壹[畝]，到十月内□□□□麼依官斛兜（斗）中取。"

68TAM103：18/9（a）《唐貞觀某年西州某鄉殘手實》："合受田八十[畝]。"

60TAM332：9/3－1《唐龍朔二年（662）遒納名籍（一）》："楊赤鼠一[畝]。"

64TAM5：47,59,61/2《唐諸戶丁口配田簿（丙件）（四）》："□□樊阿憙，年五十七，二[畝]。"

60TAM332：9/2（a）《唐龍朔元年（661）左慈隆等種麼畝數帳》："左願系一[畝]。"

65TAM42：74《唐西州高昌縣授田簿（一九）》："□□安六□□戶常部田拾[畝]。"

69TAM232：3（b）《唐蠅芝等直上欠麴粟帳》："依檢大志貫高昌縣，絶戶田四[畝]。"

69TAM232：3（b）《唐蠅芝等直上欠麴粟帳》："白居兜□□義達種秋粟，右同前據□□□上件地去年秋是前件人佃種，[畝]別收子兩碩以上者，件勘如前。"

mù

木　mù

72TAM151：68《〈千字文〉習字殘卷（一）》："鳴鳳在樹，白駒食□[場]，化被草[木]。"

67TAM363：8/1（a）之九《唐景龍四年（710）卜天壽抄孔氏本鄭氏注〈論語〉》：“竹 木 浮之於水上，大曰柢（栿），小曰浮（桴）。”

　　按：柢，“栿”字訛寫。

73TAM206：42/1《唐事目歷》：“事爲報大陽津橋 木 。”

目　mù

67TAM363：8/1（a）之三《唐景龍四年（710）卜天壽抄孔氏本鄭氏注〈論語〉》：“ □ 倩兮，未（美） 目 盼兮，素以爲眴兮。”

80TBI：488《四分戒本疏（卷一）》：“持行無作從修行發非形俱，故 目 之爲 □ ”

72TAM150：40《唐康某等雜器物帳》：“ 目 辰相床一張。”

60TAM332：6/5，6/8《唐祭諸鬼文（一）》：“ □ □ 目 猛氣 □ ”

64TAM19：48《唐上元三年（676）西州都督府上尚書都省狀爲勘放還流人貫屬事（一）》：“ □ 解並 目 上尚書省，都省。”

73TAM507：013/1《唐某人申狀爲注籍事》：“ □ 之理，睹在 目 □ ”

沐　mù

73TAM509：8/2（b）《唐西州道俗合作梯蹬及鐘記》：“俱 沐 此恩，咸登樂道。”

苜　mù

2006TAM607：2－2《唐神龍二年（706）七月西州史某牒爲長安三年（703）七至十二月軍糧破除、見在事》：“ □ 人職田 苜 蓿地子 □ ”

牧　mù

73TAM193：15（b）《唐天寶某載（749—756）行館器物帳》：“破疊子肆拾 牧 （枚）。”

　　按：牧，“枚”的訛誤字。下同。

73TAM193：15（b）《唐天寶某載（749—756）行館器物帳》：“破疊子陸拾 牧 （枚）。”

73TAM193：15（b）《唐天寶某載（749—756）行館器物帳》：“破羹碗貳拾 牧 （枚）。”

65TAM42：40《唐缺名隨葬衣物疏》：“雞鳴審（枕）一 牧 （枚），玉團一霎（雙），腳靡（縻）一具。”

募　mù

64TAM22：16《翟蔥等應募入幢名籍》：“趙朱、帛弘持、范生、左艾幢入 募 。”

65TAM346：1《唐乾封二年（667）郭毫醜勳告（一）》：“西州 募 人郭毫醜。”

72TAM209：89《唐貞觀十七年（643）符爲娶妻妾事（一）》：“ 募 人 □ ”

73TAM193：38（a）《武周智通擬判爲康隨風詐病避軍役等事》：

"奉敕伊、西二州,占 募 强兵五百,官賜未期至日,私家借便資裝。"

75TKM96：21《僧□淵班爲懸募追捕逃奴事》："受 募 ,不負言誓也。"

幕　mù

73TAM509：19/2《武周天山府下張父師團帖爲新兵造幕事一》："西州諸府,兵 幕 迴日却 ▢ "

暮　mù

73TAM524：32/1－1《高昌永平元年(549)十二月十九日祀部班示爲知祀人上名及謫罸事》："諸上名者,今十九日 暮 悉詣殿裏宿。"

2006TSYIM4：3－22背面《北涼殘文書》："九日 暮 城宕 ▢ "

75TKM96：21《僧□淵班爲懸募追捕逃奴事》："得者, 暮 (募)毯十張。"

64TAM29：44《唐咸亨三年(672)新婦爲阿公録在生功德疏》："旦 暮 二時懺悔。"

慕　mù

67TAM363：8/1(a)之七《唐景龍四年(710)卜天壽抄孔氏本鄭氏注〈論語〉》：" ▢ 〔無〕適也,無 慕 (莫)也,義之與比。"

75TKM91：11/3《西涼建初四年(408)秀才對策文》："外飾則悕 慕 ,悕慕則生不足,生不足則奸興。"

67TAM363：8/1(a)之七《唐景龍四年(710)卜天壽抄孔氏本鄭氏注〈論語〉》："孝子哀 慕 ,不改其父之常道。"

穆　mù

73TAM222：54/10(b),54/11(b),54/12(b)《唐寫〈禮記〉鄭氏注〈檀弓〉下殘卷》：" ▢ 西鄉, 穆 ▢ "

72TAM171：12(a),17(a),15(a),16(a),13(a),14(a)《高昌延壽十四年(637)兵部差人看客館客使文書》："真朱人貪旱大官、好延祐臘振摩珂賴使金 穆 烏紇大官 ▢ "

N 部

ná

挐 ná

挐 80TBI：507-2《囉嚩挐説救療小兒疾病經（卷一）》："□□曼 **挐** 羅中□□"

按：敦煌文獻 S.388《正名要録》："挐，牽引。"

nà

那 nà

那 72TAM178：4《唐開元二十八年（740）土右營下建忠趙伍那牒爲訪捉配交河兵張式玄事一》："趙伍 **那** □□"

那 80TBI：005-5《大乘瑜伽金剛性海曼殊室利千臂千鉢大教王經（卷六）》："□□示現證入毗盧遮 **那** □□"

那 80TBI：692a《大法炬陀羅尼經（卷一〇）六度品第二四之一》："□□謂檀 **那** 波羅□□"

按：《説文》："邢，西夷國。从邑冄聲。"邵瑛《群經正字》："邢，今作那。"此字當爲"邢"增筆，敦煌寫本常見。

那 64TAM29：25《唐垂拱元年（685）康義羅施等請過所案卷（四）》："作人曹野 **那** ，作人安莫疋。" 64TAM29：24《唐垂拱元年（685）康義羅施等請過所案卷（四）》："保人焉耆人曹不 **那** 遮，年□□□"

那 72TAM150：40《唐康某等雜器物帳》："康 **那** 你延床一張。"

按：郍，同"那"。《五音集韻》："郍，俗'那'。"此字敦煌文獻常見。

邢 75TKM96：29（a），33（a）《北涼真興某年道人德受辭》："□□爲維 **那** 所。"

䣔 73TAM501：109/8-4《唐張義海等征鎮及諸色人等名籍（四）》："□□果毅沙鉢 **那** 仗身□□"

納 nà

納 72TAM226：87/1，87/2《唐納職守捉屯種文書》："□□ **納** 職守□使牒稱：□鋪□□"

按：職，原件書作"臷"。

納 72TAM226：5（a）《唐伊吾軍上西庭支度使牒爲申報應納北庭糧米事》："軍州前後檢 **納** 得，肆拾叁碩壹斗陸勝（升）伍合，前後欠不納。"

按：斗，原件作"斦"。

72TAM226：5（a）《唐伊吾軍上西庭支度使牒爲申報應納北庭糧米事》："合軍州應 納 北庭糧米肆碩。"73TAM221：55（a）《唐貞觀廿二年（648）安西都護府乘敕下交河縣符爲處分三衛犯私罪納課違番事》："□□依法徵 納 。"

72TAM230：84/1～84/5《唐儀鳳三年（678）尚書省戶部支配諸州庸調及折造雜練色數處分事條啟（三）～（七）》："□□ 到限五日内 納 了□□"

72TAM230：49《武周天授二年（691）總納諸色逋懸及屯收義納糧帳》："□□授二年臘月廿日以前總 納 諸色逋懸及屯收義納糧總叁阡柒伯捌拾陸碩貳斗壹勝（升）。"2006TAM607：2-4背面＋2006TAM607：2-5背面《唐景龍三年（709）後西州勾所勾糧帳》："一斗六升青稞，張大駕 納 交河縣。"

2006TAM607：2-4背面＋2006TAM607：2-5背面《唐景龍三年（709）後西州勾所勾糧帳》："□□粟，王什□祿 納 天山縣□□"

2006TAM607：2-4背面＋2006TAM607：2-5背面《唐景龍三年（709）後西州勾所勾糧帳》："九石七斗粟，王素 納 柳中縣。"2006TAM607：2-2背面《唐景龍三年（709）後西州勾所勾糧帳》："二石六斗米，中館妄破，蘇仁折 納 。"

72TAM230：61《唐通感等辯辭爲徵納逋懸事》："□□案内具有逋懸未 納 斛斗。"

66TAM44：11/1《唐貞觀十八年（644）鎮兵董君生等牒爲給抄及送納等事》："□□今將送 納 ，謹牒。"

72TAM230：49《武周天授二年（691）總納諸色逋懸及屯收義納糧帳》："□□授二年臘月廿日以前總納諸色逋懸及屯收義 納 糧總叁阡柒伯捌拾陸碩貳斗壹勝（升）。"

59TAM304：7/3《唐雜器物車輛殘帳（三）》："□□車兩乘 納 寶□□"

64TAM29：110/1～110/6，120（a）《唐處分庸調及折估等殘文書（一）～（七）》："具顯折 納 多少、沽價高下、申司□□"

72TAM230：55（a）《唐蠅芝等直上欠麨粟帳》："張知遠納本三石，曹行通 納 □□"

64TAM36：9《唐高昌縣史成忠帖爲催送田參軍地子并麨（麨）事》："帖至，仰即送地子并麨，限帖到當日 納 了。"

捺 nà

67TAM84：20《高昌條列出藏錢文數殘奏》："□□作從，藏龍遮之 捺 提婆錦三匹。"

nǎi

乃 nǎi

67TAM363：8/2（a）之一《唐景龍四年（710）卜天壽抄〈十二月新三臺詞〉及諸五言詩》："年首初春□，改故迎新李（季），玄附靈求學，樹夏（下） 乃

逢珍。"

80TBI：238《過去現在因果經（卷一）》："□ 提人 乃 □。"

73TAM507：013/2－1《唐殘辯辭》："□ 括□ 乃 □。"

nài

奈 nài

73TAM215：017/6－1，017/6－2《唐殘書牘三》："□ 不孝，奈 何。"

nán

男 nán

67TAM78：17（b），18（b），19（b），28（b）《唐貞觀某年孫承等戶家口籍》："□ 丁 男 □。"

64TAM29：25《唐垂拱元年（685）康義羅施等請過所案卷（四）》："□ 康紇槎，男 射鼻，男浮你了。"

72TAM230：78《武周天授二年（691）王嘿子男孝達殘文書》："□ 王嘿子，男，孝達 □。"

65TAM42：48（a）《古寫本〈鍼法〉殘片》："男 子陰端寒上衝 □。"

67TAM78：31《唐貞觀十四（640）西州高昌縣李石住等戶手實（七）》："□ 老 男 □。"

2004TBM113：6－3《唐西州某縣何花辭爲男女放良事》："□ 男 洛洛，女小媵。"

64TAM4：34《唐龍朔元年（661）龍惠奴舉練契》："保人 男 隆緒。"

67TAM363：7/1《唐儀鳳二年（677）西州高昌縣寧昌鄉卜老師辭爲訴男及男妻不養瞻事》："男 石德，妻漢姜。"

69TKM39：9/8（a）《唐西州高昌縣□慶友等戶家口田畝帳簿（二）》："顯德年六十九，妻田年□□六，男 串子年廿九，男 □。"

80TBI：482《大方等陀羅尼經夢行分（卷三）》："善 男 子！我欲 □。"

64TAM22：16《翟蒠等應募入幢名籍》："□ 王休、吳 男 安、李生、王 □。"

64TAM5：85《唐諸戶丁口配田簿（甲件）（二）》："男 緒仁，年廿 □。"

64TAM4：33《唐總章三年（670）左憧憙夏菜園契》："保人，男，君洛。"

67TAM91：30（b），29（b）《唐蘇海願等家口給糧三月帳》："一丁 男，一日粟三升三合 □ 人丁妻，一日粟 □。"

64TKM1：28（a），31（a），37/2（a）《唐西州某鄉戶口帳（一）》："一百□□九 男 夫。"

67TAM91：19（b）《唐張赤頭等家口給糧三月帳》："□□丁 男，一日粟三升三合三勺。"

72TAM151：54《高昌洿林等行馬入亭馬人名籍》："次鹽城行□入亭馬人：主簿辛謙、參軍元祐、主簿 男 子。"

南　nán

72TAM179：16/4(b)，16/5(b)，16/6(b)，16/7(b)《唐寫〈尚書〉孔氏傳〈禹貢〉、〈甘誓〉殘卷》："朔 南 暨聲教訖於四海。"

75TKM91：11/6《西涼建初四年(408)秀才對策文》："夏處井鬼，故稱 南 陸。"

72TAM230：75，76《武周天授二年(691)康進感辯辭》："注檢校主薄（簿）高禎城 南 、城北見□。"
72TAM230：54(a)《唐開元九年(721)里正記雷思彦租取康全致等田畝帳》："□取 南 路塢郭龍敏□。"

80TBI：495b－2《瑜伽集要焰口施食儀》："□ 南 無歸依十方盡□。"

72TAM230：68《武周天授二年(691)郭文智辯辭》："□但文智主薄（簿）南 平職□。"
69TKM39：9/8(a)《唐西州高昌縣□慶友等户家口田畝帳簿（二）》："□畝常田，城東四里北渠，東渠，西渠，南 周堆□。"64TKM1：48《唐西州高昌縣順義等鄉勘田簿（一）》："孫安相田東佃，□渠，南 大女和□□渠。"

按：堆，原件書作"塠"。

73TAM206：42/10－21《唐質庫帳歷》："南 紡釵。"73TAM206：42/10－10《唐質庫帳歷》："南 坊住釵。"

73TAM206：42/10－5/10－17《唐質庫帳歷》："□　南 坊住年廿三□"
73TAM206：42/10－13，42/10－3《唐質庫帳歷》："南 坊西場年十□"

73TAM206：42/10－7《唐質庫帳歷》："□ 南 紡釵。"

67TAM78：30《唐貞觀十四(640)西州高昌縣李石住等户手實(四)》："□東李善守，南 官，西道□"

67TAM78：30《唐貞觀十四(640)西州高昌縣李石住等户手實(四)》："□東□里塔，南 麴保悦，西王□"

2004TAM398：13a＋2004TAM398：13b《唐西州高昌縣趙度洛等授田簿》："南 渠，北馮多武。"

喃　nán

80TBI：337a《大毗盧遮那成佛神變加持經(卷四)密印品第九》："□多勃馱 喃 一壤弩喁婆（二合）嚩（二）莎□"

按：括號中字爲原件中小字。

難　nán

80TBI：656a《佛說灌頂摩尼羅亶大神咒經(卷八)》："佛告阿 難 ：我今又舉是八大菩薩□"

72TAM151：74(a)《古寫本〈晉陽秋〉殘卷》："山之俄而 難 作，華身□□口薄□"

按：難作，原件寫作"作難"，旁有勾乙符號。

73TAM222：56/3(a)，56/4(a)《唐殘判籍(三)(四)》："害乧所

難 [ ] "

65TAM42：48(a)《古寫本〈鍼法〉殘片》:"胸内廉痛溺 難 [ ] "

80TBI：097《請觀世音菩薩消伏毒害陀羅尼咒經（卷一）》:"若有婦人生 難 臨當 [ ] "

80TBI：390b《諸經要集（卷四）懸幡緣第四》:" [ ] 丘及與阿難從 [ ] "

80TBI：259《妙法蓮華經（卷二）譬喻品第三》:" [ ] 諸 難 恐 [ ] "

67TAM363：8/1（a）之九《唐景龍四年（710）卜天壽抄孔氏本鄭氏注〈論語〉》:"無所取材之，爲前既言，難 中悔之故，絕之以此 [ ] "

73TAM509：8/6《唐書牘稿》:"須肉可看，乳腐 難 求。"

64TAM29：91（b）《唐殘詩》:" [ ] 終 難 ，澤朱研轉身未見。"

nàn

難 nàn

2002TJI：001《道行般若經（卷八）强弱品第二四》:" [ ] 勤苦 難 也。"

náng

囊 náng

59TAM305：8《缺名隨葬衣物疏》:"蹹麴（鞠）囊 一枚。"

59TAM305：8《缺名隨葬衣物疏》:"懷袖 囊 一枚。"

59TAM305：8《缺名隨葬衣物疏》:"手腳爪 囊 各一枚。"

2004TBM115：10《古寫本〈千字文〉》:"耽讀翫市，□[寓]目 囊 箱，易輶攸畏，屬耳垣牆。"

63TAM2：1《北涼緣禾六年翟萬隨葬衣物疏》:"故懷袖、蹹臼 囊 各一枚。"

2004TBM203：30-2《高昌寫本〈急就篇〉》:"茱萸香，老菁 囊 何（荷）冬日□。"

75TKM96：17《北涼真興七年（425）宋泮妻隤儀容隨葬衣物疏》:"故白絹蹹麴（鞠）囊 一枚。"

66TAM62：5《北涼緣禾五年隨葬衣物疏》:"合究 囊 一枚。"

66TAM62：5《北涼緣禾五年隨葬衣物疏》:"手爪 囊 一枚"

66TAM62：5《北涼緣禾五年隨葬衣物疏》:"懷右（袖）囊 。"

nǎng

曩 nǎng

72TAM151：51《高昌白子中布帛雜物名條疏》:"紫棗尺一，支疊 曩 （囊）子二。"

nǎo

惱 nǎo

惱　80TBI：053《四分律比丘尼戒本》："出家 惱 他人不名爲沙門。"

按：《龍龕手鏡》："惚俗，悩通，悩今，悩正。"惚，另有正字，音義迥然有別。

愍　80TBI：035《請觀世音菩薩消伏毒害陀羅尼三昧儀經明正意第二》："愍我救護苦 惱 亦救 ▢"

悩　80TBI：641a《妙法蓮華經（卷二）譬喻品第三》："▢ 渴 惱 急，甚可怖畏，此苦難處，況復大火 ▢"

悩　80TBI：641a《妙法蓮華經（卷二）譬喻品第三》："是時長者，而作是念，諸子如此，益我愁 惱。"

nè

訥　nè

訥　67TAM363：8/1（a）之八《唐景龍四年（710）卜天壽抄孔氏本鄭氏注〈論語〉》："君子 訥 於言而敏於行。"

nèi

内　nèi

内　80TBI：162《妙法蓮華經（卷二）譬喻品第三》："▢ 等於火宅 内 樂 ▢"

内　64TAM5：40《唐李賀子上阿郎、阿婆書一（一）》："次廿一年正月 内，用錢九千 ▢" 63TAM1：15《劉普條呈爲得麥事》："請副 内 紀識。"

内　64TAM4：35（a）《唐潢舍告死者左憧憙書爲左憧憙家失銀錢事（一）》："左 憧 憙 家 内 失 銀 錢 伍 伯（百）文。"

内　72TAM179：16/4（b），16/5（b），16/6（b），16/7（b）《唐寫〈尚書〉孔氏傳〈禹貢〉、〈甘誓〉殘卷》："内 方至於大别。"

内　73TAM519：19/2－2《高昌麴季悦等三人辭爲請授官階事》："即得異姓上品官上坐，若得 内 官者 ▢"

内　73TAM206：42/9－17（a）《唐課錢帳歷（二六）》："▢ 課 内 七十八文付馮家。"

内　64TAM29：99《武周請車牛人運載馬草踏文書》："▢ 稱撿案 内 冬季草踏未 ▢" 73TAM214：153《唐殘帳（一）》："依撿，庫 内 無剩。" 72TAM226：60《唐支度營田使下管内軍州牒》："▢ 管 内 軍州 ▢"

内　73TAM206：42/9－27《唐課錢帳歷》："許過寒食五日 内 分付了。"

内　72TAM230：84/1～84/5《唐儀鳳三年（678）尚書省户部支配諸州庸調及折造雜練色數處分事條啓（三）～（七）》："▢ 到限五日 内 納了 ▢"

内　72TAM230：46/2（b）《唐儀鳳三年（678）尚書省户部支配諸州庸調及折造雜練色數處分事條啓（二）》："諸州調麻納兩京數，内 六分取一分 ▢ 司送者不在折酬之限。"

内　65TAM341：77－1（背面）《唐辯辭爲李藝義佃田事》："▢ 牒訪問，始知前件地是康宗段 内。"

2004TBM207：1-3《唐調露二年（680）七月東都尚書吏部符爲申州縣闕員事》："此色 内 雖有已申者，今狀更須具言。"

72TAM230：61《唐通感等辯辭爲徵納逋懸事》："□ 案 内 具有逋懸未納斛斗，使司牒州，州司□□遣令徵納。"

68TAM108：19（a）之三《唐開元三年（715）西州營典李道上隴西縣牒爲通當營請馬料姓名事》："火長鄒忠節，火 内 人□結。"

68TAM108：19（a）之三《唐開元三年（715）西州營典李道上隴西縣牒爲通當營請馬料姓名事》："火長孔處忠，火 内 人楊琛。"

68TAM108：19（a）之三《唐開元三年（715）西州營典李道上隴西縣牒爲通當營請馬料姓名事》："火長毛崇業，火 内 人張言。"

68TAM108：18（a）之二《唐開元三年（715）西州營牒爲通當營請馬料姓名事二》："火長李思暕，火 内 人□□"

72TAM151：13《高昌義和三年（616）氾馬兒夏田券》："□ 内 上廩使畢，依官斛兜（斗）中取。"

按：斛，原件寫作"斜"。

néng

能　néng

80TBI：504-2《增阿含經（卷三八）馬血天子問八政品第四三》："能 用此筏自用自隨乎爲□"

80TBI：162《妙法蓮華經（卷二）譬喻品第三》："我雖 能 於此□"

73TAM208：12《唐人習字》："不得與師書耳但衛不 能 拔賞隨。"

67TAM363：8/1（a）之六《唐景龍四年（710）卜天壽抄孔氏本鄭氏注〈論語〉》："唯仁者 能 好仁（人），[者] 能惡□"

按：後一"者"爲衍字。傳世本作："唯仁者能好人，能惡人。"

67TAM363：8/1（a）之九《唐景龍四年（710）卜天壽抄孔氏本鄭氏注〈論語〉》："問仁而曰不知者，譏武伯不 能 用仁。"

80TBI：049a《十方千五百佛名經》："□ 衆生亦 能 滅除二□"

73TAM222：54/10（b），54/11（b），54/12（b）《唐寫〈禮記〉鄭氏注〈檀弓〉下殘卷》："吾 能 無□"

80TBI：488《四分戒本疏（卷一）》："前二時中位是 能 俱所攝。"

64TAM5：80《唐李賀子上阿郎、阿婆書四（三）》："□ 意將來莫怖□人 能 故名，寧爲來時放之。"

65TAM42：48（a）《古寫本〈鍼法〉殘片》："男子精溢脛酸，不 能 □"

75TKM91：21《馮淵上主將啟爲馬死不能更買事》："不 能 更買。"

ní

尼　ní

64TAM22：16《翟蔥等應募入幢名籍》："李息 尼 、高善生、蘇道容。"

80TBI：057《增壹阿含經（卷五〇）大愛道般涅槃品第五二》："五百比丘 尼 復白言：'唯 ▢'"　▢丘 尼 告五百比丘尼曰：'過去久遠 ▢'"　80TBI：656a《佛説灌頂摩尼羅亶大神咒經（卷八）》："第四拘樓秦佛，第五拘那含牟 尼 ▢ "

80TBI：279《大方等陀羅尼經護戒分（卷四）》：" ▢ 尼 典得 ▢ "

80TBI：016《四分戒本疏（卷一）》："戒防未非，毗 尼 殄已起，何故得 ▢ "

64TAM29：44 之六《唐咸亨三年（672）新婦爲阿公録在生功德疏》："昨更於生絹畫兩捕（鋪）釋迦牟 尼 變，并侍者、諸天。"

72TAM188：11《唐開元三年（715）交河縣安樂城萬壽果母姜辭》："阿姜女 尼 普敬，▢▢ 山人，年卅三。"69TKM39：9/7（a）《唐西州高昌縣▢慶友等户家口田畝帳簿（一）》：" ▢ 部田，城東四里屯亭渠，東渠、西渠、南 尼 ▢ "

64TAM5：100（a），94（a），104/4（a）《唐殘户籍二（二）》："南道，北史 尼 ▢ "

泥　ní

2002TJI：001《道行般若經（卷八）强弱品第二四》：" ▢ 度令得 泥 洹。"

64TAM29：44 之六《唐咸亨三年（672）新婦爲阿公録在生功德疏》："向堀門裏北畔新塔廳上佛堂中東壁上， 泥 素（塑）彌勒上生變，並菩薩、侍者、天神等一捕（鋪）。"

輗　ní

67TAM363：8/1（a）《唐景龍四年（710）卜天壽抄孔氏本鄭氏注〈論語〉》："大車無 輗 ，小車無[軏] ▢ "

你　nǐ

72TAM150：40《唐康某等雜器物帳》："康那 你 延床一張。"　64TAM29：25《唐垂拱元年（685）康義羅施等請過所案卷（四）》：" ▢ 康紇槎，男射鼻，男浮 你 了。"

擬　nǐ

64TAM29：44 之七《唐咸亨三年（672）新婦爲阿公録在生功德疏》："至卅九日， 擬 成卅九軀佛。"

73TAM222：1（b）《唐中軍左虞侯帖爲處分解射人事》："帖至，仰營所有解射人立即具録姓名通送，待 擬 簡定。"

72TAM230：46/1（a）《唐儀鳳三年（678）尚書省户部支配諸州庸調及折造雜練色數處分事條啟（一）》：" 擬 報諸蕃等物，并依色數送▢。"

2004TBM207：1-7《唐調露二年（680）七月東都尚書吏部符爲申州縣闕員事》："□□置漢官，並具於闕色狀言，擬憑勘□□"

73TAM191：61/1《唐□□璟殘狀》："□□語典言此□□下，擬覓得□□"

nì

逆　nì

80TBI：510《慈悲道場懺法（卷三）顯果報第一》："□□興惡逆心屠□□"

匿　nì

72TAM150：40《唐康某等雜器物帳》："竹故匿床一張。"

溺　nì

65TAM42：48（a）《古寫本〈鍼法〉殘片》："腎（胸）內廉痛溺難□□"

膩　nì

80TBI：035《請觀世音菩薩消伏毒害陀羅尼三昧儀經明正意第二》："□□耽婆膩阿婆熙□□"

80TBI：035《請觀世音菩薩消伏毒害陀羅尼三昧儀經明正意第二》："□□多經他陀呼膩□□"

nián

年　nián

73TAM222：56/1，56/2《唐殘判籍（二）》："年尊，復因□□"

67TAM78：30《唐貞觀十四（640）西州高昌縣李石住等戶手實（四）》："□□年九□□"

72TAM230：84/6《唐儀鳳三年（678）尚書省戶部支配諸州庸調及折造雜練色數處分事條啟（八）》："□□在并來年□□"

72TAM151：94《高昌義和三年（616）張相憙夏縻田券》："□□和三年丙子歲四月廿□□相憙從左祐子□□"

2004TBM113：6-1＋2004TBM113：6-1（背面）《唐龍朔二年（622）正月西州高昌縣思恩寺僧籍》："崇道，年三拾伍歲。"

2004TBM207：1-3《唐調露二年（680）七月東都尚書吏部符爲申州縣闕員事》："□□[一]干人考滿其中有行使計年合滿，考雖□□"

66TAM61：17（b）《唐西州高昌縣上安西都護府牒稿爲録上訊問曹禄山訴李紹謹兩造辯辭事（一）》"曹禄山年卅。"

72TAM194：12/1，12/12《唐□□五年佐麴和牒》："□□五年五月日佐麴和牒□□"

73TAM507：013/3《唐上元三年（676）某人辯辭爲買鞍馬事》：

"□□元三年四月□□"

73TAM507：013/5（b），013/6《唐調露二年（680）某人行旅公驗》："□□露二年□□"

64TAM4：42《唐龍朔元年（661）左憧憙夏菜園契》"龍朔元年九月十四日。"

2004TBM207：1－12a《唐上元三年（676）西州法曹牒功曹爲倉曹參軍張元利去年負犯事》："請檢上件上元二年考後已來，□何勾留負犯者。"

72TAM230：54（a）《唐開元九年（721）里正記雷思彥租取康全致等田畝帳》："開元八年十二月十六日雷思彥交用□□"

72TAM230：53（a）《唐西州高昌縣牒爲將孫承恩馬疋草踏事》："從去年五月九日□□"

2004TAM398：13a＋2004TAM398：13b《唐西州高昌縣趙度洛等授田簿》："田辰海年廿八，二畝。"

2004TAM398：13a＋2004TAM398：13b《唐西州高昌縣趙度洛等授田簿》："趙度洛年卅三，二畝。"

72TAM188：11《唐開元三年（715）交河縣安樂城萬壽果母姜辭》："開元三年八月日交河縣安樂□□"

72TAM188：11《唐開元三年（715）交河縣安樂城萬壽果母姜辭》："阿姜女尼普敬，□□山人，年卅三。"

59TAM305：14/1《前秦建元二十年（384）韓盆辭爲自期召弟應見事》："建元廿年三月廿三日，韓盆自期二日召弟到應見，通違受馬鞭一百。"

按：盆，原件書作"瓫"。

75TKM96：37《倉吏侯遟啟》："所致生年始卅六七，久患□，積有年歲。"

75TKM91：27《北涼真興七年（425）箱直楊本生辭》："真興七年十一月十二日，箱直楊本生辭前十月。"

75TKM91：16（b）《北涼緣禾五年翟阿富券草》："緣禾五年六月十一日，翟阿富從阿皆。"

73TAM206：42/5《唐高昌縣勘申應人考人狀》："今年函使縣□□"

75TKM96：17《北涼真興七年（425）宋泮妻隗儀容隨葬衣物疏》："真興七年六月廿四日。"

68TAM103：18/4（a）《唐男粟粟戶殘籍》："□□女姿尾，年五□□"

68TAM103：18/4（a）《唐男粟粟戶殘籍》："□□妻趙，年十五。"

73TAM509：8/5（a）《唐西州天山縣申西州戶曹狀爲狀無塲請往北庭請兄祿事》："前安西流外張旡塲，奴胡子年廿五，馬壹疋，駁草（騍）肆歲，驢貳頭，並青黃父各陸歲。"

60TAM330：26/1《唐總章元年（668）趙惡仁佃田契》："總章元年拾月拾八日，武城鄉人趙惡仁於□□"

65TAM39：20《前涼升平十一年王念賣駝券》："升平十一年四月十五日，王念以茲駝賣與朱越，還得嘉駝，不相賍移。"

64TKM1：33（b），34（b），32（b），36（b）《唐西州高沙彌等戶家口籍》："戶主高沙彌，年卅七。"

72TAM188：79《唐神龍三年（707）和湯牒爲被問買馬事（二）》："神龍三年二月日領客使別奏和□□"

72TAM151：6《高昌重光元年（620）氾法濟隨葬衣物疏》："重光元年庚辰歲二月下旬，佛弟子某甲敬移五道大神。"

按：某，原件書作"厶"。

73TAM206：42/10－5/10－17《唐質庫帳歷》："南坊住，年廿三。"

73TAM206：42/10－18《唐質庫帳歷》："□□年廿四□□"

64TAM4：34《唐龍朔元年（661）龍惠奴舉練契》："唐龍朔元年八月廿三日。"

64TAM4：40《唐乾封三年（668）張善憙舉錢契》："乾封三年三月三日。"

73TAM206：42/10－12《唐質庫帳歷》："□□北曲住年□□"

73TAM206：42/10－14，42/10－9《唐質庫帳歷》："□□東頭住年十八。"

65TAM341：78（背面）《唐辯辭爲李藝義佃田事》："欲得出嫁，不加修理，專行搆架，博換已經四年。"

按：架，原件書作"搩"。

68TAM108：19（a）之三《唐開元三年（715）西州營典李道上隴西縣牒爲通當營請馬料姓名事》："開元三年四月廿日典李道牒，給訖記，廿五日。"

72TAM188：71《唐神龍三年（707）和湯牒爲被問買馬事

（一）》："神龍三年二月日，和□□"

64TAM4：33《唐總章三年（670）左憧憙夏菜園契》："其園叄年中與夏價大麥拾陸斛。"

2004TAM395：4－7＋2004TAM398：4－2《武周天授三年（692）戶籍稿》："堂兄進君年貳拾叄歲，白丁。"

按：例字即"年"，武周新字，其規範字形爲"𠡦"。《新唐書》、《資治通鑑》胡三省注、《通志》均作"𠡦"；《集韻·先韻》作"𠡦"，《宣和書譜》作"𠡦"。幾部字書所錄之字形均有不同的訛變（詳見拙著《敦煌寫本漢字論考》）。下文同此。

73TAM501：109/5－4《武周長壽三年（694）殘文書》："長壽三年四月廿五□□"

72TAM230：73（a），71（a）《武周天授二年（691）知水人康進感等牒尾及西州倉曹下天山縣追送唐建進妻兒鄰保牒》："天授二年壹月十一日知水人康進感等牒。"

72TAM230：72《武周天授二年（691）史孫行感殘牒》："天授二年壹月日史孫行感牒□□"

72TAM230：75，76《武周天授二年（691）康進感辯辭》："康進感年卅九。"

72TAM230：66《武周天授二年（691）安昌合城老人等牒爲勘問主簿職田虛實事》："謹審：但合城老人等，去年主薄（簿）高禎元不於安昌種田，建進所注並是虛妄，如後不依□□"

72TAM230：79《武周天授二年（691）殘文書》："天授二年三月廿日□□"

按：授、天、月、日，原件均爲武周

新字。

平

73TAM222：16《武周證聖元年（695）殘牒》："證聖元 年 三月廿九日。"

齊

73TAM501：109/1《武周如意元年（692）堰頭魏君富殘牒》："如意元 年 九月日堰頭魏君富牒。"

niǎn

碾　niǎn

碾

73TAM222：56/10（a）《唐殘判籍（一〇）》："□□ 來舊安 碾 磑 □□"

niàn

廿　niàn

廿

59TAM305：14/1《前秦建元二十年（384）韓盆辭爲自期召弟應見事》："建元 廿 年三月廿三日，韓盆自期二日召弟到應見，違違受馬鞭一百。"

按：廿，二十。宋洪适《容齋隨筆》："今人書'二十'字爲'廿'，'三十'字爲'卅'，'四十'字爲'卌'，皆爲《説文》本字也。'廿'音入，'二十'並也。……"宋代爲"二十"合文（詳考參見黃征《敦煌俗字典》，頁291）。

盆，原件書作"瓫"。

67TAM84：20《高昌條列出臧錢文數殘奏》："□□ 百 廿 一□□"

75TKM96：18，23《北涼玄始十二年（423）兵曹牒爲補代差佃守代事》："□□ 被符省縣桑佃，差看可者 廿 人知。"

72TAM151：95《高昌延和八年七月至延和九年六月錢糧帳》："□□ 午歲六月 廿 九日，得□□"

67TAM78：34《唐西州蒲昌縣下赤亭烽帖爲覓失駝駒事》："追□□二月 廿 三日□□"

72TAM230：62（a）《唐西州高昌縣史張才牒爲逃走衛士送庸牒價錢事（二）》："□□ 廿 七日史張才牒□□"

72TAM188：76《唐神龍三年（707）殘牒》："神龍三年正月 廿 九日主帥□□"

73TAM206：42/9－30《唐課錢帳歷（二）》："張祥六十、蘇本九十六、蘇敬百五十六、曹大六十、郭二百 廿 。"73TAM206：42/2《唐光宅元年（684）史李秀牒爲高宗山陵賜物請裁事》："光宅元年十月 廿 日史李秀牒。""□□ 十月 廿 四日録事神都。"

73TAM206：42/10－18《唐質庫帳歷》："□□ 年 廿 四□□"

72TAM226：49《唐殘判》："廿 二日。"

73TAM206：42/10－1，42/10－15《唐質庫帳歷》："□□ 其月 廿 四日□□"

念　niàn

念

80TBI：162《妙法蓮華經（卷二）譬喻品第三》："□□ 是 念 我雖

能於此□□"

80TBI：310《四分戒本疏（卷一）》："第二念頌□□"

67TAM363：8/1（a）一一《唐景龍四年（710）卜天壽抄孔氏本鄭氏注〈論語〉》："伯夷、叔齊不念舊惡，怨是用希。"

65TAM39：20《前涼升平十一年王念賣駝券》："升平十一年四月十五日，王念以茲駝賣與朱越，還得嘉駝，不相賍移。"

niáng

娘 niáng

73TAM509：8/6《唐書牘稿》："昨日索隱兒去，附乾元錢一千，還七娘子申屠邊錢。"

73TAM206：42/9－27《唐課錢帳歷》："高州十五，李大娘十五□"

73TAM206：42/10－14，42/10－9《唐質庫帳歷》："劉娘正月十九日取壹伯（百）文。"

73TAM206：42/10－1，42/10－15《唐質庫帳歷》："尹娘正月十八日取伍拾文。"

73TAM206：42/10－4《唐質庫帳歷》："楊娘正月十九取壹□"

73TAM206：42/10－11《唐質庫帳歷》："馬四娘正月十九日取肆拾伍文。"

niàng

釀 niàng

80TBI：669a《大方廣華嚴十惡品經》："□□共比丘麴釀五百□"

niǎo

鳥 niǎo

80TBI：132《佛說天地八陽神咒經》："□□鳥鳴百怪諸惡鬼□"

按：怪，原件書作"恠"。

67TAM363：8/2（a）之一《唐景龍四年（710）卜天壽抄〈十二月新三臺詞〉及諸五言詩》："伯（百）鳥頭林[息]宿，各各覓高支（枝），□更分散去，苦落不想（相）知。"

按：原件"息"字旁有"卜"刪字符號。

75TKM91：11/5《西涼建初四年（408）秀才對策文》："夫關雎之鳥，摯（鷙）而有別。"

60TAM332：9/1－1《唐祭五方神文殘片一》："□□獸白虎□□□□振怒，赤娥若鳥，玄蚤無所犯，此諸神死鬼怖。"

72TAM179：16/1（b），16/2（b）《唐寫〈尚書〉孔氏傳〈禹貢〉、〈甘誓〉殘卷》："西頃、朱圉、鳥鼠至於太華。"

鳥　73TAM222：54/7（b），54/8（b），54/9（b）《唐寫〈禮記〉鄭氏注〈檀弓〉下殘卷》："[鳥]獸之死，人賤之。"

鳥　75TKM91：11/6《西涼建初四年（408）秀才對策文》："臣以爲倉頡觀[鳥]跡以立文字，聖人通玄，示（亦）有所因。"

鳥　75TKM91：11/6《西涼建初四年（408）秀才對策文》："後世變易，故有[鳥]篆、草隷六體之形。"

niè

涅　niè

涅　80TBI：486《四分律比丘尼戒本》："□脩學[涅]槃正因故□"

涅　64TAM29：44《唐咸亨三年（672）新婦爲阿公録在生功德疏》："讀《[涅]槃經》計欠兩遍半百卷。""僧復轉讀《[涅]槃經》一遍卌卷了，并出罪懺悔。"

涅　72TAM201：33《唐咸亨五年（674）兒爲阿婆録在生及亡没所修功德牒》："寫《[涅]槃經》一部。"

涅　64TAM29：44之六《唐咸亨三年（672）新婦爲阿公録在生功德疏》："又已前家中抄寫《[涅]槃經》一部，注子（字）《法華經》一部。"

躡　niè

躡　59TAM305：8《缺名隨葬衣物疏》："[躡]麴（麹）囊一枚。"

按：此爲"躡"之俗寫。躡，《説文》："蹈也。"躡麴囊，裝蹵鞠的袋子。

níng

寧　níng

寧　75TKM91：36（a）《高寧縣上言》："高[寧]縣言：謹案華豹部隤明當□□"

寧　67TAM363：7/1《唐儀鳳二年（677）西州高昌縣寧昌鄉卜老師辭爲訴男及男妻不養贍事》："儀鳳二年四月日[寧]昌鄉人卜老師辭。"

寧　67TAM363：8/2（a）之一《唐景龍四年（710）卜天壽抄〈十二月新三臺詞〉及諸五言詩》："項託柒歲知事，甘羅十二想（相）秦，□無良妻解夢，馮唐[寧]得忠辰（臣）。"

寧　72TAM151：96（a）《高昌安樂等城負臧錢人入錢帳》："□□[寧]負臧錢人：作人□□□□六文，作人秋富入□□"

寧　72TAM151：59,61《高昌某年郡上馬帳》："[寧]遠阿都黄赤馬。"

寧　2004TBM113：6－1＋2004TBM113：6－1（背面）《唐龍朔二年（622）正月西州高昌縣思恩寺僧籍》："高昌縣[寧]昌鄉正道里，户主張延相男。"

寧　64TAM19：67《唐狀自書殘文書四》："□□一年，補任[寧]大鄉昌邑□□"

寧　60TAM325：14/2－1（a），14/2－2（a）《唐龍朔三年（663）西州高昌縣下寧戎鄉符爲當鄉次男侯子隆充侍及

上烽事》:"今見闕侍人某，[寧]戎鄉侯子隆，身充次男。"

67TAM363：7/4《唐儀鳳年間（676—679）西州蒲昌縣竹海住佃田契》:"□□□年拾月壹日，高昌縣[寧]昌鄉人卜老□□□"

2004TBM113：6-1+2004TBM113：6-1(背面)《唐龍朔二年（622）正月西州高昌縣思恩寺僧籍》:"高昌縣[寧]泰鄉仁義里，戶絕，俗姓張，爲延昌冊一年正月十五日度。"

67TAM363：8/2(a)之一《唐景龍四年（710）卜天壽抄〈十二月新三臺詞〉及諸五言詩》:"羅城外[寧]戎寺。"

67TAM376：01(a)《唐開耀二年（682）寧戎驛長康才藝牒爲請處分欠番驛丁事》:"開耀二年二月日[寧]戎驛長康才藝牒。"

nìng

佞　nìng

67TAM363：8/1(a)之八《唐景龍四年（710）卜天壽抄孔氏本鄭氏注〈論語〉》:"雍也，仁而不[佞]。"

按：侫，同"佞"。《干錄字書》:"侫，正；佞，俗。"

67TAM363：8/1(a)之八《唐景龍四年（710）卜天壽抄孔氏本鄭氏注〈論語〉》:"子曰：'不知其仁，焉用[佞]?'"

64TAM27：22《唐寫本〈論語〉鄭氏注〈雍也〉殘卷》:"不有祝鮀之[佞]而□□□"

甯　nìng

64TAM5：80《唐李賀子上阿郎、阿婆書四（三）》:"□□□意將來莫怖□人能故名，[甯]爲來時放之。"

按：甯，同"寧"，《廣韻》乃定切。《説文·用部》:"甯，所願也。从用，寧省聲。"段注:"此與《丂部》'寧'音義皆同，許意'寧'爲願詞，'甯'爲所願，略區別耳。"《篇海類編·宀部》:"甯，音寧，義同。"

72TAM171：12(a)，17(a)，15(a)，16(a)，13(a)，14(a)《高昌延壽十四年（637）兵部差人看客館客使文書》:"王歡兒貳人，付[甯]僧護，用看□□□"

2006TAM607：4a《唐神龍三年（707）正月西州高昌縣開覺寺手實》:"□□□里南平城，東荒，西[甯]方，南渠，北渠。"

64TAM29：116(a)《唐趙醜禿等辭爲堪當鞍轡事》:"□□□趙醜禿，[甯]相□□早將馬□□□"

寧　nìng

80TBI：486《四分律比丘尼戒本》:"□□□之戒，[寧]有□□□"

2006TSYIM4：2-3+2006TSYIM4：2-4《古寫本〈詩經〉》:"父母先祖，胡[寧]忍予。"

67TAM363：8/1(a)之二《唐景龍四年（710）卜天壽抄孔氏本鄭氏注〈論語〉》:"禮，與其奢也，[寧]儉。"

67TAM363：8/1(a)之二《唐景龍四年（710）卜天壽抄孔氏本鄭氏注〈論語〉》:"喪，與其易也，[寧]戚。"

niú

牛　niú

牛　73TAM222：56/5，56/6《唐殘判
半　籍（五）（六）（六）》："□□風牛
牛
交雜彌□□"

65TAM42：40《唐缺名隨葬衣物
疏》："車牛奴婢拾具。"

73TAM206：42/10－6《唐質庫
帳歷》："牛婆正月□□"

nóng

農　nóng

農　75TKM91：11/5《西涼建初四年
（408）秀才對策文》："神農種
穀，軒轅造制。"

nòu

耨　nòu

耨　80TBI：073《大般涅槃經集解
（卷五四）》："□□上阿耨多羅
三貌□□"

nú

奴　nú

75TKM98：28/1《某人啟爲失耕
事》："□□還也奴招□□"

72TAM151：96（a）《高昌安樂等
城負臧錢人入錢帳》："入□十六
文□□奴入錢十五文□□"

72TAM151：102，103《高昌作頭
張慶祐等偷丁谷寺物平錢帳》：
"□張慶祐子作頭，田地□□□□從，二
人合偷丁谷寺□□奴絁二匹半。"

　按：谷，原件書作"坮"。

67TAM78：29（b）《唐吳相□等
名籍（二）》："□□索□奴
□□"

73TAM507：012/6（b），012/8
（b）《唐西州高昌縣□婆祝等名
籍（一）（二）》："辛僧奴。"

73TAM507：012/1《唐某人申狀
爲欠練、駝、馬事》："□□匐息
并史石奴家奴□□"

2004TAM395：4－2＋2004TAM395：
4－4《唐垂拱二年西州高昌縣徵
錢名籍全貌》："田洛堆，范醜奴。"

　按：堆，原件書作"塠"。

73TAM507：012/1《唐某人申狀
爲欠練、駝、馬事》："□□匐息
并史石奴家奴□□"

66TAM59：4/7（b）《昌居等家口
殘籍》："□□安三口，張相奴
二口。"

73TAM206：42/9－27《唐課錢
帳歷》："用二百文付□奴將與
博士。"

75TKM96：21《僧□淵班爲懸募
追捕逃奴事》："還奴婦□隗參
軍□□"

nǔ

努　nǔ

努　80TBI：507-3《佛説大摩裏支菩薩經（卷一）》："□□　努　瑟吒（二合引）□□"

按：括號内爲下注小字。

弩　nǔ

弩　75TKM96：17《北涼真興七年（425）宋泮妻隗儀容隨葬衣物疏》："故　弩　柩（機）郭一具。"

弩　64TAM5：81,82《唐李賀子上阿郎、阿婆書三》："□□□平安以不語□□□好　弩　（努）力　弩　（努）力看□□"

按：原件"弩力"後各用一個重文符號。

nù

怒　nù

怒　60TAM332：9/1-1《唐祭五方神文殘片一》："□□□獸白虎□□□□振　怒　，赤娥若烏，玄蚤無所犯，此諸神死鬼怖。"

nǔ

女　nǔ

女　75TKM96：29（b）《北涼真興六年（424）出麥賬》："　女　至母取麥二斛。"

女　67TAM78：26《唐貞觀十四（640）西州高昌縣李石住等戶手實（六）》："　女　端莫年壹。"

女　64TAM4：33《唐總章三年（670）左憧憙夏菜園契》："保人，　女　，如資。"

女　69TKM39：9/2（a），9/3（a）《唐貞觀某年男世達戶籍》"　女　文英，年伍□。"

nüè

虐　nüè

虐　2006TSYIM4：2-3＋2006TSYIM4：2-4《古寫本〈詩經〉》："旱魃爲　虐　，如惔如焚。"

nuò

諾　nuò

諾　67TAM84：22《高昌都官殘奏二》："列入官臧錢文數列別如右記識奏　諾　奉□□"

諾　75TKM96：46《兵曹白爲胡愍生永除□佃役事文書》："　諾　：名。"

諾　75TKM96：31（a）《兵曹屬爲以王明代張賞入員事》："　諾　：名。"

諾　2006TSYIM4：3-7背面《北涼義和三年（433）文書爲保辜事

（六）》：“諾奉行。”

75TKM88：1（a）《西凉建初二年功曹書佐左謙奏爲以散翟定□補西部平水事》：“請奉令具剌板題授，奏諾紀職（識）奉行。”

75TKM91：20（a）《兵曹行罰幢校文書》：“□□諾奉行。”

75TKM91：25《兵曹條往守白芳人名文書》：“事諾班示，催遣奉行。”

O 部

ǒu

嘔 ǒu

嘔 65TAM42：48（a）《古寫本〈鍼法〉殘片》：“嘔血，上氣，神門［主之］□□”

按：據今本《鍼灸甲乙經》補“主之”。

P 部

pà

怕 pà

怕 72TAM226：53,54《唐開元十年(722)伊吾軍上支度營田使留後司牒爲烽鋪營田不濟事》："□□少差失,罪即及身,上下怕懼,專憂□□。"

pān

潘 pān

潘 73TAM507：012/12－1《唐潘突厥等甲仗帳》："□□潘突厥。"

按：原件爲"厥突",旁注"√"勾乙符。

潘 73TAM507：014/1《唐隊正陰某等領甲仗器物抄(一)》："□□槊叁張並潘故破,□□廿日□□。"

潘 69TKM39：9/7(a)《唐西州高昌縣□慶友等户家口田畝帳簿(一)》："南道,北潘悦。"

攀 pān

䌛 72TAM151：6《高昌重光元年(620)氾法濟隨葬衣物疏》："攀天絲萬萬九千丈。"

攀 64TAM15：6《唐唐幢海隨葬衣物疏》："攀天思(絲)萬萬九千丈。"

pán

盤 槃 pán

盤 73TAM193：15(b)《唐天寶某載(749—756)行館器物帳》："荷葉盤子陸面。"

按：槃,《説文》："承槃也。盤,籀文,从皿。"敦煌文獻 S.388《正名要録》："盤槃,右字形雖别,音義是同。古而典者居上,今而要者居下。""盤"爲古而典者,"槃"爲今而要者。

槃 75TKM99：17《某家失火燒損財物表》："木槃四枚。"

槃 80TBI：097《請觀世音菩薩消伏毒害陀羅尼咒經(卷一)》："□□蝮蝎,夜叉羅刹拘槃□□。"

64TAM29：44《唐咸亨三年(672)新婦爲阿公録在生功德疏》："讀《涅槃經》計欠兩遍半百卷。"

按：涅槃,原件書作"槃涅",旁用勾乙

符號,今改。

80TBI：022《增壹阿含經（卷五〇）大愛道般涅槃品第五二》："爾時,世界名槃頭摩□。"

72TAM201：33《唐咸亨五年（674）兒爲阿婆録在生及亡没所修功德牒》："寫《涅槃經》一部。"

64TAM29：44《唐咸亨三年（672）新婦爲阿公録在生功德疏》："僧復轉讀《涅槃經》一遍冊卷了,并出罪懺悔。"

72TAM150：44《唐史歡智等雜器物帳》："王懷願槃一。"

72TAM150：44《唐史歡智等雜器物帳》："魏朱貴槃一。"

72TAM150：44《唐史歡智等雜器物帳》："魏海德槃一。"

64TAM29：44之六《唐咸亨三年（672）新婦爲阿公録在生功德疏》："又已前家中抄寫《涅槃經》一部。"

72TAM150：42《唐白夜默等雜器物帳》："白夜默槃一,龍歡槃□。"

72TAM150：42《唐白夜默等雜器物帳》："郭洛護槃一,杜隆□。"

72TAM150：42《唐白夜默等雜器物帳》："魏貓仁槃一,骨桃仁□。"

pàn

判　pàn

73TAM222：56/1,56/2《唐殘判籍（一）》："奉判昭福寺□。"

65TAM346：2《唐上元二年（675）府曹孝通牒爲文峻賜勳事》："參軍判兵曹李讓。"

72TAM230：48/2《唐西州請北館坊採車材文書（二）》："□都督判毋□。"

64TAM19：61（a）《唐殘牒尾》："依注,餘依判。"

2TAM228：9《唐年某往京兆府過所》："準狀勘責同此已判給,幸依□。"

73TAM191：104（a）《唐永隆二年（681）衛士索天住辭爲兄被高昌縣點充差行事（一）》："□依判伏生示□。"

64TAM29：92《唐申州法曹殘牒》："依判借示。"

73TAM193：11（a）《武周郭智與人書》："智力不周,始判牒追人。"

73TAM206：42/2《唐光宅元年（684）史李秀牒爲高宗山陵賜物請裁事》："前未判申,事恐疎略,謹以牒舉。"

72TAM188：73（a）之一《唐上西州都督府牒爲徵馬付營檢領事一》："依判定毋示,廿六日。"

72TAM188：73（a）之一《唐上西州都督府牒爲徵馬付營檢領事一》："依判諮泰□,廿六日;依判定毋示,廿六日。"

2004TBM207：1－4《唐儀鳳三年（678）九月西州功曹牒爲檢報乖僻批正文案事》："牒至任判,謹牒。"

判 73TAM206：42/1《唐事目歷》："七月廿二日受，廿五日 判 勘。"

按：此字从米从刀，判。下文三例雖草，但依然可以看出从米从刀。敦煌文獻也有，如 BD00611（20－3）《懺悔滅罪金光明經冥報傳》："後有 判 命：'差司命追過。'""既無執對，偏詞不可懸信，判 放居道再歸生路。"S.318（11－6）《洞淵神咒經·斬鬼品》："……自今吾與鬼王 判 決，若復故來不差者，大魔犁洪等頭破作三千五百分矣。"《金石文字辨異》："判，料。"唐《大盧舍那像龕記》中有"支料匠"，"料"作"判"，與文意不符。然而考之辭書，"判"字並無此異體字形。同一字形出現在不同的寫卷當中，字形分毫不差，可見不是某書手偶一爲之，更非訛字。那麼，"判"字是如何形成的呢？首先考其字音，《說文》曰："判，分也。從刀，半聲。"判，《廣韻·元部》音"普半切"，"半"，《廣韻·元部》音"普半切"；"采"，《廣韻·元部》音"蒲莧切"，與"判""半"同在元部，字音相近。再考其字義，"判"義"分開、分離"，還有"區分、分辨"之義。"采"，《說文》："辨別也，象獸指爪分別也。"與"判"意義相近。三考其字形，"采"甲骨文作"𥝣"（粹一一二），金文作"𥝥"（盂作父乙卣）、"𥝤"（采卣）、《說文》小篆作"𥝥"，與"米"字極其相似。《隸辨》曰："采，讀若瓣，《說文》作'𥝥'，象獸爪分別也。筆跡小異，亦作'米'。'米'從古文，與粟米字相類，隸變則與粟米字無別。"因此，愚以爲"判"改換聲符"半"爲"采"，"采"之隸書類"米"，又訛寫作"米"，繼而形成了"判"字。"判"應爲聲符改換俗字。

"判"作"判"並非手書潦草偶爾爲之，字形演變依然與隸變有關。

判 72TAM188：58/2《唐開元四年（716）玄覺寺婢三勝除附牒（三）》："▢▢ 準 判 檢案 ▢▢"

2004TBM207：1－1《唐儀鳳三年（678）西州法曹牒功曹爲檢李恒讓去年功過事》："▢▢ 恒讓去年攝 判 倉曹▢ ▢"

72TAM188：75（a）《唐上西州都督府牒爲徵馬付營檢領事二》："▢▢ 依 判 定毋示，一日 ▢▢"

72TAM188：91《唐殘牒》："▢▢ 判 官涼府録事梁名遠 ▢▢"

泮 pàn

泮 75TKM96：18《龍興某年宋泮妻翟氏隨葬衣物疏》："宋 泮 故妻翟▢▢隨身所有衣物。"

盼 pàn

盼 67TAM363：8/1（a）之三《唐景龍四年（710）卜天壽抄孔氏本鄭氏注〈論語〉》："▢▢ 倩兮，未（美）目 盼 兮，素以爲絢兮。"

按：昐，爲"盼"形誤。《說文》："盼，從目，分聲。"

畔 pàn

畔 64TAM29：44之六《唐咸亨三年（672）新婦爲阿公録在生功德疏》："向堀門裏北 畔 新塔廳上佛堂中東壁上，泥素（塑）彌勒上生變，並菩薩、侍

者、天神等一捕（鋪）。"

páo

袍　páo

75TKM96：43（a）《中部督郵殘文書》："稱身具私 袍 □□。"

64TAM22：20（a）《橫截縣被符責取鹿角文書》："輸綿 袍 一領。"

64TAM29：44《唐咸亨三年（672）新婦爲阿公錄在生功德疏》："黃綢綿 袍 一領。"

2004TBM203：30－2《高昌寫本〈急就篇〉》："□□□□奏諸君，袍 □。"

64TAM29：44《唐咸亨三年（672）新婦爲阿公錄在生功德疏》："將黃紬綾 袍 裙一領，懺悔出罪。"

péi

陪　péi

73TAM501：109/11－5（a），109/10（a）《唐五團通當番兵姓名牒》："合 陪 番人姓名如前。"

72TAM179：16/1（b），16/2（b）《唐寫〈尚書〉孔氏傳〈禹貢〉、〈甘誓〉殘卷》："熊□、□□、桐柏至於 陪 尾。"

65TAM341：25，26（a）《唐景龍三年（709）南郊赦文》："□□ 陪 位人賜勳一□□。"

66TAM59：4/2－4（a），4/2－5（a）《北涼玄始十二年（423）失官馬賣

賠文書》："□□ 陪 （賠）馬即責恩辭。"

裴　péi

72TAM151：74（a）《古寫本〈晉陽秋〉殘卷》："書僕□□鏕公 裴 □尚書解結黃門侍郎杜 □□。"

　　按：僕，原件書作"僕"。

73TAM191：17（a）《唐永隆元年（680）軍團牒爲記注所屬衛士征鎮樣人及勳官籤符諸色事（一三）》："旅帥，裴 通遠。"

2004TBM207：1－2《唐儀鳳某年（676—679）殘牒》："□□ 兵曹參軍 裴 元 □□。"

pèi

沛　pèi

67TAM363：8/1（a）之六《唐景龍四年（710）卜天壽抄孔氏本鄭氏注〈論語〉》："告（造）次必於是，顛 沛 必於是。"

帔　pèi

64TAM29：44《唐咸亨三年（672）新婦爲阿公錄在生功德疏》："緋羅 帔 子一領。"

64TAM29：89（a），89（b）《唐永淳元年（682）坊正趙思藝牒爲勘當失盜事》："帔 子在一無門房内坎上。"

73TAM206：42/10－2《唐質庫帳歷》："故紫小綾袷 帔 子一。"

配　pèi

75TKM91：11/6《西涼建初四年(408)秀才對策文》："☐☐有巢、維鳩居之,以喻夫人 配 德行化外☐☐。"

72TAM230：46/2(b)《唐儀鳳三年(678)尚書省戶部支配諸州庸調及折造雜練色數處分事條啟(二)》："☐☐非所管路程稍近,遣與桂府及欽州相知,準防人須糧支 配 使充。"

72TAM230：46/2(b)《唐儀鳳三年(678)尚書省戶部支配諸州庸調及折造雜練色數處分事條啟(二)》："☐☐析(料)請委☐府便 配 以南。"

64TAM5：97(b),102(b),67(b)《唐總章元年(668)里正牒爲申報☐相戶內欠田及丁男數事》："☐☐從收☐訖, 配 給湏(須)☐☐"

64TAM29：110/1～110/6,120(a)《唐處分庸調及折估等殘文書(一)～(七)》："段者若 配 諸州庸調,每☐☐"

72TAM230：84/1～84/5《唐儀鳳三年(678)尚書省戶部支配諸州庸調及折造雜練色數處分事條啟(三)～(七)》："☐☐并應 配 兩京☐☐"

73TAM210：136/12－2《唐西州都督府諸司廳、倉、庫等配役名籍(二)》："☐塞子,銅匠,以上並 配 本司。"

彎　pèi

64TAM29：44《唐咸亨三年(672)新婦爲阿公錄在生功德疏》："鞍 彎 一具施法。"

pén

盆　pén

65TAM42：80《唐西州高昌縣授田簿(二五)》："☐☐☐東廿里酒泉瑣渠,東曹莫 盆 ,西牛海☐☐"

72TAM150：42《唐白夜默等雜器物帳》："翟默斗盆子一,賈☐☐大 盆 一。"

72TAM150：42《唐白夜默等雜器物帳》："史尾尾銅 盆 二枚。"

75TKM99：17《某家失火燒損財物表》：" 盆 五枚。"72TAM150：42《唐白夜默等雜器物帳》："翟默斗 盆 子一,賈☐☐大盆一。"

按：瓫,同"盆"。敦煌文獻 S.388《正名要錄》："盆、瓫,上正,下相承用。""右依顔監《字樣》甄錄要用者,考定折衷,勘削紕謬。"《廣韻》音蒲奔切,"盆,瓦器,亦作瓫"。

59TAM305：14/1《前秦建元二十年(384)韓盆辭爲自期召弟應見事》："建元廿年三月廿三日,韓 盆 自期二日召弟到應見,逋違受馬鞭一百。"

朋　péng

2006TSYIM4：2－2《古寫本〈詩經〉》："嗟爾 朋 友,予豈不☐☐"

64TAM19：34,58,59《唐寫本鄭氏注〈論語〉公冶長篇》："☐☐車馬,衣輕裘,與 朋 友☐☐"

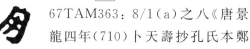

67TAM363：8/1(a)之八《唐景龍四年(710)卜天壽抄孔氏本鄭

氏注〈論語〉》：“子遊曰：‘士（事）君數，斯辱矣；<u>朋</u>友數，斯疏矣。’”

按：《説文》本無“朋”字，“朋黨”字專作“倗”。<u>（古文鳳字）</u>，古文鳳。鳳飛群鳥從以萬數，故以爲朋黨字”。“朋”從隸變而來，漢碑《尹宙碑》《婁壽碑》作“<u>羽</u>”。“朋”進而簡作“<u>月</u>”，類似“用”。手書“明”也从二月，字形類“朋”，傾斜者爲“朋”，直立者爲“明”。同理，傾斜者爲“朋”，直立者爲“用”。

67TAM363：8/1（a）——《唐景龍四年（710）卜天壽抄孔氏本鄭氏注〈論語〉》：“□□馬，衣輕裘，與<u>朋</u>友弊（敝）之而無憾。”

67TAM363：8/1（a）——《唐景龍四年（710）卜天壽抄孔氏本鄭氏注〈論語〉》：“老者安之，<u>朋</u>友信之，少者懷之。”

péng

彭　péng

60TAM332：9/2（a）《唐龍朔元年（661）左慈隆等種糜畝數帳》：“□<u>彭</u>仁二畝，魏顯奴一畝，麴阿海（納了）二畝□□”

按：録文括號“納了”係迻録原件。

pī

丕　pī

72TAM179：16/1（b），16/2（b）《唐寫〈尚書〉孔氏傳〈禹貢〉、〈甘誓〉殘卷》：“三危旡（既）宅，三苗<u>丕</u>敍。”

披　pī

65TAM341：78（背面）《唐辯辭爲李藝義佃田事》：“今來<u>披</u>訴，苟求多少，欲繼他宗，恣意負心。”

批　pī

2004TBM207：1－4《唐儀鳳三年（678）九月西州功曹牒爲檢報乖僻批正文案事》：“依檢，□乖僻<u>批</u>正文可報。”

2004TBM207：1－4《唐儀鳳三年（678）九月西州功曹牒爲檢報乖僻批正文案事》：“牒至，諸有何乖僻<u>批</u>正文案報者。”

pí

皮　pí

72TAM179：16/1（b），16/2（b）《唐寫〈尚書〉孔氏傳〈禹貢〉、〈甘誓〉殘卷》：“穀（織）<u>皮</u>、昆侖、析（析）支、渠搜，西戎即敍。”

75TKM91：15（a）《器物賬》：“狐<u>皮</u>冒（帽）一枚。”

73TAM507：012/12－1《唐潘突厥等甲仗帳》：“□□歇下鐵甲六，<u>皮</u>甲七領。”

67TAM363：8/1（a）之四《唐景龍四年（710）卜天壽抄孔氏本鄭氏注〈論語〉》：“射不主<u>皮</u>，爲力不同科，古之道。”

72TAM178：7《唐趙竺都等名籍》："□□羊皮□□"

73TAM507：012/12－1《唐潘突厥等甲仗帳》："□□麴文仲下皮甲十三。"

73TAM507：014/1《唐隊正陰某等領甲仗器物抄（一）》："甲肆領二皮，二錢。"

73TAM507：014/1《唐隊正陰某等領甲仗器物抄（一）》："□陸領並皮□□"

73TAM507：014/1《唐隊正陰某等領甲仗器物抄（一）》："甲柒領並皮□"

毗　pí

80TBI：115《四分律（卷四七）滅諍犍度第一六之一》："□□是中現前者法毗□□"

80TBI：016《四分戒本疏（卷一）》："戒防未非，毗尼殄已起，何故得□□"

65TAM42：66《唐西州高昌縣授田簿（一四）》："□□畝部田，城東五里部渠，東石毗，西□□"

疲　pí

80TBI：239《金剛經疏》："□□則心疲而□□"

pǐ

匹　疋　pǐ

59TAM305：17《缺名隨葬衣物疏二》："帛絓六匹。"

67TAM84：20《高昌條列出臧錢文數殘奏》："紅錦二匹。"

59TAM305：14/2《倉曹屬爲買八緤布事》："倉曹樊霸、梁斌前屬催奸吏買八縱（緤）布四匹。"

66TAM59：4/2－4（a），4/2－5（a）《北涼玄始十二年（423）失官馬賣賠文書一》："□□馬一匹付兵王冬□□"

63TAM2：1《北涼緣禾六年翟萬隨葬衣物疏》："色帛千匹。"

75TKM90：20（a）《高昌主簿張綰等傳供帳》："□□出行牒冊匹，主簿張綰傳令，與道人曇訓。"

72TAM151：59,61《高昌某年郡上馬帳》："校郎延護留（騮）馬，合六十七匹。"

72TAM151：99,100《高昌合計馬額帳（一）》："□□武二匹、小威□□□□子回、中郎□□、□軍雅□□"

72TAM151：97《高昌某年衛延紹等馬帳》："□□匹□□"

72TAM151：102,103《高昌作頭張慶祐等偷丁谷寺物平錢帳》："□□人張慶祐作頭，獨偷□□□六縱（緤）疊五匹。"

按：疊，原件書作"㲲"。

72TAM151：102,103《高昌作頭張慶祐等偷丁谷寺物平錢帳》："柒縱（緤）疊三匹。"

75TKM99：6（b）《義熙五年道人弘度舉錦券》："要到十月卅日還償錦半張，即交與錦生布八縱（緤）一匹。"

60TAM311：13《缺名隨葬衣物疏》："疊（緤）千匹。"

2006TAM607：2－4《唐神龍元年（705）六月後西州前庭府牒上州勾所爲當府官馬破除、見在事》："卅匹，前後諸軍借將及没賊不迴，合官酬替。"

2006TAM607：2－4《唐神龍元年（705）六月後西州前庭府牒上州勾所爲當府官馬破除、見在事》："合當府元置官馬總捌拾匹。""五匹，久視元年三月給果毅張興乘往名岸趁賊，没落不迴。""三匹，長安四年六月給論（輪）臺聲援兵隨北庭討擊軍，不迴。"

60TAM311：13《缺名隨葬衣物疏》："匹絹二百。"

64TAM29：44《唐咸亨三年（672）新婦爲阿公録在生功德疏》："馬一匹布施佛。"

66TAM44：11/5《唐貞觀十九年（645）牒爲鎮人馬匹事》："□□匹赤父□□"

60TAM325：14/4－1，14/4－2《唐西州某府主帥陰海牒爲六駄馬死事》："□□六駄，馬一匹□□"

64TAM29：25《唐垂拱元年（685）康義羅施等請過所案卷（四）》："作人曹野那，作人安莫匹。"

72TAM151：6《高昌重光元年（620）氾法濟隨葬衣物疏》："細錦萬匹，石灰一斛，五穀具。"

72TAM194：27（a）《唐盗物計贓科罪牒》："王慶計□不滿壹匹，合杖六十。"

64TAM4：34《唐龍朔元年（661）龍惠奴舉練契》："安西鄉人龍惠奴於崇化鄉人右憧憙邊舉取練叁拾匹。"

2004TAM408：17《令狐阿婢隨葬衣物疏》："故匹白（帛）百（匹）。"

2004TAM408：17《令狐阿婢隨葬衣物疏》："故匹白（帛）百匹。"

72TAM230：50/1～50/4《唐西州高昌縣牒爲差夫役事》："□□曹狀申者，依檢案内□□□舊例：兩疋一夫牽。"

按：疋，同"匹"。《廣韻》："匹，俗作疋。"《字彙補》："匹、疋二字自漢已通用矣。"

73TAM206：42/9－17（a）《唐課錢帳歷（二六）》："四郎入綾一疋（上）。"

按：括號内爲原文旁注字。

73TAM214：155《唐殘帳（二）》："馬柒疋。"

68TAM108：19（a）之三《唐開元三年（715）西州營典李道上隴西縣牒爲通當營請馬料姓名事》："右疋別付麩伍勝（升）。"

68TAM108：19（a）之三《唐開元三年（715）西州營典李道上隴西縣牒爲通當營請馬料姓名事》："押官乘騎官馬兩疋。"

68TAM108：18（a）之二《唐開元三年（715）西州營牒爲通當營請馬料姓名事二》："□□押官乘騎官馬兩疋傔□□"

73TAM206：42/1《唐蘇致德等馬帳》："張憙德等二人馬一疋。"

73TAM206：42/1《唐蘇致德等馬帳》："樊仕遷等二人馬一疋，赤草（騲）五歲。"

64TAM4：34《唐龍朔元年（661）龍惠奴舉練契》："月別生利練肆疋。"

pì

僻　pì

（字形） 2004TBM207：1－4《唐儀鳳三年（678）九月西州功曹牒爲檢報乖僻批正文案事》："大素自考後以來，諸司所有乖僻處分隨案，並捉得略良胡數人及財物等。"

（字形） 2004TBM207：1－4《唐儀鳳三年（678）九月西州功曹牒爲檢報乖僻批正文案事》："牒至，諸有何乖僻批正文案報者。"

（字形） 2004TBM207：1－4《唐儀鳳三年（678）九月西州功曹牒爲檢報乖僻批正文案事》："依檢，□乖僻批正文可報。"

譬　pì

（字形） 80TBI：488《四分戒本疏（卷一）》："譬如一楯能捍衆敵，爲破斯義，故立此受隨二法並作無作。"

piān

偏　piān

（字形） 60TAM332：6/2－2（a），6/2－1（a）《唐祭土伯神文殘片》："□角偏不速下方神□□"

篇　piān

（字形） 80TBI：488《四分戒本疏（卷一）》："對五篇弁此憂（優）劣者，若就根條初勝乃至五劣。"

按：弁，《中華大藏經》和《大正新修大藏經》作"辨"。

（字形） 80TBI：488《四分戒本疏（卷一）》："即應五篇次第之義。"

piāo

飄　piāo

（字形） 2004TBM115：10《古寫本〈千字文〉》："□□葉飄颻。"

（字形） 72TAM151：74（a）《古寫本〈晉陽秋〉殘卷》："飄揚，翔不翕習，其□□"

按：颷，《龍龕手鏡》："颷"爲"飄"的俗字。此句張華《鷦鷯賦》作："飛不飄颷，翔不翕習，其居易容，其求易給。"

piǎo

縹　piǎo

（字形） 59TAM305：8《缺名隨葬衣物疏》："縹絓袴一立。"

（字形） 72TAM151：51《高昌臼子中布帛雜物名條疏》："□□縹一具，清（青）練三尺。"

按：繏，俗"縹"字。《慧琳音義》卷四五謂"繏"爲"縹"之俗。"繏"字漢印已見（見羅福頤《漢印文字徵補遺》）。

pín

貧　pín

66TAM62：6/2《翟彊辭爲貧麥被扺牛事》："彊是貧□。"

75TKM96：29(a)，33(a)《北涼真興某年道人德受辭》："素自貧簿(薄)，豈可自活。"

65TAM42：10，73《唐永徽元年(650)嚴慈仁牒爲轉租田畝請給公文事》："牒，慈仁家貧，先來乏短，一身獨立。"

67TAM363：8/1(a)之六《唐景龍四年(710)卜天壽抄孔氏本鄭氏注〈論語〉》："不仁之仁(人)久居貧困則將攘竊。"

頻　pín

72TAM230：58/1(a)～58/4(a)《武周天授二年(691)追送唐建進家口等牒尾判》："□□唐進經州告事，計其不合東西，頻下縣追，縣司狀□□。"

72TAM230：58/1(a)～58/4(a)《武周天授二年(691)追送唐建進家口等牒尾判》："□□文帳，頻追不到，亦附牒縣□前速即追送，并辯□□。"

73TAM193：11(a)《武周郭智與人書》："叄、伍使在此，曹司頻索。"

pǐn

品　pǐn

65TAM341：22，23，24(a)《唐景龍三年(709)南郊赦文》："□□四考五品減三□□"

80TBI：488《四分戒本疏(卷一)》："言受中無作一品者，若本上品心受所發無作心增上故。"

65TAM341：22，23，24(a)《唐景龍三年(709)南郊赦文》："□□五品賜物六□□"

73TAM519：19/2－2《高昌麴季悅等三人辭爲請授官階事》："□□即得異姓上品官上坐，若得内官者□□"

73TAM519：19/2－2《高昌麴季悅等三人辭爲請授官階事》："□□依舊階品與官。"

pìn

娉　pìn

72TAM209：88《唐貞觀年間西州高昌縣勘問梁延臺、雷隴貴婚娶糾紛案卷(一)》："得何財娉，仰具□□"

按：娉，段注《説文》："凡娉女及聘問之禮，古皆用此字。娉者，專詞也；聘者，汎詞也。"

72TAM209：87《唐貞觀年間西州高昌縣勘問梁延臺、雷隴貴婚娶糾紛案卷(二)》："隴時用絹五疋將充

娉 財，然趙 □□□ ”

píng

平　píng

73TAM222：56/1,56/2《唐殘判
籍（二）》：" 平 已後，即日 □□□ ”

73TAM215：017/7《唐殘書牘
四》：" □□□ 平 善，仏（佛）花等
既 □□□ "

67TAM84：20《高昌條列出臧錢
文數殘奏》：" 平 錢九十文。"
" 平 錢五十一文。"

75TKM96：18,23《北涼玄始十
二年（423）兵曹牒爲補代差佃守
代事》：" □□□ 以闞相 平 等殷可任佃，以
遊民闞 □□□ "

64TAM37：21《唐□□二年曹忠
敏田契》：" 兩共 平 章，獲指
爲記。"

按："獲""畫"同音，是爲借字。

72TAM151：102,103《高昌作頭
張慶祐等偷丁谷寺物平錢帳》：
" 平 錢□二文；大鑵二口。"

72TAM151：102,103《高昌作頭
張慶祐等偷丁谷寺物平錢帳》：
"羊宍（肉）三腳， 平 錢二文。"

72TAM151：102,103《高昌作頭
張慶祐等偷丁谷寺物平錢帳》：
"□疊被一， 平 錢八文。"

64TAM5：77《唐李賀子上阿郎、
阿婆書二（一）》："賀子、鼠兒並得
平 安，千萬再拜阿郎、阿婆。"60TAM332：
6/3《唐犯土禁忌文》：" □□□ 犯 平 高就下

土，戒犯干（乾）土隰（濕）土，諸土悉解。"

72TAM230：68《武周天授二年
（691）郭文智辯辭》：" □□□ 但文
智主薄（簿）南 平 職 □□□ "

屏　píng

67TAM363：8/1（a）之五《唐景
龍四年（710）卜天壽抄孔氏本鄭
氏注〈論語〉》："外屏諸侯，內 屏 返坫。"

憑　píng

73TAM193：38（a）《武周智通擬
判爲康隨風詐病避軍役等事》：
" 憑 虛藏帛萬餘，既相知於百里。"

2004TBM207：1－7《唐調露二年
（680）七月東都尚書吏部符爲申
州縣闕員事》：" □□□ 置漢官，並具於闕色
狀言，擬 憑 勘 □□□ "

72TAM230：75,76《武周天授二
年（691）康進感辯辭》：" □□□ 又
無田地傾（頃）畝，地段、四至人名，無 憑
□□□ "

按：地，原件爲武周新字。

72TAM230：68《武周天授二年
（691）郭文智辯辭》：" □□□ 審
答，擬 憑 檢 □□□ "

72TAM188：68《唐辯辭爲種田
事》：" □□□ 陶 憑 何德種，仰答
□□□ "

pó

婆　pó

72TAM151：99，100《高昌合計馬額帳（一）》："▢▢▢歡岳、中郎師苟、▢▢▢▢阿 婆 奴、▢▢伯、竺惠▢▢▢"

80TBI：082《大方等陀羅尼經初分（卷一）》："▢▢▢▢次善男子 婆 者言離▢▢▢"

72TAM150：38《唐某人九月廿一日書牘》："▢拜老 婆 、張姊。"

67TAM84：20《高昌條列出藏錢文數殘奏》："▢▢▢▢作從，藏龍遮之捺提 婆 錦三匹。"

72TAM151：59，61《高昌某年郡上馬帳》："將阿 婆 奴赤馬，侍郎歡岳青馬。"

72TAM151：62《高昌義和二年（615）參軍慶岳等條列高昌馬鞍轡帳》："將阿 婆 奴下自▢▢▢▢▢下馮衆▢▢▢"

72TAM201：33《唐咸亨五年（674）兒爲阿婆録在生及亡没所修功德牒》："右告阿 婆 從亡已後，延僧誦隨願往生，至今經聲不絶。"

75TKM89：1-2《高昌章和十一年（541）都官下柳婆、無半、盈城、始昌四縣司馬主者符爲檢校失奴事》："柳 婆 、無半、盈城、始昌四縣司馬主者中郎崇信傳令刺彼縣翟忠義失奴一人。"

64TAM5：79《唐李賀子上阿郎、阿婆書四（一）》："▢▢▢阿郎、阿 婆 、阿兄次千萬問訊容子合家大小盡平安。"

pò

敀　pò

75TKM91：25《兵曹條往守白芳人名文書》一："▢▢▢嚴興、張敀，▢▢、王阿連、韓阿福、張寶▢、嚴乘。"

破　pò

80TBI：488《四分戒本疏（卷一）》："譬如一楯能捍衆敵，爲 破 斯義，故立此受隨二法並作無作。"

2006TAM607：2-2背面《唐景龍三年（709）後西州勾所勾糧帳》："二石六斗米，中館妄 破 ，蘇仁折納。"

2006TAM607：4a《唐神龍三年（707）正月西州高昌縣開覺寺手實》："五人雜 破 除。"

67TAM78：20（b）《唐李悦得子等户主名籍》："▢▢▢阿伯，户主康 破 延▢▢▢"

65TAM42：56《唐西州高昌縣授田簿（六）》："右給曹 破 褥充分，同▢▢▢"

72TAM230：46/1（a）《唐儀鳳三年（678）尚書省户部支配諸州庸調及折造雜練色數處分事條啟（一）》："▢▢▢ 破 庸調▢▢▢"

60TAM332：6/3《唐犯土禁忌文》："▢▢▢ 破 塢土，戒犯園冠慕土，戒犯▢▢▢"

72TAM230：46/2（b）《唐儀鳳三年（678）尚書省户部支配諸州庸調及折造雜練色數處分事條啟（二）》："其 破 用、見在數與計帳同申所司。"

60TAM330：14/1－1(b)《唐某鄉戶口帳(四)》："□□廿三破除。"

73TAM509：8/6《唐書牘稿》："後日令宜德送柒萄在羅外，常湏(須)破一人看守，影向被盜將。"

72TAM216：012/1《唐某縣供使破用帳》："□□使破用□□。"

73TAM193：15(b)《唐天寶某載(749—756)行館器物帳》："行館承帳，遠載破被伍張。""破縵緋眠單伍條。""破斑緤食單伍條。"

72TAM151：94《高昌義和三年(616)張相憙夏摩田券》："風破水旱，隨大□□。"

73TAM206：42/10－6《唐質庫帳歷》："故破白絹衫子一。"

75TKM91：20(a)《兵曹行罰幢校文書》："□□兵責破列□□。"

73TAM507：013/4－1，4－2《唐曆》："□□金破望□□。"

65TAM42：68《唐西州高昌縣授田簿(三)》："□□康烏破門陀部田二畝□□。"

73TAM206：42/10－1，42/10－15《唐質庫帳歷》："三歲孩兒破白絹□□。"

64TAM15：23《唐貞觀十四年張某夏田契》："渠破水過(適)，仰耕田人承了。"

72TAM151：13《高昌義和三年(616)氾馬兒夏田券》："祖(租)殊(輸)伯(佰)役，仰田主了；渠破水適，仰耕田人了。"

64TAM4：33《唐總章三年(670)左憧憙夏菜園契》："渠破水適，仰佃田人當。"

pú

菩　pú

80TBI：213《請觀世音菩薩消伏毒害陀羅尼咒經(卷一)》："□□菩薩大□□。"

80TBI：784a－5《大乘瑜伽金剛性海曼殊室利千臂千鉢大教王經(卷六)》："□□髻菩薩摩□□。"

80TBI：097《請觀世音菩薩消伏毒害陀羅尼咒經(卷一)》："三稱觀世音菩薩名。"

80TBI：669a《大方廣華嚴十惡品經》："□□亦復如是菩□。"

80TBI：656a《佛說灌頂摩尼羅亶大神咒經(卷八)》："佛告阿難：'我今又舉是八大菩薩。'"

2002TJI：003《妙法蓮華經卷四提婆達多品第一二》："□□俱來菩薩亦坐寶華，從於□□。"

75TKM96：29(b)《北涼真興六年(424)出麥賬》："□□佛菩薩□□。"

蒲　pú

2006TSYIM4：3－5背面《北涼義和三年(433)文書爲保辜事(七)》："□□主者召蒲校斷□□。"
按：斷，原件書作"断"。

66TAM62：6/1《翟彊辭爲共治葡萄園事》二："□績蒲陶(葡萄)六畝，與共分治。"

64TAM4：6《唐總章元年(668)西州高昌縣左憧憙辭爲租佃葡萄園事》："左憧憙辭張渠 蒲 桃(葡萄)一所。"

64TAM29：99《武周請車牛人運載馬草踏文書》："□□ 得 蒲 昌縣申得尉□履□□"

2006TSYIM4：3－42《北涼義和三年(433)文書爲保辜事(四)》："□□ 蒲 □□"

2006TSYIM4：3－11《北涼高昌郡高寧縣差役文書(九)》："□□王 蒲 生 □□"

64TAM4：37《唐總章三年(670)白懷洛舉錢契》："仍將口分 蒲 桃(葡萄)用作錢質。"

醭　pú

65TAM341：22,23,24(a)《唐景龍三年(709)南郊赦文》："□□內賜 醭 三 □□"

僕　pú

72TAM151：74(a)《古寫本〈晉陽秋〉殘卷》："書 僕 □□鏉公裴□尚書解結黃門侍郎杜 □□"

　　按：僕，同"僕"。《字彙》："僕，與僕同。"俗寫"羑"常混同於"業"。

pǔ

普　pǔ

80TBI：069－1《現在十方千五百佛名並雜佛同號》："□□ 號 普 功德佛 □□"

80TBI：120《佛説灌頂拔除過罪生死得度經(卷一二)》："□□量衆生 普 使 □□"

80TBI：016《四分戒本疏(卷一)》："□□ 來之境亦生惡心故,須 普 緣總作 □□"

80TBI：117《妙法蓮華經(卷三)藥草喻品第五)》："□□ 其雨 普 等 □□"

63TAM1：15《劉普條呈爲得麥事》："五月十日劉 普 條呈。"

73TAM222：56/1,56/2《唐殘判籍(二)》："如崇顯 普 明 □□"

72TAM188：11《唐開元三年(715)交河縣安樂城萬壽果母姜辭》："□□阿姜女尼 普 敬,□□山人,年卅三 □□"

pù

鋪　pù

72TAM226：53,54《唐開元十年(722)伊吾軍上支度營田使留後司牒爲烽鋪營田不濟事》："□□屬警固,復奉使牒,烽 鋪 子不許 □□"

Q 部

qī

七 qī

75TKM96：37《倉吏侯暹啟》："所致生年始卌六七，久患□，積有年歲。"

73TAM206：42/10－5/10－17《唐質庫帳歷》："故白練七尺五寸。"

64TAM5：85《唐諸戶丁口配田簿（甲件）（二）》："戶主安畔陀，年卅七，二畝。"

妻 qī

75TKM91：11/3《西涼建初四年（408）秀才對策文》："故曰：刑於寡妻，以御乎家邦。"

75TKM96：18《龍興某年宋泮妻翟氏隨葬衣物疏》："宋泮故妻翟□□隨身所有衣物。"

2006TSYIM4：3－42《北涼義和三年（433）文書爲保辜事（四）》："□妻陽以□"

67TAM78：31《唐貞觀十四（640）西州高昌縣李石住等戶手

實（七）》："□老妻□"

67TAM363：8/1（a）之八《唐景龍四年（710）卜天壽抄孔氏本鄭氏注〈論語〉》："子謂公冶萇：'可妻也，雖在縲紲（絏）之中，非其罪。'"

69TKM39：9/4（a）《唐貞觀二十一年（647）帳後□苟戶籍》"妻令狐年叄拾柒。"

69TKM39：9/1（b），9/5（b），9/9（b）《唐永徽二年（651）後某鄉戶口帳（草）（一）》"疾妻。"

67TAM363：8/2（a）之一《唐景龍四年（710）卜天壽抄〈十二月新三臺詞〉及諸五言詩》："項託柒歲知事，甘羅十二想（相）秦，□無良妻解夢，馮唐寧得忠辰（臣）。"

64TAM4：34《唐龍朔元年（661）龍惠奴舉練契》："若身東西無，仰妻兒收後者償。"

64TAM4：36《麟德二年（665）趙醜胡貸練契》："若身東西不在，一仰妻兒還償本練。"

64TAM4：40《唐乾封三年（668）張善憙舉錢契》："身東西不在，一仰妻兒保人上錢使了。"

69TKM39：9/4（a）《唐貞觀二十一年（647）帳後□苟戶籍》"丁妻去□"

67TAM78：17（b），18（b），19（b），28（b）《唐貞觀某年孫承等

戶家口籍》:"□□ 妻 ,宋資臺□□"

67TAM78：20（b）《唐李悅得子等戶主名籍》:"□□ 妻 良師女,戶主索牛□□"

67TAM78：20（b）《唐李悅得子等戶主名籍》:"□□寡 妻 張慶妃□□"

64TAM5：39《唐李賀子上阿郎、阿婆書二（二）》:"憐紫一訪 妻 女輩。"

按：妻、輩,《吐魯番出土文書》分別錄作"車""單"。

柒 qī

67TAM363：8/1（a）之八《唐景龍四年（710）卜天壽抄孔氏本鄭氏注〈論語〉》:"子使 柒 彫□□"

67TAM363：8/2（a）之一《唐景龍四年（710）卜天壽抄〈十二月新三臺詞〉及諸五言詩》:"項託 柒 歲知事,甘羅十二想（相）秦,□無良妻解夢,馮唐寧得忠辰（臣）。"

72TAM151：95《高昌延和八年七月至延和九年六月錢糧帳》:"□□逋錢 柒 遷（千）柒。""□□錢 柒 □□□柒□□□半,中半,麥肆斛伍兜（斗）□□" 72TAM151：14《高昌義和元年（614)高懷孺物名條疏》:"緋練 柒 □;□練壹段。"

按：斛,原件寫作"酙"。

72TAM151：95《高昌延和八年七月至延和九年六月錢糧帳》:"□□錢柒□□□ 柒 □□□半,中半,麥肆斛伍兜（斗）□□"

67TAM78：41《唐西州蒲昌縣糧帖二》:"糜 柒 碩□□"

73TAM509：8/6《唐書牘稿》:"後日令宜德送 柒 萄在羅外,常湏（須）破一人看守,影向被盜將。"

2006TZJ1：085,2006TZJ1：088《麴氏高昌斛斗帳》:"糜粟 柒 伯（百）六十九斛一斗□□"

72TAM151：102,103《高昌作頭張慶祐等偷丁谷寺物平錢帳》:"柒 縱（縵）疊三匹。"

按：疊,原件書作"疊"。

64TAM15：29/1《高昌康保謙雇劉祀海券》:"□□銀錢 柒 文,糧一斛肆□□"

73TAM208：25,29《唐典高信貞申報供使人食料帳歷牒（三）》:"叁勺酢 柒 合,用□□"

75TKM91：18（a）《北涼玄始十一年（422)馬受條呈爲出酒事》:"合用酒 柒 斛□□"

73TAM206：42/10－5/10－17《唐質庫帳歷》:"東頭 柒 家故緋羅領巾一。"

73TAM507：014/1《唐隊正陰某等領甲仗器物抄（一）》:"甲 柒 領並皮□□"

69TKM39：9/6（a）《唐貞觀年間（640—649)西州高昌縣手實一》:"□□籍田 柒 拾玖畝一百二□□。"

期 qī

59TAM305：14/1《前秦建元二十年（384)韓盆辭爲自期召弟應見事》:"期 具。"

期

59TAM305：14/1《前秦建元二十年（384）韓盆辭爲自期召弟應見事》：“建元廿年三月廿三日，韓盆自 期 二日召弟到應見，遄違受馬鞭一百。”

　　按：盆，原件書作“瓮”。

期

80TBI：488《四分戒本疏（卷一）》：“一道共無作，二定共無作，三形俱，四要 期 。”

期

72TAM151：15《高昌義和二年（615）都官下始昌縣司馬主者符爲遣弓師侯尾相等詣府事》：“ 期 此月九日來□□，不得違失，承旨奉行。”

期

73TAM193：38(a)《武周智通擬判爲康隨風詐病避軍役等事》：“奉敕伊、西二州，占募强兵五百，官賜未 期 至日，私家借便資裝。”

欺　qī

欺

80TBI：126《別譯雜阿含經（卷一二）》：“□□〔擾〕亂於我，其爲欺詐，爲是人〔耶〕□□”

欺

65TAM341：25，26(a)《唐景龍三年（709）南郊赦文》：“□□人侵 欺 ，其諸□□”

棲　qī

棲

72TAM230：36《古寫本木玄虛〈海賦〉》：“□□楬（竭）盤石， 棲 百靈。陽（颺）凱飄（風）而南□□”

栖

73TAM509：8/2(b)《唐西州道俗合作梯蹬及鐘記》：“道門威儀氾 棲 霞、鍊師陰景陽等道體清虛，逍遥物外。”

　　按：《廣韻》：“栖”同“棲”。等，原件作

“芌”。

慼　qī

慼

67TAM363：8/1(a)之二《唐景龍四年（710）卜天壽抄孔氏本鄭氏注〈論語〉》：“喪，與其易也，寧 慼 。”

qí

岐　qí

岐

72TAM179：16/1(b)，16/2(b)《唐寫〈尚書〉孔氏傳〈禹貢〉、〈甘誓〉殘卷》：“道岍及 岐 ，至於荆山。”

祁　qí

祁

67TAM84：20《高昌條列出藏錢文數殘奏》：“ 祁 守義提婆錦□□”

祁

72TAM171：19(a)，9(a)，8(a)，11(a)《高昌延壽十四年（637）兵部差人往青陽門等處上現文書》：“□□張 祁 善、田迴□□”

祁

73TAM206：42/10－14，42/10－9《唐質庫帳歷》：“王 祁 村住年十五。”

其　qí

其

72TAM194：27(a)《唐盜物計贓科罪牒》：“ 其 錢徵到，分付來賓取領□陪（賠）贓牒徵送諮。”

其

60TAM332：9/1－1《唐祭五方神文殘片一》：“□□ 其 某甲死

鬼□□”

其 2004TBM207：1－14《唐儀鳳某
年（676—679）西州牒爲考課
事》：“ 其 李恒讓付諸司檢報，餘後
判，諮。”

其 72TAM230：58/1（a）～58/4（a）
《武周天授二年（691）追送唐建
進家口等牒尾判》：“□□唐進經州告事，
計 其 不合東西，頻下縣追，縣司狀□□”

其 65TAM341：25，26（a）《唐景龍
三年（709）南郊赦文》：“□□人
侵欺， 其 諸□□”

其 64TAM4：36《麟德二年（665）趙
醜胡貸練契》：“ 其 練迴還到西
州拾日内，還練使了。”

其 64TAM4：36《麟德二年（665）趙
醜胡貸練契》：“到過 其 月不還，
月別依鄉法酬生利。”

其 73TAM206：42/10－5/10－17
《唐質庫帳歷》：“其 月廿□□□
□元英去。”

其 67TAM78：34《唐西州蒲昌縣下
赤亭烽帖爲覓失駝駒事》：“ 其
□□取草澤□□”

其 72TAM230：84/1～84/5《唐儀
鳳三年（678）尚書省户部支配諸
州庸調及折造雜練色數處分事條啟
（三）～（七）》：“□□官入國等各别爲項
帳， 其 輕税人具□□”

其 80TBI：027《阿毗曇八犍度論
（卷三）思跋渠首第八》：“□□
執 其 人捶打縛殺□□”

其 73TAM206：42/10－2《唐質庫
帳歷》：“ 其 月十九日贖付了。”
73TAM206：42/10－1，42/10－15《唐質
庫帳歷》：“ 其 月廿三日贖付了。”

其 TAMX2：03《□知德等名籍》：
其 “□□趙無 其 □□”

其 64TAM4：34《唐龍朔元年（661）
龍惠奴舉練契》：“ 其 利若出月
不還，月别罰練壹疋入左。”

祈 qí

祈 73TAM524：34（a）《高昌章和五
年（535）取牛羊供祀帳》：“次三
月廿四日，康 祈 羊一口，供祀丁谷天。”

奇 qí

奇 80TBI：750a《妙法蓮華經（卷二）
譬喻品第三》：“□□有所好種
種珍玩 奇 □□”

奇 66TAM44：30/4《唐殘發願文
二》：“□□供 奇 花奇果。”

奇 73TAM509：8/2（b）《唐西州道
俗合作梯蹬及鐘記》：“衙官將軍
趙獻璋、張承暉、王休昇等，溢氣雄圖，懷
奇 妙略，行資孝悌，文翰芳猷。”

　　按：圖，原件作“啚”。等，作“苧”。

耆 qí

耆 73TAM509：8/2（b）《唐西州道
俗合作梯蹬及鐘記》：“清風入百
姓之懷，令譽傳 耆 舊之口。”

耆 67TAM376：02（a）《唐開耀二年
（682）寧戎驛長康才藝牒爲請追
勘違番不到驛丁事》：“范焉 耆 。”

耆 64TAM29：24《唐垂拱元年
（685）康義羅施等請過所案卷
（四）》：“保人焉 耆 人曹不那遮，年□□”

畦　qí

65TAM42：62，85《唐西州高昌縣授田簿（一〇）》："右給 畦 寶住充分，同觀□□□"

72TAM150：42《唐白夜默等雜器物帳》："鄭願海槃一，畦 玄□槃一，趙醜胡槃一。"

64TAM5：85《唐諸戶丁口配田簿（甲件）（二）》："戶主安 畦 陀，年卅七，二畝。"

72TAM171：12（a），17（a），15（a），16（a），13（a），14（a）《高昌延壽十四年（637）兵部差人看客館客使文書》："次良朱識，付 畦 亥生，用看漢客張小□"

齊　qí

67TAM363：8/1（a）之七《唐景龍四年（710）卜天壽抄孔氏本鄭氏注〈論語〉》："見賢思 齊 焉，見不賢而內□□"

64TAM27：21《唐寫本〈論語〉鄭氏注〈雍也〉殘卷》："□□之適 齊 □□"

73TAM193：38（a）《武周智通擬判爲康隨風詐病避軍役等事》："齊 楚之失，失在□□兩家。"

65TAM341：30/1（a）《唐小德辯辭爲被蕃捉去逃回事》："但小德今月二日牽車城東堆地，其日齋時，賊從東北面 齊 出，遂捉小德並牛。"

按：堆，原件書作"塠"。

67TAM363：8/1（a）一一《唐景龍四年（710）卜天壽抄孔氏本鄭

氏注〈論語〉》："伯夷、叔 齊 不念舊惡，怨是用希。"

64TAM19：34，58，59《唐寫本鄭氏注〈論語〉公冶長篇》："伯夷、叔 齊 不念□□［舊惡］，怨是用希。"

73TAM222：54/4（b），54/5（b）《唐寫〈禮記〉鄭氏注〈檀弓〉下殘卷》："□□ 齊 敬之心也□□"

80TBI：016《四分戒本疏（卷一）》："三世諸佛戒不 齊 等，以其諸□□"

67TAM363：8/1（a）一〇《唐景龍四年（710）卜天壽抄孔氏本鄭氏注〈論語〉》："崔子，齊 大夫崔□［杼］，弒 齊 疾（莊）公。"

80TBI：488《四分戒本疏（卷一）》："問：齊 何名爲無作？"

68TAM108：18（a）之二《唐開元三年（715）西州營牒爲通當營請馬料姓名事二》："火長 齊 漢子，火內人王□□"

騎　qí

72TAM151：74（a）《古寫本〈晉陽秋〉殘卷》："韓壽弟散 騎 侍□□"

75TKM96：18，23《北涼玄始十二年（423）兵曹牒爲補代差佃守代事》："當上幢日，差四 騎 付張欑□、道□□、兵曹掾張龍，史張□白。"

75TKM91：18（a）《北涼玄始十一年（422）馬受條呈爲出酒事》："□□隨 騎，箱□等。"

75TKM91：26《建□某年兵曹下高昌、橫截、田地三縣符爲發騎

守海事》：“合七　騎，次往海守十日，以休領。”

騎　65TAM42：90（a），91（a）《唐令狐鼠鼻等差科簿（一）》：“武　騎尉石服屯，年卅五，男賀婆，年十九，中男。”“武　騎尉令狐鼠鼻，廿七；兄智達，年卅二，外侍。”

騎　71TAM188：85《唐西州都督府牒爲便錢酬北庭軍事事》：“□遂取突　騎施首領多亥烏□。”

騎　65TAM341：30/1（a）《唐小德辯辭爲被蕃捉去逃回事》：“其抄小德等來□可有二百　騎，行至小嶺谷内，即逢。”

qǐ

乞　qǐ

乞　64TAM19：34,58,59《唐寫本鄭氏注〈論語〉公冶長篇》：“或　乞醯焉，乞諸□。”

乞　67TAM363：8/1（a）——《唐景龍四年（710）卜天壽抄孔氏本鄭氏注〈論語〉》：“或　乞諸其鄰而與之。”

企　qǐ

企　75TKM91：11/3《西涼建初四年（408）秀才對策文》：“臣聞往古敦璞（樸），民無　企尚，内足而已。”

杞　qǐ

杞　67TAM363：8/1（a）之三《唐景龍四年（710）卜天壽抄孔氏本鄭

氏注〈論語〉》：“杞不足徵。”

起　qǐ

起　80TBI：488《四分戒本疏（卷一）》：“隨行無作次第漸成不可頓　起，故名爲别。”

起　80TBI：759a《中阿含經（卷四五）心品心經第一》：“□坐　起，稽首佛足。”

起　80TBI：016《四分戒本疏（卷一）》：“戒防未非，毗尼殄已　起，何故得□。”

起　66TAM59：4/2－4（a），4/2－5（a）《北涼玄始十二年（423）失官馬賣賠文書一》：“□薄，起。”

起　75TKM89：1－1《高昌章和十一年（541）都官下交河郡司馬主者符爲檢校失奴事》：“都官　起。”

起　65TAM341：25,26（a）《唐景龍三年（709）南郊赦文》：“□起家充者，入□。”

起　72TAM151：15《高昌義和二年（615）都官下始昌縣司馬主者符爲遣弓師侯尾相等詣府事》：“□乙亥歲十月日　起。”

起　73TAM206：42/3－2《唐咸亨三至五年（672—674）文官俸案文書（一）》：“右頭　起咸亨三年七月八日兵部牒崔獻尾盡咸四年二月五□。”

起　73TAM206：109/13－6,42/9－26《唐課錢帳歷》：“元三□□又八文　起十五又八文。”

起　73TAM206：42/9－6（a）《唐課錢帳歷》：“王老取一千文　起□□日抽上。”

起　64TAM29：44 之六《唐咸亨三年（672）新婦爲阿公録在生功德疏》：“開相 起 咸亨三年四月十五日，遣家人祀德向冢間堀底作佛。”

起　67TAM363：8/1（a）之三《唐景龍四年（710）卜天壽抄孔氏本鄭氏注〈論語〉》：“起 予者商！”

豈　qǐ

豈　73TAM222：56/3（a），56/4（a）《唐殘判籍（三）》：“業 豈 可頓□”

豈　75TKM96：29（a），33（a）《北涼真興某年道人德受辭》：“素自貧簿（薄），豈 可自活。”

豈　73TAM193：11（a）《武周郭智與人書》：“次有□ 豈 不附送。”

啟　qǐ

啟　63TAM1：22《文書殘片》：“□ 啟 □”

啟　60TAM332：6/1－1（a），6/1－2（a），6/1－3（a）《唐寫本〈五土解〉》：“謹 啟 西方白帝，土公駕白車，乘白龍，白公（功）曹，白□” “□ 啟 南方赤帝土公駕□”

啟　60TAM332：6/3《唐犯土禁忌文》：“謹 啟 某甲戒范（犯）太歲上土，太歲下土。”

啟　2004TAM396：14《唐開元七年（719）洪奕家書》：“啟：違逴（經）二哉（載），思暮（慕）無寧。”

稽　qǐ

稽　80TBI：759a《中阿含經（卷四五）心品心經第一》：“□ 坐起，稽 首佛足。”

qǐ

乞　qì

乞　66TAM61：23（b），27/2（b），27/1（b）《唐西州高昌縣上安西都護府牒稿爲録上訊問曹禄山訴李紹謹兩造辯辭事（二）》：“□ 有所歸，請 乞 禁身，與謹對當□”

按：乞，《廣韻》音“去既切”。《集韻》：“乞，與也。”《正字通》：“乞，凡與人物亦曰乞。”

乞　72TAM209：88《唐貞觀年間西州高昌縣勘問梁延臺、雷隴貴婚娶糾紛案卷（一）》：“以直答，今既更同 乞 從□”

乞　72TAM178：4《唐開元二十八年（740）土右營下建忠趙伍那牒爲訪捉配交河兵張式玄事一》：“□ 客作庸（傭）力，日求升合養姓命，請 乞 □”

乞　72TAM230：53（a）《唐西州高昌縣牒爲將孫承恩馬疋草踖事》：“□ 請 乞 處分踖遞，納遞□”

叵　qì

叵　59TAM305：14/2《倉曹屬爲買八緵布事》：“屬至，叵 催買會廿六日。”

契　qì

契　80TBI：784a－5《大乘瑜伽金剛性海曼殊室利千臂千鉢大教王經（卷六）》："□ 契 入一切□。"

契　64TAM37：21《唐□□二年曹忠敏田契》："謹録 契 白如前。"

契　66TAM61：16（b）《唐西州高昌縣上安西都護府牒稿爲録上訊問曹禄山訴李紹謹兩造辯辭事（七）》："□ 契 并在，炎延隨身作 契 □。"

契　64TAM19：36《唐咸亨五年（674）王文歡訴酒泉城人張尾仁貸錢不還辭》："□ 銀錢貳拾文，準鄉法和立私 契 。"

契　65TAM40：35《唐某人佃菜園殘契》："兩和立 契 。"

契　65TAM40：28《唐杜定歡賃舍契》："立 契 已後，不得悔，若□。"

契　64TAM4：34《唐龍朔元年（661）龍惠奴舉練契》："人有正法，人從私 契 。"

契　64TAM4：34《唐龍朔元年（661）龍惠奴舉練契》："兩和立 契 ，獲指爲證。"

按："獲""畫"音同相借。

契　64TAM4：33《唐總章三年（670）左憧憙夏菜園契》："爲人無信，故立私 契 爲驗。"

氣　qì

氣　60TAM332：6/5,6/8《唐祭諸鬼文（一）》："□ □目猛 氣 。"

氣　72TAM150：39《唐僧凈眼家書》："秋 氣 漸寒，不審□。"

氣　65TAM42：48（a）《古寫本〈鍼法〉殘片》："嘔血，上 氣 ，神門［主之］□。"

氣　80TBI：455－15《請觀世音菩薩消伏毒害陀羅尼咒經（卷一）》："□ 精 氣 者□。"

氣　67TAM363：8/1（a）一〇《唐景龍四年（710）卜天壽抄孔氏本鄭氏注〈論語〉》："性，謂仁（人）受血 氣 ，以生賢愚。"

氣　73TAM509：8/2（b）《唐西州道俗合作梯蹬及鐘記》："衙官將軍趙獻瑋、張承暉、王休昇等，溢 氣 雄圖，懷奇妙略，行資孝悌，文翰芳猷。"

按：圖，原件作"啚"。

氣　73TAM215：017/6－1,017/6－2《唐殘書牘三》："□ 氣 咽荒迷□。"

訖　qì

訖　72TAM226：53,54《唐開元十年（722）伊吾軍上支度營田使留後司牒爲烽鋪營田不濟事》："當牒上支度使 訖 。"

訖　72TAM226：74《唐開元十年（722）殘狀》："□州 訖 ，謹以狀上。"

訖　72TAM194：27（a）《唐盜物計贓科罪牒》："□案諮決 訖 ，放。"

訖　73TAM208：23,27《唐典高信貞申報供使人食料帳歷牒（二）》："□總五人食 訖 。"

按：總，原件書作"惣"。

訖　73TAM221：62（b）《唐永徽三年（652）賢德失馬陪徵牒》："今狀

雖稱付主領迄，官人見領時，此定言注來了。"

訖 72TAM230：95（a）《唐西州高昌縣牒爲鹽州和信鎮副孫承恩人馬到此給草諳事》："依檢到此□準式迄牒上者，牒縣準式者，縣已準式訖，牒至準式謹牒。"

訖 73TAM206：42/9－27《唐課錢帳歷》："巳（已）上勘迄。"

訖 73TAM206：42/9－9（b）《唐課錢帳歷》："蘇敬便四文付姊姊廿見一千四百卅九用迄了。"

訖 67TAM78：33《唐某年九月府史張道龕領受馬諳抄》："□□司迄九月廿九日□□"

訖 68TAM108：19（a）之三《唐開元三年（715）西州營典李道上隴西縣牒爲通當營請馬料姓名事》："開元三年四月廿日典李道牒，給迄記，廿五日。"

訖 73TAM206：42/9－16《唐課錢帳歷（八）》："以前並勾勘上歷迄。"

訖 73TAM214：151，150《唐西州下高昌等縣牒爲和糴事》："□□執案諳裁，裁迄。"

訖 64TAM5：97（b），102（b），67（b）《唐總章元年（668）里正牒爲申報□相戶内欠田及丁男數事》："□□從收□迄，配給湏（須）□□"

訖 67TAM376：01（a）《唐開耀二年（682）寧戎驛長康才藝牒爲請處分欠番驛丁事》："其人等準兩番上迄，欠一番未上，請追處分。"

訖 67TAM78：37《唐西州蒲昌縣赤亭烽帖爲鎮兵糧事》："□□依數給迄，上□□"

迄 66TAM61：23（b），27/2（b），27/1（b）《唐西州高昌縣上安西都護府牒稿爲録上訊問曹禄山訴李紹謹兩造辯辭事（二）》："兄邊取練迄，分明付兄與李三同□□"

訖 73TAM507：012/5《唐殘辭》："□□辨司馬口問，約已道迄，計□□"

迄 72TAM150：39《唐僧淨眼家書》："迄至今日，不得□□"

葺　qì

葺 65TAM341：25，26（a）《唐景龍三年（709）南郊赦文》："□□修葺，使□□"

棄　qì

棄 2006TSYIM4：2－3＋2006TSYIM4：2－4《古寫本〈詩經〉》："大命近止，無棄爾成。"

棄 67TAM363：8/1（a）一〇《唐景龍四年（710）卜天壽抄孔氏本鄭氏注〈論語〉》："□□馬拾乘，棄而違之。"

磧　qì

磧 72TAM187：201《武周追當番職掌人文書（二）》："□□裝束，其中有磧内鎮□□"

器　qì

67TAM363：8/1（a）之五《唐景龍四年（710）卜天壽抄孔氏本鄭氏注〈論語〉》："管仲之 器 □□"

73TAM222：54/7（b），54/8（b），54/9（b）《唐寫〈禮記〉鄭氏注〈檀弓〉下殘卷》："明 器 同也。"

67TAM363：8/1（a）之八《唐景龍四年（710）卜天壽抄孔氏本鄭氏注〈論語〉》："子曰：'汝 器 。'"

67TAM363：8/1（a）之八《唐景龍四年（710）卜天壽抄孔氏本鄭氏注〈論語〉》："曰：何 器 ？"

qià

洽　qià

72TAM151：74（a）《古寫本〈晉陽秋〉殘卷》："華博學 洽 聞，圖籍無不貫練。"

73TAM221：59（a），60（a）《唐永徽元年（650）安西都護府乘敕下交河縣符》："虞部郎中德 洽 。"

qiān

千　qiān

67TAM363：8/1（a）之九《唐景龍四年（710）卜天壽抄孔氏本鄭氏注〈論語〉》："千 室之足（邑）謂公侯大都之成，佰乘之家謂□。"

73TAM206：42/9－13《唐課錢帳歷》："總折除外，餘有一 千 卅

六文。"

73TAM206：42/9－18《唐課錢帳歷（二五）》："□ 元欠二 千 卅文又二百八十文，總欠 □ "

仟　qiān

67TAM363：8/1（a）之九《唐景龍四年（710）卜天壽抄孔氏本鄭氏注〈論語〉》："由也！ 仟 乘之國 □ "

67TAM363：8/1（a）之九《唐景龍四年（710）卜天壽抄孔氏本鄭氏注〈論語〉》："求也！ 仟 室之邑，百乘之家，可史（使）爲之 □ "

阡　qiān

73TAM206：42/10－13，42/10－3《唐質庫帳歷》："□ 宋守慎□月十九日取壹 阡 （仟） □ "

按：阡，"仟"之借音字。

67TAM363：8/2（a）之二《唐景龍四年（710）卜天壽抄〈十二月新三臺詞〉及諸五言詩》："看 阡 簡水萬合始城河。"

按：簡，原件書作"萠"。

72TAM228：30/1～30/4《唐天寶三載（744）交河郡蒲昌縣上郡戶曹牒爲錄申徵送郡官白直課錢事（一）～（四）》："□ 肆 阡 （千）□佰柒拾文舊 □ "

72TAM230：49《武周天授二年（691）總納諸色逋懸及屯收義納糧帳》："□ 授二年臘月廿日以前總納諸色逋懸及屯收義納糧總叁 阡 （千）柒伯捌拾陸碩貳斗壹勝（升）。"

阡　72TAM226：5（a）《唐伊吾軍上西庭支度使牒爲申報應納北庭糧米事》："叁 阡 （千）陸伯肆拾陸碩捌斗叁勝伍合納軍倉訖。"

按：斗，原件作"㪷"。

阡　71TAM188：85《唐西州都督府牒爲便錢酬北庭軍事事》："▢▢ 錢陸 阡 （千）文▢▢。"

岍　qiān

岍　72TAM179：16/1（b），16/2（b）《唐寫〈尚書〉孔氏傳〈禹貢〉、〈甘誓〉殘卷》："道 岍 及岐，至於荊山。"

牽　qiān

牽　64TAM4：37《唐總章三年（670）白懷洛舉錢契》："若延引不還，聽 牽 取白家財及口分平爲錢直（值）。"

牽　75TKM89：1－1《高昌章和十一年（541）都官下交河郡司馬主者符爲檢校失奴事》："若檢校智（知）處，與（以）守（手）力 牽 取。"

牽　65TAM341：30/1（a）《唐小德辯辭爲被蕃捉去逃回事》："但小德今月二日 牽 車城東堆地，其日齋時，賊從東北面齊出，遂捉小德並牛。"

按：堆，原件書作"塠"。

遷　qiān

遷　72TAM151：95《高昌延和八年七月至延和九年六月錢糧帳》："▢▢逋錢柒 遷 （千）柒。"

遷　73TAM206：42/1《唐蘇致德等馬帳》："樊仕 遷 等二人馬一疋，

赤草（騮）五歲。"

遷　80TBI：131《高昌國高崇息乾茂等寫經題記》："▢▢▢高崇息、乾茂、文煥、乾秀、文 遷 、文楷、文腭（齶）、文▢▢。"

遷　2004TBM203：30－3b＋2004TBM203：30－1《高昌寫本〈急就篇〉》："▢▢▢綬以高 遷 ，量丈尺寸斤兩▢▢。"

遷　73TAM215：017/1－1《唐張惟遷等配役名籍（一）》："張惟 遷 。"

謙　qiān

謙　72TAM151：62《高昌義和二年（615）參軍慶岳等條列高昌馬鞍轡帳》："▢▢ 保 謙 下▢延虎壹具，虎牙▢▢壹具▢▢。"

謙　73TAM504：21/1－21/3《高昌奴得等負麥、粟、疊帳（一）～（三）》："▢▢奴得負參軍索 謙 、焦歡伯二人邊官舉價小麥叁▢▢陸兜（斗）。"

謙　72TAM151：54《高昌泛林等行馬入亭馬人名籍》："次鹽城行▢入亭馬人：主簿辛 謙 、參軍元祐、主簿男子。"

謙　72TAM151：52《高昌通人史延明等名籍》："北聽幹程▢▢、▢▢▢、白保祐、令狐伯兒、▢▢▢、王保 謙 。"

謙　59TAM305：14/2《倉曹屬爲買八綟布事》："主簿， 謙 。"

謙　64TAM15：31，32/4，30，32/1，28/1，28/2《高昌延壽十二至十五年康謙入驛馬粟及諸色錢賣條記》：

"□□正月四日康保謙入□□"

籤　qiān

籤　2004TBM207：1-3《唐調露二年（680）七月東都尚書吏部符爲申州縣闕員事》："□□官某乙籤符久到，身□□"

籤　73TAM191：120（a）《唐永隆元年（680）軍團牒爲記注所屬衛士征鎮樣人及勳官籤符諸色事（二）》："白祐海，年卅三，上輕車，籤符到。"

qián

前　qián

前　72TAM230：49《武周天授二年（691）總納諸色逋懸及屯收義納糧帳》："□□授二年臘月廿日以前總納諸色逋懸及屯收義納糧，總叁阡（千）柒伯捌拾陸碩貳斗壹勝（升）。"

前　72TAM188：86（a）（b）《唐西州都督府牒爲請留送東官馬填充團結欠馬事》："□□恐不達，前健兒官□□□"

前　67TAM78：30《唐貞觀十四（640）西州高昌縣李石住等户手實（四）》："□□具注如前，更□□□"

前　72TAM178：5《唐開元二十八年（740）土右營下建忠趙伍那牒爲訪捉配交河兵張式玄事二》："□□阿□□□□辭，前件□□是三□□□"

前　73TAM215：017/1-5《唐張惟遷等配役名籍（五）》："□□□前

忠和□□"

前　65TAM346：1《唐乾封二年（667）郭毫醜勳告（一）》："可依前件主者施行。"

前　64TAM29：113《唐□伏威牒爲請勘問前送帛練使男事》："前送帛練使王伯歲男。"

前　65TAM341：77-1（背面）《唐辯辭爲李藝義佃田事》："□□牒訪問，始知前件地是康宗段内。"

前　59TAM305：14/2《倉曹屬爲買八緵布事》："倉曹樊霸、梁斌前屬催奸吏買八縱（緵）布四匹。"

前　66TAM59：4/2-4（a），4/2-5（a）《北涼玄始十二年（423）失官馬賣賠文書一》："□□頡前列辭□□□"

前　75TKM96：37《倉吏侯遲啟》："前會值□備倉穀□□罰□□，遂用憂結。"

前　75TKM91：24《下二部督郵、縣主者符》："二部督郵□縣主者：前部□□□"

前　64TAM22：17《請奉符敕尉推覓逋亡文書》："姪鼂得前亡□□□"

前　67TAM78：27《唐殘書牘》："□□孃前□□□"

前　73TAM519：19/2-2《高昌麴季悦等三人辭爲請授官階事》："□□到司馬前頭訴已，司馬許爲□□□"

前　73TAM206：42/2《唐光宅元年（684）史李秀牒爲高宗山陵賜物請裁事》："前未判申，事恐疎略，謹以牒舉。"

前　64TAM29：44《唐咸亨三年（672）新婦爲阿公録在生功德

疏》：“願將此文□前頭分雪，須覓生天浄佛國土，不得求人間果報。”

69TKM39：9/9（a），9/5（a），9/1（a）《唐貞觀年間（640—649）西州高昌縣手實二》：“□□通當户來年手實，具注如前，並皆依實，□□□”

66TAM44：11/8，11/13《唐貞觀十四年（640）静福府領袋帳歷》：“□□付隨機前瓜州□□□”

73TAM206：42/5《唐高昌縣勘申應入考人狀》：“依檢案内令注□前者，今以狀□□□”

2004TBM207：1-3《唐調露二年（680）七月東都尚書吏部符爲申州縣闕員事》：“□□官某乙滿若續前任滿，即注云：續前任合滿。”

72TAM209：89《唐貞觀十七年（643）符爲娶妻妾事（一）》：“娶前件妻妾□□□”

66TAM61：16（b）《唐西州高昌縣上安西都護府牒稿爲録上訊問曹禄山訴李紹謹兩造辯辭事（七）》：“□□兄前後不同行，紹謹亦□□□”

64TAM19：40《唐顯慶五年（660）殘闕文》：“□□件狀如前，今以狀闕□□□”

73TAM206：42/9-16《唐課錢帳歷（八）》：“以前並勾勘上歷訖。”

73TAM214：156，157《唐魏申相等納粟帳》：“右同前，計得粟八□□□”

64TAM4：41《唐總章三年（670）張善憙舉錢契》：“前却不還，任掣家資平爲錢直（值）。”

66TAM61：22（b）《唐西州高昌縣上安西都護府牒稿爲録上訊問曹禄山訴李紹謹兩造辯辭事（三）》：“生胡向弓月城去，前後相隨，亦不記頭數□□□”

69TAM232：3（b）《唐蠅芝等直上欠麴粟帳》：“□□檢如前。”

69TAM232：3（b）《唐蠅芝等直上欠麴粟帳》：“白居兜□□義達種秋粟，右同前據□□□上件地去年秋是前件人佃種，畝别收子兩碩以上者，件勘如前。”

69TAM232：3（b）《唐蠅芝等直上欠麴粟帳》：“白居兜□□義達種秋粟，右同前據□□□上件地去年秋是前件人佃種，畝别收子兩碩以上者，件勘如前。”

乾　qián

72TAM226：65《唐北庭諸烽鬮田畝數文書》：“□□乾坑烽，伍畝□□□”

73TAM509：8/5（a）《唐西州天山縣申西州户曹狀爲狀無場請往北庭請兄禄事》：“兄旡價任北庭乾坑戍主，被吕將軍奏充四鎮要籍驅使，其禄及地子合於本任請授。”

64TAM5：62（a），69/2（a）《唐乾封二年（667）某鄉户口帳（四）》：“乾封二年十二月日里正牛義感。”

64TAM4：40《唐乾封三年（668）張善憙舉錢契》：“乾封三年三月三日。”

64TAM4：35（a）《唐漢舍告死者左憧憙書爲左憧憙家失銀錢事

（一）》：“乾封二年臘月十一日。”

　　按：臘，原件書作“臈”。

　　65TAM346：1《唐乾封二年（667）郭牥醜勳告（一）》：“乾封二年二月廿二日。”“乾封二年三月十五日制可。”

　　73TAM509：8/6《唐書牘稿》：“昨日索隱兒去，附乾元錢一千，還七娘子申屠邊錢。”

　　80TBI：131《高昌國高崇息乾茂等寫經題記》：“□□高崇息、乾茂、文焕、乾秀、文遷、文楷、文腭、文□□。”

　　80TBI：131《高昌國高崇息乾茂等寫經題記》：“□□高崇息、乾茂、文焕、乾秀、文遷、文楷、文腭、文□□。”

鉗　qián

　　72TAM150：32《唐諸府衛士配官馬、駄殘文書三》：“□城府鉗耳文表□□。”

　　75TKM96：17《北涼真興七年（425）宋泮妻隗儀容隨葬衣物疏》：“故鉗（紺）尖一枚。”

錢　qián

　　72TAM228：30/1～30/4《唐天寶三載（744）交河郡蒲昌縣上郡戶曹牒爲録申徵送郡官白直課錢事（一）～（四）》：“□□月十二月課錢□□。”

　　72TAM230：63（a）《唐西州高昌縣史張才牒爲逃走衛士送庸緤價錢事（一）》：“□□逃走衛士後送庸緤價銀錢壹伯陸□□。”

　　67TAM84：20《高昌條列出臧錢文數殘奏》：“□□錢一百一十□□。”

　　64TAM15：29/2《高昌延壽十四年康保謙買園券》：“若有先悔者，罰銀錢壹伯（百）文。”

　　73TAM206：42/9－6（a）《唐課錢帳歷》：“□□錢付□□。”

　　64TAM4：39《唐乾封元年（666）鄭海石舉銀錢契》：“到左須錢之日嗦（索），即須還。”

　　64TAM15：29/2《高昌延壽十四年康保謙買園券》：“□□與買價銀錢貳拾。”

　　64TAM15：29/2《高昌延壽十四年康保謙買園券》：“□□拾錢後生錢□□。”

　　67TAM84：20《高昌條列出臧錢文數殘奏》：“平錢九十文。”“平錢五十一文。”

　　59TAM305：8《缺名隨葬衣物疏》：“銅錢二枚。”

　　63TAM2：1《北涼緣禾六年翟萬隨葬衣物疏》：“銅錢自副。”

　　64TAM15：29/1《高昌康保謙雇劉祀海券》：“□□錢貳文，錢伍文作滿來□□。”

　　64TAM15：29/1《高昌康保謙雇劉祀海券》：“□□錢貳文，錢伍文作滿來□□。”

　　68TAM103：18/2－2（b）.18/11－3（b）《高昌衛寺明藏等納錢帳（二）》：“□□个，合銀錢□□。”

68TAM103：18/2－2（b）.18/11－3（b）《高昌衛寺明藏等納錢帳（二）》："同（銅）錢肆□□。"

64TAM4：53《唐麟德二年（665）張海歡、白懷洛貸銀錢契》："麟德二年十一月廿四日，前庭府衛士張海歡與左憧憙邊貸取銀錢肆拾捌文。"

64TAM19：36《唐咸亨五年（674）王文歡訴酒泉城人張尾仁貸錢不還辭》："□□銀錢貳拾文，準鄉法和立私契。"

67TAM363：7/2《唐儀鳳二年（677）西州高昌縣寧昌鄉某人舉銀錢契》："縣人竹住海邊舉取銀錢捌□□。"

72TAM188：84《唐便錢酬馬價文書》："□□前後便錢總玖拾□□。"

64TAM4：37《唐總章三年（670）白懷洛舉錢契》："順義鄉白懷洛於崇化鄉左憧憙邊舉取銀錢拾文。"

64TAM4：29（a）《唐咸亨四年左憧憙生前功德及隨身錢物疏》："校收取錢財及練、五穀、麥、粟等斗斛收。"

按：斗，原件作"斦"。

64TAM4：38《唐顯慶五年（660）張利富舉錢契》："到左還須錢之日，張即須子本俱還。"

64TAM4：38《唐顯慶五年（660）張利富舉錢契》："錢主。"

64TAM4：40《唐乾封三年（668）張善憙舉錢契》："若延引不與左錢者，將中渠菜園半畝，與作錢質，要須得好菜處。"

67TAM363：7/2《唐儀鳳二年（677）西州高昌縣寧昌鄉某人舉銀錢契》："若延引不還，任捜家財雜物及口分□□平充錢。"

64TAM4：40《唐乾封三年（668）張善憙舉錢契》："到左須錢之日，張並須本利酬還。"

64TAM4：40《唐乾封三年（668）張善憙舉錢契》："身東西不在，一仰妻兒保人上錢使了。"

64TAM4：40《唐乾封三年（668）張善憙舉錢契》："若延引不與左錢者，將中渠菜園半畝，與作錢質，要須得好菜處。"

64TAM4：33《唐總章三年（670）左憧憙夏菜園契》："更肆年，與銀錢叁拾文。"

68TAM103：18/1－3（a）《高昌衛寺明藏等納錢帳（一）》："張寺海守銀錢拾□□。"

72TAM151：96（a）《高昌安樂等城負藏錢人入錢帳》："□□十六文，蘇頭得入錢廿□□。"

72TAM151：102,103《高昌作頭張慶祐等偷丁谷寺物平錢帳》："平錢二文。"

64TAM15：29/1《高昌康保謙雇劉祀海券》："□□銀錢柒文，糧一斛肆□□。"

72TAM151：96（a）《高昌安樂等城負藏錢人入錢帳》："□□錢二白（百）卅三文。"

72TAM151：96（a）《高昌安樂等城負藏錢人入錢帳》："□□城負藏錢人：道人□□□□七十八文。"

錢　72TAM151：101《高昌傳錢買钁鐵、調鐵供用帳》："虎□懷明傳：[錢]肆□，□買□鐵肆斤，付孟慶慶。"

錢　72TAM151：96(a)《高昌安樂等城負臧錢人入錢帳》："□□□六子入[錢]七十三文。""□□守入[錢]九十文。"

錢　75TKM90：20(a)《高昌主簿張縮等傳供帳》："□□□疋，付得[錢]，與吳兒折胡真。"

錢　59TAM301：14/2－1(a)《唐西州高昌縣趙某雇人契》："□□□日四錢上生[錢]半文入□□□"

錢　72TAM151：95《高昌延和八年七月至延和九年六月錢糧帳》："□□□逋[錢]柒遷(千)柒。"

錢　64TAM4：40《唐乾封三年(668)張善憙舉錢契》："武城鄉人張善憙於崇化鄉人左憧憙邊舉取銀[錢]貳拾文。"

錢　64TAM4：40《唐乾封三年(668)張善憙舉錢契》："月別生利銀[錢]貳文。"

錢　73TAM509：8/6《唐書牘稿》："昨日索隱兒去，附乾元[錢]一千，還七娘子申屠邊錢。"

錢　73TAM509：8/6《唐書牘稿》："昨日索隱兒去，附乾元錢一千，還七娘子申屠邊[錢]。"

錢　72TAM151：95《高昌延和八年七月至延和九年六月錢糧帳》："□□□次□案除錢貳□□拾伍□□□□，麥壹兜(斗)，粟貳兜(斗)□□藏政[錢]貳拾伍文半。"

錢　73TAM507：012/19《高昌延壽十一年(634)二月張明憙入劑丁正錢條記》："□□□正[錢]陸文。"

錢　75TKM90：20(a)《高昌主簿張縮等傳供帳》："□□□阿[錢]條用毯六張，買沽纘。"

錢　73TAM507：014/1《唐隊正陰某等領甲仗器物抄(一)》："甲肆領二皮，二[錢]。"

錢　64TAM4：41《唐總章三年(670)張善憙舉錢契》："武城鄉張善憙於左憧憙邊舉取銀[錢]肆拾文。"

錢　71TAM188：85《唐西州都督府牒爲便錢酬北庭軍事事》："□□□[錢]陸阡(千)文□□□"

錢　71TAM188：85《唐西州都督府牒爲便錢酬北庭軍事事》："□□□牒別項爲便[錢]酬羅阿□□□"

錢　64TKM1：34(a)《高昌延壽十六年(639)至延壽十七年(640)虎保等入劑俗錢疊條記》："□□□信下正[錢]陸文。"

錢　64TAM4：33《唐總章三年(670)左憧憙夏菜園契》："[錢]主，左。"

錢　64TAM15：17《唐貞觀十四年閏十月西州高昌縣弘寶寺賊膑錢名》："閏十月廿七日賊膑[錢]名。"

qiǎn

淺　qiǎn

淺　75TKM91：11/6《西涼建初四年(408)秀才對策文》："臣誠膚[淺]，竊謂爲然。"

遣　qiǎn

遣

73TAM222：56/1,56/2《唐殘判籍（一）》："即 遣 均割 □□□"

75TKM91：25《兵曹條往守白苿人名文書》一："事諾班示,催 遣 奉行。"

75TKM91：40《兵曹條次往守海人名文書》："明廿五日催 遣。"

73TAM507：012/9《唐殘牒》："□□損,更 遣 勘 □□□"

64TAM29：44 之六《唐咸亨三年（672）新婦爲阿公録在生功德疏》："開相起咸亨三年四月十五日, 遣 家人祀德向冢間堀底作佛。"

72TAM230：46/2（b）《唐儀鳳三年（678）尚書省户部支配諸州庸調及折造雜練色數處分事條啟（二）》："□□非所管路程稍近, 遣 與桂府及欽州相知,準防人須糧支配使充。"

2006TSYIM4：3-17a《北涼某年九月十六日某縣廷掾案爲檢校絹事》："□□今檢校,一無到者,今 遣 □□"

qiàn

欠 qiàn

72TAM226：5（a）《唐伊吾軍上西庭支度使牒爲申報應納北庭糧米事》："軍州前後檢納得,肆拾叁碩壹斗陸勝（升）伍合,前後 欠 不納。"

按：斗,原件作"斳"。

72TAM188：68《唐辯辭爲種田事》："□□ 欠 口分常田三畝半,蒙給 □□□"

2006TAM607：2-4《唐景龍三年（709）後西州勾所勾糧帳》："準前勾徵,高昌縣和糴 欠。"

73TAM206：42/9-8《唐課錢帳歷（三〇）》："□□ 尹二六十, 欠 十。"

73TAM206：42/9-18《唐課錢帳歷（二五）》："□□ 元 欠 二千卅文又二百八十文,總欠 □□□"

73TAM507：012/12-1《唐潘突厥等甲仗帳》："□□ 欠 一 □□"

67TAM376：01（a）《唐開耀二年（682）寧戎驛長康才藝牒爲請處分欠番驛丁事》："牒：才藝從去年正月一日,至其年七月以前,每番各 欠 五人,於州陳訴。"

倩 qiàn

67TAM363：8/1（a）之三《唐景龍四年（710）卜天壽抄孔氏本鄭氏注〈論語〉》："□□ 倩 兮,未（美）目盼兮,素以爲絢兮。"

傔 qiàn

73TAM222：56/5,56/6《唐殘判籍（五）（六）（六）》："□□ 趙文同并 傔 □□□"

綪 qiàn

59TAM305：8《缺名隨葬衣物疏》："紺 綪 尖一枚。"

75TKM99：7《建平六年張世容隨葬衣物疏》：“故紺 绩 結髮一枚。”

2004TAM408：17《令狐阿婢隨葬衣物疏》：“故紺 绩 結髮一枚。”

2004TAM408：17《令狐阿婢隨葬衣物疏》：“故落（绿） 绩 結髮一枚。”

2004TAM408：17《令狐阿婢隨葬衣物疏》：“故紺 绩 延一枚。”

qiāng

羌　qiāng

75TKM91：11/6《西涼建初四年（408）秀才對策文》：“護 羌 校尉秀才糞土臣張弘□□”

72TAM179：16/1（b），16/2（b）《唐寫〈尚書〉孔氏傳〈禹貢〉、〈甘誓〉殘卷》：“ 羌 髳之屬皆就次敍，美禹之功及戎狄也。”

腔　qiāng

72TAM209：77《唐出賣馬肉文書（二）》：“□□ 瘦馬肉兩 腔 □”

qiáng

强　qiáng

80TBI：669a《大方廣華嚴十惡品經》：“□□ 其兩膝， 强 勸比丘

64TAM29：44《唐咸亨三年（672）新婦爲阿公録在生功德疏》：“謹録此簿，分 强 分踈。”

80TBI：669a《大方廣華嚴十惡品經》：“ 强 勸比丘酒者，墮□□”

80TBI：669a《大方廣華嚴十惡品經》：“酒家不聽， 强 勸□□”

彊　qiáng

63TAM1：20/1，20/2《某人上主將殘辭》：“□□ 人玄恩 彊 □”

按：彊，《説文》：“弓有力也。”强，《説文》：“蚚也。”兩字本義不同，“强”本爲蟲名，假借爲彊弱之彊，後多用强代彊，彊字漸廢。

67TAM363：8/1（a）之九《唐景龍四年（710）卜天壽抄孔氏本鄭氏注〈論語〉》：“剛謂 彊 志不屈。”

72TAM150：30,31《唐諸府衛士配官馬、駄殘文書二》：“ 彊 胡仁馬□□。”

75TKM96：18,23《北涼玄始十二年（423）兵曹牒爲補代差佃守代事》：“以李子 彊 □祖子外□□”

75TKM96：18,23《北涼玄始十二年（423）兵曹牒爲補代差佃守代事》：“□□ 稱卒□屬以 彊 補隟。”

75TKM96：44（a）《兵曹注録承直、補馬子等事抄目》：“□□ 演、張 彊 白承直事。”

75TKM91：18（b）《建平五年祠□馬受屬》：“□□ 彊 ，張軒得，范□□，宋奉國，□康生，蔡宗，宋□ 彊 馬定明等，在□□役。”

72TAM230：46/1(a)《唐儀鳳三年(678)尚書省户部支配諸州庸調及折造雜練色數處分事條啓(一)》："□□富 彊 之家儻勾代輸。"

牆　qiáng

66TAM44：11/3(a)《唐殘牒爲市木修繕廢寺事》："□□ 墙 宇,且互□□□又□□"

按：墙,同"牆"。《玉篇》："墙,正作牆。"

2004TBM115：10《古寫本〈千字文〉》："耽讀翫市,□[寓]目囊箱,易輶攸畏,屬耳垣 墙 。"

64TAM4：33《唐總章三年(670)左憧憙夏菜園契》："在白赤舉北分 墙 。"

qiáo

喬　qiáo

73TAM222：57/2《唐殘牒》："□□ 喬 子令狐□□□□"

僑　qiáo

67TAM363：8/1(a)一〇《唐景龍四年(710)卜天壽抄孔氏本鄭氏注〈論語〉》："子産,鄭大夫公孫 僑 。"

橋　qiáo

73TAM206：42/1《唐事目歷》："事爲報大陽津 橋 木敕事。"

qiǎo

巧　qiǎo

80TBI：510《慈悲道場懺法(卷三)顯果報第一》："□□ 巧 風吹[活]□□"

80TBI：087《金光明經(卷三)除病品第一五》："善知醫方救諸病苦,方便 巧 智四大增□。"

73TAM222：55(a))《唐寫〈千字文〉殘卷》："□□倫紙,□□ 巧 □"

67TAM363：8/1(a)一一《唐景龍四年(710)卜天壽抄孔氏本鄭氏注〈論語〉》：" 巧 言、令色、足恭,左丘明恥之,丘亦恥□[之]。"

qiě

且　qiě

73TAM222：56/3(a),56/4(a)《唐殘判籍(三)(四)》："別牒縣 且 停□□"

72TAM188：86(a)(b)《唐西州都督府牒爲請留送東官馬填充團結欠馬事》：" 且 留此住,須諳飼供,既破官倉,恐成費損。"

65TAM341：25,26(a)《唐景龍三年(709)南郊赦文》："□□州, 且 停征鎮□□"

qiè

切　qiè

80TBI：082《大方等陀羅尼經初分（卷一）》："▢▢廣通一 切 法者入於 ▢▢。"

按："法者入於",《中華大藏經》和《大正新修大藏經》作"云何究竟入於"。

80TBI：073《大般涅槃經集解（卷五四）》："▢▢以故一 切 凡夫 ▢▢。"

80TBI：016《四分戒本疏（卷一）》："故多論云,於一 切 衆生數非衆生數而發 ▢▢。"

80TBI：720a-1《妙法蓮華經（卷二）譬喻品第三》："▢▢一 切 衆 ▢▢。"

妾　qiè

69TKM39：9/4（a）《唐貞觀二十一年（647）帳後□苟户籍》"妾 安年貳拾陸。"

73TAM222：55（a）《唐寫〈千字文〉殘卷》："▢▢糧, 妾 御績 ▢▢。"

69TKM39：9/1（b）,9/5（b）,9/9（b）《唐永徽二年（651）後某鄉户口帳（草）（一）》："丁 妾。"

2004TBM115：10《古寫本〈千字文〉》："妾 御績紡,侍巾惟（帷）□[房]。"

怯　qiè

80TBI：486《四分律比丘尼戒本》："▢▢戰勇 怯 有進 ▢▢。"

按："有"爲原件"怯進"兩字之間旁補字。

竊　qiè

67TAM363：8/1（a）之六《唐景龍四年（710）卜天壽抄孔氏本鄭氏注〈論語〉》："不仁之仁（人）久居貧困則將攘 竊,久居不貴則將驕逸。"

qīn

侵　qīn

65TAM341：25,26（a）《唐景龍三年（709）南郊赦文》："▢▢人 侵 欺,其諸 ▢▢。"

2004TAM396：14《唐開元七年（719）洪奕家書》："▢▢伏願 侵（寢）善（膳）安和,伏惟萬福。"

欽　qīn

72TAM151：6《高昌重光元年（620）氾法濟隨葬衣物疏》："銅完弓箭一具,刀帶一具, 欽 被具。"

72TAM230：46/2（b）《唐儀鳳三年（678）尚書省户部支配諸州庸調及折造雜練色數處分事條啓（二）》："▢▢非所管路程稍近,遣與桂府及 欽"

州相知,準防人須糧支配使充。"

親　qīn

60TAM325：14/4－1,14/4－2《唐西州某府主帥陰海牒爲六駄馬死事》："本府主陰海 親 署知死。"

67TAM363：8/1(a)之七《唐景龍四年(710)卜天壽抄孔氏本鄭氏注〈論語〉》："此黨渭(謂)族 親 。"

72TAM209：87《唐貞觀年間西州高昌縣勘問梁延臺、雷隴貴婚娶糾紛案卷(二)》："更無 親 眷,其絹無人領受。"

65TAM341：25,26(a)《唐景龍三年(709)南郊赦文》："□□ 迴授基(期) 親 ,當□□□"

67TAM91：27(a)《唐貞觀十七年(643)何射門陀案卷爲來豐患病致死》"□爲營飯食,恒爾看□□豐雖非的(嫡) 親 。"

67TAM91：28(a)《唐貞觀十七年(643)何射門陀案卷爲來豐患病致死》:" 親 ,若爲肯好供給□□□□"

qín

秦　qín

72TAM150：30,31《唐諸府衛士配官馬、駄殘文書二》:" 秦 城府鉗□□□"

80TBI：701a《大智度論(卷二)初品中婆伽婆釋論第四》:"□檀陀, 秦 言大德;複(復)□□□"

80TBI：656a《佛説灌頂摩尼羅亶大神咒經(卷八)》:"□□ 第四拘樓 秦 佛,第五拘那含牟尼□□"

64TAM29：110/1～110/6,120(a)《唐處分庸調及折估等殘文書(一)～(七)》:"委 秦 府官司斟量,便將貯納諸使監,請人至日,官司□□□"

65TAM42：59《唐西州高昌縣授田簿(九)》:"□給 秦 □課□□□□"

73TAM215：017/5－1《唐馮懷盛等夫役名籍(一)》:" 秦 山子。"

琴　qín

65TAM42：40《唐缺名隨葬衣物疏》:" 琴 (攀)天絲萬々九千丈。"

按：絲,原件書作"糸"。"萬"作"万",後用重文符號。

73TAM221：62(a)-1《唐永徽三年(652)士海辭爲所給田被里正杜琴護獨自耕種事》:"今始聞田共同城人里正杜 琴 護連風(封)。"

勤　qín

80TBI：373《妙法蓮華經(卷二)譬喻品第三》:"□□ 受 勤 修□□□"

按：懃,同"勤"。《玉篇》:"勤,愍懃。"《正字通》:"懃,同勤。"《字彙》:"勤,與懃同。殷勤也。"

75TKM90：20(a)《高昌主簿張綰等傳供帳》:"□□ 緤一疋,赤違一枚,與禿地提 勤 無根。"

75TKM90：20（a）《高昌主簿張縮等傳供帳》："□□出行緤五疋，付左首興與若愍提勤。"

60TAM332：6/2－2（a），6/2－1（a）《唐祭土伯神文殘片》："□□殷勤，自今已後不范（犯）人。"

qǐn

寢　qǐn

67TAM78：27《唐殘書牘》："□□起居勝常，伏願寢□"

67TAM363：8/1（a）之九《唐景龍四年（710）卜天壽抄孔氏本鄭氏注〈論語〉》："□□予晝寢也。"

67TAM363：8/1（a）之九《唐景龍四年（710）卜天壽抄孔氏本鄭氏注〈論語〉》："宰我寢臥息。"

qīng

青　qīng

67TAM363：8/2（a）之一《唐景龍四年（710）卜天壽抄〈十二月新三臺詞〉及諸五言詩》："遙望梅林，青條吐葉。"

73TAM519：19/2－1《高昌延壽十七年（640）屯田下交河郡、南平郡及永安等縣符爲遣麴文玉等勘青苗事》："青苗去，符到奉□□"

2006TAM607：2－2《唐神龍二年（706）七月西州史某牒爲長安

三年（703）七至十二月軍糧破除、見在事》："三石七斗七升九合青稞，州司勾徵，索行等。"

2006TAM607：2－4《唐景龍三年（709）後西州勾所勾糧帳》："五斗青稞諧，神龍三年秋季重徵。"

2006TAM607：2－4背面＋2006TAM607：2－5背面《唐景龍三年（709）後西州勾所勾糧帳》："一斗六升青稞，張大駕納交□□"

69TAM137：1/1，1/3《唐西州高昌縣張驢仁夏田契》："范青奴。"

72TAM151：58《高昌義和二年（615）七月馬帳（一）》："韓□寺青馬，竺惠兒黃馬。"

67TAM78：47/44（a）《唐令狐婆元等十一家買柴供冰抄》："□□青科（稞）叁勝（升）叁□□"

卿　qīng

73TAM507：012/12－2《唐隊正陰某等領甲仗器物抄（二）》："□□正牛長卿領□□"

頃　qīng

72TAM179：16/1（b），16/2（b）《唐寫〈尚書〉孔氏傳〈禹貢〉、〈甘誓〉殘卷》："西頃、朱圉、鳥鼠至於太華。"

清　qīng

66TAM59：2《北涼缺名隨葬衣物疏》："彭清（綪）結髮一枚。"

66TAM62：5《北涼緣禾五年隨葬衣物疏》："清（綪）尖一枚。"

清　67TAM363：8/1（a）之一〇《唐景龍四年（710）卜天壽抄孔氏本鄭氏注〈論語〉》：" 清 矣。"

清　64TAM29：103《唐殘牒爲申患牒事》"□□ 濟其贏，今 清 漏□□"

清　72TAM151：51《高昌白子中布帛雜物名條疏》：" 清 （青）練三尺，右□□"

清　73TAM524：34（a）《高昌章和五年（535）取牛羊供祀帳》："次五月廿八日，取白姚羊一口，供祀 清 山神。"

清　73TAM509：8/2（b）《唐西州道俗合作梯蹬及鐘記》：" 清 風入百姓之懷，令譽傳耆舊之口。"

清　73TAM509：8/19《唐某人與十郎書牘》："來日恩恩，不獲辭奉，夏中毒熱，伏惟十郎 清 吉，緣鐘草草。"

按：恩恩，原件書作"念念"。

清　73TAM509：8/6《唐書牘稿》："秋末漸冷，惟所履 清 勝。"

傾　qīng

傾　80TBI：162《妙法蓮華經（卷二）譬喻品第三》："□□ 根腐敗，梁棟 傾 危□□"

傾　72TAM230：75,76《武周天授二年（691）康進感辯辭》："□□ 又無田地 傾 （頃）畝，地段、四至人名，無憑□□"

按：地，原件爲武周新字。

輕　qīng

輕　64TAM19：34,58,59《唐寫本鄭氏注〈論語〉公冶長篇》："□□ 車馬，衣 輕 裘，與朋友□□"

輕　73TAM191：119（a）《唐永隆元年（680）軍團牒爲記注所屬衛士征鎮樣人及勳官籤符諸色事（一）》："□□ 年卅五，上 輕 車，籤符見到。"

輕　67TAM363：8/1（a）一一《唐景龍四年（710）卜天壽抄孔氏本鄭氏注〈論語〉》："□□ 馬，衣 輕 裘，與朋友弊（敝）之而無憾。"

輕　72TAM230：84/1～84/5《唐儀鳳三年（678）尚書省户部支配諸州庸調及折造雜練色數處分事條啟（三）～（七）》："□□ 官入國等各别爲項帳，其 輕 稅人具□□"

qíng

勍　qíng

勍　2006TSYIM4：3-17b《北涼官文書尾》："□□ 勍 □□"

情　qíng

情　73TAM222：54/7（b），54/8（b），54/9（b）《唐寫〈禮記〉鄭氏注〈檀弓〉下殘卷》："□□ 斯 □□ 之人 情 □□"

情　67TAM363：8/1（a）之七《唐景龍四年（710）卜天壽抄孔氏本鄭氏注〈論語〉》："恥惡衣惡食者，則耕嫁之 情 多。"

73TAM193：11(a)《武周郭智與人書》："恐漏 情 狀,婢聞即生藏避。"

qǐng

請　qǐng

72TAM230：48/1《唐西州請北館坊採車材文書(一)》："□□望 請 北館坊採車材,具與赤亭坊貯備□。"

63TAM1：17《劉普條呈爲綿絲事》：" 請 副内紀識。"

75TKM91：17《奴婢月廩麥賬》："都合柒斛捄(捌)斗, 請 紀識。"

75TKM96：18,23《北涼玄始十二年(423)兵曹牒爲補代差佃守代事》："箭工董祖□身死, 請 □□。"

2006TSYIM4：3－7背面《北涼義和三年(433)文書爲保辜事(六)》："□□ 請 如辭□□。"

75TKM96：18,23《北涼玄始十二年(423)兵曹牒爲補代差佃守代事》："□□范晟□佃, 請 以外軍張成代晟。"

72TAM188：78(a)《唐健兒鄯玄巖、吳護陸等辭爲乘馬死失另備馬呈印事》："□□備前件馬得 請 呈印謹辭。"

2004TBM207：1－4《唐儀鳳三年(678)九月西州功曹牒爲檢報乖僻批正文案事》："官□之日,並皆不通, 請 檢附狀者。"

2004TBM207：1－12a《唐上元三年(676)西州法曹牒功曹爲倉曹參軍張元利去年負犯事》：" 請 檢上件上元二年考後已來,□何勾留負犯者。"

73TAM507：013/1《唐某人申狀爲注籍事》："□□貫而 請 □深乖□。"

72TAM230：67《武周天授二年(691)唐建進辯辭》："如涉虛誣,付審已後不合更執,既經再審確, 請 一依元狀勘當。"

72TAM230：75,76《武周天授二年(691)康進感辯辭》："□□種地, 請 檢驗即知。"

按：地,原件爲武周新字。

73TAM193：15(a)《唐天寶某載(751—756)文書事目歷》："兵李惟貴狀,爲患 請 莫茱萸等藥。"

64TAM29：44《唐咸亨三年(672)新婦爲阿公録在生功德疏》：" 請 爲諸天轉讀《今(金)光明經》,亦請知。"

64TAM29：44之六《唐咸亨三年(672)新婦爲阿公録在生功德疏》："亦 請 記録。"

75TKM96：18,23《北涼玄始十二年(423)兵曹牒爲補代差佃守代事》："信如所訴, 請 如事敕。""□□紀, 請 如解。"

73TAM206：42/2《唐光宅元年(684)史李秀牒爲高宗山陵賜物請裁事》：" 請 裁,謹牒。"

64TAM29：44之七《唐咸亨三年(672)新婦爲阿公録在生功德疏》："又今日 請 一僧就門禮一千五百佛名一遍。"

72TAM187：194（a）《唐高昌縣史王浚牒爲徵納王羅雲等欠税錢事》："□□婢，請□□"

64TAM29：44《唐咸亨三年（672）新婦爲阿公録在生功德疏》："請爲諸天轉讀《今（金）光明經》，亦請知。"

66TAM61：23（b），27/2（b），27/1（b）《唐西州高昌縣上安西都護府牒稿爲録上訊問曹禄山訴李紹謹兩造辯辭事（二）》："□□有所歸，請乞禁身，與謹對當□□"

73TAM221：3《唐武周典齊九思牒爲録印事目事》："敕慰勞使，請印事。"

69TAM232：3（b）《唐蠅芝等直上欠麯粟帳》："□□右同前得城狀稱：上件人是麯大志家人，請便追者。"

72TAM188：89（a）《唐上李大使牒爲三姓首領納馬酬價事》："□□牒請納馬，依狀檢到前官□□"

66TAM61：25《唐西州高昌縣上安西都護府牒稿爲録上訊問曹禄山訴李紹謹兩造辯辭事（八）》："七十□疋請在外分付者。"

73TAM509：8/6《唐書牘稿》："如斯弊事請知。"

qìng

倩 qìng

75TKM99：6（a）《北涼承平八年（450）翟紹遠買婢券》："倩書道護。"

64TAM15：6《唐唐幢海隨葬衣物疏》："時見張堅固，倩書李定□□"

59TAM301：15/4－1，15/4－2《唐貞觀十七年（643）西州高昌縣趙懷滿夏田契》："倩書氾延守。"

72TAM151：6《高昌重光元年（620）氾法濟隨葬衣物疏》："倩書李定杜。"

72TAM151：104《高昌延和十二年（613）某人從張相憙等三人邊雇人歲作券》："倩書張相□□"

72TAM151：94《高昌義和三年（616）張相憙夏摩田券》："倩書翟懷□□□□德□□"

72TAM151：13《高昌義和三年（616）氾馬兒夏田券》："倩書張相□□"

慶 qìng

72TAM151：99，100《高昌合計馬額帳（一）》："□□侍慶嵩、威遠保悦、□□令護、張相受、張歡悦。"

64TAM19：40《唐顯慶五年（660）殘關文》："顯慶五年九□□"

2006TAM607：2－4＋2006TAM607：2－5＋2006TAM607：2－4《唐神龍元年（705）六月後西州前庭府牒上州勾所爲當府官馬破除、見在事》："闞嘉慶馬赤敦（驐）。"

TAMX2：03《□知德等名籍》："□□德，趙慶□□"

64TAM29：44《唐咸亨三年（672）新婦爲阿公録在生功德疏》："阿公昨日發心造冊九尺神幡，昨始

造成,初七齋日 慶 度。"

慶 72TAM194：27(a)《唐盜物計贓科罪牒》："王 慶 計□不滿壹疋,合杖六十。"

慶 72TAM233：15/1《相辭爲共乘艾與杜慶毯事》："艾共相即以毯與 慶 。"

慶 72TAM151：52《高昌逋人史延明等名籍》："九日逋人:史延明、北聽□竺伯子、曲尺寶惡奴,王 慶 濟。"

慶 72TAM151：102,103《高昌作頭張慶祐等偷丁谷寺物平錢帳》："□□寧人張 慶 祐作頭,獨偷□□□六縱(緵)疊五匹。"

按:疊,原件書作"疂"。

慶 72TAM151：102,103《高昌作頭張慶祐等偷丁谷寺物平錢帳》："張 慶 祐子作頭,道人□□,高昌解阿善兒二人作□。"

慶 72TAM150：42《唐白夜默等雜器物帳》："王 慶 伯槃一,竹都柱□□,杜海柱木碗四。"

慶 66TAM61：28(a),31/2(a)《唐田豐洛等點身丁中名籍》："馮 慶 住,廿。"

慶 72TAM230：51《唐處分慶州營徵送驢牒帳》："□□者, 慶 州營□□被徵驢叁頭送到。"

慶 72TAM151：102,103《高昌作頭張慶祐等偷丁谷寺物平錢帳》："□張 慶 祐子作頭,田地□□□□從,二人合偷丁谷寺□□奴絁二匹半。"

慶 72TAM151：59,61《高昌某年郡上馬帳》："明威 慶 武赤馬。"

慶 72TAM151：62《高昌義和二年(615)參軍慶岳等條列高昌馬鞍轡帳》："義和二年乙亥歲十二月九日□□ 慶 岳主□□□"

義 67TAM78：20(b)《唐李悦得子等戶主名籍》："□□寡妻張 慶 妃□□□"

qióng

惸 qióng

惸 73TAM509：8/27《唐城南營小水田家牒稿爲舉老人董思舉檢校取水事》："重澆三迴 惸 獨之流,不蒙升合,富者因滋轉贍,貧者轉復更窮。"

窮 qióng

窮 73TAM509：8/27《唐城南營小水田家牒稿爲舉老人董思舉檢校取水事》："重澆三迴惸獨之流,不蒙升合,富者因滋轉贍,貧者轉復更 窮 。"

瓊 qióng

瓊 72TAM226：71(a)《唐伊吾軍典張瓊牒爲申報斸田斛斗數事(四)》："□□日典張 瓊 牒□□□"

qiū

丘 qiū

丘 75TKM88：1(b)《北涼承平五年(447)道人法安、弟阿奴舉錦

券》：“道人法安、弟阿奴從翟□遣舉高昌
所作黃地⬚丘⬚慈錦一張。”

80TBI：156b《大智度論（卷二）
初品中婆伽婆釋論第四》：
“⬚去好惡道比⬚丘⬚”

80TBI：669a《大方廣華嚴十惡品
經》：“⬚聲語，比⬚丘⬚酒家者，
⬚”

64TAM19：34,58,59《唐寫本鄭氏
注〈論語〉公冶長篇》：“子曰：‘巧
言、□色、足恭，□⬚丘⬚明恥之，丘亦恥之。’”

67TAM363：8/1（a）一一《唐景
龍四年（710）卜天壽抄孔氏本鄭
氏注〈論語〉》：“巧言、令色、足恭，左⬚丘⬚明
恥之，⬚丘⬚亦恥□[之]。”

64TAM19：34,58,59《唐寫本鄭
氏注〈論語〉公冶長篇》：“子曰：
‘巧言、□色、足恭，□丘明恥之，⬚丘⬚亦
恥之。’”

秋　qiū

64TKM3：51,52《前涼王宗上太
守啟》：“九月三日，宗□恐死
罪，⬚秋⬚。”

66TAM59：4/6《北涼神璽三年
（399）倉曹貸糧文書》：“⬚拾
斛，⬚秋⬚熟還等斛，督入本⬚”

69TAM232：3（b）《唐蠅芝等直
上欠麨粟帳》：“白居兜□□義達
種⬚秋⬚粟，右同前據□□□上件地去年秋
是前件人佃種，畝別收子兩碩以上者，件
勘如前。”

69TKM39：9/7（a）《唐西州高昌縣
□慶友等戶家口田畝帳簿（一）》：
“⬚奴⬚秋⬚識年□□都真年十一。”

73TAM509：8/6《唐書牘稿》：
“⬚秋⬚末漸冷，惟所履清勝。”

69TAM137：1/2,1/4－1《唐某
人夏南渠田券》：“⬚大麥柒
斛，⬚秋⬚⬚”

64TAM4：33《唐總章三年（670）
左憧憙夏菜園契》：“其園叁年中
與夏價大麥拾陸斛，⬚秋⬚拾陸斛。”

67TAM363：7/4《唐儀鳳年間
（676—679）西州蒲昌縣竹海住
佃田契》：“⬚取⬚秋⬚麥⬚”

2006TAM607：2－4《唐景龍三
年（709）後西州勾所勾糧帳》：
“五斗青稞踏，神龍三年⬚秋⬚季重徵。”

萩　qiū

63TAM1：11《西涼建初十四年
（418）韓渠妻隨葬衣物疏》：“故
縺（練）⬚萩⬚頭⬚”

龜　qiū

66TAM61：17（b）《唐西州高昌縣
上安西都護府牒稿爲録上訊問曹
禄山訴李紹謹兩造辯辭事（一）》：“其李三兩
簡相共從弓月城向龜兹，不達到⬚龜⬚兹。”

73TAM501：109/106（a），109/
106（b）《唐高宗某年西州高昌縣
左君定等征鎮及諸色人等名籍》：
“四人救援⬚龜⬚兹未還。”

qiú

囚　qiú

囝　60TAM332：9/1－1《唐祭五方神文殘片一》："其某甲死鬼無繫屬處,故書名字□□方神,願爲禁攝,莫史(使)犯人,速攝囚。"

囝　2004TAM398：3－3＋2004TAM398：3－2《唐某年二月西州高昌縣更簿全貌》："□□嚴六仁,巡外囚;和寅海,總巡□□"

按："外囚"原件作"囚外",旁有勾乙符號,今據改。

囝　2006TAM607：2－4《唐景龍三年(709)後西州勾所勾糧帳》："一十九石五斗六升,支度、覆囚使重徵,被牒放免。"

囝　2006TAM607：2－2背面《唐景龍三年(709)後西州勾所勾糧帳》："□□覆囚□□"

求　qiú

求　80TBI：486《四分律比丘尼戒本》："□□所貴求之無猒七□"

求　80TBI：103《妙法蓮華經(卷二)譬喻品第三》："如彼諸子爲求羊□□"

求　80TBI：116《妙法蓮華經(卷二)譬喻品第三》："□□子爲求鹿□□"

求　65TAM341：78(背面)《唐辯辭爲李藝義佃田事》："今來披訴,苟求多少,欲繼他宗,恣意負心。"

求　2004TBM207：1－7《唐調露二年(680)七月東都尚書吏部符爲申州縣闕員事》："□□魏求己等牒□□"

求　75TKM96：18,23《北涼玄始十二年(423)兵曹牒爲補代差佃守代事》："李蒙子近白芳□,求具□□"

求　67TAM363：8/1(a)之九《唐景龍四年(710)卜天壽抄孔氏本鄭氏注〈論語〉》："求也! 仟室之邑,百乘之家,可史(使)爲之□□"

求　64TAM29：44《唐咸亨三年(672)新婦爲阿公録在生功德疏》："願將此文□前頭分雪,須覓生田淨佛國土,不得求人間果報。"

求　72TAM230：69《武周天授二年(691)李申相辯辭》："□□今款求受重罪,被問依實謹辯。"

求　64TAM29：25《唐垂拱元年(685)康義羅施等請過所案卷(四)》："求受依法罪,被問依實謹□。"

求　73TAM509：8/6《唐書牘稿》："須肉可看,乳腐難求。"

求　65TAM42：40《唐缺名隨葬衣物疏》："若欲覓海西辟(壁),若欲求海東頭。"

求　75TKM96：18,23《北涼玄始十二年(423)兵曹牒爲補代差佃守代事》："今經一月,不得休下,求爲更檢。"

求　64TAM15：6《唐唐幢海隨葬衣物疏》："若欲求海東頭。"

求　66TAM44：30/3《唐殘發願文一》："□□實,請求加□□"

求　72TAM151：6《高昌重光元年(620)氾法濟隨葬衣物疏》："若欲求海東頭,若欲覓海西壁。"

求　67TAM78：32《唐貞觀十四(640)西州高昌縣李石住等户手實(三)》："□□求受重罪。"

68TAM103：18/9（a）《唐貞觀某年西州某鄉殘手實》："□合注，求受重罪。"

球 qiú

72TAM179：16/1（b），16/2（b）《唐寫〈尚書〉孔氏傳〈禹貢〉、〈甘誓〉殘卷》："𤣥（厥）貢惟球、玲（琳）、琅玕。"

裘 qiú

64TAM19：34,58,59《唐寫本鄭氏注〈論語〉公冶長篇》："□車馬，衣輕裘，與朋友□"

67TAM363：8/1（a）——《唐景龍四年（710）卜天壽抄孔氏本鄭氏注〈論語〉》："□馬，衣輕裘，與朋友弊（敝）之而無憾。"

qū

屈 qū

73TAM222：56/1,56/2《唐殘判籍（二）》："屈者無不喧□"

73TAM193：15（b）《唐天寶某載（749—756）行館器物帳》："破大屈碗貳拾□。"

64TAM29：44之七《唐咸亨三年（672）新婦爲阿公録在生功德疏》："又昔阿公亡後即常屈三僧轉讀，供養不絕。"

72TAM188：89（a）《唐上李大使牒爲三姓首領納馬酬價事》："□三姓首領都擔薩屈馬六疋。"

64TAM29：44《唐咸亨三年（672）新婦爲阿公録在生功德疏》："昨從初七後還屈二僧轉讀，經聲不絕，亦二時燃燈懺悔。"

軀 qū

64TAM29：44之七《唐咸亨三年（672）新婦爲阿公録在生功德疏》："至卌九日，擬成卌九軀佛。"

麴 qū

80TBI：669a《大方廣華嚴十惡品經》："□共比丘麴釀五百□"

59TAM305：8《缺名隨葬衣物疏》："蹹麴（鞠）囊一枚。"

75TKM96：17《北涼真興七年（425）宋泮妻隴儀容隨葬衣物疏》："故白絹蹹麴（鞠）囊一枚。"

64TAM22：16《翟蒽等應募入幢名籍》："□麴生、王士阿息、孔□"

72TAM150：40《唐康某等雜器物帳》："麴貴哲床一張。"

2006TAM607：2-4＋2006TAM607：2-5＋2006TAM607：2-4《唐神龍元年（705）六月後西州前庭府牒上州勾所爲當府官馬破除、見在事》："麴和駿馬赤父。"

2004TBM113：6-3：《唐西州某縣何花辭爲男女放良事》："□天山府果毅麴善因認□□"

67TAM78：30《唐貞觀十四(640)西州高昌縣李石住等户手實(四)》："□□東□里塔，南 麴 保悅，西王□□。"

75TKM89：1-1《高昌章和十一年(541)都官下交河郡司馬主者符爲檢校失奴事》："都官長史 麴 順。"

72TAM194：12/1，12/12《唐□□五年佐麴和牒》："□□五年五月日佐 麴 和牒□□。"

2006TZJ1：087，2006TZJ1：077《麴氏高昌張廷懷等納斛斗帳》："麴 懷悅壹斛壹兜(斗)。"

73TAM519：19/2-2《高昌麴季悅等三人辭爲請授官階事》："□□季悅、麴 相岳三人等□□。"

73TAM519：19/2-2《高昌麴季悅等三人辭爲請授官階事》："□□官，加是 麴 王族姓，依舊法時，若□□。"

72TAM151：60《高昌義和二年(615)七月馬帳(二)》："麴 凌江赤□馬。"

72TAM151：59,61《高昌某年郡上馬帳》："麴 顯斌赤馬。"

72TAM151：59,61《高昌某年郡上馬帳》："麴 善亮留(驆)□[馬]，中郎顯仁瓜(騧)馬。"

72TAM151：99，100《高昌合計馬額帳(一)》："麴 善亮、田衆歡、董伯珍、王□□、匡買得。"

72TAM151：56《高昌買馱、入練、遠行馬、郡上馬等人名籍》："建武蘇司馬、麴 郎延武、□□□□□、□□虎牙□□。"

按：蘇，原件書作"蕬"。

72TAM151：56《高昌買馱、入練、遠行馬、郡上馬等人名籍》："辛明護、史淩江、校尉相明、□□保悅、麴 阿住。"

72TAM151：56《高昌買馱、入練、遠行馬、郡上馬等人名籍》："□□典寺、麴 元□、張子回、竺□宣、曹□、左調和□□。"

72TAM151：56《高昌買馱、入練、遠行馬、郡上馬等人名籍》："□□馬郎中、明威懷滿、振武、侍郎僧敃、麴 顯斌、大□□。"

72TAM151：57《高昌買馱、入練、遠行馬、郡上馬等人名籍》："□□建、麴 善亮、中郎顯仁、衛延紹□□。"

69TAM232：3(b)《唐蠅芝等直上欠麴粟帳》："□□右同前得城狀稱：上件人是 麴 大志家人，請便追者。"

73TAM524：34(a)《高昌章和五年(535)取牛羊供祀帳》："次取 麴 孟順羊一口，供祀樹石。"

驅　qū

73TAM509：8/5(a)《唐西州天山縣申西州户曹狀爲狀無場請往北庭請兄禄事》："兄旡價任北庭乾坑戍主，被吕將軍奏充四鎮要籍 驅 使，其禄及地子合於本任請授。"

64TAM19：68《唐狀自書殘文書五》："□□公 驅 使勤□□。"

73TAM509：8/27《唐城南營小水田家牒稿爲舉老人董思舉檢校取水事》："如無車牛家，罰單功一月日 驅 使。"

qú

勮　qú

劬 73TAM509：8/2（b）《唐西州道俗合作梯蹬及鐘記》："當觀道士張真……索名等仰憑四輩，共結良緣，不憚 劬 勞，作斯梯蹬。"

渠 qú

渠 69TAM137：1/1，1/3《唐西州高昌縣張驢仁夏田契》："□□ 渠 租讁水□□□"

渠 72TAM151：94《高昌義和三年（616）張相憙夏麼田券》："□□殊（輸）佰役，仰田主了；渠 □□讁，仰耕田人了。"

渠 72TAM151：13《高昌義和三年（616）氾馬兒夏田券》："祖（租）殊（輸）伯（佰）役，仰田主了；渠 破水讁，仰耕田人了。"

渠 72TAM179：16/1（b），16/2（b）《唐寫〈尚書〉孔氏傳〈禹貢〉、〈甘誓〉殘卷》："敫（織）皮、昆侖、斫（析）支、渠 搜，西戎即敍。"

渠 72TAM230：66《武周天授二年（691）安昌合城老人等牒爲勘問主簿職田虛實事》："當城 渠 長，必是細諳知地，勳官灼然可委。"

按：地，原件爲武周新字。

渠 68TAM103：18/5（a）《唐貞觀某年西州高昌縣范延伯等户家口田畝籍（三）》："城東一里東 渠 □□□"

渠 73TAM210：136/11《唐勳官某訴辭爲水破渠路事》："不修 渠 取水，數以下口人，水破渠路，小□□□"

渠 67TAM376：01（a）《唐開耀二年（682）寧戎驛長康才藝牒爲請處分欠番驛丁事》："氾朱 渠 。"

渠 2004TAM398：13a＋2004TAM398：13b《唐西州高昌縣趙度洛等授田簿》："東張隆柱，西 渠 ，已上得賈海仁□□"

渠 2006TAM607：4a《唐神龍三年（707）正月西州高昌縣開覺寺手實》："□□南 渠 □部田右件地，籍□□"

渠 65TAM42：58《唐西州高昌縣授田簿（八）》："□□常田，城東卅里酒泉辛渠，東田多，西 渠 ，南□□"

渠 65TAM42：58《唐西州高昌縣授田簿（八）》："□□部田，城南五里白地渠，東王覺，西趙子，南 渠 □□"

渠 69TKM39：9/6（a）《唐貞觀年間（640—649）西州高昌縣手實一》："□□東董悦護西 渠 。"

渠 64TAM36：9《唐高昌縣史成忠帖爲催送田參軍地子并歡（歡）事》："高昌縣：一段九畝杜 渠 。"

渠 69TKM39：9/6（a）《唐貞觀年間（640—649）西州高昌縣手實一》："城東二里潢 渠 ，東渠，西渠，南陰沙□□"

渠 69TKM39：9/8（a）《唐西州高昌縣□慶友等户家口田畝帳簿（二）》："□□里潢 渠 ，東趙歸，西道□□"

渠 69TKM39：9/8（a）《唐西州高昌縣□慶友等户家口田畝帳簿（二）》："□□畝常田，城東四里北 渠 ，東渠，西渠，南周堆□□"

按：堆，原件書作"塸"。

渠 69TKM39：9/8（a）《唐西州高昌縣□慶友等户家口田畝帳簿

（二）》：“□□畝部田，城東里東渠，西渠，南馮貞，北□□。”

64TKM1：38/1（a）《唐西州殘手實（一）》：“東渠田□□。”

64TKM1：50《唐西州高昌縣順義等鄉勘田簿（三）》：“田阿父師田東渠，西大女田衆暉，南張海子，北范明歡，合田四畝半。”

64TKM1：50《唐西州高昌縣順義等鄉勘田簿（三）》：“東渠，西大女田衆暉；南道，北田阿父師。”

64TKM1：48《唐西州高昌縣順義等鄉勘田簿（一）》：“孫安相田東佃，□渠，南大女和□□渠。”

65TAM42：54《唐西州高昌縣授田簿（一）》：“一段一畝部田，城西五里神石渠□□。”

64TAM4：42《唐龍朔元年（661）左憧憙夏菜園契》“崇化鄉人左憧憙於同鄉人大女吕玉䴶（蕤）邊夏張渠菜園肆拾步壹園。”

64TAM4：33《唐總章三年（670）左憧憙夏菜園契》：“左憧憙於張善憙邊夏取張渠菜園壹所。”

64TAM4：33《唐總章三年（670）左憧憙夏菜園契》：“渠破水滴，仰佃田人當。”

甅　qú

75TKM91：15（a）《器物賬》：“甅毲一領。”

按：甅，《龍龕手鏡・毛部》載“甅”爲“氍”的俗字。甅毲，有花紋的毛毯，《篇海類編》：“甅毲，織毛有文者。”

qǔ

曲　qǔ

67TAM363：8/1（a）之二《唐景龍四年（710）卜天壽抄孔氏本鄭氏注〈論語〉》：“大公（功）之哭，三曲而哀（偯）。”

73TAM206：42/10－12《唐質庫帳歷》：“□□北曲住年□□。”

72TAM151：52《高昌逎人史延明等名籍》：“曲尺符元□、良□祐。”

73TAM206：42/10－6《唐質庫帳歷》：“□□北曲住□□。”

取　qǔ

67TB：1－2－1《大乘瑜伽金剛性海曼殊室利千臂千鉢大教王經（卷六）》：“□□梨並不得取喫其食，與不□□。”

按：喫其食，《大正藏》作“食其食”。

67TAM363：8/1（a）之八《唐景龍四年（710）卜天壽抄孔氏本鄭氏注〈論語〉》：“魯無君子者，斯焉取斯也。”

64TAM4：34《唐龍朔元年（661）龍惠奴舉練契》：“安西鄉人龍惠奴於崇化鄉人右憧憙邊舉取練叁拾疋。”

64TAM37：21《唐□□二年曹忠敏田契》：“□□二年九月八日，曹忠敏於知天朱進明處祖取蕈思廉等上件地。”

按：此句《吐魯番出土文書》漏録"祖"字，據改。等，原件作"芓"。

72TAM188：75(a)《唐上西州都督府牒爲徵馬付營檢領事二》："□□仍 取 領附諮敬□□，一日□□。"

71TAM188：85《唐西州都督府牒爲便錢酬北庭軍事事》："□□遂 取 突騎施首領多亥烏□□。"

66TAM59：2《北涼缺名隨葬衣物疏》：" 取 一枚。"

75TKM96：29(b)《北涼真興六年(424)出麥賬》："女至母 取 麥二斛。"

75TKM96：28《掬子等取麥賬》："相生 取 麥二斛。"

75TKM99：9(b)《高昌延昌二十二年(582)康長受從道人孟忠邊歲出券》："平斗中 取 ，使净好。"

59TAM301：15/4－1,15/4－2《唐貞觀十七年(643)西州高昌縣趙懷滿夏田契》："□□依高昌斛斗中 取 。"

72TAM151：94《高昌義和三年(616)張相熹夏靡田券》："□□部田壹畝，到十月内□□□靡依官斛兜(斗)中 取 。"

64TAM19：36《唐咸亨五年(674)王文歡訴酒泉城人張尾仁貸錢不還辭》："其人從 取 錢已來，□□。"

67TAM363：7/1《唐儀鳳二年(677)西州高昌縣寧昌鄉卜老師辭爲訴男及男妻不養贍事》："□□不 取 言教所由，謹辭。"

67TAM363：7/4《唐儀鳳年間(676—679)西州蒲昌縣竹海住佃田契》："汝(如)不净好，聽向風常 取 。"

64TAM4：29(a)《唐咸亨四年左憧憙生前功德及隨身錢物疏》："校收 取 錢財及練、五穀、麥、粟等斗斛收。"

按：斗，原件作"斯"。

64TAM4：35(a)《唐漢舍告死者左憧憙書爲左憧憙家失銀錢事(一)》："里鎧有人 取 者，放令漢舍知見。"

64TAM4：36《麟德二年(665)趙醜胡貸練契》："西域道征人趙醜胡於同行人左憧憙邊貸 取 帛練叁疋。"

64TAM4：40《唐乾封三年(668)張善熹舉錢契》："武城鄉人張善熹於崇化鄉人左憧憙邊舉 取 銀錢貳拾文。"

64TAM4：40《唐乾封三年(668)張善熹舉錢契》："若延引不還，聽左拽 取 張家財雜物平爲本錢直(值)。"

72TAM230：54(a)《唐開元九年(721)里正記雷思彦租取康全致等田畝帳》："□□租 取 康全致口分部田□□。"

66TAM61：22(b)《唐西州高昌縣上安西都護府牒稿爲録上訊問曹禄山訴李紹謹兩造辯辭事(三)》："是去年 取 ，不記月日。"

64TAM4：33《唐總章三年(670)左憧憙夏菜園契》："左憧憙於張善熹邊夏 取 張渠菜園壹所。"

66TAM61：25《唐西州高昌縣上安西都護府牒稿爲録上訊問曹禄山訴李紹謹兩造辯辭事(八)》："炎延弟不虛，其所 取 之練，本利□□。"

73TAM206：42/10－16《唐質庫帳歷》："□□正月卅日 取 陸□□。"

73TAM206：42/10－21《唐質庫帳歷》：" ☐ 取 壹伯（百）☐。"

73TAM206：42/10－6《唐質庫帳歷》："王爽正月廿日 取 肆拾文。"

73TAM206：42/10－7《唐質庫帳歷》：" ☐ 張元☐正月☐☐ 取 貳伯（百）☐。"

73TAM206：42/10－4《唐質庫帳歷》："楊娘正月十九日 取 壹 ☐""廿一日 取 貳伯（百）文☐。"

73TAM206：42/10－5/10－17《唐質庫帳歷》：" ☐ 月十九日 取 壹伯（百）伍 ☐""正月十九日 取 壹伯（百）☐""劉元感正月十九日 取 叁拾文。""正月十九日 取 捌拾文。"

73TAM206：42/9－17（a）《唐課錢帳歷（二六）》："張二 取 二百五十文。""王二 取 三☐上文☐""無等 取 二千文。"

66TAM61：23（b），27/2（b），27/1（b）《唐西州高昌縣上安西都護府牒稿爲録上訊問曹禄山訴李紹謹兩造辯辭事（二）》："兄邊 取 練訖，分明付兄與李三同☐"

73TAM206：42/9－17（a）《唐課錢帳歷（二六）》："田十一 取 八十二，付食（入計）。"

按：括號内爲原文旁注字。計，原件書作"计"。

73TAM206：42/9－17（a）《唐課錢帳歷（二六）》：" ☐ 大 取 二百文付阿居上。"

64TAM4：41《唐總章三年（670）張善憙舉錢契》："武城鄉張善憙於左憧憙邊舉 取 銀錢肆拾文。"

73TAM206：42/9－6（a）《唐課錢帳歷》："王老 取 一千文起☐☐日抽上。"

67TAM78：34《唐西州蒲昌縣下赤亭烽帖爲覓失駝駒事》："其☐☐ 取 草澤☐"

73TAM206：42/10－2《唐質庫帳歷》：" ☐ 阿四正月十八日 取 伍拾文。"

娶　qǔ

72TAM209：87《唐貞觀年間西州高昌縣勘問梁延臺、雷隴貴婚娶糾紛案卷（二）》："隴辯：被問 娶 阿趙☐"

67TAM363：7/1《唐儀鳳二年（677）西州高昌縣寧昌鄉卜老師辭爲訴男及男妻不養贍事》："從 娶 已來，經今一十☐"

72TAM209：89《唐貞觀十七年（643）符爲娶妻妾事（一）》：" 娶 前件妻妾☐"

qù

去　qù

66TAM62：6/1《翟彊辭爲共治葡萄園事》二：" ☐ 爲埋。 去 春爲出賣楪☐"

80TBI：088《金光明經（卷三）除病品第一五》：" ☐ 説往昔誓願因緣，過 去 無☐"

2006TSYIM4：3－1《北涼義和三年(433)二月十五日張未興辭》："▭辭：去正月廿五日，李洿▭"

64TAM19：36《唐咸亨五年(674)王文歡訴酒泉城人張尾仁貸錢不還辭》："▭件人去咸亨四年正月内立契，▭"

66TAM61：22(b)《唐西州高昌縣上安西都護府牒稿爲録上訊問曹禄山訴李紹謹兩造辯辭事(三)》："▭去者。"

73TAM206：42/11－1～42/11－6《唐勘問婢死虚實對案録狀(一)～(六)》："▭上件婢去□月内▭"

67TAM78：48/3《唐殘帖》："▭去帖▭"

73TAM507：012/1《唐某人申狀爲欠練、駝、馬事》："▭去年八□一日壹投▭"

73TAM206：42/10－5《唐質庫帳歷》："其月廿□□□□元英去。"

quán

全 quán

73TAM222：56/1，56/2《唐殘判籍(二)》："全非流類▭"

80TBI：486《四分律比丘尼戒本》："▭犯若戒全時便生憙▭"

73TAM191：74(a)《唐軍府名籍》："張全行，未還。"

泉 quán

65TAM341：30/1(a)《唐小德辯辭爲被蕃捉去逃回事》："▭泉谷宿，至四日夜在小嶺谷宿▭"

65TAM42：80《唐西州高昌縣授田簿(二五)》："▭□東廿里酒泉瑣渠，東曹莫盆，西牛海▭"

64TAM19：45，46《唐咸亨四年(673)張尾仁舉錢契》："□亨四年正月貳拾伍日，酒泉城人張尾。"

64TAM19：36《唐咸亨五年(674)王文歡訴酒泉城人張尾仁貸錢不還辭》："酒泉去州▭"

65TAM42：59《唐西州高昌縣授田簿(九)》："一段一畝常田，城東廿里酒泉辛渠▭"

73TAM193：28《武周證聖元年(695)五月西州高昌縣崇福寺轉經歷(二)》："僧法静，僧法泉，僧思惠，僧法惠。"

拳 quán

73TAM193：38(a)《武周智通擬判爲康隨風詐病避軍役等事》："於是妄作患由，臂肘蹉跌，遂非真病，攣拳手腕，□是詐爲(僞)。"

詮 quán

72TAM188：67《唐録事司值日簿》："録事司：十二月十三日，將軍行酒董臣、氾嵩；十六日，王詮、郎琳，玄。"

詮　80TBI：489《四分戒本疏（卷一）》："此就一心自作爲言，若先後心及以教人，餘二性中隨亦通有如教相所詮，犯不犯中亦同此狹。"

權 quán

權　72TAM151：74（a）《古寫本〈晉陽秋〉殘卷》："□□權漸□。"

quàn

券 quàn

券　64TKM3：50《前涼殘券》："□□手書券。"

券　64TAM4：53《唐麟德二年（665）張海歡、白懷洛貸銀錢契》："同日白懷洛貸取銀錢貳拾肆文，還日、別部依上券同。"

勸 quàn

勸　80TBI：669a《大方廣華嚴十惡品經》："□□其兩膝强勸比丘□□""□□强勸比丘酒者墮□□"

勸　72TAM151：74（a）《古寫本〈晉陽秋〉殘卷》："勸獎姤□構煞□□"

勸　67TAM363：8/1（a）《唐景龍四年（710）卜天壽抄孔氏本鄭氏注〈論語〉》："季康子敏（問）：'使民敬、中（忠）以勸，如之何？'"

按：敏、中，傳世本作"問""忠"。

勸　65TAM341：25，26（a）《唐景龍三年（709）南郊赦文》："□縣存恤勸課□□"

勸　80TBI：486《四分律比丘尼戒本》："□者常護勸令脩學戒□。"

勸　60TAM317：30/6（a），30/10（a）《唐趙蔭子博牛契》："□□保集日，別立市勸（券）。"

quē

闕 quē

闕　73TAM222：56/7（a），56/8（a）《唐殘判籍（七）（八）》："□□闕□□"

闕　60TAM325：14/2－1（a），14/2－2（a）《唐龍朔三年（663）西州高昌縣下寧戎鄉符爲當鄉次男侯子隆充侍及上烽事》："今見闕侍人某，寧戎鄉侯子隆，身充次男，□□□"

闕　2004TBM207：1－3《唐調露二年（680）七月東都尚書吏部符爲申州縣闕員事》："□□人事故見闕，此色雖已□申者，今狀更仰具言。"

闕　67TAM376：01（a）《唐開耀二年（682）寧戎驛長康才藝牒爲請處分欠番驛丁事》："爲上件人等並是闕官白直，符下配充驛丁填數，準計人別三番合上。"

闕　73TAM222：49《唐高昌縣上西州都督府兵曹殘文書》："令闕。"

闕　2004TBM207：1－7《唐調露二年（680）七月東都尚書吏部符爲申

州縣闕員事》："☐☐置漢官,並具於闕色狀言,擬憑勘☐☐"

què

卻　què

60TAM325：14/1-1,14/1-2《唐西州高昌縣武城鄉范慈□辭爲訴君子奪地營種事》："張男□替人安□□身無,卻即奪前件地。"

73TAM509：19/2《武周天山府下張父師團帖爲新兵造幕事一》："□□西州諸府,兵幕迴日卻□□"

73TAM193：11(a)《武周郭智與人書》："其牒判印記署封卻送,直與文智。"

64TAM4：41《唐總章三年(670)張善憙舉錢契》："前卻不還,任掣家資平爲錢直(值)。"

65TAM341：77-1(背面)《唐辯辭爲李藝義佃田事》："被康宗隨段租卻,不識佃人□□"

qún

裙　qún

73TAM206：42/10-12《唐質庫帳歷》："青絁單裙一。"

64TAM29：44《唐咸亨三年(672)新婦爲阿公錄在生功德疏》："墨綠紬綾裙一腰。"

73TAM206：42/10-20《唐質庫帳歷》："故縵綠裙□□"

73TAM206：42/10-21《唐質庫帳歷》："□□絹單裙一□□"

73TAM206：42/10-14,42/10-9《唐質庫帳歷》："故緋小綾袂裙一。"

59TAM305：8《缺名隨葬衣物疏》："紫碧裙一立。"

75TKM96：15《龍興某年宋泮妻翟氏隨葬衣物疏》："故布裙一立。"

66TAM62：5《北涼緣禾五年隨葬衣物疏》："黃紺裙一枚。"

2004TAM408：17《令狐阿婢隨葬衣物疏》："故紫碧裙一領。""故絓裙一領。"

72TAM151：14《高昌義和元年(614)高懷孺物名條疏》："紫綾壹領,黃練裏;黃□□,白練裏;支絁裙壹,無腰。"

群　qún

60TAM325：14/4-1,14/4-2《唐西州某府主帥陰海牒爲六馱馬死事》："進洛六馱先在群放□□"

73TAM509：8/2(b)《唐西州道俗合作梯蹬及鐘記》："□□薄(簿)馬瓊、尉衛綜、阮玉等寮彩咸斯水鏡,群司仰其朱繩。"

72TAM151：74(a)《古寫本〈晉陽秋〉殘卷》："□□□之多端,播群形於□□,惟鷦□之微蟲,亦□□"

73TAM221：62(b)《唐永徽三年(652)賢德失馬陪徵牒》："廿九日,在群夜放,前馬疋闌失。"

R 部

rán

然 rán

然 80TBI：377b《四分律删繁補闕行事鈔卷上之二結界方法篇第六》："□界時自 然 集 □。"

然 67TAM363：8/1（a）之五《唐景龍四年（710）卜天壽抄孔氏本鄭氏注〈論語〉》：" 然 則管仲知禮乎？"

然 72TAM226：53,54《唐開元十年（722）伊吾軍上支度營田使留後司牒爲烽鋪營田不濟事》：" 然 烽鋪□。"

然 80TBI：489《四分戒本疏（卷一）》："□若依實論不別□□長短， 然 後受中無作□。"

然 80TBI：052《妙法蓮華經（卷二）譬喻品第三》："□諸子 然 後但□。"

然 72TAM230：66《武周天授二年（691）安昌合城老人等牒爲勘問主簿職田虛實事》："當城渠長，必是細諳知地，勳官灼 然 可委。"

按：地，原件爲武周新字。

然 66TAM44：30/3《唐殘發願文一》："□可虛 然 無報，謹於今時□。"

然 72TAM230：46/2（b）《唐儀鳳三年（678）尚書省戶部支配諸州庸調及折造雜練色數處分事條啟（二）》："□宜候春水得通船之後， 然 □。"

按：船，原件書作"舩"。

然 59TAM301：17《唐貞觀末年闕門隨葬衣物疏》："□未未忽 然 命 □。"

然 72TAM230：46/2（b）《唐儀鳳三年（678）尚書省戶部支配諸州庸調及折造雜練色數處分事條啟（二）》："約準一年須數，先以庸物支留， 然 後折□米粟，無米粟處任取□□以堪久貯之物。"

燃 rán

燃 80TBI：121《佛説灌頂拔除過罪生死得度經（卷一二）》："□神幡 燃 卌九燈應□。"

rǎn

冉 rǎn

冉 67TAM363：8/1（a）之二《唐景龍四年（710）卜天壽抄孔氏本鄭氏注〈論語〉》："□謂 冉 有曰：'汝不能

救與?'"

　67TAM363：8/1（a）之九《唐景龍四年（710）卜天壽抄孔氏本鄭氏注〈論語〉》："武伯復敏（問）冉仁乎。"
"冉有□□"

64TAM27：22《唐寫本〈論語〉鄭氏注〈雍也〉殘卷》："冉求曰：
'非□□"

染　rǎn

80TBI：041《阿毗達磨大毗婆沙論（卷九二）結蘊第二中十門納息第四之二二》："□色染，無結繫，乃至無纏。□□"

64TAM29：44《唐咸亨三年（672）新婦爲阿公錄在生功德疏》："但從去年染患已來所作功德，具如右件。"

ráng

蘘　ráng

2004TBM203：30-2《高昌寫本〈急就篇〉》："老菁蘘何（荷）冬日藏。"
　按：蘘，蘘荷，又名陽藿，多年生草本植物，根莖可以入藥。

rǎng

壤　rǎng

80TBI：337a《大毗盧遮那成佛神變加持經（卷四）密印品第九》：

"□□多勃馱喃一壤弩喔婆（二合）嚩（二）莎□□"
　按：括號中字原件爲小字。

72TAM179：16/1（b），16/2（b）《唐寫〈尚書〉孔氏傳〈禹貢〉、〈甘誓〉殘卷》："匄（厥）土惟黃壤，匄（厥）田惟上上。"

ràng

讓　ràng

2004TBM207：1-1《唐儀鳳三年（678）西州法曹牒功曹爲檢李恒讓去年功過事》："□□恒讓去年攝判倉曹□□□"

67TAM363：8/1（a）之七《唐景龍四年（710）卜天壽抄孔氏本鄭氏注〈論語〉》："不能以禮讓爲國乎。"

67TAM363：8/1（a）之二《唐景龍四年（710）卜天壽抄孔氏本鄭氏注〈論語〉》："揖讓而升，下而飲，其爭也君子。"

65TAM346：2《唐上元二年（675）府曹孝通牒爲文峻賜勳事》："參軍判兵曹李讓。"

rào

繞　rào

80TBI：019《增壹阿含經（卷五〇）大愛道般涅槃品第五二》："□□比丘衆前後圍繞而爲説法時佛名

號流布□□"

80TBI：238《過去現在因果經（卷一）》："□□圍遶守□□"

80TBI：109《妙法蓮華經（卷二）信解品第四》："□□眷屬圍遶□□"

rě

若　rě

64TAM29：44之六《唐咸亨三年（672）新婦爲阿公録在生功德疏》："注子（字）《金剛般若經》一部，對《法輪經》一部。"

按：剛，原件作"剄"。

72TAM201：33《唐咸亨五年（674）兒爲阿婆録在生及亡没所修功德牒》："延僧設供誦《大波若》一十遍。"

rè

熱　rè

80TBI：390b《諸經要集（卷四）懸幡緣第四》："□□涉熱即起淨□□"

73TAM222：55（a）《唐寫〈千字文〉殘卷》："□□熱願涼□□"

73TAM215：017/7《唐殘書牘四》："□□毒熱，未委何如，即此□□"

rén

人　rén

67TAM84：20《高昌條列出藏錢文數殘奏》："作人秋富二

75TKM91：11/6《西涼建初四年（408）秀才對策文》："□□有巢、維鳩居之，以喻夫人配德行化外□□。"

64TAM29：44《唐咸亨三年（672）新婦爲阿公録在生功德疏》："願將此文□前頭分雪，須覓生田净佛國土，不得求人間果報。"

72TAM151：54《高昌涛林等行馬入亭馬人名籍》："涛林行馬入亭□人：衛余保。"

72TAM151：52《高昌遍人史延明等名籍》："□堂趙師得、相（廂）上張□□□、兵人宋保得。"

72TAM151：102,103《高昌作頭張慶祐等偷丁谷寺物平錢帳》："□□寧人張慶祐作頭，獨偷□□□六縱（縵）疊五匹。"

按：疊，原件書作"疊"。

73TAM193：38（a）《武周智通擬判爲康隨風詐病避軍役等事》："彼二人罪非輕小。"

按：例字即"人"，武周新字。

73TAM193：38（a）《武周智通擬判爲康隨風詐病避軍役等事》："康隨風一介庸人。"

仁　rén

64TKM1：33(b)，34(b)，32(b)，36(b)《唐西州高沙彌等户家口籍》："□□何兔仁□□"

67TAM78：20(b)《唐李悦得子等户主名籍》："□□户主謝永仁□□"

65TAM42：64《唐西州高昌縣授田簿（一二）》："右給竹苟仁充分，同觀□□"

2004TAM398：3－3＋2004TAM398：3－2《唐某年二月西州高昌縣更簿全貌》："□□嚴六仁，巡外因；和寅海，總巡□□"

按："外因"原件作"因外"，旁有勾乙符號。

73TAM206：42/10－13，42/10－3《唐質庫帳歷》："八月十六日贖了物付倉□仁□□"

67TAM376：03(a)《唐西州高昌縣諸鄉里正上直暨不到人名籍》："化：尉思，嚴海，張成，宋感，仁。"

72TAM230：73(a)，71(a)《武周天授二年（691）知水人康進感等牒尾及西州倉曹下天山縣追送唐建進妻兒鄰保牒》："博士檢録事仁付。"

2006TAM607：2－4《唐景龍三年（709）後西州勾所勾糧帳》："妄加給還兵，景二年春季，徵蘇仁。"

72TAM188：82(a)《唐神龍二年（706）主帥渾小弟上西州都督府狀爲處分馬䭾料事》："連薄（簿）仁白。"

72TAM188：81(b)《唐徵馬送州付營檢領狀》："連簿仁白。"

72TAM188：76《唐神龍三年（707）殘牒》："連簿仁白。"72TAM188：71《唐神龍三年（707）和湯牒爲被問買馬事（一）》："□□附簿仁白，一日□□"

72TAM188：72(a)(b)《唐神龍三年（707）主帥康某牒》："□□附簿仁白，一日□□"

72TAM188：79《唐神龍三年（707）和湯牒爲被問買馬事（二）》："□□撿案簿仁白，一日□□"

　rěn

忍　rěn

80TBI：205《四分律（卷四七）滅静犍度第一六之一》："□□忍可□□"

67TAM363：8/1(a)之二《唐景龍四年（710）卜天壽抄孔氏本鄭氏注〈論語〉》："孔子謂季氏：'八佾舞於庭，是可忍，孰不可□□"

67TAM363：8/1(a)之八《唐景龍四年（710）卜天壽抄孔氏本鄭氏注〈論語〉》："非心所忍爲之。"

2006TSYIM4：2－3＋2006TSYIM4：2－4《古寫本〈詩經〉》："父母先祖，胡寧忍予。"

80TBI：046a《阿毗曇八犍度論（卷一二）智犍度之四修智跋渠之餘》："□□繫忍滅亦餘言智滅亦不滅是結謂（謂結）邠□□"

按："智"後之"滅"原件爲旁補小字。"謂結"原件作"結謂"，旁有勾乙符號，故録，《中華大藏經》和《大正新修大藏經》正作"謂結"。

rèn

壬 rèn

65TAM341：27《唐開元八年（720）具注曆》："十一日壬辰收。"

　　按：據六十甲子納音法，"收"上應脫一"水"字（《吐魯番出土文書》）。

73TAM507：012/16－1《高昌延壽九年（632）正月劄刺薪殘條記》："□□壬辰歲正月□□□"

73TAM507：012/21《高昌延壽九年（632）八月張明憙入官貸捉大麥子條記》："壬辰歲官貸捉大麥子張明□伍斛□□□"

73TAM507：013/4－1,4－2《唐曆》："□□□四日壬申□□□"

仞 rèn

75TKM99：6（a）《北涼承平八年（450）翟紹遠買婢券》："若後有何（呵）盜仞（認）名，仰本主了。"

任 rèn

75TKM96：18,23《北涼玄始十二年（423）兵曹牒爲補代差佃守代事》："□□以闕相平等般可任佃，以游民闕□□□"

75TKM91：26《建□某年兵曹下高昌、橫截、田地三縣符爲發騎守海事》："隤杜福、帛午、任□三人乘所配馬。"

64TAM4：39《唐乾封元年（666）鄭海石舉銀錢契》："若鄭延引不還左錢，任左牽引鄭家資雜物，口分田園，用充錢子本直。"64TAM19：67《唐狀自書殘文書四》："□□一年，補任寧大鄉昌邑□□□"

67TAM363：7/2《唐儀鳳二年（677）西州高昌縣寧昌鄉某人舉銀錢契》："若延引不還，任捜家財雜物及口分□□平充錢。"

2004TBM207：1－3《唐調露二年（680）七月東都尚書吏部符爲申州縣闕員事》："□□官某乙滿，若續前任滿，即注云：續前任合滿。"

60TAM317：30/6（a），30/10（a）《唐趙蔭子博牛契》："□□內不食水草，任還本□□□"

2004TBM207：1－4《唐儀鳳三年（678）九月西州功曹牒爲檢報乖僻批正文案事》："牒至任判，謹牒。"

64TAM4：41《唐總章三年（670）張善憙舉錢契》："前却不還，任掣家資平爲錢直（值）。"

73TAM507：013/5，013/6《唐調露二年（680）某人行旅公驗》："□□□至，任爲□□□"

認 rèn

2004TBM113：6－3《唐西州某縣何花辭爲男女放良事》："□□□天山府果毅麴善因認□□□□"

réng

仍 réng

仍 66TAM44：11/3（a）《唐殘牒爲市木修繕廢寺事》："無式，仍即就中□□壞□□"

仍 67TAM91：28（a）《唐貞觀十七年（643）何射門陀案卷爲來豐患病致死》："不覓醫治，仍顯是□□"

仍 64TAM4：37《唐總章三年（670）白懷洛舉錢契》："仍將口分蒲桃（葡萄）用作錢質。"

仍 2004TBM207：1－14《唐儀鳳某年（676—679）西州牒爲考課事》："仍檢。"

仍 2004TBM207：1－3《唐調露二年（680）七月東都尚書吏部符爲申州縣闕員事》："□□[一]干人考滿，其中有行使計年合滿，考雖未校，更無別狀，即同考滿色通，仍具言行使所由。"

仍 64TAM29：90（a）（b）《唐垂拱元年（685）西州都督府法曹高昌縣符爲掩劫賊張爽等事》："仍限符到兩日内連申者。"

仍 72TAM230：10《武周牒尾殘判》："□□仍盡時發遣□□"

仍 72TAM230：53（a）《唐西州高昌縣牒爲將孫承恩馬疋草蹋事》："□□官供草蹋，仍牒天山縣準□□"

rì

日 rì

日 72TAM151：95《高昌延和八年七月至延和九年六月錢糧帳》："□□午歲六月廿九日，得□□"

日 80TBI：117《妙法蓮華經（卷三）藥草喻品第五》："□□日光掩蔽，地上□□"

日 2004TAM398：3－3＋2004TAM398：3－2《唐某年二月西州高昌縣更簿全貌》："□□緣今日夜當直（值）里正及□□"

日 64TKM1：33（a）《唐貞觀十四年氾歡□賃舍契》："□□四□十月□日□□"

日 65TAM39：20《前涼升平十一年王念賣駝券》："升平十一年四月十五日，王念以兹駝賣與朱越，還得嘉駝，不相賅移。"

日 75TKM96：18，23《北涼玄始十二年（423）兵曹牒爲補代差佃守代事》："當上幢日，差四騎付。"

日 75TKM96：38《買奴殘文書》："□□其日欲將至住處□□"

日 73TAM507：012/15《高昌張明憙入延壽十六（639）三月鹽城劑丁錢條記》："□月十五日張明憙□。"

日 72TAM179：18/8，18/9《武周學生令狐慈敏習字（一）（二）》"三月十九日。"

按：例字即"日"，武周新字。《新唐書》、《資治通鑑》胡三省注："乙"，《通志》作"⊙"，《集韻》作"𡆠"，《宣和書譜》作"𡆩"。

日 73TAM509：19/14《武周天山府符爲追校尉已下並團》："□□日到府，如後到者□□"

日 72TAM187：201《武周追當番職掌人文書（二）》："□□月一日，當番人比□□"

72TAM216：012/3－1《武周擬判》："□□今日□□"

按：武周新字。

73TAM193：38（a）《武周智通擬判爲康隨風詐病避軍役等事》："奉敕伊、西二州，占募强兵五百，官賜未期至日，私家借便資裝。"

73TAM509：19/2《武周天山府下張父師團帖爲新兵造幕事一》："□□西州諸府，兵幕迴日却□□"

72TAM230：73（a），71（a）《武周天授二年（691）知水人康進感等牒尾及西州倉曹下天山縣追送唐建進妻兒鄰保牒》："倉曹十二日。"

72TAM230：73（a），71（a）《武周天授二年（691）知水人康進感等牒尾及西州倉曹下天山縣追送唐建進妻兒鄰保牒》："十一日。"

72TAM230：73（a），71（a）《武周天授二年（691）知水人康進感等牒尾及西州倉曹下天山縣追送唐建進妻兒鄰保牒》："天授二年壹月十一日知水人康進感等牒。"

72TAM230：72《武周天授二年（691）史孫行感殘牒》："十二日。"

72TAM230：72《武周天授二年（691）史孫行感殘牒》："天授二年壹月日史孫行感牒□□"

72TAM230：65（a）《武周史孫行感殘牒》："四月九日史孫行感牒。"

日，武周新字。另，"月"字原件亦書爲武周新字。

72TAM230：79《武周天授二年（691）殘文書》："□□廿五日□□"

按：日，武周新字。另，授、年、月、天，原件均爲武周新字。

72TAM230：79《武周天授二年（691）殘文書》："天授二年三月廿日□□"

按：日，武周新字。另，授、年、月、天，原件均爲武周新字。

72TAM230：81（a）《武周録事司殘文書》："□□九日録事使□□"

72TAM226：49《唐殘判》："廿二日。"

72TAM188：3（a）《唐神龍二年（706）殘牒》："閏正月日府□□"

2004TAM398：3－3＋2004TAM398：3－2《唐某年二月西州高昌縣更簿全貌》："□月十六日更薄（簿）。"

67TAM78：34《唐西州蒲昌縣下赤亭烽帖爲覓失駝駒事》："追□□二月廿三日□□"

72TAM226：71（a）《唐伊吾軍典張瓊牒爲申報斸田斜斗數事（四）》："□□日典張瓊牒□□"

73TAM206：42/10－5/10－17《唐質庫帳歷》："正月十九日取壹伯（百）□□"

73TAM206：42/10－13，42/10－3《唐質庫帳歷》："曹阿金正月十九日取壹□□"

73TAM206：42/10－11《唐質庫帳歷》："□□馬四娘正月十九日取肆拾伍文。"

73TAM206：42/9－27《唐課錢帳歷》："許過寒食五日内分付了。"

73TAM206：42/10－14，42/10－9《唐質庫帳歷》："□□二□廿七日贖□□"

按:"日"字多簡寫同此。

73TAM206:42/10－14,42/10－9《唐質庫帳歷》:"▢ 正月廿二 日 付了。"

73TAM206:42/9－8《唐課錢帳歷(三〇)》:"▢ 十八 日 ,張祥六十;蘇本九十六。"

73TAM206:42/10－13,42/10－3《唐質庫帳歷》:"▢ 二月四 日 贖 ▢ "

róng

戎　róng

73TAM193:38(a)《武周智通擬判爲康隨風詐病避軍役等事》:"擁數千之 戎 卒,勞萬乘之徒師。"

65TAM346:1《唐乾封二年(667)郭耄醜勳告(一)》:"東臺:右威衛渭源府果毅都尉朱小安等,並志懷壯果,業苞 戎 藝。"

67TAM376:01(a)《唐開耀二年(682)寧戎驛長康才藝牒爲請處分欠番驛丁事》:"開耀二年二月日寧 戎 驛長康才藝牒。"

72TAM179:16/1(b),16/2(b)《唐寫〈尚書〉孔氏傳〈禹貢〉、〈甘誓〉殘卷》:"榖(織)皮、昆侖、析(析)支、渠搜,西 戎 即敍。"

72TAM179:16/1(b),16/2(b)《唐寫〈尚書〉孔氏傳〈禹貢〉、〈甘誓〉殘卷》:"羌髳之屬皆就次敍,美禹之功及 戎 狄也。"

67TAM363:8/2(a)之一《唐景龍四年(710)卜天壽抄〈十二月新三臺詞〉及諸五言詩》:"羅城外寧 戎 寺。"

60TAM325:14/2－1(a),14/2－2(a)《唐龍朔三年(663)西州高昌縣下寧戎鄉符爲當鄉次男侯子隆充侍及上烽事》:"又得寧 戎 鄉里▢▢。"

容　róng

80TBI:488《四分戒本疏(卷一)》:"或 容 犯罪,或終至羅漢,更無增減。"

75TKM91:17《奴婢月廩麥賬》:"奴文德、婢芳 容 二人,日日廩麥五升,合給麥叄斛。"

67TAM363:8/1(a)之六《唐景龍四年(710)卜天壽抄孔氏本鄭氏注〈論語〉》:"居上不寬,則下無所 容 。"

67TAM363:8/1(a)之九《唐景龍四年(710)卜天壽抄孔氏本鄭氏注〈論語〉》:"赤也!束帶於朝,可使與賓 容 (客)言,不知其仁也。"

67TAM363:8/1(a)之九《唐景龍四年(710)卜天壽抄孔氏本鄭氏注〈論語〉》:"▢ 坐(地)之廣輪,此皆舉其所 容 之大。"

按:坐,當爲武周新字"埊"之訛寫。

64TAM22:16《翟蔥等應募入幢名籍》:"李息尼、高善生、蘇道 容 ……幢入募。"

64TAM5:81,82《唐李賀子上阿郎、阿婆書三》:"▢ 問訊 容 子 ▢ 實意師赤 ▢ "

64TAM5:79《唐李賀子上阿郎、阿婆書四(一)》:"▢ 容 子合舍大小好▢。"

64TAM5：52，55，60/1，60/10《唐諸户丁口配田簿（丙件）（九）》："▢善 容 ，康知奴，二畝。"

蓉　róng

72TAM187：200《武周諸戍上兵文書（一）》："▢ 蓉 上▢"

2006TAM607：2－4《唐景龍三年（709）後西州勾所勾糧帳》："一石七斗，菠 蓉 成主馬藝重徵。"

融　róng

60TAM332：9/1－2，9/1－3《唐祭五方神文殘片二（一）》："▢赤▢其神咒（祝）融▢"

rǒng

冗　rǒng

72TAM230：36《古寫本木玄虛〈海賦〉》："▢質雲錦散文於沙 冗 （内）之▢"

按：此句《文選·海賦》作："若乃雲錦散文於沙汭之際，綾羅被光於螺蚌之節。"李善注："毛萇《詩傳》曰：'芮，崖也。'芮與汭通。"故寫本"質"疑爲"若"誤，"冗"爲"内"形誤。

róu

柔　róu

80TBI：068《大方等陀羅尼經初分（卷一）》："▢者言 柔 金剛▢"

80TBI：477《妙法蓮華經（卷二）譬喻品第三》："▢圍繞， 柔 濡▢"

按："濡"，《中華大藏經》和《大正新修大藏經》爲"軟"。

2006TSYIM4：2－2《古寫本〈詩經〉》："《桑 柔 》十六章，其八章章八句，八章章六句。"

ròu

肉　ròu

80TBI：507－1《囉嚩拏説救療小兒疾病經（卷一）》："▢種種上味 肉 食及▢"

72TAM151：102，103《高昌作頭張慶祐等偷丁谷寺物平錢帳》："羊 肉 三腳，平錢二文。"

按：宍，《干禄字書》："宍肉，上俗下正。"

73TAM524：32/1－2《高昌永平元年（549）十二月廿九日祀部班示爲明正一日知祀人上名及謫罰事》："▢煮 肉 ，謫羊一口。"

73TAM524：32/1－1《高昌永平元年（549）十二月十九日祀部班示爲知祀人上名及謫罰事》："若不詣祀所煮 肉 ，謫羊一口。"

72TAM209：77《唐出賣馬肉文書（二）》："▢瘦馬 肉 兩腔▢"

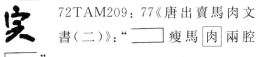

64TAM29：44《唐咸亨三年（672）新婦爲阿公録在生功德疏》："肉色袂袴衫子一領。"

73TAM509：8/6《唐書牘稿》："須肉可看，乳腐難求。"

rú

如　rú

如
67TAM363：8/1（a）《唐景龍四年（710）卜天壽抄孔氏本鄭氏注〈論語〉》："季康子敏（問）：'使民敬、中（忠）以勸，如之何？'"

按：敏、中，傳世本作"問、忠"。

如
63TAM1：11《西涼建初十四年（418）韓渠妻隨葬衣物疏》："急急如律令。"

如
75TKM96：18，23《北涼玄始十二年（423）兵曹牒爲補代差佃守代事》："信如所訴。"

如
64TAM4：33《唐總章三年（670）左憧憙夏菜園契》："保人，女，如資。"

如
73TAM215：017/7《唐殘書牘四》："□□毒熱，未委何如，即此□□"66TAM62：5《北涼緣禾五年隨葬衣物疏》："急急如律令。"

如
75TKM91：28（a）《兵曹行罰兵士張宗受等文書》："兵曹掾□預史左法疆□□□校趙震解如右。"

如
72TAM230：66《武周天授二年（691）安昌合城老人等牒爲勘問主簿職田虛實事》："謹審：但合城老人等，去年主薄（簿）高禎元不於安昌種田，

建進所注並是虛妄，如後不依□□"

按：年，原件爲武周新字。

知
72TAM230：69《武周天授二年（691）李申相辯辭》："□□逃死、户絶田、陶、菜等地如後□□"

按：地，原件爲武周新字。

如
67TAM78：34《唐西州蒲昌縣下赤亭烽帖爲覓失駝駒事》："如□不得，科烽□□"

如
69TAM232：3（b）《唐蠅芝等直上欠麪粟帳》："畝別收子兩碩以上者，件勘如前。"

如
73TAM509：8/6《唐書牘稿》："如斯弊事請知。"

儒　rú

儒
64TAM15：19《唐西州高昌縣弘寶寺賊臟錢名》："陰延明入惠儒。"

儒
64TAM15：17《唐貞觀十四年閏十月西州高昌縣弘寶寺賊臟錢名》："法□、道防、惠儒。"

儒
72TAM151：99，100《高昌合計馬額帳（一）》："□□寺弘慈巖寺、氾都寺、□□□寺懷儒、左衛寺、史令□□"

儒
80TBI：790b《廣弘明集（卷九）辯惑品第二之五》："□□至於儒（孺）童□□"

孺　rú

孺
72TAM151：14《高昌義和元年（614）高懷孺物名條疏》："□□和元年甲戌歲十一月十九日高懷孺物名。"

66TAM62：5《北涼緣禾五年隨葬衣物疏》："紫 繻（繻）一枚。"

73TAM222：54/4（b），54/5（b）《唐寫〈禮記〉鄭氏注〈檀弓〉下殘卷》："□□犯曰 繻 □□"

　按：當爲"繻"之訛字。

襦　rú

75TKM96：17《北涼真興七年（425）宋泮妻隗儀容隨葬衣物疏》："故紫 襦 一立。"

63TAM2：1《北涼緣禾六年翟萬隨葬衣物疏》："故帛練 襦 一領。"

75TKM99：7《建平六年張世容隨葬衣物疏》："故碧 襦 一領。"

2004TAM408：17《令狐阿婢隨葬衣物疏》："故緋 襦 一領。""故絳沙（紗） 襦 一領。"

66TAM59：2《北涼缺名隨葬衣物疏》："緋 襦 一枚。"

繻　rú

75TKM96：15《龍興某年宋泮妻翟氏隨葬衣物疏》："故結緋 繻 一領。"

　按：繻，《說文》："繒采色。从糸，需聲。讀若《易》：'繻有衣。'"《廣韻》音人朱切，又音相俞切。依文意而言，當通"襦"，短襖。

rǔ

汝　rǔ

80TBI：512《中阿經（卷一九）長壽王品梵天請佛經第七》："□□梵天 汝 有是無□□"

80TBI：750a《妙法蓮華經（卷二）譬喻品第三》："汝 等所可玩好□"

80TBI：201《佛說觀藥王藥上二菩薩經》："□□薩言 汝 所□"

73TAM507：012/3《唐殘書牘》："汝 聞視見君□□""□□鎮準 汝 等□□"

60TAM332：6/3《唐犯土禁忌文》："行虎步，復 汝 故主□□"

辱　rǔ

67TAM363：8/1（a）之八《唐景龍四年（710）卜天壽抄孔氏本鄭氏注〈論語〉》："子遊曰：'士（事）君數，斯 辱 矣；朋友數，斯疏矣。'"

rù

入　rù

65TAM346：2《唐上元二年（675）府曹孝通牒爲文峻賜勳事》："□□官兩轉，其勳既未 入 手，請給牒□□"

67TB：1－2－1《大乘瑜伽金剛性海曼殊室利千臂千鉢大教王經（卷六）》："□□供養食 入 道場人衆僧等□□"

入　72TAM151：54《高昌洿林等行馬入亭馬人名籍》："次鹽城行□ 入 亭馬人：主簿辛謙、參軍元祐、主簿男子。"

又　64TAM4：33《唐總章三年（670）左憧憙夏菜園契》："若到佃時不得者,壹罰貳 入 左。"

褥　rù

褥　65TAM42：56《唐西州高昌縣授田簿（六）》："右給曹破 褥 充分, 同□□"

褥　65TAM42：56《唐西州高昌縣授田簿（六）》："□□曹破 褥 充分, 同觀□□"

褥　65TAM42：56《唐西州高昌縣授田簿（六）》："□□曹破 褥 充分, 同觀□□"

褥　73TAM206：42/1《唐事目歷》： "□□文館高座 褥 等□□"

ruǎn

阮　ruǎn

阮　73TAM509：8/2（b）《唐西州道俗合作梯蹬及鐘記》："□□薄（簿）馬瓊、尉衛綜、 阮 玉等寮彩咸斯水鏡,群司仰其朱繩。"

濡　ruǎn

濡　80TBI：477《妙法蓮華經（卷二）譬喻品第三》："□□圍繞,柔

濡 □□"

按："濡",《集韻》："輭,柔也。或從欠,亦作濡。"《中華大藏經》和《大正新修大藏經》作"軟"。

蕤　ruí

蓷　64TAM4：42《唐龍朔元年（661）左憧憙夏菜園契》"崇化鄉人左憧憙於同鄉人大女呂玉 蕤 邊夏張渠菜園肆拾步壹園。"

按：蓷,爲"蕤"之俗寫。《龍龕手鏡》："蓷、薤,汝佳反。""蓷"是"薤"省,"薤"又是"蕤"形訛,字亦作狉。《龍龕手鏡》："薤,俗。蕤,正。如佳反。葳蕤,藥名也。又草木花垂兒也。又蕤賓,五月律名也。"柳公權書《神策軍碑》："儼翠華之葳薤。"字又省一點作蕤,《慧琳音義》卷三〇："蕤賓：經作薤,俗字。"或變其部件"麦"作"走",四部叢刊影印明翻宋本《楚辭·七諫·初放》："上葳薤而防露兮。"宋刊本《類聚》卷八九引作"薤",字形同；《玉篇殘卷》"防"字條引作"薤",易"麦"作"走"；《御覽》卷九六二引作"蕤"。

ruì

汭　ruì

汭　72TAM179：16/1（b）,16/2（b）《唐寫〈尚書〉孔氏傳〈禹貢〉、〈甘誓〉殘卷》："□□[浮於]積石,至於竜門、西河,巿（會）於渭 汭。"

銳　ruì

銳　80TBI：750a《妙法蓮華經（卷二）譬喻品第三》："□□適其願故，心各勇銳□□。"

rùn

閏　rùn

閏　64TAM15：17《唐貞觀十四年閏十月西州高昌縣弘寶寺賊膲錢名》："閏十月廿七日賊膲錢名。"

閏　64TAM29：90（a）（b）《唐垂拱元年（685）西州都督府法曹高昌縣符爲掩劫賊張爽等事》："府宋閏。"

閏　72TAM188：3（a）《唐神龍二年（706）殘牒》："閏正月日府□"

閏　72TAM209：89《唐貞觀十七年（643）符爲娶妻妾事（一）》："□閏六月六日□□"

閏　72TAM209：91（a）《唐貞觀十七年（643）符爲娶妻妾事（二）》："□十七年閏六月□"

潤　rùn

潤　80TBI：117《妙法蓮華經（卷三）藥草喻品第五》："□□惠雲含潤，電光〔晃曜〕□□。"

按："惠"，《中華大藏經》和《大正新修大藏經》作"慧"。

閏　72TAM151：13《高昌義和三年（616）氾馬兒夏田券》："義和三年丙子歲潤（閏）五月十九日，氾馬兒從無艮跋子邊夏舊壤（業）部田叁畝。"

ruò

若　ruò

若　75TKM99：6（b）《義熙五年道人弘度舉錦券》："若過其（期）不償，一月生布壹丈。"

若　64TAM29：107《唐垂拱元年（685）康義羅施等請過所案卷（三）》："若後不依今款，求受依法罪，被問依實謹□。"

若　72TAM230：67《武周天授二年（691）唐建進辯辭》："被問，建進若告主簿營種還公，逃死戶絕田地。"

按：地，原件爲武周新字。

若　2004TBM203：30－4d2004TBM203：30－4a＋2004TBM203：30－4b《高昌寫本〈急就篇〉》："□□劉若□□"

若　67TAM363：8/1（a）之八《唐景龍四年（710）卜天壽抄孔氏本鄭氏注〈論語〉》："子謂子賤：'君子哉若仁！'"

若　64TAM29：25《唐垂拱元年（685）康義羅施等請過所案卷（四）》："不是壓良、假代等色，若後不□□"

若　68TAM103：20/1（a）《唐西州某鄉戶口帳（草）》："□□實，後若□□"

若　72TAM151：104《高昌延和十二年（613）某人從張相憙等三人邊

雇人歲作券》："▢若相兒身獨▢"

72TAM151：94《高昌義和三年（616）張相憙夏麋田券》："▢干（乾）净好，若净好，聽▢"

67TAM363：7/2《唐儀鳳二年（677）西州高昌縣寧昌鄉某人舉銀錢契》："若竹須錢▢"

73TAM507：014/9－2《高昌張明憙入劑刺薪條記》："若重消出，更不承▢"

64TAM29：44《唐咸亨三年（672）新婦爲阿公録在生功德疏》："若得生路，託夢令知。"

64TAM4：33《唐總章三年（670）左憧憙夏菜園契》："若到佃時不得者，壹罰貳入左。"

64TAM4：41《唐總章三年（670）張善憙舉錢契》："若左須錢之

日，張即子本具還。"

66TAM61：24（b）《唐西州高昌縣上安西都護府牒稿爲録上訊問曹禄山訴李紹謹兩造辯辭事（六）》："▢逢紹謹，若有胡共相逐，即合知見。"

弱　ruò

80TBI：507－1《囉嚩拏說救療小兒疾病經（卷一）》："▢贏弱不思飲食▢"

72TAM209：77《唐出賣馬肉文書（二）》："▢瘦弱▢"

73TAM191：32（a）《唐史衛智爲軍團點兵事》："▢簡點兵尫弱，疾▢"

S 部

sà

卅 sà

72TAM151：96（b）《高昌殘帳》："□□□十一月 卅 日官□□"

73TAM206：42/10－16《唐質庫帳歷》："董元正月 卅 日取陸□"

73TAM206：42/10－10《唐質庫帳歷》："北曲住年 卅 六□"

69TKM39：9/7（a）《唐西州高昌縣□慶友等户家口田畝帳簿（一）》："婢戊香年 卅 。"

66TAM61：17（b）《唐西州高昌縣上安西都護府牒稿爲録上訊問曹禄山訴李紹謹兩造辯辭事（一）》"曹禄山年 卅 。"

64TKM1：37/1《唐西州某鄉户口帳（二）》："卅 五□"

64TKM1：37/1《唐西州某鄉户口帳（二）》："卅□"

63TAM1：15《劉普條呈爲得麥事》："都合麥五百 卅 斛八斗。"

薩 sà

80TBI：148《請觀世音菩薩消伏毒害陀羅尼咒經（卷一）》："□□婆耶□□□羯多 薩 婆□□"

80TBI：088《金光明經（卷三）除病品第一五》："□□得聞此三大菩 薩 □□"

80TBI：656a《佛説灌頂摩尼羅亶大神咒經》卷八："□□ 薩 、羅降竭菩 薩 、憍曰兜菩 薩 、那□□"

72TAM188：89（a）《唐上李大使牒爲三姓首領納馬酬價事》："□三姓首領都擔 薩 屈馬六疋。"

65TAM42：66《唐西州高昌縣授田簿（一四）》："右給翟 薩 知充分同□□"

64TAM4：29（a）《唐咸亨四年左憧憙生前功德及隨身錢物疏》："憧憙身在之日，十年已前造壹佛，貳陪（菩） 薩 。"

sāi

塞 sāi

67TAM363：8/1（a）之五《唐景龍四年（710）卜天壽抄孔氏本鄭氏注〈論語〉》："□亦樹 塞 門。"

sài

塞　sài

67TAM78：43《唐東塞殘文書》："□□一日於東塞□□"

73TAM221：5《唐貞觀廿二年（648）庭州人米巡職辭爲請給公驗事》："恐所在烽塞，不練來由。"

sān

三　叁　參　sān

80TBI：697a《增壹阿含經（卷一六）高幢品第二四之三》："□□三昧彼云何□□"

67TAM84：20《高昌條列出藏錢文數殘奏》："□□作從，藏龍遮之捺提婆錦三匹。"

59TAM305：14/1《前秦建元二十年（384）韓盆辭爲自期召弟應見事》："建元廿年三月廿三日，韓盆自期二日召弟到應見，逋違受馬鞭一百。"

按：盆，原件書作"瓫"。

73TAM206：42/10－5/10－17《唐質庫帳歷》："□□南坊住年廿三□□"

73TAM206：42/10－5/10－17《唐質庫帳歷》："劉元感正月十九日取叁拾文。"

72TAM188：79《唐神龍三年（707）和湯牒爲被問買馬事

（二）》："□□馬一疋騮敦（骟）七歲，大練壹拾叁□□"

2004TBM113：6－1＋2004TBM113：6－1（背面）《唐龍朔二年（622）正月西州高昌縣思恩寺僧籍》："□□崇道，年叁拾伍歲。"

73TAM507：014/1《唐隊正陰某等領甲仗器物抄（一）》："槊叁張並潘故破，□□廿日□□"

72TAM201：33《唐咸亨五年（674）兒爲阿婆録在生及亡没所修功德牒》："葬日布施衆僧銀錢叁伯（百）文。"

64TAM4：36《麟德二年（665）趙醜胡貸練契》："西域道征人趙醜胡於同行人左憧憙邊貸取帛練叁疋。"

73TAM193：11(a)《武周郭智與人書》："叁、伍使在此，曹司頻索。"

65TAM42：63《唐西州高昌縣授田簿（二）》："右給得康烏破門陀部田叁畝郭知德充分，同觀亮。"

72TAM226：65《唐北庭諸烽斸田畝數文書》："□□白粟叁畝，共刈得貳□□"

2004TAM395：4－6，2004TAM398：4－1 2004TAM395：2《唐西州高昌縣李操領錢抄》："□□已上計銀錢叁□□□□，□操領□□"

72TAM188：71《唐神龍三年（707）和湯牒爲被問買馬事（一）》："□□壹拾叁疋□□"

72TAM188：79《唐神龍三年（707）和湯牒爲被問買馬事（二）》："□□馬一疋騮敦（骟）七歲，大練壹拾叁□□"

64TAM4：33《唐總章三年(670)左憧憙夏菜園契》："其園叁年中與夏價大麥拾陸斛。"

64TAM4：33《唐總章三年(670)左憧憙夏菜園契》："更肆年，與銀錢叁拾文。"

68TAM103：18/2－2(b)，18/11－3(b)《高昌衛寺明藏等納錢帳(二)》："▭参▭"

按：参，《廣雅·釋言》："参，三也。"後作"叁"。《左傳》："先王之制，大都不過參國之一。"

2006TZJ1：087，2006TZJ1：077《麴氏高昌張廷懷等納斛斗帳》："▭参兜(斗)，左师壹斛，善富▭"

72TAM151：13《高昌義和三年(616)氾馬兒夏田券》："義和三年丙子歲潤(閏)五月十九日，氾馬兒從無良跋子邊夏舊墣(業)部田参畝。"

72TAM151：101《高昌傳錢買钁鐵、調鐵供用帳》："次傳：錢参文，用買钁鐵参斤，付張懷悦▭"

73TAM504：21/1－21/3《高昌奴得等負麥、粟、疊帳(一)～(三)》："▭奴得負參軍索謙、焦歡伯二人邊官舉價小麥参□□陸兜(斗)。"

75TKM91：17《奴婢月廩麥賬》："奴文德、婢芳容二人，日日禀麥五升，合給麥桼(参)斛。"

按：桼，爲"参"字訛變。参，同"三"，後作"叁"。《廣雅·釋言》："参，三也。"《左傳》："先王之制，大都不過參國之一。""參"，《說文》："从晶，㐱聲。"小篆作""，或體省作""。隸變後，"曑"變作"桼"，《隸辨》云："从㐱之字，諸碑或變作爾。""桼"下部構件"爾"訛變作"木"作"桼"。"桼"另有正字。

sàn

散 sàn

80TBI：097《請觀世音菩薩消伏毒害陀羅尼咒經(卷一)》："▭分散意經七七日，時▭"

80TBI：215《金光明經(卷三)鬼神品第一三》："▭散脂爲首▭"

67TAM363：8/2(a)之一《唐景龍四年(710)卜天壽抄〈十二月新三臺詞〉及諸五言詩》："伯(百)鳥頭林[息]宿，各各覓高支(枝)，□更分散去，苦落不想(相)知。"

按：原件"息"字旁有"卜"刪字符號。

64TAM37：21《唐□□二年曹忠敏田契》："進明先於尊廉等邊散於人處租得，今不親營種，遂轉租與前件人。"

按：等，原件作"苐"。

72TAM230：36《古寫本木玄虛〈海賦〉》："▭質雲錦散文於沙穴(内)之▭"

按：此句《文選·海賦》作："若乃雲錦散文於沙汭之際，綾羅被光於螺蚌之節。"李善注："毛萇《詩傳》曰：'芮，崖也。'芮與汭通。"故寫本"質"疑爲"若"誤，"穴"爲"内"形誤。

67TAM78：34《唐西州蒲昌縣下赤亭烽帖爲覓失駝駒事》："烽子□頭散覓，必▭"

sāng

桑　sāng

2006TSYIM4：2－2《古寫本〈詩經〉》："《桑柔》十六章，其八章章八句，八章章六句。"

63TAM2：1《北涼緣禾六年翟萬隨葬衣物疏》："故黃桑棺一口。"

75TKM96：18,23《北涼玄始十二年(423)兵曹牒爲補代差佃守代事》："□□被符省縣桑佃，差看可者廿人知。"

72TAM151：56《高昌買駄、入練、遠行馬、郡上馬等人名籍》："伏波眾悦、明威桑苟、□□阿□、鞏司馬、侍郎佛濟。"

按：佛，原件寫作"仏"。

喪　sāng

73TAM222：54/10（b），54/11（b），54/12（b）《唐寫〈禮記〉鄭氏注〈檀弓〉下殘卷》："□□我喪也斯[沾（覘）]□□"

67TAM363：8/1（a）之二《唐景龍四年(710)卜天壽抄孔氏本鄭氏注〈論語〉》："喪，與其易也，寧戚。"

sàng

喪　sàng

67TAM363：8/1（a）之五《唐景龍四年(710)卜天壽抄孔氏本鄭氏注〈論語〉》："二三子何患於喪乎？"

2006TSYIM4：2－2《古寫本〈詩經〉》："天降喪亂，饑饉薦臻。"

sǎo

嫂　sǎo

73TAM206：42/9－27《唐課錢帳歷》："□□劉八□廿，趙嫂六十□□"

按：娷，俗"嫂"字。《集韻》："媉，或从叟，俗从更。"

73TAM206：42/9－27《唐課錢帳歷》："鄧嫂十五，阿王十五。"

sè

色　sè

80TBI：120《佛説灌頂拔除過罪生死得度經（卷一二）》："□□歲妙色廣大功德巍□□"

80TBI：659a《阿毗達磨藏顯宗論（卷一七）辯緣起品第四之六》："極，謂色中析至究竟。"

80TBI：659a《阿毗達磨藏顯宗論（卷一七）辯緣起品第四之六》："然後於中辯色聲等極微差別。"

73TAM509：8/5（a）《唐西州天山縣申西州户曹狀爲狀無塲請往北庭請兄禄事》："並是當家家生奴畜，

亦不是誘影他等 色 。"

80TBI：087《金光明經（卷三）除病品第一五》："形 色 微妙，威德具足。"

2004TBM207：1－3《唐調露二年（680）七月東都尚書吏部符爲申州縣闕員事》："其中有行使計年合滿，考雖未校，更無別狀，即同考滿 色 通，仍具言行使所由。"

2004TBM207：1－3《唐調露二年（680）七月東都尚書吏部符爲申州縣闕員事》："此 色 內雖有已申者，今狀更須具言。"

67TAM363：8/1（a）一○《唐景龍四年（710）卜天壽抄孔氏本鄭氏注〈論語〉》："三已之，無慍 色 。"

2004TBM207：1－7《唐調露二年（680）七月東都尚書吏部符爲申州縣闕員事》："[___] 置漢官，並具於闕 色 狀言，擬憑勘 [___]"

2004TBM207：1－3《唐調露二年（680）七月東都尚書吏部符爲申州縣闕員事》："此 色 雖已□申者，今狀更仰具言。"

64TAM15：6《唐唐幢海隨葬衣物疏》："雜 色 物一萬段。"

72TAM151：74（a）《古寫本〈晉陽秋〉殘卷》："母子形□言 色 ，武帝 [___]"

65TAM42：90（a），91（a）《唐令狐鼠鼻等差科簿（一）》："五人雜 色 。"

73TAM509：8/26（b）《唐唐昌觀申當觀長生牛羊數狀》："具 色 目如前，請處分。"

72TAM230：49《武周天授二年（691）總納諸色逋懸及屯收義納糧帳》："五百九石三斗六升諸 色 逋懸。"

72TAM230：36《古寫本木玄虛〈海賦〉》："[___]［繁采］楊（揚）華，萬 色 隱鮮。陽冰 [___]"

73TAM191：32（a）《唐史衛智爲軍團點兵事》："[___] 病等諸 色 ，不有 [___]"

64TAM29：44《唐咸亨三年（672）新婦爲阿公錄在生功德疏》："五 色 繡鞋一量。"

瑟　sè

80TBI：507－3《佛説大摩裏支菩薩經（卷一）》："[___] 努 瑟 吒（二合引） [___]"

按：括號內爲下注小字。

嗇　sè

75TKM96：47（a）《都鄉嗇夫被符徵發役作文書一》："[___] 鄉 嗇 夫 [___]"

sēng

僧　sēng

80TBI：205《四分律（卷四七）滅諍犍度第一六之一》："[___] 彼 僧 如法滅 [___]"

64TAM29：44《唐咸亨三年（672）新婦爲阿公錄在生功德疏》："僧 兩時懺悔，并屈三僧使經聲 [___]"

西沙,南 沙 ,北沙。"

68TAM103：18/2－2（b），18/
11－3（b）《高昌衛寺明藏等納錢
帳（二）》："□□伍个,孫寺僧□□。"

72TAM222：56/3（a），56/4（a）
《唐殘判籍（三）》："充 僧 數
□□"

72TAM201：33《唐咸亨五年
（674）兒爲阿婆録在生及亡没所
修功德牒》："延 僧 設供誦《大波若》一
十遍。"

72TAM201：33《唐咸亨五年
（674）兒爲阿婆録在生及亡没所
修功德牒》："右告阿婆從亡已後,延 僧 誦
隨願往生,至今經聲不絶。"

72TAM151：56《高昌買駞、入
練、遠行馬、郡上馬等人名籍》：
"虎牙 僧 實、虎牙師得、令狐□□。"

　按：實,原件書作"寔"。

64TAM29：44之七《唐咸亨三年
（672）新婦爲阿公録在生功德
疏》："又今日請一 僧 就門禮一千五百佛
名一遍。"

73TAM193：28《武周證聖元年
（695）五月西州高昌縣崇福寺轉
經歷（二）》：" 僧 玄静,僧德□□。"

73TAM193：28《武周證聖元年
（695）五月西州高昌縣崇福寺轉
經歷（二）》：" 僧 文海,僧永智□□。"

shā

沙　shā

65TAM42：76《唐西州高昌縣授
田簿（二一）》："□□東侯申相,

72TAM179：16/4（b），16/5（b），16/
6（b），16/7（b）《唐寫〈尚書〉孔氏傳
〈禹貢〉、〈甘誓〉殘卷》："□被於流 沙 。"

65TAM42：76《唐西州高昌縣授
田簿（二一）》："□□東侯申相,
西 沙 ,南沙,北沙。"

80TBI：053《四分律比丘尼戒本》：
"出家惱他人,不名爲 沙 門。"

75TKM91：3/1（a），3/,2（a）《蔡
暉等家口籍》："周 沙 二口。"

65TAM346：1《唐乾封二年
（667）郭毫醜勳告（一）》："颮海
道： 沙 澤陣、纈嶺陣、東熊陸嶺陣並颮第
一勳,各加三轉,總玖轉。"

73TAM501：109/8－4《唐張義
海等征鎮及諸色人等名籍
（四）》："□□果毅 沙 鉢那仗身□□"

紗　shā

73TAM206：42/9－14（a）《唐課
錢帳歷（二八）》："十六日便卅六
（付）悔 紗 纈□□"

　按：括號內爲原文旁注小字。

殺　shā

64TKM1：28（b），31（b），37/2
（b）《唐何好忍等匠人名籍》："右
件人, 殺 豬匠。"

shà

煞　shà

80TBI：016《四分戒本疏（卷一）》："上至非想，下至阿鼻，可 煞 不可煞，可誐 □　"

　　按：煞，《大正藏》作"殺"。

72TAM151：74（a）《古寫本〈晉陽秋〉殘卷》："勸獎姤□構 煞 □　"

shān

山　shān

73TAM206：42/10-14,42/10-9《唐質庫帳歷》："何 山 剛正月十九日取壹伯（百）文。"

73TAM206：42/9-27《唐課錢帳歷》："王六六十，金 山 十五，李老婦十五。"

72TAM179：16/1（b），16/2（b）《唐寫〈尚書〉孔氏傳〈禹貢〉、〈甘誓〉殘卷》："道岍及岐，至於荆 山 。"

73TAM193：15（a）《唐天寶某載（751—756）文書事目歷》："□□ 天 山 軍牒爲倉曹康慎微天十考事，付□□　"

衫　shān

59TAM305：8《缺名隨葬衣物疏》："白縑（練） 衫 一領。"

2004TAM408：17《令狐阿婢隨葬衣物疏》："故絹 衫 一領。"

64TAM29：44《唐咸亨三年（672）新婦爲阿公録在生功德疏》："帛練汗 衫 一領。"

75TKM99：7《建平六年張世容隨葬衣物疏》："故縑 衫 一領。"

73TAM206：42/10-11《唐質庫帳歷》（五）："故白小綾 衫 子一。"

75TKM96：15《龍興某年宋泮妻翟氏隨葬衣物疏》："故帛縑（練） 衫 一領。"

73TAM206：42/10-5/10-17《唐質庫帳歷》："極碎白布 衫 一。"

73TAM206：42/10-6《唐質庫帳歷》："故破白絹 衫 子一。"

64TAM29：44《唐咸亨三年（672）新婦爲阿公録在生功德疏》："黄布 衫 一領。"

64TAM29：44《唐咸亨三年（672）新婦爲阿公録在生功德疏》："宍（肉）色裌袴 衫 子一領。"

73TAM206：42/10-14,42/10-9《唐質庫帳歷》："故白布 衫 一。"

73TAM206：42/10-1,42/10-15《唐質庫帳歷》："故黄布 衫 一。"

73TAM206：42/10-2《唐質庫帳歷》："小綾 衫 子一。"

73TAM206：42/10-7《唐質庫帳歷》："白練汗 衫 一。"

72TAM151：51《高昌白子中布帛雜物名條疏》："非（緋）綾二尺五，右（又）半福（幅），滿非（緋）□□，黄練 衫 一。"

72TAM151：102,103《高昌作頭張慶祐等偷丁谷寺物平錢帳》："緋 衫 一。"

67TAM91：2《唐缺名隨葬衣物疏》："絞 衫 壹□　"

67TAM91：2 一《唐缺名隨葬衣物疏》：“褶 衫 壹具。”

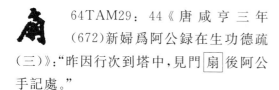

扇　shàn

64TAM29：44《唐咸亨三年（672）新婦爲阿公録在生功德疏（三）》：“昨因行次到塔中,見門 扇 後阿公手記處。”

善　shàn

80TBI：210《慈悲道場懺法（卷三）解怨結之餘》：“□□三寶一毫之 善 □□。”

75TKM98：28/1《某人啟爲失耕事》：“□□ 善 至焉 □□。”

67TAM363：8/1（a）《唐景龍四年（710）卜天壽抄孔氏本鄭氏注〈論語〉》：“善 兄弟曰友。”

80TBI：011－3《大乘瑜伽金剛性海曼殊室利千臂千鉢大教王經（卷六）》：“□□生死之事 善 □□。”

80TBI：493a－1《中阿含經（卷五）捨梨子相應品智經第三》：“善 哉! 善 哉!”

80TBI：093－3《金光明經（卷三）授記品第一四》：“□□告樹神 善 女天! 皆有 □□。”

80TBI：088《金光明經（卷三）除病品第一五》：“善 女天! 諦聆! 諦聆!”

80TBI：082《大方等陀羅尼經初分（卷一）》：“□□言 善 秀者言知,如是 □□。”

73TAM215：017/7《唐殘書牘四》：“□□平 善,佛花等既 □□。”

2004TBM113：6－3：《唐西州某縣何花辭爲男女放良事》：“□□山府果毅麴 善 因認 □□。”

72TAM150：30,31《唐諸府衛士配官馬、馱殘文書二》：“育 善 府吳 □□。”

66TAM44：30/2《唐寫佛經疏釋殘卷二》：“□□出世唯漏無漏相違 善 性 □□。”

75TKM91：18（a）《北涼玄始十一年（422）馬受條呈爲出酒事》：“次出酒□斛,付孫 善,供帳內 □□。”

64TAM15：29/2《高昌延壽十四年康保謙買園券》：“□□從 善 祐邊買 □□。”

67TAM78：30《唐貞觀十四（640）西州高昌縣李石住等户手實（四）》：“□□東李 善 守,南官,西道 □□。”

72TAM151：104《高昌延和十二年（613）某人從張相憙等三人邊雇人歲作券》：“時見,□ 善 伯。”

64TAM5：52,55,60/1,60/10《唐諸户丁口配田簿（丙件）（九）》：“□□ 善 容,康知奴,二畝。”

72TAM151：57《高昌買馱、入練、遠行馬、郡上馬等人名籍》：“麴 善 亮、中郎顯仁、衛延紹。”

72TAM151：15《高昌義和二年（615）都官下始昌縣司馬主者符爲遣弓師侯尾相等詣府事》：“令! 吳 善 憙傳。”

72TAM151：52《高昌逭人史延明等名籍》："鹿門趙□□、諸 善 嘉、□□祐。"

TAMX2：03《□知德等名籍》："□□ 趙 善 得，趙漢 □□"

68TAM103：18/2－2（b），18/11－3（b）《高昌衛寺明藏等納錢帳（二）》："□□壹文，索寺 善 □□"

64TAM4：33《唐總章三年（670）左憧憙夏菜園契》："左憧憙於張 善 憙邊夏取張渠菜園壹所。"

64TAM4：41《唐總章三年（670）張善憙舉錢契》："武城鄉張 善 憙於左憧憙邊舉取銀錢肆拾文。"

鄯　shàn

72TAM188：78（a）《唐健兒鄯玄嶷、吳護陸等辭爲乘馬死失另備馬呈印事》："□□十一月日健兒 鄯 玄嶷、吳護陸等辭 □□"

膳　shàn

2004TBM115：10《古寫本〈千字文〉》："且（具） 膳 □飯，適口充腸，飽飫享宰，飢厭糟糠。"

按：饍，同"膳"。《玉篇》："饍，與膳同。"《集韻》："膳，或从食。"

shāng

商　shāng

64TAM29：99《武周請車牛人運載馬草蹋文書》："□□ 商 量者 □□"

傷　shāng

73TAM222：54/4（b），54/5（b）《唐寫〈禮記〉鄭氏注〈檀弓〉下殘卷》："始猶生念己不欲 傷 其 □□"

觴　shāng

60TAM332：6/1－1（a），6/1－2（a），6/1－36/2－1（b）（a）《唐寫本〈五土解〉》："車來就南坐，主人再拜，酌酒行 觴 。"

按：醠，同"觴"。《龍龕手鏡》："醠觴，上俗下正。"

shǎng

賞　shǎng

65TAM346：1《唐乾封二年（667）郭耄醜勳告（一）》："或北折淳維，或南梟徵側，功勳久著， 賞 册宜隆。"

shàng

上　shàng

75TKM96：18，23《北涼玄始十二年（423）兵曹牒爲補代差佃守代事》："信如所訴，請如事敕，當 上 幢日。"

59TAM301：17《唐貞觀末年闕門隨葬衣物疏》："□□有所 上 □□。"

80TBI：022《增壹阿含經（卷五〇）大愛道般涅槃品第五二》："至真、等正覺、明行足、善逝、世間解、無 上 士。"

80TBI：201《佛説觀藥王藥上二菩薩經》："□□ 上 方佛名□□。"

72TAM179：16/1（b），16/2（b）《唐寫〈尚書〉孔氏傳〈禹貢〉、〈甘誓〉殘卷》："勻（厥）土惟黄壤，勻（厥）田惟 上 上。"

尚　shàng

64TAM19：48《唐上元三年（676）西州都督府上尚書都省狀爲勘放還流人貫屬事（一）》："□□解並目上 尚 書省，都省。"

75TKM91：11/3《西涼建初四年（408）秀才對策文》："臣聞往古敦璞（樸），民無企 尚 ，内足而已。"

72TAM151：74（a）《古寫本〈晉陽秋〉殘卷》："□過猶俄（戢）翼，尚 何□於□蔚，翳薈蒙籠，是□□。"

按：此句張華《鷦鷯賦》作："鷹鸇過猶戢翼，尚何懼於置罼！翳薈蒙籠，是焉游集。"

73TAM222：57/1（a）《唐殘名籍一》："□□藏子 尚 □。"

67TAM78：34《唐西州蒲昌縣下赤亭烽帖爲覓失駝駒事》："□□右件□得 尚 藥使□□。"

shāo

稍　shāo

73TAM222：56/3（a），56/4（a）《唐殘判籍（三）（四）》："人數 稍 多□□。"

73TAM193：11（a）《武周郭智與人書》："守都面别 稍 賒，無由相見。"

65TAM341：22，23，24（a）《唐景龍三年（709）南郊赦文》："□□改 稍 近處，雜□□。"

72TAM230：46/2（b）《唐儀鳳三年（678）尚書省户部支配諸州庸調及折造雜練色數處分事條啟（二）》："□□非所管路程 稍 近，遣與桂府及欽州相知，準防人須糧支配使充。"

72TAM150：38《唐某人九月廿一日書牘》："見 稍 難。"

燒　shāo

80TBI：641a《妙法蓮華經（卷二）譬喻品第三》："長者聞已，驚入□□，方宜救濟，令無 燒 害。"

75TKM99：17《某家失火燒損財物表》："九月十四日，家人不慎，失火 燒 家。"

73TAM215：017/1－1《唐張惟遷等配役名籍（一）》："燒 炭五人。"

sháo

勺　sháo

2006TAM607：2－2《唐神龍二年（706）七月西州史某牒爲長安

三年（703）七至十二月軍糧破除、見在事》：“卌九石一斗八升五合六 勺 米。”

65TAM341：21《唐典焦玄素牒爲麥、粟帳事》：“四升一斗一合二 勺 。”

2006TAM607：2-2《唐神龍二年（706）七月西州史某牒爲長安三年（703）七至十二月軍糧破除、見在事》：“三千三百八十一石八斗合八 勺 粟。”

2006TAM607：2-2《唐神龍二年（706）七月西州史某牒爲長安三年（703）七至十二月軍糧破除、見在事》：“四百八十九石四斗五升九 勺 粟。”

67TAM91：19（b）《唐張赤頭等家口給糧三月帳》：“□□丁男，一日粟三升三合三 勺 。一人丁妻，一 □ 。”

67TAM91：19（b）《唐張赤頭等家口給糧三月帳》：“一人丁男，一日粟三升三合三 勺 。”

韶　sháo

67TAM363：8/1（a）之六《唐景龍四年（710）卜天壽抄孔氏本鄭氏注〈論語〉》：“ 韶 盡美矣，又盡善 □ 。”

shǎo

少　shǎo

72TAM179：16/1（b），16/2（b）《唐寫〈尚書〉孔氏傳〈禹貢〉、〈甘誓〉殘卷》：“田第一。賦第六。人功

少 也。”

64TAM29：110/1～110/6，120（a）《唐處分庸調及折估等殘文書（一）～（七）》：“折庸調多 少 及沽價高 □ 。”

65TAM341：30/1（a）《唐小德辯辭爲被蕃捉去逃回事》：“小德 少 解蕃語，聽賊語，明□擬發向駞嶺逐草。”

shào

召　shào

67TAM363：8/1（a）之七《唐景龍四年（710）卜天壽抄孔氏本鄭氏注〈論語〉》：“言［ 召 ］子渴道，無有醉飽之心，死而後已。”

按：召，疑爲衍字。

劭　shào

73TAM222：55（a））《唐寫〈千字文〉殘卷》：“ □ 綏吉 劭 ，矩 □ 。”

邵　shào

72TAM150：48《唐邵相歡等雜器物帳》：“ 邵 相歡七碗一。”

紹　shào

72TAM150：36《唐羊珍等殘名籍》：“ □ 氾 紹 意。”

66TAM61：22（b）《唐西州高昌縣上安西都護府牒稿爲録上訊

問曹禄山訴李紹謹兩造辯辭事（三）》：“依追李 紹 謹至，問得款：前 ☐ ”

66TAM61：16（b）《唐西州高昌縣上安西都護府牒稿爲録上訊問曹禄山訴李紹謹兩造辯辭事（七）》：“ 紹 謹既不知 ☐ ”

66TAM61：16（b）《唐西州高昌縣上安西都護府牒稿爲録上訊問曹禄山訴李紹謹兩造辯辭事（七）》：“ ☐ 禄山前告 紹 謹元不執 ☐ ”

66TAM61：24（b）《唐西州高昌縣上安西都護府牒稿爲録上訊問曹禄山訴李紹謹兩造辯辭事（六）》：“ ☐ 逢 紹 謹，若有胡共相逐，即合知見。”

72TAM151：97《高昌某年衛延紹等馬帳》：“ ☐ 任行 ☐ 馬，衛延 紹 馬 ☐ ”

72TAM151：60《高昌義和二年（615）七月馬帳（二）》：“ ☐ 王頭六兒赤馬，☐☐☐☐紫馬，衛延 紹 ☐ 留（驑）馬。”

72TAM151：59，61《高昌某年郡上馬帳》：“衛延 紹 留（驑）馬。”

72TAM151：57《高昌買駄、入練、遠行馬、郡上馬等人名籍》：“麴善亮、中郎顯仁、衛延 紹 。”

shē

奢　shē

67TAM363：8/1（a）之二《唐景龍四年（710）卜天壽抄孔氏本鄭氏注〈論語〉》：“禮，與其 奢 也，寧儉。”

67TAM363：8/1（a）一〇《唐景龍四年（710）卜天壽抄孔氏本鄭氏注〈論語〉》：“文仲 奢 侈如是。”

shé

蛇　shé

80TBI：641a《妙法蓮華經（卷二）譬喻品第三》：“毒 蛇 蚖蝮，及諸夜叉，鳩盤荼鬼，野干狐狗，鵰鷲鵄梟，百族之屬。”

按：虵，“蛇”俗。《玉篇》：“虵，正作蛇。”傳世文獻也多見，如《周禮》：“龜虵四斿，以象營室也。”曹植《大暑賦》：“虵折鱗於靈窟，龍解角於皓蒼。”

闍　shé

73TAM501：109/8 - 4《唐張義海等征鎮及諸色人等名籍（四）》：“竹 闍 利。”

65TAM42：66《唐西州高昌縣授田簿（一四）》：“白滿 闍 移户常部田拾畝。”

72TAM179：17/1～17/4《文書殘片》：“和 闍 利放書。”

shě

捨　shě

80TBI：063《佛説灌頂隨願往生十方浄土經（卷一一）》：“佛號日

不 捨 □ 。"

捨

80TBI：486《四分律比丘尼戒
本》："□ 僧殘法，障三十
捨 墮。"

捨

80TBI：517－1《優波離問佛經》：
"□ 波逸提。不犯者，不諫而
捨、狂、先作。"

捨

64TAM29：44《唐咸亨三年
（672）新婦爲阿公録在生功德
疏》："阿公乃即 捨 化。"

shè

社　shè

社

60TAM332：6/3《唐犯土禁忌
文》："戒□□祀 社 稷土。"

舍　shè

舍

80TBI：498－12《中阿含經（卷
五）捨梨子相應品智經第三》：
"□ 答 舍 梨子！復有□□"

舍

80TBI：052《妙法蓮華經（卷二）
譬喻品第三》："舍 利弗！以是
因緣，□□"

舍

66TAM44：11/3（a）《唐殘牒爲
市木修繕廢寺事》："院内亦有房
舍，墙壁□高□□"

舍

65TAM40：28《唐杜定歡賃舍
契》："舍 中並得□□"

舍

64TAM4：35（a）《唐瀵舍告死者
左懂憙書爲左懂憙家失銀錢事
（一）》："其瀵 舍 不得兄子錢。"

舍

64TAM4：35（a）《唐瀵舍告死者左
懂憙書爲左懂憙家失銀錢事
（一）》："其瀵 舍 好兄子邊受之往（枉）罪。"

舍

64TAM5：39《唐李賀子上阿郎、
阿婆書二（二）》："張將 舍 盡平
安在，張岳隆死。"

射　shè

射

67TAM91：27（a）《唐貞觀十七
年（643）何射門陀案卷爲來豐患
病致死》："何 射 門陀□□"

射

67TAM363：8/1（a）之四《唐景
龍四年（710）卜天壽抄孔氏本鄭
氏注〈論語〉》："射 不主皮，爲力不同科，
古之道。"

射

73TAM222：1（b）《唐中軍左虞
侯帖爲處分解射人事》："仍準人
數差解 射 主帥押領，限今日午時到者。"

射

64TAM29：25《唐垂拱元年（685）康
義羅施等請過所案卷（四）》：
"□□康紇槎，男 射 鼻，男浮你了。"

射

73TAM191：74（a）《唐軍府名籍》：
"□一人從次等進入步 射。"

涉　shè

涉

72TAM151：57《高昌買駞、入
練、遠行馬、郡上馬等人名籍》：
"張紹珍、張阿 涉、□伯珍、中主寺。"

涉

72TAM151：59,61《高昌某年郡
上馬帳》："張阿 涉 青馬。"

涉

72TAM151：62《高昌義和二年
（615）參軍慶岳等條列高昌馬鞍
韉帳》："將伯□下左 涉 沴壹具。"

按：沴，原件書作"泝"。

涉
72TAM230：67《武周天授二年（691）唐建進辯辭》："如 涉 虛誣，付審已後不合更執，既經再審確，請一依元狀勘當。"

赦 shè

救
65TAM341：22,23,24（a）《唐景龍三年（709）南郊赦文》：" ▢ 敢以 赦 前 ▢ "

設 shè

設
80TBI：641a《妙法蓮華經（卷二）譬喻品第三》："不受我教，將爲火害，即便思惟，設 諸方便。"

設
64TAM29：44《唐咸亨三年（672）新婦爲阿公録在生功德疏（三）》："《金光明經》一部，設 一七 ▢ "

設
72TAM201：33《唐咸亨五年（674）兒爲阿婆録在生及亡没所修功德牒》："延僧 設 供誦《大波若》一十遍。"

設
72TAM216：012/1《唐某縣供使破用帳》：" ▢ 孫大夫過，設 用 ▢ "

攝 shè

攝
66TAM44：30/1,30/10《唐寫〈唯識論注〉殘卷二》：" ▢ 而論非三性 攝 通以 ▢ "

攝
80TBI：488《四分戒本疏（卷一）》："前二時中位是能俱所 攝 。"

攝
2004TBM207：1－1《唐儀鳳三年（678）西州法曹牒功曹爲檢李恒讓去年功過事》：" ▢ 恒讓去年 攝 判倉

曹▢ ▢ "

攝
60TAM332：9/1－1《唐祭五方神文殘片一》："其某甲死鬼無繫屬處，故書名字▢▢方神，願爲禁 攝 ，莫史（使）犯人，速攝囚。"

攝
60TAM332：9/1－1《唐祭五方神文殘片一》："其某甲死鬼無繫屬處，故書名字▢▢方神，願爲禁攝，莫史（使）犯人，速 攝 囚。"

攝
67TAM363：8/1（a）之五《唐景龍四年（710）卜天壽抄孔氏本鄭氏注〈論語〉》：" ▢ ［官事］不 攝 ，焉德（得）檢（儉）乎？"

攝
2004TBM207：1－12b《唐上元三年（676）西州法曹牒功曹爲倉曹參軍張元利去年負犯事》：" ▢ 貼上件官 攝 ▢ "

攝
75TKM91：25《兵曹條往守白芳人名文書》一：" ▢ 次往領 攝 。"

shēn

申 shēn

申
73TAM509：19/2《武周天山府下張父師團帖爲新兵造幕事一》："先 申 大數，不得遲晚。"

申
73TAM507：013/4－1,4－2《唐曆》：" ▢ 四日壬 申 ▢ "

申
2004TAM395：4－2＋2004TAM395：4－3《唐垂拱二年西州高昌縣徵錢名籍全貌》：" ▢ 苟始，趙 申 行 ▢ "

身 shēn

身　72TAM226：53,54《唐開元十年(722)伊吾軍上支度營田使留後司牒爲烽鋪營田不濟事》："□□少差失,罪即及身,上下怕懼,專憂□□"

身　2004TBM207：1－12a《唐上元三年(676)西州法曹牒功曹爲倉曹參軍張元利去年負犯事》："□□司録奏禁身,至三年□□"

身　73TAM501：109/8－4《唐張義海等征鎮及諸色人等名籍(四)》："□□果毅沙鉢那仗身□□"

身　80TBI：401－1《四分戒本疏(卷一)》："□□便然身□□"

身　80TBI：016《四分戒本疏(卷一)》："□□如來,就根本□言不過有身口七惡,三因緣□□"

身　73TAM507：013/1《唐某人申狀爲注籍事》："□□邑身在□,如此□□"

身　73TAM507：013/1《唐某人申狀爲注籍事》："□□隨身給本爲供□□"

身　64TAM4：29(a)《唐咸亨四年左憧憙生前功德及隨身錢物疏》："憧憙身在之日告佛。"

身　66TAM61：16(b)《唐西州高昌縣上安西都護府牒稿爲録上訊問曹禄山訴李紹謹兩造辯辭事（七）》："□□契并在,炎延隨身作契□□"

身　75TKM96：18,23《北涼玄始十二年(423)兵曹牒爲補代差佃守代事》："箭工董祖□身死,請□□"

身　75TKM96：18,23《北涼玄始十二年(423)兵曹牒爲補代差佃守代事》："□□□信身單,請如事脱,以外

軍□□"

身　64TAM29：44 之七《唐咸亨三年(672)新婦爲阿公録在生功德疏》："又更爲阿公從身亡日,日畫佛一軀。"

身　68TAM108：20(a)之二《唐開元三年(715)西州營牒爲通當營請馬料姓名事一》："火長張神果,火内人付身。"

身　2004TAM396：14《唐開元七年(719)洪奕家書》："洪奕今身役苦,終不辭,唯愁老彼。"

家　2004TAM408：17《令狐阿婢隨葬衣物疏》："右尊鍾妻令狐阿婢隨身雜衣物凡種。"

身　75TKM96：43(a)《中部督郵殘文書》："稱身具私袍□□"

身　75TKM99：9(b)《高昌延昌二十二年(582)康長受從道人孟忠邊歲出券》："若長受身東西毛,仰婦兒上(償)。"

身　72TAM151：104《高昌延和十二年(613)某人從張相憙等三人邊雇人歲作券》："□□若相兒身獨□□"

身　66TAM61：23(b),27/2(b),27/1(b)《唐西州高昌縣上安西都護府牒稿爲録上訊問曹禄山訴李紹謹兩造辯辭事(二)》："□□有所歸,請乞禁身,與謹對當□□"

身　73TAM507：012/5《唐殘辭》："□□一處留身,亦不□□"

身　68TAM108：20(a)之一《唐開元三年(715)西州營牒爲通當營請馬料姓名事一》："火長張惠藏,付身□□"

参　shēn

參　67TAM363：8/1(a)之七《唐景龍四年(710)卜天壽抄孔氏本鄭氏注

〈論語〉》：" 參 乎！吾道壹以貫之哉。"

深　shēn

深　80TBI：656a《佛説灌頂摩尼羅亶大神咒經（卷八）》："□ 深 彌菩薩摩訶薩，和和菩薩。"

陳　80TBI：179《妙法蓮華經（卷三）藥草喻品第五》："智慧 深 遠□□"

㴱　80TBI：116《妙法蓮華經（卷二）譬喻品第三》："□獨善寂， 深 知□"

漾　80TBI：716a《妙法蓮華經（卷二）譬喻品第三》："□□本， 深 著苦因□□"

shén

神　shén

神　72TAM151：6《高昌重光元年（620）氾法濟隨葬衣物疏》："重光元年庚辰歲二月下旬，仏（佛）弟子某甲敬移五道大 神 。"

按：某，原件書作"厶"。

神　73TAM206：42/8 - 1《高昌威神城作子名籍》："□□ 神 城作子名□□"

神　60TAM332：9/1 - 1《唐祭五方神文殘片一》："其某甲死鬼無繫屬處，故書名字□□方 神 ，願爲禁攝，莫史（使）犯人，速攝囚。"

神　2006TAM607：2 - 4《唐神龍元年（705）六月後西州前庭府牒上州勾所爲當府官馬破除、見在事》：" 神 龍元年六月給當府折衝馬神禄趁賊致死，申州未報。"

神　60TAM332：9/1 - 1《唐祭五方神文殘片一》："敢告北方黑帝，紼（協）綱紀，恒山之 神 獸玄武。"

按：綱，原件作"經"。

神　72TAM188：76《唐神龍三年（707）殘牒》："□□ 神 龍三年正月廿九日主帥□□"

神　68TAM108：19(a)之二《唐開元三年（715）西州營典李道上隴西縣牒爲通當營請馬料姓名事》："火長張 神 果，火内人房儀。""第六隊火長周 神 力，火内人□□"

神　75TKM91：11/5《西涼建初四年（408）秀才對策文》：" 神 農種穀，軒轅造制。"

沙　73TAM206：42/2《唐光宅元年（684）史李秀牒爲高宗山陵賜物請裁事》："□□十月廿四日録事 神 都。"

shěn

沈　shěn

沈　73TAM206：42/9 - 30《唐課錢帳歷（二）》：" 沈 五廿四。"

審　shěn

審　72TAM230：67《武周天授二年（691）唐建進辯辭》："如涉虛誣，付 審 已後不合更執，既經再審確，請一依元狀勘當。"

　72TAM230：67《武周天授二年（691）唐建進辯辭》："仰更隱 審

一一具答，不得準前曲相府（符）會。"

67TAM91：27（a）《唐貞觀十七年（643）何射門陀案卷爲來豐患病致死》"謹 審 ，但門 ⬜⬜⬜ 得糧然 ⬜⬜ 。"

64TAM29：44《唐咸亨三年（672）新婦爲阿公録在生功德疏》"阿公生存在日功德， 審 思量記録。"

64TAM29：25《唐垂拱元年（685）康義羅施等請過所案卷（四）》"冒名假代等色以不者，謹 審 但了。"

72TAM230：67《武周天授二年（691）唐建進辯辭》"如涉虚誣，付審已後不合更執，既經再 審 確，請一依元狀勘當。"

65TAM42：40《唐缺名隨葬衣物疏》"雞鳴 審 （枕）一枚，玉團一霎（雙），脚靡（縻）一具。"

66TAM61：23（a），27/1（a），27/2（a）《唐麟德二年（665）婢春香辯辭爲張玄逸失盜事》" 審 ：但春香等身是突厥 ⬜⬜⬜ 。"

72TAM230：68《武周天授二年（691）郭文智辯辭》" ⬜⬜⬜ 審 答，擬憑檢 ⬜⬜ 。"

64TAM29：17（a），95（a）《唐垂拱元年（685）康義羅施等請過所案卷（一）》"仰答者：謹 審 。"

64TAM29：44《唐咸亨三年（672）新婦爲阿公録在生功德疏》"阿公每讀經思義，應 審 知之。"

shèn

甚　　shèn

80TBI：279《大方等陀羅尼經護戒分（卷四）》" ⬜⬜ 業 甚 爲 ⬜⬜ 。"

80TBI：126《別譯雜阿含經（卷一二）》"□〔擾〕亂於我， 甚 爲欺詐。"

73TAM222：54/4（b），54/5（b）《唐寫〈禮記〉鄭氏注〈檀弓〉下殘卷》" ⬜⬜ 甚 也。"

73TAM215：017/7《唐殘書牘四》" ⬜⬜ 所送板 甚 如 ⬜⬜ 。"

慎　　shèn

73TAM206：42/10－13，42/10－3《唐質庫帳歷》"宋守 慎 □月十九日取壹阡 ⬜⬜⬜ 。"

73TAM206：42/10－13，42/10－3《唐質庫帳歷》"文， 慎 。"

68TAM108：19（a）之三《唐開元三年（715）西州營典李道上隴西縣牒爲通當營請馬料姓名事》"火長李 慎 忠，火内人□愁。"

75TKM99：17《某家失火燒損財物表》"九月十四日，家人不 慎 ，失火燒家。"

75TKM90：20（a）《高昌主簿張縮等傳供帳》" ⬜⬜⬜ 出赤違一枚，付愛宗，與烏胡 慎 。"

shēng

升　　shēng

2006TZJ1：085，2006TZJ1：088《麴氏高昌斛斗帳》："□□十七斛七斗九升。"

2006TZJ1：085，2006TZJ1：088《麴氏高昌斛斗帳》："末，小麥五百卅七斛四斗三升半。"

67TAM363：8/1（a）之二《唐景龍四年（710）卜天壽抄孔氏本鄭氏注〈論語〉》："揖讓而升，下而飲，其爭也君子。"

2006TZJ1：085，2006TZJ1：088《麴氏高昌斛斗帳》："小麥七百卅一斛六斗三升半。"

2006TZJ1：085，2006TZJ1：088《麴氏高昌斛斗帳》："□□百一十一斛八斗二升半。"

67TAM91：30（b），29（b）《唐蘇海願等家口給糧三月帳》："□□小男，一日粟一升。"

67TAM91：19（b）《唐張赤頭等家口給糧三月帳》："□□丁男，一日粟三升三合三勺。"

72TAM230：49《武周天授二年（691）總納諸色逋懸及屯收義納糧帳》："五百九石三斗六升諸色逋懸。"

72TAM230：49《武周天授二年（691）總納諸色逋懸及屯收義納糧帳》："二石三斗六升青稞。"

2006TZJ1：085，2006TZJ1：088《麴氏高昌斛斗帳》："□□百七十斛八斗七升半□□"

73TAM222：54/4（b），54/5（b）《唐寫〈禮記〉鄭氏注〈檀弓〉下殘卷》："禮復□升屋北面也。"

2006TZJ1：080，2006TZJ1：078《麴氏高昌斛斗帳》："大麥一百

冊八斛五斗七升□□"

2006TZJ1：085，2006TZJ1：088《麴氏高昌斛斗帳》："□□五升，縻粟四百九十七斛四斗。"

73TAM509：8/27《唐城南營小水田家牒稿爲舉老人董思舉檢校取水事》："重澆三迴悖獨之流，不蒙升合，富者因滋轉贍，貧者轉復更窮。"

64TAM36：9《唐高昌縣史成忠帖爲催送田參軍地子并戭（戱）事》："畝別麥、粟各一石一斗四升。"

64TAM36：9《唐高昌縣史成忠帖爲催送田參軍地子并戭（戱）事》："畝別麥、粟各一石二斗五升。"

75TKM91：17《奴婢月廩麥賬》："奴子虎生一人，日給稟麥二升，合□□陸斗。"

67TAM91：30（b），29（b）《唐蘇海願等家口給糧三月帳》："一丁男，一日粟三升三合□□□□人丁妻，一日粟□。"

2006TZJ1：085，2006TZJ1：088《麴氏高昌斛斗帳》："小麥一千三百□十□斛四斗二升半。"

2006TZJ1：085，2006TZJ1：088《麴氏高昌斛斗帳》："□□百廿三斛二斗半升，大麥二百□□"

生　　shēng

60TAM332：6/4－1《唐犯諸鬼禁忌文（一）》："□□是暘生□□"

75TKM91：18（b）《建平五年祠□馬受屬》："張軒得，范□□，宋奉國，□康生，蔡宗，宋□彊，馬定明等，

在□□役。”

生
　　75TKM99：6(b)《義熙五年道人
　　弘度舉錦券》：“要到十月卅日還
償錦半張，即交與錦 生 布八縱（縫）
一匹。”

生
　　75TKM96：44(a)《兵曹注録承
　　直、補馬子等事抄目》：“□□郭
氏 生 由來長病不任□□”

生
　　64TAM4：34《唐龍朔元年（661）
　　龍惠奴舉練契》：“月別 生 利練
肆疋。”

生
　　64TAM4：39《唐乾封元年（666）
　　鄭海石舉銀錢契》：“月別 生 利
錢壹文半。”

生
　　64TAM4：41《唐總章三年（670）
　　張善憙舉錢契》：“每月 生 利錢
肆文。”

昇　shēng

昇
　　73TAM509：8/2(b)《唐西州道
　　俗合作梯蹬及鐘記》：“衙官將軍
趙獻璋、張承暉、王休 昇 等，溢氣雄圖，懷
奇妙略，行資孝悌，文翰芳猷。”
　　按：圖，原件作“啚”。等，作“芋”。

昇
　　2006TZJ1：080，2006TZJ1：078
　　《麴氏高昌斛斗帳》：“□□小麥
一千七斛九斗六升□□□斛一斗貳 昇
（升）半。”

昇
　　72TAM151：95《高昌延和八年
　　七月至延和九年六月錢糧帳》：
“□□逋錢柒遷（千）□□□中半，麥伍
斛捌 昇 （升）。”

昇
　　2006TZJ1：087，2006TZJ1：077
　　《麴氏高昌張廷懷等納斛斗帳》：
“□□成 折 壹斛究（九）兜（斗）究（九）昇

（升），憧海師陸兜（斗）究（九） 昇 （升）。”
　　按： 折 ，未識字，逐録原字形。下同。

昇
　　2006TZJ1：087，2006TZJ1：077
　　《麴氏高昌張廷懷等納斛斗帳》：
“□□成 折 壹斛究（九）兜（斗）究（九）
昇 （升），憧海師陸兜（斗）究（九）昇
（升）。”

聲　shēng

聲
　　80TBI：669a《大方廣華嚴十惡品
　　經》：“□□ 聲 語，比丘酒家者，
□□”

聲
　　72TAM179：16/4(b)，16/5(b)，
　　16/6(b)，16/7(b)《唐寫〈尚書〉
孔氏傳〈禹貢〉、〈甘誓〉殘卷》：“朔南暨 聲
教訖於四海。”

聲
　　72TAM201：33《唐咸亨五年
　　（674）兒爲阿婆録在生及亡没所
修功德牒》：“至今經 聲 不絶。并誦《大波
若》一遍。”

聲
　　64TAM29：44《唐咸亨三年
　　（672）新婦爲阿公録在生功德疏
（三）》：“昨從初七後還屈二僧轉讀，經 聲
不絶，亦二時燃燈懺悔。”

聲
　　2006TAM607：2－4《唐神龍元
　　年（705）六月後西州前庭府牒上
州勾所爲當府官馬破除、見在事》：“三疋，
長安四年六月給論（輪）臺 聲 援兵隨北庭
討擊軍不迴。”

shéng

繩　shéng

73TAM509：8/2（b）《唐西州道俗合作梯蹬及鐘記》："簿馬瓊、尉衛綜、阮玉等寮彩咸斯水鏡，群司仰其朱繩。"

shěng

省　shěng

72TAM188：86（a）（b）《唐西州都督府牒爲請留送東官馬填充團結欠馬事》："□□健兒馬，一則省費蒭料，二乃馬□□□"

73TAM210：136/4－1《唐總計練殘文書（一）》："書省□□□七日牒稱奉□□□"

64TAM19：48《唐上元三年（676）西州都督府上尚書都省狀爲勘放還流人貫屬事（一）》："□□解並目上尚書省，都省。"

2004TBM207：1－8a《唐文書殘片》："□□□省□□□"

73TAM210：136/2－1，136/2－2《唐安西都護府運糧殘文書》："□□倉曹被省□□□"

shèng

晟　shèng

75TKM96：18，23《北涼玄始十二年（423）兵曹牒爲補代差佃守代事》："□□范晟□佃，請以外軍張成代晟。"

75TKM96：18，23《北涼玄始十二年（423）兵曹牒爲補代差佃守代事》："□□范晟□佃，請以外軍張成代晟。"

75TKM91：3/1（a），3/，2（a）《蔡暉等家口籍》："索晟五口。"

乘　shèng

67TAM363：8/1（a）之九《唐景龍四年（710）卜天壽抄孔氏本鄭氏注〈論語〉》："由也！仟乘之國□□□"

67TAM363：8/1（a）之九《唐景龍四年（710）卜天壽抄孔氏本鄭氏注〈論語〉》："求也！仟室之邑，百乘之家，可史（使）爲之□□□"

67TAM363：8/1（a）一〇《唐景龍四年（710）卜天壽抄孔氏本鄭氏注〈論語〉》："□□馬拾乘，棄而違之。"

59TAM304：7/3《唐雜器物車輛殘帳（三）》："□□車兩乘納寶□□□"

盛　shèng

80TBI：019《增壹阿含經（卷五〇）大愛道般涅槃品第五二》："人民熾盛，不可稱計。"

73TAM215：017/5－1《唐馮懷盛等夫役名籍（一）》："馮懷盛。"

剩　shèng

73TAM193：15（b）《唐天寶某載（749—756）行館器物帳》："已上物天八春夏覆 剩 附。"

2006TAM607：2－4《唐景龍三年（709）後西州勾所勾糧帳》："一斗二升粟，州倉景二年秋季 剩 給兵驢料。"

勝　shèng

80TBI：686a《阿毗達磨大毗婆沙論（卷一五二）根蘊第六中等心納息第四之二》："□□ 勝 滅故餘□□。"

72TAM226：85/1～85/3《唐伊吾軍諸烽鋪受貯糧食斛斗數文書一》："□□叁碩玖斗貳 勝 （升）伍合豆，波色多烽。"

64TAM5：81，82《唐李賀子上阿郎、阿婆書三》："□□將 勝 麻四兩□□時檢校取，若□。"

67TAM78：49/1《唐食粟殘賬》："□□五斗肆 勝 （升）□□。"

　　按：斗，原件作"斳"。

72TAM230：49《武周天授二年（691）總納諸色逋懸及屯收義納糧帳》："□授二年臘月廿日以前總納諸色逋懸及屯收義納糧總叁阡（千）柒伯捌拾陸碩貳斗壹 勝 （升）。"

80TBI：087《金光明經（卷三）除病品第一五》："□□ 勝 端正第一，形色微妙，威德具足。"

59TAM304：7/1《唐雜器物車輛殘帳（一）》："□□斗 勝 （升）各壹。"

72TAM179：16/1（b），16/2（b）《唐寫〈尚書〉孔氏傳〈禹貢〉、〈甘誓〉殘卷》》："不可 勝 名，故以山言。"

72TAM188：58/1《唐開元四年（716）玄覺寺婢三勝除附牒（一）》："□□婢三 勝 □□。"

64TAM29：44《唐咸亨三年（672）新婦爲阿公録在生功德疏》："出離三界，求 勝 （昇）上界。"

69TKM39：9/4（a）《唐貞觀二十一年（647）帳後□苟户籍》"女 勝 連年□□。"

聖　shèng

67TB：1－2－2《大乘瑜伽金剛性海曼殊室利千臂千鉢大教王經（卷六）》："□□摩地 聖 慧□□。"

80TBI：784a－5《大乘瑜伽金剛性海曼殊室利千臂千鉢大教王經（卷六）》："□□摩地 聖 智□□。"

80TBI：079a《道藏〈通玄真經〉（卷三）〈九守篇〉殘片》："□□由識之矣，故 聖 人愛而□□。"

80TBI：481《妙法蓮華經（卷二）譬喻品第三》："□□一種 聖 所稱□□。"

72TAM151：59，61《高昌某年郡上馬帳》：" 聖 義寺赤馬……合六十七匹。"

72TAM151：57《高昌買駄、入練、遠行馬、郡上馬等人名籍》："□□ 聖 □寺、范願祐□□。"

65TAM40：28《唐杜定歡賃舍契》："歡從證 聖 寺三綱僧練伯邊賃取裏舍中上下房五口。"

64TAM15：17《五唐貞觀十四年張某夏田契》："治渠 聖 道張

72TAM151：99，100《高昌合計馬額帳（一）》："麴善亮、田衆歡、董伯珍、王□□、匡買得、聖儀寺弘□□。"

75TKM91：11/6《西涼建初四年（408）秀才對策文》："臣以爲倉頡觀鳥跡以立文字，聖人通玄，示（亦）有所因。"

3TAM222：16《武周證聖元年（695）殘牒》："證聖元年三月廿九日。"

按：例字即"聖"，武周新字。

shī

尸　shī

80TBI：119《四分律比丘戒本》："□□伽婆尸沙□□"

80TBI：019《增壹阿含經（卷五〇）大愛道般涅槃品第五二》："尸佛者衆相具足，是一切人良祐福田。"

失　shī

66TAM59：4/2－4（a），4/2－5（a）《北涼玄始十二年（423）失官馬賣賠文書一》："□□亡失官馬。"

65TAM42：48（a）《古寫本〈鍼法〉殘片》："丈夫失精，中極〔主之〕□□"

按：據今本《鍼灸甲乙經》補。

80TBI：488《四分戒本疏（卷一）》："其心雖在惡無記中，本所

作業，不名漏失。"

75TKM99：17《某家失火燒損財物表》："九月十四日，家人不慎，失火燒家。"

72TAM151：104《高昌延和十二年（613）某人從張相憙等三人邊雇人歲作券》："□□者，亡失作具，犯人苗□□□□不知。"

72TAM151：15《高昌義和二年（615）都官下始昌縣司馬主者符爲遣弓師侯尾相等詣府事》："期此月九日來□□，不得違失，承旨奉行。"

73TAM193：11（a）《武周郭智與人書》："見待須存此意勿失，貳拾日，郭智訊。"

施　shī

65TAM346：1《唐乾封二年（667）郭毫醜勳告（二）》："請奉詔付外施行，謹言。"

64TAM29：44《唐咸亨三年（672）新婦爲阿公錄在生功德疏》："馬一疋布施佛。"

64TAM29：44《唐咸亨三年（672）新婦爲阿公錄在生功德疏》："右件物今二月廿一日對衆布施三寶，亦願知。"

64TAM29：44《唐咸亨三年（672）新婦爲阿公錄在生功德疏》："阿公患日將綿一屯布施孟禪師。"

72TAM226：53，54《唐開元十年（722）伊吾軍上支度營田使留後司牒爲烽鋪營田不濟事》："曹判：近烽者，即勒營種，去地遠者，不可施功。"

64TAM29：24《唐垂拱元年（685）康義羅施等請過所案卷

（四)》："康尾義羅 施 ，年卅；作人曹伏磨 □ "

64TAM29：17（a），95（a）《唐垂拱元年（685）康義羅施等請過所案卷（一）》："但羅 施 等並從西來。"

64TAM29：17（a），95（a）《唐垂拱元年（685）康義羅施等請過所案卷（一）》："□ 義羅 施 年卅。"

71TAM188：85《唐西州都督府牒爲便錢酬北庭軍事事》："□ 遂取突騎 施 首領多亥烏 □ "

64TAM29：44《唐咸亨三年（672）新婦爲阿公錄在生功德疏》："右前件物布 施 見前大衆。"

80TBI：088《金光明經（卷三）除病品第一五》："□ 於所住處 施 五 □ "

80TBI：264《十誦比丘波羅提木叉戒本》："□ 比丘 施 一食處"

80TBI：247《妙法蓮華經（卷二）譬喻品第三》："□ 施 其"

67TAM363：8/1（a）之七《唐景龍四年（710）卜天壽抄孔氏本鄭氏注〈論語〉》："惡不仁者，必遠之；不仁之仁（人）不得 施 非於己之。"

按："方"俗寫爲"木"，《碑別字新編》引《晉王閭之墓誌》"施"字書同此。

67TAM363：8/1（a）之六《唐景龍四年（710）卜天壽抄孔氏本鄭氏注〈論語〉》："木鐸 施 政教時所振。"

按：杝，爲"施"之訛誤字。

67TAM363：8/1（a）之七《唐景龍四年（710）卜天壽抄孔氏本鄭氏注〈論語〉》："己所不欲，物（勿） 施 於仁

（人)。"

師 shī

73TAM208：12《唐人習字》："不得與 師 書耳但衛不能拔賞隨。"

66TAM61：23（b），27/2（b），27/1（b）《唐西州高昌縣上安西都護府牒稿爲録上訊問曹禄山訴李紹謹兩造辯辭事（二）》："客京 師 ，有家口在。"

2002TJI：003《妙法蓮華經卷四提婆達多品第一二》："爾時文殊 師 利坐千 □ "

TAMX2：01《□歡下等名籍》："□ 師 ，趙海 □ "

72TAM151：99，100《高昌合計馬額帳（一）》："□ 歡岳、中郎 師 苟、□□□□阿婆奴、□□伯、竺惠 □ "

73TAM524：32/2－2《高昌永平二年（550）十二月卅日祀部班示爲知祀人上名及謫罰事》："□郎 師 奴、參軍忠順、將禪奴 □ "

72TAM201：33《唐咸亨五年（674）兒爲阿婆錄在生及亡没所修功德牒》："文軌法 師 邊講《法華》一部。"

72TAM201：33《唐咸亨五年（674）兒爲阿婆錄在生及亡没所修功德牒》："延法 師 曇真往南平講《金光明經》一遍。"

73TAM206：109/13－6，42/9－26《唐課錢帳歷》："禪 師 六十。"

64TAM29：44《唐咸亨三年（672）新婦爲阿公錄在生功德疏》："阿公患日將綿一屯布施孟禪 師 。"

師　73TAM509：19/15（a）《武周天山府下張父師團帖爲勘問右果毅闕職地子事》："□□尉張父 師 團□□。"

師　67TAM78：20（b）《唐李悦得子等户主名籍》："□□妻良 師 女，户主索牛□□。"

師　72TAM150：47《唐牛懷願等雜器物帳》："孫父 師 子小百師一。"

师　73TAM509：8/2（b）《唐西州道俗合作梯蹬及鐘記》："道門威儀氾栖霞、鍊 師 陰景陽等道體清虚，逍遥物外。"

师　68TAM108：19（a）之二《唐開元三年（715）西州營典李道上隴西縣牒爲通當營請馬料姓名事》："火長 师 神意，火内人段結。"

师　2004TBM113：6－1＋2004TBM113：6－1（背面）《唐龍朔二年（622）正月西州高昌縣思恩寺僧籍》："《法華》五卷，《藥 師 》一卷，《佛名》一卷。"

师　73TAM206：42/9－27《唐課錢帳歷》："張 師 卌五，張二卅，張三卌五。"

師　73TAM206：42/9－8《唐課錢帳歷（三〇）》："張 師 卅五；張二卅；張三卌五，欠七。"

陈　2006TZJ1：087，2006TZJ1：077《麴氏高昌張廷懷等納斛斗帳》："憧海 師 陸兜（斗）宄（九）昇（升）。"

师　2006TZJ1：087，2006TZJ1：077《麴氏高昌張廷懷等納斛斗帳》："□□叁兜（斗），左 師 壹斛，善富□□。"

师　64TKM1：50《唐西州高昌縣順義等鄉勘田簿（三）》："田阿父

師 田東渠，西大女田衆暉，南張海子，北范明歡，合田四畝半。"

阴　72TAM151：59,61《高昌某年郡上馬帳》："康 師 子白馬。"

阴　72TAM151：59,61《高昌某年郡上馬帳》："康 師 兒赤馬……合六十七匹。"

師　72TAM151：56《高昌買駄、入練、遠行馬、郡上馬等人名籍》："虎牙僧寔、虎牙 師 得。"

　　按：寔，原件書作"寔"。

阴　72TAM151：57《高昌買駄、入練、遠行馬、郡上馬等人名籍》："康 師 子、嚴馬寺、康寺。"

絁　shī

絁　72TAM151：14《高昌義和元年（614）高懷孺物名條疏》："紫綾壹領，黄練裏；黄□□，白練裏；支 絁 裙壹，無腰。"

絁　72TAM151：102,103《高昌作頭張慶祐等偷丁谷寺物平錢帳》："□張慶祐子作頭，田地□□□□從，二人合偷丁谷寺□□奴 絁 二匹半。"

　　按：谷，原件書作"峪"。

絁　72TAM230：46/1（a）《唐儀鳳三年（678）尚書省户部支配諸州庸調及折造雜練色數處分事條啟（一）》："情願輸綿絹 絁 者聽，不得官人，州縣公廨典及□□。"

絁　64TAM29：44《唐咸亨三年（672）新婦爲阿公録在生功德疏》："生 絁 長袖一腰。"

絁　73TAM206：42/10－7《唐質庫帳歷》："□□故緋 絁 被表

"絁"

73TAM206：42/10－14,42/10－9《唐質庫帳歷》："□□破黄絁。"

"絁"

73TAM206：42/10－13,42/10－3《唐質庫帳歷》："皂絁破單幞裏。"

67TAM363：8/1（a）之八《唐景龍四年（710）卜天壽抄孔氏本鄭氏注〈論語〉》："子謂公冶萇：'可妻也，雖在縲絁（紲）之中，非其罪。'"

按：絁，"紲"之形訛。

73TAM206：42/10－12《唐質庫帳歷》："青絁單裙一。"

詩　shī

66TAM59：4/1（a）《古寫本〈毛詩關雎序〉》："志也，在心爲志，發言爲詩。"

2006TSYIM4：2－2《古寫本〈詩經〉》："天下喜於王化復行，百姓見憂，故作是詩也。"

濕　shī

66TAM61：17（b）《唐西州高昌縣上安西都護府牒稿爲録上訊問曹禄山訴李紹謹兩造辯辭事（一）》："□□禾，妻不便水土，又地下濕，遂□□。"

shí

十　shí

65TAM39：20《前涼升平十一年王念賣駝券》："升平十一年四

月十五日，王念以兹駝賣與朱越，還得嘉駝，不相貼移。"

72TAM151：6《高昌重光元年（620）氾法濟隨葬衣物疏》："持佛五戒，專修十善。"

什　shí

2006TAM607：2－4 背面十2006TAM607：2－5 背面《唐景龍三年（709）後西州勾所勾糧帳》："五石三斗粟，王什住禄納天山縣。"

石　shí

66TAM59：4/6《北涼神璽三年（399）倉曹貸糧文書》："□□主者趙恭、孫殷，今貸梁石□□。"

72TAM151：6《高昌重光元年（620）氾法濟隨葬衣物疏》："細錦萬匹，石灰一斛，五穀具。"

72TAM179：16/1（b），16/2（b）《唐寫〈尚書〉孔氏傳〈禹貢〉、〈甘誓〉殘卷》："積石山在金城西南。"

80TBI：203《大智度論（卷一五）釋初品中毗梨耶波羅蜜義第二六》："□□決大石不□□。"

73TAM507：012/1《唐某人申狀爲欠練、駝、馬事》："□□匃息并史石奴家奴□□。"

64TAM5：52，55，60/1，60/10《唐諸户丁口配田簿（丙件）（九）》："鄭海石，年十六，一畝。"

72TAM228：14《唐保人石杯娑等殘契》："□□保人石□娑□肆拾□□。"

拾　shí

63TAM1：18《罰毯文書》："□毯貳拾貳張入官，民□"

75TKM91：16（a）《祠吏翟某呈爲食麥事》："□食麥拾久（玖）斛貳斗。"

64TAM15：29/2《高昌延壽十四年康保謙買園券》："□拾錢後生錢□"

67TAM78：35《唐西州蒲昌縣糧帖三》："縻拾□"

69TKM39：9/6（a）《唐貞觀年間（640—649）西州高昌縣手實一》："□籍田柒拾玖畝一百二□□。"

72TAM226：91/1,91/2《唐殘文書一》："□叁佰叁拾玖□"

73TAM206：42/10－5/10－17《唐質庫帳歷》："正月十九日取捌拾文。"

68TAM103：18/2－2（b），18/11－3（b）《高昌衛寺明藏等納錢帳（二）》："□拾□"

72TAM151：95《高昌延和八年七月至延和九年六月錢糧帳》："□拾捌文□□究（九）拾肆文半。"

72TAM151：95《高昌延和八年七月至延和九年六月錢糧帳》："□次依案除錢貳□□拾伍□□□。"

72TAM151：95《高昌延和八年七月至延和九年六月錢糧帳》："藏政錢貳拾伍文半，中□，□□在藏，案

除□額在民□□"

72TAM151：62《高昌義和二年（615）參軍慶岳等條列高昌馬鞍轡帳》："都合馬案（鞍）□貳拾貳具。"

72TAM151：102,103《高昌作頭張慶祐等偸丁谷寺物平錢帳》："小麥拾貳□□。"

72TAM188：71《唐神龍三年（707）和湯牒爲被問買馬事（一）》："□壹拾叁疋□□"

73TAM206：42/10－11《唐質庫帳歷》："□馬四娘正月十九日取肆拾伍文。"

73TAM206：42/10－2《唐質庫帳歷》："□阿四正月十八日取伍拾文。"

72TAM228：14《唐保人石杯娑等殘契》："□保人石□娑□肆拾□"

食　shí

80TBI：505－2《中阿含經（卷四四）根本分別品鸚鵡經第九》："□衛乞食，展□"

67TB：1－2－1《大乘瑜伽金剛性海曼殊室利千臂千鉢大教王經（卷六）》："□供養食入道場人衆僧等□"

72TAM151：70《〈千字文〉習字殘卷（二）》："□食□化被□"

72TAM151：68《〈千字文〉習字殘卷（一）》："鳴鳳在樹，白駒食□［場］，化被草木。"

食　80TBI：507 - 1《囉嚩孥説救療小
兒疾病經（卷一）》："☐☐種種
上味肉 食 及 ☐☐☐"

食　65TAM42：10，73《唐永徽元年
（650）嚴慈仁牒爲轉租田畝請給
公文事》："今春三月，糧 食 交無，逐（遂）
將此田租與安横延。"

食　67TAM363：8/1（a）之六《唐景
龍四年（710）卜天壽抄孔氏本鄭
氏注〈論語〉》："君子無終 食 之 ☐☐"

食　73TAM193：15（b）《唐天寶某載
（749—756）行館器物帳》："破斑
牒 食 單伍條。"

食　73TAM206：42/9 - 17（a）《唐課
錢帳歷（二六）》："☐☐田十一
取八十二付 食（入計）。"

按：括號内爲原文旁注字。計，原件
書作"計"。

食　73TAM206：42/9 - 27《唐課錢帳
歷》："許過寒 食 五日内分付了。"

食　75TKM91：16（a）《祠史翟某呈
爲食麥事》："☐ 食 麥拾久（玖）
斛貳斗。"

食　73TAM206：42/9 - 1（b）《唐課
錢帳歷》："食 卅六更十九文。"

食　72TAM150：48《唐邵相歡等雜
器物帳》："☐☐康案德 食 單。"

食　60TAM317：30/6（a），30/10（a）
《唐趙蔭子博牛契》："☐☐内不
食 水草，任還本 ☐☐"

食　60TAM330：26/1《唐總章元年
（668）趙惡仁佃田契》："☐☐佃
食，年别畝與 ☐☐"

時　shí

時　80TBI：022《增壹阿含經（卷
五〇）大愛道般涅槃品第五二》：
"爾 時，世界名槃頭摩 ☐☐"

時　80TBI：669a《大方廣華嚴十惡品
經》："爾 時，世尊高迦葉菩 ☐☐"

時　80TBI：088《金光明經（卷三）除
病品第一五》："爾 時，有佛出現
於世。"

時　80TBI：019《增壹阿含經（卷
五〇）大愛道班涅槃品第五二》：
"行諸街巷中 時，有居士婦亦復端政（正）
☐☐"

時　75TKM91：11/5《西涼建初四年
（408）秀才對策文》："☐至三代，
質文損益，時 移世變，淳風乃弊。"

時　64TAM19：39（a），42（a），43（a）
《唐永徽二年（651）牒爲徵索送
冰井芳銀錢事》："今藏冰 時 至，☐☐
者送向冰井，又 ☐☐"

時　73TAM507：013/1《唐某人申狀
爲注籍事》："☐☐濟 時 ☐☐"

時　65TAM42：48（b）《唐龍朔三年
（663）殘文書》"☐☐漸 時 戀
☐"

時　66TAM61：23（b），27/2（b），27/
1（b）《唐西州高昌縣上安西都護
府牒稿爲録上訊問曹禄山訴李紹謹兩造
辯辭事（二）》："問禄山得款；李謹當 時 共
兄同伴，向弓月 ☐☐"

時　64TAM5：39《唐李賀子上阿郎、
阿婆書二（二）》："虎憙來 時 得
重小刀一合。"

時　72TAM151：13《高昌義和三年
（616）氾馬兒夏田券》："時 見馮
☐"

73TAM519：19/2－2《高昌麴季悦等三人辭爲請授官階事》："□官，加是麴王族姓，依舊法 時 ，若□"

65TAM39：20《前涼升平十一年王念賣駝券》："時 人樺顯豐，書券李道伯共□"

60TAM327：05/1《唐永徽六年（655）趙羊德隨葬衣物疏》："時 見李正谷答示□。"

72TAM151：104《高昌延和十二年（613）某人從張相熹等三人邊雇人歲作券》："時 見，□善伯。"

72TAM151：55《高昌田相祐等名籍》："□田相祐、趙天願、賈 時 祐。"

64TAM4：33《唐總章三年（670）左憧憙夏菜園契》："若到佃 時 不得者，壹罰貳入左。"

鉙　shí

59TAM305：8《缺名隨葬衣物疏》："鍮 鉙 釵一雙。"

按：鉅，此字疑"鉙"誤書。"鉅"，《説文》："大剛也。"桂馥《義證》謂："加剛也。"以大剛之物爲婦女頭上釵飾，不通。蔣斧印本《唐韻殘卷》《玉篇》《廣韻》並云："鉙，鍮鉙。"《集韻》："鉙，鍮鉙，以石藥治銅。"也作"鍮石"，P.3391《雜集時用要字》、Дx.2822《雜集時用要字》、S.617《俗務要名林》並有"鍮石"。《慧琳音義》卷八九引《埤蒼》："鍮石，似金者。"又引《考聲》："鍮石似金，西國以銅鐵雜藥合爲之。"鍮鉙釵，謂以鍮鉙製造的釵。鍮之言偸也，故似金者谓之鍮，非真金也。《慧琳音義》卷

一五："鍮石：案偸石者，金之類也，精於銅，次於金上好者，與金相類，出外國也。"《書鈔》卷五五引《山公啟事》："衛翌爲少府丞，甚有頓益，後坐賣偸石事免官。"又卷九九引《任子》："有黃金，則偸石□；有明珠，則魚眼興。故一真起而萬僞動，一利立而萬詐生也。"73TAM 507：012/3《唐殘書牘》："且帶偸石腰帶。"皆正作本字"偸"。《吐魯番出土文書》録作"鉙"。

實　shí

72TAM233：15/1《相辭爲公共乘艾與社慶毯事》："今被召審正，事 實 如此，從官分處。"

68TAM103：18/9（a）《唐貞觀某年西州某鄉殘手實》："被責當戶手 實 □"

68TAM103：20/1（a）《唐西州某鄉戶口帳（草）》："□ 實 ，後若□"

80TBI：156b《大智度論（卷二）初品中婆伽婆釋論第四》："□衆生入於無我 實 相空□□。"

80TBI：163《妙法蓮華經（卷二）譬喻品第三》："□心聽，諸佛 實 法□"

72TAM209：91（a）《唐貞觀十七年（643）符爲娶妻妾事（二）》："戶曹參軍 實 心。"

按：參，原件書作"叅"。

64TAM29：44《唐咸亨三年（672）新婦爲阿公録在生功德疏》："在生產業、田園、宅舍、妻子、男女奴婢等物，並是虛花，皆無真 實 。"

72TAM230：67《武周天授二年（691）唐建進辯辭》："據此,明知告皆是 實 ,未知前款因何拒諱?"

72TAM188：74(a)《唐被問領馬事牒》："□□ 上件馬有 實 ,欲將□□"

2006TAM607：4a《唐神龍三年（707）正月西州高昌縣開覺寺手實》："牒被責令,通當寺手 實 ,僧數、年名、部曲。"

72TAM230：66《武周天授二年（691）安昌合城老人等牒爲勘問主簿職田虛實事》："問合城老人、城主、渠長、知田人等,主薄(簿)去年實種幾畝麥,建進所注虛 實 ,連署狀通者。"

按：年,原件爲武周新字。

65TAM346：2《唐上元二年（675）府曹孝通牒爲文峻賜勳事》：" 實 給牒,任爲公驗者。"

66TAM44：11/5《唐貞觀十九年（645）牒爲鎮人馬匹事》："□□ 實 ,謹牒。"

64TAM29：25《唐垂拱元年（685）康義羅施等請過所案卷（四）》："求受依法罪,被問依 實 謹□。"

72TAM188：74(a)《唐被問領馬事牒》："□□ 營被問依 實 謹牒。"

66TAM61：16(b)《唐西州高昌縣上安西都護府牒稿爲錄上訊問曹禄山訴李紹謹兩造辯辭事（七）》："共畢娑相打,□捉將向城是 實 。"

識　shí

80TBI：040b《妙法蓮華經（卷二）譬喻品第三》："淺 識 聞之,

迷惑不解。"

67TAM84：22《高昌都官殘奏二》："□□ 列入官藏錢文數列別如右記 識 奏諾奉 □□"

80TBI：128《阿毗達磨大毗婆沙論（卷九二）結蘊第二中十門納息第四之二二》："□□ 緣緣 識 □□"

66TAM44：30/1,30/10《唐寫〈唯識論注〉殘卷二》："何故六 識 通於三性。"

66TAM44：30/1,30/10《唐寫〈唯識論注〉殘卷二》："□□ 无□□答曰六 識 □□"

60TAM317：30/6(a),30/10(a)《唐趙蔭子博牛契》："□□ 後有人寒盜 識 □□"

72TAM230：46/1(a)《唐儀鳳三年（678）尚書省戶部支配諸州庸調及折造雜練色數處分事條啟（一）》："□□ 其州縣官人及親 識 并公 □□"

65TAM341：77-1（背面）《唐辯辭爲李藝義佃田事》："被康宗隨段租卻,不 識 佃人 □□"

66TAM61：25《唐西州高昌縣上安西都護府牒稿爲錄上訊問曹禄山訴李紹謹兩造辯辭事（八）》："舉炎延練是實不虛,比爲不 識 禄 □□"

72TAM171：12(a),17(a),15(a),16(a),13(a),14(a)《高昌延壽十四年（637）兵部差人看客館客使文書》："次良朱 識 ,付畦亥生,用看漢客張小 □□"

shǐ

史　shǐ

史

67TAM363：8/1(a)之九《唐景龍四年（710）卜天壽抄孔氏本鄭氏注〈論語〉》："軍賦可 史 （使）治之者言其才，任 ▢▢ "

史

75TKM96：18，23《北涼玄始十二年（423）兵曹牒爲補代差佃守代事》："張欑▢、道▢▢、兵曹掾張龍、 史 張▢白。"

史

75TKM91：20(a)《兵曹行罰幢校文書》：" ▢▢ 預 史 毛恩白：幢▢▢興周次皆應專在▢▢▢承望。"

史

72TAM151：59，61《高昌某年郡上馬帳》："兵曹掾趙茗、 史 瞿富白：謹條次往海守人名在右。"

史

72TAM151：59，61《高昌某年郡上馬帳》："振武長 史 赤馬。"

史

72TAM151：59，61《高昌某年郡上馬帳》："焦長 史 赤馬，校郎延護留（騮）馬，合六十七匹。"

史

72TAM151：56《高昌買駄、入練、遠行馬、郡上馬等人名籍》："辛明護、 史 凌江、校尉相明、▢▢保悦、麴阿住。"

史

73TAM507：013/7《唐史宋端殘文書》：" ▢▢ 日， 史 宋端▢▢ "

史

73TAM206：42/2《唐光宅元年（684）史李秀牒爲高宗山陵賜物請裁事》："光宅元年十月廿日 史 李秀牒。"

史

73TAM507：012/14《高昌張明憙入延壽十五年（638）三月鹽城劑丁正錢條記》：" ▢▢ 史 何▢▢ "

使 shǐ

使

72TAM226：53，54《唐開元十年（722）伊吾軍上支度營田使留後

司牒爲烽鋪營田不濟事》：" ▢▢ 屬警固，復奉 使 牒，烽鋪子不許 ▢▢ "

使

66TAM59：4/2－1(a)，4/2－2(a)，4/2－3(a)《北涼玄始十二年（423）失官馬責賠文書二》："稱▢▢付馬 使 ▢▢ "

使

67TAM363：8/1(a)《唐景龍四年（710）卜天壽抄孔氏本鄭氏注〈論語〉》："季康子敏（問）：'使 民敬、中（忠）以勸，如之何？'"

按：敏、中，傳世本作"問""忠"。

使

64TAM29：44《唐咸亨三年（672）新婦爲阿公録在生功德疏（三）》："僧兩時懺悔，并屈三僧 使 經聲 ▢▢ "

使

75TKM96：38《買奴殘文書》：" ▢▢ 買奴一人，字承 使 。"

使

73TAM507：012/1《唐某人申狀爲欠練、駝、馬事》：" ▢▢ 使 孤賢舒奴匃 ▢▢ "

使

67TAM78：34《唐西州蒲昌縣下赤亭烽帖爲覓失駝駒事》："右件▢得尚▢ 使 ▢▢ "

使

73TAM222：50《唐玄駔殘文書》："内備令 使 足。"

使

64TAM29：44《唐咸亨三年（672）新婦爲阿公録在生功德疏》："假 使 在中蔭中，須發上心。"

使

73TAM208：23，27《唐典高信貞申報供使人食料帳歷牒（二）》：" ▢▢ 料供 使 人王九言典二人，烏駱子一人， ▢▢ "

使

67TAM78：42《唐某年二月府史張道寵領受馬料抄》：" ▢▢ 承 使 馬料▢草頭數 ▢▢ "

72TAM188：79《唐神龍三年（707）和湯牒爲被問買馬事（二）》："神龍三年二月 日領客 使 別奏和□。"

按："日"前原件空格。

73TAM193：11(a)《武周郭智與人書》："叄、伍 使 在此，曹司頻索。"

72TAM178：4《唐開元二十八年（740）土右營下建忠趙伍那牒爲訪捉配交河兵張式玄事一》："□ 使 □。"

72TAM188：91《唐殘牒》："□大 使 正議大夫行甘州刺史李□。"

64TAM19：33,56,57《唐寫本鄭氏注〈論語〉公冶長篇》："□惠，其 使 民也□。"

69TAM137：1/2,1/4－1《唐某人夏南渠田券》："□亭上 使 了。二主和同立券，成□。"

60TAM317：30/2,30/3《唐張某等雇趙申君送練契》："□道輸納 使 了。"

73TAM524：32/1－1《高昌永平元年（549）十二月十九日祀部班示爲知祀人上名及謫罰事》："故先班示，咸 使 聞知。"

59TAM301：15/4－3《唐西州高昌縣趙懷願買舍券》："□天，下至皇（黃）泉，舍中伏藏、役 使 ，即日盡隨舍行。"

72TAM151：13《高昌義和三年（616）氾馬兒夏田券》："□內上麼 使 畢，依官斛兜（斗）中取。"

按：斛，原件寫作"酙"。

72TAM151：13《高昌義和三年（616）氾馬兒夏田券》："麼 使 干（乾）淨好，若不干（乾）淨□，聽向風常取。"

始　shǐ

73TAM222：54/4(b)，54/5(b)《唐寫〈禮記〉鄭氏注〈檀弓〉下殘卷》：" 始 猶生念己不欲傷其□。"

75TKM96：37《倉吏侯暹啟》："所致生年 始 卅六七，久患□，積有年歲。"

65TAM341：77－1（背面）《唐辯辭爲李藝義佃田事》："□牒訪問， 始 知前件地是康宗段內。"

72TAM151：15《高昌義和二年（615）都官下始昌縣司馬主者符爲遣弓師侯尾相等詣府事》："敕 始 昌縣司馬主者，彼縣今須弓師侯□□、□元相二人，符到，作具、糧□自隨。"

73TAM206：42/2《唐光宅元年（684）史李秀牒爲高宗山陵賜物請裁事》："□山陵者， 始 給賜物。"

67TAM92：46(a)，45(a)，50/2(a)，50/1(a)，44(a)，49(a)《高昌某歲諸寺官絹捎本》："郭苟 始 絹一、綿一。"

73TAM221：62(a)-1《唐永徽三年（652）士海辭爲所給田被里正杜琴護獨自耕種事》："今 始 聞田共同城人里正杜琴護連風（封）。"

73TAM193：11(a)《武周郭智與人書》："智力不周， 始 判牒追人。"

2004TAM395：4－2＋2004TAM395：4－3《唐垂拱二年西州高昌縣徵

錢名籍全貌》："□□苟 始 ，趙申行
□□"

shì

士　shì

64TAM22：16《翟蔥等應募入幢
名籍》："□□麹生、王 士 阿息、
孔□□"

64TKM1：28（a），31（a），37/2
（a）《唐西州某鄉户口帳（一）》：
"□當鄉白丁衞 士 三百卌五人。"

72TAM230：63（a）《唐西州高昌
縣史張才牒爲逃走衞士送庸緤
價錢事（一）》："□□逃走衞 士 後送庸緤
價銀錢壹伯陸□□"

氏　shì

72TAM151：74（a）（三）《古寫本
〈晉陽秋〉殘卷》："皆族滅之，賈
氏 之□□"

72TAM179：16/4（b），16/5（b），
16/6（b），16/7（b）《唐寫〈尚書〉
孔氏傳〈禹貢〉、〈甘誓〉殘卷》："孔 氏 傳。"

67TAM363：8/1（a）《唐景龍四
年（710）卜天壽抄孔氏本鄭氏注
〈論語〉》："《論語·八佾》第三鄭 氏 注。"

67TAM363：8/1（a）之二《唐景
龍四年（710）卜天壽抄孔氏本鄭
氏注〈論語〉》："孔子謂季 氏 ：'八佾舞於
庭，是可忍，孰不可□□'"

示　shì

80TBI：005－5《大乘瑜伽金剛性
海曼殊室利千臂千鉢大教王經（卷
六）》："□□ 示 現證入毗盧遮那□□"

72TAM230：72《武周天授二年
（691）史孫行感殘牒》："付司
傑 示 。"

66TAM44：30/5《唐寫佛經疏釋
殘卷一》："□□礙 示 空（灾）名
應責於六善□□"

按：示，《吐魯番出土文書》録作"六"。
又，原件"空"旁注"灾"字。礙，書作"导"。

73TAM191：17（a）《唐永隆元年
（680）軍團牒爲記注所屬衞士征
鎮樣人及勳官籤符諸色事（一三）》："付司
伏生 示 。"

72TAM230：73（a），71（a）《武周
天授二年（691）知水人康進感等
牒尾及西州倉曹下天山縣追送唐建進妻
兒鄰保牒》："付司傑 示 。"

按：傑，原件書作"傑"。

73TAM221：57（a），58（a），58
（b）《唐貞觀廿二年（648）安西都
護府乘敕下交河縣符爲處分三衞犯私罪
納課違番事》："付司景弘 示 。"

73TAM221：61（b）《唐永徽元年
（650）安西都護府乘敕下交河縣
符》："敕行下訖記景弘 示 。"

75TKM91：11/5《西涼建初四年
（408）秀才對策文》：" 示 民德
禮，遂生華簿。"

75TKM91：11/6《西涼建初四年
（408）秀才對策文》："臣以爲倉
頡觀鳥跡以立文字，聖人通玄， 示 （亦）有
所因。"

按：示，"亦"字形訛。

72TAM188：75（a）《唐上西州都
督府牒爲徵馬付營檢領事二》：

"□依判諸泰示，一日□。"

73TAM221：3《唐武周典齊九思牒爲録印事目事》："貳道勘印方泰示。"

64TAM29：92《唐申州法曹殘牒》："依判借示。"

72TAM230：79《武周天授二年（691）殘文書》："□更問茂示□。"

2004TBM107：3-1《唐牒殘片》："□仕悦示。"

2004TBM207：1-6《唐儀鳳三年（678）九月西州録事參軍牒》："義示。"

世　shì

72TAM151：58《高昌義和二年（615）七月馬帳（一）》："追世寺驃馬。"

按：驃，原件書作"驃"。

80TBI：022《增壹阿含經（卷五〇）大愛道般涅槃品第五二》："爾時，世界名檠頭摩□。"

69TKM39：9/2（a），9/3（a）《唐貞觀某年男世達户籍》"一十畝世業。"

80TBI：074《金剛般若波羅蜜經論（卷上）》："□□世尊食。"

80TBI：515《中阿含經（卷八）未曾有法品第四》："□陰世尊。"

72TAM201：33《唐咸亨五年（674）兒爲阿婆録在生及亡没所修功德牒》："《觀世音經》一卷。"

67TAM363：8/1（a）之七《唐景龍四年（710）卜天壽抄孔氏本鄭氏注〈論語〉》："言世俗薄此二者。"

67TAM363：8/1（a）之九《唐景龍四年（710）卜天壽抄孔氏本鄭氏注〈論語〉》："孔子疾世，故發此言。"

仕　shì

73TAM507：012/18《高昌張明憙入延壽十四年（637）三月鹽城劑物條記》："□孟仕□。"

73TAM507：012/19《高昌延壽十一年（634）二月張明憙入劑丁正錢條記》："□正錢陸文，□軍孟仕□。"

73TAM206：42/1《唐蘇致德等馬帳》："樊仕遷等二人馬一疋，赤草（騮）五歲。"

2004TBM107：3-1《唐牒殘片》："□仕悦示。"

市　shì

72TAM188：86（a）（b）《唐西州都督府牒爲請留送東官馬填充團結欠馬事》："□舉者，所市得馬欲送向東，中間稍瘦，□堪總去。"

72TAM188：74（a）《唐被問領馬事牒》："□元新市馬壹疋，馱（騨）敦（驐）六歲□。"

60TAM317：30/6（a），30/10（a）《唐趙蔭子博牛契》："□保集日，别立市勸（券）。"

式　shì

式

2006TSYIM4：2-2《古寫本〈詩經〉》："維此良人，作爲式穀。"

73TAM193：28《武周證聖元年（695）五月西州高昌縣崇福寺轉經歷（二）》："僧玄式，僧玄範。"

72TAM230：95（a）《唐西州高昌縣牒爲鹽州和信鎮副孫承恩人馬到此給草踏事》："依檢到此□準式訖牒上者，牒縣準式者，縣已準式訖，牒至準式謹牒。"

66TAM44：11/3（a）《唐殘牒爲市木修繕廢寺事》："無式，仍即就中□□□□壞□□□"

60TAM325：14/2-1（a），14/2-2（a）《唐龍朔三年（663）西州高昌縣下寧戎鄉符爲當鄉次男侯子隆充侍及上烽事》："□式，關司兵任判者。"

按：關，原件書作"閞"。

事　shì

65TAM346：2《唐上元二年（675）府曹孝通牒爲文峻賜勳事》："敕鎮滿十年，賜勳兩轉，付錄事司檢文峻等並經十年已上檢。"

66TAM59：4/6《北涼神璽三年（399）倉曹貸糧文書》："神璽三年五月七日起倉□，□薄沆，錄事朗，板白□□"

75TKM96：44（a）《兵曹注錄承直、補馬子等事抄目》："□□王弘顯代生補馬子事。"

72TAM188：3（a）《唐神龍二年（706）殘牒》："□□有事至。"

64TAM19：48《唐上元三年（676）西州都督府上尚書都省狀爲勘放還流人貫屬事（一）》："□□放還流人貫屬具狀上事。"

73TAM509：8/6《唐書牘稿》："自合往慰，直爲諸事草草。"

72TAM188：73（a）之一《唐上西州都督府牒爲徵馬付營檢領事一》："□□有事至。"

75TKM96：18，23《北涼玄始十二年（423）兵曹牒爲補代差佃守代事》："信如所訴，請如事敕。"

72TAM188：81（b）《唐徵馬送州付營檢領狀》："有事至。"

72TAM188：82（a）《唐神龍二年（706）主帥渾小弟上西州都督府狀爲處分馬踏料事》："□□有事至。"

72TAM188：91《唐殘牒》："□□正月七日錄事□□"

72TAM188：79《唐神龍三年（707）和湯牒爲被問買馬事（二）》："□□錄事攝錄事恭軍□□"

2004TBM207：1-6《唐儀鳳三年（678）九月西州錄事參軍牒》："錄事參□□"

72TAM230：65（a）《武周史孫行感殘牒》："牒未檢問，更有事至，謹牒。"

72TAM230：53（b）《唐館驛文書事目（二）》："□□璋、鄧茂林等馬料事。"

73TAM193：15（a）《唐天寶某載（751—756）文書事目歷》："□□天山軍牒爲倉曹□□微天十考事，付□□"

73TAM206：42/2《唐光宅元年（684）史李秀牒爲高宗山陵賜物請裁事》："□□十月廿四日錄事神都。"

事（左栏续）

72TAM230：58/1（a）～58/4（a）《武周天授二年（691）追送唐建進家口等牒尾判》："▢▢唐進經州告**事**，計其不合東西，頻下縣追，縣司狀▢▢。"

67TAM363：8/2（a）之一《唐景龍四年（710）卜天壽抄〈十二月新三臺詞〉及諸五言詩》："項託柒歲知**事**，甘羅十二想（相）秦，▢無良妻解夢，馮唐寧得忠辰（臣）。"

2004TBM207：1－5b《唐西州事目歷》："▢▢**事**▢▢"

73TAM206：42/1《唐事目歷》："事爲報大陽津橋木敕**事**。"

侍　shì

2004TBM115：10《古寫本〈千字文〉》："妾御績紡，**侍**巾惟（帷）▢。"

72TAM187：182《唐垂拱三年（687）帳後西州交河縣親侍、廢疾等簿帳（二）》："▢▢**侍**▢▢"

64TKM1：28（a），31（a），37/2（a）《唐西州某鄉戶口帳（一）》："四人**侍**丁。"

67TAM363：8/1（a）一一《唐景龍四年（710）卜天壽抄孔氏本鄭氏注〈論語〉》："顏回、季路**侍**。"

60TAM325：14/2－1（a），14/2－2（a）《唐龍朔三年（663）西州高昌縣下寧戎鄉符爲當鄉次男侯子隆充侍及上烽事》："今見闕**侍**人某，寧戎鄉侯子隆，身充次男▢▢"

64TAM5：81，82《唐李賀子上阿郎、阿婆書三》："▢▢**侍**阿郎、阿婆▢▢▢▢道阿婆▢▢▢"

72TAM151：59,61《高昌某年郡上馬帳》："**侍**侍僧憨赤馬。"

72TAM151：59,61《高昌某年郡上馬帳》："寧遠阿都黃赤馬，常**侍**安居留（騮）馬。"

72TAM151：56《高昌買駃、入練、遠行馬、郡上馬等人名籍》："永隆寺、常**侍**▢▢、張相受、▢▢、冠軍、侍郎▢洛。"

73TAM221：56（a）《唐貞觀廿二年（648）安西都護府乘敕下交河縣符爲處分三衛犯私罪納課違番事》："**侍**中闕守門下▢▢"

是　shì

67TAM363：8/1（a）《唐景龍四年（710）卜天壽抄孔氏本鄭氏注〈論語〉》："**是**亦爲政。"

2006TSYIM4：2－2《古寫本〈詩經〉》："天下喜於王化復行，百姓見憂，故作**是**詩也。"

80TBI：298b《四分律比丘戒本》："▢▢比丘應諫**是**比▢▢"

72TAM230：67《武周天授二年（691）唐建進辯辭》："據此，明知告皆**是**實，未知前款因何拒諱？"

73TAM519：19/2－2《高昌麴季悅等三人辭爲請授官階事》："▢▢官，加**是**麴王族姓，依舊法時，若▢▢"

64TAM4：35（a）《唐漢舍告死者左憧憙書爲左憧憙家失銀錢事（一）》："家里大小曹主及奴**是**等及鎧相

有人盜錢者，兄子好驗校分明索取。"

是　66TAM61：16（b）《唐西州高昌縣上安西都護府牒稿爲録上訊問曹禄山訴李紹謹兩造辯辭事（七）》："共畢娑相打，□捉將向城 是 實。"

是　75TKM91：11/6《西涼建初四年（408）秀才對策文》："武爲政卿，厚而牢之， 是 以水灌不下。"

是　73TAM519：19/2-2《高昌麴季悦等三人辭爲請授官階事》："□已來，至今盡 是 白民。"

是　66TAM62：6/2《翟彊辭爲貧麥被拙牛事》："彊 是 貧□。"

是　80TBI：488《四分戒本疏（卷一）》："前二時中位 是 能俱所攝。"

是　64TAM29：44《唐咸亨三年（672）新婦爲阿公録在生功德疏》："在生産業、田園、宅舍、妻子、男女奴婢等物，並 是 虛花，皆無真實。"

是　64TAM29：25《唐垂拱元年（685）康義羅施等請過所案卷（四）》："不 是 壓良、假代等色，若後不□。"

是　65TAM341：78（背面）《唐辯辭爲李藝義佃田事》：" 是 阿刀婦人不□家計□。"

是　67TAM78：43《唐東塞殘文書》："□趁，但 是 馬□。"

是　64TAM29：107《唐垂拱元年（685）康義羅施等請過所案卷（三）》："請將家口入京，其人等不 是 壓良、誑誘、寒盜等色以不？"

是　64TAM29：107《唐垂拱元年（685）康義羅施等請過所案卷（三）》："仰答者！謹審：但那你等保知不 是 壓良等色。"

室　shì

室　67TAM363：8/1（a）之九《唐景龍四年（710）卜天壽抄孔氏本鄭氏注〈論語〉》："求也！仟 室 之邑，百乘之家，可史（使）爲之□。"

室　67TAM363：8/1（a）之九《唐景龍四年（710）卜天壽抄孔氏本鄭氏注〈論語〉》："千 室 之足（邑）謂公侯大都之成，佰乘之家謂□。"

逝　shì

逝　80TBI：022《增壹阿含經（卷五〇）大愛道般涅槃品第五二》："□至真、等正覺、明行足、善 逝 、世間解、無上士、道法□。"

逝　80TBI：088《金光明經（卷三）除病品第一五》："□供正遍知明行足、善 逝 、世□。"

視　shì

視　2006TAM607：2-4《唐神龍元年（705）六月後西州前庭府牒上州勾所爲當府官馬破除、見在事》："五疋，久 視 元年三月給果毅張興乘往名岸趁賊，没落不迴。"

視　2006TAM607：2-4《唐神龍元年（705）六月後西州前庭府牒上州勾所爲當府官馬破除、見在事》："卅疋，久 視 元年三月給果毅陰嗣業乘往名岸趁賊，没落不迴。"

視　73TAM507：012/3《唐殘書牘》："□腰帶，汝聞 視 見君□。"
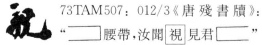

勢　shì

72TAM151：74（a）《古寫本〈晉陽秋〉殘卷》："□□震發，與朕協勢，群□□。"

飾　shì

75TKM91：11/3《西涼建初四年（408）秀才對策文》："後世華麗矯情外飾。"

按：餝，同"飾"。《玉篇》："餝，同'飾'，俗。"下同。

80TBI：475《妙法蓮華經（卷二）譬喻品第三》："□□校嚴（嚴）飾，周□□。"

弒　shì

67TAM363：8/1（a）一〇《唐景龍四年（710）卜天壽抄孔氏本鄭氏注〈論語〉》："崔子弒齊，陳□□□。"

67TAM363：8/1（a）一〇《唐景龍四年（710）卜天壽抄孔氏本鄭氏注〈論語〉》："崔子，齊大夫崔□弒齊疾（莊）公。"

誓　shì

80TBI：088《金光明經（卷三）除病品第一五》："□□發心誓願因緣，是□□。"

80TBI：088《金光明經（卷三）除病品第一五》："□□說往昔誓願因緣。"

75TKM96：21《僧□淵班爲懸募追捕逃奴事》："受募，不負言誓也。"

72TAM179：16/4（b），16/5（b），16/6（b），16/7（b）《唐寫〈尚書〉孔氏傳〈禹貢〉、〈甘誓〉殘卷》："啓與又（有）扈弄（戰）於甘之埜作《甘誓》。"

72TAM179：16/4（b），16/5（b），16/6（b），16/7（b）《唐寫〈尚書〉孔氏傳〈禹貢〉、〈甘誓〉殘卷》："《尚書·甘誓第二》。"

適　shì

80TBI：750a《妙法蓮華經（卷二）譬喻品第三》："□□適其願故，心各勇銳。□□□。"

67TAM363：8/1（a）之七《唐景龍四年（710）卜天壽抄孔氏本鄭氏注〈論語〉》："□□〔無〕適也，無慕（莫）也，義之與比。"

64TAM27：21《唐寫本〈論語〉鄭氏注〈雍也〉殘卷》："□□之適齊□□。"

2004TBM115：10《古寫本〈千字文〉》："且（具）膳□〔餐〕飯，適口充腸，飽飫享宰，飢厭糟糠。"

2004TAM395：4－2＋2004TAM395：4－3《唐垂拱二年西州高昌縣徵錢名籍全貌》："靳才適。"

諡　shì

67TAM363：8/1（a）一〇《唐景龍四年（710）卜天壽抄孔氏本鄭氏注〈論語〉》："孔文子，衛大夫孔圉之

諡也。"

釋 shì

釋 80TBI：656a《佛説灌頂摩尼羅亶大神咒經（卷八）》："今我第七釋加文佛。"

釋 64TAM29：44之六《唐咸亨三年（672）新婦爲阿公録在生功德疏》："昨更於生絹畫兩捕（鋪）釋迦牟尼變，并侍者、諸天。"

shōu

收 shōu

收 73TAM210：136/11《唐勳官某訴辭爲水破渠路事》："乾不收，當日水□□□□檢具知。"

收 73TAM507：012/5《唐殘辭》："□□□當可收留□□□"

收 73TAM507：013/4－1,4－2《唐曆》："廿日戊辰木收□□□"

收 64TAM5：97（b），102（b），67（b）《唐總章元年（668）里正牒爲申報□相户内欠田及丁男數事》："□□□從收□訖，配給湏（須）□□□"

收 64TAM4：29（a）《唐咸亨四年左憧憙生前功德及隨身錢物疏》："校收取錢財及練、五穀、麥、粟等斗斛收。"

按：斗，原件作"听"。

收 64TAM4：34《唐龍朔元年（661）龍惠奴舉練契》："若身東西無，仰妻兒收後者償。"

收 64TAM4：53《唐麟德二年（665）張海歡、白懷洛貸銀錢契》："若張身東西没洛（落）者，一仰妻兒及收後保人替償。"

收 67TAM363：7/2《唐儀鳳二年（677）西州高昌縣寧昌鄉某人舉銀錢契》："身東西不在，壹仰妻兒收後者。"

收 73TAM215：017/4－1《唐殘書牘二》："收拾□□秋去□□□"

收 72TAM151：74（a）《古寫本〈晉陽秋〉殘卷》："等持□□后□金□城收趙粲、賈午，午女□□□"

收 69TAM232：3（b）《唐蠅芝等直上欠麴粟帳》："白居兜□□義達種秋粟，右同前據□□□上件地去年秋是前件人佃種，歆別收子兩碩以上者，件勘如前。"

收 65TAM341：27《唐開元八年（720）具注曆》："十一日壬辰收□。"

按：據六十甲子納音法，"收"上應脱一"水"字（《吐魯番出土文書》）。

收 64TAM4：39《唐乾封元年（666）鄭海石舉銀錢契》："若鄭身東西不在，一仰妻兒及收後保人替償。"

收 64TAM4：41《唐總章三年（670）張善憙舉錢契》："身東西不在，仰收後代還。"

shǒu

手 shǒu

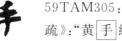
手 59TAM305：8《缺名隨葬衣物疏》："黃手絲二兩。"

73TAM222：1（b）《唐中軍左虞侯帖爲處分解射人事》："□解射五百人韓郎將□檢校，每下營訖，即教別爲射手隊，不須入大隊者。"

64TAM27：22《唐寫本〈論語〉鄭氏注〈雍也〉殘卷》："□[曰]自牖執其[首]手，曰：'末之命□，'"

按：原件衍"曰""首"二字。"末"，傳世本作"亡"。

73TAM215：017/7《唐殘書牘四》："□早已斷手，今□"

按：斷，原件書作"断"。

72TAM151：51《高昌㲲子中布帛雜物名條疏》："布手巾二。"

65TAM341：30/1（a）《唐小德辯辭爲被蕃捉去逃回事》："□自解手走上山，經三日上山□"

2004TAM408：17《令狐阿婢隨葬衣物疏》："故手中黃絲三兩。"

按：絲，原件書作"糸"。

68TAM103：18/9（a）《唐貞觀某年西州某鄉殘手實》："□牒：被責當户手實□"

守　shǒu

67TAM84：20《高昌條列出藏錢文數殘奏》："祁守義提婆錦□"

80TBI：079a《道藏〈通玄真經〉（卷三）〈九守篇〉殘片》："□[精]神馳騁而不守。禍福之□"

75TKM96：18，23《北涼玄始十二年（423）兵曹牒爲補代差佃守代事》："大塢隝左得等四人訴辭稱爲曹所差，知守塢兩道。"

2006TSYIM4：3-12背面《北涼戍守文書》："□五人守馮受□"

75TKM91：33（a），34（a）《兵曹下八幢符爲屯兵值夜守水事》："次屯之日，幢共校將一人，撰（選）兵十五人夜住守水。"

75TKM91：25《兵曹條往守白芳人名文書》一："兵曹掾張預白：謹條往白芳守人名在右。"

60TAM330：14/1-1（a）《唐梁安相等名籍（二）》："今（令）狐守緒。"

66TAM61：30《唐郭阿安等白丁名籍（一）》："□延守，卅九，白丁，單□"

73TAM206：42/10-13，42/10-3《唐質庫帳歷》："□宋守慎□月十九日取壹阡□"

65TAM42：83《唐西州高昌縣授田簿（二七）》："東張守相，西符海伯。"

TAMX2：01《□歡下等名籍》："□守憙，田海憧。"

68TAM108：19（a）之二《唐開元三年（715）西州營典李道上隴西縣牒爲通當營請馬料姓名事》："火長郭守一，火內人謝意。"

首　shǒu

73TAM210：136/4-1《唐總計練殘文書（一）》："首領次□□□□□，請準節□"

首 64TAM27：22《唐寫本〈論語〉鄭氏注〈雍也〉殘卷》："□□[曰]自牏執其[首]手，曰：'末之命□□'"

按：原件衍"曰"、"首"二字。"末"，傳世本作"亡"。

首 2004TBM203：30－4d＋2004TBM203：30－4a＋2004TBM203：30－4b《高昌寫本〈急就篇〉》："□□獨樂。豹[首]落莫□□"

首 71TAM188：85《唐西州都督府牒爲便錢酬北庭軍事事》："□□遂取突騎施[首]領多亥烏□□"

shòu

受　shòu

受 80TBI：669a《大方廣華嚴十惡品經》："□□及出家等[受]我戒者□□"

受 64TAM4：35(a)《唐灊舍告死者左憧憙書爲左憧憙家失銀錢事（一）》："其灊舍好兒子邊[受]之往（枉）罪。"

受 80TBI：082《大方等陀羅尼經初分（卷一）》："□□[受]地獄苦□□"

受 66TAM62：6/3(b)《翟彊辭爲征行逋亡事》："□□不[受]枉謹辭。"

受 72TAM151：96(a)《高昌安樂等城負藏錢人入錢帳》："□□買兒作春□□□馮相[受]入錢十□□"

受 72TAM151：56《高昌買駝、入練、遠行馬、郡上馬等人名籍》：

受 "□□永隆寺、常侍□□、張相[受]、□□、冠軍、侍郎□洛。"

受 72TAM151：62《高昌義和二年（615）參軍慶岳等條列高昌馬鞍韉帳》："□□具，將□□□□□[受]壹□，將仏（佛）茍下白弟□□"

受 80TBI：489《四分戒本疏（卷一）》："若以自作隨行對[受]分別，方有寬狹。"

受 67TAM78：29(a)《唐貞觀十四（640）西州高昌縣李石住等户手實（二）》："合[受]田八十畝。"

受 68TAM103：18/9(a)《唐貞觀某年西州某鄉殘手實》："□□合[受]田八十畝。"

受 68TAM103：18/9(a)《唐貞觀某年西州某鄉殘手實》："□□合注，求[受]重罪。"

受 64TAM29：25《唐垂拱元年（685）康義羅施等請過所案卷（四）》："求[受]依法罪，被問依實謹□。"

受 67TAM78：32《唐貞觀十四（640）西州高昌縣李石住等户手實（三）》："求[受]重罪。"

受 64TAM29：107《唐垂拱元年（685）康義羅施等請過所案卷（三）》："若後不依今款，求[受]依法罪，被問依實謹□。"

受 72TAM230：46/2(b)《唐儀鳳三年（678）尚書省户部支配諸州庸調及折造雜練色數處分事條啟（二）》："□□糧外[受]納，遞送入東都。"

受 59TAM305：14/1《前秦建元二十年（384）韓盆辭爲自期召弟應見事》："韓盆自期二日召弟到應見，逋違[受]馬鞭一百。"

按：盆，原件書作"瓫"。

66TAM59：4/7（a）《殘啟》："以 受 罰竟□□□"

75TKM96：21《僧□淵班爲懸募追捕逃奴事》：" 受 募，不負言誓也。"

69TKM39：9/9（a），9/5（a），9/1（a）《唐貞觀年間（640—649）西州高昌縣手實二》："□妄，依法 受 罪。"

75TKM91：18（a）《北涼玄始十一年（422）馬受條呈爲出酒事》："玄始十一年十一月五日酒□馬 受 條呈。"

75TKM91：18（b）《建平五年祠□馬受屬》："建平五年七月廿一日祠□馬 受 屬。"

75TKM91：28（a）《兵曹行罰兵士張宗受等文書》："□□兵張宗 受 、嚴緒□□□□等廿八人由來屯守無□，馮祖等九人長遞□□□□應如解案校。"

69TKM39：9/9（a），9/5（a），9/1（a）《唐貞觀年間（640—649）西州高昌縣手實二》："應 受 田陸拾壹畝。"

72TAM209：91（a）《唐貞觀十七年（643）符爲娶妻妾事（二）》："閏六月六日 受 符，其月廿五□□□"

授　shòu

73TAM222：56/3（a），56/4（a）《唐殘判籍（三）》："學生 授 業□□"

73TAM509：8/5（a）《唐西州天山縣申西州戶曹狀爲狀無場請往北庭請兄禄事》："兄无價任北庭乾坑戍

主，被呂將軍奏充四鎮要籍驅使，其禄及地子合於本任請 授 。"

65TAM346：2《唐上元二年（675）府曹孝通牒爲文峻賜勳事》："敕 授 文峻等補經廿年已上有實。"

73TAM509：19/15（a）《武周天山府下張父師團帖爲勘問右果毅闕職地子事》："□□天 授 三年□□□"

按：此爲武周新字。由"禾、久、天（省文）、王"組成，會天賜嘉禾，久爲君王之意。下文同。

72TAM230：73（a），71（a）《武周天授二年（691）知水人康進感等牒尾及西州倉曹下天山縣追送唐建進妻兒鄰保牒》："天 授 二年壹月十一日知水人康進感等牒。"

壽　shòu

72TAM188：11《唐開元三年（715）交河縣安樂城萬壽果母姜辭》："□□□城百姓萬 壽 果母姜辭：縣司□□□"

63TAM2：1《北涼緣禾六年翟萬隨葬衣物疏》："緣禾六年正月十四日，延 壽 里民翟萬去天入地。"

73TAM501：109/5 - 4《武周長壽三年（694）殘文書》："長 壽 三年四月廿五□□□"

75TKM96：17《北涼真興七年（425）宋泮妻隗儀容隨葬衣物疏》："鄉延 壽 里民宋泮故妻隗儀容□□□"

2004TBM113：6 - 1＋2004TBM113：6 - 1（背面）《唐龍朔二年（622）正月西州高昌縣思恩寺僧籍》："高昌縣寧昌鄉正道里，戶主張延相男，爲延 壽 十四年

四月十五日,度計至今廿五年。"

　　按:爲,《新獲吐魯番出土文獻》錄作"僞"。

72TAM151:74(a)《古寫本〈晉陽秋〉殘卷》:"韓 [壽] 弟散騎侍[　]"

2006TAM607:2-4《唐景龍三年(709)後西州勾所勾糧帳》:"方亭成主翟 [壽] 重徵。"

綬　shòu

2004TBM203:30-3b+2004TBM203:30-1《高昌寫本〈急就篇〉》:"[　] [綬] 以高遷,量丈尺寸斤兩[　]"

瘦　shòu

72TAM209:77《唐出賣馬肉文書(二)》:"[　] [瘦] 弱[　]"

72TAM188:86(a)(b)《唐西州都督府牒爲請留送東官馬填充團結欠馬事》:"[　]舉者,所市得馬欲送向東,中間稍 [瘦] ,□堪總去。"

獸　shòu

60TAM332:9/1-1《唐祭五方神文殘片一》:"敢告北方黑帝,絤(協)綱紀,恒山之神 [獸] 玄武。"

　　按:綱,原件作"經"。

shū

叔　shū

64TAM19:34,58,59《唐寫本鄭氏注〈論語〉公冶長篇》:"伯夷、 [叔] 齊不念□□[舊惡],怨是用希。"

67TAM363:8/1(a)之四《唐景龍四年(710)卜天壽抄孔氏本鄭氏注〈論語〉》:"孔子弟子父 [叔] [　]"

67TAM363:8/1(a)一一《唐景龍四年(710)卜天壽抄孔氏本鄭氏注〈論語〉》:"伯夷、 [叔] 齊不念舊惡,怨是用希。"

2006TSYIM4:2-2《古寫本〈詩經〉》:"《雲漢》,仍 [叔] 美宣王也。"

殊　shū

67TB:1-2-1《大乘瑜伽金剛性海曼殊室利千臂千鉢大教王經(卷六)》:"[　]是時釋迦如來告曼 [殊] 室[　]"

2002TJI:003《妙法蓮華經卷四提婆達多品第一二》:"爾時文 [殊] 師利坐千[　]"

66TAM44:11/3(a)《唐殘牒爲市木修繕廢寺事》:"[　] [殊] 妙華麗,至於[　]"

67TAM74:1/4,1/5《唐某人於□□子邊夏田契》:"[　]若租 [殊] (輸)佰役,壹仰田主[　]"

64TAM29:44《唐咸亨三年(672)新婦爲阿公錄在生功德疏》:"直爲生死道 [殊] ,恐阿公心有顛倒,既臨終受戒,功德復多。"

72TAM151:94《高昌義和三年(616)張相憙夏麋田券》:"[　] [殊] (輸)佰役,仰田主了;渠□□謫,仰耕田人了。"

72TAM151：13《高昌義和三年（616）氾馬兒夏田券》："祖（租）殊（輸）伯（佰）役,仰田主了;渠破水滴,仰耕田人了。"

69TAM137：1/2,1/4－1《唐某人夏南渠田券》:"□□租殊（輸）佰役,仰田主了;渠破□□"

64TAM4：33《唐總章三年（670）左憧憙夏菜園契》:"祖（租）伯（佰）役,仰園主。"

書　shū

67TAM363：8/1（a）《唐景龍四年（710）卜天壽抄孔氏本鄭氏注〈論語〉》:"《書》云:'孝乎惟孝,友於□□'"

80TBI：087《金光明經（卷三）除病品第一五》:"論種種伎藝,書疏算計,無不□□"

65TAM346：1《唐乾封二年（667）郭毦醜勳告（三）》:"詔書如右,符到奉行。"

60TAM332：9/1－4《唐祭五方神文殘片二（二）》:"□□處故書名字□□"

72TAM151：74（a）《古寫本〈晉陽秋〉殘卷》:"從軍掌書疏表檄。"

67TAM363：8/2（a）之一《唐景龍四年（710）卜天壽抄〈十二月新三臺詞〉及諸五言詩》:"寫書今日了,先生莫鹹（嫌）池（遲）,明朝是賈（假）日,早放學生歸。"

按:鹹,原件作"鹹"。

60TAM332：9/1－1《唐祭五方神文殘片一》:"其某甲死鬼無繫屬處,故書名字□□方神,願爲禁攝,莫史（使）犯人,速攝囚。"

64TAM5：78（a）《唐李賀子上阿郎、阿婆書一（二）》:"賀子、鼠仁千萬隨書再拜。"

65TAM346：1《唐乾封二年（667）郭毦醜勳告（二）》:"詔書如右,請奉請奉詔付外施行。"

72TAM179：18/8,18/9《武周學生令狐慈敏習字（一）（二）》"三月十七日令狐慈敏放（倣）書。"

59TAM301：15/4－1,15/4－2《唐貞觀十七年（643）西州高昌縣趙懷滿夏田契》:"倩書氾延守。"

73TAM507：012/3《唐殘書牘》:"□□作書來問道。"

72TAM151：104《高昌延和十二年（613）某人從張相憙等三人邊雇人歲作券》:"倩書張相□□"

72TAM151：94《高昌義和三年（616）張相憙夏摩田券》:"倩書翟懷□□□□德□□"

疎　shū

75TKM103：1《唐某人自書歷官狀》:"從果毅薛遜入疎勒,經餘三年以上。"

64TAM29：44《唐咸亨三年（672）新婦爲阿公録在生功德疏》:"謹録此簿,分强分疎。"

淑　shū

73TAM222：55（a）《唐寫〈千字文〉殘卷》:"□□施淑姿,工

⊡”

按：淋，“淑”的俗字。“叔”俗寫多作
“村、村、村”等形。

疏　shū

72TAM151：74（a）《古寫本〈晉
陽秋〉殘卷》：“疏當□□□及於
難□午，詔曰：‘朕⊡’”

72TAM151：74（a）《古寫本〈晉陽
秋〉殘卷》：“從軍掌書疏表檄。”

67TAM363：8/1（a）之八《唐景
龍四年（710）卜天壽抄孔氏本鄭
氏注〈論語〉》：“子遊曰：‘士（事）君數，斯
辱矣；朋友數，斯疏矣。’”

75TKM99：7《建平六年張世容
隨葬衣物疏》：“故木疏一枚。”

按：疏，同“疏”“疎”。文獻中稱作“疏
比”，俗字作“梳篦”。《史記·匈奴傳》：“比
余一。”《集解》引徐廣曰：“比余，或作‘疏
比’也。”《索隱》：“《漢書》作‘比疎一’。”
“梳”是“疏”的後出字，取疏通頭髮爲義。

80TBI：087《金光明經（卷三）除
病品第一五》：“論種種伎藝，書
疏算計，無不⊡”

67TAM78：27《唐殘書牘》：“⊡
惟增悲結，謹言疏不俱，⊡”

舒　shū

80TBI：337a《大毗盧遮那成佛神
變加持經（卷四）密印品第九》：
“二火輪地輪向上相持，而舒風輪。”

73TAM507：012/1《唐某人申狀
爲欠練、駝、馬事》：“⊡使孤
賢舒奴匈⊡”

按：原件“舒賢”二字旁有“√”勾乙
符號。

輸　shū

80TBI：035《請觀世音菩薩消伏
毒害陀羅尼三昧儀經明正意第
二》：“⊡般茶梨輸鞞帝⊡”

75TKM91：25《兵曹條往守白芳
人名文書》一：“⊡輸租，各
謫白芳□十日。”

64TAM22：20（a）《橫截縣被符責取
鹿角文書》：“輸綿袍一領。”

72TAM230：46/1（a）《唐儀鳳三
年（678）尚書省戶部支配諸州庸
調及折造雜練色數處分事條啟（一）》：
“⊡富彊之家偶勾代輸。”

60TAM330：14/1-2（b）《唐某鄉戶
口帳（三）》：“⊡不，輸。”

shú

熟　shú

67TAM363：8/1（a）之九《唐景
龍四年（710）卜天壽抄孔氏本鄭
氏注〈論語〉》：“⊡子貢曰：‘汝與回也，
熟（孰）愈？’”

67TAM363：8/1（a）之五《唐景
龍四年（710）卜天壽抄孔氏本鄭
氏注〈論語〉》：“管氏而知禮，熟（孰）不知
禮也？”

67TAM363：8/1（a）一一《唐景
龍四年（710）卜天壽抄孔氏本鄭
氏注〈論語〉》：“熟（孰）謂微生高直？”

66TAM59：4/6《北涼神璽三年（399）倉曹貸糧文書》："秋 熟 還等斛，督入本 □□ "

67TAM363：8/1（a）之二《唐景龍四年（710）卜天壽抄孔氏本鄭氏注〈論語〉》："孔子謂季氏：'八佾舞於庭，是可忍，熟（孰）不可 □□ ，'"

67TAM363：8/1（a）之四《唐景龍四年（710）卜天壽抄孔氏本鄭氏注〈論語〉》："或曰：熟（孰）□□ "

贖　shú

73TAM509：8/26（b）《唐唐昌觀申當觀長生牛羊數狀》：" □□ 牒：當觀先無群牧，三、五年諸家布施及 贖（續）生，零落雜合，存得上件數。"

73TAM206：42/10－13，42/10－3《唐質庫帳歷》："八月十六日 贖 了物付倉□仁去 □□ "

73TAM206：42/10－6《唐質庫帳歷》：" □□ 四月十一日 贖 付了。"

73TAM206：42/10－14，42/10－9《唐質庫帳歷》：" □□ 二月廿七日 贖 付了。"

73TAM206：42/10－13，42/10－3《唐質庫帳歷》："二月十日 贖 □□ "

73TAM206：42/10－13，42/10－3《唐質庫帳歷》：" □□ 二月四日 贖 □□ "

shǔ

暑　shǔ

2006TSYIM4：2－3＋2006TSYIM4：2－4《古寫本〈詩經〉》："我心□[憚] 暑 ，憂心如薰。"

72TAM230：66《武周天授二年（691）安昌合城老人等牒爲勘問主簿職田虛實事》："問合城老人、城主、渠長、知田人等，主薄（簿）去年實種幾畝麥，建進所注虛實，連 暑（署）狀通者。"

按：年，原件爲武周新字。

署　shǔ

60TAM325：14/4－1，14/4－2《唐西州某府主帥陰海牒爲六駄馬死事》："本府主陰海親 署 知死。"

65TAM341：25，26（a）《唐景龍三年（709）南郊赦文》：" □□ 署 見當上番 □□ "

65TAM341：27《唐開元八年（720）具注曆》："大 暑（署），六月中伏追（退）凩至。"

按：追，《吐魯番出土文書》録作"退"。"凩"爲未識字。

72TAM151：104《高昌延和十二年（613）某人從張相憙等三人邊雇人歲作券》：" □□ 民有私要，要行□□□自 署 名为信。"

75TKM99：9（b）《高昌延昌二十二年（582）康長受從道人孟忠邊歲出券》："民有私要，各自 署 名爲信。"

69TAM137：1/2，1/4－1《唐某人夏南渠田券》："各自 署 名爲信。"

73TAM193：11（a）《武周郭智與人書》："其牒判印記 署 封卻送，直與文智。"

72TAM151：13《高昌義和三年（616）氾馬兒夏田券》："自 署 名

爲信。"

鼠　shǔ

72TAM179：16/1（b），16/2（b）《唐寫〈尚書〉孔氏傳〈禹貢〉、〈甘誓〉殘卷》："西頃、朱圉、鳥 鼠 至於太華。"

72TAM179：16/1（b），16/2（b）《唐寫〈尚書〉孔氏傳〈禹貢〉、〈甘誓〉殘卷》："鳥 鼠 謂所出在隴西之西，三者雍州之南山。"

65TAM42：90（a），91（a）《唐令狐鼠鼻等差科簿（一）》："武騎尉令狐 鼠 鼻，廿七；兄智達，年卌二，外侍。"

65TAM42：63《唐西州高昌縣授田簿（二）》："▢▢城南五里白地渠，東左保，西李 鼠，南麴者，北渠。"

60TAM332：9/3－1《唐龍朔二年（662）迪納名籍（一）》："楊赤 鼠 一畝。"

64TAM5：40《唐李賀子上阿郎、阿婆書一（一）》："▢▢子，鼠 仁兩個家裏平安好在。"

按：鼠，《吐魯番出土文書》錄作"舉"，並按曰："此字係照描，可能係'鼠'字，亦可能係'舉'字。"同件文獻另有"鼠仁"，當爲同一人。72TAM179：16/1（b），16/2（b）《唐寫〈尚書〉孔氏傳〈禹貢〉、〈甘誓〉殘卷》："鳥 鼠 謂所出在隴西之西，三者雍州之南山。""西頃、朱圉、鳥 鼠 至於太華。""鼠"字形同此，故當爲"鼠"字。下文同。

60TAM330：14/1－1（a）《唐梁安相等名籍（二）》："張 鼠 仁。"

64TAM5：78（a）《唐李賀子上阿郎、阿婆書一（二）》："更▢賀子將來，唯共 鼠 仁將來。"

64TAM5：77《唐李賀子上阿郎、阿婆書二（一）》："賀子 鼠 兒，並得平安，千萬再拜阿郎、阿婆。"

64TAM5：39《唐李賀子上阿郎、阿婆書二（二）》："願阿郎、阿婆、阿兄知，更莫愁 鼠 兒。"

64TAM5：39《唐李賀子上阿郎、阿婆書二（二）》："鼠 兒得▢婦，竟正是好人子姪（姪）。"

64TAM5：85《唐諸戶丁口配田簿（甲件）（二）》："男阿 鼠，年卌。"

屬　shǔ

72TAM226：53，54《唐開元十年（722）伊吾軍上支度營田使留後司牒爲烽鋪營田不濟事》："▢▢ 屬 警固，復奉使牒，烽鋪子不許 ▢▢▢"

80TBI：641a《妙法蓮華經（卷二）譬喻品第三》："毒蛇蚖蝮，及諸夜叉，鳩盤茶鬼，野干狐狗，鵰鷲鴟梟，百族之 屬。"

60TAM332：9/1－1《唐祭五方神文殘片一》："其某甲死鬼無繫 屬 處，故書名字▢▢方神，願爲禁攝，莫史（使）犯人，速攝囚。"

59TAM305：14/2《倉曹屬爲買八緤布事》："屬 官付。"

75TKM91：18（b）《建平五年祠▢馬受屬》："建平五年七月廿一日祠▢馬受 屬。"

shù

戍　shù

太　72TAM226：51《唐西州都督府上支度營田使牒爲具報當州諸鎮戍營田畝數事》："▢▢方亭 戍 ▢▢谷戍狼井▢▢"

式　73TAM509：8/5（a）《唐西州天山縣申西州户曹狀爲狀無瑒請往北庭請兄禄事》："兄旡價任北庭乾坑 戍 主，被吕將軍奏充四鎮要籍驅使，其禄及地子合於本任請授。"

太　72TAM226：51《唐西州都督府上支度營田使牒爲具報當州諸鎮戍營田畝數事》："▢▢合當州諸鎮 戍 營田，總以拾▢頃陸拾▢▢"

式　2006TAM607：2－4《唐景龍三年（709）後西州勾所勾糧帳》："方亭 戍 主翟壽重徵。"

戌　72TAM187：198《武周諸戍上兵文書（二）》："諸 戍 上兵▢▢"

公　65TAM341：30/1（a）《唐小德辯辭爲被蕃捉去逃回事》："▢▢▢投得維磨 戍 烽，其賊見在小嶺▢▢小德少解蕃語，聽賊語，明▢擬發向駝嶺逐草。"

束　shù

束　63TAM2：1《北涼緣禾六年翟萬隨葬衣物疏》："兔毛千 束 。"

束　67TAM363：8/1（a）之九《唐景龍四年（710）卜天壽抄孔氏本鄭氏注〈論語〉》："赤也！ 束 帶於朝，可使與賓容（客）言，不知其仁也。"

束　73TAM206：42/5《唐高昌縣勘申應入考人狀》："送曹司依例支配，入考者令早裝 束 。"

束　2004TAM408：17《令狐阿婢隨葬衣物疏》："故兔豪（毫）百五十 束 。"

述　shù

迷　72TAM216：012/3－1《武周擬判》："▢▢訴公門， 述 ▢▢"

恕　shù

恕　67TAM363：8/1（a）之七《唐景龍四年（710）卜天壽抄孔氏本鄭氏注〈論語〉》："夫子之道，中 恕 而已意（矣）。"

庶　shù

庶　73TAM221：55（a）《唐貞觀廿二年（648）安西都護府乘敕下交河縣符爲處分三衛犯私罪納課違番事》："故立考第，量能進敍，有勞必録， 庶 不遺材。"

庶　73TAM509：8/2（b）《唐西州道俗合作梯蹬及鐘記》："觀主張駕鶴亂歲參玄，韶年入道，真元湛寂，抱一無虧，建造鴻鐘，救拔黎 庶 。"

庶　2006TSYIM4：2－3＋2006TSYIM4：2－4《古寫本〈詩經〉》："何求爲我，以戾 庶 正。"

數　shù

數　80TBI：500a－1《中阿含經（卷二二）穢品經第一》："▢▢試（拭）， 數 數日炙，不▢▢"

80TBI：264《十誦比丘波羅提木又戒本》："□□丘 數 々食波□。"

按：原件"數"後爲重文符號。

73TAM222：56/1，56/2《唐殘判籍（二）》："減 數 ，又傷多□□。"

80TBI：488《四分戒本疏（卷一）》："於生非生， 數 頓得律儀，故稱爲總□□。"

按：總，原件書作"惣"。

80TBI：016《四分戒本疏（卷一）》："故多論云，於一切衆生 數 非衆生數而發□□。"

73TAM509：8/26（b）《唐唐昌觀申當觀長生牛羊數狀》："當觀先無群牧，三、五年諸家布施及贖（續）生，零落雜合，存得上件 數 。"

64TAM29：25《唐垂拱元年（685）康義羅施等請過所案卷（四）》："□□何胡 數 刺，作人曹延那。"

73TAM509：19/2《武周天山府下張父師團帖爲新兵造幕事一》："□□申大 數 ，不得遲晚□□。"

72TAM230：48/2《唐西州請北館坊採車材文書（二）》："□□具 數 牒赤亭□□。"

72TAM230：46/1（a）《唐儀鳳三年（678）尚書省户部支配諸州庸調及折造雜練色數處分事條啟（一）》："擬報諸蕃等物，并依色 數 送□。"

2006TAM607：4a《唐神龍三年（707）正月西州高昌縣開覺寺手實》："奴婢並新舊地段、畝 數 、四至具通如前，其依法受罪，謹牒。"

2006TAM607：4a《唐神龍三年（707）正月西州高昌縣開覺寺手實》："牒被責令，通當寺手實，僧 數 、年名、部曲。"

73TAM215：017/2《唐殘書牘一》："□□ 數 載在交河郡□。"

80TBI：016《四分戒本疏（卷一）》："故多論云，於一切衆生數非衆生 數 而發□□。"

80TBI：158《妙法蓮華經（卷二）譬喻品第三》："□□從昔來 數 聞世尊説，未曾聞如□□。"

64TKM1：38/2（a）《唐西州殘手實（二）》："□□及田畝 數 具狀□。"

67TAM78：42《唐某年二月府史張道龕領受馬料抄》："□□承使馬料□草頭 數 □□。"

73TAM222：56/3（a），56/4（a）《唐殘判籍（三）》："充僧 數 □□。"

73TAM222：56/3（a），56/4（a）《唐殘判籍（三）（四）》："人 數 稍多□□。"

67TAM376：01（a）《唐開耀二年（682）寧戎驛長康才藝牒爲請處分欠番驛丁事》："符下配充驛丁填 數 ，準計人別三番合上。"

67TAM78：37《唐西州蒲昌縣赤亭烽帖爲鎮兵糧事》："□□依 數 給訖，上□□。"

73TAM507：013/2－1《唐殘辯辭》："□□贓 數 前□□。"

2004TBM207：1－4《唐儀鳳三年（678）九月西州功曹牒爲檢報乖僻批正文案事》："大素自考後以來，諸司所有乖僻處分隨案，並捉得略良胡 數 人。"

及財物等。"

樹 shù

80TBI：093－3《金光明經〈卷三〉授記品第一四》："□□告 樹 神：善女天！"

67TAM363：8/2（a）之一《唐景龍四年（710）卜天壽抄〈十二月新三臺詞〉及諸五言詩》："年首初春□，改故迎新李（季），玄附靈求學，樹 夏（下）乃逢珍。"

67TAM363：8/1（a）之五《唐景龍四年（710）卜天壽抄孔氏本鄭氏注〈論語〉》："□□於門 樹，屏以蔽之。"

67TAM363：8/1（a）之五《唐景龍四年（710）卜天壽抄孔氏本鄭氏注〈論語〉》："□□亦 樹 塞門。"

68TAM103：18/5（a）《唐貞觀某年西州高昌縣范延伯等戶家口田畝籍（三）》："城西三里榆 樹 渠□□"

73TAM206：42/11－1～42/11－6《唐勘問婢死虛實對案録狀（一）～（六）》："檢 樹 等辨被□□"

60TAM332：9/4《唐□□柱出佃田畝契》："□□柱邊夏 樹 石部田四畝。"

shuāi

衰 shuāi

67TAM363：8/1（a）之八《唐景龍四年（710）卜天壽抄孔氏本鄭氏注〈論語〉》："見其壽考則喜，見其 衰 老則懼。"

shuài

帥 shuài

65TAM42：102（a），104（a）《唐永徽元年（650）後某鄉戶口帳（草）（二）》："□三旅 帥。"

72TAM188：72（a）（b）《唐神龍三年（707）主帥康某牒》："□□神龍三年二月 日主 帥 康□□"
　　按："月""日"之間空格爲原件所有。

67TAM78：33《唐某年九月府史張道龕領受馬踏抄》："□□亭烽 帥 □懷守烽□□"

67TAM78：43《唐東塞殘文書》："□□ 帥。"

shuāng

霜 shuāng

2004TBM203：30－2《高昌寫〈急就篇〉本》："□□柰桃待露 霜，棗杏瓜棣□飴餳。"

雙 shuāng

59TAM305：8《缺名隨葬衣物疏》："鍮鉅（鉅）釵一 雙。"

59TAM305：8《缺名隨葬衣物疏》："白珠一 雙。"

72TAM151：6《高昌重光元年（620）氾法濟隨葬衣物疏》："玉豚一雙。"

75TKM90：20（a）《高昌主簿張綰等傳供帳》："□半斤，付雙愛，供□淶。"

69TAM137：1/8《唐張嘿子等欠箭文書》："□雙護欠箭肆隻。"

65TAM42：40《唐缺名隨葬衣物疏》："雞鳴審（枕）一枚，玉團一雙，腳靡（縻）一具。"

按：霚，爲"兩隻"會意"雙"字。《字彙》《正字通》均曰："霚，俗雙字。"

shuǎng

爽　shuǎng

73TAM206：42/10－10《唐質庫帳歷》："張元爽正月十□□取壹伯□"

73TAM206：42/10－6《唐質庫帳歷》："王爽正月廿日取肆拾文。"

shuí

誰　shuí

66TAM61：26（b）《唐西州高昌縣上安西都護府牒稿爲錄上訊問曹祿山訴李紹謹兩造辯辭事（四）》："□捉將來，又有誰的知漢及□"

shuǐ

水　shuǐ

72TAM226：53，54《唐開元十年（722）伊吾軍上支度營田使留後司牒爲烽鋪營田不濟事》："□數少，又近烽地水不多，不□"

80TBI：087《金光明經（卷三）除病品第一五》："爾時，流水長者家中後生一子。"

2006TSYIM4：3－10背面《北涼官文書尾》："功曹史，行水。"

64TKM3：50《前涼殘券》："□加水。"

66TAM59：4/7（a）《殘辭》："□水聽棄馬頭堆本田，於馬□"

按：棄，原件作"宾"。

67TAM74：1/9《唐某人佃田殘契》："□破水謫，壹仰□"

73TAM509：8/2（b）《唐西州道俗合作梯蹬及鐘記》："薄（簿）馬瓊、尉衛綜、阮玉等寮彩咸斯水鏡，群司仰其朱繩。"

72TAM230：74《武周天授二年（691）安昌城知水李申相辯辭》："安昌城知水李申相年六十七。"

60TAM317：30/6（a），30/10（a）《唐趙蔭子博牛契》："□内不食水草，任還本□"

66TAM61：17（b）《唐西州高昌縣上安西都護府牒稿爲錄上訊問曹祿山訴李紹謹兩造辯辭事（一）》"□□禾，

妻不便 水 土，又地下濕，遂 □□□ ”

水（字形）72TAM151：59，61《高昌某年郡上馬帳》：“ 水 幨寺青馬。”

按：幨，原件書作“峽”。

水（字形）72TAM151：94《高昌義和三年（616）張相憙夏麋田券》：“風破 水 旱，隨大 □□□ ”

水（字形）72TAM151：13《高昌義和三年（616）氾馬兒夏田券》：“祖（租）殊（輸）伯（佰）役，仰田主了；渠破 水 謫，仰耕田人了。”

水（字形）64TAM4：33《唐總章三年（670）左憧憙夏菜園契》：“渠破 水 謫，仰佃田人當。”

shuì

税 shuì

税（字形）72TAM187：194（a）《唐高昌縣史王浚牒爲徵納王羅雲等欠税錢事》：“ □□□ 税 錢 □□□ ”

税（字形）72TAM230：84/1～84/5《唐儀鳳三年（678）尚書省户部支配諸州庸調及折造雜練色數處分事條啟（三）～（七）》：“ □□□ 官入國等各別爲項帳，其輕 税 人具 □□□ ”

shùn

順 shùn

順（字形）73TAM222：54/7（b），54/8（b），54/9（b）《唐寫〈禮記〉鄭氏注〈檀弓〉下殘卷》：“ 順 死之 □□□ ”

順（字形）80TBI：040b《妙法蓮華經（卷二）譬喻品第三》：“ □□□ 順 此 □”

順（字形）2004TAM396：14（1）《唐開元七年（719）四月某日鎮人蓋嘉順辭爲郝伏憙負錢事》：“府司前件人去三月内，於嘉 順 便上件錢。”

順（字形）75TKM89：1－1《高昌章和十一年（541）都官下交河郡司馬主者符爲檢校失奴事》：“都官長史麹 順 。”

順（字形）65TAM42：101/2（a）《等鄉崔文顥等殘名籍（二）》：“ □□□ 順 義鄉。”

順（字形）64TAM4：37《唐總章三年（670）白懷洛舉錢契》：“ 順 義鄉白懷洛於崇化鄉左憧憙邊舉取銀錢拾文。”

順（字形）73TAM215：017/5－1《唐馮懷盛等夫役名籍（一）》：“李元 順 。”

順（字形）65TAM42：111/4（a）《唐西州高昌縣順義鄉殘名籍》：“ 順 義鄉，白丁，趙 □□□ ”

順（字形）72TAM178：7《唐趙竺都等名籍》：“ □□□ 闕□ 順 □□□ ”

shuō

説 shuō

説（字形）80TBI：784a－5《大乘瑜伽金剛性海曼殊室利千臂千鉢大教王經（卷六）》：“ □□□ 二者 説 名 □□□ ”

説（字形）80TBI：641a《妙法蓮華經（卷二）譬喻品第三》：“告喻諸子， 説 衆患難，惡鬼毒蟲。”

80TBI：040a《妙法蓮華經（卷二）譬喻品第三》："佛[説]苦諦，真實無異。"

64TAM4：29(a)《唐咸亨四年左憧憙生前功德及隨身錢物疏》："逯叁年，[説]《汙蘭貪逯》（《盂蘭盆經》），左郎身自□。"

67TAM363：8/1(a)之三《唐景龍四年（710）卜天壽抄孔氏本鄭氏注〈論語〉》："知其[説]者之於天下，其[□]"

67TAM363：8/1(a)之五《唐景龍四年（710）卜天壽抄孔氏本鄭氏注〈論語〉》："[□]不[説]，遂事不諫，既往不咎。"

80TBI：489《四分戒本疏（卷一）》："[□]是形俱，通在餘二性中，故[説]爲寬。"

80TBI：126《別譯雜阿含經（卷一二）》："知是魔王，[説]偈報言。"

80TBI：052《妙法蓮華經（卷二）譬喻品第三》："[□]妄初[説]三乘引導衆[□]"

shuò

朔　shuò

64TAM4：42《唐龍朔元年（661）左憧憙夏菜園契》"龍[朔]元年九月十四日。"

72TAM179：16/4(b)，16/5(b)，16/6(b)，16/7(b)《唐寫〈尚書〉孔氏傳〈禹貢〉、〈甘誓〉殘卷》："[朔]南暨聲教訖於四海。"

按：翔，同"朔"。字形承隸書而來，《説文》作"屰"，碑變省作"手"，《隸辨》載《孔龢碑》《華山廟碑》，"朔"即作"翔"。《干祿字書》："翔朔，並上通下正。"

67TAM363：8/1(a)之四《唐景龍四年（710）卜天壽抄孔氏本鄭氏注〈論語〉》："子貢欲去告[朔]之餼羊。"

73TAM507：012/12-1《唐潘突厥等甲仗帳》："[□]得[朔]（槊）五張。"

60TAM332：9/3-1《唐龍朔二年（662）迪納名籍（一）》："龍[朔]二年迪。"

64TAM4：34《唐龍朔元年（661）龍惠奴舉練契》："唐龍[朔]元年八月廿三日。"

碩　shuò

72TAM226：66(a)《唐伊吾軍典張瓊牒爲申報斸田斛斗數事（一）》："[□]得子貳拾玖[碩]玖斗伍勝（升）肆合[□]"

按：斗，原件作"斱"。

72TAM226：5(a)《唐伊吾軍上西庭支度使牒爲申報應納北庭糧米事》："叁阡陸伯肆拾陸[碩]捌斗叁勝伍合納軍倉訖。"

按：斗，原件作"斱"。

72TAM226：5(a)《唐伊吾軍上西庭支度使牒爲申報應納北庭糧米事》："壹伯（佰）玖拾柒[碩]納伊州倉訖。"

67TAM78：41《唐西州蒲昌縣糧帖二》："糜柒[碩][□]"

按：牀，原件書作"牀"。

槊　shuò

73TAM507：014/1《唐隊正陰某等領甲仗器物抄（一）》："□□槊叁張並潘故破，□□廿日□□"

sī

司　sī

72TAM151：74（a）《古寫本〈晉陽秋〉殘卷》："林指曰：'在此。'司空曰□□"

65TAM346：2《唐上元二年（675）府曹孝通牒爲文峻賜勳事》："勑鎮滿十年，賜勳兩轉，付錄事司檢文峻等並經十年已上檢。"

72TAM230：73（a），71（a）《武周天授二年（691）知水人康進感等牒尾及西州倉曹下天山縣追送唐建進妻兒鄰保牒》："付司傑示。"

按：傑，原件書作"傑"。

72TAM230：72《武周天授二年（691）史孫行感殘牒》："付司傑示。"

73TAM519：19/2－2《高昌麴季悅等三人辭爲請授官階事》："□□到司馬前頭訴已，司馬許爲□□"

72TAM151：56《高昌買馱、入練、遠行馬、郡上馬等人名籍》："建武蘇司馬、麴郎延武、□□□□□□□虎牙□□"

按：蘇，原件書作"蘸"。

72TAM230：58/1（a）～58/4（a）《武周天授二年（691）追送唐建進家口等牒尾判》："□□唐進經州告事，計其不合東西，頻下縣追，縣司狀□□"

72TAM151：59，61《高昌某年郡上馬帳》："張司馬黃馬。"

2004TBM207：1－14《唐儀鳳某年（676—679）西州牒爲考課事》："其李恒讓付諸司檢報，餘後判，諮。"

73TAM210：136/12－2《唐西州都督府諸司廳、倉、庫等配役名籍（二）》："□塞子，銅匠。以上並配本司。"

73TAM210：136/12－5《唐西州都督府諸司廳、倉、庫等配役名籍（五）》："□□歡，司馬廳。"

73TAM193：11（a）《武周郭智與人書》："都督自喚兩司對問。" "緣爲錄事司勾。"

73TAM193：11（a）《武周郭智與人書》："叁、伍使在此，曹司頻索。"

72TAM188：91《唐殘牒》："□□副使檢校甘州司馬綦使□□"

2006TAM607：2－2《唐神龍二年（706）七月西州史某牒爲長安三年（703）七至十二月軍糧破除、見在事》："三石七斗七升九合青稞，州司勾徵，索行等。"

私　sī

75TKM99：6（a）《北涼承平八年（450）翟紹遠買婢券》："民有私要，要行二主，各自署名爲信。"

75TKM99：6（b）《義熙五年道人弘度舉錦券》："民有私要，要行
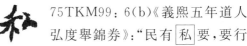

二主，各自署名爲信。"

73TAM193：38(a)《武周智通擬判爲康隨風詐病避軍役等事》："奉敕伊、西二州，占募強兵五百，官賜未期至日，[私]家借便資裝。"

75TKM96：43(a)《中部督郵殘文書》："稱身具[私]袍□□"

64TAM15：29/2《高昌延壽十四年康保謙買園券》："民有[私]要"

64TAM19：36《唐咸亨五年(674)王文歡訴酒泉城人張尾仁貸錢不還辭》："準鄉法和立[私]契。"

72TAM151：13《高昌義和三年(616)氾馬兒夏田券》："民有[私]要，要□□□，自署名爲信。"

64TAM4：34《唐龍朔元年(661)龍惠奴舉練契》："人有正法，人從[私]契。"

64TAM4：39《唐乾封元年(666)鄭海石舉銀錢契》："公[私]債負停徵，此物不在停限。"

64TAM4：33《唐總章三年(670)左憧憙夏菜園契》："爲人無信，故立[私]契爲驗。"

72TAM151：104《高昌延和十二年(613)某人從張相熹等三人邊雇人歲作券》："民有[私]要，要行□□□自署名为信。"

75TKM99：9(b)《高昌延昌二十二年(582)康長受從道人孟忠邊歲出券》："民有[私]要，各自署名爲信。"

思　sī

80TBI：507-1《囉嚩孥說救療小兒疾病經(卷一)》："□嬴弱不[思]飲食□□"

67TAM363：8/1(a)之七《唐景龍四年(710)卜天壽抄孔氏本鄭氏注〈論語〉》："見賢[思]齊焉，見不賢而內□。"

80TBI：466《注維摩詰經(卷六)不思議品第六》："□不可[思]議解□。"

80TBI：316《妙法蓮華經(卷二)譬喻品第三》："作是念已，如所[思]□。"

73TAM509：8/27《唐城南營小水田家牒稿爲舉老人董思舉檢校取水事》："老人董[思]舉。"

73TAM215：017/1-3《唐張惟遷等配役名籍(三)》："□[思]禮。"

72TAM151：55《高昌田相祐等名籍》："田[思]祐、陽阿周、趙劉集、李忠兒。"

67TAM363：8/1(a)之二《唐景龍四年(710)卜天壽抄孔氏本鄭氏注〈論語〉》："小公(功)[思](總)麻，哀容□。"

73TAM507：013/2-1《唐殘辯辭》："今日[思]忖□。"

67TAM376：03(a)《唐西州高昌縣諸鄉里正上直暨不到人名籍》："化：尉[思]，嚴海，張成，宋感，仁。"

65TAM40：36《唐殘辭》："□□今忖[思]東西經紀無處可得。"

72TAM230：54(a)《唐開元九年(721)里正記雷思彥租取康全致等田畝帳》："□雷[思]彥交用麥貳□。"

68TAM108：19(a)之三《唐開元三年(715)西州營典李道上隴西

縣牒爲通當營請馬料姓名事》："火長趙
思言，火内人史玉。"

67TAM376：03（a）《唐西州高昌
縣諸鄉里正上直暨不到人名
籍》："思仁白。"

68TAM108：18（a）之二《唐開元三
年（715）西州營牒爲通當營請馬料
姓名事二》："火長趙思言，火内人□□。"

斯　SĪ

67TAM363：8/1（a）之五《唐景
龍四年（710）卜天壽抄孔氏本鄭
氏注〈論語〉》："君子之至予（於）斯也，吾
未嘗□□。"

67TAM363：8/1（a）之七《唐景
龍四年（710）卜天壽抄孔氏本鄭
氏注〈論語〉》："觀過，斯知仁矣。"

73TAM509：8/2（b）《唐西州道
俗合作梯蹬及鐘記》："當觀道士
張真……索名等仰憑四輩，共結良緣，不
憚劬勞，作斯梯蹬。"

80TBI：132《佛説天地八陽神咒
經》："□□力故獲如斯福何
□□。"

按：斯，《大正藏》作"是"。

80TBI：488《四分戒本疏（卷
一）》："譬如一楣能捍衆敵，爲破
斯義，故立此受隨二法並作無作。"

80TBI：488《四分戒本疏（卷
一）》："斯弁明先後發。"

按：此句《中華大藏經》和《大正新修
大藏經》作"斯次辨明先後發"。

絲　SĪ

73TAM206：42/9 - 13《唐課錢帳
歷》："□□孟老皂絲布九十文。"

59TAM305：8《缺名隨葬衣物
疏》："絳地絲鞋（履）一量。"

按：《説文》："糸，細絲也。象束絲之
形。"段注："絲者，蠶所吐也……細絲曰
糸。"又《集韻》音新兹切，"絲，《説文》：'蠶
所吐也。'或省。"此處應依《集韻》"糸"爲
"絲"省，同"絲"。下同。吐魯番文獻多用
"糸"，少見用"絲"者。

59TAM305：8《缺名隨葬衣物
疏》："黄手絲二兩。"

63TAM1：11《西涼建初十四年
（418）韓渠妻隨葬衣物疏》："帛
絲絹百匹。"

63TAM1：17《劉普條呈爲綿絲
事》："楊瓜生絲一斤。"

75TKM91：23/1《嚴奉租絲殘文
書》："□□嚴奉租絲□□。"

2004TAM408：17《令狐阿婢隨葬
衣物疏》："故手中黄絲三兩。"

72TAM151：6《高昌重光元年
（620）氾法濟隨葬衣物疏》："攀
天絲萬萬九千丈。"

59TAM305：8《缺名隨葬衣物
疏》："絳地絲鞋（履）一量。"

59TAM303：01《高昌缺名隨葬
衣物疏》："亂絲千斤。"

65TAM42：40《唐缺名隨葬衣物
疏》："琴（攀）天絲萬々九千丈。"

按：原件"萬"作"万"，後用重文符號。

死　SǏ

80TBI：011-3《大乘瑜伽金剛性海曼殊室利千臂千鉢大教王經（卷六）》："□□生 死 之事善□□"

60TAM330：14/1-1(b)《唐某鄉戶口帳（四）》："□□廿二 死 除。"

73TAM222：54/7(b)，54/8(b)，54/9(b)《唐寫〈禮記〉鄭氏注〈檀弓〉下殘卷》："獸 死 之狀也。"

2004TBM207：1-3《唐調露二年（680）七月東都尚書吏部符爲申州縣闕員事》："□□某乙憂 死 。"

73TAM210：136/2-1，136/2-2《唐安西都護府運糧殘文書》："□運糧至 死 者□□"

60TAM332：9/1-1《唐祭五方神文殘片一》："□□其某甲 死 鬼□□"

60TAM332：9/1-1《唐祭五方神文殘片一》："□□莫使犯人，生 死 路別，不得相親。"

67TAM363：7/3《唐殘書牘》："在生 死 久不知聞比來□□"

72TAM178：5《唐開元二十八年（740）土右營下建忠趙伍那牒爲訪捉配交河兵張式玄事二》："□□迴，死 活不□□"

75TKM96：18，23《北涼玄始十二年（423）兵曹牒爲補代差佃守代事》："箭工董祖□身 死 ，請□□""□□隗休□ 死 ，請以外軍王阿連□□"

72TAM230：70《武周天授二年（691）勘問唐建進牒尾判》："□□ 死 絕等□□"

72TAM230：69《武周天授二年（691）李申相辯辭》："□□逃

死 、戶絕田、陶、菜等地如後□□"

按：地，原件爲武周新字。

60TAM332：6/5，6/8《唐祭諸鬼文（一）》："□□上□□鬼是陰，其某死鬼 死 □□"

64TAM5：39《唐李賀子上阿郎、阿婆書二（二）》："張將舍盡平安在，張岳隆 死 。"

65TAM40：29《唐某人賃舍契》："其病患有生 死 並得。"

64TAM29：44《唐咸亨三年（672）新婦爲阿公錄在生功德疏》："直爲生 死 道殊，恐阿公心有顛倒，既臨終受戒，功德復多。"

75TKM91：11/6《西涼建初四年（408）秀才對策文》："亦由智伯氏貪愎，士無 死 志。"

75TKM91：21《馮淵上主將啟爲馬死不能更買事》："馮淵啟：□□右具□馬，去春中惡 死 。"

60TAM332：9/1-1《唐祭五方神文殘片一》："其某甲 死 鬼無繫屬處，故書名字□□方神，願爲禁攝，莫史（使）犯人，速攝囚。"

72TAM188：78(a)《唐健兒鄀玄嶷、吳護隆等辭爲乘馬死失另備馬呈印事》："□□嶷等先差趁賊，乘馬 死 失□□"

2004TAM396：14《唐開元七年（719）洪奕家書》："今者關河兩礙，夙夜思惟，根（恨）不自 死 。"

sì

巳 sì

73TAM507：013/4－1,4－2《唐曆》："□廿一日巳巳木開□。"

73TAM206：42/9－27《唐課錢帳歷》："巳(已)上勘訖。"

75TKM90：20(a)《高昌主簿張綰等傳供帳》："□行緤三疋，赤違三枚，付隗巳隆，與阿祝至火下。"

73TAM206：42/9－1(b)《唐課錢帳歷》："巳(已)上勘同。"

60TAM332：6/3《唐犯土禁忌文》："戒犯辰巳午未土，戒犯□。"

66TAM61：23(b)，27/2(b)，27/1(b)《唐西州高昌縣上安西都護府牒稿爲錄上訊問曹禄山訴李紹謹兩造辯辭事(二)》："別兄巳(已)來，經四年□。"

四　sì

65TAM39：20《前涼升平十一年王念賣駝券》："升平十一年四月十五日，王念以兹駝賣與朱越，還得嘉駝，不相販移。"

59TAM305：14/2《倉曹屬爲買八緤布事》："倉曹樊霸、梁斌前屬催奸吏買八縱(緤)布四匹。"

72TAM151：51《高昌白子中布帛雜物名條疏》："□須一，右(又)四尺，非(緋)綾二尺五。"

73TAM507：013/3《唐上元三年(676)某人辯辭爲買鞍馬事》："□元三年四月□。"

66TAM61：23(b)，27/2(b)，27/1(b)《唐西州高昌縣上安西都護

府牒稿爲錄上訊問曹禄山訴李紹謹兩造辯辭事(二)》："別兄已來，經四年□。"

2006TZJ1：085，2006TZJ1：088《麴氏高昌斛斗帳》："小麥一千三百□十□斛四斗二升半。"

寺　sì

68TAM103：18/2－2(b)，18/11－3(b)《高昌衛寺明藏等納錢帳(二)》："□壹文，索寺善□。"

67TAM78：27《唐殘書牘》："□訊寺女渾□。"

66TAM44：11/3(a)《唐殘牒爲市木修繕廢寺事》："□牒，竊見上件寺舍□。"

64TAM29：110/1～110/6，120(a)《唐處分庸調及折估等殘文書(一)～(七)》："□收僕寺，每年預牒監使堪當□。"

65TAM40：28《唐杜定歡賃舍契》："歡從證聖寺三綱僧練伯邊賃取裏舍中上下房五口。"

2006TAM607：4a《唐神龍三年(707)正月西州高昌縣開覺寺手實》："開覺寺。"

72TAM151：102，103《高昌作頭張慶祐等偷丁谷寺物平錢帳》："□慶祐子作頭，田地□□從，二人合偷丁谷寺□□奴絍二匹半。"

按：谷，原件書作"塔"。

73TAM504：21/1－21/3《高昌奴得等負麥、粟、疊帳(一)～(三)》："次負弘磨寺左師疊首卅斤。"

64TAM29：44之六《唐咸亨三年(672)新婦爲阿公錄在生功德

疏》：“往前於楊法師房内造一廳并堂宇，供養玄覺寺常住三寶。”

72TAM151：58《高昌義和二年（615）七月馬帳（一）》：“義和二年乙亥歲七月十六日，范寺思惠赤馬，卜寺赤馬，武衛寺赤馬……”

2006TAM607：4a《唐神龍三年（707）正月西州高昌縣開覺寺手實》：“牒被責令，通當寺手實，僧數、年名、部曲。”

祀 sì

64TAM15：29/1《高昌康保謙雇劉祀海券》：“□□三日，康保謙雇劉祀海用□□”

64TAM29：44之六《唐咸亨三年（672）新婦爲阿公録在生功德疏》：“開相起咸亨三年四月十五日，遣家人祀德向冢間堀底作佛。”

73TAM222：54/4（b），54/5（b）《唐寫〈禮記〉鄭氏注〈檀弓〉下殘卷》：“□祀之禮主人□□”

73TAM524：32/1-2《高昌永平元年（549）十二月廿九日祀部班示爲明正一日知祀人上名及讁罰事》：“參軍忠順、主簿孟□、主簿孝和、吏阿彌胡，右六人知祀南□。”

73TAM524：32/1-1《高昌永平元年（549）十二月十九日祀部班示爲知祀人上名及讁罰事》：“若不詣祀所煮肉，讁羊一口。”

73TAM524：34（a）《高昌章和五年（535）取牛羊供祀帳》：“次三月十一日取胡未馼羊一口，供祀風伯。”

73TAM507：012/6（b），012/8（b）《唐西州高昌縣□婆祝等名

籍（一）（二）》：“大女杜祀足。”

2004TAM395：4-2＋2004TAM395：4-3《唐垂拱二年西州高昌縣徵錢名籍全貌》：“□謝過隆海，趙祀君□□”

65TAM341：27《唐開元八年（720）具注曆》：“歲位斬草祭祀，吉。”

肆 sì

72TAM151：95《高昌延和八年七月至延和九年六月錢糧帳》：“□拾捌文□□□究（九）拾肆文半。”

73TAM193：15（b）《唐天寶某載（749—756）行館器物帳》：“破疊子肆拾牧（枚）。”

67TAM363：8/1（a）之一〇《唐景龍四年（710）卜天壽抄孔氏本鄭氏注〈論語〉》：“□□肆焉：其行己也恭，其士（事）上也敬，其養仁（人）也惠，□□”

73TAM206：42/10-6《唐質庫帳歷》：“王爽正月廿日取肆拾文。”

2004TBM203：30-3b＋2004TBM203：30-1《高昌寫本〈急就篇〉》：“□□賣買販肆便□□”

72TAM151：95《高昌延和八年七月至延和九年六月錢糧帳》：“依案，從己巳□七月一日至庚午歲六月廿九□□□伍佰（百）肆文半，□□兜（斗）□□”

75TKM91：3/1（a），3/，2（a）《蔡暉等家口籍》：“閏增肆口。”

64TAM15：29/1《高昌康保謙雇劉祀海券》："□□銀錢柒文，糧一斛肆□□"

按：斛，原件書作"研"。

66TAM44：11/8，11/13《唐貞觀十四年（640）静福府領袋帳歷》："□□袋肆拾□□"

73TAM509：8/5（a）《唐西州天山縣申西州户曹狀爲狀無瑒請往北庭請兄禄事》："前安西流外張旡瑒，奴胡子年廿五，馬壹疋，駮草（驛）肆歲，驢貳頭，並青黄父各陸歲。"

72TAM228：14《唐保人石杯娑等殘契》："□□保人石□娑□肆拾□□"

64TAM4：34《唐龍朔元年（661）龍惠奴舉練契》："月別生利練肆疋。"

73TAM206：42/10 – 12《唐質庫帳歷》："□□壹伯（百）肆□□"

68TAM103：18/2 – 2（b），18/11 – 3(b)《高昌衛寺明藏等納錢帳（二）》："□□文，同（銅）錢肆□□"

65TAM40：29《唐某人賃舍契》："罰銀錢貳拾肆文。"

64TAM29：97《武周寧戎驛馬及馬草踏文書》："寧戎驛馬肆拾貳□□"

72TAM151：101《高昌傳錢買鑺鐵、調鐵供用帳》："虎□懷明傳：錢肆□，□買□鐵肆斤，付孟慶慶。"

72TAM151：101《高昌傳錢買鑺鐵、調鐵供用帳》："虎□懷明傳：錢肆□，□買□鐵肆斤，付孟慶慶。"

67TAM78：29（a）《唐貞觀十四（640）西州高昌縣李石住等户手實（二）》："地一段肆畝八十步城西二□□"

67TAM78：49/1《唐食粟殘賬》："□□五斗肆勝（升）□□"

按：斗，原件作"斱"。

67TAM78：49/1《唐食粟殘賬》："□□八碩五斗肆□□"

按：斗，原件作"斱"。

嗣　sì

73TAM222：55(a)）《唐寫〈千字文〉殘卷》："□□後嗣續，祭□"

73TAM206：109/13 – 6，42/9 – 26《唐課錢帳歷》："□□孟□□□，馬嗣□□"

73TAM206：42/9 – 27《唐課錢帳歷》："馬嗣十五，田姨廿六，二□□"

sōng

松　sōng

64TAM29：91(b)《唐殘詩》："自知松□□"

嵩　sōng

72TAM151：99，100《高昌合計馬額帳（一）》："□□侍慶嵩、威遠保悦、□□令護、張相受。"

72TAM151：52《高昌逋人史延明等名籍》："□□四日逋人：孟慶嵩、王歡岳。"

72TAM188：67《唐録事司值日簿》："録事司：十二月十三日，將軍行酒董臣、氾嵩；十六日，王詮、郎琳、玄。"

68TAM108：18（a）之二《唐開元三年（715）西州營牒爲通當營請馬料姓名事二》："第八隊火長魯令嵩，火内□□。"

sǒng

悚　sǒng

2004TAM396：14《唐開元七年（719）洪奕家書》："比不奉海（誨），夙夜皇（惶）悚，惟增戀結。"

sòng

宋　sòng

73TAM206：42/10－13，42/10－3《唐質庫帳歷》："□□宋守慎□月十九日取壹阡□□。"

73TAM507：013/7《唐史宋端殘文書》："□□日，史宋端□□。"

67TAM363：8/1（a）之三《唐景龍四年（710）卜天壽抄孔氏本鄭氏注〈論語〉》："殷禮吾能言之，宋不足徵。"

64TAM15：17《唐貞觀十四年閏十月西州高昌縣弘寶寺賊臟錢名》："宋住入太儒。"

72TAM151：52《高昌逋人史延明等名籍》："□□宋客兒子、陽保相、張□□。"

72TAM178：7《唐趙竺都等名籍》："□□宋□□。"

2006TAM607：4b《唐神龍二年（706）七月西州史某牒爲長安三年（703）七至十二月軍糧破除、見在事》："右被倉曹十二月一日牒給伊洲鎮兵雷忠恪充十日糧，典宋祚，官準前。"

72TAM150：37《唐氾正家書》："兄氾正千萬問訊宋果毅并兒女等盡得平安。"

64TAM29：90（a）（b）《唐垂拱元年（685）西州都督府法曹高昌縣符爲掩劫賊張爽等事》："府宋闍。"

67TAM78：17（b），18（b），19（b），28（b）《唐貞觀某年孫承等戶家口籍》："□□妻，宋資臺□□。"

送　sòng

72TAM188：86（a）（b）《唐西州都督府牒爲請留送東官馬填充團結欠馬事》："□□舉者，所市得馬欲送向東，中間稍瘦，□堪總去。"

73TAM509：8/6《唐書牘稿》："後日令宜德送柒萄在羅外，常湏（須）破一人看守，影向被盜將。"

73TAM206：42/5《唐高昌縣勘申應入考人狀》："送曹司依例支配，應入考者令早裝束。"

64TAM29：113《唐□伏威牒爲請勘問前送帛練使男事》："前送帛練使王伯歲男。"

送

72TAM226：61《唐殘文書二
窓》："□□追歷 送 □□。"

73TAM507：033（a）《唐佐馬貞
濬殘牒》："并勒鄉追 送 。"

64TAM29：90（a）（b）《唐垂拱元
年（685）西州都督府法曹高昌縣
符爲掩劫賊張爽等事》："盜賊 送 此堪當
□□。"

67TAM363：7/2《唐儀鳳二年
（677）西州高昌縣寧昌鄉某人舉
銀錢契》："□錢壹文，月滿即須 送 利。"

72TAM230：73（a），71（a）《武周
天授二年（691）知水人康進感等
牒尾及西州倉曹下天山縣追送唐建進妻
兒鄰保牒》："又判牒縣令依前捉 送 。"

72TAM230：58/1（a）～58/4（a）
《武周天授二年（691）追送唐建
進家口等牒尾判》："仰準長官處分，即
領 送 。"

72TAM230：58/1（a）～58/4（a）
《武周天授二年（691）追送唐建
進家口等牒尾判》："□□文帳，頻追不
到，亦附牒縣□前速即追 送 ，并辯□□。"

66TAM44：11/1《唐貞觀十八
年（644）鎮兵董君生等牒爲給
抄及送納等事》："□□今將 送 納，
謹牒。"

2004TBM207：1-10f《唐文書殘
片》："□□亦同封 送 □□。"

64TAM4：40《唐乾封三年（668）
張善憙舉錢契》："到月滿，張即
須 送 利。"

73TAM193：11（a）《武周郭智與
人書》："今附牒 送 公爲入司判
牒高昌縣追張山海，不須追婢。"

73TAM193：11（a）《武周郭智與
人書》："次有□豈不附 送 。"

訟　sòng

67TAM363：8/1（a）——《唐景
龍四年（710）卜天壽抄孔氏本鄭
氏注〈論語〉》："吾未見能見其過而内自
訟 者。"

頌　sòng

2002TJI：004《妙法蓮華經卷三
化城喻品第七》："□□偈 頌 曰
□。"

誦　sòng

80TBI：497-4《佛説長阿含經
（卷一五）第三分種德經第三》：
"□□ 誦 不利無有辯□□。"

80TBI：097《請觀世音菩薩消伏毒
害陀羅尼咒經（卷一）》："□□并
誦 此咒即得□□。"

80TBI：132《佛説天地八陽神咒
經》："□□讀 誦 ，如法修行。
其功德□□。"

72TAM201：33《唐咸亨五年
（674）兒爲阿婆録在生及亡没所
修功德牒》："自省已來，口 誦 餘經，未曾
避（懈）癈。"

2004TBM113：6-1+2004TBM113：
6-1（背面）《唐龍朔二年（622）正
月西州高昌縣思恩寺僧籍》："誦《法華》
五卷。"

sōu

搜　sōu

72TAM179：16/1（b），16/2（b）《唐寫〈尚書〉孔氏傳〈禹貢〉、〈甘誓〉殘卷》：“敤（織）皮、昆侖、圻（析）支、渠搜，西戎即敍。”

按：敤，同“搜”。搜，《説文》小篆作“㩋”，隷變後，從“宀”之字多作“叟”。《正字通》：“敤，今作搜。”

氀　sōu

75TKM91：15（a）《器物賬》：“氍氀一領。”

按：此字即“氀”之訛誤字。氀，同“毶”，從“宀”之字隷變後多從“叟”。氍氀，有花紋的毛毯。《玉篇·毛部》：“毶，氍毶，織毛。”《篇海類編·身體類·毛部》：“毶，氍毶，織毛有文者。”《集韻·魚韻》及《集韻·虞部》字皆作“毿”。

sū

蘇　sū

75TKM91：34（b），33（b）《建□年按貲配生馬賬》：“煎蘇獵亡馬鞍薦（韉），至今不得。”

72TAM151：99，100《高昌合計馬額帳（一）》：“□□□蘇司馬、明□□□□□□郎慶哲、左調和馮明

65TAM42：67《唐西州高昌縣授田簿（一五）》：“右給蘇願歡充□□”

2006TAM607：2-2背面《唐景龍三年（709）後西州勾所勾糧帳》：“二石六斗米，中館妄破，蘇仁折納。”

73TAM206：42/9-27《唐課錢帳歷》：“張祥六十，蘇本卅六，蘇敬百廿。”

73TAM206：42/9-27《唐課錢帳歷》：“張祥六十，蘇本卅六，蘇敬百廿。”

73TAM206：42/9-30《唐課錢帳歷（二）》：“張祥六十、蘇本九十六。”

73TAM206：42/9-27《唐課錢帳歷》：“蘇敬入帖趙五廿了。”

73TAM206：42/9-8《唐課錢帳歷（三〇）》：“張祥六十；蘇本九十六；蘇敬百廿。”

73TAM206：109/13-6，42/9-26《唐課錢帳歷》：“蘇本卅六。”

73TAM206：42/9-27《唐課錢帳歷》：“蘇敬入十九日課二百卅□□”

73TAM206：109/13-6，42/9-26《唐課錢帳歷》：“蘇敬百廿入，□楊十五□□”

72TAM151：96（a）《高昌安樂等城負藏錢人入錢帳》：“蘇頭得入錢廿□□”

72TAM151：96（a）《高昌安樂等城負藏錢人入錢帳》：“蘇蟲兒入錢廿一□□”

72TAM151：60《高昌義和二年（615）七月馬帳（二）》："蘇司馬雖馬,諫□□□□畔馬,侍郎□□"

72TAM151：56《高昌買駞、入練、遠行馬、郡上馬等人名籍》："建武蘇司馬、麴郎延武、□□□□□□虎牙□□"

2006TAM607：2－4《唐景龍三年（709）後西州勾所勾糧帳》："妄加給還兵,景二年春季,徵蘇仁。"

sú

俗　sú

67TAM363：8/1（a）之七《唐景龍四年（710）卜天壽抄孔氏本鄭氏注〈論語〉》："言世俗薄此二者。"

80TBI：001a《晉寫本東漢荀悅撰〈前漢紀〉〈前漢孝武皇帝紀〉殘卷》："□□息同俗其餘小衆不□□"

2004TBM113：6－1＋2004TBM113：6－1（背面）《唐龍朔二年（622）正月西州高昌縣思恩寺僧籍》："高昌縣寧泰鄉仁義里,户絕俗姓張,爲延昌卌一年正月十五日度。"

sù

素　sù

67TAM363：8/1（a）之三《唐景龍四年（710）卜天壽抄孔氏本鄭氏注〈論語〉》："□□倩兮,未（美）目盼

兮,素以爲絇兮。"

75TKM96：29（a）,33（a）《北涼真興某年道人德受辭》："素自貧簿（薄）,豈可自活。"

64TAM29：44之六《唐咸亨三年（672）新婦爲阿公録在生功德疏》："向堀門裏北畔新塔廳上佛堂中東壁上,泥素（塑）彌勒上生變,並菩薩、侍者、天神等一捕（鋪）。"

73TAM222：54/4（b）,54/5（b）《唐寫〈禮記〉鄭氏注〈檀弓〉下殘卷》："□□奠以素□□"

2004TBM207：1－4《唐儀鳳三年（678）九月西州功曹牒爲檢報乖僻批正文案事》："□□參軍敬大素。"

2004TBM207：1－5b《唐西州事目曆》："□□參軍,素□□"

2006TAM607：2－2《唐神龍二年（706）七月西州史某牒爲長安三年（703）七至十二月軍糧破除、見在事》："前交河主簿王義曆元年職陶漿價,張素。"

速　sù

73TAM206：42/5《唐高昌縣勘申應入考人狀》："速勘申□□"

67TAM91：19（a）《唐貞觀十九年（645）安西都護府下軍府牒爲速報應請賜物見行兵姓名事》："□□宜速上,故牒。"

60TAM332：9/1－1《唐祭五方神文殘片一》："其某甲死鬼無繫屬處,故書名字□□方神,願爲禁攝,莫史（使）犯人,速攝囚。"

67TB：1－2－3《大乘瑜伽金剛性海曼殊室利千臂千鉢大教王經（卷六）》："□□處速達□□"

2004TBM207：1－7《唐調露二年（680）七月東都尚書吏部符爲申州縣闕員事》："□□今以狀下州，宜依狀速申，符到□□"

60TAM332：9/1－1《唐祭五方神文殘片一》："□□方神速□□"

73TAM509：19/2《武周天山府下張父師團帖爲新兵造幕事一》："□□下三團速造，限來□□"

72TAM230：58/1（a）～58/4（a）《武周天授二年（691）追送唐建進家口等牒尾判》："□□文帳，頻追不到，亦附牒縣□前速即追送，并辯□□"

65TAM341：25，26（a）《唐景龍三年（709）南郊赦文》："□□長官速加賑給□□"

宿　sù

73TAM524：32/1－2《高昌永平元年（549）十二月廿九日祀部班示爲明正一日知祀人上名及謫罰事》："若逋不宿者，司馬人謫酒二斛。"

73TAM221：55（a）《唐貞觀廿二年（648）安西都護府乘敕下交河縣符爲處分三衛犯私罪納課違番事》："敕旨有蔭及承別恩者，方霑宿衛，鈎陳近侍，親□非輕。"

67TAM363：8/2（a）之一《唐景龍四年（710）卜天壽抄〈十二月新三臺詞〉及諸五言詩》："伯（百）鳥頭林［息］宿，各各覓高支（枝），□更分散去，苦落不想（相）知。"

按：原件"息"字旁有"卜"删字符號。

65TAM341：30/1（a）《唐小德辯辭爲被蕃捉去逃回事》："□□草澤宿，至三日明，即發入突播山□□"

粟　sù

64TAM27：21《唐寫本〈論語〉鄭氏注〈雍也〉殘卷》："□□粟五秉□□"

72TAM226：65《唐北庭諸烽㷀田畝數文書》："□□白粟叁畝，共刈得貳□□"

2006TAM607：2－4《唐景龍三年（709）後西州勾所勾糧帳》："八斗六升青稞，四斗二升粟，四升米，準前冬季勾徵，典氾同。"

69TAM232：3（b）《唐蠅芝等直上欠麨粟帳》："白居兜□□義達種秋粟，右同前據□□□上件地去年秋是前件人佃種，畝別收子兩碩以上者，件勘如前。"

72TAM230：49《武周天授二年（691）總納諸色逋懸及屯收義納糧帳》："四百七十七石粟。"

72TAM226：64（a），69（a）《唐開元某年伊吾軍典王元琮牒爲申報當軍諸烽鋪㷀田畝數事》："□□阿查勒種粟壹□□"

2006TAM607：2－2《唐神龍二年（706）七月西州史某牒爲長安三年（703）七至十二月軍糧破除、見在事》："四百八十九石四斗五升九勺粟。"

2006TZJ1：085，2006TZJ1：088《麴氏高昌斛斗帳》："糜 粟 三百一十□□。"

72TAM151：95《高昌延和八年七月至延和九年六月錢糧帳》："糜 粟 貳斛究(九)□□。"

按：斛，原件寫作"觧"。

72TAM151：95《高昌延和八年七月至延和九年六月錢糧帳》："□□并合額得藏錢壹□□麥□□□兜(斗)□□，糜 粟 貳斛究(九)斗。"

按：斛，原件寫作"觧"。

72TAM151：95《高昌延和八年七月至延和九年六月錢糧帳》："麥壹兜(斗)， 粟 貳兜(斗)□□藏政錢貳拾伍文半。"

67TAM91：19(b)《唐張赤頭等家口給糧三月帳》："□□丁男，一日 粟 三升三合三勺。"

2006TZJ1：085，2006TZJ1：088《麴氏高昌斛斗帳》："糜 粟 五百六十五斛九斗□□。"

2006TZJ1：085，2006TZJ1：088《麴氏高昌斛斗帳》："糜 粟 一千一百五十三□□。"

2006TZJ1：085，2006TZJ1：088《麴氏高昌斛斗帳》："糜 粟 柒伯(百)六十九斛一斗□□。"

67TAM91：19(b)《唐張赤頭等家口給糧三月帳》："一人小男，一日 粟 一升。"

2006TZJ1：085，2006TZJ1：088《麴氏高昌斛斗帳》："□□升，糜 粟 二百廿九斛九斗□□。"

訴 sù

75TKM96：18，23《北涼玄始十二年(423)兵曹牒爲補代差佃守代事》："信如所 訴 ，請如事敕。"

73TAM519：19/2－2《高昌麴季悦等三人辭爲請授官階事》："□□到司馬前頭 訴 已，司馬許爲□□。"

75TKM96：18，23《北涼玄始十二年(423)兵曹牒爲補代差佃守代事》："大塢隤左得等四人 訴 辭稱爲曹所差，知守塢雨道。"

72TAM216：012/3－1《武周擬判》："□□ 訴 公門，述□□。"

65TAM341：78(背面)《唐辯辭爲李藝義佃田事》："今來披 訴 ，苟求多少，欲繼他宗，恣意負心。"

67TAM376：01(a)《唐開耀二年(682)寧戎驛長康才藝牒爲請處分欠番驛丁事》："牒：才藝從去年正月一日，至其年七月以前，每番各欠五人，於州陳 訴 。"

73TAM193：11(a)《武周郭智與人書》："又 訴 其文智。"

suān

酸 suān

65TAM42：48(a)《古寫本〈鍼法〉殘片》："男子精溢脛 酸 ，不能□□。"

suàn

算 suàn

80TBI：087《金光明經（卷三）除病品第一五》："□□論種種伎藝，書疏算計，無不□□"

　按：笇是筭省訛，S.6825V《老子想爾注》本"筭"即"筭"，同"算"。笇，同"算"。《碑別字新編》載《魏小劍戍主元平墓誌》"算"即同此。敦煌文獻也多見。又訛作"笄"。"弄"字俗作"卡"，故"算"俗訛作"笄"，又訛作"笇"。

suī

綏　suī

73TAM222：55（a）《唐寫〈千字文〉殘卷》："□□綏吉劭，矩□□"

雔　suī

67TAM363：8/1（a）《唐景龍四年（710）卜天壽抄孔氏本鄭氏注〈論語〉》："雔百大，亦可知。"

　按：此句傳世本作"隨百世可知也"。

80TBI：016《四分戒本疏（卷一）》："□□第四發戒多少，諸戒雔衆不過二種，謂作□□"

80TBI：641a《妙法蓮華經（卷二）譬喻品第三》："□□子無知，雔聞父誨，猶故樂著，嬉戲不已。"

80TBI：016《四分戒本疏（卷一）》："答：境雔過去非非過去等，以斯義□□"

2004TBM207：1-3《唐調露二年（680）七月東都尚書吏部符爲申州縣闕員事》："□□州官，此色内雔有已申者，今狀更須具言。"

65TAM346：2《唐上元二年（675）府曹孝通牒爲文峻賜勳事》："敕雔復未獲，據省給告身並銜。"

80TBI：095a《百論（卷下）破常品第九》："□□實爲無方外曰雔□□"

suí

隨　suí

80TBI：179《妙法蓮華經（卷三）藥草喻品第五》："□□迦葉，隨力爲説□□"

73TAM208：12《唐人習字》："不得與師書耳但衛不能拔賞隨。"

80TBI：488《四分戒本疏（卷一）》："第二受隨同異昔解受隨義一。"

80TBI：201《佛説觀藥王藥上二菩薩經》："□□是隨喜善□□"

80TBI：041《阿毗達磨大毗婆沙論（卷九二）結蘊第二中十門納息第四之二二》："□□縛三隨眠隨增，一垢所染□□"

72TAM151：15《高昌義和二年（615）都官下始昌縣司馬主者符爲遣弓師侯尾相等詣府事》："敕始昌縣司馬主者，彼縣今須弓師侯□□、□元相二人，符到，作具、糧□自隨。"

63TAM1：11《西涼建初十四年（418）韓渠妻隨葬衣物疏》："韓

渠□□命早終，謹條 隨 身衣裳雜物如右。"

75TKM96：17《北涼真興七年（425）宋泮妻隗儀容隨葬衣物疏》："謹條 隨 身衣物□□。"

66TAM61：22（b）《唐西州高昌縣上安西都護府牒稿爲録上訊問曹禄山訴李紹謹兩造辯辭事（三）》："生胡向弓月城去，前後相 隨，亦不記頭數□。"

2004TAM408：17《令狐阿婢隨葬衣物疏》："右尊鍾妻令狐阿婢 隨 身雜衣物凡種。"

2006TAM607：2－4《唐神龍元年（705）六月後西州前庭府牒上州勾所爲當府官馬破除、見在事》："三疋，長安四年六月給論（輪）臺聲援兵 隨 北庭討擊軍不迴。"

65TAM341：77－1（背面）《唐辯辭爲李藝義佃田事》："被康宗 隨 段租卻，不識佃人□□。"

2004TBM207：1－4《唐儀鳳三年（678）九月西州功曹牒爲檢報乖僻批正文案事》："大素自考後以來，諸司所有乖僻處分 隨 案，並捉得略良胡數人及財物等。"

66TAM61：16（b）《唐西州高昌縣上安西都護府牒稿爲録上訊問曹禄山訴李紹謹兩造辯辭事（七）》："道兄與紹謹相 隨，紹謹爲實□□。"

66TAM61：16（b）《唐西州高昌縣上安西都護府牒稿爲録上訊問曹禄山訴李紹謹兩造辯辭事（七）》："□□契并在，炎延 隨 身作契□□。"

75TKM91：11/6《西涼建初四年（408）秀才對策文》："日 隨 天

旋，行有常則。"

72TAM151：94《高昌義和三年（616）張相憙夏麰田券》："風破水旱，隨 大□□"

72TAM151：13《高昌義和三年（616）氾馬兒夏田券》："風蟲賊破，隨 大已列（例）。"

66TAM44：11/8，11/13《唐貞觀十四年（640）静福府領袋帳歷》："□□付 隨 機前瓜州□□。"

73TAM222：57/1（b）《唐殘文書》："□□ 隨 即□□。"

suì

遂　suì

66TAM61：16（b）《唐西州高昌縣上安西都護府牒稿爲録上訊問曹禄山訴李紹謹兩造辯辭事（七）》："□□禄山浪相構架，遂 不道名□□。"

67TAM363：8/1（a）之五《唐景龍四年（710）卜天壽抄孔氏本鄭氏注〈論語〉》："遂 事不諫，既往不咎。"

64TAM37：21《唐□□二年曹忠敏田契》："進明先於尊廉等邊散於人處租得，今不親營種，遂 轉租與前件人。"

按：等，原件作"寺"。

72TAM230：53（a）《唐西州高昌縣牒爲將孫承恩馬疋草踏事》："□□至今年二月爲患不損，遂 □□。"

65TAM341：30/1（a）《唐小德辯辭爲被蕃捉去逃回事》："賊從東北面齊出，遂 捉小德並牛。"

2006TSYIM4：3－19b 背面《北涼高昌郡高寧縣差役文書（一六）》："□□盧玩，張遂，右八人，八月十一日□□。"

碎　suì

72TAM151：51《高昌白子中布帛雜物名條疏》："□□碎紫四尺。"

73TAM206：42/10－5/10－17《唐質庫帳歷》："極碎白布衫一。"

歲　suì

73TAM509：8/5（a）《唐西州天山縣申西州戶曹狀爲狀無瑒請往北庭請兄禄事》："前安西流外張旡瑒，奴胡子年廿五，馬壹疋，駮草（騍）肆歲，驢貳頭，並青黃父各陸歲。"

72TAM216：012/7《唐奴宜保等殘籍帳》："□□保，年玖歲□□。"

2004TBM113：6－1＋2004TBM113：6－1（背面）《唐龍朔二年（622）正月西州高昌縣思恩寺僧籍》："□□崇道，年叁拾伍歲。"

75TKM96：29（b）《北涼真興六年（424）出麥賬》："中千歲□□。"

75TKM96：37《倉吏侯暹啟》："所致生年始冊六七，久患□，積有年歲。"

75TKM88：1（b）《北涼承平五年（447）道人法安、弟阿奴舉錦券》："承平五年歲次丙戌正月八日。"

75TKM99：6（a）《北涼承平八年（450）翟紹遠買婢券》："承平八年歲次己丑九月廿二日。"

75TKM99：6(b)《義熙五年道人弘度舉錦券》："義熙五年甲午歲四月四日。"

72TAM151：62《高昌義和二年（615）參軍慶岳等條列高昌馬鞍轡帳》："義和二年乙亥歲十二月九日□□慶岳主□□"

2004TAM395：4－7＋2004TAM398：4－2《武周天授三年（692）戶籍稿》："堂姊曹貞年貳拾伍歲，丁婦。"

73TAM206：42/7－2《高昌義和五年（618）善海等役作名籍》："□□年戊寅歲□□"

73TAM507：014/3《高昌延壽七年（630）十月某人入九月劑刾薪條記》："庚寅歲九月劑刾薪壹車。"

73TAM507：012/16－1《高昌延壽九年（632）正月劑刾薪殘條記》："□□壬辰歲正月□□"

73TAM507：012/18《高昌張明憙入延壽十四年（637）三月鹽城劑物條記》："□□鹽城丁酉歲三月□□"

73TAM507：014/6《高昌延壽七年（630）十二月張明憙入十月劑刾薪條記》："庚寅歲十月，□□薪壹車。"

73TAM519：19/2－1《高昌延壽十七年（640）屯田下交河郡、南平郡及永安等縣符爲遣麴文玉等勘青苗事》："延壽十□□□子歲四□□"

72TAM151：6《高昌重光元年（620）氾法濟隨葬衣物疏》："重光元年庚辰歲二月下旬，佛弟子某甲敬移五道大神。"

按：佛，原件書作"仏"；某，書作"厶"。

左列（第一栏）

72TAM151：95《高昌延和八年七月至延和九年六月錢糧帳》："依案，從己巳□七月一日至庚午[歲]六月廿九□□□伍佰肆文半，□□兜（斗）□□□"

72TAM151：104《高昌延和十二年(613)某人從張相憙等三人邊雇人歲作券》："□□□[歲]正月□□□"

72TAM151：14《高昌義和元年(614)高懷孺物名條疏》："□□□和元年甲戌[歲]十一月十九日高懷孺物名。"

72TAM151：94《高昌義和三年(616)張相憙夏摩田券》："□□□和三年丙子[歲]四月廿□□□相憙從左祐子□□□"

72TAM151：13《高昌義和三年(616)氾馬兒夏田券》："義和三年丙子[歲]潤（閏）五月十九日，氾馬兒從無艮跋子邊夏舊壍（業）部田叁畝。"

73TAM507：012/15《高昌張明憙入延壽十六(639)三月鹽城劑丁錢條記》："□己亥[歲]三月劑丁□□□"

sūn

[孫]　sūn

68TAM103：18/2 - 2(b)，18/11 - 3(b)《高昌衛寺明藏等納錢帳(二)》："□□□伍个，[孫]寺僧□□□"

66TAM59：4/6《北涼神璽三年(399)倉曹貸糧文書》："□□□主者趙恭、[孫]殷，今貸梁石□□□"

75TKM91：18(a)《北涼玄始十一年(422)馬受條呈為出酒事》：

右列（第二栏）

"次出酒□斛，付[孫]善，供賬内□□□"

72TAM151：62《高昌義和二年(615)參軍慶岳等條列高昌馬鞍韉帳》："□□□虎牙悅相下[孫]相祐壹具。"

72TAM150：47《唐牛懷願等雜器物帳》："[孫]父師子小百師一□□□"

65TAM42：54《唐西州高昌縣授田簿(一)》："右給得史阿伯仁部田三畝[孫]祐住充分同□□□"

75TKM91：3/1(a)，3/，2(a)《蔡暉等家口籍》："[孫]令興五□□□"

73TAM501：109/7(a)，109/7(b)《唐高宗某年西州高昌縣賈致奴等征鎮及諸色人等名籍》："[孫]住勝。"

72TAM216：012/1《唐某縣供使破用帳》："□□□[孫]大夫過，設用□□□"

72TAM230：65(a)《武周史孫行感殘牒》："四月九日史[孫]行感牒。"

按：日、月，原件為武周新字。

2006TAM607：2 - 5《唐景龍三年(709)後西州勾所勾糧帳》："[孫]寅住馬留（騮）敦（騽）。"

2004TBM207：1 - 5d《唐某年西州晚牙到簿(二)》："□□□[孫]感。"

sǔn

[損]　sǔn

75TKM91：11/5《西涼建初四年(408)秀才對策文》："□至三代，質文[損]益，時移世變，淳風乃弊。"

67TAM363：8/1（a）《唐景龍四年（710）卜天壽抄孔氏本鄭氏注〈論語〉》："殷因於夏禮，所 損 ☐。"

67TAM363：8/1（a）《唐景龍四年（710）卜天壽抄孔氏本鄭氏注〈論語〉》："☐ 因於殷禮，所 損 益可知。"

60TAM325：14/4－1，14/4－2《唐西州某府主帥陰海牒爲六馱馬死事》："緣瘡不 損 。"

73TAM507：012/9《唐殘牒》："☐ 損 ，更遣勘 ☐。"

suō

娑　suō

80TBI：507－3《佛説大摩裏支菩薩經（卷一）》："☐ 娑 嚩（二合引）☐"

　　按：括號内爲下注小字。

66TAM61：16（b）《唐西州高昌縣上安西都護府牒稿爲録上訊問曹禄山訴李紹謹兩造辯辭事（七）》："共畢 娑 相打，□捉將向城是實。"

65TAM42：54《唐西州高昌縣授田簿（一）》："☐ 神石渠，東道，西何 娑 ，南史 ☐。"

72TAM228：14《唐保人石杯娑等殘契》："☐ 保人石□ 娑 □肆拾 ☐。"

66TAM61：16（b）《唐西州高昌縣上安西都護府牒稿爲録上訊問曹禄山訴李紹謹兩造辯辭事（七）》："☐ 延爲共畢 娑 ☐。"

嗦　suō

64TAM4：35（a）《唐瀵舍告死者左幢憙書爲左幢憙家失銀錢事（一）》："家里大小曹主及奴是等及鎧相有人盜錢者，兄子好驗校分明 嗦 （索）取。"

64TAM4：39《唐乾封元年（666）鄭海石舉銀錢契》："到左須錢之日， 嗦 （索）即須還。"

suǒ

所　suǒ

80TBI：511b《中阿含經（卷一八）長壽王品浄不動道經第四》："若比丘無 所 受必得 ☐。"

80TBI：504－2《增壹阿含經（卷三八）馬血天子問八政品第四三》："世尊！彼人 所 願今已果。"

80TBI：728a《妙法蓮華經（卷三）藥草喻品第五》："☐ 力 所 受，住 ☐。"

80TBI：088《金光明經（卷三）除病品第一五》："☐ 於 所 住處施五 ☐。"

80TBI：750a《妙法蓮華經（卷二）譬喻品第三》："☐ 之言汝等 所 可玩好 ☐。"

80TBI：411《妙法蓮華經（卷二）譬喻品第三》："☐ 無 所 依 ☐。"

73TAM222：54/7（b），54/8（b），54/9（b）《唐寫〈禮記〉鄭氏注〈檀

弓〉下殘卷》："所以異於□□"

80TBI：049a《十方千五百佛名經》："□□者所生之處，得普光三昧。"

67TAM363：8/1（a）《唐景龍四年（710）卜天壽抄孔氏本鄭氏注〈論語〉》："□□因於殷禮，所損益可知。"

80TBI：396《阿毗達磨大毗婆沙論（卷九二）結蘊第二中十門納息第四之二二》："□□縛所縛□□"

80TBI：488《四分戒本疏（卷一）》："若本上品心受所發無作心增上故，戒亦上品。"

73TAM509：8/5（a）《唐西州天山縣申西州戶曹狀爲狀無場請往北庭請兄禄事》："今四鎮封牒到，欲將前件人畜往北庭請禄，恐所在不練行由，請處分者。"

73TAM509：8/6《唐書牘稿》："秋末漸冷，惟所履清勝。"

73TAM509：8/6《唐書牘稿》："努力努力，所須何物，請即相報，當送。"

73TAM509：8/27《唐城南營小水田家牒稿爲舉老人董思舉檢校取水事》："右件人等所營小水田，皆用當城四面豪（壕）坑內水，中間亦有口分，亦有私種者。"

80TBI：517－1《優波離問佛經》："知是非法語比丘不捨所見共止，犯二事。"

65TAM341：22，23，24（a）《唐景龍三年（709）南郊赦文》："□□所徵逃人四隣伍保租調□□"

72TAM230：46/1（a）《唐儀鳳三年（678）尚書省戶部支配諸州庸調及折造雜練色數處分事條啓（一）》："其交州都督府報蕃物，於當府折□□□□用，所有破除、見在，每年申度□□部。"

73TAM524：32/1－1《高昌永平元年（549）十二月十九日祀部班示爲知祀人上名及謫罰事》："若不詣祀所煮肉，謫羊一口。"

73TAM222：56/3（a），56/4（a）《唐殘判籍（三）（四）》："害乜所難□□"

73TAM215：017/7《唐殘書牘四》："□□所送板甚如□□"

64TAM36：9《唐高昌縣史成忠帖爲催送田參軍地子并欵（歁）事》："計會如遲，所由當杖。"

75TKM96：18，23《北涼玄始十二年（423）兵曹牒爲補代差佃守代事》："大塢隤左得等四人訴辭稱爲曹所差，知守塢雨道。"

75TKM96：29（b）《北涼真興六年（424）出麥賬》："真興六年四月十八日，麥所都合出麥十八斛□□"

75TKM96：29（a），33（a）《北涼真興某年道人德受辭》："所逼□□"

75TKM96：29（a），33（a）《北涼真興某年道人德受辭》："□□爲維那所。"

64TAM4：39《唐乾封元年（666）鄭海石舉銀錢契》："取所掣之物，壹不生庸。"

67TAM78：47/2《唐某年月廿五日府史張道龕領馬料抄》："□□烽所給□□"

72TAM230：46/2（b）《唐儀鳳三年（678）尚書省户部支配諸州庸調及折造雜練色數處分事條啓（二）》："[　　]非所管路程稍近,遣與桂府及欽州相知,準防人須糧支配使充。"

72TAM230：46/2（b）《唐儀鳳三年（678）尚書省户部支配諸州庸調及折造雜練色數處分事條啓（二）》："其破用、見在數與計帳同申所司。"

72TAM230：66《武周天授二年（691）安昌合城老人等牒爲勘問主簿職田虚實事》："問合城老人、城主、渠長、知田人等,主薄（簿）去年實種幾畝麥,建進所注虚實,連署狀通者。"

按：年,原件爲武周新字。

66TAM61：23（b）,27/2（b）,27/1（b）《唐西州高昌縣上安西都護府牒稿爲録上訊問曹禄山訴李紹謹兩造辯辭事（二）》："所以陳訴,更無[　　]"

75TKM91：11/6《西涼建初四年（408）秀才對策文》："臣以爲倉頡觀鳥跡以立文字,聖人通玄,示（亦）有所因。"

66TAM61：23（b）,27/2（b）,27/1（b）《唐西州高昌縣上安西都護府牒稿爲録上訊問曹禄山訴李紹謹兩造辯辭事（二）》："[　　]有所歸,請乞禁身,與謹對當[　　]"

64TAM29：17（a）,95（a）《唐垂拱元年（685）康義羅施等請過所案卷（一）》："[　　]被問所請過所,有何來文。"

72TAM230：66《武周天授二年（691）安昌合城老人等牒爲勘問主簿職田虚實事》："謹審：但合城老人等,去年主薄（簿）高禎元不於安昌種田,

建進所注並是虚妄,如後不依[　　]"

按：年,原件爲武周新字。

72TAM201：33《唐咸亨五年（674）兒爲阿婆録在生及亡没所修功德牒》："右阿婆生存及亡没所修功德件録條。"

59TAM301：17《唐貞觀末年闕門隨葬衣物疏》："[　　]有所上[　　]"

64TAM4：33《唐總章三年（670）左憧憙夏菜園契》："左憧憙於張善憙邊夏取張渠菜園壹所。"

索　　suǒ

64TAM22：16《翟慇等應募入幢名籍》："翟慇、索盧早、索忠……幢入募。"

64TAM22：16《翟慇等應募入幢名籍》："翟慇、索盧早、索忠……幢入募。"

65TAM42：87,55《唐西州高昌縣授田簿（四）》："□女索看移户常[　　]"

2006TSYIM4：3－19b 背面《北涼高昌郡高寧縣差役文書（一六）》："[　　]盧温,索盧軍,張善奴[　　]"

67TAM78：20（b）《唐李悦得子等户主名籍》："[　　]張臺暉,户主索[　　]"

68TAM103：18/2－2（b）,18/11－3（b）《高昌衛寺明藏等納錢帳（二）》："[　　]壹文,索寺善[　　]"

75TKM91：3/1（a）,3/2（a）《蔡暉等家口籍》："索晟五口。"

73TAM193：11（a）《武周郭智與人書》："叁、伍使在此，曹司頻索。"

75TKM90：20（a）《高昌主簿張綰等傳供帳》："毯六張半，付索寅義，買厚絹，供淶（漆）□"

66TAM62：6/2《翟彊辭爲貧麥被扯牛事》："殘負麥一斛五斗，比爾當方宜索償。"

67TAM78：20（b）《唐李悅得子等户主名籍》："□妻良師女，户主索牛□"

67TAM78：29（b）《唐吳相□等名籍（二）》："□索□奴□"

2002TJI：001《道行般若經（卷八）强弱品第二四》："□無索不可得也。"

64TAM19：39（a），42（a），43（a）《唐永徽二年（651）牒爲徵索送冰井芳銀錢事》："□間即欲徵（徵）索分付□"

TAMX2：01《□歡下等名籍》："□雞索□"

59TAM301：15/4－1，15/4－2《唐貞觀十七年（643）西州高昌縣趙懷滿夏田契》："使干（乾）净好；若不好，聽向風索取。"

按：聽，原件書作"聰"。

64TAM4：37《唐總章三年（670）白懷洛舉錢契》："知見人，索文達。"

71TAM188：85《唐西州都督府牒爲便錢酬北庭軍事事》："□北庭大賊下逐大海路，差索君才□"

瑣　suǒ

65TAM42：56《唐西州高昌縣授田簿（六）》："□城東廿里酒泉瑣渠，東孟明住，西荒，南曹醜子□"

按：璅，"瑣"之俗。顏元孫《干禄字書》："璅瑣：上俗，下正。"《集韻》："瑣，或作璅。"敦煌文獻S.388《正名要録》："瑣璅，右正行者楷，腳注稍訛。"瑣，爲其楷正者；璅，爲稍訛者。

璅，另有正字。

65TAM42：56《唐西州高昌縣授田簿（六）》："□城東廿里酒泉瑣渠，東龍悥洛，西渠，南荒□"

65TAM42：80《唐西州高昌縣授田簿（二五）》："□□東廿里酒泉瑣渠，東曹莫盆，西牛海□"

67TAM78：46《唐西州高昌縣寧戒（戎）鄉鄧明□夏田契》："□新興瑣邊□"

按：《吐魯番出土文書》第二册録作"寧戎鄉"，原件實作"戒"，應爲"戎"之誤。

T 部

tā

他 tā

他 67TAM363：8/1（a）一〇《唐景龍四年（710）卜天壽抄孔氏本鄭氏注〈論語〉》："至於 他 邦。"

他 64TAM19：33,56,57《唐寫本鄭氏注〈論語·公冶長篇〉》："□□至於 他 邦,則□□"

他 67TAM363：8/2（a）之二《唐景龍四年（710）卜天壽抄〈十二月新三臺詞〉及諸五言詩》："他 道側書易,我道側書□。"

tá

蹹 tá

蹹 63TAM2：1《北涼緣禾六年翟萬隨葬衣物疏》："故懷袖、蹹 臼囊各一枚。"

按：蹹,同"踏"。《集韻》："踏,踐也。或作蹹。"蹹臼囊,即裝球的袋子。臼,《玉篇》："同匊。""鞠"省文。

tǎ

塔 tǎ

塔 80TBI：488《四分戒本疏（卷一）》："是六事無作,［在］如 塔 寺橋船等,事在時念々發無作等。"

按："在"當爲衍字,《中華大藏經》和《大正新修大藏經》無"在"字。"念"原件後爲重文符號。

塔 72TAM151：97《高昌某年衛延紹等馬帳》："許寺馬,外伍 塔 馬□□衛寺□,□郎顯仁□□"

塔 64TAM29：44《唐咸亨三年（672）新婦爲阿公録在生功德疏（三）》："昨因行次到 塔 中,見門扇後阿公手記處。"

塔 67TAM78：30《唐貞觀十四（640）西州高昌縣李石住等户手實（四）》："□□東□里 塔,南麴保悦,西王□□"

塔 64TAM29：44之六《唐咸亨三年（672）新婦爲阿公録在生功德疏》："向堀門裏北畔新 塔 廳上佛堂中東壁上,泥素（塑）彌勒上生變,並菩薩、侍者、天神等一捕（鋪）。"

tái

臺 tái

65TAM346：1《唐乾封二年（667）郭耄醜勳告（一）》："東臺：右威衛渭源府果毅都尉朱小安等，並志懷壯果，業苞戎藝。"

2006TAM607：2－4《唐神龍元年（705）六月後西州前庭府牒上州勾所爲當府官馬破除、見在事》："三疋，長安四年六月給論（輪）臺聲援兵隨北庭討擊軍不迴。"

72TAM151：74（a）《古寫本〈晉陽秋〉殘卷》："書劉弘典臺事程□。"

67TAM78：17（b），18（b），19（b），28（b）《唐貞觀某年孫承等戶家口籍》："□妻，宋資臺□。"

67TAM78：20（b）《唐李悅得子等戶主名籍》："□張臺暉，戶主索□。"

tài

太 tài

65TAM42：48（a）《古寫本〈鍼法〉殘片》："唾血振寒咽干（乾）太□。"

64TAM15：17《唐貞觀十四年閏十月西州高昌縣弘寶寺賊臌錢名》："太儒。"

72TAM151：97《高昌某年衛延紹等馬帳》："明威慶武馬，□□公寺馬，左寺馬，楊太伯□。"

72TAM151：59，61《高昌某年郡上馬帳》："楊太伯瓜（騧）馬。"

67TAM363：8/1（a）之二《唐景龍四年（710）卜天壽抄孔氏本鄭氏注〈論語〉》："嗚呼！曾謂太山不如□。"

72TAM151：58《高昌義和二年（615）七月馬帳（一）》："□楊太伯瓜（騧）□。"

泰 tài

73TAM206：42/5《唐高昌縣勘申應入考人狀》："給事郎行丞，元泰。"

64TKM1：49，59《唐西州高昌縣順義等鄉勘田簿（二）》："東令狐泰□，西□尉田，南衛□貞，□道，合田二畝九□。"

73TAM206：42/9－13《唐課錢帳歷》："衛泰六十文。"

72TAM188：73（a）之一《唐上西州都督府牒爲徵馬付營檢領事一》："依判諮泰□，廿六日；依判定毋示，廿六日。"

2004TBM113：6－1＋2004TBM113：6－1《唐龍朔二年（622）正月西州高昌縣思恩寺僧籍》："高昌縣寧泰鄉仁義里，戶絕，俗姓張，爲延昌冊一年正月十五日度。"

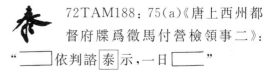

72TAM188：75（a）《唐上西州都督府牒爲徵馬付營檢領事二》："□依判諮泰示，一日□。"

73TAM221：3《唐武周典齊九思牒爲録印事目事》："貳道勘印方[泰]示。"

tān

貪　tān

80TBI：652a《妙法蓮華經（卷二）譬喻品第三》："[ ]若滅[貪]欲，無所依止，滅盡諸苦[ ]。"

64TAM4：29（a）《唐咸亨四年左憧憙生前功德及隨身錢物疏》："逕叁年，説《汙蘭[貪]逕》（《盂蘭盆經》），左郎身自□。"

72TAM171：12（a），17（a），15（a），16（a），13（a），14（a）《高昌延壽十四年（637）兵部差人看客館客使文書》："[ ]真朱人[貪]旱大官、好延祐臘振摩珂賴使金穆[ ]"

按：臘，原件書作"臈"。

tán

恢　tán

2006TSYIM4：2－3＋2006TSYIM4：2－4《古寫本〈詩經〉》："赫赫[恢]恢，云我無所。"

按：傳世本作"赫赫炎炎"。

壇　tán

65TAM341：22,23,24（a）《唐景龍三年（709）南郊赦文》："[ ][壇]行事官[ ]"

65TAM341：25,26（a）《唐景龍三年（709）南郊赦文》："[ ]別敕充[壇]下[ ]"

曇　tán

80TBI：076《十方千五百佛名經》："[ ]衆佛世間尊佛優[曇][ ]"

75TKM90：20（a）《高昌主簿張縮等傳供帳》："[ ]出行鍱冊疋，主簿張縮傳令，與道人[曇]訓。"

72TAM201：33《唐咸亨五年（674）兒爲阿婆録在生及亡没所修功德牒》："延法師[曇]真往南平講《金光明經》一遍。"

64TAM15：19《唐西州高昌縣弘寶寺賊臕錢名》："[曇]會。"

檀　tán

80TBI：692a《大法炬陀羅尼經（卷一〇）六度品第二四之一》："[ ]謂[檀]那波羅[ ]"

80TBI：076《十方千五百佛名經》："[ ]旃[檀]王佛善住[ ]"

tǎn

毯　tǎn

63TAM1：18《罰毯文書》："[ ][毯]貳拾貳張入官，民[ ]"

72TAM233：15/1《相辭爲共公乘艾與杜慶毯事》："艾共相即以毯與慶。"

64TAM22：19《道人惠普取毯券》："道人惠普取毯五張□□□"

75TKM96：21《僧□淵班爲懸募追捕逃奴事》："得者，募毯十張。"

75TKM91：15（a）《器物賬》："□毯一張。"

75TKM90：20（a）《高昌主簿張綰等傳供帳》："□□□阿錢條用毯六張，買沽纊。"

75TKM90：20（a）《高昌主簿張綰等傳供帳》："毯六張半，付索寅義，買厚絹，供淶（漆）□□□"

tàn

炭　tàn

73TAM215：017/1-1《唐張惟遷等配役名籍（一）》："燒炭五人□□□"

72TAM230：36《古寫本木玄虛〈海賦〉》："□□□燃（然）。喜（熺）炭重燔，吹□□□"

按：此句《文選·海賦》作："陽冰不冶，陰火潛然。熺炭重燔，吹炯九泉。"

táng

唐　táng

2004TAM395：1-1《唐某年二月西州高昌縣更簿全貌》："武城唐隆士。"

67TAM363：8/2（a）之一《唐景龍四年（710）卜天壽抄〈十二月新三臺詞〉及諸五言詩》："項託柒歲知事，甘羅十二想（相）秦，□無良妻解夢，馮唐寧得忠辰（臣）。"

72TAM230：58/1（a）～58/4（a）《武周天授二年（691）追送唐建進家口等牒尾判》："□□□唐進經州告事，計其不合東西，頻下縣追，縣司狀□□□"

堂　táng

72TAM151：52《高昌逋人史延明等名籍》："□堂趙師得、相（廂）上張□□□、兵人宋保得。"

73TAM222：56/3（a），56/4（a）《唐殘判籍（三）》："立廟堂□□□"

60TAM332：6/1-1（a），6/1-2（a），6/1-3（a）《唐寫本〈五土解〉》："蓋堂々君在下□□□後下願軍（君）頓馬□□□"

按："堂"後用重文符號。

64TAM29：44之六《唐咸亨三年（672）新婦爲阿公録在生功德疏》："向堀門裏北畔新塔廳上佛堂中東壁上，泥素（塑）彌勒上生變，並菩薩、侍者、天神等一捕（鋪）。"

64TAM29：44之六《唐咸亨三年（672）新婦爲阿公録在生功德疏》："往前於楊法師房内造一廳并堂宇，供養玄覺寺常住三寶。"

67TAM363：7/3《唐殘書牘》："於之悲老母居 堂 實 □□"

2004TAM395：4-7＋2004TAM398：4-2《武周天授三年（692）戶籍稿》："堂 兄進君年貳拾叁歲，白丁。"

2004TAM395：4-7＋2004TAM398：4-2《武周天授三年（692）戶籍稿》："堂 姊曹貞年貳拾伍歲，丁婦。"

táo

逃　táo

72TAM230：62（a）《唐西州高昌縣史張才牒爲逃走衛士送庸緤價錢事（二）》："□□高昌縣申送 逃 走衛 □□"

73TAM214：2（a）《武周君海辯辭爲高禎南平職田事》："□□公 逃 死戶絕。"

66TAM61：26（b）《唐西州高昌縣上安西都護府牒稿爲録上訊問曹禄山訴李紹謹兩造辯辭事（四）》："□□典馬磨勒 逃 及致死。"

73TAM507：013/2-1《唐殘辯辭》："□□ 逃 浪行，因 □□"

72TAM230：67《武周天授二年（691）唐建進辯辭》："被問，建進若告主簿營種還公，逃 死戶絕田地。"

按：地，原件爲武周新字。

65TAM341：22，23，24（a）《唐景龍三年（709）南郊赦文》："□□所徵 逃 人四隣伍保租調 □□"

72TAM230：69《武周天授二年（691）李申相辯辭》："□□□ 逃 死、戶絕田、陶、菜等地如後 □□"

按：地，原件爲武周新字。

桃　táo

67TAM78：29（a）《唐貞觀十四（640）西州高昌縣李石住等戶手實（二）》："□□ 桃 二畝□拾步 □□"

73TAM210：136/11《唐勳官某訴辭爲水破渠路事》："桃 内過乘開，渠破牆倒，重溉先盛，桃 水滿逸（溢）□□"

64TAM4：6《唐總章元年（668）西州高昌縣左憧憙辭爲租佃葡萄園事》："恐屯 桃 人并比鄰不委 □□"

69TKM39：9/6（a）《唐貞觀年間（640—649）西州高昌縣手實一》："□□步世業，桃，城北三里。"

72TAM151：97《高昌某年衛延紹等馬帳》："□□左 桃 和馬，□□法朗 □□員寺□，□□天馬 □□"

75TKM96：18《龍興某年宋泮妻翟氏隨葬衣物疏》："□□名須 桃 券華□□雞子"

67TAM84：20《高昌條列出臧錢文數殘奏》："□□ 桃 中，趙 □□"

64TAM29：25《唐垂拱元年（685）康義羅施等請過所案卷（四）》："婢 桃 葉，驢一十二頭。"

2004TBM203：30-2《高昌寫本〈急就篇〉》："□□奈 桃 待露霜，棗杏瓜棣□飴餳。"

64TKM1：44，43，46《唐西州趙相熹等勘田簿》："□□自 桃 田半畝。"

72TAM150：42《唐白夜默等雜器物帳》："魏貓仁槃一，骨 桃 仁

□”

桃
64TAM4：53《唐麟德二年（665）張海歡、白懷洛貸銀錢契》：“任左牽掣張家物雜物口分田、$\boxed{桃}$用充錢直（值）取。”

桃
64TAM4：6《唐總章元年（668）西州高昌縣左憧憙辭爲租佃葡萄園事》：“左憧憙辭張渠蒲$\boxed{桃}$（葡萄）一所。”

$\boxed{萄}$　táo

萄
73TAM509：8/6《唐書牘稿》：“後日令宜德送柴$\boxed{萄}$在羅外，常湏（須）破一人看守，影向被盜將。”

$\boxed{陶}$　táo

陶
80TBI：730a《百論序》：“□□$\boxed{陶}$練覆疏□□”

陶
66TAM62：6/1《翟彊辭爲共治葡萄園事》二：“□績蒲$\boxed{陶}$（葡萄）六畝，與共分治。”

陶
66TAM62：6/4《翟彊辭爲共治葡萄園事》一：“今年風蟲，蒲$\boxed{陶}$（葡萄）三分枯花□□。”

陶
72TAM230：69《武周天授二年（691）李申相辯辭》：“□□逃死、户絶田、$\boxed{陶}$、菜等地如後□□□”

　　按：地，原件爲武周新字。陶，通“窰”。

$\boxed{討}$　tǎo

討
75TKM91：24《下二部督郵、縣主者符》：“$\boxed{討}$符到□見入軍之人。”

討
2006TAM607：2‐4《唐神龍元年（705）六月後西州前庭府牒上州勾所爲當府官馬破除、見在事》：“三疋，長安四年六月給論（輪）臺聲援兵隨北庭$\boxed{討}$擊軍不迴。”

tào

$\boxed{套}$　tào

套
72TAM151：55《高昌田相祐等名籍》：“田相祐、趙天願、賈時祐、張懷洛、田多$\boxed{套}$。”

tè

$\boxed{特}$　tè

特
80TBI：005‐3《大乘瑜伽金剛性海曼殊室利千臂千鉢大教王經（卷六）》：“□□體性，令得解脱，殊$\boxed{特}$□”

特
73TAM222：50《唐玄駔殘文書》：“$\boxed{特}$冝倍決。”

$\boxed{慝}$　tè

慝
72TAM151：74（a）《古寫本〈晉陽秋〉殘卷》：“聞□任楊□□作姦□$\boxed{慝}$，既□□□”

téng

騰　téng

脖　60TAM332：6/4－2《唐犯諸鬼禁忌文（二）》："□□患，戒犯非（飛）屍 騰 行鬼，是□□"

tī

梯　tī

梯　73TAM509：8/2（b）《唐西州道俗合作梯蹬及鐘記》："當觀道士張真……索名等仰憑四輩，共結良緣，不憚劬勞，作斯 梯 蹬。"

tí

提　tí

提　80TBI：238《過去現在因果經（卷一）》："□□ 提 人乃□□"

提　67TAM84：20《高昌條列出臧錢文數殘奏》："□□作從，藏龍遮之捈 提 婆錦三匹。"

提　73TAM507：012/21《高昌延壽九年（632）八月張明憙入官貸捉大麥子條記》："壬辰歲官貸 提 大麥子張明□伍斛□□"

按：提，《吐魯番出土文書》録作"捉"。

提　80TBI：311《大智度論（卷八九）釋四攝品第七八之餘》："□□聖須菩 提 □□"

提　67TAM84：20《高昌條列出臧錢文數殘奏》："祁守義 提 婆錦"
"□□"

提　2002TJI：001《道行般若經（卷八）強弱品第二四》："□□菩 提 語諸□□"

提　75TKM90：20（a）《高昌主簿張綰等傳供帳》："赤違一枚，與秃地 提 勤無根。"

按：勤，原件書作"懃"。

提　75TKM90：20（a）《高昌主簿張綰等傳供帳》："□□出行縑五疋，付左首興與若慇 提 勤。"

按：勤，原件書作"懃"。

tǐ

體　tǐ

體　80TBI：005－3《大乘瑜伽金剛性海曼殊室利千臂千鉢大教王經（卷六）》："□□［入衆生］ 體 性，令得解脱，殊特［最勝，不思議故。］□□"

體　65TAM42：48（b）《唐龍朔三年（663）殘文書》："□□花德 體 □□"

體　2004TAM408：17《令狐阿婢隨葬衣物疏》："故著 體 絓衫一枚。"

體　80TBI：489《四分戒本疏（卷一）》："□□作同異，同義有五，謂名 體 義，寬狹長□□"

按：體，同"體"。顏元孫《干禄字書》：

"軆體,上俗下正。"《玉篇》:"軆,俗軆字。"
从身之"軆"漢碑既有,如《堯廟碑》《靈臺
碑》《張遷碑》。

軆 72TAM151:74(a)《古寫本〈晉
陽秋〉殘卷》:"□翻之陋 軆 ,無
玄□□自□,毛弗施於器用□□"

　　按:此句張華《鷦鷯賦》作:"育翩翾
之陋軆,無玄黃以自貴,毛無施於器用,肉
不登乎俎味。"

躰 80TBI:310《四分戒本疏(卷
一)》:"□□方便是戒 軆 三謂
□□"

　　按:躰,俗"軆"字。《龍龕手鏡》:"軆
躰二俗,軆俗通。正作軆。"此字敦煌寫本
常見,《北齊武平元年造像》上也有。

躰 80TBI:488《四分戒本疏(卷
一)》:"□□此戒 軆 。以其果
時有形俱故□□"

躰 80TBI:488《四分戒本疏(卷
一)》:"唯羯磨竟所有無□是茲
戒 軆 。"

躰 80TBI:489《四分戒本疏(卷
一)》:"第五有□者受中無作通
三 軆 唯善。"

tì

悌 tì

悌 73TAM509:8/2(b)《唐西州道
俗合作梯蹬及鐘記》:"衙官將軍
趙獻璋、張承暉、王休昇等,溢氣雄圖,懷
奇妙略,行資孝 悌 ,文翰芳猷。"

　　按:圖,原件作"晑"。等,作"芽"。

逖 tì

逖 2004TAM395:4-7+2004TAM398:
4-2《武周天授三年(692)戶籍
稿》:"堂兄進 逖 年拾壹歲,小男。"

替 tì

替 72TAM150:32《唐諸府衛士配
官馬、馱殘文書三》:"□□馬及
十馱 替 。"

替 64TAM4:53《唐麟德二年(665)
張海歡、白懷洛貸銀錢契》:"若
張身東西沒洛(落)者,一仰妻兒及收後保
人 替 償。"

替 2006TAM607:2-4《唐神龍元
年(705)六月後西州前庭府牒上
州勾所爲當府官馬破除、見在事》:"卌疋,
前後諸軍借將及沒賊不迴,合官酬 替 。"

替 64TAM4:39《唐乾封元年(666)
鄭海石舉銀錢契》:"若鄭身東西
不在,一仰妻兒及收後保人 替 償。"

tiān

天 tiān

天 75TKM91:11/5《西涼建初四年
(408)秀才對策文》:" 天 下大
和,故結繩而治。"

天 72TAM151:74(a)《古寫本〈晉
陽秋〉殘卷》:"子惟城其大赦 天
下□□"

天 64TAM29:44《唐咸亨三年
(672)新婦爲阿公録在生功德

疏》:"願將此文□前頭分雪,須覓生 天 净佛國土,不得求人間果報。"

72TAM151:55《高昌田相祐等名籍》:"□□ 田 相 祐、趙 天 願。"

73TAM193:15(a)《唐天寶某載(751—756)文書事目歷》:"□ 天 山軍牒爲倉曹康慎微天十考事,付□□"

73TAM193:15(a)《唐天寶某載(751—756)文書事目歷》:"□□天山軍牒爲倉曹□□微 天 十考事,付□□"

72TAM151:6《高昌重光元年(620)氾法濟隨葬衣物疏》:"攀 天 絲萬萬九千丈。"

73TAM509:19/15(a)《武周天山府下張父師團帖爲勘問右果毅闕職地子事》:"天 授三年□□"

按:例字即"天",武周新字。《新唐書》作"而",《資治通鑑》胡三省注作"而",《通志》作"而",《集韻·先韻》作"而",《宣和書譜》作"而"。下文同。

72TAM230:72《武周天授二年(691)史孫行感殘牒》:"天 授二年壹月日史孫行感牒。"

72TAM230:79《武周天授二年(691)殘文書》:"天 授二年三月廿日□□"

按:天,武周新字。另,授、年、月、日,原件均爲武周新字。

72TAM230:56,57《武周天授二年(691)里正張安感殘牒》:"天 授二年四月□里正張安感牒。"

按:天、授、年、月,原件均爲武周新字。

72TAM230:73(a),71(a)《武周天授二年(691)知水人康進感等牒尾及西州倉曹下天山縣追送唐建進妻兒鄰保牒》:"帖牒 天 山并牒令陽懸,令捉差人領送。"

73TAM509:19/15(a)《武周天山府下張父師團帖爲勘問右果毅闕職地子事》:"天 山府。"

72TAM230:73(a),71(a)《武周天授二年(691)知水人康進感等牒尾及西州倉曹下天山縣追送唐建進妻兒鄰保牒》:"天 授二年壹月十一日知水人康進感等牒。"

72TAM230:58/1(a)~58/4(a)《武周天授二年(691)追送唐建進家口等牒尾判》:"家口應住安昌,別牒 天 山縣,仰準長官處分,即領送。"

72TAM230:10《武周牒尾殘判》:"□□帖 天 山□□"

tián

田　tián

8TAM103:18/5(a)《唐貞觀某年西州高昌縣范延伯等户家口田畝籍(三)》:"□□二畝,世業 田。"

66TAM59:4/7(a)《殘辭》:"□□水聽棄馬頭堆本 田,於馬□□"

按:棄,原件作"弃"。

59TAM301:15/4-1,15/4-2《唐貞觀十七年(643)西州高昌縣趙懷滿夏田契》:"田 主張歡仁。"

72TAM151：59,61《高昌某年郡上馬帳》："丁谷寺瓜（騧）馬，田地公寺余（騟）馬，東許寺赤馬。"

65TAM341：77－1（背面）《唐辯辭爲李藝義佃田事》："□□口分常田□□"

004TAM398：6－2《唐某年二月西州高昌縣更簿全貌》："□□元田□□"

TAMX2：01《□歡下等名籍》："□□守憙，田海憧□□"

填　tián

67TAM376：01（a）《唐開耀二年（682）寧戎驛長康才藝牒爲請處分欠番驛丁事》："符下配充驛丁填數，準計人別三番合上。"

tiǎn

忝　tiǎn

75TKM91：11/5《西涼建初四年（408）秀才對策文》："臣以疏陋，才非翹類，洪澤濤獎，謬忝過分。"

殄　tiǎn

80TBI：016《四分戒本疏（卷一）》："戒防未非，毗尼殄已起，何故得□□"

按：殄，"殄"之俗字。"㐱"及從"㐱"之字俗寫多書作"尔"。

瑱　tiàn

75TKM91：28（a）《兵曹行罰兵士張宗受等文書》："録事參軍瑱"

tiáo

苕　tiáo

75TKM91：26《建□某年兵曹下高昌、橫截、田地三縣符爲發騎守海事》："兵曹□趙苕，史薄興□□"

　　按：薄，《吐魯番出土文書》第一册録作"蕈"。

75TKM91：40《兵曹條次往守海人名文書》："兵曹掾趙苕、史翟富白：謹條次往海守人名在右。"

條　tiáo

67TAM363：8/2（a）之一《唐景龍四年（710）卜天壽抄〈十二月新三臺詞〉及諸五言詩》："遙望梅林，青條吐葉。"

80TBI：488《四分戒本疏（卷一）》："對五篇弁此憂（優）劣者，若就根條初勝乃至五劣。"

　　按：撺，即"橡"，俗書"扌""木"多混用。弁，《中華大藏經》和《大正新修大藏經》作"辨"。

80TBI：489《四分戒本疏（卷一）》："二總別三亦懸對四亦根條。"橡，"條"的增旁俗字，《集韻》："或作

‘絛’。”

2006TSYIM4：3－21《北涼高昌郡高寧縣差役文書(一七)》：“□賊曹閫禄白,謹 條 次候右差□□□”

63TAM1：11《西涼建初十四年(418)韓渠妻隨葬衣物疏》：“韓渠□□命早終,謹 條 隨身衣裳雜物如右。”

75TKM96：17《北涼真興七年(425)宋泮妻隗儀容隨葬衣物疏》：“謹 條 隨身衣物□□□”

75TKM90：20(a)《高昌主簿張綰等傳供帳》：“□□阿錢 條 用毯六張,買沽纘。”

73TAM206：42/10－5/10－17《唐質庫帳歷》：“細細末珠四 條 ,約有四百顆。”

67TAM78：33《唐某年九月府史張道龕領受馬蹹抄》：“□□ 蹹料帖□ 條 並□□□”

66TAM62：5《北涼緣禾五年隨葬衣物疏》：“緣禾五年六月廿三日謹 條 衣裳物在右,而無名者,急[急]如律令。”

75TKM91：40《兵曹條次往守海人名文書》：“謹 條 次往海守人名在右。”

67TAM78：47/1《唐某年十月府史張道龕領受馬蹹抄》：“□□□ 條 十月□□□”

72TAM201：33《唐咸亨五年(674)兒爲阿婆録在生及亡没所修功德牒》：“右阿婆生存及亡没所修功德件録 條 。”

75TKM91：18(a)《北涼玄始十一年(422)馬受條呈爲出酒事》：“玄始十一年十一月五日酒□馬受 條 呈。”

75TKM99：17《某家失火燒損財物表》：“ 條 衣一枚。”

67TAM78：42《唐某年二月府史張道龕領受馬料抄》：“□□ 條 二月廿一日□史張道□□□”

調　tiáo

72TAM151：99,100《高昌合計馬額帳(一)》：“蘇司馬、明□□□□□□□郎慶哲、左 調 和、馮明□□□”

72TAM151：56《高昌買駅、入練、遠行馬、郡上馬等人名籍》：“□□典寺、麹元□、張子回、竺□宣、曹□、左 調 和□□□”

72TAM151：101《高昌傳錢買钁鐵、調鐵供用帳》：“□□ 文,用買 調 鐵壹斤伍□□□”

tiě

帖　tiě

73TAM206：42/9－17(a)《唐課錢帳歷(二六)》：“ 帖 前付三百冊文。”

73TAM507：013/7《唐史宋端殘文書》：“□□ 帖 □□□”

72TAM230：73(a),71(a)《武周天授二年(691)知水人康進感等牒尾及西州倉曹下天山縣追送唐建進妻兒鄰保牒》：“ 帖 牒天山并牒令陽懸,令捉差人領送。”

73TAM206：109/13－6,42/9－26《唐課錢帳歷》：“□□ 八十文

付元三上 帖 「￢」"

73TAM206：109/13－6，42/9－26《唐課錢帳歷》："又付五百文帖抽廿三文「￢」"

67TAM78：41《唐西州蒲昌縣糧帖二》："糧 帖 「￢」"

67TAM78：48/3《唐殘帖》："「￢」去 帖 「￢」"

73TAM206：42/9－27《唐課錢帳歷》："蘇敬入 帖 趙五廿了。"

67TAM78：33《唐某年九月府史張道龕領受馬踏抄》："「￢」踏料 帖 □條並「￢」"

64TAM36：9《唐高昌縣史成忠帖爲催送田參軍地子并穀（斛）事》："帖至，仰即送地子并穀，限 帖 到當日納了。"

64TAM36：9《唐高昌縣史成忠帖爲催送田參軍地子并穀（斛）事》："六月五日史成忠 帖。"

67TAM78：34《唐西州蒲昌縣下赤亭烽帖爲覓失駝駒事》："帖。"

67TAM78：34《唐西州蒲昌縣下赤亭烽帖爲覓失駝駒事》："駝，尋□不獲，帖 「￢」"

67TAM78：47/2《唐某年月廿五日府史張道龕領馬料抄》："「￢」壹總 帖 「￢」"

67TAM78：36《唐西州蒲昌縣下赤亭烽帖一》："「￢」德 帖 「￢」"

鐵　tiě

72TAM151：101《高昌傳錢買鑼鐵、調鐵供用帳》："錢肆□，□買

□ 鐵 肆斤，付孟慶慶。"

72TAM151：101《高昌傳錢買鑼鐵、調鐵供用帳》："錢叁文，用買鑼 鐵 叁斤。"

72TAM151：101《高昌傳錢買鑼鐵、調鐵供用帳》："傳：錢貳文，用買鑼 鐵 貳斤。"

73TAM507：012/12－1《唐潘突厥等甲仗帳》："「￢」歡下 鐵 甲六，皮甲七領。"

73TAM507：012/12－1《唐潘突厥等甲仗帳》："「￢」隆下皮甲八領，鐵 甲一□。"

tīng

聽　tīng

67TAM363：8/1（a）之九《唐景龍四年（710）卜天壽抄孔氏本鄭氏注〈論語〉》："始吾於仁（人），聽 其言而信其行。"

80TBI：669a《大方廣華嚴十惡品經》："「￢」酒家不 聽 強勸「￢」"

80TBI：669a《大方廣華嚴十惡品經》："「￢」子不 聽 酤酒與「￢」"

80TBI：163《妙法蓮華經（卷二）譬喻品第三》："「￢」心 聽，諸佛寶法「￢」"

65TAM341：30/1（a）《唐小德辯辭爲被蕃捉去逃回事》："小德少解蕃語，聽 賊語，明□擬發向駝嶺逐草。"

聽　75TKM99：9（b）《高昌延昌二十二年（582）康長受從道人孟忠邊歲出券》："若過期不償，聽挋家財平爲麥直（值）。"

聽　72TAM151：6《高昌重光元年（620）汜法濟隨葬衣物疏》："宜向（享）遐齡，任意聽過，不得奄歇留亭（停）。"

聽　72TAM151：94《高昌義和三年（616）張相熹夏麞田券》："□□□干（乾）净好，若净好，聽□□□"

聽　72TAM151：52《高昌逋人史延明等名籍》："九日逋人：史延明、北聽□竺伯子、曲尺寶惡奴、王慶濟。"

聽　64TAM19：32（a），54（a），55（a）《唐寫本鄭氏注〈論語・公冶長篇〉》："□□□始吾於人聽□□□"

聽　73TAM509：8/5（a）《唐西州天山縣申西州戶曹狀爲狀無場請往北庭請兄禄事》："具狀録申州戶曹聽裁者。"

聽　69TAM137：1/2，1/4－1《唐某人夏南渠田券》："□□□若不净，聽向風□□□"

聽　72TAM178：4《唐開元二十八年（740）土右營下建忠趙伍那牒爲訪捉配交河兵張式玄事一》："□□□皆指□□□□申都司聽□□□"

聽　72TAM151：13《高昌義和三年（616）汜馬兒夏田券》："麞使干（乾）净好，若不干（乾）净□，聽向風常取。"

按：麞，原件書作"床"。

聽　64TAM4：40《唐乾封三年（668）張善熹舉錢契》："若延引不還，聽左拽取張家財雜物平爲本錢直（值）。"

聽　64TAM4：37《唐總章三年（670）白懷洛舉錢契》："若延引不還，聽牽取白家財及口分平爲錢直（值）。"

聽　64TAM4：38《唐顯慶五年（660）張利富舉錢契》："若延引不還，聽掣家資雜物平爲錢直（值）。"

廳　tīng

廳　64TAM29：44之六《唐咸亨三年（672）新婦爲阿公録在生功德疏》："向堀門裏北畔新塔廳上佛堂中東壁上，泥素（塑）彌勒上生變，並菩薩、侍者、天神等一捕（鋪）。"

tíng

亭　tíng

亭　72TAM230：48/1《唐西州請北館坊採車材文書（一）》："□□□望請北館坊採車材，具與赤亭坊貯備□□□"

亭　72TAM151：6《高昌重光元年（620）汜法濟隨葬衣物疏》："宜向（享）遐齡，任意聽過，不得奄歇留亭（停）。"

亭　67TAM78：33《唐某年九月府史張道龕領受馬醋抄》："□□□亭烽帥□懷守烽□□□"

亭　69TKM39：9/7（a）《唐西州高昌縣□慶友等戶家口田畝帳簿（一）》："□□□部田，城東四里屯亭渠，東渠，西渠，南尼□□□"

2006TAM607：2－4《唐景龍三年（709）後西州勾所勾糧帳》："方亭成主翟壽重徵。"

69TAM137：1/2，1/4－1《唐某人夏南渠田券》："＿＿亭上使了。二主和同立券，成＿＿"

72TAM151：54《高昌洿林等行馬入亭馬人名籍》："洿林行馬入亭□人：衛余保。""次鹽城行□入亭馬人：主簿辛謙、參軍元祐、主簿男子。"

67TAM78：47/1《唐某年十月府史張道寵領受馬踏抄》："＿＿赤亭烽□□懷守＿＿"

67TAM78：38《唐西州蒲昌縣下赤亭烽帖二》："赤亭烽。"

67TAM78：37《唐西州蒲昌縣赤亭烽帖爲鎮兵糧事》："赤亭烽。"

67TAM78：37《唐西州蒲昌縣赤亭烽帖爲鎮兵糧事》："赤亭鎮兵十＿＿"

庭　tíng

73TAM221：5《唐貞觀廿二年（648）庭州人米巡職辭爲請給公驗事》："巡職庭州根民，任往西州市易，所在烽塞勘放。"

73TAM501：109/7（a），109/7（b）《唐高宗某年西州高昌縣賈致奴等征鎮及諸色人等名籍》："□□先替人庭州鎮。"

67TAM363：8/1（a）之二《唐景龍四年（710）卜天壽抄孔氏本鄭氏注〈論語〉》："孔子謂季氏：'八佾舞於庭，是可忍，孰不可＿＿'"

72TAM226：5（a）《唐伊吾軍上西庭支度使牒爲申報應納北庭糧米事》："敕伊吾軍牒上西庭支度使。"

2006TAM607：2－4《唐神龍元年（705）六月後西州前庭府牒上州勾所爲當府官馬破除、見在事》："三疋，長安四年六月給論（輪）臺聲援兵隨北庭討擊軍不迴。"

72TAM230：36《古寫本木玄虛〈海賦〉》："＿＿庭則有崇島□"

73TAM509：8/5（a）《唐西州天山縣申西州戶曹狀爲狀無場請往北庭請兄禄事》："天山縣，爲申張旡塲請往北庭請兄禄具上事。"

73TAM509：8/5（a）《唐西州天山縣申西州戶曹狀爲狀無場請往北庭請兄禄事》："兄旡價任北庭乾坑戍主，被吕將軍奏充四鎮要籍驅使，其禄及地子合於本任請授。"

71TAM188：85《唐西州都督府牒爲便錢酬北庭軍事事》："北庭大賊下逐大海路，差索君才＿＿"

64TAM29：24《唐垂拱元年（685）康義羅施等請過所案卷（四）》："保人庭伊，百姓康阿了。"

64TAM29：24《唐垂拱元年（685）康義羅施等請過所案卷（四）》："保人庭州，百姓韓小兒。"

停　tíng

64TAM4：39《唐乾封元年（666）鄭海石舉銀錢契》："公私債負停徵，此物不在停限。"

65TAM341：25，26（a）《唐景龍三年（709）南郊赦文》："＿＿

州，旦 停 征鎮 □ ”

侲

72TAM209：77《唐出賣馬肉文書（二）》：“ □ 出賣經 停 留 □ ”

霆　tíng

2006TSYIM4：2－3＋2006TSYIM4：2－4《古寫本〈詩經〉》：“今今（兢兢）□□［業業］，如 霆 如雷。”

tōng

通　tōng

72TAM230：61《唐通感等辯辭爲徵納逋懸事》：“ 通 感等元不下款伏倍，百姓自□逋懸。”

65TAM346：2《唐上元二年（675）府曹孝通牒爲文峻賜勳事》：“上元二年八月十五日府曹孝 通 牒。”

72TAM230：46/2（b）《唐儀鳳三年（678）尚書省戶部支配諸州庸調及折造雜練色數處分事條啟（二）》：“ □ 宜候春水得 通 船之後，然 □ ”

80TBI：669a《大方廣華嚴十惡品經》：“ □ 復與外人共 通 持 □ ”

80TBI：082《大方等陀羅尼經初分（卷一）》：“ □ 廣 通 一切法者入於 □ ”

按：“法者入於”，《中華大藏經》和《大正新修大藏經》作“云何究竟入於”。

2006TAM607：2－4＋2006TAM607：2－5＋2006TAM607：2－4《唐神龍元年（705）六月後西州前庭府牒上州勾所爲當府官馬破除、見在事》：“孟感 通 馬恩敦（驁）。”

按：恩，原件書作“念”。

2006TAM607：2－5《唐景龍三年（709）後西州勾所勾糧帳》：“曹 通 子馬瓜敦（騊駼）。”

2006TAM607：4a《唐神龍三年（707）正月西州高昌縣開覺寺手實》：“牒被責令， 通 當寺手實，僧數、年名、部曲。”

69TKM39：9/9（a），9/5（a），9/1（a）《唐貞觀年間（640—649）西州高昌縣手實二》：“□□ 通 當戶來年手實，具注如前，並皆依實， □ ”

67TAM84：21（a）《高昌條列入官藏錢文數殘奏》：“ 通 □ ”

64TAM5：78（a）《唐李賀子上阿郎、阿婆書一（二）》：“次問訊合家大小、千萬、並 通 兩兄弟。”

2004TBM207：1－3《唐調露二年（680）七月東都尚書吏部符爲申州縣闕員事》：“ □ ［一］千人考滿，其中有行使計年合滿，考雖未校，更無別狀，即同考滿色 通 ，仍具言行使所由。”

66TAM44：30/1，30/10《唐寫〈唯識論注〉殘卷二》：“ □ 而論非三性攝 通 以 □ ”

66TAM59：4/10《趙廣等名籍》：“ □ 趙廣、趙世、員 通 、孫萬、范秉、范雪、范小 □ ”

66TAM44：11/6《唐疊布袋帳歷》：“隊正姚世 通 領。”

通

2006TAM607：4a《唐神龍三年（707）正月西州高昌縣開覺寺手實》："奴婢並新舊地段、畝數、四至具 通 如前，其中並無脫漏。"

逋

2004TBM207：1－4《唐儀鳳三年（678）九月西州功曹牒爲檢報乖僻批正文案事》："官□之日，並皆不 通 ，請檢附狀者。"

逋

67TAM78：27《唐殘書牘》："□□未亦 通 再拜張郎及□□"

逋

73TAM191：32（a）《唐史衛智爲軍團點兵事》："問五團：所 通 應□□"

逋

72TAM230：66《武周天授二年（691）安昌合城老人等牒爲勘問主簿職田虛實事》："問合城老人、城主、渠長、知田人等，主薄（簿）去年實種幾畝麥，建進所注虛實，連署狀 通 者。"

按：年，原件爲武周新字。

tóng

同　tóng

同

72TAM228：9《唐年某往京兆府過所》："準狀勘責 同 此已□□，幸依□□"

同

72TAM230：46/2（b）《唐儀鳳三年（678）尚書省戶部支配諸州庸調及折造雜練色數處分事條啟（二）》："其破用、見在數與計帳 同 申所司。"

同

2004TAM396：14（1）《唐開元七年（719）四月某日鎮人蓋嘉順辭爲郝伏憙負錢事》："日鎮人蓋嘉順辭， 同 鎮下等人郝伏憙負錢壹仟文。"

同

2004TBM207：1－10f《唐文書殘片》："□□亦 同 封送□□"

同

2006TSYIM4：3－17a《北涼某年九月十六日某縣廷掾案爲檢校絹事》："□□將詣官 同 一□□不縋縱□□"

同

68TAM108：19（a）之二《唐開元三年（715）西州營典李道上隴西縣牒爲通當營請馬料姓名事》："火長張萬年，火內人王 同 。"

同

66TAM61：22（b）《唐西州高昌縣上安西都護府牒稿爲錄上訊問曹祿山訴李紹謹兩造辯辭事（三）》："既不與胡 同 伴，實不知是何□□"

同

66TAM61：16（b）《唐西州高昌縣上安西都護府牒稿爲錄上訊問曹祿山訴李紹謹兩造辯辭事（七）》："□□兄前後不 同 行，紹謹亦□□"

同

66TAM61：22（b）《唐西州高昌縣上安西都護府牒稿爲錄上訊問曹祿山訴李紹謹兩造辯辭事（三）》："□□姓名，來日更無人 同 伴。"

同

72TAM226：57《唐檢勘伊吾軍罷田頃畝數文書》："□□通 同 記諮，休如白。"

同

66TAM61：23（b），27/2（b），27/1（b）《唐西州高昌縣上安西都護府牒稿爲錄上訊問曹祿山訴李紹謹兩造辯辭事（二）》："問祿山得款；李謹當時共兄 同 伴，向弓月□□"

同

66TAM61：22（b）《唐西州高昌縣上安西都護府牒稿爲錄上訊問曹祿山訴李紹謹兩造辯辭事（三）》："且 同 是京師人，是安西司馬女夫，不得名字。"

同

66TAM61：23（b），27/2（b），27/1（b）《唐西州高昌縣上安西都護

府牒稿爲録上訊問曹禄山訴李紹謹兩造辯辭事（二）》：“□□胡輩處指的 同 舉練□□”

72TAM230：54（b）《唐館驛文書事目》：“□□ 同 日伊坊狀請迴馬遞事。”

69TAM137：1/2,1/4 – 1《唐某人夏南渠田券》：“二主和 同 立券，成□□”

73TAM206：42/9 – 1（b）《唐質庫帳歷》：“已上勘 同 。”

童　tóng

80TBI：019《增壹阿含經（卷五〇）大愛道般涅槃品第五二》：“ 童 子名曰梵天，顏貌端政（正），世之希有。”

銅　tóng

59TAM305：8《缺名隨葬衣物疏》：“ 銅 錢二枚。”

72TAM151：6《高昌重光元年（620）氾法濟隨葬衣物疏》：“一兩， 銅 完弓箭一具。”

63TAM2：1《北涼緣禾六年翟萬隨葬衣物疏》：“ 銅 錢自副。”

72TAM150：42《唐白夜默等雜器物帳》：“史尾尾 銅 盆二枚。”

72TAM150：42《唐白夜默等雜器物帳》：“翟默斗 銅 盆一。”

72TAM150：45《唐曹摩羅等雜器物帳》：“□□曹摩羅 銅 匙。”

72TAM150：47《唐牛懷願等雜器物帳》：“嚴白舉 銅 匙一。”

tǒng

統　tǒng

59TAM305：14/2《倉曹屬爲買八緵布事》：“ 統 軍，玢；主簿，謙。”

72TAM151：97《高昌某年衛延紹等馬帳》：“卜寺馬□□ 統 寺馬□□”

tòng

痛　tòng

80TBI：316《妙法蓮華經（卷二）譬喻品第三》：“□□怖，火來逼身，苦 痛 □□”

75TKM91：28（b）《北涼義和某年員崇辭爲眼痛請免屯守事》：“□□不了，加復眼 痛 。”

80TBI：241《增壹阿含經（卷一六）力品第三八之二》：“□□畜生之 痛 。爾時彼王便□□”

80TBI：132《佛說天地八陽神咒經》：“□□種惡疰受其 痛 苦□□”

按：“疰”，《中華大藏經》和《大正新修大藏經》作“注”。“痛苦”，《中華大藏經》和《大正新修大藏經》作“苦痛”。

tōu

偷　tōu

80TBI：390a《諸經要集（卷五）供養錄第二》："□□養偷婆□□"

72TAM151：102,103《高昌作頭張慶祐等偷丁谷寺物平錢帳》："□張慶祐子作頭,田地□□□□從,二人合偷丁谷寺□□奴紬二匹半。"

按：谷,原件書作"坮"。

73TAM215：017/6－1,017/6－2《唐殘書牘三》："□□夕偷□□"

73TAM507：012/3《唐殘書牘》："□□且帶偷（鍮）石腰帶,待□□"

按：偷,當爲"鍮"之借音字。

鍮　tōu

59TAM305：8《缺名隨葬衣物疏》："鍮鉐釵一雙。"

2004TAM408：17《令狐阿婢隨葬衣物疏》："故鍮瑄叉（釵）一枚。"

tóu

投　tóu

73TAM507：012/1《唐某人申狀爲欠練、駝、馬事》："□□去年八□一日壹投□□"

頭　tóu

72TAM226：55《唐伊吾軍諸烽鋪營種豆糜文書》："□□合豆,柳頭烽。"

73TAM206：42/7－2《高昌義和五年（618）善海等役作名籍》："□□尊作頭。往□□"

65TAM42：62,65《唐西州高昌縣授田簿（一三）》："右給宋赤頭充分,同觀□□"

64TAM29：24《唐垂拱元年（685）康義羅施等請過所案卷（四）》："奴割邏吉,驢三頭。"

64TAM29：25《唐垂拱元年（685）康義羅施等請過所案卷（四）》："駝二頭,驢五頭。"

73TAM206：42/3－2《唐咸亨三至五年（672—674）文官俸案文書（一）》："右頭起咸亨三年七月八日兵部牒崔獻尾盡咸四年二月五□。"

73TAM206：42/10－5/10－17《唐質庫帳歷》："東頭柒家故緋羅領巾一。"

72TAM151：102,103《高昌作頭張慶祐等偷丁谷寺物平錢帳》："□□人張慶祐作頭,獨偷□□□六縱（縬）疊五匹。"

按：疊,原件書作"疂"。

72TAM151：102,103《高昌作頭張慶祐等偷丁谷寺物平錢帳》："張慶祐子作頭,道人□□,高昌解阿善兒二人作□。"

72TAM151：102,103《高昌作頭張慶祐等偷丁谷寺物平錢帳》："馬付一頭。"

72TAM151：102,103《高昌作頭張慶祐等偷丁谷寺物平錢帳》："□張慶祐子作頭,田地□□□□從,二人合偷丁谷寺□□奴紬二匹半。"

按：谷,原件書作"坮"。

頭

72TAM151：6《高昌重光元年
（620）氾法濟隨葬衣物疏》："若
欲求海東 頭 ，若欲覓海西壁。"

顂

66TAM59：4/9(b)《□願殘辭》：
"□不看辨， 頭 年三□。"

頭

66TAM62：6/2《翟彊辭爲貸麥
被揰牛事》："外□□牛一 頭 載
致流揰牛□去。"

頭

73TAM519：19/2 - 2《高昌麴季悦
等三人辭爲請授官階事》："□
到司馬前 頭 訴已，司馬許爲□。"

頭

72TAM151：104《高昌延和十二
年（613）某人從張相憙等三人邊
雇人歲作券》："□作壹日，到年滿 頭 ，
□□□上壹日。"

頭

73TAM206：42/10 - 5/10 - 17
《唐質庫帳歷》："□ 東 頭 住
□。"

頭

73TAM206：42/10 - 6《唐質庫
帳歷》："東 頭 住年六十。"

頭

73TAM206：42/10 - 14，42/10 -
9《唐質庫帳歷》："□ 東 頭 住
年十八。"

頭

67TAM363：7/4《唐儀鳳年間
（676—679）西州蒲昌縣竹海住
佃田契》："其竹取田之日，得南 頭 佃種。"

頭

67TAM91：19(b)《唐張赤頭等
家口給糧三月帳》："□主張赤 頭 家口六人，三石五斗。"

頭

68TAM108：19(a)之三《唐開元
三年（715）西州營典李道上隴西
縣牒爲通當營請馬料姓名事》："右火別六 頭 ，頭別付麋壹勝（升）半。"

按：麋，原件書作"床"。

頭

73TAM221：62(b)《唐永徽三年
（652）賢德失馬陪徵牒》："即依禄

（録），牒岸（案） 頭 府，謹問文達領得以不？"

頭

71TAM188：85《唐西州都督府
牒爲便錢酬北庭軍事事》：
"□ 頭 得兵曹恭軍程□等牒稱□"

頭

66TAM61：17(b)《唐西州高昌
縣上安西都護府牒稿爲録上訊
問曹禄山訴李紹謹兩造辯辭事（一）》："阿
兄更有□□疋、駝兩頭、牛四 頭 。"

頭

72TAM151：96(a)《高昌安樂等
城負臧錢人入錢帳》："□十
六文，蘇 頭 得入錢廿□"

頭

67TAM78：45(a)《唐西州蒲昌
縣下赤亭烽帖爲牛草料事》：
"□壹拾□ 頭 □"

頭

67TAM78：34《唐西州蒲昌縣下
赤亭烽帖爲覓失駝駒事》："烽子
□ 頭 散覓，必□"

頭

72TAM150：48《唐邵相歡等雜
器物帳》："□案枷一，魏黄 頭 居（?）□"

tū

秃 tū

秃

75TKM90：20(a)《高昌主簿張
縮等傳供帳》："□緤一疋，赤
違一枚，與 秃 地提勤無根。"

按：勤，原件書作"懃"。

秃

64TAM29：116(a)《唐趙醜秃等
辭爲堪當鞍轡事》："□醜 秃 等鞍轡。"

秃

2006TAM607：2 - 2《唐神龍二
年（706）七月西州史某牒爲長安
三年（703）七至十二月軍糧破除、見在

事》:"團結兵何[禿]子等。"

[禿] 67TAM78:22(b),21(b)《唐吳相□等名籍(一)》:"□□□□鄧[禿]子,曹子□□□□□□□龍□□。"

[突] tū

[突] 64TAM29:24《唐垂拱元年(685)康義羅施等請過所案卷(四)》:"吐火羅拂延,年卅;奴[突]蜜□□。"

[突] 71TAM188:85《唐西州都督府牒爲便錢酬北庭軍事事》:"□□遂取[突]騎施首領多亥烏□□。"

[突] 65TAM341:30/1(a)《唐小德辯辭爲被蕃捉去逃回事》:"□□草澤宿,至三日明,即發入[突]播山□□。"

[突] 80TBI:038《優波離問佛經》:"方便臥[突]吉羅,□□。"

[突] 80TBI:517-1《優波離問佛經》:"犯二事:方便安處[突]吉羅,□□。"

[突] 73TAM524:32/1-1《高昌永平元年(549)十二月十九日祀部班示爲知祀人上名及謫罰事》:"嘿[突]祀所,謫羊半口。"

[突] 73TAM524:32/1-2《高昌永平元年(549)十二月廿九日祀部班示爲明正一日知祀人上名及謫罰事》:"若不上名者,嘿[突]祀所,謫羊□□。"

tú

[徒] tú

[徒] 80TBI:693a《瑜伽師地論(卷四○)一五菩薩地》:"□□樂好合[徒]侶□□。"

[徒] 60TAM332:6/1-1(a),6/1-2(a),6/1-36/2-1(b)(a)《唐寫本〈五土解〉》:"曹青主薄(簿)□伍□□從[徒]開青門出□□。"

[徒] 72TAM230:66《武周天授二年(691)安昌合城老人等牒爲勘問主簿職田虛實事》:"行旅之[徒],亦應具悉。"

[荼] tú

[荼] 80TBI:035《請觀世音菩薩消伏毒害陀羅尼三昧儀經明正意第二》:"□□般[荼]梨輪鞞帝□□。"

[荼] 80TBI:641a《妙法蓮華經(卷二)譬喻品第三》:"毒蛇蚖蝮,及諸夜叉,鳩盤[荼]鬼,野干狐狗,鵰鷲鴟梟,百族之屬。"

[荼] 80TBI:035《請觀世音菩薩消伏毒害陀羅尼三昧儀經明正意第二》:"□□樓休樓分[荼]□□。"

[屠] tú

[屠] 73TAM509:8/6《唐書牘稿》:"昨日索隱兒去,附乾元錢一千,還七娘子申[屠]邊錢。"

[屠] 75TKM91:18(a)《北涼玄始十一年(422)馬受條呈爲出酒事》:"十一月四日,□酒三斗,賜[屠]兒□□。"

[屠] 60TAM332:6/6《唐祭諸鬼文(三)》:"□□其官[屠]一天九頭□□。"

圖　tú

80TBI：377b《四分律刪繁補闕行事鈔卷上之二結界方法篇第六》："□□面集之 圖 □□"

72TAM151：74（a）《古寫本〈晉陽秋〉殘卷》："華畫地成 圖 ，□對如流，雖張□世□□"

按：據《世説新語·言語》劉孝標注引《晉陽秋》，此句作："張華畫地成圖，應對如流，張安世不能過也。"

72TAM151：74（a）《古寫本〈晉陽秋〉殘卷》："華博學洽聞， 圖 籍無不貫練。"

騍　tú

69TAM142：3，2《高昌高寧馬帳》：□□ 騍 馬一匹，趙寅相赤□□

按：騍是陶騍的省稱。

72TAM151：59，61《高昌某年郡上馬帳》："郡上馬：丁谷寺瓜（騧）馬，田地公寺 騍 馬，東許寺赤馬……"

按：余，"騍"省文。

tǔ

土　tǔ

63TAM1：25《文書殘片》："□□ 土 □□"

73TAM206：42/9－27《唐課錢帳歷》："用二百文付□奴將與博 土 。"

72TAM179：16/1（b），16/2（b）《唐寫〈尚書〉孔氏傳〈禹貢〉、〈甘誓〉殘卷》："勾（厥） 土 惟黄壤，勾（厥）田惟上上。"

按：圡，"土"俗書。《干禄字書》："圡土：上通下正。"《隸辨·衡方碑》："圡家於平陸。"顧藹吉注："土本無點，諸碑土或作圡，加點以别之。"俗書"土"上不加點者反倒罕見。

67TAM363：8/1（a）之九《唐景龍四年（710）卜天壽抄孔氏本鄭氏注〈論語〉》："朽木不可彫，糞（糞） 土 □□"

80TBI：029a《修行道地經（卷六）學地品第二五》："□□有怨賊欲危此 土 。當□□"

2002TJI：003《妙法蓮華經卷四提婆達多品第一二》："□□本 土 。"

60TAM332：6/1－1（a），6/1－2（a），6/1－3（a）《唐寫本〈五土解〉》："謹啓西方白帝， 土 公駕白車，乘白龍，白公（功）曹白□□"

60TAM332：6/1－1（a），6/1－2（a），6/1－3（a）《唐寫本〈五土解〉》："□啓南方赤帝 土 公駕□□"

60TAM332：6/3《唐犯土禁忌文》："戒犯辰巳午未 土 ，戒犯□□"

吐　tǔ

67TAM363：8/2（a）之一《唐景龍四年（710）卜天壽抄〈十二月新三臺詞〉及諸五言詩》："遥望梅林，青條 吐 葉。"

64TAM29：24《唐垂拱元年(685)康義羅施等請過所案卷(四)》："吐火羅拂延,年卅;奴突蜜□□"

64TAM29：24《唐垂拱元年(685)康義羅施等請過所案卷(四)》："吐火羅磨色多。"

tù

兔　tù

63TAM2：1《北涼緣禾六年翟萬隨葬衣物疏》："兔毛千束。"

2004TAM408：17《令狐阿婢隨葬衣物疏》："故兔豪(毫)百五十束。"

tuán

尃　tuán

64TAM37：21《唐□□二年曹忠敏田契》："□□二年九月八日,曹忠敏於知天朱進明處祖取尃思廉等上件地。"

按：此句《吐魯番出土文書》漏録"祖"字。等,原件作"苐"。

64TAM37：21《唐□□二年曹忠敏田契》："進明先於尃廉等邊散於人處租得,今不親營種,遂轉租與前件人。"

按：等,原件作"苐"。

2004TAM408：17《令狐阿婢隨葬衣物疏》："右尃鍾妻令狐阿婢隨身雜衣物凡種。"

摶　tuán

73TAM206：42/9 - 27《唐課錢帳歷》："用二百文付□奴將與塼土。"

按：塼,"摶"俗。

團　tuán

73TAM509：19/15(a)《武周天山府下張父師團帖爲勘問右果毅闕職地子事》："□□尉張父師團□□"

73TAM206：42/10 - 12《唐質庫帳歷》："王團仁正月廿四日取壹伯陸拾文。"

65TAM42：40《唐缺名隨葬衣物疏》："雞鳴審(枕)一枚,玉團一雙,腳靡(縻)一具。"

72TAM201：25/1《唐咸亨三年(672)西州都督府下軍團符》："今以狀下團,宜準狀,符到奉行。"

73TAM509：19/2《武周天山府下張父師團帖爲新兵造幕事一》："□□尉張父團主者□□"

73TAM191：32(a)《唐史衛智爲軍團點兵事》："問五團：所通應□□"

tuī

推　tuī

75TKM91：11/4《西涼建初四年(408)秀才對策文》："後聖推類

增廣,爲左右形聲。"

73TAM221：55（a）《唐貞觀廿二年（648）安西都護府乘敕下交河縣符爲處分三衛犯私罪納課違番事》："□□須解官 推 勘辨定□□"

隤　tuí

75TKM96：18,23《北涼玄始十二年（423）兵曹牒爲補代差佃守代事》："大塢 隤 左得等四人訴辭稱爲曹所差,知守塢兩道,今經一月,不得休下,求爲更檢。"

75TKM91：18（a）《北涼玄始十一年（422）馬受條呈爲出酒事》："□□ 隤 騎,箱□等。"

tuì

退　tuì

80TBI：005－1《大乘瑜伽金剛性海曼殊室利千臂千鉢大教王經（卷六）》："□□ 退 不□□"

80TBI：239《金剛經疏》："□□昇爲防 退 □□"

67TB：1－2－4《大乘瑜伽金剛性海曼殊室利千臂千鉢大教王經（卷六）》："□□常轉不 退 □□"

tún

屯　tún

75TKM91：28（b）《北涼義和某年員崇辭爲眼痛請免屯守事》："□□被敕當□他 屯 。"

65TAM42：90（a）,91（a）《唐令狐鼠鼻等差科簿（一）》："武騎尉石服 屯 ,年卅五;男賀婆,年十九,中男。"

73TAM214：148（a）《唐和糴青稞帳（一）》："綿壹 屯 準次沽直銀錢伍文。"

64TAM4：6《唐總章元年（668）西州高昌縣左憧憙辭爲租佃葡萄園事》："恐 屯 桃人并比鄰不委□□"

64TAM29：44《唐咸亨三年（672）新婦爲阿公録在生功德疏》："阿公患日將綿一 屯 布施孟禪師。"

69TKM39：9/7（a）《唐西州高昌縣□慶友等户家口田畝帳簿（一）》："□□部田,城東四里 屯 亭渠,東渠,西渠,南尼□□"

72TAM226：61《唐殘文書二窓》："□□ 屯 爲一□□"

豚　tún

72TAM151：6《高昌重光元年（620）氾法濟隨葬衣物疏》："玉 豚 一雙。"

tuō

託　tuō

73TAM221：55（a）《唐貞觀廿二年（648）安西都護府乘敕下交河縣符爲處分三衛犯私罪納課違番事》：

"□□之徒，情乖奉上，假託事故，方便解免。"

64TAM363：8/2（a）之一《唐景龍四年（710）卜天壽抄〈十二月新三臺詞〉及諸五言詩》："項託柒歲知事，甘羅十二想（相）秦，□無良妻解夢，馮唐寧得忠辰（臣）。"

64TAM29：44《唐咸亨三年（672）新婦爲阿公録在生功德疏》："若得生路，託夢令知。"

脱　tuō

80TBI：411《妙法蓮華經（卷二）譬喻品第三》："□□〔解〕脱三昧□□。"

80TBI：005－2《大乘瑜伽金剛性海曼殊室利千臂千鉢大教王經（卷六）》："□□解脱□□。"

67TB：1－2－2《大乘瑜伽金剛性海曼殊室利千臂千鉢大教王經（卷六）》："□□解脱門。四者名一切願海音□□。"

67TB：1－2－2《大乘瑜伽金剛性海曼殊室利千臂千鉢大教王經（卷六）》："□□〔解〕脱門。三者□□。"

80TBI：005－3《大乘瑜伽金剛性海曼殊室利千臂千鉢大教王經（卷六）》："□□體性令得解脱，殊特□□。"

72TAM151：56《高昌買駄、入練、遠行馬、郡上馬等人名籍》："次傳：脱□□慶釵。"

80TBI：052《妙法蓮華經（卷二）譬喻品第三》："□□脱之。何以故？如來有□□。"

駝　tuō

65TAM42：40《唐缺名隨葬衣物疏》："駝馬驢羊雞苟（狗）一千。"

65TAM39：20《前涼升平十一年王念賣駝券》："升平十一年四月十五日，王念以兹駝賣與朱越，還得嘉駝，不相賍移。"

66TAM61：17（b）《唐西州高昌縣上安西都護府牒稿爲録上訊問曹禄山訴李紹謹兩造辯辭事（一）》："阿兄更有□□疋、駝兩頭、牛四頭。"

65TAM39：20《前涼升平十一年王念賣駝券》："升平十一年四月十五日，王念以兹駝賣與朱越，還得嘉駝，不相賍移。"

67TAM78：34《唐西州蒲昌縣下赤亭烽帖爲覓失駝駒事》："駝，尋□不獲，帖□□。"

73TAM221：5《唐貞觀廿二年（648）庭州人米巡職辭爲請給公驗事》："駝壹頭，黄鐵勤敦（驐）捌歲。"

73TAM221：5《唐貞觀廿二年（648）庭州人米巡職辭爲請給公驗事》："州司：巡職今將上件奴婢駝等，望於西州市易。"

65TAM341：30/1（a）《唐小德辯辭爲被蕃捉去逃回事》："其賊見在小嶺□□□□小德少解蕃語，聽賊語，明□擬發向駝嶺逐草。"

64TAM29：25《唐垂拱元年（685）康義羅施等請過所案卷（四）》："駝二頭，驢五頭。"

tuó

陀　tuó

67TAM91：27（a）《唐貞觀十七年（643）何射門陀案卷爲來豐患病致死》："門 陀 辯：被問□□□委先不與□□。"

按：陁，同"陀"。《玉篇》："陀，俗作陁。"

80TBI：148《請觀世音菩薩消伏毒害陀羅尼咒經（卷一）》："□□耶（莫作鬼也），卑離 陀 （云餓鬼也）。"

按：括號內爲原正文下注小字。

80TBI：701a《大智度論（卷二）初品中婆伽婆釋論第四》："□□檀 陀 秦言大德複□□。"

80TBI：035《請觀世音菩薩消伏毒害陀羅尼三昧儀經明正意第二》："□□多經他 陀 呼膩□□。"

60TAM327：05/1《唐永徽六年（655）趙羊德隨葬衣物疏》："□□金銷長刀一具，白 陀 手巾一□□。"

73TAM193：11（a）《武周郭智與人書》："昨沙 陀 □過□□了見勘當，更勾會計賬。"

64TAM5：85《唐諸戶丁口配田簿（甲件）（二）》："戶主安畔 陀 ，年卅七，二畝。"

馱　tuó

72TAM151：56《高昌買馱、入練、遠行馬、郡上馬等人名籍》："次買 馱 人□□□□孟□□。"

80TBI：111《增壹阿含經（卷五〇）大愛道班涅槃品第五二》："□□ 馱 爲□□。"

80TBI：337a《大毗蘆遮那成佛神變加持經（卷四）密印品第九》："□□多勃 馱 喃一壤弩嗢婆（二合）嚩（二）莎□□。"

按：括號內爲原正文下注小字。

60TAM325：14/4－1，14/4－2《唐西州某府主帥陰海牒爲六馱馬死事》："進洛六 馱 先在群放□□。"

鮀　tuó

64TAM27：22《唐寫本〈論語〉鄭氏注〈雍也〉殘卷》："不有祝 鮀 之佞而□□。"

tuò

唾　tuò

65TAM42：48（a）《古寫本〈鍼法〉殘片》：" 唾 血振寒咽干（乾）太□□。"

W 部

wà

襪　wà

襪 64TAM29：44《唐咸亨三年（672）新婦爲阿公録在生功德疏》："細絲 襪 一量。"

袜 59TAM305：8《缺名隨葬衣物疏》："白絓 襪 一立。"

按：袜，同"襪"，《釋名·釋衣服》："韈，末也，在腳末也。"畢沅曰："韈，《一切經音義》引作'袜'。案《玉篇》云：'袜，腳衣。'故後人亦以'袜'代'襪'。""蔑"簡寫作"末"，聲符改換。

祙 59TAM305：17《缺名隨葬衣物疏二》："帛絓 襪 一量。"

袜 63TAM2：1《北涼緣禾六年翟萬隨葬衣物疏》："故帛練 襪 一量。"

祙 2004TAM408：17《令狐阿婢隨葬衣物疏》："故帛絓 襪 一枚。"

袜 75TKM96：15《龍興某年宋泮妻翟氏隨葬衣物疏》："故袿 襪 一量。"

韈　wà

鞑 63TAM1：11《西涼建初十四年（418）韓渠妻隨葬衣物疏》："故縺（練） 鞑 一量。"

按：鞑，《龍龕手鏡》："韈，亡發反。"同"韈"，《説文》："韈，足衣也。从韋，蔑聲。"徐鉉："今俗作韈，非是。"《慧琳音義》卷七六："韈，或從革作韈。"《集韻》："韈，或從衣。"《説文》《釋名》收"韈"而無"襪"，韈，爲古之正字，後多用襪。又《釋名·釋衣服》："韈，末也，在腳末也。"畢沅曰："韈，《一切經音義》引作'袜'。案《玉篇》云：'袜，腳衣。'故後人亦以'袜'代'襪'。""蔑"簡寫作"末"，聲符改換。故"鞑"爲"韈"之簡寫。

wài

外　wài

外 80TBI：669a《大方廣華嚴十惡品經》："□□復與 外 人共通，持□"

外 72TAM151：97《高昌某年衛延紹等馬帳》："□□許寺馬， 外 伍塔馬□□□□衛寺□，□郎顯仁□□□"

外 65TAM346：1《唐乾封二年（667）郭耄醜勳告（二）》："請奉詔付 外 施行，謹言。"

外 2004TAM398：3-3＋2004TAM398：3-2《唐某年二月西州高昌縣更簿全貌》："□□嚴六仁，巡 外 囚；和寅

海,總巡 □ ”

按:"外囚"原件作"囚外",旁有勾乙符號,今據改。

73TAM206：42/10-14,42/10-9《唐質庫帳歷》:"□ 延興門 外 夜上 □ ”

72TAM230：46/2(b)《唐儀鳳三年(678)尚書省户部支配諸州庸調及折造雜練色數處分事條啟(二)》："□ 糧 外 受納,遞送入東都。"

72TAM230：68《武周天授二年(691)郭文智辯辭》:"□ 出租已 外,見佃廿五 □ ”

73TAM206：42/9-13《唐課錢帳歷》:"總折除 外,餘有一千廿六文。"

65TAM341：22,23,24(a)《唐景龍三年(709)南郊赦文》:"□ 等,並 外 文武 □ ”

66TAM61：23(b),27/2(b),27/1(b)《唐西州高昌縣上安西都護府牒稿爲録上訊問曹禄山訴李紹謹兩造辯辭事(二)》:"并共曹果毅及曹二,并 外 生(甥)居者去 □ ”

75TKM96：18,23《北涼玄始十二年(423)兵曹牒爲補代差佃守代事》:"□ 范晟□佃,請以 外 軍張成代晟。"

75TKM96：18,23《北涼玄始十二年(423)兵曹牒爲補代差佃守代事》:"以李子彊□祖子 外 □ ”

66TAM62：6/4《翟彊辭爲共治葡萄園事》一:"□殘少多,用了 外 責(債) □ ”

66TAM62：6/1《翟彊辭爲共治葡萄園事》二:"□□乏, 外 有責(債)負。"

wán

完 wán

72TAM151：6《高昌重光元年(620)氾法濟隨葬衣物疏》:"一兩,銅 完 弓箭一具。"

玩 wán

2006TSYIM4：3-19b 背面《北涼高昌郡高寧縣差役文書(一六)》:"□ 盧 玩,張遂,右八人,八月十一日 □ ”

80TBI：750a《妙法蓮華經(卷二)譬喻品第三》:"□ 之言汝等所可 玩 好 □ ”

80TBI：750a《妙法蓮華經(卷二)譬喻品第三》:"□ 有所好種種珍 玩 奇 □ ”

80TBI：641a《妙法蓮華經(卷二)譬喻品第三》:"我有種種珍 玩 之具,妙寶 □ ”

wǎn

晚 wǎn

73TAM509：19/2《武周天山府下張父師團帖爲新兵造幕事一》:"□ 申大數,不得遲 晚 □ ”

2004TBM207：1-5c《唐某年西州晚牙到簿(一)》:"□ 晚 牙

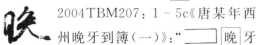

到□□”

碗　wǎn

75TKM99：17《某家失火燒損財物表》：“碗十枚。”

按：椀，同“盌”。《説文》：“盌，小盂也。從皿，夗聲。”《玉篇·皿部》：“盌，小盂。或作碗。”敦煌文獻 S.388《正名要録》載“盌”爲古而典者，“椀”爲今而要者。碗，不見於《説文》，爲後起字，今之正字。

72TAM150：42《唐白夜默等雜器物帳》：“王慶伯槃一，竹都柱□□，杜海柱木碗四。”

72TAM150：42《唐白夜默等雜器物帳》：“杜海柱木碗四、盞子七，支憙伯木碗十、□□八。”

73TAM193：15（b）《唐天寶某載（749—756）行館器物帳》：“破大稜碗陸□□”

73TAM193：15（b）《唐天寶某載（749—756）行館器物帳》：“小稜碗□□”

73TAM193：15（b）《唐天寶某載（749—756）行館器物帳》：“破羹碗貳拾牧（枚）。”

72TAM150：46《唐翟建折等雜器物帳》：“□□木碗四，翟建折鐺一口。”

66TAM61：17（b）《唐西州高昌縣上安西都護府牒稿爲録上訊問曹禄山訴李紹謹兩造辯辭事（一）》：“阿兄更有□□疋、駝兩頭、牛四頭、驢一頭、百疋絹價華□并碗。”

wàn

萬　wàn

72TAM151：68《〈千字文〉習字殘卷（一）》：“賴[及]萬方。”

67TAM363：8/2（a）之一《唐景龍四年（710）卜天壽抄〈十二月新三臺詞〉及諸五言詩》：“日落西山夏（下），潢（黄）河東海流，□□不滿百，恒作[方]萬年優（慢）。”

按：原件“方”字旁有“卜”删字符號。

67TAM363：8/2（a）之二《唐景龍四年（710）卜天壽抄〈十二月新三臺詞〉及諸五言詩》：“看阠簡水萬合始城河。”

按：簡，原件書作“蕳”。

75TKM96：29（a），33（a）《北涼真興某年道人德受辭》：“户曹張萬。”

按：万，同“萬”。《玉篇》：“万，俗萬字。”《集韻》：“万，通作萬。”吐魯番文獻中多用“万”，“萬”則少用。今爲“萬”的簡化字，正字。

64TAM15：6《唐唐幢海隨葬衣物疏》：“攀天思（絲）萬萬九千丈。”

59TAM301：17《唐貞觀末年闞門隨葬衣物疏》：“□□十萬文□□”

按：原件“萬”字均同此。

72TAM151：6《高昌重光元年（620）氾法濟隨葬衣物疏》：“銅完弓箭一具，刀帶一具，欽被具，綾練各

萬 段。"

68TAM108：18(a)之二《唐開元
三年（715）西州營牒爲通當營請
馬料姓名事二》："火長張 萬 年，火內人牛
□。"

60TAM327：05/1《唐永徽六年
（655）趙羊德隨葬衣物疏》：
"□匣一，金錢二 萬 文，白練千□。"

75TKM91：25《兵曹條往守白芳
人名文書》一："□□左狗 萬、
毛相、張□明、道人道□。"

腕　wàn

73TAM193：38(a)《武周智通擬
判爲康隨風詐病避軍役等事》：
"於是妄作患由，臂肘蹉跌，遂非真病，攣
拳手 腕，□是詐爲（僞）。"

翫　wàn

2004TBM115：10《古寫本〈千字
文〉》："耽讀 翫 市，□〔寓〕目囊
箱，易輶攸畏，屬耳垣牆。"

按：翫，《廣韻》音"五換切"。

wāng

尫　wāng

73TAM191：32(a)《唐史衛智爲
軍團點兵事》："□□簡點兵 尫
弱，疾□□。"

按：尫，同"尪"。《字彙》："尫，同'尩
（尪）'。"《玉篇》謂尩，同"尢"。九即"尢"，

跛。《説文》："尢，曲脛也。""尪弱"一詞
《漢語大詞典》未收。《玄應音義》卷二〇：
"尫弱：今作尩，同，烏皇反。尫，弱也。"
《慧琳音義》卷四八："尫羸：尫弱也。"

wáng

亡　wáng

73TAM507：013/4－1,4－2《唐
曆》："□□歲位天恩往 亡 結婚
。"

72TAM201：33《唐咸亨五年
（674）兒爲阿婆録在生及亡没所
修功德牒》："右阿婆生存及 亡 没所修功
德件録條。"

64TAM29：44之七《唐咸亨三年
（672）新婦爲阿公録在生功德
疏》："又昨阿公 亡 後即常屈三僧轉讀，供
養不絶。"

64TAM29：44之七《唐咸亨三年
（672）新婦爲阿公録在生功德
疏》："又更爲阿公從身 亡 日，日畫佛
一軀。"

66TAM59：4/2－4(a)，4/2－5
(a)《北涼玄始十二年（423）失官
馬賣賠文書一》："□□ 亡 失官馬。"

75TKM91：11/3《西涼建初四年
（408）秀才對策文》："三帝之
亡，禍生妃婦。"

64TAM22：17《請奉符敕尉推覓逋
亡文書》："姪蠱得前 亡 □□。"

67TAM363：8/1(a)之六《唐景
龍四年（710）卜天壽抄孔氏本鄭
氏注〈論語〉》："言不憂道德之喪 亡 乎。"

72TAM151：104《高昌延和十二年（613）某人從張相熹等三人邊雇人歲作券》："□者，亡失作具，犯人苗□□不知。"

72TAM151：104《高昌延和十二年（613）某人從張相熹等三人邊雇人歲作券》："□亡失作具，六畜□□仰相兒承了。"

72TAM151：104《高昌延和十二年（613）某人從張相熹等三人邊雇人歲作券》："□作具亡□"

80TBI：012《佛説分别善惡所起經》："□二者不亡□"

王　wáng

72TAM194：27（a）《唐盜物計贓科罪牒》："王慶計□不滿壹疋，合杖六十。"

73TAM206：42/10－6《唐質庫帳歷》："王爽正月廿日取肆拾文。"

80TBI：201《佛説觀藥王藥上二菩薩經》："□王西北□"

65TAM39：20《前涼升平十一年王念賣駝券》："王念以兹駝賣與朱越，還得嘉駝，不相賍移。"

68TAM108：19（a）之二《唐開元三年（715）西州營典李道上隴西縣牒爲通當營請馬料姓名事》："第五隊火長王元貞，火内人李瓚。"

wǎng

枉　wǎng

66TAM62：6/3（b）《翟彊辭爲征行遣亡事》："□不受枉謹辭。"

67TAM363：8/1（a）《唐景龍四年（710）卜天壽抄孔氏本鄭氏注〈論語〉》："孔子對曰：'舉直錯諸枉，則□'"

罔　wǎng

2006TSYIM4：2－2《古寫本〈詩經〉》："民之罔極，職涼善背。"

按：罔，同"罔"。《隸辨》："网即罔字。與《説文》同。從门下象网交形，或作网，譌從双，亦作冈，經典相承用。此字今俗作四，非。"

職，原件書作"職"。

往　wǎng

67TAM363：8/1（a）之五《唐景龍四年（710）卜天壽抄孔氏本鄭氏注〈論語〉》："□不説，遂事不諫，既往不咎。"

80TBI：201《佛説觀藥王藥上二菩薩經》："□等往昔行□"

80TBI：088《金光明經（卷三）除病品第一五》："□説往昔誓願因緣，過去無□"

64TAM4：35（a）《唐澊舍告死者左憧憙書爲左憧憙家失銀錢事（一）》："其澊舍好兄子邊受之往（枉）罪。"

2006TAM607：2－4《唐神龍元年（705）六月後西州前庭府牒上

州勾所爲當府官馬破除、見在事》："卅疋，久視元年三月給果□陰嗣業乘 |往| 名岸趁賊，没落不迴。"

75TKM91：25《兵曹條往守白芳人名文書》一："|　　| 次 |往| 領攝。"

73TAM206：42/7 - 2《高昌義和五年（618）善海等役作名籍》："|　　| 尊作頭。|往| |　　|"

2006TSYIM4：3 - 17a《北涼某年九月十六日某縣廷掾案爲檢校絹事》："|　　| |往| 録移達，煩攝離 |　　|"

64TAM29：44 之六《唐咸亨三年（672）新婦爲阿公録在生功德疏》："|往| 前於楊法師房内造一廳并堂宇，供養玄覺寺常住三寶。"

73TAM509：8/6《唐書牘稿》："自合 |往| 慰，直爲諸事草草。"

72TAM201：33《唐咸亨五年（674）兒爲阿婆録在生及亡没所修功德牒》："延法師曇真 |往| 南平講《金光明經》一遍。"

72TAM201：33《唐咸亨五年（674）兒爲阿婆録在生及亡没所修功德牒》："《隨願 |往| 生經》一卷。"

73TAM507：013/4 - 1，4 - 2《唐曆》："|　　| 歲位天恩 |往| 亡結婚 |　　|"

|網|　wǎng

80TBI：088《金光明經（卷三）除病品第一五》："|　　| 斷我疑 |網| |　　|"

按：斷，原件書作"断"。

80TBI：475《妙法蓮華經（卷二）譬喻品第三》："|　　| 真珠羅 |網|，張 |　　|"

wàng

|妄|　wàng

80TBI：005 - 1《大乘瑜伽金剛性海曼殊室利千臂千鉢大教王經（卷六）》："|　　| 心 |妄| 作 |　　|"

80TBI：052《妙法蓮華經（卷二）譬喻品第三》："|　　| |妄| 初説三乘引導衆 |　　|"

80TBI：052《妙法蓮華經（卷二）譬喻品第三》："|　　| 彼長者無虛 |妄| 之咎 |　　|"

2006TAM607：2 - 2 背面《唐景龍三年（709）後西州勾所勾糧帳》："二石六斗米，中館 |妄| 破，蘇仁折納。"

72TAM230：66《武周天授二年（691）安昌合城老人等牒爲勘問主簿職田虛實事》："謹審：但合城老人等，去年主薄（簿）高禎元不於安昌種田，建進所注並是虛 |妄|，如後不依 |　　|"

按：年，原件爲武周新字。

2006TAM607：4a《唐神龍三年（707）正月西州高昌縣開覺寺手實》："若後虛 |妄|，連署綱維，請依法受罪，謹牒。"

2006TAM607：2 - 4《唐景龍三年（709）後西州勾所勾糧帳》："|妄| 加給還兵，景二年春季，徵蘇仁。"

73TAM193：38（a）《武周智通擬判爲康隨風詐病避軍役等事》："於是 妄 作患由,臂肘蹉跌,遂非真病,攣拳手腕,□是詐爲（僞）。"

73TAM507：013/3《唐上元三年（676）某人辯辭爲買鞍馬事》："□□ 妄 款不實,□伏聽□□。"

望　wàng

73TAM222：56/7（a）,56/8（a）《唐殘判籍（七）（八）》："□□ 望 抽□□。"

75TKM91：20（a）《兵曹行罰幢校文書》："□□預史毛恩白：幢□□興周次皆應專在□□□承 望 。"

67TAM363：8/2（a）之一《唐景龍四年（710）卜天壽抄〈十二月新三臺詞〉及諸五言詩》："遥 望 梅林,青條吐葉。"

67TAM363：8/1（a）之九《唐景龍四年（710）卜天壽抄孔氏本鄭氏注〈論語〉》："對曰：'賜也,何敢 望 回?'"

67TAM363：8/1（a）之九《唐景龍四年（710）卜天壽抄孔氏本鄭氏注〈論語〉》："何敢 望 回者,不[也]敢 望 如顏回之才。"

按：也,衍字。

66TAM44：11/3（a）《唐殘牒爲市木修繕廢寺事》："市 望 □□。"

65TAM42：48（b）《唐龍朔三年（663）殘文書》"□□ 每恒北 望 ,今□□。"

73TAM221：5《唐貞觀廿二年（648）庭州人米巡職辭爲請給公驗事》："州司：巡職今將上件奴婢駞等, 望 於西州市易。"

wēi

危　wēi

80TBI：162《妙法蓮華經（卷二）譬喻品第三》："□□根腐敗,梁棟傾 危 □□。"

72TAM179：16/1（b）,16/2（b）《唐寫〈尚書〉孔氏傳〈禹貢〉、〈甘誓〉殘卷》："三 危 旡（既）宅,三苗丕敍。"

65TAM341：27《唐開元八年（720）具注曆》："九日庚寅木 危 。"

80TBI：029a《修行道地經（卷六）學地品第二五》："□□有怨賊欲 危 此土。當□□。"

按：土,原件書作"圡"。

威　wēi

72TAM151：99,100《高昌合計馬額帳（一）》："□□侍慶嵩、 威 遠保悅、□□令護、張相受、張歡悅□□。"

72TAM151：97《高昌某年衛延紹等馬帳》："□□元岳馬,明 威 慶武馬,□□公寺馬,左寺馬,楊太伯□□。"

72TAM151：99,100《高昌合計馬額帳（一）》："□□武二匹、小

威　□□□□子回、中郎□□、□軍雅□□。”

73TAM206：42/8－1《高昌威神城作子名籍》：“威神城作子名

80TBI：087《金光明經（卷三）除病品第一五》：“□勝端正第一，形色微妙，威德具足，受□□。”

65TAM346：1《唐乾封二年（667）郭耄醜勳告（一）》：“東臺右威衛渭源府果毅都尉朱小安等，並志懷壯果，業苞戎藝。”

72TAM151：99，100《高昌合計馬額帳（一）》：“□張寺法朗、伍塔寺、北□□、趙寺法瑜、威遠孟□□。”

72TAM151：56《高昌買駄、入練、遠行馬、郡上馬等人名籍》：“□馬郎中、明威阿彌□□□、康□□將伯□□。”

72TAM151：94《高昌義和三年（616）張相憙夏麋田券》：“□邊夏宣威忠□□□罰部兜□□。”

72TAM151：59，61《高昌某年郡上馬帳》：“明威傀滿瓜（騧）馬。”

按：傀，原件書作“儴”。

72TAM151：59，61《高昌某年郡上馬帳》：“威□孟悦留（騮）馬。”

72TAM151：59，61《高昌某年郡上馬帳》：“明威慶武赤馬。”

72TAM151：59，61《高昌某年郡上馬帳》：“小威遠駮馬。”

72TAM151：56《高昌買駄、入練、遠行馬、郡上馬等人名籍》：“□伏波棠悦、明威桑苟、□□阿□、鞏司馬、侍郎佛濟□□。”

按：佛，原件寫作“仏”。

72TAM151：62《高昌義和二年（615）參軍慶岳等條列高昌馬鞍轡帳》：“明威慶武下□武壹具。”

威　wēi

80TBI：659a《阿毗達磨藏顯宗論（卷一七）辯緣起品第四之六》：“□假極微，令慧尋思極生喜，故此微即極□□。”

80TBI：659a《阿毗達磨藏顯宗論（卷一七）辯緣起品第四之六》：“然後於中辯色聲等極微差別，此析所□□。”

67TAM363：8/1（a）之八《唐景龍四年（710）卜天壽抄孔氏本鄭氏注〈論語〉》：“縲絏（紲），微默之屬。”

67TAM363：8/1（a）一一《唐景龍四年（710）卜天壽抄孔氏本鄭氏注〈論語〉》：“熟（孰）謂微生高直？”

80TBI：488《四分戒本疏（卷一）》：“即應五篇次第之義，又一篇篇一戒戒，心有增微。”

73TAM193：15（a）《唐天寶某載（751—756）文書事目歷》：“□天山軍牒爲倉曹□□微天十考事付□□。”

64TAM19：39（a），42（a），43（a）《唐永徽二年（651）牒爲微索送冰井芳銀錢事》：“□其微小，不合陳訴□□。”

爲　wéi

爲　73TAM222：54/7（b），54/8（b），54/9（b）《唐寫〈禮記〉鄭氏注〈檀弓〉下殘卷》："□□於是 爲 □□"

爲　80TBI：224《大智度論（卷七四）釋燈柱品第五七》："□□爲無 爲 等諸□□"

爲　80TBI：493a－1《中阿含經（卷五）捨梨子相應品智經第三》："□□以何 爲 本□□"

爲　80TBI：697a《增壹阿含經（卷一六）高幢品第二四之三》："□□ 爲 無想三□□"

爲　80TBI：126《別譯雜阿含經（卷一二）》："□□〔擾〕亂於我，甚 爲 欺詐。爲是人□□"

爲　80TBI：297《妙法蓮華經（卷二）譬喻品第三》："□□當 爲 説怖□□"

爲　80TBI：116《妙法蓮華經（卷二）譬喻品第三》："□□子 爲 求鹿□□"

爲　80TBI：215《金光明經（卷三）鬼神品第一三》："□□散脂 爲 首□□"

爲　80TBI：316《妙法蓮華經（卷二）譬喻品第三》："□□戲處，或當墮落，爲 □□"

爲　73TAM519：19/2－2《高昌麴季悦等三人辭爲請授官階事》："□□到司馬前頭訴已，司馬許 爲 □□"

爲　72TAM151：13《高昌義和三年（616）氾馬兒夏田券》："自署名 爲 信。"

爲　73TAM507：013/1《唐某人申狀爲注籍事》："□□縣 爲 □□"

爲　67TAM363：8/1（a）《唐景龍四年（710）卜天壽抄孔氏本鄭氏注〈論語〉》："是亦 爲 政。"

爲　73TAM507：013/1《唐某人申狀爲注籍事》："□□隨身給本 爲 供□□"

爲　73TAM507：012/3《唐殘書牘》："□□最 爲 大□□"

爲　69TAM137：1/2，1/4－1《唐某人夏南渠田券》："各自署名 爲 信。"

爲　64TAM29：44《唐咸亨三年（672）新婦爲阿公録在生功德疏》："直 爲 生死道殊，恐阿公心有顛倒，既臨終受戒，功德復多。"

爲　72TAM188：86（a）（b）《唐西州都督府牒爲請留送東官馬填充團結欠馬事》："□□得 爲 從□□"

爲　72TAM188：57《唐開元四年（716）玄覺寺婢三勝除附牒（二）》："□□牒寺 爲 婢三勝□□"

爲　2004TBM113：6－1＋2004TBM113：6－1（背面）《唐龍朔二年（622）正月西州高昌縣思恩寺僧籍》："高昌縣寧泰鄉仁義里，户絶，俗姓張，爲 延昌冊一年正月十五日度。"

爲　2004TBM113：6－1＋2004TBM113：6－1（背面）《唐龍朔二年（622）正月西州高昌縣思恩寺僧籍》："高昌縣寧昌鄉正道里，户主張延相男，爲 延壽十四年四月十五日度，計至今廿五年。"

　　按：爲，《新獲吐魯番出土文獻》録作"僞"。

爲　67TAM91：27（a）《唐貞觀十七年（643）何射門陀案卷爲來豐患病致死》："親，若 爲 肯好□□□□仍顯是

```
□。"
```

72TAM151：104《高昌延和十二年(613)某人從張相憙等三人邊雇人歲作券》："□□民有私要，要行□□□自署名 爲 信。"

66TAM44：30/5《唐寫佛經疏釋殘卷一》："□諦因以無 爲 時者□□□。"

64TAM4：34《唐龍朔元年(661)龍惠奴舉練契》："兩和立契，獲指 爲 證。"

按：獲指即"畫指"，同音相借。

73TAM193：11(a)《武周郭智與人書》：" 爲 寶月下牒。"

2004TBM207：1-10e《唐文書殘片》："□而以 爲 今□。"

2006TSYIM4：3-17a《北涼某年九月十六日某縣廷掾案爲檢校絹事》："□取官倉獻 爲 絹。"

67TAM78：43《唐東塞殘文書》："□ 爲 限，伊□。"

73TAM507：013/5,013/6《唐調露二年(680)某人行旅公驗》："□至，任 爲 □。"

67TAM91：28(a)《唐貞觀十七年(643)何射門陀案卷爲來豐患病致死》："親，若 爲 肯好供給□。"

73TAM193：15(a)《唐天寶某載(751—756)文書事目歷》："□天山軍牒 爲 倉曹□□微天十考事，付□。"

64TAM37：21《唐□□二年曹忠敏田契》："兩共平章，獲指 爲 記。"

按："獲""畫"同音相借。

64TAM4：33《唐總章三年(670)左憧憙夏菜園契》：" 爲 人無信，故立私契 爲 驗。"

64TAM4：41《唐總章三年(670)張善憙舉錢契》："前却不還，任掣家資平 爲 錢直(值)。"

唯　wéi

80TBI：488《四分戒本疏(卷一)》：" 唯 羯磨竟所有無□[作]是茲戒體。"

65TAM42：10,73《唐永徽元年(650)嚴慈仁牒爲轉租田畝請給公文事》：" 唯 租上件田，得子已供喉命。"

66TAM61：23(b),27/2(b),27/1(b)《唐西州高昌縣上安西都護府牒稿爲録上訊問曹禄山訴李紹謹兩造辯辭事(二)》："李三見到， 唯 兄不來。"

64TAM5：78(a)《唐李賀子上阿郎、阿婆書一(二)》："更□賀子將來， 唯 共鼠仁將來。"

66TAM44：30/2《唐寫佛經疏釋殘卷二》："□出世 唯 漏無漏相違善性□。"

80TBI：093-3《金光明經(卷三)授記品第一四》："□記 唯 願世尊爲□。"

67TAM363：8/1(a)《唐景龍四年(710)卜天壽抄孔氏本鄭氏注〈論語〉》："《書》云：'孝乎 唯 孝，友於□。"

67TAM363：8/1(a)之六《唐景龍四年(710)卜天壽抄孔氏本鄭氏注〈論語〉》：" 唯 仁者能好仁(人)，[者]能惡□。"

按："者"爲衍字。傳世本作"唯仁者能好人，能惡人"。

惟　wéi

72TAM179：16/1（b），16/2（b）《唐寫〈尚書〉孔氏傳〈禹貢〉、〈甘誓〉殘卷》："匀（厥）貢 惟 球、玲（琳）、琅玕。"

72TAM179：16/1（b），16/2（b）《唐寫〈尚書〉孔氏傳〈禹貢〉、〈甘誓〉殘卷》："匀（厥）土 惟 黃壤，匀（厥）田惟上上。"

72TAM179：16/1（b），16/2（b）《唐寫〈尚書〉孔氏傳〈禹貢〉、〈甘誓〉殘卷》："匀（厥）土惟黃壤，匀（厥）田 惟 上上。"

73TAM193：15（a）《唐天寶某載（751—756）文書事目歷》："兵李 惟 貴狀，爲患請莫茱萸等藥。"

72TAM151：74（a）《古寫本〈晉陽秋〉殘卷》："子 惟 城其大赦天下 ▢。"

75TKM91：11/5《西涼建初四年（408）秀才對策文》："伏 惟 殿下應期命世，紹蹤前聖。"

73TAM509：8/6《唐書牘稿》："秋末漸冷， 惟 所履清勝。"

2004TAM396：14《唐開元七年（719）洪奕家書》："比不奉海（誨），夙夜皇（惶）悚， 惟 增戀結。"

73TAM215：017/1－1《唐張惟遷等配役名籍（一）》："張 惟 遷。"

圍　wéi

80TBI：019《增壹阿含經（卷五〇）大愛道班涅槃品第五二》：

" ▢ 比丘衆，前後 圍 繞而爲説法。"

80TBI：238《過去現在因果經（卷一）》：" ▢ 圍 遶守 ▢ "

違　wéi

59TAM305：14/1《前秦建元二十年（384）韓岔辭爲自期召弟應見事》："建元廿年三月廿三日，韓岔自期二日召弟到應見，遣 違 受馬鞭一百。"

按：岔，原件書作"瓮"。

73TAM222：56/1，56/2《唐殘判籍（二）》：" 違 ，柩（機）身存 ▢ "

67TAM363：8/1（a）之八《唐景龍四年（710）卜天壽抄孔氏本鄭氏注〈論語〉》：" ▢ 而無 違 ，勞而無怨。"

67TAM363：8/1（a）一〇《唐景龍四年（710）卜天壽抄孔氏本鄭氏注〈論語〉》："至一邦，則又曰：'［猶］吾大夫崔子。' 違 之。"

73TAM509：8/6《唐書牘稿》："前者使到，承 違 和。"

66TAM44：30/2《唐寫佛經疏釋殘卷二》：" ▢ 出世唯漏無漏相 違 善性 ▢ "

64TAM19：33，56，57《唐寫本鄭氏注〈論語〉公冶長篇》：" ▢ 違 之至一 ▢ "

75TKM90：20（a）《高昌主簿張縮等傳供帳》：" ▢ 緤一疋，赤違 一枚，與禿地提勤無根。"

按：勤，原件書作"懃"。

72TAM151：74（a）《古寫本〈晉陽秋〉殘卷》："丹書之制而弼 違 ▢ "

72TAM151：15《高昌義和二年（615）都官下始昌縣司馬主者符爲遣弓師侯尾相等詣府事》："期此月九日來□□,不得 違 失,承旨奉行。"

72TAM150：39《唐僧淨眼家書》："違 離積載,思莫□□□。"

2004TAM396：14《唐開元七年（719）洪奕家書》："啟： 違 逖（經）二哉（載）,思暮（慕）無寧。"

維　wéi

67TAM363：8/1（a）之二《唐景龍四年（710）卜天壽抄孔氏本鄭氏注〈論語〉》："子曰：'相 維 □□□。"

75TKM96：29（a）,33（a）《北涼真興某年道人德受辭》："□□□爲 維 那所。"

67TAM363：8/2（a）之二《唐景龍四年（710）卜天壽抄〈十二月新三臺詞〉及諸五言詩》："學問非今日, 維 須跡年多。"

72TAM226：51《唐西州都督府上支度營田使牒爲具報當州諸鎮戍營田畝數事》："□□□赤亭鎮兵肆拾貳人,營□□頃; 維 磨成□□□。"

2006TSYIM4：2－2《古寫本〈詩經〉》："維 此不順□□□。"

65TAM346：1《唐乾封二年（667）郭毡醜勳告（一）》："或北折淳 維 ,或南梟徵側,功勳久著,賞册宜隆。"

75TKM91：11/6《西涼建初四年（408）秀才對策文》："□□□有巢, 維 鳩居之,以喻夫人配德行化外□□。"

2006TAM607：4a《唐神龍三年（707）正月西州高昌縣開覺寺手實》："若後虛妄,連署綱 維 ,請依法受罪,謹牒。"

wěi

尾　wěi

64TAM19：36《唐咸亨五年（674）王文歡訴酒泉城人張尾仁貸錢不還辭》："□□□急, 尾 仁方便,取錢人□□□。"

64TAM19：36《唐咸亨五年（674）王文歡訴酒泉城人張尾仁貸錢不還辭》："□□□酒泉城人張 尾 仁。"

73TAM507：012/6（b）,012/8（b）《唐西州高昌縣□婆祝等名籍（一）（二）》："史 尾 鼠。"

68TAM103：18/4（a）《唐男粟粟戶殘籍》："□□□女姿 尾 ,年五□□。"

72TAM150：40《唐康某等雜器物帳》："張阿 尾 床一張。"

67TAM91：30（b）,29（b）《唐蘇海願等家口給糧三月帳》："□主蘇 尾 多家口□□□五斗。"

64TAM5：90,92《唐諸戶丁口配田簿（甲件）（三）》："戶主白 尾 仁,年六十四。"

64TAM29：24《唐垂拱元年（685）康義羅施等請過所案卷（四）》："康 尾 義羅施,年卅;作人曹伏磨□□□。"

尾
2004TAM395：4－2＋2004TAM395：4－3《唐垂拱二年西州高昌縣徵錢名籍全貌》："竹 尾 端。"

尾
2004TAM395：4－2＋2004TAM395：4－4《唐垂拱二年西州高昌縣徵錢名籍全貌》："大女何 尾 端。"

委　wěi

委
67TAM91：28(a)《唐貞觀十七年(643)何射門陀案卷爲來豐患病致死》："□□知 委 ，先不與來□□"

委
64TAM29：110/1～110/6，120(a)《唐處分庸調及折估等殘文書（一）～（七）》：" 委 秦府官司斠量，便將貯納諸使監，請人至日，官司□□"

委
65TAM341：22，23，24(a)《唐景龍三年(709)南郊赦文》："□□者 委 □□使即分明勘會□□"

委
2004TBM207：1－7《唐調露二年(680)七月東都尚書吏部符爲申州縣闕員事》："□□件樣 委 州縣長□□"

委
66TAM61：16(b)《唐西州高昌縣上安西都護府牒稿爲録上訊問曹禄山訴李紹謹兩造辯辭事（七）》："□□ 委 曲。"

委
73TAM509：8/6《唐書牘稿》："又婚事珪枝到，具 委 如何取辦。"

葦　wěi

葦
65TAM341：30/1(a)《唐小德辯辭爲被蕃捉去逃回事》："□□至夜在 葦 東食人定後，即發向□□"

隗　wěi

隗
73TAM206：42/7－2《高昌義和五年(618)善海等役作名籍》："□□ 隗 明願，侯□□"

隗
75TKM90：20(a)《高昌主簿張縮等傳供帳》："□□行縏三疋，赤違三枚，付 隗 巳隆，與阿祝至火下。"

隗
75TKM96：18，23《北涼玄始十二年(423)兵曹牒爲補代差佃守代事》："□□ 隗 休□死，請以外軍王阿連□□"

隗
75TKM96：21《僧□淵班爲懸募追捕逃奴事》："還奴婦□ 隗 參軍□□"

瑋　wěi

瑋
2004TBM115：10《古寫本〈千字文〉》："□□□絜，銀燭 瑋 煌。"

煒　wěi

煒
73TAM222：55(a)《唐寫〈千字文〉殘卷》："□□燭 煒 煌，晝□□"

緯　wěi

緯
75TKM88：1(b)《北涼承平五年(447)道人法安、弟阿奴舉錦券》："綿經綿 緯 ，長九五寸，廣四尺五寸。"

wèi

未　wèi

80TBI：259《妙法蓮華經（卷二）譬喻品第三》："□其人近出未久□。"

80TBI：158《妙法蓮華經（卷二）譬喻品第三》："數聞世尊説，未曾聞如□。"

59TAM305：14/2《倉曹屬爲買八緂布事》："倉曹樊霸、梁斌前屬催奸吏買八緃（緂）布四匹，竟未得。"

73TAM206：42/2《唐光宅元年（684）史李秀牒爲高宗山陵賜物請裁事》："前未判申，事恐疎略，謹以牒舉。"

73TAM509：8/6《唐書牘稿》："粟未上場，菜未入甕，官羊相逼，寸步不得東西。"

73TAM206：42/5《唐高昌縣勘申應入考人狀》："未申牒舉請裁者。"

67TAM78：26《唐貞觀十四（640）西州高昌縣李石住等户手實（六）》："□十畝未受。"

60TAM332：6/3《唐犯土禁忌文》："戒犯辰巳午未土，戒犯□。"

69TKM39：9/9(a)，9/5(a)，9/1(a)《唐貞觀年間（640—649）西州高昌縣手實二》："五□畝一百七十步未受。"

73TAM215：017/7《唐殘書牘四》："□毒熱，未委何如，即此□。"

64TAM29：99《武周請車牛人運載馬草踏文書》："□稱撿案内冬季草踏未□。"

73TAM193：38(a)《武周智通擬判爲康隨風詐病避軍役等事》："奉敕伊、西二州，占募强兵五百，官賜未期至日，私家借便資裝。"

67TAM78：27《唐殘書牘》："□未亦通再拜張郎及□。"

72TAM230：65(a)《武周史孫行感殘牒》："牒未檢問，更有事至，謹牒。"

位　wèi

73TAM507：013/4－1，4－2《唐曆》："□歲位天恩往亡結婚□。"

65TAM341：25，26(a)《唐景龍三年（709）南郊赦文》："□陪位人賜勳一□。"

80TBI：488《四分戒本疏（卷一）》："前二時中位是能俱所攝。"

味　wèi

80TBI：507－1《囉嚩拏説救療小兒疾病經（卷一）》："□種種上味肉食及□。"

畏　wèi

80TBI：316《妙法蓮華經（卷二）譬喻品第三》："□ 不肯信受不驚不畏。"

80TBI：069-2《十方千五百佛名經》："□ 衆怖畏，佛□"

2006TSYIM4：2-3＋2006TSYIM4：2-4《古寫本〈詩經〉》："□ 相畏，先祖于摧？"

2004TBM115：10《古寫本〈千字文〉》："耽讀翫市，□〔寓〕目囊箱，易輶攸畏，屬耳垣牆。"

爲　wèi

80TBI：239《金剛經疏》："□ 昇爲防退□"

80TBI：095a《百論（卷下）破常品第九》："□ 出欝單越人以爲東□"

80TBI：053《四分律比丘尼戒本》："出家惱他人，不名爲沙門。"

66TAM59：4/4-4《北涼翟定殘文書一》："廿二日井弘爲翟定入□"

75TKM96：18,23《北涼玄始十二年（423）兵曹牒爲補代差佃守代事》："今經一月，不得休下，求爲更檢。"

66TAM62：6/1《翟彊辭爲共治葡萄園事》二："爲分處□水火□□教付曹。"

66TAM62：6/1《翟彊辭爲共治葡萄園事》二："□爲埋。去春爲出□"

66TAM61：16(b)《唐西州高昌縣上安西都護府牒稿爲録上訊問曹禄山訴李紹謹兩造辯辭事（七）》："道兄與紹謹相隨，紹謹爲實□"

72TAM188：86(a)(b)《唐西州都督府牒爲請留送東官馬填充團結欠馬事》："□得爲從□"

67TAM78：51/2《唐佃田殘契》："□一爲明□"

尉　wèi

64TAM22：17《請奉符敕尉推覓逃亡文書》："請奉符敕尉部□"

65TAM42：90(a)，91(a)《唐令狐鼠鼻等差科簿（一）》："武騎尉張智覺，年廿八，兄智相，年卅六，白丁。"

65TAM346：1《唐乾封二年（667）郭耄醜勳告（一）》："東臺：右威衛渭源府果毅都尉朱小安等，並志懷壯果，業苞戎藝。"

72TAM188：57《唐開元四年（716）玄覺寺婢三勝除附牒（二）》："□尉□"

73TAM509：19/2《武周天山府下張父師團帖爲新兵造幕事一》："校尉張父團主者，被州帖稱。"

72TAM151：56《高昌買駞、入練、遠行馬、郡上馬等人名籍》："□辛明護、史淩江、校尉相明、□□保悦、麴阿住、鞏□"

73TAM509：8/2(b)《唐西州道俗合作梯蹬及鐘記》："□薄（簿）馬瓊、尉衛綜、阮玉等寮彩咸斯水

鏡，群司仰其朱繩。"

73TAM507：013/7《唐史宋端殘文書》："□□行尉權。"

64TKM1：49,59《唐西州高昌縣順義等鄉勘田簿（二）》："□□東令狐泰□，西□尉田，南衛□貞，□道，合田二畝九□□"

67TAM78：43《唐東塞殘文書》："□□東遇尉□□"

67TAM78：38《唐西州蒲昌縣下赤亭烽帖二》："尉楊瓚□□"

64TAM36：9《唐高昌縣史成忠帖爲催送田參軍地子并數（敷）事》："尉張。"

渭　wèi

72TAM179：16/1（b），16/2（b）《唐寫〈尚書〉孔氏傳〈禹貢〉、〈甘誓〉殘卷》："渭北□□水西上也。"

67TAM363：8/1（a）之七《唐景龍四年（710）卜天壽抄孔氏本鄭氏注〈論語〉》："此黨渭（謂）族親。"

65TAM346：1《唐乾封二年（667）郭毫醜勳告（一）》："東臺：右威衛渭源府果毅都尉朱小安等，並志懷壯果，業苞戎藝。"

72TAM179：16/1（b），16/2（b）《唐寫〈尚書〉孔氏傳〈禹貢〉、〈甘誓〉殘卷》："□□[浮於]積石，至於竜門、西河，帋（會）於渭汭。"

慰　wèi

73TAM221：3《唐武周典齊九思牒爲錄印事目事》："敕慰勞使，

請印事。"

尉　wèi

72TAM151：74（a）《古寫本〈晉陽秋〉殘卷》："□過猶俄[戢]翼，尚何□於□尉，翳薈蒙籠是□□"

按：此句張華《鷦鷯賦》作："鷹鸇過猶戢翼，尚何懼於罿罻！翳薈蒙籠，是焉游集。"

衛　wèi

80TBI：051《四分律（卷四七）滅諍犍度第一六之一》："□□衛眾僧如法滅諍，彼□□"

65TAM346：1《唐乾封二年（667）郭毫醜勳告（一）》："東臺：右威衛渭源府果毅都尉朱小安等，並志懷壯果，業苞戎藝。"

72TAM151：58《高昌義和二年（615）七月馬帳（一）》："義和二年乙亥歲七月十六日，范寺思惠赤馬，卜寺赤馬，武衛寺赤馬。"

72TAM151：60《高昌義和二年（615）七月馬帳（二）》："衛延紹□留（騮）馬。"

72TAM151：97《高昌某年衛延紹等馬帳》："□□任行□□馬，衛延紹馬□□"

65TAM42：59《唐西州高昌縣授田簿（九）》："右給康迦衛充分□□。"

73TAM221：55（a）《唐貞觀廿二年（648）安西都護府乘敕下交河縣符爲處分三衛犯私罪納課違番事》："敕

旨有蔭及承別恩者,方霑宿 衛 ,鉤陳近侍,親□非輕。"

72TAM151：59,61《高昌某年郡上馬帳》:" 衛 延紹留(騮)馬。"

72TAM151：99,100《高昌合計馬額帳(一)》:"□寺弘慈巖寺、氾都寺、□□□寺懷儒、左 衛 寺、史令□□"

72TAM151：57《高昌買馱、入練、遠行馬、郡上馬等人名籍》:"□建、麴善亮、中郎顯仁、 衛 延紹□□"

72TAM151：54《高昌泠林等行馬入亭馬人名籍》:"泠林行馬入亭□人: 衛 余保。"

謂　wèi

80TBI：697a《增壹阿含經(卷一六)高幢品第二四之三》:"□ 謂 無想者□□"

72TAM179：16/1(b),16/2(b)《唐寫〈尚書〉孔氏傳〈禹貢〉、〈甘誓〉殘卷》:"逾於河,此 謂 梁□□"

67TAM363：8/1(a)《唐景龍四年(710)卜天壽抄孔氏本鄭氏注〈論語〉》:"或 謂 孔子曰:'子奚不爲□□"

80TBI：310《四分戒本疏(卷一)》:"□□方便是戒體三 謂 □□"

按: 體,原件書作"躰"。

80TBI：016《四分戒本疏(卷一)》:"□□第四發戒多少,諸戒雖衆不過二種, 謂 作□□"

75TKM91：11/4《西涼建初四年(408)秀才對策文》:"臣愚, 謂 爲水深九尺,城高五丈。"

魏　wèi

72TAM150：40《唐康某等雜物帳》:" 魏 相惠床一張。"

2004TBM207：1－7《唐調露二年(680)七月東都尚書吏部符爲申州縣闕員事》:"□□ 魏 求己等牒□□"

69TKM39：9/7(a)《唐西州高昌縣□慶友等户家口田畝帳簿(一)》:"□□菜,城北一里東侯明,西 魏 舉,南康僧,北□□"

72TAM150：42《唐白夜默等雜器物帳》:" 魏 貓仁槃一,骨桃仁□□"

65TAM42：87,55《唐西州高昌縣授田簿(四)》:"右給 魏 酉洛□□□□"

64TAM4：34《唐龍朔元年(661)龍惠奴舉練契》:"知見人 魏 。"

73TAM501：109/1《武周如意元年(692)堰頭魏君富殘牒》:"如意元年九月日堰頭 魏 君富牒。"

60TAM332：9/2(a)《唐龍朔元年(661)左慈隆等種縻畝數帳》:" 魏 顯奴一畝。"

wēn

温　wēn

73TAM222：56/1,56/2《唐殘判籍(二)》:"□合 温 □□"

wén

文　wén

75TKM91：11/5《西涼建初四年（408）秀才對策文》："□至三代，質 文 損益。"

68TAM103：18/2－2（b），18/11－3（b）《高昌衛寺明藏等納錢帳（二）》："□□ 文 ，同錢肆□□"

75TKM91：11/6《西涼建初四年（408）秀才對策文》："臣以爲倉頡觀鳥跡以立 文 字，聖人通玄，示（亦）有所因。"

73TAM222：54/4（b），54/5（b）《唐寫〈禮記〉鄭氏注〈檀弓〉下殘卷》："□□ 文 也□□"

67TAM84：20《高昌條列出臧錢文數殘奏》："平錢九十 文 。"

73TAM507：012/12－1《唐潘突厥等甲仗帳》："□□ 麹 文 仲下皮甲十三。"

72TAM151：62《高昌義和二年（615）參軍慶岳等條列高昌馬鞍轡帳》："將願得下□ 文 歡□具。"

72TAM151：96（a）《高昌安樂等城負臧錢人入錢帳》："□□六子入錢七十三 文 。"

73TAM206：42/10－7《唐質庫帳歷》："□□廿一日取貳伯（百） 文 □□"

59TAM301：17《唐貞觀末年闕門隨葬衣物疏》："□□十萬 文 □□"

73TAM206：42/9－27《唐課錢帳歷》："張三便二百 文 。"

73TAM206：42/9－18《唐課錢帳歷（二五）》："□□ 元欠二千卅文又二百八十 文 ，總欠□□"

汶　wén

59TAM303：01《高昌缺名隨葬衣物疏》："白銀錢二千 汶 （文）。"

聞　wén

80TBI：158《妙法蓮華經（卷二）譬喻品第三》："□□ 數聞世尊說，未 聞 如□□"

73TAM222：54/10（b），54/11（b），54/12（b）《唐寫〈禮記〉鄭氏注〈檀弓〉下殘卷》："不 聞 矣□□"

2006TSYIM4：2－3＋2006TSYIM4：2－4《古寫本〈詩經〉》："群公先正，則不我 聞 。"

73TAM524：32/1－1《高昌永平元年（549）十二月十九日祀部班示爲知祀人上名及謫罰事》："故先班示，咸使 聞 知。"

75TKM91：11/4《西涼建初四年（408）秀才對策文》："臣 聞 倉頡爲黃帝大夫，觀鳥□□□□字。"

73TAM221：62（a）－1《唐永徽三年（652）士海辭爲所給田被里正杜琴護獨自耕種事》："今始 聞 田共同城人里正杜琴護連風（封）。"

67TAM363：7/3《唐殘書牘》："在生死久不知 聞 比來□□"

73TAM509：8/2（b）《唐西州道俗合作梯蹬及鐘記》："聞聲者九幽罷對，息嚮者六府停酸。"

73TAM193：11（a）《武周郭智與人書》："恐漏情狀，婢聞即生藏避。"

73TAM 507：012/3《唐殘書牘》："　　腰帶，汝聞視見君　　"

73TAM210：136/16《唐奴某殘辯辭》："　　爲阿主大客，乍聞人　　"

wèn

問　wèn

72TAM151：74（a）《古寫本〈晉陽秋〉殘卷》："華博學洽聞，圖籍無不貫練。世□嘗問漢　　"

73TAM222：54/10（b），54/11（b），54/12（b）《唐寫〈禮記〉鄭氏注〈檀弓〉下殘卷》："　　死問於子張　　"

67TAM363：8/2（a）之二《唐景龍四年（710）卜天壽抄〈十二月新三臺詞〉及諸五言詩》："學問非今日，維須跡年多。"

64TAM29：113《唐□伏威牒爲請勘問前送帛練使男事》："午時，有上件人於水窗下窺頭看□□遣人借問。"

72TAM150：37《唐汜正家書》："次千萬問訊和師、曹主焦正　　"

73TAM507：012/3《唐殘書牘》："　　作書來問道。"

67TAM91：28（a）《唐貞觀十七年（643）何射門陀案卷爲來豐患病致死》："看并問坊正，來豐　　"

72TAM188：71《唐神龍三年（707）和湯牒爲被問買馬事（一）》："　　被問依實，謹牒。"

64TAM29：25《唐垂拱元年（685）康義羅施等請過所案卷（四）》："阿了辯：被問得上件人等牒稱　　"

72TAM230：66《武周天授二年（691）安昌合城老人等牒爲勘問主簿職田虛實事》："問合城老人、城主、渠長、知田人等，主薄（簿）去年實種幾畝麥建進所注虛實，連署狀通者。"

按：年，原件爲武周新字。

66TAM61：16（b）《唐西州高昌縣上安西都護府牒稿爲録上訊問曹禄山訴李紹謹兩造辯辭事（七）》："又問紹謹得款：當於炎　　"

72TAM209：87《唐貞觀年間西州高昌縣勘問梁延臺、雷隴貴婚娶糾紛案卷（二）》："隴辯：被問娶阿趙　　"

64TAM29：25《唐垂拱元年（685）康義羅施等請過所案卷（四）》："求受依法罪，被問依實謹□。"

73TAM193：11（a）《武周郭智與人書》："都督自唤兩司對問。"

72TAM230：65（a）《武周史孫行感殘牒》："牒未檢問，更有事至，謹牒。"

72TAM230：79《武周天授二年（691）殘文書》："　　更問茂示　　"

66TAM61：24（a）《唐麟德二年（665）知事辯辭爲張玄逸失盜事》："更問。式（二）示。"

66TAM61：23（a），27/1（a），27/2（a）《唐麟德二年（665）婢春香辯辭

爲張玄逸失盜事》：“春香等辯：被 問 所盜張逸之物徂(夜)□更共何人同盜。”

66TAM61：22(b)《唐西州高昌縣上安西都護府牒稿爲録上訊問曹禄山訴李紹謹兩造辯辭事(三)》：“依追李紹謹至，問 得款：前□。”

66TAM61：27/5(b)《唐西州高昌縣上安西都護府牒稿爲録上訊問曹禄山訴李紹謹兩造辯辭事(五)》：“又問 紹謹得款。”

66TAM61：16(b)《唐西州高昌縣上安西都護府牒稿爲録上訊問曹禄山訴李紹謹兩造辯辭事(七)》：“問 紹謹得款：□弓月城欲發來日□。”

wèng

甕　wèng

72TAM150：42《唐白夜默等雜器物帳》：“翟默斗 甕 子一，賈□□大盆一。”

73TAM509：8/6《唐書牘稿》：“粟未上場，菜未入 甕，官羊相逼，寸步不得東西。”

wǒ

我　wǒ

80TBI：656a《佛説灌頂摩尼羅亶大神咒經(卷八)》：“佛告阿難：‘我 今又舉是八大菩薩。’”

80TBI：219《金剛經疏》：“□執而生，我 執既無□。”

80TBI：120《佛説灌頂拔除過罪生死得度經(卷一二)》：“□使 我 來世智□。”

67TAM363：8/1(a)之九《唐景龍四年(710)卜天壽抄孔氏本鄭氏注〈論語〉》：“道[不]行，乘垺(桴)[浮]於海；從 我 者，其由與？”

按：此句奪“不”“浮”兩字。“垺”爲“桴”字訛寫。

80TBI：035《請觀世音菩薩消伏毒害陀羅尼三昧儀經明正意第二》：“□愍 我 救護苦惱亦救□。”

67TAM363：8/2(a)之二《唐景龍四年(710)卜天壽抄〈十二月新三臺詞〉及諸五言詩》：“他道側書易，我 道側書□。”

80TBI：482《大方等陀羅尼經夢行分(卷三)》：“善男子，我 欲□。”

80TBI：156b《大智度論(卷二)初品中婆伽婆釋論第四》：“□衆生入於無 我 實相空舍中。”

2006TSYIM4：2-2《古寫本〈詩經〉》：“□用其良，覆卑(俾) 我 悖。”

2006TSYIM4：2-3+2006TSYIM4：2-4《古寫本〈詩經〉》：“群公先正，則不 我 助。”

2006TSYIM4：2-3+2006TSYIM4：2-4《古寫本〈詩經〉》：“林林恢恢，云 我 無所。”

wò

臥　wò

80TBI：038《優波離問佛經》："　　方便[臥]突吉羅　　"

80TBI：517－1《優波離問佛經》："比丘坐，比丘[臥]，未具足坐。"

80TBI：517－1《優波離問佛經》："　　未具足[臥]，比丘坐，比丘臥，未具足坐。"

80TBI：505－2《中阿含經（卷四四）根本分別品鸚鵡經第九》："　　憂慼愁[臥]。世　　"

[握]　wò

67TAM84：20《高昌條列出藏錢文數殘奏》："　　商胡[握]廣延出藏錢一百五十　　"

wū

[汙]　wū

67TAM363：8/1（a）之九《唐景龍四年（710）卜天壽抄孔氏本鄭氏注〈論語〉》："[汙]（杇），漫也。"

按："汙"爲"汙"形訛，"汙"同"污"。今"污"爲正字。下同。

67TAM363：8/1（a）之九《唐景龍四年（710）卜天壽抄孔氏本鄭氏注〈論語〉》："　　可[汙]（杇）也。"

[洿]　wū

73TAM519：19/2－1《高昌延壽十七年（640）屯田下交河郡、南平郡及永安等縣符爲遣麴文玉等勘青苗

事》："令敕交河郡、南□□、□□□、□樂縣、[洿]林縣、龍□□、安昌　　"

2006TSYIM4：3－1《北涼義和三年（433）二月十五日張未興辭》："　　辭：去正月廿五日，李[洿]　　"

72TAM151：54《高昌洿林等行馬入亭馬人名籍》："[洿]林行馬入亭□人：衞余保。"

[烏]　wū

71TAM188：85《唐西州都督府牒爲便錢酬北庭軍事事》："　　遂取突騎施首領多亥[烏]　　"

75TKM90：20（a）《高昌主簿張縮等傳供帳》："　　出赤違一枚，付愛宗，與[烏]胡慎。"

2006TAM607：2－2《唐神龍二年（706）七月西州史某牒爲長安三年（703）七至十二月軍糧破除、見在事》："一石六斗[烏]麻。"

2006TAM607：2－4＋2006TAM607：2－5＋2006TAM607：2－4《唐神龍元年（705）六月後西州前庭府牒上州勾所爲當府官馬破除、見在事》："曹伏奴馬[烏]騅敦（驐）。"

73TAM208：26，31/1《唐典高信貞申報供使人食料帳歷牒（一）》："典一人，[烏]駱子一人。"

65TAM42：68《唐西州高昌縣授田簿（三）》："　　康[烏]破門陀部田二畝　　"

[屋]　wū

屋

72TAM179：16/1（b），16/2（b）《唐寫〈尚書〉孔氏傳〈禹貢〉、〈甘誓〉殘卷》："王屋、太行、恒山至於碣石。"

屋

73TAM222：54/4（b），54/5（b）《唐寫〈禮記〉鄭氏注〈檀弓〉下殘卷》："禮復□升屋北面也。"

嗚　wū

嗚

67TAM363：8/1(a)之二《唐景龍四年（710）卜天壽抄孔氏本鄭氏注〈論語〉》："嗚呼！曾謂太山不如□□"

誣　wū

誣

64TAM29：89（a），89（b）《唐永淳元年（682）坊正趙思藝牒爲勘當失盜事》："并不覺被人盜將，亦不敢加誣比鄰。"

誣

72TAM230：67《武周天授二年（691）唐建進辯辭》："如涉虛誣，付審已後不合更執，既經再審確，請一依元狀勘當。"

wú

毋　wú

毋

72TAM230：48/2《唐西州請北館坊採車材文書（二）》："□□都督判毋□□"

毋

72TAM188：73（a）之一《唐上西州都督府牒爲徵馬付營檢領事一》："依判定毋示，廿六日。"

毋

72TAM188：75(a)《唐上西州都督府牒爲徵馬付營檢領事二》：

"□□依判定毋示，一日□□"

吾　wú

吾

72TAM151：74（a）《古寫本〈晉陽秋〉殘卷》："閣而不周吾不明之□□"

吾

67TAM363：8/1(a)之三《唐景龍四年（710）卜天壽抄孔氏本鄭氏注〈論語〉》："殷禮吾能言之，宋不足徵。"

吾

67TAM363：8/1(a)之五《唐景龍四年（710）卜天壽抄孔氏本鄭氏注〈論語〉》："君子之至予（於）斯也，吾未嘗□□"

吾

72TAM226：5（a）《唐伊吾軍上西庭支度使牒爲申報應納北庭糧米事》："敕伊吾軍牒上西庭支度使。"

吾

73TAM222：54/10（b），54/11（b），54/12（b）《唐寫〈禮記〉鄭氏注〈檀弓〉下殘卷》："吾三臣□□"

吳　wú

吳

67TAM78：22（b），21（b）《唐吳相□等名籍（一）》："□□吳□□□□□□匡阿相□□"

吳

67TAM91：32（a），31（a）《唐申勘防人殘文書》："申勘當故防人吳來□□□□訖申上事"

吳

72TAM150：32《唐諸府衛士配官馬、馱殘文書三》："□□府吳弘軌馬騟。"

吳

72TAM151：15《高昌義和二年（615）都官下始昌縣司馬主者符爲遣弓師侯尾相等詣府事》："令！吳善

意傳。”

75TKM90：20（a）《高昌主簿張縐等傳供帳》：“□□疋，付得錢，與吳兒折胡真。”

64TAM22：16《翟蔥等應募入幢名籍》：“□□王休、吳男安、李生、王□□”

72TAM188：78（a）《唐健兒鄀玄巋、吳護隆等辭爲乘馬死失另備馬呈印事》：“□□十一月　日健兒鄀玄巋、吳護隆等辭□□”

按：“月”後空格爲原件所有，迻録。

莫　wú

73TAM193：15（a）《唐天寶某載（751—756）文書事目歷》：“兵李惟貴狀，爲患請莫茱萸等藥。”

按：莫，《玉篇》：“莫，莫草。”古醫書“莫茱萸”是一物，或稱作“莫茱”，又稱作“莫萸”，也作“吳茱萸”，指吳地所産的茱萸。《本草綱目》卷三二引陳藏器曰：“茱萸南北總有，入藥以吳地者爲好，所以有吳之名也。”

無　wú

80TBI：512《中阿經（卷一九）長壽王品梵天請佛經第七》：“□□此出要更無出□□”

80TBI：728a《妙法蓮華經（卷三）藥草喻品第五》：“□□雨法雨，而無懈□□”

67TAM363：8/1（a）《唐景龍四年（710）卜天壽抄孔氏本鄭氏注〈論語〉》：“大車無輗，小車無［軏］□□”

2006TSYIM4：3－15《北涼高昌郡高寧縣差役文書（一三）》：“□□無失脱，失脱軍法□□”

2006TSYIM4：3－4《北涼高昌郡高寧縣差役文書（二）》：“□□高昌、田地相承保，無失脱，失脱軍□□”

TAMX2：03《□知德等名籍》：“□□趙無其□□”

73TAM507：014/2（b）《唐某人領軍器抄》：“□□二張有鐏無恕（劍）。”

73TAM507：014/2（b）《唐某人領軍器抄》：“□□二張有恕（劍）無鐏。”

65TAM42：10，73《唐永徽元年（650）嚴慈仁牒爲轉租田畝請給公文事》：“一身獨立，更無弟兄。”

65TAM42：10，73《唐永徽元年（650）嚴慈仁牒爲轉租田畝請給公文事》：“今春三月，糧食交無，逐（遂）將此田租與安橫延。”

73TAM519：19/2－2《高昌麴季悦等三人辭爲請授官階事》：“諸官無一人□□”

73TAM210：136/3－3（a）《唐安西都護府殘牒（三）》：“□□檢無稽失。”

64TAM29：44《唐咸亨三年（672）新婦爲阿公録在生功德疏》：“在生産業、田園、宅舍、妻子、男女奴婢等物，並是虛花，皆無真實。”

72TAM230：46/2（b）《唐儀鳳三年（678）尚書省户部支配諸州庸調及折造雜練色數處分事條啟（二）》：“先以庸物支留，然後折□米粟，無米粟處任

取□□以堪久貯之物。"

75TKM91：38（b）《某人辭爲差脫馬頭事》："無人養馬。"

64TAM4：34《唐龍朔元年（661）龍惠奴舉練契》："若身東西無，仰妻兒收後者償。"

64TAM4：33《唐總章三年（670）左憧憙夏菜園契》："爲人無信，故立私契爲驗。"

66TAM61：22（b）《唐西州高昌縣上安西都護府牒稿爲録上訊問曹禄山訴李紹謹兩造辯辭事（三）》："□□姓名，來日更無人同伴。"

73TAM509：8/27《唐城南營小水田家牒稿爲舉老人董思舉檢校取水事》："總緣無檢校人，致使有强欺弱。"

73TAM509：8/27《唐城南營小水田家牒稿爲舉老人董思舉檢校取水事》："如無車牛家，罰單功一月日驅使。"

60TAM332：9/1－1《唐祭五方神文殘片一》："其某甲死鬼無繫屬處，故書名字□□方神，願爲禁攝，莫史（使）犯人，速攝因。"

按：无，同"無"。《説文》："無，亡也。无，奇字无。"徐鍇云："无者，虛無也。無者對有之稱，自有而無，无謂萬物之始。"《字彙》云："无，古無字。"《易·无妄》："六三，无妄之災。"今爲"無"的簡化字，正字。

80TBI：082《大方等陀羅尼經初分（卷一）》："終無是事復次善男□□"

66TAM62：5《北涼緣禾五年隨葬衣物疏》："緣禾五年六月廿三日謹條衣裳物在右，而無名者。"

按：旡，當爲俗寫"無"。"旡"另有正字。下列諸字同此。

75TKM90：20（a）《高昌主簿張綰等傳供帳》："張綰傳令，出疏勒錦一張，與處論無根。"

73TAM509：8/5（a）《唐西州天山縣申西州户曹狀爲狀無場請往北庭請兄禄事》："天山縣，爲申張無場請往北庭請兄禄具上事。"

80TBI：088《金光明經（卷三）除病品第一五》："□□説往昔誓願因緣，過去無□□"

75TKM90：20（a）《高昌主簿張綰等傳供帳》："□□緤一疋，赤違一枚，與禿地提勤無根。"

按：勤，原件書作"懃"。

73TAM206：42/9－17（a）《唐課錢帳歷（二六）》："無等取二千文。"

75TKM89：1－2《高昌章和十一年（541）都官下柳婆、無半、盈城、始昌四縣司馬主者符爲檢校失奴事》："柳婆、無半、盈城、始昌四縣司馬主者中郎崇信傳令刺彼縣翟忠義失奴一人。"

66TAM44：30/5《唐寫佛經疏釋殘卷一》："□□諦因以無爲時者□□□□"

wǔ

五　wǔ

73TAM206：42/10－5/10－17《唐質庫帳歷》："故白練七尺五寸。"

67TAM84：20《高昌條列出臧錢文數殘奏》："張阿苟出臧錢 五 十半文。"

72TAM151：6《高昌重光元年(620)氾法濟隨葬衣物疏》："細錦萬匹,石灰一斛, 五 穀具。"

72TAM151：6《高昌重光元年(620)氾法濟隨葬衣物疏》："重光元年庚辰歲二月下旬,佛弟子某甲敬移 五 道大神。"

按：某,原件書作"厶"。

72TAM151：13《高昌義和三年(616)氾馬兒夏田券》："義和三年丙子歲潤(閏) 五 月十九日,氾馬兒從無艮跂子邊夏舊壚(業)部田叄畝。"

73TAM206：109/13－6,42/9－26《唐課錢帳歷》："賈二入資布七尺 五 寸。"

64TAM29：44《唐咸亨三年(672)新婦爲阿公録在生功德疏》：" 五 色繡鞋一量。"

64TKM1：37/1《唐西州某鄉户口帳(二)》：" 五 □ "

65TAM39：20《前涼升平十一年王念賣駝券》："升平十一年四月十 五 日,王念以兹駝賣與朱越,還得嘉駝,不相賊移。"

73TAM206：42/9－27《唐課錢帳歷》："張師卅五,張二卅,張三卅 五 。"

73TAM206：42/9－27《唐課錢帳歷》："王六六十,金山十 五 ,李老婦十五。 □ "

73TAM206：42/9－27《唐課錢帳歷》："高一十五,李藏十 五 。"

73TAM206：42/9－6(a)《唐課錢帳歷》："總便孟八郎二千 五 百 □ "

72TAM179：16/4(b),16/5(b),16/6(b),16/7(b)《唐寫〈尚書〉孔氏傳〈禹貢〉、〈甘誓〉殘卷》：" 五 百里充服。"

按：圣,《龍龕手鏡》："古文五。"小篆"五"作"X",甲金文等古文字"五"亦同。圣當從古文字變異而來。

午　wǔ

67TAM84：12/1(a)《高昌延昌十四年(574)殘奏一》：" □ 四年甲 午 。"

75TKM91：26《建□某年兵曹下高昌、横截、田地三縣符爲發騎守海事》："隤杜福、帛 午 、任□三人乘所配馬。"

73TAM507：012/20－1《高昌延壽十一年(634)張明憙殘條記》：" □ 甲 午 □ "

73TAM507：013/4－1,4－2《唐曆》：" □ 廿二日庚 午 □ "

60TAM332：6/3《唐犯土禁忌文》："戒犯辰巳 午 未土,戒犯 □ "

73TAM222：1(b)《唐中軍左虞侯帖爲處分解射人事》："仍準人數差解射主帥押領,限今日 午 時到者。"

伍　wǔ

75TKM91：29(a)《北涼義和某年兵曹行罰部隤五人文書》："解稱：部□□雙等五人由來長□,不逐部 伍 ,求分處。"

72TAM151：101《高昌傳錢買鑺鐵、調鐵供用帳》：" □ 文,用

買調鐵壹斤 伍 □ ”

伍伍

73TAM206：42/8 - 2《高昌城作子名籍》：“□合 伍 人□”

73TAM206：42/10 - 5/10 - 17《唐質庫帳歷》：“□月十九日取壹伯(百) 伍 □”

伍

64TAM4：42《唐龍朔元年(661)左憧憙夏菜園契》：“要逐 伍 年，佃食年伍。”

伝

72TAM151：13《高昌義和三年(616)氾馬兒夏田券》：“畝與夏價䊪 伍 □”

按：䊪，原件書作“床”。

伍

67TAM363：7/2《唐儀鳳二年(677)西州高昌縣寧昌鄉某人舉銀錢契》：“儀鳳貳年玖月 伍 日，寧昌鄉人□”

仵 wǔ

仵

75TKM99：9(b)《高昌延昌二十二年(582)康長受從道人孟忠邊歲出券》：“麥貳拾 仵 (伍)，䊪貳拾伍。”

按：䊪，原件書作“床”。

武 wǔ

武

67TAM363：8/1(a)之九《唐景龍四年(710)卜天壽抄孔氏本鄭氏注〈論語〉》：“□ 武 伯敏(問)：‘子路仁乎?’”

武

67TAM363：8/1(a)之九《唐景龍四年(710)卜天壽抄孔氏本鄭氏注〈論語〉》：“ 武 伯復敏(問)冉仁乎。”

武

2004TAM395：1 - 1《唐某年二月西州高昌縣更簿全貌》：“ 武 城唐隆士。”

武壹

75TKM91：11/6《西涼建初四年(408)秀才對策文》：“晉陽，趙 武 之對(封)邑。”

壹武帝

72TAM151：74(a)《古寫本〈晉陽秋〉殘卷》：“母子形□言色， 武 帝□”

武

60TAM332：9/1 - 1《唐祭五方神文殘片一》：“敢告北方黑帝，紭(協)綱紀，恒山之神獸玄 武 。”

按：綱，原件作“經”。

武

65TAM42：56《唐西州高昌縣授田簿(六)》：“右給郭定 武 充分，同觀□”

武

65TAM42：90(a)，91(a)《唐令狐鼠鼻等差科簿(一)》：“ 武 騎尉令狐鼠鼻，廿七；兄智達，年卅二，外侍。”

武

2004TAM395：4 - 2＋2004TAM395：4 - 3《唐垂拱二年西州高昌縣徵錢名籍全貌》：“趙 武 隆。”

武

72TAM171：19(a)，9(a)，8(a)，11(a)《高昌延壽十四年(637)兵部差人往青陽門等處上現文書》：“ 武 恭□”

武

59TAM301：14/2 - 1(a)《唐西州高昌縣趙某雇人契》：“若來到 武 城過□”

武

72TAM151：97《高昌某年衛延紹等馬帳》：“□元岳馬，明威慶 武 馬，□□公寺馬，左寺馬，楊太伯□”

武

72TAM151：59，61《高昌某年郡上馬帳》：“建 武 留(騮)馬。”

武

72TAM151：59，61《高昌某年郡上馬帳》：“振 武 長史赤馬。”

武

72TAM151：59，61《高昌某年郡上馬帳》：“明威慶 武 赤馬。”

72TAM151：99，100《高昌合計馬額帳（一）》："□□ 武 二匹、小威□□□□子回、中郎□□、□軍雅□□"

72TAM151：56《高昌買駄、入練、遠行馬、郡上馬等人名籍》："□□范寺思惠、□寺 武 衛寺、北許寺、史令寺、氾都寺、縮曹□□"

72TAM151：56《高昌買駄、入練、遠行馬、郡上馬等人名籍》："□□政明寺、建 武 和長史、西主寺、□郎歡岳、諫□□"

72TAM151：56《高昌買駄、入練、遠行馬、郡上馬等人名籍》："□□馬郎中、明威懷滿、振 武 侍郎僧□、麴顯斌、大□□"

72TAM151：62《高昌義和二年（615）參軍慶岳等條列高昌馬鞍韉帳》："明威慶 武 下□武壹具。"

64TAM4：40《唐乾封三年（668）張善憙舉錢契》："武 城鄉人張善憙於崇化鄉左憧憙邊舉取銀錢貳拾文。"

64TAM4：41《唐總章三年（670）張善憙舉錢契》："武 城鄉張善憙於左憧憙邊舉取銀錢肆拾文。"

2004TAM395：4－2＋2004TAM395：4－4《唐垂拱二年西州高昌縣徵錢名籍全貌》："郭 武 仁。"

2004TAM395：4－2＋2004TAM395：4－4《唐垂拱二年西州高昌縣徵錢名籍全貌》："□□趙 武 相。"

TAMX2：03《□知德等名籍》："□□ 武 □□"

侮　wǔ

TAMX2：02《□延亮等名籍》："□□張 侮 百，張延緒□□"

塢　wǔ

60TAM332：6/3《唐犯土禁忌文》："□□破 塢 土，戒犯園冠慕土，戒犯□□"

75TKM96：18，23《北涼玄始十二年（423）兵曹牒爲補代差佃守代事》："大 塢 隤左得等四人訴辭稱爲曹所差，知守塢雨道，今經一月，不得休下，求爲更檢。"

75TKM96：18，23《北涼玄始十二年（423）兵曹牒爲補代差佃守代事》："大塢隤左得等四人訴辭爲曹所差，知守 塢 雨道。"

舞　wǔ

67TAM363：8/1（a）之二《唐景龍四年（710）卜天壽抄孔氏本鄭氏注〈論語〉》："今倍（陪）臣而 舞 天子八佾之□□"

67TAM363：8/1（a）之二《唐景龍四年（710）卜天壽抄孔氏本鄭氏注〈論語〉》："孔子謂季氏：'八佾 舞 於庭，是可忍孰（孰）不可□□"

按：孰，原件書作"埶"。

wù

勿　wù

勿

64TAM27：21《唐寫本〈論語〉鄭氏注〈雍也〉殘卷》："□子，驊且角，雖欲勿用，山□"

73TAM193：11(a)《武周郭智與人書》："見待須存此意勿失，貳拾日，郭智訊。"

68TAM108：20(a)之一《唐開元三年(715)西州營牒爲通當營請馬料姓名事一》："火長丁儼子，火內米袚勿。"

按：原件字跡比較模糊，"袚""勿"存疑。

戊　wù

73TAM507：013/4－1，4－2《唐曆》："□戊□"

69TKM39：9/7(a)《唐西州高昌縣□慶友等戶家口田畝帳簿(一)》："婢戊香年卅。"

73TAM507：012/14《高昌張明憙入延壽十五年(638)三月鹽城劑丁正錢條記》："□城戊戊歲三月，劑丁正□"

73TAM206：42/7－2《高昌義和五年(618)善海等役作名籍》："□年戊寅歲□"

73TAM507：013/4－1，4－2《唐曆》："廿日戊辰木收□"

物　wù

73TAM222：56/3(a)，56/4(a)《唐殘判籍(三)(四)》："由動獄與物□"

72TAM230：84/6《唐儀鳳三年(678)尚書省戶部支配諸州庸調及折造雜練色數處分事條啟(八)》："□符仰出物□"

64TAM15：6《唐唐幢海隨葬衣物疏》："雜色物一萬段。"

72TAM151：14《高昌義和元年(614)高懷孺物名條疏》："□和元年甲戌歲十一月十九日高懷孺物名。"

64TAM4：53《唐麟德二年(665)張海歡、白懷洛貸銀錢契》："任左牽掣張家物〔雜(雜)〕物口分田、桃用充錢直(值)取。"

60TAM327：05/1《唐永徽六年(655)趙羊德隨葬衣物疏》："□平生所用之物，金(全)從(從)延泉。"

2004TAM408：17《令狐阿婢隨葬衣物疏》："右尃鍾妻令狐阿婢隨身雜衣物凡種。"

73TAM214：167《唐軍府領物牒(二)》："□物等□"

64TAM29：44《唐咸亨三年(672)新婦爲阿公録在生功德疏(三)》："今日因轉《涅槃經》，更將後件物等施三寶。"

72TAM230：46/2(b)《唐儀鳳三年(678)尚書省戶部支配諸州庸調及折造雜練色數處分事條啟(二)》："無米粟處任取□□以堪久貯之物。"

72TAM230：46/2(b)《唐儀鳳三年(678)尚書省戶部支配諸州庸調及折造雜練色數處分事條啟(二)》："約準一年須數，先以庸物支留。"

66TAM61：17(b)《唐西州高昌縣上安西都護府牒稿爲録上訊

問曹禄山訴李紹謹兩造辯辭事（一）》：“別有百疋絹價財 物 及漢鞍衣裳調度。”

63TAM1：11《西涼建初十四年（418）韓渠妻隨葬衣物疏》：“書 物 數，前朱 □□ ”

75TKM96：17《北涼真興七年（425）宋泮妻隗儀容隨葬衣物疏》：“謹條隨身衣 物 □□ ”

2004TBM207：1－4《唐儀鳳三年（678）九月西州功曹牒爲檢報乖僻批正文案事》：“大素自考後以來，諸司所有乖僻處分隨案，並捉得略良胡數人及財 物 等。”

務　wù

73TAM222：56/3（a），56/4（a）《唐殘判籍（三）（四）》：“舉辭 務 □ ”

67TAM363：8/1（a）之五《唐景龍四年（710）卜天壽抄孔氏本鄭氏注〈論語〉》：“不 務 爲儉也。”

65TAM346：1《唐乾封二年（667）郭毫醜勳告（二）》：“右成 務 行功付。”

惡　wù

67TAM363：8/1（a）之七《唐景龍四年（710）卜天壽抄孔氏本鄭氏注〈論語〉》：“我未見好仁者， 惡 不仁者。”

按：惡，“惡”之俗字。《金石文字辨異》：“惡，俗作惡。《隋龍藏寺碑》及安陽隋人殘經刻，惡皆作惡。”《干禄字書》：“惡、惡。上俗下正。”《玉篇》：“惡，於各切，不善也。又烏路切，憎惡也。惡，同上，俗。”《廣韻》：“惡，不善也。《説文》曰：‘過也。’烏各切，又烏故切。惡，俗。”

67TAM363：8/1（a）之六《唐景龍四年（710）卜天壽抄孔氏本鄭氏注〈論語〉》：“唯仁者能好仁（人），〔者〕能 惡 □□ ”

按：“者”爲衍字。傳世本作“唯仁者能好人，能惡人。”

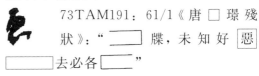

73TAM191：61/1《唐□璟殘狀》：“ □□ 牒，未知好 惡 □□ 去必各 □□ ”

按：此爲“惡”字訛誤，與武周新字“惡”近似，當爲“惡”字進一步簡化而來。

X 部

夕 XĪ

67TAM363：8/1（a）之七《唐景龍四年（710）卜天壽抄孔氏本鄭氏注〈論語〉》："□□道，夕死可意（矣）。"

兮 XĪ

67TAM363：8/1（a）之三《唐景龍四年（710）卜天壽抄孔氏本鄭氏注〈論語〉》："□情兮，未（美）目盼兮，素以爲眴兮。"

67TAM363：8/1（a）之三《唐景龍四年（710）卜天壽抄孔氏本鄭氏注〈論語〉》："□情兮，未（美）目盼兮，素以爲眴兮。"

西 XĪ

72TAM179：16/1（b），16/2（b）《唐寫〈尚書〉孔氏傳〈禹貢〉、〈甘誓〉殘卷》："穀（織）皮、昆侖、析（析）支、渠搜，西戎即叙。""□□［浮於］積石，至於龍門、西河，帝（會）於渭汭。"

2004TAM398：6－1《唐某年二月西州高昌縣更簿全貌》："安西張相憧一更。"

67TAM78：30《唐貞觀十四（640）西州高昌縣李石住等戶手實（四）》："東□里塔，南麴保悦，西王□。"

64TAM4：36《麟德二年（665）趙醜胡貸練契》："其練迴還到西州拾日內，還練使了。"

64TAM4：41《唐總章三年（670）張善憙舉錢契》："身東西不在，仰收後代還。"

64TAM4：34《唐龍朔元年（661）龍惠奴舉練契》："若身東西無，仰妻兒收後者償。"

73TAM206：42/10－20《唐質庫帳歷》："□昌子西付□。"

73TAM206：42/10－1，42/10－15《唐質庫帳歷》："西門大巷年五十。"

64TAM4：34《唐龍朔元年（661）龍惠奴舉練契》："安西鄉人龍惠奴於崇化鄉人右憧憙邊舉取練叁拾定。"

希 XĪ

67TAM363：8/1（a）《唐景龍四年（710）卜天壽抄孔氏本鄭氏注

〈論語〉》："伯夷、叔齊不念舊惡，怨是用 希 。"

希
73TAM509：8/19《唐某人與十郎書牘》："□湏（須）定伊誇，緣 希 隱名出換 □□"

希
80TBI：019《增壹阿含經（卷五○）大愛道般涅槃品第五二》："童子名曰梵天，顏貌端政（正），世之 希 有。"

昔 xī

昔
80TBI：201《佛説觀藥王藥上二菩薩經》："□□ 等往 昔 行□□"

昔
80TBI：488《四分戒本疏（卷一）》："第二受隨同異 昔 解受隨義一。"

昔
80TBI：088《金光明經（卷三）除病品第一五》："□□説往 昔 誓願因緣，過去無 □□"

昔
80TBI：158《妙法蓮華經（卷二）譬喻品第三》："□□ 從 昔 來，數聞世尊説，未曾聞如 □□"

析 xī

析
80TBI：659a《阿毗達磨藏顯宗論（卷一七）辯緣起品第四之六》："□□然後於中辯色聲等極微差別，此 析 所 □□"

析
80TBI：659a《阿毗達磨藏顯宗論（卷一七）辯緣起品第四之六》："□□ 析 比量所知，謂聚色中以慧漸 析 ，至 □□"

斦
72TAM179：16/1（b），16/2（b）《唐寫〈尚書〉孔氏傳〈禹貢〉、〈甘誓〉殘卷》："戧（織）皮、昆侖、 析 支、渠搜，西戎即叙。"

按：斦，同"析"。《隸辨·錫韻》："斦，《魯峻碑》：'斦薪弗荷。'《隸釋》云：'以斦爲析'。"

悕 xī

悕
75TKM91：11/3《西涼建初四年（408）秀才對策文》："外飾則 悕 慕，悕慕則生不足，生不足則奸興。"

按：悕，意念、心願，《玉篇》："悕，念也，願也。"《廣韻》音香衣切。

悕
75TKM91：11/3《西涼建初四年（408）秀才對策文》："外飾則悕慕， 悕 慕則生不足，生不足則奸興。"

悕
73TAM519：19/2－2《高昌麴季悅等三人辭爲請授官階事》："□□ 悕 忘（望）舊階。"

息 xī

息
80TBI：510《慈悲道場懺法（卷三）顯果報第一》："休 息 何 □□"

息
75TKM98：28/1《某人啟爲失耕事》："□□抄不 息 ，日 □□"

息
64TAM22：16《翟蔥等應募入幢名籍》："李 息 尼、高善生、蘇道容……幢入募。"

息
80TBI：001a《晉寫本東漢荀悦撰〈前漢紀〉〈前漢孝武皇帝紀〉殘卷》："□□ 息 同俗其餘小衆不 □□"

息
66TAM61：16（b）《唐西州高昌縣上安西都護府牒稿爲録上訊

問曹禄山訴李紹謹兩造辯辭事（七）》："來已後，更更無消息。"

73TAM509：8/2（b）《唐西州道俗合作梯蹬及鐘記》："聞聲者九幽罷對，息嚮者六府停酸。"

奚　xī

67TAM363：8/1（a）《唐景龍四年（710）卜天壽抄孔氏本鄭氏注〈論語〉》："奚其爲政？"

67TAM363：8/1（a）《唐景龍四年（710）卜天壽抄孔氏本鄭氏注〈論語〉》："或謂孔子曰：'子奚不爲□□'"

悉　xī

80TBI：697a《增壹阿含經（卷一六）高幢品第二四之三》："□悉空虛是□□"

80TBI：481《妙法蓮華經（卷二）譬喻品第三》："悉與諸佛禪定。"

80TBI：120《佛説灌頂拔除過罪生死得度經（卷一二）》："□饍悉□□"

72TAM230：66《武周天授二年（691）安昌合城老人等牒爲勘問主簿職田虛實事》："行旅之徒，亦應具悉。"

59TAM301：14/2－1（a）《唐西州高昌縣趙某雇人契》："□□自當罪承了，趙悉不知。"

翕　xī

67TAM363：8/1（a）之五《唐景龍四年（710）卜天壽抄孔氏本鄭氏注〈論語〉》："□□作翕如。"

72TAM151：74（a）《古寫本〈晉陽秋〉殘卷》："飀揚，翔不翕習，其□□"

按：此句張華《鷦鷯賦》作："飛不飄飀，翔不翕習，其居易容，其求易給。"

熙　xī

75TKM99：6（b）《義熙五年道人弘度舉錦券》："義熙五年甲午歲四月四日。"

膝　xī

80TBI：669a《大方廣華嚴十惡品經》："□□其兩膝，强勸比丘□"

嬉　xī

80TBI：641a《妙法蓮華經（卷二）譬喻品第三》："今此舍宅，無一可樂，而諸子等，耽婳（湎）嬉戲。"

80TBI：641a《妙法蓮華經（卷二）譬喻品第三》："雖聞父誨，猶故樂著，嬉戲不已。"

錫　xī

72TAM179：16/4（b），16/5（b），16/6（b），16/7（b）《唐寫〈尚書〉孔氏傳〈禹貢〉、〈甘誓〉殘卷》："禹錫玄圭，告厥成功。"

醯　xī

64TAM19：34,58,59《唐寫本鄭氏注〈論語〉公冶長篇》："或乞 醯 焉,乞諸□□

xí

習　xí

80TBI：112a《阿毗曇八犍度論（卷一三）智犍度智相應跋渠第五之一》："□□法智二 習 智□□"

72TAM151：74(a)《古寫本〈晉陽秋〉殘卷》："［飛不］飇揚,翔不翕 習 ,其［居易容,其求易給。］□□"

褶　xí

65TAM42：40《唐缺名隨葬衣物疏》："白綾 褶 袴拾具。"

xǐ

喜　xǐ

80TBI：659a《阿毗達磨藏顯宗論（卷一七）辯緣起品第四之六》："名假極微,令慧尋思極生 喜 故,此微即極。"

80TBI：158《妙法蓮華經（卷二）譬喻品第三》："我等皆隨 喜 ,大智舍□□"

80TBI：040b《妙法蓮華經（卷二）譬喻品第三》："□□隨 喜 頂受,當知是□□"

72TAM201：33《唐咸亨五年（674）兒爲阿婆録在生及亡没所修功德牒》："在生好 喜 布施,乍計不周。"

72TAM230：36《古寫本木玄虛〈海賦〉》："□□然, 喜 （熺）炭重燔,吹□□"

按：《文選·海賦》："陽冰不冶,陰火潛然。熺炭重燔,吹炯九泉。"

憘　xǐ

66TAM59：4/2－4(a),4/2－5(a)《北涼玄始十二年（423）失官馬賣賠文書一》："□□ 憘 "

憙　xǐ

72TAM151：15《高昌義和二年（615）都官下始昌縣司馬主者符爲遣弓師侯尾相等詣府事》："令! 吳善 憙 傳□□"

72TAM151：52《高昌通人史延明等名籍》："鹿門趙□□、諸善 憙 、□□祐。"

73TAM507：014/6《高昌延壽七年（630）十二月張明憙入十月劑刺薪條記》："張明 憙 。"

73TAM507：014/6《高昌延壽七年（630）十二月張明憙入十月劑刺薪條記》："□□令狐懷 憙 十二月□九日。"

67TAM363：8/1(a)之九《唐景龍四年（710）卜天壽抄孔氏本鄭

氏注〈論語〉》:"子路文(聞)之[熹]。"

68TAM103:18/11-1《唐貞觀某年西州高昌縣范延伯等户家口田畝籍(四)》:"□□[熹],年伍拾□。"

68TAM103:18/2-1(a)《唐左熹願户殘籍》:"□户主左[熹]願年肆□。"

TAMX2:01《□歡下等名籍》:"□守[熹],田海憧□。"

67TAM78:49/3,49/4《唐王幢憙佃田殘契》:"□王幢[憙]半畝□。"

64TAM15:31,32/4,30,32/1,28/1,28/2《高昌延壽十二至十五年康謙入驛馬粟及諸色錢賣條記》:"□皇主簿[憙]相記。"

72TAM151:104《高昌延和十二年(613)某人從張相憙等三人邊雇人歲作券》:"□相[憙]三人邊雇佛奴□。"

72TAM151:59,61《高昌某年郡上馬帳》:"氾延[憙]青馬。"

72TAM151:56《高昌買駞、入練、遠行馬、郡上馬等人名籍》:"□行馬:高[憙]伯□。"

72TAM151:94《高昌義和三年(616)張相憙夏靡田券》:"□和三年丙子歲四月廿□□相[憙]從左祐子□。"

72TAM226:49《唐殘判》:"連[憙]白。"

64TAM4:34《唐龍朔元年(661)龍惠奴舉練契》:"安西鄉人龍惠奴於崇化鄉人右憧[熹]邊舉取練叄拾疋。"

64TAM4:34《唐龍朔元年(661)龍惠奴舉練契》:"如憧[熹]須[須]練之日,並須依時酬還。"

　　按:此句衍一"須"字。

64TAM4:33《唐總章三年(670)左憧憙夏菜園契》:"左憧[熹]於張善憙邊夏取張渠菜園壹所。"

64TAM4:41《唐總章三年(670)張善憙舉錢契》:"武城鄉張善[熹]於左憧憙邊舉取銀錢肆拾文。"

xì

冊　xì

64TKM1:29(a),30(a)《唐西州某鄉户口帳(三)》:"一百[冊]六犍牛□。"

75TKM96:37《倉吏侯暹啟》:"所致生年始[冊]六七,久患□,積有年歲。"

68TAM103:20/4《唐貞觀十八年(644)西州某鄉户口帳》:"□三百[冊]四,雜□。"

69TKM39:9/8(a)《唐西州高昌縣□慶友等户家口田畝帳簿(二)》:"□西海年廿六,母賈年[冊]四,弟始□。"

2006TZJ1:085,2006TZJ1:088《麴氏高昌斛斗帳》:"小麥五百[冊]七斛四斗三升半。"

75TKM99:17《某家失火燒損財物表》:"疊縷[冊]兩。"

72TAM151:96(a)《高昌安樂等城負臧錢人人錢帳》:"□錢

二白（百）卅三文。"

卅　72TAM151：96（a）《高昌安樂等城負藏錢人入錢帳》："□□文，韓相忠入錢卅文，支□□"

卅　73TAM206：42/10－12《唐質庫帳歷》："苟家嘴小王村年卅。"

卅　73TAM206：42/9－13《唐課錢帳歷》："廿日付百卅文□□"

卅　73TAM206：42/9－27《唐課錢帳歷》："□□蘇敬入十九日課二百卅□□"

卅　73TAM206：42/9－18《唐課錢帳歷（二五）》："馬老卅六、胡賢石卅五。"

卅　75TKM90：20（a）《高昌主簿張縮等傳供帳》："□□出行緤卅疋，主簿張縮傳令，與道人曇訓。"

卅　64TAM5：63《唐殘戶籍一（三）》："□□卅步，居□□"

系　xì

系　72TAM151：74（a）《古寫本〈晉陽秋〉殘卷》："軍事□等直系□倫（淪）陷，系□□"

系　72TAM151：74（a）《古寫本〈晉陽秋〉殘卷》："軍事□等直系□倫（淪）陷，系□□"

細　xì

細　72TAM151：6《高昌重光元年（620）氾法濟隨葬衣物疏》："細錦萬匹，石灰一斛，五穀具。"

細　72TAM151：102，103《高昌作頭張慶祐等偷丁谷寺物平錢帳》：

"細布□□"

細　73TAM206：42/10－5/10－17《唐質庫帳歷》："細末珠四條，約有四百顆。"

細　60TAM327：05/1《唐永徽六年（655）趙羊德隨葬衣物疏》："白練祿一具，細疊□□"

細　64TAM29：44《唐咸亨三年（672）新婦爲阿公録在生功德疏》："細絲襪一量。"

烏　xì

烏　2004TBM203：302－4c《高昌寫本〈急就篇〉》："□□緣，履烏□"

繫　xì

繫　80TBI：103《妙法蓮華經（卷二）譬喻品第三》："□□自在無繫，無□□"

按："繫"，《吐魯番伯孜克里克石窟出土漢文典籍》録作"繁"，誤，當據原卷改。

繫　75TKM91：11/4《西涼建初四年（408）秀才對策文》："猶文王□□八卦，孔子之著《繫辭》，秦始之作草書。"

繫　60TAM332：9/1－1《唐祭五方神文殘片一》："其某甲死鬼無繫屬處，故書名字□□方神，願爲禁攝，莫史（使）犯人，速攝囚。"

繫　80TBI：046a《阿毗曇八犍度論（卷一二）智犍度之四修智跋渠之餘》："□□繫彼結非法智滅。云何結邠界繫彼結□□"

按：“何結郐”，《中華大藏經》和《大正新修大藏經》作“何結在欲”。

80TBI：752a《阿毗達磨大毗婆沙論（卷九二）結蘊第二中十門納息第四之二二》：“▢▢ 所 繫 乃至幾 ▢▢。”

戲　xì

80TBI：641a《妙法蓮華經（卷二）譬喻品第三》：“▢▢ 先因遊 戲，來入此宅 ▢▢。”

80TBI：641a《妙法蓮華經（卷二）譬喻品第三》：“今此舍宅，無一可樂，而諸子等，耽婟（湎）嬉 戲。”

80TBI：316《妙法蓮華經（卷二）譬喻品第三》：“▢▢ 戲 處，或當墮落，爲 ▢▢。”

80TBI：750a《妙法蓮華經（卷二）譬喻品第三》：“▢▢ 外，可以遊 戲。汝等於此 ▢▢。”

餼　xì

67TAM363：8/1（a）之四《唐景龍四年（710）卜天壽抄孔氏本鄭氏注〈論語〉》：“子貢欲去告朔之 餼 羊。”

xiá

狹　xiá

80TBI：489《四分戒本疏（卷一）》：“此就一心自作爲言，若先後心及以教人，餘二性中隨亦通有如教相

所詮，犯不犯中亦同此 狹。”

80TBI：489《四分戒本疏（卷一）》：“隨是作俱，等局善性中，所以言 狹。”

80TBI：489《四分戒本疏（卷一）》：“若以自作隨行對受分別，方有寬 狹。”

80TBI：489《四分戒本疏（卷一）》：“若局善性俱 狹，受隨同善性故。”

80TBI：489《四分戒本疏（卷一）》：“▢▢ 作同異。同義有，謂名體義，寬 狹 長 ▢▢。”

80TBI：316《妙法蓮華經（卷二）譬喻品第三》：“有一門而復 狹 小。”

遐　xiá

72TAM151：6《高昌重光元年（620）氾法濟隨葬衣物疏》：“宜向（享）遐 齡，任意聽過，不得奄歇留亭（停）。”

霞　xiá

73TAM509：8/2（b）《唐西州道俗合作梯蹬及鐘記》：“道門威儀氾棲 霞、鍊師陰景陽等道體清虛，逍遙物外。”

按：棲，原件作“栖”。等，作“芐”。

xià

下　xià

72TAM151：74（a）《古寫本〈晉陽秋〉殘卷》："子惟城其大赦天下□。"

72TAM179：16/1（b），16/2（b）《唐寫〈尚書〉孔氏傳〈禹貢〉、〈甘誓〉殘卷》："勼（厥）□中下。"

71TAM188：85《唐西州都督府牒爲便錢酬北庭軍事事》："北庭大賊下逐大海路，差索君才□□。"

73TAM206：42/5《唐高昌縣勘申應入考人狀》："入考函使準狀下高昌縣。"

夏　xià

67TAM363：8/1（a）《唐景龍四年（710）卜天壽抄孔氏本鄭氏注〈論語〉》："殷因於夏禮，所損□□。"

67TAM363：8/1（a）之二《唐景龍四年（710）卜天壽抄孔氏本鄭氏注〈論語〉》："夷狄之有君，不如諸夏之亡（亡）。"

73TAM509：8/19《唐某人與十郎書牘》："來日恩恩，不獲辭奉，夏中毒熱，伏惟十郎清吉，緣鐘草草。"
　　按：恩恩，原件書作"念念"。

80TBI：001a《晉寫本東漢荀悅撰〈前漢紀〉〈前漢孝武皇帝紀〉殘卷》："大夏本無大君長往□□。"

66TAM62：6/2《翟彊辭爲貧麥被扯牛事》："□夏麥□□□惡已償麥一斛五斗。"

69TAM137：1/2，1/4－1《唐某人夏南渠田券》："□□夏六年中南渠□□。"

72TAM179：16/4（b），16/5（b），16/6（b），16/7（b）《唐寫〈尚書〉孔氏傳〈禹貢〉、〈甘誓〉殘卷》："夏書。"

60TAM332：9/4《唐□□柱出佃田畝契》："□柱邊夏樹石部田四畝。"

64TAM4：42《唐龍朔元年（661）左憧憙夏菜園契》"崇化鄉人左憧憙於同鄉人大女呂玉矼（蕤）邊夏張渠菜園肆拾步壹園。"

2004TBM113：6－1＋2004TBM113：6－1（背面）《唐龍朔二年（622）正月西州高昌縣思恩寺僧籍》："五十一夏。"

72TAM151：13《高昌義和三年（616）氾馬兒夏田券》："義和三年丙子歲潤（閏）五月十九日，氾馬兒從無艮跂子邊夏舊墣（業）部田叁畝。"

72TAM151：13《高昌義和三年（616）氾馬兒夏田券》："畝與夏價縻伍□□。"
　　按：縻，原件書作"床"。

64TAM4：33《唐總章三年（670）左憧憙夏菜園契》："左憧憙於張善憙邊夏取張渠菜園壹所。"

64TAM4：33《唐總章三年（670）左憧憙夏菜園契》："其園叁年中與夏價大麥拾陸斛。"

2004TBM113：6－1＋2004TBM113：6－1（背面）《唐龍朔二年（622）正月西州高昌縣思恩寺僧籍》："十五夏。"

xiān

仙　xiān

仙 仚

63TAM1：21《捉曹殘文書》："捉曹主簿（簿），仙□□"

73TAM509：8/2（b）《唐西州道俗合作梯蹬及鐘記》："當觀道士張真、張巖、范仙……索名等仰憑四輩，共結良緣，不憚劬勞，作斯梯蹬。"

先　xiān

先 先 先 先 先

72TAM151：74（a）《古寫本〈晉陽秋〉殘卷》："華，字茂先，范陽

2006TSYIM4：2－3＋2006TSYIM4：2－4《古寫本〈詩經〉》："群公先正，則不我助。"

67TAM91：28（a）《唐貞觀十七年（643）何射門陀案卷爲來豐患病致死》："□□知委，先不與來□□"

60TAM325：14/4－1，14/4－2《唐西州某府主帥陰海牒爲六駄馬死事》："進洛六駄先在群放□□"

64TAM4：6《唐總章元年（668）西州高昌縣左憧憙辭爲租佃葡萄園事》："縣司憧憙先租佃上□桃，今□□"

暹　xiān

暹

75TKM96：37《倉吏侯暹啟》："□□倉吏侯暹□□"

鮮　xiān

鮮

80TBI：477《妙法蓮華經（卷二）譬喻品第三》："□□千億，鮮白淨□□"

xián

弦　xián

弦

64TAM29：91（b）《唐殘詩》："落弦□□"

咸　xián

咸 咸 咸

73TAM206：42/3－2《唐咸亨三至五年（672—674）文官俸案文書（一）》："右頭起咸亨三年七月八日兵部牒崔獻尾盡咸四年二月五□。"

73TAM524：32/1－1《高昌永平元年（549）十二月十九日祀部班示爲知祀人上名及謫罰事》："故先班示，咸使聞知。"

64TAM4：29（a）《唐咸亨四年左憧憙生前功德及隨身錢物疏》："咸亨四年四月廿九日付曹主左□。"

銜　xián

銜

65TAM346：2《唐上元二年（675）府曹孝通牒爲文峻賜勳事》："敕雖復未獲，據省給告身並銜。"

賢　xián

賢

73TAM524：32/1－2《高昌永平元年（549）十二月廿九日祀部班示爲明正一日知祀人上名及謫罰事》："□□阿順、主簿賢文、主簿義真、吏仁賢，右六人知祀西門。"

賢

73TAM222：54/10（b），54/11（b），54/12（b）《唐寫〈禮記〉鄭氏注〈檀弓〉下殘卷》："☐爲 賢 人也。"

賢

67TAM363：8/1(a)之七《唐景龍四年(710)卜天壽抄孔氏本鄭氏注〈論語〉》："見 賢 思齊焉，見不賢而内〔自省〕☐。"

賢

64TAM27：22《唐寫本〈論語〉鄭氏注〈雍也〉殘卷》："☐☐子曰：'賢 哉☐。"

賢

73TAM221：62（b）《唐永徽三年(652)賢德失馬陪徵牒》："賢 德失馬，符令陪（賠）備。"

賢

73TAM507：012/1《唐某人申狀爲欠練、駞、馬事》："☐使孤 賢 舒奴匄☐。"

按：賢，《吐魯番出土文書》録作"資"。原件"舒賢"二字旁有"√"勾乙符號。

賢

73TAM507：012/3《唐殘書牘》："☐ 賢 信，即欲作銀腰帶☐。"

鹹 xián

鹹

67TAM363：8/2（a）之一《唐景龍四年(710)卜天壽抄〈十二月新三臺詞〉及諸五言詩》："寫書今日了，先生莫 鹹（嫌）池（遲），明朝是賈（假）日，早放學生歸。"

xiǎn

鮮 xiǎn

67TAM363：8/1(a)之八《唐景龍四年(710)卜天壽抄孔氏本鄭氏注〈論語〉》："以約失之者，鮮 矣。"

顯 xiǎn

顯

80TBI：005−1《大乘瑜伽金剛性海曼殊室利千臂千鉢大教王經（卷六）》："☐説 顯 ☐。"

顯

80TBI：659a《阿毗達磨藏顯宗論（卷一七）辯緣起品第四之六》："☐言 顯 微極義，以何爲證知有極微。"

顯

75TKM96：44（a）《兵曹注録承直、補馬子等事抄目》："☐ 王弘 顯 代生補馬子事。"

顯

67TAM91：28（a）《唐貞觀十七年(643)何射門陀案卷爲來豐患病致死》："不覓醫治，仍 顯 是☐。"

顯

64TAM19：40《唐顯慶五年(660)殘關文》："顯 慶五年九☐。"

顯

64TAM29：110/1～110/6，120（a）《唐處分庸調及折估等殘文書(一)～(七)》："具 顯 折納多少、沽價高下、申司☐。"

顯

2004TBM113：6−1＋2004TBM113：6−1(背面)《唐龍朔二年(622)正月西州高昌縣思恩寺僧籍》："僧 顯 覺，年柒拾壹歲。"

顯

67TAM91：4(b)《唐劉顯志等家口給糧一月帳》："劉 顯 志☐人"

顯

72TAM151：97《高昌某年衛延紹等馬帳》："外伍塔馬衛寺☐，☐郎 顯 仁☐。"

72TAM151：59,61《高昌某年郡上馬帳》："中郎 顯 仁瓜（騧）馬。"

72TAM151：59,61《高昌某年郡上馬帳》："侍僧愍赤馬,麴 顯 斌赤馬。"

72TAM151：57《高昌買馱、入練、遠行馬、郡上馬等人名籍》："□ 建、麴善亮、中郎 顯 仁、衛延紹 □"

72TAM151：62《高昌義和二年（615）參軍慶岳等條列高昌馬鞍轡帳》："將 顯 尊下□□□壹具。"

60TAM332：9/2（a）《唐龍朔元年（661）左慈隆等種糜畝數帳》："魏 顯 奴一畝。"

67TAM91：19（a）《唐貞觀十九年（645）安西都護府下軍府牒爲速報應請賜物見行兵姓名事》："□ 具 顯 姓名申者,依檢至今 □"

按：顯,同"顯"。《綏民校尉熊君碑》："'君功顯宿著',又'顯封受爵',又'顯顯令德'。"宋歐陽修《集古録跋尾·後漢熊君碑》："其書顯字皆爲顯。"《金石文字辨異》謂："从㬎之字,諸碑或書作㬎,如'濕'爲'溼','隰'爲'隰'之類,經傳中亦往往見之。"

xiàn

臽 xiàn

72TAM151：51《高昌臽子中布帛雜物名條疏》："臽 子中右（有）□一匹,皂練一 □"

限 xiàn

67TAM78：43《唐東塞殘文書》："□ 爲 限 ,伊 □"

64TAM29：126（a）《唐西州都督府殘文書》："限 八月上旬申到司 □"

64TAM36：9《唐高昌縣史成忠帖爲催送田參軍地子并戥（戥）事》："帖至,仰即送地子并戥,限 帖到當日納了。"

73TAM509：19/2《武周天山府下張父師團帖爲新兵造幕事一》："□ 下三團速造,限 來 □"

72TAM178：4《唐開元二十八年（740）土右營下建忠趙伍那牒爲訪捉配交河兵張式玄事一》："□ 訪捉,以得爲 限 者,牒至準狀,故牒 □"

64TAM29：90（a）（b）《唐垂拱元年（685）西州都督府法曹高昌縣符爲掩劫賊張爽等事》："物主同上,以得爲 限 。"

陷 xiàn

72TAM151：74（a）《古寫本〈晉陽秋〉殘卷》："軍事□等直系□倫（淪）陷 ,系 □"

75TKM91：28（b）《北涼義和某年員崇辭爲眼痛請免屯守事》："義和□□五月廿二日,□□員崇辭：□□□ 陷 道□眼下創 □夜中眼□見日。"

現 xiàn

80TBI：486《四分律比丘尼戒本》："□□像 現 戒如瓔珞能□□"

80TBI：088《金光明經（卷三）除病品第一五》："爾時有佛出 現 於世，□□□"

縣　xiàn

75TKM96：18，23《北涼玄始十二年（423）兵曹牒爲補代差佃守代事》："□□□被符省 縣 桑佃，差看可者廿人知，□□□"

73TAM509：8/5（a）《唐西州天山縣申西州户曹狀爲狀無瑒請往北庭請兄禄事》："天山 縣 ，爲申張旡瑒請往北庭請兄禄具上事。"

72TAM188：11《唐開元三年（715）交河縣安樂城萬壽果母姜辭》："□□□城百姓萬壽果母姜辭： 縣 司□□□"

75TKM89：1-2《高昌章和十一年（541）都官下柳婆、無半、盈城、始昌四縣司馬主者符爲檢校失奴事》："柳婆、無半、盈城、始昌四 縣 司馬主者中郎崇信傳令刺彼縣翟忠義失奴一人。"

75TKM91：24《下二部督郵、縣主者符》："二部督郵□ 縣 主者：前部□□□"

75TKM91：36（a）《高寧縣上言》："高寧 縣 言：謹案華豹部隤明當□□□"

72TAM151：15《高昌義和二年（615）都官下始昌縣司馬主者符爲遣弓師侯尾相等詣府事》："敕始昌縣司馬主者，彼 縣 今須弓師侯□□、□元相二

人，符到，作具、糧□自隨。"

67TAM363：7/4《唐儀鳳年間（676—679）西州蒲昌縣竹海住佃田契》："□□□年拾月壹日，高昌 縣 寧昌鄉人卜老□□□"

73TAM206：42/5《唐高昌縣勘申應入考人狀》："入考函使準狀下高昌 縣 。"

2006TAM607：2-4背面＋2006TAM607：2-5背面《唐景龍三年（709）後西州勾所勾糧帳》："五石三斗粟，王什住禄納天山 縣 。"

64TAM4：6《唐總章元年（668）西州高昌縣左憧憙辭爲租佃葡萄園事》："□□□ 縣 司憧憙先租佃上□桃，今□□□"

73TAM507：013/1《唐某人申狀爲注籍事》："□ 縣 爲□□□"

73TAM193：11（a）《武周郭智與人書》："待高昌 縣 牒到，然後追婢。"

67TAM78：48/1《唐西州蒲昌縣糧帖一》："□□□昌 縣 □□□"

67TAM78：41《唐西州蒲昌縣糧帖二》："□□□浦昌 縣 。"

67TAM78：45（a）《唐西州蒲昌縣下赤亭烽帖爲牛草料事》："□□□ 縣 □□□"

67TAM78：34《唐西州蒲昌縣下赤亭烽帖爲覓失駝駒事》："□□□昌 縣 □□□"

72TAM230：58/1（a）～58/4（a）《武周天授二年（691）追送唐建進家口等牒尾判》："□□□縱不在，家口應住安昌，別牒天山 縣 ，仰準長官處分，即領送。"

72TAM230：63（a）《唐西州高昌縣史張才牒爲逃走衛士送庸緤價錢事（一）》："▢▢五分便合在 縣 取麨、小豆，價▢▢"

按：麨，原件書作"床"。

64TAM29：90（a）（b）《唐垂拱元年（685）西州都督府法曹高昌縣符爲掩劫賊張爽等事》："此▢下諸 縣，并鎮營市司▢▢"

獻　xiàn

66TAM44：30/4《唐殘發願文二》："▢▢先 獻 十方諸▢▢"

73TAM509：8/2（b）《唐西州道俗合作梯蹬及鐘記》："銜官將軍趙 獻 璋、張承暉、王休昇等，溢氣雄圖，懷奇妙略，行資孝悌，文翰芳猷。"

按：圖，原件作"啚"。等，作"苆"。

67TAM363：8/1（a）之五《唐景龍四年（710）卜天壽抄孔氏本鄭氏注〈論語〉》："若與鄰國爲好，會其 獻 酢之禮。"

65TAM39：20《前涼升平十一年王念賣駝券》："若還悔者，罰毯十張供 獻 。"

67TAM363：8/1（a）之三《唐景龍四年（710）卜天壽抄孔氏本鄭氏注〈論語〉》："文 獻 不足故▢▢"

xiāng

相　xiāng

64TAM15：19《唐西州高昌縣弘寶寺賊臟錢名》："相 住。"

72TAM151：15《高昌義和二年（615）都官下始昌縣司馬主者符爲遣弓師侯尾相等詣府事》："敕始昌縣司馬主者，彼縣今須弓師侯▢▢、▢元 相 二人，符到，作具、糧▢自隨。"

按：敕，原件書作"勅"。

72TAM151：13《高昌義和三年（616）氾馬兒夏田券》："倩書張 相 ▢▢"

73TAM507：013/7《唐史宋端殘文書》："▢▢ 相 海次▢▢"

72TAM150：38《唐某人九月廿一日書牘》："別久，昨知 相 憶，徭役有限。"

80TBI：337a《大毗蘆遮那成佛神變加持經（卷四）密印品第九》："二火輪地輪向上 相 持，而舒風輪。"

2004TAM395：4－2＋2004TAM395：4－4《唐垂拱二年西州高昌縣徵錢名籍全貌》："▢▢趙武 相 。"

67TAM78：29（b）《唐吳相▢等名籍（二）》："馮阿 相 子，賈法 相 。"

65TAM39：20《前涼升平十一年王念賣駝券》："還得嘉駝，不 相 貤移。"

64TAM15：17《唐貞觀十四年閏十月西州高昌縣弘寶寺賊臟錢名》："智 相 。"

75TKM91：25《兵曹條往守白芳人名文書》一："▢▢左狗萬、毛 相 、張▢明、道人道▢。"

72TAM151：96（a）《高昌安樂等城負臟錢人入錢帳》："▢▢買

兒作春□□□□馮 相 受入錢十□□。"

72TAM151：96（a）《高昌安樂等城負藏錢人入錢帳》："韓 相 忠入錢卅文。"

73TAM519：19/2－2《高昌麴季悅等三人辭爲請授官階事》："□季悅、麴 相 岳三人等□□。"

72TAM151：104《高昌延和十二年（613）某人從張相憙等三人邊雇人歲作券》："倩書張 相 □□。"

72TAM230：69《武周天授二年（691）李申相辯辭》："□□ 相 符抱者，但申 相 從知水□□。"

72TAM230：67《武周天授二年（691）唐建進辯辭》："仰更隱審一一具答，不得準前曲 相 府（符）會。"

香　xiāng

73TAM507：012/6（b），012/8（b）《唐西州高昌縣□婆祝等名籍（一）（二）》："大女孫申 香 。"

73TAM507：012/6（b），012/8（b）《唐西州高昌縣□婆祝等名籍（一）（二）》："大女康申 香 。"

67TAM78：26《唐貞觀十四（640）西州高昌縣李石住等户手實（六）》："□□婢海 香 叁，小婢。"

69TKM39：9/7（a）《唐西州高昌縣□慶友等户家口田畝帳簿（一）》："婢戊 香 年卅。"

64TAM5：80《唐李賀子上阿郎、阿婆書四（三）》："□□更家口來時，好送 香 女放來。"

64TAM29：44《唐咸亨三年（672）新婦爲阿公録在生功德

疏》："扰（沉） 香 霸（把）刀一。"

鄉　xiāng

63TAM1：11《西涼建初十四年（418）韓渠妻隨葬衣物疏》："建初十四年八月廿九日，高昌郡高縣都 鄉 孝敬里□□。"

68TAM103：20/4《唐貞觀十八年（644）西州某鄉户口帳》："□□ 鄉 □□。"

60TAM325：14/2－1（a），14/2－2（a）《唐龍朔三年（663）西州高昌縣下寧戎鄉符爲當鄉次男侯子隆充侍及上烽事》："又得寧戎 鄉 里□□。"

64TAM4：42《唐龍朔元年（661）左憧憙夏菜園契》："崇化 鄉 人左憧憙於同鄉人大女吕玉毪（蕤）邊夏張渠菜園肆拾步壹園。"

73TAM509：8/2（b）《唐西州道俗合作梯蹬及鐘記》："鄉 官折衝張无價……麴鷩等道門領袖，助施虔誠。"

72TAM230：46/1（a）《唐儀鳳三年（678）尚書省户部支配諸州庸調及折造雜練色數處分事條啟（一）》："□□諸州庸調先是布 鄉 兼絲綿者，有□□。"

2004TBM113：6－1＋2004TBM113：6－1（背面）《唐龍朔二年（622）正月西州高昌縣思恩寺僧籍》："高昌縣寧泰 鄉 仁義里，户絶，俗姓張，爲延昌卅一年正月十五日度。"

60TAM330：26/1《唐總章元年（668）趙惡仁佃田契》："總章元年拾月拾八日，武城 鄉 人趙惡仁於

□"

64TAM19：36《唐咸亨五年（674）王文歡訴酒泉城人張尾仁貸錢不還辭》："□□銀錢貳拾文，準鄉法和立私契。"

73TAM222：54/10（b），54/11（b），54/12（b）《唐寫〈禮記〉鄭氏注〈檀弓〉下殘卷》："□□鄉婦人束□"

67TAM363：7/1《唐儀鳳二年（677）西州高昌縣寧昌鄉卜老師辭爲訴男及男妻不養贍事》："儀鳳二年四月日寧昌鄉人卜老師辭。"

64TAM4：34《唐龍朔元年（661）龍惠奴舉練契》："安西鄉人龍惠奴於崇化鄉人右憧憙邊舉取練叁拾疋。"

64TAM4：40《唐乾封三年（668）張善憙舉錢契》："武城鄉人張善憙於崇化鄉左憧憙邊舉取銀錢貳拾文。"

64TAM4：44《唐龍朔元年（661）左憧憙買奴契》："高昌縣崇化鄉人前庭府衛士左憧憙交用水練陸疋，錢五文。"

64TAM4：51，52《唐麟德某年（664—665）左憧憙殘契》："化鄉左憧□□"

64TAM19：67《唐狀自書殘文書四》："□□一年，補任寧大鄉昌邑□□"

60TAM325：14/2－1（a），14/2－2（a）《唐龍朔三年（663）西州高昌縣下寧戎鄉符爲當鄉次男侯子隆充侍及上烽事》："今以狀下鄉，宜準狀。"

64TAM4：40《唐乾封三年（668）張善憙舉錢契》："武城鄉人張善憙於崇化鄉左憧憙邊舉取銀錢貳拾文。"

64TAM4：34《唐龍朔元年（661）龍惠奴舉練契》："安西鄉人龍惠奴於崇化鄉人右憧憙邊舉取練叁拾疋。"

64TAM4：36《麟德二年（665）趙醜胡貸練契》："到過其月不還，月別依鄉法酬生利。"

65TAM42：111/4（a）《唐西州高昌縣順義鄉殘名籍》："順義鄉，白丁趙□□"

64TKM1：28（a），31（a），37/2（a）《唐西州某鄉戶口帳（一）》："□□鄉□朝□□"

64TKM1：28（a），31（a），37/2（a）《唐西州某鄉戶口帳（一）》："□當鄉白丁衛士三百卌五人。"

64TKM1：37/1《唐西州某鄉戶口帳（二）》："□□當鄉殘疾一□"

67TAM78：46《唐西州高昌縣寧戒（戎）鄉鄧明□夏田契》："□□寧戒（戎）鄉人鄧明□□"

按：《吐魯番出土文書》第二册録作"寧戎鄉"，原件實作"戒"，應爲"戎"之誤。

73TAM507：033（a）《唐佐馬貞濬殘牒》："并勒鄉追送。"

60TAM325：14/3－1（a），14/3－2（a），14/6－1（a），14/6－2（a）《唐龍朔三年（663）西州高昌縣下寧昌鄉符爲當鄉白丁侯□隆充侍事》："又依狀問寧昌鄉里正王守護。"

64TAM4：41《唐總章三年（670）張善憙舉錢契》："武城鄉張善憙於左憧憙邊舉取銀錢肆拾文。"

箱　xiāng

75TKM91：27《北涼真興七年（425）箱直楊本生辭》："真興七年十一月十二日，箱直楊本生辭前十月。"

72TAM150：46《唐翟建折等雜器物帳》："□子箱，索永達酒兊（瓮）□。"

按：兊，"兌"之俗，"瓮"之訛誤。

2004TBM115：10《古寫本〈千字文〉》："耽讀翫市，□[寓]目囊箱，易輶攸畏，屬耳垣牆。"

襄　xiāng

75TKM91：11/4《西涼建初四年（408）秀才對策文》："《春秋》之所以書此者，美襄子之恩可感，譏智伯之無德。"

75TKM91：11/6《西涼建初四年（408）秀才對策文》："而言不没三板者，蓋美襄子，稱過其實也。"

67TAM363：8/1（a）之二《唐景龍四年（710）卜天壽抄孔氏本鄭氏注〈論語〉》："爲時襄（專）乱（亂）以矯，仁心亡無也。"

xiáng

祥　xiáng

73TAM206：42/9 - 27《唐課錢帳歷》："張祥六十，蘇本卅六。"

73TAM206：42/9 - 30《唐課錢帳歷（二）》："張祥六十。"

73TAM206：109/13 - 6，42/9 - 26《唐課錢帳歷》："張祥六十。"

翔　xiáng

72TAM151：74（a）《古寫本〈晉陽秋〉殘卷》："[飛不]飀揚，翔不翕習，其[居易容，其求易給。]□"

xiǎng

享　xiǎng

2004TBM115：10《古寫本〈千字文〉》："且（具）饍□[餐]飯，適口充腸，飽飫享宰，飢厭糟糠。"

想　xiǎng

80TBI：697a《增壹阿含經（卷一六）高幢品第二四之三》："□謂無想者□"

67TAM363：8/2（a）之一《唐景龍四年（710）卜天壽抄〈十二月新三臺詞〉及諸五言詩》："項託柒歲知事，甘羅十二想（相）秦，□無良妻解夢，馮唐寧得忠辰（臣）。"

67TAM363：8/2（a）之一《唐景龍四年（710）卜天壽抄〈十二月新三臺詞〉及諸五言詩》："伯（百）鳥頭林[息]宿，各各覓高支（枝），□更分散去，苦落不想（相）知。"

按：原件"息"字旁有"卜"刪字符號。

嚮　xiǎng

73TAM509：8/2（b）《唐西州道俗合作梯蹬及鐘記》："聞聲者九幽罷對，息 嚮 者六府停酸。"

xiàng

向　xiàng

64TAM29：113《唐□伏威牒爲請勘問前送帛練使男事》："□伏威曹主并家口 向 城東園内就涼。"

72TAM188：86（a）（b）《唐西州都督府牒爲請留送東官馬填充團結欠馬事》："▢舉者，所市得馬欲送 向 東，中間稍瘦，□堪總去。"

72TAM151：13《高昌義和三年（616）氾馬兒夏田券》："廐使干（乾）净好，若不干（乾）净□，聽 向 風常取。"

按：廐，原件書作"床"。

60TAM327：05/1《唐永徽六年（655）趙羊德隨葬衣物疏》："某修十善，宜 向 （享）行年。"

按：某，原件書作"厶"。

66TAM61：23（b），27/2（b），27/1（b）《唐西州高昌縣上安西都護府牒稿爲録上訊問曹禄山訴李紹謹兩造辯辭事（二）》："李謹當時共兄同伴， 向 弓月▢"

66TAM61：22（b）《唐西州高昌縣上安西都護府牒稿爲録上訊問曹禄山訴李紹謹兩造辯辭事（三）》："又問紹謹

得款： 向 弓月城去時，從安▢"

66TAM61：22（b）《唐西州高昌縣上安西都護府牒稿爲録上訊問曹禄山訴李紹謹兩造辯辭事（三）》："生胡 向 弓月城去，前後相隨，亦不記頭數▢"

66TAM61：16（b）《唐西州高昌縣上安西都護府牒稿爲録上訊問曹禄山訴李紹謹兩造辯辭事（七）》："共畢娑相打，□捉將 向 城是實。"

巷　xiàng

80TBI：019《增壹阿含經（卷五〇）大愛道般涅槃品第五二》："▢而行諸街 巷 中，時有居士婦亦復端政（正）。"

72TAM187：194（a）《唐高昌縣史王浚牒爲徵納王羅雲等欠稅錢事》："▢坐 巷 ▢"

73TAM206：42/10－1，42/10－15《唐質庫帳歷》："西門大 巷 年五十。"

項　xiàng

67TAM363：8/2（a）之一《唐景龍四年（710）卜天壽抄〈十二月新三臺詞〉及諸五言詩》：" 項 託柒歲知事，甘羅十二想（相）秦，□無良妻解夢，馮唐寧得忠辰（臣）。"

72TAM230：84/1～84/5《唐儀鳳三年（678）尚書省户部支配諸州庸調及折造雜練色數處分事條啟（三）～（七）》："▢官入國等各别爲 項 帳，其輕稅人具▢"

71TAM188：85《唐西州都督府牒爲便錢酬北庭軍事事》："□牒別 項 爲便錢酬羅阿□"

像　xiàng

80TBI：486《四分律比丘尼戒本》："□ 像 現戒如瓔珞能□"

80TBI：097《請觀世音菩薩消伏毒害陀羅尼咒經（卷一）》："□大力鬼神王 像 ，接還□"

64TAM29：44《唐咸亨三年（672）新婦爲阿公録在生功德疏》："衆布施大 像 、常住百師，并請洛通法師出罪懺悔。"

xiāo

消　xiāo

73TAM507：014/9－2《高昌張明憙入劑刺薪條記》："若重 消 出，更不承。"

66TAM61：16（b）《唐西州高昌縣上安西都護府牒稿爲録上訊問曹禄山訴李紹謹兩造辯辭事（七）》："來已後，更更無 消 息。"

逍　xiāo

73TAM509：8/2（b）《唐西州道俗合作梯蹬及鐘記》："道門威儀氾棲霞、鍊師陰景陽等道體清虚， 逍 遥物外。"

按：棲，原件作"栖"。等，作"芽"。

霄　xiāo

2004TBM115：10《古寫本〈千字文〉》："遊鵾獨運，淩（凌）摩降（絳）霄 。"

蕭　xiāo

66TAM61：24（b）《唐西州高昌縣上安西都護府牒稿爲録上訊問曹禄山訴李紹謹兩造辯辭事（六）》："□使向劉監 蕭 鄉軍使人問有胡□"

73TAM206：42/9－27《唐課錢帳歷》：" 蕭 二六十，金寶十五。"

73TAM206：42/9－8《唐課錢帳歷（三〇）》：" 蕭 二六十，了；張師卅五；張二卅；張三冊五，欠七。"

73TAM206：42/9－30《唐課錢帳歷（二）》：" 蕭 二六十二。"

xiǎo

小　xiǎo

80TBI：316《妙法蓮華經（卷二）譬喻品第三》："有一門而復狹 小 。"

2006TZJ1：085，2006TZJ1：088《麴氏高昌斛斗帳》：" 小 麥五百卅七斛四斗三升半□"

65TAM39：21－2《前涼升平十四年殘券》："宋永 小 奴□瓜地二畝□"

72TAM188：11《唐開元三年（715）交河縣安樂城萬壽果母姜辭》："□不用⬚小法，請裁辭。"

73TAM206：42/10－13，42/10－3《唐質庫帳歷》："故緋⬚小綾袂裙一。"

73TAM206：42/9－8《唐課錢帳歷（三〇）》："⬚小姊卅；高一十五。"

73TAM206：42/10－2《唐質庫帳歷》："故紫⬚小綾袷帔子一。"

xiào

⬚孝　xiào

67TAM363：8/1（a）《唐景龍四年（710）卜天壽抄孔氏本鄭氏注〈論語〉》："《書》云：'⬚孝乎惟孝，友於□'"

67TAM363：8/1（a）《唐景龍四年（710）卜天壽抄孔氏本鄭氏注〈論語〉》："子曰：'臨之以莊，則敬；⬚孝慈，則中；舉□'"

按：中，傳世本作"忠"。

73TAM215：017/5－2《唐馮懷盛等夫役名籍（二）》："張⬚孝忠。"

72TAM230：78《武周天授二年（691）王嘿子男孝達殘文書》："□王嘿子，男，⬚孝達□"

65TAM346：2《唐上元二年（675）府曹孝通牒爲文峻賜勳事》："上元二年八月十五日府曹⬚孝通牒。"

73TAM221：40《唐某城宗孝崇等量剩田畝牒》："一段冊步，宗⬚孝崇□"

73TAM222：57/3《唐殘名籍二》："□⬚孝感安玄□"

63TAM1：11《西涼建初十四年（418）韓渠妻隨葬衣物疏》："建初十四年八月廿九日，高昌郡高縣都鄉⬚孝敬里□"

xiē

⬚歇　xiē

72TAM151：6《高昌重光元年（620）氾法濟隨葬衣物疏》："宜向（享）遐齡，任意聽過，不得奄⬚歇留亭（停）。"

⬚蝎　xiē

80TBI：097《請觀世音菩薩消伏毒害陀羅尼咒經（卷一）》："□蝮⬚蝎夜叉，羅刹拘槃□"

xié

⬚邪　xié

80TBI：132《佛說天地八陽神咒經》："□衆生信⬚邪倒見□"

⬚協　xié

72TAM151：74（a）《古寫本〈晉陽秋〉殘卷》："震發，與朕⬚協勢

鞋　xié

73TAM206：42/10－16《唐質庫帳歷》："粗麻鞋二□。"

64TAM29：44《唐咸亨三年（672）新婦爲阿公録在生功德疏》："五色繡鞋一量。"

諧　xié

73TAM222：56/1,56/2《唐殘判籍（二）》："官奏恐不諧□□"

攜　xié

72TAM150：32《唐諸府衛士配官馬、駄殘文書三》："□□攜蒙達馬驅。"

纈　xié

65TAM346：1《唐乾封二年（667）郭毛醜勳告（一）》："颶海道：沙澤陣、纈嶺陣、東熊陸嶺陣並颶第一勳，各加三轉，總玖轉。"

73TAM206：42/9－14（a）《唐課錢帳歷（二八）》："十六日便卅六（付）悔紗纈□□"

按：括號内爲原文旁注小字。

xiě

寫　xiě

73TAM221：56（a）《唐貞觀廿二年（648）安西都護府乘敕下交河縣符爲處分三衛犯私罪納課違番事》："敕旨連寫如右。"

72TAM201：33《唐咸亨五年（674）兒爲阿婆録在生及亡没所修功德牒》："寫《涅槃經》一部。"

64TAM29：44之六《唐咸亨三年（672）新婦爲阿公録在生功德疏》："又已前家中抄寫《涅槃經》一部，注子（字）《法華經》一部。""更於後寫《法華經》一部，大《般若經》一袟十卷。"

67TAM363：8/2（a）之一《唐景龍四年（710）卜天壽抄〈十二月新三臺詞〉及諸五言詩》："寫書今日了，先生莫鹹（嫌）池（遲），明朝是賈（假）日，早放學生歸。"

按：鹹，原件作"醶"。

73TAM193：11（a）《武周郭智與人書》："直爲計帳季終見勘寫臺解。"

xiè

紲　xiè

67TAM363：8/1（a）之八《唐景龍四年（710）卜天壽抄孔氏本鄭氏注〈論語〉》：子謂公冶萇：'可妻也，雖在縲紲之中，非其罪。'"

按：縲紲，今傳世本作"縲絏"。"紲"爲"緤"形誤，"縲紲"也作"縲絏""纍絏"，都是捆罪人的大繩索。

渫　xiè

2006TSYIM4：3－20《北涼高昌郡某縣賊曹闕禄白爲翟緣失盜事》："□□亡右 渫 雜物□□□"

解　xiè

72TAM151：102,103《高昌作頭張慶祐等偷丁谷寺物平錢帳》："張慶祐子作頭,道人□□,高昌 解 阿善兒二人作□。"

72TAM150：46《唐翟建折等雜器物帳》："□□ 解 延箱一,令狐隆仁樗十。"

75TKM91：3/1（a）,3/2（a）《蔡暉等家口籍》："解 奴二口。"

緤　xiè

73TAM193：15（b）《唐天寶某載（749—756）行館器物帳》："破斑 緤 食單伍條。"

72TAM230：63（a）《唐西州高昌縣史張才牒爲逃走衛士送庸緤價錢事（一）》："□□逃走衛士後送庸 緤 價銀錢壹伯陸□□□"

69TKM39：9/4（a）《唐貞觀二十一年（647）帳後□苟户籍》"計 緤 布□疋。"

懈　xiè

80TBI：693a《瑜伽師地論（卷四○）一五菩薩地》："□□惰者,有 懈 怠□□□"

邂　xiè

72TAM201：33《唐咸亨五年（674）兒爲阿婆録在生及亡没所修功德牒》："自省己（已）來,口誦餘經,未曾 邂 （懈）廢。"

謝　xiè

67TAM78：20（b）《唐李悦得子等户主名籍》："户主 謝 永仁□"

72TAM179：17/1～17/4《文書殘片》："謝 。"

2004TAM395：4－2＋2004TAM395：4－3《唐垂拱二年西州高昌縣徵錢名籍全貌》："□□ 謝 過隆海,趙祀君□"

59TAM301：17《唐貞觀末年闞門隨葬衣物疏》："□□道終不 謝 □"

xīn

心　xīn

73TAM222：56/5,56/6《唐殘判籍（五）（六）（六）》："□□義狼 心 未必□□"

80TBI：011－3《大乘瑜伽金剛性海曼殊室利千臂千鉢大教王經（卷六）》："當諦觀 心 性見□□"

80TBI：011－3《大乘瑜伽金剛性海曼殊室利千臂千鉢大教王經（卷六）》："唯 心 示變,莫□□"

72TAM150：38《唐某人九月廿一日書牘》："申 心 不具張

口"

辛　xīn

75TKM91：3/1（a），3/2（a）《蔡
暉等家口籍》："辛相明二口。"

73TAM507：013/4－1，4－2《唐
曆》："口廿三日辛未口"

67TAM78：30《唐貞觀十四
（640）西州高昌縣李石住等户手
實（四）》："口畝在辛（新）興口"

72TAM151：56《高昌買馱、入
練、遠行馬、郡上馬等人名籍》：
"口辛明護、史淩江、校尉相明、口口
保悦、麴阿住、鞏口"

73TAM507：012/6（b），012/8
（b）《唐西州高昌縣口婆祝等名
籍（一）（二）》："大女孫辛香。"

新　xīn

67TB：1－2－1《大乘瑜伽金剛性
海曼殊室利千臂千鉢大教王經
（卷六）》："口先須日日造新飲食於壇
口"

67TAM78：46《唐西州高昌縣寧
戒（戒）鄉鄧明口夏田契》：
"口新興瑣邊口"

按：《吐魯番出土文書》第二册録作
"寧戒鄉"，原件實作"戒"，應爲"戎"之誤。

73TAM215：017/1－3《唐張惟
遷等配役名籍（三）》："口口新
口"

68TAM103：20/1（a）《唐西州某
鄉户口帳（草）》："合當鄉新舊
口二千六十四口"

64TAM29：44之六《唐咸亨三年
（672）新婦爲阿公録在生功德
疏》："向堀門裏北畔新塔廳上佛堂中東
壁上，泥素（塑）彌勒上生變，並菩薩、侍
者、天神等一捕（鋪）。"

67TAM363：8/2（a）之一《唐景龍四
年（710）卜天壽抄〈十二月新三臺
詞〉及諸五言詩》："年首初春口，改故迎新
李（季），玄附靈求學，樹夏（下）乃逢珍。"

72TAM188：74（a）《唐被問領馬
事牒》："口元新市馬壹疋，
馼（騧）敦（驐）六歲口"

72TAM188：66《唐與倉曹關爲
新印馬踏料事》："爲日城等營
新印馬踏料，準式并牒營檢領事。"

2006TAM607：4a《唐神龍三年
（707）正月西州高昌縣開覺寺手
實》："合當寺新舊總管僧總廿人。"

73TAMX526：9/1《唐借錢殘
契》："口新口"

73TAM214：153《唐殘帳（一）》：
"新當紡綵四疋三丈七。"

薪　xīn

73TAM507：014/3《高昌延壽七
年（630）十月某人入九月劑刺薪
條記》："庚寅歲九月劑刺薪壹車。"

73TAM507：014/6《高昌延壽七
年（630）十二月張明憙入十月劑
刺薪條記》："庚寅歲十月，口口薪壹車。"

xìn

信　xìn

信　67TAM363：8/1（a）《唐景龍四年（710）卜天壽抄孔氏本鄭氏注〈論語〉》："□□信，不知其可也。"

信　80TBI：327《注維摩詰經（卷六）不思議品第六》："□□云信解□。"

信　2006TSYIM4：3－1《北涼義和三年（433）二月十五日張未興辭》："□□興信取了，事未竟□□。"

信　75TKM96：18,23《北涼玄始十二年（423）兵曹牒爲補代差佃守代事》："□□信身單，請如事脱，以外軍□□。"

信　67TAM376：03（a）《唐西州高昌縣諸鄉里正上直暨不到人名籍》："趙信，史玄，牛信。"

信　75TKM96：18,23《北涼玄始十二年（423）兵曹牒爲補代差佃守代事》："信如所訴，請如事敕，當上幢日，差四騎付張欑□道□□兵曹掾張龍，史張□白。"

信　64TKM1：49,59《唐西州高昌縣順義等鄉勘田簿（二）》："□□懷，□孟歡信，合□□。"

信　59TAM301：15/4－3《唐西州高昌縣趙懷願買舍券》："□□署名爲信。"

信　72TAM151：104《高昌延和十二年（613）某人從張相熹等三人邊雇人葳作券》："□□民有私要，要行□□□自署名为信。"

信　72TAM151：15《高昌義和二年（615）都官下始昌縣司馬主者符爲遣弓師侯尾相等詣府事》："淩江將軍兼都官□□洪信。"

信　72TAM151：94《高昌義和三年（616）張相熹夏麋田券》："□□民有私要，要行二□□□□□信。"

信　72TAM151：13《高昌義和三年（616）氾馬兒夏田券》："自署名爲信。"

信　73TAM507：012/3《唐殘書牘》："□□賢信，即欲作銀腰帶□。"

信　72TAM150：40《唐康某等雜器物帳》："曹隆信麋一張。"

信　64TAM4：33《唐總章三年（670）左憧憙夏菜園契》："爲人無信，故立私契爲驗。"

信　73TAM208：23,27《唐典高信貞申報供使人食料帳歷牒（二）》："三月廿日典高信貞牒。"

xīng

星　xīng

星　80TBI：301《妙法蓮華經馬明菩薩品第三十》："□□或星西方太白□□。"

按：或，《大正藏》作"惑"。

星　80TBI：331a－2《修行道地經（卷六）學地品第二五》："□□地動星損□□。"

星　2006TSYIM4：2－3＋2006TSYIM4：2－4《古寫本〈詩經〉》："瞻仰□［昊］天，有慧其星。"

興　xīng

80TBI：510《慈悲道場懺法（卷三）顯果報第一》："□□ 興 惡逆心屠□□。"

72TAM150：30,31《唐諸府衛士配官馬、駄殘文書二》："許智 興 □。"

75TKM96：29（b）《北涼真興六年（424）出麥賬》："真 興 六年四月十八日，麥所都合出麥十八斛□□。"

75TKM96：29（a），33（a）《北涼真興某年道人德受辭》："真 興 □。"

75TKM91：27《北涼真興七年（425）箱直楊本生辭》："真 興 七年十一月十二日，箱直楊本生辭前十月。"

72TAM151：62《高昌義和二年（615）參軍慶岳等條列高昌馬鞍轡帳》："將延 興 下左涉滲□具。"

按：滲，原件書作"淰"。

67TAM78：46《唐西州高昌縣寧戒（戎）鄉鄧明□夏田契》："□新 興 瑣邊□□。"

75TKM90：20（a）《高昌主簿張綰等傳供帳》："□□出行緤五疋，付左首 興 與若慇提勤。"

按：勤，原件書作"懃"。

73TAM206：42/10 - 14，42/10 - 9《唐質庫帳歷》："□□延 興 門外夜上□□。"

駍 xīng

64TAM27：21《唐寫本〈論語〉鄭氏注〈雍也〉殘卷》："□□子，駍 且角，雖欲勿用，山□□。"

xíng

刑 xíng

75TKM91：29（a）《北涼義和某年兵曹行罰部隴五人文書》："仰本幢□□□□曹行 刑 罰，事諸奉行。"

75TKM91：11/3《西涼建初四年（408）秀才對策文》："故曰： 刑 於寡妻，以御乎家邦。"

行 xíng

73TAM206：42/6《唐殘符》："宜準狀，□□奉 行 。"

2006TSYIM4：3 - 10 背面《北涼官文書尾》："功曹史， 行 水。"

72TAM201：25/1《唐咸亨三年（672）西州都督府下軍團符》："今以狀下團，宜準狀符到奉 行 。"

72TAM230：66《武周天授二年（691）安昌合城老人等牒爲勘問主簿職田虛實事》：" 行 旅之徒，亦應具悉。"

72TAM230：65（a）《武周史孫行感殘牒》："四月九日史孫 行 感牒。"

按：日、月，原件爲武周新字。

72TAM188：91《唐殘牒》："□□大使正議大夫 行 甘州刺史李□□。"

80TBI：022《增壹阿含經（卷五〇）大愛道般涅槃品第五二》："□□至真、等正覺，明 行 足、善逝、世間

解、無上士、道法□□"

2004TAM395：4－7＋2004TAM398：4－2《武周天授三年（692）戶籍稿》："弟伏 行 年伍歲,小男。"

64TAM15：23《唐貞觀十四年張某夏田契》："□□ 要,要 行 □□"

73TAM507：012/6（b）,012/8（b）《唐西州高昌縣□婆祝等名籍（一）（二）》："白善 行 ,康申住。"

65TAM346：1《唐乾封二年（667）郭耄醜勳告（二）》："請奉詔付外施 行 ,謹言。"

73TAM507：013/7《唐史宋端殘文書》："□□ 行 尉權。"

73TAM507：013/2－1《唐殘辯辭》："□□逃浪 行 ,因□□"

72TAM151：54《高昌洿林等行馬入亭馬人名籍》："次鹽城 行 □入亭馬人:主簿辛謙、參軍元祐、主簿男子。"

72TAM151：54《高昌洿林等行馬入亭馬人名籍》："白芳 行 馬入亭□□□翟祐相。"

72TAM151：54《高昌洿林等行馬入亭馬人名籍》："洿林 行 馬入亭□人:衞余保。"

67TAM78：48/3《唐殘帖》："□□ 行 人並□□"

73TAM210：136/4－1《唐總計練殘文書（一）》："旨依奏者,得 行 從兵□□"

60TAM327：05/1《唐永徽六年（655）趙羊德隨葬衣物疏》："某修十善,宜向（亨） 行 年。"

按:某,原件書作"厶"。

72TAM230：81（a）《武周錄事司殘文書》："□□散大夫 行 錄事參軍□□"

按:參,原件書作"叅"。

66TAM59：4/6《北涼神璽三年（399）倉曹貸糧文書》："□□尅給,明案奉 行 。"

75TKM91：20（a）《兵曹行罰幢校文書》："□□兵責破列□□定逋別案推□□諾奉 行 。"

75TKM91：25《兵曹條往守白芳人名文書》一："事諾班示,催遣奉 行 。"

67TAM78：50/3《唐殘文書》二（三）："□□ 行 領付也。"

形 xíng

72TAM151：74（a）《古寫本〈晉陽秋〉殘卷》："□之多端,播群 形 於□□,惟鶗□之微蟲,亦□□"

按:此句《晉書·張華傳》《鷦鷯賦》作:"何造化之多端,播群形於萬類;惟鷦鷯之微禽,亦攝生而受氣。"

66TAM59：4/1（a）《古寫本〈毛詩關雎序〉》："詩者,志之 形 所。"

按:今本作"詩者,志之所之也","形"是衍文。

75TKM91：11/4《西涼建初四年（408）秀才對策文》："後聖推類增廣,爲左右 形 聲。"

67TAM363：8/1（a）之八《唐景龍四年（710）卜天壽抄孔氏本鄭氏注〈論語〉》："□□有道不廢,邦無道勉（免）於 形 （刑）戮。"

形 80TBI：407《彌沙塞羯摩本》：“□□某甲從今盡[形]□□”

[錫] xíng

錫 2004TBM203：30－2《高昌寫本〈急就篇〉》：“□□奈桃待露霜，棗杏瓜棣□飴[錫]。”

xìng

[省] xǐng

省 72TAM201：33《唐咸亨五年（674）兒爲阿婆録在生及亡没所修功德牒》：“自[省]己（已）來，口誦餘經，未曾邂（懈）廢。”

xìng

[杏] xìng

杏 2004TBM203：30－2《高昌寫本〈急就篇〉》：“□□奈桃待露霜，棗[杏]瓜棣□飴錫。”

[幸] xìng

幸 72TAM228：9《唐年某往京兆府過所》：“準狀勘責同此已□□，[幸]依□□”

[性] xìng

性 80TBI：784a－5《大乘瑜伽金剛性海曼殊室利千臂千鉢大教王經（卷六）》：“□□普勝佛[性]□□”

性 66TAM44：30/1，30/10《唐寫〈唯識論注〉殘卷二》：“□□而論非三[性]攝通以□□”

性 67TAM363：8/1（a）一〇《唐景龍四年（710）卜天壽抄孔氏本鄭氏注〈論語〉》：“□□[性]與天道不可得文（聞）。”

性 80TBI：005－3《大乘瑜伽金剛性海曼殊室利千臂千鉢大教王經（卷六）》：“〔入衆生〕體[性]，令得解脱，殊特〔最勝〕□□”

[姓] xìng

姓 73TAM519：19/2－2《高昌麴季悦等三人辭爲請授官階事》：“□□即得異[姓]上品官上坐，若得内官者□□”

姓 66TAM61：22（b）《唐西州高昌縣上安西都護府牒稿爲録上訊問曹禄山訴李紹謹兩造辯辭事（三）》：“□□[姓]名，來日更無人同伴。”

姓 64TAM29：24《唐垂拱元年（685）康義羅施等請過所案卷（四）》：“保人庭伊，百[姓]康阿了□□”

姓 72TAM230：61《唐通感等辯辭爲徵納逋懸事》：“通感等元不下款伏倍，百[姓]自□逋懸。”

姓 64TAM29：24《唐垂拱元年（685）康義羅施等請過所案卷（四）》：“保人伊州，百[姓]史保。”

姓 72TAM178：4《唐開元二十八年（740）土右營下建忠趙伍那牒爲

訪捉配交河兵張式玄事一》：“□□客作庸（傭）力，曰求升合養姓（性）命，請乞□□”

姓　2004TBM113：6－1＋2004TBM113：6－1（背面）《唐龍朔二年（622）正月西州高昌縣思恩寺僧籍》：“高昌縣寧泰鄉仁義里，户絕，俗姓張，爲延昌冊一年正月十五日度。”

姓　2006TSYIM4：2－2《古寫本〈詩經〉》：“天下喜於王化復行，百姓見憂，故作是詩也。”

xiōng

凶　xiōng

凶　67TAM363：8/1（a）一〇《唐景龍四年（710）卜天壽抄孔氏本鄭氏注〈論語〉》：“性謂仁受血氣以生賢愚古（吉）凶。”

凶　65TAM341：26（b）《唐殘擬判》：“□□之風乙恋凶殘□□□”

兄　xiōng

兄　73TAM222：56/1，56/2《唐殘判籍（一）》：“都督兄弟□□”

兄　64TAM5：78（a）《唐李賀子上阿郎、阿婆書一（二）》：“次問訊合家大小、千萬、並通兩兄弟。”

兄　66TAM61：16（b）《唐西州高昌縣上安西都護府牒稿爲録上訊問曹禄山訴李紹謹兩造辯辭事（七）》：“道兄與紹謹相隨，紹謹爲實□□□”

兄　72TAM150：37《唐氾正家書》：“兄氾正千萬問訊宋果毅并兒女等盡得平安。”

兄　65TAM42：10，73《唐永徽元年（650）嚴慈仁牒爲轉租田畝請給公文事》：“一身獨立，更無弟兄。”

兄　64TAM5：39《唐李賀子上阿郎、阿婆書二（二）》：“老阿兄充不成容子□□□”

胸　xiōng

胸　73TAM215：017/4－1《唐殘書牘二》：“□□胸臆。”

胸　65TAM42：48（a）《古寫本〈鍼法〉殘片》：“胸内廉痛溺難□□”

xióng

雄　xióng

雄　73TAM509：8/2（b）《唐西州道俗合作梯蹬及鐘記》：“衙官將軍趙獻璋、張承暉、王休昇等，溢氣雄圖，懷奇妙略，行資孝悌，文翰芳猷。”

按：圖，原件作“啚”。

熊　xióng

熊　72TAM179：16/1（b），16/2（b）《唐寫〈尚書〉孔氏傳〈禹貢〉、〈甘誓〉殘卷》：“熊□、□□、桐柏，至於涪尾。”

熊　65TAM346：1《唐乾封二年（667）郭耄醜勳告（一）》：“颺海

道：沙澤陣、繡嶺陣、東□熊□陸嶺陣並颺第一勳，各加三轉，總玖轉。”

xiū

休　xiū

80TBI：510《慈悲道場懺法（卷三）顯果報第一》：“□□休息何□□。”

80TBI：001a《晉寫本東漢荀悦撰〈前漢紀〉〈前漢孝武皇帝紀〉殘卷》：“□□休密翎侯二曰雙□□。”

75TKM96：18，23《北涼玄始十二年（423）兵曹牒爲補代差佃守代事》：“□□隗休□死，請以外軍王阿連□□。”

75TKM96：18，23《北涼玄始十二年（423）兵曹牒爲補代差佃守代事》：“今經一月，不得休下，求爲更檢。”

73TAM509：8/2（b）《唐西州道俗合作梯蹬及鐘記》：“衙官將軍趙獻璋、張承暉、王休昇等，溢氣雄圖，懷奇妙略，行資孝悌，文翰芳猷。”

按：圖，原件作“啚”。

修　xiū

72TAM201：33《唐咸亨五年（674）兒爲阿婆録在生及亡没所修功德牒》：“右阿婆生存及亡没所修功德件録條。”

65TAM341：27《唐開元八年（720）具注曆》：“歲位療病修

宅，吉。”

65TAM341：78（背面）《唐辯辭爲李藝義佃田事》：“欲得出嫁，不加修理，專行搆架，博換已經四年。”

按：架，原件書作“揬”。

脩　xiū

73TAM210：136/11《唐勳官某訴辭爲水破渠路事》：“不脩渠取水，數以下口人，水破渠路，小□□。”

按：脩，通“修”。《字彙補》：“脩，與修通。”

80TBI：132《佛説天地八陽神咒經》：“□□讀誦、如法脩行；其功德□□。”

80TBI：486《四分律比丘尼戒本》：“□□者常護勸令脩學戒□□。”

80TBI：752a《阿毗達磨大毗婆沙論（卷九二）結蘊第二中十門納息第四之二二》：“□□界脩所斷無□□。”

80TBI：087《金光明經（卷三）除病品第一五》：“□□光脩□□□□□□□世人□□。”

60TAM327：05/1《唐永徽六年（655）趙羊德隨葬衣物疏》：“某脩十善，宜向（享）行年。”

按：某，原件書作“厶”。

66TAM44：30/3《唐殘發願文一》：“□□脩諸功□□。”

68TAM108：19（a）之二《唐開元三年（715）西州營典李道上隴西縣牒爲通當營營請馬料姓名事》：“火長張脩巳，火内人氾果。”

xiǔ

朽 xiǔ

67TAM363：8/1（a）之九《唐景龍四年（710）卜天壽抄孔氏本鄭氏注〈論語〉》："朽木不可彫，糞（糞）土□"

xiù

秀 xiù

80TBI：082《大方等陀羅尼經初分（卷一）》："□子婆者言高秀者言□"

75TKM91：11/5《西涼建初四年（408）秀才對策文》："涼州秀才糞土臣馬隆稽首。"

72TAM151：74（a）《古寫本〈晉陽秋〉殘卷》："□多□□□初，秀等□"

73TAM206：42/2《唐光宅元年（684）史李秀牒爲高宗山陵賜物請裁事》："光宅元年十月廿日史李秀牒。"

袖 xiù

59TAM305：8《缺名隨葬衣物疏》："懷袖囊一枚。"

63TAM2：1《北涼緣禾六年翟萬隨葬衣物疏》："故懷袖、蹋臼（鞠）囊各一枚。"

75TKM96：17《北涼真興七年（425）宋泮妻隗儀容隨葬衣物疏》："故懷袖囊各一枚。"

64TAM29：44《唐咸亨三年（672）新婦爲阿公録在生功德疏》："生絁長袖一腰。"

宿 xiù

75TKM91：11/6《西涼建初四年（408）秀才對策文》："當以七宿爲位，不以所見爲正。"

繡 xiù

64TAM29：44《唐咸亨三年（672）新婦爲阿公録在生功德疏》："五色繡鞋一量。"

xū

戌 xū

72TAM151：14《高昌義和元年（614）高懷孺物名條疏》："□和元年甲戌歲十一月十九日高懷孺物名。"

73TAM507：012/14《高昌張明憙入延壽十五年（638）三月鹽城劑丁正錢條記》："□城戌戌歲三月，劑丁正□"

虚 xū

80TBI：495b－2《瑜伽集要焰口施食儀》："□方，盡虚空界，

一切尊法▢"

80TBI：052《妙法蓮華經（卷二）譬喻品第三》："彼長者無 虛 妄之咎。"

80TBI：652a《妙法蓮華經（卷二）譬喻品第三》："但離 虛 妄▢"

73TAM206：42/11 - 1～42/11 - 6《唐勘問婢死虛實對案録狀（一）～（六）》："前件婢死 虛 ▢"

66TAM44：30/3《唐殘發願文一》："▢ 可 虛 然無報，謹於今時▢"

80TBI：697a《增壹阿含經（卷一六）高幢品第二四之三》："悉空 虛 是▢"

64TAM29：44《唐咸亨三年（672）新婦爲阿公録在生功德疏》："在生產業、田園、宅舍、妻子、男女奴婢等物，並是 虛 花，皆無真實。"

73TAM193：38（a）《武周智通擬判爲康隨風詐病避軍役等事》："憑 虛 藏帛萬餘，既相知於百里。"

73TAM193：38（a）《武周智通擬判爲康隨風詐病避軍役等事》："虛 無事上之意，令乖臣子之心。"

72TAM230：67《武周天授二年（691）唐建進辯辭》："如涉 虛 誣，付審已後不合更執，既經再審確，請一依元狀勘當。"

72TAM230：66《武周天授二年（691）安昌合城老人等牒爲勘問主簿職田虛實事》："問合城老人、城主、渠長、知田人等，主薄（簿）去年實種幾畝麥建進所注 虛 實，連署狀通者。"

按：年，原件爲武周新字。

72TAM230：66《武周天授二年（691）安昌合城老人等牒爲勘問主簿職田虛實事》："謹審：但合城老人等，去年主薄（簿）高禎元不於安昌種田，建進所注並是 虛 妄，如後不依▢"

按：年，原件爲武周新字。

80TBI：495b - 2《瑜伽集要焰口施食儀》："歸依十方，盡 虛 空▢"

66TAM61：27/5（b）《唐西州高昌縣上安西都護府牒稿爲録上訊問曹禄山訴李紹謹兩造辯辭事（五）》："即知 虛 實者▢"

66TAM61：25《唐西州高昌縣上安西都護府牒稿爲録上訊問曹禄山訴李紹謹兩造辯辭事（八）》："炎延弟不 虛，其所取之練，本利▢"

須　xū

73TAM509：8/19《唐某人與十郎書牘》："▢ 須 定伊誇，緣希隱名出換▢"

73TAM509：8/19《唐某人與十郎書牘》："必 須 遥動，追取必不得。"

59TAM305：14/2《倉曹屬爲買八緤布事》："竟未得，今日盡，急 須。"

80TBI：311《大智度論（卷八九）釋四攝品第七八之餘》："▢ 須 菩提▢"

80TBI：016《四分戒本疏（卷一）》："▢ 來之境亦生惡心故，須 普緣總作▢"

按：總，原件書作"惣"。

67TAM363：8/2（a）之二《唐景龍四年（710）卜天壽抄〈十二月新三臺詞〉及諸五言詩》："側書還側讀，還 須 側眼□。"

67TAM363：8/2（a）之二《唐景龍四年（710）卜天壽抄〈十二月新三臺詞〉及諸五言詩》："學問非今日，維 須 跡年多。"

73TAM215：017/4－1《唐殘書牘二》："□□ 須 得□□"

72TAM230：46/2（b）《唐儀鳳三年（678）尚書省戶部支配諸州庸調及折造雜練色數處分事條啟（二）》："□□非所管路程稍近，遣與桂府及欽州相知，準防人 須 糧支配使充。"

75TKM96：18《龍興某年宋泮妻翟氏隨葬衣物疏》："□□名 須 桃券華□□雞子。"

64TAM29：44《唐咸亨三年（672）新婦爲阿公録在生功德疏》："假使在中陰中， 須 發上心。"

64TAM5：81，82《唐李賀子上阿郎、阿婆書三》："有 須 提藥□□□麴紹貞將信□□"

64TAM4：39《唐乾封元年（666）鄭海石舉銀錢契》："到左 須 錢之日，嗦（索）即須還。"

72TAM151：15《高昌義和二年（615）都官下始昌縣司馬主者符爲遣弓師侯尾相等詣府事》："敕始昌縣司馬主者，彼縣今 須 弓師侯□□、□元相二人，符到，作具、糧□自隨。"

72TAM151：51《高昌白子中布帛雜物名條疏》："□□□ 須 一，右（又）四尺，非（緋）綾二尺五。"

64TAM29：44《唐咸亨三年（672）新婦爲阿公録在生功德疏》："願將此文□前頭分雪， 須 覓生天净佛國土，不得求人間果報。"

67TAM363：7/2《唐儀鳳二年（677）西州高昌縣寧昌鄉某人舉銀錢契》："□錢壹文，月滿即 須 送利。"

73TAM193：11（a）《武周郭智與人書》："今附牒送公爲入司判牒高昌縣追張山海，不 須 追婢。"

72TAM151：51《高昌白子中布帛雜物名條疏》："紫綾頭 須 □，□□□，□絹一尺。"

64TAM4：38《唐顯慶五年（660）張利富舉錢契》："到左還須錢之日，張即 須 子本俱還。"

64TAM4：34《唐龍朔元年（661）龍惠奴舉練契》："如憧悥 須 ［須］練之日，並須依時酬還。"

按：此句當衍一"須"字。下同。

64TAM4：34《唐龍朔元年（661）龍惠奴舉練契》："如憧悥須 須 練之日，並須依時酬還。"

64TAM4：40《唐乾封三年（668）張善憙舉錢契》："到月滿，張即 須 送利。"

64TAM4：40《唐乾封三年（668）張善憙舉錢契》："到左 須 錢之日，張並 須 本利酬還。"

64TAM4：41《唐總章三年（670）張善憙舉錢契》："若左 須 錢之日，張即子本具還。"

蓿　xu

2006TAM607：2－2《唐神龍二年（706）七月西州史某牒爲長安

三年（703）七至十二月軍糧破除、見在事》："□人職田苜蓿地子□"

鬚　xū

80TBI：201《佛說觀藥王藥上二菩薩經》："□花鬚莊嚴□"

　按："花"，《中華大藏經》和《大正新修大藏經》作"華"。

xú

徐　xú

59TAM301：15/4-4（a）《高昌民部殘奏行文書》："民部吏徐□"

2006TAM607：2-4＋2006TAM607：2-5＋2006TAM607：2-4《唐神龍元年（705）六月後西州前庭府牒上州勾所爲當府官馬破除、見在事》："徐善恭馬瓜（騧）敦（驐）。"

73TAM222：1（b）《唐中軍左虞侯帖爲處分解射人事》："五月四日典徐豪帖。"

xǔ

許　xǔ

72TAM150：30,31《唐諸府衛士配官馬、馱殘文書二》："許智興□"

72TAM151：58《高昌義和二年（615）七月馬帳（一）》："北許□[寺]赤馬。"

72TAM151：58《高昌義和二年（615）七月馬帳（一）》："東許□[寺]赤馬。"

73TAM519：19/2-2《高昌麴季悅等三人辭爲請授官階事》："到司馬前頭訴已，司馬許爲□"

72TAM151：59,61《高昌某年郡上馬帳》："郡上馬：丁谷寺瓜（騧）馬，田地公寺余（駼）馬，東許寺赤馬。"

72TAM151：56《高昌買駞、入練、遠行馬、郡上馬等人名籍》："范寺思惠、□寺、武衛寺、北許寺、史令寺。"

72TAM151：52《高昌逋人史延明等名籍》："北許寺豐得。"

73TAM193：11（a）《武周郭智與人書》："都督已許。"

73TAM206：42/9-27《唐課錢帳歷》："許過寒食五日內分付了。"

73TAM507：013/1《唐某人申狀爲注籍事》："既有許逐□"

詡　xǔ

75TKM98：28/1《某人啟爲失耕事》："□急耳，左詡□"

xù

恤　xù

65TAM341：25，26（a）《唐景龍三年（709）南郊赦文》："□□縣存恤勸課□□。"

勖　xù

64TAM15：19《唐西州高昌縣弘寶寺賊臁錢名》："孟勖。"

72TAM151：55《高昌田相祐等名籍》："田相祐、趙天願、賈時祐、張懷洛、田多套、牛弘勖。"

按：勗，同"勖"，俗。勖，"勗"訛誤。

敍　xù

72TAM179：16/1（b），16/2（b）《唐寫〈尚書〉孔氏傳〈禹貢〉、〈甘誓〉殘卷》："穀（織）皮、昆侖、斫（析）支、渠搜，西戎即敍。"

72TAM179：16/1（b），16/2（b）《唐寫〈尚書〉孔氏傳〈禹貢〉、〈甘誓〉殘卷》："□裔之山已可居，三苗之族大有次敍，［美］禹之功。"

73TAM221：55（a）《唐貞觀廿二年（648）安西都護府乘敕下交河縣符爲處分三衛犯私罪納課違番事》："故立考第，量能進敍，有勞必録，庶不遺材。"

絮　xù

2004TAM408：17《令狐阿婢隨葬衣物疏》："故絮二斤。"

緒　xù

TAMX2：02《□延亮等名籍》："張侮百，張延緒。"

64TAM5：85《唐諸户丁口配田簿（甲件）（二）》："男緒仁，年廿

64TAM4：34《唐龍朔元年（661）龍惠奴舉練契》："保人男隆緒。"

60TAM330：14/1－1（a）《唐梁安相等名籍（二）》："今（令）狐守緒。"

66TAM61：29（a）《唐闞洛□等點身丁中名籍》："張定緒卅八，范慈隆卌八。"

續　xù

73TAM222：55（a）《唐寫〈千字文〉殘卷》："□□［嫡］後嗣續，祭［祀烝嘗］□□。"

2004TBM207：1－3《唐調露二年（680）七月東都尚書吏部符爲申州縣闕員事》："□□官某乙滿，若續前任滿，即注云：續前任合滿。"

2004TBM207：1－3《唐調露二年（680）七月東都尚書吏部符爲申州縣闕員事》："□□官某乙滿，若續前任滿，即注云：續前任合滿。"

xuān

宣　xuān

2006TSYIM4：2－2《古寫本〈詩經〉》："《雲漢》，仍叔美宣王也。"

2006TSYIM4：2－2《古寫本〈詩經〉》：“宣王承厲王之烈，□□[内有]撥亂之志，遇災而懼，側身脩行，欲□[銷]去之。”

64TAM15：17《唐貞觀十四年閏十月西州高昌縣弘寶寺賊臈錢名》：“宣珍。”

72TAM151：56《高昌買駄、入練、遠行馬、郡上馬等人名籍》：“麴元□、張子回、竺□宣、曹□、左調和。”

72TAM151：94《高昌義和三年（616）張相憙夏摩田券》：“□□邊夏宣威忠□□□□罰部兜□□□”

軒　xuān

75TKM91：11/5《西涼建初四年（408）秀才對策文》：“神農種穀，軒轅造制。”

75TKM91：18（b）《建平五年祠□馬受屬》：“□□疆，張軒得，范□□，宋奉國，□康生，蔡宗，宋□疆，馬定明等，在□□役。”

瑄　xuān

2004TAM408：17《令狐阿婢隨葬衣物疏》：“故鍮瑄叉（釵）一枚。”

xuán

玄　xuán

72TAM179：16/4（b），16/5（b），16/6（b），16/7（b）《唐寫〈尚書〉孔氏傳〈禹貢〉、〈甘誓〉殘卷》：“禹錫玄圭，告厥成功。”

63TAM1：20/1，20/2《某人上主將殘辭》：“□□人玄恩疆□□□”

73TAM222：50《唐玄馹殘文書》：“謠玄馹白。”

60TAM332：9/1－1《唐祭五方神文殘片一》：“□□□獸白虎□□□□振怒，赤娥若鳥，玄螽無所犯，此諸神死鬼怖。”

64TAM29：44 之六《唐咸亨三年（672）新婦爲阿公録在生功德疏》：“往前於楊法師房内造一廳并堂宇，供養玄覺寺常住三寶。”

72TAM188：57《唐開元四年（716）玄覺寺婢三勝除附牒（二）》：“□□□玄覺寺□□□”

72TAM188：67《唐録事司值日簿》：“録事司：十二月十三日，將軍行酒董臣、氾嵩；十六日，王詮、郎琳，玄。”

73TAM206：42/10－14，42/10－9《唐質庫帳歷》：“王玄敬正月十九日取壹佰伍拾文。”

72TAM151：74（a）《古寫本〈晉陽秋〉殘卷》：“□翻之陋體，無玄□□自□，毛弗施於器用□□□”

67TAM376：03（a）《唐西州高昌縣諸鄉里正上直暨不到人名籍》：“趙信，史玄，牛信。”

68TAM108：19（a）之二《唐開元三年（715）西州營典李道上隴西縣牒爲通當營諳請馬料姓名事》：“火長李玄明，火内人李道。”

懸　xuán

72TAM230：49《武周天授二年（691）總納諸色逋懸及屯收義納糧帳》："□授二年臘月廿日以前總納諸色逋懸及屯收義納糧總叁阡柒伯捌拾陸碩貳斗壹勝(升)。"

72TAM230：49《武周天授二年（691）總納諸色逋懸及屯收義納糧帳》："五百九石三斗六升諸色逋懸。"

80TBI：488《四分戒本疏（卷一）》："第三懸對受中無作懸有防非。"

80TBI：488《四分戒本疏（卷一）》："問：懸未有□□隨行受有何用?""二總別,三亦懸對,四亦根條。"

按：總,原件書作"惣"。

xuàn

旋　xuàn

73TAM222：55(a)《唐寫〈千字文〉殘卷》："□曜(曜),旋(璿)璣□□"

按：旋,乃"琁"之借字。《説文》："璿,也作'琁'。"《集韻》："璿,《説文》：'美玉也。'或作琁、璇。"今本作"曦暉朗曜　璇璣懸斡"。

75TKM91：11/6《西涼建初四年（408）秀才對策文》："日隨天旋,行有常則。"

xuē

鞾　xuē

75TKM99：17《某家失火燒損財物表》："鞾六兩。"

按：鞾,同"靴"。皮製的鞋。《説文新附·革部》："鞾,鞮屬。从革,華聲。"《玉篇·革部》："鞾,同'靴'。"漢曹操文《與太尉楊彪書》："並遺足下貴室綵錯羅縠裌一領,織成鞾一量。"敦煌文獻 S.388《正名要録》載："鞾靴,右字形雖別,音義是同。古而典者居上,今而要者居下。"《吐魯番出土文書》第一册録作"靴"。

xué

穴　xué

72TAM151：6《高昌重光元年（620）氾法濟隨葬衣物疏》："諸(朱)衣籠管(冠)一具,腳躡(屧)具,穴根(跟)里(履)具,手□□"

學　xué

80TBI：011-2《大乘瑜伽金剛性海曼殊室利千臂千鉢大教王經（卷六）》："□善女人學此瑜□□"

67TAM363：8/2(a)之二《唐景龍四年（710）卜天壽抄〈十二月新三臺詞〉及諸五言詩》："學開覺寺學。"

72TAM151：74(a)《古寫本〈晉陽秋〉殘卷》："志好學,不持□操。""華博學洽聞,圖籍無不貫練。"

73TAM222：56/3(a),56/4(a)《唐殘判籍（三）》："學生授業□□"
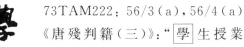

80TBI：020《四分律比丘尼戒本》："衆 學 法已説七□□"

80TBI：486《四分律比丘尼戒本》："□□者常護勸令脩 學 戒□□"

80TBI：486《四分律比丘尼戒本》："脩 學 涅槃正因故□□"

67TAM363：8/1（a）《唐景龍四年（710）卜天壽抄孔氏本鄭氏注〈論語〉》："十室之邑，必有忠信如丘者焉，不如丘之好 學 也。"

67TAM363：8/2（a）之一《唐景龍四年（710）卜天壽抄〈十二月新三臺詞〉及諸五言詩》："寫書今日了，先生莫鹹（嫌）池（遲），明朝是賈（假）日，早放 學 生歸。"

67TAM363：8/2（a）之一《唐景龍四年（710）卜天壽抄〈十二月新三臺詞〉及諸五言詩》："高門出己子，好木出良才，交□ 學 敏（問）去，三公河（何）處來。"

按：《唐景龍四年（710）卜天壽抄孔氏本鄭氏注〈論語〉》同是學童卜天壽所抄，其多將"問"寫作"敏"。

67TAM363：8/2（a）之二《唐景龍四年（710）卜天壽抄〈十二月新三臺詞〉及諸五言詩》：" 學 問非今日。維須跡年多。"

67TAM363：8/2（a）之一《唐景龍四年（710）卜天壽抄〈十二月新三臺詞〉及諸五言詩》："年首初春□，改故迎新李（季），玄附靈求 學 ，樹夏（下）乃逢珍。"

xuě

雪　xuě

64TAM29：44《唐咸亨三年（672）新婦爲阿公録在生功德疏》："願將此文□前頭分 雪 ，須覓生天净佛國土，不得求人間果報。"

66TAM59：4/10《趙廣等名籍》："趙廣、趙世、員通、孫萬、范秉、范 雪 。"

64TAM29：44之七《唐咸亨三年（672）新婦爲阿公録在生功德疏》："願自思量申 雪 。"

xuè

血　xuè

65TAM42：48（a）《古寫本〈鍼法〉殘片》："唾 血 振寒咽干（乾）太□□"

65TAM42：48（a）《古寫本〈鍼法〉殘片》："嘔 血 上氣，神門□□"

67TAM363：8/1（a）一〇《唐景龍四年（710）卜天壽抄孔氏本鄭氏注〈論語〉》："性，謂仁（人）受 血 氣以生賢愚。"

xūn

勳　xūn

65TAM42：90（a），91（a）《唐令狐鼠鼻等差科簿（一）》："八人 勳 官。"

65TAM346：1《唐乾封二年（667）郭耄醜勳告（一）》："諸道

雜 勳 。"

65TAM346：2《唐上元二年
（675）府曹孝通牒爲文峻賜勳
事》："□□官兩轉,其 勳 既未入手,請給
牒□□"

65TAM346：2《唐上元二年
（675）府曹孝通牒爲文峻賜勳
事》："敕鎮滿十年,賜 勳 兩轉,付録事司
檢文峻等並並經十年已上檢。"

72TAM230：66《武周天授二年
（691）安昌合城老人等牒爲勘問
主簿職田虛實事》："當城渠長,必是細諳
知地, 勳 官灼然可委。"

65TAM341：25,26（a）《唐景龍
三年（709）南郊赦文》："□□級
勳 先有郡□□"

65TAM341：25,26（a）《唐景龍
三年（709）南郊赦文》："□□陪
位人賜 勳 一□□"

xún

旬　xún

80TBI：126《別譯雜阿含經（卷
一二）》："波 旬 而作是念。"

72TAM151：6《高昌重光元年
（620）氾法濟隨葬衣物疏》："重
光元年庚辰歲二月下 旬 ,佛弟子某甲敬
移五道大神。"

　按：某,原件書作"厶"。

64TAM29：126（a）《唐西州都督
府殘文書》："限八月上 旬 申到
司□□"

巡　xún

67TAM78：40《唐西州交河縣嚴
某受雇上烽契》："□□及 巡 點
□□"

2004TAM398：3－3＋2004TAM398：
3－2《唐某年二月西州高昌縣更
簿全貌》："□□嚴六仁, 巡 外囚；和寅
海,總巡□□"

　按："外囚"原件作"囚外",旁有勾乙
符號,今據改。

尋　xún

80TBI：659a《阿毗達磨藏顯宗論
（卷一七）辯緣起品第四之六》：
"□□假極微,令慧 尋 思極生喜故,此微
即極□□"

73TAM193：38（a）《武周智通擬
判爲康隨風詐病避軍役等事》：
"更細推 尋 □□"

67TAM78：34《唐西州蒲昌縣下
赤亭烽帖爲覓失駝駒事》："駝,
尋 □不獲,帖□□"

72TAM209：88《唐貞觀年間西州
高昌縣勘問梁延臺、雷隴貴婚娶糾
紛案卷（一）》："並已領訖, 尋 即婚了者。"

xùn

迅　xùn

67TB：1－2－2《大乘瑜伽金剛性
海曼殊室利千臂千鉢大教王經

（卷六）》："□迅金剛幢三□"

訓　xùn

73TAM524：32/1－1《高昌永平元年（549）十二月十九日祀部班示爲知祀人上名及謫罰事》："虎牙訓己。"

75TKM90：20（a）《高昌主簿張綰等傳供帳》："□出行牒冊疋，主簿張綰傳令，與道人曇訓。"

72TAM150：40《唐康某等雜器物帳》："貟莟訓床一張。"

訊　xùn

67TAM78：27《唐殘書牘》："□訊寺女渾□"

72TAM150：37《唐氾正家書》："兄氾正千萬問訊宋果毅并兒女等盡得平安。"

64TAM5：78（a）《唐李賀子上阿郎、阿婆書一（二）》："次問訊合家大小、千萬、並通兩兄弟。"

64TAM5：39《唐李賀子上阿郎、阿婆書二（二）》："次問訊張法師、阿團□。"

64TAM5：81，82《唐李賀子上阿郎、阿婆書三》："問訊容子寶意師赤□"

Y 部

yā

押 yā

押 65TAM40：20《唐下鎮將康懷義牒（二）》："□□野，職掌要衝，押兵遊□□。"

按：職，原件書作"䐉"。

押 73TAM222：1（b）《唐中軍左虞侯帖爲處分解射人事》："仍準人數差解射主帥押領，限今日午時到者。"

壓 yā

壓 64TAM29：107《唐垂拱元年（685）康義羅施等請過所案卷（三）》："請將家口入京，其人等不是壓良、誘、寒盜等色以不？"

壓 64TAM29：107《唐垂拱元年（685）康義羅施等請過所案卷（三）》："謹審：但那你等保知不是壓良等色。"

壓 64TAM29：25《唐垂拱元年（685）康義羅施等請過所案卷（四）》："家口入京，其人等不是壓良□□。"

yá

牙 yá

牙 2004TBM207：1－10a《唐某年西州晚牙到簿（五）》："□□晚牙到薄□□。"

牙 72TAM151：56《高昌買馱、入練、遠行馬、郡上馬等人名籍》："□□孝瑜、虎牙僧寔、虎牙師得、令狐□□、明□□救□□。"

按：寔，原件書作"寘"。

牙 72TAM151：62《高昌義和二年（615）參軍慶岳等條列高昌馬鞍轡帳》："□□虎牙悅相下孫相祐壹具。"

牙 73TAM524：32/1－1《高昌永平元年（549）十二月十九日祀部班示爲知祀人上名及謫罰事》："虎牙訓己。"

牙 2004TBM207：1－5c《唐某年西州晚牙到簿（一）》："□□晚牙到□□。"

衙 yá

衙 73TAM509：8/2（b）《唐西州道俗合作梯蹬及鐘記》："衙官將

軍趙獻璋、張承暉、王休昇等,溢氣雄圖,懷奇妙略,行資孝悌,文翰芳猷。"

按:圖,原件作"啚"。等,作"芋"。

67TAM376:03(a)《唐西州高昌縣諸鄉里正上直暨不到人名籍》:"二月六日里正後 衙 到。"

yǎ

雅　yǎ

75TKM91:11/3《西涼建初四年(408)秀才對策文》:"諸侯曰《風》,天子曰 雅 。"

72TAM151:99,100《高昌合計馬額帳(一)》:"□□ 武二匹、小威 □□□□ 子回、中郎 □□ 、□ 軍 雅 □□ "

yān

奄　yān

72TAM151:6《高昌重光元年(620)氾法濟隨葬衣物疏》:"宜向(享)遐齡,任意聽過,不得 奄 歇留亭(停)。"

咽　yān

65TAM42:48(a)《古寫本〈鍼法〉殘片》:"唾血振寒 咽 干(乾)太 □□ "

焉　yān

75TKM98:28/1《某人啟爲失耕事》:"□□ 善至 焉 □□ "

64TAM27:22《唐寫本〈論語〉鄭氏注〈雍也〉殘卷》:"汝得人 焉 耳乎?"

73TAM222:54/4(b),54/5(b)《唐寫〈禮記〉鄭氏注〈檀弓〉下殘卷》:"□□ 心 焉 □□ "

67TAM363:8/1(a)之五《唐景龍四年(710)卜天壽抄孔氏本鄭氏注〈論語〉》:"□□ 不攝, 焉 德(得)檢(儉)乎?"

67TAM363:8/1(a)之七《唐景龍四年(710)卜天壽抄孔氏本鄭氏注〈論語〉》:"見賢思齊 焉 ,見不賢而內 □□ "

67TAM363:8/1(a)之八《唐景龍四年(710)卜天壽抄孔氏本鄭氏注〈論語〉》:"魯無君子者,斯 焉 取斯也。"

66TAM59:4/1(a)《古寫本〈毛詩關雎序〉》:"故用之鄉人焉,用之邦國 焉 。"

67TAM376:02(a)《唐開耀二年(682)寧戎驛長康才藝牒爲請追勘違番不到驛丁事》:"范 焉 者。"

64TAM29:24《唐垂拱元年(685)康義羅施等請過所案卷(四)》:"保人 焉 者人曹不那遮,年 □□ "

67TAM363:8/1(a)一一《唐景龍四年(710)卜天壽抄孔氏本鄭氏注〈論語〉》:"十室之邑,必有忠信如丘者 焉 ,不如丘之好學也。"

yán

言　yán

80TBI：057《增壹阿含經（卷五〇）大愛道般涅槃品第五二》："□□見時五百比丘尼復白言唯□□"

75TKM91：36（a）《高寧縣上言》："高寧縣言：謹案華豹部隤明當□□"

75TKM96：21《僧□淵班爲懸募追捕逃奴事》："受募，不負言誓也。"

73TAM208：23,27《唐典高信貞申報供使人食料帳歷牒（二）》："□□料供使人王九言典二人，烏駱子一人。"

72TAM230：68《武周天授二年（691）郭文智辯辭》："□□言幾段，段當□□"

67TAM78：27《唐殘書牘》："惟增悲結，謹言疏不俱。"

66TAM61：17（b）《唐西州高昌縣上安西都護府牒稿爲録上訊問曹禄山訴李紹謹兩造辯辭事（一）》"臣鏗言：蒙恩得□□"

68TAM108：19（a）之三《唐開元三年（715）西州營典李道上隴西縣牒爲通當營請馬料姓名事》："火長毛崇業，火内人張言。"

73TAM221：62（b）《唐永徽三年（652）賢德失馬陪徵牒》："今狀雖稱付主領訖，官人見領時，此定言注來了。"

延　yán

67TAM84：20《高昌條列出臧錢文數殘奏》："商胡握廣延出臧錢一百五十□□"

2006TZJ1：087,2006TZJ1：077《麴氏高昌張延懷等納斛斗帳》："張延懷壹斛。"

73TAM507：012/21《高昌延壽九年（632）八月張明憙入官貸捉大麥子條記》："氾延明八月七□□"

72TAM151：52《高昌逸人史延明等名籍》："九日逸人：史延明、北聽□竺伯子，曲尺寶惡奴，王慶濟。"

TAMX2：02《□延亮等名籍》："□□延亮□□"

TAMX2：02《□延亮等名籍》："□□張侮百，張延緒□□"

64TAM15：17《唐貞觀十四年閏十月西州高昌縣弘寶寺賊臕錢名》："延軌。"

64TAM15：19《唐西州高昌縣弘寶寺賊臕錢名》："延固。"

64TAM29：25《唐垂拱元年（685）康義羅施等請過所案卷（四）》："□□何胡數刺，作人曹延那。"

72TAM171：19（a），9（a），8（a），11（a）《高昌延壽十四年（637）兵部差人往青陽門等處上現文書》："郭延壽、趙□伯，右陸人。"

72TAM171：12（a），17（a），15（a），16（a），13（a），14（a）《高昌延壽十四年（637）兵部差人看客館客使文書》："□□真朱人貪旱大官、好延祐臘振摩珂賴使金穆□□"

按：臘，原件書作"臈"。

65TAM42：10，73《唐永徽元年（650）嚴慈仁牒爲轉租田畝請給公文事》："今春三月，糧食交無，逐（遂）將此田租與安橫 延 。"

73TAM519：19/2－1《高昌延壽十七年（640）屯田下交河郡、南平郡及永安等縣符爲遣麴文玉等勘青苗事》："延壽十七□□子歲四□□。"

64TAM29：24《唐垂拱元年（685）康義羅施等請過所案卷（四）》："吐火羅拂 延 ，年卅；奴突蜜□□。"

59TAM301：15/4－1，15/4－2《唐貞觀十七年（643）西州高昌縣趙懷滿夏田契》："情書氾 延 守。"

72TAM151：60《高昌義和二年（615）七月馬帳（二）》："衛 延 紹□留（駠）馬，□□子白□馬，麴淩江赤□馬。"

72TAM151：97《高昌某年衛延紹等馬帳》："□□ 任 行□□□馬，衛 延 紹馬□□。"

63TAM2：1《北涼緣禾六年翟萬隨葬衣物疏》："緣禾六年正月十四日， 延 壽里民翟萬去天入地。"

60TAM327：05/1《唐永徽六年（655）趙羊德隨葬衣物疏》："□□平生所用之物，金（全）從（從） 延 泉。"

72TAM151：59，61《高昌某年郡上馬帳》："氾 延 憙青馬。"

72TAM151：59，61《高昌某年郡上馬帳》："衛 延 紹留（駠）馬。"

72TAM151：56《高昌買駄、入練、遠行馬、郡上馬等人名籍》：

"次郡上馬：丁谷寺、□□□寺、追世寺、東許□、韓統寺、氾 延 □□。"

72TAM151：62《高昌義和二年（615）參軍慶岳等條列高昌馬鞍轡帳》："將 延 興下左涉涔□具。"

按：涔，原件書作"泳"。

73TAM206：42/10－14，42/10－9《唐質庫帳歷》："□□ 延 興門外夜上□□。"

67TAM78：20（b）《唐李悦得子等戶主名籍》："□□阿伯，戶主康破 延 □□。"

67TAM78：29（b）《唐吳相□等名籍（二）》："□□曹□ 延 ，□明海□□。"

80TBI：215《金光明經（卷三）鬼神品第一三》："□□那羅 延 等□。"

72TAM150：40《唐康某等雜器物帳》："康那你 延 床一張。"

按：那，原件書作"郍"。

72TAM150：40《唐康某等雜器物帳》："郭 延 明床一張。"

64TAM4：36《麟德二年（665）趙醜胡貸練契》："延 引不還，聽拽家財雜物平爲本練直（值）。"

72TAM201：33《唐咸亨五年（674）兒爲阿婆録在生及亡没所修功德牒》："延 僧設供誦《大波若》一十遍。"

72TAM201：33《唐咸亨五年（674）兒爲阿婆録在生及亡没所修功德牒》："延 法師曇真往南平講《金光明經》一遍"

73TAM215：017/7《唐殘書牘四》："□□居吕 延 奉到得

"□"

66TAM61：25《唐西州高昌縣上安西都護府牒稿爲録上訊問曹禄山訴李紹謹兩造辯辭事（八）》："炎 延 弟不虚，其所取之練，本利□。"

2004TBM113：6－1＋2004TBM113：6－1（背面）《唐龍朔二年（622）正月西州高昌縣思恩寺僧籍》："高昌縣寧昌鄉正道里，户主張延相男，爲 延 壽十四年四月十五日度，計至今廿五年。"

按：爲，《新獲吐魯番出土文獻》録作"偽"。

66TAM61：16（b）《唐西州高昌縣上安西都護府牒稿爲録上訊問曹禄山訴李紹謹兩造辯辭事（七）》："□契并在，炎 延 隨身作契□。"

2004TAM408：17《令狐阿婢隨葬衣物疏》："故紺綈 延 一枚。"

67TAM78：22（b），21（b）《唐吳相□等名籍（一）》："□劉阿尊，□□□□□□伯，傅 延 □。"

炎　yán

66TAM61：16（b）《唐西州高昌縣上安西都護府牒稿爲録上訊問曹禄山訴李紹謹兩造辯辭事（七）》："又問紹謹得款：當於 炎 □。"

66TAM61：16（b）《唐西州高昌縣上安西都護府牒稿爲録上訊問曹禄山訴李紹謹兩造辯辭事（七）》："□契并在，炎 延隨身作契□。"

66TAM61：25《唐西州高昌縣上安西都護府牒稿爲録上訊問曹禄山訴李紹謹兩造辯辭事（八）》："炎 延弟不虚，其所取之練，本利□。"

研　yán

64TAM29：91（b）《唐殘詩》："□終難，澤朱 研 轉身未見。"

閻　yán

75TKM91：3/1（a），3/2（a）《蔡暉等家口籍》："閻 增肆口。"
75TKM91：3/1（a），3/2（a）《蔡暉等家口籍》："閻 含三口。"

顔　yán

80TBI：019《增壹阿含經（卷五○）大愛道般涅槃品第五二》："□童子名曰梵天，顔 貌端政（正），世之希有。"

67TAM363：8/1（a）之一一《唐景龍四年（710）卜天壽抄孔氏本鄭氏注〈論語〉》："顔 回、季路侍。"

67TAM363：8/1（a）之一一《唐景龍四年（710）卜天壽抄孔氏本鄭氏注〈論語〉》："顔 回曰：'願無伐□[善]，無施勞。'"

67TAM363：8/1（a）之九《唐景龍四年（710）卜天壽抄孔氏本鄭氏注〈論語〉》："何敢望回者，不[也]敢望如 顔 回之才。"

按：也，衍字。

嚴　yán

67TB：1－2－2《大乘瑜伽金剛性海曼殊室利千臂千鉢大教王經

（卷六）》：“□□菩薩勝福莊 嚴 □□”

80TBI：069 - 2《十方千五百佛名經》：“□□無相 嚴 佛□□”

75TKM91：28（a）《兵曹行罰兵士張宗受等文書》：“□□兵張宗受、嚴緒□□□□等廿八人由來屯守無□，馮祖等九人長通□□□□應如解案校。”

72TAM151：96（a）《高昌安樂等城負臧錢人入錢帳》：“嚴 保守入錢八十四□□”

TAMX2：06《張倫豐等名籍》：“□□嚴□□”

72TAM150：42《唐白夜默等雜器物帳》：“魏養德木碗十，嚴 伯仁木碗十。”

73TAM191：105（a），108（a）《唐永隆元年（680）軍團牒爲記注所屬衛士征鎮樣人及勳官籤符諸色事（九）》：“嚴 憧相年□□。”

65TAM42：75《唐西州高昌縣授田簿（二〇）》：“□□□渠，西康延，南 嚴 隆，北渠。”

72TAM151：99，100《高昌合計馬額帳（一）》：“惠卜寺、追批□□□軏 嚴 馬□□”

72TAM151：57《高昌買駞、入練、遠行馬、郡上馬等人名籍》：“□□伯養、康師子、嚴 馬寺、康寺。”

64TKM1：48《唐西州高昌縣順義等鄉勘田簿（一）》：“嚴懷保田□□，西 嚴 侯□□”

64TKM1：48《唐西州高昌縣順義等鄉勘田簿（一）》：“嚴 懷保田□□，西嚴侯□□”

2004TAM395：4 - 2＋2004TAM395：4 - 3《唐垂拱二年西州高昌縣徵錢名籍全貌》：“大女 嚴 資□□”

2004TAM395：4 - 2＋2004TAM395：4 - 3《唐垂拱二年西州高昌縣徵錢名籍全貌》：“嚴 延隆。”

2004TAM395：4 - 2＋2004TAM395：4 - 3《唐垂拱二年西州高昌縣徵錢名籍全貌》：“嚴 迴德。”

2004TAM398：3 - 3＋2004TAM398：3 - 2《唐某年二月西州高昌縣更簿全貌》：“□□ 嚴 六仁，巡外囚；和寅海，總巡□□”

按：“外囚”原件作“囚外”，旁有勾乙符號，今據改。

巖　yán

80TBI：475《妙法蓮華經（卷二）譬喻品第三》：“□□校 巖 （嚴）飾，周□□”

67TAM78：49/3，49/4《唐王幢熹佃田殘契》：“□□鄉人 巖 □□”

按：巖，《説文》曰：“岸也。”《玉篇》訓：“積石兒。”《廣雅》訓：“高也。”《吐魯番出土文書》第二册録作“嚴”，非。

72TAM151：99，100《高昌合計馬額帳（一）》：“□□寺、弘慈 巖 寺、氾都寺、□□□寺懷儒、左衛寺、史令□□”

按：巖，《吐魯番出土文書》第二册録作“嚴”。

鹽　yán

73TAM507：012/18《高昌張明憙入延壽十四年（637）三月鹽城劑物條記》："☐☐ 鹽 城丁酉歲三月 ☐☐"

72TAM151：54《高昌涎林等行馬入亭馬人名籍》："次 鹽 城行□入亭馬人：主簿辛謙、參軍元祐、主簿男子。"

yǎn

沇   yǎn

66TAM59：4/6《北涼神璽三年（399）倉曹貸糧文書》："神璽三年五月七日起倉□□薄 沇 ，錄事朗，板白 ☐☐"

掩   yǎn

80TBI：117《妙法蓮華經（卷三）藥草喻品第五》："☐☐日光 掩 蔽，地上 ☐☐"

眼   yǎn

2002TJI：004《妙法蓮華經經卷三化城喻品第七》："☐☐世，爲眾生作 眼 。"

80TBI：500a-1《中阿含經（卷二二）穢品經第一》："☐☐護由 眼 耳所知法，彼 ☐☐"

80TBI：128《阿毗達磨大毗婆沙論（卷九二）結蘊第二中十門納息第四之二二》："☐☐成就 眼 ☐☐"

演   yǎn

80TBI：093-1《金光明經（卷三）除病品第一五》："☐☐ 演 ☐☐ 當爲汝"

儼   yǎn

2006TAM607：4a《唐神龍三年（707）正月西州高昌縣開覺寺手實》："神龍三年正月日，值歲僧惠 儼 牒。"

yàn

彥   yàn

73TAM509：8/5（a）《唐西州天山縣申西州戶曹狀爲狀無場請往北庭請兄祿事》："責問上者，得里正張仁 彥 ，保頭高義感等狀。"

72TAM230：54（a）《唐開元九年（721）里正記雷思彥租取康全致等田畝帳》："☐☐ 雷思 彥 交用麥貳 ☐☐"

晏   yàn

67TAM363：8/1（a）一〇《唐景龍四年（710）卜天壽抄孔氏本鄭氏注〈論語〉》："晏 平仲善與仁（人）交 ☐☐"

堰   yàn

73TAM501：109/1《武周如意元年（692）堰頭魏君富殘牒》："如意元年九月日 堰 頭魏君富牒。"

猒 yàn

80TBI：486《四分律比丘尼戒本》："□□猒玉帛珍寶體性不□。"

厭 yàn

2004TBM115：10《古寫本〈千字文〉》："且（具）饍□飯，適口充腸，飽飫享宰，飢厭糟糠。"

驗 yàn

72TAM230：75，76《武周天授二年（691）康進感辯辭》："□□種地，請檢驗即知。"

64TAM4：35（a）《唐瀵舍告死者左憧憙書爲左憧憙家失銀錢事（一）》："家里大小曹主及奴是等及鎧相有人盜錢者，兄子好驗校分明索取。"

64TAM4：6《唐總章元年（668）西州高昌縣左憧憙辭爲租佃葡萄園事》："公驗，謹辭。"

64TAM29：89（a），89（b）《唐永淳元年（682）坊正趙思藝牒爲勘當失盜事》："請給公驗，更自訪覓者。"

67TAM363：7/2《唐儀鳳二年（677）西州高昌縣寧昌鄉某人舉銀錢契》："□□契畫指爲驗。"

64TAM36：9《唐高昌縣史成忠帖爲催送田參軍地子并毉（槩）事》："驗行。"

64TAM4：33《唐總章三年（670）左憧憙夏菜園契》："爲人無信，

故立私契爲驗。"

讌 yàn

73TAM222：55（a）《唐寫〈千字文〉殘卷》："□□讌，接盃舉□。"

按：今本作："弦歌酒宴，接杯舉觴。"

yāng

鞅 yāng

75TKM91：44《殘文書》一："鞅。主者隨深注。"

按：原件上下俱殘，僅餘此一句。"鞅"字與其他幾字書寫風格迥異；且與同墓出土《兵曹行罰幢校文書》"功曹史鞅"字體、筆順均同，僅筆畫粗細之別，故"鞅"當爲其本人簽名。

75TKM91：20（a）《兵曹行罰幢校文書》："功曹史鞅。"

yáng

羊 yáng

80TBI：750a《妙法蓮華經（卷二）譬喻品第三》："□□必憂悔如此種種。羊□□□"

73TAM509：8/19《唐某人與十郎書牘》："當城置城主四、城局兩人，坊正、里正、橫催等在城有冊餘人，十羊九牧。"

72TAM151：102，103《高昌作頭張慶祐等偷丁谷寺物平錢帳》："羊肉三腳，平錢二文。"

65TAM42：40《唐缺名隨葬衣物疏》："駞馬驢羊雞苟（狗）一千。"

67TAM363：8/1（a）之四《唐景龍四年（710）卜天壽抄孔氏本鄭氏注〈論語〉》："子貢欲去告朔之餼羊。"

陽　yáng

73TAM206：42/1《唐事目歷》："事爲報大陽津橋木敕事。"

59TAM301：15/4－4（a）《高昌民部殘奏行文書》："鷹陽（揚）將軍兼民部＿＿"

2006TSYIM4：3－42《北涼義和三年（433）文書爲保辛事（四）》："＿＿妻陽以＿＿"

72TAM151：55《高昌田相祐等名籍》："陽相□、楊保相、劉祐兒、劉漢伯。"

72TAM201：25/1《唐咸亨三年（672）西州都督府下軍團符》："司馬陽。"

72TAM151：55《高昌田相祐等名籍》："田思祐、陽阿周、趙劉集。"

楊　yáng

72TAM151：57《高昌買馱、入練、遠行馬、郡上馬等人名籍》："＿＿楊太伯、寧遠阿都寅。"

63TAM1：17《劉普條呈爲綿絲事》："楊瓜生絲一斤。"

72TAM151：59,61《高昌某年郡上馬帳》："楊太伯瓜（騧）馬。"

73TAM206：42/10－4《唐質庫帳歷》："＿＿楊娘正月十九取壹＿＿"

72TAM151：55《高昌田相祐等名籍》："楊保相、劉祐兒、劉漢伯。"

67TAM78：38《唐西州蒲昌縣下赤亭烽帖二》："尉楊瓚＿＿"

73TAM206：42/9－30《唐課錢帳歷（二）》："楊婆十五。"

73TAM215：017/5－1《唐馮懷盛等夫役名籍（一）》："楊迴君。"

73TAM206：109/13－6,42/9－26《唐課錢帳歷》："＿＿賈二□廿,楊＿＿"

73TAM206：109/13－6,42/9－26《唐課錢帳歷》："蘇敬百廿入,□楊十五＿＿"

68TAM108：19（a）之三《唐開元三年（715）西州營典李道上隴西縣牒爲通當營請馬料姓名事》："押官乘騎官馬兩疋,傔人楊客。"

瘍　yáng

73TAM524：32/1－2《高昌永平元年（549）十二月廿九日祀部班示爲明正一日知祀人上名及謫罰事》："若有癰創糸（疹）瘍創者,不＿＿"

73TAM524：32/1－1《高昌永平元年（549）十二月十九日祀部班示爲知祀人上名及謫罰事》："若有癰癢瘍疥之疾,不得遇祀。"

73TAM524：32/1－1《高昌永平元年(549)十二月十九日祀部班示爲知祀人上名及謫罰事》："若有癰癢疥之疾,不得遇祀。"

yǎng

仰　yǎng

75TKM99：9(b)《高昌延昌二十二年(582)康長受從道人孟忠邊歲出券》："若長受身東西毛,仰婦兒上(償)。"

75TKM91：11/5《西涼建初四年(408)秀才對策文》："仰緣神策,冒陳所聞。"

72TAM209：88《唐貞觀年間西州高昌縣勘問梁延臺、雷隴貴婚娶糾紛案卷(一)》："得何財娉,仰具□"

64TAM4：53《唐麟德二年(665)張海歡、白懷洛貸銀錢契》："若張身東西没洛(落)者,一仰妻兒及收後保人替償。"

72TAM230：58/1(a)～58/4(a)《武周天授二年(691)追送唐建進家口等牒尾判》："□縱不在,家口應住安昌,別牒天山縣,仰準長官處分,即領送。"

72TAM188：68《唐辯辭爲種田事》："□陶憑何德種,仰答□"

65TAM341：26(b)《唐殘擬判》："□悖父之教命,仰□"

64TAM22：17《請奉符敕尉推覓逋亡文書》："仰得將詣。"

72TAM151：94《高昌義和三年(616)張相憙夏麼田券》："□殊(輸)佰役,仰田主了。"

2004TBM207：1－3《唐調露二年(680)七月東都尚書吏部符爲申州縣闕員事》："其四考已上,久無替人,亦仰於名下具言。"

2006TSYIM4：2－3＋2006TSYIM4：2－4《古寫本〈詩經〉》："瞻仰昊天,曷惠其寧。"

73TAM509：8/2(b)《唐西州道俗合作梯蹬及鐘記》："□薄(簿)馬瓊、尉衛綜、阮玉等寮彩咸斯水鏡,群司仰其朱繩。"

72TAM151：94《高昌義和三年(616)張相憙夏麼田券》："□殊(輸)佰役,仰田主了;渠□□[破水]謫,仰耕田人了。"

72TAM151：13《高昌義和三年(616)氾馬兒夏田券》："祖(租)殊(輸)伯(佰)役,仰田主了;渠破水謫,仰耕田人了。"

60TAM317：30/7《唐某人買奴契》："□名者,仰本主自□"

64TAM4：34《唐龍朔元年(661)龍惠奴舉練契》："若身東西無,仰妻兒收後者償。"

64TAM15：23《唐貞觀十四年張某夏田契》："渠破水遇(謫),仰耕田人承了。"

72TAM151：104《高昌延和十二年(613)某人從張相憙等三人邊雇人歲作券》："□亡失作具,六畜

　　　□□□仰相兒承了。"

64TAM29：107《唐垂拱元年（685）康義羅施等請過所案卷（三）》："仰答者！謹審：但那你等保知不是壓良等色。"

64TAM4：38《唐顯慶五年（660）張利富舉錢契》："若身東西不在，一仰妻兒及保人等代。"

69TAM137：1/2，1/4－1《唐某人夏南渠田券》："□□□租殊（輸）佰役，仰田主了；渠破□□□"

64TAM4：43《唐乾封元年（666）左憧憙夏田契》："渠破水□，一仰佃田人當。"

64TAM4：36《麟德二年（665）趙醜胡貸練契》："若身東西不在，一仰妻兒還償本練。"

64TAM4：33《唐總章三年（670）左憧憙夏菜園契》："祖（租）殊（輸）伯（佰）役，仰園主。"

64TAM4：33《唐總章三年（670）左憧憙夏菜園契》："渠破水滴，仰佃田人當。"

養　yǎng

67TB：1－2－1《大乘瑜伽金剛性海曼殊室利千臂千鉢大教王經（卷六）》："□□□供養食入道場人眾僧等□□□"

80TBI：390a《諸經要集（卷五）供養録第二》："□□□處道供養若菩□□□"

80TBI：016《四分戒本疏（卷一）》："如□供養□□□"

72TAM150：42《唐白夜默等雜器物帳》："郭養養瓮子一。"

72TAM178：4《唐開元二十八年（740）土右營下建忠趙伍那牒爲訪捉配交河兵張式玄事一》："□□□客作庸（傭）力，曰求升合養姓命，請乞□□□"

64TAM5：40《唐李賀子上阿郎、阿婆書一（一）》："鼠仁生活，日日不離作，取能養活身，更無長□□□"

73TAM191：119（a）《唐永隆元年（680）軍團牒爲記注所屬衛士征鎮樣人及勳官籤符諸色事（一）》："解養生，年卅五。"

72TAM151：56《高昌買駄、入練、遠行馬、郡上馬等人名籍》："□□□悅、趙田養、康□□□□□康□□□"

72TAM151：59，61《高昌某年郡上馬帳》："麴伯養黃［馬］，康師子白馬。"

　　按："黃"後當脱一"馬"字。

72TAM151：57《高昌買駄、入練、遠行馬、郡上馬等人名籍》："麴伯養、康師子、嚴馬寺、康寺。"

75TKM91：38（b）《某人辭爲差脱馬頭事》："無人養馬。"

yàng

漾　yàng

72TAM179：16/4（b），16/5（b），16/6（b），16/7（b）《唐寫〈尚書〉孔氏傳〈禹貢〉、〈甘誓〉殘卷》："漾出潘冢在梁州徑。"

樣　yàng

2004TBM207：1－7《唐調露二年（680）七月東都尚書吏部符爲申州縣闕員事》："□□件 樣 委州縣長□□。"

73TAM191：122（a）《唐永隆元年（680）軍團牒爲記注所屬衛士征鎮樣人及勳官籤符諸色事（四）》："樣人趙知奴。"

yāo

妖　yāo

80TBI：064《佛説灌頂拔除過罪生死得度經（卷一二）》："□□□又信世間 妖 孽□□□。"

腰　yāo

65TAM341：22，23，24（a）《唐景龍三年（709）南郊赦文》："□□□腰 舉人考滿□□□。"

按：䐨，"腰"的俗字。《金石文字辨異》："本作要，通作䐨。"《玉篇》："腰，髀也。本作䐨。"《廣韻》："腰，亦作䐨。"《字彙》："腰，身之中也，本作要，後人加肉。䐨，同上。"

64TAM29：44《唐咸亨三年（672）新婦爲阿公録在生功德疏》："帛練單袴一 腰 。"

73TAM509：8/6《唐書牘稿》："緣患 腰 ，迴轉不得，見每熨，後日可減。"

64TAM29：44《唐咸亨三年（672）新婦爲阿公録在生功德疏》："墨緑紬綾裙一 腰 。"

64TAM29：44《唐咸亨三年（672）新婦爲阿公録在生功德疏》："生絁長袖一 腰 。"

73TAM507：012/3《唐殘書牘》："□□且帶偷（鍮）石 腰 帶，待□□□。"

64TAM29：44《唐咸亨三年（672）新婦爲阿公録在生功德疏》："阿公袂綾袴一 腰 ，布施二行道□□□。"

73TAM507：012/3《唐殘書牘》："□□□腰 帶，汝聞視見君□□□。"

72TAM151：14《高昌義和元年（614）高懷孺物名條疏》："紫綾壹領，黃練裏；黃□□，白練裏；支絁裙壹，無 腰 。"

按：䨮，《龍龕手鏡》謂"覂"之俗字，此處爲"䚩"之省，同"腰"。

72TAM151：102，103《高昌作頭張慶祐等偷丁谷寺物平錢帳》："腰 刀三。"

按：䯍，爲"䚩"之省訛字，即"腰"。

yáo

堯　yáo

67TAM363：8/1（a）之六《唐景龍四年（710）卜天壽抄孔氏本鄭氏注〈論語〉》："堯 又盡善者，謂致太平也。"

揺　yáo

摇

80TBI：079a《道藏〈通玄真經〉（卷三）〈九守篇〉殘片》："□□五藏動摇而□□"

徭　yáo

72TAM150：38《唐某人九月廿一日書牘》："別久，昨知相憶，徭役有限。"

遙　yáo

67TAM363：8/2（a）之一《唐景龍四年（710）卜天壽抄〈十二月新三臺詞〉及諸五言詩》："遙望梅林，青條吐葉。"

65TAM42：48（b）《唐龍朔三年（663）殘文書》"□□莫識遙□"

73TAM509：8/19《唐某人與十郎書牘》："必須遙動，追取必不得。"

飆　yáo

2004TBM115：10《古寫本〈千字文〉》："□□葉飄飆。"

yào

要　yào

75TKM99：6（b）《義熙五年道人弘度舉錦券》："要到十月卅日還償錦半張，即交與錦生布八縱（緵）一匹。"

72TAM151：13《高昌義和三年（616）氾馬兒夏田券》："民有私要，要□□□，自署名爲信。"

64TAM4：42《唐龍朔元年（661）左憧憙夏菜園契》"要逕伍年，佃食年伍。"

67TAM91：26（b），24（b）《唐憙伯等家口給糧一月帳》"大要羊。"

按：原件"大要羊"三字倒書。

72TAM151：104《高昌延和十二年（613）某人從張相憙等三人邊雇人歲作券》："□□民有私要，要行□□□，自署名为信。"

藥　yào

2004TBM113：6－1＋2004TBM113：6－1（背面）《唐龍朔二年（622）正月西州高昌縣思恩寺僧籍》："《法華》五卷，《藥師》一卷，《佛名》一卷。"

64TAM29：103《唐殘牒爲申患牒事》"□□痾疹，藥□□"

按：疹，原件書作"疹"。

曜　yào

73TAM222：55（a）《唐寫〈千字文〉殘卷》："□□曜，旋（璇）璣□"

按：曜，"曜"之俗。"目""日"混用，俗寫常見。旋，"璇"之借字字。《説文》："璿，或作'琁'"。《集韻》："璿，《説文》：'美玉也。'或作琁、璇。"

耀　yào

67TAM376：01(a)《唐開耀二年(682)寧戎驛長康才藝牒爲請處分欠番驛丁事》："開**耀**二年二月日寧戎驛長康才藝牒。"

yē

耶　yē

80TBI：148《請觀世音菩薩消伏毒害陀羅尼咒經（卷一）》："□**耶**（莫作鬼也），卑離陀（云餓鬼也）。"

按：括號内爲原正文下注小字。

72TAM226：65《唐北庭諸烽廧田畝數文書》："□**耶**勒守捉界**耶**勒烽□"

yě

也　yě

80TBI：148《請觀世音菩薩消伏毒害陀羅尼咒經（卷一）》："□耶（莫作鬼**也**），卑離陀（云餓鬼也）。"

按：括號内爲原正文下注小字。

2006TSYIM4：2－2《古寫本〈詩經〉》："《雲漢》，仍叔美宣王**也**。"

64TAM19：32(a)，54(a)，55(a)《唐寫本鄭氏注〈論語〉公冶長篇》："對曰：'賜**也**，何敢望回？'"

2002TJI：001《道行般若經（卷八）強弱品第二四》："□勤苦

難**也**。"

72TAM179：16/1(b)，16/2(b)《唐寫〈尚書〉孔氏傳〈禹貢〉、〈甘誓〉殘卷》："田第一，賦第六，人功少**也**。"

冶　yě

67TAM363：8/1(a)之八《唐景龍四年(710)卜天壽抄孔氏本鄭氏注〈論語〉》："子謂公**冶**萇：'可妻也，雖在縲紲（絏）之中，非其罪。'"

野　埜　yě

80TBI：641a《妙法蓮華經（卷二）譬喻品第三》："毒蛇蚖蝮，及諸夜叉，鳩盤荼鬼，**野**干狐狗，鵰鷲鵄梟，百族之屬。"

80TBI：506－2《囉嚩拏説救療小兒疾病經（卷一）》："□**野**（二）朗□"

按：朗，《中華大藏經》和《大正大藏經》作"未"。括號内爲原件下注小字。

65TAM40：20《唐下鎮將康懷義牒（二）》："□**野**，職掌要衝，押兵遊□"

按：職，原件書作"䐗"。

64TAM29：25《唐垂拱元年(685)康義羅施等請過所案卷（四）》："作人曹**野**那，作人安莫㐫。"

67TAM363：8/1(a)之五《唐景龍四年(710)卜天壽抄孔氏本鄭氏注〈論語〉》："樹之田主，各以其土地所宜木，遂以爲社與其**野**。"

72TAM179：16/4(b)，16/5(b)，16/6(b)，16/7(b)《唐寫〈尚書〉

孔氏傳〈禹貢〉、〈甘誓〉殘卷》："启與又
（有）扈弄（戰）於甘之 埜 作《甘誓》。"

　　按：埜，同"野"。《玉篇》："埜，古文野。"
S.388《正名要録》："埜野，右字形雖別，音義
是同。古而典者居上，今而要者居下。"

72TAM179：16/1（b），16/2（b）
《唐寫〈尚書〉孔氏傳〈禹貢〉、〈甘
誓〉殘卷》："□豬（瀦） 埜 。"

yè

夜　yè

80TBI：097《請觀世音菩薩消伏
毒害陀羅尼咒經（卷一）》：
"□□蝮蝎 夜 叉，羅刹拘槃□□□"

80TBI：488《四分戒本疏（卷
一）》："四要期，如日 夜 及處中
要期等。"

2004TAM395：1－1《唐某年二
月西州高昌縣更簿全貌》："二月
十三日 夜 更簿。"

65TAM341：30/1（a）《唐小德辯
辭爲被蕃捉去逃回事》："□□□
泉谷宿，至四日 夜 在小嶺谷宿□□□"

65TAM341：30/1（a）《唐小德辯
辭爲被蕃捉去逃回事》："□□□
至 夜 在葦東食人定後，即發向□□□"

73TAM206：42/10－14，42/10－
9《唐質庫帳歷》："□□□延興門
外 夜 上□□□"

　　按：夜，《吐魯番出土文書》録作"店"。

72TAM150：42《唐白夜默等雜
器物帳》："白 夜 默槃一，龍歡槃
□□□"

2004TAM398：3－3＋2004TAM398：
3－2《唐某年二月西州高昌縣更
簿全貌》："□□□緣今日 夜 當直（值）里正
及□□□"

80TBI：027《阿毗曇八犍度論
（卷三）思跋渠首第八》："□□□
恚所纏，長 夜 不□□□"

66TAM61：23（a），27/1（a），27/
2（a）《唐麟德二年（665）婢春香辯
辭爲張玄逸失盜事》："更老患，當 夜 並在
家宿，實□□□"

抴　yè

75TKM99：9（b）《高昌延昌二十
二年（582）康長受從道人孟忠邊
歲出券》："若過期不償，聽 抴 家財，平爲
麥直（值）。"

72TAM151：99，100《高昌合計
馬額帳（一）》："□□□惠卜寺、追
抴 □□□軌巖馬□□□"

66TAM62：6/2《翟疆辭爲貧麥
被抴牛事》："外□□牛一頭載致
流 抴 牛□去。"

59TAM301：15/4－1，15/4－2
《唐貞觀十七年（643）西州高昌
縣趙懷滿夏田契》："□□□若前却不上，聽
抴 家財。"

　　按：聽，原件書作"聴"。

拽　yè

64TAM4：40《唐乾封三年（668）
張善憙舉錢契》："若延引不還，
聽左 拽 取張家財雜物平爲本錢直（值）。"

66TAM61：31/1（a），31/3（a），31/4（a）《唐郭阿安等白丁名籍（四）》："張[拽]鼠，冊六，白丁，單身。"

67TAM363：7/2《唐儀鳳二年（677）西州高昌縣寧昌鄉某人舉銀錢契》："若延引不還，任[拽]家財雜物及口分□□平充錢。"

64TAM4：29（a）《唐咸亨四年左憧憙生前功德及隨身錢物疏》："鎧有於人，不得[拽]取，付主左。"

咽　yè

73TAM215：017/6-1，017/6-2《唐殘書牘三》："□氣[咽]荒迷□"

業　yè

80TBI：694a《大智度論（卷二）初品中婆伽婆釋論第四》："□雜[業]因緣生□"

73TAM222：56/3（a），56/4（a）《唐殘判籍（三）》："[業]豈可頓□"

68TAM103：18/5（a）《唐貞觀某年西州高昌縣范延伯等戶家口田畝籍（三）》："□半畝，世[業]田。"

68TAM103：18/5（a）《唐貞觀某年西州高昌縣范延伯等戶家口田畝籍（三）》："□畝，世[業]田。"

65TAM346：1《唐乾封二年（667）郭犛醜勳告（一）》："東臺：右威衛渭源府果毅都尉朱小安等，並志懷壯果，[業]苞戎藝。"

80TBI：488《四分戒本疏（卷一）》："其心雖在惡無記中，本所作[業]，不名漏失。"

73TAM193：28《武周證聖元年（695）五月西州高昌縣崇福寺轉經歷（二）》："□同[業]，人各轉大□"

64TAM29：44《唐咸亨三年（672）新婦爲阿公錄在生功德疏》："在生產[業]、田園、宅舍、妻子、男女奴婢等物，並是虛花，皆無真實。"

68TAM108：19（a）之三《唐開元三年（715）西州營典李道上隴西縣牒爲通當營請馬料姓名事》："火長毛崇[業]，火內人張言。"

葉　yè

80TBI：656a《佛説灌頂摩尼羅亶大神咒經（卷八）》："□[葉]佛今我第七釋加文佛□"

80TBI：669a《大方廣華嚴十惡品經》："爾時，世尊告迦[葉]菩□"

69TKM39：9/6（a）《唐貞觀年間（640—649）西州高昌縣手實一》："□世[葉]（業）常田。"

80TBI：488《四分戒本疏（卷一）》："五隨業無作，如隨戒無作及處中隨作[葉]（業）發者。"

67TAM363：8/2（a）之一《唐景龍四年（710）卜天壽抄〈十二月新三臺詞〉及諸五言詩》："遙望梅林，青條吐[葉]。"

73TAM193：15（b）《唐天寶某載（749—756）行館器物帳》："荷

葉盤子陸面。"

64TAM29：102《唐緑葉辯辭爲附籍事》："□□綠葉今□"

64TAM29：25《唐垂拱元年（685）康義羅施等請過所案卷（四）》："婢桃葉，驢一十二頭。"

2004TAM396：14《唐開元七年（719）洪奕家書》："今葉（業）薄，種果無因。"

墷　yè

72TAM151：13《高昌義和三年（616）氾馬兒夏田券》："義和三年丙子歲潤（閏）五月十九日，氾馬兒從無艮跋子邊夏舊墷部田叁畝。"

按：墷，此處爲"業"增旁俗字。另，墷，同"墣"，《龍龕手鏡》："墷，俗；墣，正。土塊也。"

一　yī

67TAM84：20《高昌條列出臧錢文數殘奏》："□□百廿一"

67TAM84：20《高昌條列出臧錢文數殘奏》："□錢一百一十文□"

67TAM84：20《高昌條列出臧錢文數殘奏》："□錢一百一十文□"

伊　yī

73TAM509：8/19《唐某人與十郎書牘》："□湏（須）定伊誇，緣希隱名出換□"

72TAM230：55（b）《唐館驛文書事目（一）》："□廿七日伊坊狀請□"

64TAM29：24《唐垂拱元年（685）康義羅施等請過所案卷（四）》："保人庭伊，百姓康阿了。"

67TAM78：43《唐東塞殘文書》："□爲限，伊□"

64TAM29：24《唐垂拱元年（685）康義羅施等請過所案卷（四）》："保人伊州，百姓史保。"

衣　yī

72TAM151：6《高昌重光元年（620）氾法濟隨葬衣物疏》："諸（朱）衣籠管（冠）一具。"

67TAM363：8/1（a）之七《唐景龍四年（710）卜天壽抄孔氏本鄭氏注〈論語〉》："恥惡衣惡食者，則耕嫁之情多。"

75TKM96：17《北涼真興七年（425）宋泮妻隗儀容隨葬衣物疏》："謹條隨身衣物□"

2004TAM408：17《令狐阿婢隨葬衣物疏》："□尊鍾妻令狐阿婢隨身雜衣物凡□"

63TAM1：11《西涼建初十四年（418）韓渠妻隨葬衣物疏》："韓渠□□命早終，謹條隨身衣裳雜物

如右。"

66TAM62：5《北涼緣禾五年隨葬衣物疏》："緣禾五年六月廿三日謹條 衣 裳物在右，而無名者，急如律令。"

80TBI：264《十誦比丘波羅提木叉戒本》："▢▢ 衣 家內▢▢"

72TAM228：30/1～30/4《唐天寶三載（744）交河郡蒲昌縣上郡戶曹牒爲錄申徵送郡官白直課錢事（一）～（四）》："楊長史執 衣 叁▢▢"

64TKM1：28（a），31（a），37/2（a）《唐西州某鄉戶口帳（一）》："▢▢ 衣 。"

依 yī

64TAM4：53《唐麟德二年（665）張海歡、白懷洛貸銀錢契》："同日白懷洛貸取銀錢貳拾肆文，還日、別部 依 上券同。"

72TAM230：67《武周天授二年（691）唐建進辯辭》："如涉虛誣，付審已後不合更執，既經再審確，請一 依 元狀勘當。"

73TAM206：42/5《唐高昌縣勘申應入考人狀》："送曹司 依 例支配，應入考者令早裝束。"

73TAM206：42/5《唐高昌縣勘申應入考人狀》："依 檢案內令注▢前者，今以狀▢▢"

72TAM230：75，76《武周天授二年（691）康進感辯辭》："被問 依 實謹辯。"

72TAM151：13《高昌義和三年（616）氾馬兒夏田券》："▢▢ 內

上麋使畢，依 官斛兜（斗）中取。"

按：麋，原件作"床"。

64TAM29：25《唐垂拱元年（685）康義羅施等請過所案卷（四）》："求受 依 法罪，被問依實謹▢。"

60TAM332：9/6《唐殘手實》："▢▢ 依 法受罪。"

72TAM188：73（a）之一《唐上西州都督府牒爲徵馬付營檢領事一》："依 判諮泰▢，廿六日；依判定毋示，廿六日。"

72TAM151：94《高昌義和三年（616）張相憙夏麋田券》："▢▢ 部田壹畝，到十月內▢▢▢▢ 麋 依 官斛兜（斗）中取。"

按：麋，原件作"床"。

80TBI：407《彌沙塞羯摩本》："▢▢ 今盡形受歸 依 ▢▢"

2004TAM398：3-3＋2004TAM398：3-2《唐某年二月西州高昌縣更簿全貌》："依 注告知洛白。"

64TAM19：61（a）《唐殘牒尾》："依注，餘 依 判。"

72TAM188：73（a）之一《唐上西州都督府牒爲徵馬付營檢領事一》："依 判定毋示，廿六日。"

72TAM188：74（a）《唐被問領馬事牒》："▢▢ 營被問 依 實謹牒。"

64TAM29：25《唐垂拱元年（685）康義羅施等請過所案卷（四）》："求受依法罪，被問 依 實謹▢。"

72TAM230：95（a）《唐西州高昌縣牒爲鹽州和信鎮副孫承恩人馬到此給草譜事》："依 檢到此，▢準式訖牒上者，牒縣準式者，縣已準式訖，牒至準

式謹牒。"

80TBI：310《四分戒本疏（卷一）》："□□明一時得若 依 此□。"

2004TBM207：1－12a《唐上元三年(676)西州法曹牒功曹爲倉曹參軍張元利去年負犯事》：" 依 檢上件人案，是前府史孟□□□檢覓不獲。"

2004TBM207：1－4《唐儀鳳三年(678)九月西州功曹牒爲檢報乖僻批正文案事》：" 依 檢，□乖僻批正文可報。"

72TAM188：89(a)《唐上李大使牒爲三姓首領納馬酬價事》："□□牒請納馬， 依 狀檢到前官□□。"

64TAM29：92《唐申州法曹殘牒》：" 依 判借示。"

69TAM232：3(b)《唐蠅芝等直上欠䴵粟帳》：" 依 檢大志貫高昌縣，絶户田四畝。"

72TAM226：57《唐檢勘伊吾軍屬田頃畝數文書》："□□ 依 檢與前報數同，典張瓊檢。"

壹 yī

75TKM99：6(a)《北涼承平八年(450)翟紹遠買婢券》："翟紹遠從石阿奴買婢 壹 人。"

75TKM99：6(b)《義熙五年道人弘度舉錦券》："若過其(期)不償，一月生布 壹 文。"

72TAM151：95《高昌延和八年七月至延和九年六月錢糧帳》："□□并合額得臧錢 壹 □□□□麥□□□兜(斗)□□。"

73TAM206：42/10－14,42/10－9《唐質庫帳歷》："□□□□ 壹 佰□□"

72TAM151：95《高昌延和八年七月至延和九年六月錢糧帳》："□□次□案除錢貳□□拾伍□□□□，麥 壹 兜(斗)。"

72TAM151：14《高昌義和元年(614)高懷孺物名條疏》："緋練柒□；□練 壹 段。"

72TAM151：14《高昌義和元年(614)高懷孺物名條疏》："紫綾壹領，黄練裏；黄□□，白練裏；支絁裙 壹 ，無腰。"

72TAM151：14《高昌義和元年(614)高懷孺物名條疏》："白練叁拾段；紫綾 壹 領。"

72TAM151：62《高昌義和二年(615)參軍慶岳等條列高昌馬鞴帳》："□□保謙下□延虎 壹 具，虎牙□□□□ 壹具□□"

64TAM15：29/1《高昌康保謙雇劉祀海券》："□□銀錢柒文，糧 壹 斛肆□□"

72TAM151：94《高昌義和三年(616)張相憙夏靡田券》："□□部田 壹 畝，到十月内□□□□□靡依官斛兜(斗)中取。"

按：靡，原件作"床"。

72TAM151：101《高昌傳錢買鑼鐵、調鐵供用帳》："□□文，用買調鐵 壹 斤伍□□"

73TAM206：42/10－5/10－17《唐質庫帳歷》："正月十九日取 壹 伯(百)□□"

73TAM206：42/10－12《唐質庫帳歷》："王園仁正月廿四日取壹伯（百）陸拾文。"

72TAM194：27(a)《唐盜物計贓科罪牒》："王慶計□不滿壹疋，合杖六十。"

73TAM206：42/10－21《唐質庫帳歷》："□□取壹伯（百）□□"

67TAM78：45(a)《唐西州蒲昌縣下赤亭烽帖爲牛草料事》："□□壹拾□頭□□"

73TAM221：43《唐田畝殘文籍》："□□肆畝半壹伯（百）壹拾柒步。"

72TAM188：74(a)《唐被問領馬事牒》："□□元新市馬壹疋，瓠（騧）敦（驐）六歲□□"

72TAM151：62《高昌義和二年（615）參軍慶岳等條列高昌馬鞍轡帳》："將伯□下左涉沴壹具。"

按：沴，原件書作"泳"。

73TAM206：42/10－4《唐質庫帳歷》："□□楊娘正月十九日取壹□□"

64TAM4：34《唐龍朔元年（661）龍惠奴舉練契》："其利若出月不還，月別罰練壹疋入左。"

64TAM4：33《唐總章三年（670）左憧憙夏菜園契》："左憧憙於張善憙邊夏取張渠菜園壹所。"

72TAM230：63(a)《唐西州高昌縣史張才牒爲逃走衛士送庸緤價錢事（一）》："□□逃走衛士後送庸緤價銀錢壹伯（百）陸□□"

2006TZJ1：087，2006TZJ1：077《麴氏高昌張廷懷等納斛斗帳》："□□成拾壹斛究（九）兜（斗）究（九）昇（升），憧海師陸兜（斗）究（九）昇（升）。"

2006TZJ1：087，2006TZJ1：077《麴氏高昌張廷懷等納斛斗帳》："□□張廷懷壹斛□□"

72TAM151：62《高昌義和二年（615）參軍慶岳等條列高昌馬鞍轡帳》："□□具，將□□□□受壹□，將佛苟下白弟□□"

73TAM206：42/10－20《唐質庫帳歷》："□□壹伯（百）□□"

73TAM507：012/1《唐某人申狀爲欠練、駞、馬事》："□□去年八□一日壹投□□"

60TAM317：30/6(a)，30/10(a)《唐趙蔭子博牛契》："□□兩本，各捉壹本。"

揖 yī

67TAM363：8/1(a)之二《唐景龍四年（710）卜天壽抄孔氏本鄭氏注〈論語〉》："揖讓而升，下而飲，其爭也君子。"

醫 yī

60TAM325：14/4－1，14/4－2《唐西州某府主帥陰海牒爲六馱馬死事》："□後腳勛（筋）斷，將就此醫療。"

按：斷，原件書作"断"。

67TAM91：28(a)《唐貞觀十七年（643）何射門陀案卷爲來豐患

病致死》：“不覓 醫 治，仍顯是 ☐☐ ”

yí

夷　yí

67TAM363：8/1（a）之二《唐景龍四年（710）卜天壽抄孔氏本鄭氏注〈論語〉》：“ 夷 狄之有君，不如諸夏之亦（亡）。”

80TBI：020《四分律比丘尼戒本》：“ ☐ 羅 夷 已説十七僧 ☐ ”

按：“十七”原件爲“七十”，中有勾乙符號，故録爲“十七”，《中華大藏經》和《大正新修大藏經》正作“十七”。

64TAM19：34,58,59《唐寫本鄭氏注〈論語〉公冶長篇》：“伯 夷 、叔齊不念☐☐[舊惡]，怨是用希。”

67TAM363：8/1（a）一一《唐景龍四年（710）卜天壽抄孔氏本鄭氏注〈論語〉》：“伯 夷 、叔齊不念舊惡，怨是用希。”

宜　yí

80TBI：316《妙法蓮華經（卷二）譬喻品第三》：“ ☐☐ 畏之事，此舍已燒， 宜 時 ☐☐ ”

65TAM341：25,26（a）《唐景龍三年（709）南郊赦文》：“ ☐☐ 久者， 宜 令兵 ☐☐ ”

72TAM151：6《高昌重光元年（620）氾法濟隨葬衣物疏》：“ 宜 向（享）遐齡，任意聽過，不得奄歇留亭（停）。”

73TAM206：42/6《唐殘符》：“ 宜 準狀，☐☐奉行。”

64TAM29：101《唐殘牒》“ ☐☐ 縣 宜 準狀故牒。”

2004TBM207：1－7唐調露二年（680）七月東都尚書吏部符爲申州縣闕員事》：“ ☐☐ 今以狀下州， 宜 依狀速申，符到 ☐☐ ”

66TAM62：6/2《翟彊辭爲貸麥被扯牛事》：“殘負麥一斛五斗，比爾當方 宜 索償。”

60TAM327：05/1《唐永徽六年（655）趙羊德隨葬衣物疏》：“某修十善， 宜 向（享）行年。”

按：某，原件書作“厶”。

72TAM201：25/1《唐咸亨三年（672）西州都督府下軍團符》：“今以狀下團， 宜 準狀符到奉行。”

60TAM325：14/2－1（a），14/2－2（a）《唐龍朔三年（663）西州高昌縣下寧戎鄉符爲當鄉次男侯子隆充侍及上烽事》：“今以狀下鄉， 宜 準狀。”

姨　yí

73TAM206：42/9－27《唐課錢帳歷》：“ ☐☐ 馬嗣十五，田 姨 廿六，二 ☐☐ ”

移　yí

65TAM42：87,55《唐西州高昌縣授田簿（四）》：“☐女索看 移 戶常 ☐☐ ”

72TAM179：16/4(b)，16/5(b)，16/6(b)，16/7(b)《唐寫〈尚書〉孔氏傳〈禹貢〉、〈甘誓〉殘卷》："流移言政教隨其風俗。"

65TAM42：64《唐西州高昌縣授田簿(一二)》："康申海住移户部田二畝。"

72TAM151：6《高昌重光元年(620)氾法濟隨葬衣物疏》："重光元年庚辰歲二月下旬，佛弟子某甲敬移五道大神。"

按：某，原件書作"厶"。

73TAM221：62(a)-2《唐永徽三年(652)士貞辯》："一更向了，移向別種粟，亦無經求。"

66TAM61：31/1(a)，31/3(a)，31/4(a)《唐郭阿安等白丁名籍(四)》："趙移跛□□□□，單身。"

2006TSYIM4：3-17a《北涼某年九月十六日某縣廷掾案爲檢校絹事》："▭往録移達，煩攝離▭"

疑 yí

73TAM507：013/1《唐某人申狀爲注籍事》："▭疑不給，故作□□非是賠成▭"

儀 yí

80TBI：488《四分戒本疏(卷一)》："於生非生數頓得律儀，故稱爲總。"

按：總，原件書作"惣"。

73TAM509：8/2(b)《唐西州道俗合作梯蹬及鐘記》："道門威儀氾棲霞、錬師陰景陽等道體清虚，逍遥物外。"

按：棲，原件作"栖"。等，作"寺"。

75TKM103：1《唐某人自書歷官狀》："至儀鳳二年差從▭"

2004TBM207：1-6《唐儀鳳三年(678)九月西州録事參軍牒》："儀鳳三年九月日録事參▭"

67TAM363：7/1《唐儀鳳二年(677)西州高昌縣寧昌鄉卜老師辭爲訴男及男妻不養贍事》："儀鳳二年四月日寧昌鄉人卜老師辭"

72TAM151：99，100《高昌合計馬額帳(一)》："▭麴善亮、田衆歡、董伯珍、王□□、匡買得、聖儀寺弘▭"

2004TBM207：1-4《唐儀鳳三年(678)九月西州功曹牒爲檢報乖僻批正文案事》："儀鳳三年九月日▭"

遺 yí

73TAM221：55(a)《唐貞觀廿二年(648)安西都護府乘敕下交河縣符爲處分三衛犯私罪納課違番事》："故立考第，量能進敍，有勞必録，庶不遺材。"

73TAM191：32(a)《唐史衛智爲軍團點兵事》："▭加減、隱没、遺漏▭"

嶷 yí

72TAM188：78(a)《唐健兒鄯玄嶷、吴護隂等辭爲乘馬死失另備

馬呈印事》："▭十一月日健兒鄯玄嶷、吴護陰等辭▭"

72TAM188：78(a)《唐健兒鄯玄嶷、吴護陰等辭爲乘馬死失另備馬呈印事》："▭嶷等先差趁賊，乘馬死失▭"

yǐ

乙　yǐ

73TAM507：013/4－1，4－2《唐曆》："▭七日乙▭"

72TAM226：84，86/1～86/4《唐伊吾軍牒爲申報諸烽鋪斸田所得斛斗數事(一)～(五)》："▭乙耳烽麇肆畝。"

按：麇，原件作"床"。

2004TBM207：1－3《唐調露二年(680)七月東都尚書吏部符爲申州縣闕員事》："▭官某乙滿，若續前任滿，即注云：續前任合滿。"

72TAM151：62《高昌義和二年(615)參軍慶岳等條列高昌馬鞍韉帳》："義和二年乙亥歲十二月九日□□慶岳主▭"

72TAM151：15《高昌義和二年(615)都官下始昌縣司馬主者符爲遣弓師侯尾相等詣府事》："▭乙亥歲十月日起。"

73TAM524：34(a)《高昌章和五年(535)取牛羊供祀帳》："章和五年乙卯歲正月日，取嚴天奴羊一口供始耕。"

已　yǐ

73TAM222：56/1，56/2《唐殘判籍(二)》："平已後，即日▭"

80TBI：020《四分律比丘尼戒本》："▭羅夷已説七十僧▭"

按："十七"原件爲"七十"，中有勾乙符號，故録爲"十七"，《中華大藏經》和《大正新修大藏經》正作"十七"。

64TAM4：29(a)《唐咸亨四年左憧憙生前功德及隨身錢物疏》："憧憙身在之日，十年已前造壹佛，貳陪(菩)薩。"

65TAM346：2《唐上元二年(675)府曹孝通牒爲文峻賜勳事》："敕鎮滿十年，賜勳兩轉，付録事司檢文峻等並經十年已上檢。"

64TAM29：44《唐咸亨三年(672)新婦爲阿公録在生功德疏》："但命過已後功德具件如前。"

73TAM519：19/2－2《高昌麴季悦等三人辭爲請授官階事》："▭已來，至今盡是白民。"

73TAM215：017/7《唐殘書牘四》："▭早已斷手，今▭"

按：斷，原件書作"断"。

72TAM230：67《武周天授二年(691)唐建進辯辭》："如涉虚誣，付審已後不合更執，既經再審確，請一依元狀勘當。"

73TAM519：19/2－2《高昌麴季悦等三人辭爲請授官階事》："▭到司馬前頭訴已，司馬許爲

"□□"

72TAM151：13《高昌義和三年（616）氾馬兒夏田券》："風蟲賊破，隨大 已 列（例）。"

以 yǐ

65TAM39：20《前涼升平十一年王念賣駝券》："升平十一年四月十五日，王念 以 茲駝賣與朱越，還得嘉駝，不相販移。"

80TBI：750a《妙法蓮華經（卷二）譬喻品第三》："□□外，可 以 遊戲。汝等於此□□"

75TKM96：18，23《北涼玄始十二年（423）兵曹牒爲補代差佃守代事》："□□范晟□佃，請 以 外軍張成代晟。"

63TAM1：20/1，20/2《某人上主將殘辭》："節下 以 有恩教還□□"

67TAM363：8/1（a）《唐景龍四年（710）卜天壽抄孔氏本鄭氏注〈論語〉》："子曰：'臨之 以 莊，則敬；孝慈，則中；舉□□"
按：中，傳世本作"忠"。

73TAM206：42/9－16《唐課錢帳歷（八）》："以 前並勾勘上歷訖。"

75TKM96：31（a）《兵曹屬爲以王明代張賞入員事》："李兵曹：今 以 王明代張賞入員，屬至□□"

73TAM206：42/9－30《唐課錢帳歷（二）》："以 上計當。"

65TAM341：22，23，24（a）《唐景龍三年（709）南郊赦文》："□□

以 上者，放選□□"

69TAM232：3（b）《唐蠅芝等直上欠麨粟帳》："白居兜□□義達種秋粟，右同前據□□□上件地去年秋是前件人佃種，畝別收子兩碩 以 上者，件勘如前。"

72TAM188：71《唐神龍三年（707）和湯牒爲被問買馬事（一）》："□□得 以 不者，但前件練依□□"

2004TBM207：1－10e《唐文書殘片》："□□而 以 爲今□□"

73TAM206：42/9－9（a）《唐課錢帳歷》："□□ 以 上計當□□"

73TAM206：42/2《唐光宅元年（684）史李秀牒爲高宗山陵賜物請裁事》："前未判申，事恐疎略，謹 以 牒舉。"

73TAM206：42/5《唐高昌縣勘申應入考人狀》："依檢案內令注□前者，今 以 狀□□"

72TAM188：74（a）《唐被問領馬事牒》："□□仰答領得 以 不者，但小□□"

矣 yǐ

80TBI：079a《道藏〈通玄真經〉（卷三）〈九守篇〉殘片》："□□由識之 矣，故聖人愛而□□"

67TAM363：8/1（a）之六《唐景龍四年（710）卜天壽抄孔氏本鄭氏注〈論語〉》："之曰韶盡美 矣 又盡善。"

67TAM363：8/1（a）之三《唐景龍四年（710）卜天壽抄孔氏本鄭

氏注〈論語〉》：“文獻不足矣。”

67TAM363：8/1（a）之五《唐景龍四年（710）卜天壽抄孔氏本鄭氏注〈論語〉》：“天下無道久矣。”

64TAM19：33,56,57《唐寫本鄭氏注〈論語〉公冶長篇》：“子曰：‘忠矣。’”

蟻　yǐ

73TAM193：38（a）《武周智通擬判爲康隨風詐病避軍役等事》：“又,斬啜猖狂,蟻居玄塞。”

yì

弋　yì

2006TSYIM4：2-2《古寫本〈詩經〉》：“如彼飛蟲,時亦弋獲。”

刈　yì

72TAM226：65《唐北庭諸烽䎫田畝數文書》：“□□白粟叁畝,共刈得貳□□”

亦　yì

72TAM230：58/1（a）～58/4（a）《武周天授二年（691）追送唐建進家口等牒尾判》：“□□文帳,頻追不到,亦附牒縣□前速即追送,并辯□□”

67TAM363：8/1（a）《唐景龍四年（710）卜天壽抄孔氏本鄭氏注

〈論語〉》：“是亦爲政。”

67TAM363：8/1（a）之二《唐景龍四年（710）卜天壽抄孔氏本鄭氏注〈論語〉》：“夷狄之有君,不如諸夏之亦（亡）。”

67TAM363：8/1（a）之五《唐景龍四年（710）卜天壽抄孔氏本鄭氏注〈論語〉》：“□□亦樹塞門。”

66TAM61：16（b）《唐西州高昌縣上安西都護府牒稿爲録上訊問曹禄山訴李紹謹兩造辯辭事（七）》：“□□兄前後不同行,紹謹亦□□”

72TAM230：66《武周天授二年（691）安昌合城老人等牒爲勘問主簿職田虛實事》：“行旅之徒,亦應具悉。”

67TAM78：27《唐殘書牘》：“□□未亦通再拜張郎及□□”

80TBI：019《增壹阿含經（卷五〇）大愛道般涅槃品第五二》：“□□而行諸街巷中,時有居士婦亦復端政（正）。”

80TBI：046a《阿毗曇八犍度論（卷一二）智犍度之四修智跋渠之餘》：“□□繫忍滅,亦餘智滅亦不滅是結謂郤□□”

按：“智”後之“滅”原件爲旁補小字。“謂結”原件作“結謂”,旁有勾乙符號,故録。《中華大藏經》和《大正新修大藏經》正作“謂結”。

80TBI：046a《阿毗曇八犍度論（卷一二）智犍度之四修智跋渠之餘》：“□□智亦如是。道智,彼道智□□緣、增□□”

2006TSYIM4：2-2《古寫本〈詩經〉》：“如彼飛蟲,時亦弋獲。”

64TKM3：50《前涼殘券》："□此處 亦 有。"

64TAM19：34,58,59《唐寫本鄭氏注〈論語〉公冶長篇》："子曰：'巧言、□色、足恭，□丘明恥之，丘 亦 恥之。'"

80TBI：298b《四分律比丘戒本》："□醜我 亦 不□"

80TBI：488《四分戒本疏（卷一）》："中下心受義 亦 同然。"

80TBI：488《四分戒本疏（卷一）》："戒 亦 上品。"

80TBI：489《四分戒本疏（卷一）》："此就一心自作爲言，若先後心及以教人，餘二性中隨亦通有如教相所詮，犯不犯中 亦 同此狹。"

80TBI：327《注維摩詰經（卷六）不思議品第六》："□ 亦 有信□"

80TBI：035《請觀世音菩薩消伏毒害陀羅尼三昧儀經明正意第二》："□愍我救護苦惱 亦 救□"

75TKM91：11/6《西涼建初四年（408）秀才對策文》："亦 由智伯氏貪愎，士無死志。"

73TAM222：56/1,56/2《唐殘判籍（二）》："文曹司，亦 無□"

80TBI：049a《十方千五百佛名經》："□ 衆生 亦 能滅除二□"

80TBI：407《彌沙塞羯摩本》："□ 亦 三説受□"

80TBI：489《四分戒本疏（卷一）》："若通就先後心即教人，犯行中 亦 有不犯行。"

80TBI：016《四分戒本疏（卷一）》："□來之境 亦 生惡心故，須普緣總作□"

按：總，原件書作"惣"。

80TBI：489《四分戒本疏（卷一）》："二總別，三亦懸對，四 亦 根條。"

按：總，原件書作"惣"。

80TBI：489《四分戒本疏（卷一）》："二總別，三 亦 懸對，四亦根條。"

73TAM509：8/5（a）《唐西州天山縣申西州户曹狀爲狀無瑒請往北庭請兄禄事》："前件人所將奴畜，並是當家家生奴畜，亦 不是詃誘影他等色。"

73TAM191：61/1《唐□璟殘狀》："□三五車柴來□車牛 亦 將來□"

64TAM29：44《唐咸亨三年（672）新婦爲阿公録在生功德疏》："右件物今二月廿一日對衆布施三寶，亦 願知。"

73TAM507：012/5《唐殘辭》："□一處留身，亦 不□"

64TAM29：44之六《唐咸亨三年（672）新婦爲阿公録在生功德疏》："亦 請記録。"

73TAM509：8/27《唐城南營小水田家牒稿爲舉老人董思舉檢校取水事》："右件人等所營小水田，皆用當城四面豪（壕）坑内水，中間亦有口分，亦 有私種者。"

73TAM509：8/27《唐城南營小水田家牒稿爲舉老人董思舉檢校取水事》："右件人等所營小水田，皆用

當城四面豪(壕)坑內水,中間 亦 有口分,亦有私種者。"

邑　yì

邑　67TAM363：8/1（a）之九《唐景龍四年（710）卜天壽抄孔氏本鄭氏注〈論語〉》："求也! 仟室之 邑 ,百乘之家,可史（使）爲之 □ 。"

邑　67TAM363：8/1（a）一一《唐景龍四年（710）卜天壽抄孔氏本鄭氏注〈論語〉》："十室之 邑 ,必有忠信如丘者焉,不如丘之好學也。"

邑　75TKM91：11/6《西涼建初四年（408）秀才對策文》："晉陽,趙武之對（封） 邑 。"

邑　73TAM507：013/1《唐某人申狀爲注籍事》：" □ 邑 身在□,如此 □ 。"

役　yì

役　75TKM96：46《兵曹白爲胡愍生永除□佃役事文書》：" □ 永除□佃 役 已白 □ 。"

役　69TAM137：1/2,1/4 - 1《唐某人夏南渠田券》：" □ 租殊（輸）佰 役 ,仰田主了;渠破 □ 。"

役　73TAM193：38（a）《武周智通擬判爲康隨風詐病避軍役等事》："名霑簡點之色,而乃避其軍 役 。"

役　72TAM178：4《唐開元二十八年（740）土右營下建忠趙伍那牒爲訪捉配交河兵張式玄事一》：" □ 兄更有番 役 ,浪有 □ 。"

役　72TAM151：94《高昌義和三年（616）張相憙夏麋田券》：" □ 殊（輸）佰 役 ,仰田主了;渠□□［破水］謫,仰耕田人了。"

役　72TAM151：13《高昌義和三年（616）氾馬兒夏田券》："祖（租）殊（輸）伯（佰） 役 ,仰田主了;渠破水謫,仰耕田人了。"

役　75TKM91：18（b）《建平五年祠□馬受屬》："蔡宗,宋□彊,馬定明等,在□□ 役 。"

役　2004TAM396：14《唐開元七年（719）洪奕家書》："洪奕今身 役 苦,終不辭,唯愁老彼。"

役　64TAM4：33《唐總章三年（670）左憧憙夏菜園契》："祖（租）殊（輸）伯（佰） 役 ,仰園主。"

易　yì

易　80TBI：021《四分律（卷八）三十捨墮法之三》：" □ 未成金 易 成銀 □ 。"

易　2004TBM115：10《古寫本〈千字文〉》："躭讀翫市,□［寓］目囊箱, 易 輶攸畏,屬耳垣牆。"

易　67TAM363：8/2（a）之二《唐景龍四年（710）卜天壽抄〈十二月新三臺詞〉及諸五言詩》："他道側書 易 ,我道側書□。"

易　75TKM91：11/6《西涼建初四年（408）秀才對策文》："後世變 易 ,故有鳥篆、草隸六體之形。"

易　73TAM507：012/6（b）,012/8（b）《唐西州高昌縣□婆祝等名籍（一）（二）》："闞狐 易 。"

64TAM5：63《唐殘戶籍一（三）》："□□業部田三，易□城□□"

佾 yì

67TAM363：8/1（a）之二《唐景龍四年（710）卜天壽抄孔氏本鄭氏注〈論語〉》："孔子謂季氏：'八佾舞於庭，是可忍，熟（孰）不可□□'"

按：熟，原件書作"孰"。

67TAM363：8/1（a）《唐景龍四年（710）卜天壽抄孔氏本鄭氏注〈論語〉》："《論語・八佾》第三鄭氏注。"

67TAM363：8/1（a）之二《唐景龍四年（710）卜天壽抄孔氏本鄭氏注〈論語〉》："今倍臣而舞天子八佾之□□"

奕 yì

73TAM501：109/106（a），109/106（b）《唐高宗某年西州高昌縣左君定等征鎮及諸色人等名籍》："二人虞侯魏辰歡，尉屯奕。"

按：奕，《吐魯番出土文書》錄作"爽"。從字形分析，雖然中間筆畫勾連，但上部爲"亠"，下部爲"大"清晰可見，與"奕"更接近。

2004TAM396：14《唐開元七年（719）洪奕家書》："洪奕今身役苦，終不辭，唯愁老彼。"

益 yì

80TBI：641a《妙法蓮華經（卷二）譬喻品第三》："是時長者，而作

是念，諸子如此，益我愁惱。"

75TKM91：11/5《西涼建初四年（408）秀才對策文》："□至三代，質文損益，時移世變，淳風乃弊。"

80TBI：241《增壹阿含經（卷一六）力品第三八之二》："□□中有王名喜益彼□□"

逸 yì

80TBI：115《四分律（卷四七）滅諍犍度第一六之一》："□□得波逸提□□"

72TAM187：180（a）《唐垂拱三年（687）帳後西州交河縣親侍、廢疾等簿帳（五）》："□□尉高玄逸□□"

66TAM61：2（a），27/1（a），27/2（a）《唐麟德二年（665）婢春香辯辭爲張玄逸失盜事》："春香等辯：被問所盜張逸之物值（夜）□更共何人同盜。"

異 yì

2004TBM115：10《古寫本〈千字文〉》："親戚故舊，老少異糧。"

80TBI：489《四分戒本疏（卷一）》："□□作同異，同義有五。"

73TAM222：54/7（b），54/8（b），54/9（b）《唐寫〈禮記〉鄭氏注〈檀弓〉下殘卷》："所以異於□□"

80TBI：040a《妙法蓮華經（卷二）譬喻品第三》："□□佛說苦諦，真實無異□□"

80TBI：488《四分戒本疏（卷一）》："第二受隨同異昔解受隨

義一。”

73TAM519：19/2－2《高昌麴季悦等三人辭爲請授官階事》：“□即得異姓上品官上坐，若得内官者□”

詣　yì

73TAM524：32/1－1《高昌永平元年（549）十二月十九日祀部班示爲知祀人上名及讁罰事》：“若不詣祀所煮肉，讁羊一口。”

75TKM91：40《兵曹條次往守海人名文書》：“敕抵詣田地縣下召受辭。”

64TAM22：20（a）《横截縣被符責取鹿角文書》：“□主者將詣，當科給賈（價）。”

73TAM524：32/1－1《高昌永平元年（549）十二月十九日祀部班示爲知祀人上名及讁罰事》：“諸上名者，今十九日暮悉詣殿裏宿。”

2006TSYIM4：3－11背面《北涼義和三年（433）文書爲保辜事（三）》：“□瓚詣□”

59TAM301：15/4－3《唐西州高昌縣趙懷願買舍券》：“□舉寺分垣，南共趙懷滿分垣，西詣道，北詣道。”

68TAM103：18/9（a）《唐貞觀某年西州某鄉殘手實》：“□北詣□□相。”

意　yì

72TAM151：74（a）《古寫本〈晉陽秋〉殘卷》：“□争，阿意苟

勉（免），何以□”

80TBI：498－4《增阿含經（卷四九）非常品第五一》：“□漏盡意解。爾時□”

80TBI：097《請觀世音菩薩消伏毒害陀羅尼咒經（卷一）》：“□分散意經七七日，時□”

72TAM151：6《高昌重光元年（620）氾法濟隨葬衣物疏》：“宜向（享）遐齡，任意聽過，不得奄歇留亭（停）。”

67TAM363：8/1（a）之七《唐景龍四年（710）卜天壽抄孔氏本鄭氏注〈論語〉》：“有能一日用其力於仁意（矣）乎？”

73TAM193：11（a）《武周郭智與人書》：“見待須存此意勿失，貳拾日，郭智訊。”

73TAM501：109/1《武周如意元年（692）堰頭魏君富殘牒》：“如意元年八月日堰頭魏君富牒。”

義　yì

75TKM99：6（b）《義熙五年道人弘度舉錦券》：“義熙五年甲午歲四月四日。”

67TAM363：8/1（a）之七《唐景龍四年（710）卜天壽抄孔氏本鄭氏注〈論語〉》：“□士志於道，而恥惡衣惡食者，未足與義（議）也。”

80TBI：016《四分戒本疏（卷一）》：“答：境雖過去非非過去等，以斯義□”

67TAM363：8/1（a）之七《唐景龍四年（710）卜天壽抄孔氏本鄭氏注〈論語〉》：“□〔無〕適也，無慕（莫）

也，[義]之與比。"

73TAM222：56/5，56/6《唐殘判籍（五）（六）》："□□[義]狼心未必□□。"

69TAM232：3（b）《唐蠅芝等直上欠麴粟帳》："白居兜□□[義]達種秋粟，右同前據□□□上件地去年秋是前件人佃種，歃別收子兩碩以上者，件勘如前。"

73TAM206：42/3-2《唐咸亨三至五年（672—674）文官俸案文書（一）》："王[義]誠。"

80TBI：489《四分戒本疏（卷一）》："□□作同異，同[義]有五。"

2004TBM113：6-1＋2004TBM113：6-1（背面）《唐龍朔二年（622）正月西州高昌縣思恩寺僧籍》："高昌縣寧泰鄉仁[義]里，户絶，俗姓張，爲延昌冊一年正月十五日度。"

72TAM151：58《高昌義和二年（615）七月馬帳（一）》："[義]和二年乙亥歲七月十六日，范寺思惠赤馬……"

72TAM151：59，61《高昌某年郡上馬帳》："聖[義]寺赤馬……合六十七匹。"

80TBI：752a《阿毗達磨大毗婆沙論（卷九二）結蘊第二中十門納息第四之二二》："□□餘章[義]準□□。"

75TKM89：1-2《高昌章和十一年（541）都官下柳婆、無半、盈城、始昌四縣司馬主者符爲檢校失奴事》："刺彼縣翟忠[義]失奴一人。"

75TKM96：40《北涼義和二年（432）殘文書》："[義]和二年□□。"

67TAM84：20《高昌條列出臧錢文數殘奏》："祁守[義]提婆錦□□。"

溢　yì

73TAM509：8/2（b）《唐西州道俗合作梯蹬及鐘記》："衙官將軍趙獻璋、張承暉、王休昇等，[溢]氣雄圖，懷奇妙略，行資孝悌，文翰芳猷。"

按：圖，原件作"圖"。

殹　yì

64TAM36：9《唐高昌縣史成忠帖爲催送田參軍地子并殹（殹）事》："帖至，仰即送地子并[殹]，限帖到當日納了。"

按：殹，同"殹"。《龍龕手鏡》"殹"爲"殹"的俗字。

毅　yì

65TAM346：1《唐乾封二年（667）郭耄醜勳告（一）》："東臺：右威衛渭源府果[毅]都尉朱小安等，並志懷壯果，業苞戎藝。"

66TAM61：23（b），27/2（b），27/1（b）《唐西州高昌縣上安西都護府牒稿爲錄上訊問曹禄山訴李紹謹兩造辯辭事（二）》："其曹果[毅]及曹二留住弓月城，其李三□□。"

2004TBM113：6-3：《唐西州某縣何花辭爲男女放良事》："□□天山府果[毅]麴善因認□□□。"

66TAM61：23（b），27/2（b），27/1（b）《唐西州高昌縣上安西都護

府牒稿爲録上訊問曹禄山訴李紹謹兩造辯辭事（二）》：“并共曹果[毅]及曹二，并外生（甥）居者去□□”

73TAM191：61/1《唐□璟殘狀》：“□□[毅]道□□”

億 yì

80TBI：201《佛説觀藥王藥上二菩薩經》：“□□六[億]劫生□”

80TBI：213《請觀世音菩薩消伏毒害陀羅尼咒經（卷一）》：“□□十[億]諸佛□□”

憶 yì

80TBI：148《請觀世音菩薩消伏毒害陀羅尼咒經（卷一）》：“□（殯資反，名[憶]鬼）。”

按：括號内爲下注小字。

72TAM150：38《唐某人九月廿一日書牘》：“別久，昨知相[憶]，徭役有限。”

謚 yì

67TAM363：8/1（a）一〇《唐景龍四年（710）卜天壽抄孔氏本鄭氏注〈論語〉》：“孔文子，衛大夫孔圉之[謚]也。”

翼 yì

72TAM151：74（a）《古寫本〈晉陽秋〉殘卷》：“□過猶俄（莪）[翼]，尚何□於□蔚，翳薈蒙籠是□□”

按：此句張華《鷦鷯賦》作：“鷹鸇過猶戢翼，尚何懼於罿罻！翳薈蒙籠，是爲游集。”

藝 yì

67TAM376：01（a）《唐開耀二年（682）寧戎驛長康才藝牒爲請處分欠番驛丁事》：“開耀二年二月日寧戎驛長康才[藝]牒。”

64TAM29：89（a），89（b）《唐永淳元年（682）坊正趙思藝牒爲勘當失盜事》：“右奉判付坊正趙[藝]專爲勘當者，準狀就僧香家内撿。”

67TAM376：01（a）《唐開耀二年（682）寧戎驛長康才藝牒爲請處分欠番驛丁事》：“才[藝]從去年正月一日，至其年七月以前，每番各欠五人，於州陳訴。”

65TAM346：1《唐乾封二年（667）郭氂醜勳告（一）》：“東臺：右威衛渭源府果毅都尉朱小安等，並志懷壯果，業苞戎[藝]。”

2006TAM607：2－4《唐景龍三年（709）後西州勾所勾糧帳》：“一石七斗，蓯蓉戌主馬[藝]重徵。”

繹 yì

67TAM363：8/1（a）之五《唐景龍四年（710）卜天壽抄孔氏本鄭氏注〈論語〉》：“從之，純如，[繹]如□□”

按：殴，當爲“繹”字訛誤。此句傳世本作：“從之，純如也，皦如也，繹如也，以成。”

議　yì

80TBI：093－1《金光明經（卷三）除病品第一五》："□□思議阿僧□□"

72TAM151：59,61《高昌某年郡上馬帳》："諫議令護白馬。"

72TAM151：62《高昌義和二年（615）參軍慶岳等條列高昌馬鞍韉帳》："諫議元□□康師子□具。"

72TAM151：74（a）《古寫本〈晉陽秋〉殘卷》："立世子有疑，議充□□□故□□"

72TAM188：91《唐殘牒》："□□大使正議大夫行甘州刺史李□□"

譯　yì

66TAM61：2(a)，27/1(a)，27/2(a)《唐麟德二年（665）婢春香辯辭爲張玄逸失盜事》："譯語人翟浮知□。"

驛　yì

67TAM376：01(a)《唐開耀二年（682）寧戎驛長康才藝牒爲請處分欠番驛丁事》："符下配充驛丁填數，準計人別三番合上。"

64TAM29：99《武周請車牛人運載馬草踏文書》："□□等驛□□"

64TAM29：97《武周寧戎驛馬及馬草踏文書》："寧戎驛馬肆拾貳□□"

67TAM376：01(a)《唐開耀二年（682）寧戎驛長康才藝牒爲請處分欠番驛丁事》："開耀二年二月日寧戎驛長康才藝牒。"

yīn

因　yīn

2004TBM113：6－3：《唐西州某縣何花辭爲男女放良事》："□□天山府果毅麴善因認□□□"

72TAM209：87《唐貞觀年間西州高昌縣勘問梁延臺、雷隴貴婚娶糾紛案卷（二）》："□□口掛言，今日因何頓諱？"

2004TBM203：30－3b＋2004TBM203：30－1《高昌寫本〈急就篇〉》："□取受付與相因緣。"

75TKM91：11/6《西涼建初四年（408）秀才對策文》："臣以爲倉頡觀鳥跡以立文字，聖人通玄，示（亦）有所因。"

75TKM96：38《買奴殘文書》："□□云欲還見婦，因爾□□"

73TAM222：56/10(a)《唐殘判籍（一〇）》："□□論今日何因□□"

67TAM363：8/1(a)《唐景龍四年（710）卜天壽抄孔氏本鄭氏注〈論語〉》："子曰殷因於夏禮損□□"

67TAM363：8/1(a)《唐景龍四年（710）卜天壽抄孔氏本鄭氏注〈論語〉》："殷因於夏禮，所損□□"

73TAM509：8/19《唐某人與十郎書牘》："其竹楷所有申文狀，並不肯署名，因便語□□追入州，縱不見官府，他自用貨。"

72TAM230：67《武周天授二年（691）唐建進辯辭》："據此，明知告皆是實，未知前款因何拒諱？"

64TAM29：44《唐咸亨三年（672）新婦爲阿公録在生功德疏（三）》："昨因行次到塔中，見門扇後阿公手記處。"

66TAM44：11/3（a）《唐殘牒爲市木修繕廢寺事》："外院高峻，因兹於□□□置立□□□"

66TAM44：30/5《唐寫佛經疏釋殘卷一》："□□諦因以無爲時者□□□□"

音   yīn

80TBI：097《請觀世音菩薩消伏毒害陀羅尼咒經（卷一）》："□□三稱觀世音菩薩名□□□"

73TAM206：42/10－8《唐質庫帳歷》："觀音寺後曲年十三。"

殷   yīn

67TAM363：8/1（a）《唐景龍四年（710）卜天壽抄孔氏本鄭氏注〈論語〉》："殷因於夏禮，所損□□□"

67TAM363：8/1（a）《唐景龍四年（710）卜天壽抄孔氏本鄭氏注〈論語〉》："□□因於殷禮，所損益可知。"

67TAM363：8/1（a）之三《唐景龍四年（710）卜天壽抄孔氏本鄭

氏注〈論語〉》："殷禮吾能言之，宋不足徵。"

66TAM59：4/6《北涼神璽三年（399）倉曹貸糧文書》："□□主者趙恭、孫殷，今貸梁石□□□"

75TKM96：18，23《北涼玄始十二年（423）兵曹牒爲補代差佃守代事》："□□以闞相平等殷可任佃，以遊民闞□□□"

愍   yīn

60TAM332：6/2－2（a），6/2－1（a）《唐祭土伯神文殘片》："□□愍勤，自今已後不范（犯）人。"

　　按：勤，原件書作"懃"。

陰   yīn

60TAM325：14/4－1，14/4－2《唐西州某府主帥陰海牒爲六駄馬死事》："本府主陰海親署知死。"

67TAM84：21（a）《高昌條列入官藏錢文數殘奏》："門下校□□陰□□□"

75TKM91：11/6《西涼建初四年（408）秀才對策文》："外□□體，婦人陰道，化之所難，故云夫婦正則王化。"

72TAM150：40《唐康某等雜器物帳》："陰武仕床一張。"

64TAM15：19《唐西州高昌縣弘寶寺賊賍錢名》："陰延明入惠儒。"

72TAM151：55《高昌田相祐等名籍》："主陰相願、樊相憙、鄐慶崇。"

67TAM78：16(b)《唐吴相□等名籍(三)》：“［　　］陰米［　　］”

2006TAM607：2－2背面《唐景龍三年(709)後西州勾所勾糧帳》：“二石二斗四合，給陰達中館供。”

65TAM42：48(a)《古寫本〈鍼法〉殘片》：“男子陰端寒上衝［　　］”

69TKM39：9/6(a)《唐貞觀年間(640—649)西州高昌縣手實一》：“城東二里潢渠，東渠，西渠，南陰沙□［　　］”

蔭　yīn

65TAM341：22,23,24(a)《唐景龍三年(709)南郊赦文》：“［　　］蔭人任者，準［　　］”

64TAM29：44《唐咸亨三年(672)新婦爲阿公録在生功德疏》：“假使在中蔭中，須發上心。”

73TAM221：55(a)《唐貞觀廿二年(648)安西都護府乘敕下交河縣符爲處分三衛犯私罪納課違番事》：“敕旨有蔭及承别恩者，方霑宿衛，鈎陳近侍，親□非輕。”

yín

淫　yín

67TAM363：8/1(a)之二《唐景龍四年(710)卜天壽抄孔氏本鄭氏注〈論語〉》：“［　　］淫慾［　　］”

按：滛，爲“淫”手寫訛誤字。《五經文字》：“淫，久雨曰淫。作滛，訛。”傳世文獻也見，如《宋詩紀事》卷四十八載朱熹《齋居感興二十首》：“滛毒穢宸極，虐焰燔蒼穹。”而四部叢刊《朱文公文集》“滛”則作“淫”。

寅　yín

72TAM151：57《高昌買馱、入練、遠行馬、郡上馬等人名籍》：“［　　］楊太伯、寧遠阿都寅、常侍安居。”

73TAM206：42/7－2《高昌義和五年(618)善海等役作名籍》：“［　　］年戊寅歲［　　］”

73TAM507：014/3《高昌延壽七年(630)十月某人入九月劑刺薪條記》：“庚寅歲九月劑刺薪壹車。”

73TAM507：013/4－1,4－2《唐曆》：“［　　］景寅火危［　　］”

65TAM341：27《唐開元八年(720)具注曆》：“九日庚寅木危。”

2006TAM607：2－5《唐景龍三年(709)後西州勾所勾糧帳》：“孫寅住馬留(騮)敦(驐)。”

72TAM151：59,61《高昌某年郡上馬帳》：“寧遠阿都寅赤馬。”

2004TAM398：3－3＋2004TAM398：3－2《唐某年二月西州高昌縣更簿全貌》：“［　　］嚴六仁，巡外囚；和寅海，總巡［　　］”

按：“外囚”原件作“囚外”，旁有勾乙符號，今據改。

銀　yín

64TAM15：29/2《高昌延壽十四年康保謙買園券》："□□與買價銀錢貳拾。"

2004TBM115：10《古寫本〈千字文〉》："□□□〔紈扇圓〕絜，銀燭瑋（煒）煌。"

60TAM311：13《缺名隨葬衣物疏》："銀鈴三百。"

64TAM19：36《唐咸亨五年（674）王文歡訴酒泉城人張尾仁貸錢不還辭》："□□銀錢貳拾文，準鄉法和立私契。"

64TAM15：29/2《高昌延壽十四年康保謙買園券》："若有先悔者，罰銀錢壹伯（百）文。"

59TAM303：01《高昌缺名隨葬衣物疏》："白銀錢二千汶（文）。"

2004TAM408：17《令狐阿婢隨葬衣物疏》："故銀川（釧）六枚。"

2004TAM408：17《令狐阿婢隨葬衣物疏》："故銀叉（釵）六枚。"

72TAM230：63（a）《唐西州高昌縣史張才牒爲逃走衛士送庸縷價錢事（一）》："□□逃走衛士後送庸縷價銀錢壹伯（百）陸□□□"

75TKM96：15《龍興某年宋泮妻翟氏隨葬衣物疏》："故銀釵二枚。"

64TAM15：6《唐唐幢海隨葬衣物疏》："黃金白銀盡足。"

72TAM151：104《高昌延和十二年（613）某人從張相憙等三人邊雇人歲作券》："□□與雇價銀錢貳□□□□即□□□入作。"

73TAM507：012/3《唐殘書牘》："□□賢信，即欲作銀腰帶□"

68TAM103：18/1－3（a）《高昌衛寺明藏等納錢帳（一）》："張寺海守銀錢拾□□"

65TAM42：40《唐缺名隨葬衣物疏》："銀錢一千文。"

64TAM4：53《唐麟德二年（665）張海歡、白懷洛貸銀錢契》："麟德二年十一月廿四日，前庭府衛士張海歡與左憧憙邊貸取銀錢肆拾捌文。"

64TAM4：40《唐乾封三年（668）張善憙舉錢契》："武城鄉人張善憙於崇化鄉人左憧憙邊舉取銀錢貳拾文。"

64TAM4：40《唐乾封三年（668）張善憙舉錢契》："月別生利銀錢貳文。"

64TAM4：37《唐總章三年（670）白懷洛舉錢契》："順義鄉白懷洛於崇化鄉左憧憙邊舉取銀錢拾文。"

64TAM4：41《唐總章三年（670）張善憙舉錢契》："武城鄉張善憙於左憧憙邊舉取銀錢肆拾文。"

64TAM4：33《唐總章三年（670）左憧憙夏菜園契》："更肆年，與銀錢叁拾文。"

72TAM150：42《唐白夜默等雜器物帳》："□利康銀盞一枚。"

yǐn

尹　yǐn

64TAM19：33,56,57《唐寫本鄭氏注〈論語〉公冶長篇》："舊令

尹之政,必以告新令尹。"

73TAM206：109/13-6,42/9-26《唐課錢帳歷》："尹二六十三。"

73TAM206：42/9-8《唐課錢帳歷(三〇)》："尹二六十,欠十。"

引　yǐn

67TAM363：7/2《唐儀鳳二年(677)西州高昌縣寧昌鄉某人舉銀錢契》："若延引不還,任拽家財雜物及口分□□平充錢。"

80TBI：052《妙法蓮華經(卷二)譬喻品第三》："□妄初説三乘引導衆□。"

80TBI：507-3《佛説大摩裹支菩薩經(卷一)》："□娑嚩(二合引)□。"

按：括號内爲原件正文下注小字。

64TAM19：36《唐咸亨五年(674)王文歡訴酒泉城人張尾仁貸錢不還辭》："□索,延引不還。"

64TAM4：38《唐顯慶五年(660)張利富舉錢契》："若延引不還,聽掣家資雜物平爲錢直(值)。"

64TAM4：36《麟德二年(665)趙醜胡貸練契》："延引不還,聽拽家財雜物平爲本練直(值)。"

64TAM4：40《唐乾封三年(668)張善憙舉錢契》："若延引不還,聽左拽取張家財雜物平爲本錢直(值)。"

飲　yǐn

80TBI：507-1《囉嚩拏説救療小兒疾病經(卷一)》："□羸弱不思飲食□。"

67TAM363：8/1(a)之二《唐景龍四年(710)卜天壽抄孔氏本鄭氏注〈論語〉》："揖讓而升,下而飲,其争也君子。"

65TAM341：26(b)《唐殘擬判》："□意傷量飲□。"

隱　yǐn

80TBI：103《妙法蓮華經(卷二)譬喻品第三》："□□隱快樂□。"

73TAM222：56/3(a),56/4(a)《唐殘判籍(三)(四)》："隱狀據律本□。"

73TAM509：8/19《唐某人與十郎書牘》："□湏(須)定伊誇,緣希隱名出换□。"

68TAM108：19(a)之二《唐開元三年(715)西州營典李道上隴西縣牒爲通當營請馬料姓名事》："火長仇小隱,火内人何項。"

73TAM222：54/4(b),54/5(b)《唐寫〈禮記〉鄭氏注〈檀弓〉下殘卷》："隱痛也。"

2004TBM207：1-5a《唐上元三年(676)六月後西州殘文書》："□司止監其隱截□。"

73TAM509：8/6《唐書牘稿》："昨日索隱兒去,附乾元錢一千,還七娘子申屠邊錢。"

2004TBM207：1-6《唐儀鳳三年(678)九月西州録事參軍牒》：

"不合 隱 漏 □"

73TAM191：32（a）《唐史衛智爲軍團點兵事》："□加減、隱没、遺漏□"

yìn

印 yìn

72TAM188：78（a）《唐健兒鄯玄嶷、吳護隆等辭爲乘馬死失另備馬呈印事》："□嶷馬一疋，騮草（騸）六歲印 丟 □"

按："丟"未識字，迻録。

73TAM221：3《唐武周典齊九思牒爲録印事目事》："貳道勘 印 方泰示。"

72TAM188：66《唐與倉曹關爲新印馬蹹料事》："爲日城等營新 印 馬蹹料，準式并牒營檢領事。"

72TAM188：78（a）《唐健兒鄯玄嶷、吳護隆等辭爲乘馬死失另備馬呈印事》："□備前件馬得請呈 印 謹辭。"

飲 yìn

72TAM151：51《高昌白子中布帛雜物名條疏》："布手巾二， 飲 水馬錦鎮（枕）二。"

yīng

英 yīng

73TAM206：42/10－5/10－17《唐質庫帳歷》："其月廿□□□□元 英 去。"

69TKM39：9/2（a），9/3（a）《唐貞觀某年男世達户籍》"女文 英 年伍□。"

鷹 yīng

59TAM301：15/4－4（a）《高昌民部殘奏行文書》：" 鷹 陽（揚）將軍兼民部□"

應 yīng

80TBI：716a《妙法蓮華經（卷二）譬喻品第三》："□今所 應 作，唯佛智慧□"

80TBI：298b《四分律比丘戒本》："□比丘 應 諫是比□"

65TAM341：25，26（a）《唐景龍三年（709）南郊赦文》："□年 應 徵地税□"

65TAM42：90（a），91（a）《唐令狐鼠鼻等差科簿（一）》："□見在 應 過。"

73TAM221：55（a）《唐貞觀廿二年（648）安西都護府乘敕下交河縣符爲處分三衛犯私罪納課違番事》："□今以後，三衛犯私罪 應 除免官。"

64TAM29：44《唐咸亨三年（672）新婦爲阿公録在生功德疏》："阿公每讀經思義， 應 審知之。"

72TAM216：012/3－1《武周擬判》："□族□生 應 有□"

64TAM36：9《唐高昌縣史成忠帖爲催送田參軍地子并數（麩）事》："佃人張玄[應]。"

69TKM39：9/9（a），9/5（a），9/1（a）《唐貞觀年間（640—649）西州高昌縣手實二》："[應]受田陸拾壹畝。"

72TAM230：66《武周天授二年（691）安昌合城老人等牒爲勘問主簿職田虛實事》："行旅之徒，亦[應]具悉。"

72TAM230：58/1（a）～58/4（a）《武周天授二年（691）追送唐建進家口等牒尾判》："[___]縱不在，家口[應]住安昌，別牒天山縣，仰準長官處分，即領送。"

73TAM191：32（a）《唐史衛智爲軍團點兵事》："問五團：所通[應][___]"

嬰　yīng

67TAM363：8/1（a）之一○《唐景龍四年（710）卜天壽抄孔氏本鄭氏注〈論語〉》："晏平仲，齊大夫晏[嬰]。"

瓔　yīng

80TBI：486《四分律比丘尼戒本》："[___]像現戒如[瓔]珞能[___]"

yíng

迎　yíng

67TAM363：8/2（a）之一《唐景龍四年（710）卜天壽抄〈十二月新三臺詞〉及諸五言詩》："年首初春[___]，改故[迎]新李（季），玄附靈求學，樹夏（下）乃逢珍。"

67TAM78：48/3《唐殘帖》："[迎]牒至[___]"

盈　yíng

75TKM89：1－2《高昌章和十一年（541）都官下柳婆、無半、盈城、始昌四縣司馬主者符爲檢校失奴事》："柳婆、無半、[盈]城、始昌四縣司馬主者中郎崇信傳　令刺彼縣翟忠義失奴一人。"

罃　yíng

75TKM91：25《兵曹條往守白芳人名文書》一："[___]文遠、馬[罃]。"

營　yíng

72TAM226：51《唐西州都督府上支度營田使牒爲具報當州諸鎮戍營田畝數事》："[___]合當州諸鎮戍[營]田，總以拾□頃陸拾[___]"

72TAM226：53，54《唐開元十年（722）伊吾軍上支度營田使留後司牒爲烽鋪營田不濟事》："兩人又屬警固，近烽不敢不[營]，里數既遥，營種不濟，狀上者。"

72TAM188：75（a）《唐上西州都督府牒爲徵馬付營檢領事二》："[___]別牒[營]檢領訖[___]"

72TAM226：69《唐支度營田使殘文書》："[___]支度[營]田使。"

72TAM226：60《唐支度營田使下管内軍州牒》："□□支度營田使□□"

60TAM325：14/4－1，14/4－2《唐西州某府主帥陰海牒爲六馱馬死事》："營司：進洛前件馬比來在群牧放，被木刺破。"

64TAM29：90(a)(b)《唐垂拱元年(685)西州都督府法曹高昌縣符爲掩劫賊張爽等事》："此□下諸縣，并鎭營市司□□"

73TAM509：8/27《唐城南營小水田家牒稿爲舉老人董思舉檢校取水事》："城南小水營小水田家狀上。"

73TAM509：8/27《唐城南營小水田家牒稿爲舉老人董思舉檢校取水事》："右件人等所營小水田，皆用當城四面豪(壕)坑内水，中間亦有口分，亦有私種者。"

72TAM188：82(a)《唐神龍二年(706)主帥渾小弟上西州都督府狀爲處分馬䭾料事》："□□新備得上件馬，今月一日到營，其䭾料未□□"

按：備，原件書作"俻"。

72TAM188：66《唐與倉曹關爲新印馬䭾料事》："爲日城等營新印馬䭾料，準式并牒營檢領事。"

72TAM188：66《唐與倉曹關爲新印馬䭾料事》："爲日城等營新印馬䭾料，準式并牒營檢領事。"

yǐng

影   yǐng

73TAM509：8/5(a)《唐西州天山縣申西州户曹狀爲狀無塲請往北庭請兄禄事》："並是當家家生奴畜，亦不是誐誘影他等色。"

73TAM509：8/6《唐書牘稿》："後日令宜德送柒萄在羅外，常湏(須)破一人看守，影向被盜將。"

yìng

媵   yìng

2004TBM113：6－3：《唐西州某縣何花辭爲男女放良事》："男洛々，女小媵。"

按：原件"洛"字後用重文符號。

應   yìng

75TKM91：11/5《西涼建初四年(408)秀才對策文》："伏惟殿下應期命世，紹蹤前聖。"

yōng

庸   yōng

72TAM230：46/1(a)《唐儀鳳三年(678)尚書省户部支配諸州庸調及折造雜練色數處分事條啟(一)》："□□諸州庸調先是布鄉兼絲綿者，有□□"

64TAM29：110/1～110/6，120(a)《唐處分庸調及折估等殘文

書（一）～（七）》：“折[庸]調多少及沽價高□。”

64TAM4：39《唐乾封元年（666）鄭海石舉銀錢契》：“取所掣之物，壹不生[庸]。”

72TAM178：4《唐開元二十八年（740）土右營下建忠趙伍那牒爲訪捉配交河兵張式玄事一》：“□客作[庸]（傭）力，曰求升合養姓命，請乞□。”

雍　yōng

67TAM363：8/1（a）之二《唐景龍四年（710）卜天壽抄孔氏本鄭氏注〈論語〉》：“□《[雍]》徹。”

72TAM179：16/1（b），16/2（b）《唐寫〈尚書〉孔氏傳〈禹貢〉、〈甘誓〉殘卷》：“鳥鼠謂所出在隴西之西，三者[雍]州之南山。”

67TAM363：8/1（a）之八《唐景龍四年（710）卜天壽抄孔氏本鄭氏注〈論語〉》：“[雍]也，仁而不佞。”

牖　yōng

64TAM27：22《唐寫本〈論語〉鄭氏注〈雍也〉殘卷》：“□[曰]自[牖]執其[首]手，曰：‘末之命□。”
　　按：原件衍“曰”“首”二字。“末”，傳世本作“亡”。

擁　yōng

73TAM193：38(a)《武周智通擬判爲康隨風詐病避軍役等事》：“[擁]數千之戎卒，勞萬乘之徒師。”

癰　yōng

73TAM524：32/1-2《高昌永平元年（549）十二月廿九日祀部班示爲明正一日知祀人上名及謫罰事》：“若有[癰]創疹疥創者，不□。”

yǒng

永　yǒng

73TAM193：28《武周證聖元年（695）五月西州高昌縣崇福寺轉經歷（二）》：“□僧文海，僧[永]智□。”

67TAM91：24（a），26（a）《唐錄事郭德殘文書》：“[永]再□。”

72TAM151：56《高昌買駄、入練、遠行馬、郡上馬等人名籍》：“[永]隆寺。”

67TAM92：46（a），45（a），50/2（a），50/1(a)，44（a），49（a）《高昌某歲諸寺官絹捎本》：“□[永]安□。”

72TAM151：59,61《高昌某年郡上馬帳》：“康[永]兒留（騮）馬。”

67TAM78：20(b)《唐李悦得子等户主名籍》：“□户主謝[永]仁□。”

72TAM150：46《唐翟建折等雜器物帳》：“□子箱，索[永]達酒兊（瓮）□。”

66TAM61：29（a）《唐闞洛□等點身丁中名籍》：“翟[永]籍。”

勇　yǒng

80TBI：750a《妙法蓮華經（卷二）譬喻品第三》："□□適其願故，心各 勇 銳□□□"

80TBI：486《四分律比丘尼戒本》："□□戰，勇 怯有進［退］□□"

按："有"爲原件"怯進"兩字之間旁補字。

80TBI：130《十住毗婆沙論（卷五）聖者龍樹造易行品第九》："□□□ 勇 健佛離諂□□□□"

72TAM151：59,61《高昌某年郡上馬帳》："將智 勇 赤馬。"

72TAM151：62《高昌義和二年（615）參軍慶岳等條列高昌馬鞍轡帳》："□□將智 勇 下□□□"

67TAM363：8/1（a）《唐景龍四年（710）卜天壽抄孔氏本鄭氏注〈論語〉》："□□不爲，無 勇 。"

按：此句傳世本作"無勇也"。

踊　yǒng

2002TJI：003《妙法蓮華經卷四提婆達多品第一二》："□□宮自然 踊 出，住虛空中，詣靈鷲□□□"

yòng

用　yòng

73TAM222：54/7（b），54/8（b），54/9（b）《唐寫〈禮記〉鄭氏注〈檀弓〉下殘卷》："□而 用 生者□□□"

72TAM151：101《高昌傳錢買鑊鐵、調鐵供用帳》："□□□文，用 買調□壹斤伍□□□"

73TAM206：42/9－27《唐課錢帳歷》："用 二百文付□奴將與博士。"

64TAM4：39《唐乾封元年（666）鄭海石舉銀錢契》："若鄭延引不還左錢，任左牽引鄭家資雜物，口分田園，用 充錢子本直。"

72TAM171：12（a），17（a），15（a），16（a），13（a），14（a）《高昌延壽十四年（637）兵部差人看客館客使文書》："□□□鄭海兒貳人，付參軍海相，用□□□伍日。"

73TAM208：23,27《唐典高信貞申報供使人食料帳歷牒（二）》："□□肆分，用 荊柴捌分。"

66TAM59：4/1（a）《古寫本〈毛詩關雎序〉》："故 用 之鄉人焉，用之邦國焉。"

80TBI：488《四分戒本疏（卷一）》："問：懸未有□□隨行，受有何 用 ？"

yōu

攸　yōu

2004TBM115：10《古寫本〈千字文〉》："耽讀翫市，□［寓］目囊箱，易輶 攸 畏，屬耳垣牆。"

幽　yōu

 73TAM509：8/2（b）《唐西州道俗合作梯蹬及鐘記》："聞聲者九[幽]罷對，息嚮者六府停酸。"

憂　yōu

80TBI：750a《妙法蓮華經（卷二）譬喻品第三》："□□必[憂]悔如此種種。"

80TBI：488《四分戒本疏（卷一）》："對五篇弁此[憂]（優）劣者，若就根條初勝乃至五劣。"

2004TBM207：1－3《唐調露二年（680）七月東都尚書吏部符爲申州縣闕員事》："□□某乙[憂]、死。"

73TAM507：012/3《唐殘書牘》："□□[憂]慮二□□"

2006TSYIM4：2－2《古寫本〈詩經〉》："天下喜於王化復行，百姓見[憂]，故作是詩也。"

67TAM363：8/1（a）之六《唐景龍四年（710）卜天壽抄孔氏本鄭氏注〈論語〉》："言不[憂]道德之喪亡乎。"

64TAM27：22《唐寫本〈論語〉鄭氏注〈雍也〉殘卷》："□□其[憂]，回也不□□"

2006TSYIM4：2－3＋2006TSYIM4：2－4《古寫本〈詩經〉》："我心□［憚］暑，[憂]心如薰（熏）。"

優　yōu

67TAM363：8/2（a）之一《唐景龍四年（710）卜天壽抄〈十二月新三臺詞〉及諸五言詩》："日落西山夏（下），潢（黄）河東海流，□□不滿百，恒作［方］萬年[優]（慢）。"

按："原件"方"字旁有"卜"删字符號。

80TBI：488《四分戒本疏（卷一）》："言義均一品，隨中無作多品不定故有[優]劣。"

80TBI：488《四分戒本疏（卷一）》："異受隨無作隨中無作乃有[優]劣。"

按："異受隨無作"五字，《中華大藏經》和《大正新修大藏經》中無。

80TBI：076《十方千五百佛名經》："□□衆佛世間尊佛[優]曇□□"

yóu

尤　yóu

73TAM222：56/3（a），56/4（a）《唐殘判籍（三）（四）》："害[尤]所難□□"

由　yóu

73TAM222：56/3（a），56/4（a）《唐殘判籍（三）（四）》："[由]動獄與物□□"

80TBI：079a《道藏〈通玄真經〉（卷三）〈九守篇〉殘片》："□□[由]識之矣，故聖人愛而□□"

64TAM36：9《唐高昌縣史成忠帖爲催送田參軍地子并數（戁）事》：“計會如遲，所 由 當杖。”

油　yóu

73TAM210：136/12－6《唐西州都督府諸司廳、倉、庫等配役名籍（六）》：“油 庫。”

游　yóu

75TKM96：18，23《北涼玄始十二年（423）兵曹牒爲補代差佃守代事》：“□□以闞相平等殷可任佃，以 游 民闞□□”

遊　yóu

80TBI：022《增壹阿含經（卷五〇）大愛道般涅槃品第五二》：“□□如來 遊 彼國界□□”

80TBI：750a《妙法蓮華經（卷二）譬喻品第三》：“□□外，可以 遊 戲。汝等於此□□”

67TAM363：8/1（a）之八《唐景龍四年（710）卜天壽抄孔氏本鄭氏注〈論語〉》：“子 遊 曰：‘士（事）君數，斯辱矣；朋友數，斯疏矣。’”

75TKM96：21《僧□淵班爲懸募追捕逃奴事》：“浮 遊 不出也，去九□□”

65TAM40：20《唐下鎮將康懷義牒（二）》：“□□野，職掌要衝，押兵 遊 □□”

按：職，原件書作“軄”。

猶　yóu

80TBI：504－2《增阿含經（卷三八）馬血天子問八政品第四三》：“□□告比丘善法 猶 可捨□□”

80TBI：641a《妙法蓮華經（卷二）譬喻品第三》：“□□子無知，雖聞父誨，猶 故樂著，嬉戲不已。”

72TAM151：74（a）《古寫本〈晉陽秋〉殘卷》：“過 猶 俄（戁）翼，尚何□於□尉，翳薈蒙籠是□□”

按：此句張華《鷦鷯賦》作：“鷹鸇過猶戁翼，尚何懼於置尉！翳薈蒙籠，是焉游集。”

73TAM222：54/4（b），54/5（b）《唐寫〈禮記〉鄭氏注〈檀弓〉下殘卷》：“始 猶 生念己不欲傷其□□”

猷　yóu

73TAM509：8/2（b）《唐西州道俗合作梯蹬及鐘記》：“衙官將軍趙獻璋、張承暉、王休昇等，溢氣雄圖，懷奇妙略，行資孝悌，文翰芳 猷 。”

辀　yóu

2004TBM115：10《古寫本〈千字文〉》：“耽讀翫市，□[寓]目囊箱，易 辀 攸畏，屬耳垣牆。”

yǒu

友　yǒu

友 69TKM39：9/7(a)《唐西州高昌縣□慶友等户家口田畝帳簿（一）》："□□慶 友 年六十四。"

友 67TAM363：8/1(a)《唐景龍四年（710）卜天壽抄孔氏本鄭氏注〈論語〉》："《書》云：'孝乎惟孝， 友 於□□。'"

友 67TAM363：8/1(a)之八《唐景龍四年（710）卜天壽抄孔氏本鄭氏注〈論語〉》："子遊曰：'士（事）君數，斯辱矣；朋 友 數，斯疏矣。'"

友 72TAM178：7《唐趙竺都等名籍》："張知 友 。"

有　yǒu

有 67TAM363：8/1(a)之二《唐景龍四年（710）卜天壽抄孔氏本鄭氏注〈論語〉》："□□謂冉 有 曰：'汝不能救與?'"

有 73TAM507：013/1《唐某人申狀爲注籍事》："□□既 有 ，許逐□□"

有 73TAM214：151，150《唐西州下高昌等縣牒爲和糴事》："□□速糴納訖申，其 有 去年和糴□□□"

有 66TAM61：17(b)《唐西州高昌縣上安西都護府牒稿爲録上訊問曹禄山訴李紹謹兩造辯辭事（一）》："別 有 百疋絹價財物及漢鞍衣裳調度。"

有 64TAM29：17(a)，95(a)《唐垂拱元年（685）康義羅施等請過所案卷（一）》："□□被問所請過所， 有 何來文。"

有 73TAM193：31《唐殘陰陽書》："□□家 有 赤畜忌之忌□□□"

有 60TAM317：30/6(a)，30/10(a)《唐趙蔭子博牛契》："□□後 有 人寒盜識□□□"

有 73TAM507：014/2(b)《唐某人領軍器抄》："一張 有 劍並折。"

有 73TAM507：014/2(b)《唐某人領軍器抄》："□□二張 有 鐏無劍。"

有 64TKM3：50《前涼殘券》："□□此處亦 有 。"

有 75TKM96：18《龍興某年宋泮妻翟氏隨葬衣物疏》："宋泮故妻翟□□隨身所 有 衣物。"

有 75TKM96：37《倉吏侯暹啟》："所致生年始卅六七，久患□，積 有 年歲。"

有 66TAM62：6/1《翟彊辭爲共治葡萄園事》二："□□乏，外 有 責（債）負。"

有 69TAM137：1/1，1/3《唐西州高昌縣張驢仁夏田契》："□□先 有 悔者，壹□□□"

有 64TAM5：39《唐李賀子上阿郎、阿婆書二（二）》："□□盡給婦，高昌 有 婦人，不得婦。"

有 64TAM4：34《唐龍朔元年（661）龍惠奴舉練契》："人 有 正法，人從私契。"

有 72TAM188：3(a)《唐神龍二年（706）殘牒》："□□ 有 事至。"

有 80TBI：327《注維摩詰經（卷六）不思議品第六》："□□亦 有 信□□□"

有 2004TBM207：1－4《唐儀鳳三年（678）九月西州功曹牒爲檢報乖僻批正文案事》："大素自考後以來，諸司

所 有 乖僻處分隨案，並捉得略良胡數人
及財物等。"

64TAM29：44 之七《唐咸亨三年
（672）新婦爲阿公録在生功德
疏》："以前中間阿公更 有 修功德處。"

73TAM206：42/9 - 13《唐課錢
帳歷》："總折除外，餘 有 一千廿
六文。"

73TAM206：42/11 - 1～42/11 -
6《唐勘問婢死虚實對案録狀
（一）～（六）》："□□ 中間忽□自 有
□□"

75TKM99：6(a)《北涼承平八年
（450）翟紹遠買婢券》："民 有 私
要，要行二主，各自署名爲信。"

59TAM301：17《唐貞觀末年闞
門隨葬衣物疏》："□□ 有 所上
□□"

73TAM206：42/10 - 5/10 - 17
《唐質庫帳歷》："細末珠四條，約
有 四百顆。"

64TAM29：44《唐咸亨三年
（672）新婦爲阿公録在生功德
疏》："直爲生死道殊，恐阿公心 有 顛倒，
既臨終受戒，功德復多。"

73TAM509：8/27《唐城南營小
水田家牒稿爲舉老人董思舉檢
校取水事》："只如家 有 三人、兩人者。"

73TAM509：8/27《唐城南營小
水田家牒稿爲舉老人董思舉檢
校取水事》："右件人等所營小水田，皆用
當城四面豪（壕）坑内水，中間亦 有 口分，
亦有私種者。"

按：等，原件作"苇"。

72TAM230：65(a)《武周史孫行
感殘牒》："牒未檢問，更 有 事

至，謹牒。"

酉　yǒu

73TAM507：012/18《高昌張明
憙入延壽十四年（637）三月鹽城
劑物條記》："□□ 鹽城丁 酉 歲三月
□"

65TAM42：56《唐西州高昌縣授
田簿（六）》："□□ 貓仁，西李
酉 海，南田祀足，北道。"

66TAM61：31/1(a)，31/3(a)，
31/4(a)《唐郭阿安等白丁名籍
（四）》："張 酉 堆，□一，白丁，單身。"

按：堆，原件書作"塠"。

yòu

又　yòu

80TBI：656a《佛說灌頂摩尼羅亶
大神咒經（卷八）》："佛告阿難：
'我今 又 舉是八大菩薩。'"

72TAM230：73(a)，71(a)《武周
天授二年（691）知水人康進感等
牒尾及西州倉曹下天山縣追送唐建進妻
兒鄰保牒》："又 判牒縣令依前捉送。"

75TKM91：11/1，11/2《西涼建
初四年（408）秀才對策文》："又
問昔智伯圍□□□"

64TAM29：44 之七《唐咸亨三年
（672）新婦爲阿公録在生功德
疏》："又 更爲阿公從身亡日，日畫佛
一軀。"

右　yòu

65TAM346：1《唐乾封二年（667）郭毫醜勳告（一）》："右可護軍。"

64TAM4：34《唐龍朔元年（661）龍惠奴舉練契》："安西鄉人龍惠奴於崇化鄉人右憧憙邊舉取練叁拾疋。"

67TAM91：30（b），29（b）一一《唐蘇海願等家口給糧三月帳》："右當□□□一斗。"

75TKM96：18，23《北涼玄始十二年（423）兵曹牒爲補代差佃守代事》："牒事在右，事諸注簿。"

66TAM62：5《北涼緣禾五年隨葬衣物疏》："緣禾五年六月廿三日謹條衣裳物在右。"

75TKM91：3/1（b），3/2（b）《北涼缺名隨葬衣物疏》："淮（懷）右（袖）囊各一枚。"

75TKM91：25《兵曹條往守白芳人名文書》一："謹條往白芳守人名在右，事諸班示，催遣奉行。"

按：原件"在右"二字筆畫上下勾連。

67TAM78：34《唐西州蒲昌縣下赤亭烽帖爲覓失駝駒事》："□□右件□得尚藥使□□□"

65TAM42：64《唐西州高昌縣授田簿（一二）》："右給竹苟仁充分，同觀□□□"

69TAM232：3（b）《唐蠅芝等直上欠麪粟帳》："白居兜□□義達種秋粟，右同前據□□□上件地去年秋是前件人佃種，畝別收子兩碩以上者，件勘如前。"

幼　yòu

66TAM61：31/1（a），31/3（a），31/4（a）《唐郭阿安等白丁名籍（四）》："張幼洛，廿□，白丁，單身。"

祐　yòu

80TBI：019《增壹阿含經（卷五〇）大愛道般涅槃品第五二》："尸佛者眾相具足，是一切人良祐福田。"

64TAM37：21《唐□□二年曹忠敏田契》："□□高渠部田一段廿九畝，内壹拾陸畝舊主王祐□□□"

64TAM15：17《唐貞觀十四年閏十月西州高昌縣弘寶寺賊臘錢名》："道祐。"

72TAM151：96（a）《高昌安樂等城負臧錢人入錢帳》："□□□祐子入錢一白（百）廿□□□"

64TAM15：29/2《高昌延壽十四年康保謙買園券》："□□從善祐邊買□□□"

72TAM151：102，103《高昌作頭張慶祐等偷丁谷寺物平錢帳》："張慶祐子作頭，道人□□，高昌解阿善兒二人作□。"

2006TZJ1：087，2006TZJ1：077《麴氏高昌張廷懷等納斛斗帳》："張善祐究（九）兜（斗）。"

72TAM151：52《高昌逋人史延明等名籍》："鹿門趙□□、諸善憙、□□祐。"

72TAM171：12（a），17（a），15（a），16（a），13（a），14（a）《高昌延

壽十四年（637）兵部差人看客館客使文書》："□□真朱人貪旱大官、好延 祐 臘振摩珂賴使金穆烏紇大官五日。"

按：臘，原件書作"臈"。

72TAM151：94《高昌義和三年（616）張相憙夏摩田券》："□□和三年丙子歲四月廿□□□□相憙從左 祐 子□□"

72TAM151：54《高昌洴林等行馬入亭馬人名籍》："白芳行馬入亭□□□□翟 祐 相。"

72TAM151：59,61《高昌某年郡上馬帳》："范願 祐 洛馬。"

72TAM151：57《高昌買馱、入練、遠行馬、郡上馬等人名籍》："□□聖□寺、范願 祐 □□"

72TAM151：62《高昌義和二年（615）參軍慶岳等條列高昌馬鞍韉帳》："□□虎牙悦相下孫相 祐 壹具。"

誘　yòu

80TBI：316《妙法蓮華經（卷二）譬喻品第三》："□□父雖憐愍，善言 誘 喻□□"

73TAM509：8/5（a）《唐西州天山縣申西州户曹狀爲狀無場請往北庭請兄禄事》："如後有人糺（糾）告，稱是兹 誘 等色，義感等連保各求受重罪者。"

64TAM29：107《唐垂拱元年（685）康義羅施等請過所案卷（三）》："請將家口入京，其人等不是壓良、兹 誘 、寒盗等色以不？"

73TAM509：8/5（a）《唐西州天山縣申西州户曹狀爲狀無場請

往北庭請兄禄事》："並是當家家生奴畜，亦不是兹 誘 影他等色。"

yú

于　yú

72TAM179：16/1（b），16/2（b）《唐寫〈尚書〉孔氏傳〈禹貢〉、〈甘誓〉殘卷》："□□〔浮於〕積石，至於竜門、西河，屰（會） 于 渭汭。"

2006TSYIM4：2－3＋2006TSYIM4：2－4《古寫本〈詩經〉》："□□相畏，先祖 于 摧？"

75TKM91：11/3《西涼建初四年（408）秀才對策文》："故曰：刑 于 寡妻，以御乎家邦。"

予　yú

67TAM363：8/1（a）之九《唐景龍四年（710）卜天壽抄孔氏本鄭氏注〈論語〉》："於 予 〔與〕何誅？"

按：此句奪"與"字。

67TAM363：8/1（a）之九《唐景龍四年（710）卜天壽抄孔氏本鄭氏注〈論語〉》："□□ 予 晝寢也。"

67TAM363：8/1（a）之九《唐景龍四年（710）卜天壽抄孔氏本鄭氏注〈論語〉》："於予 予 （與）改是也。"

67TAM363：8/1（a）之九《唐景龍四年（710）卜天壽抄孔氏本鄭氏注〈論語〉》："宰 予 ，孔子弟子。"

67TAM363：8/1（a）之九《唐景龍四年（710）卜天壽抄孔氏本鄭

氏注〈論語〉》："於 予 予（與）改是也。"

予

2006TSYIM4：2－2《古寫本〈詩
經〉》："嗟爾朋友， 予 豈不
□"

予

67TAM363：8/1（a）之五《唐景
龍四年（710）卜天壽抄孔氏本鄭
氏注〈論語〉》："君子之至 予 （於）斯也，吾
未嘗□"

余　yú

丰

72TAM151：54《高昌洿林等行
馬入亭馬人名籍》："洿林行馬入
亭□人：衛 余 保。"

牟

72TAM151：54《高昌洿林等行
馬入亭馬人名籍》："次鹽城行□
入亭馬人：主簿 余 謙、參軍元祐、主簿
男子。"

於　yú

扵

80TBI：022《增壹阿含經（卷
五〇）大愛道般涅槃品第五二》：
"□佛、眾佑，出現 於 世。爾時，世界
名槃頭摩□"

扵

80TBI：756a－4《中阿含經（卷
八）未曾有法品薄拘羅經第三》：
"□ 於 此□"

拓

80TBI：011－1《大乘瑜伽金剛性
海曼殊室利千臂千鉢大教王經
（卷六）》："□光明三摩地入 於 殊
□"

於

66TAM59：4/7（a）《殘辭》：
"□水聽賓（棄）碼頭堆本田，
於 馬□"

扵

67TAM78：43《唐東塞殘文書》：
"□一日 於 東塞□"

扵

80TBI：082《大方等陀羅尼經初
分（卷一）》："□廣通一切法
者入 於 □"

扵

67TAM78：36《唐西州蒲昌縣下
赤亭烽帖一》："□ 於 彼給付
□"

扵

66TAM44：30/3《唐殘發願文
一》："□可虛然無報，謹 於
今時□"

扵

72TAM230：68《武周天授二年
（691）郭文智辯辭》："□ 於
南平□"

扵

66TAM44：30/1，30/10《唐寫
〈唯識論注〉殘卷二》："□何
故六識通 於 三性何□"

扵

64TAM4：36《麟德二年（665）趙
醜胡貸練契》："西域道征人趙醜
胡 於 同行人左憧憙邊貸取帛練叁疋。"

扵

64TAM4：40《唐乾封三年（668）
張善憙舉錢契》："武城鄉人張善
憙 於 崇化鄉左憧憙邊舉取銀錢貳拾文。"

扵

64TAM4：33《唐總章三年（670）
左憧憙夏菜園契》："左憧憙 於
張善憙邊夏取張渠菜園壹所。"

扵

67TAM363：7/3《唐殘書牘》：
" 於 之悲老母居堂實□"

娛　yú

娛

80TBI：052《妙法蓮華經（卷二）
譬喻品第三》："□ 娛 樂之具
□"

魚 yú

67TAM91：30（b），29（b）《唐蘇海願等家口給糧三月帳》："户主魚白師家口四人。"

逾 yú

72TAM179：16/1（b），16/2（b）《唐寫〈尚書〉孔氏傳〈禹貢〉、〈甘誓〉殘卷》："逾於河，此謂梁□□"

瑜 yú

72TAM151：56《高昌買駄、入練、遠行馬、郡上馬等人名籍》："□□孝瑜、虎牙僧寳、虎牙師得。"

按：寳，原件書作"實"。

72TAM151：57《高昌買駄、入練、遠行馬、郡上馬等人名籍》："趙寺法瑜、威遠孟悦。"

72TAM151：59，61《高昌某年郡上馬帳》："趙寺法瑜赤馬。"

72TAM151：99，100《高昌合計馬額帳（一）》："□□張寺法朗、伍塔寺、北□□、趙寺法瑜、威遠孟□□"

榆 yú

68TAM103：18/5（a）《唐貞觀某年西州高昌縣范延伯等户家口田畝籍（三）》："城西三里榆樹渠□□"

虞 yú

73TAM193：15（a）《唐天寶某載（751—756）文書事目歷》："虞侯狀爲典麴承訓今月七日發□□"

72TAM209：87《唐貞觀年間西州高昌縣勘問梁延臺、雷隴貴婚娶糾紛案卷（二）》："虞侯府史楊玉□妻，雷媒媾娶□□"

愚 yú

75TKM91：11/4《西涼建初四年（408）秀才對策文》："臣愚，謂爲水深九尺，城高五丈。"

67TAM363：8/1（a）一〇《唐景龍四年（710）卜天壽抄孔氏本鄭氏注〈論語〉》："性，謂仁受血氣，以生賢愚。"

諛 yú

72TAM233：15/1《相辭爲共公乘艾與杜慶毯事》："諛。"

按：諛，人名。在 75TKM91：20（a）《兵曹行罰幢校文書》及 75TKM91：26《建□某年兵曹下高昌横截田地三縣符爲發騎守海事》中也見，爲校曹主簿。75TKM91：40《兵曹條次往守海人名文書》中殘存半字"大"。兩字書寫風格如出一轍，當爲本人簽名。兩件文書爲同一時期所寫。

75TKM91：20（a）《兵曹行罰幢校文書》："主簿諛。"

餘 yú

73TAM222：56/1,56/2《唐殘判籍（二）》："論 餘 判 □□"

80TBI：046a《阿毗曇八犍度論（卷一二）智犍度之四修智跋渠之餘》："□□繫忍滅，亦 餘 智滅亦不滅，是謂結欲 □□"

按："智"後之"滅"原件爲旁補小字。"謂結"原件作"結謂"，旁有勾乙符號，故録。《中華大藏經》和《大正新修大藏經》正作"謂結"。

75TKM103：1《唐某人自書歷官狀》："從果毅薛逖入疏勒，經 餘 三年以上。"

80TBI：489《四分戒本疏（卷一）》："此據犯性分别，受隨俱善， 餘 二並狹，今約有無有通受不 □□"

73TAM509：8/19《唐某人與十郎書牘》："當城置城主四、城局兩人，坊正、里正、横催等在城有卅 餘 人，十羊九牧。"

2004TBM207：1－14《唐儀鳳某年（676—679）西州牒爲考課事》："其李恒讓付諸司檢報， 餘 後判，諾。"

75TKM91：11/3《西涼建初四年（408）秀才對策文》："内足則有 餘 ，有餘則安，所謂不嚴而治。"

72TAM201：33《唐咸亨五年（674）兒爲阿婆録在生及亡没所修功德牒》："自省己（已）來，口誦 餘 經，未曾邂（懈）廢。"

73TAM206：42/9－13《唐課錢帳歷》："總折除外， 餘 有一千廿六文。"

歟 yú

67TAM363：8/1（a）——《唐景龍四年（710）卜天壽抄孔氏本鄭氏注〈論語〉》："□□ 歟 ！吾黨之小子狂簡，斐然 □□"

驈 yú

72TAM150：32《唐諸府衛士配官馬、駄殘文書三》："游智方馬赤 驈 。"

2006TAM607：2－4＋2006TAM607：2－5＋2006TAM607：2－4《唐神龍元年（705）六月後西州前庭府牒上州勾所爲當府官馬破除、見在事》："史赤女馬 驈 敦（墩）。"

yǔ

宇 yǔ

64TAM29：44 之六《唐咸亨三年（672）新婦爲阿公録在生功德疏》："往前於楊法師房内造一廳并堂 宇 ，供養玄覺寺常住三寶。"

雨 yǔ

80TBI：728a《妙法蓮華經（卷三）藥草喻品第五》："□□ 雨 法雨，而無懈 □□"

80TBI：728a《妙法蓮華經（卷三）藥草喻品第五》："□□ 間，如雨 □□"

禹 yǔ

禹　72TAM179：16/1（b），16/2（b）《唐寫〈尚書〉孔氏傳〈禹貢〉、〈甘誓〉殘卷》：“□裔之山已可居，三苗之族大有次敍，美禹之功。”

禹　72TAM179：16/1（b），16/2（b）《唐寫〈尚書〉孔氏傳〈禹貢〉、〈甘誓〉殘卷》：“百川之經此衆山，禹皆治之。”

命　72TAM179：16/4（b），16/5（b），16/6（b），16/7（b）《唐寫〈尚書〉孔氏傳〈禹貢〉、〈甘誓〉殘卷》：“禹錫玄圭，告厥成功。”

按：命，同“禹”，《説文》：“禹，蟲名。禽，古文禹。”《類篇》：“禹，古作命。”

圉 yǔ

圉　72TAM179：16/1（b），16/2（b）《唐寫〈尚書〉孔氏傳〈禹貢〉、〈甘誓〉殘卷》：“西傾、朱圉、鳥鼠至於太華。”

與 yǔ

與　80TBI：481《妙法蓮華經（卷二）譬喻品第三》：“□界者悉與諸佛禪□。”

與　80TBI：669a《大方廣華嚴十惡品經》：“□復與外人共通持□。”

與　80TBI：750a《妙法蓮華經（卷二）譬喻品第三》：“□欲皆當與汝。爾時諸□。”

與　67TAM363：8/1（a）之七《唐景龍四年（710）卜天壽抄孔氏本鄭氏注〈論語〉》：“□［無］適也，無慕（莫）也，義之與比。”

與　73TAM208：12《唐人習字》：“不得與師書耳但衛不能拔賞隨。”

與　67TAM363：8/1（a）之九《唐景龍四年（710）卜天壽抄孔氏本鄭氏注〈論語〉》：“道［不］行，乘桴（桴）［浮］於海；從我者，其由與？”

按：此句奪“不”“浮”兩字。“垺”爲“桴”字譌寫。

與　67TAM363：8/1（a）之九《唐景龍四年（710）卜天壽抄孔氏本鄭氏注〈論語〉》：“□□子貢曰：‘汝與回也，孰（孰）愈？’”

與　67TB：1-2-1《大乘瑜伽金剛性海曼殊室利千臂千鉢大教王經（卷六）》：“□□梨並不得取喫其食，與不□。”

按：喫其食，《大正藏》作“食其食”。

與　72TAM179：16/4（b），16/5（b），16/6（b），16/7（b）《唐寫〈尚書〉孔氏傳〈禹貢〉、〈甘誓〉殘卷》：“启與又（有）扈弄（戰）於甘之埜，作《甘誓》。”

与　72TAM230：48/1《唐西州請北館坊採車材文書（一）》：“□□望請北館坊採車材，具與赤亭坊貯備□□。”

与　66TAM61：23（b），27/2（b），27/1（b）《唐西州高昌縣上安西都護府牒稿爲録上訊問曹禄山訴李紹謹兩造辯辭事（二）》：“□□有所歸，請乞禁身，與謹對當□□。”

与　75TKM99：6（b）《義熙五年道人弘度舉錦券》：“要到十月卅日還償錦半張，即交與錦生布八縱（縗）一匹。”

　67TAM363：7/4《唐儀鳳年間（676—679）西州蒲昌縣竹海住

佃田契》："☐☐年，年別 與 租價 ☐☐"

73TAM519：19/2－2《高昌麴季悦等三人辭爲請授官階事》："☐☐依舊階品 與 官。"

72TAM151：104《高昌延和十二年(613)某人從張相熹等三人邊雇人歲作券》："☐☐ 與 雇價銀錢貳☐☐☐☐即☐☐☐入作。"

72TAM151：13《高昌義和三年(616)氾馬兒夏田券》："畝 與 夏價麼伍☐☐"

按：麼，原件書作"床"。

64TAM15：23《唐貞觀十四年張某夏田契》："☐☐種麼，與 伍斛種☐☐"

按：麼，原件書作"床"。

64TAM15：23《唐貞觀十四年張某夏田契》："☐☐ 與 耕田人。"

66TAM61：16(b)《唐西州高昌縣上安西都護府牒稿爲録上訊問曹禄山訴李紹謹兩造辯辭事(七)》："道兄 與 紹謹相隨，紹謹爲實☐☐"

75TKM99：6(a)《北涼承平八年(450)翟紹遠買婢券》："交 與 丘慈錦三張半。"

80TBI：247《妙法蓮華經(卷二)譬喻品第三》："☐☐垂給 與，長者☐☐"

60TAM330：26/1《唐總章元年(668)趙惡仁佃田契》："☐☐佃食，年別畝 與 ☐☐"

65TAM341：77－1(背面)《唐辯辭爲李藝義佃田事》："亦被租 與 ☐☐"

66TAM61：23(b)，27/2(b)，27/1(b)《唐西州高昌縣上安西都護

府牒稿爲録上訊問曹禄山訴李紹謹兩造辯辭事(二)》："兄邊取練訖，分明付兄 與 李三同☐☐"

72TAM233：15/1《相辭爲共公乘艾與杜慶毯事》："艾共相即以毯 與 慶。"

75TKM90：20(a)《高昌主簿張縮等傳供帳》："☐☐出赤違一枚，付愛宗，與 烏胡慎。"

73TAM206：42/9－27《唐課錢帳歷》："用二百文付☐奴將 與 博士。"

64TAM4：40《唐乾封三年(668)張善熹舉錢契》："若延引不 與 左錢者，將中渠菜園半畝，與作錢質，要須得好菜處。"

64TAM4：40《唐乾封三年(668)張善熹舉錢契》："若延引不與左錢者，將中渠菜園半畝，與 作錢質，要須得好菜處。"

72TAM226：57《唐檢勘伊吾軍廨田頃畝數文書》："☐☐依檢 與 前報數同，典張瓊檢。"

語　yǔ

2002TJI：001《道行般若經(卷八)強弱品第二四》："☐☐菩提 語 諸☐☐"

80TBI：669a《大方廣華嚴十惡品經》："☐☐聲 語，比丘酒家者，☐☐"

73TAM208：12《唐人習字》："子者孔子曰者 語。"

67TAM363：8/1(a)之五《唐景龍四年(710)卜天壽抄孔氏本鄭

氏注〈論語〉》：“子 語 魯太師樂。”

語 73TAM191：61/1《唐□ 璟 殘
狀》：“ 語 典言此 □ 下，擬
覓得 □ ”

yù

玉　yù

玉 72TAM151：6《高昌重光元年
（620）氾法濟隨葬衣物疏》：“ 玉
豚一雙。”

玉 65TAM42：40《唐缺名隨葬衣物
疏》：“雞鳴審（枕）一枚， 玉 團一
雙，腳靡（糜）一具。”

玉 64TAM4：42《唐龍朔元年（661）
左憧憙夏菜園契》“崇化鄉人左
憧憙於同鄉人大女呂 玉 莛（蕤）
邊夏張渠菜園肆拾步壹園。”

玉 73TAM509：8/2（b）《唐西州道
俗合作梯蹬及鐘記》：“ □ 薄
（簿）馬瓊、尉衛綜、阮 玉 等寮彩咸斯水
鏡，群司仰其朱繩。”

育　yù

育 72TAM150：30,31《唐諸府衛士
配官馬、駃殘文書二》：“ 育 善府
吳 □ ”

郁　yù

郁 67TAM363：8/1（a）之四《唐景
龍四年（710）卜天壽抄孔氏本鄭
氏注〈論語〉》：“周監於二代， 郁 郁 乎文

哉也！”

欲　yù

欲 80TBI：652a《妙法蓮華經（卷二）
譬喻品第三》：“若滅貪 欲 ，無所
依止，滅盡諸苦。”

欲 72TAM151：6《高昌重光元年
（620）氾法濟隨葬衣物疏》：“若
欲 求海東頭，若欲覓海西壁。”

欲 80TBI：750a《妙法蓮華經（卷二）
譬喻品第三》：“ □ 欲 皆當與
汝。爾時諸 □ ”

欲 80TBI：482《大方等陀羅尼經夢
行分（卷三）》：“善男子！ 我 欲
□ ”

欲 72TAM188：74（a）《唐被問領馬
事牒》：“ □ 上件馬有實， 欲
將 □ ”

欲 72TAM188：86（a）（b）《唐西州
都督府牒爲請留送東官馬填充
團結欠馬事》：“ □ 舉者，所市得馬 欲
送向東，中間稍瘦，□堪總去。”

欲 65TAM341：78（背面）《唐辯辭
爲李藝義佃田事》：“ 欲 得出嫁，
不加修理，專行搆架，博換已經四年。”
　　按：架，原件書作“搩”。

欲 65TAM341：78（背面）《唐辯辭
爲李藝義佃田事》：“今來披訴，
苟求多少， 欲 繼他宗，恣意負心。”

欲 72TAM151：6《高昌重光元年
（620）氾法濟隨葬衣物疏》：“若
欲求海東頭，若 欲 覓海西壁。”

欲 73TAM507：012/3《唐殘書牘》：
“ □ 賢信，即 欲 作銀腰帶
□ ”

65TAM42：40《唐缺名隨葬衣物疏》："若欲覓海西辟（壁），若 欲 求海東頭。"

80TBI：694a《大智度論（卷二）初品中婆伽婆釋論第四》："□□ 欲 令得一切如願惡之□□。"

66TAM61：16（b）《唐西州高昌縣上安西都護府牒稿爲録上訊問曹禄山訴李紹謹兩造辯辭事（七）》："問紹謹得款：□弓月城 欲 發來日□□。"

80TBI：029a《修行道地經（卷六）學地品第二五》："□□ 有怨賊 欲 危此土。當□□。"

按：土，原件書作"圡"。"圡"俗寫多作"圡"，無點之"土"多爲"士"字，"土"字無點反倒少見。

80TBI：046a《阿毗曇八犍度論（卷一二）智犍度之四修智跋渠之餘》："□□ 第、增上，諸結在 欲 界繫，彼□□。"

75TKM96：38《買奴殘文書》："□□其日 欲 將至住處□□。"

75TKM96：38《買奴殘文書》："□□云 欲 還見婦，因爾□□。"

慾　yù

67TAM363：8/1（a）一〇《唐景龍四年（710）卜天壽抄孔氏本鄭氏注〈論語〉》："□□ 慾，焉得剛？"

按：慾，《廣韻》："嗜欲。"《集韻》："情所好也。"《漢語大字典》"欲"字頭下引邵瑛《群經正字》："《説文》無'慾'字，統當作'欲'爲正。"然"欲"字義甚廣，與"慾"僅在"嗜欲""欲望"意上構成異體字關係，並非狹義異體字，故單列字頭。

遇　yù

60TAM330：26/1《唐總章元年（668）趙惡仁佃田契》："□□若 遇 其月不□□。"

67TAM78：43《唐東塞殘文書》："□□東 遇 尉□□。"

喻　yù

80TBI：316《妙法蓮華經（卷二）譬喻品第三》："□□父雖憐愍，善言誘 喻 □□。"

75TKM91：11/6《西涼建初四年（408）秀才對策文》："□□有巢、維鳩居之，以 喻 夫人配德行化外□□。"

80TBI：486《四分律比丘尼戒本》："□□雨陣 喻 持犯□□。"

67TAM363：8/1（a）之七《唐景龍四年（710）卜天壽抄孔氏本鄭氏注〈論語〉》："小仁（人） 喻 於利。"

御　yù

67TAM363：8/1（a）之八《唐景龍四年（710）卜天壽抄孔氏本鄭氏注〈論語〉》："御 仁（人）以口給，屢（屢）憎於仁（人）。不知其仁，焉用佞。"

67TAM363：8/1（a）之五《唐景龍四年（710）卜天壽抄孔氏本鄭氏注〈論語〉》："哀公失 御 臣之政欲□□。"

80TBI：019《增壹阿含經（卷五〇）大愛道般涅槃品第五二》："□□ 御 天人師□□。"

御 2004TBM115：10《古寫本〈千字文〉》：“妾 御 績紡，侍巾惟（帷）□。”

飫 yù

飫 2004TBM115：10《古寫本〈千字文〉》：“且（具）饍□〔餐〕飯，適口充腸，飽 飫 亨宰，飢厭糟糠。”

愈 yù

愈 67TAM363：8/1（a）之九《唐景龍四年（710）卜天壽抄孔氏本鄭氏注〈論語〉》：“子貢曰：‘汝與回也，熟（孰）愈 ？’”

颰 yù

颰 65TAM346：1《唐乾封二年（667）郭奪醜勳告（一）》：“颰 海道：沙澤陣、纈嶺陣、東熊陸嶺陣並颰第一勳，各加三轉，總玖轉。”

預 yù

預 64TAM29：110/1～110/6，120（a）《唐處分庸調及折估等殘文書（一）～（七）》：“□ 收僕寺，每年 預 牒監使堪當□。”

獄 yù

獄 80TBI：082《大方等陀羅尼經初分（卷一）》：“□ 惚者受地 獄 苦終無□。”

按：“惚”，《中華大藏經》和《大正新修大藏經》作“當”。

獄 2004TAM398：6-2《唐某年二月西州高昌縣更簿全貌》：“□ 入 獄 □”

獄 2006TSYIM4：3-25 背面《北涼殘文書》：“□ 閉 獄 □”

轝 yù

轝 65TAM341：22，23，24（a）《唐景龍三年（709）南郊赦文》：“□ 腰 轝 人考滿□”

按：轝，轝車，或作“輿”。《集韻》音羊茹切。“輿，昇車，或作轝。”

欎 yù

欎 80TBI：095a《百論（卷下）破常品第九》：“□ 出 欎 單越人以為東□”

yuān

冤 yuān

冤 066TAM59：4/9（a）《殘辭》一：“□ 茗所見暴枉，不勝 冤 痛。”

淵 yuān

淵 75TKM91：21《馮淵上主將啟為馬死不能更買事》：“淵 私理貧窮。”

yuán

元　yuán

59TAM305：14/1《前秦建元二十年(384)韓盆辭爲自期召弟應見事》："建元廿年三月廿三日，韓盆自期二日召弟到應見，遍違受馬鞭一百。"

按：盆，原件書作"瓮"。

72TAM230：54(a)《唐開元九年(721)里正記雷思彥租取康全致等田畝帳》："開元八年十二月十六日雷思彥交用▢▢"

64TAM4：42《唐龍朔元年(661)左憧憙夏菜園契》："龍朔元年九月十四日。"

73TAM206：42/10－5/10－17《唐質庫帳歷》："劉元感正月十九日取叁十文。"

72TAM230：67《武周天授二年(691)唐建進辯辭》："如涉虛誣，付審已後不合更執，既經再審確，請一依元狀勘當。"

72TAM230：69《武周天授二年(691)李申相辯辭》："▢▢薄(簿)高禎元來安昌城不▢▢"

72TAM151：56《高昌買駄、入練、遠行馬、郡上馬等人名籍》："▢▢典寺、麴元▢、張子回、竺▢宣、曹▢、左調和▢▢"

72TAM188：56《唐開元某年奴小德除籍牒》："▢▢開元▢▢"

72TAM188：11《唐開元三年(715)交河縣安樂城萬壽果母姜辭》："開元三年八月日交河縣安樂▢▢"

2004TAM398：6－2《唐某年二月西州高昌縣更簿全貌》："▢▢元田▢▢"

68TAM108：20(a)之一《唐開元三年(715)西州營牒爲通當營請馬料姓名事一》："火長賈思恭，火內人元獎。"

按：獎，原件書作"獘"。

72TAM151：6《高昌重光元年(620)氾法濟隨葬衣物疏》："重光元年庚辰歲二月下旬，佛弟子某甲敬移五道大神。"

按：佛，原件書作"仏"；某，書作"厶"。

67TAM78：29(b)《唐吳相▢等名籍(二)》："蘇元顯。"

73TAM501：109/1《武周如意元年(692)堰頭魏君富殘牒》："如意元年九月日堰頭魏君富牒。"

73TAM206：42/10－10《唐質庫帳歷》："張元爽正月十▢▢取壹伯(百)▢▢"

67TAM78：47/44(a)《唐令狐婆元等十一家買柴供冰抄》："▢▢元▢▢"

73TAM206：42/10－5/10－17《唐質庫帳歷》："其月廿▢▢▢▢元英去。"

73TAM206：42/10－7《唐質庫帳歷》："▢▢張元▢正月▢▢取貳伯(百)▢▢"

垣　yuán

2004TBM115：10《古寫本〈千字文〉》："耽讀翫市，□［寓］目囊箱，易輶攸畏，屬耳 垣 牆。"

59TAM301：15/4－3《唐西州高昌縣趙懷願買舍券》："□□ 舉寺分 垣 ，南共趙懷滿分 垣 ，西詣道，北詣道。"

袁　yuán

73TAM193：15(a)《唐天寶某載（751—756）文書事目歷》："六日，兵 袁 昌運牒爲患請藥 □□ "

員　yuán

72TAM151：97《高昌某年衛延紹等馬帳》："□□ 左桃和馬，□□法 □□ 員 寺□，□□天馬 □□ "

2004TBM207：1－3《唐調露二年（680）七月東都尚書吏部符爲申州縣闕員事》："□□ 若干 員 ，所通闕色 □□ "

72TAM151：57《高昌買駝、入練、遠行馬、郡上馬等人名籍》："□□ 趙寺法瑜、威遠孟悦、 員 寺、明威 □□ "

72TAM151：59,61《高昌某年郡上馬帳》：" 員 寺黑馬。"

蚖　yuán

80TBI：641a《妙法蓮華經（卷二）譬喻品第三》："毒蛇 蚖 蝮，及諸夜叉，鳩盤荼鬼，野干狐狗，鵰鷲鵄梟，百族之屬。"

援　yuán

75TKM98：28/1《某人啓爲失耕事》：" □□ 來見赴 援 □□ "

2006TAM607：2－4《唐神龍元年（705）六月後西州前庭府牒上州勾所爲當府官馬破除、見在事》："三疋，長安四年六月給論（輪）臺聲 援 兵隨北庭討擊軍不迴。"

源　yuán

65TAM346：1《唐乾封二年（667）郭耄醜勳告（一）》："東臺：右威衛渭 源 府果毅都尉朱小安等，並志懷壯果，業苞戎藝。"

75TKM91：11/6《西涼建初四年（408）秀才對策文》："諸如此比，觸類而異，其 源 難究。"

緣　yuán

80TBI：046a《阿毗曇八犍度論（卷一二）智犍度之四修智跋渠之餘》：" □□ 智，因、次第、 緣 、增上。等智，次第、緣 □□ "

80TBI：128《阿毗達磨大毗婆沙論（卷九二）結蘊第二中十門納息第四之二二》：" □□ 緣 緣 識 □□ "

80TBI：489《四分戒本疏（卷一）》：" □□ 解受隨義一，第三卉發戒 緣 者。"

80TBI：016《四分戒本疏（卷一）》：" □□ 如來，就根本□言不過有身口七惡，三因 緣 □□ "

80TBI：088《金光明經（卷三）除病品第一五》："□□緣有妙善根□□。"

80TBI：088《金光明經（卷三）除病品第一五》："□□説往昔誓願因緣，過去無□□。"

80TBI：052《妙法蓮華經（卷二）譬喻品第三》："□□舍利弗以是因緣□□。"

2004TBM203：30－3b＋2004TBM203：30－1《高昌寫本〈急就篇〉》："□取受付與相因緣。"

80TBI：046a《阿毗曇八犍度論（卷一二）智犍度之四修智跋渠之餘》："□□未知智。知他人心智，因、次第、緣、增上。等智，次第，□□。"

75TKM91：16（b）《北涼緣禾五年翟阿富券草》："緣禾五年六月十一日，翟阿富從阿皆。"

66TAM62：5《北涼緣禾五年隨葬衣物疏》："緣禾五年六月廿三日，謹條衣裳物在右。"

73TAM509：8/2（b）《唐西州道俗合作梯蹬及鐘記》："當觀道士張真……索名等仰憑四輩，共結良緣，不憚劬勞，作斯梯蹬。"

73TAM509：8/19《唐某人與十郎書牘》："來日愨愨，不獲辭奉，夏中毒熱，伏惟十郎清吉，緣鐘草草。"

按：愨愨，原件書作"忞忞"。

73TAM509：8/19《唐某人與十郎書牘》："□湏（須）定伊誇，緣希隱名出換□□。"

73TAM509：8/27《唐城南營小水田家牒稿爲舉老人董思舉檢校取水事》："總緣無檢校人，致使有强欺弱。"

73TAM193：11（a）《武周郭智與人書》："緣爲録事司勾。"

65TAM341：25，26（a）《唐景龍三年（709）南郊赦文》："□□緣壇場道路□□。"

2004TAM398：3－3＋2004TAM398：3－2《唐某年二月西州高昌縣更簿全貌》："□□緣今日夜當直（值）里正及□□。"

園　yuán

59TAM301：15/4－1，15/4－2《唐貞觀十七年（643）西州高昌縣趙懷滿夏田契》："□□步張園富貳畝，田壹畝，與夏價小麥貳（貳）□□。"

按：薗，同"園"，《字彙·艸部》："同'園'。"

64TAM29：44《唐咸亨三年（672）新婦爲阿公録在生功德疏》："在生産業、田園、宅舍、妻子、男女奴婢等物，並是虛花，皆無真實。"

64TAM4：42《唐龍朔元年（661）左憧憙夏菜園契》"崇化鄉人左憧憙於同鄉人大女吕玉妵（菾）邊夏張渠菜園肆拾步壹園。"

64TAM4：39《唐乾封元年（666）鄭海石舉銀錢契》："若鄭延引不還左錢，任左牽引鄭家資雜物，口分田園，用充錢子本直。"

64TAM4：40《唐乾封三年（668）張善憙舉錢契》："若延引不與左錢者，將中渠菜園半畝，與作錢質，要須得好菜處。"

64TAM29：44 之六《唐咸亨三年（672）新婦爲阿公録在生功德疏》：“又已前將 園 中渠上一□木布施百尺彌勒。”

64TAM4：33《唐總章三年（670）左憧憙夏菜園契》：“左憧憙於張善憙邊夏取張渠菜 園 壹所。”

64TAM4：33《唐總章三年（670）左憧憙夏菜園契》：“其 園 叁年中與夏價大麥拾陸斛。”

69TKM39：9/6（a）《唐貞觀年間（640—649）西州高昌縣手實一》：“□步居住 園 宅。”

64TAM4：33《唐總章三年（670）左憧憙夏菜園契》：“祖（租）殊（輸）伯（佰）役，仰 園 主。”

64TAM4：33《唐總章三年（670）左憧憙夏菜園契》：“ 園 主，張善憙。”

轅　yuán

75TKM91：11/5《西涼建初四年（408）秀才對策文》：“神農種穀，軒 轅 造制。”

yuǎn

遠　yuǎn

80TBI：759a《中阿含經（卷四五）心品心經第一》：“□ 教，在 遠 離獨□”

80TBI：053《四分律比丘尼戒本》：“□聰明人，能 遠 離諸惡□”

73TAM193：15（b）《唐天寶某載（749—756）行館器物帳》：“行館承帳， 遠 載破被伍張。”

80TBI：240《增壹阿含經（卷五〇）大愛道般涅槃品第五二》：“□□四 遠 毗□□”

72TAM151：99，100《高昌合計馬額帳（一）》：“威 遠 保悦、□□令護、張相受、張歡悦□□”

72TAM151：99，100《高昌合計馬額帳（一）》：“伍塔寺、北□□、趙寺法瑜、威 遠 孟□□”

TAM363：8/1（a）之八《唐景龍四年（710）卜天壽抄孔氏本鄭氏注〈論語〉》：“父母在，不 遠 遊，遊必有［方］。”

按：“有”後奪一“方”字。

72TAM151：97《高昌某年衛延紹等馬帳》：“□ 遠 孟悦馬□□主寺□，□□令□□”

67TAM92：46（a），45（a），50/2（a），50/1（a），44（a），49（a）《高昌某歲諸寺官絹捎本》：“□半，追 遠 寺絹三半，綿三。”

72TAM151：59，61《高昌某年郡上馬帳》：“寧 遠 阿都黄赤馬。”

72TAM151：59，61《高昌某年郡上馬帳》：“小威 遠 駮馬。”

72TAM188：91《唐殘牒》：“□判官涼府録事梁名 遠 □”

yuàn

怨　yuàn

80TBI：029a《修行道地經（卷六）學地品第二五》：“▭有怨賊欲危此土。當▭”

按：土，原件書作“圡”。

67TAM363：8/1(a)之七《唐景龍四年（710）卜天壽抄孔氏本鄭氏注〈論語〉》：“放於利□□□[而行多]怨▭”

64TAM19：34，58，59《唐寫本鄭氏注〈論語〉公冶長篇》：“匿怨而友其人，左丘明恥之，丘亦恥之。”

67TAM363：8/1(a)之八《唐景龍四年（710）卜天壽抄孔氏本鄭氏注〈論語〉》：“▭而無違，勞而無怨。”

67TAM363：8/1(a)之一一《唐景龍四年（710）卜天壽抄孔氏本鄭氏注〈論語〉》：“伯夷、叔齊不念舊惡，怨是用希。”

掾 yuàn

75TKM96：18，23《北涼玄始十二年（423）兵曹牒爲補代差佃守代事》：“差四騎付張欑□、道□□、兵曹掾張龍，史張□白。”

75TKM91：28(a)《兵曹行罰兵士張宗受等文書》：“兵曹掾□預史左法彊▭校趙震解如右。”

願 yuàn

80TBI：504－2《增阿含經（卷三八）馬血天子問八政品第四三》：“▭世尊彼人所願今已果▭”

73TAM222：55(a))《唐寫〈千字文〉殘卷》：“▭熱願涼，驢▭”

按：《説文》：“願，顛頂也。”邵瑛《群經正字》：“今經典皆借其聲爲願欲字，而又棄繁就簡，只用願，不用顥。然古人似止作顥。”《漢語大字典》認爲：“‘願’字從戰國到秦漢的鉩印、帛書、竹木簡、碑刻大多作‘顥’，只有個别作‘願’，‘顥’‘願’二字同義。”《廣雅·釋詁一》：“顥，欲也。”王念孫疏證：“顥與願同。”裘錫圭《文字學概要》認爲，欲願的“願”原來多借《説文》訓爲“顛頂”的“顥”字表示。漢代人往往把這個字簡寫爲“”（見銀雀山漢簡等）、“”、“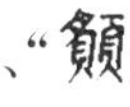”（以上見漢碑）等形，南北朝和唐代人進一步簡化爲“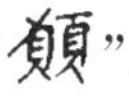”。《説文》訓爲“大頭”的“願”，在漢代也已假借來表示欲願的“願”（見定縣40號漢墓簡文），但是用的人似乎不多。六朝以後，“願”字的使用逐漸普遍。到宋代，一般人大概就不用“”字而只用“願”字了。“顥”“願”本非一字，二字的俗書也決不相混（見頁191）。

下舉各例字均爲“欲願”義，故、等字形均收於“願”字頭下。

72TAM230：46/1(a)《唐儀鳳三年（678）尚書省户部支配諸州庸調及折造雜練色數處分事條啟（一）》：“▭情願輸綿絹絁者聽，不得官人，州縣公廨典及▭”

80TBI：694a《大智度論（卷二）初品中婆伽婆釋論第四》：“▭欲令得一切如願惡之▭”

80TBI：262《佛説灌頂隨願往生十方浄土經（卷一一）》：“▭

終時　願 □ ”　80TBI：063《佛説灌頂隨願往生十方浄土經（卷一一）》：“□ 若人命終 願 生 □ ”

80TBI：088《金光明經（卷三）除病品第一五》：“□ 發心誓 願 因緣是 □ ”

72TAM150：40《唐康某等雜器物帳》：“周海 願 床一張。”

67TAM78：27《唐殘書牘》：“□ 起居勝常，伏 願 寢 □ ”

66TAM61：34(b)，31/1(b)，31/3(b)，31/4(b)《唐田緒歡等課役名籍（四）》：“牛 願 憧。”

67TAM376：01(a)《唐開耀二年（682）寧戎驛長康才藝牒爲請處分欠番驛丁事》：“丁 願 德。”

2004TAM396：14《唐開元七年（719）洪奕家書》：“□ 伏 願 侵（寢）善（膳）安和，伏惟萬福。”

72TAM150：42《唐白夜默等雜器物帳》：“鄭 願 海槃一，畦玄□槃一，趙醜胡槃一。”

65TAM42：67《唐西州高昌縣授田簿（一五）》：“右給蘇 願 歡充 □ ”

67TB：1-2-2《大乘瑜伽金剛性海曼殊室利千臂千鉢大教王經（卷六）》：“□ 解脱門四者名一切 願 海音 □ ”

73TAM206：42/7-2《高昌義和五年（618）善海等役作名籍》：“□ 隗明 願 、侯 □ ”

64TAM29：44《唐咸亨三年（672）新婦爲阿公録在生功德疏》：“右件物今二月廿一日對衆布施三

寶，亦 願 知。”

72TAM151：55《高昌田相祐等名籍》：“□ 田相祐、趙天 願 。”

72TAM151：55《高昌田相祐等名籍》：“主陰相 願 、樊相惠、鄐慶崇、康深鹿子、□□□、張延伯。”

68TAM103：18/2-1(a)《唐左憙願戶殘籍》：“□ 戶主左憙 願 年肆 □ ”

67TAM78：22(b)，21(b)《唐吳相□等名籍（一）》：“□ 願 □ □□□匠，令狐海悦 □ ”

72TAM171：19(a)，9(a)，8(a)，11(a)《高昌延壽十四年（637）兵部差人往青陽門等處上現文書》：“張慶 願 、小 □ ”

72TAM151：59，61《高昌某年郡上馬帳》：“范 願 祐洛馬。”

72TAM151：57《高昌買駄、入練、遠行馬、郡上馬等人名籍》：“□ 聖□寺、范 願 祐 □ ”

72TAM151：62《高昌義和二年（615）參軍慶岳等條列高昌馬鞍轡帳》：“將 願 得下□文歡□具。”

72TAM150：47《唐牛懷願等雜器物帳》：“牛懷 願 木盞子十。”

64TAM5：39《唐李賀子上阿郎、阿婆書二（二）》：“願 阿郎、阿婆、阿兄知，更莫愁鼠兒。”

yuē

曰　yuē

80TBI：337a《大毗盧遮那成佛神變加持經（卷四）密印品第九》："彼真言[曰]：南麼三曼多[ ]"

2002TJI：004《妙法蓮華經經卷三化城喻品第七》："偈頌[曰][ ]"

73TAM222：54/4（b），54/5（b）《唐寫〈禮記〉鄭氏注〈檀弓〉下殘卷》："[ ]犯[曰]孺[ ]"

67TAM363：8/1（a）之二《唐景龍四年（710）卜天壽抄孔氏本鄭氏注〈論語〉》："子[曰]：'相維[ ]"

66TAM44：30/1，30/10《唐寫〈唯識論注〉殘卷二》："[ ]先[ ][ ]答[曰]六識[ ]"

80TBI：087《金光明經（卷三）除病品第一五》："是王國中有一長者，名[曰][ ]"

[約]　yuē

67TAM363：8/1（a）之六《唐景龍四年（710）卜天壽抄孔氏本鄭氏注〈論語〉》："不仁者不可以久處[約]，不可以長處樂。"

80TBI：489《四分戒本疏（卷一）》："此據尅性分別，受隨俱善，餘二並狹，今[約]有無有通受不[ ]"

67TAM363：8/1（a）之八《唐景龍四年（710）卜天壽抄孔氏本鄭氏注〈論語〉》："以[約]失之者鮮矣。"

75TKM98：28/1《某人啟爲失耕事》："[ ][約]敕票[ ]"

2004TAM395：4-2＋2004TAM395：4-3《唐垂拱二年西州高昌縣徵錢名籍全貌》："[ ]敏行，范思[約]，范隆貞[ ]"

73TAM206：42/10-5/10-17《唐質庫帳歷》："細末珠四條，[約]有四百顆。"

72TAM230：46/2（b）《唐儀鳳三年（678）尚書省户部支配諸州庸調及折造雜練色數處分事條啟（二）》："諸州庸調折納米粟者，若當州應須官物給用，[約]準一年須數。"

yuè

[月]　yuè

75TKM91：18（a）《北涼玄始十一年（422）馬受條呈爲出酒事》："十一[月]四日，□酒三斗，賜屠兒[ ]"

72TAM151：13《高昌義和三年（616）氾馬兒夏田券》："義和三年丙子歲潤（閏）五[月]十九日，氾馬兒從無艮跋子邊夏舊壌（業）部田叁畝。"

59TAM305：14/2《倉曹屬爲買八綵布事》："三[月]廿四日屬。"

75TKM96：29（b）《北涼真興六年（424）出麥賬》："真興六年四[月]十八日，麥所都合出麥十八斛[ ]"

64TKM1：33（a）《唐貞觀十四年氾歡□賃舍契》："[ ]四□十[月]□日[ ]"

72TAM151：6《高昌重光元年（620）氾法濟隨葬衣物疏》："重光元年庚辰歲二[月]下旬，佛弟子某甲敬移五道大神。"

按：某，原件書作"厶"。

64TKM3：51，52《前涼王宗上太守啟》："九[月]三日，宗□恐

死罪。”

73TAM206：42/2《唐光宅元年(684)史李秀牒爲高宗山陵賜物請裁事》：“□十月廿四日録事神都。”

75TKM96：17《北涼真興七年(425)宋泮妻隗儀容隨葬衣物疏》：“真興七年六月廿四日。”

75TKM96：18,23《北涼玄始十二年(423)兵曹牒爲補代差佃守代事》：“今經一月，不得休下，求爲更檢。”

65TAM39：20《前涼升平十一年王念賣駝券》：“升平十一年四月十五日，王念以兹駝賣與朱越，還得嘉駝，不相敗移。”

59TAM305：14/1《前秦建元二十年(384)韓盆辭爲自期召弟應見事》：“建元廿年三月廿三日，韓盆自期二日召弟到應見，逋違受馬鞭一百。”

按：盆，原件書作“瓫”。

73TAM206：42/10－16《唐質庫帳歷》：“董元正月卅日取陸□”

73TAM206：42/10－1,42/10－15《唐質庫帳歷》：“□其月廿四日□”

73TAM206：42/10－14,42/10－9《唐質庫帳歷》：“□劉娘正月十九日取壹伯(百)文。”

67TAM78：36《唐西州蒲昌縣下赤亭烽帖一》：“□上正月十□”

67TAM78：34《唐西州蒲昌縣下赤亭烽帖爲覓失駝駒事》：“追□□二月廿三日□”

73TAM507：012/15《高昌張明憙入延壽十六(639)三月鹽城劑丁錢條記》：“□己亥歲三月劑丁□”

72TAM188：91《唐殘牒》：“十二月九日典紀□”

67TAM376：01(a)《唐開耀二年(682)寧戎驛長康才藝牒爲請處分欠番驛丁事》：“開耀二年二月日寧戎驛長康才藝牒。”

72TAM179：18/8,18/9《武周學生令狐慈敏習字(一)(二)》“三月十七日令狐慈敏放(倣)書。”

按：例字爲武周新字“月”。《新唐書》、《資治通鑑》胡三省注、《集韻》《宣和書譜》均作“囝”；《通志》作“”“匣”。下文均同。

73TAM222：16《武周證聖元年(695)殘牒》：“證聖元年三月廿九日。”

73TAM501：109/1《武周如意元年(692)堰頭魏君富殘牒》：“如意元年九月日堰頭魏君富牒。”

73TAM501：109/5－4《武周長壽三年(694)殘文書》：“長壽三年四月廿五□”

72TAM187：198《武周諸戍上兵文書(二)》：“□合來月一日，諸戍上兵□”

72TAM187：201《武周追當番職掌人文書(二)》：“□月一日，當番人比□”

72TAM230：73(a),71(a)《武周天授二年(691)知水人康進感等牒尾及西州倉曹下天山縣追送唐建進妻兒鄰保牒》：“天授二年壹月十一日知水

人康進感等牒。”

 72TAM230：72《武周天授二年（691）史孫行感殘牒》：“天授二年壹 月 日史孫行感牒□□□。”

 72TAM230：65(a)《武周史孫行感殘牒》：“四 月 九日史孫行感牒。”

 72TAM230：79《武周天授二年（691）殘文書》：“天授二年三 月 廿日□□□。”

　　按：月，武周新字。另，授、年、天、日，原件均爲武周新字。

 72TAM230：56，57《武周天授二年（691）里正張安感殘牒》：“天授二年四 月 □里正張安感牒。”

　　按：天、授、年、月，原件爲武周新字。

73TAM193：11(a)《武周郭智與人書》：“爲寶 月 下牒。”

岳　yuè

72TAM151：52《高昌逋人史延明等名籍》：“□□四日逋人：孟□嵩、王歡 岳 。”

67TAM78：30《唐貞觀十四（640）西州高昌縣李石住等户手實（四）》：“□□官，南司空明 岳 ，西道□□□。”

64TAM5：39《唐李賀子上阿郎、阿婆書二（二）》：“張將舍盡平安在，張 岳 隆死。”

65TAM341：22，23，24(a)《唐景龍三年（709）南郊赦文》：“□□考使并集 岳 □□□。”

72TAM151：59，61《高昌某年郡上馬帳》：“侍郎歡 岳 青馬。”

72TAM151：99，100《高昌合計馬額帳（一）》：“□□歡 岳 、中郎師苟、□□□□阿婆奴、□□伯、竺惠□□。”

72TAM151：56《高昌買馱、入練、遠行馬、郡上馬等人名籍》：“□□政明寺、建武、和長史、西主寺、□郎歡 岳 、諫□□□。”

73TAM519：19/2－2《高昌麴季悦等三人辭爲請授官階事》：“□□季悦、麴相 岳 三人等□□□。”

72TAM151：62《高昌義和二年（615）參軍慶岳等條列高昌馬鞍韀帳》：“義和二年乙亥歲十二月九日□□慶 岳 主□□□。”

悦　yuè

69TKM39：9/6(a)《唐貞觀年間（640—649）西州高昌縣手實一》：“□□東董 悦 護西渠。”

73TAM519：19/2－2《高昌麴季悦等三人辭爲請授官階事》：“□□季 悦 、麴相岳三人等□□□。”

72TAM151：101《高昌傳錢買鑷鐵、調鐵供用帳》：“次傳：錢叁文，用買鑷鐵叁斤，付張懷 悦 。”

73TAM214：156，157《唐魏申相等納粟帳》：“張明 悦 。”

2004TBM107：3－1《唐牒殘片》：“□□仕 悦 示。”

72TAM151：97《高昌某年衛延紹等馬帳》：“□□遠孟 悦 馬□□□主寺□，□□令□□□。”

72TAM151：59，61《高昌某年郡上馬帳》：“主簿歡 悦 瓜

（騧）馬。”

72TAM151：57《高昌買駄、入練、遠行馬、郡上馬等人名籍》：“□□趙寺法瑜、威遠孟 悦 、員寺、明威□□”

72TAM151：59，61《高昌某年郡上馬帳》：“威□孟 悦 留（騧）馬。”

72TAM151：56《高昌買駄、入練、遠行馬、郡上馬等人名籍》：“辛明護、史淩江、校尉相明、□□保 悦 、麴阿住。”

2006TZJ1：087，2006TZJ1：077《麴氏高昌張廷懷等納斛斗帳》：“麴懷 悦 壹斛壹兜（斗）。”

67TAM78：30《唐貞觀十四（640）西州高昌縣李石住等戶手實（四）》：“□□東□里塔，南麴保 悦 。”

軏　yuè

67TAM363：8/1（a）《唐景龍四年（710）卜天壽抄孔氏本鄭氏注〈論語〉》：“ 軏 回軏端以節之車。”

　按：軏，同“軏”。

越　yuè

80TBI：095a《百論（卷下）破常品第九》：“□□出嚳單 越 人以爲東□□”

65TAM39：20《前涼升平十一年王念賣駝券》：“升平十一年四月十五日，王念以兹駝賣與朱 越 ，還得嘉駝，不相賑移。”

閱　yuè

73TAM210：136/5《唐貞觀二十三年（649）安西都護府戶曹關爲車脚價練事》：“□取訖，謹 閱 。”

73TAM210：136/5《唐貞觀二十三年（649）安西都護府戶曹關爲車脚價練事》：“戶曹 閱 稱□□”

樂　yuè

67TAM363：8/1（a）之五《唐景龍四年（710）卜天壽抄孔氏本鄭氏注〈論語〉》：“子語魯太師 樂 。”

67TAM363：8/1（a）之二《唐景龍四年（710）卜天壽抄孔氏本鄭氏注〈論語〉》：“□□初僭用天子之禮 樂 。”

yún

云　yún

80TBI：027《阿毗曇八犍度論（卷三）思跋渠首第八》：“□□害，云 何自害？”

80TBI：016《四分戒本疏（卷一）》：“故多論 云 ，於一切衆生數非衆生數而發□□”

67TAM363：8/1（a）《唐景龍四年（710）卜天壽抄孔氏本鄭氏注〈論語〉》：“《書》 云 ：‘孝乎惟孝，友於□□’”

73TAM222：56/3（a），56/4（a）《唐殘判籍（三）（四）》：“律 云 祖父母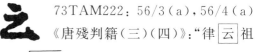”

2004TBM207：1-3《唐調露二年（680）七月東都尚書吏部符爲申州縣闕員事》："▢官某乙滿若續前任滿，即注 云 ：續前任合滿。"

雲　yún

80TBI：117《妙法蓮華經（卷三）藥草喻品第五》："▢惠 雲 含潤，電光▢"

按：惠，《中華大藏經》和《大正新修大藏經》作"慧"。

73TAM222：54/7（b），54/8（b），54/9（b）《唐寫〈禮記〉鄭氏注〈檀弓〉下殘卷》："▢對當爲 雲 ▢"

2006TSYIM4：2-3＋2006TSYIM4：2-4《古寫本〈詩經〉》："《 雲 漢》八章▢"

72TAM230：36《古寫本木玄虛〈海賦〉》："▢質 雲 錦散文於沙宂之▢"

按：此句《文選·海賦》作："若乃雲錦散文於沙汭之際，綾羅被光於螺蚌之節。"李善注："毛萇《詩傳》曰：'芮，崖也。'芮與汭通。"故寫本"質"疑爲"若"誤，"宂"爲"内"形誤。

65TAM42：90（a），91（a）《唐令狐鼠鼻等差科簿（一）》：" 雲 騎尉魏隆護，年廿八，第（弟）隆柱，年廿四，白丁。"

允　yǔn

73TAM510：03《唐庭州西海縣橫管狀爲七德寺僧妄理人事》："妄理人西州七德寺，僧惠寬、法 允 ▢"

yùn

負　yùn

66TAM59：4/10《趙廣等名籍》："▢趙廣、趙世、 負 通、孫萬、范秉、范雪、范小▢"

65TAM42：60（a）《唐西州高昌縣授田簿（一一）》："▢給 負 何漏充分，同觀▢"

75TKM91：28（b）《北涼義和某年員崇辭爲眼痛請免屯守事》："義和▢▢五月廿二日，▢▢ 負 崇辭。"

72TAM150：40《唐康某等雜器物帳》：" 負 蕙訓床一張。"

運　yùn

2004TBM115：10《古寫本〈千字文〉》："遊鵾獨 運 ，凌（凌）摩降（絳）霄。"

73TAM193：15（a）《唐天寶某載（751—756）文書事目歷》："六日，兵袁昌 運 牒爲患請藥▢"

2006TAM607：2-4《唐景龍三年（709）後西州勾所勾糧帳》："準前勾徵，長 運 車坊馬羌。"

愠　yùn

67TAM363：8/1（a）一〇《唐景龍四年（710）卜天壽抄孔氏本鄭氏注〈論語〉》："三已之，無 愠 色。"

64TAM19：33，56，57《唐寫本鄭氏注〈論語〉公冶長篇》："令尹子

文三仕爲令尹，無喜色；三已之，無 愠 色。"

熨　yùn

73TAM509：8/6《唐書牘稿》："緣患腰，迴轉不得，見每 熨 ，後日可減。"

韻　yùn

75TKM91：11/5《西涼建初四年（408）秀才對策文》："伏惟殿下應期命世，紹蹤前聖，玄 韻 遐龍，採錯他山。"

Z 部

雜 zá

80TBI：367《佛説灌頂拔除過罪生死得度經（卷一二）》："□□懸雜色幡□□。"

73TAM222：56/5,56/6《唐殘判籍（五）（六）》："□□風牛交雜彌□□。"

73TAM206：42/9－27《唐課錢帳歷》："付吉羊雜用七十文。"

68TAM103：20/4《唐貞觀十八年（644）西州某鄉户口帳》："□□三百冊四，雜□□。"

65TAM346：1《唐乾封二年（667）郭老醜勳告（一）》："諸道雜勳。"

2006TAM607：4a《唐神龍三年（707）正月西州高昌縣開覺寺手實》："五人雜破除。"

64TAM15：6《唐唐幢海隨葬衣物疏》："雜色物一萬段。"

65TAM42：90（a），91（a）《唐令狐鼠鼻等差科簿（一）》："五人雜色。"

64TAM4：36《麟德二年（665）趙醜胡貸練契》："延引不還，聽拽家財雜物平爲本練直（值）。"

64TAM4：53《唐麟德二年（665）張海歡、白懷洛貸銀錢契》："任左牽掣張家雜物口分田、桃用充錢直（值）取。"

63TAM1：11《西涼建初十四年（418）韓渠妻隨葬衣物疏》："韓渠□□命早終，謹條隨身衣裳雜物如右。"

64TAM4：40《唐乾封三年（668）張善憙舉錢契》："若延引不還，聽左拽取張家財雜物平爲本錢直（值）。"

災 zāi

80TBI：641a《妙法蓮華經（卷二）譬喻品第三》："告喻諸子，説衆患難，惡鬼毒蟲，災火□□。"

66TAM44：30/5《唐寫佛經疏釋殘卷一》："□□礙示空（災）名應責於六善□□。"

按：原件"空"旁注"災"字。礙，書作"旱"。

哉　zāi

80TBI：493a－1《中阿含經（卷五）捨梨子相應品智經第三》："善哉！善哉！□□。"

80TBI：493a－1《中阿含經（卷五）捨梨子相應品智經第三》："善哉！善哉！"

67TAM363：8/1（a）《唐景龍四年（710）卜天壽抄孔氏本鄭氏注〈論語〉》："□□行之哉？"

67TAM363：8/1（a）之二《唐景龍四年（710）卜天壽抄孔氏本鄭氏注〈論語〉》："子曰：'大哉問！'""周監於二代，郁郁乎文哉也！"

64TAM27：22《唐寫本〈論語〉鄭氏注〈雍也〉殘卷》："子曰：'賢哉□□。"

2004TAM396：14《唐開元七年（719）洪奕家書》："啟：違逺（逻經）二哉（載），思暮（慕）無寧。"

宰　zǎi

宰　zǎi

2004TBM115：10《古寫本〈千字文〉》："且（具）膳□飯，適口充腸，飽飫享宰，飢厭糟糠。"

67TAM363：8/1（a）之五《唐景龍四年（710）卜天壽抄孔氏本鄭氏注〈論語〉》："宰我言史（使）仁（人）戰慄，媚耳，非其□□。"

67TAM363：8/1（a）之九《唐景龍四年（710）卜天壽抄孔氏本鄭氏注〈論語〉》："宰予，孔子弟子。"

載　zǎi

72TAM150：39《唐僧净眼家書》："違離積載，思莫□□。"

73TAM193：15（b）《唐天寶某載（749—756）行館器物帳》："行館承帳，遠載破被伍張。"

73TAM193：15（b）《唐天寶某載（749—756）行館器物帳》："已上物天四載支度使檢。"

73TAM215：017/2《唐殘書牘一》："□□數載在交河郡□□。"

66TAM62：6/2《翟彊辭爲貧麥被扯牛事》："□□牛一頭載致流扯牛□去。"

在　zài

在　zài

72TAM151：68《〈千字文〉習字殘卷（一）》："鳴鳳在樹，白駒食□，化被草木。"

60TAM332：6/1－1（a），6/1－2（a），6/1－3（a）《唐寫本〈五土解〉》："蓋堂々君在下□□□□後下願軍（君）頓馬□□。"

按：原件"堂"後用重文符號。

72TAM179：16/1（b），16/2（b）《唐寫〈尚書〉孔氏傳〈禹貢〉、〈甘誓〉殘卷》："積石山在金城西南。"

73TAM210：136/12－1《唐西州都督府諸司廳、倉、庫等配役名籍(一)》："□在天，已上木匠。"

72TAM230：46/1(a)《唐儀鳳三年(678)尚書省戶部支配諸州庸調及折造雜練色數處分事條啟(一)》："其交州都督府報蕃物，於當府折□□□用，所有破除、見在，每年申度□□部。"

64TAM29：44《唐咸亨三年(672)新婦爲阿公録在生功德疏》："阿公生存在日功德，審思量記録。"

73TAM509：8/19《唐某人與十郎書牘》："當城置城主四、城局兩人，坊正、里正、橫催等在城有卅餘人，十羊九牧。"

73TAM215：017/2《唐殘書牘一》："□□□數載在交河郡□"

64TAM29：44《唐咸亨三年(672)新婦爲阿公録在生功德疏》："在生産業、田園、宅舍、妻子、男女奴婢等物，並是虛花，皆無真實。"

73TAM507：013/1《唐某人申狀爲注籍事》："□□□之理，睹在目□"

2006TAM607：2－4＋2006TAM607：2－5＋2006TAM607：2－4《唐神龍元年(705)六月後西州前庭府牒上州勾所爲當府官馬破除、見在事》："卅匹見在。"

66TAM59：4/1(a)《古寫本〈毛詩關雎序〉》："志也，在心爲志，發言爲詩。"

66TAM62：5《北涼緣禾五年隨葬衣物疏》："緣禾五年六月廿三日謹條衣裳物在右。"

60TAM325：14/4－1，14/4－2《唐西州某府主帥陰海牒爲六馱馬死事》："進洛六馱先在群放□□"

80TBI：016《四分戒本疏(卷一)》："□□□生故現在相□"

75TKM91：25《兵曹條往守白芳人名文書》一："謹條往白芳守人名在右，事諾班示，催遣奉行。"

按：原件"在右"二字筆畫上下勾連。

75TKM91：18(b)《建平五年祠□馬受屬》："□□□彊，張軒得，范□□，宋奉國，□康生，蔡宗，宋□彊，馬定明等，在□□役。"

67TAM78：30《唐貞觀十四(640)西州高昌縣李石住等戶手實(四)》："□□□畝在辛(新)興□□"

72TAM151：74(a)《古寫本〈晉陽秋〉殘卷》："遷□□令加散騎□□，在朝忠肅謀□□"

75TKM99：6(a)《北涼承平八年(450)翟紹遠買婢券》："券唯一支，在紹遠邊。"

72TAM151：95《高昌延和八年七月至延和九年六月錢糧帳》："□□次□案除錢貳□□拾伍□□□□，麥壹兜(斗)，粟貳兜(斗)□□藏政錢貳拾伍文半，中□，□□在藏，案除□額在民□□"

72TAM151：95《高昌延和八年七月至延和九年六月錢糧帳》："中□，□□在藏，案除□額在民□□"

64TAM4：29(a)《唐咸亨四年左憧憙生前功德及隨身錢物疏》："憧憙身在之日告佛。"

64TAM4：29（a）《唐咸亨四年左憧憙生前功德及隨身錢物疏》："憧憙身 在 之日，十年已前造壹佛，貳陪（菩）薩。"

67TAM363：7/2《唐儀鳳二年（677）西州高昌縣寧昌鄉某人舉銀錢契》："身東西不 在 ，壹仰妻兒收後者。"

再　zài

60TAM332：9/1－1《唐祭五方神文殘片一》："主人 再 拜，酌酒行傷（觴）。"

60TAM332：9/1－2，9/1－3《唐祭五方神文殘片二（一）》："▢▢禁攝，莫▢▢▢▢人，再 拜，酌酒行▢。"

60TAM332：6/1－1（a），6/1－2（a），6/1－3（a）《唐寫本〈五土解〉》："車來就南坐，主人 再 拜，酌酒行觴。"

按：觴，原件作"觴"。下同。

60TAM332：6/2－2（a），6/2－1（a）《唐祭土伯神文殘片》："主人 再 拜，酌酒行觴。"

72TAM230：67《武周天授二年（691）唐建進辯辭》："如涉虛誣，付審已後不合更執，既經 再 審確，請一依元狀勘當。"

zàn

鑿　zàn

73TAM214：166《唐軍府領物牒（一）》："▢▢ 鑿 斧▢▢"

瓚　zàn

67TAM78：38《唐西州蒲昌縣下赤亭烽帖二》："尉楊 瓚 ▢"

2006TSYIM4：3－11 背面《北涼義和三年（433）文書爲保辜事（三）》："▢▢ 瓚 詣▢▢"

2006TSYIM4：3－16 背面《北涼義和三年（433）文書爲保辜事（二）》："▢▢辭：（瓚）見蒲單▢▢"

按："瓚"原寫在行間。

讚　zàn

67TAM91：25（a），34/1（a）《唐安西都護府下高昌縣殘文書》："▢▢都 護 府。"

zāng

臧　zāng

67TAM84：20《高昌條列出臧錢文數殘奏》："商胡握廣延出 臧 錢一百五十。"

72TAM151：95《高昌延和八年七月至延和九年六月錢糧帳》："▢▢并合額得 臧 錢壹▢▢▢ 麥▢▢兜（斗）▢▢。"

72TAM151：96（a）《高昌安樂等城負臧錢人入錢帳》："▢▢安樂負 臧 錢▢▢▢入九十六文▢▢"

72TAM151：96（a）《高昌安樂等城負臧錢人入錢帳》："▢▢城

負[藏]錢人：道人□□□七十八文。"

藏

67TAM363：8/1（a）一〇《唐景龍四年（710）卜天壽抄孔氏本鄭氏注〈論語〉》："[藏]文仲居蔡,山節□[藻]梲,何如其智也?"

臧　zāng

臧

72TAM194：27（a）《唐盜物計臧科罪牒》："其錢徵到,分付來賓取領□陪（賠）[臧]牒徵送諮。"

zàng

葬　zàng

73TAM222：54/7（b）,54/8（b）,54/9（b）《唐寫〈禮記〉鄭氏注〈檀弓〉下殘卷》："□□[葬]於北方。"

72TAM201：33《唐咸亨五年（674）兒爲阿婆録在生及亡没所修功德牒》："[葬]日布施衆僧銀錢叁伯（百）文。"

藏　zàng

80TBI：471《妙法蓮華經（卷二）譬喻品第三》："諸佛法[藏]□□"

73TAM206：42/9－27《唐課錢帳歷》："高一十五,李[藏]十五。"

73TAM222：57/1（a）《唐殘名籍一》："□□[藏]子尚□□"

72TAM151：95《高昌延和八年七月至延和九年六月錢糧帳》：

"麥壹兜（斗）,粟貳兜（斗）□□[藏]政錢貳拾伍文半。"

藏

80TBI：079a《道藏〈通玄真經〉（卷三）〈九守篇〉殘片》："五[藏]動搖而□□□"

zāo

糟　zāo

2004TBM115：10《古寫本〈千字文〉》："且（具）饍□飯,適口充腸,飽飫享宰,飢厭[糟]糠。"

zǎo

早　zǎo

73TAM206：42/5《唐高昌縣勘申應入考人狀》："送曹司依例支配,入考者令[早]裝束。"

67TAM363：8/2（a）之一《唐景龍四年（710）卜天壽抄〈十二月新三臺詞〉及諸五言詩》："寫書今日了,先生莫鹹（嫌）池（遲）,明朝是賈（假）日,[早]放學生歸。"

　　按：鹹,原件作"醎"。

73TAM215：017/7《唐殘書牘四》："□□[早]已斷手,今□□□"

　　按：斷,原件書作"断"。

蚤　zǎo

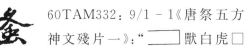

60TAM332：9/1－1《唐祭五方神文殘片一》："□□□獸白虎□"

□□□振怒,赤娥若烏,玄 蚤 無所犯,此
諸神死鬼怖。"

棗　zǎo

73TAM524：28《高昌建昌三年
(557)令狐孝忠隨葬衣物疏》：
"今簿(薄)明(命) 棗 (早)終。"

72TAM151：51《高昌白子中布
帛雜物名條疏》："紫 棗 尺一。"

2004TBM203：30－2《高昌寫本
〈急就篇〉》："□□柰桃待露霜,
棗 杏瓜棣□飴餳。"

zào

皂　zào

72TAM151：51《高昌白子中布
帛雜物名條疏》：" 皂 練一匹。"

73TAM206：42/9－13《唐課錢
帳歷》："孟老 皂 絲布九十文。"

造　zào

73TAM509：8/2(b)《唐西州道
俗合作梯蹬及鐘記》："觀主張駕
鶴亂歲參玄,韶年入道,真元湛寂,抱一無
虧,建 造 鴻鐘,救拔黎庶。"

2004TBM207：1－5a《唐上元三
年(676)六月後西州殘文書》：
"□□漿 造 酒,好□□□"

按：漿造,原件爲"造漿",旁注勾乙
符號。

64TAM4：29(a)《唐咸亨四年左
憧憙生前功德及隨身錢物疏》：

"憧憙身在之日,十年已前 造 壹佛,貳陪
(菩)薩。"

67TB：1－2－1《大乘瑜伽金剛性
海曼殊室利千臂千鉢大教王經
(卷六)》："□□先須日日 造 新飲食於壇
□□"

64TAM29：44《唐咸亨三年
(672)新婦爲阿公録在生功德疏
(三)》："阿公昨日發心 造 卌九尺神幡,昨
始造成,初七齋日慶度。"

64TAM29：44之六《唐咸亨三年
(672)新婦爲阿公録在生功德
疏》："往前於楊法師房内 造 一廳并堂宇,
供養玄覺寺常住三寶。"

73TAM509：19/2《武周天山府
下張父師團帖爲新兵造幕事
一》："□□下三團速 造 ,限來□□□"

竈　zào

67TAM363：8/1(a)之三《唐景
龍四年(710)卜天壽抄孔氏本鄭
氏注〈論語〉》："寧媚於 竈 ,何謂也?"

zé

則　zé

75TKM99：6(a)《北涼承平八年
(450)翟紹遠買婢券》："賈(價)
則 畢,人即付。"

2006TSYIM4：2－3＋2006TSYIM4：
2－4《古寫本〈詩經〉》："群公先
正, 則 不我聞。"

72TAM230：36《古寫本木玄虛
〈海賦〉》："□□庭 則 有崇島

則（字形）

□"

72TAM188：86（a）（b）《唐西州都督府牒爲請留送東宮馬填充團結欠馬事》："□□健兒馬，一則省費踏料，二乃馬□□"

67TAM363：7/3《唐殘書牘》："□□追□□則籍□相□□"

75TKM91：11/1，11/3《西涼建初四年（408）秀才對策文》："內足則有餘，有餘則安，所謂不嚴而治。"

責　zé

責（字形）

72TAM228：9《唐年某往京兆府過所》："準狀勘責同此已□□，幸依□□"

66TAM59：4/2－4（a），4/2－5（a）《北涼玄始十二年（423）失官馬賣賠文書一》："□□陪（賠）馬即責恩辭。"

75TKM91：20（a）《兵曹行罰幢校文書》："□□兵責破列□□定遣別案推□□諾奉行。"

2006TSYIM4：3－18《北涼愛紀辭》："□□錄超等責辭，校案須□□"

73TAM509：8/5（a）《唐西州天山縣申西州戶曹狀爲狀無場請往北庭請兄祿事》："責問上者，得里正張仁彥，保頭高義感等狀。"

66TAM44：30/5《唐寫佛經疏釋殘卷一》："□□礙示空（灾）名應責於六善□□"

按：原件"空"旁注"灾"字。礙，書作"导"。

73TAM221：40《唐某城宗孝崇等量剩田畝牒》："牒被責當城量乘（剩）□□"

67TAM78：29（a）《唐貞觀十四（640）西州高昌縣李石住等戶手實（二）》："牒：被責當戶手實□□"

64TAM29：108（a），108（b）《唐垂拱元年（685）康義羅施等請過所案卷（二）》："□□等，並請責保，被□□"

68TAM103：18/9（a）《唐貞觀某年西州某鄉殘手實》："牒：被責當戶手實□□"

67TAM91：23（a），22（a）《唐殘文書》："問鄉責保□□"

澤　zé

澤（字形）

65TAM341：22，23，24（a）《唐景龍三年（709）南郊赦文》："□□亡命山澤□□"

64TAM29：91（b）《唐殘詩》："□□終難，澤朱研轉身未見。"

67TAM78：34《唐西州蒲昌縣下赤亭烽帖爲覓失駝駒事》："其□□取草澤□□"

擇　zé

擇（字形）

67TAM363：8/1（a）之六《唐景龍四年（710）卜天壽抄孔氏本鄭氏注〈論語〉》："擇不□□"

72TAM151：74（a）《古寫本〈晉陽秋〉殘卷》："更擇良妃，俗（備）列六宮。"

zè

昃　zè

67TAM363：8/2（a）之二《唐景龍四年（710）卜天壽抄〈十二月新三臺詞〉及諸五言詩》："日月盈 昃 ，陳序列張。"

zéi

賊　zéi

2006TAM607：2－4《唐神龍元年（705）六月後西州前庭府牒上州勾所爲當府官馬破除、見在事》："冊匹，前後諸軍借將及没 賊 不迴，合官酬替。"

72TAM188：78（a）《唐健兒郡玄巋、吳護隆等辭爲乘馬死失另備馬呈印事》："□□巋等先差趁 賊 ，乘馬死失□□□"

2006TAM607：2－4《唐神龍元年（705）六月後西州前庭府牒上州勾所爲當府官馬破除、見在事》："一疋，神龍元年六月給當府折衝馬神禄趁 賊 致死，申州未報。"

80TBI：431《十方千五百佛名經》："□□怨 賊 佛□□"

72TAM151：13《高昌義和三年（616）氾馬兒夏田券》："風蟲 賊 破，隨大已列（例）。"

80TBI：029a《修行道地經（卷六）學地品第二五》："□□有怨 賊"

欲危此土。當□□□"

　　按：土，原件書作"圡"。

2006TSYIM4：3－20《北涼高昌郡某縣賊曹闞禄白爲翟紾失盜事》：" 賊 曹闞禄白：翟紾□□□"

2006TSYIM4：3－14《北涼高昌郡高寧縣差役文書（一二）》：" 賊 曹闞禄白：謹□□□"

2006TSYIM4：3－40《北涼高昌郡高寧縣差役文書（二五）》：" 賊 曹□□□"

71TAM188：85《唐西州都督府牒爲便錢酬北庭軍事事》："北庭大 賊 下逐大海路，差索君才□□□"

65TAM341：30/1（a）《唐小德辯辭爲被蕃捉去逃回事》："投得維磨戍烽，其 賊 見在小嶺□□□□小德少解蕃語，聽賊語，明□擬發向駝嶺逐草。"

zēng

增　zēng

80TBI：488《四分戒本疏（卷一）》："或容犯罪，或終至羅漢更無 增 減。"

80TBI：488《四分戒本疏（卷一）》："若本上品心受所發無作心 增 上故，戒亦上品。"

80TBI：046a《阿毗曇八犍度論（卷一二）智犍度之四修智跋渠之餘》："次第， 增 上，無緣。"

75TKM91：3/1（a），3/，2（a）《蔡暉等家口籍》："閻 增 肆口。"

80TBI：046a《阿毗曇八犍度論（卷一二）智犍度之四修智跋渠

之餘》："□□上無因盡智道智,次第、增
上,□□。"

憎（圖）

2004TAM396：14《唐開元七年
（719）洪奕家書》："比不奉海
（誨）,夙夜皇（惶）悚,惟增戀結。"

繒 zēng

2004TAM408：17《令狐阿婢隨
葬衣物疏》："故絳繒襖一領。"

憎 zēng

60TAM332：9/1－1《唐祭五方
神文殘片一》：："□神玄冥難惡
處,飛驚千里憎（層）冰固。"

67TAM363：8/1（a）之八《唐景
龍四年（710）卜天壽抄孔氏本鄭
氏注〈論語〉》：御仁（人）以口給,屬（屢）
憎於仁（人）。

zhà

乍 zhà

73TAM210：136/16《唐奴某殘
辯辭》："□□爲阿主大客,乍
聞人□□。"

吒 zhà

80TBI：507－3《佛説大摩裏支菩
薩經（卷一）》："□□努瑟吒
（二合引）□□。"

　按：括號内爲下注小字。

詐 zhà

80TBI：126《別譯雜阿含經（卷
一二）》："□□亂於我,甚爲欺
詐爲（僞）。是人□□。"

zhāi

齋 zhāi

65TAM341：25,26（a）《唐景龍
三年（709）南郊赦文》："□□上
考,齋郎□□。"

zhái

宅 zhái

80TBI：162《妙法蓮華經（卷二）
譬喻品第三》："□□舍宅長者
諸子若□□。"

72TAM226：74《唐開元十年
（722）殘狀》："□□宅上一
□□□送楊大□□。"

64TAM29：44《唐咸亨三年
（672）新婦爲阿公録在生功德
疏》："在生産業、田園、宅舍、妻子、男女
奴婢等物,並是虛花,皆無真實。"

65TAM341：25,26（a）《唐景龍
三年（709）南郊赦文》："田宅家
各□□。"

73TAM206：42/2《唐光宅元年
（684）史李秀牒爲高宗山陵賜物請

裁事》："光 宅 元年十月廿日史李秀牒。"

69TKM39：9/6（a）《唐貞觀年間（640—649）西州高昌縣手實一》："□□步居住園 宅。"

73TAM215：017/2《唐殘書牘一》："□□ 宅 內造門□□□"

翟 zhái

67TAM84：23《高昌都官殘奏一》："翟 □□"

2006TSYIM4：3-20《北涼高昌郡某縣賊曹闞祿白爲翟紾失盜事》："賊曹闞祿白：翟 紾 □□□"

67TAM78：20（b）《唐李悦得子等户主名籍》："□□□ 翟 黄豆 □□"

65TAM42：66《唐西州高昌縣授田簿（一四）》："右給 翟 薩知充分同□□□"

75TKM89：1-2《高昌章和十一年（541）都官下柳婆、無半、盈城、始昌四縣司馬主者符爲檢校失奴事》："刺彼縣 翟 忠義失奴一人。"

66TAM59：4/4-4《北涼翟定殘文書一》："□□廿二日井弘爲 翟 定入□□□"

75TKM91：16（b）《北涼緣禾五年翟阿富券草》："緣禾五年六月十一日，翟 阿富從阿皆。"

75TKM91：40《兵曹條次往守海人名文書》："兵曹掾趙荖、史 翟 富白：謹條次往海守人名在右。"

75TKM96：18《龍興某年宋泮妻翟氏隨葬衣物疏》："宋泮故妻 翟 □□隨身所有衣物。"

64TAM22：16《翟蒽等應募入幢名籍》："翟 蒽、索盧早、索忠……幢入募。"

72TAM151：94《高昌義和三年（616）張相熹夏麇田券》："倩書 翟 懷□□□□德□□□"

按：麇，原件書作"牀"。

73TAM507：012/21《高昌延壽九年（632）八月張明熹入官貸捉大麥子條記》："□□□ 翟，氾延明八月七□□□"

2004TAM398：3-3＋2004TAM398：3-2《唐某年二月西州高昌縣更簿全貌》："翟 知行□□□"

72TAM150：42《唐白夜默等雜器物帳》："翟 默斗瓮子一，賈□□大盆一。"

72TAM150：46《唐翟建折等雜器物帳》："□□木碗四，翟 建折鐺一口。"

2004TAM395：4-2＋2004TAM395：4-3《唐垂拱二年西州高昌縣徵錢名籍全貌》："翟 護仁。"

zhài

賫 zhài

66TAM62：6/4《翟彊辭爲共治葡萄園事》一："□殘少多，用了外 賫（債）□□□"

按：同"債"，古今字。

66TAM62：6/1《翟彊辭爲共治葡萄園事》二："□□乏，外有 賫（債）負。"

zhān

沾　zhān

75TKM90：20（a）《高昌主簿張縉等傳供帳》：" ▯ 阿錢條用毯六張,買 沾 繢。"

旃　zhān

75TKM91：15（a）《器物賬》："鉄 旃 一▯。"

按：旃,同"氈",毛織品。鉄,同"紾"。紾旃當爲小塊連綴成的毛織品。

80TBI：076《十方千五百佛名經》：" ▯ ▯ 旃 檀王佛善住 ▯ ▯ "

霑　zhān

73TAM193：38（a）《武周智通擬判爲康隨風詐病避軍役等事》："名 霑 簡點之色,而乃避其軍役。"

73TAM221：55（a）《唐貞觀廿二年（648）安西都護府乘敕下交河縣符爲處分三衛犯私罪納課違番事》："敕旨有蔭及承別恩者,方 霑 宿衛,鈎陳近侍,親▯非輕。"

zhǎn

斬　zhǎn

73TAM193：38（a）《武周智通擬判爲康隨風詐病避軍役等事》：

"又, 斬 啜猖狂,蟻居玄塞。擁數千之戎卒,勞萬乘之徒師。"

按：斬啜,即默啜,突厥統領,殺兄骨咄禄奪其位。因屢犯唐境,"則天大怒,購斬默啜者封王,改默啜號爲斬啜"（默啜事見《舊唐書》,中華書局 1975 年版,頁 5168—5173）。

盞　zhǎn

80TBI：507－1《囉嚩拏説救療小兒疾病經（卷一）》："燃燈八 盞 。"

72TAM150：42《唐白夜默等雜器物帳》："杜海柱木碗四、 盞 子七,支憙伯木碗十。"

72TAM150：42《唐白夜默等雜器物帳》："▯利康銀 盞 一枚。"

72TAM150：47《唐牛懷願等雜器物帳》："牛懷願木 盞 子十。"

zhàn

戰　zhàn

72TAM179：16/4（b）,16/5（b）,16/6（b）,16/7（b）《唐寫〈尚書〉孔氏傳〈禹貢〉、〈甘誓〉殘卷》："启與又（有）扈 戰 於甘之埜作《甘誓》。"

按：𢽬,同"戰"。《龍龕手鏡》："𢽬,古文戰字。"《玉篇》亦曰:" 𢽬 （𢽬）,古文戰。"郭店楚簡《語叢三》作" 𢽬 ",亦是從井作"𢽬"。《慧琳音義》卷一五謂"戰"古文作" 𢽬 ",誤從开。《漢語大字典》誤録爲從止开,並分列字頭,不必。

zhāng

章　zhāng

章　67TAM363：8/1（a）一〇《唐景龍四年（710）卜天壽抄孔氏本鄭氏注〈論語〉》："夫子之文 章 可得聞。"

章　64TAM4：6《唐總章元年（668）西州高昌縣左憧憙辭爲租佃葡萄園事》："總 章 元年七月日。"

章　60TAM325：14/1－1，14/1－2《唐西州高昌縣武城鄉范慈□辭爲訴君子奪地營種事》："昨共孫□君子平 章 ，得今年地營種。"

章　64TAM4：37《唐總章三年（670）白懷洛舉錢契》："總 章 三年三月廿一日。"

章　2006TSYIM4：2－2《古寫本〈詩經〉》："《桑柔》十六章，其八 章 章八句，八章章六句。"

章　2006TSYIM4：2－2《古寫本〈詩經〉》："《桑柔》十六 章 ，其八章章八句，八章章六句。"

張　zhāng

張　73TAM222：54/10（b），54/11（b），54/12（b）《唐寫〈禮記〉鄭氏注〈檀弓〉下殘卷》："子 張 曰□□。"

張　73TAM206：42/9－30《唐課錢帳歷（二）》：" 張 祥六十。"

張　73TAM206：42/9－27《唐課錢帳歷》：" 張 師卅五，張二卅，張三卅五。"

張　73TAM206：42/9－27《唐課錢帳歷》："張師卅五， 張 二卅，張三卅五。"

張　73TAM215：017/5－2《唐馮懷盛等夫役名籍（二）》：" 張 孝忠。"

張　73TAM206：42/9－8《唐課錢帳歷（三〇）》："蕭二六十，了； 張 師卅五；張二卅；張三卅五，欠七。"

張　68TAM108：19（a）之三《唐開元三年（715）西州營典李道上隴西縣牒爲通當營請馬料姓名事》："火長 張 庭玉，火內人孫奴。"

張　73TAM206：42/10－7《唐質庫帳歷》（十一）：" 張 元□正月廿日取貳伯（百）貳□□□"

張　73TAM509：19/2《武周天山府下張父師團帖爲新兵造幕事一》："□□尉 張 父團主者□□□"

張　75TKM96：29（a），33（a）《北涼真興某年道人德受辭》："戶曹 張 萬。"

張　75TKM96：18，23《北涼玄始十二年（423）兵曹牒爲補代差佃守代事》："當上幢日，差四騎付 張 欑□、道□□、兵曹掾張龍，史張□白。"

張　75TKM96：18，23《北涼玄始十二年（423）兵曹牒爲補代差佃守代事》："差四騎付張欑□、道□□、兵曹掾 張 龍，史張□白。"

張　75TKM96：19/20《毯賬》："□□逋有毯半 張 。"

張　75TKM96：44（a）《兵曹注錄承直、補馬子等事抄目》："□□演、 張 彊白承直事。"

張　59TAM301：15/4－1，15/4－2《唐貞觀十七年（643）西州高昌

縣趙懷滿夏田契》:"田主 張 歡仁。"

72TAM151：13《高昌義和三年
（616）氾馬兒夏田券》:"倩書 張
相□□。"

2006TSYIM4：3－3《北涼高昌郡
高寧縣差役文書（一）》:"□□
張 相富、翟紾——右二家户候次，逮三
□□。"

按:"張相富"原寫在右側行間。

2006TSYIM4：3－19b 背面《北
涼高昌郡高寧縣差役文書（一
六）》:"盧玩，張 遂，右八人，八月十一日
□□。"

73TAM507：012/14《高昌張明
憙入延壽十五年（638）三月鹽城
劑丁正錢條記》:"□德爲 張 明憙。"

73TAM507：014/1《唐隊正陰某
等領甲仗器物抄（一）》:"□
槊叁 張 並潘故破，□□廿日□□。"

75TKM91：28（a）《兵曹行罰兵
士張宗受等文書》:"□□兵 張
宗受、嚴緒□□□等廿八人由來屯守
無□，馮祖等九人長遞□□□□應如解
案校。"

67TAM78：27《唐殘書牘》:
"□未亦通再拜 張 郎及
□□。"

72TAM151：104《高昌延和十二
年（613）某人從張相憙等三人邊
雇人歲作券》:"倩書 張 相□□。"

72TAM151：59，61《高昌某年郡
上馬帳》:"張 司馬黃馬。"

72TAM151：56《高昌買駄、入
練、遠行馬、郡上馬等人名籍》:
"永隆寺、常侍□□、張 相受、□□、冠軍、
侍郎□洛。"

68TAM108：19（a）之二《唐開元
三年（715）西州營典李道上隴西
縣牒爲通當營請馬料姓名事》:"火長 張
萬年，火内人王同。"

64TAM36：9《唐高昌縣史成忠
帖爲催送田參軍地子并数（斅）
事》:"尉 張 。"

68TAM108：19（a）之二《唐開元
三年（715）西州營典李道上隴西
縣牒爲通當營請馬料姓名事》:"火長 張
神果，火内人房儀。"

73TAM509：19/15（a）《武周天
山府下張父師團帖爲勘問右果
毅闕職地子事》:"□□尉 張 父師團
□□。"

73TAM507：012/12－2《唐隊正
陰某等領甲仗器物抄（二）》:
"□柒 張 付□□。"

64TAM4：40《唐乾封三年（668）
張善憙舉錢契》:"到左須錢之
日，張 並須本利酬還。"

66TAM61：31/1（a），31/3（a），
31/4（a）《唐郭阿安等白丁名籍
（四）》:"張 幼洛，廿□，白丁，單身。"

66TAM61：31/1（a），31/3（a），
31/4（a）《唐郭阿安等白丁名籍
（四）》:"張 酉堆，□一，白丁，單身。"

按:堆，原件書作"塠"。

73TAM507：012/15《高昌張明
憙入延壽十六（639）三月鹽城劑
丁錢條記》:"□月十五日 張 明憙□。"

64TAM4：38《唐顯慶五年（660）
張利富舉錢契》:"到左還須錢之
日，張 即須子本俱還。"

73TAM507：012/19《高昌延壽
十一年（634）二月張明憙入劑丁

正錢條記》："□□六日 張 □□。"

72TAM151：55《高昌田相祐等名籍》："田相祐、趙天願、賈時祐、 張 懷洛。"

TAMX2：01《□歡下等名籍》："張 洛子□□。"

67TAM78：20(b)《唐李悅得子等戶主名籍》："張 臺暉，戶主索

67TAM78：20(b)《唐李悅得子等戶主名籍》："寡妻 張 慶妃

66TAM61：29(a)《唐闞洛□等點身丁中名籍》："張 隆子。"

67TAM91：30(b)，29(b)《唐蘇海願等家口給糧三月帳》："□主 張 大柱家口四人，□□□斗。"

75TKM90：20(a)《高昌主簿張綰等傳供帳》："阿錢條用毯六 張 ，買沽纘。"

64TAM4：33《唐總章三年（670）左憧憙夏菜園契》："左憧憙於 張 善憙邊夏取張渠菜園壹所。"

64TAM4：33《唐總章三年（670）左憧憙夏菜園契》："園主 張 善憙。"

64TAM4：41《唐總章三年（670）張善憙舉錢契》："武城鄉 張 善憙於左憧憙邊舉取銀錢肆拾文。"

73TAM193：11(a)《武周郭智與人書》："今附牒送公爲入司判牒高昌縣追 張 山海，不須追婢。"

75TKM99：6(a)《北涼承平八年（450）翟紹遠買婢券》："交與丘慈錦三 張 半。"

75TKM99：6(a)《北涼承平八年（450）翟紹遠買婢券》："悔者罰

丘慈錦七 張 ，入不悔者。"

75TKM99：6(b)《義熙五年道人弘度舉錦券》："道人弘度從翟紹遠舉西向白地錦半 張 。"

75TKM99：17《某家失火燒損財物表》："燒紫地錦四 張 。"

璋　zhāng

73TAM509：8/2(b)《唐西州道俗合作梯蹬及鐘記》："衞官將軍趙獻 璋 、張承暉、王休昇等，溢氣雄圖，懷奇妙略，行資孝悌，文翰芳猷。"

按：圖，原件作"啚"。等，作"苐"。

zhǎng

長　zhǎng

80TBI：162《妙法蓮華經（卷二）譬喻品第三》："長 者見是大火

67TAM84：12/1(a)《高昌延昌十四年（574）殘奏一》："長 史

72TAM151：59，61《高昌某年郡上馬帳》："振武 長 史赤馬。"

60TAM311：13《缺名隨葬衣物疏》："錦百 長 （丈）。"

72TAM230：58/1(a)～58/4(a)《武周天授二年（691）追送唐建進家口等牒尾判》："家口應住安昌，別牒天山縣，仰準 長 官處分，即領送。"

68TAM108：19(a)之三《唐開元三年（715）西州營典李道上隴西

縣牒爲通當營請馬料姓名事》："火 長 趙思言,火內人史玉。"

72TAM151：59,61《高昌某年郡上馬帳》："和 長 吏洛馬,西主寺赤馬,將阿婆奴赤馬,侍郎歡岳青馬。"

73TAM507：012/9《唐殘牒》："□□ 長 官□□"

73TAM210：136/12－5《唐西州都督府諸司廳、倉、庫等配役名籍(五)》:" 長 史廳。"

掌　zhǎng

72TAM187：201《武周追當番職掌人文書(二)》："□□ 掌 追來者,不可更合□□。"

72TAM187：197《武周追當番職掌人文書(一)》："□□到職 掌 追來□□。"

72TAM151：74(a)《古寫本〈晉陽秋〉殘卷》："□從軍 掌 書疏表檄。"

zhàng

丈　zhàng

64TAM15：6《唐唐幢海隨葬衣物疏》："攀天思(絲)萬萬九千 丈 。"

72TAM151：6《高昌重光元年(620)氾法濟隨葬衣物疏》："攀天絲萬萬九千 丈 。"

75TKM91：11/4《西涼建初四年(408)秀才對策文》："臣愚,謂爲水深九尺,城高五 丈 。"

仗　zhàng

73TAM501：109/8－4《唐張義海等征鎮及諸色人等名籍(四)》:"□□果毅沙鉢那 仗 身□□"

杖　zhàng

73TAM524：32/1－1《高昌永平元年(549)十二月十九日祀部班示爲知祀人上名及讁罰事》："自下諸人,人讁酒一斛,罰 杖 六十。"

73TAM222：57/2《唐殘牒》:"□□與 杖 玄□□"

72TAM187：200《武周諸戍上兵文書(一)》:"□□決 杖 □□"

72TAM194：27(a)《唐盜物計贓科罪牒》："王慶計□不滿壹疋,合 杖 六十。"

64TAM36：9《唐高昌縣史成忠帖爲催送田參軍地子并麨(麩)事》："計會如遲,所由當 杖 。"

帳　zhàng

73TAM193：15(b)《唐天寶某載(749—756)行館器物帳》："行館承 帳 ,遠載破被伍張。"

72TAM230：84/1～84/5《唐儀鳳三年(678)尚書省戶部支配諸州庸調及折造雜練色數處分事條啟(三)～(七)》:"□□申計 帳 比□□"

72TAM230：84/6《唐儀鳳三年(678)尚書省戶部支配諸州庸調及折造雜練色數處分事條啟(八)》:

"□帳申金部、度□"

72TAM230：58/1(a)～58/4(a)《武周天授二年(691)追送唐建進家口等牒尾判》："□文帳，頻追不到，亦附牒縣□前速即追送，并辯□"

72TAM230：46/2(b)《唐儀鳳三年(678)尚書省户部支配諸州庸調及折造雜練色數處分事條啟(二)》："其破用、見在數與計帳同申所司。"

72TAM187：182《唐垂拱三年(687)帳後西州交河縣親侍、廢疾等簿帳(二)》："□年帳，男漢□"

75TKM91：18(a)《北涼玄始十一年(422)馬受條呈爲出酒事》："次出酒□斛，付孫善，供帳內□"

72TAM230：84/1～84/5《唐儀鳳三年(678)尚書省户部支配諸州庸調及折造雜練色數處分事條啟(三)～(七)》："□官入國等各別爲項帳，其輕稅人具□"

73TAM193：11(a)《武周郭智與人書》："昨沙陀□過□□了見勘當，更勾會計帳。"

障　zhàng

80TBI：038《優波離問佛經》："□都不覆不郭□"

按：郭，俗"障"字。《説文》："郭，紀邑也。从邑，章聲。"段注："今江蘇海州贛榆縣北七十五里，有故紀郭城，亦曰紀城。"《左傳》："秋，齊高發率師伐莒。莒子奔紀郭。"然此處"郭"爲"覆蔽"義，佛教言障礙即煩惱，丁福保言："障，煩惱之異名。煩惱能障礙聖道，故名障。"俗寫常見構字部件左右置換者，故此爲"郭"之俗字。

zhāo

招　zhāo

75TKM98：28/1《某人啟爲失耕事》："□還也奴招□"

72TAM179：17/1～17/4《文書殘片》："招。"

73TAM222：54/4(b)，54/5(b)《唐寫〈禮記〉鄭氏注〈檀弓〉下殘卷》："謂招魂且□"

昭　zhāo

80TBI：005-2《大乘瑜伽金剛性海曼殊室利千臂千鉢大教王經(卷六)》："□慧昭□"

73TAM222：56/1，56/2《唐殘判籍(一)》："奉判昭福寺□"

73TAM222：54/10(b)，54/11(b)，54/12(b)《唐寫〈禮記〉鄭氏注〈檀弓〉下殘卷》："□□昭子，齊大夫。"

2006TSYIM4：2-2《古寫本〈詩經〉》："倬彼雲漢，昭回於天。"

2006TSYIM4：2-3＋2006TSYIM4：2-4《古寫本〈詩經〉》："大夫君子，昭假靡贏。"

zhǎo

爪　zhǎo

59TAM305：8《缺名隨葬衣物疏》："手腳 爪 囊各一枚。"

66TAM62：5《北涼緣禾五年隨葬衣物疏》："手 爪 囊一枚"

zhào

召 zhào

59TAM305：14/1《前秦建元二十年（384）韓盆辭爲自期召弟應見事》："建元廿年三月廿三日，韓盆自期二日 召 弟到應見，遍違受馬鞭一百。"

按：盆，原件書作"瓫"。

2006TSYIM4：3－5背面《北涼義和三年（433）文書爲保辜事（七）》："□□主者 召 蒲校斷□□"

按：斷，原件書作"断"。

詔 zhào

72TAM151：74（a）《古寫本〈晉陽秋〉殘卷》：" 詔 曰：'朕□□"

65TAM346：1《唐乾封二年（667）郭𡘜醜勳告（二）》：" 詔 書如右，請奉詔付外施行。"

65TAM346：1《唐乾封二年（667）郭𡘜醜勳告（三）》：" 詔 書如右，符到奉行。"

2004TBM207：1－14《唐儀鳳某年（676—679）西州牒爲考課事》：" 詔 具録功過奏聞，表本附案。"

照 zhào

64TKM1：42,47《唐西州左照妃等勘田簿（一）》："（左） 照 妃田二畝。"

66TAM59：4/2－4（a），4/2－5（a）《北涼玄始十二年（423）失官馬賣賠文書一》："□□樊 照 、李宗督入□□"

趙 zhào

60TAM330：26/1《唐總章元年（668）趙惡仁佃田契》："總章元年拾月拾八日，武城鄉人 趙 惡仁於□□"

64TAM22：16《翟蕙等應募入幢名籍》：" 趙 朱、帛弘持、范生、左艾幢入募。"

67TAM84：20《高昌條列出臧錢文數殘奏》："□□桃中 趙 □□"

66TAM59：4/2－1（b），4/2－2（b），4/2－3（b）《北涼文書殘稿》："吏樊澤、 趙 宗□□"

66TAM59：4/10《趙廣等名籍》：" 趙 廣、趙世、員通、孫萬、范秉、范雪。"

TAMX2：01《□歡下等名籍》："□□師， 趙 海□□"

59TAM301：15/4－1，15/4－2《唐貞觀十七年（643）西州高昌縣趙懷滿夏田契》："耕田人 趙 懷滿。"

73TAM206：42/9－27《唐課錢帳歷》：" 趙 二六十，賈二□□"

73TAM206：42/9－30《唐課錢帳歷（二）》：" 趙 二六十。"

72TAM151：55《高昌田相祐等名籍》："田相祐、趙天願。"

72TAM151：55《高昌田相祐等名籍》："楊保相、劉祐兒、劉漢伯、張慶□、趙多保。"

59TAM301：14/2－1（a）《唐西州高昌縣趙某雇人契》："□自當罪承了，趙悉不知。"

72TAM151：59,61《高昌某年郡上馬帳》："趙寺法瑜赤馬。"

72TAM151：99,100《高昌合計馬額帳（一）》："□張寺法朗、伍塔寺、北□□、趙寺法瑜、威遠孟□"

TAMX2：03《□知德等名籍》："□趙無其□"

TAMX2：03《□知德等名籍》："□德，趙慶□"

TAMX2：03《□知德等名籍》："趙善得，趙漢□"

TAMX2：03《□知德等名籍》："趙無其□"

TAMX2：06《張倫豐等名籍》："張護隆，趙□"

67TAM78：38《唐西州蒲昌縣下赤亭烽帖二》："□　正　趙"

67TAM376：03（a）《唐西州高昌縣諸鄉里正上直暨不到人名籍》："平：趙信，史玄，牛信。"

2004TAM395：4－2＋2004TAM395：4－3《唐垂拱二年西州高昌縣徵錢名籍全貌》："□苟始，趙申行□"

66TAM61：29（a）《唐闞洛□等點身丁中名籍》："趙令憧，

冊六。"

2004TAM398：13a＋2004TAM398：13b《唐西州高昌縣趙度洛等授田簿》："趙來德年十一，一畝。"

2004TAM398：13a＋2004TAM398：13b《唐西州高昌縣趙度洛等授田簿》："趙度洛年卅三，二畝。"

68TAM108：19（a）之三《唐開元三年（715）西州營典李道上隴西縣牒爲通當營請馬料姓名事》："火長趙思言，火內人史玉。"

zhē

遮　zhē

80TBI：005－5《大乘瑜伽金剛性海曼殊室利千臂千鉢大教王經（卷六）》："□示現證入毗盧遮那□"

64TAM29：17（a），95（a）《唐垂拱元年（685）康義羅施等請過所案卷（一）》："欲向東興易，爲在西無人遮得。"

64TAM29：24《唐垂拱元年（685）康義羅施等請過所案卷（四）》："保人焉者人曹不那遮，年□"

67TAM84：20《高昌條列出藏錢文數殘奏》："□作從，藏龍遮之捺提婆錦三匹。"

zhé

折　zhé

72TAM230：46/2（b）《唐儀鳳三年（678）尚書省戶部支配諸州庸

調及折造雜練色數處分事條啓（二）》："諸州調麻納兩京數，內六分取一分司送者不在 折 酬之限。"

2006TAM607：2−2背面《唐景龍三年（709）後西州勾所勾糧帳》："二石六斗米，中館妄破，蘇仁 折 納。"

64TAM29：110/1～110/6，120（a）《唐處分庸調及折估等殘文書（一）～（七）》：" 折 庸調多少及沽價高 □ "

2006TAM607：2−4《唐神龍元年（705）六月後西州前庭府牒上州勾所爲當府官馬破除、見在事》："神龍元年六月給當府 折 衝馬神祿趁賊致死，申州未報。"

73TAM206：42/9−13《唐課錢帳歷》："總 折 除外，餘有一千廿六文。"

75TKM90：20（a）《高昌主簿張縮等傳供帳》：" □ 疋，付得錢，與吳兒 折 胡真。"

72TAM150：46《唐翟建折等雜器物帳》：" □ 木碗四，翟建 折 鐺一口。"

哲　zhé

72TAM150：40《唐康某等雜器物帳》："麴貴 哲 床一張。"

64TAM15：17《唐貞觀十四年閏十月西州高昌縣弘寶寺賊臕錢名》："懷 哲 。"

72TAM151：99，100《高昌合計馬額帳（一）》："蘇司馬、明□□□□□□郎慶 哲 、左調和馮明 □ "

悊　zhé

68TAM108：19（a）之三《唐開元三年（715）西州營典李道上隴西縣牒爲通當營請馬料姓名事》："火長李慎忠，火內人□ 悊 。"

2004TAM395：4−2＋2004TAM395：4−3《唐垂拱二年西州高昌縣徵錢名籍全貌》："張志 悊 。"

謫　zhé

73TAM524：32/1−1《高昌永平元年（549）十二月十九日祀部班示爲知祀人上名及謫罰事》："自下諸人， 謫 酒一斛，罰杖六十。"

按：謫，同"讁"。《小爾雅》："讁，責也。"《集韻》："讁，《說文》：'罰也。'或作謫。"《詩經·北門》："我入自外，室人交遍讁我。"毛傳："讁，責也。"

75TKM91：25《兵曹條往守白芳人名文書》一：" □ 輸租，各 謫 白芳□十日。"

73TAM524：32/1−2《高昌永平元年（549）十二月廿九日祀部班示爲明正一日知祀人上名及謫罰事》："若逋不宿者，司馬人 謫 酒二斛。"

72TAM151：94《高昌義和三年（616）張相憙夏麞田券》：" □ 殊佰役，仰田主了；渠□□〔破水 謫 ，仰耕田人了。"

按：麞，原件書作"床"。

72TAM151：13《高昌義和三年（616）氾馬兒夏田券》："祖（租）殊（輸）伯（佰）役，仰田主了；渠破水 謫 ，

仰耕田人了。"

69TAM137：1/1，1/3《唐西州高昌縣張驢仁夏田契》："□□渠租䜛水□□□"

64TAM15：23《唐貞觀十四年張某夏田契》："渠破水䜛，仰耕田人承了。"

67TAM74：1/9《唐某人佃田殘契》："□□破水䜛，壹仰□□□"

64TAM4：33《唐總章三年（670）左憧憙夏菜園契》："渠破水䜛，仰佃田人當。"

zhě

者　zhě

73TAM222：56/1，56/2《唐殘判籍（二）》："屈者無不喧□□□"

64TAM15：29/2《高昌延壽十四年康保謙買園券》："若有人河（呵）盜認佲者，一仰本□□□"

64TAM4：53《唐麟德二年（665）張海歡、白懷洛貸銀錢契》："若張身東西没洛（落）者，一仰妻兒及收後保人替償。"

73TAM509：19/14《武周天山府符爲追校尉已下並團》："□□日到府，如後到者□□□"

69TAM137：1/2，1/4－1《唐某人夏南渠田券》："不得返悔，悔者壹罰二，入不悔者。"

75TKM96：21《僧□淵班爲懸募追捕逃奴事》："得者，募毯十張。"

66TAM62：5《北涼緣禾五年隨葬衣物疏》："緣禾五年六月廿三日，謹條衣裳物在右而無名者。"

73TAM206：42/2《唐光宅元年（684）史李秀牒爲高宗山陵賜物請裁事》："□□山陵者，始給賜物。"

73TAM210：136/4－1《唐總計練殘文書（一）》："旨依奏者，得行從兵□□□"

64TAM4：34《唐龍朔元年（661）龍惠奴舉練契》："若身東西無，仰妻兒收後者償。"

72TAM188：71《唐神龍三年（707）和湯牒爲被問買馬事（一）》："□□得以不者，但前件練依□□□"

2006TSYIM4：3－5背面《北涼義和三年（433）文書爲保辜事（七）》："□□主者召蒲校斷□□□"

75TKM91：24《下二部督郵、縣主者符》："二部督郵□縣主者：前部□□□"

72TAM151：15《高昌義和二年（615）都官下始昌縣司馬主者符爲遣弓師侯尾相等詣府事》："敕始昌縣司馬主者，彼縣今須弓師侯□□、□元相二人，符到，作具、糧□自隨。"

66TAM61：22（b）《唐西州高昌縣上安西都護府牒稿爲録上訊問曹禄山訴李紹謹兩造辯辭事（三）》："□□所由者。"

72TAM201：25/1《唐咸亨三年（672）西州都督府下軍團符》："家資車、牛、馬等并武貞父，同送向府者。"

72TAM230：46/2（b）《唐儀鳳三年（678）尚書省户部支配諸州庸調及折造雜練色數處分事條啟（二）》："諸

州調麻納兩京數，內六分取一分□司送
者不在折酬之限。"

　　69TAM232：3（b）《唐蠅芝等直
上欠麴粟帳》："右同前得城狀
稱：上件人是麴大志家人，請便追者。"

　　73TAM509：8/6《唐書牘稿》：
"前者使到，承違和。"

　　73TAM509：8/2（b）《唐西州道
俗合作梯蹬及鐘記》："聞聲者
九幽罷對，息嚮者六府停酸。"

　　73TAM509：8/2（b）《唐西州道
俗合作梯蹬及鐘記》："聞聲者九
幽罷對，息嚮者六府停酸。"

　　2004TBM207：1－4《唐儀鳳三年
（678）九月西州功曹牒爲檢報乖
僻批正文案事》："牒至，諸有何乖僻批正
文案報者。"

　　2004TBM207：1－4《唐儀鳳三年
（678）九月西州功曹牒爲檢報乖
僻批正文案事》："□□官□之日，並皆不
通，請檢附狀者□□"

褶　zhě

　　72TAM151：6《高昌重光元年（620）
氾法濟隨葬衣物疏》："玉豚一雙，雞
鳴一具，白綾褶袴一具，鞋草（莫）韈□□"
　　按：草，當爲"莫"少寫最末一筆的形
誤。"莫"又"韈"省文。

　　75TKM91：3/1（b），3/2（b）《北涼缺
名隨葬衣物疏》："褶一領。"

zhēn

珍　zhēn

　　67TAM363：8/2（a）之一《唐景
龍四年（710）卜天壽抄〈十二月
新三臺詞〉及諸五言詩》："年首初春□，改
故迎新李（季），玄附靈求學，樹夏（下）乃
逢珍。"

　　72TAM151：59，61《高昌某年郡
上馬帳》："殿中紹珍白馬……
合六十七匹。"

　　72TAM151：57《高昌買駄、入
練、遠行馬、郡上馬等人名籍》：
"張紹珍、張阿涉、□伯珍、中主寺、參軍
由□□"

　　80TBI：486《四分律比丘尼戒
本》："□□猷玉帛珍寶體性不
□□"

　　72TAM151：99，100《高昌合計
馬額帳（一）》："麴善亮、田衆歡、
董伯珍、王□□、匡買得。"

　　72TAM151：56《高昌買駄、入
練、遠行馬、郡上馬等人名籍》：
"□□延珍、參軍維珍□□"

　　80TBI：750a《妙法蓮華經（卷二）
譬喻品第三》："□□有所好種
種珍玩奇□□"

　　72TAM150：36《唐羊珍等殘名
籍》："□□羊珍。"

貞　zhēn

　　2004TBM207：1－12a《唐上元三
年（676）西州法曹牒功曹爲倉曹
參軍張元利去年負犯事》："貞禮知去上
元二年十月內，爲□□"

　　67TAM78：47/44（a）《唐令狐婆
元等十一家買柴供冰抄》："□
貞護。"

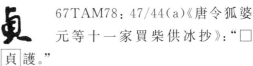

69TKM39：9/8（a）《唐西州高昌縣□慶友等户家口田畝帳簿（二）》："□□畝部田，城東里東渠，西渠，南馮貞，北□□"

2004TAM395：4－7＋2004TAM398：4－2《武周天授三年（692）户籍稿》："堂姊曹貞年貳拾伍歲，丁婦。"

72TAM179：16/4（b），16/5（b），16/6（b），16/7（b）《唐寫〈尚書〉孔氏傳〈禹貢〉、〈甘誓〉殘卷》："岷山之易至於貞山。"

按：貞，今本作"衡"。"衡"從魚從大，行聲。聲符"行"脱落，進而又訛誤作"貞"。"易"今本作"陽"。

73TAM191：121（a）《唐永隆元年（680）軍團牒爲記注所屬衛士征鎮樣人及勳官籤符諸色事（三）》："左隆貞，冊。"

67TAM78：29（a）《唐貞觀十四（640）西州高昌縣李石住等户手實（二）》："貞觀十四年九月□□"

68TAM108：19（a）之二《唐開元三年（715）西州營典李道上隴西縣牒爲通當營請馬料姓名事》："第五隊火長王元貞，火内人李瓚。"

64TKM1：49,59《唐西州高昌縣順義等鄉勘田簿（二）》："東令狐泰□，西□尉田，南衛□貞，□道，合田二畝九□□"

2004TAM395：4－2＋2004TAM395：4－3《唐垂拱二年西州高昌縣徵錢名籍全貌》："范思約，范隆貞。"

2004TAM395：4－2＋2004TAM395：4－4《唐垂拱二年西州高昌縣徵錢名籍全貌》："張貞端。"

真　zhēn

80TBI：337a《大毗盧遮那成佛神變加持經（卷四）密印品第九》："彼真言曰：'南麽三曼多□□'"

80TBI：337a《大毗盧遮那成佛神變加持經（卷四）密印品第九》："是行惠印，彼真言□□"

72TAM201：33《唐咸亨五年（674）兒爲阿婆録在生及亡没所修功德牒》："延法師曇真往南平講《金光明經》一遍。"

64TAM15：19《唐西州高昌縣弘寶寺賊臕錢名》："弘真入真匠。"

80TBI：102《佛説灌頂拔除過罪生死得度經（卷一二）》："□□正真道也□□"

2006TSYIM4：3－12背面《北涼成守文書》："□□張真一幢知□"

80TBI：475《妙法蓮華經（卷二）譬喻品第三》："□□真珠羅網，張□□"

80TBI：022《增壹阿含經（卷五〇）大愛道般涅槃品第五二》："□□至真、等正覺、明行足、善逝、世間解、無上士、道法□□"

2006TSYIM4：3－16背面《北涼義和三年（433）文書爲保辜事（二）》："□□左真并召□□"

75TKM96：17《北涼真興七年（425）宋泮妻陶儀容隨葬衣物疏》："真興七年六月廿四日。"

75TKM96：29（a），33（a）《北涼真興某年道人德受辭》："真興□"

75TKM91：27《北涼真興七年（425）箱直楊本生辭》："真興七

年十一月十二日,箱直楊本生辭前十月。"

73TAM509：8/2(b)《唐西州道俗合作梯蹬及鐘記》:"當觀道士張 真 ……索名等仰憑四輩,共結良緣,不憚劬勞,作斯梯蹬。"

72TAM171：12(a),17(a),15(a),16(a),13(a),14(a)《高昌延壽十四年(637)兵部差人看客館客使文書》:"____ 真 朱人貪旱大官、好延祐臘振摩珂賴使金穆烏 ____。"

按:臘,原件書作"臈"。

69TKM39：9/7(a)《唐西州高昌縣□慶友等户家口田畝帳簿(一)》:"____ 奴秋識年 ____ 都 真 年十一。"

64TAM29：44《唐咸亨三年(672)新婦爲阿公録在生功德疏》:"在生産業、田園、宅舍、妻子、男女奴婢等物,並是虛花,皆無 真 實。"

禎　zhēn

72TAM230：69《武周天授二年(691)李申相辯辭》:"____ 薄(簿)高 禎 元來安昌城不 ____。"

72TAM230：75,76《武周天授二年(691)康進感辯辭》:"注檢校主薄(簿)高 禎 城南、城北見 ____。"

72TAM230：66《武周天授二年(691)安昌合城老人等牒爲勘問主薄職田虛實事》:"謹審:但合城老人等,去年主薄(簿)高 禎 元不於安昌種田,建進所注並是虛妄,如後不依 ____。"

按:年,原件爲武周新字。

斟　zhēn

64TAM29：110/1～110/6,120(a)《唐處分庸調及折估等殘文書(一)～(七)》:"委秦府官司 斟 量,便將貯納諸使監,請人至日,官司 ____。"

臻　zhēn

2006TSYIM4：2-2《古寫本〈詩經〉》:"天降喪亂,饑饉薦 臻。"

枕　zhěn

59TAM305：8《缺名隨葬衣物疏》:"紫縺(練) 枕 一枚。"

疹　zhěn

64TAM29：103《唐殘牒爲申患牒事》:"____ 痾 疹,藥 ____。"

抿　zhèn

73TAM222：56/1,56/2《唐殘判籍(二)》:"____ 違, 抿 身存 ____。"

按:抿,同"振",即房檐,與文義不合。"抿"疑爲"抿",手寫"木""扌"混用不分。抿,《説文》:"給也。"王筠校録:"'給也'云者,《漢書》用'振',今人用'賑'。""賑",救助也。"____ 違,抿身存 ____",即合約

不可違義。

振　zhèn

65TAM42：48（a）《古寫本〈鍼法〉殘片》："唾血振寒咽干（乾）太□□。"

72TAM151：59,61《高昌某年郡上馬帳》："振武長史赤馬。"

72TAM151：56《高昌買駝、入練、遠行馬、郡上馬等人名籍》："馬郎中、明威懷滿、振武、侍郎僧敗、麴顯斌。"

60TAM332：9/1－1《唐祭五方神文殘片一》："□□獸白虎□□□□振怒，赤娥若鳥，玄蚉無所犯，此諸神死鬼怖。"

72TAM171：12（a），17（a），15（a），16（a），13（a），14（a）《高昌延壽十四年（637）兵部差人看客館客使文書》："□□真朱人貪旱大官、好延祐臘振摩珂賴使金穆□□。"

按：臘，原件書作"臈"。

朕　zhèn

80TBI：001a《晉寫本東漢荀悦撰〈前漢紀〉〈前漢孝武皇帝紀〉殘卷》："四曰朕頓翎侯。"

72TAM151：74（a）《古寫本〈晉陽秋〉殘卷》："震發，與朕協勢，群□□。"

72TAM151：74（a）《古寫本〈晉陽秋〉殘卷》："詔曰：'朕□□。'"

陣　zhèn

80TBI：486《四分律比丘尼戒本》："□□雨陣喻持犯□□。"

65TAM346：1《唐乾封二年（667）郭耄醜勳告（一）》："颿海道：沙澤陣、纈嶺陣、東熊陸嶺陣並颿第一勳，各加三轉，總玖轉。"

賑　zhèn

65TAM341：25,26（a）《唐景龍三年（709）南郊赦文》："□□長官速加賑給□□。"

65TAM341：22,23,24（a）《唐景龍三年（709）南郊赦文》："□□者，量加賑□□。"

震　zhèn

72TAM151：74（a）《古寫本〈晉陽秋〉殘卷》："震發，與朕協勢，群□□。"

鎮　zhèn

64TAM5：81,82《唐李賀子上阿郎、阿婆書三》："□□方鎮重□□阿兄等□□。"

73TAM507：012/3《唐殘書牘》："□□鎮準汝等□□。"

66TAM44：11/5《唐貞觀十九年（645）牒爲鎮人馬匹事》："肅州鎮人陳文智□□。"

65TAM346：2《唐上元二年（675）府曹孝通牒爲文峻賜勳事》："敕鎮滿十年，賜勳兩轉，付録事司檢文峻等並經十年已上檢。"

73TAM509：8/5（a）《唐西州天山縣申西州户曹狀爲狀無瑒請往北庭請兄祿事》："今四[鎮]封牒到，欲將前件人畜往北庭請祿，恐所在不練行由，請處分者。"

73TAM509：8/5（a）《唐西州天山縣申西州户曹狀爲狀無瑒請往北庭請兄祿》："兄旡價任北庭乾坑戍主，被吕將軍奏充四[鎮]要籍驅使，其祿及地子合於本任請授。"

65TAM341：25,26（a）《唐景龍三年（709）南郊赦文》："□□□州，旦停征[鎮]□□□"

64TAM29：90（a）（b）《唐垂拱元年（685）西州都督府法曹高昌縣符爲掩劫賊張爽等事》："此□下諸縣，并[鎮]營市司□□□"

72TAM187：201《武周追當番職掌人文書（二）》："□□□裝束，其中有磧内[鎮]□□□"

73TAM501：109/8-1《唐張義海等征鎮及諸色人等名籍（一）》："二人去年安西[鎮]□□□"

72TAM151：51《高昌曰子中布帛雜物名條疏》："布手巾二，飲水馬錦[鎮]（枕）二。"

67TAM78：37《唐西州蒲昌縣赤亭烽帖爲鎮兵糧事》："赤亭[鎮]兵十□□□"

zhēng

[正] zhēng

2006TSYIM4：3-1《北涼義和三年（433）二月十五日張未興辭》："去[正]月廿五日，李泠□□□"

73TAM507：033（a）《唐佐馬貞瀋殘牒》："[正]月廿七日佐馬貞瀋□□□"

72TAM151：104《高昌延和十二年（613）某人從張相憙等三人邊雇人歲作券》："□□□歲[正]月□□□"

72TAM188：76《唐神龍三年（707）殘牒》："神龍三年[正]月廿九日主帥□□□"

73TAM206：42/10-4《唐質庫帳歷》："楊娘[正]月十九日取壹□□□"

73TAM206：42/10-5/10-17《唐質庫帳歷》："[正]月十九日取壹伯□□□"

73TAM206：42/10-7《唐質庫帳歷》："張元□[正]月□□取貳伯□□□"

73TAM206：42/10-16《唐質庫帳歷》："董元[正]月卅日取陸□□□"

73TAM206：42/10-14,42/10-9《唐質庫帳歷》："劉娘[正]月十九日取壹伯（百）文。"

67TAM78：36《唐西州蒲昌縣下赤亭烽帖一》："□□□上[正]月十□□□"

73TAM206：42/10-6《唐質庫帳歷》："牛婆[正]月□□□"

[争] zhēng

争 72TAM151：74（a）《古寫本〈晉陽秋〉殘卷》："□□ 争 ，阿意苟勉（免），何以 □□"

争 75TKM91：11/5《西涼建初四年（408）秀才對策文》："臣聞上古之時，人性純樸，未生 争 心。"

争 67TAM363：8/1（a）之二《唐景龍四年（710）卜天壽抄孔氏本鄭氏注〈論語〉》："揖讓而升，下而飲，其 争 也君子。"

争 67TAM363：8/1（a）之二《唐景龍四年（710）卜天壽抄孔氏本鄭氏注〈論語〉》："君子無所 争 ，必 □□"

征 zhēng

征 65TAM341：25，26（a）《唐景龍三年（709）南郊赦文》："□□ 州，旦停 征 鎮 □□"

征 65TAM42：90（a），91（a）《唐令狐鼠鼻等差科簿（一）》："二人崑丘道 征 給復。"

诤 zhēng

诤 80TBI：115《四分律（卷四七）滅诤犍度第一六之一》："□□ 爲阿難，言 诤 以一 □□"

诤 80TBI：051《四分律（卷四七）滅诤犍度第一六之一》："□□ 衛衆僧如法滅 诤 ，彼 □□"

徵 zhēng

徵 72TAM228：30/1～30/4《唐天寶三載（744）交河郡蒲昌縣上郡戶曹牒爲録申徵送郡官白直課錢事（一）～（四）》："□□ 白直課錢每月合 徵 □□"

徵 73TAM221：62（b）《唐永徽三年（652）賢德失馬陪徵牒》："□被府符 徵 馬，今買得前件馬，付主領訖。"

徵 65TAM341：25，26（a）《唐景龍三年（709）南郊赦文》："□□ 年應 徵 地稅 □□"

徵 2006TAM607：2－2《唐神龍二年（706）七月西州史某牒爲長安三年（703）七至十二月軍糧破除、見在事》："三石七斗七升九合青稞，州司勾 徵 ，索行等。"

徵 2006TAM607：2－2背面《唐景龍三年（709）後西州勾所勾糧帳》："七斗八升青稞， 徵 典劉德。"

徵 67TAM363：8/1（a）之三《唐景龍四年（710）卜天壽抄孔氏本鄭氏注〈論語〉》："殷禮吾能言之，宋不足 徵 。"

徵 72TAM230：61《唐通感等辯辭爲徵納迻懸事》："人人皆自輸納，亦不浪 徵 百姓。"

徵 72TAM230：61《唐通感等辯辭爲徵納迻懸事》："州司□□遣令 徵 納。"

徵 64TAM4：39《唐乾封元年（666）鄭海石舉銀錢契》："公私債負停 徵 ，此物不在停限。"

徵 73TAM221：55（a）《唐貞觀廿二年（648）安西都護府乘敕下交河縣符爲處分三衛犯私罪納課違番事》："□□依法 徵 納。"

徵 67TAM363：8/1（a）之三《唐景龍四年（710）卜天壽抄孔氏本鄭氏注〈論語〉》："杞不足 徵 。"

徵 65TAM341：22，23，24（a）《唐景龍三年（709）南郊赦文》："□□

龍二年□前諸色勾 徵 ，並宜 □□ ”

65TAM341：22，23，24（a）《唐景龍三年（709）南郊赦文》：“所 徵 逃人四隣伍保租調 □□ ”

2006TAM607：2－4《唐景龍三年（709）後西州勾所勾糧帳》：“準前勾 徵 ，長運車坊馬芻。”

zhèng

正　zhèng

2006TSYIM4：2－3＋2006TSYIM4：2－4《古寫本〈詩經〉》：“群公先 正 ，則不我聞。”

67TAM91：28（a）《唐貞觀十七年（643）何射門陀案卷爲來豐患病致死》：“看并問坊 正 ，來豐 □□ ”

72TAM150：37《唐氾正家書》：“高 正 盡得平安。”

65TAM42：102（a），104（a）《唐永徽元年（650）後某鄉户口帳（草）（二）》“口四隊 正 。”

64TAM4：34《唐龍朔元年（661）龍惠奴舉練契》：“人有 正 法，人從私契。”

73TAM507：012/14《高昌張明憙入延壽十五年（638）三月鹽城劑丁正錢條記》：“ □□ 城戊戌歲三月劑，丁 正 □□ ”

66TAM59：4/1（a）《古寫本〈毛詩關雎序〉》：“《關雎》，后妃之德也，風之始□，□以風天下而 正 夫婦也。”

72TAM151：74（a）《古寫本〈晉陽秋〉殘卷》：“從軍掌書疏表檄，

大祖□之，還即 正 □□ ”

73TAM507：012/19《高昌延壽十一年（634）二月張明憙入劑丁正錢條記》：“ □□ 正 錢陸文。”

72TAM188：91《唐殘牒》：“ □□ 大使 正 議大夫行甘州刺史李 □□ ”

80TBI：106《妙法蓮華經（卷二）譬喻品第三》：“今 正 是時唯 □□ ”

2004TAM398：3－3＋2004TAM398：3－2《唐某年二月西州高昌縣更簿全貌》：“ □□ 緣今日夜當直（值）里 正 及 □□ ”

75TKM99：9（b）《高昌延昌二十二年（582）康長受從道人孟忠邊歲出券》：“康長受從道人孟忠邊歲出，到十一月卅日還入 正 作。”

2004TBM207：1－4《唐儀鳳三年（678）九月西州功曹牒爲檢報乖僻批正文案事》：“依檢，□乖僻批 正 文可報。”

2004TBM207：1－4《唐儀鳳三年（678）九月西州功曹牒爲檢報乖僻批正文案事》：“牒至，諸有何乖僻批 正 文案報者。”

67TAM78：38《唐西州蒲昌縣下赤亭烽帖二》：“ □□ 正 趙 □□ ”

60TAM327：05/1《唐永徽六年（655）趙羊德隨葬衣物疏》：“時見李 正 谷答示□。”

按：正，《説文》：“古文正。”《集韻》認爲：“古文定。”

政　zhèng

政
64TAM19：33,56,57《唐寫本鄭氏注〈論語〉公冶長篇》："舊令尹之 政 ，必以告新令尹。"

政
72TAM151：95《高昌延和八年七月至延和九年六月錢糧帳》："粟貳兜（斗）□□藏 政 錢貳拾伍文半。"

政
67TAM363：8/1（a）《唐景龍四年（710）卜天壽抄孔氏本鄭氏注〈論語〉》："○○（施於）有政，是亦爲 政 。"

政
72TAM179：16/4（b），16/5（b），16/6（b），16/7（b）《唐寫〈尚書〉孔氏傳〈禹貢〉、〈甘誓〉殘卷》："流移言 政 教隨其風俗。"

政
67TAM363：8/1（a）之五《唐景龍四年（710）卜天壽抄孔氏本鄭氏注〈論語〉》："哀公失御臣之 政 欲□□"

政
72TAM151：59,61《高昌某年郡上馬帳》：" 政 明寺青馬。"

政
80TBI：019《增壹阿含經（卷五〇）大愛道般涅槃品第五二》："童子名曰梵天，顏貌端 政 （正），世之希有。""□而行諸街巷中，時有居士婦亦復端政（正）。"

政
65TAM346：1《唐乾封二年（667）郭毛醜勳告（二）》："左匡 政 闕。"

鄭　zhèng

鄭
4TAM4：39《唐乾封元年（666）鄭海石舉銀錢契》："若 鄭 延引不還左錢，任左牽引鄭家資雜物，口分田園，用充錢子本直（值）。"

鄭
72TAM171：12（a），17（a），15（a），16（a），13（a），14（a）《高昌延壽十四年（637）兵部差人看客館客使文書》：" 鄭 海兒貳人，付參軍海相，用□□□伍日。"

鄭
67TAM92：46（a），45（a），50/2（a），50/1（a），44（a），49（a）《高昌某歲諸寺官絹捎本》：" 鄭 寺絹一綿一。"

鄭
67TAM363：8/1（a）《唐景龍四年（710）卜天壽抄孔氏本鄭氏注〈論語〉》："《論語·八佾》第三 鄭 氏注。"

鄭
72TAM150：42《唐白夜默等雜器物帳》：" 鄭 願海槃一，畦玄□槃一，趙醜胡槃一。"

證　zhèng

證
80TBI：659a《阿毗達磨藏顯宗論（卷一七）辯緣起品第四之六》："□言顯微極義，以何爲 證 ，知有極微？□"

證
80TBI：005-5《大乘瑜伽金剛性海曼殊室利千臂千鉢大教王經（卷六）》："□示現， 證 入毗盧遮那□"

之　zhī

之
67TAM84：20《高昌條列出藏錢文數殘奏》："□作從，藏龍遮 之 捺提婆錦三匹。"

之
66TAM59：4/1（a）《古寫本〈毛詩關雎序〉》："《關雎》，后妃之德也，風 之 始□，□以風天下而正夫婦也。"

75TKM91：11/3《西涼建初四年（408）秀才對策文》："以后妃之美，貫乎《風》。"

75TKM91：11/6《西涼建初四年（408）秀才對策文》："文王之教，自近及遠，是以爲化之首。"

73TAM507：013/1《唐某人申狀爲注籍事》："□之理，睹在目□。"

64TAM4：39《唐乾封元年（666）鄭海石舉銀錢契》："到左須錢之日，嗦（索）即須還。"

72TAM230：66《武周天授二年（691）安昌合城老人等牒爲勘問主簿職田虛實事》："行旅之徒，亦應具悉。"

64TAM29：44《唐咸亨三年（672）新婦爲阿公録在生功德疏》："阿公每讀經思義，應審知之。"

3TAM193：38(a)《武周智通擬判爲康隨風詐病避軍役等事》："名需簡點之色，而乃避其軍役。"

支 zhī

73TAM206：42/5《唐高昌縣勘申應入考人狀》："送曹司依例支配，應入考者令早裝束。"

72TAM230：84/1～84/5《唐儀鳳三年（678）尚書省戶部支配諸州庸調及折造雜練色數處分事條啟（三）～（七）》："□申度支共□。"

64TAM29：24《唐垂拱元年（685）康義羅施等請過所案卷（四）》："婢可、婢支、驢三頭，馬一匹。"

72TAM230：84/1～84/5《唐儀鳳三年（678）尚書省戶部支配諸州庸調及折造雜練色數處分事條啟（三）～（七）》："□申到支度金部□"

按：原件"支度"之間有勾乙符號。

72TAM226：69《唐支度營田使殘文書》："□支度營田使。"

72TAM179：16/1(b)，16/2(b)《唐寫〈尚書〉孔氏傳〈禹貢〉、〈甘誓〉殘卷》："繇（織）皮、昆侖、析（析）支、渠搜，西戎即敍。"

73TAM193：15(b)《唐天寶某載（749—756）行館器物帳》："已上物天四載支度使檢。"

73TAM193：36《唐西州都督府殘牒》："□檢案廣支白□"

72TAM151：96(a)《高昌安樂等城負臧錢人入錢帳》："韓相忠入錢冊文，支□"

2004TAM395：4－2＋2004TAM395：4－3《唐垂拱二年西州高昌縣徵錢名籍全貌》："□支德，范智□"

枝 zhī

73TAM509：8/6《唐書牘稿》："又婚事珪枝到，具委如何取辦。"

知 zhī

80TBI：126《別譯雜阿含經（卷一二）》："知是魔王，説偈報言。"

65TAM341：77－1（背面）《唐辯辭爲李藝義佃田事》："□牒訪問，始知前件地是康宗段內。"

75TKM96：18,23《北涼玄始十二年(423)兵曹牒爲補代差佃守代事》："大塢隤左得等四人訴辭稱爲曹所差，知守塢兩道。"

73TAM193：11(a)《武周郭智與人書》："知(智)力不周，始判牒追人。"

73TAM507：033(b)《唐佐馬貞潘殘牒》："□□知□□"

按：此件文獻背面僅書此"知"字。

72TAM230：46/2(b)《唐儀鳳三年(678)尚書省户部支配諸州庸調及折造雜練色數處分事條啟(二)》："□□非所管路程稍近，遣與桂府及欽州相知，準防人須糧支配使充。"

64TAM29：44《唐咸亨三年(672)新婦爲阿公録在生功德疏》："若得生路，託夢令知。"

72TAM230：67《武周天授二年(691)唐建進辯辭》："據此，明知告皆是實，未知前款因何拒諱？"

72TAM230：69《武周天授二年(691)李申相辯辭》："□□相符抱者，但申相從知水□□"

72TAM230：74《武周天授二年(691)安昌城知水李申相辯辭》："安昌城知水李申相年六十七。"

72TAM230：66《武周天授二年(691)安昌合城老人等牒爲勘問主簿職田虛實事》："問合城老人、城主、渠長、知田人等，主薄(簿)去年實種幾畝麥，建進所注虛實，連署狀通者。"

按：年，原件爲武周新字。

66TAM61：16(b)《唐西州高昌縣上安西都護府牒稿爲録上訊問曹禄山訴李紹謹兩造辯辭事(七)》："向

已西去，在不今不知，見在何處者□□""紹謹既不知□□"

64TAM29：44《唐咸亨三年(672)新婦爲阿公録在生功德疏》："阿公每讀經思義，應審知之。"

73TAM524：32/1－1《高昌永平元年(549)十二月十九日祀部班示爲知祀人上名及讁罰事》："故先班示，咸使聞知。"

72TAM230：66《武周天授二年(691)安昌合城老人等牒爲勘問主簿職田虛實事》："當城渠長，必是細諳知地，勳官灼然可委。"

按：地，原件爲武周新字。

2004TAM395：1－2《唐某年二月西州高昌縣更簿全貌》："依注告知□文白。"

67TAM363：7/3《唐殘書牘》："在生死久不知聞比來□□"

2004TAM398：3－3＋2004TAM398：3－2《唐某年二月西州高昌縣更簿全貌》："依注告知洛白。"

64TAM4：33《唐總章三年(670)左憧憙夏菜園契》："知見人，曹感。"

祇　zhī

65TAM40：20《唐下鎮將康懷義牒(二)》："□□防劫抄兼祇承使命□□"

按：劫，原件書作"刼"。

織　zhī

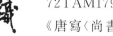72TAM179：16/1(b)，16/2(b)《唐寫〈尚書〉孔氏傳〈禹貢〉、〈甘

誓〉殘卷》："織皮毛布，此四國在荒服之外，流沙之內。"

72TAM179：16/1（b），16/2（b）《唐寫〈尚書〉孔氏傳〈禹貢〉、〈甘誓〉殘卷》："織皮、昆侖、斵（析）支、渠搜、西戎即敍。"

按：氀，同"織"。《集韻》："織，古作氀。"《類篇》同。"氀"當是"織"省文，聲符省去"日"，部首"糸"移至"日"位而成。《正字通》《四聲篇海》《字彙》均謂"同'織'"。

zhí

直　zhí

67TAM363：8/1（a）——《唐景龍四年（710）卜天壽抄孔氏本鄭氏注〈論語〉》："熟（孰）謂微生高直?"

67TAM363：8/1（a）《唐景龍四年（710）卜天壽抄孔氏本鄭氏注〈論語〉》："孔子對曰：'舉直錯諸枉，則□□，'"

2004TAM398：3-3＋2004TAM398：3-2《唐某年二月西州高昌縣更簿全貌》："緣今日夜當直（值）里正及□□"

75TKM99：9(b)《高昌延昌二十二年（582）康長受從道人孟忠邊歲出券》："若過期不償，聽拽家財平爲麥直（值）。"

72TAM216：012/3-2《唐殘文書》："□□後利直□□"

75TKM96：44(a)《兵曹注錄承直、補馬子等事抄目》："□□演、張彊白承直事。"

64TAM4：53《唐麟德二年（665）張海歡、白懷洛貸銀錢契》："任左牽挈張家物雜物口分田、桃（萄）用充錢直（值）取。"

64TKM1：28(a)，31(a)，37/2(a)《唐西州某鄉戶口帳（一）》："□□直。"

64TAM4：40《唐乾封三年（668）張善熹舉錢契》："若延引不還，聽左拽取張家財雜物平爲本錢直（值）。"

64TAM4：36《麟德二年（665）趙醜胡貸練契》："延引不還，聽拽家財雜物平爲本練直（值）。"

俹　zhí

64TAM22：17《請奉符敕尉推覓逃亡文書》："姪蠶得前亡□"

值　zhí

75TKM91：33(a)，34(a)《兵曹下八幢符爲屯兵值夜守水事》："殘校將一人，將殘兵，值苟（狗）還守。"

執　zhí

80TBI：219《金剛經疏》："□□執而生我執既無□□"

64TAM27：22《唐寫本〈論語〉鄭氏注〈雍也〉殘卷》："□□[曰]自牖執其[首]手，曰：'末之命□□"

按：原件衍"曰""首"二字。"末"，傳世本作"亡"。

執　60TAM325：14/1－1，14/1－2《唐西州高昌縣武城鄉范慈□辭爲訴君子奪地營種事》："持各 執 一本，限中可驗。"

執　72TAM230：67《武周天授二年（691）唐建進辯辭》："如涉虚誣，付審已後不合更 執，既經再審確，請一依元狀勘當。"

執　73TAM214：151，150《唐西州下高昌等縣牒爲和糴事》："□□ 執 案諸裁，裁訖。"

執　72TAM228：30/1～30/4《唐天寶三載（744）交河郡蒲昌縣上郡戶曹牒爲録申徵送郡官白直課錢事（一）～（四）》："楊長史 執 衣叁 □□"

執　72TAM228：30/1～30/4《唐天寶三載（744）交河郡蒲昌縣上郡戶曹牒爲録申徵送郡官白直課錢事（一）～（四）》："□□ 右得舉稱□□内前□郡官 執 衣 □□"

殖　zhí

殖　80TBI：126《別譯雜阿含經（卷一二）》："□□ 如 殖 種子因地而生長 □□"

職　zhí

職　73TAM222：56/7（a），56/8（a）《唐殘判籍（七）（八）》："□□□ 職 事 □□"

按：職，同"職"。《玉篇》："職，俗職字。"漢《曹全碑》即作"職"。北魏佚名碑《元珍墓誌》："不恭其職，公單馬肆焉。"

職　72TAM226：87/1，87/2《唐納職守捉屯種文書》："□□ 納職 守□ 使牒稱：□ 鋪 □□"

職　72TAM187：197《武周追當番職掌人文書（一）》："□□ 到 職 掌追來 □□"

職　2006TSYIM4：2－2《古寫本〈詩經〉》："民之回遹，職 競用力。"

職　2006TSYIM4：2－2《古寫本〈詩經〉》："民之罔極，職 涼善背。"

職　2006TSYIM4：2－2《古寫本〈詩經〉》："民之未戾，職 盗爲冠（寇）。"

按：原件寫作"冠"，旁改作"寇"。

職　2006TAM607：2－2《唐神龍二年（706）七月西州史某牒爲長安三年（703）七至十二月軍糧破除、見在事》："□□ 人 職 田苜蓿地子 □□"

職　65TAM40：20《唐下鎮將康懷義牒（二）》："□□ 野，職 掌要衝，押兵遊 □□"

職　60TAM330：14/1－3（b）《唐某鄉戶口帳（二）》："□□ 六，職，資。"

職　75TKM88：1（a）《西涼建初二年功曹書佐左謙奏爲以散翟定□補西部平水事》："請奉令具刺板題授，奏諾紀 職（識）奉行。"

止　zhǐ

止　80TBI：517－1《優波離問佛經》："不捨所見，共 止 犯二事，方

□"

80TBI：162《妙法蓮華經（卷二）
譬喻品第三》："□人 止 住其

2004TBM207：1－5a《唐上元三
年（676）六月後西州殘文書》：
"□司 止 監其隱截□"

旨　zhǐ

72TAM151：15《高昌義和二年
（615）都官下始昌縣司馬主者符
爲遣弓師侯尾相等詣府事》："期此月九日
來□□，不得違失，承 旨 奉行。"

72TAM226：60《唐支度營田使
下管内軍州牒》："□牒準
旨，諸軍州所須□"

73TAM221：55（a）《唐貞觀廿二
年（648）安西都護府乘敕下交河
縣符爲處分三衛犯私罪納課違番事》："敕
旨 有蔭及承別恩者，方霑宿衛，鈎陳近
侍，親□非輕。"

指　zhǐ

73TAM222：56/9（a）《唐殘判籍
（九）》："□ 指 歸□"

72TAM178：4《唐開元二十八年
（740）土右營下建忠趙伍那牒爲
訪捉配交河兵張式玄事一》："□皆 指
□□□□申都司聽□"

67TAM74：1/9《唐某人佃田殘
契》："□獲（畫） 指 爲□。"

60TAM317：30/7《唐某人買奴
契》："□ 指 爲信。"

67TAM363：7/2《唐儀鳳二年
（677）西州高昌縣寧昌鄉某人舉
銀錢契》："□契畫 指 爲驗。"

64TAM4：38《唐顯慶五年（660）
張利富舉錢契》："畫 指 爲信。"

64TAM4：37《唐總章三年（670）
白懷洛舉錢契》："兩和立契，獲
（畫） 指 爲驗。"

按："獲""畫"以音同相借。上同。

脂　zhǐ

80TBI：215《金光明經（卷三）鬼
神品第一三》："□散 脂 爲首
□"

紙　zhǐ

73TAM210：136/16《唐奴某殘
辯辭》："□ 紙 家奴□"

73TAM222：55（a）《唐寫〈千字
文〉殘卷》："□倫 紙，□巧
□"

zhì

至　zhì

59TAM305：14/2《倉曹屬爲買
八綟布事》："屬 至，亟催買會廿
六日。"

75TKM98：28/1《某人啟爲失耕
事》："□善 至 焉□"

72TAM179：16/1（b），16/2（b）
《唐寫〈尚書〉孔氏傳〈禹貢〉、〈甘

誓〉殘卷》："□□［浮於］積石，至於竜門、西河，帍（會）於渭汭。"

72TAM179：16/1（b），16/2（b）《唐寫〈尚書〉孔氏傳〈禹貢〉、〈甘誓〉殘卷》："道岍及岐，至於荆山。"

66TAM44：11/3（a）《唐殘牒爲市木修繕廢寺事》："□□殊妙華麗，至於□□"

75TKM90：20（a）《高昌主簿張縮等傳供帳》："赤違三枚，付隗已隆，與阿祝至火下。"

2004TBM207：1-8d《唐文書殘片》："□□檢至□□"

72TAM188：3（a）《唐神龍二年（706）殘牒》："□□有事至。"

72TAM188：73（a）之一《唐上西州都督府牒爲徵馬付營檢領事一》："□□有事至。"

73TAM193：38（a）《武周智通擬判爲康隨風詐病避軍役等事》："奉敕伊、西二州，占募強兵五百，官賜未期至日，私家借便資裝。"

73TAM507：013/5，013/6《唐調露二年（680）某人行旅公驗》："□□至，任爲□□"

72TAM151：95《高昌延和八年七月至延和九年六月錢糧帳》："依案，從己巳□七月一日至庚午歲六月廿九□□□伍佰肆文半，□□兜（斗）□□"

73TAM519：19/2-2《高昌麴季悅等三人辭爲請授官階事》："□□已來，至今盡是白民。"

2004TBM207：1-4《唐儀鳳三年（678）九月西州功曹牒爲檢報乖僻批正文案事》："牒至任判，謹牒。"

72TAM150：39《唐僧浄眼家書》："訖至今日不得□□"

66TAM61：23（b），27/2（b），27/1（b）《唐西州高昌縣上安西都護府牒稿爲録上訊問曹禄山訴李紹謹兩造辯辭事（二）》："李三見到，唯兄不來，既是□□□□安西，兄不至安西。"

64TAM29：44之六《唐咸亨三年（672）新婦爲阿公録在生功德疏》："至其月十八日，計成佛一萬二千五百卅佛。"

65TAM341：30/1（a）《唐小德辯辭爲被蕃捉去逃回事》："其抄小德等來□可有二百騎，行至小嶺谷内，即逢。""□□泉谷宿，至四日夜在小嶺谷宿□□""□□至夜在葦東食人定後，即發向□□"

志　zhì

75TKM91：11/6《西涼建初四年（408）秀才對策文》："亦由智伯氏貪愎，士無死志。"

67TAM363：8/1（a）之六《唐景龍四年（710）卜天壽抄孔氏本鄭氏注〈論語〉》："苟志於仁矣，無惡。"

65TAM346：1《唐乾封二年（667）郭耄醜勳告（一）》："東臺：右威衛渭源府果毅都尉朱小安等，並志懷壯果，業苞戎藝。"

67TAM363：8/1（a）之七《唐景龍四年（710）卜天壽抄孔氏本鄭氏注〈論語〉》："見志不從□□"

64TAM19：34，58，59《唐寫本鄭氏注〈論語〉公冶長篇》："子曰：'盍各言爾志？'"

志

2006TSYIM4：2－2《古寫本〈詩經〉》："宣王承屬王之烈，□□撥亂之 志 ，遇災而懼，側身脩行，欲□去之。"

走

67TAM91：4（b）《唐劉顯志等家口給糧一月帳》："劉顯 志 □人。"

治 zhì

治

67TAM363：8/1（a）之九《唐景龍四年（710）卜天壽抄孔氏本鄭氏注〈論語〉》："□□ 治 其賦，不知其仁也。"

治

67TAM363：8/1（a）之八《唐景龍四年（710）卜天壽抄孔氏本鄭氏注〈論語〉》："《論語·公 治 （冶）萇》第五"

按：此爲"冶"之訛寫。另，魏碑有見"治"寫作"冶"者，如《魏涼州刺史元維墓誌》。

治

67TAM363：8/1（a）之九《唐景龍四年（710）卜天壽抄孔氏本鄭氏注〈論語〉》："軍賦可史（使） 治 之者言其才，任□□□"

涯

80TBI：488《四分戒本疏（卷一）》："問：懸未有□□隨行受有何用？答：若無其受隨不成，隨以共成一 治 故。"

治

67TAM91：28（a）《唐貞觀十七年（643）何射門陀案卷爲來豐患病致死》："不覓醫 治 ，仍顯是□□□"

治

75TKM91：11/3《西涼建初四年（408）秀才對策文》："内足則有餘，有餘則安，所謂不嚴而 治 。"

治

64TAM15：23《唐貞觀十四年張某夏田契》：" 治 渠聖道張□□□"

帙 zhì

袟

64TAM29：44之六《唐咸亨三年（672）新婦爲阿公録在生功德疏》："更於後寫《法華經》一部，《大般若經》一 帙 十卷。"

按：袟，同"帙"。慧琳《一切經音義》："帙，或从衣。"

制 zhì

制

65TAM346：1《唐乾封二年（667）郭耄醜勳告（二）》："乾封二年三月十五日 制 可。"

制

67TAM363：8/1（a）《唐景龍四年（710）卜天壽抄孔氏本鄭氏注〈論語〉》："其 制 度變迹不可知。"

制

72TAM179：16/4（b），16/5（b），16/6（b），16/7（b）《唐寫〈尚書〉孔氏傳〈禹貢〉、〈甘誓〉殘卷》："不 制 以法。"

制

72TAM151：74（a）《古寫本〈晉陽秋〉殘卷》："丹書之 制 而弼違□□"

制

75TKM91：11/5《西涼建初四年（408）秀才對策文》："神農種穀，軒轅造 制 。"

制

66TAM61：34（b），31/1（b），31/3（b），31/4（b）《唐田緒歡等課役名籍（四）》："廿七終 制 。"

炙 zhì

炙

80TBI：500a－1《中阿含經（卷二二）穢品經第一》："□□ 試

（拭），數數日 炙 ，不 ⬚ 。”

致　zhì

致　72TAM179：16/1（b），16/2（b）《唐寫〈尚書〉孔氏傳〈禹貢〉、〈甘誓〉殘卷》：“名言皆 致 功也。”

致　73TAM501：109/7（a），109/7（b）《唐高宗某年西州高昌縣賈致奴等征鎮及諸色人等名籍》：“賈 致 奴。”

致　64TAM29：44《唐咸亨三年（672）新婦爲阿公録在生功德疏》：“覓好生處，不得心有戀看， 致 洛（落）下道。”

致　73TAM509：8/27《唐城南營小水田家牒稿爲舉老人董思舉檢校取水事》：“總緣無檢校人， 致 使有强欺弱。”

畤　zhì

畤　72TAM150：30，31《唐諸府衛士配官馬、馱殘文書二》：“三 畤 府王 ⬚ 。”

紩　zhì

紩　64TAM5：39《唐李賀子上阿郎、阿婆書二（二）》：“鼠兒得□婦，竟正是好人子 紩 （姪）。”

紩　75TKM91：15（a）《器物賬》：“裘三領，狐皮冒一枚，靴一□，氍氈一領， 紩 毹一□。”

　　按：銕，考之字書，《原本玉篇殘卷》：“紩，《爾雅》：‘爾（嵋），紩也。’郭璞曰：‘今人亦呼縫紩衣爾（嵋）。’……紩，索也。古文爲銕，字在金部。”（今本《爾雅》“爾”作“嵋”）《集韻》：“紩，索也。或从金。”《集韻》：“紩，《説文》：‘縫也。’或从金。”可知“紩”有“繩索”和“用針綫縫綴”之義。“毹”同“氈”，毛織品。再從上下文意分析，前文“氍氈”爲整張大塊的粗毛製品，“紩毹”分述於後，必有別於上文一整張毛織品氍氈，應爲小塊連綴而成的毛織品。又，前文所列均爲大件衣物，緊隨其後一個收納縫衣針的小物件，邏輯不通。故而釋作“鐵毹”，不妥。另，銕爲俗“鐵”字。《字彙》：“銕，同‘鐵’。今俗爲鐵字，非。”

智　zhì

智　80TBI：046a《阿毗曇八犍度論（卷一二）智犍度之四修智跋渠之餘》：“知他人心 智 ，因、次第 ⬚ 。”

智　75TKM91：11/1，11/2《西涼建初四年（408）秀才對策文》：“又問昔 智 伯圍 ⬚ 。”

智　80TBI：076《十方千五百佛名經》：“ ⬚ 智 步佛海幢 ⬚ 。”

智　80TBI：087《金光明經（卷三）除病品第一五》：“ ⬚ 知醫方救諸病苦，方便巧 智 ，四大增 ⬚ 。”

智　67TAM363：8/1（a）之六《唐景龍四年（710）卜天壽抄孔氏本鄭氏注〈論語〉》：“ ⬚ 智 也。”

智　72TAM151：59，61《高昌某年郡上馬帳》：“將 智 勇赤馬。”

智　72TAM150：29《唐諸府衛士配官馬、馱殘文書一》：“游 智 方馬赤騧。”

72TAM150：30，31《唐諸府衛士配官馬、駄殘文書二》："許 智 興□。"

64TAM15：17《唐貞觀十四年閏十月西州高昌縣弘寶寺賊臇錢名》:"智 相。"

72TAM150：44《唐史歡智等雜器物帳》:"史歡 智 銅匙、張延憙槃一。"

66TAM44：11/5《唐貞觀十九年（645）牒爲鎮人馬匹事》:"肅州鎮人陳文 智□□"

73TAM193：11（a）《武周郭智與人書》:"又訊其文 智。"

69TKM39：9/8（a）《唐西州高昌縣□慶友等户家口田畝帳簿（二）》:"母賈年卌四，弟 智□□"

按：智，《吐魯番出土文書》録作"始"。

73TAM501：109/106（a），109/106（b）《唐高宗某年西州高昌縣左君定等征鎮及諸色人等名籍》:"四人救援龜兹未還，左運達，宋令 智，張定□，康隆歡。"

2004TAM395：4－2＋2004TAM395：4－3《唐垂拱二年西州高昌縣徵錢名籍全貌》:"□□支德，范 智□□"

傲　zhì

73TAM507：012/18《高昌張明憙入延壽十四年（637）三月鹽城劑物條記》:"史何 傲□□"

按:《玉篇》:"傲，丈吏切。會物。"《龍龕手鏡》:"傲、傲二俗，傲正。直利反。大也，又會物也。"

鴈　zhì

72TAM151：62《高昌義和二年（615）參軍慶岳等條列高昌馬鞍轡帳》:"高昌馬案（鞍） 鴈（轡）壹劑。"

寘　zhì

72TAM151：56《高昌買馱、入練、遠行馬、郡上馬等人名籍》:"虎牙僧 寘、虎牙師得、令狐□□、明□□救□□"

按：寘，同"置"。《説文新附》:"寘，置也。从宀，真聲。"《玉篇》:"寘，置也。"《篇海類編》:"寘，俗作'眞'。"

置　zhì

2006TAM607：2－4《唐神龍元年（705）六月後西州前庭府牒上州勾所爲當府官馬破除、見在事》:"合當府元 置 官馬總捌拾疋。"

摯　zhì

75TKM91：11/5《西涼建初四年（408）秀才對策文》:"夫關雎之鳥， 摯（鷙）而有别。"

質　zhì

75TKM91：11/5《西涼建初四年（408）秀才對策文》:"□至三代， 質 文損益，時移世變，淳風乃弊。"

64TAM4：40《唐乾封三年（668）張善憙舉錢契》:"若延引不與左

錢者，將中渠菜園半畝，與作錢 質 ，要須得好菜處。"

騭 zhì

騭

騭

63TAM1：13（a）《鞋底騭文》："□ 騭 □"

75TKM91：11/5《西涼建初四年（408）秀才對策文》："臣 騭 誠惶誠恐，頓首死罪死罪。"

zhōng

中 zhōng

中

中

72TAM179：16/1（b），16/2（b）《唐寫〈尚書〉孔氏傳〈禹貢〉、〈甘誓〉殘卷》："卣（厥）□ 中 下。"

67TAM363：8/1（a）《唐景龍四年（710）卜天壽抄孔氏本鄭氏注〈論語〉》："季康子敏：'使民敬、中 以勸如之何？'"

按：敏、中，傳世本作"問、忠"。"敏""問"一聲之轉，似是方言。

中

72TAM151：59,61《高昌某年郡上馬帳》："田 中 宣青馬……合六十七匹。"

按：《吐魯番出土文書》錄作"忠"，非是。

忠 zhōng

忠

64TAM19：33,56,57《唐寫本鄭氏注〈論語〉公冶長篇》："子曰：'忠 矣。'"

忠

75TKM99：9（b）《高昌延昌二十二年（582）康長受從道人孟忠邊歲出券》："康長受從道人孟 忠 邊歲出，到十一月卅日還入正作。"

忠

73TAM215：017/1－5《唐張惟遷等配役名籍（五）》："□ 前 忠 和 □"

忠

73TAM524：28《高昌建昌三年（557）令狐孝忠隨葬衣物疏》："主簿令狐孝 忠 原出 □ 民。"

忠

67TAM363：8/2（a）之一《唐景龍四年（710）卜天壽抄〈十二月新三臺詞〉及諸五言詩》："項託柒歲知事，甘羅十二想（相）秦，□無良妻解夢，馮唐寧得 忠 辰（臣）。"

忠

68TAM108：19（a）之三《唐開元三年（715）西州營典李道上隴西縣牒爲通當營請馬料姓名事》："火長李慎 忠 ，火內人□悊。"

忠

72TAM151：96（a）《高昌安樂等城負藏錢人入錢帳》："韓相 忠 入錢卌文，支 □"

忠

72TAM151：58《高昌義和二年（615）七月馬帳（一）》："義和二年乙亥歲七月十六日，范寺思 忠 赤馬……"

忠

75TKM89：1－2《高昌章和十一年（541）都官下柳婆、無半、盈城、始昌四縣司馬主者符爲檢校失奴事》："刺彼縣翟 忠 義失奴一人。"

忠

64TAM37：21《唐□□二年曹忠敏田契》："□ 二年九月八日，曹 忠 敏於知天朱進明處祖取尊思廉等上件地。"

按：此句《吐魯番出土文書》漏錄"祖"字，據改。等，原件作"苇"。

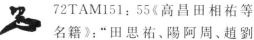

72TAM151：55《高昌田相祐等名籍》："田思祐、陽阿周、趙劉

集、李忠兒。"

68TAM108：19(a)之三《唐開元三年(715)西州營典李道上隴西縣牒爲通當營請馬料姓名事》："火長孔處忠，火内人楊琛。"

鐘　zhōng

75TKM91：11/6《西凉建初四年(408)秀才對策文》："伏惟殿下，誕鐘符運，拯濟▢▢"

2004TAM408：17《令狐阿婢隨葬衣物疏》："右尊鍾妻令狐阿婢隨身雜衣物凡種。"

zhǒng

冢　zhǒng

72TAM179：16/4(b)，16/5(b)，16/6(b)，16/7(b)《唐寫〈尚書〉孔氏傳〈禹貢〉、〈甘誓〉殘卷》："道嶓冢至於荆山，内方至於大別。"

64TAM29：44之六《唐咸亨三年(672)新婦爲阿公録在生功德疏》："開相起咸亨三年四月十五日，遣家人祀德向冢間堀底作佛。"

按：塚，同"冢"。《玉篇》："塚，墓也。正作冢。"

種　zhǒng

80TBI：750a《妙法蓮華經(卷二)譬喻品第三》："有所好種種珍玩奇▢▢"

80TBI：087《金光明經(卷三)除病品第一五》："論種種伎藝，書疏算計，無不▢"

75TKM98：28/1《某人啟爲失耕事》："▢▢今垂下種▢▢"

80TBI：489《四分戒本疏(卷一)》："▢▢具於二種，以道無作寬長故爾。"

zhòng

仲　zhòng

72TAM151：59,61《高昌某年郡上馬帳》："趙明仲留(騮)馬。"

73TAM507：012/12-1《唐潘突厥等甲仗帳》："麴文仲下皮甲十三。"

72TAM150：30,31《唐諸府衛士配官馬、馱殘文書二》："大池府寶仲方□赤。"

重　zhòng

64TAM5：39《唐李賀子上阿郎、阿婆書二(二)》："虎憙來時得重小刀一合。"

68TAM103：18/9(a)《唐貞觀某年西州某鄉殘手實》："▢▢合注,求受重罪。"

67TAM78：32《唐貞觀十四(640)西州高昌縣李石住等户手實(三)》："求受重罪。"

73TAM509：8/5(a)《唐西州天山縣申西州户曹狀爲狀無場請

往北庭請兄禄事》："如後有人紏（糾）告，稱是詃誘等色，義感等連保各求受[重]罪者。"

衆　zhòng

67TB：1-2-1《大乘瑜伽金剛性海曼殊室利千臂千鉢大教王經（卷六）》："□供養食入道場人[衆]僧等□"

80TBI：016《四分戒本疏（卷一）》："故多論云，於一切[衆]生數非衆生數而發□"

80TBI：016《四分戒本疏（卷一）》："第四發戒多少，諸戒雖[衆]不過二種，謂作□"

80TBI：132《佛說天地八陽神咒經》："[衆]生信邪倒見□"

67TB：1-2-2《大乘瑜伽金剛性海曼殊室利千臂千鉢大教王經（卷六）》："□[衆]生成□"

80TBI：049a《十方千五百佛名經》："□無量[衆]生□"

80TBI：441《妙法蓮華經（卷二）譬喻品第三》："□是諸[衆]□"

80TBI：052《妙法蓮華經（卷二）譬喻品第三》："□之藏能與一切[衆]□"

80TBI：019《增壹阿含經（卷五〇）大愛道般涅槃品第五二》："尸佛者[衆]相具足是一切人良祐福田。"

80TBI：019《增壹阿含經（卷五〇）大愛道般涅槃品第五二》："比丘[衆]前後圍繞而爲說法。"

80TBI：120《佛說灌頂拔除過罪生死得度經（卷一二）》："□量[衆]生普使□"

80TBI：318《過去現在因果經（卷一）》："□[衆]生唯有□"

80TBI：001a《晉寫本東漢荀悦撰〈前漢紀〉〈前漢孝武皇帝紀〉殘卷》："□息同俗其餘小[衆]不□"

80TBI：720a-1《妙法蓮華經（卷二）譬喻品第三》："□一切[衆]□"

64TAM29：44《唐咸亨三年（672）新婦爲阿公録在生功德疏》："右前件物布施見前大[衆]。"

72TAM201：33《唐咸亨五年（674）兒爲阿婆録在生及亡没所修功德牒》："葬日布施[衆]僧銀錢叁伯（百）文。"

72TAM151：99,100《高昌合計馬額帳（一）》："麴善亮、田[衆]歡、董伯珍、王□□、匡買得。"

72TAM151：57《高昌買駄、入練、遠行馬、郡上馬等人名籍》："張司馬、鞏□□、田[衆]□□"

72TAM151：62《高昌義和二年（615）參軍慶岳等條列高昌馬鞍轡帳》："將阿婆奴下自□□□□□下馮[衆]□"

72TAM151：59,61《高昌某年郡上馬帳》："田[衆]歡馬……合六十七匹。"

64TAM15：17《唐貞觀十四年閏十月西州高昌縣弘寶寺賊臕錢名》："[衆]慶。"

種　zhòng

72TAM226：53,54《唐開元十年（722）伊吾軍上支度營田使留後司牒爲烽鋪營田不濟事》："□□功，各漸斷 種 前件畝數如前者。"

75TKM91：11/5《西涼建初四年（408）秀才對策文》："神農 種 穀，軒轅造制。"

72TAM188：68《唐辯辭爲種田事》："□□陶憑何德 種，仰答□□"

64TAM37：21《唐□□二年曹忠敏田契》："如到 種 田之日不得地佃者，一仰朱明知當，不干曹敏事。"

73TAM191：61/1《唐□璟殘狀》："□□得免□ 種 油□□上糞了，得□□"

72TAM230：66《武周天授二年（691）安昌合城老人等牒爲勘問主薄職田虛實事》："問合城老人、城主、渠長、知田人等，主薄（簿）去年實 種 幾畝麥，建進所注虛實，連署狀通者。"

按：年，原件爲武周新字。

67TAM363：7/4《唐儀鳳年間（676—679）西州蒲昌縣竹海住佃田契》："到 種 田之日，竹不得田佃者，準前□□"

73TAM221：62(a)-1《唐永徽三年（652）士海辭爲所給田被里正杜琴護獨自耕種事》："其地，琴護 獨自耕 種 將去，不與士海一步，謹以諮陳訖。"

69TAM232：3(b)《唐蠅芝等直上欠麴粟帳》："白居兜□□義達 種 秋粟，右同前據□□□上件地去年秋

是前件人佃種，歟別收子兩碩以上者，件勘如前。"

72TAM230：67《武周天授二年（691）唐建進辯辭》："被問，建進若告主簿營 種 還公，逃死户絶田地。"

按：地，原件爲武周新字。

72TAM230：66《武周天授二年（691）安昌合城老人等牒爲勘問主簿職田虛實事》："謹審：但合城老人等，去年主薄（簿）高禎元不於安昌 種 田，建進所注並是虛安，如後不依□□"

按：年，原件爲武周新字。

2004TAM396：14《唐開元七年（719）洪奕家書》："今葉（業）薄，種 果無因。"

zhōu

州　zhōu

72TAM230：46/1(a)《唐儀鳳三年（678）尚書省户部支配諸州庸調及折造雜練色數處分事條啟（一）》："諸 州 庸調先是布鄉兼絲綿者，有□□"

75TKM91：11/5《西涼建初四年（408）秀才對策文》："涼 州 秀才糞土臣馬隲 稽首。"

73TAM210：136/4－1《唐總計練殘文書（一）》："敕守刺史□□□奏伊 州 三衛□□"

66TAM44：11/8,11/13《唐貞觀十四年（640）靜福府領袋帳歷》："□□付隨機前瓜 州 □□"

73TAM206：42/9－30《唐課錢帳歷（二）》："高 州 廿、李城十五、元三

十五、鄧嫂十五、阿王十五,已上卅五。"

67TAM376:01(a)《唐開耀二年(682)寧戎驛長康才藝牒爲請處分欠番驛丁事》:"牒:才藝從去年正月一日,至其年七月以前,每番各欠五人,於 州 陳訴。"

64TAM29:24《唐垂拱元年(685)康義羅施等請過所案卷(四)》:"保人伊 州 ,百姓史保。"

72TAM230:58/1(a)～58/4(a)《武周天授二年(691)追送唐建進家口等牒尾判》:"唐進經 州 告事,計其不合東西,頻下縣追。"

64TAM4:36《麟德二年(665)趙醜胡貸練契》:"其練迴還到西 州 拾日內,還練使了。"

72TAM188:91《唐殘牒》:" □ 大使正議大夫行甘 州 刺史李 □ 。"

72TAM194:12/1,12/12《唐 □□ 五年佐麹和牒》:"準狀錄申 州 請 □ 。"

周　zhōu

72TAM201:33《唐咸亨五年(674)兒爲阿婆錄在生及亡沒所修功德牒》:"在生好喜布施,乍計不 周 。"

75TKM91:3/1(a),3/2(a)《蔡暉等家口籍》:" 周 沙二口。"

72TAM151:74(a)《古寫本〈晉陽秋〉殘卷》:"閣而不 周 ,吾不明之 □ 。"

67TAM363:8/1(a)之四《唐景龍四年(710)卜天壽抄孔氏本鄭氏注〈論語〉》:" 周 監於二代,郁郁乎文哉也!"

69TKM39:9/8(a)《唐西州高昌縣□慶友等戶家口田畝帳簿(二)》:" □ 畝常田,城東四里北渠,東渠,西渠,南 周 堆 □ 。"

按:堆,原件書作"塠"。

73TAM193:11(a)《武周郭智與人書》:"智力不 周 ,始判牒追人。"

67TAM363:8/1(a)之五《唐景龍四年(710)卜天壽抄孔氏本鄭氏注〈論語〉》:" □ 仁(人)以柏, 周 仁(人)以樂,曰:使人戰慄也。"

72TAM151:55《高昌田相祐等名籍》:"田思祐、陽阿 周 、趙劉集、李忠兒。"

68TAM108:19(a)之二《唐開元三年(715)西州營典李道上隴西縣牒爲通當營請馬料姓名事》:"第六隊火長 周 神力,火內人王榮。"

zhóu

軸　zhóu

72TAM216:012/3-1《武周擬判》:" □ 定 軸 之 □ 。"

zhǒu

肘　zhǒu

73TAM193:38(a)《武周智通擬判爲康隨風詐病避軍役等事》:"於是妄作患由,臂 肘 蹉跌,遂非真病,攣拳手腕,□是詐爲(僞)。"

zhòu

咒　zhòu

80TBI：097《請觀世音菩薩消伏毒害陀羅尼咒經（卷一）》："□□并誦此咒即得□□。"

晝　zhòu

67TAM363：8/1（a）之九《唐景龍四年（710）卜天壽抄孔氏本鄭氏注〈論語〉》："□□予晝寢也。"

67TAM363：8/1（a）之九《唐景龍四年（710）卜天壽抄孔氏本鄭氏注〈論語〉》："彫，尅（刻）而晝（畫）之。"

zhū

朱　zhū

72TAM179：16/1（b），16/2（b）《唐寫〈尚書〉孔氏傳〈禹貢〉、〈甘誓〉殘卷》："西頃、朱圉、鳥鼠至於太華。"

72TAM150：44《唐史歡智等雜器物帳》："魏朱貴槃一。"

72TAM171：12（a），17（a），15（a），16（a），13（a），14（a）《高昌延壽十四年（637）兵部差人看客館客使文書》："□□真朱人貪旱大官、好延祐膶振摩珂賴使金穆□□。"

按：膶，原件書作"膗"。

65TAM39：20《前涼升平十一年王念賣駝券》："升平十一年四月

十五日，王念以茲駝賣與朱越，還得嘉駝，不相賍移。"

茱　zhū

73TAM193：15（a）《唐天寶某載（751—756）文書事目歷》："兵李惟貴狀，爲患請莫茱萸等藥。"

珠　zhū

80TBI：475《妙法蓮華經（卷二）譬喻品第三》："真珠羅網，張□。"

73TAM206：42/10 – 5/10 – 17《唐質庫帳歷》："細末珠四條，約有四百顆。"

59TAM305：8《缺名隨葬衣物疏》："白珠一雙。"

誅　zhū

67TAM363：8/1（a）之九《唐景龍四年（710）卜天壽抄孔氏本鄭氏注〈論語〉》："於予［與］何誅？"

按：此句奪"與"字。

諸　zhū

2002TJI：001《道行般若經（卷八）强弱品第二四》："□□菩提語諸□□。"

73TAM509：19/2《武周天山府下張父師團帖爲新兵造幕事一》："西州諸府，兵幕迴日却内（納）。"

80TBI：213《請觀世音菩薩消伏毒害陀羅尼咒經（卷一）》："十億

諸佛□□□"

諸 65TAM341：25，26（a）《唐景龍三年（709）南郊赦文》："□□人侵欺，其諸□□□"

諸 64TAM29：44《唐咸亨三年（672）新婦爲阿公録在生功德疏》："請爲諸天轉讀《今（金）光明經》，亦請知。"

諸 67TAM363：8/1（a）一一《唐景龍四年（710）卜天壽抄孔氏本鄭氏注〈論語〉》："或乞諸其鄰而與之。"

諸 72TAM230：46/1（a）《唐儀鳳三年（678）尚書省户部支配諸州庸調及折造雜練色數處分事條啓（一）》："諸州庸調先是布鄉兼絲綿者，有□□□□□"

諸 73TAM524：32/1-1《高昌永平元年（549）十二月十九日祀部班示爲知祀人上名及謫罰事》："諸上名者，今十九日暮悉詣殿裏宿。"

諸 67TAM91：25（a），34/1（a）《唐安西都護府下高昌縣殘文書》："□□高昌縣勘□□□□□諸縣□□□"

諸 73TAM509：8/6《唐書牘稿》："自合往慰，直爲諸事草草。"

諸 64TAM29：110/1～110/6，120（a）《唐處分庸調及折估等殘文書（一）～（七）》："段者若配諸州庸調，每□□□"

諸 2006TAM607：2-4《唐神龍元年（705）六月後西州前庭府牒上州勾所爲當府官馬破除、見在事》："前後諸軍借將及没賊不迴，合官酬替。"

諸 64TAM29：44之六《唐咸亨三年（672）新婦爲阿公録在生功德疏》："昨更於生絹畫捕釋迦牟尼變，并侍者、諸天。"

諸 72TAM230：49《武周天授二年（691）總納諸色逋懸及屯收義納糧帳》："五百九石三斗六升諸色逋懸。"

諸 72TAM230：46/2（b）《唐儀鳳三年（678）尚書省户部支配諸州庸調及折造雜練色數處分事條啓（二）》："諸州調麻納兩京數，内六分取一分□□□□□司送者不在折酬之限。"

諸 73TAM191：32（a）《唐史衛智爲軍團點兵事》："□□□病等諸色，不有□□□"

諸 64TAM29：90（a）（b）《唐垂拱元年（685）西州都督府法曹高昌縣符爲掩劫賊張爽等事》："此□下諸縣，并鎮營市司□□□"

豬　zhū

豬 72TAM179：16/1（b），16/2（b）《唐寫〈尚書〉孔氏傳〈禹貢〉、〈甘誓〉殘卷》："□豬（瀦）埜。"

豬 64TKM1：28（b），31（b），37/2（b）《唐何好忍等匠人名籍》："右件人殺豬匠。"

zhú

竹　zhú

竹 72TAM150：40《唐康某等雜器物帳》："竹故匲床一張。"

竹 65TAM42：64《唐西州高昌縣授田簿（一二）》："右給竹苟仁充分，同觀□□□"

竹 73TAM510：03《唐庭州西海縣横管狀爲七德寺僧妄理人事》："西海縣横管狀上：本縣百姓故竹伯良妻

竹 慈心（妄理人西州七德寺，僧惠寬、法允）□□"

67TAM376：01（a）《唐開耀二年（682）寧戎驛長康才藝牒爲請處分欠番驛丁事》："竹士隆。"

67TAM363：8/1（a）之九《唐景龍四年（710）卜天壽抄孔氏本鄭氏注〈論語〉》："竹木浮之於水上，大曰栧（枕），小曰浮（桴）。"

按：栧，"枕"字訛寫。

2006TAM607：2-4＋2006TAM607：2-5＋2006TAM607：2-4《唐神龍元年（705）六月後西州前庭府牒上州勾所爲當府官馬破除、見在事》："竹苟奴馬赤敦。"

73TAM501：109/8-4《唐張義海等征鎮及諸色人等名籍（四）》："竹闍利。"

2004TAM395：4-2＋2004TAM395：4-3《唐垂拱二年西州高昌縣徵錢名籍全貌》："竹尾端欠二。"

72TAM150：42《唐白夜默等雜器物帳》："王慶伯槃一，竹都柱□□，杜海柱木碗四。"

73TAM191：120（a）《唐永隆元年（680）軍團牒爲記注所屬衛士征鎮樣人及勳官籤符諸色事（二）》："竹海相，年卅一。"

67TAM363：7/4《唐儀鳳年間（676—679）西州蒲昌縣竹海住佃田契》："到種田之日，竹不得田佃者，準前□□"

72TAM150：42《唐白夜默等雜器物帳》："竹忽□銅盆一。"

67TAM363：7/2《唐儀鳳二年（677）西州高昌縣寧昌鄉某人舉

銀錢契》："若竹須錢□□"

73TAM509：8/19《唐某人與十郎書牘》："昨縣家令竹真楷□□終日共麴五啾唧。"

竺　zhú

72TAM151：58《高昌義和二年（615）七月馬帳（一）》："義和二年乙亥歲七月十六日，……韓□寺青馬，竺惠兒黃馬，□□憙青馬，政明寺青馬。"

72TAM151：97《高昌某年衛延紹等馬帳》："將阿□□□馬，竺□□□，侍□□"

72TAM151：52《高昌逴人史延明等名籍》："九日逴人：史延明、北聽□竺伯子、曲尺寶惡奴，王慶濟。"

72TAM151：56《高昌買馱、入練、遠行馬、郡上馬等人名籍》："麴元□、張子回、竺□宣、曹□、左調和。"

72TAM151：59,61《高昌某年郡上馬帳》："竺惠兒黃馬。"

逐　zhú

75TKM91：29（a）《北涼義和某年兵曹行罰部隟五人文書》："解稱：部□□雙等五人由來長□，不逐部伍，求分處。"

65TAM341：30/1（a）《唐小德辯辭爲被蕃捉去逃回事》："□□投得維磨戍烽，其賊見在小嶺□□小德少解蕃語，聽賊語，明□擬發向駝嶺逐草。"

73TAM507：013/1《唐某人申狀爲注籍事》："□□既有，許逐

□"

逐 65TAM42：10,73《唐永徽元年（650）嚴慈仁牒爲轉租田畝請給公文事》："今春三月，糧食交無，逐（遂）將此田租與安橫延。"

逐 66TAM61：23(b)，27/2(b)，27/1(b)《唐西州高昌縣上安西都護府牒稿爲録上訊問曹禄山訴李紹謹兩造辯辭事（二）》："生兒逐李三後去。"

逐 71TAM188：85《唐西州都督府牒爲便錢酬北庭軍事事》："北庭大賊下逐大海路，差索君才□□。"

逐 67TAM363：8/1(a)之二《唐景龍四年（710）卜天壽抄孔氏本鄭氏注〈論語〉》："自季平子逐□□。"

燭 zhú

燭 73TAM222：55(a)《唐寫〈千字文〉殘卷》："□□燭煒煌，畫□□。"
燭 2004TBM115：10《古寫本〈千字文〉》："□□□[紈扇圓]絜，銀燭瑋（煒）煌。"

zhǔ

主 zhǔ

主 72TAM230：75,76《武周天授二年（691）康進感辯辭》："注檢校主薄（簿）高禎城南、城北見□□。"

主 72TAM151：59,61《高昌某年郡上馬帳》："西主寺赤馬，將阿婆奴赤馬，侍郎歡岳青馬。"

主 72TAM151：59,61《高昌某年郡上馬帳》："永安公主寺赤馬。"

主 73TAM206：42/7－2《高昌義和五年（618）善海等役作名籍》："主簿□□"

主 75TKM96：18,23《北涼玄始十二年（423）兵曹牒爲補代差佃守代事》："主簿。"

主 73TAM507：012/15《高昌張明憙入延壽十六（639）三月鹽城劑丁錢條記》："將孟主簿□□"

主 72TAM151：104《高昌延和十二年（613）某人從張相憙等三人邊雇人歲作券》："□□四主和同立□□□□後，各不得返海（悔），悔者□□"

主 72TAM151：55《高昌田相祐等名籍》："主陰相願、樊相憙、郖慶崇、康深鹿子、□□□、張延伯。"

主 64TAM4：33《唐總章三年（670）左憧憙夏菜園契》："祖（租）殊（輸）伯（佰）役，仰園主。"

主 69TAM232：3(b)《唐蠅芝等直上欠麴粟帳》："主白居兜□□義達種秋粟，右同前據□□□上件地去年秋是前件人佃種，畝別收子兩碩以上者，件勘如前。"

主 64TAM4：38《唐顯慶五年（660）張利富舉錢契》："錢主。"

煮 zhǔ

煮 73TAM524：32/1－1《高昌永平元年（549）十二月十九日祠部班示爲知祠人上名及謫罰事》："若不詣祠所煮肉，謫羊一口。"

屬 zhǔ

59TAM305：14/2《倉曹屬爲買八綟布事》："屬至，亟催買會廿六日。"

72TAM151：74(a)《古寫本〈晉陽秋〉殘卷》："□於柳藏，好屬文而無□□之才，其鶺□□"

59TAM305：14/2《倉曹屬爲買八綟布事》："倉曹樊霸、梁斌前屬催奸吏買八縱（綟）布四匹。"

2004TBM115：10《古寫本〈千字文〉》："耽讀翫市，□[寓]目囊箱，易輶攸畏，屬耳垣牆。"

zhù

住　zhù

80TBI：076《十方千五百佛名經》："□□旃檀王佛善住□"

80TBI：162《妙法蓮華經（卷二）譬喻品第三》："□人止住其□"

75TKM96：38《買奴殘文書》："□其日欲將至住處□"

64TAM15：17《唐貞觀十四年閏十月西州高昌縣弘寶寺賊臘錢名》："宋住入太儒。"

80TBI：088《金光明經（卷三）除病品第一五》："□於所住處施五□"

72TAM151：56《高昌買駄、入練、遠行馬、郡上馬等人名籍》："辛明護、史淩江、校尉相明、□□保悅、麴阿住。"

2006TAM607：2-5《唐景龍三年（709）後西州勾所勾糧帳》："孫寅住馬留（騮）敦（驦）。"

72TAM230：58/1(a)～58/4(a)《武周天授二年（691）追送唐建進家口等牒尾判》："□縱不在，家口應住安昌，別牒天山縣，仰準長官處分，即領送。"

72TAM188：86(a)(b)《唐西州都督府牒爲請留送東官馬塡充團結欠馬事》："且留此住，須䂁飼供，既破官倉，恐成費損。"

67TAM376：01(a)《唐開耀二年（682）寧戎驛長康才藝牒爲請處分欠番驛丁事》："翟安住。"

67TAM78：30《唐貞觀十四（640）西州高昌縣李石住等戶手實（四）》："具住（注）如前。"

64TAM5：88,61/1《唐諸戶丁口配田簿（乙件）（二）》："□守住，年廿七，二畝。"

73TAM206：42/10-22《唐質庫帳歷》："□仿住□"

73TAM206：42/10-14,42/10-9《唐質庫帳歷》："□東頭住□年十八。"

73TAM206：42/10-5/10-17《唐質庫帳歷》："□東頭住□"

73TAM206：42/10-6《唐質庫帳歷》："□北曲住□"

73TAM206：42/10-12《唐質庫帳歷》："□北曲住年□"

73TAM206：42/10-10《唐質庫帳歷》："南坊住釵。"

73TAM206：42/10－5/10－17《唐質庫帳歷》："□□南坊住年廿三□□"

注　zhù

60TAM332：9/6《唐殘手實》："具注如前。"

72TAM230：66《武周天授二年（691）安昌合城老人等牒爲勘問主簿職田虛實事》："去年主薄（簿）高禎元不於安昌種田，建進所注並是虛妄，如後不依□□"

按：年，原件爲武周新字。

2004TBM207：1－3《唐調露二年（680）七月東都尚書吏部符爲申州縣闕員事》："官某乙滿，若續前任滿，即注云：續前任合滿。"

73TAM206：42/5《唐高昌縣勘申應入考人狀》："依檢案內令注□前者，今以狀□□"

64TAM29：44 之六《唐咸亨三年（672）新婦爲阿公錄在生功德疏》："又已前家中抄寫《涅槃經》一部，注子（字）《法華經》一部。"

69TKM39：9/9（a），9/5（a），9/1（a）《唐貞觀年間（640—649）西州高昌縣手實二》："□□通當戶來年手實，具注如前，並皆依實。"

75TKM96：18，23《北涼玄始十二年（423）兵曹牒爲補代差佃守代事》："請如解注。"

80TBI：109《妙法蓮華經（卷二）信解品第四》："□□出內財產，注記□□"

2004TAM395：1－2《唐某年二月西州高昌縣更簿全貌》："□□依注告知□文白。"

2004TAM398：3－3＋2004TAM398：3－2《唐某年二月西州高昌縣更簿全貌》："依注告知洛白。"

73TAM221：62（b）《唐永徽三年（652）賢德失馬陪徵牒》："今狀雖稱付主領訖，官人見領時，此定言注來了。"

祝　zhù

64TAM27：22《唐寫本〈論語〉鄭氏注〈雍也〉殘卷》："不有祝鮀之佞而□□"

75TKM90：20（a）《高昌主簿張綰等傳供帳》："赤違三枚，付隗已隆，與阿祝至火下。"

柱　zhù

72TAM150：42《唐白夜默等雜器物帳》："王慶伯槃一，竹都柱□□，杜海柱木碗四。"

64TAM5：46，60/2，44《唐諸戶丁口配田簿（乙件）（一）》："弟頭柱，年廿五，二畝。"

疰　zhù

80TBI：132《佛說天地八陽神咒經》："□□種惡疰，受其痛苦□□"

按：疰，《中華大藏經》和《大正新修大藏經》作"注"。"痛苦"，《中華大藏經》和《大正新修大藏經》作"苦痛"。

著　zhù

75TKM91：11/4《西涼建初四年（408）秀才對策文》："猶文王□□八卦，孔子之 著 《繫辭》，秦始之作草書。"

按：着，"著"之俗。《干祿字書》："着著著，上俗中通下正。"

72TAM151：74（a）《古寫本〈晉陽秋〉殘卷》："以其子妻之，欽數□□□佐 著 作郎。"

65TAM346：1《唐乾封二年（667）郭毫醜勳告（一）》："或北折淳維，或南梟徵側，功勳久 著 ，賞册宜隆。"

2004TAM408：17《令狐阿婢隨葬衣物疏》："故 著 體絓衫一枚。"

貯　zhù

72TAM226：56/2《唐伊吾軍諸烽鋪受貯糧食斛斗數文書二（二）》："□□ 貯 在故亭烽□□"

72TAM230：48/1《唐西州請北館坊採車材文書（一）》："□□望請北館坊採車材，具與赤亭坊 貯 備□□"

72TAM230：46/2（b）《唐儀鳳三年（678）尚書省戶部支配諸州庸調及折造雜練色數處分事條啟（二）》："約準一年須數，先以庸物支留，然後折□米粟，無米粟處任取□□□以堪久 貯 之物。"

箸　zhù

72TAM150：46《唐翟建折等雜器物帳》："□□解延箱一，令狐隆仁 箸 十。"

按：楮，即"楮"。楮同"箸"。俗書"艹""竹"混用不分，故"楮"即"楮"。《集韻》："箸，或作楮。"

zhuān

專　zhuān

73TAM222：56/1，56/2《唐殘判籍（一）》："令 專 知不得□□"

67TAM376：02（a）《唐開耀二年（682）寧戎驛長康才藝牒爲請追勘違番不到驛丁事》："署即 專 追，限明日平旦□□"

64TAM29：89（a），89（b）《唐永淳元年（682）坊正趙思藝牒爲勘當失盜事》："右奉判付坊正趙藝 專 爲勘當者，準狀就僧香家內撿。"

65TAM341：78（背面）《唐辯辭爲李藝義佃田事》："欲得出嫁，不加修理， 專 行搆架，博換已經四年。"

按：架，原件書作"揀"。

75TKM91：38（b）《某人辭爲差脱馬頭事》："冀得 專 心承奉。"

zhuǎn

轉　zhuǎn

64TKM3：51，52《前涼王宗上太守啟》："節 轉 涼奉承。"

65TAM346：1《唐乾封二年（667）郭毫醜勳告（一）》："颭海

道：沙澤陣、纈嶺陣、東熊陸嶺陣並颭第
一勳,各加三轉,總玖轉。"

轉 65TAM346：2《唐上元二年
（675）府曹孝通牒爲文峻賜勳
事》："敕鎮滿十年,賜勳兩轉,付録事司
檢文峻等並並經十年已上檢。"

轉 65TAM346：2《唐上元二年
（675）府曹孝通牒爲文峻賜勳
事》："□□官兩轉,其勳既未入手,請給
牒□□"

轉 65TAM346：1《唐乾封二年
（667）郭耄醜勳告（一）》："颭海
道：沙澤陣、纈嶺陣、東熊陸嶺陣並颭第
一勳,各加三轉,總玖轉。"

轉 64TAM37：21《唐□□二年曹忠
敏田契》："進明先於尊廉等邊散於
人處租得,今不親營種,遂轉租與前件人。"

　　按：等,原件作"寺"。

zhuàn

傳　zhuàn

傳 72TAM179：16/4（b）,16/5（b）,
16/6（b）,16/7（b）《唐寫〈尚書〉
孔氏傳〈禹貢〉、〈甘誓〉殘卷》："孔氏傳。"

撰　zhuàn

撰 75TKM91：33（a）,34（a）《兵曹
下八幢符爲屯兵值夜守水事》：
"次屯之日,幢共校將一人,撰（選）兵十
五人夜住守水。"

轉　zhuàn

轉 64TAM29：44《唐咸亨三年（672）新
婦爲阿公録在生功德疏》："請爲諸
天轉讀《今（金）光明經》,亦請知。"

轉 64TAM29：44《唐咸亨三年
（672）新婦爲阿公録在生功德
疏》："又昨阿公亡後即常屈三僧轉讀,供
養不絶。"

轉 73TAM193：28《武周證聖元年
（695）五月西州高昌縣崇福寺轉經
歷（二）》："□□同業,人各轉大□□"

zhuāng

莊　zhuāng

莊 73TAM222：55（a）)《唐寫〈千字
文〉殘卷》："□□莊,徘徊
□□"

　　按：顔元孫《干禄字書》："迸莊莊：上
俗,中通,下正。"

莊 67TAM363：8/1（a）《唐景龍四
年（710）卜天壽抄孔氏本鄭氏注
〈論語〉》："子曰：'臨之以莊,則敬;孝慈,
則中;舉□□"

　　按：中,傳世本作"忠"。

裝　zhuāng

裝 72TAM187：201《武周追當番職
掌人文書（二）》："□□裝束,
其中有磧内鎮□□"

裝 73TAM206：42/5《唐高昌縣勘
申應入考人狀》："送曹司依例支
配,入考者令早裝束。"

zhuàng

壯　zhuàng

65TAM346：1《唐乾封二年（667）郭耄醜勳告（一）》："東臺：右威衛渭源府果毅都尉朱小安等，並志懷壯果，業苞戎藝。"

狀　zhuàng

73TAM222：56/3（a），56/4（a）《唐殘判籍（三）（四）》："隱狀據律本□□"

73TAM206：42/6《唐殘符》："宜準狀，□□奉行。"

72TAM230：67《武周天授二年（691）唐建進辯辭》："如涉虛誣，付審已後不合更執，既經再審確，請一依元狀勘當。"

60TAM325：14/2-1（a），14/2-2（a）《唐龍朔三年（663）西州高昌縣下寧戎鄉符爲當鄉次男侯子隆充侍及上烽事》："今以狀下鄉，宜準狀。"

72TAM201：25/1《唐咸亨三年（672）西州都督府下軍團符》："今以狀下團，宜準狀符到奉行。"

2004TBM207：1-7《唐調露二年（680）七月東都尚書吏部符爲申州縣闕員事》："今以狀下州，宜依狀速申，符到□□□"

2004TBM207：1-7《唐調露二年（680）七月東都尚書吏部符爲申州縣闕員事》："□□置漢官，並具於闕色

狀言，擬憑勘□□□"

73TAM206：42/5《唐高昌縣勘申應入考人狀》："入考函使準狀下高昌縣。"

73TAM206：42/5《唐高昌縣勘申應入考人狀》："依檢案内令注□前者，今以狀□□□"

73TAM193：11（a）《武周郭智與人書》："恐漏情狀，婢聞即生藏避。"

72TAM201：25/1《唐咸亨三年（672）西州都督府下軍團符》："今以狀下團，宜準狀，符到奉行。"

73TAM206：42/5《唐高昌縣勘申應入考人狀》："□□□者，縣已準狀付司户檢。"

64TAM19：66《唐狀自書殘文書三》："□□狀自書。"

72TAM228：9《唐年某往京兆府過所》："準狀勘責同此已□□，幸依□□□"

73TAM214：151，150《唐西州下高昌等縣牒爲和糴事》："準狀下高昌等□□□"

64TAM19：40《唐顯慶五年（660）殘關文》："□□件狀如前，今以狀關□□□"

64TAM19：48《唐上元三年（676）西州都督府上尚書都省狀爲勘放還流人貫屬事（一）》："□□放還流人貫屬具狀上事。"

69TAM232：3（b）《唐蠅芝等直上欠麴粟帳》："右同前得城狀稱：上件人是麴大志家人，請便追者。"

64TAM29：111/8（a）《唐市司上户曹狀爲報米估事》："狀上户

曹爲報米估事。"

73TAM509：19/14《武周天山府符爲追校尉已下並團》："□ 状 □"

73TAM221：62(b)《唐永徽三年(652)賢德失馬陪徵牒》："今 状 雖稱付主領訖，官人見領時，此定言注來了。"

2004TBM207：1－4《唐儀鳳三年(678)九月西州功曹牒爲檢報乖僻批正文案事》："官□之日，並皆不通，請檢附 状 者。"

72TAM230：53(b)《唐館驛文書事目(二)》："□ 状 並諸迴馬遞事。"

zhuī

追　zhuī

72TAM187：201《武周追當番職掌人文書(二)》："□ 追 來者。不可更合 □"

72TAM230：73(a)，71(a)《武周天授二年(691)知水人康進感等牒尾及西州倉曹下天山縣追送唐建進妻兒鄰保牒》：" 追 訪建進不獲。"

72TAM230：73(a)，71(a)《武周天授二年(691)知水人康進感等牒尾及西州倉曹下天山縣追送唐建進妻兒鄰保牒》："令 追 建進妻兒及建進鄰保赴州。"

65TAM341：27《唐開元八年(720)具注曆》："大署(暑)，六月中伏 追 (退)凬至。"

按：追，《吐魯番出土文書》錄作"退"。"凬"爲未識字。

64TAM37：21《唐□□二年曹忠敏田契》："段內更有別人 追 理地子，並不干佃地人之事。"

72TAM151：59，61《高昌某年郡上馬帳》：" 追 世寺紫馬……合六十七匹。"

72TAM151：99，100《高昌合計馬額帳(一)》："惠卜寺、 追 世□ □軌巖馬 □"

72TAM151：56《高昌買駞、入練、遠行馬、郡上馬等人名籍》："次郡上馬，丁谷寺、□□□寺、 追 世寺、東許□、韓統寺。"

67TAM92：46(a)，45(a)，50/2(a)，50/1(a)，44(a)，49(a)《高昌某歲諸寺官絹捎本》：" 追 遠寺絹三半，綿三。"

72TAM230：58/1(a)～58/4(a)《武周天授二年(691)追送唐建進家口等牒尾判》："□ 文帳，頻追不到，亦附牒縣□前速即 追 送，并辯 □"

73TAM509：8/19《唐某人與十郎書牘》："附送行官， 追 即稱老。"

72TAM151：58《高昌義和二年(615)七月馬帳(一)》："義和二年乙亥歲七月十六日，范寺思惠赤馬，卜寺赤馬，武衛寺赤馬，丁谷寺□馬，田地公寺余(駼)馬， 追 世寺驃馬……"

按：驃，原件書作"驔"。

73TAM509：8/19《唐某人與十郎書牘》："必須遙動， 追 取必不得。"

66TAM61：22(b)《唐西州高昌縣上安西都護府牒稿爲錄上訊

問曹禄山訴李紹謹兩造辯辭事（三）》：“依追李紹謹至，問得款：前□□”

65TAM40：21《唐下鎮將康懷義牒（三）》：“□□緣解中丞追問□□”

73TAM193：11（a）《武周郭智與人書》：“智力不周，始判牒追人。”

72TAM230：58/1（a）～58/4（a）《武周天授二年（691）追送唐建進家口等牒尾判》：“唐進經州告事，計其不合東西，頻下縣追。”

72TAM230：58/1（a）～58/4（a）《武周天授二年（691）追送唐建進家口等牒尾判》：“□□文帳，頻追不到，亦附牒縣□前速即追送，并辯□□”

73TAM507：033（a）《唐佐馬貞瀋殘牒》：“并勒鄉追送。”

73TAM193：11（a）《武周郭智與人書》：“今附牒送公爲入司判牒高昌縣追張山海，不須追婢。”

73TAM193：11（a）《武周郭智與人書》：“待高昌縣牒到，然後追婢。”

67TAM78：34《唐西州蒲昌縣下赤亭烽帖爲覓失駝駒事》：“追□十二月廿三日□□”

騅　zhuī

73TAM206：42/1《唐蘇致德等馬帳》：“□□二人馬一疋，騅敦（驐）九歲。”

2006TAM607：2－4＋2006TAM607：2－5＋2006TAM607：2－4《唐神龍元年（705）六月後西州前庭府牒上州勾所爲當府官馬破除、見在事》：“曹伏奴馬烏騅敦（驐）。”

zhǔn

準　zhǔn

73TAM206：42/6《唐殘符》：“宜準狀，□□奉行。”

按：准，同“準”。《玉篇》：“俗準字。”今簡化字、正字。

73TAM507：012/3《唐殘書牘》：“□□鎮準汝等□□”

72TAM178：4《唐開元二十八年（740）土右營下建忠趙伍那牒爲訪捉配交河兵張式玄事一》：“□□訪捉，以得爲限者，牒至準狀，故牒□□”

72TAM188：58/2《唐開元四年（716）玄覺寺婢三勝除附牒（三）》：“□□準判撿案□□”

64TAM19：36《唐咸亨五年（674）王文歡訴酒泉城人張尾仁貸錢不還辭》：“□□銀錢貳拾文，準鄉法和立私契。”

72TAM230：73（a），71（a）《武周天授二年（691）知水人康進感等牒尾及西州倉曹下天山縣追送唐建進妻兒鄰保牒》：“唐建進，右件人前後準都督判。”

72TAM230：58/1（a）～58/4（a）《武周天授二年（691）追送唐建進家口等牒尾判》：“□□縱不在，家口應住安昌，別牒天山縣，仰準長官處分，即領送。”

73TAM222：1（b）《唐中軍左虞侯帖爲處分解射人事》："仍 准 人數差解射主帥押領，限今日午時到者。"

73TAM214：151，150《唐西州下高昌等縣牒爲和糴事》："准 狀下高昌等□□"

2004TBM207：1－14《唐儀鳳某年（676—679）西州牒爲考課事》："軍 准 。"

72TAM230：46/2（b）《唐儀鳳三年(678)尚書省户部支配諸州庸調及折造雜練色數處分事條啓（二）》："□□非所管路程稍近，遣與桂府及欽州相知，准 防人須糧支配使充。"

72TAM230：67《武周天授二年（691）唐建進辯辭》："仰更隱審一一具答，不得 准 前曲相府（符）會。"

73TAM509：19/2《武周天山府下張父師團帖爲新兵造幕事一》："被瀚海軍牒，准 □□□"

73TAM206：42/5《唐高昌縣勘申應入考人狀》："入考函使 准 狀下高昌縣。"

73TAM206：42/5《唐高昌縣勘申應入考人狀》："□□者，縣已准 狀付司户檢。"

60TAM325：14/2－1（a），14/2－2（a）《唐龍朔三年（663）西州高昌縣下寧戎鄉符爲當鄉次男侯子隆充侍及上烽事》："今以狀下鄉，宜 准 狀。"

67TAM363：7/4《唐儀鳳年間（676—679）西州蒲昌縣竹海住佃田契》："到種田之日，竹不得田佃者，准 前□□□"

72TAM188：66《唐與倉曹關爲新印馬踏料事》："爲日城等營新

印馬踏料，准 式并牒營檢領事。"

zhuō

捉　zhuō

72TAM226：65《唐北庭諸烽斸田畝數文書》："□□耶勒守 捉 界耶勒烽□□□"

72TAM178：4《唐開元二十八年（740）土右營下建忠趙伍那牒爲訪捉配交河兵張式玄事一》："□□訪 捉 ，以得爲限者，牒至准狀，故牒□□"

66TAM61：16（b）《唐西州高昌縣上安西都護府牒稿爲録上訊問曹禄山訴李紹謹兩造辯辭事（七）》："共畢娑相打，□捉 將向城是實。"

60TAM317：30/6（a），30/10（a）《唐趙蔭子博牛契》："□□兩本，各 捉 壹本。"

2004TBM207：1－4《唐儀鳳三年（678）九月西州功曹牒爲檢報乖僻批正文案事》："大素自考後以來，諸司所有乖僻處分隨案，並 捉 得略良胡數人及財物等。"

73TAM191：121（a）《唐永隆元年（680）軍團牒爲記注所屬衛士征鎮樣人及勳官籤符諸色事（三）》："捉 道，樣人杜悥住。"

梲　zhuō

67TAM363：8/1（a）一〇《唐景龍四年（710）卜天壽抄孔氏本鄭氏注〈論語〉》："臧文仲居蔡，山節□［藻]

棁，何如其智也？"

zhuó

灼　zhuó

72TAM230：66《武周天授二年（691）安昌合城老人等牒爲勘問主簿職田虚實事》："當城渠長，必是細諳知地，勳官灼然可委。"

按：地，原件爲武周新字。

酌　zhuó

80TBI：669a《大方廣華嚴十惡品經》："□子不聽酌酒與□"

60TAM332：6/1-1(a)，6/1-2(a)，6/1-3(a)《唐寫本〈五土解〉》："車來就南坐，主人再拜，酌酒行醻（觴）。"

60TAM332：9/1-2，9/1-3《唐祭五方神文殘片二（一）》："□禁攝，莫□人再拜，酌酒行□"

60TAM332：9/1-1《唐祭五方神文殘片一》："主人再拜，酌酒行傷（觴）。"

zī

姿　zī

73TAM222：55(a)《唐寫〈千字文〉殘卷》："□施淑姿，工"

茲　zī

66TAM44：11/3(a)《唐殘牒爲市木修繕廢寺事》："外院高峻，因茲於□置立□"

65TAM39：20《前涼升平十一年王念賣駝券》："升平十一年四月十五日，王念以茲駝賣與朱越，還得嘉駝，不相賖移。"

80TBI：488《四分戒本疏（卷一）》："唯羯磨竟所有無□是茲戒體。"

按：體，原件書作"躰"。

資　zī

80TBI：148《請觀世音菩薩消伏毒害陀羅尼咒經（卷一）》："□（殯資反，名憶鬼）。"

按：括號内爲下注小字。

73TAM509：8/2(b)《唐西州道俗合作梯蹬及鐘記》："衙官將軍趙獻璋、張承暉、王休昇等，溢氣雄圖，懷奇妙略，行資孝悌，文翰芳猷。"

按：圖，原件作"啚"。等，作"苧"。

60TAM330：14/1-3(b)《唐某鄉户口帳（二）》："□六，職，資。"

72TAM201：25/1《唐咸亨三年（672）西州都督府下軍團符》："家資車、牛、馬等并武貞父，同送向府者。"

69TKM39：9/1(b)，9/5(b)，9/9(b)《唐永徽二年（651）後某鄉户口帳（草）（一）》"口一十二，□資妻。"

72TAM171：12(a)，17(a)，15(a)，16(a)，13(a)，14(a)《高昌延

壽十四年（637）兵部差人看客館客使文
書》："□□令狐 資 彌胡、付王善祐子,用
看尸不還役旱大官□□"

67TAM78：17（b）,18（b）,19
（b）,28（b）《唐貞觀某年孫承等
戶家口籍》："□□妻,宋 資 臺□□"

64TAM5：50,42《唐諸户丁口配
田簿（丙件）（二）》："馮 資 胡,年
五十二,二畝。"

2004TAM395：4－2＋2004TAM395：
4－3《唐垂拱二年西州高昌縣徵錢
名籍全貌》："□□大女嚴 資 □□"

73TAM206：109/13－6,42/9－
26《唐課錢帳歷》："賈二入 資 布
七尺五寸。"

64TAM4：41《唐總章三年（670）
張善憙舉錢契》："保人,女,
如 資 。"

64TAM4：33《唐總章三年（670）
左憧憙夏菜園契》："保人,女,
如 資 。"

諮　zī

64TAM29：44《唐咸亨三年
（672）新婦爲阿公録在生功德
疏》：" 諮 ：阿公生存在日功德,審思量
記録。"

72TAM194：27（a）《唐盜物計贓
科罪牒》："□案 諮 決訖,放。"

73TAM222：50《唐玄覩殘文
書》：" 諮 玄覩白。"

72TAM188：75（a）《唐上西州都
督府牒爲徵馬付營檢領事二》：
"依判 諮 泰示。"

64TAM29：92《唐申州法曹殘
牒》："申州法曹 諮 壽。"

73TAM214：151,150《唐西州下
高昌等縣牒爲和糴事》："□□
執案 諮 裁,裁訖。"

72TAM188：75（a）《唐上西州
都督府牒爲徵馬付營檢領事
二》："□□仍取領附 諮 敬□□,一日
□□"

73TAM191：61/1《唐□璟殘
狀》："□□謹 諮 。"

73TAM221：62（a）-1《唐永徽
三年（652）士海辭爲所給田被
里正杜琴護獨自耕種事》："其地,琴護
獨自耕種將去,不與士海一步,謹以 諮
陳訖。"

子　zǐ

59TAM301：15/4－1,15/4－2
《唐□□保夏田契》："田主趙
黑 子 。"

72TAM151：54《高昌泠林等行
馬入亭馬人名籍》："次鹽城行□
入亭馬人：主簿辛謙、參軍元祐、主簿
男 子 。"

67TAM363：8/1（a）之二《唐景
龍四年（710）卜天壽抄孔氏本鄭
氏注〈論語〉》：" 子 曰：'相維□□'"

73TAM519：19/2－1《高昌延壽
十七年（640）屯田下交河郡、南
平郡及永安等縣符爲遣麴文玉等勘青苗
事》："延壽十□□□ 子 歲四□□"

80TBI：138《增壹阿含經（卷
五〇）大愛道般涅槃品第五二》：

"□童子便作是念□"

72TAM151：6《高昌重光元年（620）氾法濟隨葬衣物疏》："重光元年庚辰歲二月下旬，佛弟子某甲敬移五道大神。"

按：佛，原件書作"仏"；某，書作"厶"。

73TAM206：42/8-1《高昌威神城作子名籍》："□神城作子名□"

73TAM206：42/8-2《高昌城作子名籍》："□城作子名□"

75TKM96：18,23《北涼玄始十二年（423）兵曹牒爲補代差佃守代事》："以李子彊□祖子外□"

72TAM151：74（a）《古寫本〈晉陽秋〉殘卷》："母子形□言色，武帝□"

80TBI：082《大方等陀羅尼經初分（卷一）》："□子婆者言高秀者言□"

80TBI：482《大方等陀羅尼經夢行分（卷三）》："善男子！我欲□"

75TKM96：45（a）《兵曹屬爲補代馬子郭氏生文書》："李兵曹馬子郭氏□"

75TKM96：18,23《北涼玄始十二年（423）兵曹牒爲補代差佃守代事》："以李子彊□祖子外□"

75TKM96：44（a）《兵曹注録承直、補馬子等事抄目》："王弘顯代生補馬子事。"

73TAM206：42/10-2《唐質庫帳歷》："小綾衫子一。"

64TAM5：77《唐李賀子上阿郎、阿婆書二（一）》："賀子鼠兒，並得平安，千萬再拜阿郎、阿婆。"

73TAM206：42/10-2《唐質庫帳歷》："故紫小綾裌被子一。"

73TAM206：42/10-20《唐質庫帳歷》："□昌子西付□"

73TAM206：42/10-6《唐質庫帳歷》："故破白絹衫子一。"

姊　zǐ

73TAM206：109/13-6，42/9-26《唐課錢帳歷》："小姊□□，高一□"

73TAM206：109/13-6，42/9-26《唐課錢帳歷》："□大姊□"

73TAM206：42/9-27《唐課錢帳歷》："王二百五十折□□了，□姊卅□"

73TAM206：42/9-18《唐課錢帳歷（二五）》："姊卅、孫婆卅六、梅大卅。"

2004TAM395：4-7＋2004TAM398：4-2《武周天授三年（692）戶籍稿》："堂姊曹貞年貳拾伍歲，丁婦。"

紫　zǐ

59TAM305：8《缺名隨葬衣物疏》："紫縺（練）枕一枚。"

59TAM305：8《缺名隨葬衣物疏》："紫碧裙一立。"

75TKM96：17《北涼真興七年（425）宋泮妻隗儀容隨葬衣物疏》："故紫襦一立。"

紫　64TAM29：44《唐咸亨三年（672）新婦爲阿公録在生功德疏》："紫綾裌裙一腰，緑綾裌帔子二領。"

紫　64TAM5：39《唐李賀子上阿郎、阿婆書二（二）》："□□憐紫一訪妻女輩。"

按：妻、輩，《吐魯番出土文書》分別録作"車""單"，不通，故不從。

紫　2006TAM607：2－4＋2006TAM607：2－5＋2006TAM607：2－4《唐神龍元年（705）六月後西州前庭府牒上州勾所爲當府官馬破除、見在事》："匡德師馬紫敦（驐）。"

紫　2004TAM408：17《令狐阿婢隨葬衣物疏》："故紫碧裙一領。"

紫　64TAM29：44《唐咸亨三年（672）新婦爲阿公録在生功德疏》："紫黄羅間陌複一腰。"

紫　72TAM151：51《高昌白子中布帛雜物名條疏》："□□碎紫四尺。"

紫　72TAM151：59,61《高昌某年郡上馬帳》："康寺紫馬。"

zì

字　zì

字　80TBI：213《請觀世音菩薩消伏毒害陀羅尼咒經（卷一）》："此六字□□"

字　60TAM332：6/5,6/8《唐祭諸鬼文（一）》："故書名字付□□□□神爲攝□□"

字　72TAM151：74（a）《古寫本〈晉陽秋〉殘卷》："華，字茂先，范陽□□"

字　75TKM91：11/6《西涼建初四年（408）秀才對策文》："臣以爲倉頡觀鳥跡以立文字，聖人通玄，示（亦）有所因。"

字　66TAM61：16（b）《唐西州高昌縣上安西都護府牒稿爲録上訊問曹禄山訴李紹謹兩造辯辭事（七）》："□□道不記名字。"

自　zì

自　80TBI：377b《四分律删繁補闕行事鈔卷上之二結界方法篇第六》："□□界時自然集□□□"

自　59TAM305：14/1《前秦建元二十年（384）韓盆辭爲自期召弟應見事》："建元廿年三月廿三日，韓盆自期二日召弟到應見，遄違受馬鞭一百。"

按：盆，原件書作"瓮"。

自　73TAM222：54/7（b），54/8（b），54/9（b）《唐寫〈禮記〉鄭氏注〈檀弓〉下殘卷》："自古有□□□"

自　72TAM230：75,76《武周天授二年（691）康進感辯辭》："並稱是自家職田。"

自　73TAM509：8/19《唐某人與十郎書牘》："其竹楷所有申文狀，並不肯署名，因便語□□追入州，縱不見官府，他自用貨。"

自　72TAM151：15《高昌義和二年（615）都官下始昌縣司馬主者符爲遣弓師侯尾相等詣府事》："敕始昌縣司馬主者，彼縣今須弓師侯□□、□元相二

人，符到，作具、糧□自隨。"

72TAM151：104《高昌延和十二年(613)某人從張相憙等三人邊雇人歲作券》："民有私要，要行□□□，自署名为信。"

72TAM201：33《唐咸亨五年(674)兒爲阿婆録在生及亡没所修功德牒》："自省己(已)來，口誦餘經，未曾邂(懈)廢。"

72TAM151：13《高昌義和三年(616)氾馬兒夏田券》："民有私要，要□□□，自署名爲信。"

73TAM206：42/11－1～42/11－6《唐勘問婢死虛實對案録狀(一)～(六)》："□□中間忽□自有□。"

72TAM151：74(a)《古寫本〈晉陽秋〉殘卷》："□翻之陋體，無玄□□自□，毛弗施於器用□□。"

72TAM216：012/3－2《唐殘文書》："□□合留自□□。"

68TAM108：20(a)之一《唐開元三年(715)西州營牒爲通當營請馬料姓名事一》："火長王慶子，火内人權自女。"

恣　zì

67TAM363：8/1(a)之二《唐景龍四年(710)卜天壽抄孔氏本鄭氏注〈論語〉》："淫恣□□。"

65TAM341：26(b)《唐殘擬判》："□□之風乙恣凶殘□□。"

65TAM341：78(背面)《唐辯辭爲李藝義佃田事》："今來披訴，苟求多少，欲繼他宗，恣意負心。"

zōng

宗　zōng

80TBI：730a《百論序》："□□宗致書爾□□。"

65TAM341：77－1(背面)《唐辯辭爲李藝義佃田事》："□□牒訪問，始知前件地是康宗段内。"

65TAM341：77－1(背面)《唐辯辭爲李藝義佃田事》："被康宗隨段租卻，不識佃人□□。"

75TKM90：20(a)《高昌主簿張綰等傳供帳》："□□出赤違一枚，付愛宗，與烏胡慎。"

75TKM91：28(a)《兵曹行罰兵士張宗受等文書》："□□兵張宗受、嚴緒□□□□等廿八人由來屯守無□，馮祖等九人長逋□□□□應如解案校。"

66TAM59：4/2－4(a)，4/2－5(a)《北涼玄始十二年(423)失官馬賣賠文書一》："□□樊照、李宗督入□□。"

73TAM221：40《唐某城宗孝崇等量剩田畝牒》："一段卅步，宗孝崇□□。"

75TKM91：18(b)《建平五年祠□馬受屬》："蔡宗，宋□彊，馬定明等，在□□役。"

72TAM151：59，61《高昌某年郡上馬帳》："張阿宗驃馬，焦長史赤馬，校郎延護留(騮)馬，合六十七匹。"

按：驛，原件書作"驟"。

 73TAM524：32/2－2《高昌永平二年(550)十二月卅日祀部班示爲知祀人上名及謫罰事》："倉部司馬、中郎忠賢、參軍崇 宗 、將興老、主□□義、吏元勝,右六人知祀西門。"

73TAM206：42/9－30《唐課錢帳歷(二)》："孟禪六十、孟 宗 六十。"

綜 zōng

73TAM509：8/2(b)《唐西州道俗合作梯蹬及鐘記》："尉衛 綜 、阮玉等寮彩咸斯水鏡,群司仰其朱繩。"

zǒng

總 zǒng

64TAM4：6《唐總章元年(668)西州高昌縣左憧憙辭爲租佃葡萄園事》：" 總 章元年七月日。"

80TBI：489《四分戒本疏(卷一)》："二 總 別,三亦懸對,四亦根條。"

按：惣,"揔"之訛字。揔,同"總"。《集韻》："總,或从手。"

72TAM188：86(a)(b)《唐西州都督府牒爲請留送東官馬填充團結欠馬事》："所市得馬欲送向東,中間稍瘦,□堪 總 去。"

72TAM226：51《唐西州都督府上支度營田使牒爲具報當州諸鎮戍營田畝數事》："□□ 合當州諸鎮戍營田, 總 以拾□頃陸拾□□"

73TAM509：8/27《唐城南營小水田家牒稿爲舉老人董思舉檢校取水事》：" 總 緣無檢校人,致使有强欺弱。"

80TBI：016《四分戒本疏(卷一)》："□□ 來之境亦生惡心故,須普緣 總 作□□"

按：總,原件書作"惣"。

80TBI：488《四分戒本疏(卷一)》：" 總 斷一切惡意。"

按：斷,原件書作"断"。

72TAM178：4《唐開元二十八年(740)土右營下建忠趙伍那牒爲訪捉配交河兵張式玄事一》："□□ 總 管王□□"

2006TAM607：4a《唐神龍三年(707)正月西州高昌縣開覺寺手實》："合當寺新舊 總 管僧總廿人。"

60TAM317：30/1《唐某人於大女張女足邊夏田契》："□□ 貳畝□□ 轉人名得 總 有□□"

2004TAM398：3－3＋2004TAM398：3－2《唐某年二月西州高昌縣更簿全貌》："□□ 嚴六仁,巡外囚;和寅海, 總 巡□□"

按："外囚"原件作"囚外",旁有勾乙符號,今據改。

2006TAM607：2－4《唐神龍元年(705)六月後西州前庭府牒上州勾所爲當府官馬破除、見在事》："合當府元置官馬 總 捌拾疋。"

65TAM346：1《唐乾封二年(667)郭奣醜勳告(一)》："颽海道：沙澤陣、續嶺陣、東熊陸嶺陣並颽第一動,各加三轉, 總 玖轉。"

64TAM29：44《唐咸亨三年(672)新婦爲阿公録在生功德疏(三)》："計前後總讀《涅槃經》□遍半□卷了。"

72TAM230：49《武周天授二年(691)總納諸色逋懸及屯收義納糧帳》："□授二年臘月廿日以前總納諸色逋懸及屯收義納糧，總叁阡柒伯捌拾陸碩貳斗壹勝(升)。"

73TAM210：136/13－3《唐殘文書三》："[　　]大總管[　　]"

67TAM78：47/2《唐某年月廿五日府史張道龕領馬料抄》："[　　]壹總帖[　　]"

64TAM4：37《唐總章三年(670)白懷洛舉錢契》："總章三年三月廿一日。"

72TAM230：54(b)《唐館驛文書事目》："[　　]判六日總馬卌六與料事。"

2006TAM607：4a《唐神龍三年(707)正月西州高昌縣開覺寺手實》："合當寺新舊總管僧總廿人。"

67TAM91：31(b)，32(b)《唐缺名家口給糧三月帳》："右件人等計[　　]粟總當一十石二斗。"

73TAM206：42/9－6(a)《唐課錢帳歷》："總便孟八郎二千五百[　　]"

73TAM206：42/9－18《唐課錢帳歷(二五)》："[　　]元欠二千卅文又二百八十文，總欠[　　]"

2004TBM207：1－12b《唐上元三年(676)西州法曹牒功曹爲倉曹參軍張元利去年負犯事》："[　　]□倉曹，總經二百廿六[　　]"

64TAM4：41《唐總章三年(670)張善憙舉錢契》："總章三年三月十三日。"

64TAM4：33《唐總章三年(670)左憧憙夏菜園契》："總章三年二月十三日。"

zòng

縱 zòng

80TBI：669a《大方廣華嚴十惡品經》："[　　]縱(緵)廣正等，其中力[　　]"

59TAM305：14/2《倉曹屬爲買八緵布事》："倉曹樊霸、梁斌前屬催奸吏買八縱(緵)布四匹。"

按：《説文》："稯，布之八十縷爲稯。"故字亦借"緵"、"總"爲之。

72TAM151：102，103《高昌作頭張慶祐等偷丁谷寺物平錢帳》："柒縱(緵)疊三匹。"

按：疊，原件書作"畳"。

72TAM151：102，103《高昌作頭張慶祐等偷丁谷寺物平錢帳》："八縱(緵)布一匹。"

73TAM509：8/19《唐某人與十郎書牘》："其竹楷所有申文狀，並不肯署名，因便語□□追入州，縱不見官府，他自用貨。"

72TAM151：102，103《高昌作頭張慶祐等偷丁谷寺物平錢帳》："[　　]人張慶祐作頭，獨偷□□□六縱(緵)疊五匹。"

zǒu

走　zǒu

走 72TAM230：62(a)《唐西州高昌縣史張才牒爲逃走衛士送庸緤價錢事（二）》："高昌縣申送逃 走 衛 □□"

走 72TAM230：63(a)《唐西州高昌縣史張才牒爲逃走衛士送庸緤價錢事（一）》："□□逃 走 衛士後送庸緤價銀錢壹伯陸□□"

走 65TAM341：30/1(a)《唐小德辯辭爲被蕃捉去逃回事》："□□自解手 走 上山，經三日上山□□"

zòu

奏　zòu

奏 73TAM222：56/1,56/2《唐殘判籍（二）》："官 奏 恐不諳□□"

奏 3TAM509：8/5(a)《唐西州天山縣申西州户曹狀爲狀無瑒請往北庭請兄禄事》："兄旡價任北庭乾坑戍主，被吕將軍 奏 充四鎮要籍驅使。"

奏 2004TBM207：1－14《唐儀鳳某年（676—679）西州牒爲考課事》："詔具録功過 奏 聞，表本附案。"

奏 2004TBM207：1－12a《唐上元三年(676)西州法曹牒功曹爲倉曹參軍張元利去年負犯事》："□□司録 奏 禁身，至三年□□"

65TAM341：25,26(a)《唐景龍三年(709)南郊赦文》："□□録名聞 奏 壇□□"

奏 67TAM84：22《高昌都官殘奏二》："□□列入官臧錢文數列別如右記識 奏 諾奉□□"

奏 75TKM88：1(a)《西涼建初二年功曹書佐左謙奏爲以散翟定□補西部平水事》："請奉令具刺板題授， 奏 諾紀職（識）奉行。"

奏 73TAM507：012/5《唐殘辭》："□□即未□， 奏 後□□"

走 72TAM188：79《唐神龍三年（707）和湯牒爲被問買馬事（二）》："神龍三年二月 日領客使別 奏 和□□"

zū

租　zū

租 75TKM91：25《兵曹條往守白芳人名文書》一："□□輸 租 ，各謫白芳□十日。"

租 65TAM42：10,73《唐永徽元年(650)嚴慈仁牒爲轉租田畝請給公文事》："唯 租 上件田，得子已供喉命。"

租 65TAM341：22,23,24(a)《唐景龍三年(709)南郊赦文》："□□所徵逃人四隣伍保 租 調□□"

租 75TKM91：23/1《嚴奉租絲殘文書》："□□嚴奉 租 絲□□"

租 69TKM39：9/4(a)《唐貞觀二十一年（647）帳後□苟户籍》"計 租 六斗。"

積 69TAM137：1/2，1/4－1《唐某人夏南渠田券》："□□ 租 殊（輸）佰役，仰田主了；渠破□□"

祖 65TAM341：77－1（背面）《唐辯辭爲李藝義佃田事》："被康宗隨段 租 卻，不識佃人□□"

坦 65TAM341：77－1（背面）《唐辯辭爲李藝義佃田事》："亦被 租 與□□"

租 64TAM37：21《唐□□二年曹忠敏田契》："進明先於尃廉等邊散於人處 租 得，今不親營種，遂轉租與前件人。"

按：等，原件作"芎"。

zú

足　zú

足 80TBI：019《增壹阿含經（卷五〇）大愛道般涅槃品第五二》："尸佛者眾相具 足 是一切人良祐福田。"

足 64TAM15：6《唐唐幢海隨葬衣物疏》："黃金白銀盡 足 。"

足 80TBI：087《金光明經（卷三）除病品第一五》："形色微妙，威德具 足 。"

足 80TBI：132《佛說天地八陽神咒經》："□□力 足 讀經功德□□"

足 64TAM27：22《唐寫本〈論語〉鄭氏注〈雍也〉殘卷》："力不 足 者中道而□□"

足 80TBI：215《金光明經（卷三）鬼神品第一三》："□□神 足 大力"

足 75TKM91：11/3《西涼建初四年（408）秀才對策文》："外飾則悕慕，悕慕則生不足，生不 足 則奸興。"

足 60TAM317：30/1《唐某人於大女張女足邊夏田契》："大女張女 足 。"

足 67TAM363：8/1（a）之三《唐景龍四年（710）卜天壽抄孔氏本鄭氏注〈論語〉》："杞不 足 徵。"

足 67TAM363：8/1（a）之三《唐景龍四年（710）卜天壽抄孔氏本鄭氏注〈論語〉》："殷禮吾能言之，宋不 足 徵。"

足 67TAM363：8/1（a）之七《唐景龍四年（710）卜天壽抄孔氏本鄭氏注〈論語〉》："□□不 足 者。"

足 67TAM363：8/1（a）一一一《唐景龍四年（710）卜天壽抄孔氏本鄭氏注〈論語〉》："巧言、令色、 足 恭，左丘明恥之，丘亦恥□〔之〕。"

卒　zú

卒 75TKM96：18，23《北涼玄始十二年（423）兵曹牒爲補代差佃守代事》："□□稱 卒 □屬以彊補隤。"

族　zú

族 67TAM363：8/1（a）之七《唐景龍四年（710）卜天壽抄孔氏本鄭氏注〈論語〉》："此黨渭（謂） 族 親。"

72TAM216：012/3－1《武周擬判》："□族□生應有□□"

72TAM179：16/1（b），16/2（b）《唐寫〈尚書〉孔氏傳〈禹貢〉、〈甘誓〉殘卷》："□裔之山已可居，三苗之族大有次敘，美禹之功。"

73TAM519：19/2－2《高昌麴季悅等三人辭爲請授官階事》："□□官，加是麴王族姓，依舊法時，若□□"

72TAM151：74（a）《古寫本〈晉陽秋〉殘卷》："皆族滅之，賈氏之□□"

殊（輸）伯（佰）役，仰田主了；渠破水滴，仰耕田人了。"

75TKM96：18，23《北涼玄始十二年（423）兵曹牒爲補代差佃守代事》："箭工董祖□身死，請□□"

64TAM4：33《唐總章三年（670）左憧憙夏菜園契》："祖（租）殊（輸）伯（佰）役，仰園主。"

72TAM228：14《唐保人石杯娑等殘契》："□□祖魯□□"

zǔ

祖　zǔ

2006TSYIM4：2－3＋2006TSYIM4：2－4《古寫本〈詩經〉》："□□相畏，先祖于摧？"

75TKM96：18，23《北涼玄始十二年（423）兵曹牒爲補代差佃守代事》："以李子彊□祖子外□□"

72TAM151：74（a）《古寫本〈晉陽秋〉殘卷》："以其子妻之，欽數□□□佐著作郎。大祖如□□"

72TAM151：74（a）《古寫本〈晉陽秋〉殘卷》："從軍掌書疏表檄，大祖□之，還即正□□"

73TAM222：54/7（b），54/8（b），54/9（b）《唐寫〈禮記〉鄭氏注〈檀弓〉下殘卷》："於祖周朝□□"

72TAM151：13《高昌義和三年（616）氾馬兒夏田券》："祖（租）

zù

駔　zù

73TAM222：50《唐玄駔殘文書》："諮玄駔白。"

zuǎn

纘　zuǎn

75TKM90：20（a）《高昌主簿張綰等傳供帳》："□□阿錢條用毯六張，買沽纘。"

zuì

最　zuì

73TAM507：012/3《唐殘書牘》："□□最爲大□□"

64TAM15：19《唐西州高昌縣弘寶寺賊臇錢名》："惠最。"

64TAM15：17《唐貞觀十四年閏十月西州高昌縣弘寶寺賊臕錢名》："智太入惠最。"

罪　zuì

72TAM226：53,54《唐開元十年（722）伊吾軍上支度營田使留後司牒爲烽鋪營田不濟事》："□□少差失，罪即及身，上下怕懼，專憂□□。"

64TKM3：51,52《前涼王宗上太守啟》："九月三日，宗□恐死罪，秋□□。"

64TAM4：35(a)《唐灊舍告死者左憧憙書爲左憧憙家失銀錢事（一）》："其灊舍好兄子邊受之往（枉）罪。"

59TAM301：14/2－1(a)《唐西州高昌縣趙某雇人契》："□□自當罪承了，趙悉不知。"

68TAM103：18/9(a)《唐貞觀某年西州某鄉殘手實》："□□合注，求受重罪。"

60TAM332：9/6《唐殘手實》："□□依法受罪。"

72TAM230：69《武周天授二年（691）李申相辯辭》："□□今款求受重罪，被問依實謹辯。"

64TAM29：107《唐垂拱元年（685）康義羅施等請過所案卷（三）》："若後不依今款，求受依法罪，被問依實謹□[辯]。"

69TKM39：9/9(a)，9/5(a)，9/1(a)《唐貞觀年間（640—649）西州高昌縣手實二》："□妄，依法受罪。"

64TAM29：25《唐垂拱元年（685）康義羅施等請過所案卷（四）》："求受依法罪，被問依實謹□[辯]。"

66TAM61：22(b)《唐西州高昌縣上安西都護府牒稿爲録上訊問曹禄山訴李紹謹兩造辯辭事（三）》："□□罪由，其胡既告謹不□□。"

醉　zuì

67TAM363：8/1(a)之七《唐景龍四年（710）卜天壽抄孔氏本鄭氏注〈論語〉》："言台（召）子渴道，無有醉飽之心，死而後已。"

zūn

尊　zūn

73TAM222：56/1,56/2《唐殘判籍（二）》："年尊，復因□□。"

73TAM206：42/7－2《高昌義和五年（618）善海等役作名籍》："□□尊作頭。"

80TBI：504－2《增阿含經（卷三八）馬血天子問八政品第四三》："世尊！彼人所願，今已果□□。"

80TBI：512《中阿經（卷一九）長壽王品梵天請佛經第七》："世尊曰□□。"

80TBI：495b－2《瑜伽集要焰口施食儀》："一切尊法□□。"

80TBI：669a《大方廣華嚴十惡品經》："爾時，世尊告迦葉菩□□。"

80TBI：076《十方千五百佛名經》："衆佛世間尊佛優曇□□。"

80TBI：158《妙法蓮華經（卷二）譬喻品第三》："世尊説未曾聞如□。"

72TAM151：62《高昌義和二年（615）參軍慶岳等條列高昌馬鞍轡帳》："將顯尊下□□□壹具。"

67TAM78：22（b），21（b）《唐吴相□等名籍（一）》："劉阿尊，□□□□□伯，傅延□□。"

67TAM78：22（b），21（b）《唐吴相□等名籍（一）》："馬元尊。"

遵　zūn

72TAM151：56《高昌買駞、入練、遠行馬、郡上馬等人名籍》："□次入陳（練）人□□□□□遵。"

zuó

昨　zuó

64TAM29：44 之七《唐咸亨三年（672）新婦爲阿公録在生功德疏》："又昨阿公亡後即常屆三僧轉讀，供養不絶。"

64TAM29：44 之六《唐咸亨三年（672）新婦爲阿公録在生功德疏》："昨更於生絹畫兩捕釋迦牟尼變，并侍者、諸天。"

73TAM509：8/19《唐某人與十郎書牘》："昨縣家令竹真楷□□終日共麴五啾唧。"

73TAM507：013/2－1《唐殘辯辭》："不知所在，昨被□□。"

zuǒ

左　zuǒ

67TAM376：01（a）《唐開耀二年（682）寧戎驛長康才藝牒爲請處分欠番驛丁事》："左辰歡。"

72TAM150：40《唐康某等雜器物帳》："左信歡床一張。"

75TKM96：18，23《北涼玄始十二年（423）兵曹牒爲補代差佃守代事》："大塢隤左得等四人訴辭稱爲曹所差。"

64TAM4：39《唐乾封元年（666）鄭海石舉銀錢契》："到左須錢之日，嗦（索）即須還。"

75TKM91：11/4《西涼建初四年（408）秀才對策文》："後聖推類增廣，爲左右形聲。"

67TAM78：39《唐趙□熹舉麥契》："□□人左海明。"

64TAM4：34《唐龍朔元年（661）龍惠奴舉練契》："練主左。"

75TKM91：25《兵曹條往守白芳人名文書》一："左狗萬、毛相、張□明、道人道□。"

75TKM90：20（a）《高昌主簿張縮等傳供帳》："□□出行縲五疋，付左首興與若愍提勤。"

　按：勤，原件書作"懃"。

73TAM504：21/1－21/3《高昌奴得等負麥、粟、疊帳（一）～（三）》："次負弘磨寺左師疊首卅斤。"

73TAM191：123（a）《唐永隆元年（680）軍團牒爲記注所屬衛士

征鎮樣人及勳官籤符諸色事（五）》：" 左 苟仁，年卅五。"

兀 72TAM151：62《高昌義和二年（615）參軍慶岳等條列高昌馬鞍韉帳》："將延興下 左 涉沴□具。"

按：沴，原件書作"浾"。

左 72TAM171：19（a），9（a），8（a），11（a）《高昌延壽十四年（637）兵部差人往青陽門等處上現文書》："趙養憙、 左 憙兒。"

左 72TAM151：59,61《高昌某年郡上馬帳》：" 左 衛寺赤青馬……合六十七匹。"

兀 72TAM151：99,100《高昌合計馬額帳（一）》："郎慶哲、 左 調和。"

兀 72TAM151：99,100《高昌合計馬額帳（一）》：" 左 衛寺、史令 □"

左 64TAM4：42《唐龍朔元年（661）左憧憙夏菜園契》："崇化鄉人 左 憧憙於同鄉人大女呂玉𤲬（蕤）邊夏張渠菜園肆拾步壹園。"

兀 64TAM4：35（a）《唐灌舍告死者左憧憙書爲左憧憙家失銀錢事（一）》：" 左 憧憙家内失銀錢伍伯（百）文。"

左 60TAM332：9/2（a）《唐龍朔元年（661）左慈隆等種穈畝數帳》：" 左 願系一畝。"

佐 zuǒ

佐 73TAM507：033（a）《唐佐馬貞瀋殘牒》："正月廿七日 佐 馬貞瀋 □"

佐 72TAM228：31,228；35,228；32,228；36《唐天寶三載（744）交河郡蒲昌縣上郡户曹牒爲録申徵送郡官白直課錢事（五）～（八）》：" □ 佐 刀抱 □"

佐 72TAM194：12/1，12/12《唐□□五年佐麴和牒》：" □ 五年五月日 佐 麴和牒 □"

佐佽 67TAM91：33（a）《唐史張柱殘文書》：" □ 佐 。"

佽 73TAM507：014/1《唐隊正陰某等領甲仗器物抄（一）》：" □ 伏 佐 妃 □"

佽 67TAM78：48/1《唐西州蒲昌縣糧帖一》：" □ 佐 杜 □"

佐 67TAM78：41《唐西州蒲昌縣糧帖二》：" 佐 杜祀 □"

zuò

作 zuò

作 80TBI：148《請觀世音菩薩消伏毒害陀羅尼咒經（卷一）》：" □ 耶（莫 作 鬼也），卑離陀（云餓鬼也）。"

按：括號内爲原正文下注小字。

作 75TKM99：9（b）《高昌延昌二十二年（582）康長受從道人孟忠邊歲出券》："康長受從道人孟忠邊歲出，到十一月卅日還入正 作 。"

作 73TAM206：42/8－2《高昌城作子名籍》：" □ 城 作 子名 □"

作　67TAM363：8/2（a）之一《唐景龍四年（710）卜天壽抄〈十二月新三臺詞〉及諸五言詩》："日落西山夏（下），潢（黃）河東海流，□□不滿百，恒作［方］萬年優（慢）。"

按：原件"方"字旁有"卜"删字符號。

作　73TAM507：012/3《唐殘書牘》："□賢信，即欲作銀腰帶□"

作　64TAM29：25《唐垂拱元年（685）康義羅施等請過所案卷（四）》："□何胡數刺，作人曹延那。"

作　72TAM151：15《高昌義和二年（615）都官下始昌縣司馬主者符爲遣弓師侯尾相等詣府事》："敕始昌縣司馬主者，彼縣今須弓師侯□□、□元相二人，符到，作具。"

作　72TAM151：102，103《高昌作頭張慶祐等偷丁谷寺物平錢帳》："□人張慶祐作頭，獨偷□□□六縱疊五匹。"

按：疊，原件書作"疊"。

作　72TAM151：96（a）《高昌安樂等城負臧錢人入錢帳》："寧負臧錢人：作人□□□□六文，作人秋富入□"

作　64TAM29：44之六《唐咸亨三年（672）新婦爲阿公録在生功德疏》："開相起咸亨三年四月十五日，遣家人祀德向冢間掘底作佛。"

作　72TAM151：104《高昌延和十二年（613）某人從張相憙等三人邊雇人歲作券》："□與雇價銀錢貳□□□□即□□□入作。"

作　72TAM151：96（a）《高昌安樂等城負臧錢人入錢帳》："□買

兒作春□□□□馮相受入錢十□□"

作　72TAM151：96（a）《高昌安樂等城負臧錢人入錢帳》："□寧負臧錢人：作人□□□□六文，作人秋富入□"

作　72TAM151：74（a）《古寫本〈晉陽秋〉殘卷》："聞□任楊□□作姦□慝，既□□""以其子妻之，欽數□□□佐著作郎。"

作　75TKM91：11/4《西涼建初四年（408）秀才對策文》："猶文王□□八卦，孔子之著《繫辭》，秦始之作草書。"

作　80TBI：720a-1《妙法蓮華經（卷二）譬喻品第三》："□作□"

作　80TBI：488《四分戒本疏（卷一）》："以作戒爲初念故，名無作爲第二念。"

作　80TBI：488《四分戒本疏（卷一）》："問：齊何名爲無作？"

作　80TBI：488《四分戒本疏（卷一）》："以作戒爲初念故。名無作爲第二念。"

作　80TBI：488《四分戒本疏（卷一）》："五隨業無作，如隨戒無作及處中隨作葉（業）發者。"

作　64TAM4：40《唐乾封三年（668）張善憙舉錢契》："若延引不與左錢者，將中渠菜園半畝，與作錢質，要須得好菜處。"

作　64TAM4：37《唐總章三年（670）白懷洛舉錢契》："仍將口分蒲桃（葡萄）用作錢質。"

坐　zuò

坐坐

80TBI：038《優波離問佛經》：
"□□異坐狂先作□□"

80TBI：517-1《優波離問佛經》：
"□□未具足臥比丘坐比丘臥未具足坐□□"

坐坐

2002TJI：002《佛説仁王般若波羅蜜經卷下散華品第六》："佛共坐□□"

坐坐

73TAM519：19/2-2《高昌麴季悦等三人辭爲請授官階事》："即得異姓上品官上坐，若得内官者□□"

坐坐

80TBI：016《四分戒本疏（卷一）》：
"□□坐故現在相□□"

72TAM187：194（a）《唐高昌縣史王浚牒爲徵納王羅雲等欠税錢事》："□□坐巷□□"

坐

60TAM332：6/1-1（a），6/1-2（a），6/1-3（a）《唐寫本〈五土解〉》："車來就南坐，主人再拜，酌酒行醼（觴）。"

祚　zuò

祚

2006TAM607：4b《唐神龍二年（706）七月西州史某牒爲長安三年（703）七至十二月軍糧破除、見在事》："右被倉曹十二月一日牒給伊州鎮兵雷忠恪充十日糧，典宋祚，官準前。"

座　zuò

座

73TAM206：42/1《唐事目歷》：
"□□文館高座褥等事。"

酢　zuò

酢

67TAM363：8/1（a）之五《唐景龍四年（710）卜天壽抄孔氏本鄭氏注〈論語〉》："若與鄰國爲好，會其獻酢之禮。"

主要參考文獻

A

安平秋等輯《古本小説集成》,上海古籍出版社,1990—1994 年。

[美]愛德華·謝弗著,吳玉貴譯《唐代的外來文明》,陝西師範大學出版社,2005 年。

B

白壽彝主編《中國通史》,上海人民出版社,1999 年。

北京大學中國中古史研究中心編《敦煌吐魯番文獻研究論集》第二輯、第五輯,北京大學出版社,1983 年、1990 年。

C

蔡鏡浩《魏晉南北朝詞語例釋》,江蘇古籍出版社,1990 年。

蔡忠霖《敦煌漢文寫卷俗字及其現象》,臺灣文津出版社,2002 年。

曹旅寧《張家山漢律研究》,中華書局,2005 年。

曹念明《文字哲學——關於一般文字學基本原理的思考》,四川出版集團巴蜀書社,2006 年。

岑仲勉《隋唐史》,河北教育出版社,2000 年。

柴劍虹《敦煌吐魯番學論稿》,浙江教育出版社,2000 年。

陳楓《漢字義符研究》,中國社會科學出版社,2006 年。

陳國燦《斯坦因所獲吐魯番文書研究》,武漢大學出版社,1994 年。

陳國燦、劉永增《日本寧樂美術館藏吐魯番文書》,文物出版社,1997 年。

陳國燦《敦煌學史事新證》,甘肅教育出版社,2002 年。

陳國燦《吐魯番出土唐代文獻編年》,臺灣新文豐出版公司,2002 年。

陳國燦、劉安志《吐魯番出土文書總目(日本收藏卷)》,武漢大學出版社,2005 年。

陳國燦《論吐魯番學》,上海古籍出版社,2010 年。

陳會兵《古書中詞語的特殊讀音研究》,四川出版集團巴蜀書社,2008 年。

陳明娥《敦煌變文詞彙計量研究》,百花洲文藝出版社,2006 年。

陳橋驛《水經注校證》,中華書局,2007 年。

陳人之、顏廷亮《〈雲謠集〉研究彙録》，上海古籍出版社，1998 年。

陳松長編著，鄭曙斌、喻燕姣協編《馬王堆簡帛文字編》，文物出版社，2001 年。

陳煒湛、唐鈺明《古文字學綱要》（第二版），中山大學出版社，2009 年。

陳戍國《尚書校注》，岳麓書社，2004 年。

陳秀蘭《魏晉南北朝文與漢文佛典語言比較研究》，中華書局，2008 年。

陳垣《史諱舉例》，中華書局，2004 年。

陳直《兩漢經濟史料論叢》，中華書局，2008 年。

陳仲安、王素《漢唐職官制度研究》，中華書局，1993 年。

程樹德撰，程俊英、蔣見元點校《論語集釋》，中華書局，1990 年。

程喜霖《漢唐烽堠制度研究》，三秦出版社，1990 年。

程喜霖《唐代過所研究》，中華書局，2000 年。

程燕《望山楚簡文字編》，中華書局，2007 年。

〔日〕池田温《唐研究論文選集》，中國社會科學出版社，1999 年。

〔日〕池田温《中國古代寫本識語集録》，東京大學東洋文化研究所，1990 年。

〔日〕池田温著，龔澤銑譯《中國古代籍帳研究》，中華書局，1984 年。

〔日〕池田温著，張銘心、郝軼君譯《敦煌文書的世界》，中華書局，2007 年。

D

《大正新修大藏經》，日本大正一切經刊行會 1922 年至 1933 年出版，臺灣新文豐出版公司 1983 年重印，電子版 2002 年。

戴建國主編《唐宋法律史論集》，上海辭書出版社，2007 年。

（唐）道世《法苑珠林》，上海古籍出版社，1991 年。

鄧文寬《敦煌吐魯番天文曆法研究》，甘肅教育出版社，2002 年。

鄧章應《普通文字學概要》，西南師範大學出版社，2014 年。

（宋）丁度等編《集韻》，上海古籍出版社，1985 年。

丁福保編《佛學大辭典》，上海書店，1991 年。

丁曉昌、冒志祥等著《古代公文研究》，安徽文藝出版社，2000 年。

（清）董浩等編《全唐文》，中華書局，1983 年。

董志翹《〈入唐求法巡禮行記〉詞彙研究》，中國社會科學出版社，2000 年。

董志翹《訓詁類稿》，四川大學出版社，1999 年。

董志翹《中古近代漢語探微》，中華書局，2007 年。

董志翹譯注《大唐西域記》，中華書局，2012 年。

董志翹、蔡鏡浩《中古虛詞語法例釋》，吉林教育出版社，1994 年。

董志翹主撰，張淼、趙家棟、張春雷、李明龍參校《〈經律異相〉整理與研究》，四川出版集團巴蜀書社，2011 年。

（唐）杜佑撰，王文錦、王永興、劉俊文、徐庭雲、謝方點校《通典》，中華書局，1988 年。

杜澤遜《文獻學概要（修訂本）》，中華書局，2008 年。

（清）段玉裁《説文解字注》，上海古籍出版社，1988 年。

敦煌研究院編《1994 年敦煌學國際研討會文集——紀念敦煌研究院成立 50 周年·宗教文史卷下》，甘肅人民出版社，2000 年。

敦煌研究院《2000 年敦煌學國際學術討論會文集——紀念敦煌藏經洞發現暨敦煌學百年（下册：歷史文化卷）》，甘肅民族出版社，2000 年。

敦煌研究院編《敦煌遺書總目索引新編》，中華書局，2000 年。

敦煌研究院編《段文傑敦煌研究五十年紀念文集》，世界圖書出版公司，1996 年。

敦煌研究院編，譚蟬雪著《敦煌民俗——絲路明珠傳風情》，甘肅教育出版社，2006 年。

F

［英］F.W.托馬斯編著，劉忠、楊銘譯注《敦煌西域古藏文社會歷史文獻》，民族出版社，2003 年。

范崇高《中古小説校釋集稿》，四川出版集團巴蜀書社，2006 年。

范祥雍《洛陽伽藍記校注》，上海古籍出版社，1999 年。

方廣錩《中國寫本大藏經研究》，上海古籍出版社，2006 年。

方健《范仲淹評傳》，南京大學出版社，2001 年。

方齡貴《通制條格校注》，中華書局，2001 年。

方一新、王雲路《中古漢語讀本（修訂本）》，上海教育出版社，2006 年。

（唐）封演撰，趙貞信校注《封氏聞見記校注》，中華書局，2008 年。

馮志文、吐爾迪·納斯爾、李春華、賀靈、石曉奇等編著《西域地名詞典》，新疆人民出版社，2003 年。

伏俊璉《敦煌賦校注》，甘肅人民出版社，1994 年。

伏俊璉《人物志譯注》，上海古籍出版社，2008 年。

復旦大學出土文獻與古文字研究中心編《出土文獻與古文字研究》第一輯、第二輯，復旦大學出版社，2006 年、2008 年。

G

（晋）干寶撰，汪紹楹校注《搜神記》，中華書局，1979 年。

甘肅省文物考古研究所編《敦煌漢簡》，中華書局，1991 年。

甘肅省文物考古研究所、甘肅省博物館、文化部古文獻研究室、中國社會科學院歷史研究所編《居延新簡》，文物出版社，1990 年。

高亨纂著，董治安整理《古今通假會典》，齊魯書社，1989 年。

高恒《秦漢簡牘中法制文書輯考》，社會科學文獻出版社，2008 年。

高明《中古史書詞彙論稿》，天津古籍出版社，2008 年。

高明《中國古文字學通論》,北京大學出版社,1996 年。

高明、涂白奎《古文字類編(增訂本)》(上),上海古籍出版社,2008 年。

高啓安《唐五代敦煌飲食文化研究》,民族出版社,2004 年。

高啓安《信仰與生活——唐宋間敦煌社會諸相探賾》,讀者出版傳媒股份有限公司甘肅教育出版社,2014 年。

高文《漢碑集釋》,河南大學出版社,1997 年。

葛承雍《唐韻胡音與外來文明》,中華書局,2006 年。

葛兆光《中國思想史》,復旦大學出版社,2005 年。

龔延明《中國歷代職官別名大辭典》,上海辭書出版社,2006 年。

(梁)顧野王,(宋)陳彭年等增訂《大廣益會玉篇》,中華書局,1987 年。

郭鋒《唐史與敦煌文獻論稿》,中國社會科學出版社,2002 年。

郭鋒《斯坦因第三次中亞探險所獲甘肅新疆出土漢文文書》,甘肅人民出版社,1993 年。

郭富純、王振芬整理《旅順博物館藏西域文書研究》,上海古籍出版社,2011 年。

郭錫良《漢字古音手册》,北京大學出版社,1986 年。

郭在貽《郭在貽文集》,中華書局,2002 年。

郭在貽、張涌泉、黃征《敦煌變文集校議》,岳麓書社,1990 年。

桂第子《宣和書譜》,湖南美術出版社,1997 年。

(清)桂馥撰,趙智海點校《札樸》,中華書局,1992 年。

H

韓國磐主編《敦煌吐魯番出土經濟文書研究》,廈門大學出版社,1986 年。

韓小荆《〈可洪音義〉研究——以文字爲中心》,四川出版集團巴蜀書社,2009 年。

郝春文《唐後期五代宋初敦煌僧尼的社會生活》,中國社會科學院出版社,1998 年。

郝春文《英藏敦煌社會歷史文獻釋録》第一卷,社會科學出版社,2001 年。

郝春文《英藏敦煌社會歷史文獻釋録》第二卷至第十五卷,社會科學文獻出版社,2003 年至 2017 年。

郝春文主編《敦煌文獻論集——紀念敦煌藏經洞發現一百周年國際學術研討會論文集》,遼寧人民出版社,2001 年。

杭州大學古籍所編《敦煌語言文學論文集》,浙江古籍出版社,1988 年。

何九盈《中國古代語言學史(新增訂本)》,北京大學出版社,2000 年。

[美]賀凱(Charies O. Hucker)《中國古代官名辭典》,北京大學出版社,2008 年。

黑維强《敦煌、吐魯番社會經濟文獻詞彙研究》,民族出版社,2010 年。

洪藝芳《敦煌吐魯番文書中之量詞研究》,臺灣文津出版社,2000 年。

侯燦《高昌樓蘭研究論集》,新疆人民出版社,1990 年。

侯燦《吐魯番墓磚書法》,重慶出版社,2002 年。

侯燦、吳美琳《吐魯番出土磚誌集注》（上下），四川出版集團巴蜀書社，2003 年。

侯燦、楊代欣編著《樓蘭漢文簡紙文書集成》，天地出版社，1999 年。

胡樸安《俗語典》，上海書店，1983 年。

胡之主編《中國簡牘書法系列・甘肅敦煌漢簡》，重慶出版集團重慶出版社，2008 年。

華濤《西域歷史研究（八至十世紀）》，上海古籍出版社，2000 年。

華學誠《揚雄方言校釋匯證》，中華書局，2006 年。

黄德寬《古文字學》，上海古籍出版社，2015 年。

黄德寬《漢字理論叢稿》，商務印書館，2006 年。

黄金貴《古代文化詞語考論》，浙江大學出版社，2001 年。

黄金貴《解物釋名》，上海辭書出版社，2008 年。

黄盛璋《中外交通與交流史研究》，安徽教育出版社，2002 年。

黄文弼《吐魯番考古記》，中國科學院出版社，1954 年。

黄文弼著，黄烈編《黄文弼歷史考古論集》，文物出版社，1989 年。

黄文傑《秦至漢初簡帛文字研究》，商務印書館，2008 年。

黄正建主編《中晚唐社會與政治研究》，中國社會科學出版社，2006 年。

黄征《敦煌語文叢説》，臺灣新文豐出版公司，1997 年。

黄征《敦煌語言文字學研究》，甘肅教育出版社，2001 年。

黄征《敦煌俗字典》，上海教育出版社，2005 年。

黄征、張涌泉編著《敦煌變文校注》，中華書局，1997 年。

黄征、吳偉編校《敦煌願文集》，岳麓書社，1995 年。

（唐）慧超著，張毅箋釋《往五天竺國傳箋釋》，中華書局，1994 年。

（梁）慧皎等《高僧傳合集》，上海古籍出版社，1991 年。

J

紀大椿主編《新疆歷史詞典》，新疆人民出版社，1994 年。

季羨林主編《敦煌學大辭典》，上海辭書出版社，1998 年。

季羨林等《大唐西域記校注》，中華書局，1985 年。

季羨林、饒宗頤、周一良主編《敦煌吐魯番研究》第三卷、第五卷，北京大學出版社，1988 年、2000 年。

季旭昇《説文新證》，海峽出版發行集團福建人民出版社，2010 年。

［日］加藤繁《唐宋時代金銀之研究——以金銀之貨幣機能爲中心》，中華書局，2006 年。

金榮華《敦煌俗字索引》，臺灣石門圖書公司，1980 年。

賈應逸、祁小山《印度到中國新疆的佛教藝術》，甘肅教育出版社，2002 年。

簡修煒主編《北朝五史辭典》，山東教育出版社，2000 年。

姜伯勤《敦煌吐魯番文書與絲綢之路》,文物出版社,1994 年。

姜伯勤《唐五代敦煌寺户制度》,中華書局,1987 年。

姜伯勤《中國祆教藝術史研究》,生活・讀書・新知三聯書店,2004 年。

姜亮夫《敦煌學論文集》,上海古籍出版社,1987 年。

姜亮夫《瀛涯敦煌韻書卷子考釋》,浙江古籍出版社,1990 年。

姜亮夫、郭在貽等編《敦煌吐魯番學研究論文集》,漢語大詞典出版社,1991 年。

江藍生《魏晉南北朝小說詞語匯釋》,語文出版社,1988 年。

江藍生、曹廣順《唐五代語言詞典》,上海教育出版社,1997 年。

蔣冀騁《敦煌文書校讀研究》,臺灣文津出版社,1993 年。

蔣禮鴻《敦煌變文字義通釋(增補定本)》,上海古籍出版社,1997 年。

蔣禮鴻《蔣禮鴻集》,浙江教育出版社,2001 年。

蔣禮鴻主編《敦煌文獻語言詞典》,杭州大學出版社,1994 年。

蔣紹愚《漢語詞彙語法史論文集》,商務印書館,2000 年。

蔣紹愚《近代漢語研究概要》,北京大學出版社,2005 年。

蔣紹愚《唐代語言研究》,語文出版社,2008 年。

K

孔仲温《玉篇俗字研究》,臺灣學生書局,2000 年。

L

賴瑞和《唐代基層文官》,中華書局,2008 年。

雷漢卿《近代方俗詞叢考》,四川出版集團巴蜀書社,2006 年。

李昌遠《中國公文發展簡史》,復旦大學出版社,2007 年。

李崇智《中國歷代年號考》,中華書局,1981 年。

李方《唐西州行政體制考論》,黑龍江教育出版社,2002 年。

李方、王素編《吐魯番出土文書人名地名索引》,文物出版社,1996 年。

李格非、趙振鐸主編《漢語大字典論文集》,湖北辭書出版社、四川辭書出版社,1990 年。

李國編《中國敦煌學百年文庫論著目録卷》,甘肅文化出版社,1999 年。

李國章、趙昌平主編《中華文史論叢》第六十三輯,上海古籍出版社,2000 年。

李際寧《佛經版本》,江蘇古籍出版社,2002 年。

李錦繡《敦煌吐魯番文書與唐史研究》,福建人民出版社,2006 年。

李錦繡《唐代制度史略論稿》,中國政法大學出版社,1998 年。

李均明、劉軍《簡牘文書學》,廣西教育出版社,1999 年。

(唐)李林甫等撰,陳仲夫點校《唐六典》,中華書局,1992 年。

李維琦《佛經釋詞》,岳麓書社,1993 年。

李維琦《佛經續詞》,岳麓書社,1999 年。

李希泌等編《唐大詔令集補編》,上海古籍出版社,2003 年。

李肖主編《吐魯番學研究》,上海辭書出版社,2006 年。

李學勤、謝桂華主編《簡帛研究》2002、2003 合刊,廣西師範大學出版社,2005 年。

(唐)李延壽撰《北史》,中華書局,1974 年。

李應存、史正剛《敦煌佛儒道相關醫書釋要》,民族出版社,2006 年。

李宇明、費錦昌主編《漢字規範百家談》,商務印書館,2004 年。

李正宇《中國唐宋硬筆書法》,上海文化出版社,1993 年。

李正宇《敦煌古代硬筆書法》,甘肅人民出版社,2008 年。

李正宇著,李新助編《敦煌古代硬筆書法》,甘肅人民出版社,2007 年。

李錚、蔣忠新主編《季羨林教授八十華誕紀念論文集》,江西人民出版社,1991 年。

〔日〕礪波護著,韓昇編,韓昇、劉建英譯《隋唐佛教文化》,上海古籍出版社,2004 年。

廖名春《中國學術史新證》,四川大學出版社,2005 年。

梁曉虹、徐時儀、陳五雲著《佛經音義與漢語詞彙研究》,商務印書館,2005 年。

(唐)林寶撰,岑仲勉校記,郁賢皓、陶敏整理,孫望審訂《元和姓纂》(附四校記),中華書局,1994 年。

林聰明《敦煌吐魯番文書解詁指例》,臺灣新文豐出版公司,1993 年。

林聰明《敦煌文書學》,臺灣新文豐出版公司,1991 年。

林幹《突厥與回紇史》,內蒙古人民出版社,2007 年。

林幹《中國古代北方民族史新論》,內蒙古人民出版社,2007 年。

林梅村《漢唐西域與中國文明》,文物出版社,1998 年。

林梅村《絲綢之路考古十五講》,北京大學出版社,2006 年。

林梅村、李均明《疏勒河流域出土漢簡》,文物出版社,1984 年。

林澐《古文字學簡論》,中華書局,2012 年。

劉百順《魏晉南北朝史書詞語札記》,陝西師範大學出版社,1993 年。

劉復《敦煌掇瑣》(國立中央研究院歷史語言研究所專刊之二 1925 年版影印本),臺灣中研院歷史語言研究所,1991 年。

劉後濱《唐代中書門下體制研究——公文形態·政務運行與制度變遷》,齊魯書社,2004 年。

劉堅、江藍生、白維國、曹廣順《近代漢語虛詞研究》,語文出版社,1992 年。

劉堅、江藍生主編,江藍生、曹廣順編著《唐五代語言詞典》,上海教育出版社,1997 年。

劉堅、蔣紹愚主編《近代漢語語法資料匯編(唐五代卷)》,商務印書館,1990 年。

劉俊文《敦煌吐魯番唐代法制文書考釋》,中華書局,1989 年。

劉俊文《唐律疏議箋解》,中華書局,1996 年。

(唐)劉肅著,許德楠、李鼎霞點校《大唐新語》,中華書局,1984 年。

(唐)劉餗撰,程毅中點校《隋唐嘉話》;(唐)張鷟撰,趙守儼點校《朝野僉載》,中華書

局,1979 年。

劉世儒《魏晉南北朝量詞研究》,中華書局,1965 年。

劉翔、陳抗、陳初生、董琨編著《商周古文字讀本》,語文出版社,1989 年。

(後晉)劉昫等《舊唐書》,中華書局,2002 年。

劉志安《唐朝西域邊防研究》,武漢大學博士論文,1999 年。

劉志基《鐵硯齋字學雜綴》,中華書局,2006 年。

柳洪亮《新出吐魯番出土文書及其研究》,新疆人民出版社,1997 年。

柳洪亮《吐魯番新出摩尼教文獻研究》,文物出版社,2000 年。

柳洪亮《遷居吐魯番盆地的吐谷渾人的研究》,武漢大學博士論文,2002 年。

陸明君《魏晉南北朝碑別字研究》,文化藝術出版社,2009 年。

陸忠發《漢字學的新方向》,浙江大學出版社,2009 年。

逯耀東《從平城到洛陽——拓跋魏文化轉變的歷程》,中華書局,2006 年。

呂叔湘《漢語語法論文集(增訂本)》,商務印書館,1984 年。

羅常培《唐五代西北方音》,科學出版社,1961 年。

羅豐《胡漢之間——"絲綢之路"與西北歷史考古》,文物出版社,2004 年。

羅新、葉煒《新出魏晉南北朝墓誌疏證》,中華書局,2005 年。

羅振玉、王國維編《流沙墜簡》,中華書局,1993 年。

羅竹風主編《漢語大詞典》,漢語大詞典出版社,2002 年。

M

馬長壽《突厥人與突厥汗國》,廣西師範大學出版社,2006 年。

馬長壽《烏桓和鮮卑》,廣西師範大學出版社,2006 年。

馬雍《西域史地文物叢考》,文物出版社,1990 年。

毛春翔《古書版本常談》,上海古籍出版社,2002 年。

毛遠明《碑刻文獻學通論》,中華書局,2009 年。

毛遠明《漢魏六朝碑刻異體字典》(上、下),中華書局,2014 年。

孟凡人《樓蘭鄯善簡牘年代學研究》,新疆人民出版社,1995 年。

孟凡人《樓蘭新史》,光明日報出版社,1990 年。

孟華《文字論》,山東教育出版社,2008 年。

孟憲實《漢唐文化與高昌歷史》,齊魯書社,2004 年。

孟憲實《敦煌民間結社研究》,北京大學出版社,2009 年。

[俄]孟列夫主編,袁席箴、陳華平譯《俄藏敦煌漢文寫卷敍錄》,上海古籍出版社,1999 年。

繆啟愉、繆桂龍《齊民要術譯註》,上海古籍出版社,2006 年。

[法]莫尼克·瑪雅爾著,耿昇譯《古代高昌王國物質文明史》,中華書局,1995 年。

穆舜英、王炳華主編《隋唐五代墓誌彙編·新疆卷》,天津古籍出版社,1991 年。

N

乜小紅《唐五代畜牧經濟研究》,中華書局,2006 年。

乜小紅《俄藏敦煌契約文書研究》,上海古籍出版社,2009 年。

寧可《中國經濟通史·隋唐五代卷》,經濟日報出版社,2000 年。

寧志新《隋唐使職制度研究(農牧工商編)》,中華書局,2005 年。

O

歐昌俊、李海霞《六朝唐五代石刻俗字研究》,四川出版集團巴蜀書社,2004 年。

(宋)歐陽修、宋祁《新唐書》,中華書局,2003 年。

(唐)歐陽詢撰,汪紹楹校《藝文類聚》,上海古籍出版社,1982 年。

P

潘吉星《中國造紙技術史稿》,文物出版社,1979 年。

潘運告《中晚唐五代書論》,湖南美術出版社,1997 年。

駢宇騫《銀雀山漢簡文字編》,文物出版社,2001 年。

Q

錢伯城、李國章主編《中華文史論叢》(第 62 輯),上海古籍出版社,2000 年。

錢鍾書《管錐編》,中華書局,1986 年。

秦簡整理小組《天水放馬灘秦簡甲種〈日書〉釋文》、《秦漢簡牘論文集》,甘肅人民出版社,1989 年。

〔日〕青木正兒著,范建明譯《中華名物考(外一種)》,中華書局,2005 年。

秋子《中國上古書法史——魏晉以前書法文化哲學研究》,商務印書館,2000 年。

〔俄〕丘古耶夫斯基著,王克孝譯,王國勇校《敦煌漢文文書》,上海古籍出版社,2000 年。

裘錫圭《文字學概要》,商務印書館,1988 年。

R

任半塘《敦煌歌辭總編》,上海古籍出版社,1987 年。

任繼昉纂《釋名匯校》,齊魯書社,2006 年。

榮新江《海外敦煌吐魯番文獻知見錄》,江西人民出版社,1996 年。

榮新江《敦煌學十八講》,北京大學出版社,2001 年。

榮新江《中古中國與外來文明》,生活·讀書·新知三聯書店,2001 年。

榮新江《中國中古史研究十論》,復旦大學出版社,2005 年。

榮新江《辨僞與存真——敦煌學論集》,上海古籍出版社,2010 年。

榮新江主編《唐研究》第八卷、第九卷、第十二卷、第十六卷,北京大學出版社,2002

年、2003 年、2006 年、2010 年。

榮新江主編《吐魯番出土文書總目》(歐美收藏卷),武漢大學出版社,2007 年。

S

(梁)僧旻、寶唱等撰集《經律異相》,上海古籍出版社,1988 年。

(宋)司馬光《資治通鑑》,中華書局,1992 年。

四川大學漢語史研究所《漢語史研究集刊》第三輯、第四輯、第五輯、第六輯,四川出版集團巴蜀書社,2000、2001、2002、2003 年。

蘇傑《〈三國志〉異文研究》,齊魯書社,2006 年。

(宋)蘇易簡《文房四譜(外十二種)》,上海古籍出版社,1991 年。

孫機《中國古輿服論叢(增訂本)》,文物出版社,2001 年。

孫繼民《俄藏黑水城所出〈宋西北邊境軍政文書〉整理與研究》,中華書局,2009 年。

孫繼民《敦煌吐魯番所出唐代軍事文書初探》,中國社會科學出版社,2000 年。

孫繼民《唐代行軍制度研究》,臺灣文津出版社,1995 年。

《隋唐五代墓誌匯編》總編輯委員會編《隋唐五代墓誌匯編》,天津古籍出版社,1991 年。

[法]沙畹著,馮承鈞譯《西突厥史料》,中華書局,2004 年。

沙知、吳芳思《斯坦因第三次中亞考古所獲漢文文獻(非佛經部分)》,上海辭書出版社,2005 年。

上海古籍出版社、法國國家圖書館編《法藏敦煌西域文獻》(1—34 册),上海古籍出版社,1995—2005 年。

尚秉和著,母庚才、劉瑞玲點校《歷代社會風俗事物考》,中國書店,2001 年。

沈從文《中國古代服飾研究》,上海世紀出版集團上海書店出版社,2002 年。

沈福偉《中西文化交流史》,上海人民出版社,2006 年。

沈剛《居延漢簡語詞匯釋》,科學出版社,2008 年。

(清)沈家本撰,邓經元、駢宇騫点校《歷代刑法考》,中華書局,1985 年。

沈樂平《敦煌書法綜論》,浙江古籍出版社,2009 年。

沈衛榮主編《西域歷史語言研究所集刊》第一輯,科學出版社,2007 年。

石雲濤《三至六世紀絲綢之路的變遷》,文化藝術出版社,2007 年。

史爲樂主編《中國地名語源詞典》,上海辭書出版社,1995 年。

(遼)釋行均編《龍龕手鏡》,中華書局,1985 年。

[日]釋圓仁原,[日]小野勝年校注,白化文、李鼎霞、許德楠修訂校注《入唐求法巡禮行記校注》,花山文藝出版社,2007 年。

T

湯大民《中國書法簡史》,江蘇古籍出版社,2001 年。

唐長孺《唐書兵志箋正》,科學出版社,1957 年。

唐長孺《魏晉南北朝史論拾遺》，中華書局，1983 年。

唐長孺主編《敦煌吐魯番文書初探一編》，武漢大學出版社，1983 年。

唐長孺主編《敦煌吐魯番文書初探二編》，武漢大學出版社，1990 年。

唐長孺《魏晉南北朝隋唐史三論》，武漢大學出版社，1992 年。

唐長孺《魏晉南北朝史論叢（外一種）》，河北教育出版社，2000 年。

唐耕耦、陸宏基《敦煌社會經濟文獻真蹟釋録》（第一輯），書目文獻出版社，1986 年。

唐耕耦、陸宏基《敦煌社會經濟文獻真蹟釋録》（第二輯至第五輯），全國圖書館文獻縮微複製中心，1990 年。

唐蘭《古文字學導論》，齊魯書社，1981 年。

唐蘭《中國文字學》，上海古籍出版社，1981 年。

田衛疆主編《吐魯番史》，新疆人民出版社，2004 年。

［法］童丕著，余欣、陳建偉譯《敦煌的借貸——中國中古時代的物質生活與社會》，中華書局，2003 年。

W

汪桂海《漢代官文書制度》，廣西教育出版社，1999 年。

汪少華《中國古車與名物考辨》，商務印書館，2005 年。

王艾録《複合詞内部形式探索——漢語詞語遊戲規則》，中國言實出版社，2009 年。

王艾録《漢語理據詞典》，華齡出版社，2006 年。

王艾録、司富珍《漢語的語詞理據》，商務印書館，2001 年。

王炳華《吐魯番的古代文明》，新疆人民出版社，1989 年。

王炳華《西域考古歷史論集》，中國人民大學出版社，2008 年。

王長丰《殷周金文族徽研究》（上、下），上海古籍出版社，2015 年。

（清）王昶《金石萃編》（據 1921 年掃葉山房本影印），中國書店影印本，1985 年。

王重民《敦煌古籍敍録》，中華書局，1979 年。

王重民、劉銘恕《敦煌遺書總目索引》，中華書局，1983 年。

王國維《王國維遺書》第 13 册，上海古籍書店，1983 年。

王國維著，彭林整理《觀堂集林（外二種）》，河北教育出版社，2003 年。

王國維著，趙利棟輯校《王國維學術隨筆——〈東山雜記〉、〈二牖軒隨録〉、〈閲古漫録〉》，社會科學文獻出版社，2000 年。

王繼如《訓詁問學叢稿》，江蘇古籍出版社，2001 年。

王建《中國古代避諱史》，貴州人民出版社，2003 年。

王卡《敦煌道教文獻研究——綜述、目録、索引》，中國社會科學出版社，2004 年。

王力《王力文集》，山東教育出版社，1984 年。

王力《漢語史稿》，中華書局，2003 年。

王立軍《宋代雕版楷書構形系統研究》，上海教育出版社，2003 年。

王利器《顔氏家訓集解（增補本）》，中華書局，1993 年。

王利器《歷代笑話集》，上海古籍出版社，1956 年。

（宋）王溥《唐會要》，中華書局，1998 年。

王琪《上古漢語稱謂研究》，中華書局，2008 年。

王啟濤《吐魯番出土文獻詞典》，四川出版集團巴蜀書社，2012 年。

王啟濤《魏晉南北朝語言學史論考》，四川出版集團巴蜀書社，2001 年。

王啟濤《中古及近代法制文書語言研究——以敦煌文書爲中心》，四川出版集團巴蜀書社，2003 年。

（宋）王欽若編《册府元龜》（崇禎本影印），中華書局，1960 年。

王三慶《敦煌類書》，臺灣麗文文化公司，1993 年。

王紹峰《初唐佛典詞彙研究》，安徽教育出版社，2004 年。

王素編著《唐寫本論語鄭氏注及其研究》，文物出版社，1991 年。

王素《吐魯番出土高昌文獻編年》，臺灣新文豐出版公司，1997 年。

王素《高昌史稿·統治編》，文物出版社，1998 年。

王素《高昌史稿·交通編》，文物出版社，2000 年。

王素《敦煌吐魯番文獻》，文物出版社，2002 年。

王小甫《唐吐蕃大食政治關係史》，北京大學出版社，1992 年。

王鍈《唐宋筆記語辭匯釋》，中華書局，2001 年。

王鍈《近代漢語詞彙語法散論》，商務印書館，2004 年。

王鍈《詩詞曲語辭例釋》（第二次增訂本），中華書局，2005 年。

王鍈《〈漢語大詞典〉商補》，黄山書社，2006 年。

王鍈《語文叢稿》，中華書局，2006 年。

王鍈《宋元明市語匯釋（修訂增補本）》，中華書局，2008 年。

王永興《隋唐五代經濟史料彙編校注》（第一編上下册），中華書局，1987 年。

王永興《唐代前期西北軍事研究》，中國社會科學出版社，1994 年。

王雲路《詞彙訓詁論稿》，北京語言文化大學出版社，2002 年。

王雲路、方一新《中古漢語語詞例釋》，吉林教育出版社，1992 年。

王作新《語言民俗》，湖北教育出版社，2001 年。

王仲犖《敦煌石室地志殘卷考釋》，上海古籍出版社，1993 年。

王仲犖《隋唐五代史》（上下），中華書局，2007 年。

魏勵《簡化字、繁體字、異體字辨析字典》，四川人民出版社，1993 年。

（北齊）魏收《魏書》，中華書局，1974 年。

聞人軍譯注《考工記譯注》，上海古籍出版社，2008 年。

吴金華《世説新語考釋》，安徽教育出版社，1994 年。

吴金華《三國志叢考》，上海古籍出版社，2000 年。

（唐）吴兢撰，謝保成集校《貞觀政要集校》，中華書局，2003 年。

吳礽驤、李永良、馬建華釋校《敦煌漢簡釋文》,甘肅人民出版社,1991 年。

吳天墀《西夏史稿》,廣西師範大學出版社,2006 年。

吳玉貴《突厥汗國與隋唐關係史研究》,中國社會科學出版社,1998 年。

吳震《吳震敦煌吐魯番文書研究論集》,上海古籍出版社,2009 年。

X

向達《唐代長安與西域文明》,河北教育出版社,2001 年。

向光忠《文字學芻論》,商務印書館,2012 年。

項楚《敦煌文學叢考》,上海古籍出版社,1991 年。

項楚《王梵志詩校注》,上海古籍出版社,1991 年。

項楚、鄭阿財主編《新世紀敦煌學論集》,巴蜀書社,2003 年。

項楚《敦煌變文選注(增訂本)》,中華書局,2006 年。

向熹編著《簡明漢語史》,高等教育出版社,1993 年。

謝桂華等《居延漢簡釋文合校》,文物出版社,1987 年。

謝維揚、朱淵清主編《新出土文獻與古代文明研究》,上海大學出版社,2004 年。

〔日〕辛嶋静志《妙法蓮華經詞典》,創價大學國際佛教高等研究所,2001 年。

新疆吐魯番學研究院編《吐魯番學研究——第三屆吐魯番學暨歐亞遊牧民族的起源與遷徙國際學術研討會論文集》,上海古籍出版社,2010 年。

新疆社會科學院歷史研究所編《新疆歷史論文續集》,新疆人民出版社,1982 年。

新疆維吾爾自治區吐魯番學研究院、武漢大學中國三至九世紀研究所編著《吐魯番柏孜克里克石窟出土漢文佛教典籍》,文物出版社,2007 年。

(清)邢澍《金石文字辨異》(《叢書集成續編·史部》影印本),上海書店,1994 年。

徐海榮主編《中國飲食史》,華夏出版社,1999 年。

徐連達主編《中國歷代官制詞典》,安徽教育出版社,1991 年。

徐仁甫編著,冉友僑校訂《廣釋詞》,四川人民出版社,1982 年。

(清)徐松著,朱玉麒整理《西域水道記(外二種)》,中華書局,2005 年。

徐時儀校注《一切經音義三種校本合刊》,上海古籍出版社,2008 年。

徐時儀、陳五雲、梁曉虹編《佛經音義研究——首屆佛經音義研究國際學術研討會論文集》,上海古籍出版社,2006 年。

徐興無《讖緯文獻與漢代文化構建》,中華書局,2003 年。

徐中舒主編《漢語大字典》,四川辭書出版社、湖北辭書出版社,1991 年。

許建平《敦煌經籍敘錄》,中華書局,2006 年。

(宋)《宣和書譜》,上海書畫出版社,1984 年。

薛宗正《絲綢之路北庭研究》,新疆人民出版社,2008 年。

Y

(唐)顏師古著,劉曉東平議《匡謬正俗平議》,山東大學出版社,1999 年。

顔廷亮、趙以武輯《秦婦吟研究彙録》,上海古籍出版社,1990 年。

嚴耕望《唐史研究叢稿》,新亞研究所,1969 年。

嚴耕望《中國地方行政制度史——魏晉南北朝地方行政制度》,上海古籍出版社,
2007 年。

（清）嚴可均輯《全上古三代秦漢三國六朝文》,中華書局,1958 年。

姚美玲《唐代墓誌詞彙研究》,華東師範大學出版社,2008 年。

姚薇元《北朝胡姓考（修訂本）》,中華書局,2007 年。

楊寶忠《疑難字考釋與研究》,中華書局,2005 年。

楊際平、郭鋒、張和平《五—十世紀敦煌的家庭與家族關係》,岳麓書社,1997 年。

楊建忠《楚系出土文獻語言文字考論》,浙江大學出版社,2014 年。

楊銘《唐代吐蕃與西域諸族關係研究》,黑龍江教育出版社,2005 年。

楊勇《洛陽伽藍記校箋》,中華書局,2006 年。

葉貴良《敦煌道經寫本與詞彙研究》,四川出版集團巴蜀書社,2007 年。

葉孝信主編《中國民法史》,上海人民出版社,1993 年。

（唐）義淨著,王邦維校注《大唐西域求法高僧傳校注》,中華書局,1988 年。

（唐）義淨著,王邦維校注《南海寄歸内法傳》,中華書局,1995 年。

殷晴《絲綢之路與西域經濟——十二世紀前新疆開發史稿》,中華書局,2007 年。

殷晴主編《吐魯番學新論》,新疆人民出版社,2006 年。

于省吾《甲骨文字釋林》,商務印書館,2010 年。

余太山《兩漢魏晉南北朝正史西域傳研究》,中華書局,2003 年。

余太山主編《西域通史》,中州古籍出版社,1996 年。

余欣《神道人心——唐宋之際敦煌民生宗教社會史研究》,中華書局,2006 年。

俞理明《漢語縮略研究——縮略：語言符號的再符號化》,四川出版集團巴蜀書社,
2005 年。

俞敏《經傳釋詞札記》,湖南教育出版社,1987 年。

（清）俞樾撰,貞凡、顧馨、徐敏霞點校《茶香室叢鈔》,中華書局,1995 年。

〔日〕羽田亨著,耿世民譯《西域文明史概論》,中華書局,2005 年。

〔日〕羽溪了諦著,賀昌群譯《西域之佛教》,商務印書館,1999 年。

岳慶平《中國秦漢習俗史》,人民出版社,1994 年。

Z

曾良《敦煌文獻字義通釋》,廈門大學出版社,2001 年。

曾良《〈敦煌歌辭總編〉校讀研究》（《中國佛教學術論典》第 72 册）,臺灣佛光山文教
基金會,2003 年。

曾良《俗字及古籍文字通例研究》,百花洲文藝出版社,2006 年。

曾良《隋唐出土墓誌文字研究及整理》,齊魯書社,2007 年。

曾榮汾《字樣學研究》,臺灣學生書局,1988 年。

湛如《敦煌佛教律儀制度研究》,中華書局,2003 年。

趙超《石刻古文字》,文物出版社,2006 年。

趙誠《甲骨文字學綱要》,中華書局,2005 年。

趙豐主編《敦煌絲綢與絲綢之路》,中華書局,2009 年。

趙平安《隸變研究》,河北大學出版社,2009 年。

趙少咸著,余行達、易雲秋、趙吕甫整理《廣韻疏證》,四川出版集團巴蜀書社,2010 年。

(宋)趙昇,王瑞來點校《朝野類要》,中華書局,2007 年。

趙振鐸《字典論》,上海辭書出版社,2001 年。

張傳璽《契約史買地券研究》,中華書局,2008 年。

張傳璽主編《中國歷代契約會編考釋》(上下),北京大學出版社,1995 年。

張弓主編《敦煌典籍與唐五代歷史文化》(上下),中國社會科學出版社,2006 年。

張廣達《西域史地叢稿初編》,上海古籍出版社,1995 年。

張廣達、榮新江《于闐史叢考(增訂本)》,中國人民大學出版社,2008 年。

張國剛《唐代政治制度研究論集》,臺灣文津出版社,1994 年。

張國剛主編《中國社會歷史評論》第四輯,商務印書館,2002 年。

張清常、王延棟《戰國策箋注》,南開大學出版社,1993 年。

張書岩主編《異體字研究》,商務印書館,2004 年。

張顯成主編《簡帛語言文字研究》第二輯,四川出版集團巴蜀書社,2006 年。

張小艷《敦煌書儀語言研究》,商務印書館,2007 年。

張相《詩詞曲語辭匯釋》(上下),中華書局,1953 年。

張涌泉《敦煌俗字研究》,上海教育出版社,1996 年。

張涌泉《敦煌俗字研究導論》,臺灣新文豐出版公司,1996 年。

張涌泉《舊學新知》,浙江大學出版社,1999 年。

張涌泉《漢語俗字叢考》,中華書局,2000 年。

張涌泉、傅傑《校勘學概論》,鳳凰出版傳媒集團江蘇教育出版社,2007 年。

張涌泉主編、審訂《敦煌經部文獻合集》,中華書局,2008 年。

張涌泉《漢語俗字研究》(增訂本),商務印書館,2010 年。

張永言《語文學論集(增補本)》,語文出版社,1999 年。

張永言主編,張勇言、駱曉平、田懋勤、蔣宗許編《世說新語辭典》,四川人民出版社,1992 年。

張澤咸《漢晉唐時期農業》(上下),中國社會科學出版社,2003 年。

張澤咸《唐五代賦役史草》,中華書局,1986 年。

張澤咸《唐代工商業》,中國社會科學出版社,1995 年。

張澤咸《晉唐史論集》,中華書局,2008 年。

〔日〕中村不折著,李德範譯《禹域出土墨寶書法源流考》,中華書局,2003 年。

中國佛教文化研究所編《俗語佛源》,上海人民出版社,1993 年。

中國大百科全書總編輯委員會、《中國歷史》編輯委員會、隋唐五代史編寫組,唐長孺主編《隋唐五代史》,中國大百科全書出版社,1988 年。

中國敦煌吐魯番學會編《敦煌吐魯番學研究論文集》,漢語大詞典出版社,1990 年。

中國敦煌吐魯番學會等主編《敦煌吐魯番研究》第三卷、第五卷,北京大學出版社,1998 年、2000 年。

中國敦煌吐魯番學會等主編《敦煌吐魯番研究》第十一卷,上海古籍出版社,2009 年。

中國簡牘集成編委會編,初師賓主編《中國簡牘集成》,敦煌文藝出版社,2001 年。

中國社會科學院歷史研究所、中國敦煌吐魯番學會敦煌古文獻編委會、英國國家圖書館、倫敦大學亞非學院合編《英藏敦煌文獻(漢文佛經以外部分)》1—14 卷,四川人民出版社,1990—1995 年。

中國社會科學院歷史研究所戰國秦漢史研究室編《簡牘研究譯叢》第二輯,中國社會科學出版社,1987 年。

中國文物研究所編《出土文獻研究》第三輯,中華書局,1998 年;第四輯,中華書局,1998 年;第六輯、第七輯,上海古籍出版社,2004 年、2005 年。

胡平生、張德芳編撰《敦煌懸泉漢簡釋粹》,上海古籍出版社,2001 年。

中國政法大學法律古籍研究所編《中國古代法律文獻研究》第二輯,中國政法大學出版社,2004 年。

周紹良主編,趙超副主編《唐代墓誌彙編》,上海古籍出版社,1992 年。

周紹良、趙超主編《唐代墓誌彙編續集》,上海古籍出版社,2001 年。

周錫保《中國古代服飾史》,中國戲劇出版社,1984 年。

周俊勛《中古漢語詞彙研究綱要》,四川出版集團巴蜀書社,2009 年。

周志鋒《大字典論稿》,浙江教育出版社,1998 年。

周志鋒《明清小說俗字俗語研究》,中國社會科學出版社,2006 年。

周振鶴、游汝傑《方言與中國文化》(第 2 版),上海人民出版社,2006 年。

周祖謨《周祖謨語言學論文集》,商務印書館,2001 年。

周祖謨《唐五代韻書集存》(上下),中華書局,2005 年。

鄭阿財《鄭阿財敦煌佛教文獻與文學研究》,上海古籍出版社,2011 年。

鄭炳林《敦煌地理文書滙輯校注》,甘肅教育出版社,1989 年。

鄭炳林《敦煌碑銘贊輯釋》,甘肅教育出版社,1992 年。

鄭炳林主編《敦煌歸義軍史專題研究》,蘭州大學出版社,2003 年。

(宋)鄭樵編撰《通志》,中華書局,1987 年。

(清)鄭詩輯《古今正俗字詁》,臺灣藝文印書館,1986 年。

鄭顯文《唐代律令制研究》,北京大學出版社,2004 年。

鄭賢章《龍龕手鏡研究》，湖南師範大學出版社，2004 年。

朱鳳玉《敦煌寫本碎金研究》，臺灣文津出版社，1997 年。

朱紅林《張家山漢簡〈二年律令〉集釋》，社會科學文獻出版社，2005 年。

朱雷主編《唐代的歷史與社會——中國唐史學會第二屆年會暨國際唐史學術研討會論文選集》，武漢大學出版社，1997 年。

朱雷《敦煌吐魯番文書論叢》，甘肅人民出版社，2000 年。

朱謙之撰《老子校釋》，中華書局，1984 年。

朱玉麒主編《西域文史》第一輯、第二輯、第三輯，科學出版社，2006 年、2007 年、2008 年。

中華大藏經編輯局編《中華大藏經》，中華書局，2004 年。

中華書局編輯部編《文史》第四十四輯，中華書局，1998 年。

字形筆畫索引

【說明】手寫字形情況複雜，摹寫原字形難免出現偏差，故拷貝原字形編製索引。鑒於其中頗多行書、草書者，書寫筆畫往往相連不易分離，我們將連寫不斷的筆畫算作一筆。有些複雜的字形，除了連寫部分算一筆之外，結合正字的基本筆畫及筆順計算筆畫數。同一字形因不同數法可能導致筆畫數產生差異，我們採用了模糊筆畫檢索法，也即筆畫數易混淆者，做兩屬處理。如"乙"，讀者既能在一畫中查到，也能在二畫查到。手寫字形筆畫計數法很難統一規範，我們只能按照自己計算的筆畫數編製索引。萬望讀者見諒。

一畫

二畫

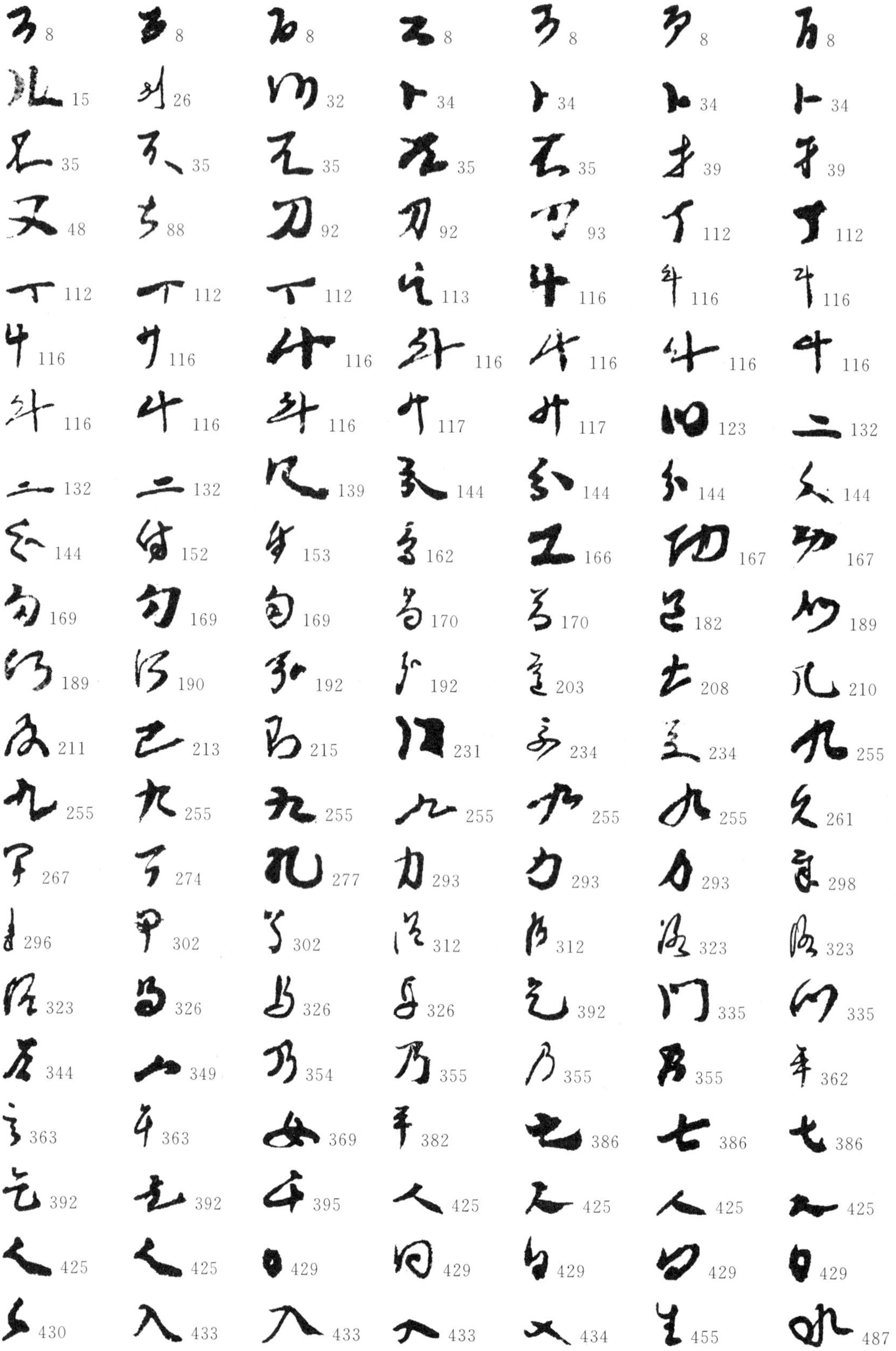
8 8 8 8 8 8 8
15 26 32 34 34 34 34
35 35 35 35 35 39 39
48 88 92 92 93 112 112
112 112 112 113 116 116 116
116 116 116 116 116 116 116
116 116 116 117 117 123 132
132 132 139 144 144 144 144
144 152 153 162 166 167 167
169 169 169 170 170 182 189
189 190 192 192 203 208 210
211 213 215 231 234 234 255
255 255 255 255 255 255 261
267 274 277 293 293 293 298
296 302 302 312 312 323 323
323 326 326 326 392 335 335
344 349 354 355 355 355 362
363 363 369 382 386 386 386
392 392 395 425 425 425 425
425 425 429 429 429 429 429
430 433 433 433 434 455 487

442　471　447　447　489　489　489

445　446　446　461　461　468　469

470　470　470　489　489　489　493

493　493　525　538　544　544　544

544　544　552　552　552　552　553

553　559　559　559　559　559　559

559　571　571　581　582　582　594

597　612　624　624　625　625　625

627　637　637　641　646　646　657

646　646　646　646　647　653　657

657　657　663　690　693　693　693

693　695　696　696　696　697　725

697　697　697　697　697　702　725

725　725　725　735

三畫

1　1　1　2　3　3　3

10　10　10　14　18　23　23

23　29　29　29　32　35　35

35　35　35　35　35　35　35

35　36　36　36　36　36　36

36　38　38　38　38　39

39	39	39	45	45	45	48
48	48	54	59	58	63	65
65	69	69	68	68	69	69
73	73	73	73	73	78	78
78	79	84	84	84	84	84
88	88	88	94	94	94	94
94	95	97	97	110	110	110
110	111	111	111	111	110	111
111	111	113	113	113	113	113
113	113	114	116	116	116	116
116	117	118	123	126	126	131
131	135	136	136	136	137	138
138	139	139	139	141	143	143
143	144	144	144	144	144	144
153	152	152	152	156	158	159
159	159	160	162	162	162	162
164	165	166	166	166	166	166
166	167	167	169	169	169	169
169	170	175	182	188	188	188
189	189	189	189	189	189	192
192	192	195	197	197	198	203

379	379	379	379	379	379	379
381	391	391	392	393	394	395
395	395	402	417	418	418	419
419	419	420	426	426	426	426
426	428	428	428	428	428	429
429	429	429	429	429	429	429
429	429	429	429	432	436	436
438	438	438	438	441	441	441
441	441	441	442	443	443	443
443	445	445	446	446	446	447
447	447	447	447	449	449	451
451	451	454	454	454	455	455
458	458	459	460	460	460	461
461	461	461	461	464	466	466
468	468	468	469	469	469	469
469	469	469	470	470	470	470
470	470	470	471	472	472	474
474	474	475	475	476	477	478
478	481	485	485	486	486	486
487	487	486	486	490	489	489
489	492	492	492	492	492	492

597	602	606	606	612	612	615
615	615	615	624	624	624	213
624	624	624	625	625	625	625
625	625	625	626	627	627	629
630	633	634	636	636	636	637
637	637	637	637	641	644	646
647	647	648	648	648	648	649
652	652	652	652	653	653	653
653	653	653	653	653	653	653
653	653	653	653	653	657	657
657	657	657	657	657	657	657
657	657	657	657	657	657	663
663	664	664	664	664	664	664
664	664	664	664	664	666	666
667	671	671	672	674	675	682
682	682	682	682	682	683	683
683	686	686	687	688	690	690
693	693	693	693	695	695	695
695	695	695	695	697	697	697
698	698	698	699	699	700	701
701	701	702	702	702	702	702

702　702　702　702　710　713　714

721　721　724　724　724　724　724

725　725　725　725　725　725　725

725　725　725　725　725　725　725

726　730　731　734　734　734　734

734　735　735　735

四畫

1　1　1　1　1　3　3

3　7　7　10　12　14　14

10　10　10　10　14　16　17

14　14　14　14　18　19　20

18　18　18　18　18　26　29

22　23　24　26　26　26　35

28　28　28　29　32　35　35

36　36　36　36　36　38　45

46　46　47　54　56　62　63

63　63　63　64　64　65　65

65　65　65　65　67　67　69

69　69　78　78　78　78　78

78　78　78　78　79　79　82

83	86	86	88	88	88	88
89	90	90	91	92	92	92
92	93	94	94	94	96	96
97	97	98	101	109	110	110
110	110	111	111	113	114	116
116	117	117	117	122	122	123
123	123	123	123	124	126	126
369	126	126	126	126	131	131
131	131	132	135	136	137	137
138	139	139	139	139	139	139
139	139	139	140	140	140	140
141	142	142	142	143	143	143
143	143	144	144	144	144	145
148	148	148	148	148	149	151
152	152	152	152	152	152	152
152	153	153	153	159	159	159
164	166	166	166	167	168	169
169	169	172	173	173	173	174
174	175	175	175	175	176	178
181	182	184	184	188	187	188
188	188	189	189	189	190	192

192	192	192	192	192	194	196
196	198	198	200	200	200	200
203	203	208	208	209	212	214
215	215	214	216	216	217	217
217	217	217	219	220	222	225
228	228	229	231	231	231	233
233	234	236	241	243	243	243
243	243	243	243	243	244	246
246	247	249	249	250	250	251
259	259	260	260	261	261	263
264	264	264	266	266	266	267
274	275	275	276	276	288	293
293	293	294	294	296	298	300
301	302	303	303	303	304	307
307	307	307	307	308	308	308
308	308	308	308	308	311	311
311	311	312	312	312	312	316
322	322	322	323	323	323	326
326	331	329	330	330	330	330
330	330	331	331	332	333	333
333	334	335	335	336	336	336

336	336	336	337	337	337	338
338	338	338	338	339	340	338
341	341	342	342	342	342	339
342	342	343	343	344	344	342
344	345	347	347	348	349	344
349	349	350	350	350	350	349
354	354	354	354	358	358	351
358	358	358	361	361	361	358
362	362	361	363	363	363	362
362	363	364	365	365	365	363
368	373	373	376	377	377	366
378	378	378	378	378	382	378
379	379	379	379	381	382	382
382	388	389	391	392	392	393
393	394	394	394	394	394	394
394	395	396	398	398	401	401
401	401	402	402	402	402	402
402	404	405	405	405	405	413
417	418	418	418	419	419	419
419	419	419	419	419	419	420
426	426	426	426	426	426	426

475 475 475 475 475 475 475
476 481 483 483 485 486 486
486 486 486 487 487 489 489
489 489 489 489 490 490 491
491 492 491 492 492 492 492
493 493 493 493 493 493 493
494 494 495 495 497 497 499
500 501 505 507 507 508 508
508 508 511 511 511 511 511
511 517 517 518 518 518 518
518 519 519 521 521 521 521
523 525 525 525 525 525 525
525 525 526 526 528 530 530
530 530 530 530 530 531 532
534 535 536 536 536 536 536
536 538 538 538 538 538 538
539 580 539 539 539 539 543
543 543 543 543 543 543 543
544 544 544 544 544 544 544
544 547 548 548 548 548 548
548 548 548 549 549 549 549

引 637	永 637	吊 638	迎 639	亦 641	永 641	永 641
永 641	勇 642	用 642	甪 642	龙 643	田 643	友 644
肴 645	有 645	有 645	有 645	肴 646	有 646	有 646
有 646	有 646	有 646	百 646	有 647	活 647	左 647
左 647	印 647	于 648	予 648	右 648	予 648	平 648
平 648	平 649	扵 649	分 649	与 652	与 653	与 653
与 653	与 653	与 653	元 657	自 653	与 653	无 657
玄 654	迶 655	无 657	元 657	无 657	九 657	曰 663
元 657	无 657	逃 660	玄 660	曰 662	曰 663	月 663
曰 663	曰 663	日 663	日 663	的 663	月 663	月 663
月 664	自 664	反 664	同 664	的 663	目 664	目 664
囝 664	团 665	收 666	仇 666	云 666	云 666	云 666
在 671	在 671	在 671	无 672	毛 674	作 675	乍 677
仍 681	仍 681	伤 682	仍 682	作 682	作 682	仕 683
乔 684	台 685	台 685	折 687	者 688	者 689	正 693
匹 693	匹 695	匹 695	正 695	匹 695	匹 695	匹 695
支 697	支 697	攴 697	支 697	支 697	郡 698	孟 698
知 698	将 701	至 702	至 702	至 702	竹 713	抄 713
中 706	中 706	中 706	如 710	竹 713	字 726	走 730
主 714	主 714	已 721	己 721	此 721		

731	731	731	731	731	731	731
734	734	734	734	735	735	735
735	735	735	736	736		

五畫

阿 1	阿 1	何 1	关 2	安 3	安 3	安 3
安 3	安 3	安 3	白 7	白 7	白 7	白 7
半 10	半 10	半 10	半 10	羊 10	保 11	浮 12
北 13	北 14	北 14	北 14	没 16	本 17	本 17
本 17	本 17	本 17	本 17	必 19	必 19	必 19
必 19	畢 19	好 20	好 20	弁 22	弁 22	匡 23
州 24	別 25	別 26	庭 27	氷 27	乡 27	兵 27
吾 27	兴 28	西 28	新 28	弓 29	兰 29	壶 29
豆 30	至 29	至 29	兰 30	兰 30	兰 30	兰 30
布 35	布 35	布 36	布 36	布 36	布 36	市 36
失 36	失 36	怖 37	肩 38	肩 38	肩 38	对 40
参 41	希 41	本 42	尊 46	芋 46	叛 49	叔 49
泊 53	抄 54	村 54	率 55	率 55	臣 55	自 55
辰 56	辰 56	沈 56	册 57	梅 58	成 58	成 58
成 58	延 58	香 58	延 58	承 59	邪 59	邪 59
承 59	承 59	池 62	尽 63	尽 63	尽 63	寒 64
吉 64	吉 64	勃 64	充 65	怪 66	怪 66	安 67

尘 67	出 69	庋 73	舡 73	串 74	莇 76	纽 76
尽 76	荛 76	莘 76	舒 77	此 78	承 78	世 78
次 79	次 79	次 79	次 79	次 79	承 79	此 79
收 79	次 79	丞 79	刺 79	刺 79	刺 80	從 81
继 82	阽 82	從 82	存 83	存 83	村 84	達 86
達 86	打 87	打 87	打 87	代 88	代 88	代 88
荞 89	单 90	旦 90	但 91	迎 91	但 91	当 92
当 92	到 93	到 93	到 93	到 93	刋 94	得 96
門 96	淂 97	門 97	飛 98	起 98	地 98	地 100
等 101	等 101	等 101	地 103	起 103	地 103	地 103
弟 104	第 104	弟 104	弟 105	宁 108	涨 109	顺 109
师 110	時 110	凉 110	件 110	忤 110	保 111	慬 111
瓜 111	欣 112	交 113	立 113	定 113	冬 113	東 114
杜 120	杜 120	枋 120	展 121	多 121	陵 122	發 124
碌 124	封 125	役 125	多 126	厄 128	尼 128	恩 129
而 130	苪 130	胄 135	见 131	尔 131	尔 131	尔 131
尓 131	余 132	法 136	诘 135	法 135	法 135	法 135
法 135	法 135	法 136	法 136	迺 138	犯 138	犯 138
范 139	修 141	访 141	诲 141	灯 142	起 142	雕 142
非 142	封 145	封 145	风 145	凤 145	风 145	好 146
墨 146	意 146	沼 147	凤 147	弗 148	弗 149	伏 149

武 241	武 241	今 243	今 243	今 243	午 243	今 243
今 243	今 243	今 243	今 243	合 243	謹 245	许 246
社 246	社 246	诤 246	诤 246	运 247	注 249	录 250
敎 253	季 259	丢 261	先 261	绢 263	达 264	均 265
军 267	争 267	司 267	尹 273	斜 273	可 274	可 274
可 274	可 274	可 274	孔 276	北 276	从 277	来 284
衰 284	老 287	老 288	芳 288	芳 288	李 291	李 291
妻 291	孝 291	李 291	今 291	禮 292	礼 293	礼 293
礼 293	利 294	利 294	例 294	休 294	伱 294	连 295
走 296	陈 297	陈 297	良 298	良 298	良 298	禮 299
兩 300	兩 300	丙 300	利 302	利 303	芳 303	芳 303
肌 304	陵 305	項 306	饮 307	倾 307	钦 307	倾 307
今 307	今 307	今 307	本 308	今 308	全 308	今 308
金 308	深 309	沙 309	扴 311	隆 312	陸 312	馮 314
祸 316	沥 322	陵 322	沫 322	馬 325	馬 325	馬 325
乌 326	馮 326	馬 326	烏 326	麦 328	麦 328	麦 328
府 329	蒲 329	禹 329	变 331	辇 332	辇 332	辇 332
孝 332	亜 333	亜 336	变 336	重 336	连 337	弥 337
弥 337	弥 337	弥 337	亮 338	炙 339	绵 339	兔 340
母 341	民 342	民 342	名 344	名 343	名 343	名 344
名 344	名 344	明 344	明 344	明 344	明 344	朋 344

414	417	417	418	418	418	419
419	419	419	419	419	419	420
420	420	420	422	422	422	422
425	425	427	427	430	431	431
432	432	433	433	435	435	435
436	437	437	439	440	441	441
441	441	441	441	443	443	443
444	445	447	447	447	448	448
448	448	448	449	449	450	451
451	451	451	451	452	453	453
454	454	454	454	454	454	455
455	455	456	456	456	457	457
458	458	458	458	458	459	460
460	461	461	462	462	463	463
466	466	466	466	466	466	466
467	467	467	468	468	468	468
468	468	469	469	469	469	469
470	472	472	472	473	474	474
474	474	475	475	475	475	476
476	476	477	477	477	478	479
480	481	481	482	483	483	485

486	487	487	488	489	489	490
490	490	490	491	491	491	491
491	491	491	492	492	492	492
492	493	493	494	494	494	494
495	495	495	495	496	497	497
498	498	499	499	501	501	506
506	506	506	507	507	507	507
507	507	508	509	509	510	510
510	511	514	514	514	514	514
518	518	518	518	518	519	519
521	521	521	521	523	523	525
525	525	525	528	534	534	534
534	535	535	535	536	536	536
539	575	540	540	540	540	540
540	543	543	543	543	543	543
543	543	543	543	543	546	547
547	547	548	548	548	548	548
548	548	548	548	548	548	548
548	548	548	548	549	549	549
549	549	549	549	550	552	552
553	553	553	553	553	552	554

555	556	558	559	560	560	560
560	560	561	562	563	563	564
564	564	564	564	564	566	568
568	568	568	568	568	569	569
569	569	569	569	569	569	569
571	571	572	572	572	572	572
573	574	574	574	575	575	575
576	577	578	578	578	578	578
578	578	580	580	580	580	582
582	582	585	586	588	588	588
588	588	588	588	588	588	590
590	590	590	590	592	592	593
593	594	594	594	595	595	595
597	597	597	597	597	597	597
597	597	598	599	600	600	600
601	602	604	605	605	605	605
605	605	605	605	611	611	611
611	611	611	611	611	611	611
612	612	616	619	619	619	620
620	620	620	621	621	621	622
625	626	626	627	627	627	627

征 694	正 695	政 696	支 697	支 697	支 697	支 697
郓 698	知 698	知 698	走 699	治 701	治 701	忠 706
至 701	至 702	至 702	走 703	竹 703	治 703	忠 706
忠 707	州 710	州 710	州 710	竹 713	竹 713	以 713
初 713	竹 713	小 713	主 714	主 714	主 714	主 714
丰 714	伫 714	圭 714	主 714	主 714	主 714	形 715
佼 715	佮 715	壮 719	壮 719	壮 719	戎 719	壮 719
壮 719	壮 719	妆 720	忐 720	邑 721	迊 721	自 727
自 727	目 727	怂 729	志 729	迊 729	绝 729	走 730
祖 731	足 731	足 731	足 731	足 731	足 731	足 731
卒 731	尔 733	卯 734	左 734	左 734	左 734	左 734
仿 735	伶 735	仿 735	仿 735	作 736	作 736	依 736
优 736	佬 736	伧 736	伧 736	作 736	坐 737	坐 737
坐 737	坐 737					

六畫

㕭 1	㼉 1	阿 1	阿 1	安 3	安 3	荣 4
荜 4	㮍 4	㧁 6	百 8	百 8	百 8	百 8
百 8	杈 9	伴 10	邦 10	邦 10	邦 11	邦 11
邦 11	抱 12	抱 13	非 14	邦 14	非 14	季 15
敉 16	扵 16	扷 16	敉 16	敉 16	卆 17	敉 19
敚 19	必 19	妙 19	妤 20	刑 24	表 25	表 25

100	100	101	101	101	101	102
102	102	102	102	103	103	104
104	104	104	105	105	105	106
109	109	109	110	110	112	113
113	113	113	113	113	113	114
115	115	115	115	118	118	120
120	120	121	122	122	123	124
126	126	126	126	126	130	130
130	130	130	130	130	130	130
130	130	131	131	131	131	131
131	131	131	131	132	132	134
134	135	135	135	136	136	138
138	138	138	138	138	139	140
140	140	140	140	140	140	141
141	141	142	142	142	142	143
145	145	146	146	146	146	146
146	149	149	149	149	149	149
149	149	150	151	151	151	151
151	151	151	153	160	160	154
154	154	158	160	160	160	160
161	162	162	162	162	163	163

227　228　228　229　229　231　232
232　232　232　232　233　233　233
234　234　234　234　234　235　236
236　237　238　241　241　241　241
241　241　242　244　244　246　246
247　249　249　249　250　250　252
252　253　253　259　261　261　263
263　263　264　264　264　266　267
266　267　268　268　269　270　271
272　272　272　272　272　272　272
272　272　272　273　275　275　280
280　280　284　284　284　284　284
284　284　284　284　284　284　284
286　286　287　287　287　287　287
287　287　287　287　288　288　288
288　288　291　291　291　291　291
291　293　293　294　294　295　297
297　297　297　299　300　300　300
302　302　302　303　303　303　303
305　305　305　305　306　307　307
309　309　309　309　309　310　310

376　375　376　376　376　377　378
379　379　380　381　381　381　382
384　384　384　384　384　385　386
386　386　387　387　387　387　388
389　389　390　391　391　391　391
391　391　391　392　392　393　393
394　394　395　395　396　398　398
398　398　400　400　400　400　401
401　402　402　407　408　408　381
410　410　410　410　411　412　413
413　413　413　413　413　413　413
413　414　415　417　417　417　417
417　418　418　418　418　420　420
420　423　423　423　423　424　424
425　425　425　426　426　426　427
427　427　427　427　427　430　430
430　430　430　430　430　431　432
432　432　432　433　433　433　434
435　435　435　436　436　438　438
438　438　438　438　439　440　440
440　440　440　441　442　442　442

442	443	443	443	443	443	444
446	449	449	449	449	449	450
450	450	451	451	451	451	451
452	452	453	453	454	456	456
457	457	457	458	459	459	459
459	459	459	459	459	459	460
460	461	461	462	462	462	462
462	463	463	463	463	463	463
463	463	464	464	465	465	465
466	466	466	466	467	467	467
467	467	467	467	471	471	471
471	472	472	472	475	475	475
476	476	478	478	478	478	478
478	478	479	479	480	481	481
482	482	482	483	483	486	486
487	487	488	489	490	491	490
491	491	493	493	493	493	493
494	494	494	494	496	495	495
496	496	496	496	496	496	499
499	499	500	500	501	501	501
505	505	506	506	506	506	506

所 507	所 507	所 507	所 507	所 507	所 507	所 507
所 507	所 508	所 509	逃 514	逃 514	桃 514	所 518
而 518	而 518	所 518	東 518	所 518	麻 518	所 518
首 519	怡 520	怡 521	作 521	作 521	作 521	亭 523
亭 523	亭 523	亭 523	通 524	須 525	秃 529	同 525
铜 526	铜 526	頃 528	頃 528	須 528	外 536	吐 530
讫 533	陀 534	诧 534	外 536	外 536	诸 540	孙 575
祥 539	往 539	诖 539	注 539	往 540	妾 540	往 540
读 540	註 540	註 540	妾 540	妾 540	危 541	妾 540
妾 540	妾 540	桌 540	垂 540	危 541	危 541	危 541
危 541	为 543	为 543	为 543	为 543	为 543	为 543
为 543	为 543	雅 545	遣 545	尾 546	尾 546	尾 546
尾 546	尾 546	尾 546	尾 546	尾 547	妾 547	妾 547
住 548	侮 548	辰 548	鸢 549	为 549	汉 552	阅 552
西 549	倒 550	尉 550	射 550	财 550	卧 554	汗 555
河 553	问 553	光 554	我 554	戒 554	证 556	吾 556
汗 555	涛 555	鸟 555	鸟 555	岳 555	芳 558	任 559
吾 556	吴 556	毒 557	毒 557	毒 557	武 560	走 560
任 559	任 560	任 560	他 560	作 560	物 562	物 562
民 560	民 560	武 561	武 561	武 561	西 564	忘 566
物 562	物 563	物 563	西 564	西 564	西 564	

618	619	619	619	619	620
620	621	621	621	621	621
621	622	623	625	625	626
626	626	626	626	626	626
626	627	626	627	627	627
627	627	628	628	628	630
633	633	633	634	634	634
639	639	640	640	641	642
644	645	645	645	645	645
649	649	649	649	649	649
649	649	649	651	651	651
655	655	658	660	660	660
662	662	662	662	662	663
664	664	665	665	665	665
665	665	665	665	666	666
666	667	670	670	670	671
671	671	671	671	671	671
671	671	671	672	672	673
673	674	677	677	677	677
677	681	681	681	681	681

681　681　682　682　682　682　682

682　682　683　683　683　684　686

687　687　687　687　687　687　688

688　688　688　688　689　690　690

691　694　694　694　694　695　695

697　698　698　698　698　699　701

701　701　701　702　702　702　702

703　703　706　706　706　706　706

707　707　707　709　709　709　709

709　710　710　710　710　710　711

711　711　711　712　712　712　713

713　713　713　713　713　713　713

715　715　715　715　715　715　715

715　716　716　719　719　719　719

719　719　719　719　719　719　720

720　720　721　721　721　721　721

722　723　725　725　725　726　726

726　726　726　726　726　726　726

726　727　727　727　727　727　728

729　729　729　729　729　729　730

730　730　731　731　731　732　732

你₇₃₄ 作₇₃₄ 昨₇₃₄ 佐₇₃₅ 佚₇₃₅ 作₇₃₆ 作₇₃₆

你₇₃₆ 依₇₃₆ 彼₇₃₆ 优₇₃₆ 作₇₃₆ 住₇₃₆ 延₇₃₆

延₇₃₆ 佺₇₃₆ 坐₇₃₇ 坐₇₃₇ 坐₇₃₇ 座₇₃₇

七畫

阿₁ 阿₁ 哀₂ 岸₂ 岸₂ 案₄ 案₄

枭₄ 枭₄ 柴₄ 裹₄ 業₄ 素₄ 柳₆

捌₆ 扮₇ 弥₉ 极₉ 伴₁₀ 佾₁₁ 保₁₁

佯₁₁ 保₁₁ 休₁₂ 裏₁₂ 报₁₂ 報₁₃ 甲₁₄

甲₁₄ 甲₁₄ 被₁₆ 禊₁₆ 備₁₆ 彼₁₈ 陂₁₈

彼₁₈ 閇₁₉ 婢₂₀ 娜₂₀ 辨₂₀ 佯₂₀ 費₂₀

遣₂₂ 達₂₂ 表₂₅ 表₂₅ 別₂₅ 別₂₅ 別₂₅

別₂₅ 別₂₅ 別₂₆ 副₂₆ 別₂₆ 別₂₆ 別₂₆

冰₂₇ 冰₂₇ 沐₂₇ 兵₂₇ 兵₂₇ 兵₂₇ 並₂₇

兵₂₇ 兵₂₈ 兵₂₈ 並₂₉ 波₃₀ 波₃₀ 波₃₁

伯₃₁ 伯₃₂ 伯₃₂ 帛₃₂ 帛₃₂ 駁₃₃ 濤₃₃

狁₃₃ 連₃₃ 連₃₃ 連₃₃ 連₃₃ 連₃₄ 步₃₆

步₃₆ 怖₃₆ 怖₃₇ 怖₃₇ 薄₃₅ 材₃₉ 材₃₉

胱₃₉ 財₄₀ 茶₄₁ 茶₄₂ 蒼₄₂ 倉₄₃ 倉₄₃

慘₄₄ 傷₄₄ 曹₄₄ 曹₄₅ 曹₄₅ 重₄₅ 曾₄₇

曹₄₅ 曹₄₅ 草₄₃ 草₄₃ 尊₄₆ 獨₄₇ 長₅₂

曹₄₇ 羑₄₉ 產₅₁ 昌₅₁ 長₅₁ 長₅₂ 長₅₂

常 52	常 52	場 53	敖 54	率 54	車 54	車 54
車 55	車 55	辰 56	辰 56	辰 56	辰 56	稱 58
緒 58	成 58	庶 58	承 59	承 59	承 59	城 60
城 60	城 60	城 60	城 60	來 61	程 61	匙 62
赤 63	赤 64	赤 64	赤 64	赤 64	尚 64	点 64
勅 64	朝 65	崇 67	崇 67	崇 67	皇 67	初 70
亞 67	紬 68	綢 68	網 68	矗 69	出 69	震 70
楲 70	黍 71	辰 72	畜 72	為 72	震 72	震 72
窗 73	舟 73	串 74	床 74	床 74	吹 74	垂 75
辭 77	辭 77	此 78	刺 80	刺 80	忿 80	慈 81
忿 81	從 81	從 81	從 81	從 82	從 82	從 82
待 88	蓬 88	單 90	但 91	當 92	嘉 92	到 93
到 93	道 94	道 94	道 95	道 95	得 96	得 96
浮 96	得 97	得 97	得 97	得 97	徒 98	等 99
等 99	等 99	等 100	等 100	等 100	等 100	等 100
等 100	等 100	等 100	等 100	等 100	秋 102	兵 102
底 103	駒 103	地 103	弟 104	弟 104	弟 104	弟 105
遞 105	遞 105	墊 106	典 106	典 106	典 107	佃 107
佃 107	敢 107	踔 109	綜 109	蹲 109	縣 109	條 110
林 110	條 110	綠 110	川 110	綠 110	條 110	定 113
東 114	素 114	兗 115	兗 115	訢 117	豆 117	豆 117

118	118	118	118	119	119	120
120	120	120	120	121	122	122
123	123	123	123	123	124	124
125	125	128	129	130	130	130
130	130	130	132	133	133	133
134	134	134	134	134	135	135
135	135	135	135	135	136	137
138	139	140	141	142	143	146
146	146	146	146	147	147	147
147	148	148	148	150	150	150
150	150	151	153	153	153	153
153	153	154	154	154	154	155
155	156	158	159	160	160	161
161	161	161	161	161	162	162
163	164	164	164	164	165	167
167	167	167	167	167	168	168
168	169	170	171	171	171	172
172	172	173	174	174	176	176
177	177	179	179	180	181	181
183	184	186	186	189	189	189
190	190	191	191	191	192	193

窊 254	充 254	玖 256	玫 256	玫 256	頂 256	鴦 258
妬 259	臽 259	肙 259	肙 259	焉 259	卷 259	卷 261
具 261	臭 261	具 261	具 261	絢 263	卷 263	卷 263
頍 264	甆 265	均 265	君 265	君 265	晨 265	君 265
羣 266	軍 266	軍 267	邸 268	峻 268	開 269	開 269
洌 269	鐥 269	勒 270	抌 252	亮 274	恪 274	膏 275
客 275	陽 275	䂊 275	陽 275	祿 275	肯 275	空 275
肯 275	空 276	空 276	空 276	空 276	空 276	空 276
恐 277	枯 277	苦 278	挤 279	快 279	會 279	會 279
欯 280	狂 280	狂 280	狂 280	狂 281	揩 282	刾 283
来 284	来 284	来 284	柔 284	来 284	来 284	来 284
来 284	郎 285	尔 286	邦 286	卸 286	若 288	若 288
浪 286	浪 286	走 287	走 287	春 288	利 294	雷 289
冷 290	里 292	里 292	走 293	利 294	兩 294	刺 294
連 296	良 298	良 298	良 298	良 298	綾 300	綾 300
裏 301	虎 301	險 304	陵 304	綾 305	綾 305	綾 305
綾 305	凌 305	領 306	領 306	領 306	綾 307	鹿 307
唐 307	留 308	流 309	流 309	剗 310	粼 311	陸 312
陸 312	陸 312	媚 314	呂 318	呂 318	拾 318	康 319
北 320	瞎 320	渭 322	語 322	稻 322	冷 322	絡 324
馬 326	馬 326	馬 326	買 327	買 327	麦 327	麦 328

390	390	391	391	391	392	392
392	393	393	393	394	395	395
396	396	396	396	397	397	397
397	397	397	397	397	398	398
400	400	400	400	400	400	400
401	401	401	401	401	402	402
404	404	404	404	406	407	407
407	407	407	408	411	412	412
412	412	412	413	413	413	413
414	414	416	417	417	417	417
417	417	417	418	420	420	420
418	418	420	420	420	421	422
423	423	426	430	431	431	431
431	431	431	431	432	434	435
435	435	435	407	436	438	438
438	438	438	439	442	442	442
443	443	443	443	443	443	443
443	443	444	444	445	446	449
449	449	451	451	451	452	452
455	455	455	458	458	458	458
458	458	459	462	462	463	463

徍 540	社 540	叙 540	危 541	危 541	危 541	危 541
威 541	威 541	威 542	危 542	危 542	危 542	危 542
威 542	威 542	威 542	为 543	为 543	为 543	为 543
唯 544	作 544	唯 544	隹 545	逭 545	逮 545	尾 546
尾 546	尾 546	尾 546	尾 546	尾 546	委 547	委 547
委 547	住 548	浪 548	射 549	肘 550	倒 550	射 550
饱 551	咽 552	闲 552	河 553	问 553	我 554	我 554
我 554	我 554	我 554	戒 554	我 554	栽 554	乗 554
秉 554	我 554	卧 555	卧 555	卧 555	浮 555	鸟 555
鸟 555	鸟 555	鸟 555	鸟 555	吾 556	吾 556	吾 556
吾 556	吾 556	吴 556	美 556	美 556	美 556	吴 557
委 557	毎 557	毎 557	毎 558	武 560	武 560	武 560
主 560	武 560	武 560	武 560	武 560	武 560	武 560
武 560	武 561	武 561	武 561	武 561	武 561	坞 561
物 562	物 562	物 562	物 562	物 562	物 562	鸦 563
希 564	希 565	斎 565	昔 565	息 565	息 566	惢 566
惢 566	志 566	喜 567	惠 568	惠 568	妻 568	系 569
猍 570	狹 570	狹 570	限 570	陉 570	夏 571	夏 571
夏 571	限 573	偭 574	限 574	限 574	陋 574	脉 575
那 575	那 575	相 576	相 576	相 577	相 577	香 577
绑 577	卿 578	祥 579	项 580	孝 582	孝 582	孝 582

662	662	662	662	662	665	665
665	665	665	665	665	665	665
666	666	666	667	667	667	667
669	669	669	671	671	671	671
674	674	675	675	678	678	678
679	679	679	679	680	680	680
680	680	680	681	681	681	681
681	681	681	681	682	682	683
683	684	684	684	685	685	685
686	686	686	686	686	687	687
688	688	688	688	688	688	688
688	690	690	691	691	691	692
694	696	696	696	696	697	698
698	698	698	698	699	699	699
699	699	700	701	701	701	702
702	702	702	703	703	703	703
703	703	703	703	703	706	706
706	706	710	710	710	713	713
713	714	715	715	715	715	715
715	715	715	715	715	715	715
715	715	715	715	716	716	716

716　716　716　719　719　719　719

719　719　719　719　719　719　719

720　720　720　720　720　720　720

720　720　720　720　721　721　721

722　722　722　722　722　722　723

723　723　724　724　724　725　725

725　725　725　727　727　728　728

729　729　729　729　729　730　730

731　731　732　732　732　732　733

733　733　733　734　734　735　735

735　735　735　735　736　736　736

736　736　736　736　736　736　737

737

八畫

2　2　2　2　2　4　4

4　4　4　6　6　6　6

7　8　9　9　9　11　11

11　11　12　12　13　13　13

15　15　15　15　15　15　16

22　16　16　16　16　21　22　18

19　20　20　20　　21　22　23

23 24 25 25 25 26 27
29 29 29 30 31 32 32
32 32 33 33 34 37 37
37 37 37 37 39 40 41
41 42 42 42 42 43 43
46 46 46 47 47 48 48
48 48 49 49 49 50 50
50 51 53 54 56 57 57
57 58 59 59 59 60 60
60 60 60 61 61 62 62
63 63 63 63 63 64 64
65 65 66 67 67 67 68
69 70 70 71 71 71 71
72 72 72 73 74 74 75
75 75 75 77 80 80 81
81 81 82 82 84 86 87
87 87 87 87 88 89 89
89 89 90 90 93 93 93
94 95 95 96 96 96 96
97 97 97 98 98 98 99
99 99 99 99 100 100 101

174	174	174	175	176	177	177
177	177	178	179	179	180	180
180	180	181	181	181	181	181
183	183	189	189	190	190	190
191	191	191	193	193	193	193
193	193	194	194	195	195	196
196	196	196	197	197	198	199
199	199	201	202	202	203	206
206	206	206	206	207	207	207
207	208	208	209	209	209	209
212	212	213	213	213	214	214
215	216	216	216	217	218	218
218	219	219	219	220	220	224
224	224	225	227	227	227	227
229	229	229	230	232	232	233
233	233	234	235	235	236	236
236	236	236	237	237	237	238
238	238	239	239	242	242	242
244	244	245	245	246	246	247
248	249	249	249	249	249	249
249	249	249	249	249	249	249

310	310	310	310	311	313	314
315	316	316	317	318	319	319
319	320	320	321	322	323	323
324	327	327	327	327	328	329
329	329	329	329	330	330	331
331	332	332	332	332	332	333
334	335	335	336	338	338	338
339	340	341	341	344	344	345
345	345	345	347	348	348	348
348	349	349	350	350	352	353
353	355	355	356	356	358	359
359	359	360	360	363	363	364
365	367	367	369	369	372	373
373	373	374	374	374	373	374
374	375	375	375	375	376	376
376	376	376	377	377	378	382
383	383	383	383	383	383	383
383	384	383	384	384	384	386
386	386	386	386	386	386	386
387	387	387	388	388	388	388
389	389	390	389	391	391	393

契 393	洽 395	前 397	前 397	前 397	前 397	前 397
前 397	前 397	前 397	前 397	前 397	前 398	乾 398
鉗 399	錢 400	錢 400	錢 400	錢 400	錢 401	錢 401
羌 403	隄 403	妾 405	妾 405	妾 405	妾 405	怯 405
青 407	青 407	青 407	青 407	清 409	請 409	清 410
情 410	慶 411	慶 411	罄 411	秋 412	秋 412	秋 412
秋 412	柴 414	柴 414	駆 415	柴 416	柴 416	柴 416
柴 416	柴 416	梁 416	県 416	柴 416	柴 416	榮 417
取 417	取 417	取 417	取 417	取 418	取 418	取 418
取 418	鼠 418	取 418	取 418	取 418	要 419	泉 420
泉 420	泰 421	素 421	勒 421	湖 421	帯 422	素 422
謀 424	若 425	忍 426	容 430	襄 430	知 432	若 435
若 435	若 435	善 435	書 436	善 436	參 438	桑 439
桑 439	善 444	善 444	善 445	商 446	甚 446	舍 449
財 449	神 452	書 453	審 453	甚 453	甚 453	復 453
繩 455	省 456	脊 456	乘 456	刺 456	刺 457	晟 456
畏 456	咠 456	壁 458	施 458	若 462	拾 462	拾 462
若 462	咠 462	食 462	食 462	食 463	峙 463	時 463
時 464	駘 467	藏 465	使 466	使 466	使 467	後 467
始 467	是 467	畢 470	侍 471	侍 471	侍 471	侍 471
是 471	是 472	越 472	斷 473	遇 473	首 476	受 476

受 476	受 476	授 477	壽 477	壽 478	綬 478	書 479
書 479	書 479	屬 482	恕 483	庶 483	庶 483	樹 485
署 481	泚 482	順 487	順 487	祖 488	翔 488	斯 491
淮 486	頲 487	思 490	思 490	思 490	慕 498	菽 499
秫 490	聮 495	送 497	訟 497	道 497	蘇 498	薩 499
素 499	素 499	速 499	速 500	宿 500	宿 500	宿 500
覃 500	軍 501	掌 501	尊 501	訴 501	訴 501	隨 502
隨 503	隨 503	隨 503	道 503	隨 503	遁 503	遂 503
遂 503	逐 503	遂 503	孫 505	孫 505	孫 505	遜 506
所 506	所 506	酢 507	素 508	蕭 509	素 509	遠 509
素 509	泰 511	泰 511	泰 511	負 512	星 512	唐 513
唐 513	桃 514	桃 514	桃 514	陶 515	陶 515	盃 515
脘 516	忝 519	姱 519	怗 520	亭 522	亭 523	亭 523
庭 523	通 524	逳 524	逳 525	統 526	弒 526	倫 527
陸 527	納 528	碵 528	轂 528	徒 5299	玼 529	香 528
發 529	奭 529	起 529	笑 529	陀 534	总 529	圉 531
月 531	退 532	祀 532	睆 533	威 541	琉 536	桂 539
祉 539	空 539	庑 541	威 541	威 541	風 542	威 542
威 542	威 542	威 542	威 542	威 542	風 542	逵 542
焉 543	為 543	惟 544	作 544	惟 545	谘 545	逵 545

610　610　613　614　614　615　616

616　616　616　616　616　616　616

616　616　616　616　617　618　619

619　619　619　619　620　620　620

620　621　621　622　622　623　628

628　628　628　628　629　631　632

634　634　634　634　635　636　636

636　636　637　638　638　639　641

641　642　642　643　644　646　647

647　647　647　647　647　647　648

648　648　648　648　649　649　649

650　651　651　652　654　654　654

654　654　654　654　655　655　655

655　656　657　658　658　658　658

659　659　659　660　660　660　660

661　662　662　662　662　662　662

663　663　663　665　665　666　666

667　667　667　667　667　667　667

669　669　670　670　672　672　672

672　673　674　674　674　675　675

675　675　678　678　679　679　679

章 680	張 680	張 680	張 680	張 680	長 680	陝 681
長 681	張 681	長 681	長 682	長 682	長 682	長 682
長 683	悵 684	悵 684	招 684	招 684	趙 684	趙 685
趙 685	趨 685	趄 686	鈺 686	趄 686	趄 686	趙 686
趙 686	遠 686	楮 687	弥 689	詫 688	詫 688	者 688
者 688	珠 689	你 689	珠 689	貞 689	貞 689	貞 689
夏 690	枕 691	寂 691	振 692	振 692	振 692	陳 692
後 694	倒 694	寂 694	政 695	政 696	政 696	鄭 696
知 697	知 698	直 699	直 699	直 699	姪 699	值 699
執 700	紙 701	治 703	治 703	治 703	淮 703	沿 703
制 703	制 703	制 703	制 703	制 703	袟 704	茄 705
衷 705	忠 706	忠 706	卷 706	書 707	眾 708	周 710
周 710	周 710	周 710	周 710	周 710	用 710	周 710
周 710	咒 711	笠 713	笠 713	笠 713	逆 713	逐 713
逐 714	逐 714	逑 714	注 716	注 716	注 716	注 716
注 716	淫 716	漢 716	概 716	專 717	享 717	延 720
眼 720	進 720	進 720	進 720	進 720	退 720	退 720
准 721	准 722	進 722	程 722	捉 722	捉 722	程 722
藍 723	蕊 723	岳 723	堂 724	建 724	建 724	語 724
謎 724	宗 727	宗 727	宗 277	宗 727	宋 727	宋 727
宋 727	宋 727	趣 729	總 729	總 729	趣 729	總 729

從 729	從 729	從 729	聦 729	奏 730	厹 730	祖 730
祝 730	祖 731	祖 732	章 732	罘 733	罪 733	眔 733
尊 734	旺 734					

九畫

衰 2	春 2	芍 2	諓 4	柰 4	柒 4	秦 4
柴 4	枲 4	茶 4	耕 5	耕 5	柳 6	柳 6
柳 6	樹 6	柳 6	柳 6	柳 6	校 7	跋 7
孫 9	孫 9	保 11	保 11	保 11	寶 12	報 13
郭 13	盃 13	倍 15	倍 15	被 15	被 15	被 15
柀 16	偁 16	俗 16	革 17	鼻 18	單 18	畢 19
婶 20	婶 20	追 22	遍 22	遍 22	遍 22	夏 22
便 23	便 23	便 23	遍 23	遍 23	遙 23	覆 24
重 24	㡀 26	病 30	皎 31	拼 31	勃 32	捕 34
捕 34	捕 34	補 34	補 34	部 37	那 37	郡 37
部 37	脊 38	溝 38	廆 38	廆 38	眿 40	肺 40
財 40	裁 40	羨 40	群 40	莱 40	草 41	業 41
倉 43	蔵 43	曹 44	曹 44	曺 45	草 45	草 45
草 45	草 46	草 46	草 46	芛 46	側 46	側 46
査 48	釵 49	釵 49	釵 49	牒 49	牒 49	威 51
閒 51	衰 52	常 52	帶 52	書 52	復 53	煬 53
煬 53	敖 54	劐 55	陳 56	廆 56	逛 57	舞 57

145	145	145	146	146	146	148
149	149	152	154	154	155	155
158	159	159	161	162	163	164
165	165	167	169	170	173	176
179	179	179	179	179	180	180
183	184	184	184	184	185	186
186	186	187	187	191	191	191
192	193	193	193	193	194	195
195	196	197	200	201	202	203
204	204	204	204	204	204	205
205	206	206	206	209	210	210
212	212	212	212	212	217	218
219	219	220	220	220	220	221
221	222	222	222	222	223	224
224	224	224	225	227	229	229
229	230	231	232	232	232	233
234	234	235	236	236	237	238
239	239	240	242	242	242	242
242	242	242	244	244	245	246
247	248	248	248	249	249	249
250	251	251	251	254	256	256

341	342	343	343	346	347	347
347	348	349	349	349	349	350
350	353	356	356	356	356	356
356	357	357	357	358	358	359
359	359	360	360	361	363	363
363	364	365	365	365	365	366
366	366	367	367	373	373	375
375	375	378	378	380	381	381
382	382	382	382	383	383	384
384	385	386	385	387	387	387
388	389	389	393	393	393	393
393	393	393	393	393	393	393
393	393	394	394	396	397	397
397	397	397	397	397	397	397
398	398	398	398	398	398	398
398	398	399	399	399	399	400
401	402	402	402	403	404	408
408	408	408	408	409	409	409
409	409	409	409	409	409	410
410	410	410	410	410	410	411
411	411	411	411	412	412	412

趨 415	駃 415	㷀 416	涤 416	熱 416	泉 420	泉 420
羨 421	羣 422	熒 423	溓 424	熱 425	熟 425	容 430
容 430	容 430	容 430	弱 436	降 437	善 438	善 440
婆 440	善 444	善 444	善 444	善 444	善 444	善 444
善 444	善 444	傷 445	奉 448	蚘 448	閒 4448	救 450
桑 451	神 452	神 452	神 452	甚 453	慎 453	順 453
乘 456	乘 456	咸 456	罪 458	師 459	施 461	術 461
食 462	食 462	食 462	時 463	時 463	實 463	實 464
審 465	贇 465	識 465	識 465	使 467	徙 467	事 470
事 470	是 471	是 471	視 472	契 473	適 473	耍 476
緣 477	壽 477	殊 478	書 479	耆 479	屬 482	數 479
疏 480	蹄 480	毗 482	甎 482	舉 482	頌 488	數 484
鼓 484	順 487	說 488	甎 488	頌 488	碩 488	思 490
思 490	辭 494	辟 495	嗣 495	送 496	蓴 498	荐 498
荐 498	穪 498	頹 499	遠 499	速 500	宿 500	栗 500
隨 503	遂 504	研 504	歲 504	歲 504	歲 504	歲 504
威 504	歲 505	歲 505	孫 505	孫 505	孫 505	傷 505
娑 506	婆 506	棠 508	素 508	素 508	帶 509	塔 510
泰 511	奉 511	炭 513	唐 513	桃 514	桃 514	陶 515
閬 515	討 515	特 515	辨 517	悌 517	遞 517	敨 519
滌 520	隊 520520	條 520	條 520	悌 522	聚 522	亭 522

523	523	523	523	523	523	523
523	523	523	524	524	524	524
524	524	524	524	526	527	527
527	527	529	529	529	529	529
529	531	531	531	532	533	533
533	534	535	535	535	537	541
541	541	541	541	541	541	541
542	542	542	542	542	543	543
543	543	544	544	544	544	545
545	545	545	545	545	546	546
547	547	547	548	549	549	549
549	550	555	555	555	556	557
557	557	557	560	560	561	563
563	563	565	565	565	566	566
567	567	568	568	568	568	570
570	571	571	571	571	571	573
573	573	573	575	576	576	576
576	577	577	577	578	579	579
579	579	580	581	581	582	584
584	585	585	585	586	586	586
586	586	586	586	586	586	586

星 586	興 587	興 587	易 587	省 589	幸 589	胃 590
胥 590	終 591	徙 591	備 591	循 591	袖 592	竦 592
慮 593	雷 593	虜 593	座 593	須 593	洎 594	涌 594
頊 594	圓 594	須 594	條 595	恤 595	罰 596	叙 596
叙 596	偖 596	宣 596	宣 596	筌 597	宣 597	軒 597
雪 599	書 599	尋 600	庹 602	晌 603	焉 603	焉 603
焉 603	鳥 603	研 606	葳 607	嚴 607	晏 608	焌 609
陽 610	梅 610	梅 610	霄 613	胃 613	要 614	要 614
勞 614	耶 615	找 616	倪 617	素 617	素 617	業 618
業 618	畫 620	晝 620	敦 623	和 623	清 623	晝 628
易 628	易 628	徹 629	達 629	義 631	義 631	義 631
義 631	敧 631	殷 632	臺 632	群 633	音 634	覽 635
藍 635	藍 635	賈 635	銀 636	銀 636	銀 636	銀 636
銀 636	銀 636	歆 637	退 637	除 637	甕 638	亩 639
戀 639	膚 641	廎 641	勇 642	勇 642	勇 642	要 643
要 643	憂 643	遊 644	遊 644	雷 646	祐 647	秋 647
秋 647	猶 647	歌 648	誘 648	楜 650	條 651	禹 651
禹 652	語 654	欲 654	愬 654	欲 654	歆 654	敞 654
欲 655	歌 655	郯 655	御 655	御 655	預 656	狄 656
覓 656	垣 657	裒 658	茵 658	茵 659	貞 658	掾 659
縮 659	傑 659	首 659	首 659	首 659	遠 660	遼 660

660　660　660　660　661　661
662　6620　662　662　665　665
666　666　667　667　667　669
669　670　670　672　672　672
672　672　673　674　674　674
674　674　674　675　675　675
675　676　676　676　679　680　680
680　680　680　680　681　681　681
681　683　684　684　684　684　684
684　684　685　685　685　685　685
686　686　686　686　686　686
686　687　687　688　689　689　689
689　691　691　692　692　694
694　695　695　697　701　701　701
703　703　704　704　704　705　705
705　707　707　707　708　708　708
708　708　710　711　711　712　712
713　713　714　716　716　716　716
716　716　717　717　717　717　717
718　718　720　720　721　721　721
721　722　722　722　722　722　722

鷗 723	斐 723	貲 727	恣 727	瓷 727	諧 724	語 724
諮 724	紫 726	訾 726	緵 728	葱 728	怱 728	惣 729
縱 729	縱 729	縱 729	奏 730	奏 730	奏 730	奏 730
奏 730	奏 730	奏 730	祖 730	祖 730	祖 730	祖 730
族 732	族 732	祖 732	祖 732	祖 732	祖 732	祖 732
祖 732	祖 732	祖 732	眾 733	尊 733	尊 734	尊 734

十畫

裒 2	裒 2	愛 2	襃 2	鞍 4	鞴 5	鞴 5
梆 6	梆 6	梆 6	梆 6	梆 6	柏 9	鮑 12
報 13	悖 15	倍 15	倍 15	倍 15	被 16	備 16
賁 17	崩 17	逼 18	鄙 19	畢 19	閉 19	碧 20
逬 22	逬 22	邊 22	逬 22	賦 26	寶 26	秦 28
病 30	病 30	病 30	緯 31	達 33	補 34	補 34
部 37	部 37	財 39	裁 40	裁 40	採 40	菜 40
縈 43	倉 43	倉 43	倉 43	藏 44	曹 44	曹 44
曹 45	草 45	草 45	芎 46	側 47	飯 49	飯 49
旌 50	裨 50	裨 50	産 51	産 51	裳 53	償 53
場 53	朝 54	朝 54	惡 55	陳 56	陳 56	陳 56
晨 57	稱 57	城 60	乘 61	程 61	騁 61	勅 64
懂 66	橦 66	崇 66	裳 66	崇 66	榮 67	棠 67
棠 67	橦 68	塗 71	除 71	戙 71	趣 71	寀 71

72	72	72	72	72	76
76	77	77	77	77	77
80	83	83	83	83	84
86	86	86	86	87	89
90	91	91	91	92	93	94
94	94	95	95	95	95	95
95	96	96	96	96	96	96
97	99	99	100	101	101	104
106	108	108	108	108	108	109
110	111	112	114	114	116	117
117	118	118	118	118	121	121
121	122	122	122	122	123	125
128	128	129	129	129	129	129
131	132	137	137	139	139	141
143	143	143	143	144	145	145
147	147	148	149	154	154	154
154	155	155	156	159	160	160
160	161	161	161	161	161	161
161	163	164	167	167	169	169
172	173	174	176	177	177	178
179	179	180	180	180	180	182

281　282　282　286　286　287　288
288　289　289　290　290　292　295
295　295　296　297　297　297　297
297　297　299　299　300　301　301
301　301　302　302　303　304　304
305　305　306　306　309　309　310
310　310　310　311　311　311　311
312　312　312　313　313　315　315
316　317　317　317　318　318　319
319　320　323　323　325　325　325
329　329　330　331　337　338　339
339　340　341　341　342　343　343
343　343　345　346　347　350　350
350　350　351　352　352　356　357
359　359　359　360　361　365　365
366　367　367　367　366　367　367
367　367　369　371　370　370　373
373　373　374　375　375　375　375
376　376　376　376　380　381　381
381　383　383　384　384　384　389
389　390　390　390　390　390　390

506　508　508　508　508　509　510

510　510　511　512　512　513　513

513　513　513　513　514　514　514

514　515　515　515　515　515　515

515　516　516　517　517　520　520

520　520　520　520　522　522　522

522　522　523　523　524　524　524

524　524　524　524　527　528　529

529　532　533　533　533　535　537

537　537　541　541　541　541　541

541　544　544　544　545　545　545

545　545　545　545　545　545　545

545　545　546　547　547　547　547

547　547　549　549　549　550　551

551　551　552　553　553　553　555

555　556　557　557　561　561　561

563　563　563　565　565　565　565

565　566　566　566　567　567　567

568　568　568　569　571　571　573

573　573　573　574　575　575　576

577　577　579　579　579　579　580

風 656	覓 656	淵 656	負 658	蚖 658	援 658	緣 659
緣 659	緣 659	緣 659	縟 659	菌 659	首 659	首 659
遠 660	遠 660	遠 660	遂 660	怨 661	怨 661	顧 662
願 662	頭 662	鄭 662	怢 666	雲 667	運 667	鄴 669
報 669	幸 670	減 672	釜 673	棗 674	造 674	造 674
甕 674	責 675	賣 675	貴 675	責 675	黑 676	賊 676
賊 676	賊 676	践 676	電 678	躍 678	橘 679	益 679
幸 680	章 680	章 680	張 680	張 680	張 680	張 680
張 681	張 681	掌 683	悵 684	興 685	趙 685	趙 685
趙 686	趙 686	趙 686	拍 687	真 690	真 690	真 690
真 690	真 690	真 690	真 690	真 690	真 690	真 690
禎 691	禎 691	租 691	振 692	振 692	朕 692	朕 692
眎 692	震 692	鈍 693	崴 694	徽 695	馲 696	辧 700
紙 701	致 704	致 704	致 704	智 705	兆 705	塚 707
童 707	衆 708	衆 708	衆 708	衆 708	珠 711	珠 711
珠 711	诸 712	诸 712	指 712	屬 715	庄 716	者 717
傳 718	庄 718	裝 718	裝 718	雅 721	准 721	准 721
准 721	准 721	准 721	准 722	准 722	雀 722	雀 722
雀 722	酌 723	酌 723	酪 727	宵 723	置 724	逞 724
酪 724	谐 724	紫 725	紫 725	紫 726	繁 726	坌 726
像 728	惣 728	惣 728	惣 728	惣 728	怹 729	程 730

俎 730　族 731　旋 731　族 732　旍 732　宗 732　罘 733

罘 733　尊 734　尊 734

十一畫

發 2　班 9　琫 11　郭 13　悲 14　悲 14　責 17

逶 18　㦤 20　碧 21　邊 22　報 24　報 25　賓 26

資 26　棗 28　播 31　做 31　傅 32　博 32　薄 33

補 34　補 34　補 34　補 34　傳 37　傳 37　薄 38

裁 40　裁 40　菜 41　寧 41　棻 41　殘 42　倉 43

藏 44　藏 44　曹 44　曹 44　曹 44　曹 44　曹 44

曹 44　斑 47　曾 47　槎 48　摚 50　摚 51　常 52

常 52　振 52　棖 52　崇 53　場 53　朝 54　陳 56

繇 57　誠 61　馳 62　崇 66　廚 71　慶 72　震 72

傳 73　淳 73　傅 74　嶅 76　慈 76　慈 76　慈 76

繹 77　辭 77　賜 80　從 81　雀 83　崔 83　催 83

措 84　達 86　畬 89　貸 89　舫 90　悼 91　當 91

當 91　鑒 95　盜 95　盜 95　直 95　得 95　徐 98

得 95　得 95　得 95　得 95　德 98　悳 98　徯 98

德 98　德 98　御 101　電 107　彫 107　彫 107　絛 108

絿 109　睦 109　緜 109　董 114　動 115　動 15　動 115

兜 115　端 122　啟 122　新 123　對 125　敔 125　敔 125

頎 125　饋 129　餗 129　腸 129　戢 132　戢 132　罰 134

136	136	137	135135	141	143	145
145	146	146	147	154	155	155
155	155	155	155	156	156	158
158	158	159	160	161	161	162
163	163	168	171	171	173	175
175	176	176	178	178	180	180
181	181	182	185	186	186	186
188	188	190	190	199	200	200
201	202	202	204	204	204	204
204	205	205	208	209	210	210
210	210	211	213	214	217	217
217	218	218	220	221	221	221
222	222	222	222	223	224	225
225	226	226	226	226	226	226
227	230	232	232	235	235	236
236	236	236	236	237	237	237
238	238	239	240	240	241	242
242	244	245	245	247	247	247
248	248	248	248	249	251	251
251	252	252	252	252	252	252
252	253	256	256	256	256	257

就 257	踞 262	隉 263	卷 263	睿 263	懂 263	崛 264
厤 264	僬 267	塔 270	煙 270	耆 271	廉 271	康 271
康 271	康 271	彙 271	家 271	稑 273	誇 279	寬 280
斛 280	歓 280	歓 280	歓 280	歓 280	歓 280	崑 281
賴 285	賴 285	琅 286	梨 290	梨 290	梨 290	雜 291
理 292	理 292	裒 292	裒 292	裹 292	禮 292	連 295
連 296	涼 298	諒 299	量 299	量 299	粮 299	粮 299
根 300	粮 300	賴 300	䉨 304	䩺 304	鬛 305	縷 305
靈 306	領 306	領 306	領 306	留 308	留 308	留 308
畱 308	貓 310	匯 311	陰 312	龍 313	龍 313	龍 313
龍 313	龍 313	漏 314	漏 314	魯 315	鹿 315	麃 315
鹿 315	鹿 315	祿 315	祿 316	䘵 316	路 316	路 316
祿 317	祿 318	祿 319	瓶 320	略 320	暮 320	罪 321
洛 322	落 323	落 323	麻 325	蜜 328	曼 330	猫 334
媚 334	蘼 335	寐 335	廷 335	夢 337	覓 338	羮 339
寐 339	密 339	睿 339	懸 343	懸 343	嗚 345	謀 346
拏 346	宽 346	慕 351	暮 352	善 352	菜 352	繆 352
穆 352	喃 356	難 356	難 357	難 357	難 357	譽 357
震 368	謊 369	槃 372	裴 375	衚 380	貧 381	憑 382
漲 383	鑒 383	菩 384	菩 384	菩 384	菩 384	菩 384
菩 384	蒱 384	蒱 384	甫 384	蕾 385	普 385	普 385

385	385	387	388	388	388	388
390	390	390	390	390	390	391
392	398	398	399	399	399	399
399	399	399	400	400	400	401
403	403	403	403	403	405	405
405	407	408	408	408	408	408
410	410	411	411	411	412	414
414	415	415	415	415	415	416
416	416	419	422	422	422	422
423	423	423	431	431	432	434
435	438	440	441	442	444	444
444	445	447	448	449	452	452
453	457	457	457	457	457	457
457	457	464	465	465	472	473
473	473	477	477	480	480	480
480	481	481	482	482	482	483
484	484	484	484	484	484	484
485	486	487	488	488	491	491
491	491	494	495	495	495	495
497	498	498	500	501	501	501
502	502	504	504	504	506	506

593	593	593	593	594	594	594
594	595	595	595	595	595	595
595	596	596	597	598	598	599
599	599	599	599	600	600	601
601	601	603	603	607	607	608
608	608	609	609	609	610	610
610	612	612	612	612	613	613
613	614	615	615	615	615	617
617	617	620	622	622	622	623
623	623	629	629	629	629	629
630	630	631	631	631	631	631
631	631	632	632	632	632	633
633	634	634	634	634	635	635
635	635	635	635	636	636	636
636	637	637	637	637	638	638
638	638	639	639	639	640	640
640	643	644	644	644	648	650
650	650	650	650	650	651	651
652	652	652	652	652	652	652
652	652	654	654	654	654	655
655	655	655	655	656	656	656

援 658	援 658	源 658	緣 658	緣 659	緣 659	緣 659
緣 659	薗 659	薗 659	遠 660	遠 660	遠 660	遠 660
緣 661	緣 661	頗 661	緣 662	緣 662	轅 666	越 666
樂 666	魚 667	運 667	恆 667	寧 670	事 670	事 670
戟 670	戟 670	後 672	瓶 672	臧 673	臺 673	釜 673
秦 674	電 674	責 675	青 675	責 675	責 675	賣 675
責 675	累 676	增 676	翟 678	翟 678	翟 678	翟 678
翟 678	翟 678	翟 678	賣 678	斬 679	章 680	章 680
章 680	章 680	張 680	張 680	張 680	張 680	彰 682
寧 683	掌 683	帳 683	帳 683	詔 685	詔 685	趙 685
趙 686	趙 686	趙 687	真 690	禎 691	眠 692	鎮 693
領 693	領 693	徵 694	崴 694	徵 694	鄭 696	鄭 696
鄭 696	執 699	執 699	軛 700	戠 700	賦 700	斟 700
紙 701	致 704	時 704	銖 704	智 704	智 704	智 705
稍 705	稻 705	雞 705	膠 705	膺 705	膺 706	衆 708
衆 708	衆 708	衆 708	衆 708	衆 708	衆 708	衆 708
衆 708	紬 710	畫 711	畫 711	渚 712	豬 712	豬 712
臺 714	屬 714	屬 715	屬 715	著 717	著 717	者 717
善 717	裝 718	雕 721	准 721	挽 722	酌 723	酌 723
酌 723	覽 723	貲 723	覽 723	貲 723	置 724	紫 725
紫 725	紫 726	紫 726	業 726	笨 726	愁 728	愁 728

惣 728　惣 728　惣 728　惣 728　揔 728　惩 729　題 732

常 732　眔 733　罥 733　醉 733　尊 733

十二畫

發 2　鞊 3　皷 7　斑 9　飽 12　飽 12　寶 12

報 13　報 13　報 13　暴 13　賣 17　鼻 18　鄙 19

辟 20　弊 21　弊 21　辞 21　趨 22　遍 23　塲 24

祿 25　賓 26　薄 33　薦 33　薄 37　薄 37　尊 37

薄 38　發 41　瓶 43　寔 47　雷 47　寮 48　禪 50

禪 50　緟 50　緟 50　緟 50　襄 52　振 52　腸 52

壽 53　場 53　超 54　朝 54　辯 57　辯 57　段 61

喫 61　墠 62　幢 65　惰 65　愁 68　竇 71　傳 73

傳 74　犀 77　辭 77　辭 77　賜 80　聰 81　推 83

遞 89　單 90　單 90　延 91　當 91　審 91　當 92

道 94　道 94　德 97　德 98　像 98　登 99　真 107

調 108　際 108　置 111　董 114　董 114　董 114　棟 115

兜 115　督 118　覘 119　對 124　敦 125　頓 125　頷 128

惡 128　饑 129　餓 129　貳 132　羨 134　羨 134　羨 134

養 134　筏 134　罰 134　胃 135　驗 136　騃 136　薯 137

斐 138　斄 138　蕘 140　睥 142　費 143　寫 147　福 150

禧 150　釜 151　廁 152　復 155　復 155　渡 155　復 155

窨 156　覆 156　敢 159　孫 165　擎 168　搆 170　燀 171

301	301	305	305	306	306
310	312	312	313	313	313
315	315	316	316	316	317
319	319	319	321	321	321
323	323	327	327	328	329
331	338	339	340	340	341
342	346	346	351	354	357
357	358	358	361	361	367
367	372	373	377	384	385
388	394	394	395	396	396
399	399	399	399	399	399
400	400	400	400	401	402
403	403	405	405	406	406
407	408	408	408	409	409
411	412	414	414	415	415
415	415	416	420	420	421
421	422	424	425	432	433
439	439	440	440	442	442
444	444	450	455	457	457
457	458	464	473	480	481
484	484	484	484	484	484

306	313	317	323	330	341
357	357	367	385	399	399
402	406	409	415	421	434
442	457	481	484		

荷 594	斂 596	縈 596	延 598	學 598	學 598	勦 599
勳 599	勳 600	勳 600	尋 600	嚴 602	嚴 602	雅 603
閻 606	閻 606	敭 607	敬 607	巖 607	叢 607	獸 609
舞 609	楊 610	楊 610	榭 610	養 612	養 612	養 612
議 612	搖 613	葉 614	埶 616	葉 617	業 617	葉 617
葉 617	重 620	損 621	儀 623	遺 623	氣 624	異 629
謡 630	舘 630	意 630	意 630	意 630	義 630	義 630
羲 631	溢 631	勢 631	敦 631	饉 632	恭 632	藝 632
養 632	蓁 632	曜 633	殼 634	殼 634	殼 634	殼 634
隱 634	蔭 635	寅 635	員 635	銀 636	銀 636	銀 636
銚 636	館 636	館 636	飲 637	飲 637	隱 637	隱 637
飲 638	康 638	蔭 639	營 639	營 640	營 640	影 640
庸 641	踊 642	憂 643	優 643	游 644	猶 644	揹 644
猷 644	諛 648	逾 650	瑜 650	揄 650	虞 650	愚 650
餘 651	餘 651	錄 651	蝓 651	興 652	興 652	與 652
與 652	遇 655	喻 655	喻 655	喻 655	獄 656	緣 656
獲 658	源 658	緣 658	緣 658	緣 658	緣 659	緣 659
瀑 659	緣 659	緣 659	菌 659	遠 660	遠 660	緣 661
頗 662	頭 662	慍 667	靴 669	雜 669	載 670	蠹 670
載 670	載 670	載 670	讚 672	瓶 672	臧 673	藏 673
電 674	津 675	搏 675	賊 676	賊 676	臧 676	賊 676

676　676　676　677　677　678　678
678　678　678　678　678　678　678
678　678　679　680　682　683　685
685　685　685　687　687　687　689
689　691　693　693　693　694　694
696　699　699　700　700　700　700
704　704　704　704　704　704　704
704　705　705　705　706　708　708
708　708　708　708　708　708　709
709　709　710　711　711　712　714
714　715　715　717　717　717　717
721　723　723　724　724　724　725
726　726　728　728　728　728　728
733　733　733　733　733　733　733
737

十三畫

3　5　13　17　18　21　21
31　33　33　40　45　47　47
48　50　51　53　53　53　58
65　66　67　68　68　72　72
73　74　75　77　77　77　77

77	77	80	80	82	83	83
89	90	91	91	93	94	97
98	98	98	98	107	108	118
118	119	121	124	124	125	126
128	128	128	132	136	137	137
137	142	143	143	144	147	150
155	156	156	156	156	156	157
157	158	159	160	170	172	175
178	178	179	179	181	185	185
186	186	191	199	200	201	201
201	201	202	202	202	202	203
203	205	206	207	209	211	211
218	222	223	225	226	226	230
230	230	230	230	231	231	233
235	235	239	239	239	240	240
240	240	240	240	245	245	246
246	246	246	246	246	246	246
246	246	246	246	246	246	246
246	246	247	247	248	253	253
253	253	253	253	257	257	257
257	257	257	257	257	257	259

舉 259	舉 260	舉 260	舉 260	樓 262	爵 264	覺 265
覺 265	龕 270	禪 281	量 299	寮 301	療 301	標 394
建 396	練 296	練 297	領 306	龍 313	龍 313	龍 314
牌 304	銳 305	銘 305	魯 315	祿 315	錄 317	錄 317
銳 317	遁 322	落 323	賣 326	歟 335	蒙 335	麾 337
罪 337	摩 346	摩 346	磨 346	熙 348	謀 348	睾 352
魯 352	囊 357	震 368	謫 369	謫 369	落 370	盦 372
飄 380	甯 384	當 385	肅 385	鋪 385	樓 388	感 388
齋 390	齋 390	齋 390	齋 390	齋 390	齊 390	齊 390
貞 390	奇 390	器 394	遷 396	遷 396	謙 396	鉗 399
錢 399	錢 399	錢 399	錢 399	錢 399	錢 399	錢 400
銖 400	遣 401	儒 402	種 403	蠻 403	親 406	親 406
勳 406	慧 407	竅 407	順 408	傾 408	請 409	請 409
巉 410	趨 414	趨 415	趨 415	敗 415	勸 421	勸 421
群 422	群 422	群 422	群 422	讓 424	熱 425	認 427
錦 432	磽 432	濡 434	潤 435	薩 437	塞 437	塞 438
象 439	散 439	瑟 441	僧 441	僧 441	管 442	審 452
審 453	審 453	審 453	審 453	聖 457	聖 457	覽 464
誓 473	誓 473	誓 473	適 473	壽 477	甄 480	畫 481
署 481	數 484	霜 485	肆 494	肆 494	誦 497	誦 497

498　502　504　505　505　506　509
509　509　512　512　512　519　519
520　521　521　524　526　527　527
528　532　532　532　533　537　537
537　537　538　540　542　542　542
542　542　542　542　545　546　546
546　546　546　546　547　549　550
551　551　551　552　552　552　552
552　552　552　561　561　567　568
570　572　573　573　573　574　575
575　576　579　581　582　584　585
585　587　590　593　595　597　598
599　599　599　600　602　603　603
606　606　607　607　607　607　607
608　608　609　609　612　612　613
613　613　617　617　623　623　630
630　630　630　630　630　630　630
630　630　630　630　631　632　632
632　635　635　636　636　636　636
637　637　638　639　639　639　640
640　640　640　640　641　641　641

踴 642　憂 643　憂 643　優 643　優 643　優 643　猶 644

獸 644　諉 648　諉 648　虞 650　愚 650　篽 651　鯀 651

鯀 651　諭 651　蝓 651　興 652　語 653　語 653　語 653

飫 656　愈 656　緣 656　療 658　錄 658　緣 659　緣 659

繳 659　緣 659　遠 660　頹 662　踵 662　槳 666　鄣 669

雜 669　鞚 669　膱 673　臧 673　橐 674　澤 675　樽 675

臧 676　臧 676　增 676　增 676　增 676　繒 677　憎 677

翟 678　崔 678　聟 678　聟 678　瞿 678　翟 678　賣 678

露 679　露 679　鄣 684　逍 685　趙 685　應 686　譖 687

蓝 687　斟 691　臻 691　鎮 692　逮 693　鍵 693　諍 694

諍 694　徵 694　徵 694　證 696　械 700　巗 700　置 705

種 707　種 709　種 709　稻 709　稻 709　稻 709　後 709

稻 709　稻 709　種 709　誅 711　諸 712　諾 712　諾 712

橋 717　資 723　資 723　覽 723　諸 724　諸 724　諸 724

總 728　罪 733　厞 733　尊 733　尊 733　尊 733　尊 733

邊 734

十四畫

鞋 3　頹 5　褐 5　罷 7　鞃 7　鄙 19　歔 21

弊 21　壁 21　過 21　辟 21　辣 24　稟 28　鞝 28

搐 31　駁 32　薦 33　箸 33　樘 33　臻 44　褚 45

蜻 47　緄 50　謠 51　壽 53　償 53　徹 55　塵 57

57	65	65	65	68	68	76
80	80	97	97	98	102	105
106	106	109	112	119	119	119
124	124	125	126	137	142	150
156	156	156	156	156	157	160
175	176	177	178	178	178	190
191	191	198	198	200	200	200
202	205	207	207	209	210	210
211	211	213	213	218	218	221
223	223	223	223	225	225	225
227	227	228	228	230	230	230
230	231	231	231	235	237	239
239	239	240	240	245	245	245
245	245	248	250	250	250	250
250	250	253	253	253	253	254
257	257	258	262	262	262	265
265	268	272	275	281	282	282
283	283	283	285	288	291	295
296	296	296	297	301	303	304
304	304	311	312	313	313	313
314	314	314	315	317	317	317

鮮 572　賢 573　賢 573　獻 576　雜 583　鞋 583　攜 583

廨 584　熊 590　壺 600　雅 603　臂 607　截 607　獻 609

養 612　養 612　養 612　養 612　様 613　様 613　颶 614

業 617　臂 621　儀 623　徵 623　識 623　詣 630　義 630

義 630　億 632　藝 632　癹 632　謀 633　銀 636　隱 637

慮 638　應 638　庭 639　恩 639　營 639　營 639　營 640

營 640　影 640　影 640　膽 640　雍 641　擁 641　庸 641

憂 643　憂 643　優 643　漫 643　優 643　諛 650　讀 650

餘 650　餘 651　餚 651　餚 651　憨 651　諭 651　語 653

語 653　懲 655　療 658　緣 658　緣 658　緩 659　緣 659

鞤 660　顙 662　槳 666　贊 668　雜 669　難 669　賦 673

藏 673　藏 673　橐 674　澤 675　增 676　增 676　增 676

繒 677　憎 677　憎 677　蕞 678　鼉 678　霤 679　邁 687

鏤 692　鑄 692　鎭 692　鎭 693　微 694　鄭 696　戩 700

鏘 700　鏘 700　鯛 700　鏘 700　贄 705　種 707　種 707

種 707　種 709　種 709　種 709　種 709　種 709　種 709

後 709　種 709　種 709　諸 711　誌 712　誌 712　槮 717

輚 718　轉 718　撰 718　持 718　縱 729　尊 733　選 734

十五畫

鞤 3　顙 5　緣 5　鐵 5　鑿 21　骨 21　鞴 23

鞴 24　壽 33　憨 42　藏 43　藏 43　踏 47　囮 47

趙 414　魏 414　趙 414　趙 414　勸 421　讓 424　熱 425

熱 425　橋 433　禱 433　綿 433　禱 434　禱 434　禱 434

絕 434　蓬 437　攝 450　撕 450　聲 455　賾 481　屬 482

數 484　樹 485　樹 485　難 502　險 510　辦 519　調 520

驅 522　頭 527　絕 534　然 550　衛 550　衛 550　衛 550

衛 550　衛 550　衛 550　衛 510　衛 551　衛 551　衛 551

謂 551　謂 551　謂 551　魏 551　魏 551　魏 551　嬉 566

嬉 566　錫 566　惠 567　雜 569　繫 569　戲 570　賢 572

賢 572　縣 575　縣 575　雜 583　諧 583　媿 583　辦 584

興 586　驛 587　瀆 596　瀆 596　懸 597　慈 597　舉 598

學 598　學 598　勳 600　毀 607　戴 607　祿 613　颿 614

儀 623　濟 623　億 632　億 632　謀 633　詠 633　評 633

應 638　應 638　應 638　營 639　營 639　廉 641　憂 643

優 643　轓 644　諜 650　餘 650　餗 651　無 651　慾 655

稼 658　稀 659　報 660　鞘 661　簡 661　樂 666　熱 668

葬 669　難 669　雜 669　瑾 672　齋 673　藏 673　藏 673

澤 675　撢 675　題 687　謳 687　過 688　鎮 692　繒 698

鰂 700　鐘 707　諸 711　諸 712　諧 712　諸 712　諸 712

諸 712　諸 712　諸 712　赭 712　燭 714　轉 718　轉 718

轉 718　撰 718　持 718　謦 724　遷 734

十六畫

錢 5	寶 12	寶 12	顆 21	薪 23	辨 23	鞲 24
辨 24	㷀 24	禪 50	讚 53	醍 68	醜 69	叢 92
燈 99	燈 99	諦 106	諦 106	獨 119	氄 172	歸 178
韓 185	韓 185	璵 197	懷 200	歡 201	隕 209	蹊 210
蹂 210	蹉 210	跤 210	積 210	積 210	擎 211	鴒 211
薔 213	薔 213	蕭 213	穮 213	薰 218	嬌 218	蘭 227
蘭 227	諫 231	錦 244	錦 244	謹 245	舉 259	舉 259
舉 259	覺 265	寰 281	禪 282	頼 285	頼 285	頼 285
頼 285	蘭 285	橄 285	橐 289	頖 289	頖 289	頖 290
離 290	離 291	森 295	臨 304	餒 317	曉 318	理 319
羅 321	羅 321	宄 346	魔 347	默 348	巫 348	巫 348
唑 348	謀 348	樓 352	難 357	藥 357	囊 357	襄 372
磧 394	籥 397	鏡 399	縣 400	錢 400	錢 400	錢 401
戰 401	鐵 401	戰 401	戰 401	代 401	竹 401	俘 401
疆 403	彊 403	彊 403	彊 403	彊 403	彊 403	親 406
親 406	親 406	親 406	龜 412	飛 412	聽 431	儒 432
儒 432	儒 432	擱 450	擱 450	聲 455	實 464	諝 465
諝 465	荅 473	拶 474	輸 480	樹 485	雖 502	櫃 512
聰 521	聽 521	聽 521	聽 522	聽 522	聰 522	聽 522
爾 550	衛 550	謂 551	謂 551	謂 551	謂 551	謂 551

錫 566　嘉 567　憙 568　憙 568　耄 568　毫 568

繫 569　繁 569　戲 570　解 573　獻 576　儌 581　辮 587

瀆 596　瀆 596　慈 598　學 598　學 598　學 598　學 598

學 598　學 599　學 599　學 599　學 599　學 599　廎 602

廎 602　顏 606　顏 606　顏 606　叢 607　斅 607　雜 614

醫 621　斅 631　憹 632　權 632　冀 632　諏 633　諢 633

驆 633　應 638　應 638　應 638　應 638　應 638　嬰 639

鹽 639　譽 639　譽 639　營 640　雍 641　雍 641　轠 644

韻 661　韻 661　韻 661　韻 662　雜 669　雜 669　雜 669

雜 669　雜 669　贇 672　贇 672　藏 673　糟 673　擇 675

齋 677　詔 687　過 688　諮 696　埶 705　鐘 707　燭 714

燭 714　轉 717　轉 717　轉 718　轉 718　轉 718　謑 724

諼 724　憒 732

十七畫

檏 5　寶 12　辧 23　騍 24　瞋 55　樫 58　覷 68

橫 82　畫 92　畫 92　讀 119　潮 137　壹 144　覆 157

灌 177　歸 179　歸 179　韓 185　濂 185　輶 187　謹 198

護 198　燦 203　薂 207　濟 218　廥 218　鵡 235　謹 245

驚 250　警 251　舊 257　舊 257　舊 258　舊 258　舊 258

舊 258　舊 258　舊 258　舊 258　舊 258　舊 258　舊 258

萑 258　驚 258　闔 271　闔 271　擻 281　蘭 285　臨 304

臨 304	險 304	靈 306	囊 314	鍵 317	擻 318	綠 321
雞 321	靈 328	罹 337	難 356	雞 357	擻 360	橃 360
橃 360	擻 360	椒 361	簾 380	衛 380	騎 390	驕 390
騎 391	隸 396	簾 396	薄 396	謙 396	謹 396	謙 396
壙 404	壙 404	壙 404	羲 424	彌 432	環 432	鵠 433
鵠 445	攄 450	識 465	獸 478	隴 485	蕷 498	離 502
體 516	瞳 517	聰 521	聰 522	聽 522	聰 522	聽 522
鈴 527	魏 551	魏 551	魏 551	趨 551	繞 551	環 551
匆 551	繁 569	戲 570	夜 570	獻 576	鷗 589	顏 606
顏 606	顏 606	叢 607	嚴 607	極 607	舊 632	冀 632
議 633	驛 633	驛 633	應 638	應 638	康 638	廬 638
嬰 639	鹽 639	龐 641	齋 641	額 661	顛 662	龍 668
雜 669	雜 669	離 669	藏 673	齋 677	鎮 692	鐘 707
轉 718	轉 718					

十八畫

斸 24	蹕 101	萌 106	礐 107	墨 111	賣 117	讀 119
覆 156	蹕 179	薰 290	離 290	檮 303	臨 304	壟 313
露 317	羅 321	羆 321	魔 346	難 356	難 357	覆 411
關 421	間 421	開 421	湖 421	闆 421	闢 421	檿 433
禱 433	雙 485	檀 512	聽 521	禨 535	擘 570	戲 570
顯 573	鬣 595	續 596	嚴 607	蛾 626	議 633	議 633

驛633　婆639　龐641　龐641　攣656　顒661　龍668
鼙672　瓚672　職700　職700　轉718　轉718

十九畫

寶12　寶12　寶12　讀119　豐146　豐146　幾211
幾211　餞246　驚250　驚250　鷩250　警251　警251
鏡254　鏡254　懼262　覺263　戀289　麗295　嚴295
羅321　廬338　龐338　轉346　難356　難356　難357
難357　難357　難357　難357　難357　囊357　囊357
囊357　襲372　礜372　趬415　趬415　趬415　趬415
趬415　趬415　趬415　趬415　趬415　趬415　趬415
趬415　趬415　勸421　勸421　勸421　勸421
勸421　勸421　勸421　禍433　籠516　謳567　顯573
顯573　顯573　續596　戀598　嚴606　曜614　醫621
臂621　議633　驛633　攣656　顧661　鼙672　瓚672

二十畫

辮23　臧51　薑92　薑92　曡112　瀿145　數176
護198　競254　驚258　覺265　釀265　羅321　闢380
飄380　颺380　駼415　駼415　駼415　壞424　壞424
聰431　懸433　擇474　體516　顯573　叢607　醫656

二十一畫

鐸126　羈219　驪317　攀318　襄357　糧421　體516

鈇 521　鈖 521　鈇 521　巉 607　譗 609　欝 656

二十二畫

鏵 126　贏 289　蠶 318　囊 357　橐 357　囊 357　囊 357

譽 357　鼚 357　鼚 357　釀 365　彎 376　竊 405　罐 417

二十三畫

籤 397　籤 397　廳 522　顯 573

二十四畫

釀 365　讓 424　讓 424　護 424　讓 424

二十五畫及以上

廳 522　雙 265　雙 265　雙 265

後　　記

　　《吐魯番俗字典》付梓在即，編輯老師問有没有後記。我心中感慨萬千，一時竟不知從何説起。2008 年獲得國家社科基金立項前後，就開始了吐魯番出土文獻整理輯録工作。且不論做目録、看資料、確立字頭、考訂字形等案頭工作，僅就把大開本的印刷品一張一張翻拍成圖片，都是個力氣活。一手端著沉重的相機，一手保持紙面平整，有時甚至手腳並用。後來改裝了一個三腳架固定相機，才減輕了一點負擔。其後録入文句、製作字形圖片，把字形與文句逐一對應。加之電腦崩潰、軟件故障、文件丢失等其他干擾。凡此種種，都是極其考驗耐心和毅力的瑣碎工作。十年間，我常常會想起法國著名作家加繆筆下的神話人物西西弗，常常想起他頂著巨大的石頭艱難地往山上推的畫面。許許多多致力於基礎研究的學者，就仿佛是西西弗，每天以甘坐冷板凳的態度和頑强精神，一代接著一代推著學術巨石艱難地往高處走。

　　由於篇幅等原因，呈現在讀者面前的，僅是提交國家課題結項内容的五分之一。因本人曾是"南京師範大學‘211 工程’三期建設項目"課題組成員，曾提交部分内容給該課題用於階段性成果。也曾提交部分内容給"國家社科基金重大招標項目‘漢語史語料庫建設研究’"，被摘選收進該項目最終成果"中古漢語語料庫"。

　　本書在編著出版過程中，雖然遇到諸多不順，可謂命運多舛，但也得到了一衆師友的關心和幫助。感謝南京師範大學漢語言文字學專業學科經費給予出版支持！感謝董志翹先生，百忙中撥冗爲本書撰寫序言！感謝蕭旭先生，逐字逐句、披覽校正！感謝吕瑞鋒先生，願意接手書稿的出版！感謝曾曉紅女史，認真、耐心、不厭其煩地核校編輯！感謝我可愛的學生們，十年來給我的幫助總是那麽及時、貼心、温暖！

　　最後，本書存在的不足和錯誤，敬請各位方家批評指正！

2019 年金秋於金陵建鄴

圖書在版編目(CIP)數據

吐魯番俗字典 / 趙紅著. —上海：上海古籍出版
社，2019.12
ISBN 978 - 7 - 5325 - 9423 - 8

Ⅰ.①吐⋯ Ⅱ.①趙⋯ Ⅲ.①敦煌學—異體字—字典
Ⅳ.①H124.3 - 61

中國版本圖書館 CIP 數據核字(2019)第 252997 號

上海文化發展基金會圖書出版專項基金資助項目

吐魯番俗字典

趙　紅　著

上海古籍出版社出版發行

(上海瑞金二路 272 號　郵政編碼 200020)

(1) 網址：www.guji.com.cn

(2) E-mail：guji1@guji.com.cn

(3) 易文網網址：www.ewen.co

上海天地海設計印刷有限公司印刷

開本 787×1092　1/16　印張 56.75　插頁 9　字數 1,112,000

2019 年 12 月第 1 版　2019 年 12 月第 1 次印刷

ISBN 978 - 7 - 5325 - 9423 - 8

K · 2737　定價：298.00 元

如有質量問題,請與承印公司聯繫